中国宗教通史

（修订版／上卷）

牟钟鉴　张践／著

中国社会科学出版社

图书在版编目(CIP)数据

中国宗教通史（修订版上、下卷）／牟钟鉴，张践著．—北京：
中国社会科学出版社，2007.12（2024.6重印）

ISBN 978 - 7 - 5004 - 6556 - 0

Ⅰ.①中… Ⅱ.①牟… ②张… Ⅲ.①宗教史—中国 Ⅳ.①B929.2

中国版本图书馆 CIP 数据核字（2007）第 185443 号

出 版 人	赵剑英
责任编辑	黄燕生
责任校对	王应来
责任印制	戴 宽

出　　版	中国社会科学出版社
社　　址	北京鼓楼西大街甲 158 号
邮　　编	100720
网　　址	http://www.csspw.cn
发 行 部	010 - 84083685
门 市 部	010 - 84029450
经　　销	新华书店及其他书店

印刷装订	北京君升印刷有限公司
版　　次	2007 年 12 月第 1 版
印　　次	2024 年 6 月第 6 次印刷

开　　本	710×1000　1/16
印　　张	62
字　　数	1030 千字
定　　价	128.00 元(全二卷)

本书为国家社会科学基金资助项目

本书荣获第三届中国高校人文社会科学
研究优秀成果宗教学一等奖

序

吕大吉

　　挚友牟钟鉴、张践两位教授合著的《中国宗教通史》出版了。多年耕耘，终结硕果，作者此时的喜悦心情是人们可以想象到的。但是，作者收获的果实，并非道士专为个人羽化成仙炼就的"金丹"，而是志在建设中国宗教学而奉献给学界以至整个社会的学术著作，所有的读者都可和作者一样共赏珍看美味，吸取精神营养。在这个意义上，本书的出版不仅对作者个人，而且对整个学界和社会都是一件可喜可贺之事。我与作者有长期而且深厚的友谊，我个人对学习和研究中国各民族宗教史更有一种特殊的爱好和需要，因此，在钟鉴确定本书的课题计划时，曾给予积极的鼓动。后来，更有幸常常成为本书手稿的第一读者。由于有这种因缘，在欢庆本书问世之际，我自然有一种"襄赞盛举"、"先读为快"的快感。这大概是本书其他读者享受不到的一种感受。

　　任何一门学问都是一种从各方面研究其对象而形成的知识体系。对象虽然有大有小，但对于一个欲究其全体、探其奥秘的研究者而言，都是不可穷尽的。各种学科体系的内容非常丰富，结构非常复杂，但其基本内容和基本结构大体上可归结为二：一为理论，二为历史。理论部分的主旨在于揭示研究对象的特性、本质与规律；历史部分则意在说明对象在其形成和发展的历史过程中如何展现其自身的特性、本质和规律。没有理论的抽象与综合，历史事实不过是一堆散乱堆放的砖瓦木石，不可能构建成一座历史的大厦；没有历史事实的积累与展现，一切关于理论体系的建构无非是"海市蜃楼"式的空想。这是几句老生常谈，本无什么新意，我只是从个人的治学经历中有一些切实的感受而已。我从事宗教学术研究算来已有二十余年的光阴了。由于工作任务的需要，我不得不把治学精力集中于宗教学的基础理论研究和宗教学术思想史研究之上。而所谓宗教学术思想史，也就是宗教学术理论在历史上的形成与发展，所以，我的全部宗教学术研究侧重于基础理论方向，于治宗教史则难免流于疏略。积二十余年之经验，我越来越深切地体会到学习和研究宗教历史的重要性。在宗教学基础理论的研究中，我曾接触到各种各样试图揭示宗教之本质和发展规律的宗教理论和宗教学说。其中有些互相补充，而有些则彼此冲突。如何判断其是非，惟有诉诸宗教史实的裁决。如果你不满足于过去出现于学术领域的各种学说，立志建构一种新的理论，那似乎也只有一条正确的路可走：沿着宗教发展的历史轨迹，从事宗教史的学习和研究，从具体史实的分析上升到理论的综合。一种具有普遍意义的宗教学体系，必须建立在广泛的宗教史实基础之上。至于我们中国的宗教学者，如果要想使自己了解中国宗教的特性和本质，把握中国宗教发展的规律，或者想赋予普遍性的宗教理论以中国民族的特色，则只有熟悉并通盘把握中国宗教的历史。

　　以上所说，只是从我个人作为一名宗教学基础理论研究者的特殊立场来谈研究中国宗教史的学术意义。这样一种理解无疑是不全面的。它的学术意义绝非仅此一端。中国和世界各民族历史上的宗教，作为一种社会文化形式和社会上层建筑，一直对社会生活和精神世界的各个方面发挥着深刻的影响。在从古及今的漫长历史阶段上，正像宗教的神被视为君临宇宙的主宰一样，宗教也被视为人类社会各种文化形态的神圣之源。早在史前时代，各种文化的幼芽几乎就已包含在史前人类的宗教观念和宗教崇拜活动之中。从那时起，宗教和神灵的权威就渗入到社会文化生活的各个领域，逐渐成了人们包罗万象的纲领，成为人们思想的原理、行为的原则、道德的标准、激情的源泉、人际关系的纽带、社会秩序的保证。各民族的这种历史情况可能有长短强弱之不同，但大体上都是如此，中国亦难例外。如果我们反思中国宗教与中国社会、中国文化的关系，我们似乎也可以说，在中国宗教所标榜的彼岸世界里，寄托着我们民族的祖先们对自身命运的关注和对理想世界的憧憬；在中国宗教的神灵观念和神性观念中，孕育了古代中国人关于人与超人、人与天、自然与超自然的思考，而这便成了历代哲人各种哲学思辨和科学探索的起点；在宗教激情激发而起的、以象征为特征的宗教仪礼行为中，人对神的崇敬与畏惧感表现为各种象征性、形象化的艺术（诸如歌颂神灵恩德的诗歌、讲述神灵事功的神话故事、感性地表象神灵形象的雕塑和绘画、以象征性的身体动作表象人神交际的舞蹈以及作为神灵栖身之地和崇拜神灵之所的各种神坛寺庙建筑……）；全氏族、家族、宗族以至全民族、全国家崇奉共同的祖灵和神灵，举行举族一致、举国一致的规范化的宗教祭仪，把群体成员纳入一个普遍性的行为模式和宗教体制之中，加强了民族群体的认同感，促进了社会秩序的一体化，凝结为民族的传统，强化了社会的政治和伦理……这一切，使传统的宗教参与了我国传统文化的构成，成了传统文化的一个非常重要的部分。对于中国传统宗教在历史中所起的上述一系列社会功能和文化作用，一个人可以持肯定的评价，也可以持批判的态度，但这个历史事实，却是无法否认的。因此，如果我们的人文科学缺了对中国宗教史的系统深入的研究，要想全面准确地把握中国社会和各种文化形态的发展史，深层次地了解我们民族的文化特性，几乎是难以做到的。

研究中国宗教史的价值与意义虽然如此重要，但我国学者从事这项研究却是相当晚近的事情。按照史学大师陈寅恪的说法，中国之有宗教史是从陈垣开始的："中国史学莫盛于宋，而宋代史家之著述，于宗教往往疏略，此不独由于意执之偏蔽，亦其知见之狭陋有以致之。元明及清，治史者之学识更不逮宋。故严格言之，中国史部之中，几无完善之宗教史。然而有之，实自近岁新会陈援庵先生之著述始。"（《陈垣〈明季滇黔佛教考〉序》）不过，我认为，中国宗教史的开拓之功，不能完全归诸陈垣先生一人。胡适、梁启超、陈寅恪等人在中国佛教史、中国道教史等领域都曾做过开拓性的研究。汤用彤先生更在他们所做的有关中国佛教史的局部研究的基础上，开展了中国佛教史的整体研究，写出了《汉魏两晋南北朝佛教史》和《隋唐佛教史》这两部系统性的断代佛教史，奠定了中国佛教通史研究的基础。许地山的《道教史》（1934）和傅勤家的《中国道教史》（1937），可称为中国道教通史研究的起步之作。王治心的《中国宗教思想史大纲》（1931）更可以说是我国宗教学术史上第一部中国宗教史。

民国时期这一批有关中国宗教史的学术论著，虽然数量不多，也有待深入和系统，但其开拓之功却永远值得称道。可惜从20世纪50年代至70年代，这种研究不仅未能继续发展，反而出现中断。直到80年代，才春风又生，枯枝又荣。短短十来年间，研究中国各种具体宗教史（佛教、道教、伊斯兰教、基督教以及各民族原始宗教和各种民间宗教）的论著，像雨后春笋一部接着一部破土而出，令人目不暇接。中国宗教史学出现真正的繁荣。

正是由于中国各种传统宗教史研究的长足发展，提出了研究中国宗教通史的需要。我国是一个多民族多元一体、多种宗教多元共存的国家。从古及今，各种宗教信仰（其中包括外来的宗教）都能在中华大地上得到比较自由的发展。它们之间既有由于教义、信仰对象和崇拜礼仪的差异而产生的排他性，又有为适应共同的社会、社会关系、社会体制而产生的共同性；既互相排斥，又彼此渗透，从而形成错综复杂的关系。如果我们想从整体上了解和把握中国宗教，单纯依靠单一宗教的个别研究显然是不够的。我们必须沿着历史的轨迹，把历史上的各种宗教当成构成整体的一部分，深入探讨它们各自的来龙去脉及其相互关系。这种性质的探讨不是任何一种具体宗教史所能独力承担的。通史性的中国宗教史研究，不仅是为了从整体上把握中国宗教的需要，也是更进一步深入研究各种具体宗教史的需要。整体既是部分的组合，也是部分依存的根据。没有分析固然没有综合，没有综合也不可能有进一步的分析。实际上，我国历史上各种具体宗教都是在多种错综复杂的关系中展现自己的特性，获得自身的发展的。离开了社会的网络和历史的场景，它的历史特性就将改变面貌，甚至将不复存在。在这个意义上，对于对象的整体把握常常是深入把握其各部分的契机。因此，中国宗教通史的研究必将大大加深我们对各种传统宗教的了解，推动各种传统宗教史的研究。

我以一种精神上获得满足的喜悦心情欢呼《中国宗教通史》的出版。作为一位读者，我从本书学得了丰富的知识，满足了个人的求知欲。作为一名宗教学者，我认为本书满足了中国宗教学学科体系建设的需要，使之更加完善，推动了它的发展。本书广泛吸收了近几十年来中国各种传统宗教史研究的成果，应用新的思路和方法，对整个中国宗教史进行了更深入的探讨和大规模的综合，构建了一个规模宏大、结构严整、层次分明、脉络清晰的中国宗教通史学术体系。上迄史前时代的原始宗教，下至 20 世纪各种现存宗教，各种曾经出现于中国历史舞台上的宗教，都在本书卷页中得到历史的展现。一卷在手，读者可从本书得到有关中国各种传统宗教的完备知识。尤其可贵者，本书所展示的中国宗教史，不是单纯静态的描述，而是动态的把握。通过理论的概括与综合，揭示出了中国宗教在不同历史阶段上的不同特征，以及它有别于世界其他宗教的特殊性。这些分析表现了本书作者对中国宗教史深入的思考和独到的见解。在这方面，我认为应该引起学界高度重视的，是牟钟鉴教授所提的"宗法性传统宗教"这一新概念。他在写作本书之前就已专文论述了中国宗法性传统宗教的性质、内容及其在中国宗教信仰体系和中国社会文化体系中的作用和地位：

　　中国宗法性传统宗教以天神崇拜和祖先崇拜为核心，以社稷、日月、山川等自然崇拜为翼羽，以其他多种鬼神崇拜为补充，形成相对稳固的郊社制度、宗庙制度以及其他祭祀制度，成为中国宗法等级社会礼俗的重要组成部分，是维系社会秩序和家族体系的精神力量，是慰藉中国人心灵的精神源泉。不了解这种宗教和它的思想传统，就难以正确把握中华民族的性格特征和文化特征，也难以认识各种外来宗教在顺化以后所具有的中国精神。①

他指出，正是这种宗法性传统宗教才是中华民族上下几千年一以贯之的"正宗大教"，是中华民族的主体性信仰，各种外来宗教都得顺化于这种信仰方能在中国历史上立下自己的脚跟。《中国宗教通史》全面贯彻了这个思路，把"宗法性传统宗教"作为理解中国宗教的主轴，并以此来处理它和儒家、道教的关系以及它和佛教、基督教、伊斯兰教等外来宗教的关系。正是这个概念所具有的科学精神使得中国宗教史从整体上得到更科学的了解，赋予本书以独到的特色。我相信，本书读者都会和我一样从本书的论述对中国宗教史有更新、更深、也更符合历史实际的理解。本书的创造性贡献当然并非只此一端。限于篇幅，这里只好就此打住。

　　中国历史上的宗教信仰，由于其品种繁多，内容丰富，关系复杂，历史跨度漫长，是一个巨大的研究对象。要全面、准确、系统地展现中国宗教的历史全貌，无疑是一桩非常艰难的科学任务。没有广阔的视野、渊博的知识、深厚的理论综合和宏观把握能力，以及深入细致的微观分析，是不可能完成这一科学重任的。所幸的是，中国宗教学术界出现了这样的学者。钟鉴是我赞赏和钦佩的中国哲学史和中国宗教史家。他博学深思，功力深厚，学风严谨。尤可贵者，他在学术思想上，既富于独创性，又海纳百川，从善如流，没有门派偏见。多年来他对中国原始宗教、宗法性传统宗教、儒学、道家与道教、佛教以及中国宗教与文化的关系，进行过多方面的研究，写下了大量论著，赢得海内外学术界广泛赞誉。张践是我国宗教—哲学领域近年脱颖而出的优秀中青年学者之一。他谦虚谨慎，勤于治学，敏于思考。近年来，他与钟鉴合作，从事中国宗教史研究，成果斐然。正是因为有他们这样

①　牟钟鉴：《中国宗法性传统宗教试探》，载于他的专著《中国宗教与文化》，第82页，台北唐山出版社，1995。

的学者，我们才有可能看到《中国宗教通史》这样的鸿篇巨制。目前，钟鉴和张践正处于学术创作的旺盛时期，他们对学术界的奉献绝不会止于《中国宗教通史》这部巨作，更加辉煌的未来是可以预期的。我为本书的出版庆幸，更为中国宗教学术界的未来祝福。

1997 年 5 月于中国社会科学院

世界宗教研究所

总　目　录

目　　录

（上卷）

卷 前 语

牟钟鉴

我与张践同志合写的《中国宗教通史》，前后历时九载，终于脱稿了，算是了却心头一件大事。这部书从上古原始宗教一直写到民国时期的宗教，约九十余万言，可以说是一项浩繁而又艰巨的精神工程。回想写作历程，真是费时耗神，备尝艰辛；同时也游思有乐，收获颇丰。

我的本行是研究中国哲学史，由于长期在中国社会科学院（其前身为中国科学院哲学社会科学部）世界宗教研究所工作，耳濡目染，便对宗教理论和宗教历史发生了兴趣，逐渐认识到原始宗教是中国哲学的温床，儒、佛、道是中国思想文化的核心，还有伊斯兰教、基督教、民间宗教等宗教亦是中华民族传统文化的组成部分，若不对中国历史上的宗教有所了解，那么中国哲学史或中国思想史的研究就无从谈起，于是我便拿出很大一部分精力和时间用于宗教文化和历史的研究。20 世纪 80 年代前期，吕大吉教授主持《宗教学通论》的写作，约我为该书撰写"中国历史上的宗教"一章，希望我能将中国宗教的历史发展勾勒出一个粗略的轮廓。我用四万字的篇幅写了数千年的中国宗教史，其疏漏之多，不待言而明，但从此我便进入中国宗教通史的思考和研究，一发而不可收。十多年下来，虽然其间有不少事情横插进来，使得这项研究时断时续，但从未完全停顿。1987 年底我到中央民族大学工作以后，又接受了《中华文明史》（10 卷本，河北教育出版社出版）中"中国宗教史"分科主编兼作者的任务。我的事情很多而时间有限，幸亏张践同志愿意与我合作。他年富力强，对宗教史的研究进入快、思之深，承担了一半左右的写作任务。我们两人用了近五年的时间完成了《中华文明史》"中国宗教史"的部分，约五十万字，为中国宗教通史的研究打下了基础。但是该书是集体项目，学科分类又很细，对于每一分科在字数、范围上都有严格限制，不可能充分展开，这是可以理解的。在这期间，我与张践同志申报了一项关于中国人宗教信仰与传统文化的研究课题，得到国家社科基金的资助，这一课题的最后成果便是一部独立的《中国宗教通史》。我们又用了三年多的时间，对中国宗教史研究的已有成果进行开拓和深化，参阅了这几年所出的有关论著，在内容的补充、观点的提炼和构架的调整上又下了一番工夫，直到今年五月份才算最后定稿。我与张践同志在合作中结成了深厚的友谊。他是位优秀的青年学者，他的吸收力、思考力和表达力都是十分出色的，他在中国宗教史、宗教与民族的关系的研究上已有许多成果，他对通史的写作倾注了大量的心血，并且卓有成效，所以这部书是我们二人共同的劳动成果。

中国宗教史是一个神奇微妙而又异彩纷呈的领域，它记录着中国人向往神圣、追求超越、探索奥秘的漫漫长途，天上与人间、出世与入世、精英与民俗、一体与多元、神秘与科学、幻想与实用，彼此又对立又统一，构成一幅幅生动感人的画面，它浓缩着社会的苦难，又寄托着人生的希望。中国历史上的宗教，既常常被某些势力所利用所误导，又能够启迪人的智慧和灵感，创造出光辉灿烂的文化。中国的政治史、经济史、哲学史、艺术史、民族史、民俗史、科学史、道德史以及中外交流史，无一不与中国宗教史血肉相连。所以要真正了解中国人、中国社会和中国文化，就不能不了解中国宗教史。从宗教学的理论发展来说，百余年的西方宗教学是靠研究世界范围的宗教史而兴起的，它所依据的资料，丰富而又广泛，而其不足处恰恰是较缺少中国宗教史的资料。西方学者的宗教学著作，也有涉及中国某种宗教的，但对于中国宗教史的起源、发展、演变的全过程和整体面貌，始终比较模糊。这就造成两种显而易见的后果：一是西方宗教学所总结出来的一般性原理原则，缺乏充分的普遍价值；二是西方人对中国人信仰的历史特点的认识总是有某种肤浅性和片面性，不能准确深刻把握，存在着许多误解。有些中国人受西方理论的影响，往往用西学的标准观察中国，也对自己的宗教文化缺乏清醒的认识，这不能不使人感到悲凉。为了建立和发展有中国特色的宗教学，当然要研究世界，但首先要研究自己。在这个意义上，中国宗教史的研究不仅是中国文化史研究的必要分支学科，也是中国宗教学研究的基础学科，它的理论意义是重大的。从现实性来说，今天是历史的发展，今天中国人的信仰尽管发生了巨大的变化，却仍然在心理结构上保留着某些历史传统的文化基因，形成其民族性的稳定特征。研究中国宗教史，正确认识中国宗教的历史特点，对于我们今天正确处理宗教问题和在今后重建中国人的信仰，无疑有着重要的借鉴作用。因史成论，鉴古知今，这个目标是很高的。非谓能至，心向往之，我们这部《中国宗教通史》只是想开其端、促其兴而已。

我们称书为《中国宗教通史》，是因为它在内容上包括了中国历史上存在过的并在较大范围内发生过影响的各种宗教；同时在时间上它叙述了这些宗教发生发展的全过程及其相互关系和对社会的影响。我们力求把中国宗教发展史上发生的主要事件、主要人物、主要环节、主要思想、主要形态、主要典籍和主要影响，尽可能完整地介绍出来。但是中国宗教史实在是太丰富了，我们的书不仅不可能详尽无遗，在细节上也不可能比各门宗教专史更具体。我们这部书的特点在于：第一，它具有广博性，宗教的种类大致齐备，宗教的历史相对完整，想了解中国宗教史全貌的人读起来比较方便；第二，它具有整体性，注意不同宗教之间的相互冲突与融合，力求揭示每一历史时期宗教文化的综合性面貌；第三，它具有开拓性，除了叙述一般宗教史都要关照的佛教、道教、伊斯兰教和基督教以外，还着力开挖了中国的原始宗教和古代宗教，尤其发现并揭示了具有国家民族性质的宗法性传统宗教，叙述其一贯到底的发展过程，这是别人没有做过的工作；第四，它注意了宗教与哲学的关系，对于道家与道教的关系、宗法性宗教与儒学的关系，都作了动态的叙述，从而把"儒佛道三教"这个重要而笼统的理念进一步具体化了；第五，它注意了宗教文化的多侧面性和宗教功能的多样性，不仅从政治，也从哲学、道德、社会、文艺、民俗、科技等不同角度去历史地揭示宗教体系的多面立体性和正负两方面的作用，尽量避免简单化和片面性。以上五点是我们写作时所特别着意的，至于我们做得如何，是否能得到社会的认同，这就要看读者的感受和评价了。

关于儒学与宗教的关系，学术界存在着争论。本书的观点是：儒学是一种以人为本位的伦理型人文学说，它不是宗教，因为宗教必须以神为本位并有"彼岸"的追求；不过儒学有一定的宗教性，而且给予中国历史上各种宗教的世俗化过程以重大影响。本书不系统论述儒学史，而是在与宗教史相关联的地方涉及儒学，这是需要说明的。

本书大部分是我们直接研究第一手史料而写成的，也有相当一部分是吸收和借鉴了前人和时贤的研究成果，直接引语标明出处，一般受益则加附注或列为参考文献，不敢掠人之美，唯具感谢之意。但不论何种资料和观点，都要作一番考察和选择,纳入本书的理论框架之中,成为本书的有机组成部分。

最后,我要特别感谢我的挚友吕大吉教授,本书的写作始终得到他的鼓励、督促和帮助,这是我们克服困难、坚持到底的重要精神力量。我们还得到许许多多朋友的关怀和支持,在此一并致以谢意。

本书写作的纲目是我与张践同志共同讨论确定的。具体写作分工是:牟钟鉴——第一章"原始时期的宗教",第三章"秦汉三国时期的宗教";张践——第二章"三代及春秋战国时期的宗教",第四章"魏晋南北朝时期的宗教";隋唐以后至民国各章,佛教史、基督教史由张践执笔,宗法性传统宗教史、道教史、伊斯兰教史、民间宗教史及其他宗教由牟钟鉴执笔;第十二章"中国少数民族宗教简介"由张践执笔,第十三章"中国宗教史的简要回顾"由牟钟鉴执笔。

1997 年 5 月

第一章　原始时期的宗教

第一节　概　述

　　人类与动物的根本区别在于人有文化，而动物则没有。文化是自然的人化，人把自己的智慧、情感、追求标烙在自然界事物之上，使自然界更适合人类的生存和发展。人类创造了文化，同时文化也创造了人类，文化在发展，人类也在演变，这是同一个过程。而宗教就是一种重要的社会文化现象，而且是在人类发展的一定历史阶段上的文化现象。动物没有宗教，人类诞生的初期也没有宗教，宗教是原始人类发展到具备了一定的想象能力、思考能力和敬畏、依赖的情感以及必要的社会组织而后才产生的。人类已经有300 万年以上的历史，而目前世界各地考古学发现的最早的宗教遗迹是在旧石器时代中期，距今有 10 万多年，而多数具有明显宗教特征的遗迹则发现于旧石器晚期以后。同人类全部漫长的历史相比，宗教只能算作晚生的事物。不过人类发展的早期演化过程极为缓慢，"二十年等于一天"；只是在数万年乃至数千年之内，人类的发展才以加速度的方式进行，"一天等于二十年"，形成高度发达的社会文明，充分显示了高于动物的文化特性，并取代动物，成为地球的主人。而宗教恰恰就迅速兴起在人类社会的演化开始大力加速的关键时期，它与文明的曙光一起来到人间。生活在当代的人们，很容易把原始宗教与先民的愚昧、狭隘和幼稚联系起来；假若我们具备必要的历史感并且从宏观的高度考察全部人类发展史，我们就会发现，宗教的出现是同先民逐步摆脱动物性、开始探讨自然与人生的奥秘、向往神圣美好的目标联系在一起的。原始宗教的出现和兴盛是人类思维发展和精神生活丰富化的产物，是人类社会组织能力提高的表现。原始宗教是早期人类包罗万象的文化体系，它是后来各种文化形态的重要源泉。

　　一百多年来的西方宗教学，在研究欧洲、美洲、澳洲和亚洲若干地区的原始宗教方面，积累了丰富的资料和理论成果，成为建立近代宗教学的学术基础。但他们很少涉足中国原始宗教。中国近代学者亦很少有人关注这一项研究工作。这一方面形成了中国原始宗教研究基础的薄弱，另一方面又使中国原始宗教成为一片有待开发的富矿，使有志者大有用武之地。中国是地下文物蕴藏极为丰富的国家，近五十年又是考古学的黄金时期，已发表的考古资料数量惊人而价值又高，内含不少原始宗教的成分，这正是研究中国原始宗教第一位的科学依据。对于研究中国原始宗教具有重大意义的考古发掘，除了已有的仰韶文化、龙山文化、大汶口文化等遗存以外，在最近十余年间又有许多重要发现，其中最引人注目的是红山文化东山嘴祭坛和陶塑孕妇像、牛河梁女神庙和彩塑女神头像及积石冢、内蒙古三星他拉村出土的玉龙，它们为中国原始宗教研究提供了最新鲜的实物资料。中国还拥有丰富的古代岩画，如内蒙古阴山岩画、江苏连云港将军崖岩画、云南沧源岩画、宁夏贺兰山岩画、新疆呼图壁岩画等，它们对于早期民间的宗教人物和活动场面以及崇拜观念，有形象生动的描绘。虽然它们的绝对年代或早或迟，考虑到中国文明发展的地区不平衡性和多源性，只要岩画的相对年代在当地私有制社会以前，就可以用作原始宗教的资料。在古代文献方面，诸如《山海经》、《竹书纪年》、《诗经》、《左传》、《三礼》、《吕氏春秋》、《淮南子》、《史记》、《帝王世纪》等，虽然都是先秦至汉魏间的作品，但内中保存较多的神话传说，源头相当古老，只要善于筛选和剥离，仍不失为中国原始宗教的重要资料。中国是一个多民族的国家，各民族的社会发展是多样的和不平衡的，有些民族直到20世纪中叶仍保留较多的氏族社会遗风，他们的传统信仰里有很顽强的原始性，这是研究古代宗教难得的活资料。在汉族的民间信仰和道教文化中，也保留着许多古老的信仰风习。尤为可喜的是由吕大吉、何耀华主编的大型资料库：《中国各民族原始宗教资料集成》已经陆续出版，它是民族学、考古学、文献学中原始宗教资料的一次重要结集，其学术意义是重大的。此外，民俗学、神话学、人类学和原始思维的研究蓬勃兴起，它们的学术成果里都包含着原始宗教的珍贵资料。最近十五六年，由改革开放带来的学术繁荣，也使得中国原始宗教的学术研究空前活跃起来，有分量的学术专著不下数十种，有关学术论文更不计其数。这样，我们凭借着已有的考古学资料、文献记载、民族学调查，以及相关学科的研究成果，通过相互印证和综合考查，可以初步给中国原始宗教勾勒出一个粗略的轮廓，并大致总结出它的共性（与世界性的原始宗教的一致性）和它的个性（中国原始宗教独有的特点)。当然，叙述中国原始宗教，有它不易克服的巨大困难：先民的宗教信仰、宗教组织和活动发生在结绳时代，没有文字记录；凝结和标印在器物上的宗教遗存仍然有限；靠文化传统而延续下来的宗教古俗，毕竟受到后来社会的损益、改造，形成原始性与后起性互相组合叠加的综合体，分离起来颇不容易；靠追忆传说而形成的早期文献，其不同文化积层太多，考辨使用尤需谨慎。由于时空广大而资料不足，我们对中国原始宗教的叙述只能是粗线条的，有些地方不得不用适当的联想和推论加以填补，不过我们要尽量使它们合乎情理罢了。

我们参考前人和时贤关于原始信仰的分类和阶段划分，又充分考虑到中国原始宗教的实有资料，从历史和逻辑相统一的角度，将中国原始宗教分成五大崇拜：自然崇拜、鬼魂崇拜、生殖崇拜、图腾崇拜、祖先崇拜，再加上原始神话和原始祭祀、巫术、占卜，共七个部分。原始社会后期天神崇拜出现，我们拟将它放在"三代宗教"章中叙述。

第二节　自然崇拜

旧石器中期以前的先民，刚刚脱离动物界不久，还没有产生称得上观念形态的文化。如元谋人、蓝田人、北京人、马坝人、长阳人、丁村人等，从他们的头骨构造和周围遗存推断，他们的大脑结构简单，语言极不发达，感情也不复杂，生活在原始人群之中，精神领域是贫乏的，处于某种蒙昧未开的混沌状态。以北京猿人为例，它距今约五十万年，脑量平均为 1059 毫升，比现代类人猿大一倍；大脑左边比右边大，说明经常用右手劳动；脑皮层语言区部位隆起，表明已经有了初级语言。他们已经学会使用天然之火，能打制尖状、砍砸、刮削等石器。他们的头脑虽能思考问题，但这种思维活动主要是为了谋求生存、逃避灾害、制作器物等生活实用的目的，还不能够离开感知对象和直接行动连类推及间接的较远的事物，缺乏概括力和想象力，处于现代儿童心理学上称之为感觉动作思维阶段，在这个阶段上，富于幻想的、探求本源的宗教观念是不会形成的。

进入旧石器晚期以后，先民的智慧开始蓬勃发展，其特点是对自然和人生从熟视无睹到疑问丛生，不仅思考做什么和怎么做的问题，而且思考为什么和哪里来的问题。怀疑是求知的驱动力。当先民从蒙昧中艰难地走了出来，好像发现了一个新的世界，对周围一切都感到新鲜好奇，如同刚刚懂事的孩子，不断提出一大堆问题。他们的问题只能自我回答，其结果便是宗教和神话。当原始人稍稍拉开视距，把自然界作为一个客体加以观察和感受时，首先看到和感到了一个有生气的变化有常又无常的世界。日月在运行，昼夜在更替，风吹雨降，电闪雷鸣，江流海腾，禽翔兽走。原始人在理解大自然时，最初和最方便的思路就是把事物拟人化，凭着自我感受去推想事物，认为它们也同人一样，有活的生命，有喜怒哀乐，形成物活论的观念。这种最早的自然观还算不上宗教观念，因为还没有崇拜意识，正像儿童刚懂事时把周围一切都看成活着的有着同自己差不多同样感受的事物，但并不敬畏它们。不过自然界绝不是原始人平等的伙伴，它处处表现出支配人类生存的巨大威力。一方面它表现为人类的恩赐者，给人们提供阳光雨露、山珍水产、火种果实和各种生产生活资源，人们只能靠天吃饭；另一方面它又表现为人类的压迫者，给人们带来各种不可抗拒的灾难，寒冬酷暑、毒蛇猛兽、山崩地震、洪水大旱、狂风烈火、瘟疫疾病，都在无情地威胁和摧残人们的生命、健康和家园。人们在自然界面前显得极其脆弱渺小，逐渐产生出对自然物和自然力的神秘感、依赖感和敬畏感，认为万物万象背后都有一个活生生的主宰，它们像人一样有灵魂但能力又远远高于人类，可以给人类赐福或降祸，这便是神灵；人们必须对神灵顶礼膜拜，才能获得它们的护佑。这样，物活论发展为神灵观，原始的自然宗教便出现了。万物有灵论暂时解释了自然现象的多样性、变动性和喜怒无常的情态；自然崇拜及其祭祀活动又暂时找到了人们与自然相沟通的途径，在整个原始时代都被当作普遍真理而受到信奉。我国新石器时代从早期到晚期，考古学提供的自然崇拜遗迹越来越多，并呈现由低级到高级、由简单到复杂的发展趋势。文献与民族学资料也提供了大量的佐证。从这些资料中我们得知，在中国先民眼里，自然界是一个充满神灵的世界，祭拜自然神灵是先民社会生产和生活不可分割的有机组成部分。

自然崇拜的种类很多，依据崇拜对象的不同，大体上可以分成以下几类。

日月星辰崇拜。太阳是最重要的天体，它给人间以光亮和温暖，照射植物生长成熟，月亮和众星在它的光芒照耀下黯然失色，所以太阳就成为先民崇拜的主要天体之神。大汶口文化莒县陵阳河出土的陶尊上，刻有 形符号，是日月山的形象，山形符号是为了衬托日月的高悬，而月亮又为了烘托太阳，可以视为日月崇拜特别是日崇拜的遗存。类似的图案，在山东诸城前寨和安徽北部也出土过。内蒙古阴山岩画中，有一幅拜日图，一人跪向太阳，两臂上弯合掌作礼拜状，非常形象地再现了当时人们祭拜日神的情态。阴山岩画中还绘有许多颗太阳，周边有光芒线条，圆形内是人的脸谱，表明先民观念中，太阳像人一样有性灵，而且太阳不止一个。属于仰韶文化晚期的河南郑州大何村遗址，出土大量彩陶片，其中不少绘有日月星辰，而以太阳纹的图案为最多。月亮是个遥远却又能用肉眼观察到的较大星体，影影绰绰，它与太阳一主夜，一主昼，给人以遐想。众星闪烁，流星急速，高远莫测，使人产生神秘感。在我国古代文献中，日月星联在一起，成为崇拜对象。《尚书·尧典》说，舜"肆类于上帝，禋于六宗，望于山川，遍于群神"。贾逵说"六宗"是"天宗三——日月星；地宗三——河海岱"。《周礼·春官宗伯》说："以实柴祀日月星辰。"《国语·鲁语》说："天之三辰，民所瞻仰也。"这种崇拜习俗都是相当古老的。日月星的位置高高在上，人们需要仰视才能看到它们，可望而不可即，这就增加了日月星的崇高性、神圣性。文献记载和民间流传下来的古老神话故事中，有许多是属于日月星辰的，如"羲和生十日"、"羿射九日"、"日中有踆乌"、"夸父追日"、"嫦娥奔月"、"天狗吃日月"等，这些神话的源头当在原始时代，先民用以解释日月产生、运行、状态和日月食等现象。日月食使人恐惧，宗教祈祷就更加必要。我国许多少数民族保存着祭拜日月的风习，如昆明西山区的部分白彝，每逢农历冬月二十九日举行太阳会，祭日神；农历三月十三日则举行太阴会，祭祀月神。阿昌族普遍供奉太阳神、月亮神。珞巴族把太阳作为女神来崇拜。羌族以白石代表太阳神，放在屋顶祭拜。普米族的日月神为𦥯，与大汶口陶尊图形颇为相似。日月星辰崇拜对我国后来的宗教信仰影响很大：日月崇拜演化和扩大为天地崇拜，并与阴阳观念相结合，成为天地阴阳的重要标志。《礼记·郊特牲》说："郊之祭也，迎长日之至也，大报天而主日也，兆于南郊，就阳位也。"《祭义》说："郊之祭大报天而主日，配以月"，"祭日于坛，祭月于坎，以别幽明"，"日出于东，月生于西，阴阳长短终始相巡"。从此天地日月之祭互相配合，成为中国的正宗信仰。星辰崇拜发展出后来的斗姆、魁星、玄武等崇拜，成为道教和民间信仰的重要内容。

风雨雷电崇拜。风雨雷电是自然天象，其特点是变化无常，先民不能理解，遂以为背后有神灵在操纵。在农业兴起以后，风调雨顺成为丰收的关键因素，而洪涝、干旱和风灾则是农业生产最大的威胁，所以祭拜雨神风神成为重要的宗教活动。《礼记·祭法》说："山林川谷丘陵，能出云，为风雨，见怪物，皆曰神。有天下者祭百神……此五代之所不变也。"《左传·昭公元年》说："山川之神，则水、旱、厉疫之灾，于是乎禜之；日月星辰之神，则雪、霜、风、雨之不时，于是乎禜之。"这两处文献都是谈古老的信仰，故说"五代"（指尧、舜、禹、汤、周文武）不变。这里把日月星辰山川崇拜和风雨崇拜联系起来，是稍后发展出来的观念，但因水、旱之灾而做宗教祭祀，用以乞求风雨适时适度而保证丰收则是原始宗教的内容。《山海经》里把北方的风神称为鹓，属鸟类，把雷神描绘成动物神，"龙身而人头"（《海内东经》）。《风俗通义》里把风神说成是箕星，属二十八宿的东方苍龙七宿之一。孔颖达《〈尚书·洪范〉疏》说："箕星好风，毕星好雨。"《诗经·小雅》有云："月离（丽，附着）于毕，俾滂沱矣。"（《渐渐之石》）《重修纬书集成·春秋合诚图》说："轩辕，主雷雨之神也。"按照先民造神的顺序是先近后远、先他物后自身的一般规律来推测，风雨雷电之神灵最先被想象为某种动物，如《山海经》所载，然后又想象为某种星辰，如《诗经》所载，然后才想象为某个英雄人物，所以纬书的说法较晚，至于具体发生时间就难以断定了。

山川湖海崇拜。前文已引《祭法》、《左传》的山川之神。《吕氏春秋》十二纪总结了古代社会自然崇拜和农业祭祀同社会生产、社会管理互相配合的经验，其中再三强调要"祀山林川泽"、"祈山川百原"、"祈祀四海大川名原渊泽井泉"，这些都是原始自然崇拜的遗风。先民靠山吃山，靠水吃水，山川湖海是他们的生活环境和主要衣食来源，很容易产生敬爱和依赖的心理，希望自然神灵给自己提供丰富的生产、生活资源，保佑大家平安幸福。山川湖海之祭普遍存在于我国许多少数民族的宗教风俗之中。生活在山区的民族如东北的鄂温克、鄂伦春、赫哲、锡伯等族，西南的纳西、羌、傈僳、独龙、佤、怒等族，都保持着祭祀山神的传统，这与他们的狩猎生活密切相连。在鄂伦春、鄂温克民族中，流传着山神赐给猎人丰盛猎物，并对触犯山神者给予报复的故事，所以猎人在山上处处小心翼翼，遵守许多忌讳。蒙古族的"敖包"之祭中，山神亦占重要位置。四川木里俄亚乡的纳西族村寨分布在苏达河、东义河、冲天河沿岸，所以每年有隆重的河边祭水神的活动。摩梭人居住在泸沽湖边，世代靠水产资源为生，所以有祭湖神的传统，并扩大为祭江、湖、河、泉，通过祭拜，来保护水源和水资源。怒族生活在怒江峡谷之间，故既祭山神"米枯于"，又祭水神"独药于"，贡献祭品，边祭边诵"山神歌"或"水神歌"。台湾高山族特重海神，因为大海给予他们航行和渔业之利，同时也会造成毁灭生命和家园的巨大灾害，故世世代代以敬海为习，后来衍生出妈祖崇拜，成为台湾民间主要信仰。

动物植物崇拜。动物是人类共生的伙伴，其中一部分是猎取的对象，一部分经过驯化成为家畜，一部分时常与人作对，他们都与人的生活密切相关。动物又有许多特性为人类所不及，如鸟能飞翔，鱼能潜水，虎豹威猛而善奔，猿猴灵巧而善攀，故先民敬之如神明。在原始考古中，发掘出大量的动物雕塑、动物图案，古代岩画中也有很多动物形象，其中很大一部分并没有达到图腾崇拜的程度，而只是表示了先民的动物崇拜观念和原始艺术。如湖北天门邓家湾出土的陶塑动物，距今四千多年，有鸟、猴、狗、羊等。辽宁阜新胡头沟出土的玉龟、玉鸟、玉鹗，距今五千多年。仰韶文化半坡出土的彩陶残片，有鱼、鸟、兽、蛙等动物纹，体现了母系氏族渔猎社会的动物崇拜观念。云南沧源岩画中有许多牛的形象，有的硕大而居中，反映了作者敬牛的心态。内蒙古阴山岩画有狩猎动物和神灵混杂的画面，似乎说明先民观念中，狩猎神主管野生动物，可以合理调节狩猎的数量，以使狩猎能持续稳定。植物崇拜主要表现为对森林树木的敬畏和保护，往往与山川崇拜结合在一起。云南傣族、景颇族、哈尼族都崇拜神林，按时祭祀，不许乱砍滥伐。傣族还习惯于种植一棵大青树于村中，下面用树枝搭成树神居屋。永宁纳西族支系摩梭人笃信树有神灵，有的选择附近山上某棵年久茂盛的大树，作为村落或母系亲族的保护神，定时祭祀；又把青松树视为吉祥树，把刺香树视为附有精灵的树，皆要礼敬。

火与石的崇拜。在众多自然物品中，火与石成为两种特别受尊崇的对象。火的运用和人工取火的发明，是原始人类进化中的一件大事，它使先民摆脱了"茹毛饮血"的动物式生活，开始熟食，改善了人类的健康和扩大了食品的范围，并且使先民获得了有效的抵御寒冷、潮湿和野兽侵害的手段，不仅给先民带来了光明，也带来了制作器物（如烧陶、冶铸）的动能和开垦耕地之便，使人类的生产和生活起了质的变化，所以火普遍受到崇拜。中国古代有燧人氏钻木取火的传说，被尊为燧皇。《左传·昭公十七年》记载："郯子曰：炎帝以火纪，故为火师而火名。"炎帝为掌火之神，故名。火神后来称为祝融，并纳于阴阳五行框架之中，故原生的色彩日渐减少。但在当代少数民族中却能看到较为朴实原始的火神崇拜。如20世纪50年代以前的西盟佤族实行刀耕火种，每次烧荒前先举行宗教仪式，用鸡血滴于五个火把上，交给五个壮丁点火，然后其他人跟着烧地。鄂伦春习俗保持火塘的洁净,不准在其中乱捣,据传说有一妇女乱弄火塘,火神发怒,使火熄灭,从此民间敬重火塘。傣族、佤族不许向火吐痰、泼水,更不能在火上走动。广东连山县瑶族有送火神节,在野外盖禾草小屋,主祭后把草屋烧掉,表示送走火神,当晚不点灯,不燃火把,这样可以避免火灾。鄂伦春人禁止玩火、踩火、泼火,进餐和饮酒之前,往火里扔点酒肉,表示敬奉火神。东北萨满教祭祀活动中,祭火是中心仪式,通过对火神的礼赞与膜拜,达到驱寒、除秽、去邪恶,引来福寿与兴旺的目的。满族每逢火神祭,气氛热烈,并伴有耍火绝技,竞赛识火、储火、升火、驭火的高超本领,族长讲述火神的故事,妇女互传用火的禁忌,表现了民众爱火、敬火、向往光明幸福的质朴心理。西南纳西族亦有送火神和祭火活动,丽江鲁甸地区还有祭火鬼的仪式,把煽风点火的火鬼送到荒郊野外,为的是以后不再发生火灾。

灵石崇拜以白石为主,也是相当普遍的一种原始信仰,其起因可能是由于石器在原始人生产生活中有重要作用,故对原生石头有崇敬之心,再者岩石洞穴供先民栖息,石头可以敲打取火更增加了人们对石的依赖感,白石的坚硬光洁又象征着强壮、美好,它与山崇拜联系在一起,更提高了它在人们心目中的价值。后世"泰山石敢当"用以镇邪和先秦名学辩论"坚白石",都与早期石崇拜有关。红山文化辽西东山嘴祭坛,有成组成群的长条立石,是祭坛的中心崇拜物,显然是石崇拜的遗存。有人说这是社神的标志,说明石崇拜渗入土地崇拜之中,并具有崇高位置,故古文献中多记载古人以石为社主。纳西族祭拜石门神、锅庄石、岩石、礁石、白石,东巴把一种称为"本鲁"的石头,视为有灵性的武器,经过一定的宗教仪式可以用来驱鬼。羌族盛行白石崇拜,其特点是用白石代表诸多自然神灵,如汶川县雁门乡萝卜寨的羌民屋顶白石代表天神、地神、山神、山神娘娘、关老爷(后起者),龙溪乡羌民屋顶以大白石为主神,周围十二小白石代表树、太阳、羊等十二神,茂汶县渭门乡羌民房顶供三块白石代表历代祖先、碉碉神、天神,三龙乡羌民房顶供三块白石代表山王神、地神和天神,有的地区供白石,代表地神。在羌族的民间传说中,白石被誉为战胜外来侵略的武器,所以加以膜拜。在巨石传说比较流行的民族如蒙古、哈萨克、壮、白、佤等民族中,都有巨石或石洞生人的神话。长柱形巨石象征男性生殖器,槽缝形巨石或石洞象征女性生殖器,故受到先民崇拜,妇女不育则祭石求子。《淮南子·脩务训》载有"禹生于石"的传说,可见石崇拜之源远流长。白条石之成为社主,当与条石代表生育,借以帮助土地多产有关。总之,灵石崇拜关系着先民的居住、生产、生活、繁衍，所以发达、流行。

社稷崇拜。农业祭礼是自然崇拜的高级形态，它发生在先民由原始采集和狩猎跨入锄耕农业为主的时代。中国地处温带，农业文明较早兴起，并得到充分发展，反映在原始宗教上，自然崇拜围绕农业祭祀的中心进行，祭祀各种自然神灵，主要是为了祈求农业丰收和免除自然灾害。而农业祭祀的核心又是祭社稷。社是土地神，稷是谷神。《孝经纬》说："社，土地之主也，土地阔不可尽敬，故封土为社，以报功也；稷，五谷之长也，谷众不可遍祭，故立稷神以祭之。"这里对社稷的解释是准确的，社祀不是一般的大地崇拜，它只祭拜本氏族或部落管辖范围内的土地；稷祀也不是一般的植物崇拜，它只祭拜人工培育的粮食作物，主要是五谷：稻、麦、菽、稷、黍，而以稷为代表。社稷之神最初用自然物代表，如植物、动物和石头等，后来升华为人格神，并与传说中的英雄祖先合为一体。据《左传·昭公二十九年》说，共工氏之子句龙为后土，后土为社；烈山氏之子柱为稷，夏代以前祀之；周弃为稷，自商以来祀之。《淮南子·氾论训》则说："禹劳天下，而死为社；后稷作稼穑，而死为稷。"由此可知，不同时期，不同族群，社稷之神的代表人物便不一样。为了祭祀的方便，社往往以某种树木或灵石为神主的象征，突出生殖的意义。《论语·八佾》说："哀公问社于宰我，宰我对曰：夏后氏以松，殷人以柏，周人以栗。"《淮南子·齐俗训》则说："殷人之礼，其社用石。"殷人或用柏，或用石，大概是支系不同，故宗教习俗有异。社用松或柏，取其长青；用栗，取其多子；用石，取其象征男阴能育。中国进入私有制社会以后，继续以农业为立国之本，社稷就成为国家政权的象征和同义语，它与宗庙之祭同等重要，甚或过之。在社稷之外，中国古代还尊奉一位农业大神神农氏，他被认为是农耕事业的创造者，《周易·系辞下》说："包牺氏没，神农氏作，斲木为耜，揉木为耒，耒耨之利以教天下。"《帝王世纪》说："炎帝神农氏，姜姓也，人身牛首，长于姜水，有圣德，都陈，作五弦之琴，始教天下种谷，故号神农氏。"后世则有祭先农，与社稷之祭同列于国家祀典。如果说社稷之神是主要农业生产资料与成果的神化，那么神农氏便是对领导开拓农业有功的部族首领的神化。

农业祭祀在我国许多少数民族的宗教活动中占有显著的地位。台湾山胞有集体定期的农事祭，种类包括粟祭、早稻祭、薯祭、芋祭等，目的在答谢农神并祈求来年丰收，也附带祈求人丁繁盛与生活安乐。祭祀活动配合农事活动分阶段举行，其中以播种祭与收获祭为最隆重，其他阶段还有开垦祭、除草祭、开仓尝新祭等。彝族崇拜地神，定期贡献祭品，并焚香祈祷。昆明西山区彝族在播种前举行土主大会，土主以两棵神树为象征，杀猪祭祀，尔后还要祭拜地母，收割时则祭五谷之神。景颇族定期祭祀土地，并为各种自然神灵建立"能尚"居所，"能尚"中神灵的主要职能是促使谷物丰收和人畜兴旺，所以"能尚"的基本性质是农业祭祀。崩龙族认为庄稼是地鬼所赐，所以要祭地；谷有谷魂，俗称"谷娘"，祭之时由妇女喊"谷魂归来"，便可求得丰收。哈尼族祭祀地母，地母通常以巨形神树为象征，称为"米桑"，围以石块，制定保护条规，不准亵渎。上述民族调查资料可以与古文献记载相互印证，使我们对早期农业祭祀有形象化的了解。

自然崇拜的文化意义。自然崇拜反映了人类早期在与自然界的关系上处在十分软弱和被动的地位，对于自然事物缺乏知识，并高度依赖于现成的自然环境，所以要神化和膜拜各种自然物和自然力。但自然崇拜有更广泛的文化意义，它表现了古人对自然界的纯朴的热爱和尊重，又表现了古人企图改善自身生存条件的热切愿望。大自然是人类之母，它不仅孕育出这群具有灵性的儿女，还不断用自己的乳汁哺养着他们生长繁衍。虽然大自然经常是喜怒无常，向人类降下各种灾难，但她给予人类的实在太多了。人类在自我意识萌动的初期对自然之母怀着崇敬的心理，小心翼翼地保护着自然环境，这种感情是真挚可贵的，不应该被人类抛却。自然崇拜看起来是以自然神灵为中心，人向神顶礼膜拜，实际上是企图通过祭献影响自然力，使之为自己造福，或者通过祭拜活动更好地实现社会生活的有序性，所以自然崇拜总是和社会生产活动紧密相连，与人们的生活方式与人际交往紧密相连。《吕氏春秋》十二纪总结了古人农事活动与农业祭祀相配合的社会生活程序，把祭神活动与耕作、管理、收获的过程有机结合，借重于神灵的权威，起到增加信心、组织生产、合理安排农事、调节作息节奏和保护生态的积极作用。例如春季主要是"祈谷"、"祈实"、敬桑，为一年农事做好准备，开始春耕春种，并规定不得乱伐木猎兽，"无作大事以妨农功"。夏季"雩祭祈雨"，"无起土功，无发大众，无伐大树"。秋季行傩逐疫，"祭禽于四方"，教习戎猎。冬季"命太卜，祷祠龟策占兆，审卦吉凶"，"大割祠于公社及门间，飨先祖五祀，劳农夫以休息之"，同时"计耦耕事，修耒耜，具田器"，为来年农事做好准备。十二纪的月令、政令和宗教祭祀，就其主要方面而言，不过是古代农业社会一年生产活动的时间程序表，从远古积累下来的农事管理经验，凝结为一种大致固定的程式，并没有什么神秘难解的内容。

自然崇拜给予原始人的精神生活的影响是巨大的。我们既可以说原始人在具有了一定想象能力之后才形成自然神灵的观念，又可以说正是对自然的崇拜激发了原始人的想象力和思考力。他们把自己对大自然的全部丰富的感情，包括热爱、畏惧、依赖、赞美、敬佩等复杂的情怀，倾注到宗教形式下的精神创造活动中去，催生出原始舞蹈、音乐、美术、雕塑、神话，形成一整套原始文化，而宗教就是这种原始文化的包罗万象的纲领和普遍根据。从云南沧源岩画中，可以看到先民狩猎丰收后欢聚舞蹈以娱神灵的生动场面。从仰韶文化的陶器和红山文化的玉器上，可以看到先民创造的鸷、鹗、鱼、鹳、龟、虎等栩栩如生的动物形象，造型艺术达到很高的水平。从各族古代流传下来的民间原始神话中，我们可以看到先民的文学创作才能。《山海经》中关于昆仑山的神话、太阳和乌鸟的神话，《淮南子》中关于月亮与蟾蜍的神话，《庄子》中关于鲲鹏的神话，都是在远古自然崇拜基础上衍生出来的美丽动听的文学故事。原始的宗教艺术天真、质朴、生动，具有永久的魅力。

对自然诸神和农业神的祭祀活动，既是宗教活动，也同时构成原始社会群体生活的重要内容，使先民的内在感情有了宣泄的机会，无论是未遂的心愿，还是成功的喜悦，通过祈祷、歌舞等活动，可以淋漓尽致地加以表露。云南沧源岩画，有几幅描绘欢庆狩猎成功的场面，规模相当宏大，有民众膜拜神灵和巫师舞蹈作法的形象，有叠人、顶杆、舞锤的杂技表演，有持盾、箭作军事舞蹈的情状，人们在欢呼雀跃，呈现一派喜气洋洋的气氛。由此推知，原始的宗教祭祀也是原始人的节日，人们在此时暂时放下了生活的重担，把全部精力转移到祭拜和娱神活动上，身心得到某种调节。农业祭祀的社日集会，是先民人际交往的重要方式和场所，后来"社会"二字含义逐步扩大，成为团体的代名词，又扩大成为有一定组织结构的整个人群的代名词。

第三节　鬼魂崇拜

鬼魂观念是人类最早的宗教观念之一，它是人类对自身生命现象的神秘化理解。原始社会初期，人们还没有思考生死大事的能力，对自己同类的感情也比较淡薄，所以人死无葬俗，如《周易·系辞下》所说："古之葬者，厚衣之以薪，葬于中野，不封不树，丧期无数。"随着人类意识的复杂化和情感的丰富化，原始人开始思索生从何来死往何去的问题，对亲人的死亡给予越来越强烈的关切，但又对自身生理构造和精神活动现象不理解，感到奇妙困惑。一是睡眠和做梦，以为是寓于体内的灵魂在起作用，睡眠是灵魂暂时离开肉体，故失去清醒意识；做梦是灵魂随处游荡，故有各种见闻。二是生病和死亡，以为生病是灵魂与肉体不能正常复合，或者由凶死者的灵魂附体所致，死亡则是灵魂永远离开肉体。与此同时，古人意识到自身生命之可贵，感受到亲人团聚之欢乐，产生出越来越强的恋生恋亲之情，希望人的死亡不是一切断灭，生命最好以另外的方式继续下去，这样自己可以死后"存在"，又可与死去的亲人相见。认识上的无知和感情上的需要相结合，便形成了灵魂不死的观念。不死的精神生时为灵魂，死后便成鬼魂，鬼魂是失掉了肉体依凭的灵魂。但鬼魂毕竟是看不见摸不到的东西，人们能够接触和加以安置的只是其象征物——失去生命的尸体，而且古今的人们都认为鬼魂关心自己的尸体，并且栖息、徘徊在墓地周围，所以鬼魂崇拜主要体现在埋葬和祭祀死人的仪式上，以某种丧葬礼俗寄托生者的哀思和心愿。如果说自然崇拜是人类最原始的自然观，那么灵魂和鬼魂崇拜便是人类最原始的形神观和生死观，两者交渗的结果，便形成原始宗教中的鬼神世界。

我国古代有土葬、水葬、火葬、鸟葬等丧葬形式。中华民族地处温带，长期以农业为主，视土地为生存之本，认为人死入土才是返本归根，灵魂才能得到安宁，于是土葬逐渐兴盛发达，成为丧葬方式的主流，其他葬式只在局部地区流行。土葬在所有葬式中是惟一可以留下完整遗迹的葬式，中国的地理条件又便于保存墓葬，所以原始墓葬保留下来的很多。地上的原始社会永远地消失了，但先民却给我们留下一个原始社会的地下博物馆即地下墓葬，藏量相当丰富，这是值得庆幸的。原始墓葬群可以称之为无字地书，它能够告诉我们先民鬼魂崇拜的若干情况及其演变，亦透露出原始社会人际关系、人情风俗和文明发展的重要信息。

一　母系氏族社会的葬俗及其社会意义

目前已知的中国最早的宗教遗迹，是北京山顶洞人的墓葬。山顶洞人处在旧石器时代的晚期，正在从原始人群走向母系氏族社会，距今约一万八千年。他们已经学会人工取火，第一次支配了一种伟大的自然力。他们制造的石器工具比北京猿人精巧，会用骨针缝制兽皮衣服，又能造出五颜六色的石珠、钻孔兽牙、鱼骨等装饰品。生产技术的进步和长期食用熟兽肉，促进了大脑的发达，脑量在 1300～1500 毫升之间，已在现代人脑量的变异范围之内。山顶洞人的墓葬，开始按一定规矩埋葬死者，死者伴有随葬装饰品，其身体四周撒有赤铁矿粉粒。这表明山顶洞人已经有了鬼魂的观念，认为人在死后会以另外的方式继续生活下去，因此才有必要用日用品随葬，用赤铁矿粉保护尸体，否则这些做法便毫无意义。如何理解山顶洞人给死者撒赤铁矿粉，一些学者认为，红色是血液和火焰的颜色，象征着熊熊不息的生命，给死者撒红色粉末是祈望死者获得再生；篝火在生活中给人以温暖，又能驱兽自卫，那么如篝火颜色的红色也就可以保护死者，使之免受侵害。此后，红色成为一种崇拜的对象，经常包含宗教的特殊意义。仰韶文化元君庙墓地有的头骨前额染有红色；齐家文化甘肃永靖大何庄遗址有三座墓的骨架头部和两股骨上都涂抹或撒有赭石末，色彩鲜艳；河南王湾先夏文化墓葬遗骸，头骨上涂朱现象比较普遍，这都是红色崇拜影响下形成的习俗。后世有以血衅鼓衅钟，宫墙涂以丹赤的风气；少数民族中有用血涂祭器和涂身防鬼的风俗，这些应是从原始时代宗教习俗发展而来的。

中国在山顶洞人以后逐步进入新石器时代，母系氏族社会发育成长。经济上除狩猎采集以外，出现了原始农业和畜牧业。到了黄河中游兴起的仰韶文化时期，母系氏族社会已进入繁荣阶段。目前已发掘出属于仰韶文化时期的墓葬 2000 余座。这些墓葬是多种多样的，但它们有着一些共同的特征：

第一，氏族皆有公共墓地，一般在居住区附近特定区域内，墓葬集中，连成一片或数片。半坡遗址共发现墓葬 250 座，其中成人墓 174 座，绝大多数集中在居住区以北的墓地之中。北首岭氏族公共墓地在遗址南部，共 400 多座墓葬。姜寨遗址发现早晚期墓葬 600 多座，绝大多数在居住区围沟之外的东北、东南两片墓地上，少数在居住区内。横阵墓地位于遗址的东南，共 24 座墓葬，其中 15 座分别套在三个大集体埋葬坑内，各大坑中又套有若干小坑，人骨架的数目不等。母系氏族社会是以母系血缘为纽带形成的社会群体，它是每个氏族成员赖以生存的保护力量。没有氏族，在强大的自然灾祸、禽兽袭击、异族掠杀面前，单个成员不能幸免于灭亡。共同的劳动、一致的利害形成氏族内部紧密团结互相依存的人际关系。反映在墓葬上，便是生者将氏族内部的死者埋葬在一起，让他们的鬼魂在阴间地下也有一个共同栖息的场所，形成一个阴间的氏族公社，所以公墓地下的墓坑，就是地上氏族社会的副本和缩影。横阵墓地三个集体葬坑是该氏族先后实行三次集体葬仪的结果，各大坑中所套的小坑，分属于各母系家族，小坑内死者分层分排安葬，反映着死者间辈分的差别。氏族成员的死亡一般是单个和参差发生的，每次只能个别安葬，既多占土地，又不可能规整地表现死者生前的社会关系；而二次合葬却能为先民按氏族规则放置众多尸骨提供绝好的机会，所以二次合葬墓往往更体现氏族血缘关系的特征。

第二，同一墓地上的墓葬方向，即墓坑和头向，大体一致。半坡墓葬多数与正西方向相差不超过 20°，少数方向有异；横阵墓葬大多数二次葬的人骨头向东方；史家墓地墓向朝西；下王岗墓葬，长方土坑墓方向西北，排列井然有序；王湾第一期文化层土坑墓，成人头向西北。民族学资料表明，墓向可能与鬼魂的去向有关。景颇族的丧葬有送魂仪式，要将死者的鬼魂按祖先迁徙的路线送回老家。仰韶文化墓葬的头向，可能反映传说中本氏族的故土方向，这样的葬法便于死者的鬼魂找到回归故乡的道路。墓向的一致性不仅表现了氏族的秩序，还说明当时的人们有了鬼魂飘动和"叶落归根"的观念。

第三，儿童一般实行瓮棺葬，不进入氏族公共墓地。半坡共发现 73 座幼儿墓葬，绝大多数埋于住房周围，形成两大瓮棺群。葬具以瓮为主，另用盆或钵作盖，在盆或钵的底部往往凿有小孔。北首岭遗址居住区内发现近 60 座儿童瓮棺葬。姜寨墓地略有不同，相当多的儿童实行土坑葬，但自成儿童墓群，不与成人墓混杂。上述儿童葬式可以作如下解释：儿童尚未成年，未行"成丁礼"，不被当作氏族正式成员，所以夭折后尸体不埋入氏族成人墓地；同时儿童备受爱护优待，以瓮为葬具，埋于活着的亲人近旁，葬具上有小孔，弱小灵魂可以随时出入，便于亲人照顾和在想象中交流感情。云南元谋大墩子遗址地处偏远边陲，但幼童亦行瓮棺葬俗，可见这是具有普遍性的历史现象。民族学调查资料证实了葬具凿孔与灵魂观念相关。云南永宁纳西族的骨灰袋底部要剪开或抽出底线，说是便于灵魂出入。当地普米族用陶罐盛骨灰，口部和罐底也有意凿出小洞，放置到墓地，也是便于灵魂进出。

第四，葬式多数为单人仰身直肢葬，也有同性合葬，但没有男女配偶合葬。半坡、姜寨、北首岭、横阵、元君庙、史家等遗址的葬式，绝大多数为单人仰身直肢葬，看来是处理正常成人尸体的通行方式。半坡还有一座女性四人合葬墓，一座男性二人合葬墓。这里值得注意的是同性合葬和男女分葬。同性多人合葬是母系氏族社会血缘关系紧密的表现。男女分葬于氏族公共墓地，说明他（她）们都是同一氏族成员，又说明当时实行族外通婚制度，只有对偶家庭，没有形成稳固的专偶小家庭，配偶双方分属于两个不同的氏族，所以死后不能葬在一起，要运回本氏族墓地埋葬。

第五，对老人和女性（特别是幼女）实行厚葬，反映了母系氏族社会长者和妇女享有较高的社会地位。半坡一座埋有三四岁女孩的墓葬，随葬品较一般墓葬明显丰富精致。元君庙 458 号墓为男性老人的单人二次葬，墓穴底有二层台，台上堆砌数层砾石，形成石棺，随葬 7 件陶器，颇为隆重；429 号墓为两女童二次合葬，墓底用红烧土块铺得平坦整齐，随葬品中有骨珠785 颗；420 号墓为一妇女与两幼女合葬墓，随葬品相当丰富，仅一幼女即随葬骨珠 1147 颗。马家窑文化花寨子墓地对女性实行厚葬：地巴坪 58 号墓，中年女性，随葬彩壶、彩罐、彩瓮等 17 件，骨珠 205 颗，及石纺轮；花寨子 23 号墓，青年女性，随葬彩壶、盆、单耳罐、双耳罐等 18 件陶器，还有石纺轮一件，骨珠 448 颗。临潼姜寨 7 号墓的墓主人是一位约 17 岁的少女，随葬品有陶、石器 18 件，骨管 1 件，玉坠饰 2 件和由 8577 枚骨珠组成的项链。这些都表示人们希望老人与妇女的鬼魂在地下也如地上一样受到尊重和优待。

第六，少数坟墓实行屈肢葬、俯身葬、割肢葬和成人瓮棺葬。考古界一般认为这是处理凶死者的方式。屈肢葬的含义稍复杂，既可能是凶死者的葬式，也可能是地区性习俗。云南纳西族、独龙族就有将成人尸体捆成坐式，下肢屈折，装入白口袋里火葬的习俗，说是使死者像生时一样坐着，只是在长眠而已。成人瓮棺葬则极可能是用于凶死者的。由此而知，当时人们的鬼魂观念里，已经分化出正常鬼魂与凶邪鬼魂，其所以用特殊方式埋葬凶死者，大约是为了使凶邪鬼魂转凶为吉，或者防止凶魂危害活人。我国许多民族中都有防止恶鬼作祟的种种办法。羌族对于坠崖而死者，将一只羊从死者坠处丢下去，作为"替死魂"，火化的时间不能与家人生日时辰相同，否则对生者不利。彝族认为恶死者的灵魂变鬼以后能在人间作祟，所以要禳灾驱鬼。拉祜族、纳西族、阿昌族、怒族都有对付恶鬼的种种方法，不外乎献祭讨好和控制驱除两类。由此推想，先民此时必有种种相应的巫术与禁忌，鬼魂观念进一步复杂化和外在化了。

二 父系氏族社会的葬俗及其社会意义

考古学界一般认为，黄河中游大汶口文化中后期才确立了父权制，由大汶口文化发展而来的龙山文化和黄河上游的齐家文化更具有父系氏族社会的典型性质。这一时期的墓葬出现一些新的特征，人们的鬼魂崇拜发生了一次历史性的变化。

首先，出现了男女合葬墓，男性的亡灵在鬼魂世界中占据了主导地位。大汶口中期以后的墓地发现了8座合葬墓，经过性别鉴定的4座均为男左女右一次入葬。这说明一夫一妻制的稳固家庭已经出现，以男性为家长，女性配偶从属于丈夫，并为他殉葬。黄河上游的齐家文化仍处在原始社会晚期，该文化所属的皇娘娘台、大何庄、秦魏家、尕马台、柳湾等地发掘的墓葬共800多座。合葬墓中以成年男女二人合葬为主，最常见的葬式是：男子为仰身直肢葬；女子为侧身屈肢葬，面向男子。皇娘娘台若干一男二女合葬墓，男性居中，二女分别位于左右侧屈身向男子。这些墓葬生动显示了父权制的建立和女性下降为从属地位，并且他们死后的鬼魂也是这种主从关系。

其次，随葬品更加丰富，而在不同墓葬之间，优劣多寡有了明显的差别。同时，出现了氏族下的相对独立的家庭墓群。这说明在人们的鬼魂观念中，鬼魂世界变得复杂多样，处在不断分化之中。山东大汶口墓地西北一组、东部一组都是富墓，南部一组却是穷墓，表明由于私有财产出现而发生了家族之间的富贫分化。柳湾墓地已发掘的564座墓葬，随葬品在30件以上的富墓不及1/5，其中最多的一座葬品多达91件，仅精美的彩陶壶类就有73件，而多数墓葬随葬品简陋，屈指可数。山东大汶口墓地已发掘的133座墓中，随葬品在30件以上的不到15％，出土的1000多件陶器中，1/4集中于5座大墓。秦魏家墓地有一墓随葬猪下颌骨68副，这是死者拥有众多财富的标志。当畜牧业发展起来时，家畜特别是猪，成为一个家庭的重要财富。纳西族的习俗是把猪头挂在屋檐上象征富有，并用猪头随葬。汉字的"家"是屋宇下一头猪，可知猪对家庭生活的意义。墓葬的差别说明母系氏族社会的鬼魂平等的观念已被打破，人死虽皆为鬼，但有富鬼也有穷鬼，有高贵的鬼，也有低贱的鬼，虚幻的阴间处在向天堂和地狱的裂变之中。

再次，随葬品的种类和质量较之以前有重大进步。大汶口文化中期以后墓葬有大型石锛、有段石锛、有肩石铲，皆可用于翻地、中耕。在大墩子、大汶口等遗址发现了鹿角锄、各类镰刀及石镐，反映出农业生产工具的进步。刘林、大墩子早期墓中有用整狗殉葬的，中期以后盛行猪殉，而且数量巨大，说明家畜饲养业得到很大发展。大汶口文化的制骨工艺相当发达，如骨雕筒、骨梳、象牙筒等十分精致，骨雕品达到相当高的水平。随葬陶器种类增多，器形也富于变化创新，出现了动物形象的陶容器。死者的装饰品趋于复杂，王因、大墩子墓葬中，死者口含石球、陶球，一般头有发饰，项有穿孔雕花骨珠串，臂有陶镯，手有指环。龙山文化随葬的黑陶器制作技术、工艺美术及繁多品种都是高度智慧的结晶。只有人们的现实生活丰富了，才会去丰富墓葬；只有人们的审美水平提高了，才会去打扮死去的亲人。

三　鬼魂崇拜的当代民俗学验证

原始墓葬给我们提供了当时鬼魂崇拜的一部分实物资料，使我们做出一般性的推断，但实际情况要复杂得多，民俗学的资料可以做些补充。在当代中国少数民族中，凡保持古老宗教风俗较多的民族，无不有普遍而发达的鬼魂崇拜，形成浓烈的鬼文化气氛。在鬼魂观念上有多魂说。如东北赫哲族认为人有三种灵魂，一种是生命的灵魂"奥任"，它与人的一生相始终；一种叫"哈尼"，可以离开肉体而存在，也可以复归；一种叫"法相库"，人死即离开肉体另去投胎。云南阿昌族也认为人有三种鬼魂，死后一个送往墓地，一个供奉家中，一个送到鬼王或父母那里。独龙族认为人有两个灵魂，一个叫"卜拉"，一个叫"阿细"；卜拉是生魂，它一死，人就死去，阿细是亡魂，它在人死时出现，活到人生前的年岁，就会变成蝴蝶，然后消亡。独龙族的巫师认为人有九魂，一魂离身即感不适，多魂离身就得重病，九魂全部归体，人就恢复健康，人死时九魂一齐消失，即出现阿细。此外，纳西族有男人九魂、女人七魂说，彝族有十二魂说，哈尼族亦有十二魂说。多魂说更便于解释人的生命、生病（大病小病）、死亡和精神活动诸多不同的复杂生命情态。

对于鬼魂的态度和处理方法基本上是三种：招魂、送魂、驱鬼。

招魂的作用有三：一是为新生婴儿招魂，佤族认为婴儿初生时灵魂尚未附体而在山间游荡，故须叫魂，否则婴儿会死去；二是把死去亲人的鬼魂招回相见，仫佬族风俗请巫婆为其招来亡妻或情人的鬼魂，相聚倾诉思情；三是为病人招魂，这是不发达民族治病的主要方法之一。纳西族认为人生疾病是失落魂魄所致，故要招魂喊魂。小孩生病，母亲在黄昏时手持饭菜，按卜者所卜方向、路线、地点，前往喊魂，然后回家将饭菜给病孩吃，此之谓小喊魂；人若生大病，须请东巴经师念经作法，举行较正式的仪式，此之谓大喊魂。湘西苗族因在外喝井水、河水致病者，认为是恶鬼摄去了魂魄，于是举行招魂仪式，请巫师念咒，要泉鬼把病人魂魄放归。彝族在山野劳动而生病者，认为是魂魄被吓离散，须请毕摩举行招魂仪式，叫魂人沿途吟唱《叫魂歌》，不断发出"回来快回来"的盼切的声音。

送魂是指正常丧葬活动中安顿死者灵魂的活动。纳西族在与死者告别时举行送魂仪式,不让亡灵跟回家来,并替死者指明寻找祖先的方向路线。鄂伦春族向死者告别时,由萨满做一草人,祷告后将草人丢开,亡魂就会跟随草人离去。云南碧江、洱源白族在出殡时,一人在前,引导死者的亡灵回到祖先处;葬后又有返魂之说,故须再度送魂,多次送魂之后,亡魂才会顺利到达阴间。

驱鬼是为了驱除恶鬼、免得害人的宗教活动。贵州少数民族中流行扫寨的驱鬼活动,在春秋两季或瘟疫流行时举行,届时祭祀、洗寨、念经,直到把恶鬼赶出村去。云南德昂族村寨为了防止恶鬼进入,在村口栅门上设"乖爱"的神物,上面画有刀和咒语。四川小凉山彝族驱鬼时,用草人代表恶鬼,驱鬼之后,把草人放在路上或挂在树上。蒙古族有跳鬼仪式,喇嘛头戴面具,扮演凶神,跳舞驱鬼。招魂和驱鬼是古代巫师的主要功能,是古代巫术的主要内容,鬼魂崇拜是巫术的思想基础。

四 鬼魂崇拜与原始文明

鬼魂崇拜在我国古代广泛而持久流行,除古代墓葬是其论据外,文献上亦有多处记载。《礼记·祭法》说:"大凡生于天地之间者皆曰命,其万物死皆曰折,人死曰鬼,此五代之所不变也。"许慎《说文解字》释"鬼"字:"人所归为鬼,从人,象鬼头,鬼阴贼害,从厶。"王充著《论衡》,其《论死》、《订鬼》诸篇的主要矛头是批判民间鬼魂崇拜的风气,揭露其虚妄和导致的厚葬、靡费等不良后果。鬼魂崇拜的消极作用是显而易见的,无须多言,但不能脱离时代条件简单加以斥责。即以原始葬俗而言,它的从无到有、从简单到复杂的演化,也是原始文明发展的轨迹之一。

原始鬼魂观念和葬俗的文明意义可作如下分析:第一,葬俗的出现和演化意味着原始思维在加速发展,早期的生死观在形成之中。灵魂和鬼魂观念的出现,意味着形神二元和世界二重的观念已经产生,后来文明时代一切宗教都根源于这种将世界和人体二元化的原始思维,哲学也在这种原始思维的孕育中诞生。鬼魂世界是现实世界的影子,现实世界的变化总要引起鬼魂观念的改变。葬俗每增添一项新的内容,就意味着人们头脑里出现了一种新的观念,原始思维的理解力和想象力在这里得到锻炼和充实。第二,葬俗的复杂化和丰富化说明人们之间感情上的联系在加强。在氏族内部,做到生有所养,死有所葬,人们的思亲哀亲之情有所寄托,通过丧葬仪式巩固了氏族的团结。当死去的亲人通过一定仪式加以安顿以后，生者的情绪可以较快地从悲痛中解脱出来，把注意力转回到现实生活之中。第三，葬俗的规范化和它的种种禁忌，在当时有利于加强氏族制度，维持正常的社会生活。例如，母系氏族社会对女性厚葬能加强妇女的社会地位，而严格的族内葬规又可以巩固族外婚制。父系氏族社会的夫妻合葬及妻妾殉葬则强化了男性的权威，当然这种社会的进步也包含着一定的残酷性。

第四节　生殖崇拜

人口繁衍对于氏族的延续和发展是仅次于解决吃饭问题的大事。由于生活艰辛、疾病流行、灾害频生，原始社会儿童的夭折率极高，成人的平均寿命极低，加以氏族间战争的破坏，保护和增殖人口成为氏族维持生存的严重任务。氏族要巩固强大，人丁兴旺是必不可少的，因此先民重视生育，崇拜生殖器官，祭祀生殖之神，希望人们能像大地繁育植物和动植物繁衍后代那样，多育多生。这里需要指出，远古的生殖崇拜不同于后世的性文化，前者是先民为了生存和发展而创造的宗教信仰，后者是文明时代人们对于两性关系的理解和实践方式，它与群体的存亡并无直接关联。也就是说，生殖崇拜是先民生活中神圣的严肃的社会大事，无须隐秘和禁锢，也毫无游戏和堕落的成分。

一　女性生殖崇拜

当人类有能力探寻人口生殖的奥秘时，首先看到的一个基本事实便是人人皆生于母亲，皆是在母腹中孕育，通过母体阴道诞生出来的，新的生命就这样由无到有而出现了，这对于先民来说是一件非常奇妙而伟大的事情，于是把女性神圣化，把女性和其生殖器官当作生殖之神来崇敬，这是很自然的，而这一信仰又为母系氏族社会尊重妇女的风尚所巩固。先民崇拜女性首先是崇拜她们的生育能力，很自然地便把崇拜重点放在女性身体的生育部位，并用造型艺术加以表现。这是一种世界性的史前宗教现象，已为各地考古资料所证实。国外考古发现多处史前女性裸体浮雕和圆雕，如法国手持牛角的"洛赛尔维纳斯"，奥地利的"温林多府维纳斯"，前苏联的"加加里诺"女性裸像及"科斯丹克维纳斯"。这些雕塑的共同特征是乳房丰满，腰部腹部臀部大腿部肥大夸张，阴部有刻画而面部足部则被疏略，这正是为了突出女性的性特征与生育功能。我国近些年在红山文化考古中首次发现了可与上述国外古塑相比拟的女性裸体塑像，有力地证实了女性生殖崇拜在中国原始时代的存在。辽西喀左县东山嘴发掘出约5000年前的祭坛和陶塑女像，其中两件小型孕妇塑像为裸体立像，头及右臂均残缺，腹部隆起，臀部肥胖，左手贴于上腹，有表现阴部的记号，其中一件乳房损缺，另一件右乳房残留下部，呈耸起状。这显然是为祈求生育而雕塑的女神像，象征着多孕多产，我们可以称之为"东山嘴维纳斯"。青海乐都柳湾原始墓地发掘出一件人像彩雕壶，塑绘裸体女像，壶腹部即为女像身躯，乳房、脐、阴及四肢袒露，双手捧腹，明显是突出生育功能。

在我国民族学调查中，发现许多少数民族仍保持着早期女性生殖器崇拜的朴素遗风，多以自然石、钟乳石、山、川、洼、谷、幽泉、岩穴等象征女阴，膜拜求育，也有人工制作女阴，尊为神物。云南纳西族永宁摩梭人把格姆山洼视为女性生殖器官；泸沽湖畔摩梭人把该湖西部的一泓水视为女阴；前所摩梭人把村前的峡谷视为女阴；乌角摩梭人把喇孜岩穴内的一尊凹形钟乳石视为女阴，并把附近一泓幽泉视为生育神水，祭祀时必定舀一碗泉水饮之。他们祭祀生殖女神，有的是不孕而求子，有的是祈求家庭人口兴旺、多育健育的。云南中甸白地白水台下有一堵石壁，中间有似女阴的裂口，妇女们常来此烧香求子。丽江象山脚下有一堵岩石，其上有类似女阴岩口，对面有一条尖石，被香火熏得发黑，是纳西族和白族妇女烧香求子的地方。纳西族东巴象形文中"母"字是女性阴道的形象，标出了母亲最主要的功能——生殖。

根据赵国华《生殖崇拜文化论》提供的研究成果，我国原始考古发现的器物绘画形象中，鱼纹是女性生殖器的象征，因为鱼或双鱼的轮廓像女阴，而鱼又多子，繁殖力强，通过崇拜鱼的生殖能力，产生功能转化效应，使女性也能多育多生。蛙纹也是女性生殖器的象征，因为蛙腹与孕腹皆浑圆膨大，而且生殖力很强。《金瓶梅》中称女性阴户为"蛙口"，则其遗风。后来发展出以蛙（蟾蜍）象征女性的习俗，从而有月亮女神嫦娥的传说。此外，有些植物花叶纹也是女性生殖器的象征，河姆渡的"水草"刻画纹和"叶形"刻画纹，庙底沟的"叶形圆点"纹，秦壁村的"花瓣"纹，甘肃和青海马家窑文化的"叶形"纹，大墩子的"花卉"纹等，都是对女阴的模拟。东北满族曾以柳叶作为女阴象征，陕甘地区民间剪纸以花朵象征女阴，可以看做是民俗学的佐证。中国古代有求子的"高禖"之祭，其石上纹如竹叶，可知起源于女性生殖器崇拜。此外，初民将瓜瓟、葫芦当作女性生殖器象征，已为学界公认,《诗经》有"绵绵瓜瓞,民之初生"(《大雅·绵》)句,将瓜瓞与生育联系在一起,故后世称处女被男子取去童贞为"破瓜"。

二　男女合生与男性生殖崇拜

随着母系氏族社会向父系氏族社会过渡,随着对偶婚和一夫一妻制的先后出现,随着先民对生儿育女生理过程的更清楚的了解,人们逐渐意识到生育子女是两性结合的结果,没有男子,女子不能怀孕,两者缺一不可。而且由于男性在社会生产和日常生活中占有越来越大的优势地位,逐步出现了男性是生育的关键的意识。所以在女阴崇拜之后,性交崇拜和男性生殖器崇拜代之而兴,这种崇拜又为固定配偶家庭制和父权制所巩固。

西藏任姆栋1号岩画中有非常清楚的两性生殖器,作欲交状,有成排的绵羊,是祈求人畜兴旺而举行祭祀的写照。新疆呼图壁岩画,有男女交媾的场面,有夸张的男性生殖器,有双头同体人像,表现先民对男女性爱的崇拜,并且特重男性性器,距今已有近3000年历史,当是父系氏族社会的作品。内蒙古乌兰察布岩画中,除有女性裸体舞、孕妇舞外,还有男女裸体恋爱舞。阴山岩画中亦有表现两性性器官和两性交媾的画面。仰韶文化晚期以后,考古学陆续发现陶祖或石祖。"祖"的甲骨文和金文作"且"状,像男根。发现"且"崇拜造型的地方有:陕西省临潼县姜寨四期文化、铜川李家沟遗址、华县泉护村遗址、西安客省庄遗址,河南淅川下王岗仰韶文化、信阳三里店遗址、郑州二里岗遗址,山西省万泉县荆村遗址、山东省潍坊市鲁家口遗址,甘肃甘谷灰地儿遗址、临夏张家嘴遗址,湖北京山屈家岭遗址、江孜关庙山遗址,湖南安乡度家岗遗址,广西坛楼遗址、石产遗址、钦州独料遗址,新疆罗布淖尔遗址等,除少数为仰韶文化晚期外,大部分相当于龙山文化,处在父系氏族社会时期。

"且"在先民眼中是神圣之物,它可以使妇女孕育,生出婴儿,故须敬而拜之。民族学的资料可提供佐证。四川木里县卡瓦村的摩梭人在20世纪50年代还有石且崇拜,其崇拜物是天然钟乳石柱,位于洞穴内,高80厘米,呈圆锥状,下部较粗,直径90厘米,像男阴,摩梭人称为"久木鲁",意为生孩子的石头。在"久木鲁"顶端有一凹坑,深15厘米,直径20厘米,其中的积水称为"哈机",与"达机"(精液)同义。求子妇女要举行祭山仪式,在丈夫和伴娘陪同下,向石且叩头,喝"哈机"水,并于当晚夫妻同床,据说就能怀孕。四川木里大坝村有一个鸡儿洞,在岩洞里供一个石质男性生殖器，妇女不育时，赴洞烧香上供，然后在石且上坐一会，据云便可生育。贵州苗族吃牯藏时，跳性交舞，男性向女性作性交状，这是古风所遗，丝毫没有猥亵的意味。

根据赵国华《生殖崇拜文化论》的研究，原始考古发现的器物上的图形，鸟形是男根的象征。如庙底沟陶塑鸟头即是男根。河南临汝阎村仰韶文化的彩陶"鹳鱼石斧图"中，鹳衔鱼是象征男女性结合，石斧是男性象征，斧柄画×是表达多生男子的愿望。庙底沟彩陶三足鸟纹和汉代画像石上日中三足鸟，其三足是二足加男根，故象征男性。《水浒传》中李逵用"鸟"表示男根，现今俗语中用"雀雀"、"鸭子"代表男根皆是其证。此外，蜥蜴纹、蛇纹、龟纹等，都有象征男根的意义。这几种动物其头部像阴茎前端，俗称"龟头"，都是卵生，易与男性睾丸形成联想。

三　生殖崇拜的文化意义

中国古人说，"食、色，性也"，又说，"饮食男女，人之大欲存焉"。吃饭、性欲是人的两大本能，前者保证个体的生存，后者保证群体的延续。人类从有文化起，就进行着两种生产：以粮肉为中心的物质资料的生产和以婚姻为方式的人口的生产，在这两种生产的基础上形成原始社会的产食文化和生殖文化。由于原始时代生产手段落后，智力的作用微弱，人口的增加便成为推动社会物质生产的首要因素，生殖文化由此得到充分的发展，在原始文化中占据重要的地位。以原始宗教而论，自然崇拜的许多崇拜对象，如土地、粮食、动物、植物，由于具有"能生"、"多产"的能力，而成为生殖崇拜的对象，从而提高了它们在先民心目中的价值。鬼魂崇拜中的招魂、驱鬼等活动就是为了人口的平安和正常繁衍，而母系氏族社会和父系氏族社会不同的鬼魂观念，恰好同两个社会阶段不同的生殖观念相适应。图腾崇拜是自然崇拜和生殖崇拜相结合，在先民探寻氏族来源和统一性的驱动下产生的，其目的是为了促进本氏族的繁衍和强大。祖先崇拜直接从生殖崇拜中孕育而出，其作用是认定氏族的血缘关系，保证氏族的传宗接代，可以说祖先崇拜是生殖崇拜的高级形态。

生殖崇拜广泛影响到所有原始文化领域，如宗教、神话、歌舞、人生礼仪、年节习俗、医药、文字、思维等，都标有生殖崇拜的烙印。它也是后世中国传统文化的最初泉源之一。就以对中国传统思想影响最大的道、儒两家而言，其文化源头都可以追溯到原始生殖文化。老子提出的"道"，最初建立在对女性生殖力的认识上，然后将这种女性生殖作用扩而大之，用来观察整个宇宙的创生过程，于是形成"道"的概念。《老子》书中常用女性生殖器或母体形容道，所谓"谷神"、"玄牝"就是女阴，中空而有生育能力，原初大道就是一个虚空的母体，渊兮似万物之宗，恍惚之中有物有象，天地万物渐次而生。老子说："无，名天地之始；有，名万物之母。"他用女性生殖原理和母子关系来形象化地解说大道与万物的关系。"道"的最大特点是"道冲，而用之或不盈"，道体虚空却能源源不断地生育万物。道家文化是主阴贵柔的，这与它受女性生殖文化的影响密不可分。相反，儒家文化是父系氏族文化高度发达的产物，就其源头而言，颇受男性生殖崇拜的影响。儒家敬祖，"祖"的初字是"且"，即男性生殖器官的象形字，先有男子性器官在生育活动中起决定作用的观念，才会有男性公民在氏族繁衍中起主导作用的观念，男祖崇拜才成为可能。儒家讲孝，不孝有三，无后为大，把生儿看成尽孝头等大事，其实际目的就是为了保证父权氏族和家庭的延续和兴旺。儒家把男性血亲关系看做是崇高的事物，故以亲亲为要。移家为国，移孝作忠，君臣是父子的扩大，夫妇是为了父子，儒家具有强烈的男性生殖文化特征。当然，中国传统文化是儒道互补的，中国哲学是阴阳二元一体的，阴阳的观念，究其端实源于女性生殖崇拜和男性生殖崇拜，将两者加以综合提炼的结果。

第五节　图腾崇拜

"图腾"是北美印第安人奥季布瓦族的方言 totem 的音译，意谓"它的亲族"。图腾氏族认为本氏族起源于某种特定的动物、植物或无生物，主要是动物，与它们有血缘关系，视其现存物类为亲属，对之顶礼膜拜。氏族常以某种图腾为标志或徽号，把图腾作为本氏族的保护神，形成相应的礼仪、制度、禁忌和风俗。经过西方宗教学者格雷、麦克伦南、摩尔根、斯宾塞、泰勒、林梦南、史密斯、弗洛伊德、杜尔凯姆、施特劳斯等人的研究，图腾学逐渐兴盛，其资料来源遍及澳洲、美洲、北非和亚洲，成为文化人类学中显要的一支学科。最先把"图腾"概念引入中国的是严复，尔后图腾学在中国亦得到某种发展，但很少有理论的突破，发掘中国特有的资料也不多。迄今为止，对于图腾崇拜的普遍性，尤其是它在中国原始时代是否普遍存在过的问题，一直有不同看法。笔者认为，图腾崇拜是原始宗教的主要形态之一，是世界性的，中国并不例外。图腾崇拜是由自然崇拜发展出来的一种宗教形态，是在氏族自身需要巩固繁盛的刺激下，在氏族成员探寻本氏族共同来源的欲望驱动下，把某种自然崇拜物提升为氏族保护神和祖先神而出现的；在氏族形成以后，在英雄祖先崇拜形成以前，图腾崇拜是不可避免的，所以它发达于母系氏族社会。

从目前考古发掘资料看，以仰韶文化为代表的中国原始母系氏族社会，其生产水平还是比较低下的。虽然在若干江河流域的平原地区出现了原始的锄耕农业，但经济生活在很大程度上还要靠狩猎、采集和家畜饲养，在山区就更是如此。当时的自然界还是动植物的天下，人对自然界的影响还没有超出动植物。一方面人要依赖动植物而求得生存：野生的和家饲的动物是人类必不可少的生活资源，动物的骨骸、牙齿还可以加工成生产工具与武器，植物的果实供人食用，而构木为巢、刳木为舟、燃火煮饭都离不开植物。另一方面动植物又显得比人更具有威力，它们的天然器官的许多功能都远胜于人的肢体。凶禽猛兽毒蛇出没于林岗洞穴，时刻威胁着人的安全。原始林海幽深辽阔，林涛怒吼使人震惧，有毒植物又能致人死命。人们既依赖于动植物，又畏惧动植物，便将它们奉之为神明。当这种敬畏心理同人们维系氏族团结的需要和探索氏族祖先的意向相结合时，图腾崇拜便发生了。由于动物表现出植物所不具有的高级智慧、快速移动、袭击能力，于是动物便成为主要图腾物。各氏族崇拜何种图腾与它们的生活环境有关，图腾物往往是氏族最熟悉、与氏族的生活史发生过某种密切关系的自然物。图腾是氏族生命共同体的象征，图腾崇拜就是氏族的宗教。

根据已有资料，图腾崇拜在中国古代呈现出三大发展阶段：第一阶段是氏族直接认同动植物，崇拜它们，与它们建立幻想中的血亲关系；第二阶段是在人兽同祖的观念之上建构半人半兽的图腾形象，开始重视母祖，但母祖与兽祖是结合的；第三阶段是部分重要图腾随着氏族和部落的融合而不断被综合化艺术化，失去氏族宗教的严格性质，演变为华夏民族文化的象征。这三大阶段并非截然分开，常有并行和交叉，它们在考古、文献和民族学资料中都能找到证据。

一　考古学中的图腾资料

新石器时代的考古发掘中，发现许多动物形象的绘画、雕塑，如仰韶文化出土的彩陶上绘有鹿、鸟、鱼、蛙、龟等图案，红山文化胡头沟出土的玉龟、玉鸟、玉鸮及丹东后洼出土的龙、虎、鸟等石雕与陶塑，它们是不是图腾物，学界尚有争议。有的认为表现自然崇拜，有的认为表现生殖崇拜，有的认为是图腾物。笔者认为虽不可遽断为图腾物，但至少是吉祥物，亦不排除有图腾物，这还需要结合其他资料作综合考查。半坡彩陶上的人面鱼纹图表示人与鱼的结合，体现了人鱼同祖的观念，很像是一种鱼图腾。考虑到其鱼纹有人面、单体、复体、变体、图案化等各种不同的形态而皆突出鱼的主题，半坡氏族以鱼为氏族神是可能的。良渚文化浙江余杭反山墓地及其他遗址多处发现以"兽面纹"为主题纹饰的玉器，其纹饰实质上是神人和兽面结合的形象，应是良渚人的神徽，具有图腾的性质。红山文化龙形玉和猪形玉的发现表明，龙的形象最初作为图腾诞生于原始社会。内蒙古三星他拉村出土龙形玉，辽西东山嘴出土双龙首玉璜，牛河梁出土猪龙形玉饰，建平县出土类似龙的兽形玉，其时代距今皆四五千年，很可能是当时辽河流域氏族的图腾标志。河南濮阳西水坡仰韶文化墓葬中，发掘出死者两旁用蚌壳砌塑的龙、虎形象，如果发掘者所测年代大体准确的话，那么这是迄今所发现的原始时代作为图腾灵物的龙、虎的最生动造型。为什么一墓会有两种图腾以及同一个氏族遗址会发现多种图腾造型？何星亮《中国图腾文化》一书认为图腾虽以氏族图腾为主，而且通常一个氏族只有一个图腾，但是在图腾崇拜稍晚的阶段上，同一氏族可以崇奉多种图腾，而且有胞族图腾、部落图腾、性别图腾、家庭图腾，甚至个人图腾，彼此各有不同的功能。

汉代嘉祥武梁祠石刻中，作为华夏远祖的伏羲女娲的形象是人身蛇尾，蛇尾交缠在一起，表示两性的结合，创造着后代。类似石刻还有若干。透过这些石刻的汉代色彩，可以看到古老的遗风和传说。从石刻画像半人半兽的形象和男女两性平等合作的特点来推断，神话传说的源头当在母系社会向父系社会的过渡时期中，表明华夏先祖中重要的一支曾以蛇为图腾，把自己看成蛇祖的后裔，这应当是没有疑问的。

此外，连云港将军崖 A 组岩画中，大地生长着禾苗，禾苗上连接着人面，这是半人半植的形象，表明人的生命由此而来，当是该地氏族以某种植物为图腾。

二　文献学中的图腾资料

目前考古学的图腾资料不够丰富，但文献学的图腾资料却是大量的，而且可以与考古资料相配合，相得而益彰。

　　首先，古籍中记载了许多早期氏族或部落的动物名号，显然是以动物图腾作为该氏族或部落的神徽。《左传·昭公十七年》记郯子的话："太皞氏以龙纪，故为龙师而龙名。我高祖少皞挚之立也，凤鸟适至，故纪于鸟，为鸟师而鸟名。凤鸟氏历正也，玄鸟氏司分者也，伯赵氏司至者也，青鸟氏司启者也，丹鸟氏司闭者也，祝鸠氏司徒也，鴡鸠氏司马也，鳲鸠氏司空也，爽鸠氏司寇也，鹘鸠氏司事也。五鸠，鸠民者也；五雉，为五工正，利器用，正度量，夷民者也。"当时昭公及近臣已不能懂得少皞氏以鸟名官的知识，故有此问答，孔子听到以后亦感慨地说："天子失官，学在四夷，犹信。"其实郯子只是保存了以鸟名官的古老传说，从今天的眼光看，所谓五鸠、五雉乃是少皞部落内十个氏族的十个图腾，故皆为鸟类而又各不同，凤鸟崇拜即从鸟图腾中发展出来的。《左传·昭公二十九年》记有豢龙氏、御龙氏，当是以龙为氏族的徽号。华夏的始祖黄帝号"有熊"（《史记集解》），"教熊、罴、貔、貅、䝙、虎，以与炎帝战于阪泉之野"（《史记·五帝本纪》），这则文化传说的古史真相当是黄帝乃是熊图腾氏族首领，他联合其他五种动物图腾氏族，成为部落首领，向炎帝部落开战，并战而胜之。《史记·周本纪》记周穆王征犬戎，"得四白狼四白鹿以归，自是荒服者不至"，周穆王获得的实际上是四个白狼氏族和四个白鹿氏族的首领。《说文解字》云："南方蛮闽从虫，北方狄从犬，东方貉从豸，西方羌从羊。"中国古代四境的部族，曾以虫、犬、豸、羊为图腾，故华夏人用相应的字称呼之。古代氏族的姓，有不少来自图腾崇拜，例如由蛇图腾而演为夏后氏姒姓，由象图腾而演为有虞氏姚姓，由羊图腾而演为炎帝之后的姜姓，这些姓氏声旁古文为动物字，皆有"女"字偏旁，说明起源于母系氏族社会。中国百家姓中以动物为姓是大量的，如牛、马、羊、龙、虎、熊、鱼、鹿、牟等，以植物为姓的也不少，如杨、花、李、梅、叶、蒲等，这些都带有早期图腾崇拜的痕迹。

　　其次，古籍中有许多关于神奇动物或人兽同体的记载。图腾物不同于动物，也不同于人，它被氏族认为具有特别的神性，故要比动物原型有所夸张，它又是人祖，所以要人兽结合。在这方面，《山海经》给我们提供的资料最多。徐显之《山海经探原》称该书是"我国一部古代氏族社会志"，其中许多神奇古怪的事物和传说并非作者有意虚构，而是图腾文化的产物。《南山经之首》诸山，"其神状皆鸟身而龙首"，其图腾物是鸟与龙的混合体。《南次二经》诸山，"其神状皆龙身而鸟首"，其图腾物亦是鸟与龙的混合体，不过身首与前者相反。《南次三经》诸山，"其神皆龙身而人面"，其图腾物已经进到人兽同体，在形态上比前二者要高。《西山经之首》诸山，"瑜山，神也"，以山为崇拜对象，属自然宗教。《西次二经》诸山，"其十神者，皆人面而马身；其七神者，皆人面牛身"，其图腾虽然也是人兽同体，但兽已是家畜。《西次三经》诸山，"其神状皆羊身人面"，说明该地牧羊业发达，故图腾物是人羊同体。《北山经之首》诸山，"其神皆人面蛇身"；《北次二经》诸山，"其神皆蛇面人身"。这两地的图腾物是人蛇同体，可以与汉墓画像的伏羲女娲人身蛇尾图互相印证。《北次三经》诸山，"其十四神，状皆彘身而载玉"，"其十神，状皆彘身而八足，蛇尾"，其图腾物是猪或猪蛇同体。这个地区包括华北与东北，红山文化出土若干豕形玉或豕蛇结合玉雕，可与上述记载互相印证。《东山经之首》诸山，"其神状皆人身龙首"；《东次二经》诸山，"其神状皆兽身人面"；《东次三经》诸山，"其神状皆人身而羊角"；《中次二经》诸山，"其神皆人面而鸟身"；《中次四经》诸山，"其神状皆人面兽身"；《中次七经》诸山，"其十六神者，皆豕身而人面"；《中次十经》诸山，"其神状皆龙身而人面"；《中次八经》诸山，"其神状皆鸟身而人面"；《中次九经》诸山，"其神状皆马身而龙首"；《中次十一经》诸山，"其神状皆彘身人首"；《中次十二经》诸山，"其神状皆鸟身而龙首"。以上地区的图腾物，大部分是人兽同体，动物的种类主要是鸟、龙、羊、豕、马等，与环境和生活密切相关。《山海经》还记载了华夏族英雄祖先的传说，《海外西经》说轩辕之国"人面蛇身，尾交首上"，则黄帝族以蛇为图腾；《西次三经》说"西王母其状如人，豹尾虎齿而善啸"；《海外北经》说"共工之臣曰相柳"，"相柳者，九首人面，蛇身而青"。西王母和相柳都是人兽同体之神，特别是西王母，后世敬之为最高女神，《山海经》却说她的形象似猛兽，这正是图腾神的形象，不是亵渎，而是崇敬。《帝王世纪》说炎帝"人身牛首"。《史记·补三皇本纪》说伏羲是"蛇身人面"。中国最早祖先神的形象都融进了动物的特征，这是图腾崇拜影响的结果。

　　复次，古籍中多有部族英雄祖先的感生神话，常说这些英雄不像一般人那样由父母婚姻结合而生，却是由他们的母亲与某种神物相感应而怀孕生出的。例如，《太平御览》引《诗含神雾》文说，华胥踏大人迹而生伏羲；《河图稽命征》说，附宝见大电光感而生黄帝；《史记·补三皇本纪》说，女登感神龙而生炎帝；《太平御览》引《春秋合诚图》说庆都遇赤龙而生尧；《太平御览》引《帝王世纪》说握登见大虹意感而生舜；修己吞神珠如薏苡而生禹；《史记·殷本纪》说简狄吞玄鸟卵而生契；《史记·周本纪》说姜嫄践巨人迹而生后稷；《史记·秦本纪》说女修吞玄鸟卵而生大业。能使英雄母亲怀孕的有动物，有植物，有天象，有超人，它们都是图腾神，所以能给母体注入神性，生出非凡的儿子。这些有母而无父的感生神话的源头显然发生在母系氏族社会，并且深受图腾观念的影响。当然这些感生神话又崇拜男性英雄，制作感生神话的目的是为了衬托男性英雄天生神奇，故它们的最后完成当在父系氏族社会或更晚。

三　民俗民族学中的图腾资料

根据民间神话和近代民族学调查资料，我国许多民族的传统宗教信仰和风俗习惯中，都保留着图腾崇拜的遗风。如彝族崇拜虎、葫芦、獐、羊、犬、柏、竹等。白族崇拜虎、鸡、鱼等。傈僳族崇拜虎、熊、羊、鼠、猴、鸟、鱼等。纳西族崇拜虎、豹、猴、蛇、母羊等。普米族崇拜黑虎、黑熊、草、蟾蜍等。怒族崇拜虎、熊、麂子、蛇等。哈尼族崇拜狗、虎、蛇、鹌鹑等。德昂族崇拜虎、茶叶、葫芦、象等。傣族有崇拜龙、牛、狮、虎、蛇的历史传说。布朗族崇拜蛙、竹鼠、葫芦等。阿昌族崇拜太阳、马等。布依族有崇拜莺、牛、龙的图腾传说。苗族崇拜枫、蝴蝶、龙、犬等。侗族崇拜蜘蛛、龙、蛇等。藏族有崇拜牦牛、猕猴的图腾神话。羌族主要崇拜羊。哈萨克族崇拜白天鹅和狼。柯尔克孜族崇拜狼和犉牛。满族崇拜乌鸦、柳枝、野猪、鱼、鹰等。朝鲜族崇拜鸟。鄂伦春族、鄂温克族、赫哲族崇拜熊。达斡尔族崇拜狐狸。蒙古族崇拜狼和鹿。壮族崇拜牛、蛙、狗、鸡等。瑶族崇拜龙犬盘瓠。畲族亦崇拜盘瓠。土家族崇拜白虎。黎族崇拜狗、蛇、龙、牛、蛙、鸟等。上述民族的图腾崇拜在不同分支有不同图腾物，在历史上也有过变迁，有的仅保留传说，有的还保留了图腾禁忌和图腾祭祀仪式，以及相应的服饰和舞蹈。毋庸置疑，图腾文化在民俗民族学的发现中是具有普遍性的现象。

下面重点介绍若干民族的图腾崇拜。傈僳族以虎为主要图腾，又有熊、猴、羊、鸟、鱼、鼠、蜜蜂、蛇等图腾，分别代表族内不同的氏族。虎氏族的传说，一只猛虎变作男子，与傈僳族女子结婚，其后代便是虎氏族，该氏族禁止猎虎，逢虎年还要向虎图腾的木刻神像祭祀。猴氏族的传说，一位姑娘与猴子婚配而繁衍出猴氏族，该氏族成员均不许猎猴。彝族普遍信奉虎图腾，而云南新平彝族则分别以葫芦、芭蕉、细牙菜、獐、岩羊、水牛、黑斑鸠、绿斑鸠、猪槽等二十多种动植物和器物为图腾，用以标志不同的支系。

滇北武定彝族又分别以虎、蜂、鸟、獐、黄牛、鼠、龙、蛇、草、梨树、山、水等二十多种动植物、无生物为图腾。四川凉山德昌县彝族分为柏树和黑竹两支。柏树一支下又分衍出八小支，分别以李、稻谷、熊、羊、狼、鹰、獐、雉为图腾；黑竹一支以鼠为姓氏，其下又分衍出十二小支，以黑、白、花、臭、田、松、小眼睛等十二种鼠为图腾。云南哀牢山和乌蒙山上段的彝族大多数自称"罗罗"，也就是虎，祭祀时特重母虎祖先。另外，彝族地区还普遍流行对竹子、松树、栗树的崇拜，相传彝族从竹而生，亦有松、栗是祖树的说法。鄂温克人以熊为图腾，把熊当作他们的祖先，称呼公熊为"合克"（对父系最高辈的称呼），称呼母熊为"鄂我"（对母系最高辈的称呼）。鄂温克人的图腾观念到了近代已有所淡薄，开始猎吃熊肉，但要遵守许多禁忌，并假哭志哀，表示猎食是不得已而为之。云南纳西族主要崇拜虎图腾和猴图腾。《东巴经》认为人类起源于虎，中甸县白地叶氏族相传出自虎。20 世纪 50 年代以前土司把老虎当作祖宗供奉，并禁止捕杀虎，每年正月初一初二将虎皮拿出来供在土司椅子上，让属官、百姓、家奴瞻仰、膜拜，初三以后收起来，如传家之宝，秘不示人。纳西族家庭在门楣上悬挂虎图，作为辟邪的神灵。《东巴经》每卷开头处均画一虎头，意为"上古的时候"，即指远古的氏族社会。永宁纳西族摩梭人称虎为"喇"，称神为"夏喇"，两者音与义基本相同，都是最高的崇拜对象，以虎为祖先的表征，禁止打虎，以虎年为吉年，以虎日为吉日，多以虎为其姓名，如土司多姓"喇"，1/3 强的女子名为"喇木"，即母虎，而山川地村亦多以虎为名。纳西族的古老神话，说他们的祖先曹德鲁若娶了仙女柴红吉吉美，由于仙女之姐的破坏，曹德鲁若失踪昏迷，柴红吉吉美与公猴结婚，生下二男二女，子女再互相婚配，繁衍的后代便是永宁纳西族。丽江纳西族称祖先为"余"，直译即猴；称岳父、公公为"余胚"，直译即公猴；称岳母、婆婆为"余美"，直译即母猴。永宁和丽江的纳西族皆称人体汗毛为"余夫"，即猴毛，相传是由于始祖母柴红吉吉美与猴婚配所生子女身上的猴毛未被烫尽，才使现在的人们身上有汗毛。

中国少数民族的图腾文化源远流长，有些民族发展迟缓，处在与外界相对隔离状态，并且为了免受汉民族文化过分的冲击，便保存了较多的古老图腾文化的成分，以加强本民族的文化传统，这使得我们有幸看得到十分丰富的人类学中的图腾文化的活资料。当然，他们的图腾文化已经不是纯粹原生的，发生过许多变异，与后起文化互相交融，但图腾崇拜的印痕是十分明晰的，不从图腾学的角度作考察，他们的许多民俗就无法得到透彻的说明。

其实不仅在少数民族地区，在中国社会很多地方，至今仍有图腾文化的遗痕。龙的观念一直存在便是显著一例，下文详论。还有，十二生肖以动物为标志，用动物名年，把人从属于动物，这无疑是一种图腾意识的延续。此外，民间至今视蛇、黄鼠狼、狐狸、刺猬等为神物，禁止伤害和食用，这是图腾禁忌的残余。民间婚礼上给新人吃枣和花生，固然是一种生殖崇拜的意识，也是早期植物图腾观念的遗留。从历史上一直保存下来的文身的习俗，常常刻画龙虎等猛兽的图像，其中潜在着图腾观念，以为这样可以使图腾神灵附着于身体，使人体产生神奇的力量，避免外界的侵害，又可以成为个体或团体所特有的识别标志。

四　四灵崇拜与龙凤文化

"四灵"崇拜正式形成于秦汉之际，其起源则颇早。"四灵"有两说：《礼记·礼运》云："麟、凤、龟、龙，谓之四灵"；《三辅黄图》卷三云："苍龙、白虎、朱雀、玄武，天之四灵，以正四方"，苍龙、白虎、朱雀、玄武是东、西、南、北四方星宿名称，用龙、虎、凤、龟四种动物作为象征，实际上是星辰崇拜与图腾崇拜相结合的产物。从动物图腾的角度说，两种"四灵"之说皆有龙、凤、龟，所异一为麟，一为虎，而后一说更为流行。

麟。许慎《说文》云："麒，仁兽也，麋身牛尾一角；麐（麟），牝麒也。"段玉裁注云："状如麇，一角，戴肉，设武备而不为害，所以为仁也。"麒麟为牡牝，简称则为麟，古人以为吉祥之物，常与凤凰并称，如《礼运》云："山出器车，河出马图，凤凰麒麟，皆在郊椒。"又人云"凤毛麟角"。麒麟以鹿为身躯，鹿不伤人，故为仁兽。麋、麇（獐）皆鹿类。麒麟的基本特征是鹿身牛尾一角狼蹄，乃是远古一综合性动物图腾。《左传》载鲁哀公十四年春西狩获麟，传说孔子以为麟乃祥瑞之兽而衰世得之，出非其时，故幽愤而作《春秋》，此后麒麟之名声大振。

虎。虎为百兽之王，凶猛雄健，色彩斑斓，一啸而人兽震恐，故先民敬若神明。虎图腾在原始时代是很有普遍性的崇拜对象。《史记·六国年表》说："禹兴于西羌"，而古羌人以虎为其重要图腾物（见杨和森《图腾层次论》）。《礼纬·稽命征》说："禹建寅，宗伏羲"，伏羲常写作"虙戲（戏）"，二字皆从"虍"；《论语摘辅象》称伏羲"虎鼻山准"，夏禹"虎鼻大口"，皆说明夏代崇尚虎图腾文化，其先民的一支是虎图腾氏族。楚人崇虎，《左传·宣公四年》载楚令尹子文幼时被弃于林，"虎乳之"，楚人称"乳"为"谷"，称"虎"为"于菟"，故命名子文为"斗谷于菟"，《汉书·叙传》说："楚人谓虎'班'，其（子文）子以为名号，名斗班。"前文已述黄帝联合六种动物图腾氏族与炎帝作战中即有虎氏族。《山海经》中有关于虎图腾的记载："在青兽焉，状如虎，名曰罗罗"（《海外北经》），"有神，人面虎身，文尾"（《大荒西经》），彝族称虎为罗罗，可知虎崇拜之源远流长。虎与麟不同，它是实有的野兽，其形象威武勇猛，有鼓舞斗志的作用，所以比麟更容易为人们所敬仰，在四灵崇拜的发展中取麟而代之，与龙相并列。汉语里有"虎士"、"虎子"、"虎将"、"虎威"、"虎贲"、"虎符"、"虎节"等词，皆与军事有关。虎是勇敢、雄威的象征，故虎崇拜长盛不衰。

龟。古人崇拜龟有两大原因：一者龟能长寿，其生存年数远超过人和一般动物；二者龟能用于占卜，预决吉凶。这两者使龟具有了特殊的价值。《尔雅》说："一曰神龟，二曰灵龟，三曰摄龟，四曰宝龟，五曰文龟，六曰筮龟，七曰山龟，八曰泽龟，九曰水龟，十曰火龟。"《述异记》云："龟千年生毛，寿五千年谓之神龟，万年谓之灵龟。"《列子》书中有神话故事说，渤海之东有五座山岛，上帝恐其流失，使巨龟十五举首而戴之，迭为三番，六万岁轮换一次，可见巨龟寿命之长。古人既以龟为神物，便用龟甲占卜，信其灵验。此种宗教习俗兴起甚早，在山东泰安大汶口文化遗址中即发现人工制作的龟甲，有背甲和腹甲，多穿有圆孔，上面涂朱，距今有 2500～3000 年的历史；殷人广泛使用龟甲占卜，衍成龟甲文化。后世以为龟能行气导引故长寿不衰，道家遂效法之，衍为长生之术。

四灵之中还有龙与凤，二者的地位在发展中超出其他所有的图腾物，而成为中华民族共同性的崇拜对象。母系氏族社会的图腾本来很多，随着社会向父系氏族过渡和氏族扩大为部落和部落联盟，又随着部族的不断融合，诸多图腾也发生了变化，有的消失了，有的变形了，有的合并了，从中逐步演化出龙、凤两大综合性图腾系列，形成越来越大的优势，给予中华民族文化以深刻而广泛的影响，甚至成为中华民族的文化象征，而究其源，则起于图腾崇拜。龙和凤同虎和龟不一样，并不是现实世界实有的动物，它们是在实有动物的基础上，经过人们头脑的重构而形成的想象物，集中了许多动物的特点和优点，通过了有机的综合和艺术的加工，故而其形象优美非凡，神圣无比。龙凤是通过若干地区性图腾的多元汇聚，逐步形成全国性的大致统一的形象，经由夏、商、周三代社会，演化出中世纪的高度艺术化了的形象，这个过程恰好同中华民族文化的多元起源并向中原汇聚，以及中原文化向四周辐射，往返不断的过程相一致，既说明了中华民族文明的长期连续性，又说明了中华民族文明的博大的宽容性和强烈的融合性。

先说龙。龙的起源是多元的，主要有以下几支：

第一，鳄鱼类图腾，可称之为鳄龙。古代的鳄有两种，一种是扬子鳄，古称"鼍"，一种是湾鳄，古称"蛟"。古人认为鳄似龙。"鼍形如龙"（《本草纲目》引《藏器》），"蛟千年化为龙"（《述异记》），古书常说"鼍龙"、"蛟龙"。《左传》说太昊氏以龙纪，太昊族发祥于江淮一带，其龙图腾可能是鳄龙。商族是太昊、少昊的后裔，其龙的象形文字和青铜器的图像皆类似鳄鱼，即巨口、突目、双耳、脊棘，头长，身躯粗壮，鳄足。湖北屈家岭文化出土的陶盘上绘有扬子鳄头。除鳄鱼外，水族中成为龙的原型图腾还有鲵鱼等，甘肃武山西坪出土的鲵龙纹彩陶瓶可以资证。龙的水族源头，使龙与江海发生密切联系。

第二，蟒蛇类图腾，可称之为蛇龙。根据《楚辞》、《山海经》和汉代画像石，被视作华夏始祖的伏羲女娲是人身蛇尾，那么在长江黄河流域的先民有以蛇为图腾的大氏族或部落，当无疑义。龙的形象是有长而弯曲自如的身躯，显然是以蛇为原型而衍变出来的。内蒙古三星他拉村出土的玉龙，身躯细长而弯曲，无足，当是蛇身。内蒙古兴隆洼村出土的龙纹陶器上的龙身为蛇体。两者距今皆在五千年以上。属于龙山文化的陶尊陶盘上，绘有盘绕的彩龙，龙身似蛇身。古籍中，常常龙蛇并称，如"龙蛇居之"（《孟子·滕文公上》），"龙蛇之蛰"（《周易·系辞下》），"蛇化为龙"（《史记·外戚世家》褚少孙引）。

第三，猪图腾，其特点在龙首的口鼻像猪。红山文化出土一批豕形，可称之为猪龙玉饰，其中从内蒙古巴林右旗羊场公社出土的豕形玉雕，经过辽宁省文物店收集的小型兽形玉的中介，再到三星他拉村的玉龙，三者恰好形成由豕到龙的演化序列。三星他拉玉龙身躯像蛇，但口闭吻长，鼻端前突，上翘起棱，端面截平，有并排鼻孔二，这是猪首的特征。其颈脊耸起长鬣，是猪体形象的标志。《左传》与《史记》中皆提到古有豢龙氏，龙而能豢（饲养）必是豕龙，猪为图腾而与龙相连。

第四，闪电图腾，可称为闪龙。古人看到闪电形状弯曲不定，细长而又支权纷出，酷似长蛇而生足生角，便将动物图腾与天象图腾互渗联想，形成龙的形象。闪电总是伴随着浓云雷雨，并发出"隆隆"雷声，故《楚辞》称雷师为"丰隆"，而"龙"的读音亦是雷声的谐音，龙又总是同云同雨密不可分。《论衡·龙虚》说："雷龙同类，感气相致"，"蛟龙见而云雨致，云雨致则雷电击"，故有"云从龙"、"水从龙"的说法。《周易》说："飞龙在天"，又说："云行雨施，品物流行，时乘六龙以御天。"龙的其他原型如蛇、豕、鳄等皆不能离开地面水面而生活，但龙却能腾云驾雾，行风施雨，自由飞翔于太空之中，这种遨游降雨的本领皆来源于闪电崇拜。

在以上四支以外，还有马龙、夔龙、火龙、蜥龙等说法，表明龙所综合的动物和物品形象是多种多样的，所以综合后的形象是多彩多姿，但以上述四支为主要来源。古人说，龙"角似鹿，头似驼，眼似鬼，项似蛇，腹似蜃，鳞似鱼，爪似鹰，掌似虎，耳似牛"（罗愿《尔雅翼》卷28引王符说），我们从龙的身上可以看到原始时代众多动物图腾的属性，它是古代氏族走向融合的文化表现。大体上说，龙的演化经历了三大阶段：最早是各种独立的单类的动物或天象图腾，它们与原型相距不远；然后是互渗互融的综合性图腾，仍然是部落或部落联盟的标志与神物；最后是高度艺术化了的青龙或黄龙，已不具有严格意义上的图腾属性，主要成为中华民族共同的文化艺术象征。龙的特点主要有：一是矫健腾跃，人们常说"生龙活虎"，它代表着中华民族富有朝气和勇于开拓的刚健的精神，故为人们所喜爱；二是丰富多彩，与时变化，代表着人们对真、善、美的向往，晋人刘琬《神龙赋》云："大哉龙之为德，变化屈伸，隐则黄泉，出则升云，贤圣其似之乎"；三是召云致雨，有益稼穑，故龙王成为雨神，成为中国农业社会最受崇拜的神物，其根本原因，盖在于斯。

次说凤。凤是由几种禽类图腾聚合发展而成的，其原生图腾至少有以下几支：

第一，家鸡，可以称为鸡凤。鸡是重要家禽，不仅供人肉蛋，而且能够报晓，日将出而鸣，呼唤太阳照耀大地，故自古就有"丹凤朝阳"的观念。余姚河姆渡一期遗址出土的骨匕上有四只鸟，状如雄鸡，身上载着闪光的太阳，还有一件象牙雕刻，上有双凤朝阳的图案。良渚文化吴县草鞋山墓葬中的带盖贯耳壶上，刻有鸟纹，整体形象似鸡。《山海经·南次三经》说，丹穴之山"有鸟焉，其状如鸡，五采而文，名曰凤皇。"可知鸡图腾乃凤的重要来源。

第二，鸷鸟，可称为鸷凤。鸷即鸮鹰，红山文化出土的玉饰，常以鸮为图案。连云港将军崖岩画中，有鸮鸟的形象，旁有太阳。《左传·昭公十七年》所列二十多个鸟氏族图腾物中，鸷类占八个。商周时期的青铜器纹饰，其凤的形象具有鸮的明显特征，眼睛大而圆，身翼短小，尖喙利爪。

第三，玄鸟，可称为玄凤。玄鸟一为燕子，一为乌鸦。《诗·商颂·玄鸟》："天命玄鸟，降而生商"，可知玄鸟曾是商族先人的图腾。据《吕氏春秋·音初》载，有娀氏之二女爱养天帝之燕，燕遗二卵而去。据《史记·殷本纪》，"殷契母曰简狄，有娀氏之女，为帝喾次妃。三人行浴，见玄鸟堕其卵，简狄取吞之，因孕生契"。故推知玄鸟乃燕子。屈原《离骚》述其事，直指玄鸟为凤皇。庙底沟型仰韶文化的陕西华县柳子镇泉护村遗址标本，有太阳与玄鸟的复合形象，有的像燕子，有的像乌鸦。《山海经·海内经》所说"幽都之山"的"玄鸟"，是黑色怪鸟，当是乌鸦。仰韶文化陕西泉护村彩陶残片上有乌鸦负日图，仰韶文化河南庙底沟彩陶残片上有三足乌与太阳的形象。马王堆汉墓帛画，以日配乌，以月配蟾蜍。《淮南子·精神训》有"日中有踆乌"的说法。汉代画像石上亦有日中三足乌的形象。据赵国华《生殖崇拜文化论》的研究，鸟是男根的象征，而乌鸦色黑，可以表示男根的色素沉淀，乌鸦之三足即是两足加一生殖器，象征男根，日为阳，故乌鸦负日而行。《鹖冠子》说："凤，火鸟也"，乌鸦负日故为火鸟，为后来的凤凰提供了一种形象和特性。

第四，鸾鸟，可称为鸾凤。凤凰冠羽，多作三羽，尾巴迤地舒卷，多作三五羽，其羽翎及整体形象最类孔雀。孔雀古称鸾鸟，五彩缤纷，向为吉祥之禽，多产于南方和西方，被傣族和许多民族视为神鸟。商周甲骨文和金文中，凤字的形象颇似飞腾或奔走的孔雀，头、身、翅、爪、冠、尾皆具，尤注意刻画孔雀状冠羽和长尾。《山海经·西次二经》说，女床之山有鸟，"其状如翟而五采文，名曰鸾鸟"，《大荒西经》云："有五采鸟三名，一曰皇鸟，一曰鸾鸟，一曰凤鸟。"《广雅·释鸟》云：鸾鸟"凤皇属也"。

除以上四种禽鸟外，凤凰还有以鹳、鹭、鸳鸯为祖型的。各种鸟图腾经过长期交融，逐渐形成华贵美丽的综合性神鸟形象，姿态越来越复杂，色彩越来越丰富，而图腾的性格也越来越淡化。凤本来是男性的象征，无论是雄鸡报晓，是燕卵生人，还是乌鸦负日，都表现雄性的能力。可是自从龙成为男性文化的主要象征以后，凤便逐步转变成女性文化的象征，开始是以凤为雄，以凰为雌，以后又用凤配龙，使凤凰完全代表女性，于是凤凰的形象便朝着婀娜多姿的女性美的方向发展，而把雄健留给了龙。今天常见到的凤凰形象大约是明清时期才基本定型化的。在中国古代，凤凰是吉祥、高洁、太平的象征。《书·益稷》说："箫韶九成，凤凰来仪。"《礼纬·斗威仪》云：

"君乘土而王，其政太平，则凤集于林苑"，舜之世太平故凤凰翔鸣。《论语·子罕》载孔子之言："凤鸟不至，河不出图，吾已矣夫"，盖因衰世而己已老故叹息。《诗·大雅·生民之什疏》云："凤凰之性，非梧桐不栖，非竹实不食"，这里寄寓着人们对理想人格的追求。

龙凤的观念和形象对中国文化的影响是巨大的。从政治文化来说，龙凤后来成为帝王后妃专有的标志，代表着至高无上的权威和尊严，皇帝称真龙天子，其床为龙床，其服为龙衮，其舟为龙船，其后裔为龙孙。凤冠霞帔为命妇之礼服，汉制太后、皇后之礼冠才能饰有凤凰。从学术文化来说，学者喜欢用龙凤表述理念。如《周易》乾卦爻辞，"初九潜龙勿用"，"九二见龙在田"，"九三君子终日乾乾"，"九四或跃在渊"，"九五飞龙在天"，"上九亢龙有悔"，"用九见群龙无首"，通过龙的潜藏、出现、跃动、飞腾及极而必返，表示事物由隐而显，由低到高的发展、变化和超过一定限度必然转化的辩证规律，对中国哲学发生深刻影响。文人有龙虎榜，道家有《龙虎经》，品评人物有"龙章凤姿"。学者以凤为仁鸟，《山海经》谓其鸟身有文曰德、顺、义、仁，后世遂以凤为仁德之象征。从民间文化来说，民间的故事、诗歌、工艺，始终带有龙凤文化的色彩，龙舟、龙灯、龙舞成为民间节日的重要内容，龙王崇拜则盛行不衰。中国人自称为"龙的传人"，至今海外华人仍以龙作为中国传统文化的重要标志。

第六节　祖先崇拜

祖先崇拜是在鬼魂崇拜的基础上，由生殖崇拜的传种接代意识，加上图腾崇拜的氏族寻根意识和后起的男性家族观念，而逐步形成并发展起来的。氏族社会的人们要巩固氏族这个共同体，就必须确定自身血统的统一来源。当人们确认氏族来源于自然物时，便是图腾崇拜，当人们确认氏族本源在人类自身并且认为祖灵可以保护后代子孙时，便是祖先崇拜。由于人类最先生活在母系氏族社会里，其生殖观念偏重于女性，所以人类最早崇拜的是女性祖先；而后由于父权制的建立，女祖崇拜才被男祖崇拜取而代之。

一　女始祖崇拜

女性祖先崇拜可分为近祖崇拜和始祖崇拜两部分。女性近祖崇拜的表现形式是丧葬仪式和相应的祭祀活动，前文论述母系氏族社会葬俗时已经涉及。在近代某些民族中仍然残留着女性近祖崇拜的风俗。如云南纳西族摩梭人祭祀近祖，不是专祭父系的曾祖父母、祖父母、父母，而是母系三代祖先和父系三代祖先一起崇拜，包括曾外祖母、曾舅祖父、外祖母、舅祖父、舅父等。另外孝男孝女平等参与丧葬活动。

女始祖崇拜的表现形式则是女神祭祀和女始祖创生神话。祖先女神不同于生殖女神，她除了繁衍后代，还具有创建和保护氏族的多种功能，因此她的形象不再特别突出生育部位，而有着女性完整的形象。红山文化辽西牛河梁发现了女神庙和女神塑像，是原始祖先女神的典型例证。其中一尊女神头像，面部器官完好生动，类同真人，双眼中嵌淡青色圆饼状玉片为睛，炯炯有光彩，头像及相关的其他体位部分塑件，比例适当，对于人体都有真实准确的表现，据专家鉴定为典型的蒙古人种的女性。这尊女神头像的出土，使我们第一次看到了 5000 年以前女祖先的具体形象。从女神庙出土的其他偶像残件看，这里曾有一批女神塑像，也许她们是当地氏族的女始祖系列像。这些女神也有乳房等生育器官，但不被有意夸大，创作者着眼于表现女性的整体美，所以她们不是严格意义上的生殖女神，而是始祖女神，是氏族的保护神。

中华民族有一个共同的女始祖，这就是女娲，传说她是人类的始祖。《风俗通义》说："俗说天地开辟，未有人民，女娲抟黄土作人，剧务力不暇供，乃引绳于絙泥中，举以为人。故富贵者，黄土人，贫贱凡庸者，絙人也。"这个神话形诸文字后，为人们所润色增补，如富贵贫贱之说便是晚出，但其基本内容仍保持了原始风貌。把创人之神说成女性，这是母系氏族社会的意识，"娲"同"蛙"，表示女性生殖之功能，而抟土造人系根据抟土制器而联想出来的，可知该神话产生于制陶业兴起的时代。抟黄土则表现了中国地域的特色。《淮南子·览冥训》说女娲曾炼五色石以补苍天。女娲的丰功伟绩流传后代，名声远播，经久不绝。直到父权制确立以后很久，女娲神在中国人心目中仍有崇高地位。山东与河南汉代墓葬画像石都有人身蛇尾相交的伏羲、女娲像，女娲与男祖伏羲居平等地位。炼石补天的传说可能产生于父系氏族社会，其时女性神只能补天，不能开天，但补天的作用仍然是伟大的。

前文已说到，古文献中记载了许多感生神话，其特点是把部族的英雄始祖说成是女性与某种神物交感而诞生出来的，这一方面表现出古人的图腾意识，另一方面也能表现出古人的女始祖崇拜，因为这些感生神话都崇拜女始祖，是她们生下了部族的男性英雄。

民族学的资料也提供了关于女祖神崇拜的生动例证。碧江怒族的氏族起源神话中，始祖茂英充是天上飞来的一群蜂变成的女人。维吾尔族的创世神话《女天神创世》中，说宇宙万物及人全为女天神所造。普米族的创世神话《久木鲁的故事》说，女神吉泽乍玛与石人巴窝结为夫妻，繁衍后代，即为普米族与摩梭人的祖先。普米族另一则神话则说女始祖是塔娜，生于大石，与牦牛山神婚配，生儿育女，才有了普米人。基诺族的创世女神叫尧白，瑶族的创世女神是密洛陀，黎族的始祖女神叫黎母。另一类氏族起源神话是兄妹婚或男女同祖，这种神话更为普遍。摩梭人在干木山南麓设神龛供奉女神，其形象是骑鹿女人，每年 7 月 25 日举行"干木古"祭祀，即游干木山，祭仪以母系为单位，隆重热烈，目的是祈求人畜平安、五谷丰收和人口兴旺。在四川木里县乌角区，摩梭人、普米族和藏族共同崇祭始祖女神巴丁喇木，认为她主司妇女的健康和生育，当地有病或不孕妇女常去乌角尼可岩穴朝拜巴丁喇木女神。

二　男始祖崇拜与英雄神话

中国古文献和民间神话传说中，男始祖崇拜的资料远较女始祖为丰富，而且比较深入人心，跨越民族的界限，大体上为中华民族成员所认同。这些男性英雄祖先的故事虽然经过后人不断加工，后起文化的色彩越来越浓，但大都保持着一定的父系氏族社会的风貌，连续性要大于变异性，其价值不可低估，它们长期起着强化中华民族文化认同感的重要作用，这种作用到今天也没有消失。下面列举重要的始祖男性英雄，并对他们作简要介绍和分析，从中可以看出，这些英雄有这样几个特点：一是半人半神而以人为主；二是氏族或部落的群体代表，不是个人英雄；三是有神奇的能力，但主要贡献表现为中华文明的创造，故皆为文化英雄。

有巢氏。《庄子·盗跖》说："古者禽兽多而人民少，于是民皆巢居以避之，昼拾橡栗，暮栖木上，故命之曰有巢氏之民。"《韩非子·五蠹》说："上古之世，人民少而禽兽多，人民不胜禽兽虫蛇，有圣人作，构木为巢，以避群害，而民说之，使王天下，号之曰有巢氏。"按《庄子》说法，有巢氏是最早从穴居而学会构木为巢的氏族，《韩非子》则把巢居之功归于圣人，实际上是把氏族首领神圣化，用以代表氏族在居住方面的进步——自然屋到木建屋。

燧人氏。《艺文类聚》引《尚书大传》曰："燧人为燧皇，以火纪官"，又引《礼·含文嘉》曰："燧人始钻木取火，炮生为熟，令人无腹疾，遂天之意，故为燧人。"《韩非子·五蠹》曰："民食果蓏蚌蛤，腥臊恶臭，而伤害腹胃，民多疾病，有圣人作，钻燧取火，以化腥臊，而民说（悦）之，使王天下，号之曰燧人氏。"燧是古人取火的工具，发明人工取火是古文明一大进步，先民把领导发明和使用人工火的祖先视为圣人，称为燧皇，以资纪念。

伏羲氏。又写作庖牺氏。《周易·系辞下》说："古者包牺氏之王天下也，仰则观象于天，俯则观法于地，观鸟兽之文，与地之宜，近取诸身，远取诸物，于是始作八卦，以通神明之德，以类万物之情。作结绳而为网罟，以佃以渔，盖取诸离。"《艺文类聚》引《帝王世纪》曰："太昊帝庖羲氏，风姓也，蛇身人首，有圣德，都陈，作瑟三十六弦。"《易传》说包牺氏有两大功劳，一是作八卦，一是兴渔猎，当是上古渔猎时代的英雄先祖，八卦用以预决吉凶，渔猎用以改良生活，这都是中华古文明史上的大事。《帝王世纪》把太昊与庖羲氏合为一圣，并且形容为人兽同体，带有图腾崇拜的痕迹。伏羲氏后来极受推崇，被推为"三皇"（伏羲、神农、黄帝）之首，民间传说中，伏羲与女娲同被视为"人祖"。除汉代画像石有表现外，河南淮阳县有太昊伏羲陵，又称人祖庙，当地民俗称伏羲为"人祖爷"，称女娲为"人祖奶"，每逢农历二月二至三月三，便举行庙会祭祖、祈福、求子。在少数民族如瑶、苗、仡佬、仫佬等民族中，都流行伏羲女娲始祖传说。

神农氏。《庄子·盗跖》说："神农之世，卧则居居，起则于于。民知其母，不知其父；与麋鹿共处，耕而食，织而衣，无有相害之心，此至德之隆也。"庄子是道家，受老子影响推崇母权文化，故把神农之世形容成母系氏族社会的情景，透露出早期的农业神是女性。《易·系辞下》说："包牺氏没，神农氏作；斫木为耜，揉木为耒；耒耨之利，以教天下，盖取诸益，日中为市，致天下之民，聚天下之货，交易而退，各得其所，盖取诸噬嗑。"神农氏在这里是男性农业商业祖先神，代表着古代农业文明的兴起，所以在后来整个农业社会都受到尊崇。《艺文类聚》引《周书》说，神农氏还"作陶冶斤斧，为耒耜锄耨，以垦草莽"，则冶金业亦是他的发明。又引《贾谊书》说，神农"尝百草，察实咸苦之味，教民食谷"，则五谷之种植兴于此时。《帝王世纪》说："炎帝神农氏，姜姓也，人身牛首，长于姜水，有圣德，都陈，作五弦之琴，始教天下种谷，故号神农氏。"这里把炎帝与神农氏合二为一，当为晚出之神话。

黄帝。古人认为黄帝是神农氏之后和尧、舜之前的圣人，是华夏族的正式缔造者，是中华文明的早期集大成者。《易·系辞》说："神农氏没，黄帝、尧、舜氏作"，"黄帝、尧、舜垂衣裳而天下治"，黄帝当是父系氏族社会部落联盟的首领，形成很大的集团势力，为华夏族的形成奠定了基础。《国语·晋语》四说："昔少典娶于有蟜氏，生黄帝、炎帝。黄帝以姬水成，炎帝以姜水成，成而异德，故黄帝为姬，炎帝为姜。"据此可知黄帝、炎帝同出于少典有蟜部落，而后各自发展成不同的两大部落集团。《左传》说黄帝以云纪官，《帝王世纪》说黄帝有熊氏，《史记》说黄帝能驱使"熊、罴、貔、貅、貙、虎"，则黄帝部族容纳了许多图腾氏族而后方成为大的集团，表现了中华民族早期形成中的包容性。据《史记·五帝本纪》，黄帝族曾与炎帝族战于阪泉之野而后胜之，又与蚩尤族战于涿鹿之野而擒杀之，统一了很大一片区域。传说黄帝造舟车、弓矢、屋宇、衣裳，其妻嫘祖养蚕，其臣仓颉造字，大挠造甲子，伶伦造乐器，力牧正律历，岐伯典医疗疾，人们把很多文明器物的发明都归功于黄帝，使黄帝成为中华民族文明的代表。战国中期以后，五行学说兴起，五帝之中黄帝为土德尚黄居中，更强化了黄帝崇拜。汉代黄帝成为神，为道家所尊崇。黄帝又称轩辕氏，据云他曾居轩辕之丘，因以为号。

炎帝。炎帝与神农本不是一位祖先神，自《世本·帝系篇》云"炎帝神农氏"以来，此说颇为流行，《帝王世纪》继续之，后世几成定论，这大概与中国人既崇拜祖先神，又崇拜农业神，便将二者合一有关。其实炎帝与神农本不相干，先秦典籍毫不混淆，司马迁亦不合说。《庄子》、《易传》述神农氏，绝不提炎帝。《国语·晋语》说炎帝与黄帝是兄弟，后来各形成自己的集团势力，异姓而异德，绝不提神农氏。《绎史》引《新书》云："炎帝者，黄帝同母异父兄弟也，各有天下之半。"实际上炎帝与黄帝是两大异姓通婚部落集团，彼此有联合亦有斗争，在当时诸多部落中占有较大优势，故炎黄二帝被后人共奉为主要祖先神，中国人自称为炎黄子孙。炎帝是以火为图腾的部族首领，故《左传·昭公十七年》说："炎帝氏以火纪，故为火师而火名。"《吕氏春秋·荡兵》说："兵所自来久矣，黄、炎故用水火矣。"可佐证《左传》所说黄帝以云纪官和炎帝以火纪官的说法。行云布雨是连在一起的，《春秋合诚图》说"轩辕，主雷雨之神也"是有道理的。那么炎帝便是最初的火神兼祖先神，故《吕氏春秋》十二纪以炎帝配南方配火，其神曰祝融。古书载黄帝与炎帝作战，只说胜负，并未说炎帝被灭，因为炎帝族存在下来了。《帝王世纪》说炎帝族又称"列山氏"，即"烈山氏"。《左传·昭公二十九年》说："烈山氏之子柱为稷，夏代以前祀之。"烈山即以火烧荒，开田耕种，此正是火神的一大功用，故炎帝之后裔柱能够成为稷神，为夏代以前的人们所尊奉，这大概也是后人将炎帝与神农合为一神的缘故之一。后世之民既尊奉黄帝，也尊奉炎帝，将黄、炎视为共祖，至今不绝。

太昊氏。《世本》与《帝王世纪》将太昊氏与庖羲氏合为一神，实则不同。太昊又称太皞或太皓，《左传·昭公十七年》说："太皞氏以龙纪，故为龙师而龙名。"据此而知太昊氏是以龙为图腾的氏族祖神。《左传·僖公二十一年》又说："任、宿、须句、颛臾，风姓也，实司大皞与有济氏之祀"，据此可知太昊乃风姓，在甲骨文中"风"与"凤"相通，则太昊族又尊奉凤图腾。《吕氏春秋》十二纪把太皞尊为东方之神，配春天，具木德。此后太皞遂成为五帝崇拜的重要对象。

少昊氏。少昊又写作少皞、少皓。《左传·昭公十七年》说："我高祖少皞挚之立也，凤鸟适至，故纪于鸟，为鸟师而鸟名。"故知少皞氏乃上古鸟图腾氏族之祖神。但少昊族的地理位置不易确定。《山海经·大荒东经》说："东海之外大壑，少昊之国。"而该书《西次三经》又说："长留之山，其神白帝少昊居之"，则少昊氏居东方又司职西方。《吕氏春秋》十二纪将少皞尊为西方之神，配秋天，具金德。《帝王世纪》称其为金天氏，都曲阜。以少昊配西方具金德乃是出于五行模式的需要，少昊氏当是东夷集团的先祖，杜预《春秋世谱》说："莒，嬴姓，少昊之后"，少昊后裔可能主要在山东境内。

颛顼。据《史记·五帝本纪》，颛顼乃黄帝之孙，昌意之子，又称高阳氏，司马迁说他"静渊以有谋，疏通而知事；养材以任地，载时以象天，依鬼神以制义，治气以教化，絜诚以祭祀"。是位颇有智慧和作为的领袖。颛顼除人格外又有神格。《国语·周语下》说："星与日辰之位皆在北维，颛顼之所建也。"《大戴礼·五帝德》说他"乘龙而至四海"。颛顼的伟业莫过于"绝地天通"的大事。《书·吕刑》载皇帝"乃命重黎绝地天通"，《国语·楚语下》载楚昭王就此事问于观射父，观射父回答说，"古者民神不杂"，"及少皞之衰也，九黎乱德，民神杂糅，不可方物，夫人作享，家为巫史"，"颛顼受之，乃命南正重司天以属神，命火正黎司地以属民，使复旧常，无相侵渎，是谓绝地天通。"绝地天通的历史真实含义并不如观射父所说是恢复古常，实际上乃是颛顼进行的一次重大宗教改革，即从上古以来民神杂糅而改变成神事官办，一般人不得做巫觋而交通人神，这是宗教事业逐渐贵族化和专业化的重要一步。《吕氏春秋》十二纪尊颛顼为北方之神，配冬季，具水德。

帝喾。《史记·五帝本纪》说他是黄帝的曾孙，称高辛氏，"生而神灵"，

"普施利物"，"顺天之义，知民之急"，"执中而遍天下，日月所照，风雨所至，莫不从服"，是位很贤明的领袖。一说帝喾即《山海经》中的帝俊，其妻有日神羲和，月神常羲，其子孙多有发明创造。《世本·帝系篇》说："帝喾卜其四妃之子，皆有天下：上妃有邰氏之女曰姜嫄，而生后稷；次妃有娀氏之女曰简狄，而生契；次妃陈锋氏之女曰庆都，生帝尧；下妃娵訾氏之女曰常仪，生挚。"如此说来帝喾竟成为后来许多大部族的共同的创始祖先，这显然有后人综合的因素，但由此也奠定了帝喾在传说祖先神中的重要地位。《礼记·祭法》说："有虞氏禘黄帝而郊喾"，"殷人禘喾而郊冥"，"周人禘喾而郊稷"，可知虞、殷、周三族以喾为共祖。

陶唐氏帝尧。尧是传说中较为接近历史的英雄祖先，是儒家学派中古圣王的第一位代表。孔子赞美说："大哉尧之为君也。巍巍乎唯天为大，唯尧则之，荡荡乎民无能名焉。"（《论语·泰伯》）《尚书·尧典》记载尧"克明俊德"、"协和万邦"的功德。按照《史记·五帝本纪》的说法，尧乃帝喾之子，名放勋，"其仁如天，其知如神"；命羲和掌历数；命羲仲居郁夷，主理东方；命羲叔居南交，主理南方；命和仲居西土，主理西方；命和叔居幽都，主理北方；选舜观贤，下嫁二女，禅位于舜；又流共工于幽陵，放驩兜于崇山，迁三苗于三危，殛鲧于羽山，由此而天下咸服。传说中，尧又具有许多神异的地方，如《淮南子·本经训》说"尧乃使羿上射十日"；《春秋元命苞》说"尧眉八采"；《尚书中候》说"帝尧即政，荣光出河，休气四寒，龙马衔甲"；《帝王世纪》说尧母庆都"孕十四月而生尧"，"身长十尺"，"年百一十八岁乃殂"。尧最为后人称赞的是禅让帝位于贤者，传贤不传子，这大约是原始社会部落领袖传承的通则，因为其时并无家族私产，继承人需要原有领袖的推荐和部落成员的拥戴，这正是《礼运》所说的"大道之行也，天下为公"的时代，在后来帝制社会的人们心目中，已经成为遥远难求的理想了。

有虞氏帝舜。舜的传说很多，尧舜最受儒家推崇，二人同为古圣王的代表，儒家自称其学说为尧舜之道。孔子说："无为而治者，其舜也与，夫何为哉，恭己正南面而已矣。"（《论语·卫灵公》）孟子多次赞扬大舜，说："鸡鸣而起，孳孳为善者，舜之徒也"（《孟子·尽心上》），说舜之有天下，乃天与人与。《史记·五帝本纪》说，舜名重华，其父瞽叟顽，后母嚚，弟象傲，皆欲杀舜，而舜不失子道，兄弟孝慈，耕历山，渔雷泽，陶河滨，作什器于寿丘，因此孝闻于尧。摄天子之政，举八恺八元，流四凶族，迁于四裔。即位后，以皋陶为大理，伯夷主礼，垂主工师，益主虞，弃主稷，契主司徒，龙主宾客，使禹披九山、通九泽、决九河，定九州。乃兴《九招》之乐，凤凰来翔。践帝位三十九年，南巡狩，崩于苍梧之野。舜的传说本身已有神奇色彩，而后人又踵事增华，如《诗纬·含神雾》说："握登见大虹意感生帝舜"，《春秋演孔图》说："舜目四童，谓之重明"，《春秋运斗枢》说：舜巡狩中，有"黄龙五彩负图出置舜前"。这样一来，舜由圣而神，宗教的味道更浓。大舜为臣（尧之臣）、为君、为子（瞽叟之子）、为父（让位于禹而不传子商均），皆足以为世之楷模，故后世传颂不绝。

　　以上这些男性远祖英雄，既是血统上的祖先，又是道德上的表率，还是政治上的领袖，同时也具有一定的神性，因而也是宗教上的神灵，这种综合性是中国早期男性始祖崇拜的特点。

三　祖先崇拜的文化意义

　　祖先崇拜的内容可以用"慎终追远"四个字来概括："慎终"指按照一定的礼仪来办理上辈的丧葬；"追远"指按时祭祀和悼念远祖，以示不忘根本。先民的祖先崇拜有浓厚的宗教意义，他们相信祖灵有神通，可以福佑子孙，也可以降临灾祸，所以子孙要敬祭祖先，以求家人平安。但是祖先崇拜中包含着潜在的人文精神，这种精神后来得到发展。早期的远祖崇拜，其内涵是崇拜祖先的崇高人格和丰功伟绩，血统的观念并不强烈，所以从中发展出圣贤崇拜，而且成为强势文化传统，它抵消了鬼神崇拜，形成人文主义的文化价值理想。近祖崇拜主要是祖辈和父辈的丧葬祭祀，与现实生活十分切近，这是祖先崇拜的重心所在。男性近祖崇拜是在父权制度发达和鬼魂观念加深的基础上形成和发展的，在中国最受重视，表现为男性家长丧葬的隆盛，丧仪的繁细和祭祀的规范，这就是孔子所说的"生事之以礼，死葬之以礼，祭之以礼"（《论语·为政》），由此而逐步演化出一系列礼仪制度和文化。祭祀祖先是为了发扬孝道，《礼记·坊记》说："修宗庙，敬祀事，教民追孝也。"孝道的实际意义在于巩固家族的血缘关系，继承和发扬祖先的余泽，使家族延绵发达。后世儒家所阐扬的伦理道德的核心是孝道，而孝道正是从男性祖先崇拜和生殖崇拜中发展出来的。

　　《礼记·郊特牲》说："万物本乎天，人本乎祖"，这是中国人对万物和人生本源的基本观念。由于自然界给了我们衣食，祖先给了我们生命，所以要报本答恩，报答的方式便是敬天祭祖。中国人很少相信天地万物和人类是由某种神灵创造的，只是实实在在相信身体发肤受之父母，父母又受之父母，以至先祖，而人来源于物，物来源于天地。《易传·序卦》说："有天地然后有万物，有万物然后有男女，有男女然后有夫妇，有夫妇然后有父子，有父子然后有君臣，有君臣然后有上下，有上下然后礼义有所措。"这是一种很朴实的自然观和社会历史观，它把社会归结为家庭，把家庭归结为两性，把两性归结为自然，基本上合乎人类演化和早期社会发展的历史。而其中以父子关系为轴心的家族关系是古代社会的基础，中世纪宗法等级社会各种关系都可以看做是家族关系的延伸和扩大。祖先崇拜正是家族社会的宗教，也是它的哲学，是它的最高信仰，在很长时期内极大地影响着中国社会的民俗和精神生活。

第七节　原 始 神 话

神话是超凡灵异的传说故事，其特点之一是带有很大的虚构幻想的成分，其特点之二是有形象有情节，能产生艺术的魅力。从发展历史来说，神话分为原生神话和再生神话，原生神话是指原始社会自发产生流行的神话，再生神话是指文明社会后起的神话。从神话的载体来说，神话可以分为文字神话和口传神话。从神话的作者来说，神话可以分为民间神话和文人神话。从神话的内容上说，神话可分为自然神话和社会神话，再具体又可分为创世神话、天体神话、英雄神话、冥界神话、洪水神话、文化神话，等等。从神话的社会作用来说，神话又可以分成宗教神话、民俗神话、文学神话。就原始社会而言，神话与宗教密不可分，可以说原始神话（即原生神话）乃是原始宗教的重要组成部分，是原始宗教信仰的解释和演义，是原始宗教的"经书"、"哲学"和"文学"。原始神话由于有原始信仰而广为发展流传，原始信仰由于有原始神话而丰富多彩。原始神话给予后代的宗教、哲学、文学、史学、科学和民俗以重大的影响。我国原始神话以汉文古籍的形式流传下来的，虽然丰富但比较零散短小；可是口头流传下来的和许多少数民族口传书写下来的，不仅数量很大，而且有一些相当系统。这两种形式的神话都包含着许多再生神话的成分，只要适当加以剥离，都是研究原始神话的重要资料。其中部分资料已经在前面使用过，现在选其精要并按照神话的体系作一介绍。

一　天地开辟神话

这一类神话是解释宇宙起源的,其主题是说明天地如何开辟而呈现已有的结构与状态。其中最为流行的是盘古氏开辟天地的神话。徐整《三五历纪》(《艺文类聚》引) 说:

> 天地浑沌如鸡子,盘古生其中。万八千岁,天地开辟,阳清为天,阴浊为地。盘古在其中,一日九变。神于天,圣于地。天日高一丈,地日厚一丈,盘古日长一丈。如此万八千岁,天数极高,地数极深,盘古极长,后乃有三皇。数起于一,立于三,成于五,盛于七,处于九,故天去地九万里。

盘古后来如何呢? 梁朝任昉《述异记》说:

> 昔盘古氏之死也,头为四岳,目为日月,脂膏为江海,毛发为草木。秦汉间俗说:盘古氏头为东岳,腹为中岳,左臂为南岳,右臂为北岳,足为西岳。先儒说:盘古氏泣为江河,气为风,声为雷,目瞳为电。古说:盘古喜为晴,怒为阴,吴楚间说:盘古氏,夫妻阴阳之始也。

这则神话告诉我们,天地原初是混沌未分状态,是盘古大神生长起来,撑开了天地,随着盘古不断生长,天地相去日益遥远,逐渐有了现在的天壤之别。盘古氏虽是创世之神,但不是后来宗教所奉的超世的永生之天神,所以他终于死去,他的身体和器官变成了日月山河风雨雷电。盘古是男性大神,当是父系氏族社会的神话人物,《述异记》列出"秦汉间俗说"、"先儒说"、"古说"、"吴楚间说",表明这则神话源远流长,流域广泛。我国民俗学者收集到河南《盘古山》神话,湖北《黑暗传》,皆是盘古传说的地方性形态。我国许多少数民族地区亦流传盘古开辟神话,如广西瑶族有《开天辟地》,广东瑶族有《盘古书》,白族有《创世纪》中的盘古,土族有《混沌周末》中的盘古,苗族有《开天辟地》、《盘古》、《混沌天地》、《盘古制天地》等,有些民族的开辟之神不叫盘古而另有称谓,但故事情节基本相似,只是增加了许多地方性民族性色彩。盘古开辟神话表达了这样一种观念:宇宙最初是混沌不分的，尔后才分化出天和地，天地之后才化生出万物和人。这就是中国人最早的宇宙生成观，它孕育了后来中国哲学的宇宙生成论。

与盘古开辟神话相配合的是女娲炼石补天的神话，后者应是前者的继续。据说天地开辟之后，天地又出现洞裂，因而有女娲氏出来补天。《淮南子·览冥训》说：

> 往古之时，四极废，九州裂，天不兼覆，地不周载，火爁炎而不灭，水浩洋而不息，猛兽食颛民，鸷鸟攫老弱。于是女娲炼五色石以补苍天，断鳌足以立四极，杀黑龙以济冀州，积芦灰以止淫水。

女娲补天之后，宇宙又遭一次劫难。《列子·汤问》说：

> 昔者女娲氏炼五色石以补其（天）阙，断鳌之足，以立四极。其后共工氏与颛顼争为帝，怒而触不周之山，折天柱，绝地维，故天倾西北，日月星辰就焉，地不满东南，故百川水潦归焉。

盘古氏的神话连同女娲补天和共工触不周山的神话加在一起，用幻想故事解释了宇宙的起源和中国的地理环境的形成，它是中国先民眼界扩大和思维能力提高的产物。

二　人类起源神话

这类神话是解释人类是如何产生的，由于受活动范围的限制，古人所理解的"人类"，往往就只是他们的部族，但问题是作为整个人类的起源问题而提出来的，答案则是五光十色。

诸神造人说。汉族古籍中有女娲抟土造人神话，已如前述。壮族的神话说，女神米六甲用尿和泥土造了男人和女人。彝族史诗《阿细的先基》说，男神阿热和女神阿咪用白泥做女人，黄泥做男人，并吹他们一口气，泥人就有了生命。鄂伦春族创世神话说，天神恩都力莫里根用飞禽的骨头和肉造了男人和女人。瑶族神话说天神用蜂仔造人。土家族、布依族神话则说天神用植物造人。

自然生人说。这类神话往往与自然崇拜、生殖崇拜和图腾崇拜连在一起。纳西族《东巴经》认为人类是天与地交合而生的。佤族传说他们的祖先是从石洞"司岗里"出来的。台湾泰雅族的神话,自己祖先是从一块巨岩中裂迸出来的。独龙族神话认为人是从树木中生出来的。此外在一些少数民族中还流传着"花生人"、"竹生人"、"葫芦生人"、"水生人"和"蛋生人"的神话。这些神话的共同点是把自然物的生殖力和人的生殖力类比交渗,以人的属性同化自然物的属性,然后反转过来说明人类的生成。

动物变人说。云南楚雄彝族创世史诗《门咪间扎节》中有一章的标题是《猴子变人》,讲老猴使用石器并取火,学会熟食,"一天学一样,猴子变成人"。藏族有"猕猴变人"的神话,说世界最早只有一个猴子和一个魔女,俩人结亲,繁殖后代,才有人类。这种神话当然不是科学考察的结果,但古人从直接观察中发现猴类在体形和智力上比其他动物更接近人类,故受到启发,提出猴为人祖之说,应是可贵的。

洪水与人类再传说。世界上到处都流传洪水与人类再传神话,如《圣经》中挪亚方舟的故事,古希腊罗马神话中有天帝用洪水淹没人类后剩下夫妻二人再造人类的故事。在我国此类神话中,流传最多的是兄妹婚神话,兄妹又以伏羲、女娲的名称居多。汉族有伏羲兄妹制人烟的故事,说天神发怒发洪水,淹没人间,只有伏羲与女娲为神仙搭救,后来结为夫妇,繁衍子孙,从此天下又有了人烟。黎族人类起源的故事说人间遭到大雨洪水,只剩下兄妹二人躲在葫芦里逃过了灾难,结为夫妇,使人类延续下来。《路史·后纪二》注引《风俗通》说:"女娲,伏希(羲)之妹。"卢仝《与马异结交诗》说:"女娲本是伏羲妇。"兄妹婚的神话反映了这样一个远古的风习,曾经有过血缘家庭,婚姻集团按辈分划分,兄弟姊妹可以互为夫妻,这是人类摆脱杂乱性群婚后采取的第一种家庭形式。

三　氏族和民族起源神话

这类神话用故事的形式解释特定的氏族或民族的来源。民族起源神话多与图腾崇拜相关,氏族起源神话多与祖先崇拜相关。

傈僳族有《虎氏族的来历》和《熊氏族的故事》,都是讲述动物变为男性青年与女始祖结婚而繁衍出虎氏族和熊氏族。该族还有《氏族起源》神话,说大地洪水之后,躲在葫芦里的兄妹成亲生下九男七女,他们长大后分头去找对象,对象不同,生下的后代就成为不同民族,如荞族、狼族、鼠族、鱼族、羊族、猪族、牛族、蛇族、蛙族,等等。哈萨克族有《牧羊人与天鹅女》的神话,白天鹅变为美女与牧羊人成婚,后代就是哈萨克。值得注意的是基诺族、阿昌族、傈僳族中流传着多族共源的神话故事，所指正是现在的中国各民族。如阿昌族的《遮帕麻与遮米麻》说，从葫芦里跳出九个娃娃，老大成汉族，老二成傣家，老三成白族，老四成纳西族，老五成哈尼族，老六成彝族，老七成景颇族，老八成崩龙族，老九成阿昌族。史诗强调说："九种民族同是一个爹，九种民族同是一个妈，九种民族子孙像星星，九种民族原本是一家。"这是我国多民族关系密切、同源共祖的历史的一种反映。

汉族古文献中关于三皇五帝的故事，则是对华夏族起源的解释和对先祖的英雄事迹的演义。孔安国《尚书序》、皇甫谧《帝王世纪》以伏牺、神农、黄帝为三皇，以少昊、颛顼、高辛、唐、虞为五帝。司马迁《五帝本纪》不言三皇，据《世本》、《大戴礼》，以黄帝、颛顼、帝喾、唐尧、虞舜为五帝。司马迁既想摒除神话，撰写上古信史，又不能不依靠古代传说，以成五帝本纪，觉得难以选择。他不了解，先民经历了以神话为史，以传说为史的时代，然后才有文字记载的历史。神话与传说既有虚构和演义，又曲折地表现了上古社会历史的真实，它们不是故意的捏造，而是原始信仰支配下的产物。五帝传说已见于前文。夏后氏族源的神话传说，颛顼生鲧，"鲧妻修己，见流星贯昴，梦接意感，又吞神珠薏苡，胸坼而生禹，名文命，字密，身九尺二寸长，本西夷之人"（见《帝王世纪》）。又一说："鲧窃帝之息壤以堙洪水，不待帝命。帝令祝融杀鲧于羽郊。鲧复（腹）生禹。帝乃命禹率布土以定九州。"（见《山海经·海内经》）殷民族的神话传说，殷祖契，其母简狄，为有娀氏之女，帝喾之次妃，见玄鸟堕其卵，取吞之而生契。契长佐禹治水有功，帝舜任为司徒，封于商，赐姓子氏，而有商族（见《史记·殷本纪》）。周族的族源神话传说，周祖后稷名弃，其母姜原（或嫄），有邰氏女，帝喾元妃。姜原出野，见巨人迹，心悦而践之，孕而生子，以为不祥，弃之隘巷，马牛过者皆辟而不踏，又置树林中，因人多而迁弃于渠中冰上，飞鸟以其翼覆荐之。姜原以为神，遂收养之，因名为弃。幼时好种麻、菽，长而好耕农。帝尧任弃为农师，帝舜封弃于邰，号曰后稷，别姓姬氏，遂有周族（见《史记·周本纪》）。弃的故事在《诗·大雅生民》和《楚辞·天问》中都有生动记载。《山海经》、《国语》、《淮南子》诸书中强调后稷作稼穑之功，后世尊奉为谷神。夏、商、周三代族源神话传说不同于早期氏族起源神话，史实的成分更多一些，与真正意义上的古史直接衔接。

四　天体神话

这类神话是解释日月星辰起源和天体运行、天文现象的，它们是自然崇拜的产物。从神话内部系列说，它们往往与天地开辟神话联系在一起，如盘古目为日月说便是一例。

首先是日月神话。《山海经》说："东南海之外，甘水之间，有羲和之国，有女名曰羲和，方日浴于甘渊。羲和者，帝俊之妻，生十日"（《大荒南经》），"下有汤谷，汤谷上有扶桑，十日所浴，在黑齿北；居水中，有大木，九日居下枝，一日居上枝"（《海外东经》），"有女子方浴月，帝俊妻常羲，生月十有二，此始浴之"（《大荒西经》）。这可称为神生日月说。但是太阳有十个之多，为什么剩下一个了呢？《淮南子·本经训》的神话说，"逮至尧之时，十日并出，焦禾稼杀草木而民无所食"，尧乃使羿"上射十日"，郭璞注《海外东经》引《淮南子》说："羿射十日，中其九日。"汉族民间神话也说，后羿留下了最后一个太阳。类似神话还流行在少数民族中，如壮族有十二个太阳和特康射日的故事，布依族有十二个太阳和布杰兄妹射日的故事，赫哲族有三个太阳和莫日根射日的故事。关于月亮的神话常与玉兔、蟾蜍和嫦娥有关。《艺文类聚》引《五经通义》说："月中有兔与蟾蜍何？月，阴也；蟾蜍，阳也，而与兔并明，阴系阳也。"又引《淮南子》说："羿请不死之药于西王母，姮娥窃之奔月宫。姮娥，羿妻也，服药得仙，奔入月中为月精。"在一些少数民族中流传着日月共生交替的神话，如彝族的《阿鲁举热》和哈尼族的《太阳和月亮》，都说日月原是兄妹或姐妹，妹妹胆小不敢夜晚出来，做了太阳，哥哥或姐姐则做了月亮。壮族的《太阳、月亮和星星》的神话说，日月是夫妻，星星是孩子。那么日与月又如何运行呢？屈原《九歌》说太阳神乘着神龙驾的大车在天上飞行。傣族传说，月亮乘银车巡行天空。另一种著名的说法是乌鸦载日而行，《山海经》有"皆载于乌"之说（《大荒东经》），《淮南子》说："日中有踆乌"（《精神训》）。马王堆汉墓帛画上日有三足乌，月有蟾蜍。关于日月之蚀的神话，我国自古以来就流行天狗吃日月的故事。

其次是星辰神话。中国古人常以为"万物之精，上为列星"，天上星宿有苍龙、白虎、朱雀、玄武，分布东、西、南、北四方，谓之四灵。天星皆有地州之分野，主管人间吉凶，故有占星术兴起。满天星斗，群形各异，明暗不同，引人遐想，编织出许多动人的故事。《庄子》书中有传说"乘东维，骑箕尾，而比于列星"的故事，《艺文类聚》引《论语谶》有"五老飞为流星"的故事。一些重要星辰如北极星、北斗星、火星、岁星、牛郎织女星以及银河，都有一系列美丽动听的神话。传说织女是天帝之女，下凡与牛郎结为夫妇，王母娘娘得知后抓回织女，牛郎挑着儿女追赶，王母娘娘划出一条银河把两人分开，只准每年七月七日通过鹊桥相会一次。这则神话很为民间称道，《诗经》中就有记载，可知源头甚早。藏族神话《星星的由来》中说，有位百岁老人派九个儿子寻宝珠，每人寻得九十一颗，老人骑仙鹤将众多宝珠挂在天下，于是有了星星，而老人自己变成启明星，所以藏族称启明星为老人星。

再次是风雨雷电神话。《艺文类聚》引《风俗通》说："飞廉，风伯也；风师，箕星也。"《太平御览》引《括地志》说："钟山之神，名曰烛龙，视为昼，眠为夜，吹为冬，呼为夏，息为风"，"奇肱民能为飞车，从风远行"，又引《河图帝通纪》说："风者天地之使。"古人想象风是神灵所作为，但故事情节不多。哈尼族流传《风姑娘》神话，说天神造地时，留下了风洞，但很久无风，人们热闷难熬，后来发现是风姑娘在风洞口睡觉，堵住了风，人们叫醒风姑娘后，风就刮起来，春刮东风，夏刮南风，秋刮西风，冬刮北风，大地充满了生机。《艺文类聚》引《山海经》："为应龙之状，乃得大雨"，引《列仙传》："赤松子者，神农时雨师也"，引《风俗通》："玄冥，雨师也"，在各民族中长期流传神龙施雨的故事，汉代有"土龙致雨"的祭祀活动。鄂温克的神话，龙王身上无数片鳞甲，每片鳞甲里蓄水一百多担，下雨时，用鳞片向下洒水。《山海经·海外东经》说："雷泽中有雷神，龙身而人头，鼓其腹。"《河图帝通纪》说："雷，天地之鼓。"赫哲族的传说，雷公锤打砧子，以响雷击魔，闪电娘娘在旁边配合用闪电照妖。雷神开始是雷兽，后来演为雷公，闪电之神则是女性，总是与雷公在一起配合雨师降雨。

五　英雄神话

这里所说的英雄，除了创世英雄，开族英雄以外，主要是指有大功德于民和创造了惊天动地业绩的非凡人物。歌颂这类英雄的原生型神话，著名的有：精卫填海，夸父追日，刑天断首，羿与逄蒙，仓颉造字，大禹治水。

精卫填海神话见于《山海经·北次三经》，它说："发鸠之山，其上多柘木，有鸟焉，其状如乌，文首，白喙，赤足，名曰精卫，其名自詨。是炎帝之少女，名曰女娃。女娃游于东海，溺而不返，故为精卫。常衔西山之木石，以堙于东海。"女娃溺死于东海之后，化为精卫之鸟，誓衔木石将东海填平，此志与后来愚公移山的精神可相仿佛，表现古人改造山河的决心。《述异记》卷上又说精卫与海燕结为雌雄，生雌状如精卫，生雄状如海燕，精卫溺水处誓不饮其水。

夸父追日神话两见《山海经》。《大荒北经》说："大荒之中有山名曰成都载天。有人珥两黄蛇，把两黄蛇，名曰夸父。后土生信，信生夸父。夸父不量力，欲追日景，逮之于禺谷，将饮河而不足也，将走大泽未至，死于此。"《海外北经》又说："夸父与日逐走，入日，渴欲得饮，饮于河、渭。河、渭不足，北饮大泽，未至，道渴而死。弃其杖，化为邓林。"《列子·汤问》补充说：夸父"弃其杖，尸膏肉所浸，生邓林，邓林弥广数千里焉"。《山海经》说夸父为应龙所杀，又说有夸父国，则夸父当为一巨人部族名，其人形体高大，故称夸父。夸父追日，要与太阳比高低，虽未能成功，却将黄河、渭水喝干，死后其杖化为大片森林，其气魄也是很伟大的。夸父是否想考察太阳的归宿处呢？这则神话反映出古人探究太阳之秘的努力。

刑天断首的神话见于《山海经·海外西经》。它说："刑天与帝争神，帝断其首，葬之常羊之山。乃以乳为目，以脐为口，操干戚以舞。"刑天即断首之义。刑天被天帝断首之后，继续勇猛战斗，无首而挥舞干戚，形象感人。晋代诗人陶潜作《读山海经》诗，赞美说："刑天舞干戚，猛志固常在。"这则神话确有激励勇气的作用。

羿与逢蒙的神话见于《山海经》、《楚辞》、《淮南子》等书，而以《淮南子》最为系统。《淮南子·本经训》说："尧之时十日并出，焦禾稼，杀草木，而民无所食。猰貐、凿齿、九婴、大风、封豨、修蛇皆为民害。尧乃使羿诛凿齿于畴华之野，杀九婴于凶水之上，缴大风于青邱之泽，上射十日而下杀猰貐，断修蛇于洞庭，擒封豨于桑林，万民皆喜，置尧以为天子。"按此神话，羿不仅善射，而且各种武艺俱精，他的功劳除射日外，还诛除了六种害民的野兽，尧能当上领袖，全靠羿的武功，为民除害，赢得了民心。《淮南子·览冥训》说："羿请不死之药于西王母，姮娥窃以奔月"，于是又有了嫦娥为羿之妻的故事。《孟子·离娄下》说："逢蒙学射于羿，尽羿之道，思天下惟羿为愈己，于是杀羿。"逢蒙学于羿而善射，但心术不正，妒师而杀之，遂使羿成为悲剧英雄。《淮南子》说"羿死于桃棓"（《诠言训》），又说"羿除天下之害，而死为宗布"（《淮南子·氾论训》），宗布为民间神灵，可知民众没有忘记羿的功勋。

仓颉造字的神话见于《世本》、《淮南子》、《说文》等书。仓颉又称苍颉。《世本·作篇》说："黄帝使苍颉作书。"《淮南子·本经训》说："苍颉作书而天雨粟，鬼夜哭。"许慎《说文》序说："黄帝之史仓颉，见鸟兽蹄迒之迹，知分理之相别异也，初造书契，百放工以乂，万品以察。"仓颉是黄帝的史臣，他观察鸟兽的踪迹而受启发，创造出文字，这是文字起源之一说。《春秋元命苞》说仓颉造字是观察"龟文鸟羽、山川指掌"的结果。古人把创造文字看成惊天动地的大事，故天为雨粟，鬼为夜哭，龙乃潜藏。后世敬字如神，并有敬惜字纸的民俗。

大禹治水的故事已经不是早期神话，而是有一定史实根据的传说，多少带有神话的色彩。大禹的传说中最精彩的部分是兴修水利。水利是安定生活、发展农业的基础，所以受到民众特别的重视。孔子说："禹，吾无间然矣：菲饮食而致孝乎鬼神，恶衣服而致美乎黻冕，卑宫室而尽力乎沟洫。"（《论语·泰伯》）孔子称赞大禹的大功之一是"尽力乎沟洫"，即水利事业。《山海经·海内经》说："鲧窃帝之息壤以堙洪水"，鲧用填堵的方法治理水患，没有成功，后来为帝所杀。《淮南子·本经训》说："舜之时，共工振滔洪水以薄空桑，龙门未开，吕梁未发，江淮通流四海溟涬，民皆上丘陵，赴树木。舜乃使禹疏三江五湖，辟伊阙，导廛涧，平通沟陆，流注东海，鸿水漏，九州干，万民皆宁其性，是以称尧舜以为圣。"《史记·夏本纪》说，尧之时洪水滔天，尧用鲧治水九年不成。舜摄行天子之政，殛鲧于羽山，任鲧之子禹治水，禹"乃劳身焦思，居外十三年，过家门而不敢入"，"开九州，通九道，陂九泽，度九山。令益予众庶稻，可种卑湿。命后稷予众难得之食"，"于是帝锡禹玄圭，以告成功于天下"。这则神话传达了如下的信息：尧舜时代我国发生过大面积的水灾，开始用填堵的办法治水未获成功，后来大禹带领民众用疏导的办法治水，疏通大江大河，使江河之水畅流入东海，于是洪涝得以消除，人民得以安居。大禹又帮助人民种植水稻和各种粮谷，解决了吃饭问题，这是大舜时代被称为太平盛世的重要原因。大禹是上古时代同自然灾害作斗争和发展农业的杰出英雄，故死后被尊为社神，流芳百代，至今不绝。大禹治水的故事发生于尧舜时代，并且有许多神化的地方，例如，把中国中原地区大江大河的治理全归功于大禹是夸大了，所以我们把这则故事看做是原始英雄神话。从中可以看出先民既崇拜自然，也崇拜改造自然的英雄，农业祭祀的特点正在于此。

第八节　原始祭祀、巫术、占卜

一　祭坛、祭器

中国原始宗教除了观念形态方面的内容，还有组织活动方面的内容，这后一方面的有关遗存极少，我们只能根据有限的遗址和文物作粗略的描述。

宗教活动必有场所。临潼姜寨的母系氏族村落遗址上，有五片住房，每片必有一个方形大房屋，可能供氏族集会和进行宗教活动之用。辽宁东山嘴发现一座红山文化大型祭坛，祭坛南圆北方，恰与古文献中郊祀的礼制相符；祭坛建于山嘴上并出土孕妇塑像，可推知祭祀的对象大约有山川之神、生殖女神和土地神；祭坛附近无居住遗存，很可能是部落或部落联盟公共的用于宗教祭坛的场所，平时人们住于别处，祭祀时从四面八方来到此地举行规模较大的宗教仪式。辽宁牛河梁红山文化女神庙和积石冢是一种另外样式的宗教场所。有平台，南北长175米，东西宽159米，边沿发现几段石墙，可能是祭社的地方。女神庙位于平台南侧下的坡地上，具有一定的规模，安放着女神群像；存留的泥塑头像，如真人相当，应是近祖女神；存留的另一人像泥塑残件可推断，在主室中心部位，曾安置比真人大出三倍的女神，其旁有猪龙和禽塑作陪，当是远祖英雄或者天上之神。女神庙在设计、技术和艺术上都显示出很高的成就。环绕女神庙有距离不等的若干处积石冢群，结构复杂，冢内排列石棺墓，大小有别，墓内随葬玉器，墓外排列彩陶筒形器，冢与冢相连，规模亦很可观。积石冢带有墓祭的性质，是较大的宗教活动中心，参加者远远超出氏族的范围。甘肃永靖大何庄遗址发现"石圆圈"五处，用天然的扁平砾石排列而成，附近分布着许多墓葬，圈旁有卜骨和牛羊骨架，大约是先民进行丧葬仪式或其他宗教祭祀的场所。中国玉器时代良渚文化的余杭瑶山祭坛遗址，位于瑶山山顶的西北部，里外三重，约四百平方米，最里层是红土台，平面略成方形，学者们认为是祭天祀地的地方。应该指出，良渚文化的天神并非商周以后的天帝，而是天空之神，是自然崇拜之一，地位应比诸神略高，但未必能形成百神之长的至上神崇拜。该祭坛区有墓葬十二座，大约是巫觋的墓葬，随葬品中多有玉琮、玉璧等玉质礼器，玉琮上刻神人兽面图案，应是巫师通神驭鬼的法器。冠状玉饰上部是神人像，下部是兽面，可能是图腾神的形象。玉龙首镯、玉龙首璜、玉龙首圆牌皆有龙首形象，表明龙已被视为神物，成为崇拜对象。

专用祭器的出现，是原始宗教由低级向高级发展的标志之一。早期墓葬和遗址中，随葬和遗留器物都是生产工具和生活及装饰用品。后期墓葬出现了专用于宗教活动的祭器，说明人们的宗教意识强化了，宗教祭祀精化了。河南淅川下王岗遗址，早一期随葬品多为实用物，早二期随葬品多为专做的明器。大汶口墓地死者有一种奇特的佩戴物即龟甲，有的仅有甲背，有的背腹甲成对，有的穿孔，有的内置石子或骨针，可能具有避邪驱鬼的宗教意义。在若干墓葬中，还发现獐牙和獐牙钩形器，多放置在死者手中或近旁，可能是借助于獐的勇猛性灵，保护死者的遗体。龙山文化三里河墓葬，出土了成组玉器，像是专用于宗教祭祀的礼器，制作极为精美。前文所说红山文化的玉琮及玉璧等，没有生产或生活的实用价值，是宗教用品。以玉为葬，以玉为祭，是红山文化的显著特征，它使宗教文化与审美意识的发展结合起来，由粗陋走向高雅，积淀着人类的智慧。

二　巫术

《说文解字》说："巫，祝也，女能事无形，以舞降神者也。"巫的起源很早，可以说有了原始宗教活动，便有了巫师，人们依赖于巫师，才能与鬼神沟通。巫是人与神之间的中介者，通过念咒、跳舞、祭拜等手段，上达人的祈愿，下达神的旨意，调动鬼神之力为人消灾致福，诸如医病、解梦、预言、祈雨、占星等事项都属于巫的职业范围。巫师需要挑选很聪明、有灵感、容易产生强烈宗教意识的人担当，很受人们的崇敬。《国语·楚语下》说："民之精爽不携贰者，而又能齐肃衷正，其智能上下比义，其圣能光远宣朗，其明能光照之，其聪能听彻之，如是则明神降之，在男曰觋，在女曰巫。"最早的巫师是女性，尔后才出现男觋。巫觋的职业技能就是巫术，它在原始社会生活中的作用十分广泛，表现出先民对事物发展有一种控制意识，企图用人的行为影响鬼神，使之为人造福。《说文》以"祝"释"巫"，广义的巫包括祝，狭义的巫与祝还是有区别的，巫是以舞降神者，祝则是宗教仪规的掌管者，起礼宾司仪的作用，习惯上以巫祝连称。

原始宗教早期活动简易，故巫职不必固定，家为巫史是可以做到的。后来宗教事务日趋繁杂，活动方式日趋神秘，于是出现了少数精通宗教仪式、谙熟宗教知识的专职巫师，他们可以带领氏族进行宗教祭祀活动。这些人在社会上占有很高的地位，往往同时也是氏族、部落的酋长，至少也是他们的重要助手。巫觋是中国最早的知识分子，他们掌握较多历史知识，以及神话、传说、天文、历法等知识，能把宗教观念系统化，把宗教知识一代一代传下去。古籍记载了许多神巫的名字，如《太平御览》引《归藏》说，黄帝时有巫咸，《山海经》提到有巫彭、巫阳、巫抵、巫履、巫凡、巫相等。《吕氏春秋·勿躬》有"巫彭作医"的话。古人以为疾病乃是鬼魂附体或灵魂出走所致，需用巫术加以解除或招回，病可治愈，所以巫与医是不可分的。

从早期绘画中，我们可以窥知古代巫术面貌之一二。在沧源岩画里，有头饰牛角或羽翎的体态硕大的人物，正在作舞状，大约是巫师在跳神。阴山岩画中有仿牲舞蹈图，也是巫师带领人们进行娱神活动。广西壮族花山岩画中，有一群小人在向一个作舞状的大人欢呼，该大人左上方有一件类似铜鼓的神器，腰间横跨一口大刀，威风凛凛，大约是部落的祭司，情景相当生动。20世纪80年代初，甘肃秦安大地湾遗址发掘出一座绘有地画的房基遗迹。地画正中有一个身躯魁伟的男性人物，手持尖棒状器物，作舞步；左侧有一女性，细腰突胸，体形略小，手亦持一尖棒状器物，姿态大致与男性人物同；地画下部有一木棺状长方框，内有两个俯卧的人物，棺状物左前方有一反"丁"字形器物。发掘工作队认为该地画表现的是家庭中祖神崇拜的情状，长方框内是供奉神灵的牺牲。也有学者认为它是原始社会的一次巫术活动记录。我们认为大地湾地画描绘的是一幅巫觋为凶死者驱除邪魂、保佑生者平安的巫术场面。女者为巫，男者为觋，皆右手持法器，左手置头部，作巫舞状，正在施行禳除法术。长方形木棺内放着两具凶死者的尸体，故其状不安祥。反"丁"字形器物是除祟的巫术用具。这种驱邪除祟场面恰好与许多民族请巫师作法解除凶死者恶鬼的风俗相一致，是原始巫术的形象画面。

在当代民族学调查中，我们看到一些古老的巫术风尚。纳西族称女巫为"帕"，称男巫为"吕波"，早期的巫师总是由妇女担任，后来才由男性担任。象形文字中"帕"的形象是披头散发，手持平锣，正在作法。现代"吕波"一般穿蓝布长衫，头缠红布头巾，背后腰带上插不同颜色的纸旗，头帕上插小纸旗。他的职业标志是一把剑，一面小锣，一个大铁铃，其上悬一小铁铃，舞蹈时就摇动这些铃。脖颈上挂一串长项圈，还有一面大鼓。"吕波"不是世袭，也不是任人选择，而是有标准加以选定的。他能使自己处于迷狂状态，并会疯狂地跳舞，当三多神赞许他时，悬挂的一块红布会落到他身上，他停止舞蹈，将红布缠在头上，于是人们便会认为是神批准他成为"吕波"。"吕波"能降神、驱鬼。降神巫术仪式常在夜晚举行，事主请"吕波"吃饭，然后把供桌放在院门口，"吕波"手执小锣，口中念念有词，呼唤山神、家神护佑，祖魂便会通过"吕波"与活着的亲人对话。"吕波"还协助东巴驱鬼，把烧红的犁铧拿在手里，用牙咬舌舔，或把手伸进煮沸的油锅里，一边念咒语，一边四处走动，伴之以击鼓、敲锣、摇铃的动作，据说这样的仪式举行以后，事主家里不再有恶精灵或邪鬼魂逗留。

巫术是原始舞蹈的重要来源，以舞娱神是沟通神人的重要手段，而且巫师需要奋昂狂舞，如醉如痴，感情十分投入，姿态丰富多彩，表现一种神人合一的虔诚心理和强烈的蓬勃的生命力量。所以王国维说："歌舞之兴，其起于古之巫术乎？巫之兴也，盖在上古之世。"[1]

三 占卜

我国已发现的年代最早的卜骨是在仰韶文化晚期的河南淅川下王岗遗址出土的，其次是龙山文化山东龙山城小崖遗址，用的是牛或鹿的肩胛骨，上面有示兆的裂纹，大约是用烧灼的办法造成的，有的还钻了孔。在邯郸涧沟遗址中，发现大量卜骨，用猪、羊、鹿和牛的肩胛骨作成，有火灼痕迹，表明占卜活动有一定的规模。齐家文化甘肃永靖大何庄遗址发现卜骨 14 块，均为羊肩胛骨，有灼而无钻、凿痕迹。占卜的出现意味着先民已不满足于应付眼前的事务，还要对未来的吉凶作出预测，用卜骨上的征兆，推断神意。这当然不能得到科学认识，但表现出古人试图掌握事物因果关系的愿望，在占卜活动中，人们又不能不把若干实际生活经验和在这种经验基础上观察分析得出的积极成果，渗入到吉凶的预测之中，从而使占卜成为迷信与科学交互纠缠的一个领域。例如，从原始占卜中发展出来的殷代占卜卜辞，包含着丰富的社会史与认识史资料。周人还在占卜的基础上发展出《周易》这样高级的思想体系。

卜先于占。卜是将龟甲或兽骨钻孔，以火烤之，依其周围呈现的裂纹形状，推断所问之事的吉凶。占是指用蓍草数目变化的程序，得出卦象，推测吉凶，称为筮，或占筮。此外，当然还有占星、占梦等。《礼记·曲礼上》说："龟为卜，筴为筮。卜筮者，先圣王之所以使民信时日、敬鬼神、畏法令也；所以使民决嫌疑、定犹与也。"《礼记·表记》说："昔三代明王皆事天地之神明，无非卜筮之用，不敢以其私亵事上帝，是故不犯日月，不违卜筮，卜筮不相袭也。大事有时日，小事无时日。有筮，外事用刚日，内事用

---

[1] 《中华文明史》第一册，第 352 页。

柔日，不违龟筮。"由此可知古人对占卜是十分重视的，凡重大行动皆须占卜而后行之；"不违卜筮"也就是不违神明，这是古人社会行为普遍依据的原则。《太平御览》引《博物志》有虎卜，引《史记》有鸡卜，引《隋书》有鸟卜，引《荆楚岁时记》有竹卜，引《晋书》有牛蹄卜。可见古人占卜的方法是多种多样的。

我国许多少数民族于 20 世纪尚保留一些原始占卜的方法，如苦聪族有草卜、鸡蛋卜，佤族有牛肝卜、鸡骨卜、手卜，黎族有鸡卜、石卜、泥包卜，景颇族有竹卜，傈僳族有刀卜、贝壳卜、竹卜，彝族有羊肩胛骨卜、木卜、鸡卜、竹卜、鸡蛋卜，羌族有鸡蛋卜、羊毛绒卜等。凉山彝族将灼骨分上下左右四方，上方为外方，下方为内方，左方为己方，右方为鬼方；烧烤后，如果在下方左方出现直且长的纹为吉，否则为凶。云南丽江纳西族在用羊肩胛骨卜时，请东巴巫师念咒祝，用艾团烧灼羊骨，在灼及骨之时，在灼点放上二十多颗麦粒，接着羊骨被灼裂，麦粒突然跃起，巫师宣称神明已到，便按裂纹给问卜人讲解吉凶。我们从这些占卜的实例中可以推想原始占卜的情况。

第九节　小　　结

世界文化的发展，越早期共性越大，越晚期个性分化越著，如一棵大树同根而千枝万叶。宗教文化的发展亦复如是，中国原始宗教同世界各地区各民族的原始宗教有许多共同之处，也可以说是同大于异，尔后才逐渐显出独特的属性，走了一条很不同于他国的道路。

中国原始宗教与世界各地原始宗教的主要共同性是：第一，自发性，或称为原生性，它是先民在生活中自然而然创造出来的，不是某位教主有意创造出来的，没有完善的制度，没有固定的经书，也不具有欺骗的成分；第二，氏族性，原始宗教是氏族全体成员的共同信仰，个人没有选择的余地，氏族神的管辖范围不超出氏族的界域，部落神也在部落内部供奉，还没有普世性的至上神出现；第三，地域性，所崇拜的主要神灵皆与氏族生活的自然环境有关，在山祭山，在海祭海，在平原祭耕地，神灵大都是自然物、自然力和自然现象的支配者，具有自然宗教的特点；第四，实用性，人们崇拜神灵的目的主要不是为了精神的解脱，而是为了让神灵帮助解决现实生产和生活中遇到的难题，达到消灾免祸、治病去邪、人丁兴旺、五谷丰收、六畜繁盛、社会安宁的目的。我们还可以列举出许多原始宗教的共性，如崇拜的多神性，神灵的直观性，宗教体制与社会体制的一体性以及宗教文化的浑然未分性，等等。

由于中华民族的特殊的社会条件、地理环境和人种差异，在宗教文化得到初步发展以后，便显露出某些自身的特点，至少在崇拜重心上与其他异国民族有所区别。这些特质在当时处于萌芽状态，但它们后来的充分发展，却对中国传统文化造成巨大影响。猴体解剖是人体解剖的钥匙，我们如果使用逆向观察、沿流溯源的方法，就会容易看清中国原始宗教的特点。这些特点是：第一，农业祭祀特别发达，这与中国地处温带，中原地区早就进入锄耕农业社会有关。原始的自然崇拜明显地以农业神崇拜为核心，旁及畜牧、渔猎诸神。中国宗教后来长期以社稷与宗庙为两大支柱，反映了中国社会以农业文明为基础、以家庭宗族为纽带的特点。第二，图腾崇拜呈融合趋势，这又与中华民族多源一体有关。世界多数地区的图腾具有严格的氏族性，不同图腾氏族之间有明显的界限。但在中国，由于氏族之间的融合、部落之间的融合，文化在较广的领域交流，又以黄河、长江流域为中心形成主流文化。图腾物多发生组合，具有很强的综合性，所以才有龙凤文化的出现。第三，祖先崇拜占有显著地位，表现为注重丧葬仪规，原始墓葬的分布普遍而丰富，这与中国很早就出现发达的家族宗族社会并且从未中断有关。在远祖崇拜的基础上发展出圣贤崇拜，在近祖崇拜的基础上发展出成熟的宗法制度。中国进入帝制社会以后，祖先崇拜在宗法制度的基础上得到进一步发展，成为中国民族性信仰的核心。

中国原始宗教不仅是夏、商、周三代宗教的直接来源，而且对后来的儒家、道家、道教、宗法性传统宗教及民间风俗产生很大影响。儒家将其中的男性祖先崇拜转化为系统的人伦学说。道家将女性生殖崇拜提升为道的哲学。道教将自然神灵转化为道教神灵，将巫术转化为道术。宗法性传统宗教则在祖先崇拜和农业祭祀的基础上，形成郊社、宗庙等一整套较高层次的宗教仪规和制度。中世纪的民间信仰，很大一部分是继承上古宗教遗风而来的，只是由于若干高级形态宗教的出现和传入，古代宗教的很大一部分才降格为宗教民俗。

中国原始宗教是中国原始文化滋生的温床，在宗教的激发下，先民的智慧、心理、情感、审美意识得到开拓，孕育着科学与哲学，创造出具有永恒魅力的原始艺术。在科学方面，原始的日月星辰崇拜孕育着古老的天文学。

例如山东莒县凌阳河畔发掘的陶尊，其上有指示祭祀太阳的符号，天文工作者从陶尊出土地附近一块石头，东望五峰山中央峰峰顶，早上太阳正在这个山峰出现的时候，恰是春分，可推知陶尊符号具有确定春分日，以便祭祀日神的复杂含义。[①] 1972年仰韶文化遗址出土了一片有一定弯曲度的太阳纹彩陶残片，考古工作者复原的结果，整圈曲面正好画有十二个太阳，学者认为古人有将一年分成十二个太阳月的知识。而《山海经》关于常羲生十二个月亮的神话，当是表明古人已有一年十二个月的知识。庙底沟型彩陶画鸟驮日图和《淮南子》所说"日中有踆乌"的神话，表明古人已发现太阳有黑子。[②]在哲学方面，鬼魂崇拜孕育着最早的形神观，创世神话则孕育着最早的宇宙论和历史观，图腾雕绘及宗教礼器则表示了原始审美意识的发展，神的观念的产生及不断复杂化、高层化则推动了原始抽象和形象思维的发展。在艺术方面，原始雕塑、绘画，尤其是歌舞，都离不开宗教。歌舞是宗教祭祀的重要组成部分。如黄帝时的乐舞《咸池》是农业祭祀活动的内容。舜时的《九招》，是祭祖的乐舞，优美动听，据说引来凤凰一起跳舞。在原始岩画中，数量较多的是有宗教色彩的舞蹈场面，广西花山崖壁画有表现青蛙崇拜的蛙形舞图，新疆呼图壁崖画有生殖崇拜舞，云南沧源岩画有羽饰舞人图，阴山岩画有鹿角假面舞。舞蹈千姿百态，达到很高的水平。在工艺造型方面，裴李岗文化的石磨石棒，河姆渡文化的骨器，良渚文化的玉器，都是较为精致的，余杭瑶山出土的兽面纹玉器，方圆相切，纹形生动，是造型艺术的精品。在文字方面，大汶口文化考古共发现九种文字符号，许多学者认定是中国的原始文字，距今已有4000～4500年，其中最突出的"日"字、"火"字、"山"字、"炅"字等，都和自然崇拜有密切关系。以上只是略举实例，说明中国原始宗教在原始文化中的地位和作用非同一般，实际上社会生活每一领域都与宗教形影不离，可以说原始人是在宗教文化的笼罩下生产和生活的。

---

① 《中华文明史》第一册，第214页。
② 同上书，第216、217页。

第二章　三代及春秋战国时期的宗教

第一节　概　述

中国古代宗法性宗教产生于原始社会之后，私有制和阶级、国家建立的初期，在夏、商、周三代是国家宗教，并且是社会惟一的意识形态。中国古代宗教以天神崇拜和祖先崇拜为核心，以社稷、日月、山川等自然崇拜为羽翼，以其他鬼神崇拜为补充，形成了相对固定的郊社、宗庙及其他祭祀制度，成为维系古代社会秩序和宗法家族体制的根本力量。中国古代社会与欧洲古代社会相比较，一个重要特点就是进入文明社会的同时，仍保留了以男性血统为轴心的氏族组织形式，使它与政治等级制度和经济私有制度结合起来，形成了宗法等级社会。与此相适应，原始宗教中自然崇拜和祖先崇拜被直接保留了下来，并被赋予了宗法等级性，由统治者培养的少数职业巫师把持，为巩固宗法等级制度服务。

中国古代宗教形成的一个重要标志，便是原始社会末期发生的"绝地天通"的宗教改革。在原始社会里，"民神杂糅，家为巫史"，民众有与神自由交流的权利。此后圣王颛顼（一说为帝尧）"命南正重司天以属神"，剥夺了平民百姓通神的权利，由国家委任的职业巫师（"在女曰巫，在男曰觋"）垄断了宗教神权，说明原始宗教已过渡为国家宗教。

与原始宗教相比，夏、商、周三代的国家宗教最大的特点就是从自然崇拜中发展出了天神崇拜。在原始宗教中，天只是日月星辰、风雨雷电诸神中平等的一员，并无超越其他神灵的特殊之处，反映了地上平等的人际关系。但是到了阶级社会，"天"因其包容性、涵括性，渐升于诸神之上，成为众神之长以及人间王权的支持者、监督者。祭祀天神成了天子垄断的特权，他人绝对不敢染指。夏代的宗教因资料的稀少并且多为神话传说，其确实面貌尚不清晰，但出现统一的至上神则是可以初步肯定的。关于殷代宗教，由于大批甲骨卜辞的出土，近现代学者基本廓清了其本来面目。在殷人的头脑中，有一个无所不能，威力无比的至上神"上帝"，主宰着自然及人间的一切。"殷人尊神，率民以事神，先鬼而后礼"，祭祀仪式隆重而规模巨大，大量供奉牺牲，甚至杀人祭神，反映了早期宗教的权威性和野蛮性。西周初年，经周公的宗教改革，古代国家宗教开始走上了伦理化的道路。周公提出了"以德配天"的重要观念，强调"皇天无亲，惟德是辅"，把社会伦理的属性赋予了天神。从此天不再是一位喜怒无常的自然主宰，而成为人间善恶的裁判官。统治者是否"修德"、"保民"成为能否邀获天命的决定因素，重人文、重自力开始成为周代宗教的特色。在这种人文观念的指导下，周代逐渐形成了较为完备的明堂报享、南郊祭天、泰山封禅等祭天制度，更加注重宗教的礼仪性。所以后人总结周代宗教的特点时说："周人尊礼尚施，事鬼敬神而远之，近人而忠焉。"

古代宗教的另一个重要特点是从原始的祖先崇拜中发展出完备的宗庙祭祀制度。殷王祭祖隆重而频繁，有"周祭"、"选祭"等不同形式，有"羽祭"、"胁祭"、"彡祭"等不同祭法，且每位祖先都要分别祭祀，所以到殷朝末年，殷王几乎每两天就要祭祖一次，其奢侈和浪费是惊人的。周人祭祖仪式更注重等级性和仪式性，通过"吉礼"和"凶礼"的区分，通过"庶子不祭"和"庙制"的规定，将宗族内部的嫡庶之别、贵贱之分、亲疏之异划分得泾渭分明。周礼突出了父与兄的权威，直接为巩固宗法等级制度服务。另一方面，宗法祭祀制度又强调同宗同祖的亲密性，给上下层差异罩上了家庭般的和谐气氛，具有稳定社会，凝聚血缘团体的作用。

中国的古代宗教在西周时代达到了鼎盛状态，其标志就是垄断社会精神文明一切领域的"明堂制度"。根据古文献记载，明堂是宗教祭祀的场所，"宗祀文王于明堂以配上帝"，将祭天与祭祖制度合一。明堂又是国家的行政中枢，周天子"布政"、"折狱"、"告朔"、"论国典"皆于此。明堂还是国家的教育机关，"明堂外水曰辟雍"，天子"养老、尊贤、教国子"皆于此。可以说中国三代社会也是全民信教、政教合一的。同时又通过"学在官府"的宗教教育，保证宗教意识形态一体化结构得以延续。

春秋战国是中国古代宗教走向瓦解及其转型时期。西周时代国家宗教的鼎盛是以强大的王权和严密的宗法血缘制度为依据的。但是到了周平王东迁以后，王权下移，"礼乐征伐自诸侯出"，昔日天子的尊严不复存在。由于铁器和耕牛的普遍使用，人们生产能力扩大，流动性加强，身份等级与贵贱变化无常，"井田制"和"家族宗法制"再也无法维持下去了。从而，建立在宗法血缘制度上的宗法性宗教也发生了强烈的动摇。首先是礼仪器物层面的违礼事件频频发生。齐桓公"欲封泰山"，觊觎天子之礼；鲁国的大夫季孙氏用天子仪仗"八佾舞于庭"，可谓"礼崩乐坏"了。其次是人们信仰的动摇。《诗经》中记载了当时人们在动乱、苦难的社会中发出的疑天、怨天甚至骂天的诗文。在疑怨的背后还有冷静的思考，社会上开始出现了子产、晏婴、管仲、孙武等一批具有无神论倾向的思想家。最后是古代宗教组织的瓦解，巫觋地位的下降和学术风气的下移。从而导致"学在官府"的意识形态垄断状态的结束。

古代宗教的瓦解导致了思想文化领域的繁荣。先秦诸子忧国忧民，纷纷提出自己的救国方案，进行批判和争鸣。先秦诸子百家，与古代宗教都有千丝万缕的联系，对古代宗教的观念从不同角度进行了批判与继承，从而保持了中国文化的延续性。先秦诸子之学奠定了日后中国文化发展的大方向，他们对待传统宗教的态度，不仅决定了宗法性宗教的转型与延续，而且也决定了中国人对其他外来宗教取舍与改造的立场。尽管汉唐以后中国宗教种类繁多，且许多教门内部又有众多流派，但其实质又有诸多的相似之处，可以逐渐走向融合。这是因为，它们都是中国人在先秦时期形成的宗教精神在不同方面的展现与延伸。

儒家宗教观的基石是孔子提出的"敬鬼神而远之"。在当时社会激烈的转型与过渡时期，儒家从社会长远稳定和发展的角度出发，提出应恢复并保存宗法等级制度，因而他们也重视传统宗教中各种祭祀礼仪，作为团结宗族、辨别身份的工具。然而，在当时社会上普遍流行的疑天情绪中，孔子又拒绝回答关于鬼神有无及人死后情状的问题。为了防止其他学派"执无鬼而学祭礼"的指责，他提出了"祭如在"的观点，侧重从参与者心理的角度谈论宗教的意义，认为宗教满足人们的心理需求即可，不必刨根问底地追索彼岸世界的有无。儒家的宗教思想在孔子身后得到了进一步的发展。孟子突出了人类精神生活的内在超越意义，让人们通过"尽心、知性、知天"的内省思路，把宗教伦理内化为人心中自生的自律法则。荀子则进一步强化了对宗教社会教化功能的认识，强调各种祭礼、巫术活动"君子以为文，而百姓以为神。以为文则吉，以为神则凶"。他直接点明了宗教作为社会文化的性质。战国时期的儒家作品《易·系辞传》，对儒家宗教思想进行了概括，"圣人以神道设教，而天下服矣"，"神道"成了工具，"设教"才是目的。汉代以后儒家成了"官学"，儒家的宗教观成了历代政府制定宗教管理政策及士人吸收、改造外来宗教的依据。道家的"天道观"以"自然无为"为宗旨，以追求个人精神的绝对自由为终极目的，兼及身体的锻炼，成为战国时期神仙方术之学及后世道教的直接思想渊源。墨家讲"兼爱"、"明鬼"，主张"背周道而用夏政"，反对等级森严的宗法制度，组织了内部人际平等、纪律严明的社团，对汉代民间宗教的形成产生了重大影响。法家在政治上主张彻底变法，在思想上也对传统宗教持激烈的批评态度。特别是西门豹等具有法家思想的政治家，采取行政的甚至暴力的手段打击民间利用宗教残害百姓的社会势力。法家对后世的无神论思想家产生了积极的影响，不过用简单、生硬的行政手段解决宗教之类的意识形态问题，也为日后历次"法难"开了恶例。总之，道、墨、法诸家的宗教思想，从不同方面成为儒家宗教观的必要补充，也是中国人宗教精神中不可或缺的组成部分。

经过春秋战国时期激烈的社会动荡，宗法性宗教在意识形态领域里的垄断地位被打破了，但并没有真正灭亡，因为中国社会并未从根本上走出宗法等级社会。经过众多儒家学者的重新诠释和它自身的发展变化，秦汉以后的历代政府仍将它定为国家宗教。直至清末，"敬天法祖"仍然是中国人的基本信仰，天坛、太庙中的香火不绝。不过，宗法性宗教此后不满足于天命鬼神的一般性理论，更侧重于典制上的修订与完善，向一种宗教礼俗状态过渡，其神学理论未能发育起来。而从哲学和伦理角度研究、论证宗法社会的任务，则主要由儒学来承担了。由于儒学与宗法性宗教都植根于宗法血缘社会这块共同的土壤，有相似的价值观念和现实主义精神，因此它们之间的相互配合强于相互批评，甚至在许多方面渗透融合，以至使许多近现代学者发生误会，或者把儒学看成了宗教，或者认为中国没有国家宗教，都属于认识上的偏颇。

通过对中国古代宗法性宗教产生、发展及其转化历史的介绍，我们可以看到它与世界上其他民族的传统宗教及基督教、伊斯兰教和佛教等创生性宗教的几点显著区别。第一，观念的连续性。宗法性宗教的许多基本观念，如天、地、鬼、神、山、河、社稷，等等，是从原始宗教中继承而来，并在整个中世纪保持了下去，从而使中国古代文化没有发生重大的断裂。这与世界上其他一些古老文明，如埃及、印度、巴比伦、希腊、波斯等的古代宗教链条都曾中断形成鲜明对比。第二，信仰的多神性。由于宗法性宗教是原生型宗教，其神灵多从原始宗教的自然崇拜、祖先崇拜和英雄崇拜的对象中演化而来，故具有多神性的特点。在阶级和等级社会里，众神之间出现了高低贵贱的统属关系，但却没有至尊无二的排他性。因而当宗法性宗教于秦汉再度被确立为国家宗教以后，对其他宗教有较大的兼容性。第三，组织的宗法性。中国古代宗教虽然有职业的巫师队伍，但却没有独立于社会生活的教团组织。宗、祝、卜、史都生活在社会宗法组织中，受君权和族权的支配。即使在祭祀活动中，他们也只能充当司仪和助手的角色，绝对不能担任主祭。这便为日后其他宗教组织的存在提供了一种模式，注定宗教在中国只能服从政治，而不能与政治分庭抗礼。第四，内容的世俗性。各种大型世界性宗教，它们关心的焦点也是人生问题，但都把人们精神的终极关怀指向了彼岸的天国。而中国的宗法性宗教由于创教时间较早，且在发展过程中受到周公人文精神的改造，因而更加关注人现世的生存问题，农业祭祀具有突出地位，道德伦理渐为教义的核心，这在很大程度上决定了中国人民族气质的形成。

第二节　古代国家宗教的形成
时期——夏、商

一　"绝地天通"的宗教改革

中国历史从野蛮跨入文明的标志是夏王朝的"家天下"，从原始宗教向古代国家宗教的过渡，大约也是在这一段时间完成的。如同从原始社会向私有制社会的过渡发生过讨伐有扈氏的战争一样，古代宗教的诞生也是伴随着一场激烈的宗教改革完成的，史称"绝地天通"。此事最早见于《尚书·吕刑》：

> 若古有训，蚩尤惟始作乱，延及于平民，罔不寇贼，鸱义奸宄，夺攘矫虔。……皇帝哀矜庶戮之不辜，报虐以威，遏绝苗民，无世在下。乃命重黎绝地天通，罔有降格。

蚩尤是传说中苗民的领袖，与华夏民族集团的领袖黄帝进行过激烈的战争，战败被杀。《尚书》记载了这次战争给人民生活造成的苦难及在思想道德领域引起的混乱，但对"绝地天通"一事原因和性质语焉而不详。战国时楚昭王读此书而不解，咨询于史官观射父，《国语·楚语》载：

　　昭王问于观射父曰："《周书》所谓重黎实使天地不通者何也？若无然，民将能登天乎？"对曰："非此之谓也。古者民神不杂，民之精爽不携贰者，而又能齐肃衷正，其智能上下比义，其圣能光远宣朗，其明能光照之，其聪能彻听之。如是则明神降之，在男曰觋，在女曰巫。……于是乎，有天地神民类物之官，是谓五官，各司其序，不相乱也。民是以能有忠信，神是以能有明德，民神异业，敬而不渎。故神降之嘉生，民以物享，祸灾不至，求用不匮。及少皞之衰也，九黎乱德，民神杂糅，不可方物，夫人作享，家为巫史，无有要质。民匮于祀而不知其福，烝享无度，民神同位，民渎齐盟，无有威严。神狎民则，不蠲其为。嘉生不降，无物以享，祸灾荐臻，莫尽其气。颛顼受之，乃命南正重司天以属神，命火正黎司地以属民。使复旧常，无相侵渎，是谓绝地天通。其后三苗复九黎之德，尧复育重黎之后不忘旧者，使复典之。"

观射父告诉楚昭王：民神相通并不是民可以登天，而是说远古时代民、神交通整齐有序，人民思想统一，宗教仪规庄严肃穆，神人各司其职，社会稳定，人民生活富足。后来由于"九黎乱德"，造成了宗教制度的紊乱，人人皆可为巫师，家家都能与天神交通，从而侵犯了神的权威，破坏了社会秩序的稳定，人民生活也因此痛苦不堪。于是圣王颛顼命令一个叫南正重的大臣司天，管理宗教事务；命令一个叫火正黎的大臣司地，管理人间事务。这项措施剥夺了凡人与神直接交通的权力，由国家任命的专职祭司主持宗教活动，"在男曰觋，在女曰巫"，使人神"无相侵渎"，这就叫"绝地天通"。观射父的说法与《尚书》的记载略有出入，关键在于"绝地天通"的时代和人物，"民神杂糅"是由于"蚩尤作乱"引起的还是由于"九黎乱德"造成的？命令重黎"绝地天通"的是黄帝，还是颛顼，抑或是帝尧？造成古籍这种差错的原因可能是远古传说的讹误，也可能是由于在中原广阔的地域内，不止发生过一次剥夺民众祭祀天神权力的宗教整顿。不过，中国历史上确实存在"绝地天通"的宗教改革大约无可怀疑。观射父的观点明显地带有战国时期人物历史观上浓重的崇古非今色彩，他把宗教发展的进程说反了。其实，"民神杂糅"，"家为巫史"恰恰是原始宗教的特点，当代人类学、民族学、考古学的研究都可以证明这一点。只有在生产力有了一定程度的发展，社会分工达到一定水平之后，才会出现职业的巫师。而由巫、觋把持宗教活动的权力，正是建立国家宗教的重要步骤。从此，原始宗教发展为为统治集团服务的国家宗教。

二　传说中的夏代宗教生活

关于夏王朝的宗教，目前的研究尚处于对传说、史籍或文物的推测阶段，因现有出土文物还不足以确切证明。《尚书·多士》载："惟殷先人有典有册"，考古发掘也没有找到夏朝文字的痕迹。尽管春秋战国时社会上有许多关于夏代宗教的说法，栩栩如生，如同亲历，可儒家创始人孔子却指出：

> 夏礼，吾能言之，杞不足征也；殷礼，吾能言之，宋不足征也。文献不足故也。足，则吾能征之矣。（《论语·八佾》）

由此可见，到春秋末年，已找不到关于夏朝宗教足够的文献和民俗学证明了。但是一向谨言慎行的孔子又说：

> 殷因于夏礼，所损益可知也；周因于殷礼，所损益可知也。（《论语·为政》）

根据三代社会的延续性，再加上社会上流行的传说，可以对夏代宗教进行一些推测。

首先，夏代大约已经形成了至上神观念。《墨子·兼爱下》引《尚书》古佚文《禹誓》说：

> 济济有众，或听朕言，非惟小子，敢行称乱。蠢兹有苗，用天之罚，若予率尔群对诸群，以征有苗。

《禹誓》已亡佚，由墨子引证，其语言已杂时人色彩，但其内容却未必完全出于后人杜撰，还是有一定可信性的。其中提到的"天"，是天地万物的主宰，所以征伐要以他的名字进行鼓动和宣传。夏代已经建立了地上统一的王权，在天上塑造一个至上神保护自己的特殊利益是完全有可能的。不过夏代的至上神是否称为"天"是值得推敲的。

其次，夏朝的宗教从原始宗教中继承了祖先崇拜和灵魂崇拜的观念。孔子说：

> 禹吾无间然矣，菲饮食而致孝乎鬼神，恶衣服而致美乎黻冕。（《论
> 语·泰伯》）

众所周知，孔子对鬼神的存在持存疑态度，而且坚决反对在祭祀活动中铺张浪费、单纯追求外在形式的华美。但是他对大禹崇敬自己祖先的灵魂，自己平日恶衣恶食，却华冠美服、隆重丰盈地大搞祭祖活动大加赞赏。这说明，夏代已存在灵魂崇拜，这个灵魂就是自己的祖灵。《尚书·甘誓》是夏启讨伐有扈氏时的战争誓词，他对将士们宣布："用命，赏于祖；弗用命，戮于社。"这从另一个侧面证明祖先魂灵在人们心目中的崇高地位。

最后，夏人在原始鬼魂崇拜的基础上，发展并巩固了灵魂不死及彼岸世界的观念。有鬼魂便有鬼魂生活的世界！地上有人祭祀，天上必有享受祭品的神灵。从代表夏文化的河南偃师县二里头文化遗址的墓葬中，我们可以看到夏人关于彼岸世界的某些观念。在这片墓葬遗址中，已明显存在阶级差别。贵族的墓穴，墓主仰身直卧，随葬品有鼎、豆、觚、爵等陶器，有的还有玉、贝等饰物。另一类则是乱葬坑，骨架叠压堆积，躯体残缺不全，有的无头，有的肢体与躯干分离，显系被砍杀肢解，有的俯身屈肢，可能是被缚手足活埋的。这类死者大多属于殉葬的奴隶或战俘。丧葬形式反映了人们对死后世界的想象，从夏人的墓葬遗址中可以看到鬼魂世界的等级性，彼岸世界无疑是此岸世界的假想延伸。同时，墓主陪葬品多是生活用品，这是因为他们相信灵魂是不会死的，死者灵魂到了彼岸世界，仍然过着生前那种生活。

三 商代的宗教信仰系统

在20世纪以前，人们关于商代宗教的知识与夏代相似，除了产生于殷周之际的几本古籍外，也只能靠传说了。1898年后河南省安阳县殷墟大批甲骨文的陆续出土，使中国的"信史"又向前推进了600年。当年孔夫子苦于宋礼不足征的商代宗教，终于露出了它的真面目。经过考古学家、历史学家、文字学家及自然科学家几十年的刻苦研究，证明"甲骨文"是商代巫师为商王占卜吉凶而存留下来的卜辞，在甲骨上刻划着每一次占卜的情况。十几万片甲骨便将商朝宗教的历史画卷，清晰地呈现在我们的面前。其中有些

材料，还可以与殷周之际产生的几部古籍相互印证，说明这些儒家经典并非完全出于春秋战国，甚或西汉儒生的虚构。

从殷墟甲骨卜辞中我们可以看到，殷人卜问的对象主要可以分为天神、地示、人鬼三大类。其中天神包括：日、月、云、雨、风、雪、雷等；地示包括：土、四方、山、川等；人鬼包括：先王、先公、先妣、诸子、诸母、旧臣等。而在这诸多神祇的背后，则有法力无穷，威力无比的至上神——上帝，或称之为帝。这众多的神灵，便构成了一个与现实人生相对立的彼岸世界，成为殷人的信仰系统。

（一）上帝

在殷人宗教一切神示鬼魅之中，威信最高、权力最大的神就是上帝。上帝是宇宙的主宰，万王之王，管理自然及人类一切事务，殷人对他崇拜极虔。根据卜辞资料，上帝的能力可分为以下几类：

第一，支配自然界的能力。上帝能够"令雨"、"令风"、"令霁"（雪）。例如：

　　　　帝令雨足年——帝令雨弗其足年（《前》1.50.1）[①]
　　　　今二月帝不令雨（《铁》123.1）
　　　　羽癸卯帝令其风——羽癸卯帝不令风（《乙》2452.2394）
　　　　贞生月帝其吗令雪（《乙》6809）

商代的中国已经进入了农业社会，风调雨顺就意味着丰衣足食，人们在神圣的殿堂中最关心的仍然是最现实的社会生产问题。据统计：贞问气象的卜辞在全部卜辞中所占比例最大。

第二，主宰人类祸福，上帝具有"降堇"、"降食"、"降祸"、"降畝"（假作潦，大水）的能力。例如：

　　　　帝其降我堇——帝不降我堇（《乙》7793）
　　　　帝其乍王祸——帝弗乍王祸（《乙》1707.4861）
　　　　宙□甬乎，帝降食受又（《乙》5296）
　　　　今秋其出降畝（《林》2.26.13）

[①]　本书所引甲骨文及其出处，请参阅陈梦家：《殷墟卜辞综述》，中华书局，1988。

由于当时人类对自然界的认识水平还很低下，抗拒自然灾害的能力就更低，因此他们面对庞大的自然异己力量便产生出一种恐惧、无奈的心理，把自己的命运全部交给了上帝，只能虔诚地向上帝祈乞。如果"不雨，帝佳蕫我"（《林》1、25、13），人亦无可奈何。

第三，决定战争的胜负和政权的兴衰。商代社会部族繁多，战争频仍，商王每逢战争便令巫师贞问上帝，看看"帝若"（允诺）或者"帝不若"，然后才敢行动。例如：

> 伐邛方，帝受［我又］——帝不我其受［我又］（《粹》1073）
> 我伐马方，帝受我又（《乙》5408）
> 勿伐邛方，帝不我其受又（《前》5.58.4）

"又"即"佑"字，是上帝保佑战争取得胜利的意思。在对"邛方"、"马方"等部族的战争中，殷王感到对自己的行动没有把握，便通过占卜这种神秘的交感形式测度至上神的意志。在日常政治生活中，殷王也不断对上帝搞"神意测验"，看上帝是否支持自己的统治。甲骨卜辞中有许多这样的文字："帝弗缶于王"（《铁》191、4），"帝弗其福王"（《下》24、12），"帝十若"（《乙》1937），等等。其中"缶"、"福"、"十"都是保护、支持的意思，用以证明殷王的统治是否得到了上帝的首肯。

第四，主管兴建土木、出行、做买卖等日常生活事务。例如：

> 帝降邑（《乙》653）
> 帝弗祑兹邑（《前》7.15.2）
> 贞成保我田（《乙》6389）
> 帝□贝（《乙》2103）

在殷人心目中，上帝是一个无所不能，无所不在的大主管，他们事无巨细都要向上帝"请示"、"汇报"，看他是否支持筑城、种田、经商。这种现象说明：在文明社会的初期，人们对自己的行为缺乏自信，因此需要一个外在的保护者，哪怕他是一个想象中的保护人。

（二）天神

在商代的宗教中，不仅有至上神"上帝"，而且还有个"帝廷"供其役使。上帝统帅着日、月、风、雨、雷等天空诸神和土地、山、川、四方等地上诸神。前者都属于天神系统。

日、月是最容易引起人们注意的天体，卜辞中祭日、月的条目也比较多。例如：

> 乙巳卜王宾日——弗宾日（《佚》872）
>
> 丁巳卜又出日——丁巳卜又入日（《佚》407）

另外又有：

> 寮于东母三牛（《上》23.7）
>
> 屮于东母、西母，若（《上》28.5）

据陈梦家考证，"东母"、"西母"就是日、月的别名。"寮"、"屮"都是殷人重要的祭法，属于火祭，是将牺牲投于烈火之中，使之焚化的青烟上达天庭，以此表示对天空诸神的崇敬之情。

对同属天神系统的风、雨、云、雪、雷等气象诸神，也多用火祭。例如：

> 寮于帝云（《续》2.4.11）
>
> 于帝风使二犬（《卜》通398）
>
> 其寮于雪，又大雨（《金》189）
>
> 壬戌雷，不雨？（《乙》7313）
>
> 兹云其雨？（《存》1.107）

在殷人看来，风神、云神、雷神、雨神都是上帝的使者，虔诚地祭祀他们，或者贞问他们的后台上帝，关键在于求雨。中国属于大陆季风气候带，雨水不均是影响农业发展的根本问题，久旱不雨或淫雨不止都将对农业造成致命的损害。为了五谷丰登，人们崇拜气象诸神也在情理之中。

（三）地示

在殷人的宗教观念系统中，地示虽也属上帝管辖，但与天神相对峙，构成了地上的群神体系。在地上诸神祇中，以地神祭祀最为隆重。对于一个农业民族来说，土地是与气象同等重要的生产条件，因此土地神便成了他们头脑中重要的神灵，每年多次祭祀，感谢大地母亲的养育之恩。在卜辞中土地之神写成"○"或"⊙"，象土块之形，所以后世译为后土。例如：

> 辛巳贞：雨不既，其燎于亳土（《屯南》665）
> 贞勿莱年子齿土（《前》4.17.3）

其中亳、莱是地名，说明是到亳地或齿地去祭神，报地之功，或是求雨乞年。亳在商丘之南，大约便是商王朝的社。《春秋》哀公四年，杜预注曰："亳社，殷社"。不过殷人有社而无稷，这一点是与后来的周朝不同之处。

山川是地上的主要神灵，也是殷人重要的信仰对象。经大自然几亿年时间的造化，地球上矗立起巍峨的高山，奔腾咆哮的江河。其雄伟的气势就给人一种神秘感，崇高感。对于殷人这样一个农业民族，崇拜山川恐怕更主要的是与山川能兴云致雨有关。如《礼记·祭法》云："山林川谷丘陵能出云，为风雨，见怪物，皆曰神。"反映了当时人们神化山川的一种观念。这一点可以和殷墟卜辞的文字相印证：

> 癸巳卜其癸十山，雨（《甲》3642）
> 癸未卜粲十山、好山，雨（《库》1107）
> 壬午卜莱雨，燎昆（《剑》183）
> 燎幽、矢、山，凶（《续》1.49.4）

殷墟甲骨卜辞中关于祭祀山神的条目很多，有许多山的具体位置已不可详考，但可以从中想见山对殷人生活的重要影响。

关于河神有：

> 燎于洹（《前》6.60.3）
> 燎于藕（《乙》200、427）
> 燎于出水齿犬（《乙》1577）

勿帝于渔（《珠》647）

其中提到许多河流的名字。祭山川等地上神祇，主要用沉埋之法。《周礼·大宗伯》说："以貍沈祭山川林泽。"其中对山林奉献的祭品用掩埋法，《礼记·祭法》说："瘗埋于泰圻，祭地也。"而祭河流之神的祭品则沉于水中，这一点可以从出土的甲骨卜辞得到证明。如一片卜辞写道：

酚于河五十牛……五人卯五牛于二珏（《乙》7645）

这说明祭黄河所沉祭品为牛羊、玉璧、奴隶。

四方神也属于地上诸神。殷人已有了东南西北中的地理方位观念，祭四方乃乞灵于主宰四方的神灵：

于西方东乡——于东方西乡（《粹》1252）
酚西方，氐牛自上甲（《甲》2029）
其□奉雨子南方（《甲》753）
帝于北二犬（《剑》44）
辛卯卜圫彡酚，其又于四方（《明续》681）

殷人祭祀四方之神的目的，一是祈年之祭，求四方之神保佑四方安定，报地之功。二是方望之祭，向天下显示对四方的领有主权。三是祓禳之祭，宁风、宁雨，免除四方灾患。

（四）人鬼

后世儒生在归纳商代宗教特点时曾经说："殷人尊神，率民以事神，先鬼而后礼"（《礼记·表记》），一语道破了殷人迷信鬼神，实行鬼治的特点。殷人崇拜的鬼神并非一般的山魂野鬼，而是自己祖先及功勋旧臣的亡灵。由于"绝地天通"的影响，他们相信凡人是不能直接与神交通的。只有殷王死后才能"宾于帝"，是时王联系上帝的惟一渠道。敬祖是取悦上帝的惟一方法，所以殷人祭祖虔诚、隆重而又频繁。在甲骨卜辞中，贞问是否可以祭祀祖先和记录祭祖状况的条目占了很大比重。

戊辰卜贞王宾〔大戊胁〕日，亡尤（《粹》203）

　　　　己巳卜贞王宾雍己胁日，亡尤（《粹》20）

　　　　且辛一牛，且甲一牛，且丁一牛（《上》27.7）

　　　　父甲一狂，父庚一狂，父辛一狂（《上》25.9）

此类卜辞不可胜数，也是殷人祭祖频繁的一个佐证。根据殷墟卜辞记载，殷王祖先都是以忌日天干为庙号的，如太甲、太康、仲丁等，祭日与忌日相应。由于先公先妣较多，同一个干日去世的先王有好几位，于是又要轮开，每一旬的一天只能安排祭祀一位，下一代的只好往下一个旬日排。这样轮祭祖先一周就要十二旬。商代宗教，祭祀祖先有彡、羽、胁三种祭法（具体方法详见下节），所以到了商朝末年，用三种祭法轮祀三周，共要祭先公先妣168次。也就是说，殷王一年之中平均两天就要祭祖一次，无疑要占用很大精力。从物质方面看，殷王祭祖的浪费也是非常惊人的，大量牛、马、羊、豕、鸡等家畜用作牺牲，白白投入火中烧毁了，无疑是对物质生产力的巨大破坏。至于杀人殉葬，更是惨无人道，触目惊心，现代人是无论如何不能理解的。然而在三千年前的商朝，在蒙昧初开的时代，这一切似乎又是顺理成章，不得不然的。一方面，殷王将祖灵"宾于帝"，当作维持统治的主要依据，借自己的祖灵垄断了神权，对敌人施加压力。如《尚书·汤誓》载：

　　　　今尔有众，汝曰："我后不恤我众，舍我穑事割正夏。"予惟闻汝众言，夏氏有罪。予畏上帝，不敢不正。

另一方面，祖灵在天上对时王的影响是两方面的，可以令雨、受又、受年，也可以降祸、降莫。陈梦家在详细归纳了先公、王、妣的能力后，作了这样一个分类："可知在卜辞中王、妣、臣是属于一大类的，先公高祖、河、王亥等是属于一大类的。前一类对于时王及王国有作祟的威力，后一类的祈求目的是雨和年（禾）。"[1] 正是由于祖先魂灵有如此大的威力，在个人能力相对弱小的远古，统治者花大量人力、物力取悦他们是完全可以理解的。

　　受到殷人崇拜、祭祀的人鬼，还有历朝名臣。罗振玉曾经指出："其名臣见于卜辞者三：曰伊尹，亦曰伊；曰咸戊，亦曰咸；曰且己。"（《殷墟书契考释》上13）伊尹是商朝开国元勋之一，协助商汤伐夏桀，后又流放太

_____

　　① 《殷墟卜辞综述》，第351页，中华书局，1988。

甲，是商史上头号名臣。咸戊即巫咸，是大戊时著名的巫师，传说有通神的能力，威力无穷。且己可能是《尚书·高宗肜日》中提到的祖己。除此三人外，卜辞中提到的旧臣还有保衡、伊陟、巫贤、迟任、甘盘等人。由于他们生前在商朝政治及宗教事务中发挥过重要作用，所以殷人想象他们死后与先王、先公一样具有作祟、降福的能力。如：

贞我家旧老臣㐅㞢我（《前》4.15.4）

其苯雨于伊夾（伊尹的异名）（《明续》422）

其罘风伊夾一小宰（《粹》828）

（五）商代宗教观念的几个特点

综上所述，可以说中国古代宗教的主要观念在商代已经形成，不过许多神的形象、性质在以后的历史变迁中不断地损益变化。其中至上神"上帝"的变化最为明显。在甲骨文出土以前，人们都是用殷周之际产生的几部典籍去研究夏、商的历史，因而难免将周人的观念安到了殷人的头上。周人把至上神称为天，他们便自然而然地将殷人的至上神也称之为天。但是在殷墟卜辞这批不会被篡改、也不能加以润色的第一手资料出土以后，人们便发现殷周两代至上神的许多区别，从而也凸显了商代宗教的许多特点。

第一，至上神的人格性。殷人的上帝并不是天。在甲骨文中天是一个象形字，写作"天"，是覆盖在人们头顶上的茫茫苍天，与"帝"字并不通用。郭沫若在《先秦天道观之进展》中列举了八条卜辞证明天并没有神性，不是殷人崇拜、祭祀的对象。这并不难理解，原始人和早期文明人的头脑是相对简单的，缺乏抽象概括能力，只有具体有形的事物才能引起他们的注意。日月星辰、风云雷雪能够直接影响他们的生活，所以从原始社会起就成了他们崇拜的对象，把太阳作为主神崇拜是世界许多原始民族的共同现象。而天空并不对人类生活造成直接影响，只能被看成是一片空无，很难成为崇拜对象。而"帝"字，《说文解字》注云："帝，禘也，王天下之号也。"古文"帝"字顶上是个"上"字，下部像是祭器，是宇宙的主宰之神。根据卜辞对上帝的描述看，他是相对于"下帝"——殷王的人格神，有思维、有情感、有意志。上帝主宰一切的神性主要是地上王权在天空的投影和放大。

第二，至上神的自然性。从殷墟卜辞的内容看，殷人塑造的上帝自然属性是主要的，社会属性是次要的，"令风"、"令雨"占据了上帝大部分的工作时间。由于当时人们改造自然的能力还很低下，各种自然灾害是压迫人类的主要异己力量，所以人们希望神灵在自然面前给予他们庇护。上帝呼风唤雨，支配自然的能力，不过是殷王社会职能在自然领域中的延伸。同时，与农业生产有关的其他要素，如土地、山川、风雨、云雷等，都成了"帝廷"的主要成员，也有助于说明商代宗教自然性强于社会性的特点。

第三，多神等级性。中国古代宗教从原始宗教中脱胎产生，虽然经历了"绝地天通"的宗教改革，但这场改革主要表现在宗教组织方面，而不是宗教观念方面。因此与基督教、伊斯兰教、佛教等创生性宗教相比，中国古代宗教没有固定的教主、没有确切的创教时间，宗教观念也没有与原始宗教发生根本断裂，信仰表现出多神性的特点。殷人宗教中天神、地祇、人鬼三大类，神灵数量繁多，各司其职。但是，商代的宗教已不再是原始人的万物有灵崇拜了，在诸神之间出现了高低统属关系，构成了一个彼岸的等级社会。这也是现实阶级社会在人们头脑中的反映。

第四，祭祀的宗法性。从殷墟卜辞看，上帝与殷王并没有血缘关系。他们从不称殷王为"天子"，祭祀祖先也不包括上帝。陈梦家指出："卜辞并无明显的祭祀上帝的纪录。"[①] 殷王向上帝的贞问和祈求，主要通过祖灵来转达。当时人们已经有了灵魂不死的观念，但还没有轮回转世之说，所以认为灵魂永久地留存于天地之间。殷王祖灵"宾于帝"，回归帝廷随侍上帝，时王只能通过祭祖将自己的愿望转达给上帝。同时上帝也不直接作祟于时王，而是通过先公、先王之灵对世人降祸、降福。因此先王之灵便成了连接天国与现世的惟一桥梁，祖先崇拜不仅仅是维系宗族内部团结的需要，也是上帝崇拜的必要环节。所以，祭祖是殷代宗教中最重要、最隆重的活动。

以上这些观念，有些在周代得到了延续，有些则被周人改造、扬弃。

四　商代的宗教活动方式

殷人宗教的主要崇拜对象是上帝、天神、地祇和人鬼，而他们宗教活动的主要方式则是祭祀与占卜。

(一) 祭祀

祭祀作为一种典型的宗教仪式，从本质上说是古人把人与人之间的求索酬报关系，推广于人、神之间而产生的一种活动。祭祀的具体表现形式就是

---

① 《殷墟卜辞综述》，第 577 页，中华书局，1988。

向神奉献礼物、祈祷或致敬，以此作为代价换取神灵的庇护和支持。由于远古社会生产力水平低下，人的生存主要表现为获取饭食，推己及神，祭祀就表现为向神进奉食物。"祭"字的甲骨文写作"𣅥"（𥄎），象手执带血滴的腥肉。在下面加上"示"字，表示祭神，可知"祭"之本意是指杀牲以腥肉献神，反映了原始人割腥啖膻的遗俗。"祀"字甲骨文写作"巳"或"异"，即举行祭祖仪式时用小孩为"尸"，由尸主代替神灵饮酒的形象，后来广泛引申为对各种神灵的祭祀。殷人尊神而畏鬼，对各种宗教祭祀仪式的形式特别注重，祭祀活动隆重而又热烈。殷人祭祀活动大约可分为自然神祭祀和祖先祭祀两大类。

自然祭祀的对象主要有：日月星辰，风云雷雨，土地山川等，具体形式有：

燎祭。也写作燔、尞、烄、屮、㶜等，都属于火祭，主要适用于天空诸神，即将牺牲投于烈火之中，使之焚化的青烟上达天庭。如"尞于东母九牛"（《续》1.53.2），"尞于帝云"（《续》2.4.11），"尞风，不𠂤雨"（《佚》227）等。祭天空诸神非要将牺牲在柴火上焚化，是由于在古人看来："天神在上，非燔柴不足以达之。"（《礼记·郊特牲》孔颖达疏）燔燎时腥臭的青烟直达高空，表明这份礼品已经被天神接受了。另外，也有用燎祭之法祭土地山川的情况。

瘗祭。主要用于祭祀山神和地神。孔颖达注疏《礼记·郊特牲》时说："地示在下，非瘗埋不足以达也。"将牛、马、羊、豕、鸡等牲畜直接埋于地下，表示山神、地神接纳了这份礼物。

沉祭。用于祭诸水神。在殷墟甲骨卜辞中有这样的记载：

> 尞于土三小宰，卯一牛，沉十牛（《前》1.24.3）
> 求年于河，尞三牢，沉三牛。俎牢（《掇》550）

在甲骨文中，沉字写作"𤄷"，是把牛、羊推入河中的象形字。《仪礼·觐礼》说："祭川，沉。"郑玄注释《周礼·大宗伯》时也说："祭山林曰埋，祭泽曰沉。"把祭品投入水中，便于水神接受。除了向河中投牺牲外，还有投玉器的，如：

> 丙子卜宾贞燮珏酚河（《铁》127.2）

更有甚者，以人作牺牲祭河：

> 丁巳卜，其尞于河牢，沉嬖（《后》上23.4）
> 辛丑卜，于河妾（《后》上6.30）

"嬖"、"妾"是女奴隶，这也是后世河伯娶妇的滥觞。用年轻美貌的少女向河神献祭，充分说明殷代宗教的残酷。

殷人祭祖，主要用彡、羽、胁三种祭法，其中胁祭又由祭、㡸、胁三种祭法构成。在祭祀祖先时，彡祭和羽祭单独进行，而胁祭三法联合举行。每年，要分别用彡、羽、胁三种祭法祭祀各位先王、先妣一遍，称为周祭。周祭的次序是羽祭、胁祭、彡祭，其中羽祭是预祭，胁祭是正祭，彡祭则是绎祭。[①] 以下分别加以介绍。

先讲正祭的三种形式。"祭"字如前文所述，指用滴血的生肉奉献祖先，相当于周代以后祭祖仪式中的献血腥仪式。"㡸"字《说文》解作"设饪也"，即奉献熟食之礼。"胁"字古通"合"，是一种合祭，估计是将当祭祖先神主与全部先王、先妣神主共同祭祀的一种活动，相当于周代的祫祭。不过在周代，献血腥，献熟食及合祭是同一次祭祀的三个步骤，在一天之内完成。而殷人祭、㡸、胁则要分作三天完成，而且彼此要错开一旬。所以至殷末，胁祭虽在一个祀周内举行，但每种形式错一旬，共用13旬。[②]

彡祭的"彡"字同"肜"，从肉彡声，古音同"寻"。在《左传·哀公十二年》中有这样的记载："吴子使大宰嚭请寻盟。"杜预注曰："寻，重也。"所以"彡"祭可以视为正祭"胁祭"的一种绎祭，即对过去祭祀的重温，不过仪式要简单一些。至殷末彡祭周需11旬。

羽祭的"羽"字古通"翌"字。"翌"本指第二日，但也可泛指下一段日子。如果将彡祭视为对胁祭的重温，是一个大祀周的结束，那么羽祭则可以视为一个新祭周的开始。根据周礼，翌是舞羽而祭，所以"羽祭"这个预祭，可能相当于周代祫祭之前的歌舞降神阶段。

祭祀祖先所用牺牲，主要包括牛、马、羊、鸡、犬、豕六畜，其中以牛

---

① 参见詹鄞鑫：《神灵与祭祀》，第335页，江苏古籍出版社，1992。
② 同上。

最为尊贵。献祭的牲畜要大小合适，毛色纯一，以雄性为佳。选作牺牲的牲畜要在牢圈里专门饲养三个月，待其膘肥体壮后才能用。所以牛又称为"太牢"，羊称为"少牢"。处置祭品的方法包括燎（火烧）、埋、沉、卯（削木贯穿）、俎（置于木制台上）等，把大量辛辛苦苦生产出来的物质财富糟蹋掉了。

对社会生产力最大的破坏还是杀人祭神和杀人殉葬，甲骨卜辞中有这样的文字：

芀（羍）十人又五，王受又，弢，又受又（《粹》593）
大吉，五牢。吉，卅人，大吉（《粹》558）

这就是杀 15 人、30 人祭神的记录。在河南省安阳市西北冈殷王大墓区发现了 191 座葬坑，从其中所埋无头尸体、全躯人骨、人头、祭器等物，证明是殷王祭祀祖先的公共祭场。一般每一坑有十几具尸骨，可与卜辞互为验证。殷王墓穴内杀殉的情况更是惊人，一次可达数百人。被杀者除了少数亲属、随从，多是奴隶和战俘。

（二）占卜

占卜起源于原始宗教中的前兆迷信，是先民预测吉凶祸福的一种迷信活动。趋利避害是人的一种本能，在古人对自己身边自然界运行的因果规律尚不能把握的情况下，他们往往把自然界或社会生活领域中的某些怪异现象当成吉凶的征兆，用以指导自己的行为。有些现象有恒常性，可以约定俗成地规定为吉兆或凶兆。如惊雷与暴雨、阴霾与狂风等，这些兆象的背后经常是与自然灾害相连，不过古人没有从科学的角度解释它，而是从神意的角度解释它。但是更多的现象则有较大的偶然性和特殊性，意蕴并不明确，一般人无法从常识判断其吉凶，需要专业巫师来说明，于是占卜术便产生了。

占卜二字在商代甲骨文中便产生了，从字源学的意义上看，占卜与商代最为流行的龟卜巫术紧密相关。在甲骨文中，"卜"字有六种字形：卜、卜、丩、卜、丩、卜，甲骨文大师罗振玉指出："象卜之兆，卜兆皆先有直坼而后出歧理。歧理多斜出，或向上或向下，故其文或作丩或作卜。"（参见《甲骨学文字篇·卜条》）也就是说，从字形上来讲，"卜"字来源于烧灼龟甲时产生的裂纹，是个象形字。至于"卜"字的读音，另一甲骨学老前辈董作宾指出："既灼之后，其龟板炸然有声，是云龟语。"（参见《殷代龟卜之拊测》）

"卜"乃象龟板爆裂之声。"占"字甲骨文写作"占"或"占",上为一卜字,下为一口字。《说文解字》解曰:"占视问兆也,从卜从口",说明"占"字是对卜兆的解释或说明。

占卜活动可以分成两大类。一类是对已出现,但意义不明的自然、社会或生理现象作出解释,如梦占、星占、气象占皆属此类。甲骨文中贞问风云,求乞雨水的条目前已多引,此处重点讲讲梦占的问题。做梦本是人正常的生理现象,是大脑中潜意识摆脱了意识的控制后一种自由的活动,是现实生活在人类头脑中一种曲折的反映。古人不了解做梦的生理机制,便对梦境中出现的奇妙、古怪现象产生了惊诧、迷惑、好奇、恐惧的心理。他们猜测梦中所见的人物是神灵的启示,是未来生活的前兆。可是梦境中生活的变化并不同于现实生活中的逻辑,其意义和指谓并不明显,因此便需要巫觋来详梦,进行"梦的解析"。甲骨卜辞中便留下了为殷王占梦的记录,如:

> 壬午卜,王曰贞,又梦(《铁》26.3)
> 丙戌卜,殷贞,王屮梦示(《遗珠》513)

这些卜辞虽然没有记录下占梦的结果,但可以充分说明殷王对占梦的重视。其后出现的一些古籍,对商代梦占活动有了较为详细的说明。如《尚书·说命上》载:

> (高宗)梦帝赉予良弼,其代予言。乃审厥象,俾以形旁求于天下。说筑傅岩之野,惟肖,乃立作相。

这是一个古代传说,殷高宗武丁梦见上帝告诉他,将赐他一位良臣来辅助朝政。他根据梦中所见到的人物形象,结果发现在傅岩之野正在筑墙的一名奴隶名说,于是任命他为国相,果然成就了一番事业。这个梦很可能是武丁为破格选用人才而制造的舆论,但能为朝廷内外接受,说明梦占术在当时还是有相当影响力的。

占卜的另一类是在自然界并未出现什么征兆的情况下进行的。如统治者在进行战争、建筑、祭祀等重大活动以前,对自己的行动又感到缺乏把握,犹豫不决,他们也会命令巫觋来占卜。在原始社会中存在着动物卜、植物卜等占卜形式。到了商代,巫觋们便将原属动物卜的骨卜加以创造发展,形成了以龟卜为代表的殷商文化。在殷墟甲骨中，还保存了部分的牛、羊肩胛骨，上面有烧灼及书刻的痕迹，说明商代龟卜与原始动物卜的联系。在原始社会遗址中就发现过骨卜的材料，可能是原始人在烧烤兽肉时，兽骨上某些烧裂的纹路能预示某些先兆。不过，肩胛骨、腿骨等骨头太厚，不易开裂，因而逐渐为易于成象的龟腹甲取代。原始人的骨卜是简单的，没有什么前期准备及复杂的仪式，用后随即丢掉。但是到了商代，由于宗教已经演化成巩固统治的重要工具，职业巫师们便将简单的骨卜发展成一个复杂的过程。关于龟卜的全部仪式，罗振玉、董作宾、陈梦家等甲骨学大师的说法不完全相同，但大致包括以下环节：

第一，取龟。殷人占卜用龟，有一定规格，董作宾根据多次主持殷墟发掘工作的经验，对用龟的种类及大小作了说明："卜用龟之应属于水龟一类，尚有积极之四证：一、体长五六寸至七八寸。二、腹甲共九枚。三、腹下之鳞片十二。四、产于河湖池沼。"（《商代龟卜之推测》）不仅龟种有讲究，而且要取龟以时。《周礼·春官·龟人》载："凡取龟用秋时，攻龟用春时。"东汉郑玄注曰："秋取龟，乃万物成也。"宋儒朱申则解释说："龟至秋而坚成，可以取之。"（《周官句解》）秋季取龟，一方面是为了取得较好的龟甲，另一方面则是符合动物自然的生长规律。殷人在众多动物中对龟情有独钟，取龟以占吉凶，是由于他们发现龟的寿命很长，被视之为神物，因其阅历很多故知吉凶。如《说文》段注引刘向语："蓍之言耆，龟之言久。龟千岁而灵，蓍百茎而神。以其长久，故能辨吉凶。"

第二，衅龟，即用牲血灌龟，以增加龟的神性。郑注衅龟曰："衅者，杀牲以血之，神之也。"司马迁在《史记·龟策列传》中记载了东周宋元王龟卜活动的过程，虽其时较晚，但"周因于殷礼"，亦可作为殷代衅龟的佐证。宋元王得大龟后，"向日而谢，再拜而受。择日斋戒，甲乙最良。乃刑白雉，乃与骊羊，以血灌之，于坛中央。"

第三，攻龟，即杀龟及其后的龟甲处理。由于龟在古代被视为神物，因此古人在说明何以杀此神物或不杀龟何以取甲时颇费了一番心思。司马迁讲宋元王衅龟后接着说："以刀剥之，全身不伤，脯酒礼之，横其腹肠，荆支卜之，必制其伤。"（《史记·龟策列传》）按此说法，似乎仅取龟甲而不伤其生，这类从儒家"天地好生之德"中推引出的神话，纯属杜撰。殷王大搞贞卜活动是要大量杀龟的，不伤其身也取不出龟甲。《周礼·春官》明确讲："攻龟用春时。"贾公彦疏曰："攻龟在春时，风气燥达之时。"春天空气干燥，龟甲不易霉坏，以备四时之用。陈梦家指出："杀龟，锯、削、刮、磨当属之。"① 杀龟后将上下甲锯开，刮去正面表皮上有胶质的鳞片，并且将其磨平、磨光。

第四，钻龟和凿龟。龟甲在锯削刮磨后还不能马上烧卜，因龟甲也是极其坚硬的，不易致兆。所以现存的甲骨上都有一些人为加工所产生的窠槽，椭圆形的是凿痕，圆形的是钻痕。凿孔中间圆两头尖，烧灼时容易出现直线裂纹；钻孔是圆的，烧灼时容易出现横纹。一般龟甲上都有多处钻凿小孔，最多者可达 204 孔。

第五，命龟，即在灼卜前对灵龟诉说贞问之事。司马迁在《龟策列传》中记载了宋元王的命龟之辞及褚少孙所记多种命龟之辞。从中可见，上至国家安危，气象变化，下至个人生死，出行求财，皆可致问于灵龟。同时命辞中还有大量对神龟的赞颂及乞求。殷代语言文字不够发达，且记载困难，甲骨卜辞要比春秋战国简单得多，但已具备了后世命辞的主要形式。如"帝其令雨——帝不令雨"（《乙》1312），"甲申卜；敫贞，妇好娩嘉——不其嘉"（《丙》247）。第一条卜辞是问上帝是否下雨，第二条则是问王后妇好是否能够生个男孩。卜辞多是同一个问题从正反两个方面提问，称之为"对贞"，然后通过兆象判断将出现哪种可能。

第六，灼龟，即烧灼钻凿过的龟甲。殷人灼龟取兆，并不是直接把龟板丢入火中烧，而是取木炭烧灼龟甲上钻凿的小洞。《周礼·春官》载："菙氏掌共燋契。""菙氏"是周代宗教官员太卜手下专管灼龟的官员，"燋契"指燃烧的木炭枝，是灼龟的工具，将其插入钻、凿的小孔中。"遂吹其燋契"，以增强火力，以便令龟甲爆裂，从而在龟甲正面出现兆象。

第七，占龟，即由巫师根据兆象判断吉凶。在整个龟卜仪式中，观兆一节最为关键，是全部活动的目的。但是恰恰由于"占卜"这种"预测学"缺少科学的依据，因此古人关于兆象所留下的记载最含混，也最难以破释。《周礼·春官·占人》说："凡卜筮，君占体，大夫占色，史占墨，卜人占坼。"体、色、墨、坼是四种兆象，但究为何物，从古至今争论不休。又如《尚书·洪范》记载五种兆象："曰雨、曰霁、曰蒙、曰驿、曰克。"龟甲上何以会出现云雨之象，也是个很难解释的问题。《周礼》记载，当时的巫师曾经对兆象的规则进行了收集整理，成为专门的占卜之书，"太卜掌三兆之

---

① 《殷墟卜辞综述》，第 10 页，中华书局，1988。

法，一曰《玉兆》、二曰《瓦兆》、三曰《原兆》"（《周礼·春官》）。可惜这些书早已失传，无助今人破译甲骨之谜。

第八，书龟和契龟，即在占卜过的龟甲上用笔书写或用刀契刻，记录所问事宜，占卜的吉凶结果。有些甲骨上还书刻上验辞，说明占卜的效验。占卜在商代是一件神圣而又隆重的活动，因此他们要把卜事记录下来，并细心收藏，一方面可以说明统治者得到了上帝的佑护，另一方面也考核卜官的业绩。书辞一般刻在兆象的旁边，有的用笔书写成墨色或朱色，有的用刀镂刻在龟甲上。根据目前所见，契龟多于书龟，那么契与书的关系如何呢？董作宾认为书是契的准备阶段，现在所见之书龟是书而忘契了。陈梦家认为有许多刻辞小如蝇头，是很难先书后刻的。总之，形成两种记录方式的原因仍是一个历史之谜。

第九，藏龟，即将经过灼兆，刻有卜辞的龟甲放在洞中收藏起来。殷人将占卜用过的龟甲宝贵地收藏起来，其原因卜辞本身并无记述。今人推测，既然龟卜是一件极为隆重、神圣的活动，那么承负着上帝及先王旨意的神龟之骨，自然不可随意丢弃。另外，龟甲收藏起来，也便于检验占卜是否准确。《周礼·春官·占人》曾说："凡卜筮，既事，则系币，以比其命，岁终则计其占之中否。"这说的是周人对占卜用龟的处理方法，周承殷法，想来殷人也差不多。币即帛也，是否还有帛记载卜事不得而知，即使有至今也烂完了，只有刻在龟板上的书辞得以保存下来。保存占卜过的龟板，有助于殷王检查巫师的灵异程度，也便于巫师们总结占卜经验。本来占卜之事千头万绪，龟甲灼裂的痕迹无规则可言，两者毫无关系，巫师们必须积累丰富的经验才能说服统治者，收藏并经常揣摩这些龟板，有助于巫师"技艺"的提高。不过，占卜过程这最后一个环节，却为今人保存下了一个完整的殷商世界。20世纪初出土的大批甲骨文，就是由于找到了几个藏甲洞，使古代史的研究又大大前进了一步。当然，这份历史的贡献是当时藏甲的殷王及巫师们都未曾想到的。

（三）巫术

尽管国内外宗教学界关于巫术的本质以及巫术与宗教的关系存在争论，但弗雷泽关于巫术是人通过某些动作强迫、压制自然界和神灵[①]的观点，仍然有其合理性。不论中国古籍记载的古代宗教中的巫师，还是少数民族调查中找到的鄂温克族萨满，以神舞驱邪、祛病、求雨都是其基本职能。甲骨文

---

① 《金枝》，第79页，中国民间文艺出版社，1987。

中巫字写作"巫"，象女巫师长袖歌舞以降神。《说文》云："巫，祝也。女能事无形（无形指神），以舞降神者也。"古人相信，通过巫师激动不安的舞蹈，可以邀神灵下凡，帮助自己战胜引起疾病瘟疫的魔鬼及各种自然灾害。何休注《春秋公羊传》也说："巫者，事鬼神祷解以治病请福者也。"在古远的殷商时代，人们认识自然和改造自然的能力都很低，只能以这种幻想的形式鼓舞自己与自然进行斗争，统治者则借助巫术安定人心，巩固政权。商代最典型的巫术活动是驱鬼治病与求雨。

在殷人的宗教观念中，与诸方神祇相对峙，还有鬼的观念，如卜辞中常有：

> 多鬼梦，不至祸（《后》下.3.18）
> 祟鬼，于凶告（《屯南》4338）

神的作用是福祐于人，而鬼的作用则是作祟于人。当时的人们尚不认识疾病的原因，统统将其归结为鬼魂作祟。如卜辞中有：

> 有疾止（趾），唯父乙害（《乙》2910）
> 有疾，唯黄尹害（《存》2.384）

这就是说，足疾是由于先王父乙作祟，另一次病是已故大臣黄尹作祟。既然病由鬼致，治疗的办法惟有请巫师驱鬼除病了。《周礼·春官》记载，巫师的一项职能便是"春招弭，以除疾病"。在卜辞中，把驱鬼活动称为"宄寝"，"宄"字在甲骨文中写作"宄"，象征在屋内执兵器击"九"。据古文字学家考证，"九"是"鬼"的假借字，所以卜辞中有：

> 庚辰卜，大贞：来丁亥宄寝，有艺，岁（刿）羌卅，卯十牛。十月
> （《前》6.16.1）

这就是说，杀了30名羌族战俘及十条牛，为殷王作法驱鬼治病。其中"宄"与"究"相通。以后，殷人的"宄寝"演化成周人的"傩疫"。

舞雩求雨，是商代宗教中极为隆重的巫术活动。《周礼·司巫》载："若国大旱，则帅巫而舞雩。"如久旱不雨，殷王便会命令巫帅率民众舞雩而求

雨。《尔雅·释训》："舞，号雩也"，认为舞与雩的原始意义相同，可以互相转注。郭璞注《尔雅》说："雩之祭，舞者吁嗟而求雨"，形象地说明人们在大旱之年，心情焦虑，狂歌劲舞，以自我虐待式的巫术乞求上帝降雨。甲骨卜辞中有许多舞雩求雨的记载：

> 乙巳卜，宾贞，舞河（《乙》3899）
> 舞华，雨（《人》2260）
> 贞，舞，允从雨（《续》1.33.4）

这几条卜辞记载，人们向黄河、华山之神舞蹈，乞求降雨。有的时候天从人愿，终于下了雨，殷王和巫师便以为是他们的巫术起了作用，非常认真地刻在卜骨上。但是如果舞雩而不雨，殷王便会采取一些极端的办法。一是"焚黄"：

> 乙卯卜，今日焚黄，从雨（《戬》47.3）
> 乙未卜，于宽（地名）焚黄，众雨（《粹》10）

据裘锡圭先生考据，甲骨文中的黄字写作𡙡，像一个鸡胸驼背，口鼻朝天的残疾人。当时传说，因上帝怜悯他们，怕他们口鼻进水，所以才不下雨，"焚黄"可以绝上帝之忧。如果"焚黄"仍不见效，殷王又会怀疑巫师们的忠诚及能力，想出"曝巫"、"焚巫"的花样。

> 炆妠一由婞粹（《簠》杂67）
> 妓婞出雨一勿妓婞，亡从雨（《佚》1000）
> 其炆高，又雨（《粹》657）

曝巫是让巫师在烈日下暴晒，"炆"又写作"炎"，像一个人在火上烤，妠、婞是女巫的名字，高是男巫的名字。因为巫师有"通天"的能力，殷王大约是想通过折磨上帝的奴仆来迫使他发善心降雨。这时，巫师们又成了自己编造的神话的牺牲品。

五　商代宗教的社会作用

商代宗教作为中国古代宗教的早期形态，充分反映了当时社会的野蛮与蒙昧。甲骨文的出土充分展示了商代宗教惊人的浪费与残酷。从目前出土的十几万片甲骨看，主要出于盘庚迁殷至纣王末年的一段时间，大约273年。在二百多年的时间内，殷王室进行这么多回占卜和祭祀，其宗教活动之频繁是后世所不可比的。在宗教活动中，为了取悦上帝和祖灵，殷王毫不吝惜地献上大批的"牺牲"。在卜辞中，一次将十几只，甚至几十只牲畜焚烧祭天，瘗埋祭地，沉水祭川的例子屡见不鲜，劳动人民辛勤劳动的成果被疯狂地付之一炬。杀人祭祖，杀人殉葬更是惨无人道和对社会生产力的严重摧残。安阳西北冈殷王葬区内发现了191座祭祀坑，一般每坑都有十几具尸骨。至于殷王的葬穴内，杀殉的情况更是惊人，最多达到400人。殷王相信，他们的祖先死后，灵魂在天国还要当王，要有人侍候，所以奴隶和战俘便成了牺牲品，他们的灵魂被提前送上了天廷。为了获得大量"牺牲"，殷王还要不断对邻近部落发动侵略战争。总之，如此大量地浪费物化劳动和活的劳动，必然严重阻碍生产力的发展。

然而，我们也要学会历史地看待古代宗教，作为当时惟一的社会意识形态，它又是和宗法血缘制度紧密结合的，对于维系宗族团结，稳定社会制度发挥了重要作用。根据目前已经收集到的甲骨卜辞，殷人已经初步形成了宗法等级制度，王位的继承以王族的男性血统为依据。虽然还没有形成严格的嫡长子继承制，而多行兄终弟及，但重辈分，重长兄长子，王室的世系仍然是清楚的。与此相适应，殷人也形成了宗法祭祀制度。殷人祭祖制度可以分成两大类，一类是"周祭"，即用羽、肜、彡三种祭法轮祀所有先祖、先妣。另一类叫"选祭"，一次合祭五世之内直系先祖先妣若干名。周祭为我们提供了商朝全部先王的名单，选祭则提供了直系线索。所以卜辞清晰准确地记载了殷王23世、37位帝王的传承关系。关于商代的继统法，王国维在《殷周制度论》中指出："商之继统法以弟及为主而以子继辅之，无弟然后传子。"陈梦家在《殷墟卜辞综述》中进一步发挥说：商代的继统法除兄终弟及、无弟传子外，还表现出如下特色：一、前期弟传兄子，以兄为直系（大丁至祖丁）；二、中期弟传己子，以弟为直系（小乙至康丁）；三、后期完全是传子制，与周无异。如此复杂的直系、旁系血缘图，就是通过宗教祭祀制度确定、传承下来的。殷王供奉于祖庙的神主称为"示"，"大示"是直系先王，"小示"是旁系先王。祭祀"大示"用牛牲，祭祀"小示"用羊牲。宗教在这里起到了区别亲疏，团结宗族的作用。

从政治上看，宗教的作用也是两重的。当时人们文化水平很低，又非常迷信鬼神，古代宗教成了殷王治理国家，教化民众的思想工具。凡遇战争、迁徙、祭祀、婚姻、建筑、田猎等重大行动，殷王都要命令巫师占卜，为自己的行为披上一件神意的外衣。如《礼记·曲礼》云："卜筮者，先王所以使民信时，敬鬼神，畏法令；所以使民决嫌疑，定犹与也。"《尚书·盘庚》篇，生动地告诉我们统治者是怎样利用宗教强迫民众服从自己意志的。盘庚想把都城从耿地迁往殷地，不少民众表示反对，他便利用宗教来做民众的"思想工作"。他说：先王们都是依照上帝的意志办事，他们已经迁了五次都，所以国家才兴旺发达。这次迁都我也经过了占卜，"卜稽曰：其如台"。可见迁都的计划得到了上帝的允许，并非我个人的意愿。你们必须服从上帝的意志，否则我要把你们的罪行报告我阴间的祖先。你们祖先死后的灵魂仍是我祖先灵魂的奴仆，我祖先之灵便要报告上帝，惩罚你们祖先的灵魂。你们的祖灵便不再保佑你们了，"乃祖、乃父断弃汝"。不仅如此，他们还要到我祖灵前控告你们，"乃祖、乃父，丕乃告我高后曰：'作丕刑于朕孙。'迪高后，丕乃崇降弗详"。盘庚的威慑、恫吓起了作用，殷民们乖乖地在他指挥下迁到了殷地。当然，维持统治最根本的手段还是政权和军队，宗教只能起辅助作用。盘庚威胁臣民们说："乃有不吉迪，颠越不恭，暂遇奸宄，我乃劓殄灭之。"上帝并不真会派鬼神来降祸降灾的，杀戮的屠刀只能来自统治者手中，不过有了宗教这层烟幕，现世的惩罚便蒙上了天国的色彩，宗教观念可以放大统治者的威慑力量。世上的事物都有两面性，盘庚迁殷是历史的一大进步，推动了生产力的发展。所以我们可以说古代宗教作为一种官方的意识形态，在客观上也能产生积极的作用。

最后，我们谈谈职业宗教人员——巫觋的社会作用。商代宗教在组织结构上特别体现它国家宗教的特色。我国古代宗教是通过"绝地天通"的宗教改革形式诞生的，其实质不在于宗教理论的出现，而表现为由国家任命的职业神职人员垄断了宗教活动的组织权。从此，巫师成为国家政权中的固定组成成员。商代文化官员有两类，一类叫做史，一类称为祝，巫师便属于祝。《说文解字》云："巫，祝也，能齐肃事上帝者，在男曰觋，在女曰巫。"关于巫觋的职能，王治心在《中国宗教思想史大纲》中说："关于祭祀的明堂、合宫、封建、祠祀，及兵家的权谋、形势、技巧，数术的天文、历谱、蓍龟、五行、杂占、形法，方技的医经、药方、房中、神仙……"都包括其中。由于宗教是当时惟一的意识形态，巫觋是我国最早的知识分子，所以他们肩负了创造和提高社会文化的功能。由于他们是上帝的代言人，因此有很高的社会地位。陈梦家统计，在殷墟出土的甲骨卜辞中，记载了130多位巫师的名字，其中伊尹、巫咸、伊涉、巫贤、甘盘等人又是朝廷重臣。他们生前便有"格于上帝"，保护时王的能力；死后与殷朝先王一样"宾于帝"，是殷王祭祀的对象，具有"眚年"、"眚雨"的能力，一同于先王。

在现实生活中，巫师们能够运用自己具有的宗教技能，发挥直接的政治作用。比如占卜活动，本来兆象与人事并无本质的必然联系，巫师们既可以按照统治者的心愿去欺骗麻痹人民，也可以根据历史经验和实际的观察，对统治者进行规劝和制约。在特殊情况下，甚至还出现过大臣流放国王的事件。如伊尹放太甲，强令他改过自新，然后又还政于太甲，可见巫师政治作用的巨大。此外，观天象、制历法、营建筑、与兵机，神职队伍的专业化标志着我国劳动者的体脑分离，大大加速了各门专业知识的发展，推动了中华文明的历史进程。可以说如果没有殷商卜辞的历史积淀，便不会有两周礼乐制度的鼎盛，没有春秋战国百家争鸣的文化繁荣。

第三节　古代宗教的鼎盛时期——西周

一　殷周之际的社会变革与宗教观念变化

公元前1028年，武王伐纣，殷人前徒倒戈，周人进入殷地，姬姓的周王朝从此建立。武王伐纣是一次以小胜大，以弱胜强的战争。殷本是统领万邦的大国，文化发达，人口众多。而周原只是殷的属国，居岐山之下，地仅数十里，人口不多，文化落后。因此，如何巩固自己的军事胜利就成了摆在周初统治者面前的重大历史课题。武王在建国后7年便去世了，留下了一个年幼的儿子——成王，辅国的重任便落到了武王之弟——周公姬旦的肩上。周公是中国历史上杰出的政治家和思想家，他不仅成功地镇压了商朝遗民的叛乱和西周贵族的争权，而且清醒地认识到：要巩固周王朝的统治，必须消化、吸收殷人的先进文化。他采取了"周因于殷礼"的文化战略，继承了商代的宗法制度和以上帝崇拜、祖先崇拜为核心的宗教信仰。但是，军事上的胜利者在文化上照搬对手的思想观念和宗教制度也是不行的，必须对原有的宗教进行一番改革，否则今天的夺权将被视为一种叛逆行动。同时，殷王朝的覆灭也有许多深刻的教训需要新王朝反思，需要从宗教观念和宗教制度上加以体现。当然，殷周之际的宗教变革不是周公个人意志的产物，也非完成于一时，但他毕竟是这场变革的领导者。周初宗教观念变革的主要内容如下：

第一，至上神观念的变化。殷人称至上神为上帝，它是殷王形象在天空的投影。在殷人的心目中上帝是一位人格神，主宰着自然与社会的一切事物，而自然属性又是其神性的主导方面。周人继承了殷人的宗教，但出于他们自己的宗教文化传统，也出于使自己与前朝相区别的政策考虑，他们逐渐在改变着至上神的名称和神性。在周代青铜铭文中，上帝、皇上帝、皇天上帝、皇天王、天等名称最初是混用的，以后"天"的叫法越来越多，周人便把苍天视为至上神了。这个变化表面看来仅是个称谓问题，实质上却反映了殷、周两代人对至上神性质认识上的差异。首先，从上帝到天的转化反映了人对宇宙统一性认识的提高。殷人还不能从日、月、风、雨等具体天象中概括出一个抽象的天，而周人随着对具体天象运行规律观察的深入，发现一切天体、气象都包含在一个统一体之中。他们推测，天不仅蕴含日月星辰、风雨云雷，而且在暗中指挥着自然及社会一切事物的运动，所以他们直接把至上神称为天。由于"天"是茫茫太空的神化，它在被赋予至上神性以后，仍然保留了其本来的浩渺性和覆盖性，显得宽容无边，有更高的抽象性和概括性。其次，至上神由上帝变成了天，人格性减少了，理论性增强了。商代的天国简直就是地上王国的照搬，上帝就像殷王一样指手画脚，喜怒无常。但神如果太人性化，就难以显扬他超人的神圣性，因此需要加以抽象化。周人的天虽未完全放弃人格性，可毕竟向非人格化的方向前进了一大步，更接近一个命运之神，类似某种在冥冥中决定着自然和人类运行的规则，更神秘，更玄奥，因而也更加高深莫测。天神观念的出现，在很大程度上决定了日后中国文化中世俗哲学居主导地位的走向，因为这种天神的观念很容易被泛化为"天命"、"天数"或"天道"等哲学观念。

第二，赋予天神崇拜更多的祖先崇拜色彩。周王直接把至上神"天"作为自己的祖先来看待和供奉，这一点很不同于殷王只祭祖先，不祭上帝。周王一开始就自称为"天子"，即"天之元子"。这一转变首先出于解释以周代殷变革合理性的需要。周公说："呜呼！皇天上帝，改厥元子兹大国殷之命。"（《尚书·召诰》）天包含万物，派生万物，人都是天的儿子，而王则是天的嫡长子。因此王有替天行道，主宰万民的责任与义务。可是殷纣王作为皇天元子，却骄奢淫逸，暴虐万民。当臣下规劝纣王时，他却骄横地说："我生不有命在天?"（《尚书·西伯戡黎》）按照殷代宗教的观念，只有殷王祖先之灵可以"宾于帝"，永远是天庭里的客人，所以上帝也会永远保佑地上的殷王。周公却指出：既然大家都是上帝的儿子，上帝便有革除某一姓氏天命，改变嫡长子的权力。商朝末年纣王无道，所以天改小国周为元子："有王虽小，元子哉，其丕能诚于小民，今休。"（《尚书·召公》）周王得了天命，被立为嫡长子，所以能以小胜大，以弱胜强，西周代殷出于天命。其次，天神与祖神结合也是宗法制度变革的需要。殷人的继统法兄终弟及，无弟传子，较多地反映了原始氏族社会的遗风。因为在父系氏族社会中，同辈男人对财产有平等的权力，推举年长的男人为首领对维护共同财产有好处，故有兄终弟及制。夏、商虽已进入了阶级社会，但兄终弟及制同其他某些原始遗风仍然保留了下来。随着私有制度的发展，家庭关系的明确，兄终弟及制越来越不适应社会发展的需要。《史记·殷本纪》载："自仲丁以来，废嫡而更立诸弟子，弟子或争相代立，比九世乱，于是诸侯莫朝。"其实不是商朝"废嫡而更立诸弟子"，而是商朝中期以前，尚未建立嫡长子继承制，故有王室内部争夺皇权的"九世之乱"。为了彻底终止因兄终弟及制引起的混乱，周公制订了嫡长子继承制，标志着宗法等级制度走向成熟。在当时，他本人便起了一个很好的表率作用。武王死，成王幼，按前朝惯例应由周公继承王位。但是周公只是辅政，并在成王长大后还政。世俗宗法制度的变革也要求宗教观念发生相应的变革。把天神视为祖神，把周廷的宗子说成"天之元子"，正是为了突出嫡长子的地位，为兄权披上一件神权的外衣。这不仅可以压服全体被统治者，也是强迫王室内部诸弟臣服的重要手段。最后，天神与祖神的沟通，反映了西周宗教中人文精神的增长。在商代人与神没有血缘关系，人只能通过祖灵向上帝转达自己的祈求，鬼治重于人治。而周代视天为人之祖神，王可以直接祭天，向天转达自己的意愿，摆脱了鬼魂对人的主宰，提高了人的地位。

二 "以德配天"的宗教伦理

周公对古代宗教最大的变革，还在于他为宗教增加了道德伦理方面的内容。在周公的推动下，中国古代宗教走上了伦理化的发展方向，从而为儒家思想的产生，为传统宗教的世俗化奠定了基础。

在西周的宗教理论中，有从商朝继承来的"王权神授"思想，借天的权威来论证君权的合理性。周公在《尚书·大诰》中说：

予惟小子，不敢替上帝命。天休于宁王，兴我小邦周。宁王惟卜用，克绥受兹命。今天其相民，矧亦惟卜用。呜呼！天明畏，弼我丕丕基。

其大意是说：我是文王的儿子，因此不敢放弃上帝的命令。上天嘉奖文王，使我小邦发达。文王通过占卜接受了上帝赋予之命。现在我通过占卜，了解上帝仍是支持我们的。臣民们，你们应该敬畏上帝的命令，加强西周的统治。这段话是"三监之乱"时，周公对叛乱的商朝遗民及王室中的动乱分子讲的。同时，他还用天命解释以周代殷的合理性："天乃大命文王，殪戎殷，诞命厥命。"（《尚书·康诰》）面对蠢蠢欲动的商朝遗族，西周新贵们宣扬："天命不僭，卜陈惟若兹。"（《尚书·大诰》）意谓天命不会错误，天命坚定不移，迫使对手从思想上也接受"皇天既付中国民越厥疆土于先王"（《尚书·梓材》）的事实，安于臣民的地位。

但是，在周公等少数清醒的政治家头脑中，他们并不完全相信宣传中的"天命不僭"。殷鉴不远，如果真是"天命不僭"，殷便不会亡国，周也不能代兴了。从历史的经验中他们总结出：

在我后嗣子孙，大弗克恭上下，遏佚前人光，在家不知，天命不易，天难谌，乃其坠命，弗克经历，嗣前人，恭明德。（《尚书·君奭》）

对于后世的嗣君来说，保住天命并不容易。如果不能发扬前人的优良传统，单靠占卜祭祀不足以了解天命，永保江山。他甚至说："天不可信"（《尚书·君奭》），"惟命不于常"（《尚书·康诰》）。在面对周王子侄的场合，周公又表现出"天命靡常"的隐忧。于是，"天命不僭"和"天命靡常"便构成了周公内心最深刻的矛盾。为了解决这一矛盾，周公提出了"以德配天"的思想。

许多专家学者都指出：在殷墟卜辞中没有发现过带有道德伦理色彩的文字。可是到了周代，泛道德主义已经成了占统治地位的社会意识形态。侯外庐比较了商、周两代君主的名字，殷王的名字只是简单地冠以甲、乙、丙、丁等干号，只是祭日的标志。而周王的庙号都加上了文、武、恭、孝等充满道德色彩的字眼，说明后人对先王的崇敬是以道德判断为依据的。更为重要的是，周人把道德属性也赋予了天神，使"德"成为神性中最重要的成分。

殷人的上帝主要是一位自然神，威严肃穆，喜怒无常，令风令雨，降堇降灾，使人恐怖畏惧。而周人的天神降福降祸，行赏行罚则是有原则的。

> 皇天无亲，惟德是辅。民心无常，惟惠之怀。为善不同，同归于治。为恶不同，同归于乱。(《尚书·蔡仲之命》)

天神对下民一视同仁，只辅助有德之君。民心变动不居，只服从给他们带来恩惠之人。统治者为善便天下大治，当政者为恶则天下大乱。此时，上帝已不再是喜怒无常的暴君，而成为人间善恶的判官。

进而，周人认为天神的意旨可以成为人类理性把握的对象。殷人的上帝使人无所适从，惟有虔诚地祈祷贞问，并通过祖神贡奉丰厚的祭品来取悦上帝。在殷墟卜辞中仅仅是陈述人对神的敬畏之心，却从未涉及统治者的行为上应有什么规范。而周人则认识到："享多仪，仪不及物，惟曰不享。"(《尚书·洛诰》)天神不会仅仅因多献牺牲而保护恶人，有德之君才能得到天命的眷顾。"惟克天德，自作元命，配享在下。"(《尚书·吕刑》)相反，暴民丧德则会失去天命。周公告诫他的子侄们：

> 我不可不监于有夏，亦不可不监于有殷……惟不敬厥德，乃早坠厥命。(《尚书·召诰》)

夏与商的亡国，就是由于夏桀与商纣的无德，才被皇天革去了天命，丢了祖宗江山。今日周王朝要想江山永固，惟一办法是"王其德之用，祈天承命"。(同上)君主的德性是获得天命的惟一根据，这便是"以德配天"的确切含义。为了教育后代做一个好的君主，周公提出了"王德"的一些具体规范。

①统治者要"明德修身"，不断提高自身的道德修养水平。如《尚书》中提到"克俊有德"、"德裕乃身"、"聿修厥德"、"其德克明"、"克明俊德"，等等，意思都是说要不断修养自己的德性。此外，周公还提出了一些行为上的具体要求，如《尚书·无逸》载：

> 周公曰：呜呼！君子所其无逸。先知稼穑之艰难……继自今嗣王，则其无淫于观，于逸，于游，于田。以万民惟正之供。

作为一名统治者，首先要了解人民群众生产之艰辛，不耽于安乐，优游田猎，而应勤奋工作，以为万民的楷模。

②统治者要"明德慎罚"。王朝的统治者掌握着暴力工具，但不能对民众滥施淫威，刑罚无度。《尚书·吕刑》说："王曰：呜呼！敬之哉，官伯族姓，朕言多惧。朕敬于刑，有德惟刑。"《吕刑》是一篇专门讨论刑罚的书，但却一再声言，要十分谨慎地使用刑罚，刑只能作为德的辅助工具，对人民要以教育为主。"其汝克敬德，明我俊民"（《尚书·君奭》），"兹迪彝教，文王蔑德降于国人"（同上）。即使一定要用刑罚时，也一定以教人改过为目的，不为报复而惩罚。如《康诰》指出：

> 呜呼！封，敬明乃罚。人有小罪，非眚，乃惟终，自作不典，式尔，有厥罪小，乃不可不杀。乃有大罪，非终，乃惟眚灾，适尔，既道极厥辜，时乃不可杀。

一个人犯了小罪，但却是故意犯罪，而且不知改悔，就一定要杀掉。相反，即使一个人犯了大罪，但却是无意犯罪，并不再坚持，也可以不杀。总之，刑罚的轻重以是否有利于教化为目的，反对盲目的严刑峻法。

③统治者要"敬德保民"。《尚书·泰誓上》讲：

> 惟天地万物父母，惟人万物之灵，亶聪明，作元后，元后作民父母。

君主要"以德配天"，就要像天为万物父母一样，作万民之父母。"怀保小民，惠鲜鳏寡。"（《尚书·无逸》）统治者的德行具体表现为，像对待怀中的幼儿一样保护人民，使他们能够安居乐业，子孙繁盛。同时要特别优恤残疾鳏寡之人，因为他们是社会群体中最可怜无助者。周代统治者把"保民"作为巩固政权的根本，是因为他们从历史的变迁中体会到：

> 天矜于民，民之所欲，天必从之。（《尚书·泰誓上》）
> 天聪明自我民聪明，天明畏自我民明威。（《尚书·皋陶谟》）

天神是爱护民众的，以人民的意志作为自己赏罚的根据，人民要求的事，天必满足。人民反对的政权，天必革其"命"。同时，天命转移，皇天的奖惩又是通过人民来实现的，武王伐纣的胜利关键是取得了广大人民的支持。西周统治者已经认识到："民维邦本"，"敬德"、"敬天"最后都要落实到"爱民"上。民本思想在西周宗教体系中已经逐渐形成，并成为以后中国文化发展中可贵的萌芽。

④宗教伦理与宗法制度相结合，为世俗宗法伦理披上了一件天赐民彝的外衣。《尚书·康诰》载：

> 元恶大憝，矧惟不孝不友。子弗祗服厥父事，大伤厥考心。于父不能字厥子，乃疾厥子。子弟弗念天显，乃弗克恭厥兄。兄亦不念鞠子哀，大不友于弟。惟吊兹，不于我政人得罪，天惟予我民彝大泯乱。曰：乃其速由文王作罚，刑兹无赦。

按照"天赐民彝"，应当是父慈子孝，兄友弟恭。如果子不孝父，弟不敬兄，就会伤害父兄之心，他们就不会疼爱儿子和弟弟了，宗法伦理大坏，天神便会降罚，"刑兹无赦"。周代完善了嫡长子继承制，把宗族分为大宗、小宗。嫡长子继承王位，其余诸子分封在各地为诸侯，拱卫京师。孝道维护父权，悌道维持兄权，宗法制度稳定了，国家政权也就稳固了。所以宗法道德在当时具有社会公德的意义，必须加以神化。

总括周公"以德配天"的宗教伦理，我们不难发现周代宗教观念比之商代几点明显的进步。第一，天命可变的思想，使宗教信仰失去了绝对的价值，理性主义的因素不断增加。周公曾说："天不可信"，"惟命不于常"，"天难谌"，等等，虽不能说明当时已存在宗教信仰的动摇，但比之殷人匍伏在神的脚下无奈地祈求、等待要前进了一大步。第二，天命惟德，说明周代宗教至上神的神性已经开始从自然领域转到了社会一边。当人们支配自然的能力有所增强以后，他们便会感到异己力量的压迫主要来自社会方面，社会生活领域中有许多陌生的领域还需要神的帮助，以天神作为社会伦理的最后依据。第三，以德配天，上天的赏罚以统治者自身的行为为依据。这说明周人对人的自由意志问题已有所体会，把王朝的兴衰归结为统治者的德性，而不是推诿于神意。殷人重鬼治、周人重人谋，他们已开始在宗教的外壳下认真研究政治伦理。第四，民维邦本，天意在民，中国式的人文精神初见端倪。通过对殷周之际社会变迁原因的历史考察，西周统治者已经认识到人民的力量。以民心的向背来衡量天意，这比之龟卜草筮要进步得多、合理得多，也是一个历史性的进步。

总之，殷周之际宗教变革的突出成就，就是建立了一套具有人文精神的宗教伦理体系。正如《易·系辞传》所言："观乎人文，以化成天下"，古代宗教开始走上了一条伦理化的道路。在注重鬼神祭祀的形式下，人文主义和理性主义的因素都在增长。可以说，周公的宗教改革为日后古代宗教的世俗化留下了契机，也为儒、道、墨、法诸家哲学思想的出现埋下了种子。

三 《周易》筮占及其人文意义

殷周之际的宗教变革还有一个突出的表现，就是《周易》占法逐步取代了龟卜，成为以后社会主要的占卜方式。殷人以骨卜为主而周人以筮卜为主，是两种文化体系留给后人最为引人注目的外在表征。当然这不是说殷人绝对不用筮卜而周人不用骨卜。陕西扶风出土的一万五千余片卜骨证明，周人在灭殷以前也是广泛使用龟卜的。大量历史文献又证明，周代建国后骨卜仍然流传。不过，一个民族、一个时代在占卜方式上可能有所侧重。同时，从占卜的实践看，筮占比龟卜也有更强的系统性和灵活性，是更高级的巫术活动方式。因而，筮占随着周人的军事胜利逐渐从西北走向了全国。

（一）《周易》的结构与内容

筮卜又称易占，基本方法是用 50 根蓍草和《周易》卦书来占卜吉凶。"周易"一词最早见于《左传》，庄公二十二年载："周史有以《周易》见陈侯者。"同时《左传》中多次提到用《周易》占卜吉凶的事例，可见当时是很流行的。《周礼·太卜》又载："大卜……掌三易之法，一曰《连山》，二曰《归藏》，三曰《周易》。其经卦皆八，其别皆六十有四。"似乎在周初易占之书有三，但因《连山》、《归藏》早已失传，历史上诸家纷纷猜测，但都无实据，仅《周易》一书源流不绝。《周易》一书的书名，也存在不同的解释，"周"有两义，一说为周朝之"周"，强调此占法的时代属性；一说为周遍之"周"，强调此占法的内容特色，涵括宇宙，无所不包。"易"有三义：变易、不易、简易。易字本为日月的合体字，说的是宇宙间昼夜相衔，刚柔代御，变化不停。《周易》的本意就是在这变动不居的世界中寻找不易之则。

关于《周易》的产生，有"人更三圣，世历三古"（《汉书·艺文志》）的说法，即伏羲作八卦，周文王重为六十四卦，孔子作十翼。相传远古圣人伏羲"仰则观象于天，俯则观法于地。观鸟兽之文与地之宜，近取诸身，远取诸物，于是始作八卦"（《周易·系辞传》）。这是《周易》的第一期发展，有了反映宇宙万物的 8 个最基本符号。商朝末年，"西伯盖即位五十年，其囚羑里，盖益易之八卦为六十四卦"（《史记·周本纪》）。司马迁又说："自伏羲作八卦，周文王演三百八十四爻，而天下治。"（《史记·日者列传》）至此，《周易》完成了第二期发展，形成了全部图象及六十四卦的卦辞及三百八十四爻的爻辞。春秋末年，儒家创始人孔子喜好《周易》，"孔子晚而喜易，序象、系、象、说卦、文言。读易，韦编三绝。"（《史记·孔子世家》）相传是孔子为《周易》写了彖（上下）、象（上下）、系辞（上下）、说卦、序卦、文言、杂卦等十篇解释性文章，号称"十翼"，《周易》至此完成了它的第三期发展，定形为今日我们所见的这本儒家经典。近代以来学者研究证明，《周易》的产生未必如古人所说"人更三圣"。伏羲是神话中半人半神式的人物，渺茫难考，也很难想象八卦越夏、商千余年而无发展。从文字及内容看，《周易》中《经》的部分应当是成于殷周之际，未必完全出自文王一人之手。而《传》的部分十篇文章大约写于春秋战国，出自儒家学者，更不会是孔子个人的作品。在《易传》问世后，原先统称为《周易》的占书便可分成两部分，《左传》等书所提到的《周易》，仅仅是后世所说的《易经》，"十翼"则构成了《易传》。我们这里作为西周占卜制度研究的，是《易经》。

《易经》的结构可分为八卦图象及六十四条卦辞和三百八十四条爻辞。构成《易经》卦象的基本符号是"—"和"--"，称为"爻"，据说直接起源于周人占卜时所用蓍草的有节和无节。但是，"—"和"--"一旦从原始宗教植物卜中的草棍里抽象出来，便有了更为丰富的文化内含。有的学者认为"—"、"--"两爻的符号从龟甲上长短不等的裂纹演化而来；有人认为它是天与地的符号象征；更有人认为它分别代表着男根与女阴，是古代生殖崇拜的孑遗。尽管《易经》本身尚未将"—"称为阳，将"--"称为阴，但多数学者还是将其称为"阳爻"和"阴爻"，认为阳爻代表刚强、进取、运动、温暖；阴爻代表柔弱、退保、静止、寒冷，是构成宇宙间一切运动的两种基本势力。正是阴阳这对基本矛盾的相互对立和作用，推动了大千世界生生不息，变动不居。

从"—"、"--"两爻生成八卦的过程是："易有太极，是生两仪，两仪生四象，四象生八卦"（《周易·系辞》），用图表示如下页。

八卦中乾为天、为父，坤为地、为母，夫妇合气而生育了六个子女。包括长男震，为雷；中男坎，为水；少男艮，为山；长女巽，为风；中女离，为火；少女兑，为泽。天、地、风、雷、山、泽、水、火，这本是自然界与人类生存相关最为紧密的 8 件事物，把它们想象成一个大家庭，并标志为基本卦象，充分反映了《周易》"远取诸物"的特色。

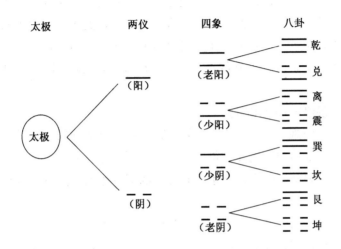

再将八卦上下相叠，又可以演化成六十四卦，如将乾卦放在下边，坤卦放在上边形成了（䷊）泰卦，反过来则形成了（䷋）否卦，即所谓"八卦相荡"而成"六画之象"。每一个阳爻或阴爻各有不同的内容，合起来又共同构成一个完整的卦象。这样，六十四卦就包含了三百八十四爻。每一卦的最下边一爻称为"初爻"，顺而上推为二爻、三爻、四爻、五爻，第六爻称为"上爻"。在每一爻位上，如果是阳爻称为"九"，如果是阴爻称为"六"。以泰卦为例，其六爻分别为：初九、九二、九三、六四、六五、上六。在每一卦下有卦辞，每一爻后有爻辞，用以具体解释图象，说明吉凶。如泰卦：

泰：小往大来，吉，亨。

初九：拔茅茹以其汇，征吉。

九二：包荒用冯河，不遐遗，朋亡，得尚于中行。

九三：无平不陂，无往不复，艰贞无咎。勿恤其孚，于食有福。

六四：翩翩，不富以其邻，不戒以孚。

六五：帝乙归妹，以祉元吉。

上六：城复于隍，勿用师，自邑告命，贞吝。

泰卦从卦象上看，乾在下而坤在上。乾为天，为阳，刚阳向上；坤为地，为阴，阴柔向下。古人认为凡阴阳相向，刚柔交泰便是吉卦。从卦辞看，小人去而大人来，也是好的象征。其六条爻辞，有的是现实生活中的经验，有的则是重大历史事件，用以比喻贞问之事。如"初九：拔茅茹以其汇，征吉"，茅是农田里的茅草，比较好分辨，也容易除净。以此类推，出征打仗消灭邻国之敌，像拔茅草一样容易，所以是个吉卦。再如"帝乙归妹，以祉元吉"，帝乙是商纣之父，曾将小女嫁与周文王为妃，结两国之好，所以也是个吉卦。

（二）《易经》的演算方法

按照传统的观点，《易经》由象、数、辞三个部分构成，以上介绍了象和辞的特点，如何取象则在于衍数。《易经》流行数千年，至今仍让人感到魅力无穷，主要就因为它建立了一套复杂的衍算体系。按照《周易·系辞》：

> 大衍之数五十，其用四十有九。分而为二，以象两，挂一，以象三。揲之以四，以象四时。归奇于扐，以象闰，五岁再闰，故再扐而后挂。

算卦时，卜史先生将50根蓍草取出一根不用，其余49根随机分成两组握左右手，以象天、地。然后从右手取出一根放在左手小指间以象人，这便是所谓的"象二"、"象三"。"揲"为数之意，四根蓍草为一组先后分数左、右手中草棍，"以象四时"。分数的结果，手中肯定还有余数。左手余一，右手必余三；左手余二，右手必余二；左手余三，右手必余一；左手余四，右手必余四，这是有一定规律的。余数为"奇"，将左手余数置于左手无名指与中指间，右手余数置于左手中指与食指间，这称之为"扐"，如同历法中的置闰月。卜史们将衍算的每一步都与天行四时对应起来，是故意在制造一种密合天行的神秘气氛，以增加筮卜的权威性，此时左手中的余数不是5，便是9。去掉余数，蓍草总数不是44，便是40，至此演算第一遍结束，称为"一变"。

将"一变"所剩44或40根蓍草再分成左右两份，取出右手一根置左手小指间，然后又4根一组地分。最后的结果是左手余一，右手必余二；左手余二，右手必余一；左手余三，右手必余四；左手余四，右手必余三，总余数不是4便是8。将余数置于左手缝中后，4根一组数过的蓍草合起来，还将有40根、36根或32根，至此完成"二变"。照此之法再进行"三变"，左手余一，右手必余二；左手余二，右手必余一；左手余三，右手必余四；左手余四，右手必余三。"三变"完成后，分数过的蓍草还会剩下 36 根、32 根、28 根或 24 根，四种情况必居其一。以四除之，一爻遂定。

36÷4＝9（此为老阳之数，以"—"表示）

32÷4＝8（此为少阴之数，以"--"表示）

28÷4＝7（此为少阳之数，以"—"表示）

24÷4＝6（此为老阴之数，以"--"表示）

虽然老阳和少阳，老阴和少阴都用同样的符号表示，但根据"老变少不变"的原则，实际应用过程中老阳变阴爻，老阴变阳爻。

"三变"以后，一切从头做起，依照上述方法继续衍算出其余五爻，所谓"十有八变而成卦"。由于蓍草在手指间的搬动是随机的，阳爻和阴爻出现的几率各占 50%，但又变化无穷。然而，不论六爻以何种方式组合，都可以构成六十四卦中的一卦。以后，便可根据《易经》上的图象、卦、爻辞解释贞问事宜的吉凶。

有学者比较过《易经》中卦爻辞与殷墟甲骨卜辞的内容，发现前者基本上都是人事之变，主要用于推测人事吉凶，而无卜雨、卜年之辞，说明周人宗教的重心已转移到社会方面来了。[①] 同时，与卜辞相比，卦爻辞中神学色彩大大淡化了，仅有两卦提到了"天"或"上帝"。如《大有》卦"上九：自天祐之，吉无不利"。《益》卦"或益之十朋之龟，弗克违，永贞吉，王用亨于帝，吉"。其余周人主要是在用历史事实或生活经验预测吉凶，说明他们重人事而轻鬼谋。例如，"高宗伐鬼方"，"帝乙归妹"等辞数次出现，说明他们对殷商历史经验的继承。而"康王番马锡侯"则是对本朝历史经验的总结。这都反映了周代宗教中人文精神不断加强的大背景。

《周易》比之卜辞的"进步"，更主要的是在于它形成了一个数字化，形式化的系统。无论龟卜还是筮占，其本质都不是对客观事物的观察，而是对神意的贞问，是违背人类认识规律的，是对客观事物本来面貌的歪曲。不过龟卜只用一次，巫师或称吉，或称凶，成功与失败的几率各占 50%。而《周易》衍得一卦，便有一条卦辞和六条爻辞，不仅内容比较固定，而且条目之间又存在着相互的关联，吉凶都是有条件的，给了卜史较大发挥的余地。不容易陷入无言以对的窘境。如《师》卦：

---

① 参见：陈来《古代宗教与伦理》，第 83 页，生活·读书·新知三联书店，1996。

　　师：贞，丈人，吉，无咎。
　　初六：师出以律，否臧凶。
　　九二：在师中，吉，无咎。
　　六三：师或舆尸，凶。
　　六四：师左次，无咎。
　　六五：田有禽，利直言，无咎。长子帅师，弟子舆尸，贞凶。
　　上六：大君有命，开国承家，小人勿用。

　　这是一个贞问战争吉凶的卦，大人出师前问得此卦吉。然而，战争毕竟是一件凶险的事，所以爻辞中又有不少凶的内容，"六三，师或舆尸"，载尸而还就是大凶象。不过战争的失败又是有条件的，初六的条件是如果没有纪律才是凶，六五的条件是长子帅师出征，任人唯亲，弟、子战败，载尸而还，所以凶。上述内容显然都是历次战争经验的总结，卜史可以根据实际情况对贞问的将帅灵活解释。一本《易经》之书，比之龟甲上几道裂纹，给了卜师更多的发挥素材。

（三）《易经》中的哲学思想

　　《易经》也属于前兆迷信，尽管其卦爻辞来自具体的历史事件，但后人可能是在贞问婚姻、建筑、天象、渔猎等事宜时遇到这些卦，硬是人为地将两件没有内在联系的事联系在一起指导人们的行为，只能阻碍人们实事求是地认识事物的本来面貌，其社会作用的主导方面是消极的。然而，《易经》在探求神意的形式下，又积累了丰富的历史经验，间接地反映了客观事物运动的辩证规则，如系统的思想、序列的思想、矛盾的思想、联系的思想、转化的思想，等等。《易经》本身虽然是一本宗教占卜之书，但许多古代科学和哲学都从这块沃土上诞生，《易经》成为中华文明的重要源头之一。

　　首先是系统论的思想，《易经》通过太极、两仪、四象、八卦、六十四卦、三百八十四爻的排列组合，把宇宙、自然、社会、人类统统涵括其中，构成了一个完整的世界图式，并成为几千年来在中国人头脑中占主导地位的宇宙观。这个宇宙生成图从逻辑上讲是阴阳矛盾对立的自然展开，从经验上看又与大爆炸宇宙学的假说有某些契合之处，所以至今仍为某些科学家和哲学家津津乐道。同时，宇宙万象生成之后，其运行也是井然有序的。六十四卦以乾卦始，因天为万物之始祖。"有天地然后万物生焉，盈天地之间者唯万物，屯者，盈也……"（《周易·序卦》）每一卦之间都存在着这样的内在联系，直至最后，"有过物者必济，故授之以既济。物不可穷也，故授之以未济终焉"（同上）。从事物的一次运行看，到"既济"便是一个完满的过程，可是宇宙万物无穷，故最后一卦标为"未济"，象征宇宙万物生生不息，运动不停。三百八十四爻之间，也存在着这种吉凶转化，刚柔相生的关系，《易经》系统思想之缜密，可以令今人叹为观止。

其次是矛盾的思想。《易经》的庞大体系，都是从"—"和"--"这一对基本矛盾展开，它们代表着阳与阴，暑与寒，山与谷，明与暗，雌与雄，男与女，刚与柔，高与低，尊与卑，父与子，夫与妻等等宇宙间普遍存在的一切矛盾现象。正是这些矛盾的对立和冲突，推动了世界生生不息的发展，所以《系辞》说："一阴一阳之谓道"，矛盾就是宇宙间最根本的道理。这个思想可以说影响了中国哲学发展的全过程。

再次是发展变化的思想。《易经》中矛盾对立的方面不是孤立静止的，而是阴阳交感，相摩相荡，变动不居的。《易经》作者把有阴阳交感的卦称为吉卦，如泰卦，其卦象为䷊，坤在上而乾在下，阴气下降和阳气上升，有冲突故有生机。相反否卦的卦象是䷋，阳气上升而阴气下降，各走各的路，所以是个凶卦。这显然是对人类生殖现象研究的结果。就是在每一卦的六爻之间，也存在发展变化的过程，如乾卦六爻为：

初九：潜龙勿用。

九二：见龙在田，利见大人。

九三：君子终日乾乾，夕惕若，厉，无咎。

九四：或跃在渊，无咎。

九五：飞龙在天，利见大人。

上九：亢龙有悔。

这是用龙这种神物从地至天不断发展运动的过程，比喻人行为的吉凶。初九龙潜在深水之中，尚不可用，以后在田、在渊、在天，逐步升腾，直至事业的顶峰。然而，事物的过度发展又不是好事，即是"亢龙有悔"。《易经》是在教人们以一种变化的观点看待一切事物。同时，这种变化观中又包含了一种均衡、中庸的思想，把握事物发展的规律，保持其平衡，防止它因过度发展而走向反面。《易经》爻辞中有这样一种普遍的现象，即第二爻、第五爻是最好,因其居中;而初爻与上爻则不大好,因其不足与过度。

最后是矛盾转化的思想。事物发展至一定程度,则又会向自己的反面转化,变成了相反的东西。如:

> 泰:小往大来,吉,亨。
>
> 九三:无平不陂,无往不复。
>
> 否:之匪人,不利君子贞,大往小来。
>
> 九五:休否,大人吉。其亡其亡,系乎苞桑。
>
> 上九:倾否,先否后喜。

事物发展过程中平与陂,往与复,小与大都是可以相互转化的。小人去大人来是吉,大人去小人来则是凶,这是政治统治经验的总结。同时,凶卦也不是绝对的坏事,否卦总体来讲不大好,但发展到最后则出现了好的转机。到九五时已经是"否休",厄运终止了,如同某人丢了羊,到处找不到,结果发现却系于苞桑之上,难免喜出望外。上九则是否运到了头而转为喜,中国人日后把它演变成了一句成语:"否极泰来"。

纵观世界各国宗教发展的历史,可以说占卜是一种普遍现象,而中国从中发展出《易经》这样高级的占卜体系,则是独一无二的。其独到之处,恐怕主要还在于上述哲学观念的萌芽。

四　西周宗教组织的完善

中国古代宗教在西周进入了它的成熟时期,其中一个重要标志,就是宗教组织的完善化。关于殷代的宗教组织,目前仅知其宗教人员"在女曰巫,在男曰觋",不过是性别的分工。而《周礼》则有《春官宗伯》一章,专门记述了西周国家宗教复杂的组织机构。《周礼》一书虽定稿较晚,难免有战国、西汉儒生修订时加进去的理想化内容。但是,如此庞大严谨的宗教组织系统,也绝非凭空杜撰的产物。同时,《左传》、《国语》等古籍所载东周宗教人员状况,亦可为《周礼》之佐证。所以我们可以相信:在政教高度合一,古代宗教作为社会惟一意识形态的西周,存在着一个庞大的,由国家直接控制的职业神职系统。

《周礼》将西周政府官员分成天、地、春、夏、秋、冬六大系统,由天官冢宰、地官大司徒、春官大宗伯、夏官大司马、秋官大司寇、冬官大司空这六卿分别掌管。其中春官大宗伯是专司宗教礼仪的部门，《周礼》称他的职责为：

> 大宗伯之职，掌建邦之天神人鬼地示之礼，以佐王建保邦国，以吉礼事邦国之鬼神示。以禋祀祀昊天上帝，以实柴祀日月星辰，以槱燎祀司中、司命、飌师、雨师，以血祭祭社稷、五祀、五岳，以貍沉祭山川林泽，以疈辜祭四方百物。以肆献祼享先王，以馈食享先王，以祠春享先王，以禴夏享先王，以尝秋享先王，以烝冬享先王。

以上所列吉礼，都属于宗教祭祀项目，具体仪式下文详述。在这些宗教活动中，祭祀天地、社稷等由周天子亲自主持，大宗伯从事辅助。天子不能亲往时，则代天子主持。一些祭祀山川类的小祭祀，可以由大宗伯主持。春官府内大宗伯为正职，由卿一人担任。副职"小宗伯"，由中大夫二人担任，协助大宗伯主管大祭祀，也可主持一些小祭祀。春官下属包括七个部门。

①"肆师"，协助"大宗伯"、"小宗伯"掌管各种祭祀活动。"肆师"以下又有 15 个分支部门，"郁人"、"鬯人"掌管祭祀所用祭器；"鸡人"掌祭祀所用鸡牲；"司尊彝"掌祭祀所用尊、彝宝器；"司几筵"掌天子筵席的布置；"天府"掌祖庙之守藏；"典瑞"掌祭祀所用玉器；"典命"掌祭祀活动中的礼仪；"司服"管理天子的吉凶礼服；"典祀"管理宫外的祀坛，"守祧"管理宗庙；"世妇"、"内宗"、"外宗"掌管王后、妃子们的祭祀礼仪。

②"冢人"，掌管天子之墓地，是看坟守墓之官，管理各种丧葬活动；其副职为"墓大夫"，管理邦国内贵族的丧葬礼仪；"职丧"管理诸侯之丧。

③"大司乐"，掌管宗教活动中的音乐与歌舞。古代宗教从原始巫教演化而来，远古的跳神活动变成了歌舞之仪。由于歌舞种类繁多，故大司乐下属官分工细密。其中"乐师"、"大胥"、"小胥"、"大师"、"小师"等职分管在不同场合演奏的音乐、舞蹈和歌曲。"瞽矇"、"视瞭"、"典同"、"磬师"、"钟师"、"笙师"、"镈师"、"籥师"、"籥章"等职，负责不同乐器的演奏。"鞮师"、"旄人"、"鞮鞻氏"等职，掌管演奏四夷民族歌舞的部门。"典庸器"、"司干"等职，负责保管音乐、歌舞所用的各种器材。

④"太卜"，掌管各类占卜活动，下辖八职，"卜师"、"龟人"、"菙人"、"占人"负责龟卜活动；"筮人"负责易占；"占梦"专为王公贵族详梦；"眡祲"负责各类气象占。显然周代的占卜活动进行了明细的分工。

　　⑤ "太祝"，掌管各类宗教仪式的祝祷降神之责，相当于原始宗教中的巫婆神汉。"小祝"是太祝的助手。具体部门包括："丧祝"主持丧葬活动的降神仪式；"甸祝"掌田猎的宗教仪式；"诅祝"掌会盟及诅咒之仪；"司巫"、"男巫"、"女巫"则掌大旱舞雩求雨、岁时祓除、春秋祈年等仪式。

　　⑥ "太史"，掌管国家各类文书、契约、法典、历法及祭祀活动的规则，其部分职能与宗教相关。由于古代宗教是全部统治的精神依据，所以重大祭祀活动都要由史官记录在册。"小史"是太史的助手，"冯相氏"、"保章氏"、"内史"、"外史"、"御史"记录不同方面的活动。

　　⑦ "巾车"，掌管天子祭祀所用车辆、旌旗。下属有"典路"、"车仆"、"司常"等职，分管道路、车辆、旗帜。

五　周代的祭祀制度及其社会意义

　　后人在概括周代宗教特点时说："周人尊礼尚施，事鬼敬神而远之，近人而忠焉。"（《礼记·表记》）古代宗教在西周，不仅观念上增加了新的内容，在仪式上也更加程式化，规范化了，也就是古人讲的"尊礼尚施"，开始走上了礼仪化的道路。周代宗教的礼仪化，主要表现在祭天、祭祖、祭社等祭祀活动中，儒家经典《仪礼》、《周礼》、《礼记》对此有详细的记述。"三礼"的成书时代学界一直存在争议，一般认为《仪礼》最古，《礼记》较晚，但皆为战国至汉初儒生所作。他们自称书中所述各种礼乐制度都出自周公之手，可能是圣贤崇拜思想影响的结果。从周代出土文物看，周初的宗教礼仪尚不完备，"周礼"是随着周代社会的发展不断完善的。儒生们在"三礼"中所描述的各种宗教礼仪制度，实际上是以西周宗教鼎盛时代及春秋战国时期社会上流行的宗教活动为基础，适当加以想象润色而成。其中许多礼仪，在先秦其他典籍中也可找到佐证。因此对于"三礼"，既不可将其视为"信史"，也不能完全否认它的存在。

（一）祭天地神祇

　　古代宗教中最隆重的礼仪莫过于祭天，属于朝廷重要的"国事"活动。根据"天无二日，土无二王，尝禘郊社尊无二主"（《礼记·曾子问》）的原则，祭天是周天子垄断的特权。《礼记·王制》规定：

　　　　天子祭天地，诸侯祭社稷，大夫祭五祀。天子祭天下名山大川，五岳视三公，四渎视诸侯。诸侯祭名山大川之在其地者。

按照西周的宗法制度，嫡长子才有祭祖之权。周天子为天之元子，故将祭天之仪视为行使全国政权的象征，如果谁僭越了祭祀的规格，就意味着他试图篡夺更大的权力，大逆不道。

天子祭天共有四种形式：一曰郊祀，二曰封禅，三曰报祭，四曰明堂祭。明堂祭亦称庙祭，周礼规定每月举行，规模较小。报祭则在王朝初建、新君登基、迁都、封国等大事发生时举行，属非常之祭，规模不定。最为隆重的则是南郊祭天和泰山封禅。

每年举行一次，较为隆重的祭天礼仪是郊祭，因在都城南郊旷野中举行而得名。南郊祭天制度始于周代，《周书》载："设丘兆于南郊，以祀上帝，配以后稷农星，先王皆与食。"从古籍的记载看，郊祭的时间有正月上辛日和冬至日两种，分别源于原始的孟春祈谷之祭和冬至报天之祭，保存着农业祭祀遗风，一次是播种祭，一次是丰收祭。后孟春祈谷渐并入春社祭，所以冬至日南郊祭天就成为西周王朝最为隆重的宗教活动。本来祭天是天子垄断的特权，但在西周有一例外。为了报答周公制礼乐之功，其封地鲁国也享有行天子礼的特权。为了区别于周天子，鲁国之君仍在孟春"祀帝于郊，配以后稷，天子之礼也"（《礼记·明堂位》）。所以《春秋》一书所记祭天尽在春季。祭天神时，以祖神后稷配享，表示王朝统治者与天神的血缘关系。

在中国北方，冬至日是一年中白昼最短的一天，但也是阴极阳生，日影开始变长的第一天，以冬至日祭天，表露出某些古代太阳崇拜的痕迹。关于祭天之仪，《礼记·郊特牲》有过详细的记述。

> 郊之祭也，迎长日之至也，大报天而主日也。兆于南郊，就阳位也；扫地而祭，于其质也；器用陶匏，以象天地之性也；于郊，故谓之郊；牲用骍，尚赤也；用犊，贵诚也；郊之用辛也。周之始郊，日以至，卜郊，受命于祖庙，作龟于祢宫，尊祖亲考之义也。

周人将祭天之坛设在王城南郊，以就阳位。最早"扫地而祭"极为简单，按《礼记·礼器》的说法，"至敬不坛"，所以当时的祭坛写作"墠"。但以后为了隆重，"封土为坛"，用土石砌成一个高出地面的祭坛，圆形，以合古代"天圆地方"之说，故祭天之坛又称"圆丘"。祭天前 10 日要在宗庙的祢室举行隆重的占卜仪式，请示祖灵的意志，周天子与陪祭的大臣要恭敬聆听。此后天子要进入斋宫斋戒，以示敬诚。大宗伯等负责祭祀的官员要认真选择祭品。祭天时一切器皿都比较质朴，凡鼎、簋、豆、壶之类不用铜器而用陶器，"以象天地之性"。周人用作牺牲的牲畜主要有牛、羊、猪三牲，其中以牛最为贵重。祭天之牛以红色雄牛犊为最佳，选定后精心饲养三个月，到了祭日，人们前呼后拥，载歌载舞地将披锦挂彩的祭牛送上祭坛。周天子穿黑色裘服参加祭祀大典，因黑色代表北方，北方是天道的象征。天子头戴有12条旒的冕，乘插12根旗的车，以象周天之数。到达圆丘后，周天子脱去裘服，仅着有日、月纹章的衮服，腰插大圭，手执镇圭，立于圆丘东南侧，面向北方。周王祭过象征天的苍璧之后，点燃堆放祭坛上的柴垛，焚烧苍璧与牺牲的青烟直达天空。此时乐队奏圆钟，舞《云门》，乐凡六变，以降天神，然后迎接扮演天帝的"尸"登上圆丘。"立尸"是西周宗教活动中的一项重要制度，大约是由于隆重的祭仪而无鬼神歆享，祭祀者会感到心理上的遗憾，故在祭日之前通过占卜确定一人为尸。尸之服与天子同，代表天帝接受周王的奉献，依次祭献玉帛、牲血、全牲、大羹、黍稷，每次奉献时还要献酒。献祭完毕，尸又代表天神赐酒周王，称为酢，表示他的统治得到了天神的认可。饮毕，再奏乐，用车将尸送走，将祭品撤下，祭天之礼即告结束。

还有一种更为隆重的祭天仪式——封禅。《礼记·祭法》载：

> 燔柴于泰坛，祭天也；瘗埋于泰折，祭地也。

《史记·封禅书》"正义"解释说：

> 此泰山上筑土为坛以祭天，报天之功，故曰封；此泰山下小山上除地，报地之功，故曰禅。言禅者，神之也。

由于在泰山筑坛祭天需由天子率大队人马前往，劳民伤财，所以不能经常进行，必在天下易姓，或有大功大德的帝王才有资格封禅。在古代的中原地区，泰山是最高峰，有"会当凌绝顶，一览众山小"之势，因此在神话传说中泰山是一座神山。在泰山祭天特别神圣。《尚书·舜典》载：

> （舜）在璇玑玉衡，以齐七政，肆类于上帝，禋于六宗，望于山川，遍于群神。辑五端，既月，乃日觐四岳群牧，班瑞于群后。岁二月，东巡守，至于岱宗，柴，望秩于山川。

这大约是最早的封禅记录了，所以司马迁将其列于《封禅书》之首。相传至春秋齐桓公时，已有 72 位帝王封禅，齐相管仲自称自己只记得 12 家，不过皆微茫难考。春秋时礼崩乐坏，诸侯混战，周天子已无力封禅了。"齐桓公既霸，会诸侯于葵丘，而欲封禅。"贤相管仲恐劳民伤财，但桓公不听劝谏，管仲只好告之以天人感应之理。他说：古之封禅需有祥瑞出现，"今凤凰麒麟不来，嘉禾不生，而蓬蒿藜莠茂，鸱枭数至，而欲封禅，毋乃不可乎？"齐桓公只得放弃了封禅的打算。

周代与天神相对的是地示和日、月之神，祭祀规模稍逊于祭天，但也属于国家重点宗教活动，与天神之祭相匹配。商代的"土"神在周代化成了社与地，前者更强调其领土意义，而地示则完全是作为天神的对偶而被突出了出来。从古籍看，地示之祭也是逐渐走向规范的，有时在南郊与天神同祭，有时又与社祭混同，最后终于定型为夏至日北郊方泽祭地。夏至日是北方白昼最长的一天，也是开始转短的第一天，古人认为是阴气增长之始，以此日祭代表阴极的大地。方泽对圆丘而言，符合天圆地方之象，也以周人始祖后稷配享。祭地仪式大体与祭天相当，仅规模略减。献神之玉器用黄琮，牲用黄犊，以像黄土之色。按照商代遗俗，祭地的祭品不是投入火中焚烧，而是瘗埋土中，表示为大地母亲所接受。

"朝日夕月"是周代祭祀日神和月神的礼仪。按照完全对称的形式，在王城的东郊建坛祭日，在王城的西郊筑坛祭月。《礼记·祭义》曰："祭日于坛，祭月于坎，以别幽明"，这是对日月坛的又一种说法。在时间上，在阴阳对立的两极之间，是春分和秋分，恰为祭日月之节。日月皆属"天宗"，以燔柴祭之，并加牲币，王服玄冕，配以歌舞乐器，规格较祭地又小一些。从周代天地日月祭祀的形式看，其礼仪性非常突出，神学性相对减少，显然是在向一种理性化的宗教发展。

（二）丧葬与祭祖

在古代国家宗教的祭祀仪典上，祭祖的重要性仅次于祭天。《史记·礼书》讲："天地者，生之本也；先祖者，类之本也。"祭祀天地，报天地覆载之德；祭祀祖先，报父母养育之恩。中国古代统治者十分重视祭祖的教化意义，《礼记·礼器》讲：

祀帝于郊，敬之极也；宗庙之祭，仁之至也；丧礼，忠之至也。

于此可见人们对丧葬和祭祖活动的重视。

殷人的祖宗祭祀虽然发达，但只是规模巨大，次数频繁，浪费惊人，而礼仪规则却相对简单。如殷人的"周祭"和"选祭"，其对象并不完全确定，说明当时的宗法制度尚未成熟。周代建立了以嫡长子继承制和五世而斩为基础的宗法淘汰原则，这两个原则在宗法祭祀制度上得到了明确的反映。《礼记·大传》如此规定：

> 别子为祖，继别为（大）宗，继祢者为小宗。有百世不迁之宗（指大宗），有五世则迁之宗（指小宗）。百世不迁者，别子之后也，宗其继别子之所自出者，百世不迁者也。宗其继高祖者，五世则迁者也。尊祖故敬宗。敬宗，尊祖之意也。

按照朱熹等人的解释，六世以上为始祖，其下历代嫡长子为大宗，陈陈相因，香火不绝，以纪念始祖的开创之功。而五世高祖以降的小宗们，五世以内视为宗亲，逢祭日要到供奉高祖、曾祖、祖、父的嫡子家中去祭祀。而五世之上香火斩断，不再视为宗亲，也不再参与祭祀与服丧。为了保证大宗嫡子在宗族中的特殊地位，古代宗教规定了一条庶子不祭祖的制度，即庶子之家不得立祖庙。"庶子不祭祖者，明其宗也。"（《礼记·丧服小记》）嫡长子世世代代处于主祭地位，以确立他在宗族中的权威。另一条规则是庙制，《礼记·王制》规定：

> 天子七庙，三昭三穆，与太祖之庙而七；诸侯五庙，二昭二穆，与太祖之庙而五；大夫三庙，一昭一穆，与太祖之庙而三；士一庙，庶人祭于寝。

朱熹以"诸侯五庙"为例，解释了庙制与宗法等级的关系："太祖之庙，百世不迁。自余四庙，则六世之后每易一世而一迁。""是故祖迁于上，宗易于下。"也就是说，每为一位新丧的祖先立庙，五世以上便取消一座祖庙，将其神主迁入太庙合祀，而太祖之庙百世不迁。所谓"昭穆"，也是周代庙制的一大发明。以周王室为例，后稷为其始祖，其庙不迁。以下文王为穆在右，武王为昭列左。因周文王姬昌，周武王姬发推翻商朝，建立周朝之功，他们的庙也是不迁之庙。以后成王为穆、康王为昭，排七世而止。七世以上每入一世而上迁一王，称之为毁庙，将神主迁入祧室合祀。周代太庙坐西朝东，太祖神位东向，左手神位朝南故称为昭，有明亮之意，右手神位朝北故称为穆，有背光冥昧之意。《礼记·祭统》解释昭穆制的意义时说：

> 夫祭有昭穆，昭穆者，所以别父子、远近、长幼、亲疏之序，而无乱也。

庙制起到了区别宗法和身份等级的作用，宗族之内根据昭穆可确定亲戚辈分，社会上可根据庙数的多寡确定身份等级。

周人祭祀祖先的礼仪分成凶礼和吉礼两大类。凶礼主要指丧葬礼仪，表现近祖崇拜，对象是新丧的亲属，整个仪式在服丧期间举行。周礼丧礼从商代继承而来，但进行了重大改革。殷人重鬼，不仅将大量生活用品随葬，而且大搞杀殉，造成了社会生产力的严重破坏。周代重人，杀殉逐步减少而代之以俑，随葬品也大为减少，更重视丧礼的仪式性和情感性。按照"三礼"的规定，一个士人的葬礼包括如下内容。初终第一日有属纩、复、饭含、哭丧等礼节。人一断气以新绢置于死者口鼻间，以测试是否还有呼吸，称为"属纩"。若呼吸已止，家人登屋为其招魂称为"复礼"。《礼记·曲礼下》载："复，曰天子复矣。"孔颖达注曰："复，招魂复魄也。……使人升屋北面，招呼死者之魂，令还复身中，故曰复也。"人有假死的情况，复礼有呼唤他的名字等待将其唤醒的意思。确定死者已无生还可能以后，为死者沐浴更衣，并将数粒米放入死者口中，以示死者口不常虚。后世贵族们改为含珠、玉等贵重之物。以后便是"哭丧礼"，全家亲友"哭泣不秩声翁，拥缭绖垂涕"（《墨子·节葬》），使邻居知道。因《曲礼》还规定："邻有丧，舂不相！里有殡，不巷歌。"第二日行"小敛"礼，为死者穿好寿衣，携带随葬品，放置棺中。第三日行"大敛"礼，将棺木钉死。周礼对死者所穿衣物，随葬品的多少，棺椁的层数都做了严格的规定。《礼记·月令》讲："视丧纪，辨衣裳，审棺椁之薄厚，茔丘垄之大小高卑，厚薄之度，贵贱之等级。"丧礼上的一切活动都贯穿着宗法等级精神，不可僭越。

在丧葬期间，死者的家属要为其服丧，即穿上丧服。根据与死者血缘的亲疏，丧服的质地、剪裁式样的繁简有所不同。丧服共分五等，称"五服之制"。"斩衰"是以最粗的麻布做成，不缉边，断茬外露，一般是孝子为父、妻为夫、诸侯为天子穿的丧服，服期三年。"齐衰"也是用粗麻布做成，但缉边，较为整齐，是子为母，夫为妻，孙为祖父母，兄弟、侄为叔伯父母穿的丧服，期限分别为三年、一年、九月、五月、三月不等。"大功"是用熟麻布做成，男子为堂兄弟中殇者、女子为自己弟兄、丈夫祖父母等服，服期九个月。"小功"是用较细的麻布做成，是玄孙为曾祖父母、叔伯祖父母、外祖父母、母舅、母姨等服，服期五个月。"缌服"用细麻布制成，较"小功"更为精致，是本族内为高祖父母、曾伯叔祖父母、族兄弟及未嫁姐妹、外姓的表兄弟、岳父母等服，服期为三个月。外人可以从丧服判断参加葬礼者与死者的关系。

一般士人、大夫、诸侯、天子死了，都要在家中停灵一段时间，以示生者对死者的留恋之情，此期间称为"殡"，供亲友吊唁。停灵时间的长短视死者身份的贵贱而定，《礼记·王制》说："天子七日而殡，七月而葬。诸侯五日而殡，五月而葬。大夫、士、庶人三日而殡，三月而葬。"在停灵期间，还要定时举行哭灵、哭踊（哭着舞蹈）和供祭等仪式。停灵期满，选择吉日"出殡"。这一天先设酒席为死者送行，称为"奠祭"。然后由亲属护送灵柩至墓地下葬，称为"窆礼"。葬礼结束后迎死者牌位而返，表示"送形而往，迎魂而归"，在家里举行"虞礼"，是一种安魂仪式。葬礼后的第一个壬日举行"卒哭礼"，表示大悲大哀的日子已经终止，改无时之哭为一日一哭。在"卒哭礼"的第二天，将死者之灵位送入祖庙，安放牌位，称为"附祭礼"，丧礼告一段落，以后便进入了"三年之丧"时期。至周年忌日举行"小祥礼"，此后孝子衣食居处可稍放宽。人死后25个月举行"大祥礼"，27个月举行"禫礼"，丧家除丧服，三年之丧结束。

"三礼"所记述的周代丧礼无疑具有理想化的成分，在西周社会条件下一个士人未必能将丧礼办得如此复杂。不过从先秦其他典籍、出土文物及文化人类学的研究看，"三礼"也绝非完全出自汉儒杜撰。如《左传·襄公十七年》记载：晏婴为其父服孝，"粗斩衰，苴绖，带杖，菅履，食粥，居倚庐，寝苫，枕草"，与《仪礼》规定的丧礼基本吻合。"三礼"中提到的饭含、棺椁、列鼎等制度，也可以从出土文物中得到证明。另外，从文化人类学的观点看，周人在丧葬期间穿粗衣、吃粗食、停沐浴、不修面等习俗，都是为了表示服丧者的心情与往日不同，世界上其他民族普遍存在类似情况。不过，古人为这些活动涂上了浓重的宗教色彩，使其具有祖先崇拜、灵魂崇拜的意义。

　　周礼对远祖的祭祀称为"吉礼"，以区别于对新丧亲人丧葬活动中的悲痛心情。周人认为："祖有功，宗有德"，祭祖是为了表达儿孙们对祖先开创之功的感激之情。《礼记·祭法》说：

　　　　夫圣王之制祭祀也，法施于民则祀之，以死事勤事则祀之，以劳定国则祀之，能御大灾则祀之……此皆有功烈于民者也。

显然周代的祖先祭祀不仅仅是血缘生殖意义上的，而更突出了英雄崇拜的意义，主要祭祀那些在宗族发展史上有大功大德的人。按此原则，周王室的祭祀谱上，"周人禘喾而郊稷，祖文王而宗武王"（《礼记·祭法》）。帝喾为远古的"五帝"之一，周人祖先后稷为帝喾的元妃所生，且发明了庄稼的种植，所以被视为始祖配天。在稷与文王之间，还有不窋、公刘等十几位祖先，并没有得到特殊的重视。周文王和武王因立国之功而不毁庙，成为在明堂中可以配天的祖宗。

　　周代的祭祖仪式可分为"禘祫"与"时享"两种，"禘祫"是集合全部直系祖先于太庙之中合祭，三年举行一次，规模隆重。"时享"则是宗庙四时常礼，规模不大，按时进行。"时享"又称"馈食"，即向祖先奉献熟食。《礼记·王制》曰："天子诸侯宗庙之祭，春曰礿，夏曰禘，秋曰尝，冬曰烝。"春祭曰礿，又曰祠，祠犹食也，春物始生，孝子思亲，继嗣而食之。夏祭曰禘，又曰禘，麦始熟曰禘，夏收时以新麦奉献祖先。秋祭曰尝，以秋食供祖先品尝。冬曰烝，烝字甲骨文从禾从手，为奉献新粮之意。冬季农闲，作物丰藏，祭祖活动最为隆重。祭品的种类和规格也有限制，天子用"太牢"（牛、羊、猪），诸侯、大夫只能用"少牢"（猪、羊），"淫祀无福"，不得僭越。祭祖仪式由大宗的嫡长子主持，其他成员在其率领下按辈分排班，向祖先牌位焚香、祝祷。

　　在祭祖活动中有一项极富特色的仪式，称为"立尸"，最能反映古代宗教中的灵魂观。《礼记·郊特牲》载：

　　　　祭祀之相，主人致其敬，尽其嘉，而无与让也。举斝角，诏妥尸。古者尸无事则立，有事则后座也。尸，神像也，祝终命也。

古人祭祀祖先为什么要立尸呢？《白虎通》里有一段解释比较合情合理。

> 祭所以有尸者,鬼神听之无声,视之无形……思慕哀伤,无所泻泄,故座尸以食之,毁损其馔,欣然若亲之饱,尸醉若神之醉矣。

子孙祭祀时希望祖先之灵降临,以宣泄哀伤、思念之情。但是祖灵无声无息,看不见,摸不着,未免使参加者感到失落。于是宗教家们想出了一个替代的办法,一般是在祭祀之前通过占卜,从宗族内孙辈孩童中选出一人,担任尸的角色,代表祖灵接受子孙们的祝祭。古代宗教中的祭祀活动都是围绕尸来进行的。《尚书·洛诰》记述了一次祭祀活动说:"王入太室祼。"疏曰:"祼者,灌也。王以圭瓒酌郁鬯王酒以献尸,尸受祭而灌于地。因奠而不饮,故谓之祼。"尸代替祖灵接受了酒与祭品,"若亲之饱"、"若神之醉",使参祭者的内心感到了极大的满足。但是尸代替祖灵接受了祭酒却不能真饮,而奠酒于地,表示献给了祖先,这是祭祀活动中的重要礼节。

古代宗教中的祭祖制度,在团结宗族,稳定社会方面发挥着重要作用。曾子说:"慎终追远,民德归厚矣。"(《论语·学而》)对近祖隆重的葬礼属于"慎终",对远祖丰盈的祭祀属于"追远",民有此二德便会重孝,加强宗族内部的团结。《礼记·祭统》又说:"禘尝之大意也,治国之本也。"中国古代是带着氏族社会遗迹进入文明阶段的,宗法血缘网络是维系社会的主要工具,因而维系了氏族内部的团结,也就维持了社会的稳定。《国语·楚语下》有一段话集中阐述了祭祖的社会意义:

> 国于是乎烝尝,家于是乎尝祀,百姓夫妇,择其令辰,奉其牺牲,敬其粢盛,洁其粪除,慎其采服,禋其酒醴,帅其子姓,从其时享,虔其祝宗,道其顺辞,以昭祀其先祖,肃肃济济,如或临之。于是乎合其州乡朋友,比尔兄弟亲戚。于是乎弭其百苛,殄其谗慝,合其嘉好,结其亲昵。亿其上下,以申固其姓,上所以教民虔也,下所以昭事上也。

可见祭祖活动对于家、国、社会的重大意义,所以周代把祭祖列入国家正式祀典,而不是当成个人私事。

(三) 祭社稷及其他

社祭是周代国家宗教中又一项重要内容。关于社祭的原始意义,多数学者认为起源于古老的农业崇拜。中国是一个农业大国,对农业祭祀一直给予高度重视。神话传说中最早的农神是神农氏，相传是他教人们制作耒、耜，种植五谷。在日后的古神谱系中，神农氏被进一步抬高，成为象征王权的"五帝"之一，农业祭祀中代表着整体性的农业神。社祭的对象是土地之神和谷神，分别代表农业的生产资料和结果。在古代宗教中土地之神和谷神是人格化的，不过各朝有变化，人们总是把传说中的农业生产能手与自己的祖先神联系起来。《左传·昭公二十九年》记晋国史官蔡墨答魏献子时说：

> 共工有子曰句龙，为后土，后土为社。稷，田正也。有烈山氏之子曰柱，为稷，自夏以上祀之；周弃亦为稷，自周以来祀之。

传说共工之子句龙"能平九土"被尊为后土神，一向当作社神。而稷神则有二，一是教人放火烧山种植的农神烈山氏之子柱，"能殖百谷"，在夏代被尊为田正之官稷。周人的祖先弃也是种植五谷的能手，曾受到尧帝嘉奖，被封为稷，在周代成为姬姓的稷神。稷本是古代中原人民种植的"五谷"（稷、黍、稻、麦、菽）之一。《说文》曰："稷，五谷之长也"，可能因其发展最早，在黄河流域种植范围最广，对人们生活影响最大，故从植物崇拜的对象上升为谷神。在周代，大禹因治水有功，亦曾被视为社神祭祀。

夏、商、周三代私有制出现，国家建立，社神崇拜和谷神崇拜已不再是泛泛地崇拜自然神灵，而是与统治区域相联系。《孝经纬》说：

> 社，土地之主也。土地阔而不可尽敬，故封土为社，以报功也。稷，五谷之长也。谷不可遍祀，故立稷神以祭之。

周代土神和谷神祭祀共同进行，合称祭社稷，并渐与北郊祭地相区别，含有领土确认意义。

社稷坛的位置，据《周礼·春官》记载，在宫廷的"中门之外，外门之内"，与宗庙平行并列，即所谓"左宗庙，右社稷"。《礼记·外传》载："社者，五土之神也"，依此说法，社稷坛用赤、青、黄、白、黑五色土筑成。中为黄色，南、北、东、西分别为赤、黑、青、白，以象五行、五方之色，寓意天子居于中央，统领四方之意。另外，古人也有用某种树木作为社神象征的情况。《论语·八佾》载："哀公问社于宰我，宰我对曰：'夏后氏以松，殷人以柏，周人以栗。'"在周代，根据"天子祭天地，诸侯祭社稷"（《礼记·王制》)的规定，各诸侯国也都建有社稷坛。

周代定制，春、秋、冬祭社三次，"春耕籍田而祈稷"（《毛诗·闵予·载芟》），"秋报社稷"（《诗·周颂·良耜》）和孟冬之月，"天子乃祈来年于天宗，大割祠于公社及门闾"（《吕氏春秋》）。祭日为每季的第一个甲日，祭法为血祭，"赋之牺牲，以共皇天上帝社稷之享"（同上）。春天，人们在社稷坛举行隆重的仪式，祈求上帝保佑风调雨顺；秋天，人们又带着丰收的果实载歌载舞于社神面前，感谢大地的恩赐。《周礼·春官》有"舞师……教帗舞，帅而舞社稷之祭祀"的载文。《诗·小雅·甫田》以文学的笔触对春社的盛况进行了更为生动的描写：

> 以我齐明，与我牺羊，以社以方，我田既臧，农夫之庆。琴瑟击鼓，以御田祖，以祈甘雨，以介我稷黍，以谷我士女。

诗文将古代农业祭祀的热烈场面讲述得栩栩如生。

从古文献看，天子及诸侯之社还可以分成两种类型，《礼记·祭法》载：

> 王为群姓立社，曰太社；王自立社，曰王社。诸侯为百姓立社，曰国社；诸侯自为立社，曰侯社。大夫以下成群立社，曰置社。

第一种属于天子或诸侯专用的社稷坛，由官方组织祭祀活动，除农业意义外，更有神化王权，重申土地人民领有的意义。所以每逢出征、献俘、田猎、巡守，都要在王社举行仪式。《尚书·甘誓》中有："用命，赏于祖；弗用命，戮于社"的战争誓词，说明出征前在社稷坛誓师保卫国家领土的习惯由来已久，因而在某种程度上，社稷又成了国家、领土、政权的代名词。遇到荒年，天子或诸侯到王社祈神，恳求老天保佑。《诗·大雅·云汉》就是一首在社稷坛唱的祈雨歌：

> 倬彼云汉，昭回于天。王曰于呼，何辜今之人。天降丧乱，饥馑荐臻。靡神不举，靡爱斯牲。圭璧既卒，宁莫我听。……旱既大甚，蕴隆虫虫。胡宁瘨我以旱。憯不知其故，祈年孔夙。方社不莫。昊天上帝，则不我虞。敬恭神明，宜不悔怒。

统治者通过祈社，可以起到安定人心的作用。另外，周礼中还有天子每年到社稷坛"躬耕籍田"的规定，君主象征性地在此耕耘土地，以唤起整个社会对农业的重视。马端临《文献通考》中的《郊社考二十》载：

> 周制，天子孟春之间，乃择元辰亲载耒耜，置之车右，帅公卿、诸侯、大夫躬耕籍田千亩于南郊。

从这种活动也可看到社稷祭的农业性。

在太社或国社，祭社则是民间重要的节庆活动。祭社之时，千家万户共同参与，热闹非凡。《老子》一书中有这样一段话："众人熙熙，如享太牢，如登春台。"春台是春社的另一种说法。民众参加春社，除了祈年和感恩外，还有一项重要的祭礼活动——高禖之祭。高禖是传说中的婚姻和生育之神，《礼记·月令》载：

> 是月也，玄鸟至。至之日，以大牢祠于高禖。

郑玄注曰：

> 高辛氏之世，玄鸟遗卵，娀简吞之而生契。后王以为媒官嘉祥而立祠，变媒为禖者，神之也。

玄鸟即是燕子，古代传说殷之祖先娀简因吞吃燕卵而生契，为殷代始祖，故每逢春天燕子回归之时，举行仪式祭祀高禖神。《周礼·地官》记述了高禖仪式的情况："禖氏……以仲春之月，会合男女。于此时也，奔者不禁。"《墨子·明鬼》中也说："燕之有祖泽，当齐之社稷，宋之桑林，楚之云梦也。此男女之所乐而观也。"古文献中的只言片语证明，在周代还处处存在着原始群婚的痕迹，春社之时，青年男女可以自由恋爱和发生性关系。不仅青年男女"乐而观也"，一些统治者也常常前往观看，《左传·庄公二十二年》有"庄公如齐观社"，观看"尸女"放纵表演的记载，孔子因此在《春秋》上注了一笔："以其非礼也。"这是古代祭社的一个侧面。

周代与农业有关的祭祀还有腊祭，《礼记·郊特牲》载：

> 天子大蜡八……蜡也者,索也,岁十二月,合聚万物而索飨之也。

古代"腊"、"蜡"、"褚"可互通,"腊"字从肉,是以田猎所获禽肉祭祀祖先、五祀及八腊诸神。《说文》曰:"腊,冬至后三戌,腊祭百神,从肉,鼠声。"冬至后第三个戌日当在岁终,故古人呼岁终为腊月。腊祭中有"八腊"之神与农业紧密相关,《礼记·郊特牲》记为:先啬、司啬、百种、农、邮表畷、禽兽、猫虎、坊与水庸。其中,先啬为首创稼穑的神农氏;司啬为主管农业的后稷;百种为谷神;农为田官之神;邮表畷是农田中几种设施之神,邮是亭舍,表是田界,畷是田间的大道;禽兽是农田中的益禽、益兽;猫抓田鼠,虎吃野猪,均对农业生产有利;坊与水庸是水利设施之神,坊指江河堤坝,庸指沟渠。残冬岁末,农夫们向八腊神献祭,祈求明年的丰收。与殷代的宗教相比较,周代同样重视农业,不过殷人更重自然界的风雨云雷,而周人农神中人为的因素更增强了,从一个侧面说明了社会的发展和生产力的提高。

周代宗教中还有一种重要的祭祀——祭五祀。《礼记·曲礼》载:

> 天子祭天地,祭四方,祭山川,祭五祀,岁遍。

郑玄在注释中指出,五祀指户、灶、中霤、门、行五神。古人认为,他们生活起居所接触物的背后,都有神祇主宰,人应对其有敬畏之心。显然,这是远古万物有灵论的孑遗。郑玄注《礼记·祭法》时指出,周人春祭户,夏祭灶,季夏祭中霤,秋祭门,冬祭行。古代建筑中门与户不同,双扇对开称门,是城邑、宫廷、院落的外门;户则是单扇的门,是内廷或各室之门,由不同的神掌管。中霤指四合院的天井,为四室之中央,代表着统治的中枢,故于一年中间的季夏祭之。灶是人们燔柴做饭之处,与日常生活关系密切。行是道路之神,祭道路之神祈盼出行平安。五祀崇拜在周代宗教中的重要地位,从一个侧面说明了中国古代宗教更关注现世生活的特点。

六 周代政教合一的"明堂"制度

中国古代宗教在西周达到鼎盛阶段的重要标志,就是形成了宗教、宗法、政治、教育紧密结合,意识形态一体化的"明堂制度"。东周以后,随着社会政治制度的变革,宗法血缘体制的瓦解,建于其上的意识形态大厦——"明堂制度"也随之崩溃了。几百年的历史风雨剥蚀着这片古老的遗址，到战国诸子百家争鸣之时，已无人可以准确说清明堂的形式及功用了。只是在《周礼》的《考工记》；《礼记》的《月令》、《明堂位》；《大戴礼》的《盛德》等古籍中，还保留了一些关于明堂建筑格局、体制制度、社会功能等方面的只言片语。后经历代学者的艰苦考据，才使我们对周代的"明堂制度"有了一个较为合理的了解。不过，由于古代学者缺乏历史发展的观点，盲目崇古，迷信圣王，同时又不自觉地在考据中加入了作者自身的想象，因而他们的见解难免有各执一端，纠缠不清之处。我们这里只能取其通达、公允的观点用之。

明堂从建筑到功能，都是一个不断发展的过程。关于明堂的起源，《大戴礼·盛德》说："明堂者，古已有之。"那么古为何时呢？《淮南子·主述训》认为起于神农氏：

> 昔者神农之治天下也，岁终献功，以时尝谷祀于明堂。明堂之制，有堂而无四方，风雨不能袭，寒暑不能伤。

神农氏为传说中的圣王，事迹不可详考，但其生活的时代大体属于古代原始氏族社会。远古的明堂就是一个有顶无墙，四面开放的大房子，是古人进行宗教活动的场所。这一点可以通过考古发掘得到证明，例如西安半坡村遗址，村落正中便有一个大房子的痕迹，就是先民们集会议事，举行宗教活动的场所。

随着时代的发展，明堂的名称是不断变更的。《周礼·考工记》载：

> 神农曰天府，黄帝曰合宫，陶唐曰衢室，有虞曰总章，夏曰世室，殷曰阳馆。周曰明堂。

显然，明堂只是周代的称谓，不过其他朝代虽然称谓不同，但都强调它是一个四面通风的大房子，是国家的总祭堂，随着社会生产力的提高，建筑技术的发达，明堂的建筑规模越来越大，建筑格局越来越复杂。《周礼·考工记》载：

> 夏后世氏室，堂修二七，广四修一，五室三四步，四三尺，九阶四

> 旁两夹，窗白盛，门堂三之二，室三之一。殷人重屋堂修七寻，堂崇三
> 尺，西阿重屋。周人明堂，度九尺之筵，东西九筵，南北七筵，堂崇一
> 筵，五室凡室二筵。

其他著作还有一些记载，尺寸、格局略有出入，但都说明明堂越建越大。根据古文献中零星的描述，后世学者搞了一个明堂复原图。周时的明堂已是一座巍峨的宫殿了，雄伟壮观。明堂的中央是一个大殿，上有圆顶，四面透风。周围四座配殿，彼此相连。每殿各有正厅一间，侧室两座，共为十二间。《礼记·明堂位》详细说明了明堂各室的用途。据说周天子平日即居住在明堂的宫室之中，每月换一个地方，一年轮转一周。中央大殿则是天子祭祀天神、祖先，朝会诸侯，听政办公的殿堂。

周人在前人的基础上，逐渐发展成一种明堂制度，反映了周代文化的特质。清人阮元的《明堂论》对此解释得很有道理。他说：

> 明堂者，天子所居之初名也。是故祀上帝则于是；祭祖先则于是；朝诸侯则于是；养老尊贤教国子则于是；飨射献俘馘则于是；治天文告朔则于是；抑且天子寝食恒于是。是古之明堂也。

也就是说，以明堂为核心，形成了一套宗教、宗法、政治、教育合一的社会调节体制，反映了古代社会政教合一的特点。以下，我们分别从宗教、政治、教育三个方面加以叙述。

明堂中央大殿是周王室祭天、祭祖的宗教活动场所。明堂报享是周人祭天的三种形式之一。关于明堂祭与郊祭的区别，《孝经》说："周公郊祀后稷以配天，宗祀文王于明堂以配上帝"。朱熹对此解释说："为坛而祭谓之天，祭于屋下而以神祭之，故谓上帝。"（《文献通考》卷七十三《郊社考六》）周人的至上神既可称为天，亦可称为帝，这是由于他们心中的至上神"天"具有相对的模糊性，既是自然之天，又可容纳殷人的"上帝"。所以至上神便有了两种身份与称号，有了不同的祭法。在郊外野地里筑坛而祭，称上帝为天；在明堂里设位而祭，则视天为人格神上帝。可见明堂与郊祭的对象、性质相同，仅地点、规模、次数有所差异。明堂祭每月在明堂不同的房间内举行，而南郊祭天仅冬至日一次。其次是祭祖，中国古代社会是宗法血缘社会，父系血缘是联结人际的主要纽带，故而祭祖仪式特别受到统治阶级的重

视。同时，统治者又通过祖灵将天神垄断，以便巩固自己的统治。殷王宣布只有自己的先帝之灵可以"宾于帝"，周人则宣称只有他们的祖先能够"配天"。《史记·封禅书》载："宗祀文王于明堂以配上帝"。《大戴礼·盛德》干脆称："明堂者，文王之庙也。"在明堂制度中，宗教与宗法合一，天神与祖神合一，宗法制度因宗教而获得了神圣的光辉。

明堂第二方面的重要作用表现在行政方面，它也是国家的政治中枢。郑玄注《孝经》云："明堂者，天子布政之堂也。"在政教未分的年代，宗教圣所也是王朝执政的殿堂。《明堂月令》记述了周天子在明堂所处理的行政事务，包括："每月当行之政，施惠于百姓，养老存孤，尊贤折狱，整饬农事，论国典"，等等。此外，明堂也是天子朝会诸侯的地方，"大会诸侯明堂之位……明堂者，明诸侯之尊卑也"（《逸周书·明堂》）。周代实行分封制，诸侯分守四方，拱卫京城，平时并不居住在天子身边。诸侯定期朝觐天子，是当时加强中央与地方联系的重要活动，仪式隆重。大家都是文王的子孙，在兼作祖庙的明堂里会见也是顺理成章的事情。最后，明堂还是颁布历法的地方。"古诸侯朝天子，受月令以归，出而行之。"（《明堂月令》）周代已经是农业社会，天文历法对农业生产影响极大。中国古代历法属于阴阳合历，以太阴（月亮）记月，以太阳记年。为使阴阳合节，观朔望，置闰月便成了一门重要的技术。而且出于维持国家统一的政治需要，也必须统一历法。于是，在明堂每月公布朔望便成了王朝政治生活中的一件大事，实行统一历法成为服从统治的象征。

教育也是明堂的一项重要功能。周代教育与宗教、政治合一，《大戴礼·盛德》载："明堂外水曰辟雍"，"辟雍"就是古代的学校。蔡邕解释说："取其四门之学，则曰太学；取其四面周水圜如壁，则曰辟雍。"明堂四周有水环绕，其内的学校因此而得名"辟雍"。清人惠栋在解释明堂的政治、教育功能时说："明堂为天子太庙，禘祭、宗祀、朝觐、耕猎、养老、尊贤、飨射、献俘、治历、望气、告朔、行政皆行于其中，故为大教宫。"天子将未成年的贵族子弟集中于此，通过明堂中进行的宗教祭祀活动，教育子弟们宗教礼仪和宗教伦理；通过明堂中从事的政治活动，教育子弟们掌握政权，驾驭臣下的谋略；通过耕种"籍田"使他们了解生产知识，知稼穑之艰难；通过狩猎学会骑马打仗，练武用兵……所以荀子在总结明堂制度时下一断语："下以教诲子弟，上以事祖考。"（《荀子·成相》）明堂制度又将教育与养老尊贤结合了起来，《礼记》中有养老于上庠、东序、西序、左学、右学等提法，这些都是太学的异名。古代没有多少文字资料，老人的经验就是青年人最好的教材，养老于学，正好让他们把知识传给下一代。在周代，"天子曰辟雍……诸侯曰泮宫"（《礼记·王制》），泮宫是辟雍半制之意。也就是说，不仅国家一级是政治、宗教和教育合一的，地方上也层层如此，即所谓"学在官府"，形成了一个从上而下的知识垄断系统。周代，只有贵族子弟才能入学受教育，统治者层层包办教育的体制，又反过来保障了意识形态一体化的推行。

明堂制度的建立，标志着古代国家宗教发展的最高水平，宗教成为垄断社会意识形态一切领域的惟一存在，笼罩着人民精神生活的各个方面。祭天、祭社、祭祖贯穿于社会的所有阶层，"敬天法祖"成了社会最基本的价值观念；"天命不僭"是政治统治合理性的根本依据；"以德配天"是社会伦理道德体系的终极原理；在官场上，卜、祝、宗、史等宗教祭司是国家主要官员；在学校里，祭仪、占卜是青年学习的主要内容；国家的一切重要活动都必须祭告天地，乞求神灵保佑；人们在生产中取得的一切成果又都归功于祖灵的庇护，要到社稷坛报功……整个社会沉浸在一片虔诚的宗教氛围之中。《左传·成公十三年》载："国之大事，在祀与戎。"宗教与军事，一文一武，是巩固国家政权的两项基本手段，古代宗教在国家政治生活中的重要性也就可想而知了。

第四节　古代宗教的动摇与转化时期——春秋战国

一　古代宗教的传衍与衰落

自西周末年周厉王时代起，古代宗法等级制国家开始进入了一个"百川沸腾，山冢崒崩"的动荡时代，面临着严重的危机。周厉王试图用宗教为武器，压制人民的反抗，《国语·周语上》载：

> 厉王虐，国人谤王。邵公告曰："民不堪命矣。"王怒，得卫巫，使监谤者。以告，则杀之。国人莫敢言，道路以目。王喜，告邵公曰："吾能弭谤矣，乃不敢言。"邵公曰："是障之也。防民之口，甚于防川，川壅而溃，伤人必多。"

周厉王利用职业宗教巫师监督民众，谁有不满言论便告国王，逮捕杀之，宗教为维护暴君政权起了非常恶劣的作用，为正派的大臣所不齿，为人民群众所愤恨，所以才有了"防民之口，甚于防川"的千古名言。然而历史的发展是无情的，传统宗教并不能挽救周王室的衰落，而只能使自身连同王室一起走向没落。

公元前770年，在内乱和犬戎入侵的双重打击下，周幽王被杀，周平王被迫放弃镐京，东迁洛阳，史称东周，亦即春秋战国时代。此时期虽然已是"礼乐征伐自诸侯出，陪臣执国命"，政权下移，各国诸侯各自为政，周天子形同虚设。但是，由于诸侯们在很长一段时间内尚未强大到足以自立的水平，因此还没有谁敢废周天子而称王。即使是大国，也还要"挟天子以令诸侯"。各国诸侯表面上共尊周天子，在国内亦实行周礼，使得周公在西周初年制订的宗教礼仪仍继续流行。如孔子作《春秋》，大量记录了鲁国国家宗教的活动情况：

> 僖公三十一年，夏四月，卜郊不从，乃免牲，犹三望。
> 宣公三年，春王正月，郊牛之口伤，改卜牛，牛死，乃不郊，犹三望。
> 成公七年，春王正月，鼷鼠食郊牛角，改卜牛，鼷鼠又食其角，乃免牛，夏五月不郊，犹三望。

这里所谈都是南郊祭天活动的情况。鲁国四月郊天，正月用占卜选牛为牺牲，三个月后使用。《春秋》中几次记载都是活动不太顺利，从俗减免仪节的情况，孔子认为这样做"非礼"，所以特意记录下来。《左传》、《国语》等书有更为详细的说明。如僖公三十一年那一次，《左传》记载：

> 夏四月，四卜郊，不从，乃免牲，非礼也。犹三望，亦非礼也。

根据杨伯峻注释，"无牲不可郊也"，鲁僖公无郊牛而祭天，是为非礼。"三望"为山川海渎之祭，本是郊天礼的附属成分，郊天无牲，三望之礼也应当免，勉强进行，也是非礼。于此可见，国家宗教中的郊天大礼，已经失去了昔日的尊严和威仪。

占卜活动在社会上普遍流行，仍然受到统治者的重视，贞卜的问题及灵验与否，都载之于国家的正式史书。龟卜、筮占、梦占都很流行，有学者统计，《左传》一书中共记录龟卜七十余次，[①] 内容包括战争、迁都、立嗣、任官、婚姻、疾病等诸多方面。如鲁文公十一年（公元前 616 年），北方少数民族狄人的军队侵入鲁国，《左传》载：

> 鄋瞒侵齐，遂伐我。公卜使叔孙得臣追之，吉。侯叔夏御庄叔，绵房孙为右，富父终甥驷乘。冬十月甲午，败狄于咸，获长孙侨如。富父终甥椿其喉，以戈杀之。

在战争以前鲁文公对胜负没有把握，命卜官烧龟卜之，得象吉。遂命叔孙得臣为元帅追击狄人，大败狄军，俘获狄国君长孙侨如，杀之。又如鲁文公十八年（公元前 609 年），齐国将派军队进攻鲁国：

> 十八年春，齐侯戎师期而有疾，医曰："不及秋，将死。"公闻之，卜，曰："尚无及期。"惠伯令龟，卜楚丘占之，曰："齐侯不及期，非疾也。君亦不闻。令龟有咎。"二月丁丑，公薨。

齐国出师前齐懿公患了重病，医生说他活不过秋天了。鲁文公为了证实这个消息，派人用龟占卜之。结果是齐侯不久便会死去，但非死于疾病，而鲁公也将不久于人世了。没过多久，这两件事都得到了证实。这是龟卜很灵验的例子。可是有时候，龟卜的结果不如统治者的意志，他们并不遵行。如《左传·僖公四年》（公元前 656 年）载晋献公卜娶骊姬的故事：

> 初，晋献公欲以骊姬为夫人，卜之不吉，筮之吉。公曰："从筮。"

龟卜与筮占都属于巫术迷信活动，并没有什么科学根据，吉与不吉出现的可能，有一定统计学上的几率。被骊姬的美貌所迷惑的晋献公，对占卜采取了实用主义的方法，还是立骊姬为后。

易占活动在春秋也很流行，据刘大钧统计，《左传》、《国语》中有关记

---

① 刘玉建：《中国古代龟卜文化》，第 375 页，广西师范大学出版社，1992。

载达 22 条,① 如《左传·襄公二十五年》载:

> 棠公死,偃御武子以吊焉,见棠姜而美之……武子筮之,遇《困》☵☱之《大过》☱☵,史皆曰:"吉。"示陈文子,文子曰:"夫从风,风陨妻,不可娶也。且其繇曰:'困于石,据于蒺藜,入于其宫,不见其妻,凶。'"……崔子曰:"嫠也,何害!先夫当之矣。"遂娶之。

这段史实是讲:齐棠公死后,崔武子去吊唁,见其遗孀棠姜很美丽,要娶其为妻。用《周易》占了一卦,得《困》卦,因六三爻变而成了《大过》卦。史官为了取悦于崔武子,都说是一个吉卦。给陈文子看,他指出:由于此卦中有爻变,《困》卦的内卦便从坎变成了巽。坎为中男,巽为风,所以有"夫从风","风陨妻"之说。同时他又引《困》卦六三爻辞:"困于石,据于蒺藜,入于其宫,不见其妻,凶",证明不可娶棠姜。但是崔武子却说:这些风险和不吉利都让她的前夫承担了,所以坚持娶了棠姜。从这一事例可以看出,春秋时人易占,有了很大的主观性,根据《易经》辩证、灵活的特点,从哪个方面都可以说出一番道理,对神的虔敬让位于实用的需求,古代国家宗教无可奈何地走向了没落。

古代宗教的没落和瓦解,根本原因在于社会经济、政治制度的变迁。春秋时代,铁器和牛耕的普遍使用,极大地提高了社会生产力。《国语·齐语》载:"美金"(铜)以铸剑,"恶金"则铸造锄、斤、夷等生产工具。《国语·晋语》则记载:"耕于齐,宗庙之牺为畎亩之勤。"劳动者生产能力的提高,使个体家庭获得了脱离宗法血缘家族的生存能力,他们开垦荒地,破坏井田,经商务工,甚至远走他乡。传统的井田制度无法维护了,国人们"公作则迟,分地则速"(《吕氏春秋·审分览》),不时还发生奴隶的暴动和逃亡。传统的政治体制以宗法血缘为网络,将人们束缚于"四井为邑"的村社之内。而土地的开垦,人口的流动,出现了大量的自由民。对于他们,只能使用地缘政治的管理方式,各国相继进行了变法,改"礼治"为"法治"。经济、政治的变化改变了人们的社会地位和身份等级,从而使建立在宗法血缘制度上的传统宗教也难以维持下去了。一些大宗嫡子贫困没落了,而一些过去的小宗庶子却因田连阡陌,富甲王侯,出现了"公室将卑","大夫皆富"

---

① 刘大钧:《周易概论》,第 109 页,齐鲁书社,1986。

的情况。在这种条件下，周礼所规定的"庶子不祭"制度便很难维持了。这股从地下翻涌出来的动乱上达天庭，极大地动摇着作为宗法奴隶制国家意识形态的国家宗教。

古代国家宗教的动摇首先表现在礼仪制度层面，周礼的教规教仪不断遭到破坏。中国古代社会从来就是一个"人治"社会，任何法律和礼仪都可因人而异，灵活变通。周礼本为严格等级宗法制度而设，但是对于它的制定者周公及其子孙却网开一面，给予了特殊照顾。周公的后代在其封地鲁国可以行天子之礼，祭天、祭泰山，所以有"周礼尽在鲁矣"之说。这种法外特权在王朝兴盛时期仅仅是个别现象，而且必须经过天子的许可。但是到了王朝的衰落时期，天子弱而诸侯强，强者便各行其是了。春秋时期各种祭祀虽然照旧进行，但规格、礼仪则被破坏殆尽了。这便是当时人们痛心疾首的"礼崩乐坏"的局面。鲁国的诸侯可以祭天，齐国的诸侯为什么不可以呢？

> 秦缪公即位九年，齐桓公既霸，会诸侯于葵丘，而欲封禅。（《史记·封禅书》）

这次活动因宰相管仲的劝谏而作罢。但是到了春秋末年，连鲁国的大夫季氏都敢去泰山祭天了。

> 季氏旅于泰山。子谓冉有曰："女弗能救与？"对曰："不能。"子曰："呜呼！曾谓泰山不如林放乎？"（《论语·八佾》）

"旅"也是祭祀的一种方式，大夫祭泰山，这在西周是不可想象的事，可如今孔子也无可奈何。祭祖仪式也被搞得不成样子，孔子"入太庙，每事问"，故精通俎豆之事，可在一次他观看鲁公的祭祖仪式时，却感慨道：

> 禘自既灌而往者，吾不欲观之矣。（《论语·八佾》）

在禘祭仪式上，从第一次祭酒以后，他便不愿再看下去了。更有甚者，天子在庙堂之祭时唱《雍》诗，用六十四人的歌舞仪仗，可是鲁国的权贵孟孙、叔孙、季孙三家的家庙祭祀，也敢模仿：

　　三家者以《雍》彻，子曰："'相维辟公，天子穆穆'，奚取于三家之堂？"

　　孔子谓季氏："八佾舞于庭，是可忍也，孰不可忍也。"（《论语·八佾》）

层出不穷的违礼事件，把古代宗教的礼仪、规范等物质层面搞乱了。

　　古代宗教次一方面的动摇表现为宗教组织的瓦解，巫觋社会地位下降和学术下移。古代宗教从"绝地天通"时起，便由为统治阶级服务的职业巫师所把握。随着时代的发展，这支职业宗教队伍也在不断扩大，分工越来越细。在商代只有依性别而分的巫、觋，在周代则出现了卜、史、宗、祝等宗教内部分工，《周礼·春官》一节，详细记述了这支队伍的庞大。在商与西周，宗教巫师的社会地位非常高。在殷墟出土的甲骨卜辞中，记录了130多位巫师的名字，其中伊尹、巫咸、伊涉、巫贤、甘盘等人，都是朝廷的重臣。他们生前有"格于上帝"，保佑时王的能力；死后其灵魂与殷王一样"宾于帝"，具有"降堇"、"降福"的威力，是后人祭祀的对象。在周代，宗教官员的地位普遍高于政务官员，《礼记·曲礼》考察了周代的职官表，指出："天子建天官，先六大"，即太宰、太宗、太史、太卜、太祝、太士要高于司徒、司马、司空、司寇。但是春秋以后，随着王室和贵族势力的衰落，他们培养的教团势力也随之瓦解了。有些流入民间，为士人操办红白喜事，唱诗赞礼，成为以"相礼"为业的"儒"；有些授徒讲学以知识谋生，成为学问之"儒"；有些为新旧贵族收养，成为替他们出谋划策，奔走效命的权术之"士"；有些隐遁深山，探索长生养命仙方，寻找万古不死的灵药，成为方术之"士"。古代宗教的另一大支柱——职业教团瓦解了，从而引起了学术下移之风。

　　古代宗教的根本动摇还在于信仰的动摇。宗教从本质上说是一种价值形态，信仰是宗教的核心与灵魂，而宗教的其他要素都是从信仰中派生出来，并反映信仰需要，为信仰服务的。中国古代宗教信仰的核心是"天神崇拜"和"祖神崇拜"，可现实与宗教理论的矛盾却使人感到天神的可疑。古代宗教宣扬天地为民父母，"降福穰穰"，养育万民，可现在为什么"天降丧乱，饥馑存臻？"天神本应该耳聪目明，无所不知，扬善惩恶，可现在为什么"舍彼无罪，既伏其辜；若此有罪，沦胥以铺？"（《诗·小雅·雨无正》）天为什么要是非颠倒，降罪无辜呢？天子本为皇天元子，当统领万邦，可现在天下混乱，诸侯侵夺，"昊天不平，我王不宁"，为什么天不佑王呢？人们不仅怀疑天神，而且也怀疑祖神，"群公先王，则我不助，父母先祖，胡宁忍予?"(《诗·大雅·云汉》)祖先之灵为什么看着子孙受难而不拯救呢？

由怀疑转而诅咒。"昊天不惝，降此鞠凶；昊天不惠，降此大戾。"(《诗·小雅·节南山》)"威辟上帝，其命多辟。"(《诗·大雅·荡》)上帝虽然有很大威力，但他的命令多是错误的。"浩浩昊天，不骏其德。"(《诗·小雅·雨无正》)这如同说：老天爷你为什么不长久地赐予恩德呢？对天神的道德属性表示了怀疑。

由诅咒转而思考。"如何昊天，辟言不信？如彼行迈，则靡所臻。"(《诗·小雅·雨无正》)为什么老天不听良言，专行暴虐呢？似你这般行动迟缓，又能有什么作为呢？"民今方殆，视天梦之"(《诗·小雅·正月》)，人民正在受难，老天却昏昏如睡，天神的主宰能力何在？人们从思考中产生了一种对天命神权的否定，并导致了无神论思想的发生。对天的疑怨、诅咒虽然言辞激烈，但还是以有天神存在为前提的，还停留在情感的阶段，而无神论则迈进了一步，他们的理论是建立在理性思考的基础上，一切因果都置于自然。宗教的实质，不过是将自然的力量采取了超自然的形式。一旦人们摆脱了神学的束缚，重新从世界的本来面目看待世界时，宗教的神秘性、神圣性、权威性就再也无法维持了。

二　无神论思想的发生及其影响

中国的无神论思潮在西周末年便产生了，其中著名的例子是"伯阳甫论地震"。

> 幽王二年，西周三川皆震。伯阳甫曰："周将亡矣。天地之气，不失其序。若过其序，民乱之也。阳伏而不能出，阴迫而不能烝，于是有地震。今三川实震，是阳失其所而镇阴也。阳失而在阴，川源必塞。源塞，国必亡。夫水土演而民用也，水土无所演，民乏财用，不亡何待?"(《国语·周语》)

在古代，地震是一种可怕的自然现象，人们习惯地用神意来加以解释。可是伯阳甫却用阴阳二气的运行秩序来说明地震的原因。其结论虽然缺乏实证科学的依据，但是他坚持用自然本身的原因解释自然现象，为科学的发展开辟了正确的方向。

到了春秋时期，坚持以自然原因解释怪异现象的人更多了。《左传·鲁僖公十六年》载：这一年宋国发生了两件"怪事"，有五颗陨石落在了宋国，有六只鹢鸟倒着飞过宋国的都城，因而引起了国人的好奇和恐惧。宋襄公问内史叔兴此事主何吉凶？叔兴并未占卜问神，而是运用已有的科学文化知识指出：

> 君失问，是阴阳之事，非吉凶所生也。吉凶由人。

话虽不多，但明确地将自然与人事相区别。他指出怪异现象也属于自然，并非天神示警，人世祸福由人定。这种"天人相分"的思想对后世科学和哲学的发展都产生了积极的影响，人们进而将天道与人道也加以区分。春秋时郑国大夫子产是又一位无神论思想家，有一年神官神灶观看天象，预言郑国将发生大火，请执政的子产用国宝祭神禳灾。子产坚决不答应，他认为：

> 天道远，人道迩，非所及也，何以知之，灶焉知天道？是亦多言矣，岂不或信？（《左传·昭公十八年》）

天道渺茫难考，人不可测。人与自然属于不同的领域，互不相干，亦无扞格之理。子产没有祭天，结果天神也没有降罪。

从天人相分的理论出发，一些勇敢的思想家对某些宗教理论及其活动进行了大胆的批判。《左传·僖公二十一年》载：

> 夏，大旱。公欲焚巫、尫。臧文仲曰："非旱备也。修城郭、贬食、省用、务穑、劝分，此其务也。巫、尫何为？天欲杀之，则如勿生。若能为旱，焚之滋甚。"公从之。是岁也，饥而不害。

巫是古代的职业宗教人员，在天旱不雨时负有祈求上天普降甘霖的义务。但是如果祈神不灵，统治者便考虑是不是巫师得罪了上帝，或是其法术不灵。故有人想出了"曝巫"、"焚巫"的主意，将巫师们放在烈日下曝晒，或是放在烈火旁熏烤，让这些上帝的奴仆在上帝面前受苦，以便感动上帝，降雨救灾。至于"尫"，据杨伯峻先生考据，是"突胸仰向"的残疾人。迷信传说由于他们鼻孔向天，天恐雨水灌入其鼻，故旱而不雨。鲁僖公想通过折磨这些残疾人的办法祈雨，臧文仲认为不可。他指出：天是否下雨与这两种人无关，如果焚烧他们天便会下雨，那天当初便不会生他们了。大旱之年的当务之急是组织抗灾，节省开支，减少损失。结果在他的领导下，这一年灾而无害。《左传》记载这类事件，已经包含了某种人能胜天的思想。

人支配自然的能力提高了，便不再事事乞灵于神，而是更相信自己的力量。《国语·鲁语上》载：

> 长勺之役，曹刿问所以战于庄公。公曰：“余不爱衣食于民，不爱牲玉于神。”对曰：“夫惠本而后民归之志，民和而后神降之福。”

神灵是否保佑降福，完全取决于君主是否爱民，是否施惠于民，人的行为成了决定神意的因素。正如随国大夫季梁所说：

> 夫民，神之主也。是以圣王先成民而后致力于神。（《左传·桓公六年》）

在这里，神的影子虽然还存在，但其作用已放到了第二位，人上升为首要的因素，甚至被称为“神之主”，周公宗教改革中的人文主义因素得到了空前的发扬。稍后的周太史史嚣则说：

> 虢其亡乎！吾闻之：国将兴，听于民；将亡，听于神。神，聪明正直而壹者也，依人而行。虢多凉德，其何土之能得？（《左传·庄公三十二年》）

史嚣已经把重人还是重神当成了判断一个国家兴衰的根据。他直言不讳地告诉统治者，一味迷信鬼神，不修其德，必将亡国。要想国运兴隆，则须听于民，依赖民。

齐国宰相晏婴也是春秋时期著名的无神论思想家，是齐景公的大臣。齐景公是当时有名的昏君，不仅政务荒疏，而且贪生怕死。他经常命令巫祝代他向上天祈祷，以图延年益寿。祝祷不能使他病愈，他便欲杀巫祝以取悦上帝。晏婴劝谏道：

"君以祝为有益乎?"公曰:"然。""若以为有益,则诅亦有损也。……且夫祝直言情,则谤吾君也;隐匿过,则欺上帝也。上帝神,则不可欺;上帝不神,祝亦无益。"(《晏子春秋·内篇·谏上第一》)

从晏婴的这段话中可以看出,他其实是不信神的。对于因各种自然灾害而祈求神灵,晏子也持否定态度。一年齐国大旱,景公"使人卜,云祟在高山广水"。景公信之,"欲少赋敛以祠灵山"。晏婴认为祠亦无益也,他运用思维逻辑的力量来说服齐景公。他讲:

夫灵山固以石为身,以草木为发。天久不雨,发将焦,身将热,彼独不欲雨乎?(《晏子春秋·内篇·谏上第一》)

齐景公还不甘心,又想转而乞灵于河伯,晏子又说:

不可,河伯以水为国,以鱼鳖为民。天久不雨,泉将下,百川竭,国将亡,民将灭亦,彼独不欲雨乎?(同上)

可见灵山、河伯对大旱也无可奈何,求之无益。晏子虽然没有公开宣布神灵并不存在,但他机智巧妙的论辩,却极大地动摇了人们头脑中有神论的信念,破坏了人们对宗教的虔诚。

中国著名的军事家孙武,也是当时有名的无神论思想家。在兵法中他探讨克敌制胜之道时指出:

故明君贤将,所以动而胜人,成功而出于众者,先知也。先知者,不可取于鬼神,不可象于事,不可验于度,必取于人,知敌之情者也。(《孙子兵法·用间》)

孙子在谈到将帅如何先知时,首先便强调不可求于鬼神。这是因为当时迷信势力还很强大,出征前占卜问卦,求神祭天的情况普遍存在,神灵左右着某些君王、将帅的头脑,要建立真正的军事科学,首先必须破除迷信。孙武明令在军中禁止卜筮卦象的巫术活动,以防扰乱军心。他说:"不约而亲,下令而信,禁祥去疑,至死所之。"(《孙子兵法·九地》)有时他也谈到天地,如他说:"知彼知己,胜乃不殆;知天知地,胜乃不穷。"(《孙子兵法·地形》)但这里所说的天是自然之天,而不是神秘的上帝。他又说:"故经之以五事,校之以计,而索其情。一曰道,二曰天,三曰地,四曰将,五曰法。……天者,阴阳、寒暑、时制也。地者,远近、险易、广狭、死生也。"(《孙子兵法·计篇》)这里把天地的性质讲得更明确。军事家面临的是血与火的考验,在生死攸关的战场上,来不得半点虚假,所以无神论思想在这里表现得最为鲜明。

春秋时期,宗教内部的疑天思潮和外部的无神论思潮,从两个方面发生作用,终于导致古代宗教至高无上地位的丧失,意识形态一体化格局的崩溃。思想的束缚一旦丧失,思想史领域进入了一个"百家争鸣"的新时代。由于春秋战国诸子百家,尤其是春秋时期几大思想流派的代表人物,他们的生活大多与古代宗教有着密切的联系,因此他们的思想对其脱胎而来的母体——古代宗教都有所批判和继承,形成了诸多具有鲜明个性的宗教思想。对于这种思想变化,汉代人有"诸子出自王官"之说。如班固在《汉书·艺文志》中说:"儒家者流,盖出于司徒之官","道家者流,盖出于史官","阴阳家者流,盖出于羲和之官","法家者流,盖出于理官","名家者流,盖出于礼官","墨家者流,盖出于清庙之守"……"诸子出于王官"之说,虽多有牵强附会之处,但从整个社会的文化背景看,却也较为准确地反映了春秋战国时期突破了西周政教合一体制,诸子百家之学从古代宗教的基础上产生出来的事实。尽管这些学说本身不是宗教,不属于宗教史研究的范畴,但它们作为一个文化启蒙时期的代表作,在以后两千多年的时间中深刻地影响着中国人的宗教精神,对中国传统宗教的转型和延续,对中国人宗教心理的演变及对外来宗教的取舍,都有着决定性的影响,成为各种宗教生存、发展的文化环境,因此需要加以探讨。

三　儒家的宗教思想及其影响

儒家学说由春秋末年的大思想家孔子开创,但"儒"之名却在孔子以前便有了。据《汉书·艺文志》载:"儒家者流,盖出于司徒之官,助君顺阴阳,明教化者也。"《周礼·天官·太宰》也有说明:"四曰儒,以道得民",可见儒之源流在于周代之王官。汉郑玄注曰:"儒,诸侯保氏有六艺以教民者。"从这些文字看,"儒"在西周是从事官方教育工作的。近现代学者经多方研究后认为：在春秋时代，儒逐渐从卜、史、宗、祝等职业宗教家中分化出来。社会大动荡使他们失去了昔日的尊贵地位，但由于他们熟悉传统宗教中诸种礼仪，于是他们流落民间，以"相礼"为生。墨子曾经嘲笑儒生："富人有丧，乃大喜曰：衣食之源也"（《墨子·非儒》），于此可见儒家与传统宗教深厚的"血缘"关系。

（一）孔子"敬鬼神而远之"的宗教观

儒家创始人孔子出生在鲁国，鲁为周礼制作者周公的封地，世代具有使用天子礼仪的权力，所以"祝宗卜史，名物典策，官司彝器"，一应俱全。周室东迁以后，原有礼器丧失很多，礼仪反不如东方的鲁国，故有"周礼尽在鲁矣"之说。这种文化环境对孔子的成长产生了决定性影响。他自幼家贫，以儒为业，《论语·子罕》记载他的话说："吾少也贱，故多能鄙事。""出则事公卿，入则事父兄，丧事不敢不勉，不为酒困，何有于我哉？"这正是他青年时代替人相礼为生的真实写照。不过，孔子除了精通吉、凶各类礼仪外，还努力学习各种历史文化知识，关心国家政治和人民生活。孔子生活的时代适逢诸侯混战，民不聊生，他对社会抱有强烈的忧患意识和历史责任感，希望国家安定、人民富庶。为了实现救国的抱负，他提出了以"仁"和"礼"为中心的一套哲学思想，其中也包括他对传统宗教的看法。

春秋以来，宗教问题的争论主要集中在两个焦点上，一个是天人关系问题，即是否承认天神主宰人类社会与自然。另一个问题是形神关系问题，即人死后是否有灵魂，是否成鬼的问题。在这两个问题上，周公的人文主义思想给了孔子很大影响。他主张对传统宗教采取改良主义的态度，既不完全抛弃宗教，又要对传统宗教中许多重要观念进行人文主义的解释，使之改变发展方向。

在天人关系上，孔子承认主宰之天的存在。他在这方面的言论很多，如：

> 君子有三畏，畏天命，畏大人，畏圣人之言。（《论语·季氏》）
> 获罪于天，无所祷也。（《论语·八佾》）

孔子的弟子子夏说：

> 商闻之矣："死生有命，富贵在天。"（《论语·颜渊》）

这里的"闻之"虽未注明是闻之于孔子，但此话收入反映儒家思想的经典著作，一向被视为孔子的观点。显然，在孔子的心目中，天具有赏善罚恶，决定人类命运的能力。在当时传统宗教尚很流行的情况下，孔子没有与之决裂，有时也借助其论证自己的理论。不过在孔子的学说中，天的人格性减少了，理论性增强了，他说：

> 天何言哉？四时行焉，百物生焉，天何言哉？（《论语·阳货》）

在这里，天被看成是一种自然之神，是人类尚无法认识、控制的各种异己力量的总和。孔子不强调天的意志性、情感性和神秘性，而是突出了"天命"的强制性、决定性色彩。他说：

> 道之将行也与？命也；道之将废也与？命也。（《论语·宪问》）
> 不知命，无以为君子也。（《论语·尧曰》）

可以说，孔子把宗教问题哲理化了，将商、周以来那个活灵活现的上帝变成了一条看不见、摸不着的规则，使传统的人格之天变成了义理之天、命运之天。同时，孔子又对天的作用范围加以限制，其主宰能力仅限于生死寿夭、富贵贫贱和事业成败的领域。而在修身、为政方面，自我努力则起着决定性作用，"仁远乎哉？我欲仁，斯仁至矣"（《论语·述而》）。在人类社会行为的领域里，孔子树立了一个比天更重要的范畴"仁"。

"仁"本是西周金文中的一个古字，《说文》讲："仁，亲也，从人，从二。"从"仁"字的结构和语源上看，仁的实质展现在人与人的关系之间，所以清代段玉裁注《说文》时讲："独则无偶，偶则相亲，故字从人二。"孔子不仅继承了"仁"这样一个道德范畴，而且通过"忠恕"之道对"仁"的概念加以发挥，合理地解决了西周宗教伦理崩溃后，新时代世俗伦理的价值源泉问题。他说：

> "参乎，吾道一以贯之。"曾子曰："唯。"子出，门人问曰："何谓也？"曾子曰："夫子之道，忠恕而已矣。"（《论语·里仁》）

朱熹解释说："尽己之谓忠，推己之谓恕"（《四书集注·里仁注》），用我们今天的话讲，"忠恕"的基本精神就是将心比心，以己推人。如孔子言："己欲立而立人，己欲达而达人。"（《论语·雍也》）"己所不欲，勿施于人。"（《论语·卫灵公》）自己希望达到的目标，也要帮助别人达到，自己不能接受的事物，也不要强加于别人。这就是指导人们一切行为的普遍原则。孔子又说："夫仁者……能近取譬，可谓仁之方也已。"（《论语·雍也》）通过"能近取譬"，通过"从人从二"，儒家哲学从自身的道德体验中，解决了道德体系的价值源头问题，而不必求助于外在的上帝，即可成为一个自我圆满的体系。孔子并没有否定传统宗教，但是他说：

> 礼云、礼云，玉帛云乎哉？乐云、乐云，钟鼓云乎哉？（《论语·阳货》）

作为代表社会道德规范的"礼乐"，其价值源头并不在于"钟鼓"、"玉帛"的宗教仪式。"人而不仁如礼何？人而不仁如乐何？"（《论语·八佾》）孔子通过约礼入仁，把社会道德伦理的价值源头移入了人们的心中，将宗教礼仪对人的他律，变成了一种自律。同时也在无形中，将传统宗教变成了自己学说中的一个部分——礼学。这就是当代学者所说的，中国哲学独特的内在超越路线，由孔子开其端。

与内在超越的伦理学说相联系，在形神关系上孔子拒绝从存在论的角度讨论鬼神的有无和人死后的情状。

> 季路问事鬼神。子曰："未能事人，焉能事鬼？"曰："敢问死？"曰："未知生，焉知死？"（《论语·先进》）

孔子对人死后的世界给予了不可知的回答。尽管孔子没明说，但他对鬼神是否存在的怀疑还是显而易见的。当时古代宗教虽然受到了某种程度的冲击，但大多数统治者和民众还是相信鬼神的，无神论思想家只是极少数。而且在当时的历史条件下，无神论者也拿不出鬼神不存在的确切证明。孔子出于政治需要方面的考虑，对问题采取了避而不答的回避态度，就已证明他对鬼神是怀疑而不是肯定的。如果是前者，他尽可以直言不讳。《论语·述而》又记载："子不语怪、力、乱、神。"对此鲁迅作了如下一段说明：

孔丘先生确是伟大，生在巫鬼势力如此旺盛的时代，偏不肯随俗谈鬼神。但可惜太聪明了，"祭如在，祭神如神在"，只用他修《春秋》的照例手段，以两个"如"字略寓"俏皮刻薄"之意，使人一时莫明其妙，看不出他肚皮里的反对来。①

孔子避免回答鬼神是否存在的问题，可能是一位无神论者，但绝不是非宗教论者。不论内心的看法如何，他用一种实用的立场看待宗教。从维护宗法血缘制度，恢复社会等级秩序的政治考虑出发，他从不公开否定鬼神及死后世界的存在。汉朝刘向作《说苑·辨物》，其中有孔门师生这样一段对话：

子贡问孔子："死人有知无知也?"孔子曰："吾欲言死者有知也，恐孝子顺孙妨生以送死也；欲言无知，恐不孝子孙弃不葬也。赐欲知死人有知将无知也，死徐自知之，犹未晚也。"

这段话不能算是孔子言论的确切记录，但基本符合孔子的宗教观，即使是刘向编造的，也是按照孔子的思想逻辑编的。孔子不言死后的世界，完全是为了维持孝道学说。

为了弘扬孝道，孔子对宗教祭祀的重要性是毫不怀疑的。《论语·为政》载：

孟懿子问孝，子曰："无违。"……樊迟曰："何谓也?"子曰："生，事之以礼；死，葬之以礼，祭之以礼。"

丧葬活动和年节的各种祭祖活动，是培养子孙孝亲之情的最好机会。能否认真举行祭祖活动，是看一个人是否具有孝道的重要标志。所以孔子"所重，民、食、丧、祭"(《论语·尧曰》)，除了吃饭，丧祭便是人生最重要的事情。从巩固宗法等级制度的角度考虑，孔子认为各种祭祀仪式必须严格礼仪规范，否则根本达不到目的。

---

① 《再论雷峰塔的倒掉》，《鲁迅全集》，第一卷，第293页，人民出版社，1956。

　　　　子贡欲去告朔之饩羊。子曰:"赐也! 尔爱其羊,我爱其礼。"(《论语·八佾》)

在告朔仪式上多只羊、少只羊似乎只是形式问题,但孔子却把它上升到是否遵从周礼的高度来认识。在他看来,当时的社会动乱,就是因为部分人违反周礼,犯上作乱引起的。日常仪式上一点违礼的小事不纠正,日后就可能酿成"弑父弑君"的大祸。《论语·乡党》中记载了孔子在日常生活中处处拘执于周礼的样子,让人感到迂腐。其实他这样做是别有深意的,要为弟子树立一个严守周礼的形象。

　　孔子一方面讳言鬼神是否存在,另一方面又主张严格按照周礼举行宗教仪式,因而难免陷入"执无鬼而学祭礼"(《墨子·公孟》)的尴尬。为了摆脱这种两难局面,孔子提出了"敬鬼神而远之"的命题。《论语·雍也》载:

　　　　子曰:"务民之义,敬鬼神而远之,可谓知矣。"

他教导人们以虔敬的心情去从事祭祀活动,但不必刨根问底地思考鬼神是否存在的问题。《论语·八佾》又载:

　　　　祭如在,祭神如神在。子曰:"吾不与祭,如不祭。"
　　　　林放问礼之本,子曰:"大哉问! 礼,与其奢也,宁俭;丧,与其易也,宁戚。"

也就是说,"祭思敬,祭思哀",孔子主要强调宗教活动参加者的心理需求和满足。祭祀祖先不是向鬼神祈福消灾,而是为了表达子孙报本思亲之情。只有祭祀求报时才希望鬼神必有,而儒家所理解的祭祖是将人的思亲之情寄托于祖灵,所以不必追寻鬼神之有无。

　　孔子"敬鬼神而远之"宗教观的提出,对传统宗教的转化及中国人的宗教精神都产生了极其重要的影响,主要表现在以下几点:

　　首先,对鬼神"远之"的态度,使儒学本身与传统宗教相区别。宗教立足于情感,而哲学植根于理智。儒学虽然也讲天,但它消除了人们对天神的亲近感、依赖感,这些情感恰恰是宗教赖以存在的基础。孔子要求人们与鬼神保持一定距离，用一种冷静、理智的态度去思考宗教的社会作用，以便合理地加以利用，这便成为后世历代政府制定宗教管理政策的理论依据。

其次，对鬼神敬而远之，把人们的注意力引向了现实的社会与人生。无论何种宗教，其本质都是相信并向往超现实的彼岸世界。儒学却疏远彼岸世界而关注现实的人生，所谓"未知生，焉知死"，"未能事人，焉能事鬼"也。孔子建立了以"仁"为核心的哲学体系，并"约礼入仁"，把宗法礼教的依据从对天神、祖神的迷信，转向了对人际亲情、自我意志的反思。这样，使儒学获得了独立发展的价值依据。在中国古代宗法等级制的社会基础上，出现了宗教与哲学两大并列的意识形态。宗法性宗教继续保持国家宗教的垄断地位，儒学则在学术文化领域里起着主导作用，相辅相成。

再次，对鬼神"敬"的态度，促使传统宗教向礼仪化、世俗化的方向转化。春秋战国"礼崩乐坏"，疑天、怨天情绪遍及民间，骂天、戏神者也大有人在。但是古代宗教并没有彻底消失，而是转换形态存在，这和儒门子弟的收集整理、坚持弘扬是分不开的。孔子本人"虽疏食菜羹，必祭，必斋如也"（《论语·乡党》），其身体力行，起了榜样作用。儒家后学将古代宗教的各项祭祀制度，集中收集于《仪礼》、《周礼》、《礼记》三书中，使之能够在秦汉以后继续流传。不过经过儒家整理、注释的"三礼"，已经充满了人文主义精神，所以后世学者有人将其视为民俗，有人将其视为无神的宗教。

最后，孔子对鬼神存而不论的怀疑态度，使无神论倾向也成为儒学的传统之一。大多数儒家学者的无神论立场并不彻底，但是能够抵制各种迷信、巫术活动，使国家宗教在理性化的轨道上发展，使佛教、道教、伊斯兰教、基督教等都无法取得"国教"的地位，从而确保了儒学的"独尊"地位。另有少数思想家的无神论见解比较彻底，激烈抨击各种有神论的观点，形成了中国人与世界上众多全民信教的民族在心理上的重大差异。

孔子以后，儒家学者从两个方向上发展了孔子的宗教观。一条是对天命神学的内在化解释，形成了中国人特有的"信而不虔"的有神论；一条是对传统宗教工具化的解释，最终导致了"神道设教"论的产生。孟子和荀子分别代表了这两大方向。

（二）孟子"事天、立命"的宗教观

孟轲是儒门"亚圣"，在儒学中地位仅次于孔子。孟子所以有如此高的地位，是由于儒门后学认为，只有他的思想才是对孔学最好的发挥。在宗教观上，孟子也是比较接近孔子的，即在有神和无神，信神和反神之间走一条

中庸的路线，在传统宗教的大框架内，尽量发挥人道的作用，使鬼神也成为统治者进行教化的有力工具。

孟子首先肯定天神的存在，天决定社会的治乱，国家的兴衰，个人事业的成败。他说：

> 五百年必有王者兴，其间必有名世者。由周而来，七百有余岁矣！以其数则过矣。夫天未欲平治天下，如欲平治天下，当今之世，舍我其谁也？（《孟子·公孙丑下》）

在他看来，社会上的战乱、安康天早已安排好了，其间有些英雄人物出来救世，也是天神有意安排的结果。如果天准备让谁担负平治天下的重任，必会给他创造锻炼的机会。

> 故天将降大任于是人也，必先苦其心志，劳其筋骨，饿其体肤，空乏其身，行弗乱其所为。所以动心忍性，增益其所不能。（《孟子·告子下》）

正因为天对人有强大的决定作用，所以人不可违抗天意，"顺天者存，逆天者亡"（《孟子·离娄上》）。

同时，孟子对社会上流行的各种宗教活动也给予了肯定。他讲：

> 西子蒙不洁，则人皆掩鼻而过之！虽有恶人，斋戒沐浴，则可以祀上帝。（《孟子·离娄下》）

齐宣王欲毁古时明堂，孟子劝谏说："王欲行王政，则勿毁之矣"（《孟子·梁惠王下》），他把传统宗教中的明堂祭祀，当成了教化民众，推行仁政的工具。

不过，孟子所说的天虽是从商、周宗教中继承来的，但他像孔子一样，把天解释成了"命运之天"，"义理之天"。他说：

> 诚者，天之道也；思诚者，人之道也。（《孟子·离娄上》）

天代表着一种真实无妄的法则，一种永恒的必然性，而且可以被人认识。

> 莫之为而为者，天也；莫之致而至者，命也。（《孟子·万章上》）

天命无形象、无作为，是一种人力所无法抗拒的客观力量。这种"命运之天"和传统宗教中活灵活现的上帝相比，已经没有多少宗教意味，基本变成了哲学。此外，孟子进一步限制了天命的作用范围，他说：

> 君子创业垂统，为可继也。若夫成功，则天也。君如彼何哉？强为善而已矣。（《孟子·梁惠王下》）

天虽然可以决定人的生死寿夭，富贵贫贱，但这只是就行为的最后结果而言。君子不能因此而消极地等待命运的到来，而必须在日常生活中兢兢业业，努力为善。由此，便演化成了"尽人事而听天命"这样一种典型的生活态度。既注重人事的努力，又可以用某种超自然、超人力的因素自我解脱，对中国人国民性格的形成产生了极大的影响。

孟子对儒家宗教观更为重要的发展，是他把宗教神学彻底"内化"了。不论是殷人的"威疾上帝"，还是周人"惟德是辅"的天神，宗教中的神灵总是从外部把各种政治、伦理原则强加给人。孔子所说的天命，在很大程度上还是一种人之外的异己力量，还是外在的"义理之天"。孟子则通过人性论的研究，努力把天命变成人内在的"义理之天"。孟子认为人人心中皆有仁、义、礼、智四种道德品行的萌芽，称为"四端"，扩而充之，则可以成为一个符合封建礼教的圣人。他特别强调"四端"不是后天学习的结果，而是上天在人出生前赋予人的先验"善性"。他说："仁、义、礼、智，非由外铄我也，我固有之也。"（《孟子·告子上》）"四端"具于一心，此"天之所予我者"（同上）。天意与人在心中实现了沟通，过去通过宗教从外部强加给民众的社会伦理原则，现在被解释成了人心中固有的东西。同时，人心即是天意，通过对人心的自我反省，便可把握天命。

> 尽其心者，知其性也；知其性，则知天矣。存其心，养其性，所以事天也。夭寿不贰，修身以俟之，所以立命也。（《孟子·尽心上》）

通过"尽心"、"知性"的哲学思维便可以"知天",通过"养性"、"修身"的道德实践就可完成宗教上的"事天"、"立命"。在孟子这里实现了"天人合一"。宗教的哲理化,几乎完全取消了天神的神秘感。所以,尽管后世有些儒者主张有神,但并未改变儒家道德理性主义的主流。由于他们对宗教诉之于理性而非情感,故能做到"信而不渎",基本坚持了孔子定下的"敬而远之"的基调,对鬼神敬而不慢,近而不迷,远而不失,使各种宗教都在为王朝服务的轨道上发展。孟子理性化的宗教观,成为儒学中的主流。

（三）荀子以人道释神道的宗教观

形成于战国时期的《易传》,对于儒家宗教观的完善具有重要作用。其中《观》卦的《彖辞》指出:

> 观天之神道,而四时不忒。圣人以神道设教,而天下服矣。

《易经》本是传统宗教中一本重要的占卜之书,产生于周初。但战国时期的儒生们却对古代天神进行了新的解释,如《系辞》说:"阴阳不测之谓神",使神当成了自然变化中人所不能测度者。进而,他们又把"神道"变成了圣人"设教"的工具,基本概括了儒家从社会教化的角度看待宗教的基本态度。战国末年,儒学大师荀况进一步发挥了这种重教化,轻鬼神的倾向。《史记·孟子荀卿列传》载:

> 荀卿嫉浊世之政,亡国乱君相属,不遂大道而营放巫祝,信机祥。鄙儒小拘,如庄周等又滑稽乱俗。于是推儒、墨、道德之行事兴坏,序列著数万言而卒。

荀子继承了儒家轻视鬼神、注重人道的传统,同时又吸收了道家"自然无为"的天道观,猛烈抨击各种宗教迷信活动,对传统宗教作了无神论的解释。

为了将自己的无神论思想贯彻到底,荀子完全剔除了孔、孟天道观中神秘主义的残余,将天还原为自然界。他说:

> 列星随旋,日月递炤,四时代御,阴阳大化,风雨博施,万物各得其和以生,各得其养以成,不见其事而见其功,夫是之谓神。皆知其所

以成，莫知其无形，夫是之谓天。（《荀子·天论》）

荀子把"神"解释成自然界运行的神妙之道，把"天"解释成化生万物而莫知其形的物质运动规律，自然而然，并不是什么主宰者。

由于把"天"定义为自然，所以荀子强调要"明于天人之分"，天不会干预人世的治乱。他说："天行有常，不为尧存，不为桀亡。"（同上）圣贤之世，天不会降祥瑞；暴君当道，天也不会降灾异。同时，人意也不能感格上天，"天不为人之恶寒也，辍冬；地不为人之恶辽远也，辍广"（同上）。天不以人的意志为转移，所谓"皇天无亲，惟德是辅"，"以德配天"便也都不存在了。荀子不仅彻底否定了天神的存在，而且提出了"制天命而用之"的辉煌命题。他说：

大天而思之，孰与物畜而制之！从天而颂之，孰与制天命而用之。（同上）

既然天地是自然界，天命是自然运行的规律，那么人就不应恐惧天命，依赖天命，等待天命，而应当最大限度地利用自然，为人类造福。荀子把儒家注重人的主观能动作用的优良传统发挥到了极致。

在形神关系上，荀子的无神论立场表现得更为杰出。他认为人也是自然中之一物，其构成并不神秘。他说：

水火有气而无生，草木有生而无知，禽兽有知而无义，人有气有生有知亦且有义，故最为天下贵也。（《荀子·王制》）

人与万物同者，有气、有生、有知；人与万物异者，乃在于人有神知，懂礼义。但就人的"神"而言，亦是有赖于形体的。他讲：

天职既立，天功既成，形具而神生，好恶、喜怒、哀乐藏焉，夫是之谓天情；耳、目、鼻、口、形，能各有接而不相能也，夫是之谓天官；心居中虚，以治五官，夫是之谓天君。（《荀子·天论》）

人的感知、意识既是物质形体的产物，又是物质器官与外部世界接触的结果，因此不是某种独立于人之外的存在物，更不能离开人的形体存在。荀子本人虽没有提出"人死神灭"的命题，但他明确否定了鬼神的存在。

> 夏首之南有人焉，曰涓蜀梁。其为人也，愚而善畏。明月而宵行，俯见其影，以为伏鬼也；仰视其发，以为立魅也。背而走，比至其家，失气而死，岂不哀哉？（《荀子·解蔽》）

在他看来，信鬼神者，都是"以疑决疑"的"世之愚者"，他们平时胆小怕事，又受迷信传说的影响，满脑子错误观念。人在黑夜里、孤独中，便会精神恍惚，神志错乱，把某些自然物误以为鬼。"凡人之有鬼者，必以其感忽之间，疑玄之时正之。此人之所以无有而有之时也。"（同上）他利用当时所有的心理学知识，尽量客观地解释鬼神迷信思想产生的原因，有助于破除迷信。

在中国思想史上，荀子是一位比较彻底的无神论者，但他又是一位儒家学者，因而只反对鬼神迷信而不反对以礼为核心的宗法性传统宗教。在社会政治理论方面，荀子是"性恶论"者，认为必须用反映社会等级制度的礼去规范、改造人的本性，叫做"化性起伪"。荀子继承了孔子重礼的思想，认为"人之命在天，国之命在礼"（同上），礼义的存亡关乎国家的兴衰。而礼正是靠一系列宗教祭祀仪式来维持的。他说：

> 礼有三本，天地者，生之本也；先祖者，类之本也；君师者，教之本也。（《荀子·礼论》）

传统宗教祭祀活动中森严、烦琐的礼仪规定，正好起了区分尊卑，明确身份的作用，是巩固礼教的最好方法，如荀子所说：

> 郊止乎天子，而社止于诸侯，道及士大夫，所以别尊者事尊，卑者事卑。（同上）

所以荀子也是传统宗教祭祀活动积极的倡导者。不过由于他公开否定鬼神，因此需要对传统宗教活动的意义进行新的解释。在谈到祭祖时他说：

故先王案为之立文，尊尊亲亲之义至矣。故曰：祭者，志意思慕之情也，忠信爱敬之至矣，礼节文貌之盛矣，苟非圣人，莫之能知也。圣人明知之，士君子安行之，官人以为守，百姓以成俗。其在君子，以为人道也；其在百姓，以为鬼事也。（同上）

在荀子看来，祭祀是人道而非鬼神。子孙后代隆重地搞祭祖仪式，不过是表达思慕之情，崇德扬孝而已。圣人明了其故，一般士人安行其则，统治者将其看成维护统治的手段，百姓习以为常便成了一种民俗。士人君子将其视为"人道"，愚民百姓则当作"鬼事"。至于求雨舞雩，占卜以决国事，更是君王们的治民手段。

雩而雨，何也？曰：无何也，犹不雩而雨也。日月食而救之，天旱而雩，卜筮然后决大事，非以为得求也，以文之也。故君子以为文，而百姓以为神。以为文则吉，以为神则凶也。（《荀子·天论》）

在荀子这里，直接道出了宗教为统治阶级服务的本质。抽掉了宗教的神学基础，把神道变成了人道，极大地显扬了儒家学说的人文精神。然而，宗教就其形式来说，还是建立在对某种超自然力量的崇拜基础上，断然否定鬼神的存在，将宗教视为哲学或习俗，不能不给传统宗教的生存造成很大的危机。同时，荀子的观点也不符合"神道设教"的儒学宗旨，为了"设教"便必须相信"神道"，否则教便不灵了。孔子所以煞费苦心，转弯抹角地避免正面回答鬼神有无及人死后的世界是否存在的问题，其深意也就在于此。荀子的见解在逻辑上虽然彻底，但直说出来却不能得到统治者的欣赏，亦不被大多数儒者所认同。故荀子的宗教观在后世的儒学体系中并不居于主流地位。不过，他破除迷信的无神论思想，他重视宗教仪式社会功用的观点，在社会上仍有很大影响。

四 墨家的宗教异端思想及宗教化社团

墨家是春秋战国时期一个重要的学术流派，其社会影响很大，被韩非称为"孔墨显学"。墨家的创始人墨翟（约公元前475年至前395年）是鲁国人，与儒家创始人孔子所生活的文化环境大体相同，但是由于墨子的思想代表着城市中平民及手工业者的利益，因而他们两人所提治国方案有着根本的差异。正如《韩非子·显学》所言："孔子墨子俱道尧舜，而取舍不同"，形成了对立的学派。在宗教观上的情况也是如此。孔子崇拜周公，因为周公制礼作乐明确人们的身份等级，恢复周礼符合孔子所代表的贵族统治集团的利益。但周礼却不符合墨子所代表的小生产者阶层的利益，因而他虽然也尊尧舜禹汤文武为圣人，却从不提周公。在宗教观上墨子打出"背周道而用夏政"的旗帜，主张用原始宗教、鬼神巫术代替等级森严的宗法性宗教。墨子的宗教思想以"明鬼"为旗帜，以"兼爱"为其实质。

墨子也是从治理国家，恢复社会秩序的角度来看待宗教问题的，他说："国家淫辟无礼，则语之尊天事鬼"（《墨子·鲁问》），主张用重振宗教的办法来治理国家。为此他认为必须大力宣扬天与鬼神的威力。他讲：

> 逮至昔三代圣王既没，天下失义，诸侯烽正（征）……是以天下乱。此其何以然也？则皆以疑惑鬼神之有与无之别，不明乎鬼神之能赏贤罚暴也。今若使天下之人，皆若信鬼神之能赏贤而罚暴也，则夫天下岂乱哉？（《墨子·明鬼下》）

天神是人类社会的主宰者，具有赏善罚恶的能力，虽贵为天子，亦不能外。"天子为善，天能赏之；天子为暴，天能罚之。"（《墨子·天志》）鬼神是执行天意的使者，幽明无间，无所不在，"鬼神之所赏，无小必赏之；鬼神之所罚，无大必罚之。"（《墨子·明鬼》）暴君夏桀、商纣、周幽王、周厉王，虽有强大的国家实力，也难逃鬼神的惩罚。所以在墨子的头脑里，天与鬼神是人间善恶的鉴别者和执行人。

针对当时社会所存在的混乱，墨子认为全是由于人们丧失了对鬼神的信仰所致。他特别批评了执无鬼论的儒家学者公孟子。公孟子是古文献上第一个公开宣扬无鬼论的思想家，显然是对孔子疑鬼论的发展。不过公孟子站在儒家的立场上又肯定"君子必学祭礼"，墨子认为在逻辑上抓住了儒家宗教观上的重要漏洞，指出：

> 执无鬼而学祭礼，是犹无客而学客礼也，是犹无鱼而为鱼罟也。（《墨子·公孟》）

从宗教传统的角度看，儒家重祭礼而轻鬼神，确实有些讲不通。为了发挥自己的观点，墨子还用经验哲学的"三表法"，系统论证了鬼神的存在。"表"即是标准、证据。首先，"上本于古者圣王之事"，在古文献中记载了大量人死为鬼的事实。如《左传》中记有周宣王错杀杜伯，杜伯的鬼魂击杀周宣王报仇的故事。既然圣贤经典中有之，就可以作为确凿的证据。其次，"下原察百姓耳目之实"。墨子指责无神论思想家们：你们为什么不到乡下去看一看，听一听，那里有许多人亲眼见过鬼魂之形，听过鬼魂之声，这些直接经验是最可靠的。最后，"发以为刑政，观其中国家百姓人民之利"。宣扬有鬼论可以使人们相信鬼神是天的使者，代天赏善罚恶，具有无穷的威力。即使是"深溪博林，幽闭无人之所"，鬼神亦无所不在，监视着人们的言行，使人不敢为非作歹。墨子最后得出结论：统治者只要大力宣扬"明鬼"的主张，用宗教来教育人民，便可以"兴天下利，除天下害"，实现国家安定，民众团结的理想。

恩格斯曾经说过：宗教不过是人间的力量采取了超人间的力量的形式。鬼神的意志和愿望，不过是它的创造者的意志和愿望的颠倒、夸张的反映形式。墨家与儒家所代表的阶级利益相互对立，因而他们宗教观所反映的实质内容也是根本对立的。儒家强调古代宗教的宗法等级性，而墨子则把反映小生产者利益和要求的政治主张"兼相爱，交相利"披上了宗教神学的外衣。他说：

> 有力者疾以助人，有财者勉以分人，有道者劝以教人。（《墨子·尚贤下》）

人类互助互利、兼爱大同是劳动人民千百年来的美好理想，但是在财产私有、阶级剥削、等级压迫存在的社会里，这种理想是无法实现的。由于劳动人民在现实生活中缺少实现自己理想的科学手段，所以他们只能借助想象中的"天志"、"鬼神"等力量。他们希望宗教神学势力对统治者的行为有所限制。墨子讲：

> 顺天意者，兼相爱、交相利，必得赏；反天意者，别相恶、交相贼，必得罚。（《墨子·天志上》）

又比如，在当时社会条件下对人民生命财产安全最大的威胁和损害莫过于战争。在《非攻》篇中，墨子指出：各国诸侯为了一己的私利，攻城略地、攘夺人口、破坏庄稼、耽误农时、杀害无辜……这都是天所不容的，必将受到天神的惩罚。另外，他把许多小生产者的社会要求也都说成了"天志"，希望统治者采纳、推行。比如在人才问题上，出身下层的民众要求"尚贤"，使统治机构容纳"农与工肆之人"。墨子便把"尚贤"也说成是"天志"。

> 天亦不辨贫富贵贱，远迩亲疏，贤者举而上之，不贤者抑而废之。（《墨子·尚贤》）

总之，墨子将他一切社会主张都涂上了宗教色彩，用他自己的话讲："子墨子置天志以为法仪，若轮人之有规，匠人之有矩也。"（《墨子·天志下》）墨子直言不讳地承认了宗教是他手中的工具，其宗教观上的实用主义态度，倒是与儒家如出一辙。

　　由于墨子的宗教思想反映了下层平民的利益，特别是墨学执论不高，生动具体，很容易为广大劳动者接受。墨学一出，很快便成为显学。战国中期的儒学大师孟子曾说过："天下之言，不归杨，则归墨"，可见影响之大。再加上城市手工业者的行会传统，所以墨家弟子组成了一个具有严格的组织纪律和宗教精神的学术团体。如《淮南子》说："墨子服役者百八十人，皆可使赴火蹈刃，死不还踵。"他们自称"墨者"，把自己的领袖称为巨子，视巨子为圣人，盲目崇拜，绝对服从。墨者集团严行教义，他们派遣学生到诸侯国去做官，以便扩大势力，并实现自己的主张。如果被派出的弟子背弃了团体的主张，巨子可以将其召回。例如，墨子曾派弟子胜绰到齐国去做官，他跟随主人作战英勇，墨子却责备他背离了"非攻"的教义，将其召回。墨者出外做官的弟子，有义务将官俸的一部分交回团体共同使用。在团体内实行余财相分的政策，大家过着同甘共苦的生活。如墨子的学生耕柱被派到楚国去做官，几个同学路过楚国，他仅送去了三升米。同学认为待之不厚，到墨子那里去告状。后来耕柱送来了"十金"供团体使用，才消除了大家的误会。正因为墨者团体相信"万事莫贵于义"，且提倡"多财以分贫"，所以能保持团体的坚强团结。墨家团体还重"任侠"，《经》上说："任，士损己而益所为也。"《经说》上解释道："任，为身之所恶，以成人之所急。"人所急者财，则助之以财；人之所急者力，则助之以力，不计较个人得失，慷慨悲壮。《吕氏春秋》载：墨者孟胜率弟子为阳城君守城，183 人共同殉难。墨侠在战国中后期十分活跃，引起了社会的关注。

墨家虽然是古代宗教的积极鼓吹者，但他思想的实质却是与反映宗法等级观念的传统宗教背道而驰的，因而很难为统治者接受。墨者团体的严密组织及游侠式的活动，也被视为一种社会不安定因素。所以进入秦汉，社会秩序恢复，意识形态控制加强，墨家迅速地消亡了。然而墨家思想中兼爱、互助的内容及墨者组织的某些形式，却在民间广为流传，成为东汉民间宗教的重要组成部分。如章太炎所说："黄巾道士，其术远法巫师，近出墨翟。"(《检论》)道教早期经典《太平经》中大量反映下层民众平等互助的内容，与墨子宗教思想也有着明显的渊源关系，这是研究宗教史不能不注意的。

五　道家的天道自然无为思想与神仙方术之学

春秋战国是我国历史上第一次民族大融合时期，也是一次文化大融合时期，来自南方荆楚地区的道家文化，也加入到这个争鸣、融合的过程中。现代许多学者已经指出：楚文化与周文化有着完全不同的旨趣，这一点在宗教思想上也有充分的体现。

先秦道家的代表人物是老子和庄子，他们的宗教思想有一个共同的倾向，即抬高自然的、形而上的哲学本体"道"，压低社会的、人格化的神"天"。中原流行的宗法性宗教主要旨趣都集中在人文问题上，只关心社会伦常，"六合之外，圣人存而不论"，缺少探索自然奥秘的兴趣。江汉流域的荆楚文化区开发较晚，是在中原文化扩张的影响下急速进入文明时代的。面对中原文明带来的一系列负面成果，他们怀念昔日与自然同一的"混沌"生活。因而，他们对以周礼为代表的等级伦理采取批判的态度，在旨趣上偏重于探讨世界万物的起源、构成及人与自然的关系。道家对凡自然的东西皆歌颂备至，而对现实的人伦日用、政治生活则采取轻蔑的态度，鼓吹人类返回自然。所以他们把自然的规则"道"称为宇宙的主宰。"道"从道路引申而来，是一种"视而不见"，"听而不闻"的规则。且对于常人，"道可道，非常道"，说不清，道不明。不过老子运用他高度的抽象思维能力，把规则从具体事物中抽象出来，变成了一个超越时空的本原。老子讲：

> 有物混成，先天地生，寂兮寥兮，独立而不改，周行而不殆，可以为天下母。吾不知其名，字之曰道。(《老子》二十五章)

道至高无上，自本自根，不仅宇宙万物，就是"天"、"帝"也是它的派生物。老子又讲：

> 道冲而用之或不盈，渊兮似万物之宗……湛兮似或存，吾不知谁之子，象帝之先。（《老子》四章）

庄子继承并发扬了老子这一思想：

> 夫道，有情有信，无为无形，可传而不可受，可得而不可见。自本自根，未有天地，自古以固存。神鬼神帝，生天生地，在太极之先而不为高，在六极之下而不为深，先天地生而不为久，长于上古而不为老。（《庄子·大宗师》）

由于道是天地鬼神的根源，是道赋予了它们神性，所以掌握了最高原则"道"，也就把握了鬼神的本质，"能无卜筮而知吉凶"（《庄子·庚桑楚》）。进而，道家反对社会上流行的各种宗教迷信活动，老子说："以道莅天下，其鬼不神。非其鬼不神，其神不伤人。"（《老子》六十章）把握了道也就认识了鬼神的性质，因而不必再惧怕来自鬼神的伤害。庄子则用寓言故事的形式讽刺了社会上流行的占卜、算命等巫术活动。在《应帝王》篇中他讲了一个故事，说郑国有一个神巫叫季咸，能知人生死存亡，祸福寿夭，非常灵验。列子很崇拜季咸，但他的老师壶子却是一个无神论者，不信占卜，连请季咸为自己占卜了四次，以至季咸一听壶子的名字就吓得跑掉了，连会腾云驾雾的列子也追不上，可见骗术失灵了。道家抬高自然，压低鬼神的思想给了后世许多无神论者以启发，但老、庄本人并不是无神论者，在道以下的层面上，他们并不否认鬼神的存在。

在对宗教功用的问题上，道家与儒、墨两家也是迥然异趣的。儒、墨两家价值观上以群体主义为宗旨，强调传统宗教维系社会、教化万民、严明等级、和睦宗族的作用。而荆楚地区宗法势力不如中原强大，因而在道家的价值观中，就比较明显地含有个人本位的倾向，以个体生命的超越、精神自由、人性解放为人生的最高理想。老子理想的社会模型是"小国寡民"，"民至老死不相往来"的原始部族社会，从而使个人的精神不受"礼乐"文化的束缚和压迫。因而他对古代宗教礼仪所反映的等级宗法制度及儒家由此推演出来的宗法伦理都进行了尖锐的批判。他指出：

> 故失道而后德，失德而后仁，失仁而后义，失义而后礼。夫礼者，忠信之薄而乱之首。(《老子》三十八章)

这里所说的"礼"，就是反映古代宗教基本精神的周礼，老子把它看成一切堕落、腐化、动乱的祸根。庄子则进一步指出：等级宗法制度是对人性的歪曲和异化，如同"落马首，穿牛鼻"一样有违天道自然的精神。他羡慕不受世俗礼法约束的"至人"、"真人"的生活，这些人如射姑山上的神仙，他推想这些神仙：

> 肌肤若冰雪，绰约若处子，不食五谷，吸风饮露，乘云气，御飞龙，而游乎四海之外。(《庄子·逍遥游》)

这是一种个体生命获得超越，精神世界绝对自由的诗化描述，怎能不引人向往。为了实现这双重超越的目标，道家强调应从肉体与精神两方面进行修炼。

荆楚地区相对落后，至战国时原始巫风仍普遍流行。如《汉书》说："楚地……信巫鬼，重淫祀。"《楚辞》中大量记载了楚地的原始宗教神话及巫术仪式，王逸为屈原《九歌》作的序中指出："昔楚南郊郢之邑，沅湘之间，其俗信鬼而好祠。其祠必作歌乐鼓舞以乐神。"原始巫术包括的范围很广，其中便有禳祸治病。随着时代的发展，由巫向医过渡，某些祈禳巫舞就变成了营养卫生之道。道家将当地流行的巫术加以提炼，成为"长生久视"之道。老子从他"无为不争"，"抱雄守雌"的道家哲学，推论出："谷神不死，是谓玄牝。玄牝之门，是为天地根。绵绵若存，用之不勤。"(《老子》六章)后世道教学者对这段话的解释多种多样，由此推衍出的修养方法也各不相同，但"谷神不死"无疑为人们昭示了一个超越生命的总方向。庄子对当时身体修炼方法进行了总结，他说：

> 吹呴呼吸，吐故纳新，熊经鸟申，为寿而已矣。此导引之士，养形之人，彭祖寿考者之所好也。(《庄子·刻意》)

除了身体的修炼，道家更重视精神的修炼。因为即使身体再好，在宇宙之间仍然是一个有限者，道家学派毕竟属于哲学，更追求精神上的绝对自由。老子提出的"静观"、"玄览"、"抱一"等体道方法，与其说是一种哲学上的认识论，毋宁说是一种宗教式的心性修养。他说：

> 致虚极，守静笃。万物并作，吾以观复，夫物芸芸，各复归其根。归根曰静，是曰复命，复命曰常，知常曰明。（《老子》十六章）

又说：

> 塞其兑，闭其门，挫其锐，解其分，和其光，同其尘，是谓玄同。（《老子》五十六章）

人只要排除外部世界的干扰，内心虚静，便可做到与"道"合一，达到了精神的无限。庄子进一步发扬了老子的思想，他说："堕肢体，黜聪明，离形去知，同于大通。"（《庄子·大宗师》）人只有齐万物，齐生死，放弃了对肉体生命的迷误，放弃了对一切物欲、功利、知识的追求，便是与大道的合一，成为理想的"至人"、"真人"、"神人"。这种"人"，"不食五谷，吸风饮露"，"物莫之伤，大浸稽天下而不溺，大旱金石流，土山焦而不热"。（《庄子·逍遥游》）他们"乘云气，骑日月，而游乎四海之外，死生无变于己"。（《庄子·齐物论》）在道家，这种"真人"、"神人"仅是一种理想人格，只能心向往之，他们并没有说某人通过修炼达到了此等境界。不过，由于他们大量运用神话传说中对神的描写来形容理想人格的境界，结果却对后世种种企图通过人为活动而长生成仙的宗教以重大影响。

在道家思想及传统巫术、巫风的综合影响下，战国时期社会上普遍兴起了一股神仙方术之学。一批自称专事鬼神之事的方士，投合各国统治者追求长生不老、永享荣华富贵的心理，宣称能去海外仙山找到不死灵药。如《史记·封禅书》载：

> 自威、宣、燕昭使人入海求蓬莱、方丈、瀛洲。此三神山者，其傅在渤海中，去人不远，患且至，则船风引而去。盖尝有至者，诸仙人及不死之药皆在焉。其物禽兽尽白，而黄金银为宫阙。未至，望之如云；

及到，三神山反居水下。临之，风辄引去，终莫能至云。世主莫不甘心焉。

这批方术之士利用"海市蜃楼"现象编造神话，说海中有三座仙山，其上有可使人长生不老的仙药，诱使统治者劳民伤财去寻找，自己从中渔利。战国末年的宋毋忌、正伯桥、充尚、羡门高等人都是有名的方士，司马迁称他们："为方仙道，形解销化，依于鬼神之士。"（同上）尽管仙山虚无缥缈，但仍不时有人向诸侯献上长生的仙药，如《韩非子·说林上》中有一则故事：有人向楚王献不死药，守门的卫士抢先夺过来吃了。楚王大怒，欲杀卫士。卫士辩解说，如果我吃了不死药反而被杀，那么这药不成了死药吗？其灵异何在呢？韩非是无神论者，这故事中充满了调侃的味道，但也可以从一个侧面说明神仙方术之学广泛流行的事实。道家思想及神仙方术之学，汉代以后成为道教的重要渊源。

六 法家的无神论思想及其对传统宗教的批判

在先秦诸子中，只有法家是旗帜鲜明地反对传统宗教的。他们不仅否定各种宗教观念，而且反对社会上流行的各种宗教活动。法家所以能够采取如此彻底的无神论立场，是由于他们在当时激烈的社会变革中持激进立场，坚决主张打破宗法血缘制度，这一点是儒家无神论者所不可比拟的。儒家的各种社会改良主张，都是为了巩固和延续宗法血缘制度，因此即使像荀子那样的无神论者，一旦涉及宗法宗教，也不得不维护传统礼仪。而法家则不必有此顾虑，在变法的过程中也主张彻底抛弃传统宗教。法家学说由管仲开其源，中经商鞅、慎到、申不害，最后由韩非集其大成。法家主张以法治国，"以吏为师，以法为教"，"法后王"，把全国民众的思想都统一到君主的个人意志上来。因而除了政令和法律以外，他们排斥一切文化，传统宗教也不例外。由于法家过分注重法、术、势等政治理论的研究，其哲学理论并不发达，在宗教问题上的见解也比较零散，我们将其概括为如下几点：

第一，否定天神的存在，把天还原为自然界，如管仲说：

天不变其常，地不易其则，春秋冬夏，不更其节，古今一也。（《管子·形势》）

显然在他眼中，天并不是神秘威严，主宰赏罚的神，而是人们生活于其间，按一定规则运行的自然界，同时他又强调：

> 春秋冬夏，阴阳之推移也；时之短长，阴阳之化也。然则阴阳正矣。虽不正，有余不可损，不足不可益也。天也，莫之能损益也。(《管子·乘马》)

天地阴阳是客观的物质世界，不受人世治乱的影响，天人之间亦无"感格"之理，商鞅说："天地设而民生"(《商君书·开塞》)，天地是人类赖以生存的自然环境，有天地才有民生。韩非则说："天有大命，人有人命"(《韩非子·扬权》)，自然界运行的规律与人类社会运行的规律不同，不可混淆。"非天之力，虽十尧不能冬生一穗"(《韩非子·功名》)，无论什么圣贤，都不能违背自然规律，为所欲为。不过韩非又认为，人可以发挥主观能动性，认识自然规律——天道，并用以改造自然。他说："循道理以从事者，无不能成"(《韩非子·解老》)，"循天则用力寡而功立"(《韩非子·用人》)。总之，法家所理解的天，与传统宗教所崇拜、祭祀的天神并不相同，没有超自然的神力。

第二，法家坚决否定对鬼神的迷信，管仲讲：

> 有地不务本事，君国不能一民，而求宗庙社稷之无危，不可得也。上恃龟筮，好用巫医，则鬼神骤祟。(《管子·权修》)

一国之君不"务民"、"修本"，而热衷于"恃龟筮"，"用巫医"，其国内必定邪蔽丛生，其国未有不亡之理。管子这里所说的"鬼神"，不过是国内各种邪恶势力的代名词而已。韩非是个彻底的无神论者，他讲了一个寓言故事，幽默地讽刺了有鬼论，他说：

> 客有为齐王画者，齐王问曰："画孰最难者?"曰："犬马最难。""孰易者?"曰："鬼魅最易。"夫犬马，人所知也，旦暮罄于前，不可类也，故难。鬼魅无形者，不罄于前，故易之也。(《韩非子·外储说左上》)

他所以认为画鬼容易画马难,因为在他的心目中,鬼神是根本不存在的,画成什么样子都无可对证。韩非还运用当时社会已具有的医学和社会学知识,分析了鬼神思想产生的认识论根源和社会根源。墨子说世界上许多人都见过鬼的模样,听过鬼的声音。韩非则指出:"人处疾则贵医,有祸则畏鬼。"(《韩非子·解老》)鬼神观念是人们在疾病中,由于痛苦和畏惧所产生的一种虚幻的想象。他又说:

> 圣人在上则民少欲,民少欲则血气治而举动理,举动理则少祸害。夫内无痤疽瘤痔之害,而外无刑罚法诛之祸者,其轻恬鬼神也甚。(同上)

除了生理、心理上的因素,社会的苦难也是鬼神迷信产生的重要根源。"上不与人相害,而人不与鬼相伤。"(同上)消除了统治的腐败,人们对鬼神的迷信也会减轻。相反,如果统治者不能正确认识自然的规则,内则骄奢淫逸,外则装神弄鬼,"用时日,事鬼神,信卜筮而好祭祀者,可亡也"。(《韩非子·亡征》)

第三,反对方士的巫术活动,战国末年,神仙方术之学盛行。为了迎合腐朽统治者贪生怕死的心理,许多方士以献长生仙方或不死之药为名骗诸侯、贵族的钱财。韩非机智、幽默地驳斥了社会上流行的关于长生不死的谎言。在《外储说左上》他说:

> 客有教燕王为不死之道者,王使人学之,所使学者未及学而客死。王大怒,诛之。

燕王认为是使者行动缓慢而耽误了学不死之道,故迁怒于使者。韩非认为燕王的行为是愚昧而荒谬的,他指出:

> 王不知客之欺己,而诛学者之晚也。夫信不然之物而诛无罪之臣,不察之患也。且人所急无如其身,不能自使其无死,安能使王长生哉?(同上)

那个方术之士根本无法使自己无死,他能使燕王长生不老吗?其骗术昭然若揭。此外，韩非还坚决反对占卜龟筮之术。自古以来人们便相信这是了解神意的好方法，韩非却从历史的记载中找到了其荒谬。他以燕、赵两国的一次战争为例，战前两国的巫师"凿龟数策"，都算出"大吉"，结果却是赵胜燕负，这在神学理论中是说不通的。所以韩非总结道："故曰：龟策鬼神，不足取胜"（《韩非子·饰邪》），迷信者定亡无疑。

第四，战国时期，一批具有法家思想的政治家，以实际行动打击了宗教势力，这是其他诸派理论威力所不及的，魏国的西门豹就是其中突出的代表。西门豹其人生卒年月不可详考，《史记·魏文侯列传》中有一句："任西门豹守邺，而河内称治。"三晋地区是法家思想活跃的地区，西门豹擅长"法治"，他说："民可以乐成，不可与虑始"（《史记·滑稽列传》），其治术与商鞅、韩非的法家思想一脉相承，所以我们可以视其为法家。西门豹为邺令期间，召集当地长老，"问民所疾苦。长老对曰：'苦为河伯娶妇，以故贫'"。（《史记·滑稽列传》）可见宗教迷信活动已经成为影响当地人民生活安定、富裕的重要障碍。

> 豹问其故，对曰："邺三老、廷掾常岁赋敛百姓，收其钱得数百万，用其二三十万为河伯娶妇，与祝巫共分其余钱持归。当其时，巫行视小家女好者，云是当为河伯妇，即娉取。洗沐之，为治新缯绮縠衣，闲居斋戒。为治斋宫河上，张缇绛帷，女居其中，为具牛酒饭食，行十余日，共粉饰之。如嫁女床席，令女居其上，浮之河中。始浮，行数十里乃没。其人家有好女者，恐大巫祝为河伯娶之，以故多持女远逃之。以故城中益空无人，又困贫，所从来久远矣。"

为河伯娶妇就是用少女作牺牲沉河祭神，这是远古以活人祭河神的野蛮遗风。到了战国时代，人们思想相对开放了，缺少了三代人的虔诚，传统宗教就堕落成宗族长老、地方官吏、祝巫卜史残害人民，盘剥钱财的工具。西门豹感到，不破除此项陋习，邺地便不得安宁。到了河伯娶妇的那一天，西门豹亲自到河边，自称也来送女，老巫婆七十余岁，与众弟子盛妆赶赴河边，三老、官属、豪长、里父等与民众二三千人亦到河边观看。西门豹说："呼河伯妇来，视其好丑。"他故意装作不满意的样子对三老、巫祝说："是女子不好，烦大巫妪为入报河伯，得更求好女，后日送之。"然后命令卫士将老巫婆扔进水中。一会儿，水中不见动静，他又命令："巫妪何久也？弟子趣之。"士卒将巫婆的一个女弟子投入水中。又过了一会儿，还不见动静，西门豹说："弟子何久也？复使一人趣之。"又把巫婆的另一个弟子投入河中。凡三投弟子后，西门豹将打击的矛头对准了三老，他说："巫妪弟子是女子也，不能白事，烦三老为入白之。"于是把三老也投入了河中。西门豹在河边等候良久，"长老、吏旁观者皆惊恐。西门豹顾曰：'巫妪、三老不来还，奈之何？'欲复使廷掾与豪长者一人入趣之"。这一下把那些平日欺压百姓的恶霸们吓坏了，"皆叩头，叩头且破，额血流地，色如死灰"，丑态百出。"邺吏民大惊恐，从是以后，不敢复言为河伯娶妇"。西门豹不是用说理的方法破除迷信，而是利用迷信制造者残害人民的办法惩办其自身，从而迫使其当众出丑，低头认罪，其迷信也就不攻自破了。这也不失为反对迷信活动的一条灵巧策略。

在严惩了以迷信害民的巫妪、贪官以后，"西门豹即发民凿十二渠，引河水灌民田，田皆灌……民人以给足富"。他通过率领民众治理漳河，灌溉良田，变害为利。从根本上说，民众对河伯的迷信，是由于洪水的破坏力在人们头脑里作怪，彻底消除了水患，自然也就没人为河伯献少女作牺牲了。西门豹此举为后人反迷信斗争提供了一条重要经验，司马迁赞曰："故西门豹为邺令，名闻天下，泽流后世。"

战国末年，随着法家思想影响的扩大，各国统治者对包括传统宗教在内的旧思想、旧风俗进行了一次大扫荡。法家理论在促使旧事物灭亡，新事物诞生方面具有不可磨灭的功绩。不过，法家对宗教等传统文化的批判过于简单，提倡主要借助行政手段强行禁止。秦汉以后的历史说明，意识形态仅靠行政命令是取消不了的。古代传统宗教是与宗法血缘制度紧密相连的，春秋战国时代宗法制度虽然发生了很大变化，但并没有消失。因而，宗法性宗教经过诸子百家的批判和改良，只是转换形态而存在。

七 "五德终始"说与"五帝"崇拜

春秋以降，传统宗教的动摇与转型，不仅表现为原有观念的破坏，而且也表现为某些新观念的发生。其中最突出的现象就是"天神崇拜"分化为"五帝崇拜"，"以德配天"演进为"五德终始"。这种变化与社会结构的变化有关，也和学术思想的发展有关。

（一）阴阳家邹衍与"五德终始"说

邹衍是战国中后期的著名思想家，齐国人，曾为稷下先生。《史记·孟子荀卿列传》中有一段关于他的记述：

> 其语闳大不经，必先验小物，推而大之，至于无垠。先序今以上至黄帝，学者所共术，大并世盛衰，因载其机祥度制，推而远之，至天地未生，窈冥不可考而原也。先列中国名山大川，通谷禽兽，水土所殖，物类所珍，因而推之及海外，人所不能睹。

由于邹衍在什么问题上都能由此及彼，由眼前推之天地未判之时，"故齐人颂曰：谈天衍"。

邹衍推论事物的哲学原理，就是自古以来流行的"阴阳"、"五行"学说，并加以创造性发挥。"阴阳"学说起源于《周易》，《系辞》说："一阴一阳之谓道"，阴阳的相互作用、交感推动了宇宙的生生不息，变化无穷。"五行"学说发轫于《尚书·洪范》，据说是上天赐给大禹的九条治国大法之一。《洪范》仅研究了金、木、水、火、土五种基本物质元素及其功能，后人又提出了五行相生、相克的观点，其相生的秩序是：木生火、火生土、土生金、金生水、水生木；相克的秩序是：水克火、火克金、金克木、木克土、土克水。到了战国时代，思想家已经普遍采用阴阳五行的观点解释自然界的生成与变迁。邹衍以小推大，开始用阴阳五行学说来解释人类社会的变迁。由于阴阳五行学说是从古代宗教中脱胎而来的，用它推演社会的发展必然带有浓厚的神学色彩。

在商代宗教中，便有王者受命于天的观念，后来周公又加上了"革命"的思想，即"天命转移"。《尚书·汤誓》载："有夏多罪，天命殛之。"《易经》则云："汤、武革命，顺乎天而应乎人。"周公以后人们都承认，一个王朝如果失德就会灭亡。从西周末年开始，社会一直处于混乱之中，周王朝的衰落已是不争的事实。那么天下何时才会恢复太平？下一个将要替代周的王朝将是什么样子？这已经是战国时各国的政治家普遍思考的问题。《史记·孟子荀卿列传》载：

> 邹衍睹有国者益淫侈，不能尚德，若《大雅》整之于身，施及黎庶矣。乃深探阴阳消息而作怪迂之变。……称引天地剖判以来，五德转移，治各有宜，而符应若兹。

当时的人们已经注意到，每一次王朝的变迁，政策上会有某些变化，统治者都是根据前朝的失误来制定本朝的国策。然而，每一次否定又难免有矫枉过正之处，再下一个王朝，其政策的修订又表现出向原出发点回归的迹象，使人们以为道德的变化只是周而复始的循环。如《礼记》的作者在总结三代宗教特点时指出：

> 夏道遵命，事鬼敬神而远之，近人而忠焉。……殷人尊神，率民事神，先鬼而后礼。……周人尊礼尚施，事鬼敬神而远之，近人而忠焉。（《礼记·表记》）

作者发现周代宗教在许多方面是对商代宗教的背离，是向夏代宗教的回归。邹衍则把阴阳五行学说引进社会领域，用五行来解释历代王朝更替的原因及其特征，这样就使得社会发展变化的规律更为复杂、神秘。

由于邹衍本人的著作没有流传下来，所以他的"五德终始"说的本来面目已不可详考。然而，这样影响巨大的思想体系，自然会在社会各方面留下痕迹。今天，我们可以用同时代其他思想家的著作，来探索"五德终始"说的内容。汉代经学家刘歆讲：

> 邹子终始五德，从所不胜。土德后，木德继之，金德次之，火德次之，水德次之。[①]

显然，邹衍是按五行相克的次序，推论五德循环的模式。《吕氏春秋·有始览》虽然没有提邹衍的名字，但讲解得比较明细，而且无疑属于邹子阴阳家的思想，其文载：

> 凡帝王之将兴也，天必先见祥乎下民。黄帝之时，天先见大螾、大蝼。黄帝曰：土气胜。土气胜，故其色尚黄，其事则土。及禹之时，天先见草木，秋冬不杀，禹曰：木气胜。木气胜，故其色尚青，其事则木。及汤之时，天先见金，刃生于水，汤曰：金气胜。金气胜，故其色尚白，其事则金。及文王之时，天先见火，赤乌衔丹书，集于周社，文

---

① 引自《文选》左思《魏都赋》，李善注。

王曰：火气胜。火气胜故制色尚赤，其事则火。代火者必将水，天且先见水气胜。水气胜，故其色尚黑，其事则水。水气至而不知数备，将徙于土。

邹衍将周代以前数朝所采用的德行与五行特征一一对应，虽然水德是什么？火德是什么？何谓"事金"、"事土"他并没有说清楚，但却把与五德对应的色彩、象征物说得确确似真。战国诸侯争霸天下，不求修其德，而专注于五德兴替的"祥瑞"、"表征"，以便粉饰自己的王朝，树立"奉天承运"，统一华夏的帝王形象。故而邹衍受到了各国诸侯的高度礼遇，被视为大宗教预言家。"适梁，惠王郊迎，执宾主之礼。适赵，平原君侧行撇席。如燕，昭王拥彗先驱，请列弟子之座而受业，筑碣石宫，身亲往师之。作《全运》。其游诸侯见尊礼如此。"（《史记·孟子荀卿列传》）在诸侯的推崇下，阴阳家迅速成为六大"显学"之一。在"五德终始"说的影响下，传统的上帝崇拜逐渐分化为五帝崇拜。

（二）"五帝"之由来及其演化

在殷商的古宗教中，就有四方崇拜，这可视为"五帝"崇拜的前身。殷墟卜辞中有不少祭祀四方之神的甲骨，其祭法与先公先祖相同，非常隆重。四方神的地位仅次于上帝。到了周代，规定"天子祭天地，祭四方"，"诸侯方祀，祭山川"（《礼记·曲礼》），四方之神也是只有天子才可以祭祀的，表现天子对天下四方的神圣主权，可见四方神地位之高。不过在商、周时代，四方神没有名字，其神性模糊，主要是地域的象征，是地神之一。春秋初年，原属夷狄的秦国迅速崛起。为了给自己称霸西方制造舆论，他们开始把四方神上升为"帝"，作为自己的保护神供奉。据《史记·封禅书》载：

秦襄公既侯，居西垂，自以为主少暤之神，作西畤，祠白帝，其牲用骝驹黄牛羝羊各一。其后十六年，秦文公东猎汧渭之间，卜居之而吉。文公梦黄蛇自天下属地，其口止于鄜衍。文公问史敦，敦曰："此上帝之徵，君其祠之。"于是作鄜畤，用三牲郊祭白帝焉。

以后，秦国胃口越来越大，不仅祭礼象征西方的白帝，而且连其他几方之帝也设坛祭祀了。《史记》又载：

秦宣公作密畤于渭南,祭青帝。

其后百余年,秦灵公作吴阳上畤,祭黄帝;作下畤,祭炎帝。

后四十八年……栎阳雨金,秦献公以为得金瑞,故作畦畤栎阳而祀
白帝。

在秦国,原来的四方之神有了各自的名称和专门的祭坛。到了战国时代,王
权下移,诸侯争霸,在五行思想的流行中,原先统一的天神分化成东、南、
西、北、中五帝。战国末年,吕不韦集《吕氏春秋》,其中阴阳家的著作进
一步将五行、五德、五方、五色、五帝统一起来,制造了完整的“五帝崇
拜”宗教,成为秦王朝的国家宗教。《吕氏春秋·十二纪》把传说中的几位
圣王神化,说他们死后都成了主宰一方的天帝,有自己的专职、辅臣、德
行、色彩。东方的天帝名太皞,辅臣为勿芒,属木德,主春,由于木为青
色,故东方天帝又名青帝。南方天神号神农,辅臣是祝融,属火德,主夏,
由于火为赤色,故南方天帝又称为赤帝。西方天帝名少皞,辅臣是蓐收,属
金德,主秋,由于金为白色,故西方天帝亦称白帝。北方天帝名颛顼,辅臣
是玄冥,属水德,主冬,由于水为黑色,故北方天帝亦称黑帝。中央天帝是
黄帝,辅臣名后土,属土德,主季夏,由于土尚黄色,故中央天帝亦称黄
帝。五帝按照阴阳家发明的“五德终始”规律循环替代,保佑不同的朝代。
据照邹衍的推算,即将灭亡的周朝主火德,尚红色,那么未来新兴的王朝当
主水德,尚黑色。这种宗教理论恰恰符合了不断扩张的秦王朝的需要,水德
为何物不可致诘,但王朝以黑色为代表色可以人为规定。“于是秦更河名为
‘德水’,以冬十月为年首,色上黑,度以六为名,音上大吕,事统上法。”
(《史记·封禅书》)因秦王朝尚黑色,命天下百姓皆戴黑帽子,故称为“黔
首”。

战国时期的五帝崇拜,从宗教角度反映了东周以来王权崩溃、诸侯纷争
的事实。由于强大的秦王朝的推崇,五帝崇拜在秦、汉年间风行一时。到了
汉武帝时代,国家统一,中央集权加强,统治者便开始感到五帝崇拜有“政
出多门”之嫌,于是有人献策,奉“太一”神为至上神,五帝则降为太一之
佐,五帝之说影响渐少,不过,伴随着五帝崇拜而流行的五德终始说,却依
然受到历代王朝的重视。每一朝开国之君,都要请儒生帮助推算该主何德、
何色,以为“奉天承运”的象征,可以视为传统宗教的一部分。

第五节　古代宗教与先秦文明

一　古代宗教与科学技术

在夏、商、周三代及春秋战国时期，古代宗教是占统治地位的国家意识形态，其影响涉及社会的方方面面，对科学技术与器物文明也不例外。

宗教对科学技术的负面影响是显而易见的。就其本质而言，宗教是对客观世界颠倒的反映，把自然界或人类社会种种事物运行的客观规律都解释为神意，无疑是把人们的智慧都引上了邪路。千百年间，人们在探索天国奥秘方面花费了大量的人力、物力和才智，而臆想出来的成果，会更进一步加重实践中的错误。以舞雩求雨而言，就是对自然气象一种完全荒谬的认识。甲骨卜辞中有大量"贞我舞，雨"，"兹舞，人从雨"之类的文字，《说文》解释说："雩，夏祭乐于赤帝，以祈甘雨也。"沉埋大量的牲畜，大搞歌舞祭祀，除了劳民伤财，能对气象有什么实际影响呢？战国时的无神论者荀子一针见血地指出："雩而雨，何也？曰：无何也，犹不雩而雨也。"（《荀子·天论》）可是宗教的虔诚和狂热却迷住了众多信徒的眼睛，他们不去观察干旱、降雨的真实原因，却认为降雨是舞雩祈求的结果。更有甚者，舞雩而仍不雨，残暴的统治者便想出了焚巫、尪的花样，妄图用一道烧烤人肉的筵宴来感动上帝。宗教落后、愚昧、异化的性质在此暴露无遗。古代宗教对科学技术发展的阻碍作用是巨大的。但我们又要历史地看到，这也是人类在幼年时期不得不付出的进步代价。另一方面我们也要看到，古代宗教作为当时惟一的社会意识形态，在推动人们狂热、痴迷地探索天国奥秘时，也会在现世结出某些真实的果实，尽管这些成果并非出自探索者的初衷。历史上这类善恶共生，因果不同步的现象是很多的，正如侯外庐先生所说："古代的科学不能脱离宗教的气味。"[1]

古代宗教对科学的促进首先表现在天文历法方面。对于一个农业民族来说，掌握时令、季节是极为重要的。我国历法中计时的基本单位，都是殷人出于祭祀的需要发明的。殷人祭祀祖先的周祭仪式，是按照顺序轮流祭祀所有先公先祖。为了不搞乱，也不遗漏，他们的先王按天干命名，如祖甲、帝乙、祖丙、帝辛，等等，按照天干祭祖一周便是一旬日，称"小祀周"。用

---

[1]　《中国思想通史》，第1卷，第67页，人民出版社，1957。

羽、彡、胁三种祭法中的一种祭祀祖先一遍约用九旬时间，称为"祀季"或"中祀周"。用三种祭法轮祀全体先公、先妣一遍，称为"一祀"或"大祀周"。专家们的研究证明，大祀周便是古代历法中周年的前身。甲骨文中的"祀"字可当做现代汉语的"年"字用，而甲骨文中的"年"字是"稔"，仅表示丰收之意，并无时间概念。这种习惯一直保持到周初，《尚书·多方》中有"臣我监五祀"的词句，说明仍以"祀"作为时间单位。出于敬天、祭祀和观兆的需要，殷人也很注重对天体和气象的观察，卜辞中已有大量关于日食、月食、太阳黑子、星辰、风、雨、雾、霾、云、虹、霞的记录。周代则有了专门观察天象的官员，"保章氏，掌天星，以志星辰日月之变动，以观天下之迁，辨其吉凶"（《周礼·春官宗伯》）。周人观察天体的直接目的是为了占卜祭祀、出征、田猎等活动的吉凶，其副产品却是积累了丰富的天体运行和气象变化的资料。人们对日、月的变化观察多了，便制定了以日、月、年为单位的"农历"。世界著名的中国科技史专家李约瑟博士指出："对于中国人来说天文学曾经是一门很重要的科学，因为它是从敬天的宗教中自然产生的。"（《中国科学技术史》第四卷上册第1页）李约瑟的这段话，可以说是对中国古代宗教与科学关系的一个极好说明。

殷人除了重视天文，还非常重视地理。殷王迁都、打仗、游猎、巡幸都要贞问于鬼神。结果，卜辞中便保留了大量关于殷人活动范围的资料，记载了他们生存空间的山川田野、方国地理。由此我们可以知道殷代的都城是殷，周围有亳、洹、孟等城邑，外而有河、汉、太行等山川，有周、犬、雀等邻国，殷王经常与邛方、鬼方、土方等异族部落发生战争……宗教资料为我们保存了一幅殷人生活的地理环境图。

人类对自身的研究也是从古代社会就开始了。人都有自然生理属性，生老病死时刻威胁着人类的生存，医学的发展就是为了解决人的生理病痛。历史资料表明，最初的医术是从巫术中发源的，所以古时医字写作"毉"，从巫，后来才写成了"醫"。《说文》说："巫彭初作医"，也说明巫觋是最早的医生。在当时浓郁的宗教氛围中，人们把一切的病痛都看成是恶鬼作祟或受到神灵惩罚的结果，巫觋以法术驱除缠身的恶鬼，或用祈祷的方法乞求神灵宽恕。《尚书·金滕》载，武王有病，长久不愈，周公设坛向天神、祖神祈祷，请求以身代，不久武王的病便好了。如果是山川邪鬼作祟则用诅咒法，《说苑》曰："吾闻上古之为医者，曰苗父。苗父之为医也，以菅为席，以刍为狗，北面而祝发十言耳。诸扶而来者，舆而来者，皆平复如故。"在医疗技术十分落后的情况下，巫术对于患者至少具有精神治疗的作用。但是多年的实践也使巫觋们感到，光靠精神疗法作用有限，于是一些巫觋便尝试用动物、植物、矿石、针灸等方法为人治病，便有了"神农氏乃始教民，尝百草之滋味，当时一日而遇七十毒，由此医术方兴焉"（《淮南子·修务训》）的神话传说。这种圣贤神话不过是巫觋们千百年医疗实践的浓缩与神化。周代以后医与巫逐步分离，《周礼·天官》载："医师上士二人，下士二人，府二人，史二人，徒二十人，掌医之政令，聚毒药以供医事。"这里记录的是为政府服务的医官。春秋以后医流行于民间，扁鹊是有名的神医。大量的史料可以证明，中医发源于古代宗教。

古代宗教推动了科学技术的发展，也带动了整个器物文明的繁荣。古代建筑、雕塑、陶瓷、冶金等工艺的发展都与宗教有密切的联系。原始人穴居野处，无建筑可言，后构木为巢，才有了真正的房屋。宗教祭祀的需要推动了建筑的大发展，宗教殿堂要求庄严肃穆，人们把大量财力物力倾注在它们上面，因而神庙、祭坛就成了古代建筑技术的代表作。《周礼·考工记》详细记载了古代宗教庙堂的尺寸和格局。夏朝的宗庙称世室，"堂修二七，广四修一"。"修"是南北之深，二七一十四步。"广"是东西之阔，比"修"多四分之一，即十七步半。殷朝的宗庙曰重屋，"堂修七寻，堂崇三尺，四阿重屋"。一寻为八尺，殷人宗庙进深则为五丈六尺，宽七丈二尺，四边都是带檐之屋。周人的宗庙叫明堂，"周人明堂度九尺之筵，东西九筵，南北七筵，崇堂一筵"。一筵为九尺，那么西周明堂就是东西八丈一尺，南北六丈三尺，还有配殿的宏伟建筑了。如此大跨度的建筑，在工艺上一定是非常复杂的。同时从《周礼》中，我们也可以看到建筑技术在宗教的推动下不断发展的事实。

古代宗教还带动了陶瓷技术的发展。远古时代人们已经学会了烧制瓦器，以后工艺不断提高，并广泛用于宗教祭祀活动。考古工作者在古代墓葬中出土了大量瓦豆、瓦旅、陶盉、瓷尊，都是用于祭祀的礼器。《礼记》中"明堂位泰尊，有虞氏之尊也"，《仪礼》中"公尊瓦大两用甒"等记载，也可以作为陶器大量用于祭祀的佐证。出于对神的虔敬之情，陶器的制作工艺大大提高，许多陶器上还用云纹、雷纹作装饰图案，并描画一些神秘之物以增加祭器的神秘性与尊贵性。古代宗教对冶金铸造技术水平的推进更是明显。考古研究证明，我国的青铜铸造始于生产工具，但却在礼器上达到了最高水平。在商代人们便已经能够铸造几百斤重的大鼎，如后（司）母戊大方鼎，高 133 厘米，重 875 公斤，用连续铸造法铸成，技术高超。商周的铜器不仅巨大，而且精美，其中许多动物形尊如鸮尊、虎尊、双羊尊等，造型生动逼真，反映了动物崇拜在人们心目中的地位。除了形态各异的造型，商周青铜器上还有大量精美细密的花纹，体现了人们头脑中的宗教观念。商代青铜器上的花纹多是一些具体动物，如虎、龙、牛、鹿、鸟、蛇等，美观而肃穆。特别是想象中的动物饕餮更是大量采用，那狰狞恐怖的兽面是殷人尚神畏鬼宗教心态的艺术反映。周人重礼尚文，逐渐改变了殷人礼器以神秘、具体动物造型为主的特点。他们将具体的动物分解，变成了一些抽象、装饰性的花纹。专家指出，窝曲纹是从卷曲的夔龙蜕变来的，重环纹是从龙、蛇的鳞甲演绎来的。周人的尚文精神还特别表现在青铜铭文上。商代铜器上最多只有几十字，内容很少，而周代铜器上最多达到 390 个字，内容涉及社会生活的许多方面，有很高的史料价值。金文也成为周文化的重要代表。

二　古代宗教与人文学科

构造文化大厦的基本素材是文字，我国的文字最初主要是在记录宗教活动的卜辞中发展定型的。当然宗教不能取代生产实践对语言文字发展的决定性作用，但是在生产实践和社会实践中创造的文字必须以某种形式固定化、规范化，才能够流传、发展。在殷代社会的特定历史条件下，人们只能选择宗教作为固结文字的形式。在殷墟出土的甲骨卜辞中，不仅有宗教术语，而且还有大量记载自然气象、农业生产、社会生活的文字，亦书亦画的甲骨文奠定了中国文字象形化的发展道路。卜辞中对上帝、先祖的贞问有的长达几十字，在这类最初的简短文章中，汉语的语法也逐渐凝固成型。据研究，卜辞中已经是主、谓、宾齐全，定、状、补完备，名词、动词、形容词、副词、数词、代词、连词、系词一应俱全。所以陈梦家总结说："我们说甲骨文已经具备了汉字的基本形式，同样的卜辞文法也奠定了后来汉语法结构的基本形式。"（《殷墟卜辞综述》第 133 页）

中国最早的各门社会学科，也都是从宗教母体中发展来的。最为明显的是历史学，早期的历史与宗教几乎是两位一体的。在殷人甲骨卜辞的收集贮藏中，详细记载了殷王的活动，积累了大量历史经验。周代职业宗教人员的分工更为细致，"卜祝宗史"中的史，便是专门记载历史活动的人，于是周代的历史文献有了长足的发展。《尚书》记载了殷末周初统治者大量的政治、经济、军事、宗教活动。《周易》本是卜筮之书，但其中包含了洗练的古史资料。《诗经》的《雅》和《颂》是宗庙之诗，大段记载了周代先王的历史事迹。中国古代社会和中世纪都是变化缓慢的农业社会，统治者都很重视前代的经验，因此史学受到了特殊的关注。

由于有了历史资料的积累，哲学、伦理、经济、政治等学科才有可能从宗教中分离出来。这些学科的许多重要范畴，如天、命、德、礼、忠、孝，等等，都是在宗教母体里孕育成熟的，都曾经是宗教理论。春秋战国时代，随着古代宗教体系的崩溃，诸子百家摆脱了宗教的束缚，如雨后春笋般地发展了起来。许多思想家与古代宗教组织有着密切的联系，如论证"和同之异"的史伯，论证"三川地震"的伯阳甫，道家的创始人老子等都是周朝的史官。大圣人孔子青年时代则以专门从事宗教颂礼活动的"儒"为业。儒家、道家、墨家、法家、阴阳家的思想，与古代宗教有着千丝万缕的联系，这一点在诸子宗教思想部分已经讲到，不再赘述。

三 古代宗教与文学艺术

古代宗教也是孕育文学艺术的母体。我国最早的文学形式是诗歌，而最早的诗歌经典《诗经》中，相当一部分就是宗教祭祀之歌。《颂》是王朝祭祀的乐歌，《大雅》、《小雅》记载了王朝宗教生活场景，而《风》则收集了大量民间宗教活动。《诗经》以文学家特有的细腻笔触描写了从周代宫廷到民间方方面面的宗教生活，或庄严肃穆，或热情奔放，其场面栩栩如生。《诗经》在运用赋、比、兴等手法，用赋、格律等形式诸方面奠定了中国古代诗歌的发展方向。与《诗经》齐名的另一部诗歌总集《楚辞》，反映了春秋战国时期江汉流域人民的宗教生活和神话传说。《九歌》中的"东皇太一"是天神之歌，"东君"是太阳神之歌，"大司命"是死神之歌，"少司命"是生育神之歌，"河伯"是河神之歌，"云中君"是云神之歌，"国殇"是悼念阵亡将士的慰灵之歌。楚辞有的凄清委婉，有的气势磅礴，想象力异常丰富，对中国文学史上浪漫主义流派的兴起有开拓作用。

与诗歌相比较，宗教舞蹈出现得更早，英国人类学家马莱特曾指出："原始宗教更多的是用舞蹈来表示，而不是用思想。"[1] 中国的古代宗教也是如此，动作胜于思虑，情感胜于理念。商周的求雨之祭就是如此，都要伴随盛大的舞蹈场面，所以叫做"舞雩"。卜辞中有时干脆记作"舞"，如"舞，

---

① 转引自卓新平《宗教起源纵横谈》，第123页，湖南人民出版社，1988。

岀雨"，"舞，允从雨"，等等。《说文》解巫字曰："女能事无形以舞降神者也"，可见舞蹈是巫婆施行巫术的主要手段和方式。周代以后，舞蹈有了专管机构，在宗教活动中应用的范围更为广泛，也更规范化、精致化了。《周礼·地官》载：舞师负责教授各种舞蹈，山川之祭用兵舞，社稷之祭用帗舞，四方之祭用羽舞，旱暵之事用皇舞。春秋以后，古代宗教趋于衰落，舞蹈才脱离了严格的宗教意义，成为大小统治者殿堂上的娱乐工具。

有了舞蹈还需要有音乐伴奏，在殷墟出土了一批古老的乐器，其中包括磬、埙、鼓、钟。殷代的乐器多以木、石为主，铜质乐器在周代达到了鼎盛时期，钟乐成了主要演奏工具。有编钟、编磬，利用大小不同的钟、磬的高低音调，可以演奏美妙和谐的乐章。到了周代，乐器的种类已很多，仅《诗经》提到的便可分为金、石、丝、竹、匏、土、革、木八大类，如金属类的钟、钲、镛，石类的磬，丝弦类的琴、瑟，竹类的籥、篪、箫、管，匏类的笙、簧，土类的缶、埙，革类的鼓、贲鼓、鼍鼓、应鼓、田鼓、悬鼓、鞉，木类的柷、圉等几十种。如此众多的乐器合奏一支交响乐，一定优美无比，盛况绝伦。《诗经》中《有瞽》一章以细腻的笔触描写了周代宫廷祭祀时琴瑟合弦，钟鼓齐鸣的盛大场面："有瞽有瞽，在周之庭。设业设虡，崇牙树羽。应田县鼓，鞉磬柷圉。既备乃奏，箫管齐举。喤喤厥声，肃雍和鸣。先祖是听，我宾戾止，永观厥成。"统治者花费如此大的力量搞宗教音乐，是由于他们把音乐看成柔化人心，教育万民的工具。《礼记·乐记》指出："先王之制礼乐也，非以极耳目口腹之欲也，将以教民平好恶而反人道之正也。"音乐从它诞生之日起，就担负着"载道"的任务。

第三章　秦汉三国时期的宗教

第一节　概　　述

公元前 221 年，秦始皇用武力统一了中国，结束了春秋战国诸侯割据称雄的时代，建立起中国历史上第一个多民族的中央集权的统一封建大帝国，实行君主专制政体和郡县管理制度。秦朝推行"书同文"、"车同轨"、"行同伦"，促进了中国政治、经济和文化的整合和一体化，这是它的功劳。但秦始皇实行惟法治国，以吏为师，以法为教，刻薄寡恩，焚书坑儒，滥用民力，严酷刑罚，终于激化了社会矛盾，引起反抗，二世未终而国亡。汉承秦制，又吸取秦朝速亡的教训，注意文治教化，制礼作乐，礼主刑辅，尊崇儒学，建立起一整套适合宗法社会和农业文明的文化体系，使得大一统的汉帝国得以稳定和持续发展，遂成为中世纪的盛世。

秦王朝国运短促又偏重法制，没有在宗教文化上从事大的开拓和建树，只是继续故秦的宗教祭祀。但秦始皇有两大创造，一是正式泰山封禅，二是把邹衍的终始五德说引入官方信仰，用以论证秦代周而统治全国的合理性。秦始皇的个人信仰则倾心于神仙方术。

汉代具有大帝国的气象，为了长治久安，在建设政治、经济的同时，朝廷及思想家们也致力于文化建设，包括宗教祭祀制度及其理论。汉武帝要制礼作乐，上承周代的事业，但面临着自春秋以来礼坏乐崩的局面和秦朝惟法治国的遗产，以及汉初的黄老之治，因此需要重建礼乐文化体系，包括重建官方信仰，重修宗教祀典，重新解释神道与人道的关系。汉代依据新的国情，在不断调整中重建了郊社宗庙制度，把天神崇拜、祖先崇拜和社稷崇拜典制化。成书于秦汉之际的《仪礼》、《礼记》、《周礼》（《仪礼》较早，《周礼》较晚），在先秦遗文旧说的基础上，将古代宗教祭祀和丧葬仪规整理出一个系统，并给予较深刻的理论说明，其中包含着儒家若干理想的成分，却成为汉代及以后延续两千多年的宗法性国家民族宗教的权威性经典依据。汉武帝时的思想家董仲舒和若干今文经学家，依凭天神观念和阴阳五行学说，把罕言天道、不语怪力乱神的先秦儒学，改造成为主张天人感应和阴阳灾异的儒家神学，起了直接配合宗法性国家宗教的作用。东汉的《白虎通》则进而以国家法典的庄严形式肯定了宗法性宗教和儒家神学。谶纬经学是汉代儒家神学思潮的重要组成部分，于西汉末年王莽执政时得到朝廷的正式承认，取得与今文经学、古文经学并立的地位。由于阴阳五行学说的流行，由于谶纬经学的影响，由于各种世俗信仰的泛滥，整个汉代社会上下弥漫着浓厚的宗教气氛，对比春秋战国人文主义思潮而言，可以说汉代是神道文化复兴的时期。

但汉代的官方信仰与周代又有不同。这种不同不仅在于宗教文化本身已经增添了许多新的内容，更在于周代的信仰基本上是宗教性质的，而汉代则出现了宗教与哲学并重的局面。一方面是作为官方宗教的郊社宗庙制度，另一方面是作为官方哲学的儒家学说，两者并行而又互相联袂，共同维持着汉代官方的精神方向。儒学内含着宗教性，但它以人道为本位，以修身齐家治国平天下为人生价值追求，怀疑鬼神，不谈来世，因此它在总体上不是宗教，而是一种伦理型的人文主义学说。虽然董仲舒的神学和谶纬经学努力使儒学神学化，但这种努力最终并没有成功，汉代仍然有古文经学和重人事轻鬼神的儒学存在，它们直接从《论语》、《孟子》和五经中吸取思想营养，坚持人文主义的哲学方向，在朝廷"独尊儒术"的文化政策之下，它们对社会精神生活发挥着巨大的影响。

汉代是道教孕育和诞生的重要时期。从古代流传下来的自然宗教和巫术，从战国时期流传下来的神仙方术，在汉代继续或更为盛行。先秦的老庄之学以及从其中衍变出来的黄老学派，逐渐与神仙方术及民间巫术相结合，黄老之学由政治之学发展为养生之学，又演变为黄老崇拜。这些思潮的汇合孕育着道教。至东汉末期在上层出现了《太平经》、《周易参同契》等早期道书，稍晚在下层诞生了太平道、五斗米道等民间道教组织。在佛教传入的刺激之下，道教便正式出现了。

两汉之际，印度佛教由西域传入内地。东汉时期，佛教与道术相结合，释迦牟尼与黄老一起受到崇拜和祭祀。佛教徒在很长时间里致力于译经事业，储蓄力量，到汉末三国时期，佛教便兴盛起来，小乘与大乘禅法开始流布。随着佛教影响的扩大，儒、佛、道三教的争论也由此而发生，牟子《理惑论》揭开了三教争论的序幕。

　　总之，汉代是中国宗教史上一个极重要的时期，宗法性国家民族宗教在此期间形成中世纪的模式，儒学定于一尊并发展出一种神学，道教经过酝酿在汉末正式出现，佛教传入并开始勃兴，道教史、中国佛教史和儒家经学史的首章都得从这里写起（先秦儒学是子学而非经学）。同时，由于佛教的传入，中国历史上第一次大规模的中外文化交汇于是发生，印度佛教文化与中国传统文化相互碰撞和相互吸收的结果，使中华文明注入了异质的文化营养，因而焕发出更加耀眼的光彩。

第二节　秦王朝的宗教

一　旧秦的宗教祭祀

　　据《史记·秦本纪》，周平王迁都洛邑后，封秦襄公为诸侯，赐之岐西之地，襄公"乃用骝驹、黄牛、羝羊各三，祠上帝西畤"。"畤"是秦人对祭祀神坛的称呼。按《史记·封禅书》的说法，"秦襄公既侯，居西垂，自以为主少皞之神，作西畤，祠白帝"。可知秦襄公所祠之上帝，乃是五帝之一的白帝，位居西方，故其祠地称为西畤。按照五行崇拜的观念，上帝有五，配以五方、五色、五德。黄帝居中央，色黄，尚土德；少皞居西方，色白，尚金德；太皞居东方，色青，尚木德；炎帝居南方，色赤，尚火德；玄冥居北方，色黑，尚水德。由于五色的不同，五帝亦可称为黄帝、白帝、青帝、赤帝、黑帝。这种五帝崇拜观念大约是在春秋战国的漫长时期里逐步形成的。秦襄公时代，这种观念尚不完整，加以秦国力量不大，偏于西部边陲，故秦人满足于白帝崇拜，甘居于一方之国。可是随着五行崇拜的流行和秦国力量的壮大，秦人便逐步扩大祭祀天神的范围，增加国家的祭坛，向完整性发展。据《封禅书》，文公时作鄜畤，用三牲郊祭白帝，后又于陈仓北阪城作祠，祀陈宝。秦德公都雍，兴建诸祠，并用三百牢祠鄜畤，其规模是巨大的。秦宣公作密畤于渭南，祭东方青帝。秦灵公作上畤于吴阳，祭黄帝；又作下畤，祭炎帝。秦献公作畦畤于栎阳而祀白帝。这样，在秦始皇统一中国之前，秦地已经有了白、青、黄、炎（赤）四天帝之祭，由于地理位置和传统，特重西方白帝，唯无北方黑帝之祠。《括地志》说："秦用四畤祠上帝，青、黄、赤，白最尊贵也。"在四帝之外，很受秦人崇拜的便是陈宝。《封禅书》说陈宝其质若石，其神来时常在夜晚，光辉若流星，若雄鸡状，发出叫声，并说："唯雍四畤上帝为尊，其光景动人民唯陈宝"，大概王室祀四帝，而民间重陈宝，现在陕西有宝鸡市，其名称便由此而来。至于雍地诸祠，则有日、月、参、辰、南北斗、荧惑、太白、岁星、填星、辰星、二十八宿、风伯、雨师、四海、九臣、十四臣、诸布、诸严、诸逑等，约百有余庙。在西地有数十祠。在湖地有周天子祠。在下邽有天神。在沣、滈有昭明、天子辟池。在社、亳二邑有三社主之祠、寿星祠。还有社主庙，祭祀故周之右将军。由此可知，旧秦的宗教祭祀，以四帝为高位神，同时兼祀多神，大都是古代传下来的自然神灵，部分是有灵验的人神。

二　秦朝的官方宗教祭祀

秦始皇统一中国以后，在故秦地，仍然继续维持传统宗教的多神祭祀。但秦帝国已经拥有山东六国之地，不能不增加这些新地区特有的一些宗教祭祀，除天体星辰之神为天下共有外，殽山以东所特有的便是地理环境中的名山大川之神。所谓的五岳四渎皆在东方，名山五：嵩高、恒山、泰山、会稽、湘山，大川二：济水、淮水，其神皆以时祀之。自华山以西，名山七：华山、薄山、岳山、岐山、吴岳、鸿冢、渎山，大川四：黄河、沔水、湫渊、江水，亦以时祀之。秦始皇因常东巡至海以求仙，故来往于齐地，而行礼祠齐地名山大川及八神。八神是：一曰天主，祠天齐；二曰地主，祠泰山梁父；三曰兵主，祠蚩尤；四曰阴主，祠三山（《地理志》载东莱有参山）；五曰阳主，祠之罘；六曰月主，祠莱山；七曰日主，祠成山；八曰四时主，祠琅玡。名山大川及八神之属，始皇经过时则祠，去则止。天子祭神，有祝官为守，郡县远方神祠，民各自奉祠，祝官不与。

秦朝亦继续祭祀祖先。秦先王庙或在西雍，或在咸阳，二世时，立始皇庙，尊以为祖庙，并按古制立七庙。

三皇五帝以来有封禅的传说。据《封禅书》记载，齐桓公称霸诸侯而欲封禅。管仲对答说："古者封泰山禅梁父者七十二家，而夷吾所记者十有二焉"，便是无怀氏、伏羲、神农、炎帝、黄帝、颛顼、帝喾、尧、舜、禹、汤、周成王，"皆受命然后得封禅"。所谓封禅，即是在泰山上筑土为坛以祭天，报天之功，曰封；在泰山下小山上除地以祭之，报地之功，曰禅。封禅被认为是帝王接受天命而能成就大事业者的宗教祭祀大典，神圣而庄严，不能随便举行。齐桓公自以为九合诸侯，一匡天下，有资格封禅。管仲指出古之封禅皆有瑞兆，而当时"凤凰麒麟不来，嘉谷不生，而蓬蒿藜莠茂，鸱枭数至"，并无嘉瑞，却有凶兆，故不宜封禅，于是齐桓公只得作罢。管仲所言皆宗教神话传说，并非史实，但它保存了封禅的神圣理念，引发了秦始皇实现封禅的强烈愿望。秦始皇自认为平定天下，统一海内，其功勋逾三皇五帝，故与鲁诸儒生议封禅望祭山川之事，儒生不能定其仪节，遂黜儒生，自行定制，于即帝位三年，上泰山顶，立石颂始皇功德，明其得封，从阴道下，禅于梁父，其礼颇采太祝之祀雍上帝所用。中途曾遇暴风雨，休于树下，封其树为五大夫，诸儒生闻而讥之。始皇相信自己上应天命，故《玉玺文》曰："受天之命，既寿永昌。"（《全秦文》卷一）

《封禅书》记载，始皇并有天下之初，齐人向他讲述五德终始的理论，说："黄帝得土德，黄龙地螾见。夏得木德，青龙止于郊，草木畅茂。殷得金德，银自山溢。周得火德，有赤乌之符。今秦变周，水德之时。昔秦文公出猎，获黑龙，以其水德之瑞。"始皇采纳此论，更命黄河为德水，以冬十月为年首，色尚黑，数以六为纪，符、法冠皆六寸，舆六尺，六尺为步，乘六马，音上大吕，事统上法。水主阴，阴刑杀，故急法刻削，以合五德之数。五德终始说为邹衍所创，其说部分地保存于《吕氏春秋》之中（详见上章）。该书《应同》篇的说法与始皇时齐人的建言在内容上基本相符，都来自于邹衍的阴阳五行说。这个五德终始说是中国历史上论证朝代更替规律的第一种理论形态，其特点是既不同于周公的"以德辅天"的思想，又不直接主张君权天授，而是主张一种神秘主义的时运或气数，表现为五行相克：木克土，金克木，火克金，水克火，土克水。它既可以与天命论相结合，也可以与人本思想相结合，影响后代，极为深远。《吕氏春秋》是由吕不韦主编，众多学者分工合作而写成的。秦始皇与吕不韦在政治上势不两立，治国之道很不相同，但在五德终始说上，秦始皇却采纳了《吕氏春秋》的思想，也算是部分地实现了吕不韦的遗愿。

总地说来，秦始皇受法家影响，注重刑政实治，而宗教观念相对淡薄。他自认为统一事业的成功主要靠他自己的智慧能力，加上神灵的保佑，很少提到天威天命。例如他在初并天下时，对丞相、御史说："寡人以眇眇之身，兴兵诛暴乱，赖宗庙之灵，六王咸伏其辜，天下大定"，未提及天神。他甚至在泰山封禅的封石刻辞上，也只是强调"皇帝躬圣"，并没有颂天的文字，所以封禅的意图也只是宣扬威德而已。其琅邪石刻、之罘石刻及碣石之石刻，颂辞皆如泰山石刻（以上见《史记·秦始皇本纪》）。秦始皇为自身的功业冲昏了头脑，太相信个人有无比的力量可以长久统治天下。

三　秦始皇的方仙崇拜

始皇既已统一天下，威震四海，权力与富贵之大欲皆已满足，而所憾者惟有不能长生永享尊荣，故转而热衷神仙方术之道，幻想突破生死大限，实现个体永生。

神仙传说可上溯到战国时期，一出自荆楚文化，一出自燕齐文化。楚人好幻想，《庄子》、《楚辞》中都有神仙的美妙形象和故事。神仙的特点，其一形如常人而能长生不死，其二逍遥自在又神通广大。燕齐地临大海，海天的明灭变幻，海岛的迷茫隐约，航海的艰险神秘，都引发出人们丰富的联想遐思，因而有神仙传说出现，同时有追求神仙的方士。沿海一带早就有三神山的传说，指蓬莱、方丈、瀛洲，在渤海中，能见而难至，其上有仙人和不死之药，其物禽兽尽白色，以黄金白银为宫阙，望之如云，及到，三神山反居水下，临近则风引船去，不能登临。此情景颇似海市蜃楼的自然幻象，古人不能理解，故附会为神仙岛。早在战国时期，齐威王、齐宣王和燕昭王就曾派人入海求三神山而未果。秦始皇有此追求，则方士纷聚其周围。齐人徐市等上书，请得斋戒，与童男女求之。于是始皇派遣徐市发童男女数千人，入海求仙，结果是徒劳无功。始皇多次出巡，而以东巡沿海的次数最多，除了视察边陲政治、加强边防以外，其主要驱动力是企遇海上神仙奇药，故东巡黄、渤，至成山，登之罘，游碣石，过丹阳，临钱塘、会稽，既刻石颂德留念，又求仙望药。如三十二年之碣石，使燕人卢生求羡门、高誓，皆古仙人。又使韩终、侯公、石生求仙人不死之药。方士卢生又说，求仙药而不遇，是恶鬼为害，人主应微行以避恶鬼，所居宫勿令人知，然后真人可至，不死之药可得。始皇果然隐秘其行止，自谓"真人"，不称"朕"。方士徐市等入海求神药，数岁不得，诈称海中有大鲛鱼阻拦，故不能到达蓬莱仙岛，始皇便备弓弩，东巡琅玡至荣成山，又至之罘，亲自射杀一条巨鱼，就是这次东巡回归的路上，得病死去，可谓至死不悟。侯生、卢生等人皆是儒生兼方士，他们诵法孔子，认为始皇专横暴虐，专任狱吏，以刑杀为威，贪于权势，天下大事一决于己，不用儒生博士，于是相约不为所用而离去。始皇认为他们犯了诽谤和妖言惑众罪，使御史治罪，将四百六十多儒生坑杀于咸阳。始皇是想借此以实行文化专制，并非有悔于方术之谬误。

神仙方术是秦始皇的个人信仰，并未列为国典，不具有官方性质。但一人倡之，则众人应之。从此神仙方术兴盛不衰，许多文化事业，如宗教、文学，以及航海技术也附着于方仙道而有所推进。

第三节　西汉的宗教和神学思潮

一　汉初的五帝崇拜和宗教祭祀

汉高祖刘邦起兵时曾制造神话，说他是赤帝子下凡，杀白帝子（化为蛇），当为新天子。这也许因为秦崇白帝，故欲以赤帝崇拜取而代之。立为汉王时，以十月为年首，色尚赤。其实刘邦并无固定宗教信仰，《封禅书》说他东击项羽而还，入关时询问故秦上帝祠何帝，对曰："四帝，有白、青、黄、赤帝之祠。"刘邦又问："吾闻天有五帝，而有四，何也?"莫知其说。于是刘邦即说："吾知之矣，乃待我而具五也。"乃立黑帝祠，命曰北畤。故秦确实只有四帝之畤，但秦始皇既采纳秦应水德之说，按阴阳五行配五帝之说，应该立黑帝之祠以崇水德，而文献并无记载，也许其求仙心急，无暇创建，也许他以黑帝自许，故不另立黑帝。自刘邦立黑帝畤后，五帝祭祀方才周备，同时也就意味着古代的至上神天帝，正式一分为五，这是五行学说在上帝观念中的反映。周代的天帝是统一的，自从诸侯割据，群雄并立以后，天帝也随着权力系统的分散而分化了，也就是说，五帝崇拜的逐步兴起，在观念上是五行学说流行的结果，在政治上是王权衰落的象征。汉初刘邦并没有意识到天帝统一的权威需要随着国家的统一而恢复，他只是想补齐五帝崇拜，使其完备。汉文帝祠雍五畤，并于渭阳立五帝庙，一宇五殿，其方位与门色各按五行安排，又于长门立五帝坛，继续五帝崇拜。但汉廷对于汉家应尚五行中何德有不同看法。一派认为汉应水德，如丞相张苍以为汉乃水德之始，故黄河决金堤，是其符应，这实际上是不承认秦朝为正常的朝代，故其水德之尚不算在运数之内。另一派认为汉应土德，如鲁人公孙臣以为秦得水德，汉代秦而兴，则当土德。贾谊亦以为汉继秦统，应尚土德，色尚黄，数用五。直到武帝太初元年，才正式按土德改制，色尚黄，以寅月为岁首，官名更印章以五字。可见五德终始之说，不仅给汉政权的合法存在提供了理论依据，而且它应用到政治典制和社会生活中去，使当时的文化具有鲜明的五行色彩。

汉初一般性宗教祭祀大致沿袭秦朝，又略有增益。刘邦入关后，悉召故秦祝官，复置太祝、太宰，按旧时礼仪行事，又令县立公社。下诏曰："吾甚重祠而敬祭。今上帝之祭及山川诸神当祠者，各以其时礼祠之如故。"立国后，诏御史，令丰谨治枌榆社，令祝官立蚩尤之祠于长安。在长安置祠祝官、女巫。"其梁巫，祠天、地、天社、天水、房中、堂上之属；晋巫，祠五帝、东君、云中君、司命、巫社、巫祠、族人、先炊之属；秦巫，祠社主、巫保、族累之属；荆巫，祠堂下、巫先、司命、施糜之属；九天巫，祠九天；皆以岁时祠宫中。其河巫祠河于临晋，而南山巫祠南山秦中。"(《封禅书》)可见汉初几乎将先秦和秦代宗教祭祀都完好保存下来，而且主要是巫教即古代以自然崇拜为基础的传统宗教，它是多神的、分散的。

二　太一神的确立及其与五帝神的关系

五帝崇拜是多年形成的传统，它比较适合中国地大物博和农业发达的国情，所以汉代统治者要保持它、修补它。但五帝崇拜模糊了至上神的观念，削弱了它的惟一性和权威性，不利于地上中央政权的统一和巩固。因此汉代面临在保持五帝神的同时重建天界主神的任务。据《汉书·郊祀志》，王莽奏书称孝文帝在渭阳五帝庙祭泰一，其时已有泰一神，但不曾独立祭祀。《封禅书》说，武帝时，亳人谬忌奏祠太一方，曰："天神贵者太一，太一佐曰五帝。古者天子以春秋祭太一东南郊，用太牢，七日，为坛开八通之鬼道。"于是武帝令太祝立其祠于长安东南郊，按照谬忌的说法进行祭祀。又有人上书说，天子应祠神三一：天一、地一、太一，又有上书说天子应祠黄帝、冥羊、马行、太一、泽山君地长、武夷君、阴阳使者等神以特定的祭品，武帝皆采纳，但绝不破坏太一神的至上地位，把这些祭祀都安排在太一坛旁边。为配合太一神祭祀，武帝又在汾阴立后土祠，祭拜如上帝礼。其后武帝至甘泉，令祠官宽舒等具太一祠坛，而五帝坛居其下，各如其方，黄帝则西南向。武帝郊拜太一，或告祷太一，又祠太一、五帝于明堂，颇为殷勤。《封禅书》说"太一、后土，三年亲郊祠"，形成祭拜天地的郊礼。从此以后，五帝不再与上帝同位，而降为至上神太一天神的辅佐之神，仍然在其他众神之上，其情形如朝廷上的三公，居皇帝一人之下和众臣民之上。考"太一"一词，见于《庄子·天下》、《吕氏春秋·大乐》、《淮南子·诠言》、《礼记·礼运》等书，"太"表示最高和最早，"一"表示惟一和总揽，"太一"是秦汉之际宇宙生成论中表示天地混沌未分时的原初状态，亦即是老子所谓"道"。此时则把它神化，变成天界的主神。这样，以太一神为首，以五帝神为佐，统领着其他日月山川风雨诸神，一个新的天神系统于是形成。后来历朝的天神崇拜，除了将太一改称昊天上帝或皇天上帝外，其他一从西汉的基本格局，这种格局与中世纪宗法等级社会是相适应的。

天神崇拜除郊祭的常礼外，便以封禅最为隆重。武帝时，汾阴巫师从地下掘得宝鼎，公孙卿上书说，昔黄帝采首山铜，铸鼎于荆山下，鼎成，有龙迎黄帝上天成仙，现今宝鼎出，如能封禅泰山，则可如黄帝一样成仙登天。此说引得武帝大发感慨，说："嗟乎！吾诚得如黄帝，吾视去妻子如脱蹑耳。"于是决意封禅，并与诸儒生商议礼仪，《封禅书》说："群儒既已不能辨明封禅事，又牵拘于《诗》、《书》古文而不能骋。上为封禅祠器示群儒，群儒或曰'不与古同'，徐偃又曰'太常诸生行礼不如鲁善'，周霸属图封禅事，于是上绌偃、霸，而尽罢诸儒不用。"汉武帝也像秦始皇一样，自行制定仪节，先至梁父礼祠地主，然后封泰山下东方，如郊祠太一之礼，礼毕独与侍中奉车子侯登上泰山，其封藏玉牒书皆秘不示人，最后禅泰山下阯东北肃然山，如祭后土礼。武帝大赦天下，又下诏曰："古者天子五载一巡狩，用事泰山，诸侯有朝宿地。其令诸侯各治邸泰山下。"武帝之封禅泰山，无风雨灾，又值宝鼎出，称为元鼎，故以当年为元封元年。其后，又数上泰山祠天，每五年一修封。汉武之封禅乃是天神崇拜和神仙崇拜相结合的产物，包含着学黄帝欲成仙的意图。

古有明堂之制，但因年代久远，典制湮没，汉代学者无人晓其制度。济南人公玉带献上黄帝时明堂图，中有一殿，四面无壁，以茅盖，通水，圜宫垣为复道，上有楼，从西南入，命曰昆仑，天子从之入，以拜祠上帝。武帝令奉高按照公玉带之图作明堂于汶上，及五年修封，则祠太一、五帝于明堂上坐，以高祖祠坐对面，祠后土于下房，用二十太牢，天子从昆仑道入，始拜明堂如郊礼。自此而后，明堂多设五帝之祀，成为郊祭的一种补充。

三　西汉后期的天神祭祀与王莽修订祭礼

武帝之后，郊天之礼或缺或续。宣帝十二年下诏曰："盖闻天子尊事天地，修祀山川，古今通礼也。间者，上帝之祠阙而不亲十有余年，朕甚惧焉"，于是第二年临甘泉，郊祀泰畤，至河东，祠后土，又下诏太常，令祠江海大川无缺，此后五岳四渎之祀皆有常礼。后又数行郊礼。元帝即位后五次祠泰祠、后土。成帝时，大臣匡衡、张谭上书说："帝王之事莫大乎承天之序，承天之序莫重于郊祀，故圣王尽心极虑以建其制。祭天于南郊，就阳之义也；瘗地于北郊，即阴之象也。天之于天子也，因其所都而各飨焉"，他们认为武帝居甘泉，故立泰畤，而当今皇上帝住长安，郊天北去，祠地东行，不合阳阴之义，且行路艰难，官民烦劳，故建议将甘泉泰畤、河东后土之祠迁至长安。当时群臣中有人赞成有人反对，参与议论的群臣五十八人中，八人反对，五十人主张迁徙，最后成帝同意在长安定南北郊。匡衡又建言简化郊祀之礼，而雍地鄜、密、上下畤皆秦侯所立，汉初因秦故祠复立北畤，皆应罢祠，只宜保留郊天地与祠五帝之礼。成帝从之，并罢陈宝祠。不久成帝又采纳匡衡、张谭之建言，清理和精简宗教祭祀，长安及郡国 683 祠所，只保留 208 所，取消 475 所。雍地旧祠 203 所，只保留山川诸星 15 所，其余诸布、诸严、诸逐等皆罢除。杜主有五祠，置其一。又罢汉高所立梁、晋、秦、荆巫、九天、南山、莱中之属，及孝文渭阳，孝武薄忌泰一、三一、黄帝、冥羊、马行、泰一、皋山山君、武夷、夏后启母石、万里沙、八神、延年之属，又罢孝宣参山、蓬山、之罘、成山、莱山、四时、蚩尤、劳谷、五床、仙人、玉女、径路、黄帝、天神、原水等祠。这是一次大规模的宗教整顿活动，目的是加强管理，去其杂芜，突显高位神的祭祀。但不久匡衡因事免官，许多人又说不当变动祭祀，刘向说："家人尚不欲绝种祠，况于国之神宝旧畤！"他认为以往祭祀，皆有神祇感应，陈宝祠已有七百余年，常有祥瑞，而"汉宗庙之礼，不得擅议，皆祖宗之君与贤臣所共定"。成帝无嗣，归咎于罢诸祠所致，故以皇太后的名义诏有司恢复甘泉泰畤，汾阴后土及雍地五畤和陈仓的陈宝祠，又恢复长安、雍及郡国祠的半数。后来王商辅政，杜邺建议王商停止甘泉、河东之天地郊祀，而恢复长安南北郊，成帝死后由皇太后下诏复之。哀帝时，尽复前世所常兴诸神祠官，共七百余所，并复甘泉泰畤，汾阴后土祠。（以上见《汉书·郊祀志》）

　　平帝时王莽辅政，于礼乐祭祀多有建设。元始五年，王莽上书说，王者父事天，以祖配祀。高皇帝立北畤而备五帝，但未能立天地之祀。孝文用新垣平，建渭阳五帝庙，祭泰一、地祇，以高皇帝配。孝武于元鼎四年立后土祠于汾阴，五年立泰一祠于甘泉，亦以高祖配，"不岁事天，皆未应古制"。成帝建始元年，徙甘泉泰畤、河东后土于长安南北郊，永始元年又复甘泉、河东祠。绥和二年再复长安南北郊。哀帝建平三年，复甘泉、汾阴祠。王莽建议正式恢复长安南北郊之典制，并修改祭礼，主张"天地合祭，先祖配天，先妣配地，其谊一也。天地合精，夫妇判合。祭天南郊，则以地配，一体之谊也"。于是有天地合祭于南郊之新典制。王莽又建议改革五帝之祠。他认为"今五帝兆居在雍五畤，不合于古"。他引用《周官》"兆五帝于四郊"的话，主张重新安排上帝与五帝祠的名称、方位，奏言：

> 天子父事天，母事地，今称天神曰皇天上帝，泰一兆曰泰畤，而称地祇曰后土，与中央黄灵同，又兆北郊，未有尊称。宜令地祇称皇地后祇，兆曰广畤。《易》曰"方以类聚，物以群分"。分群神以类相从为五部，兆天地之别神：中央帝黄灵后土畤及日庙、兆辰、北斗、填星、中宿中官于长安城之未地兆；东方帝太昊青灵勾芒畤及雷公、风伯庙、岁星、东宿东官于东郊兆；南方炎帝赤灵祝融畤及荧惑星、南宿南官于南郊兆；西方帝少皞白灵蓐收畤及太白星、西宿西官于西郊兆；北方帝颛顼黑灵玄冥畤及月庙、雨师庙、辰星、北宿北官于北郊兆。（《汉书·郊祀志》）

"兆"是祭坛之营域。王莽的建树是：确定首都长安郊天，并将泰一神称为皇天上帝，确定五帝祠在长安五方位，并将天上星辰各以其方位划归五帝，一同祭祀。从成帝到平帝，完成了一项重要的宗教典制改革，其主要推动者是匡衡和王莽。自此而后，郊天之礼方大体固定下来。

王莽还有一项建树，就是确立官稷。他认为帝王建立社稷，百王不易，"社者土地，宗庙王者所居，稷者百谷之主，所以奉宗庙，共（供）粢盛，人所食以生活也"，因此王者应亲祭，礼如宗庙。而汉兴以来已有官社，未立官稷，故新立官稷于官社后，以夏禹配食官社，以后稷配食官稷。

四 西汉宗庙典制的沿革

宗庙与郊社并立为皇家宗教礼制的核心部分。汉高祖十年令诸侯王皆立太上皇庙于国都。惠帝即位，令郡国诸侯王立高庙，又立原庙，复以沛宫为高祖庙。文帝作顾成庙。景帝时以高皇帝庙为太祖庙，文皇帝庙为太宗庙，前者祖有功，后者宗有德。宣帝为孝武建庙，尊为世宗庙，凡武帝巡狩所临之郡国皆立庙，共49座。元帝时罢祖宗庙在郡国者，并毁太上皇、孝惠皇帝寝园庙。其时皇家祖宗庙在68个郡国中共有167所，长安有皇室祖庙176所，以及陵园各有寝、便殿，数字庞大，所用职人及花费形成国家沉重负担，故有禹贡奏言，应毁孝惠孝景庙及郡国庙，永光中元帝遂有罢郡国庙之举。韦立成等大臣认为立庙京师，天子可以躬亲承事，《春秋》之义，父不祭于支庶之宅，君不祭于臣仆之家，王不祭于下土诸侯，故不应修郡国庙。

又认为王者始受命，诸侯始封之君，皆为太祖，以下五庙而迭毁，毁庙之主藏乎太祖庙，五年而再大祭，即是所谓一禘一祫。祫祭是毁庙与未毁庙之主，皆合祭于太祖庙，父为昭，子为穆，孙复为昭，这是古代的正礼。高帝受命定天下，宜为帝者太祖之庙，世世不毁，承后属尽者宜毁。故太上皇、孝惠、孝文、孝景庙皆亲尽宜毁。许嘉等人认为孝文帝"德厚侔天地，利泽施四海"，宜为帝者太宗之庙。尹忠等以为孝武帝改正朔，易服色，攘四夷，宜为世宗之庙。元帝采纳众臣意见后，下诏说高帝为太祖，文帝为太宗，世世承祀，余为昭穆，祫祭于太祖庙。后来元帝疾病连年，疑为毁庙所致，复所罢寝庙园，尊孝武庙为世宗庙。哀帝时，王舜、刘歆奏言孝武功至著，世宗之庙，应建之万世，帝纳其言。观西汉之朝，宗庙之制，罢复不定，议论纷纷，皆因礼文有缺，古今异制，诸事在创立中。其宗庙典制的修订与发展趋势，一是皇帝逐步收回主祭祖宗的祭权，废除郡国祖庙，以利于巩固中央政权；二是在祭祖中兼顾功德与血统，加强宗法等级和继承制度；三是减少烦费，使宗庙之祭易于保持和继续。

五　西汉的神仙方术

兴于战国时期的神仙方术，在西汉得到很大的发展，这与汉武帝热衷于长生求仙是分不开的。据《封禅书》载，在汉武周围聚集着一批方士。如李少君以祠灶、谷道、却老之方受宠，他告诉汉武："祠灶则致物，致物而丹砂可化为黄金，黄金成以为饮食器则益寿，益寿而海中蓬莱仙者乃可见，见之以封禅则不死"，黄帝就是这样成仙的，他还自吹见到过仙人安期生。于是武帝亲祠灶，并派方士入海求仙，从事化丹砂为黄金的方术。后来李少君病死，武帝以为他仙化而去，继续迷信方术，于是燕齐出现更多的方士前来讲论神仙之事。又有少翁以鬼神之方见重，武帝喜爱的王夫人去世，少翁能使武帝夜晚见到王夫人的相貌，因故封为文成将军，赏赐甚多。少翁言能通神辟恶鬼，作甘泉宫祭致鬼神。由于神不至，他伪造帛书藏于牛腹以为奇异，识破被杀。武帝为治病，在甘泉祭祀神君，"神君所言，上使人受书其言，命之曰'画法'"，此画法疑即早期神符之属。后又有齐人栾大，敢为大言，对武帝说他常往来海中，见到神仙安期、羡门等，他的老师告诉他"黄金可成，而河决可塞，不死之药可得，仙人可致也"。当时武帝正忧虑黄河决口，黄金不能炼就，于是拜栾大为五利将军，赐给四种将军印，又增为六印，封乐通侯，以卫长公主妻之，富贵无比。栾大言入海求见其师而不能得，其方尽又多不验，于是被杀。还有齐人公孙卿者，谓从申公处受鼎书，言黄帝铸宝鼎，封禅而成仙登天，武帝闻之羡慕不已，乃拜公孙卿为郎。公孙卿持节至各地及名山求仙，自言在河南缑氏城见到仙人迹，在东莱夜见大人迹，受拜为中大夫，复建言武帝修观以接待仙人，于是武帝在长安建蜚廉桂观，在甘泉建益延寿观，又作通天台以候神人。武帝又听公孙卿与方士之言，在甘泉作建章宫，度为千门万户，"前殿度高未央；其东则凤阙，高二十余丈；其西则唐中，数十里虎圈；其北治大池，渐台高二十余丈，命曰太液池，中有蓬莱、方丈、瀛洲，壶梁，象海中神山龟鱼之属；其南有玉堂、璧门、大鸟之属。乃立神明台、井干楼，度五十丈，辇道相属焉"。武帝为求仙，在建筑上穷其奢华，耗费民力财力是相当惊人的，在这方面他超过了秦始皇。为企遇神仙，武帝数次东巡至海边，北至碣石，巡至辽西，历北边至九原，又至琅玡，临渤海，礼日成山，登之罘，游东莱，同时不断派方士入海求蓬莱，然而终无效验。

据《汉书·郊祀志》载，宣帝时众多神祠中有若干与神仙崇拜有关，如京师附近有仙人、玉女祠，又立五龙山仙人祠及黄帝祠。大夫刘更生献淮南枕中洪宝苑秘之方，事不验，更生论罪。京兆尹张敞上书谏曰："愿明主时忘车马之好，斥远方士之虚语，游心帝王之术，太平庶几可兴也。"其后，匡衡建议成帝罢仙人、玉女、黄帝诸祠，候神方士使者副佐及本草待诏七十余人皆归家。但成帝苦于无嗣，轻信祭祀方术，费用甚多。谷永上书加以劝谏，其书曰：

> 臣闻明于天地之性，不可或（惑）以神怪；知万物之情，不可罔以非类。诸背仁义之正道，不遵五经之法言，而盛称奇怪鬼神，广崇祭祀之方，求报无福之祠，及言世有仙人，服食不终之药，遥兴轻举，登遐倒景，览观县圃，浮游蓬莱，耕耘五德，朝种暮获，与山石无极，黄冶变化，坚冰淖溺，化色五仓之术者，皆奸人惑众，挟左道，怀诈伪，以欺罔世主。听其言，洋洋满耳，若将可遇；求之，荡荡如系风捕景，终不可得。是以明王距而不听，圣人绝而不语。昔周史苌弘欲以鬼神之术辅尊灵王会朝诸侯，而周室愈微，诸侯愈叛。楚怀王隆祭祀，事鬼神，欲以获福助，却秦师，而兵挫地削，身辱国危。秦始皇初并天下，甘心于神仙之道，遣徐福、韩终之属多赍童男女入海求神采药，因逃不还，天下怨恨。汉兴，新垣平、齐人少翁、公孙卿、栾大等，皆以仙人、黄

冶、祭祠、事鬼使物、入海求神采药贵幸，赏赐累千金。大尤尊盛，至妻公主，爵位重累，震动海内。元鼎、元封之际，燕齐之间方士瞋目扼擎，言有神仙祭祀致福之术者以万数。其后，平等皆以术穷诈得，诛夷伏辜。至初元中，有天渊玉女、钜鹿神人、辒阳侯师张宗之奸，纷纷复起。夫周秦之末，三五之隆，已尝专意散财，厚爵禄，竦精神，举天下以求之矣。旷日经年，靡有毫厘之验，足以揆今。经曰："享多仪，仪不及物，惟曰不享。"《论语》说曰："子不语怪神。"唯陛下距绝此类，毋令奸人有以窥朝者。

谷永的谏书，可以代表正统士大夫儒者的观点，他们主张行仁义之正道，遵五经之法言，依照孔子不语怪力乱神的精神，拒斥神仙方术及淫祀，以其无效验而又能欺主惑众，故须禁绝。可知正统儒学是抵制神仙方术的一股强大精神力量。

王莽热心神仙之事，建新朝称帝后，听取方士苏乐之言，立八风台于宫中，费万金，于其上行黄帝谷仙之术，令苏乐主持。又听阳成修说"黄帝以百二十女致神仙"，于是派四十五人分行天下，选取淑女以用之。又听说黄帝时建华盖以登仙，乃造华盖九重，高八丈一尺，金爪羽葆，载以秘机四轮车，驾六马，力士三百人黄衣帻，车上人击鼓，輓者皆呼"登仙"，王莽出行，令此华盖车在前导路。

西汉神仙方术之流行，不仅表现在帝王求仙采药、宠信方士的活动上，而且表现为各种民间传说和一批神仙方术著作的出现。如托名刘向的《列仙传》，记自上古至西汉的神仙七十二人的事迹，后来的神仙传说多取材于此书。淮南王刘安招致宾客方术之士数千人，作《淮南子》内外篇，内篇论道，外篇杂说，又有中篇八卷，言神仙黄白之术，二十余万言，刘安死后，传说他得道成仙，全家跟着升天。《汉书·艺文志》著录神仙家著作十部，二百零五卷。其实神仙方术的著作远不止此，如阴阳家类中的《容成子》，小说家类中的《黄帝说》、《封禅方说》，以及托名黄帝的许多著作都与神仙方术有关。神仙方术的发展，为东汉道教早期著作如《太平经》、《周易参同契》的出现和汉末道教的正式诞生，作了思想和方法上的准备。

六　董仲舒的儒家神学与阴阳灾异说的流行

周代建立的宗教性礼乐文化体系，在春秋战国时代分崩离析了，又经历了秦王朝的摧残，更加式微。汉代统一的中央大帝国建立以后，面临在新的历史条件下重建国家民族宗教的任务。重建不是重复，因为时代不同了：一种情况是儒学已经从宗教文化中摆脱出来，形成独立的以人为本位的仁礼之学，并且从汉武帝时起正式成为官学；另一种情况是阴阳五行学说广为流行，它深深渗透到人们的宗教和哲学观念之中，成为汉代的文化特色。董仲舒是治《春秋》公羊学的大儒，又是汉武帝十分倚重的思想家，他在推动汉帝国意识形态的重建活动中，不能不兼顾儒学与传统宗法性宗教，试图把两者结合起来，用阴阳五行思想充实天人之学，为国家宗教建立一套神学体系，用以稳定君主专制制度和家族社会。但是孔子、孟子所建立的儒学本质上是一种人学，以成人治国为本务，不语怪力乱神，对鬼神敬而远之；董仲舒要建立国家宗教神学，必然要改变儒学的人学性质，偏离孔孟的执著现实的人文主义路线。董仲舒用的办法是，利用人们向往三代盛世和崇拜尧舜禹汤周文武的心理，大讲圣王时代如何敬天法祖，形成历史根据；膨胀孔学中保存的宗教性因素，包括《春秋》中的神学思想，加以推行，把神道抬高在人道之上，形成经典根据；同时引证大量历史与现实的事例，用以说明神道甚可敬畏。

董仲舒的神学有以下要点：

第一，他反复强调天神的至上性和权威性，反复说明郊祭的重要性和迫切性。他认为"天者，百神之大君也"（《春秋繁露·郊祭》），"天者，群物之祖也"（《汉书·董仲舒传》），"受命之君，天意之所予也"（《春秋繁露·深察名号》）。就是说，天神是造物主，是天界和人间的主宰，是王权的授予者，故最为尊贵。天子应以事父的态度来祭天，"天子不可不祭天也，无异人之不可以不食父"，"《春秋》之义，国有大丧者，止宗庙之祭，而不止郊祭，不敢以父母之丧废事天地之礼也"（《春秋繁露·郊祭》），所以郊天之礼位于宗庙之上，是最重要的祭礼。董仲舒认为敬祭上天本是前代圣王必行之大礼，至秦代废缺，应予恢复，率由旧章，一岁一郊祭，祭于岁首，兴师必先郊祭以告天，表示天子向天神行为子之礼和为子之道。《春秋繁露·郊祀》载郊天祝词是："皇皇上天，照临下土，集地之灵，降甘风雨，庶物群生，各得其所，靡今靡古，维予一人，某敬拜皇天之祐。"董仲舒引孔子"畏天命"、"知天命"、"唯天为大"的话，证明孔子主张敬畏天神。孔子的天命思想来自周代宗教文化传统，但是孔子把传统的天命论抽象化和自然化了，而且不讲君权天授，并给予天命以很大的限制。孔子说："天何言哉，四时行焉，百物生焉"，天没有情感、意志，天命是指人的能动限度，他的天命理念更接近命运理念，天命决定人的生死寿夭、富贵贫贱和事业的最终成败，而道德修养、做君子还是做小人，则全决定于自身，故强调"为仁由己"。所谓"五十而知天命"是指人到此年龄，应当知道自己一生所能达到的限度，能够做什么和不能做什么。所谓"唯天为大，唯尧则之"，是指尧能效法天的崇高伟大，并不是效法天的意志。在孔子那里，天是超人力的，但不是超自然的。而在董仲舒那里，天既是超人力的，又是超自然的。所以孔学不是神学，董氏之学是神学。董仲舒树立起天神的权威，一方面是为君权的合理存在提供根据，另一方面又是为了用儒家的文化价值理想通过天神的威望来限制君权的滥用，故董氏说："故屈民而伸君，屈君而伸天，《春秋》之大义也。"（《春秋繁露·玉杯》）

第二，董仲舒用阴阳五行学说改铸传统的天神信仰，并用以说明礼乐文化的来源和本质。董氏认为天神是有意志情感的，但它的意志情感并不直接表达，也不靠普通鬼神或巫觋作为中介加以传达，而是通过阴阳五行的变化表现出来。他在天人对策中说：

> 臣闻天者群物之祖也，故遍覆包函而无所殊，建日月风雨以和之，经阴阳寒暑以成之。故圣人法天而立道，亦溥爱而亡私，布德施仁以厚之，设谊立礼以导之。春者天之所以生也，仁者君之所以爱也；夏者天之所以长也，德者君之所以养也；霜者天之所以杀也，刑者君之所以罚也。由此言之，天人之征，古今之道也。（《汉书·董仲舒传》）

天有生长万物之仁德，故春生夏长；天又有惩罚控制之意志，故秋杀冬藏。他在《春秋繁露·阴阳义》中说，"天亦有喜怒之气，哀乐之心"，"春，喜气也，故生；秋，怒气也，故杀；夏，乐气也，故养；冬，哀气也，故藏"。天有四时（春夏秋冬），王有四政（庆赏罚刑），天人是同一的。事实上董氏是把人间政事与人的情感投射到气候的变化之上，然后归结为上天的情感。董氏认为"阳为德，阴为刑；刑主杀而德主生"，天常有仁德之心而以刑罚为辅，"是故阳常居大夏，而以生育养长为事；阴常居大冬，而积于空虚不用之处"（《汉书·董仲舒传》），这就是"为政以德"和德主刑辅的根源。从社会制度上说，"君臣父子夫妇之义，皆取诸阴阳之道。君为阳，臣为阴；父为阳，子为阴；夫为阳，妻为阴"（《春秋繁露·基义》），阴阳之尊卑主从，决定了人间礼制之等级名分，因此礼制也是天神意志的表现。董仲舒还用五行相生相胜来说明天道的规律以及人道的规则。五行以木为始，以水为终，以土为中，"此其天次之序也"；而"木生火，火生土，土生金，金生水，水生木，此其父子也"，诸授之者皆为父，受之者皆为子，"常因其父，以使其子，天之道也"，五行乃是忠臣孝子的五种德行，圣人知之，故多其爱而少严，厚养生而谨送终，"就天之制也"，"以子而迎成养如水之乐木也，丧父如火之克金也，事君若土之敬天也"（《春秋繁露·五行之义》）。以五行配五官，则可建立官制；以五行配四时，则可确立政令，人道法天道而成（见《春秋繁露》之《五行相生》、《五行顺逆》）。董仲舒使天神变成阴阳五行的操作者，并且天神主要通过阴阳五行来显示自己的权威，来控制自然界和人间的活动，而不是直接凭借自己的超自然能力来发号施令，而阴阳五行的变化又首先表现为自然界的有序性和运动性，这样一来，董仲舒的天神和天命，便带有较多的自然宗教的色彩。

第三，天和人的关系，除了本源和派生的关系以外，还有互相作用的一面，这便是天人感应和符瑞灾异说。董仲舒认为"圣者法天"（《春秋繁露·楚庄王》），五帝三王能够法天而治，"故天为之下甘露，朱草生，醴泉出，风雨时，嘉禾兴，凤凰麒麟游于郊"（《王道》），总之阴阳调和，五行有序，天瑞常出，这是上天对清明政治表示高兴和鼓励。如果王者不承天意，政治有失，上天便会通过灾异加以警告，直至振动天威加以惩罚。他在天人对策中说：

> 《春秋》之中，视前世已行之事，以观天人相与之际，甚可畏也。国家将有失道之败，而天乃先出灾害以谴告之，不知自省，又出怪异以警惧之，尚不知变，而伤败乃至。以此见天心之仁爱人君而欲止其乱也。（《汉书·董仲舒传》）

灾异的种种表现有：水灾、旱灾、日食、月食、陨石雨、地震、山崩、河壅、彗星出现、自然气候异常，等等，皆是由于阴阳不调、五行失序而造成的。君王若解省天谴而畏天威，修身正德，及时革弊图治，副天之所行以为政，殃祸便可救除，阴阳五行也会重新调和有序，故说："五行变至，当救之以德，施之天下，则咎除"（《五行变救》）。改革政治的措施主要有：正纲纪、减刑杀、薄赋敛、振困穷、举贤良、远小人、兴礼乐等，可见天命是可以改变的，关键是看君王能否与天同德。董仲舒说:"自非大亡道之世者,天尽欲扶持而全安之,事在彊勉而已矣","故治乱废兴在于己,非天降命不可得反"(《汉书·董仲舒传》)。董仲舒的天人感应和灾异说,是一种宗教神学外衣下的政治改良主义理论,是为了说服君王按照儒家的治国之道实行社会改革,因此有其进步意义。天人感应和灾异之说早在先秦时期就存在了,《吕氏春秋》的十二纪纪首就讲到政令要与月令相配,不相配便会发生灾害,其《应同》篇讲到帝王将兴有天瑞出现,这都是阴阳五行学派的说法。董仲舒将天人感应和天瑞天谴说纳入他的神学体系之内,把它们与天神崇拜更紧密地结合起来,与政治改革更紧密结合起来,对汉代政治确实发生了很大影响。

第四,人副天数。董仲舒认为,人的精神意志、道德品质、生理构造与功能都来源于天,并且是按照天的模式组建而成的,"人之形体化天数而成,人之血气化天志而仁,人之德行化天理而义,人之好恶化天之暖清,人之喜怒化天之寒暑,人之受命化天之四时,人生有喜怒哀乐之答,春秋冬夏之类也"(《春秋繁露·为人者天》)。又说:"人有三百六十节,偶天之数也;形体骨肉,偶地之厚也;上有耳目聪明,日月之象也;体有空窍理脉,川谷之象也;心有哀乐喜怒,神气之类也","小节三百六十六,副日数也;大节十二,副月数也;内有五脏,副五行数也;外有四肢,副四时数也;乍视乍瞑,副昼夜也;乍刚乍柔,副冬夏也;乍哀乍乐,副阴阳也"(《人副天数》)。这样说来,每个个体都是一个小的宇宙,都是阴阳五行之天的具体而微者,因此天人是同类的同理的。所谓人法天,一个是人道对天道的效法,一个是个体对天道的模仿。

第五,用天人感应之神学来推动更化改制,重建治国方略。董仲舒在天人对策中向汉武帝进言,汉兴以来,常欲善治而未能达到善治,灾害频至而美祥未临,其原因在于教化不立,当更化而不能更化,他说:

> 今临政而愿治七十余岁矣,不如退而更化;更化则可善治,善治则灾害日去,福禄日来。
>
> 夫仁谊礼知信五常之道,五者所当修饬也;五者修饬,故受天之祐,而享鬼神之灵,德施于方外,近及群生也。

又说:"故《春秋》受命所先制者,改正朔,易服色,所以应天也。"董氏所说的更化应天,包括建设礼乐制度,创立大学庠序,提倡三纲五常和改正朔、易服色，并且禁绝百家独尊儒术。这些更化的措施确立了以礼教为主的治国原则，基本上为汉朝执政者所采纳。

阴阳五行及符瑞灾异说在董仲舒之后更加广泛流行，并且常常用于社会政治生活。西汉统治者在施行赏刑、颁布诏令时，都要考虑如何调阴阳、顺四时、合五德。《汉书》设《五行志》，将历年发生的自然灾异与政治变故，次第列出，附以董仲舒、刘向、刘歆及其他经学家的说明，以为执政者改革政治作借鉴，后来的官修史书多仿此而作《五行》，成为传统。西汉经学家多以阴阳灾异讲论时政。如翼奉，明经术又好律历阴阳之占，元帝时发生地震，翼奉奏封事，谓："人气内逆，则感动天地；天变见于星气日蚀，地变见于奇物震动"，他根据"阳用其精，阴用其形"的道理，指出眼下阴气太盛，后党满朝，不合天道，宜减其制，"此损阴气应天救邪之道也"，如"异至不应，灾将随之，其法大水，极阴生阳，反为大旱，甚则有火灾"。第二年孝武园白鹤馆果有火灾，翼奉又上书陈述皇室应削减寝庙宫室苑囿之费，"以救民困，以顺天道"（以上见《汉书·翼奉传》）。李寻好阴阳灾异之学，他看到灾异频生，汉家中衰，便游说大司马王根，以天时之变异督促当权者拔擢贤士、斥退奸佞。上书说："四时失序，则辰星作异，今出于岁首之孟，天所以谴告陛下也"，宜"尊天地，重阴阳，敬四时，严月令，抑外亲，拔英才，以救之"（见《汉书·李寻传》）。其时成帝外家王氏显贵，哀帝外家丁、傅新贵，李寻所言皆有所指，但不便于直接指陈，只好借阴阳灾异以言之，抬出天道的权威，执政者或可有所戒惧。

董仲舒及一些学者倡导以阴阳五行为特色的儒家神学，是儒学回归宗教和宗法性传统宗教建立自身神学的一次历史性的尝试，其结果并没有取得真正的成功。后来的儒学其主流是向着人学哲学的方向而非宗教神学的方向发展，后来的宗法性宗教仍然在祭政合一、祭族合一的轨道上行进，虽然其祭祀典制不断完备，但始终没有内在于这一宗教的神学体系。儒学与宗教经常是并行发展，有时交叉，但绝不合一。儒学从人学的角度直接维护着三纲五常，宗教从神道的立场通过天神、祖先、社稷三大崇拜及其他崇拜，间接维护着三纲五常。董仲舒等人把儒学宗教化的努力之所以没有成功，其根本原因在于儒学的文化基因是人学而非神学，人是它的体系的核心和太阳，把儒学宗教化，另立一个神的核心和太阳，是违背儒学本性的，所以绝难成功，或者说很难持久，不能成为主流。其次，董仲舒毕竟深受孔子与儒学熏陶，他并未做到处处按照神学的要求展开体系，经常搁置神道而只谈人道，对于宗教祭祀的方式、礼仪以及宗教组织制度，都甚少兴趣，或者语焉未详，无法形成完整的宗教系统。复次，董仲舒一方面把"天"抬高到超自然的位置，使之成为人间的主宰，说它有无上的权威和独立的意志情感，另一方面又限制它的全智全能和自由意志，让它只能按照阴阳五行运行的方式来表达自己的意志，而不能自由选择其他方式，于是它又不能超越自然，这样一个矛盾的神不会有真正的至上性，在这样的神的理念之上当然很难建立起成熟的宗教。

七　《礼记》中的宗教理论

学界许多人认为《礼记》成书于汉初（郭店出土战国楚简，中有《缁衣》，可证《礼记》有些篇成于先秦），而《仪礼》较早，《周礼》或早或迟，当难定论。而三礼之中以《礼记》的理论水准最高，当是许多儒家学者学习《仪礼》而形成的笔记或论文。《礼记》中保存着先秦宗法制度及其文化的遗文旧说，又根据儒家的人文理想予以加工整理和补充提高。其中值得注意的是关于宗教祭祀的论述，它是宗法性传统宗教的一种系统的理论性说明。《礼记》中的这一部分，既形成儒家礼学的重要内容，又成为汉及其以后历朝建立和修订国家宗教祭祀典制的理论依据，体现了儒学和官方宗教的交叉关系。由于这种交叉和重叠，宗法性宗教受到儒学的影响而具有一定的世俗性和人文性，儒学受到宗法性宗教的影响而保有一定的宗教性。《礼记》对于宗教的论述，可以分成两大类，一类是关于郊社宗庙及丧葬制度、礼仪的规定，另一类是关于这些制度、礼仪的意义性说明。关于祭典的规定，《曲礼》说："天子祭天地，祭四方，祭山川，祭五祀，岁遍。诸侯方祀，祭山川，祭五祀，岁遍。大夫祭五祀，岁遍。士祭其先。"《祭法》说："有天下者祭百神；诸侯，在其地则祭之，亡其地则不祭"，"王立七庙"，"诸侯立五庙"，"大夫立三庙"，"适士二庙"，"官师一庙"，"庶人无庙"，又说："王为群姓立社，曰大社；王自为立社，曰王社；诸侯为百姓立社，曰国社；诸侯自为立社，曰侯社；大夫以下成群立社，曰置社。"《王制》关于郊社宗庙的制度另有一套相近又不尽同的规定，它说："天子七庙，三昭三穆，与太祖之庙而七；诸侯五庙，二昭二穆，与太祖之庙而五；大夫三庙，一昭一穆，与太祖之庙而三；士一庙；庶人祭于寝"，"天子诸侯宗庙之祭，春曰礿，夏曰禘，秋曰尝，冬曰烝；天子祭天地，诸侯祭社稷，大夫祭五祀；天子祭天下名山大川，五岳视三公，四渎视诸侯，诸侯祭名山大川之在其地者"。《祭义》说："祭日于坛，祭月于坎，以别幽明，以制上下；祭日于东，祭月于西，以别外内，以端其位。""建国之神位，右社稷而左宗庙。"上述郊社宗庙制度的论述，一部分是古礼，一部分是构想，反映了君主体制和家族社会中的上下等级和亲疏差别，不同的等级，在祭祀对象和规模上都是有差异的。这些规定从汉代起逐步落实到礼制的建设上，大致都得到了实现。此外，《礼记》还对丧葬制度作了详细的论述，不同等级地位的家庭，在丧葬的仪制、规模上都有不同的规定，殡葬的仪轨十分烦细，丧服因血缘的远近亲疏而有斩衰、齐衰、大功、小功、缌麻五等之分。

　　《礼记》最精彩的部分之一是对宗教祭祀和丧葬制度所作的文化价值上的评论，这些评论集中体现了儒家的宗教观：有条件地保留神道，从人道的角度去阐释神道。其要点如下：第一，礼重祭祀论。《乐记》说："明则有礼乐，幽则有鬼神"，宗教与礼乐互为表里，一显一暗，相辅相成，共同维持社会的秩序和稳定。《祭统》说："凡治人之道，莫急于礼，礼有五经，莫重于祭。"《昏义》的说法，五经礼是：冠、婚、丧祭、朝聘、乡射，"夫礼，始于冠，本于昏，重于丧葬，尊于朝聘，和于乡射，此礼之大体也"。礼以丧祭为重心，合于古代实际生活；丧以送终，祭以追远和敬天，宗法制社会的维持有赖于此，故其仪式最隆重，流行最普遍。《左传·成公十三年》说："国之大事，在祀与戎"，祀以治内，戎以应外，皆国家头等大事，故《祭统》说："禘尝之义大矣，治国之本也。"《中庸》说："郊社之礼，所以事上帝也；宗庙之礼，所以祀乎其先也。明乎郊社之礼，禘尝之义，治国其如示诸掌乎。"为什么郊社宗庙之礼能有如此大的功用呢？因为它本身就包含或体现着宗法社会的基本道德，故《礼器》说："祀帝于郊，敬之至也；宗庙之祭，仁之至也；丧礼，忠之至也。"郊社之礼尊天道以明人道，宗庙之礼尊先祖以崇恩德，皆关乎立国成人之根本，故后来史书礼志都以吉礼（祭礼）为五礼之首。第二，报本返始论。祭祀的用意并非求天神之佑，鬼灵之报，恰恰相反，是让人不忘自己的本源而生报德之心。《礼器》说："礼也者，反本修古，不忘其初也。"本源在何处？《郊特牲》说："万物本乎天，人本乎祖，此所以配上帝也，郊之祭也，大报本反始也。""社所以神地道也。地载万物，天垂象，取财于地，取法于天，是以尊天而亲地也，故教民美报焉。"《祭义》说："筑为宫室，设为宗祧，以别亲疏远迩，教民反古复始，不忘其所由也。"儒家认为，天地是万物的本源，先祖是人生之本源，人类的生存和发展依靠天地提供资源和榜样，所以要尊天敬祖，祭祀便是表

达人们尊敬和感恩的重要方式。如果有根不返，知恩不报，必是寡恩少德之
奸人，这样的人对社会对他人同样会刻薄无义。因此天与祖不是畏惧的对
象，只是感激的对象，不是超然的主宰，而是实在的源头。这里没有神秘的
意味，只是人情物理之必然。第三，功烈纪念论。祭祀古代伟大人物，非为
其有灵而能赏罚，实因其有功于民，祭祀以为纪念。《祭法》说："夫圣王之
制祭祀也，法施于民则祀之，以死勤事则祀之，以劳定国则祀之，能御大祸
则祀之，能捍大患则祀之。"如神农和周弃能殖百谷，故祀以为稷；后土能
平九州，故祀以为社；帝喾、尧、舜能效劳民众；大禹能治水患；黄帝正名
百物；颛顼、契、冥皆勤于民事；汤除民之虐；周文武去民之灾，他们"皆
有功烈于民者也"，故祭祀以资纪念。旁及"日月星辰，民所瞻仰也；山林
山谷、丘陵，民所取财用也，非此族也不在祀典"。由此突显祭祀的文化意
义，减弱其宗教意义。第四，事死如生论。传统宗教把世界分成两个：一个
现实人间，一个鬼神世界。但《礼记》却要把这两个世界贯通起来，让人从
心理感情上把生与死、人与鬼看成是一体的，以生人之道对待死者，认为只
有这样才算是完整的人道，因为生道之中就包含着死道。《祭义》发挥孔子
"祭如在"的思想，认为孝子祭祀亲祖，应当在心情上就当是死者还活在眼
前，"斋之日，思其居处，思其笑语，思其志意，思其所乐，思其所嗜，斋
三日乃见其所为斋者"，这并非说真有亲祖的鬼魂出现，只是说思念已极，
宛如感受到亲祖的音容笑貌，"谕其志意，以其恍惚，以与神明交，庶或享
之，庶或享之，孝子之志也"，希望祖灵降临品尝供食，这是孝子的心情。
《祭统》将祭祀看做孝道的继续，故说："祭者，所以追养继孝也"，"孝子之
事亲也，有三道焉：生则养，没则丧，丧毕则祭；养则观其顺也，丧则观其
哀也，祭则观其敬而时也。尽此三道者，孝子之行也"。以生道尽死道，乃
是祭亲的根本态度，故《中庸》说："事死如事生，事亡如事存，孝之至
也。"第五，祭主敬诚论。既然祭祀的意义不在讨好鬼神，而在主体情感的
需要，那么行祭者必须有敬诚的态度，不要专注于仪节形式。《祭统》说：
"夫祭者，非物自外至者也，自中出，生于心也，心怵而奉之以礼，是故唯
贤者能尽祭之义"，"是故贤者之祭也，致其诚信，与其忠敬"，"不求其为"，
没有功利求报之心，这才是动机纯正的祭祀。第六，祭为教本论。祭祀的功
用不在天赐鬼予，而在教化人心，显扬人道。《祭统》说："崇事宗庙社稷，
则子孙顺孝，尽其道，端其义，而教生焉"，指出了宗教活动的道德教化功
能，并明确地说："祭者，教之本也。"《祭统》把祭祀的教育功能归纳为十

类："夫祭有十伦焉，见事鬼神之道焉，见君臣之义焉，见父子之伦焉，见贵贱之等焉，见亲疏之杀焉，见爵赏之施焉，见夫妇之别焉，见政事之均焉，见长幼之序焉，见上下之际焉，此之谓十伦。"十伦之中最重要的是忠君与孝亲之道，尊天必忠君，祭祖必孝亲；一为治国，一为齐家。忠君偏于敬畏，故《祭义》说："明命鬼神，以为黔首则，百众以畏，万民以服"；而孝亲偏重情意，故《坊记》说："修宗庙，敬祀事，教民追孝也。"

《礼记》的宗教观继承了孔子的中庸路线，对鬼神不宣扬也不否定，只强调宗教祭祀的心理学和教育学的价值；同时把宗教祭祀活动作为一种社会管理方式，把天和人、生和死、神和民、祖和孙联络成一体，形成一种配合行政和家族系统的控制与调整系统。《礼记》虽然整理了古代的宗教祭祀典制，但它的宗教理论的主体是人文主义的，所以不能真正给宗法性传统宗教提供一种独立的神学，因为神学必须以神为本位才能形成。于是出现了一种特别的文化现象：《礼记》在典制规定上是宗教性的，而在理论说明上是人文性的；两者本来并不一致，但在礼乐文化体系中又自然地融合在一起，这本身说明中国汉代的礼乐文化是宗教性与非宗教性的统一，换句话说既无强烈的宗教性，又不强烈地排斥宗教并包含一定的宗教性。

第四节　东汉的宗教和神学思潮

一　东汉官方的宗教祭祀

郊天与封禅。建武元年，光武帝即位于鄗，祭告天地，其告天文曰：

> 皇天上帝，后土神祇，眷顾降命，属秀黎元，为民父母，秀不敢当。群下百僚，不谋同辞。咸曰王莽篡弑窃位，秀发愤兴义兵，破王邑百万众于昆阳，诛王郎、铜马、赤眉、青犊贼，平定天下，海内蒙恩，上当天心，下为元元所归。谶记曰："刘秀发兵捕不道，卯金修德为天子。"秀犹固辞，至于再，至于三。群下曰："皇天大命，不可稽留。"敢不敬承。

建武二年，在洛阳城南七里建天地祭坛，兼祭五帝、日月、北斗及众星辰、风雨雷电、四海、四渎、名山、大川等。后来刘秀欲以尧配祀，杜林上疏止之，遂郊祀汉高帝。建武三十年，群臣上言，宜封禅泰山，刘秀不许。三十二年，刘秀夜读《河图会昌符》，书里说："赤刘之九，会命岱宗。不慎克用，何益于承。诚善用之，奸伪不萌。"感此文遂决定封禅。于是登封泰山，禅于梁阴，刻石为纪，藏玉牒于坛上石。大赦天下，以建武三十二年为建武中元元年。三十三年，别祀地祇于北郊，兼祀五岳四渎。

五帝祭。明帝永平二年，祀五帝于明堂，光武帝配。五帝崇拜在阴阳五行思想的流行中产生和发展，其空间分位为东西南北中，其时间顺序为春夏秋冬，与节气相配合，按农业生产的程序和气候的变化以时祭祀，本质上是一种农业祭祀。明帝永平中，根据《月令》五郊迎气服色之说，采元始中故事，迎时气，兆五郊于洛阳。立春之日，迎春于东郊，祭青帝句芒。立夏之日，迎夏于南郊，祭赤帝祝融。先立秋十八日，迎黄灵于中兆，祭黄帝后土。立秋之日，迎秋于西郊，祭白帝蓐收。立冬之日，迎冬于北郊，祭黑帝玄冥。

宗庙。光武帝建武二年，立高庙于洛阳。四时袷祀，高帝为太祖，文帝为太宗，武帝为世宗，余帝一岁五祀。三年立亲庙于洛阳。尔后高庙加祭孝宣、孝元，共五帝。成、哀、平三帝，四时祭于故高庙。亲庙称皇考庙。明帝建世祖庙祀光武帝。明帝以后诸帝死后皆不另起庙，皆藏主于世祖庙。灵帝时，京都四时所祭高庙五主，世祖庙七主，少帝三陵，追尊后三陵。献帝时董卓、蔡邕等以和帝以下无德，不应为宗，奏毁其祀，并毁追尊三后。四时所祭，高庙一祖二宗，及近帝四人，凡七帝。

社稷。建武二年，立太社稷于洛阳，在宗庙之右，方坛无屋，一岁三祠。郡县置社稷。

二　谶纬的风行

谶纬是一种神学思潮，兴起于西汉哀平之际，盛行于东汉时期。谶是一种宗教预言，"诡为隐语，预决吉凶"，以其自称上符天意，故又称"符命"，以其常附有图像，故又称"图谶"。谶起源于先秦，流行于民间，分散地存在，并无系统。纬则不同，它相对于经而言，是汉代儒生用神学观点对儒家经典所作的解说，皆托名于孔子，它是儒家经学的组成部分和特殊表现形态，可以称其为神学经学。西汉成帝时，谶与纬合流，形成一股强大的社会思潮，直接影响到政治和学术。李寻有"五经六纬"的说法，是指五经纬：《诗纬》、《书纬》、《礼纬》、《易纬》、《春秋纬》，再加上《乐经纬》（《乐经》失传）。纬书从王莽时开始编纂。东汉初光武帝时对纬书进行了第二次编纂，成了八十一篇的纬书定本，包括《河图》、《洛书》四十五篇，七纬（又加《孝经纬》）三十六篇，一直流行到汉末。

《隋书·经籍志》说："王莽好符命，光武以图谶兴，遂盛行于世。"王莽为了推行改制、取刘汉政权而代之，便大肆制造符命，利用谶纬为自己制造舆论。元始五年，得井中白石，石上有丹书，文曰"告安汉公莽为皇帝"。居摄三年，刘京上书言，临淄昌兴亭长梦见天公使，谓"摄皇帝当为真"。又有梓潼人哀章作铜匮，内书言王莽为真天子。王莽以此证明自己代汉出自天意，于是顺利地登上皇帝宝座。始建国元年，遣五威将王奇等十二人班《符命》四十二篇于天下。从此以后，符命成为各派政治力量互相斗争的工具，它不仅被掌权者利用，也可以被反抗者利用。光武帝起兵败王莽与诸雄，群臣劝其即尊位，而光武迟疑。后得《赤伏符》："刘秀发兵捕不道，四夷云集龙斗野，四七之际火为主"，群臣奏曰："受命之符，人应为大，万里合信，不议同情，周之白鱼，曷足比焉？今上无天子，海内淆乱，符瑞之应，昭然著闻，宜答天神，以塞群望。"于是光武即皇帝位，《赤伏符》成为他当皇帝的主要神学根据。光武即位，宣布图谶于天下，但派人清除其中有利于王莽的成分。明章二帝继续提倡谶纬，使之风靡一时。《后汉书·张衡传》说："初，光武善谶，及显宗、肃宗因祖述焉。自中兴之后，儒者争学图纬，兼复附以妖言。"纬书中有大量关于孔子的神话。如《春秋纬·汉含孽》说："孔子曰：丘览史记，援引古图，推集天变，为汉帝制法，陈叙图录。"《春秋纬·演孔图》说，孔子母征在与黑帝梦交，生孔子于空桑之中，首类尼丘故名，孔子胸有文曰："制作定，世符运"；又说："孔子论经，有鸟化为书，孔子奉以告天，赤雀集书上，化为黄玉，刻曰：孔提命作，应法为制，赤雀集。"孔子完全成为神人。

谶纬对于东汉儒家学术思想的影响是巨大的，谶纬经学与今文经学、古文经学相并列，并且渗透到今文与古文经学之中，使得东汉的儒经诠注中充满了谶纬的引文和神学的色彩，像马融、郑玄这样的经学大师也不能避免。纬书中以《易纬》影响最大，保存下来的资料也比较完整。《易纬》出自孟喜、京房之易学，重卦气说，以六十四卦与四时、八方、十二月、二十四节、七十二候、三百六十日相配，按日以候气，分卦以征事，占验人事吉凶，预言政治成败。《汉书·京房传》说："其说长于灾变，分六十四卦，更直日用事，以风雨寒温为候，各有占验。"孟康注云：

分卦直日之法，一爻主一日，六十四卦为三百六十日。余四卦：震、离、兑、坎，为方伯监司之官。所以用震、离、兑、坎者，是二至二分用事之日，又是四时各专王之气。各卦主时，其占法各以其日观其善恶也。

卦气说之用，在于以气候推断人事，如成帝时谷永曾用卦气说上书言政事。《易纬》则进而将卦气说依附于神学。《易纬·乾坤凿度》说："圣人凿开天路，显彰化源"，"次凿坤度"，"章流立文"，并相继传授于天老氏、混沌氏、天英氏、天怀氏、神农氏等。《易纬》认为卦气的运行流转体现神意，如有参前错后的反常现象，便意味着天神向人发出谴告。《易纬·通卦验》说："当卦之气，进则先时，退则后时，皆八卦之效也。夫卦之效也，皆指时卦当应。他卦气及至，其灾各以其冲应之，此天所以示告于人者也。"

谶纬的体系极为庞杂，除了宗教神学外，也包含着不少哲学智慧、训诂学成果和自然科学知识。例如《易纬·乾凿度》提出了重要的宇宙生成新说，它说：

> 夫有形生于无形，乾坤安从生？故曰有太易，有太初，有太始，有太素也。太易者，未见气也。太初者，气之始也。太始者，形之始也。太素者，质之始也。气形质具而未离，故曰浑沦。浑沦者，言万物相浑成而未相离。视之不见，听之不闻，循之不得，故曰易也。易无形畔。易变而为一，一变而为七，七变而为九。九者气变之究也，乃复变而为一。一者形变之始，清轻者上为天，浊重者下为地。

这种宇宙生成论显然来自《老子》和《易传》，又结合汉代的元气论而形成，它对于东汉的思想界发生了实际的影响。例如张衡作《灵宪》，就采纳了太素之说。《灵宪》说：

> 太素之前，幽清玄静，寂寞冥默，不可为象。厥中惟虚，厥外惟无。如是者永久焉，斯谓溟涬，盖乃道之根也。道根既建，自无生有，太素始萌，萌而未兆，并气同色，浑沌不分。故《道志》之言云："有物混成，先天地生。"其气体固未可得而形，其迟速固未可得而纪也。如是者又永久焉，斯谓庞鸿，盖乃道之干也。道干既育，有物成体，于

是元气剖判，刚柔始分，清浊异位。天成于外，地定于内。天体于阳，故圆以动，地体于阴，故平以静。动以行施，静以合化。堙郁构精，时育庶类。斯谓太元，盖乃道之实也。（《后汉书·天文志》注）

由于谶纬具有不确定性，可以为任何人制作和运用，同时又不合于传统经典，它对于稳定既成的社会秩序往往有害，负面作用很大，所以从曹魏时期起便加以禁绝。南北朝继续清理。至隋炀帝时，谶纬遭到毁灭性打击。《隋书·经籍志》说：

至宋大明中，始禁图谶。梁天监以后又重其制。及高祖受禅，禁之逾切。炀帝即位，乃发使四出，搜天下书籍与谶纬相涉者，皆焚之，为吏所纠者至死。自是无复其学，秘府之内，亦多散亡。

明清两代学者开始做辑佚工作，如黄奭《汉学堂丛书》、马国翰《玉函山房辑佚书》中皆对散佚的纬书有所收集。近代日人安居香山、中村璋八合著的《纬书集成》是比较完备的辑本。我们从上述辑佚书中可以窥见纬书的特色和部分情况。

从谶纬的兴衰中可以看出，传统社会需要宗教神学，所以才会有谶纬的流行。但神化孔子和儒学又缺乏经典的根据，不符合儒学的本质和主流，所以谶纬又不能行之久远。中国的儒学当初没有神学经典，这使它向宗教神学发展遇到绝大困难。如《隋书·经籍志》所说："先王设教，以防人欲，必本于人事，折之中道。上天之命，略而罕言，方外之理，固所未说。至后汉好图谶，晋世重玄言，穿凿妄作，日以滋生。先王正典，杂之以妖妄，大雅之论，汩之以放诞"，在正统派看来，谶纬是穿凿妄作，是妖妄，不应登大雅之堂，所以必须返回正道，本于人事。这种强势人文思潮早晚会阻止把儒学神学化的各种努力，至少使后者保持在支流的地位。

三　《白虎通》的宗教意义

东汉章帝为了统一今文经学、古文经学和谶纬经学之间的争论，在白虎观召开经学会议，讲论五经同异，由班固总其成，形成一部贯通五经大义的《白虎通》（又称《白虎通义》）。《白虎通》以政治经学的方式把宗法等级制度规范化，把纲常名教法典化。虽然它还不等于一部神学法典，但它用天神崇拜、祖先崇拜和阴阳五行学说论证三纲五常的合理性和神圣性，大量引用《纬书》，具有极浓厚的神学色彩。如果说《三礼》是在为宗法性传统宗教提供组织制度和理论的说明，董仲舒是在为宗法性传统宗教建立神学体系，那么《白虎通》便是由最高统治者直接出面为宗法性传统宗教建立有政治权威的法典。

（一）敬天、祭天与法天

《天地》篇说："天者何也？天之为言镇也，居高理下，为人镇也"，这就确定了天的神圣性和权威性。天治理人间是经由天子来实现的，所以君权乃天所授。《爵》篇说：

> 天子者，爵称也。爵所以称天子者何？王者父天母地，为天之子也。故《援神契》曰："天覆地载，谓之天子，上法斗极。"《钩命诀》曰："天子，爵称也。帝王之德有优劣，所以俱称天子者何？以其俱命于天，而主治五千里内也。"

这里只讲"君权天授"，不讲"惟德是辅"，比起周公是后退了。君权体现在祭祀上，便是君王一人独揽主祭天神的权力，绝不与他人分享。《谥》篇说："《礼·曾子问》曰：'唯天子称天以诔之。'唯者独也，明天子独于南郊耳。"关于封禅的意义，《封禅》篇说："王者易姓而起，必升封泰山何？报告之义也。始受命之日，改制应天。天下太平，功成封禅，以告太平也。"该篇又说明符瑞乃是天对王政加以肯定的表示："天下太平，符瑞所以来至者，以为王者承天统理，调和阴阳，阴阳和，万物序，休气充塞，故符瑞并臻，皆应德而至。"《灾变》篇又说灾变："天所以有灾变何？所以谴告人君，觉悟其行，欲令悔过修德，深思虑也"，这是重新肯定董仲舒的谴告说。《白虎通》还认为阴阳五行体现天神意志，成为人间秩序的原型，故《五行》篇说："五行者何谓也？谓金木水火土也。言行者，欲言为天行气之义也"，"五行之性，或上或下何？火者阳也，尊，故上。水者阴也，卑，故下。木者少阳，金者少阴"，"土者最大，苞含物，将生者出，将归者入，不嫌清浊，为万物（母）"，人道须效法天道，以五行之理治之。例如"五行之性，火热水寒，有温水无寒火何？明臣可以为君，君不可更为臣"。又说："兄死弟及何法？法夏之承春也；善善及子孙何法？法春生待夏复长也；恶恶止其身何法？法秋煞不待冬也；主幼臣摄政何法？法土用事于季孟之间也；子之复仇何法？法土胜水，水胜火也；子顺父、臣顺君、妻顺夫何法？法地顺天也。"这其中最重要的人伦关系是三纲六纪，它取法于阴阳之义，故《三纲六纪》篇说："君臣、父子、夫妇，六人也，所以称三纲何？一阴一阳谓之道，阳得阴而成，阴得阳而序，刚柔相配，故六人为三纲。"《三正》篇认为，社会可以改良，但君臣上下之道不可变易，因为这是天命之所授，故云："王者受命而起，或有所不改者何？王者有改道之文，无改道之实，如君南面，臣北面，皮弁素积，声味不可变，哀戚不可改，百王不易之道也。"

（二）祭祖与丧葬

《宗族》篇说："宗者何谓也？宗，尊也，为先祖主也，宗人之所尊也"，"宗其为始祖后者为大宗，此百世之所宗也；宗其为高祖后者，五世而迁者也，高祖迁于上，宗则易于下"。《丧服》篇首先强调丧葬的等级性，它说："诸侯为天子斩衰三年，何？普天之下莫非王土，率土之滨莫非王臣。臣之于君，犹子之于父，明至尊臣子之义也"，"礼，庶人国君服齐衰三月，王者崩，京师之民丧三月，何？民贱而王贵，故三月而已"。该篇论述三年之丧说：圣人"因天地万物有终始，而为之制，以期断之。父至尊，母至亲，故为加隆，以尽孝子恩。恩爱至深，加之则倍，故再期二十五月也"。该篇又提出"周公以王礼葬何？"的问题，它的回答是："周公践祚理政，与天同志，展兴周道，显天度数，万物咸得，休气允寒，原天之意，子爱周公，与文武无异，故以王礼葬，使得郊祭。《尚书》曰：今天动威，以彰周公之德，下言礼亦宜之。"《白虎通》在论述祭祖和丧葬时，总是把父子之亲和君臣之义相联系，并且最后归结为出于天意，来自天道。

（三）社稷、五祀及其他

《社稷》篇说："王者所以有社稷何？为天下求福报功。人非土不立，非谷不食。土地广博，不可遍敬也。五谷众多，不可一一而祭也。故封土立社，示有土尊；稷，五谷之长，故封稷而祭之也。"这是传统的解释。它也提出一些独特的说明，例如："稷者得阴阳中和之气，而用尤多，故为长也"，特看重稷祭；"社稷所以有树何？尊而识之，使民人望见师敬之，又所以表功也"，解释了社树之来由；"王者自亲祭社稷何？社者土地之神也，土生万物，天下之所主也，尊重之，故自祭也"，说明了社稷在官方宗教祭祀中的重要性。

《五祀》篇说："五祀者何谓也？谓门、户、井、灶、中雷也；所以祭何？人之所处出入所饮食，故为神而祭之"，指出五祀与人们日常生活息息相关，故而敬重。该篇又说："独大夫以上得祭之何？士者位卑禄薄，但祭其先祖耳"，表现出较强的贵族等级意识。该篇解释"祭五祀所以岁一遍何？"的问题时，说：

> 顺五行也。故春即祭户，户者人所出入，亦春万物始触户而出也。夏祭灶者，火之主，人所以自养也，夏亦火王，长养万物。秋祭门，门以闭藏自固也，秋亦万物成熟，内备自守也。冬祭井，井者水之深藏在地中，冬亦水王，万物伏藏。六月祭中霤，中溜者象土在中央也，六月亦土王也。

以五祀配五行与四季，是汉代流行的观念，《白虎通》用法典的形式把这一观念确定下来。

《蓍龟》篇肯定了占卜的价值。它说："天子下至士皆有蓍龟者，重事决疑，亦不自专。"它引《尚书》"汝则有大疑，谋及卿士，谋及庶人，谋及卜筮"的话，接着说："所以先谋及卿士何？先尽人事，念而不能得，思而不能知，然后问于蓍龟"，这就指出占卜之发生，是由于人力有局限，人事解决不了的问题才求助于蓍龟。蓍指蓍草，用之于筮；龟指龟甲，用之于卜。它又解释说："干草枯骨，众多非一，独以灼龟何？此天地之间寿考之物，故问之也，龟之为言久也，蓍之为言耆也，久长意也。"这是对蓍筮、龟卜起源的一种合理解说。它又说："筮画卦，所以必于庙何？讬义归智于先祖至尊，故因先祖而问之也"，这里把筮法与祖先崇拜相联系，以增加其可信性。

《白虎通》引经据典，援用纬书，就其内容而言，是概括了汉代流行的儒家正统观点，中心是宗法等级礼制，并无太新的创造。它把纲常神学化和法典化的结果，一方面加强了纲常礼制的权威性和统一性，另一方面却减弱了纲常礼制的道德感染力，太多地依赖于神权和政权，比较忽视民间的人情和实际需要，这与儒家的修己以安百姓，实行道德教化的主流派路线有所背离。所以汉代以后，《白虎通》的观念只在执政者中间有市场，而有创造性的儒家学者都不以此为依据，他们走的不是宗教化的路，而是哲学化的路。

四　民间的种种鬼神之道与宗教风俗

在官方的宗教祭典和神学体系之外，东汉时期的民间社会流行着大量的神秘主义信仰、神鬼之道，民间宗教风俗甚盛。粗略分类，可归纳为如下几项：①由易学占卜之术而发展出来的预测吉凶之术道；②由古代巫术延续下来的求雨、禳灾之术道；③由天人感应和阴阳五行思想发展出来的对怪异现象的神秘主义解释；④由神仙传说而引发的神仙崇拜和成仙的向往；⑤各种宗教禁忌。现择其要者略述如下。

（一）天官风角之术

《后汉书·方术列传》称，汉代流行"河洛之文，龟龙之图，箕子之术，师旷之书，纬候之部，钤决之符"，"其流又有风角、遁甲、七政、元气、六日七分、逢占、日者、挺专、须臾、孤虚之术，及望云省气，推处祥妖，时亦有以效于事也"。风角、遁甲等术皆用以预测吉凶，使人可为之备。如巴蜀人任文公明晓天官风角秘要，预测大水，推断兵寇之灾，皆应验如神。会稽人谢夷吾好风角占候，预言乌程长官当死，并预知自己死期，后皆如其言。最有名气的是北海安丘人郎颛，他继承父亲的家学，善易与风角，从学之人常有数百。顺帝阳嘉二年正月，颛上书论天人之际，因灾害频生而劝为政者修德清政以消之。其时皇陵数生火灾，郎颛引《易天人应》"君子不思遵利，兹谓无泽，厥灾蠜火烧其宫"、"君高台府，犯阴侵阳，厥灾火"、"上不俭，下不节，炎火并作烧君室"等语，建议省减修缮，禀邮贫人，赈赡孤寡。又因当春阴暗连日，引《易内传》"久阴不雨，乱气也，《蒙》之《比》也"等语，建议任用贤士，赏罚分明。他又根据《飞候》之书参察众政，预测立夏之后"当有震裂涌水之害"，他认为"政失其道，则寒阴反节"，咎在三公选拔地方官吏不当。顺帝要他与尚书对话，于是郎颛条陈七事：一事，陵园火灾因大兴土木所致，应以节俭而消之；二事，寒温不效乃因三公不能佐国，"宜采纳良臣，以助圣化"；三事，"今春当旱，夏必有水，臣以六日七分候之可知"，宜节约薄赋；四事，皇子未立，储宫无主，故荧惑入轩辕，皆因"多积宫人，以违天意"，宜"简出宫女，恣其姻嫁"；五事，据察天象，"立秋以后，赵、魏、关西将有羌寇畔戾之患"，宜"敬授人时，轻徭役，薄赋敛，勿妄缮起，坚仓狱，备守卫，回选贤能，以镇抚之"；六事，"今月十四日乙卯巳时，白虹贯日"，因司徒无虚己进贤之策，"宜黜司徒以应天意"；七事，妖祥未尽，宜"改元更始，招求幽隐，举方正，征有道，博采异谋，开不讳之路"。顺帝征他为郎中，辞病不就。据《后汉书·郎颛襄楷列传》称，四月京师地震，夏大旱，秋鲜卑、西羌入侵，"皆略如颛言"。郎颛以天道神秘感应言政事，直责朝廷权贵，其胆识令人敬佩。

(二) 求雨、禳灾之风

天旱，则行雩礼求雨，兴土龙；大水，则鸣鼓攻社。按照阴阳的观念，大旱是阳灭阴，大水是阴灭阳。求雨之方，损阳益阴。春旱求雨，要立坛祭神共工，供以生鱼、玄酒，制大青龙一，小龙七，置于东方，还要燔祭雄鸡与殽猪等。夏季求雨，要立坛祭神蚩尤，供以赤雄鸡、玄酒，制赤大龙一，小龙六，置于南方。季夏求雨，则祷山陵以助之，立坛祭神后稷，制大黄龙一，小龙四，置于中央。秋季求雨，要暴巫尪至九日，立坛祭神少昊，制大白龙一，小龙八，置西方。冬季求雨，舞龙六日，祷于名山以助之，立坛祭神玄冥，制大黑龙一，小龙五，置于北方。一年四季五时求雨，皆要选择人员，斋戒而后穿着相应服色，起舞愉神。求雨之作土龙，是由于龙可以兴起风雨，故缘其象类而为之。止雨之方，损阴益阳。社为太阴，故用朱丝萦社，朱乃火色，丝乃离属，鸣鼓攻社，乃是以阳制阴。

傩，古时腊月驱除疫鬼的宗教风俗。《论语·乡党》说，孔子见“乡人傩，朝服而立于阼阶”，表示极为尊重。大傩，于腊岁前一日击鼓驱疫，谓之逐除。东汉此风犹盛。用十二人装扮十二神，追杀恶凶。按《后汉书·礼仪中》所说，是：“甲作食殈，胇胃食虎，雄伯食魅，腾简食不祥，揽诸食咎，伯奇食梦，强梁、祖明共食磔死寄生，委随食观，错断食巨，穷奇、腾根共食蛊”，一面追赶，一面威胁，“赫女（汝）躯，拉女（汝）幹，节解女（汝）肉，抽女（汝）肺肠，女（汝）不急去，后者为粮！”扮者“因作方相与十二兽傩”，然后持火炬送疫至河边，弃炬于水中。官府作此大傩，场面宏大，颇为壮观。

祓禊，古代民俗，于三月上旬巳日于水滨洗濯，祓除不祥，清去宿垢，是为禊。自三国魏以后，禊用三月三日，不用上巳。《后汉书·礼仪上》说：“是月（指三月）上巳，官民皆絜于东流水上，曰洗濯祓除宿垢疢为大絜，絜者言阳气布畅，万物讫出，始絜之矣。”杜笃《祓禊赋》曰：“巫咸之徒，秉火祈福”，则祓禊可有巫祝参加。晋朝王羲之《兰亭序》云：“永和九年，岁在癸丑，暮春之初，会于会稽山阴之兰亭，修禊事也”，流觞曲水，遂成美谈，此即古风所遗。

(三) 《论衡》书中反映的世俗神道

《论衡》作者王充，是东汉前期大学者和思想家，他在书中对当时流行的各种神秘主义信仰和风俗进行了有力地批评，从而保存了当时若干宗教风尚的史料。

①圣贤神话。《奇怪篇》说："儒者称圣人之生，不因人气，更禀精于天"，如说禹母吞薏苡而生禹，契母吞燕卵而生契，后稷母履大人迹而生后稷。又说禹契逆生，闿母背而出，其子孙逆死，故桀纣诛死；后稷顺生，故子孙顺亡。又言尧母庆都感赤龙而生尧，汉高祖母梦与神遇而生高祖。汉光武生于济阳宫，凤凰集于池，嘉禾生于屋。以此证明"圣则神"，英雄不同凡人。

②福善祸淫。《福虚篇》说："世论行善者福至，为恶者祸来，福祸之应皆天也。人为之，天应之。阳恩，人君赏其行；阴惠，天地报其德。无贵贱贤愚，莫谓不然。"可见善恶有报的观念极为流行。世谓秦穆公有明德，上帝赐之九十年。白起坑长平赵国降卒四十万，故不得好死。蒙恬修长城，绝地脉，被秦二世害死（见《祸虚篇》）。在佛教三世因果报应说传入中国并流行以前，福善祸淫是关于人的命运的最常见的说法。《雷虚篇》说，世俗以为雷电坏屋室，击杀人，乃是人有阴过，天怒击而杀之。

③鬼魂崇拜。《论死篇》说："世谓死人为鬼，有知能害人。"《死伪篇》说，世传汉高祖欲立赵王如意为太子，吕后妒而杀如意，其后赵王如意为鬼祟，致吕后病死。《薄葬篇》说，世人"谓死如生，闵死独葬，魂孤无副，丘墓闭藏，谷物乏匮，故作偶人，以侍尸柩，多藏食物，以歆精魂"。

④宗教禁忌。《四讳篇》说："俗有大讳四：一曰讳西益宅，西益宅谓之不祥，不祥必有死亡，相惧以此，故世莫敢西益宅"，"二曰讳被刑为徒，不上丘墓"，"或于被刑，父母死不送葬，若至墓侧，不敢临葬"，"三曰讳妇人乳子，以为不吉，将举吉事，入山林远行度川泽者，皆不与之交通，乳子之家亦忌恶之"，"四曰讳举正月五月子，以为正月五月子杀父与母，不得已举之，父母祸死"。该篇还列举民间其他禁忌，"世讳作豆付恶闻雷"，"讳厉刀井上"，"毋承屋檐而坐"，"毋反悬冠"，"毋偃寝"等。《讥日篇》说："世俗既信岁时，而又信日，举事若病死灾患，大则谓之犯触岁月，小则谓之不避日禁。岁月之传既用，日禁之书亦行，世俗之人，委心信之。"

⑤卜筮吉凶。《卜筮篇》说："俗信卜筮，谓卜者问天，筮者问地，蓍神龟灵，兆数报应，故舍人议而就卜筮，违可否而信吉凶，其意谓天地审告报，蓍龟真神灵也。"汉代易学兴盛术数，以推演命运吉凶为务，此种算命之术在民间颇受欢迎。

⑥图宅术。《诘术篇》说："图宅术曰：宅有八术，以六甲之名，数而第之，第定名立，宫商殊别，宅有五音，姓有五声，宅不宜其姓，姓与宅相

贼，则疾病死亡，犯罪遇祸"，又说："图宅术曰：商家门不宜南向，征家门不宜北向。则商金，南方火也，征火，北方水也。水胜火，火贼金，五行之气不相得，故五姓之宅门有宜向，向得其宜，富贵吉昌，向失其宜，贫贱衰耗。"

⑦解除之法。《解除篇》说，世俗有解除去凶之俗，先设祭祀，然后驱以刃杖，认为能够除去宅中客鬼，使人平安。又，"缮治宅舍，凿地掘土，功成作毕，解谢土神，名曰解土，为土偶人，以像鬼形，令巫祝延以解土，神已祭之后，心快意喜，谓鬼神解谢，殃祸除去"。

《论衡》一书所涉谶纬神学、天人感应、灾异符瑞及神仙飞升等神道思潮，另章有述，故略。

第五节　道教的孕育与诞生

一　中国道教的宗旨与特色

中国历史上流传下来的五大宗教：佛教、道教、伊斯兰教、天主教、基督教（新教），其中只有道教是源于中国古代文化的土生土长的宗教，它也吸收了佛教的营养，但更多表现出来的是中华民族传统信仰的特质，内含着中国传统文化的基因。

道教的宗旨，概括地说就是长生不死，得道成仙。道教以"道"名教，表明它崇拜的最高对象是"道"；所谓得道，就是通过修炼与大道一体化。"道"的理念来自老子《道德经》。道家和道教认为，道是天地万物的本源，是宇宙发展的原动力，是贯通天地人的最深层的本质所在，是宇宙和人间的最高真理，因此最值得尊贵。道是生生不息的，具有永恒的活力，而个体生命是有限的暂短的；只有求道修道而后得道，做到"生道合一"，那么个体生命便会超出有限性而获得永生。道教是多神宗教，它在发展的过程中渐渐形成高位神，最高是三清神：元始天尊住玉清境，灵宝天尊住上清境，道德天尊住太清境。其中元始天尊地位最高，但影响最大的却是道德天尊，即太上老君，它是由老子神化而来的。作为太上老君的老子，既被认为是天神，又被认为是创立道教的教主，天师道的天师是受太上老君的指派到人间创立天师道的。老子所著《道德经》为道教徒所特别看重，始终是诸道经之首。道教强调内以治身，外以救世，即内修真功，超凡度世，外行善德，济贫扶危，所以它对社会生活是关心的。从宗教活动的方式来说，道教分成两大派别：炼丹派与符箓派。炼丹派又有内丹与外丹之别。符箓派重符咒、祈禳，为人解除病苦，求得福泰。金元之际，道教分成南北两大系，北方为全真道，南方为正一道，全真重内丹，正一重符箓，但两派亦有交渗。

道教有着与一般宗教相通的共性，例如有神灵崇拜，有神仙世界（彼岸），有祭祀活动，有教团组织，有经典教义等；同时道教又有自己独特的内涵和风格。其特色可分述如下。

第一，从宗教发生学的角度看，道教既不是典型的原生型宗教，也不是典型的创生型宗教，而是介于两者之间的宗教。其生成的特点是没有统一的创教教主和集中创教时间，其孕育过程缓慢而分散，经过多种渠道，在不同地区发展，逐渐汇合在一起，前史很长，上限极不易确定。"老子创教"是教内的说法，教外史学界并不认同。张陵创建道教也只是创五斗米道，这一点学界尚有争议。

第二，从宗教教义学来看，道教是诸多宗教中最重现实生命的宗教。基督教、伊斯兰教认为今生短暂而多苦难，而皈依上帝或真主，死后灵魂可以得救，所以重来生。佛教以人生为苦海，以"无生"为解脱。只有道教以生为乐，重生恶死，其修道以现实生命为基础，形神相守，性命双修，使现实生命不断升华，最后达到脱胎换骨，性命永固。道教反对生死命定的观点，提出"我命在我不在于天"的口号，最讲究养生修命，发展出整套的健身长寿的养生之道和开发慧命潜能的仙学。

第三，从宗教关系学上说，道教是诸宗教中较少排他性、较多包容性的宗教。它上溯远古，兼综百家，是多种文化融合的产物。在其后来的发展中，亦以开放的姿态，广纳博采，形成"包罗万象，贯彻九流"（陈撄宁语）的特点。孤立地看，道教自身力量不大，但道教通于百家，所以能成为传统社会三大精神支柱之一。道家不是道教，但道教始终倚重道家，使道教的影响成倍增长。道教又大量吸收佛教、儒学，并把自己的思想渗透到两家中去。历代编修的《道藏》，收罗广博，百家之作多纳其中，由此而成为中国文化史的资源宝库。道教被讥为"杂而多端"，但它能汇合众流又不失其主旨。道教表现了中国人多神崇拜的信仰特质。

第四，从宗教文化学的角度看，道教正式教徒人数之有限与道教文化影响之广大成鲜明对比，这在其他宗教极为少见。道教信徒历来是五大宗教中最少的，从未超出几十万人。但道教对中国文化的影响却远远超出教徒的范围而达到社会各阶层、各领域、各地区，其影响是全局性的、持久的。中国基督教、伊斯兰教的教徒人数虽多，但其影响基本在教徒范围之内。道教最与民间信仰接近，有许多崇拜对象是共同的互渗的，老君庙、东岳庙、真武庙随处可见。在文学艺术方面，道教仙话是文艺创作的重要源泉，从指导思想、艺术构思，到故事情节、语言表述，无不渗透着道教的影响，民间文艺更随处可见道教的内容。在治病养生方面，道教与中医中药密不可分，内丹功法的初级部分衍生出成百上千种气功流行于中国各地，为提高民族体质作出了贡献。由于道教与中国文化、民族性格有密切关系，所以鲁迅先生说："中国根柢全在道教。"道教文化是成体系的多层面的，内涵十分丰富，它是中国传统文化的重要组成部分。

二　道教的历史渊源

道教源远流长，它的史前史可以追溯到远古时代，它的发生与先秦文化密不可分。其主要来源可以简述如下。

第一，它来源于古代宗教和民间巫术。中国古代盛行自然崇拜和鬼神崇拜，它们都是道教诞生的温床。《尚书·尧典》说："肆类于上帝，禋于六宗，望于山川，遍于群神"；《礼记·祭法》说："山林川谷丘陵，能出云，为风雨，见怪物，皆曰神，有天下者祭百神"，又说："此五代之所不变也。"这些可以看做是人们对早期宗教的回溯。中国以农业立国，农业祭祀占重要地位，故有社稷之神。《史记·封禅书》说："自禹兴而修社稷，郊社所从来尚矣。"其他如日神、月神、星辰之神、山神、河神、风神、雷神、户神、灶神等诸神，皆起源甚古而绵延不绝，形成普遍的民间信仰。《封禅书》还说，汉初"雍有日、月、参、辰、南北斗、荧惑、太白、岁星、填星、二十八宿、风伯、雨师、四海、九臣、十四臣、诸布、诸严、诸逑之属，百有余庙"，其中绝大多数是先秦延续下来的自然神灵崇拜。上述各种自然神灵，有许多后来为道教所吸收，演变为道教的尊神。如天帝演为玉皇大帝，天、地、水三神演为三官，北方七星宿神演为玄武（真武），其他如东岳大帝、四海龙王、城隍土地、门神灶神，最初都是民间信仰的神灵，后来扩展为道俗共祭的对象。道教对民间信仰的吸收，不仅在早期，在后来的发展过程中也没有间断，致使这两类神灵混杂交错，很难分得清楚。

先民崇拜神灵，是为了祈福免祸，但神灵奥秘难识，祭神要讲究方式，不是人人都能与神打交道。于是有巫祝诞生出来，以宗教为职业，专门负责官方或民间的宗教祭祀活动，掌管神与人之间的交通，探知神意，用种种手段取悦鬼神，请鬼神为人求福消灾。殷商卜文，"巫"字象两手捧玉之形，为人事神之状。《说文》谓巫是"女能事无形，以舞降神者也"。《国语·楚语》谓"在男曰觋，在女曰巫"，巫觋亦合称巫。祝，《说文》谓"主赞事者"，即负责宗教祭祀礼仪者，如迎神、致祷等事项。卜，《说文》谓"灼剥龟也，象炙龟之形，一曰象龟兆之从横也"，卜者专替人决疑难、断吉凶。巫、祝、卜是古代社会生活不可缺少的职业，诸凡降神、解梦、预言、祈雨、医病、占星等神道，都需要他们来担当。先民以为疾病是恶鬼附体所致，须用巫术加以解除，由此而有符咒驱鬼的法术。后来道教用符水治病，以及善于祈禳、禁咒等术，皆源于巫术。从《楚辞》中可以知道，先秦时期楚国巫风甚盛。《封禅书》说汉初刘邦下诏保存各地巫的职业及祭祀活动。汉武帝在鼎湖生病，揽各巫医治疗，又使人受书其言，命之曰画法，即后来的道教符文。道教符箓派的符咒、斋醮、科仪，多取自古代至汉的巫术活动，而加以系统化。

第二，它来源于战国至秦汉的神仙传说与方士方术。道教的神仙不同于一般鬼神，不是生活在冥冥之中的精灵，而是现实个体生命的无限延伸和直接升华。神仙的最大特点是，其一，形如常人而能长生不死，其二，逍遥自在，神通广大。神仙崇拜是道教信仰的核心，是道教不同于其他宗教教义的最显著之点。

关于战国至西汉的神仙方术，在前文已有叙述。由于帝王喜好神仙方术，汉代的方仙之道便盛行不衰。成书于东汉明章之际的《论衡》，有《道虚》一篇，专驳流行的仙道传说，其传说有黄帝铸鼎飞升，淮南王得道升天，卢敖学道成仙，东方朔度世不死，老子修道成真人，王子乔辟谷不食等，这些神仙故事广布于世。《后汉书·方术列传》所列方士，即是早期的道士，各有异术，如王子乔之神术，冷寿光、鲁女生之房中术，费长房之符术，蓟子训之神异，左慈之变术等。方仙之道还不就是正式的道教，因为还没有与道家理论相结合，也没有统一的教主和组织，只有分散的神道活动。但方仙道在理念、道术和成员上，已经为道教的正式产生做了重要的准备。

第三，它来源于先秦老庄哲学和秦汉黄老之学、黄老崇拜。老子和庄子创立了道家学派，其性质基本上属于人文学术派别，主旨强调天道自然无为，不是宗教。但其中有神仙思想，例如《老子》谓"谷神不死，是谓玄牝；玄牝之门，是谓天地根"（《六章》），又谓"故能长生"（《七章》），"长生久视之道"（《五十九章》）《庄子》书中有关于神仙的生动描述，《逍遥游》

说："藐姑射之山，有神人居焉，肌肤若冰雪，绰约若处子。不食五谷，吸风饮露，乘云气，御飞龙，而游乎四海之外"，《在宥》说："无劳汝形，无摇汝精，乃可以长生"，《天地》说："千岁厌世，去而上仙，乘彼白云，至于帝乡"，可见飞升成仙是庄子追求的理想人生之一。老庄之学中的这些长生成仙的思想成分，成为道教信仰的重要经典根据。

但是老庄之学对于道教的影响主要不在这个地方，主要在于它的道论和养生论。老庄关于大道化生天地万物的理论，关于清静无为、以"啬"养生的理论，给道教提供了博大精深的哲学基础，使它有可能建构一套独特的神学体系。秦汉巫术与神仙方术只能算是世俗信仰，只有它们与老庄道家理论相结合，才使自己一跃而成为一种大型宗教，逐渐与儒、佛并驾齐驱。于是在早期道教的发育过程中，神化老子，奉习《老子》书，而后是神化庄子，奉习《庄子》书，便成为一种重要的创教活动。汉代末年，老子即成为太上老君，被道教徒视为教主和尊神。庄子成为南华真人，《庄子》书成为《南华真经》则是在唐代玄宗时期。

战国时期，从老学中发展出黄老之学。老学属于楚文化，黄帝之学属于齐文化。长沙马王堆出土的《黄帝四经》和流传已久的《管子》，一些学者考证为战国的黄老作品，其特点是把黄帝与老子结合起来，并且以道家为骨干，广泛吸收儒、法、阴阳各家学说，具有综合百家的特点。黄帝崇拜兴起于北方，黄帝与炎帝被认为是华夏族的始祖，黄帝成为中华文明的缔造者。当五帝崇拜随着五行学说的流行而兴起的时候，黄帝的地位逐渐凸显出来。黄帝色尚黄，居中，土德，为五帝之首，它与华夏族的农业文明总是联系在一起的。黄帝是传说中的半人半神的形象，老子是实有其人，黄帝崇拜与老子学说相结合便是黄老之学。在战国时期，齐国稷下学宫是黄老之学的中心。《汉书·艺文志》中所列"黄帝"名义下的大批著作，相当一部分出自稷下。汉初的黄老之学主要是一种政治哲学，它继承了老子"清静无为"的思想，同时吸收儒家的宗法伦理和法家的刑政主张，在文景时期发挥了"与民休息"、缓和矛盾和恢复经济的社会功能。东汉时期，黄老之学转而侧重于养生，受到修道者的欢迎。这个时期的黄老之学可以河上公《老子章句》为代表，其中神仙家的思想明显增多，如说："人能养神则不死也"（《六章注》），"精气不劳，五神不苦，则可以长久"（《五十九章注》）。东汉后期，黄老之学中的宗教神学倾向进一步发展，出现了黄老崇拜，并且在社会上下普遍流行。汉桓帝宫中"立黄老浮图之祠"（《后汉书·襄楷传》）、张角"奉事黄老道"（《后汉书·皇甫嵩传》）。边韶《老子铭》谓："老子离合于混沌之气，与三光为终始。"（《隶释》）当时许多人把黄帝与老子连在一起，同作为神灵加以膜拜的。最早的民间道教之一太平道，就是从黄老崇拜中孕育出来的。此外，老学、黄老与神仙方术、符咒祈禳相结合，而产生了《太平经》、《周易参同契》、《老子想尔注》等书，它们成为最早的道教神学性质的经典，为道教的产生做了理论上的准备。

第四，它来源于儒学与阴阳五行思想。早期道教，除了张角、李弘等农民起义所利用的民间道教外，其他所有上层道教义理，都不是作为儒学的对立面，而是作为儒学的辅翼者而出现于世的，儒学是道教汲取思想营养的重要来源。即使是民间道教，在一般社会伦理（不是政治伦理）上也是倚重儒家的。早期道教思想都把维护礼教作为头等教戒。如《太平经》强调为道要忠君、孝亲、敬长。《老子想尔注》也肯定忠孝仁义。葛洪指出，求仙要以忠孝和顺仁信为本。寇谦之建新天师道专以礼度为首。可知道教的道德信条基本上与儒家伦理相同。后来的道教大都采取忠于宗法等级制度的立场，其道德信条是在儒家伦理的基础上增加一些道教神学色彩，绝不反对纲常名教。

产生于战国时期的邹衍为代表的阴阳五行学说，在秦汉之际广泛传布，为道家、儒家和方士们共同吸收。《吕氏春秋·十二纪》有阴阳五行宇宙间架，董仲舒用阴阳五行充实儒家学说，影响所及，调阴阳、顺四时、序五行、以政令配月令的思想，成为汉代思维方式的普遍特征，当然也影响到道教。如早期道教经典《太平经》以阴阳观考察自然，谓"天地之性，半阴半阳"（《太平经合校》第702页）。《周易参同契》以卦爻配阴阳五行，借以说明炼丹用药与火候。《黄庭经》以五脏配五行，以阴阳之气益身炼形。阴阳五行学说成为内外丹学的重要理论根据。

第五，来源于古代医学与体育卫生知识。道教修炼长生以祛病健身为初步功夫，故重养生长寿之道，注意吸收古代医药学与养生学的思想营养和实践经验，而在这方面自古以来就有着丰富的积累。《庄子·刻意》载有"导引之士，养形之人"，云其"吹呴呼吸，吐故纳新，熊经鸟申，为寿而已矣"，这就是早期的气功。《楚辞·远游》云："餐六气而饮沆瀣兮，漱正阳而含朝霞"，李颐注云："平旦为朝霞，日中为正阳，日入为飞泉，夜半为沆瀣，天玄地黄为六气。"司马彪曰："六气，阴阳风雨晦明也。"此即服气之法，后来《抱朴子·释滞》有"仙人服六气"，其说即源于此。道教有辟谷之方，起源亦较早。《庄子·逍遥游》说神人"不食五谷，吸风饮露"就是辟谷法。马王堆汉墓帛书中有《去（却）谷食气篇》。《史记·留侯世家》说张良功成后欲从赤松子游，"乃学辟谷，导引轻身"。《三国志·华佗传》说："古之仙者，为导引之事，熊颈鸱顾，引挽腰体，动诸关节，以求难老。"导引行气与辟谷是互相配合的，这些被道教内炼术所吸收，成为积精累气的重要方法。古医经《黄帝内经》，其《素问》之《上古天真》、《四气调神大论》，其《灵枢》之《根结》、《寿夭刚柔》等篇，论饮食起居、调摄精神之道，是道教养生学的来源之一。道教的房中术亦来自世俗。马王堆帛书中有房中古籍。《汉书·艺文志》录房中八家，一百八十六卷，云："房中者，性情之极，至道之际，是以圣王制外乐以禁内情，而为之节文"，是知房中术原旨在节欲养生，属卫生知识一类。道教将房中术作为修道的辅助手段，其阴阳双修本指夫妻对炼。而邪道之人从中发展出采阴补阳的御女术，为正统人士所讥抨。葛洪认为房中之法"其大要在于还精补脑之一事耳"（《抱朴子·释滞》）。内丹最重气功，它来源于古代气功，又反过来促进了气功学的发展，使中国的民间养生文化更加丰富多彩。

以上是道教的主要来源。可以看出，道教的主要源头，接近古代荆楚文化和燕齐文化，道家、黄老和神仙方术皆发源于这两大文化区域。具体说到五斗米道（因其后来演化为天师道，成为道教南方正宗而具有特殊地位），则其来源还应加上巴蜀文化。汉中、巴蜀一带，很早就流传《老子》及仙道，敬重鬼妖，巫风甚盛。《晋书·李特载记》说："汉末，张鲁居汉中，以鬼道教百姓。宾人敬信巫觋，多往奉之。"《华阳国志》说：武阳县有王桥、彭祖祠（《汉中志》）；江州县北水有铭书，词云"汉初，犍为张君为太守，忽得仙道，从此升度"（《巴志》）；崩江多鱼害，"民失在于征巫，好鬼妖"（《蜀志》）。成都人严遵"专精《大易》，耽于《老》、《庄》，常卜筮于市，假著龟以教"，"著《指归》，为道书之宗"（《先贤士女总赞》上）。五斗米道最初就发生在当地浓厚的鬼神崇拜气氛之中，与当地民俗巫风相结合，故人称"鬼道"，又修习老子五千文，亦因有此风气也。

三　道教产生于汉末的时代文化背景

学界一般认为道教正式诞生于汉末，其最早的组织形式是民间性道教，主要是太平道和五斗米道，而后才发展为上层道教。从社会文化背景来说，有这样几个因素在直接促生着道教。

第一，整个汉代是神道高涨、鬼神崇拜盛行的时期，不仅世俗的鬼神信仰和巫术大为流行，就是素以"不语怪力乱神"相标榜的儒学，也出现了神学化的倾向。加以统治阶级提倡神仙方术，推动了社会上求仙修道的风气。整个汉代是中国历史上最有利于创建宗教的时代，道教就是这一时代神秘主义文化的产物。

第二，儒学虽然定于一尊，但在神秘化和烦琐化之中慢慢失去原有的生命力，到了汉末，它已经不能维系正常的社会精神生活秩序。许多人到儒学以外去寻找新的精神支柱和挽救社会危机的改良之方，于是佛教传入并兴起，道家复盛，道教也趁时而出现，为人们选择出路提供了多种方案。

第三，汉末混乱动荡的政治局面，给下层民众带来深重苦难，民众不再寄希望于腐朽的刘氏王朝，而要求新的社会归属，以便在乱世中得到保全。有的受庇于世家豪族，有的则归依于民间道教。汉中、巴蜀一带的张修、张鲁，利用五斗米道控制了当地的政局，造成一个相对安定的社会环境，又在教内提倡互助、救济，保证了教民的基本生活和精神需求，民众自然乐得信从。张角在东方的太平道亦重视民间的疾苦，故十余年间徒众便达数十万，遍布八州。苦难中的民众要寻求保护和援助，这是民间道教得以形成和兴旺的根本原因。

第四，佛教的传入与兴盛对道教的诞生有刺激和推动作用。佛教自东汉初传入内地，经过百多年的译经和流布，至汉末呈兴发之势。佛教主张遗家弃国，抛却今生，与儒家重礼入世的传统颇不相合，而在息欲、超俗等方面却与道家、道教比较接近，所以佛教最初依傍道术而流行。但佛教是外来宗教，破斥我法二执，与道教长生的宗旨相悖，所以佛教的独立发展又必然与道教发生摩擦。佛道二教在中国的兴起处于同一历史时期，两者互相依存又互相排斥，其结果是双方共同得益，共同发展。从楚王英到汉桓帝，都并崇浮屠黄老，襄楷把佛、道看成一体，统云"此道清虚，贵尚无为，好生恶杀，省欲去奢"（《后汉书·襄楷传》），这种佛、道不分，佛、道共崇的风气对佛道二教的发展无疑是有益的。但当佛教逐渐显示出它理论和组织上的独立性以后，也刺激了道教徒的民族感情，觉得有必要形成一种表现中华传统的强大民族宗教，以对抗外来宗教的影响。这种情况在南北朝佛道斗争中表现得最为突出。而中国固有的宗教，从祭天祭祖祭社稷的宗法性国家宗教来说，它固然最正宗，但政治化家族化太强，没有独立的教团组织，不能满足民众安身立命与归属的需要。至于民间各种信仰又分散而驳杂，成不了大的气候，不足以与佛教相对应。儒学的思想体系是庞大的，影响也是深广的，但它的宗教性又不突出，且无严密的组织系统，不能满足人们超世的需要。在这种情势之下，道教便应运而生了。道教既有超世的信仰，又有传统文化浓郁的特色，还有一定的组织系统，并且它紧密依托理论性较强的道家，有了这些条件便足以与佛教相对抗。道教又是一个善于实行"拿来主义"的宗教，佛教相当成熟的教规、教义及教团组织形式正可为其所借鉴。道教徒一方面批评佛教，另一方面又吸收佛经，大量制作道书，采纳佛教轮回、劫运、慈悲等教义，用以充实自身。正是由于佛教的介入和影响，道教才在汉末魏晋崛起，并在南北朝以后具备了一个上层大教的规模和面貌。

四　早期道教经典：《太平经》与《周易参同契》

《太平经》是流传至今的最早的道教经典。此前西汉成帝时齐人甘忠可作《天官历包元太平经》，书已佚，从《汉书·李寻传》看，该书是具有道教性质的社会改良理论作品。今本《太平经》产生于东汉后期，其时朝政趋于腐败，外戚宦官干政，民变四起，社会批判思潮活跃。《太平经》中说："五星失度，兵革横行，夷狄内侵，自虏反叛"（王明《太平经合校》，第576页，下同，不注书名），"人民云乱，皆失其居处，老弱负荷，夭死者半"（第188页），"大起土者，是太皇后之官也"（第270页），这些话表现了当时政治昏暗、人民离乱、母后干政的情景。作者明确表示要把此书献给"有德之君"，提出治国兴邦之道，其立场是上层的，其倾向是改良的。

《后汉书·襄楷传》说：

> 初，顺帝时，琅邪宫崇诣阙，上其师于吉于曲阳泉水上所得神书百七十卷，皆缥白素朱介青首朱目，号《太平清领书》。其言以阴阳五行为家，而多巫觋杂语。有司奏崇所上妖妄不经，乃收藏之。

其后，襄楷于桓帝朝，复献此书，说："前者宫崇所献神书，专以奉天地顺五行为本，亦有兴国广嗣之术"，并明白表示自己所献即"琅邪宫崇受于吉神书"。根据上述记载，我们大致可以断定，该书出自于吉、宫崇等道士之手，时当安、顺之际，但当时未能流布，后经襄楷于桓帝之世复献，才渐为世人所知。《太平经复文序》里有一个传书谱系，帛和以上系宗教传说，姑置不论，而谓帛和授本文，于吉敷衍为170卷，则可备为一说。现存明正统

《道藏》中的《太平经》有残本 57 卷，但标明总卷数为 170 卷，其卷数与内容皆与《后汉书》所述《太平清领书》相合，可知两者即是同一本书。《襄楷传》李贤注云："神书，即今道家《太平经》也"，此证唐初该书即已通称《太平经》。

《太平经》的思想要点如下：

第一，神秘的气化学说。它的宇宙论主元气发生说，云："天地开辟贵本根，乃气之元也"（第 12 页），"元气乃包裹天地八方，莫不受其气而生"（第 78 页）。但元气及派生的天地阴阳之气，都带有感情、意志、道德色彩，故又云："元气自然乐，则合共生天地，悦则阴阳和合，风雨调，风雨调则共生万二千物"（第 647～648 页），阳气"好生"，和气"好成"，阴气"好杀"（第 675～676 页）。

第二，三名同心的调和论。该书肯定阳尊阴卑、君尊臣民卑的等级秩序，但强调中和之道，主张君、臣、民三者协调共处。它说："中和者，主调和万物者也"（第 19 页），"阴阳者要在中和"（第 20 页），天地阴阳只有沟通为"中和之气"，才能相受共养万物。它认为自然界与人间社会各层次的事物，皆包含阴、阳、和三种基本要素，合而构成一体，故主张三名同心。它说：

> 元气有三名：太阳、太阴、中和。形体有三名：天、地、人。天有三名：日、月、星，北极为中也。地有三名为：山、川、平土。人有三名：父、母、子。治有三名：君、臣、民。（《太平经》第 19 页）

三名同心的世界，就是作者理想的太平世界："天地中和同心，共生万物。男女同心而生子，父母子三人同心，共成一家。君臣民三人共成一国"（第 149 页）。西汉董仲舒崇阳而贱阴，主张屈民而伸君，《太平经》则注重阴阳相须，以和为贵。《太平经》处在社会危机时期，它要缓和社会矛盾和阶级矛盾，故侧重点与董氏不同。

第三，阴阳五行的灾异说。阴阳之道体现天意，所以人要顺应阴阳之理，社会才能太平。它说："天乃为人垂象作法，为帝王立教令"（第 108 页），人必须"案考于天文，合于阴阳之大诀"（第 104 页）。根据"阴顺于阳，臣顺于君"的道理，敬事其上是顺天之道，反之则是逆天之罪，故云："小人无道多自轻，共作反逆，犯天文地理。"（第 224 页）于此可知《太平经》是维护宗法等级制度的，绝不是有人认为的那样是什么农民起义的经典。但"天道法，孤阳无双"（第34页），"天之法，常使君臣民都同，命同，吉凶同"（第151页）。不仅君臣民相须，男女亦相须，"同心治生，乃共传天地统"（第35页），所以要反对残害妇女、女婴的行为，以顺天道。又根据天道恶杀好生的道理，为政要尚德去刑，"刑者其恶乃干天，逆阴阳"（第206页）。富人要散财济贫，"财物乃天地中和所有，以共养人也"（第247页）。人间政治清明则天地喜，天地喜则阴阳顺畅；人间政治昏乱则天地怒，天地怒则阴阳失调。故云："日月为其大明，列星守度，不乱错行，是天喜之证也；地喜则百川顺流，不妄动出，万物见养长，好善也"（第322页）；相反，"天下之灾异怪变万类，皆天地阴阳之变革谈语也"（第321页），其中日月之蚀"是天地之大怒"（第365页），而"凡天下灾异，皆随治而起"（第320页），"王者行道，天地喜悦；失道，天地为灾异"（第17页）。这样，自然界的和顺与灾异就成了社会政治好坏的一面镜子，统治者要经常以此反察自己的行为，改善政治措施。

第四，天人相通的神仙系统。《太平经》的神仙系统是道书中最早出现的，由上而下，共分六等：一为神人，二为真人，三为仙人，四为道人，五为圣人，六为贤人。这个系统如同云梯，最初两级衔接人间的最高层次，再往上便超出人间，高耸于神仙世界。神人之上还有"无形委气之神人"（第88页），"委气神人乃与元气合形并力"（第96页）。这样，《太平经》就有了两个神学系统：一个是天地阴阳系统，这与汉儒说法相同；一个是神仙系统，这是它独自的创造。这两个系统最后都归到元气或委气神人上面去，而两者又平行对应，故云："神人主天，真人主地，仙人主风雨，道人主教化吉凶，圣人主治百姓，贤人辅助圣人"，"此皆助天治也"（第289页）。作者把神仙放在助天为治的位置上，而这恰恰就是道教在儒家为主导的中国传统社会精神生活中的位置。

第五，"承负"说与学道之方。《太平经》在《周易》"积善余庆，积恶余殃"说的基础上，提出"承负"说，其论云：

> 承者为前，负者为后。承者，乃谓先人本承天心而行，小小失之不自知，用日积久，相聚为多，今后生人反无辜蒙其过谪，连传被其灾。……负者乃先人负于后生者也。（《太平经》第70页）

承负代代积累的结果，便会出现善恶与福祸在一代人身上不相一致的现象，"力行善反得恶者，是承负先人之过，流灾前后积来害此人也。其行恶反得善者，是先人深有积蓄大功，来流及此人也"（第22页）。承负不限于家族，还可以扩大到整个国家，"中古以来，多失治之纲纪，遂相承负，后生者遂得其流灾尤剧，实由君民失计"（第151页）。这样，国家的衰乱，上上下下都有责任。且承负之极，报应不辨善恶，"但逢其承负之极，天怒发，不道人善与恶也，遭逢者即大凶矣"，"天其为过深重，多害无罪人"（第370页）。"承负"说的目的在于加强社会全体成员挽救社会危机的责任感，激励上下同心，学道为善，但说得过了分，不能不损害天神公正的形象。

　　《太平经》既承认命运，又主张力为。它说："人生各有命也，命贵不能贱，命贱不能为贵也"（第289页），神、真、仙、道、圣、贤、六者各自有命。并非人人都能成为神仙，实际上度世者"万未有一人"（第438页）。但主观是否努力也有很大关系，若不力学，"但独愁苦而死，尚有过于地下"（第78页）；若为善学道，则可以达到命运所允许的最好结果，多数人可以竟其天年，"有天命者，可学之必得大度；中贤学之，亦可得大寿；下愚为之，可得小寿"（第289页），"上贤力为之，可得度世；中贤力为之，可为帝王良辅善吏；小人力为之，不知喜怒，天下无怨咎也"（第409～410页）。可见《太平经》设计的神仙天国，重点向少数上层人士开放，但也给下层民众带来好处。

　　修道的原则是养生与积德并重，"内以致寿，外以致理"（第739页），具体地说，有以下几条。第一，忠君、敬师、事亲。"学问以寿孝为急"，"父母者，生之根也；君者，授荣尊之门也；师者，智之所出，不穷之业也。此三者，道德之门户也"（第310～311页），"不孝而为道者，乃无一人得上天者也"（第656页）。第二，守一之法。守一有两种：一是保守身体主要器官，如头之顶，面之目，腹之脐，脉之气，五脏之心（第18页），使之充实；二是守神，使形神不离，"常合即为一，可以长存也"，"人生精神，悉皆具足，而守之不散，乃至度世"（第716页）。第三，食气服药。欲要长生，饮食上"第一者食风气，第二者食药味"（第717页）。所食者乃自然之气，食之"且与元气合"（第90页），故寿比天地。"天上积仙不死之药，多少比若太仓之积粟也"（第138页），有"大功于天地"者可得之。其他修道之方还有"取诀于丹书吞字"（第512页），"不敢毁当生之物"，"诚信不敢有所负"，"每见人有过，复还责己"，"叩头自抟而啼鸣"，"晨夜自悔"（以上见第 550～551 页），以及针灸调脉，祝谶召神，葬宅占选等，其中不少就是襄楷所说的"巫觋杂语"。

《太平经》提出"太平"的社会理想。"太平"，也许是该书留给后人印象最深的美好概念："太者大也，乃言其积大行如天"，"平者乃言其治太平均，凡事悉理，无复奸私也"，"太者大也，平者正也"（第 148 页）。太平世界是和谐公正安宁的世界，在这个世界里，自然界是"三光为其不失行度，四时五行为其不错"（第 416 页），在社会生活里，凡事皆得其宜，帝王优游，盗贼无有，百姓无怨，颂声不绝（第 192 页）。这是改良思想家追求的理想国。《太平经》这种向往和平、反对战乱的理想，和要求公正、反对欺诈的愿望，拨动了乱世中人们的心弦，引起普遍的共鸣，不仅对汉末太平道等民间道教产生了一定影响，而且"天下太平"成为尔后千余年中国人民始终追求的目标，清朝后期的太平天国运动亦是其余响未绝的表现。

《太平经》虽是"安王之大术"，毕竟不是官方正统神学和哲学，它对现实又多有指摘，故当时执政者对它采取审慎的态度。魏晋以后，随着道教的成长，该书逐渐受到重视。据《太平经复文序》说，南朝陈宣帝亲派道士周智响祝请《太平经》，"周智响善于《太平经》义，常自讲习，时号太平法师"。唐朝释玄嶷《甄正论》认为该书是"帝王理国之法"。明代白云霁《道藏目录详注》谓其"皆以修身养性，保精爱神，内则治身长生，外则治国太平，消灾治疾，无不验之者"。后来的道教正是沿着内以炼养长生，外以治国安民的路线发展下去的。加以书中有很多可以为符箓派和炼丹派所吸收的修道内容，《太平经》确实起到了道教理论肇始的作用。

《周易参同契》是流传至今的道教炼丹术的最早理论著作。书名《周易参同契》者，"周易"，示此书以《周易》为立论根据；"参"，三也，即《周易》、黄老、炉火三事；"同"，通也；"契"，书也——明此书乃以《周易》为原理而贯通《易》、老、丹三学之书典。书中有云："大易情性，各如其度；黄老用究，较而可御；炉火之事，真有所据：三道由一，俱出径路"，这段话可看做是对书名"参同"的自注。据葛洪《神仙传》称，魏伯阳约《周易》作《参同契》，桓帝时，以授同郡淳于叔通。五代彭晓《周易参同契分章通义序》称，魏伯阳，会稽上虞人，"得《古文龙虎经》，尽获妙旨，乃约《周易》，撰《参同契》三篇"，"复作《补塞遗脱》一篇，继演丹经之玄奥"，"密示青州徐从事，徐乃隐名而注之，至后汉孝桓帝时，公复传授与同郡淳于叔通，遂行于世"。又据陶弘景《真诰·稽神枢第二》注云："《周易参同契》者，桓帝时上虞淳于叔通受术于青州徐从事。"则可断知：该书由魏伯阳完成，其时在顺帝桓帝之际，稍晚于《太平经》。至于淳于叔通受书于魏伯阳和受术于徐从事，两事并无矛盾，"术"非"书"，不影响魏伯阳作《参同契》的论断之确定性。

《参同契》的中心思想是运用《周易》揭示的阴阳之道，参合黄老自然之理，讲述炉火炼丹之事，基本上是一部外丹经。

第一，关于用药。"知白守黑，神明自来，白者金精，黑者水基"，白为铅粉，黑为汞。铅又称河车，其"外黑内怀金华"，为"五金之主"。"白虎为熬枢，汞日为流珠，青龙与之俱"，白虎指铅，青龙指汞，汞具水性其状如珠。"金以砂为主，禀和于水银"，金砂亦指自然铅粉，内含金精，其还原性能与汞同，故两相调和。"二八应一斤，易道正不倾，铢有三百八十四，亦由火候爻象之计"，汞半斤，铅花半斤，合一斤，三百八十四铢，以应三百八十四爻数。然后，"水火为伍，四者混沌"，鼎内注水，鼎下起火，此为炼丹之始。

第二，关于火候。火候的掌握是炼丹成败的关键。故该书用主要篇幅加以论述。调正火候的基本要求是："按历法令，至诚专密，谨候日月，审查消息"，"动静有常，奉其绳墨，四时顺宜；与气相得，刚柔断矣，不相涉入，五行守界，不妄盈缩，易行周流，诎伸反复，晦朔之间，合符行中"，即是说，炼丹的过程要遵阴阳相推之道，顺四时变化之节，合五行相关之序，应晦朔隐显之律，不得有任何错违。火候的掌握要"始文使可修，终竟武乃陈"，《鼎器歌》又曰："首尾武，中间文，始七十，终三旬，二百六，善调均"，两说稍有不同。具体说来，调节一月中火候的规则有卦气、纳甲二法。卦气法将汉《易》以六十卦配一年四时改为配一月三十日，以两卦当值一日，自月初至月底，六十卦轮流当值，即是："朔旦屯直事，至暮蒙当受，昼夜各一卦，用之如次序，既未至晦爽，终则复更始，日辰为期度，动静有早晚"，每月初一早用屯卦，晚用蒙卦，初二早用需卦，晚用讼卦，依此类推，至月底早用既济卦，晚用未济卦。每日的早晚两卦，卦画正相颠倒，互为反对之象，表示阴阳、昼夜的矛盾。一月之内炼丹火候的调节必须适应此卦气的变化。纳甲之法是将一月分为六节，与六卦、十天干相配合。书中说："三日出为爽，震庚受西方，八日兑丁受，上弦平如绳，十五乾体就，盛满甲东方"，"十六转受统，巽辛见平明，艮直于丙南，下弦二十三，坤乙三十日，东南丧其朋，节尽相禅与，继体复生龙，壬癸配甲乙，乾坤括始终"。此云每月初三，月始生明，只受一阳之光，为震卦☳之象，晨见于西方庚地；初八月为上弦，受二阳之光，为兑卦☱之象，见于南方丁地；十五为望时，月全受日光，为乾卦之☰象，见于东方甲地；十六月下生一阴，为巽卦☴之象，平明见于西方辛地；二十三月下弦生二阴，为艮卦☶之象，见于南方丙地；三十月全变为三阴，为坤卦☷之象，没于东南乙地。至下月初，周而复始。此说与虞翻《易》注大同小异。炼丹时要依此六节阴阳消长来控制火候的升降。一年之火候则以十二消息卦通之。书中说："朔旦为复䷗，阳气始通"，"临䷒炉施条，开云正光"，"仰以承泰䷊，刚柔并隆"，"渐历大壮䷡，侠列卯门"，"夬䷪阴以退，阳升而先"，"乾䷀健盛明，广被四邻"，"姤䷫始端绪，履霜最先"，"遁䷠去世位，收敛其精"，"否䷋闭不通，萌者不生"，"观䷓其权量，察仲秋情"，"剥䷖烂肢体，消灭其形"，"道穷则反归乎坤䷁元"。按虞氏《系辞注》，泰卦配正月，大壮配二月，夬卦配三月，乾卦配四月，姤卦配五月，遁卦配六月，否卦配七月，观卦配八月，剥卦配九月，坤卦配十月，复卦配十一月，临卦配十二月。《参同契》以十一月复卦为正息卦，阳气始生，至来年十月坤卦时，阴阳消长恰好一周，一年火候据此而定。书中又说："春夏据内体，从子到辰巳。秋冬当外用，自午讫戌亥。赏罚应春秋，昏明顺寒暑。爻辞有仁义，随时发喜怒。如是应四时，五行得其理。"此说以十二地支配四季，即子丑寅配春，卯辰巳配夏，午未申配秋，酉戌亥配冬。卦有内外二体，内卦应一年之春夏和一日之子时到巳时，外卦应一年之秋冬和一日之午时到亥时。炼丹时应按此季节和时辰的要求进阳火和退阴符。

第三，关于服丹。书中说：

　　巨胜尚延年，还丹可入口。金性不败朽，故为万物宝，术士服食之，寿命得长久。金砂入五内，雾散若风雨，熏蒸达四肢，颜色悦泽好，鬓发白变黑，更生易牙齿，老翁复丁壮，耆妪成姹女，改形免世厄，号之曰真人。

这里有三层意思：第一层说金丹有不朽之性，故能使人长生；第二层说金丹入体，变成雾状，以其丹气滋润全身；第三层说服食金丹的效果，可使人返老还童。又云："闭塞其兑，筑固灵珠，三光陆沉，温养子珠"，"黄中渐通理，润泽达肌肤"，似说行内修之功以温养金丹，通过脾胃消化吸收，然后熏陶躯体，成就仙道。

《参同契》行文多恍惚之辞、类比之喻，文字古奥难通。因其真义不易捉摸，大儒家学者朱熹都觉得无下手处，不敢轻议。此种写作风格根源于一种复杂的宗教心理，如作者表白的那样："若遂结舌喑，绝道获罪诛；写情著竹帛，恐泄天之符，犹豫增叹息，俯仰掇虑思"，这太难为作者了，沉默不说，有绝道之罪，明白宣示，又恐泄露天机，反复权衡，只好说而含混，隐而欲露，让读者多费心思去体会，以寓真道不可轻得之意。《参同契》初不流行，自唐起，大兴于世，诠注者与日俱增，并形成内丹说和外丹说两大派系，皆推尊《参同契》为丹经之祖，后世之道士演习此经成为风气。宋代理学家亦重此书，朱熹作《周易参同契考异》，对之颇加推崇。清代道士董德宁在《黄庭经发微》中说："道书之古者，《道德》、《参同》、《黄庭》也"，可知该书在道教史上的重要地位。

五　太平道与黄巾军

关于太平道的史料，最详者当为《典略》和《后汉书·皇甫嵩传》。据《三国志·张鲁传》注引《典略》，在灵帝之世，社会上出现了三股较大的民间道教势力：

> 熹平中，妖贼大起，三辅有骆曜。光和中，东方有张角，汉中有张修。骆曜教民缅匿法。角为太平道。修为五斗米道。太平道者，师持九节杖为符祝，教病人叩头思过，因以符水饮之。得病或日浅而愈者，则云此人信道；其或不愈，则为不信道。

光和是汉灵帝年号，当公元178～184年之间。太平道的主要宗教活动是依托神道为人治病，由太平道师作符祈祷，病者先须叩头思过，类似于忏悔仪式，然后吞食符水，心诚者则灵，否则不灵。看来并无太深奥的教义，方法也颇简单。《皇甫嵩传》说：

> 初，钜鹿张角自称"大贤良师"，奉事黄老道，畜养弟子，跪拜首过，符水咒说以疗病，病者颇愈，百姓信向之。角因遣弟子八人使于四方，以善道教化天下，转相诳惑。十余年间，众徒数十万，连结郡国，自青、徐、幽、冀、荆、扬、兖、豫八州之人，莫不毕应。遂置三十六

方。方犹将军号也。大方万余人，小方六七千，各立渠帅。讹言"苍天
已死，黄天当立，岁在甲子，天下大吉"。以白土书京城寺门及州郡官
府，皆作"甲子"字。

钜鹿今在河北平乡一带。张角既自称"大贤良师"，显然是以解救苦难的善
士身份进行活动，所以称其道为善道。张角奉事黄老道，并不是有一个具体
的黄老道团体，而是黄老崇拜的泛称。《后汉书·王涣传》说"桓帝事黄老
道"，也是指桓帝崇拜黄老，他与张角并无宗教组织上的联系。《典略》称张
角之教为"太平道"，这是该教的正式名称。《皇甫嵩传》说张角传道十余
年，然后才进行武装起事。按太平军起事在甲子年，即公元184年，由这一
年向前推十年，即公元174年，是灵帝熹平三年，再加上余数，则太平道初
建也许在熹平元年，甚至会在建宁年间。太平道提出最震动人心的口号是
"苍天已死，黄天当立，岁在甲子，天下大吉"，这既是一个改天换地的革命
政治口号，同时也鲜明地标示出太平道宗教信仰与官方信仰的对立。苍天指
授予和支持君权的传统天帝，太平道认为这位至上神要灭亡了，黄天要取而
代之。太平道用黄老的观念看待天神，故称"黄天"。黄主土居中央，"黄天
当立"亦含有夺取中央政权而据有天下的意义。"黄天"是一种通俗化说法，
太平道所信仰的天神叫做"中黄太乙"。据《三国志·魏书·武帝纪》注引
《魏书》，初平年间，曹操与青州黄巾众百万相抗击，互有胜负，黄巾军乃移
书曹操说："昔在济南，毁坏神坛，其道乃与中黄太乙同。似若知道，今更
迷惑。汉行已尽，黄家当立。天之大运，非君才力能存也。"曹操见檄书呵
骂之。檄书头两句是说曹操任济南相时曾"禁断淫祀，奸宄逃窜，郡界肃
然"（《武帝纪》）。又说曹操亦奉信黄老，与太平道奉信的中黄太乙神相同，
这是曹操为了收编黄巾军为己所用而采取的宗教策略。"似若知道，今更迷
惑"，是说曹操既崇拜黄老，则应与黄巾军一道才是，而今却来作对，证明
并非一道。黄巾军认为汉行已尽，不是曹操所能挽救的。太乙神崇拜在西汉
即已流行，黄巾军将它与黄老崇拜结合在一起，在"太乙"之前加"中黄"，
表示居中而行黄道，这样中黄太乙就与传统的太乙有了区别。太平军尚黄，
故"皆著黄巾为标帜，时人谓之黄巾"（《皇甫嵩传》）。

《皇甫嵩传》说：

中平元年，大方马元义等先收荆、扬数万人，期会发于邺。元义数

往来京师，以中常侍封谞、徐奉等为内应，约以三月五日内外俱起。未及作乱，而张角弟子济南唐周上书告之，于是车裂元义于洛阳。灵帝以周章下三公、司隶，使钩盾领周斌将三府掾属，案验宫省直卫及百姓有事角道者诛杀千余人，推考冀州，逐捕角等。角等知事已露，晨夜驰敕诸方，一时俱起。皆著黄巾为标帜，时人谓之"黄巾"，亦名为"蛾贼"。杀人以祠天。角称"天公将军"，角弟宝称"地公将军"，宝弟梁称"人公将军"。所在燔烧官府，劫略聚邑，州郡失据，长吏多逃亡。旬日之间，天下响应，京师震动。

看来太平道后期已由宗教组织转化为在宗教外衣掩护下的民众军事组织，主要活动不是宗教而是准备武装暴动。一方面是社会腐败，人心思变，另一方面是太平道积蓄力量，长期准备。所以虽有叛徒告密，亦未能阻止太平道在全国范围发动武装起事，短期内便"天下响应，京师震动"。汉廷的紧急对策是：以何进为大将军，率兵保卫京师；派遣皇甫嵩、卢植、朱儁等将领带兵征讨；弥合内部矛盾，"大赦天下党人，还诸徒者"（《灵帝纪》），阻止知识分子与黄巾军结合；发动各地地主武装，联合对付黄巾军，后来刘备、曹操与孙权正是从地方武装发展起来的。黄巾军与官方军队的战斗，计其大者有：中平元年，颍川黄巾波才率部与朱儁、皇甫嵩战，互有胜负，又与曹操战，在合击下失败；卢植军与张角战，皇甫嵩军与张梁战，梁死，角先病死，其尸为戮，张宝被斩；张曼成余部以赵弘为帅，率十万众，为朱儁所败；黄巾韩忠据宛拒儁，后为朱军所破，余部孙夏继续作战，为朱儁、孙策击破。中平五年郭大率黄巾军作战于太原、河东一带。益州黄巾马相攻杀刺史郗俭，自称天子，又战巴郡。中平六年，白波与董卓部将牛辅作战。献帝初平二年，青州黄巾 30 万众与公孙瓒作战。初平四年，青州黄巾百万余众进击兖州刺史刘岱而杀之，又与济北相鲍信战于寿张，后为曹操所逐，至济北，遂降曹。曹得降卒 30 万，收其精锐者号青州兵，形成曹操打天下的骨干力量。建安十二年，黄巾军杀济南王刘赟。太平道的武装起义遍及全国，而且持续了 20 多年，数败而复起，此息而彼兴，表现了下层民众的冲天气概和坚毅精神。太平道与刘氏王朝在对抗中同归于尽，腐朽的汉王朝被崛起的魏、蜀、吴所瓜分。

关于太平道与《太平经》的关系。《后汉书·襄楷传》在谈到《太平经》时说"后张角颇有其书"，可知太平道首领直接受过《太平经》的影响。这种影响一是表现为太平理想的追求，二是表现在宗教思想方面，如黄老崇拜和符水治病等。但太平道并没有也不可能接受《太平经》的改良主义理论和政治路线。《太平经》宣扬忠君孝亲敬师和上下同心，太平道则要犯上作乱，改朝换代；《太平经》抑兵恶杀，太平道要诛暴杀官。《皇甫嵩传》说黄巾军"杀人以祠天"，所杀者官吏，所祠者黄天，全力进行军事斗争，完全抛弃了《太平经》同心奉天的和平改良宗旨。所以《太平经》后来为上层人士所重视，流传下来；而黄巾军却遭到贵族武装联合一致的镇压，终致彻底被消灭，太平道随之中绝，后世遂无传者。

六　五斗米道与《老子想尔注》

道教的传统说法，作为天师道前身的五斗米道是由张陵在蜀地创建的，张陵传其子张衡，张衡传其子张鲁，号称"三张"。张陵世称天师，张衡称嗣师，张鲁称系师。为表示尊重起见，道教徒在张陵姓后加"道"字，称张道陵，南方正一派世代奉为教主。在史书的记载中，确有三张传道的说法，但同时又有另外的说法，彼此互有矛盾。对于宗教界的说法，教外人士应予尊重，同时人们也可以从史学研究的角度对于纷繁的传说和史料，重新做一番考察。

关于张陵。张陵是沛国（今江苏）丰人，依照《后汉书》的说法，他在顺帝之世来到蜀地，修道于鹤鸣山，造作符书若干。葛洪《神仙传》说张陵"本太学生"，"学长生之道，得黄帝九鼎丹法"，"闻蜀人多纯厚，易可教化，且多名山，乃与弟子入蜀，住鹤鸣山，著道书二十四篇"，"忽有天人下……乃授陵以新出正一明（盟）威之道。陵受之，能治病。于是百姓翕然奉事之以为师，弟子户至数万"。《太平御览》引《上元宝经》说：张陵"本大儒，汉延光四年始学道，至汉末于鹤鸣山，仙官来降，授以正一盟威之教，施化领民之法，号天师"。看来张陵是位博学的人，在内地时即从儒转道，学长生之术。来蜀地鹤鸣山以后，他做了三件事：一是托"天人"、"仙官"之名建立正一盟威之教；二是著书立说，建立一套道教理论；三是以神道治病，在民众中传道，颇得当地人民信任。张陵的著作今已难细考，后世道书依托张天师者甚众，不可轻信。《文献通考》说："按道家之说，皆防于后汉桓帝之时，今世所传经典符箓以为张道陵天师永寿年间受于老君者是也"，这当然是道教中的传说。《魏书·释老志》说："张陵受道于鹤鸣，因传《天官章本》千有二百，弟子相授，其事大行"，内容乃斋祠跪拜之法。陶弘景《登

真隐诀》提到的上章仪书《千二百官仪》，当即是《天官章本》，据学者考
证，它保存在今道藏《正一法文经章官品》之中①，其他尚待认真辨析。张
陵布道的范围有多大呢？陆修静在《道门科略》中说张天师受太上之令，
"置二十四治，三十六靖庐，内外道士二千四百人"。二十四治分布于陕西南
部和四川，远至洛阳。按情势而言，这是不可能的。如此大范围的宗教活动
在史书中并无起码的记载，此其一；张陵仅凭宗教信仰的力量而无相应政治
和军事力量作后盾，要在军阀割据的广大地区公开建立类似教区的组织系
统，也是做不到的。张鲁在汉中稍稍表现出独立性，就为刘璋所不容，便是
证明。比较可信的说法便是张陵当初的活动范围是在成都及其周围蜀郡一
带，也许对其他地区有零星影响，但决然达不到巴郡和汉中。所谓《张天师
二十四治图》（见《云笈七签》卷二十八）显系后人假托。从已有可信的史
料看，都不能证明张陵建立了教权世袭制度，否则张衡作为继承张陵的一代
道师，必然会留下起码的若干事迹而为人们称道，如今只有史书上"陵传
衡，衡传鲁"一句话，令人生疑。也许张陵去世后，道门衰落，其子张衡无
所作为。而衡妻却习道术，有风采，有作为，她为张鲁的兴起提供了宝贵的
支持。《三国志》、《典略》、《后汉书》在记述张鲁起家过程时，均不提张衡，
而提及其母，讲述张鲁如何取代张修，把教权接受过来。

　　关于张修。张修的活动年代晚于张陵。按《典略》的说法，张修与张角
同时代，是巴汉一带五斗米道的早期领袖。他的宗教活动大致与太平道相
同，都强调叩头思过、符水治病，但又有若干独特的地方。其引人注目之处
是该道对理论给予高度重视，首次把《老子》五千文作为教徒必修的经典。
这件事具有划时代的意义，说明道教活动终于与道家理论正式结合，标志着
道教开始脱出一般世俗信仰的层次，向着独立的大教迈进。张修还为五斗米
道建立了"祭酒"的职位，表示其对教义训练的重视。在宗教仪式上，张修
的五斗米道比太平道更复杂一些，如请祷之法，病家要作"三官手书"，写
三份悔过书，分别祷于天、地、水三官，说明当时已有三官崇拜。《典略》
说："使病家出米五斗以为常，故号五斗米师。"五斗米道之名便由此而生。
《典略》说："后角被诛，修亦亡。及鲁在汉中，因其民信行修业，遂增饰
之"，可知张鲁在汉中取代了张修，把张修的五斗米道教权也接过来了。那
么，张修是如何死的呢？《三国志·张鲁传》说："益州牧刘焉以鲁为督义司

　　①　见卿希泰主编《中国道教史》第一卷，第 161 页，四川人民出版社，1986。

马，与别部司马张修将兵击汉中太守苏固，鲁遂袭修杀之，夺其众。"可知张修死于张鲁之手。关于张修的史料，在《后汉书·灵帝纪》中亦有记载，云："秋七月，巴郡妖巫张修反，寇郡县"，注引刘艾《纪》曰："时巴郡巫人张修疗病，愈者雇以米五斗，号为五斗米师。"看来张修于中平元年在巴郡起事反汉以后，又依附益州牧刘焉，当上别部司马，故有与张鲁一起进击汉中太守之事。

关于张鲁。张鲁是张陵之孙，张衡之子。据《三国志》和《后汉书》的《刘焉传》，张鲁之母像是当地一位女巫，会些法术，中年尚能保持青春美貌，深得刘焉宠信，故能经常出入益州牧府。由于有这一层关系，张鲁得以任督义司马之职，从而握有一定军权。张鲁从张修手里得到汉中以后，也许家教的关系，懂得巫教对于笼络民心、安定社会秩序的重要性，所以在张修早期五斗米道的基础上大力推动教务工作，促使五斗米道进入兴旺发达阶段。张鲁在汉中闹独立性，不服从懦弱的益州牧刘璋（刘焉之子）的约束，刘璋便杀害了张鲁的母亲和弟弟，并派兵攻鲁。张鲁打败了益州兵，并进而袭取了巴郡，从此雄踞巴、汉三十余年，依靠着五斗米道的力量，建立了政、教、军合一的割据政权。

张鲁对五斗米道的贡献是很大的。他除了继续进行早期五斗米道传统的宗教活动外，又特别新设了义舍，给流离失所的人提供米肉，吸引他们安居在他治下。他又自号"师君"，将政教大权集于一身，其下以祭酒代官长，掌司法权，用行政力量维护宗教教法，又用宗教教法维护行政统治，以便于一体化管理。他还用宗教神道推行道德教化，去鄙俗，淳风气，教人诚信不欺，犯法者可以获得三次改正的机会然后才加以刑法。由此一来，在战乱不息的汉末时代里，巴、汉一带却形成相对稳定的社会局面，生产得以正常进行，人民得以正常生活，所以"民夷便乐之"，这是张鲁及其领导下的五斗米道给历史做出的积极贡献。不过，从张鲁掌教起，五斗米道便不再以武力反叛朝廷，只是称霸一方，不听中央号令。张鲁的卒年，按《真诰》陶弘景注的说法，"张系师为镇南将军，建安二十年亡，葬邺城"，那么正是在张鲁降曹第二年。曹操和平征服五斗米道后，把张鲁带回内地，使他空有将军头衔而无实权。不久张鲁死去，五斗米道陷于群龙无首、组织涣散的状态。

关于《老子想尔注》。此书《隋志》、《唐志》均未著录，今已散佚，仅存敦煌莫高窟所出六朝写本残卷，保有道经注的绝大部分。唐初陆德明《经典释文·序录》有《老子想余注》2卷，注云："不详何人。一云张鲁，或云

刘表。鲁字公旗，沛国丰人，汉镇南将军、关内侯。"此处"想余"显系
"想尔"之误。陆德明倾向于作者是张鲁，故特作介绍。唐玄宗《道德真经
注疏外传》和杜光庭《道德真经序目》皆云《想尔注》为三天法师张道陵所
注，此乃道教信仰者的说法，并无历史根据。《经典释文》是学术性著作，
可靠性较大。在张鲁与刘表两人中，以张鲁作《想尔注》的说法较真。刘表
一生活动于荆州地区，未见他有热心道教的记载，《后汉书·刘表传》只说
他"起立学校，博求儒术"，绝不提及他好《老子》。五斗米道有修习《老
子》的传统，张鲁执教多年，对《老子》的注说会积累丰富的内容，形成书
注，顺理成章，而且后世确有张镇南《老子》古本流传（见刘大彬《茅山
志》）。《想尔注》在内容和文字上粗浅并有浓厚道教神学味道，颇符合五斗
米道的教义与民间性的水平。当然，该注未必由张鲁单独完成，可能是在众
祭酒多年讲解《老子》文本的基础上，由张鲁总其成。

　　《想尔注》是中国思想史上第一部站在道教立场上用神学注解《老子》
的书，它开创了道教系统改造诠释道家著作的风气，它是老学与长生成仙说
及民间道术合流的早期代表作，因而在早期道教发展史上有着特殊重要的意
义。

　　先看它如何改造《老子》的"道"。《老》："是无状之状，无物之象"；
《想》："道至尊，微而隐，无状貌形象也；但可从其诫，不可见知也"（据饶
宗颐《老子想尔注校笺》，下同）。"道"至尊，并有诫律令从遵从，已经具
有宗教味道。《老》："载营魄抱一能无离"；《想》："一散形为气，聚形为太
上老君，常治昆仑。""一"在《老子》书中是形而上之道的另一种称谓，表
示道的整体性和无分化性；经过《想尔注》的解释，变成了可以化聚为有形
象的尊神，叫做太上老君，从此太上老君便成为人们对老子神圣化以后的称
呼。《老》："孔德之容，唯道是从"；《想》："道甚大，教孔丘为知；后世不
信道文，但上孔书，以为无上；道故明文，告后贤。"这里曲解"孔"（原意
为"大"）字为孔子，以便扬道抑孔。《老》："道法自然"；《想》："自然者与
道同号异体，令更相法，皆共法道也。"原文强调道的无意志无主宰性，注
文却把道与自然说成二物，又归结为自然法道，把道抬得更高。《老》："执
大象，天下往"；《想》："道尊且神，终不听人。""道"经过解释成为有意志
的凌驾于人之上的尊神。

　　其次，《想尔注》发挥和借用《老子》若干词句，阐扬长生成仙说，而
后者正是道教最核心的信仰。《老》："圣人后其身而身先"；《想》："得仙寿，

获福在俗人先，即为身先。"原文是不敢为天下先而能获世人爱戴，注文则认为身先是仙人高于世俗之人。《老》："生能天"；《想》："能致长生，则福天也。"《老》："百姓谓我自然"；《想》："我，仙士也。"《老》："其中有信"；《想》："古仙士实精以生，今失精以死，大信也。"《老》："其在道"；《想》："欲求仙寿天福，要在信道。"以上一组，其《老子》原文皆无长生成仙的意思，注文则解说成信道宝精以求仙寿的道教教义。注文有时改字求解，如将"道大、天大、地大、王大，域中有四大，而王处一"中的两"王"字，改为"生"字，并注云："生，道之别体也"；又将"以其无私，故能成其私"的两"私"字，改成"尸"字，并注云："不知长生之道，身皆尸行耳"，"故能成其尸，令为仙士也"。前句以"生"释道，表现出道教重生的特点；后句将"尸"分成两类：一为普通之人身，不能长久，一为仙士之身，尸解成仙。《老子》原书确有长生的思想倾向，如："故能长生"、"长生久视之道"，但《老子》的基本思想是主张人的生命应随顺大道之自然，以有身为祸患之源，书中"长生"乃长寿之义，它所谓"死而不亡者"乃是指人的精神生命。《想尔注》则强调肉体长生，这正是道家哲学与道教有区别的地方。

复次，《想尔注》将《老子》书中轻贱仁义忠孝的观点，改释成肯定仁义忠孝。《老》："大道废有仁义，六亲不和有孝慈，国家昏乱有忠臣。"《想》："上古道用时，以人为名皆行仁义"，"道用时，家家孝慈"，"道用时，臣忠子孝，国则易治"。注文将仁义忠孝慈等与大道统一起来，说明作者已正面肯定吸收儒家伦理，这正是表现了黄老学派的特点。解释古经，基本上有三种：一是考据式训诂，二是义理上发挥，三是借题创新。《想尔注》中多有第三种情况，从学术研究上说固然多牵强附会之处，不足为训；然而从道教自身的神学建设来说，它不使老子的道家精神转向宗教，就无法借重老子道家，因此大胆改铸道家作品乃是迅速建立道教理论体系的一种有效方式，后来的道教学者继续乐此不疲。

一般地说，一个大的宗教的诞生，要有三个条件：一是形成特定的宗教信仰，二是形成重要经典和系统教义，三是形成一定规模的教团和宗教活动，就道教而言，它的特定信仰在两汉期间就已经形成了，这就是长生成仙；它的重要经典和系统教义则是在东汉后期至汉末形成的，《太平经》、《周易参同契》、《老子想尔注》可以作为代表；它的教团组织及规模活动则是在汉末至三国时期出现的，而且是以太平道、五斗米道等民间道教的方式出现的。民间道教出现以后，道教不仅作为一种社会思潮，也不仅作为极少数人修炼的生活方式，而且作为一种正式的社会力量积极参与社会生活，使道教信仰依附于一定的道教实体。这时的道教才是社会性的有体系的现实的宗教。

第六节　佛教概况与入华初传

佛教是世界三大宗教之一，起源于古印度，曾流布于亚洲各国，近代远传欧美，具有广泛的世界影响。佛教自两汉之际传入我国，经过一段时间的冲突、碰撞，逐渐与传统文化相结合，成了中国的宗教，在封建社会儒、释、道三角结构中占有一极，对中国社会的政治、经济、哲学、伦理、语言、文学、音乐、美术、雕塑、建筑、民俗等诸多领域都产生了巨大影响。佛教从异域传来，却能作为一门中国的大教发挥作用，一方面是由于中国社会有这方面的需求，另一方面也说明佛教自身有较高的素质。因此要把握中国佛教形成、发展的历史及其特点，有必要简略地了解一下佛教在其源头发展的历史及其基本教义。

一　印度佛教简史及其基本教义

（一）佛陀创教

佛教创始人释迦牟尼（Sakyamuni）原名乔达摩·悉达多（Gau-tama Siddhartha）。释迦是他的族名，牟尼意为贤者，是他出家后族人对他的尊称，释迦牟尼成道后，又被尊为佛（Buddha），意为觉或觉者，在汉文中也音译为佛陀、浮屠、浮图等。

关于释迦牟尼的生平和创教的历史，在印度已难找到确切的史据，仅在佛教经籍中留有大量充满神秘色彩的传说。从宗教研究的立场出发，透过教徒千百年来散布在佛陀头上的祥云瑞雾，我们便可以看到一位人间智者艰苦创教的足迹。

公元前 6 世纪，印度正处于列国纷争的战国时代。当时，喜马拉雅山下有一个小国名迦毗罗卫（今尼泊尔境内），在净饭王治下，人民尚可安居乐业。根据传说，王后摩耶夫人"白象受胎"，10 个月后生下王子悉达多。王子生下便有异相，从小接受传统的婆罗门教育，兼习兵法武艺，文武双全。14 岁那年驾车出游，接连看到人间生老病死的悲惨景象，深感人生无常，世事虚幻，遂发心出家，寻求永恒。29 岁那年正式出家。

释迦牟尼出家悟道的经历是艰苦而漫长的，他先在摩揭陀一带寻师问道，向当时流行的婆罗门教及各种外道师傅学习解脱之术。当时印度的传统宗教多提倡苦行，主张通过摧残肉体达到心灵的宁静。经过6年的修习，释迦牟尼变得瘦骨嶙峋，形容枯槁，精疲力竭，但并没有从苦行中找到解脱众生的正道。他决定放弃苦行术，自己创造一种新的解脱法门。夕阳西下时分，释迦牟尼来到一棵枝叶茂盛的菩提树下，铺草打坐，开始了新的冥思苦想，这便是有名的"菩提悟道"。据佛教传说，释迦牟尼战胜了魔王种种的干扰，经过七天澄心净虑的思考，终于在最后一夜晨曦初放之时豁然开朗。他从人生死轮回无穷无尽，逆观十二因缘、四谛、五蕴，洞识了人的本质，大彻大悟了。传说这年他35岁，这一天是12月8日，日后被定为"成道日"。

佛陀得道后，首先到贝拿勒斯城外的鹿野苑，向憍陈如等五个弟子宣讲自己所悟之道。这便是"鹿野苑初转法轮"。他用浅显的语言，生动的譬喻宣讲修习禅定，达到彼岸涅槃的真理，五个弟子完全被他的新理论征服了。消息传开，又有60人前来参加，组成僧团。当时官方倡导的婆罗门教已经相当腐化，失去民心，佛教独树一帜，发展很快，僧团迅速扩大。由于佛教宣扬种姓平等，故佛门弟子中有国王与富商，有乞丐与妓女，成员复杂。为了维护僧团的纯洁，佛陀规定信徒必须穿黄衣，剃发，云游乞食，雨季安居，犯过忏罪，并规定了不杀、不盗、不邪淫、不妄语、不饮酒等戒律，佛门弟子在社会上树立了安贫持律，清净心身的良好形象。

以后，佛陀派弟子四出传法，他自己也前往摩揭陀国王舍城毗婆罗国王处传法。国王相信佛教，皈依佛门，成为在家信教的居士，并命令摩揭陀国臣民都信佛教。由于得到统治者的支持，佛教迅速发展，佛陀本人在印度各国建立了崇高的威望。他传教45年，足迹遍于恒河两岸。

（二）原始佛教时期的基本教义

从佛陀创教到入灭后一百余年，是原始佛教时期。当时的佛教僧团比较团结统一，教徒对教义和戒律也未产生疑义，基本保持了释迦牟尼在世时的面貌。

佛陀生前传教只是口头传说，并无文字记载，弟子所闻所记，难免产生歧义。佛陀入灭后弟子深感传教不便，为了统一教义和戒律，在释迦牟尼逝世当年，便由大弟子迦叶在王舍城召集五百比丘集会，共同忆诵佛说，即佛教史上所讲的第一次集结，或称五百集结、王舍城集结。会上由一名上座弟子背诵经文，如众僧没有异议，便可作为佛说经典记录下来流传。第一次集结，产生了《阿含经》等一批小乘经典，佛教的许多基本原理都包含其中，为各教派共同尊奉，为佛教日后的发展奠定了基础。

1. 四谛

四谛又名四圣谛，谛是真理的意思、是释迦牟尼所悟出的有关人生的四条最基本原理，也可以说是整个佛教理论的总纲。四谛指苦谛、集谛、灭谛、道谛。苦谛是说社会人生一切皆苦，芸芸众生便在这苦海中挣扎沉浮。佛教所说人生之苦包括生、老、病、死、怨憎会（与自己憎恶的人或事在一起）、爱别离（与心爱的人或事分别）、求不得（欲望不能实现）、五蕴盛（人生本身之苦）。集谛是指造成人生痛苦的诸种原因，佛陀认为人生之苦的根子在于本性的无知（无明），由无明而有贪欲，从而造下各种惑业，依业受报便有轮回诸苦。"十二因缘"实际就是集谛的展开。灭谛指断灭诸苦之因，停止轮回，证入无忧无欲的涅槃境界，超出苦海，彻底解脱。道谛指为得涅槃境界而应遵循的方法和途径，具体讲有八正道。

2. 八正道

八正道是通向涅槃境界的八条正路。①正见，即正确的见解。②正思，即正确的思维方式。③正语，即正确的语言表达。④正业，即合乎佛法的正确行为。⑤正令，即正确的生活方式。⑥正精进，即正确的努力。⑦正念，即正确的人生理论。⑧正定，即正确的禅定方法。当然，这一切的"正"都是以佛教经、律为依据，以此与其他外道的修行方法相区别。

3. 十二因缘

十二因缘亦称十二缘起，是佛陀对人生诸苦缘由的分析。"缘起"是佛教重要的思想方法，他们认为世界上一切存在都是依赖其他某些条件（缘）的，"诸法由因缘而起"，而且诸法之间又是互相依存，互为因果，互为条件的。"此有故彼有，此无故彼无。"用缘起的观点分析人生，他把人生分解成十二个相互联结，互为因果的环节。共包括无明、行、识、名色、六入、触、受、爱、取、有、生、老死。十二个环节构成了生命的不断循环，可以从原因推出结果（无明→老死），也可以从结果逆观原因（老死→无明）。从原因方面看，无明指人与生俱来的盲目无知。由无知引出各种善或不善的行为意志（行）；由行为意志引出个人精神的统一体（识）；由识派生人的精神（名）和肉体（色）；有了精神与肉体便有人眼、耳、鼻、舌、身、意等六种感官（六入）；进而有了与外界的接触（触）；由此而引起苦乐的感受（受）；

由感受引发渴爱、贪爱、欲爱（爱）；由渴爱便对外界有所追求（取）；由此而有实际的思想与行为，即身、口、意所造之业（有）；由有（业）便决定来世之诞生（生）；有生便有老死（死），所以，无明之冲动便是人类生生死死，轮回不断的根本原因。

4. 五蕴

这是佛教对精神与物质现象的进一步分析。狭义地讲，五蕴即指人，广义地讲，可以泛指一切有为法（相互依存、相互变化中的现象）。"蕴"也译作"阴"，有"积聚"，"覆盖"之意，佛陀把一切精神、物质现象分成色、受、想、行、识"五蕴"。色蕴相当于物质现象，包括"四大"（地、水、火、风），由四大构成"五根"（眼、耳、鼻、舌、身）及"五境"（色、声、香、味、触等感觉对象）。受蕴相当于感觉，指人类对外境的诸种感受，一般分为苦、乐、不苦不乐三种。想蕴相当于知觉或表象作用。人通过对外界的接触，抽象出长、短、方圆、大小、苦乐等概念。行蕴相当于意志，是先于行动的内心努力。识蕴相当于意识，即统一各种心理活动的根本意识。佛教认为五蕴聚积就构成了宇宙间的一切精神、物质现象。同时又反复强调五蕴生灭无常，本无自性，并由此推出了"诸行无常"，"诸法无我"和"涅槃寂静"三法印。

5. 三法印

"印"有印信、印证之意，三法印是区分真假佛教的标准和印记。三法印包括：

①诸行无常。佛教从缘起论出发认为：宇宙和人生都是由一些个别的、刹那即逝的因素偶然结合起来的，依缘而起，随缘即灭，变化无常，故没有常住性。

②诸法无我。这是由诸行无常推论出的必然结论，法泛指一切现象，我指本性、主宰。由于一切存在都是由外部其他原因凑合而成，且变动不居，当然是没有自性的。以此观点看待人生，佛教反对传统婆罗门教梵天创世说（梵我）与灵魂不死说（神我）。他们认为如果承认梵天创世说，那么宇宙、人生的一切都成为神安排好的，等于取消了主观努力的意义；如果承认灵魂不死，就会陷入对自我灵魂的贪恋，这是一种"我执"，仍属无明，不得解脱。

③涅槃寂静。涅槃（Nirvāna），亦译泥洹，意为圆寂，灭度，梵文原意指火的熄灭，佛教用它来表示灭尽一切烦恼的最高理想和修行的最高境界。

现实世界"一切无常，皆假非真，乐少苦多"，而涅槃境界则"寂灭为乐"。《杂阿含经》讲："贪欲永尽，瞋恚永尽，愚痴永尽，一切烦恼永尽，是为涅槃。"（卷十八）

通观佛教基本教义可知，释迦牟尼是从人的生理和心理入手分析人生，创立佛教的。应该承认，他对人类心理和生理局限性的分析是深刻精辟，细致入微的。人作为一个思维的主体，当他面对广袤的宇宙和短暂的人生时，他总会感到自身的软弱、渺小、无常，他需要一种超时空、超自然的永恒作为心灵欠缺的补充，这正是宗教所以产生的心理基础。佛教满足了人们这方面的需要，因而才有广泛的市场。但是释迦牟尼把由于人生理和心理局限造成的心灵痛苦加以放大，认为是世界上一切痛苦的总根源，他显然掩盖了造成人民群众生活痛苦的社会根源，而在文明社会中这部分原因往往更为重要。同时，他为众生指引的解脱之路，仅仅是通过转换思维方式调节心理平衡，并不能实际减少因生理或社会因素带给人们的苦难，只不过使人们对苦难麻木而已。

（三）部派佛教

释迦牟尼逝世 100 年后，僧教僧团开始出现了分裂，最初分为上座部和大众部，史称佛教"根本分裂"。以后两大派再分化成 18（南传说）或 20 个小部派，史称"枝末分裂"。从此佛教进入了部派时期，时当公元前 4 世纪至公元前 1 世纪。

上座部由一些长老组成，比较保守，强调在教理和戒律方面维持释迦牟尼在世时的面貌，属于正统派。大众部则由大多数下层僧侣组成，思想比较自由，主张对教理和戒律作某种程度的改良。根据南传佛教的文献，发生根本分裂的原因是上座与大众两部对戒律的看法不同。上座部坚持"过午不食"，"不蓄金银"等传统戒律，而大众部则主张可以适当放宽。根据北传佛教的文献，发生根本分裂的原因是对阿罗汉果的理解不同。上座部坚持阿罗汉果是修行的最高果位，但有一个叫大天的比丘却认为阿罗汉还有五种局限，佛果才是最高果位。从两派争论的理由看，原始僧团发生分裂的根本原因还是由于佛教队伍的发展，一部分有钱人也出家为僧，僧侣队伍中也出现了占地、放债等剥削现象，故要求改变原始佛教不蓄金银的戒律。而贬低阿罗汉、抬高佛果则是出于在大众中神化佛教的需要。

根据北传佛教《异部宗轮论》，"枝末分裂"形势为：

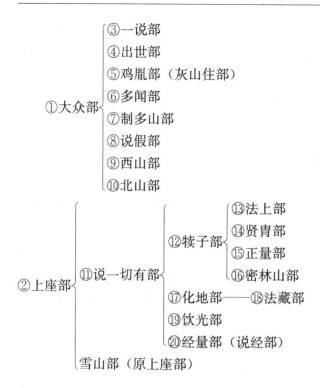

根据南传佛教《岛史》,"枝末分裂"形势为:

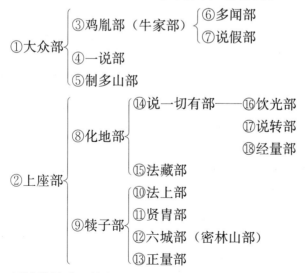

部派佛教进入枝末分裂时期,争论的问题更为繁复,其中对后世比较有影响的主要是三个。

1. 关于宇宙实有、假有之争

原始佛教用名色、五蕴等概念分析精神与物质问题，但并未专门探讨世界的本体论问题。到了部派佛教时期，佛教的视野逐渐从人生哲学转向宇宙论。在客观世界是否存在的问题上，当时共存在六种不同见解：①我法俱有论；②法有我无论；③法无去来论；④现通假实论；⑤妄俗真实论；⑥俱法俱名论。

2. 有我、无我之争

诸法无我本是佛教三大法印之一，不承认人有一个永恒不灭的灵魂是佛教与婆罗门教及其他外道的根本分歧。可是佛教又从婆罗门教继承了轮回说，这样佛教思想体系从一开始就包含了一个内在的逻辑矛盾：没有不灭的灵魂，谁是业报轮回的承受者呢？到了部派佛教时期这个矛盾公开爆发出来。有少数宗派仍坚持业感缘起论，认为人的身心行为有延续的能力，生命终止了，而业力却可以重新积聚起来，形成新的生命，承受业报。这里的"业力"不过是灵魂的另一种说法而已，而原始宗教却还要大反灵魂不死说，只是徒增矛盾。所以部派时期大多数部派都通过种种途径提出变相的我或灵魂，以补原始佛教之缺。如犊子系提出"补特伽罗"，经量部提出"胜义补特伽罗"，正量部建立"果报识"，化地部建立"穷生死蕴"等，不过都是灵魂的别名而已。

3. 佛陀是人是神之争

佛教的创立是对印度古代各种有神教的一种反动，释迦牟尼反对教徒把他当作神。他逝世前告诫弟子："依法不依他处"，即相信他的理论，不要崇拜他的偶像。上座部早期是由参加过原始佛教僧团的高级僧侣组成，他们坚持认为佛陀是人不是神，其肉身也有限制，寿命也有边际，佛陀的伟大在于他智慧精深和品质高洁。而大众部多是入教较晚的下层弟子，由于他们与释迦牟尼本人已有较大的距离，因而在他们心目中佛陀就是神。如他们讲佛有"三十二种相"（手过膝、面如狮、音深远、胸前有卐字等帝王相），"八十种好"，（一出生便已断尽漏失，根绝烦恼，寿命无际，威力无穷……）。释迦牟尼从反对有神论开始，最后自己也变成了一尊神。

总之，从理论上看，上座部佛教偏"有"，大众部佛教偏"空"。以后大众部逐渐向大乘空宗转化，上座系的经量部则向大乘有宗转化。同时，大乘佛教产生后，一些小乘部派仍在流传，如说一切有部、正量部等。

（四）大乘佛教

从公元 1 世纪至公元 7 世纪，是印度佛教的大乘时期。乘（yāna），意为乘载、车辆。公元 1 世纪中叶，从大众部中发展出大乘佛教，他们以普度众生为宗旨，自认为他们的理论是运载无量众生到达彼岸涅槃境界的大舟、大车，故称大乘。为了与原始宗教和部派佛教诸派相区别，他们把以前诸派提倡个人修行和解脱的方法贬为小乘。大乘与小乘在理论和实践上有如下几点区别：①在修习目标上，小乘认为人只能修成阿罗汉果，大乘则追求佛果。②在佛陀观上，大乘不仅神化佛陀，而且认为三界十方有无数之佛。③在修习方法上，小乘强调出家修习，过绝对禁欲的生活。大乘则重视在家修习。④在哲学上，小乘佛教只重视人生哲学，忽视宇宙论的研究，坚持原始佛教"人空法有"的见解。大乘佛教则把研究兴趣拓展到了宇宙论，鼓吹"人法两空"。大乘佛教的这些基本观点，主要保存在《般若经》、《宝积经》、《华严经》、《法华经》、《维摩诘经》、《阿弥陀经》之中。初期大乘发展一段时间以后，开始出现了"中观"学派，也就是大乘空宗。

1. 大乘空宗（中观学派）

大乘空宗的创始人是龙树（约 150～250）和他的弟子提婆（约 170～270）。他们的思想以阐发般若类经典为主，核心是一个"空"字。龙树所著《中论》、《十二门论》、《大智度论》及提婆所著《百论》是该派的基本著作。为了说明"空"的本质，空宗提出了"二谛"、"八不"、"中观"、"实相涅槃"等一系列新范畴。他们认为佛教所说的空并不是空无，而是从缘起的角度讲万法皆因缘和合而起，缘起故有，缘散故无，空无自性。《中论·观四谛品》概括说："众因缘生法，我说即是空，亦为是假名，亦是中道义。"这便是有名的"三是偈"。空宗认为：对于缘起法，既要看到它空无自性的一面，也要看到它是假名存在的一面，而佛教的最高真理，就在于空、假之间的中道。大乘空宗因提倡非有非无，不着两边亦不舍两边的"中观"思维方法而著名，对以后的大乘佛学，特别是我国的佛教产生了极大影响。大乘空宗的一些论题传入我国后曾引起了广泛的讨论，故此处介绍从略。

大乘空宗对客观世界的否定是彻底的，对于有较高思辨水平的学者来讲，他们提出的"破邪显正"的方法，使人们在对有无两边同时否定中获得一种超越的肯定，从而达到精神的解脱。但对于大多数文化程度不高的信徒来讲，这种"毕竟空"却造成了他们修习上的困境。特别是由于空宗宣传"实相涅槃说"，主张"涅槃与世间，无有少分别"（《中论·观涅槃品》）。这就造成了一个很大的逻辑矛盾，既然涅槃与世间同，那么涅槃是不是空？如果涅槃也是空，那么修习涅槃还有什么意义？故大乘空宗流行一段时间以后，大乘佛教中便出现了一些试图弥补其缺陷的经文，其中最有代表性的便是《大般涅槃经》。该经以佛性来讲空，"佛性者，名第一义空，第一义空名为智慧……中道者名为佛性"，"是故佛性非有非无亦有亦无"。佛性既是世界的本质，又是众生证得涅槃的根本依据。"我者，即是如来藏义。""如来即在众生身内。"这样，《涅槃经》纠正了空宗偏空的倾向，又把大乘普度众生的理想推到了极致，为众生皆可成佛找到了理论上的根据。不过，《涅槃经》在印度并未广泛流传，因为佛性说近于神我说，与佛教三大法印之一的"诸法无我"相矛盾，故很快便为大乘有宗的唯识学代替了。可是《大般涅槃经》传入中国却受到了高度的重视，成为中国佛教大多数流派解释世界的基本理论，故在此特别加以介绍。

2. 大乘有宗（瑜伽行派）

大乘有宗的创始人是世亲（约 395～470）和无著（约 400～480）兄弟俩。由于他们重视印度传统的瑜伽修炼术，故该派又以瑜伽行派得名。在理论上，他们针对空宗的弊端，提出"万法唯识"，"识有境无"的观点，故又称有宗。该派的主要经典是《解深密经》、《瑜伽师地论》，无著的《摄大乘论》、《显扬圣教论》、《顺中论》和世亲的《唯识二十论》、《唯识三十颂》、《佛性论》、《止观门论》等等。

大乘有宗学说的核心是"唯识说"，他们认为客观世界都是从人们的"识"中变现出来的，故"境无识有"。为了说明这一观点，他们将人的精神现象分成了眼、耳、鼻、舌、身、意、末那、阿赖耶等八识。每一识又分成"见分"与"相分"两部分，客观世界不过是人们的识中变现出的"相分"而已。人的认识活动是以"见分"取"相分"，是识在自己认识自己。所以他们得出结论："三界唯心，万法唯识"，八识中的阿赖耶识是世界的总根源。有宗在反对空宗"毕竟空"的过程中，实际把人的精神作为惟一的存在加以肯定。

为了解释人的轮回与修习过程，有宗提出了阿赖耶识种子说；为了进一步分析客观世界，他们提出"五位百法"；为了反对其他宗派的偏失，他们提出"三自性说"；为了说明修习果位的差异，他们提出了"五种姓说"。……由于玄奘西行求法，系统地将大乘有宗的思想传译到了中国，故这里介绍从略。

(五) 密教与印度佛教的衰亡

公元 7 世纪至 13 世纪, 印度佛教发展到密教时期。密教是大乘佛教理论与印度传统宗教仪规相结合的产物。公元 4 世纪左右, 一度衰落的婆罗门教吸收了佛教、耆那教、古希腊、古罗马宗教的部分内容, 形成了新婆罗门教——印度教, 并很快在印度广大地区取得了支配地位。而佛教经大乘时期的发展, 已经变得过分玄奥、烦琐, 脱离了广大群众。为了重新吸引信徒, 佛教不得不一改初衷, 从印度教中吸取巫术、咒语、仪规、密法。这种活动大约在公元六七世纪时便已出现, 早期密教依附于大乘佛学, 被称为"杂部密教"。公元 7 世纪后, 密教的理论著作《大日经》和《金刚顶经》相继诞生, 进入"正纯密教"阶段。至公元 8 世纪, "纯密"发展达到了高峰, 正式取代了大乘佛教的地位。

密教的主要经典是所谓的"六经三论", 即《大日经》、《金刚顶经》、《金刚顶五秘密经》、《瑜祇经》、《圣位经》、《楞伽经》和《菩提心论》、《释摩诃衍论》、《大智度论》。密教自称, 其教理由法身佛大日如来亲传, 真言密语, 只密传给得灌顶礼的弟子, 故密教以密闻名。他们把以前的佛教宗派称为显宗。密宗的理论比较简单, 认为宇宙万物, 佛与众生都是由"六大"(地、水、火、风、空、识)构成, 佛与众生体性不二, 众生如果修"三密加持", 即手结契印(身密), 口诵真言(语密), 心观佛尊(意密)便可做到身、口、意三业清净, 与佛身、口、意相应, "即身成佛"。但是密教的修行仪轨却非常复杂、繁琐, 对设坛、供养、诵咒、灌顶都有严格规定, 需经导师(阿阇梨)秘密单传。

密教是佛教与传统宗教调和的产物, 故在民间有较大影响, 但同时也出现了忽视理论, 只重仪轨的世俗化倾向。后来, 从密教中分化出来一个叫"易行乘"的派别, 进一步与印度教的性力派相结合, 提倡修性欲瑜伽, 鼓吹在男女性交中体悟性空, 获得解脱。从此密教自纵欲而趋于淫秽, 特别是晚期的左道密教, 甚至发展到对鬼神、生殖器形象的崇拜, 以所谓"五甘露"(屎、尿、骨髓、男精、女阴)、"五肉"(狗、牛、马、象、人肉)为供奉, 逐渐为群众所不齿。

在密教自身渐趋没落的同时, 伊斯兰教却在波斯、阿富汗一带发展起来, 10 世纪后开始向东扩张, 周期性地侵扰印度。伊斯兰教是有强烈排他性的宗教, 特别反对偶像崇拜。伊斯兰教提倡武力传教, 进入印度后, 印度教和佛教都是它破坏的对象, 迫使两教联合对敌, 密教进一步与印度教趋同。

13 世纪，印度仅存的佛教大寺超行寺被入侵者烧毁，佛教从此中绝。直到 19 世纪，佛教才从斯里兰卡重新输入，但至今势力不大。

（六）印度佛教的对外传播

印度佛教大规模地向国外传播，是从公元前 3 世纪孔雀王朝的阿育王时期（约前 273～232）开始的。传说阿育王曾经是一个十分残暴的国王，靠弑兄篡夺了王位，并不断进行扩展版图的对外战争，开展对外贸易，使孔雀王朝空前强大。但在一次激烈的对外战争后，他看到尸横遍野、血流成河的战场，突然良心发现，皈依了佛教。阿育王是个虔诚、狂热的教徒，传说在他统治时期，全印共修 84000 千座寺塔，刻制无数的摩崖和石柱。他亲自主持佛教第三次集结，编写大量经典。在国内大兴佛事仍意犹未尽，阿育王还派遣佛教徒和使臣向周边各国传教，佛教从此开始走向世界。

佛教对外传播主要沿南北两路进行。南路首先传入斯里兰卡，再从斯里兰卡传入缅甸、泰国、柬埔寨、老挝、马来西亚、印度尼西亚，以及我国云南的傣族、崩龙、布朗等少数民族地区，形成了所谓南传佛教系统。由于南传佛教的输出地是小乘上座部占优势的地区，故以上座部思想为主，经典主要用巴利文写成。北路又可分成两条，一条从印度北部的犍陀罗越过葱岭（今阿富汗的帕米尔高原）进入西域的大夏、安息、大月氏诸国，再由西域传入我国汉族地区。一些年后再由中国传往朝鲜、日本、越南。另一条是从中印度传入尼泊尔，然后翻越喜马拉雅山进入西藏。北传佛教系统以大乘佛学为主，经典主要用梵文写成。在阿育王时代，佛教顺印度洋、地中海航线也曾传入古埃及、古希腊等国，但并未在历史上留下多少痕迹，倒是从南北两路流入中国汉地、藏族、傣族地区的佛教生根开花，形成了蔚为大观的三大佛教流派，至今传承不绝。

近代以后，佛教远播欧美，引起了全世界的注意，据 1982 年《大英百科年鉴》统计，全世界共有佛教徒254 840 550人，为世界第三大宗教。但这仅是教徒人数，如果统计包括有佛教信仰的人在内，则人数不止 6 亿。（据台湾《狮子吼》第三卷第十期）

二　佛教初入中国的传说与史迹

（一）数条传说及其考辨

由于佛教的对外传播基本是一次民间的和平传教过程，如杜诗中描写的春雨，"随风潜入夜，润物细无声"，故很难划定一条佛教进入中国的时间界线。特别是由于魏晋以后，佛教和道教为争高低优劣，各自编造了许多神话以争先后，更为后人的考据增加了难度。中国传统文化有崇古尚老的价值倾向，所以佛、道二教都拼命提前自己的创教时间。西晋道士王浮曾伪造《老子化胡经》，说老子西出函谷，涉流沙、入天竺为佛，释迦牟尼是老子的弟子。佛教徒则针锋相对，编造种种神话证明佛教创立在先，入华很早，现将其主要说法排列如下，并稍作考辨。

①三代以前既知有佛。刘宋宗炳的《明佛论》云："伯益述《山海》：'天毒之国，偎人而爱人。'郭璞传：'古谓天毒即天竺，浮图所兴。'偎爱之义，亦如来大慈之训矣，固亦既闻于三（皇）五（帝）之世矣。"传说伯益是大禹治水的助手，《山海经》为其所作，宗炳由此断定佛教自三皇五帝时即传入中国。但是宗炳极力拔高佛教时却忽略了几个基本史实：《山海经》成书于战国以后，不能作为三代史料；天毒指朝鲜，并不指天竺，史有明训；三皇五帝时代，佛教在印度尚未创生矣。

②周代传入佛教。唐道宣在《简诸宰辅叙佛教隆替状》中说，《列子》云：周穆王时西极有化人来，反山川，移城邑，千变万化，"不可穷极，穆王敬之若圣。此则佛化之初及也"。

③春秋佛教始传。道宣在《归正篇》中引《引子·仲尼》云："夫子动容有问曰：'丘闻西方有圣者焉，不治而不乱，不言而自信，不化而自行，荡荡乎人无能名焉。'据斯以言，孔子深知佛为大圣。"此两论均引自《列子》，《列子》托周朝列御寇之名而作，实出西晋人的手笔，思想则是道家的，杂以神仙家之语，其所说西方圣人是神而未必是佛。且西周初年佛未创生，孔子与释迦牟尼同时创教，在关山阻隔的时代了解佛教的可能甚小。

④战国已有佛教。晋王嘉《拾遗记》载：燕昭王七年（前305），"沐胥之国来朝，则申毒国之一名也，有道术人……善衔惑之术，于其指端出浮屠十层"。燕昭王在印度阿育王之先，此时佛教尚未传到印度北部，传入中国北部的燕国是不可能的。

⑤秦代曾有高僧来华。唐法琳《对傅奕废佛僧事》说："释道安、朱士行等《经录》云：始皇之时，有外国沙门释利防等一十八贤者赍持佛经来化始皇，始皇弗从。"秦始皇与阿育王大体同时，但以当时的交通条件推论，阿育王的使者未必能到达中国。

⑥汉武帝时佛教始传。《汉书·武帝纪》载：元狩二年（前121）霍去病击败匈奴，"破得休屠王祭天金人"。又《魏书·释老志》云："及开西域，

遣张骞使大夏。还，传其旁有身毒国，一名天竺，始闻浮屠之教。"匈奴祭天金人未必是佛像，但张骞开西域，打通丝绸之路，无疑为中印两国经济、文化交往打开了大门，佛教在汉武帝之后沿丝绸之路进入中国是完全有可能的。但《后汉书·西域传》载："佛道神化，兴自身毒，而两汉方志，莫有称焉。"汉武帝及西汉中、前期，并未见到确切可考的史籍。

（二）两则重要史料

关于佛教始传中国，史学界一般公认的说法是两汉之际。第一条史料依据是《三国志·魏志》卷三〇《东夷传》裴松之的注中引鱼豢的《魏略·西戎传》，其文谓：

> 昔汉哀帝元寿元年（前2年），博士弟子景卢受大月氏王使伊存口授《浮屠经》。曰复立（一作复豆）者，其人也。《浮屠》所载临蒲塞、桑门、伯闻、疏问、白疏问、比丘、晨门，皆弟子号。

这段记载是比较可靠的，曹魏鱼豢所撰《魏略》，成书较早。文中记载"复立"（或"复豆"）是浮屠、佛陀的早期异译，其他弟子名亦如此。大月氏地处西域，是中亚佛教盛行之国，张骞通西域后与中国有使者频繁往来，其中某位信佛使者来华时将信经授予中国博士是完全可信的。《魏书·释老志》亦曾引用这段史料，不过后面又加一句："中土闻之，未之信了也。"可见佛教当时并未引起人们的重视，西汉正史亦未见记载。

另一则比较可靠的史料是讲东汉初年的情况，《四十二章经》序载：

> 昔汉孝明皇帝，夜梦见神人，身体有金色，项有日光，飞在殿前。意中欣然，甚悦之。明日问群臣，此为何神也？有通人傅毅曰："臣闻天竺有得道者，号曰佛，轻举能飞，殆将其神也。"于是上悟，即遣使者张骞、羽林中郎将秦景、博士弟子王遵等十二人，至大月支国，取佛经四十二章，在十四石函中，登起立塔寺。于是道法流布，处处修立佛寺，远人伏化，愿为臣妾者不可胜数。国内清宁，含识之类蒙恩受赖，于今不绝也。

这条史料还被《牟子理惑论》、《后汉书·西域传》、西晋王浮《老子化胡经》、东晋袁宏《后汉纪》、南齐王琰《冥祥纪》广泛引用。这些著作写作时代距汉明帝比较接近，大体可信汉明帝梦感一事，当然不会是佛陀托梦，但也未必完全出自佛教徒的编造，在神怪之说盛行的汉代，人们夜梦神人是很正常的。圆梦者显然已有一些佛教知识，有意向佛教方面引申，故促成了汉明帝遣使求取佛经。至于汉明帝遣使的时间，有永平三年（60）、永平七年（64）、永平十年（67）等不同说法，不得详考。但是对佛教东传这样一场大规模的、长时间的、民间的传教活动来讲，把初传时间模糊一点，定为两汉之际，可能更符合历史的真实。

关于上面引证的那则史料中西行使者的姓名，《魏书·释老志》、《冥祥纪》、梁慧皎的《高僧传·摄摩腾传》，把张骞换成了蔡愔，说"郎中蔡愔、博士弟子秦景"等到达西域，并增添了一段内容：

> 愔（蔡愔）等于彼（天竺）遇见摩腾，乃要（邀）还汉地。……明帝甚加赏接，于城西门外立精舍以处之。……有记云：腾译《四十二章经》一卷，初缄在兰台石室第十四间中。腾所住处，今洛阳城西雁门外白马寺是也。（《高僧传·摄摩腾传》）

东汉明帝派出的使者，不仅取回了《四十二章经》，而且邀请西域高僧摄摩腾来华译经。这样，摄摩腾便成了第一位载之于史籍的外国僧人，而洛阳白马寺则是我国最早的寺院兼译场。

（三）东汉年间佛教的流布

东汉初年，上层统治者中便开始出现了佛教的信奉者，始见于《后汉书·楚王英传》。楚王刘英是光武帝之子，汉明帝的兄弟，年轻时好游侠，结交宾客，收拢大批方士。晚年"更喜黄老、学为浮屠，斋戒祀祭"。后刘英获罪于朝廷，汉明帝永平八年（65），诏令天下有死罪者可用缣（细绢）赎罪，刘英派郎中奉黄缣白纨三十匹到国相处赎罪，明帝下诏曰："楚王诵黄老之微言，尚浮屠之仁祠，洁斋三月，与神为誓。何嫌何疑，当有悔吝？其还赎，以助伊浦塞（即优婆塞——男居士）、桑门（沙门）之盛馔。"从《楚王英传》可知，东汉初年的佛陀信仰是依附于黄老崇拜的，黄老浮屠并提，且用中国古代宗教的"斋戒祭祀"法供奉。在中国人心目中，佛陀、罗汉不过是西方的一种神仙。袁宏《后汉纪》讲："佛身长一丈六尺，黄金色，项中佩日月光，变化无穷，无所不入，故能通百物而大济群生。"《四十二章经》则说："阿罗汉者，能飞行变化，旷劫寿命，住动天地。"显然，汉代人是用自己头脑中的神仙方术概念去理解佛教的。

东汉后期的桓、灵之际，佛教信仰流入宫中，襄楷上书说："又闻宫中立黄老浮屠之祠，此道清虚，贵尚无为，好生恶杀，省俗去奢。"（《后汉书·襄楷传》）桓、灵二帝是最早信奉佛教的帝王，在宫中公开建祠祭祀，可见佛教在社会上层已有一定影响。不过关于一般民众信奉者的情况，东汉之世无明确记载。十六国时后赵王度说："汉明感梦，初传其道，唯听西域人得立寺都邑，以奉其神。其汉人皆不得出家"（《高僧传·佛图澄传》），可见社会上信奉者多为西域僧人，使臣或商贾。但是佛教大约在民众中已产生了相当的吸引力，不然政府也不必下禁令了。

然而事情也有例外，那就是严佛调。梁僧祐《出三藏记集》（史称《祐录》）卷一三《安玄传》中附载："佛调，临淮人也。绮年颖悟，敏而好学，信慧自然。遂出家修道，通译经典，见重于时。"安玄是安息国僧人，汉灵帝末年来华，被时人尊为骑都尉。显然严佛调是在参加安玄译经的过程中信仰佛教，出家为僧的。《祐录·安玄传》又载："玄与沙门严佛调，共出《法镜经》。玄口译梵文，佛调笔受，理得、音正，尽经微旨，郢匠之义，见述后代。"他们在译经事业上所做贡献得到了后代的赞扬。不过有一点还需指出，严佛调出家只是"剃除须发，着坏色衣"，并没有受过"具足戒"，不能算是完全合格的僧人。因为在三国时期昙柯迦罗来华传戒以前，华籍僧人中还未建立正规的出家程序。

东汉末年，政治腐朽，社会矛盾尖锐，终于导致了汉灵帝中平元年（184）的黄巾起义。黄巾起义被镇压后，东汉政权名存实亡，国内陷入了长期的军阀割据、混战局面，人民群众生活极为困苦。政府控制能力的减弱和民众在现实生活中的失望，为佛教大发展提供了条件。实际从东汉末年开始，中国的佛教便进入了迅速增长时期，这一点我们可以从笮融事佛活动的记载中看到。《三国志·吴志·刘繇传》载：

> 笮融者，丹阳人。初，聚众数百，往依徐州牧陶谦，谦使督广陵、彭城运漕，遂放纵擅杀，坐断三郡委输以自入。乃大起浮屠祠，以铜为人，黄金涂身，衣以锦采，垂铜盘九重，下为重楼阁道，可容三千余人，悉课读佛经。令界内及旁郡人有好佛者听受道，复其他役以招致之。由此远近前后至者五千余人户。每浴佛，多设酒饭，布席于路，经数十里，民人来观及就食者且万人，费以巨亿计。

笮融靠聚啸山林起家，投奔徐州牧陶谦后，又坐断国家漕运委输发财致富，转而大作佛事。不过从这段记载可以看出，当时已有"重楼阁道，可容三千余人"的大寺院，每逢讲经，数千人往闻，佛教已改变了东汉初年仅流行于上层统治者小圈子的局面，在社会上产生了很大影响，有众多信徒了。"每浴佛，多设酒饭，布席于路，经数十里，民人来观及就食者且万人。"说明当时浴佛节已成为隆重的社会节日，在大贵族支持下，寺院设酒饭斋众，民众踊跃参加，佛教文化已经渗入民俗层面。"复其他役以招致之，由此远近前后至者五千余户。"说明当时佛教信奉者已能享受某些免除徭役的特权，所以笮融才能以佛教为由招徕民户。总之，经东汉两百余年的发展，中国佛教已初具规模了。

三　东汉译经及其代表人物

东汉属于佛教初传时期，佛教活动以翻译经典为主。汉明帝时，传说西域僧人来华，译出《四十二章经》，为汉译佛经之滥觞。桓、灵之际，西域来华僧人渐多，陆续有一批梵文经典译出，据梁僧祐《出三藏记集》统计，汉末桓、灵之际（147～189）共译出佛经53部、73卷。当时译经的特点是以西域僧人为主，他们带来什么就译什么，故所出经典大、小乘皆有。其中，安士高主要在北方传译小乘阿毗昙学和禅学经典，支娄迦谶主要在南方传译大乘般若学经典，形成了南北方不同特色的两大体系。

（一）关于《四十二章经》

《四十二章经》是目前所见最早的汉译佛经。据说乃汉明帝遣使从西域大月氏国取回，现存版本署款为"迦叶摩腾并竺法兰共译"。前面一节我们已经引证了有关迦叶摩腾的史料，关于竺法兰，梁《高僧传·竺法兰传》讲：

> 竺法兰，亦中天竺人。……时蔡愔既至彼国，兰与摩腾，共契游化，遂相随而来……既达雒阳，与腾同止，少时便善汉言。愔于西域获经，即为翻译，《十地断结》、《佛本生》、《法海藏》、《佛本行》、《四十二章》等五部。移都寇乱，四部失本，不传江左，唯《四十二章经》，今见在，可二千余言。汉地见存诸经，唯此为始也。

可是前引有关汉明遣使、摩腾来华的史料，并未提及竺法兰。另外，在译人、译文以及经本身的某些内容方面都存在一些问题，近代以来有些佛学研究者怀疑《四十二章经》是后出伪作，但更多的学者佐证旁引，证明《四十二章经》在东汉时期肯定存在。①

从内容方面看，《四十二章经》不是一本独立的经书，而是辑录小乘佛教基本经典《阿含经》要点的"抄经"，类似于"佛教简介"。《四十二章经》由四十二段短小经文组成，重点讲人生无常，爱欲之弊，要求信徒精进离欲，由布施、持戒、禅定而生智慧，最后证得四沙门果。从文化传播学的角度看，佛教初入汉地首先选译一些这样的入门书是完全有可能的。

（二）安士高和他所传译的小乘禅数学

安士高，名清。生卒年月不详，原为安息国太子，由于受佛教"苦"、"空"理论的影响，厌弃世俗生活，其父死后，把王位让给了叔叔，自己出家修行。因他出身于王族，所以他出家后被人尊为"安侯"。据说安士高博学多才，除了佛学以外，还精通文化典籍、阴阳五行、医术之类。他曾"游方弘化，遍历诸国"，于汉桓帝初年到达中国，"通习华语"，以后到达洛阳开始译经。据《出三藏记集》载，安士高来华二十年，共译佛经 34 部，40 卷（《开元释教录》说有 95 部，115 卷，《大唐内典录》说有 170 余部 190 余卷）。其中影响最大的是《阴持入经》和《安般守意经》。此外还有大小《十二门经》、《人本欲生经》、《大道地经》、《阿毗昙五法经》等等，汉灵帝末年，天下战乱，安士高避乱辗转于广州、会稽等地，一日在街头被斗殴者误伤身亡。

关于安士高的译经，后人有很高的评价。僧祐讲："义理明析、文字允正，辨而不华，质而不野。"（《祐录·安士高传》）关于他的学术思想，僧祐又说："博综经藏，尤精阿毗昙学，其所出经，禅数最悉。"（同上）从现存经籍看，安士高传译的，主要是小乘禅经和阿毗昙学，属于说一切有部。禅，即禅定、禅观，是佛教徒一种重要的修习方法，安士高所译《禅经》属于小乘禅法系统。阿毗昙也可译为"论"，是小乘诸派对其基本经典《阿含经》的论述。为了解释方便，他们常对佛法分门别类地加以说明，以众多的数字加以标志，所以阿毗昙又称"数法"、"对法"。安士高将小乘禅法与阿毗昙相结合，史称"善开禅数"。

---

① 参见郭朋著《汉魏两晋南北朝佛教》。

　　《阴持入经》是阿毗昙学的典型文献，它的主要内容是提倡修戒、定、慧三学来对治各种惑业，从而脱离生死，证得涅槃。其方法侧重对名相概念的分析与推演，其中提出了三科、五阴、十二因缘、四谛、二本罪、三恶、四倒、三十七道品、四道果等，繁复数字概念，推理严谨细密，不愧为"数论"。

　　《阴持入经》是从分析阴、持、入三个概念入手的。阴、持、入后被译为蕴、处、界。蕴，即"色、受、想、行、识"五蕴。处，有十二处，即"眼、耳、鼻、舌、身、意"六根，再加"色、声、香、味、触、法"六境。界，有十八界，即"六根"、"六境"再加"眼识、耳识、鼻识、舌识、身识、意识"六识。《阴持入经》认为："三部并行"，便构成了人及其所生存的客观环境。由于人就是由这些因缘和合而成，故空无自性。但是一般人不明佛教三科、五阴的真理，在"无明"和"贪爱"的驱动下，反而对世界产生"常乐我净"四种倒见，追逐世间享乐。其结果便是流转生死不得解脱。《阴持入经》除了讲述佛教四谛、五蕴、十二因缘等基本原理外，特别指出人生九种"惑业"，即"痴、爱、贪、恚、惑、受（取）、更（触）、法、色"，亦称九品。并认为必须用"九绝"来对治"九品"，"九绝"指："一止、二观、三不贪、四不恚、五不痴、六非常、七苦、八非身、九不净。"其中，痴、爱在九品中为"二本罪"，是万恶之源，故须用九绝中止、观二法对治。对于止，《阴持入经》解释说："彼从止摄意得还，是为止想，令从是止禅"，即把思想从世俗的贪爱收敛回来，止于佛教要求的禅观。对于观，《阴持入经》解释说："彼从一切法，寂然能解受，是为观想，令止竛一切知。"也就是说，在止以后，还要按照佛教的教义去思考，因止、观而生慧。在小乘佛教"戒、定、慧"三学中，慧是三学的根本，佛教要求人们用慧去断痴、驱爱。它特别举出了用慧对治"常乐我净"四种倒见的例子，从而获得"非常、苦、非身、不净"这四种正确观念，又称"四禅"。以此再反观五阴，《阴持入经》讲："彼不净想行，令色阴从是解"，注者讲："谓四大恶露皆属色，行家存（觉）身内秽，以却色欲。"即从不净的观念出发，首先把自身看得非常肮脏，从此不再有色的要求。"彼苦想行，令痛阴从此解。"即从苦的观念出发，把与外界接触所获的感受想成痛苦。"彼非身想行，令思想阴从此灭。"从否定自我意识的非身观念出发，否定想蕴、行蕴的主体活动。"彼非常想行，令识阴从是解。"从诸法无常的观念出发，否定一切认识对象。《阴持入经》认为：达到了这一步，厌弃人生，否定了客观世界，也就是证入涅槃境界。小乘的涅槃又分两类，仅仅在思想上灭“惑业”是“有余涅槃”，因为作为苦果的肉身尚且存在，必须达到“灰身灭智”的水平，“已无为竟，命已竟毕，便为苦尽”，是谓“无余涅槃”。小乘这类以死为最高追求的理论，与儒家、道家的生命哲学冲突很大，故被道教戏称为“修死”之学。

安士高所译《安般守意经》是讲禅学的，“安名为入息，般名为出息”，“安般守意”就是通过数出入呼吸来守住心意，不使散乱。从形式上看，数息法与当时流行的道教神仙术中呼吸导引之法很相似，所以在北方很快便流行起来。然而，从本质上讲，佛教的禅法与道教的导引之术却是大异其趣的。禅定的目的不在于健身，而是引导人去思虑。禅是梵文 Dhyāna 的音译，也译“禅那”，意思是“静虑”、“思维修”。习禅的目的，就是使信徒依靠信仰的力量，限制来自体内的情绪干扰和社会的利欲引诱，把精神集中在特定的观察对象上，并按照佛教规定的方式进行思考，以便根除烦恼，弃恶从善，由染入净。所以说禅定是佛教培养信徒宗教情感的一种重要实践活动。安士高所传小乘禅法与中唐以后产生的禅宗之“禅”本质不同，有一套烦琐细密的程序。

《安般守意经》要求修习者从数息开始，便把思想与教义紧密结合起来，三国时期的康僧会将其概括为“四禅”、“六事”。四禅是修习的四个阶段，包括数息、相随、止、观。六事是在四禅之外，加还、净两事。具体内容和要求如下：①数息：“系意着息，数一至十，十数不误，意定在之。”（康僧会《安般守意经序》）要求把注意力集中到呼吸上，从一数到十，不断反复，使心神安定下来。②相随：“已获数定，转念相随”，意念已定之后，便不再数数，把注意力集中到呼吸的自然运行上。③止：“又除其一，注意鼻头，谓之止也。得止之行，三毒四趣五阴六冥诸秽灭矣。”（同上）在此阶段，要求把注意力集中在鼻子上，使意念停止不动，使可排除心中一切杂念。④观：“还观其身，自头至足，反复微察，内体污露，森楚毛竖，犹睹脓涕。于斯，具照天地人物，其盛若衰，无存不亡。信佛三宝，众冥皆明。”（同上）所谓观就是观五阴，通过否定自身，进而否定客观世界，以达到对于佛教的信仰。⑤还：“何以故为还，厌离生死故。”还包括“弃身七恶”和“还五阴”两个方面，即舍弃杀、盗、淫、妄言、两舌、恶口、绮语等七恶，断弃对人生的贪爱，超越生死。⑥净：“何以故为净，分别五阴不受故。”通过前五个阶次的修炼，最后达到“五阴不受”的水平，净即无为，“安般守意，名为御意至得无为也"。通过禅定修炼，进入一种对客观世界以及自身的肉体和精神都无所求，亦无所为的状态，这就是涅槃。

安士高所传小乘禅数学不仅当时便得到了流行，后世还有所发展。三国的康僧会和东晋的道安都是其学说的重要继承者。

(三) 支娄迦谶和他传译的大乘般若学

支娄迦谶，简称支谶，生卒年月不详。《僧传》仅记他是月支国人，"汉桓帝末，游于洛阳，以灵帝光和、中平之间 (178～189)，传译胡文"，以后不知所终。

支谶译经以大乘为主，在大乘系早期的《般若》、《宝积》、《华严》、《方等》经中，都有代表作译出。据《出三藏记集》载，支谶在华期间，共出经 14 部、27 卷。其中影响最大的是《道行般若经》、《首楞严三昧经》和《般舟三昧经》。《般若经》是大乘经典中的重要组成部分，唐代玄奘译本有六百卷之多。支谶所译《道行般若经》十卷属于小品，乃玄奘所译大品中第四会 (401～478) 的异译本。对于该经的翻译质量，道安评价说："因本顺旨，转音如已，敬顺圣言，了不加饰。"即以直译为主，遵循原意，但文字欠华美。

般若是梵文 Prajñā 的音译，指的是佛所特有的一种洞照性空、超情谴知的特殊智慧，获此智慧即可达涅槃彼岸世界，所以般若又是大乘六度之一 (布施、持戒、忍辱、精进、禅定、般若)，全称 PrajñāPramitā，音译为"般若波罗蜜多"。佛教特别强调般若智慧与凡人正常智慧之不同，中文中又没有可以对译的词汇，故只得用音译。在大乘佛教看来，般若是六度的核心，是获得解脱的关键。"以布施、持戒、忍辱、精进，一心分布诸经教人，不及菩萨大士行般若波罗蜜多。"(《道行般若经·功德品》)《道行般若经》就是描述佛所主持的一个大会上，委托须菩提向诸天龙说法，向大众阐发应当如何思维，如何修习才能获得佛的成就的全过程。由于成佛的依据在于获得般若智慧，因而不只释迦牟尼一人可以成佛，十方众生，人人皆可成佛。《般若经》为人人皆可修得佛果提供了理论根据，是佛教从小乘向大乘转化的一个标志。

小乘佛教有空人不空法的特点，安士高传译的小乘禅数学总是教人用止、观二法洞识五阴，"行家觉内秽，以却色欲"，通过将自身看成空寂的、丑恶的以却外染，达到"五阴不受"的目的。大乘佛教反对小乘用切断主客观联系，不染外物的方法达到思想的净化，而主张直接洞识"万法性空"以获得思想的解脱。所以，六百卷《般若经》，核心就是讲一个"空"字。

般若学讲空，是以佛教"缘起"理论为依据的。在原始佛教时期，便已用缘起论讲人生，形成了"十二因缘论"，说"人无我"。大乘佛教则把缘起论运用于客观世界，讲"法无我"。缘起说的要点是讲，万法皆由诸多因缘凑泊而起，缘聚则起，缘散则无。《道行般若经·昙无竭品》举了一个例子："譬如箜篌，不以一事成，有木有柱有弦，有人摇手鼓之，其音调好自在，欲作何等曲。"箜篌是一种古代乐器，由木、柱、弦等材料构成，还要有人弹奏，才能产生美妙的音乐。箜篌之音就是由这诸多因素和合而成，缺一不可。佛教注意到客观事物的生成和存在都是有条件的，一事处于与众多它事的联系中是正确的。但是佛教却把事物的普遍联系与事物固有属性对立起来，从此得出结论，万物空无自性，"诸法虚妄如梦"。人们在日常生活中感触到的客观事物，如梦如幻，虚假不真。"幻与色无异也，色是幻，幻是色。"（《道行般若经·道行品》）可是这样的结论与大众的直接经验相距太远，为了调和这个矛盾，般若学又提出：即使是梦幻也不是纯无，从缘起论看，万物因缘和合也是一种现实的存在，"譬如幻师子旷大处化作二大城，化作人满其中"（同上）。这城与人仅仅是无自性而已，却不是不存在。凡人"惑智"，认幻有为真，故陷于轮回，不得解脱。《般若经》就是教人们一种般若智，洞识万法"假有"的本质，故生活于其中而又不会为其束缚，如此便是涅槃。

为了说明万法假有、性空的原理，《般若经》又设真、俗二谛。万法性空是真谛，执著色有是俗谛。大乘佛教反对弃有而趋空，在世间之外另立涅槃境界，强调须依真谛明其不有，依俗谛明其不无，要在不有不无之间把握中道，才算真正把握了般若空观。为了把空观坚持到底，般若学认为连佛、佛性、涅槃也是因缘和合而成，"本无所从来，去亦无所至"，本性亦是空。甚至连缘起，连空也是空。《般若经》破除有所执著的"邪见"可谓彻底。这种百无牵挂的空观在魏晋时期引起了思想界的极大兴趣，般若学成为继玄学之后又一大热点，在中国思想史上占有重要地位。

最后还要提及一点，由于受汉代老、庄思想的影响，支谶在译《般若经》时往往用"本无"、"自然"等概念来对译"性空"、"真如"。这种译法有利于中国士人对那些陌生的外国名词的理解，但一度也曾把般若学研究引入误区。两晋时期"六家七宗"的歧义，不能说与支谶的译经无关。

四 《理惑论》与三教之争的肇始

佛教是印度外来文化，儒学和道教是中国传统文化，两者分属不同类型的文化体系，差异性很大。其中，最主要的差别是对于家、国持相反的态度。佛教主张弃家离国，破除人伦关系的樊篱，以求得超脱人间苦难；儒家要齐家治国，以忠孝为基本道德，君臣大义，父子之亲决不可废；道教虽然讲个人超度成仙，但将忠孝作为修道的戒条，对纲常名教持肯定态度。当佛教初传中国，力量微弱并依附于黄老崇拜时，儒家学者尚能容忍，不加关注。但当汉末佛教作为一种新思潮活跃于社会并逐渐增大影响时，儒学为了维护自身的正统地位，必然要排击佛教。佛教与道教也要为争夺中国宗教的思想阵地而相互斗争。儒道之间在伦理及利害上也有许多矛盾，也要引起纷争。所以三教之间的斗争是不可避免的。但是儒、释、道三家都必须在中国这块宗法社会共同的土壤上求得生存和发展，而它们在理论上也本来有相通的地方，所以三教在斗争的同时又必然相互渗透、贯通，走向融合。如何认识三教的性质和作用，如何处理三教之间的关系，是当时政治家和思想家遇到的新课题。

产生于汉魏之际的《牟子理惑论》，最先体现了由儒术独尊到儒释道并存这种时代精神的转换，反映出当时三教理论上的对立和中国佛教学者渴望三教会同的心态。据《弘明集》卷一载，该书作者是"苍梧太守牟子博"，但查东汉末年史志，苍梧太守无牟姓者。《隋书·经籍志》录《牟子》两卷，并注"汉太尉牟融撰"。牟融是东汉初年人，与《理惑论·序传》作者身世风马牛不相及，故作者已不得详考。不过从《序传》的作者自叙中可知，牟子自幼习学儒书，博通诸子，后转而研习神仙道教服食辟谷的长生之术，以为虚诞。汉灵帝末年天下大乱，牟子避乱交趾（今越南）。后返回家乡，屡辞使命，拒不出仕，于是致意佛教，兼研《老子》，著《理惑论》一书。他针对世人对佛教的种种责难，并根据自己对佛教的理解，一一作答。其主要内容如下：

第一，关于佛教自身的评价。关于佛陀，佛教徒宣扬佛有"三十二种相，八十种好"，威力无穷，寿命无边。中士问曰："其何异于人之甚也，殆富耳之语，非实之云也。"牟子答曰："尧眉八彩，舜目重瞳子，皋陶马喙，文王四乳……此非异于人乎？佛之相好，奚足疑哉？"关于佛道，有人责难佛教教义"其辞说廓落难用，虚无难信"。牟子答曰："大道无为，非俗所见，不为誉者贵，不为毁者贱。"关于佛经，有人责难："佛经卷以万计，言以亿数"，"烦而不要"。牟子答曰："佛经前说亿载之事，却道万世之要"，"佛悉弥纶其广大之处，剖析其寂窈妙之内，靡不纪之，故其经卷以万计，言以亿数"。

第二，关于佛教与传统儒家名教、礼仪的关系。有人囿于本土文化的小圈子责问道："佛道至尊至大，尧舜周孔曷不修之乎？七经之中，不见其辞。"牟子答曰："书不必孔丘之言，药不必扁鹊之方，合义者从，愈病者良。""五经事义，或有所阙。""尧舜周孔修世事也，佛与老子无为志也。"佛教虽超乎周孔经典，却正好是儒学的必要补充。又有人指责沙门："违貌服之制，乖仆绅之饰。"牟子答曰：有德不在服饰，"君子之道或出或处，或默或语"。

第三，关于佛教与孝道的矛盾。有人指责曰："《孝经》言：身体发肤，受之父母，不敢毁伤。……今沙门剃头，何其违圣人之语，不合孝子之道也？"牟子答曰："苟有大德，不拘于小。沙门捐家财，弃妻子，不听音，不视色，可谓让之至也。何违圣语，不合孝乎？"又有人指责曰："夫福莫逾于继嗣，不孝莫过于无后，沙门弃妻子，捐财货，或终身不娶，何其违福孝之行也？"牟子答道：许由、夷齐避世，"孔圣称其贤"，"沙门修道德以易游世之乐，仅淑贤以贸妻子之欢"。"至于成佛，父母兄弟皆得度世。是为不孝，是为不仁，孰为仁孝哉？"

第四，关于佛教神不灭论。问难："佛道言人死当复更生，仆不信此言之审也。"牟子指出：轮回说并不是死人复活，而是转世投胎，"魂神固不灭矣，但身自朽烂耳"。问者仍对因果报应说持存疑态度，"为道亦死，不为道亦死，有何异乎？"牟子答道："有道虽死，神归福堂；为恶既死，神当其殃。"人不死的灵魂乃因果报应的承载者。有人根据儒家教义指出："生死之事，鬼神之务"，非圣人所语。牟子答曰："《孝经》曰：'为之宗庙，以鬼享之？春秋祭祀，以时思之'；又曰：'生事敬爱，死事哀戚'，岂不教人事鬼神，知生死哉？"与儒家共生的宗法性传统宗教还是大讲人死后的鬼神世界的，"佛经所说生死之趣"，皆如此类。

第五，关于佛教的非正统性和沙门卑行问题。有人责难："舍尧舜周孔之道，更学夷狄之术，不已惑乎？"牟子答曰："昔孔子欲居九夷"，"禹出西羌而圣哲"，"瞽叟生舜而顽嚚"，"《传》曰：'北辰之星，在天之中，在人之北'。以此观之，汉地未必为天中也"。以华夷之防来评价学术之高低，是

"见礼制之华而暗道德之实，窥炬烛之明，未睹天庭之日也"。又有人根据发现的沙门卑行问曰："而佛道谓之无为邪?"牟子答曰："圣人能授人道，不能使人履而行之也。""譬之世人，学通七经而迷于财色，可谓六艺之邪淫乎?"

第六，关于佛教与道教、道家的关系。有人问："王乔、赤松，人仙之箓，神书百七十卷，长生之事，与佛经岂同乎?"牟子答曰："道有九十六种，至于尊大，莫尚佛道也。神仙之书，听之则洋洋盈耳，求其效犹握风而捕影。"人又问曰："为道者或辟谷不食，而饮酒啖肉，亦云老氏之术也。然佛道以酒肉为上戒，而反食谷，何其乖异乎?"牟子答曰："吾观老氏上下之篇，闻其禁五味之戒，未睹其绝五谷之语。""辟谷之法，数千百术，行之无效，为之无征，故废之耳。"

从《理惑论》中可知佛教在汉末确有较快发展，经卷以万计，并且开始摆脱黄老而自立，其活动受到社会广泛评论。其信徒中虽有了像该书作者那样的士大夫阶层之人，但是，"世人学士多讥毁之"。攻击佛教的主要言论来自儒家学者，他们批评佛教为夷狄之术，周孔不言，五经不载，背离孝道，乖违礼仪，妄言生死，烦而不要，难信难用，沙门有污秽之行等。《理惑论》作者的回答有两种方式。一种是跳出儒学的圈子，公开扬佛抑儒，说学问不得以周孔五经为限，汉地不为天中，不应轻视夷狄。这对于中国士人来说，显然是一种思想解放，不再固守传统的文化标准了。一种是佛儒认同，将佛教说成是符合中国传统文化精神的，如说佛教不违孝道，而且是大仁大孝，佛儒皆主灵魂不灭说。作者赞美《老子》五千文但否定道教辟谷成仙之说，认为道教乖违老、庄之旨，这也是后来不少佛教学者对道家和道教所持的分别对待的态度。《理惑论》中讨论的问题，大都是后来魏晋南北朝三教争论的问题，如沙门敬王与袒服之争，白黑论之争，夷夏论之争，神灭论之争在这里都可以看到矛盾的雏形。《理惑论》拉开了三教在理论上争论与交融的序幕，是一篇具有划时代意义的重要论文。佛教文化的介入，三教之间的争论，给中国文化注入新的因素和活力，中国文化正是在内外不同的文化体系的碰撞和吸收中，加速向前发展，更加丰富，更加生动，更加光彩夺目。

第四章 魏晋南北朝时期的宗教

第一节 概 述

魏晋南北朝上起于曹丕称帝，建立魏国（220），下止于隋文帝灭陈，统一中国（589），历时 369 年。魏晋南北朝是中国封建社会自秦汉大一统模式确立以后，分裂动乱持续最长的一段历史时期。在汉末黄巾起义的打击下，统一的东汉政权名存实亡，全国陷于群雄割据，军阀混战的状态。在混乱中，曹操、孙权、刘备三大军事集团脱颖而出，相继建立各自的政权——魏、吴、蜀，史称三国。公元 280 年，掌握曹魏政权数代的司马氏集团篡夺政权，扫平吴、蜀，统一中国，建国号为晋。然而，统一仅仅维持了 20 余年，晋朝很快陷入了诸王争权的内乱之中。当中原汉族政权因内部纷争而削弱时，北方匈奴、鲜卑、羯、氐、羌等少数民族拥兵自立，先后建立了成汉、二赵（前、后）、三秦（前、后、西）、四燕（前、后、南、北）、五凉（前、后、南、北、西）和夏 16 个地方政权，史称"五胡十六国"。这一时期民族矛盾尖锐，南北战争不断。西晋孝愍帝在与匈奴刘汉国的战争中被俘身亡。公元 317 年司马睿自立为晋元帝，建都建业，是为东晋。公元 386 年，鲜卑首领拓跋珪统一华北，立国号魏，史称北魏。公元 420 年，东晋大将刘裕政变夺权，建立宋国，从此开始了南北朝时期。南朝历经宋（420～479）、齐（479～502）、梁（502～557）、陈（557～589）四代，偏安东南一隅。北方的北魏则在 534 年分裂成了东魏（534～550）和西魏（535～556）。以后，东魏由北齐（550～577）取代，西魏被北周篡夺（557～581）。北周大司马，隋国公杨坚利用国丈的特殊身份，夺取北周政权，继而扫平江南陈朝，重新统一中国。

魏晋南北朝的历史是纷乱的、沉重的，频繁不断的政变、连绵不绝的战争对社会发展造成了极大的破坏，田园荒芜，城郭摧堕，人口锐减。当时的诗人描述道："白骨露于野，千里无鸡鸣。"（曹操）"出门无所见，白骨蔽平原，路见饥妇人，抱子弃其间。"（王灿）社会生活中的诸种苦难最终都转嫁到人民群众的头上，现实生活中的苦难无望便成为滋生宗教的温床。另一方面，豪强地主庄园经济的出现，门阀士族对国家政权的垄断，各民族间矛盾的冲突与融合，造成了中央集权统治的削弱。相应地，在思想上也出现了儒学独尊地位被打破，意识形态空前活跃的格局。儒学虽然仍被定为官学，但玄学家"以道注儒"、"清谈玄理"、"轻贱礼法"，打破了士大夫接受"异端"文化的心理障碍。北方少数民族统治者"朕是胡人"，"佛是戎神"，"正应供奉"的文化战略，又为外来宗教的传播提供了助力。上述种种"因缘和合"，便造就了魏晋南北朝这样一个宗教文明勃兴的时代。

　　传统的宗法性宗教在魏晋时期得到了进一步的调整和充实。王肃对郑玄的驳议纠正了汉代神学在宗法性宗教中添加的复杂成分，天神的地位在诸神的体系中更加突出，宗法血缘关系在祖先祭祀中得到强调，宗教的教化作用更为明显。自从西周社会形态一体化结构解体以后，宗法性宗教便和它的哲学理论发生了一定程度的分离，宗法性宗教离开了意识形态的核心地位，隐没在儒学的巨大身影之后，经常被视为儒家"礼学"的一部分。不过，宗法性宗教毕竟有自身的源流，是国家法典正式认可的国家宗教，有独特的祭祀礼仪系统，并不完全受理论思潮变迁的左右。有时它还能够超越学术思潮的范围，直接影响社会心理习俗的各个层面，其基本观念——敬天法祖重社稷，一直是多数中国人正统的信仰。在魏晋南北朝社会大动荡，民族大融合，文化大交流，儒学权威相对下降的形势下，宗法性传统宗教发挥了稳定中华文化内在价值的巨大作用。

　　魏晋南北朝是道教的成熟时期。张角领导的黄巾起义被镇压，张鲁的巴汉割据被招抚以后，魏晋统治者对道教采取了严格控制的政策，从而导致道教从民间宗教向上层宗教的转化。经过寇谦之、陆修静、陶弘景等人的整顿，道教变成了一种适应封建规范的宗教。葛洪撰写了《抱朴子》，对道教长生久视、肉体成仙的基本信仰进行了系统论证，阐述了道教哲学观念以及政治态度，并详细记录了炼制金丹的方法，为道教以后的发展奠定了基础。此后，上清、灵宝、三皇、楼观等道教流派相继诞生，道书大量涌现。陆修静对社会上流行的各类道书加以整理，分门别类，编出经目。陶弘景编写了道教的神仙谱系，撰写了早期道教史。至此，道教的创教工作基本完成，作为一门大教确立了自己在中华文明史上的地位。

佛教是一门外来宗教，乘魏晋南北朝政治、文化动荡之机，假玄学清谈的余韵，获得了长足的进展。佛教经典大批地、高质量地翻译出来，吸引了众多信徒，上至帝王将相，下至平民百姓趋之若鹜。到南北朝，僧尼人数大增，寺院经济急剧膨胀，佛教学派南北林立，石窟大量开凿，僧官制度建立，佛教在中国文化土壤上深深地扎下了根，佛教也成了中国人自己的宗教。佛教内部关于般若空观、涅槃佛性、因果报应等问题的讨论，吸引了大批名士参与，佛教哲学成了当时社会思潮的中心，对中华文明的发展产生了举足轻重的作用。

此时期中外宗教交流史上还有一事值得一提，即祆教的传入。祆教亦称"拜火教"、"火祆教"、"火教"，为公元前 6 世纪古波斯宗教家琐罗亚德斯所创，故也被称为"琐罗亚德斯教"。此教因圣火崇拜而闻名，南北朝时由西域传入我国，北魏、北齐、北周帝王皆有信奉者，不过在社会上并未产生多大影响。

佛道二教的急剧发展，必然引起彼此之间互比高下的摩擦，也必然引起它们与传统的宗法性宗教和儒学的矛盾，由此爆发了儒、释、道三教冲突。理论的冲突主要围绕着佛教这种外来文化在中国存在的合理性问题展开，实质所争的是宗教与封建政治、宗教与传统伦理、文化的民族性与开放性、价值取向的一元性与多元性能否统一以及如何统一的问题。儒、释、道三教在论战中互争优劣，彼此揭露对方的弊端，证明自己对于巩固封建政权的重要作用。尽管在三教冲突中发生过北魏武帝灭佛，北周武帝灭佛两次极端事件，但从整体上讲冲突的方式多为和平的争辩，冲突的结果导致三教的融合。道教因此而提高了理论素质，儒学因此而获得了较为开阔的文化视野，佛教因此找到了中国化的形式。魏晋南北朝时期的三教冲突与融合，为封建社会后期"儒学为主，佛、道为辅"的文化格局与宗教政策进行了理论探讨和先期实验，积累了经验教训，也为隋唐时期中华文明的鼎盛准备了思想条件。

第二节　国家宗法性宗教的整顿

继秦汉古代宗教复兴的余波，国家宗法性宗教在魏晋南北朝时期进一步调整，总的方针是向着更加理性化、礼仪化、世俗化的方向发展。

一　宗法性宗教的神鬼系统

中国传统的宗法性宗教有一个完整的鬼神体系，构成了相对于人间的天国世界。殷周以来，神鬼世界的大轮廓已经划定，可是局部问题上的争议还时有发生。秦汉至魏晋就是变化比较大的时期之一，这场变化主要源于王肃在经学上对郑玄的驳议。而理论冲突的背后则是曹氏与司马氏两大士族集团的政治斗争。

郑玄（127～200）是东汉时期著名的经学家。他知识渊博，精于训诂，集汉代今、古文经学之大成，形成了较为完备的群经注本。东汉末到曹魏，"郑学"成为社会上影响最大的经学流派。郑玄的经学对宗法性宗教产生了比较大的影响，主要表现在对"三礼"的注疏中。由于曹魏统治集团的推崇，他的观点对汉、魏之际宗教礼仪的修订是有指导性的。郑玄对"三礼"的注疏虽然在训诂考据上下了很大工夫，努力恢复古代宗教的原始面貌，但也明显地带有时代的局限性。郑玄受汉代流行的谶纬神学思潮影响，盲目迷信圣人经典和纬书，对经文产生的年代和可靠性缺乏批判精神。他认为经典全部出于先秦圣人之手，忽略了汉儒在整理经籍的过程中凭主观臆想添加的可能性，结果郑玄在许多地方混淆了汉代宗教与周代宗教，导致宗教理论与实践的混乱。

魏晋时期，王肃首先向郑玄的权威地位发起挑战。王肃（195～256）出身于经学世家，其父王朗以注《易》而闻名。经过一番刻苦的学习，王肃也成为一位博采众家，遍注群经的大学者，而且不囿旧说，善于独立思考。他虽未提出汉代经文的真伪问题，却努力透过谶纬神学散布在经籍上的重重迷雾，追寻古代宗教的本来面目。郑、王二人在宗教神学问题上的主要争议集中在昊天与五帝的关系问题上。

《孝经》有"周公郊祀后稷以配天，宗祀文王于明堂以配上帝"之说，分天与上帝为二，郑玄主其说。秦汉崇拜五天帝，加上昊天上帝，遂有"六天"之说，郑玄亦主之。他试图用经书中记载的几种祭祀形式的差异，说明"一天"、"二天"与"六天"的区别。他把天神一分为三，认为应该在圆丘祭昊天，在南郊祭上帝，在明堂祭五帝，导致了圆丘与郊两种祭祀仪式的分离，昊天与上帝的分离。为了调和这一新的矛盾，郑玄又指出圆丘所祭为昊天上帝，南郊所祭为感生帝。根据五德终始说：每一个朝代感生一帝一德。如周代感生东方青帝灵威仰，主木德，余下类推。加上解释又导致感生五天帝（灵威仰、赤熛怒、白招拒、叶光纪、含枢纽）与明堂所祭五人帝（太皞、少皞、颛顼、黄帝、炎帝）的矛盾，究竟谁是五帝？郑玄由于过分迷信经书和纬书，结果越注疏矛盾越多。

曹魏时期，曹氏集团采纳了郑玄之说。魏明帝景初元年（237）始营南委粟山为圆丘，祭昊天为皇皇帝天。自称曹氏出自帝舜，以帝舜配昊天。于方丘祭皇皇后地，以舜妃伊氏配。南郊祭天曰皇天之神，以太祖武皇帝配，北郊祭皇地之祇，以武宣皇后配。以高祖文皇帝祭于明堂以配五帝。曹魏政权的这个天神祭祀系统不仅从理论上导致了神权的紊乱，政治上也不利于"大一统"这个总目标，因而受到王肃及其门徒猛烈的攻击。王肃作《证圣论》，集中批驳了郑玄的观点。他认为古代宗教圆丘与郊是同一祭天之处，昊天与上帝不容有二。古代并无感生帝之说，五帝就是五人帝，原是古代五位圣王，五帝非天。王肃之女适司马昭，生晋武帝司马炎，于是随着王朝的变迁，王学与郑学的地位也相应转换。晋武帝希望借政治统一的机会对宗教神学的观念进行一番整顿，再反过来保证政治统一。他完全采纳了王肃的主张，认为五帝乃昊天之气在五方的不同表现，实为一神所化。天上只有昊天上帝为最高神，不仅要除去汉代的五郊祭祀，且于南郊、明堂除五帝之座。这样便简化了祭祀天地仪式，将冬至圆丘祭昊天合并于正月上辛（第一个辛日）南郊祭天，夏至方泽祭地合于北郊祭地。有时两郊祭祀还与家庙祭祀共同进行。

南北朝时期，南朝的祀天礼典基本继承了晋制。北朝少数民族统治者则推崇郑玄经学，汉儒的"感生"说影响很大。为了论证自己入主中原的合理性，他们纷纷请儒生帮助推算本朝感生何帝，应主何德。如北魏主土德，北齐尚木德，北周也尚木德。在祭祀制度上采纳郑玄说，北魏道武帝将郊、丘分开，正月上辛南郊祭天，冬至圆丘祭上帝。到了北齐又改为冬至圆丘祭天，正月上辛祠感生帝灵威仰于南郊。

魏晋时代日、月祭祀仍沿袭下来。魏明帝太和元年（228）二月丁亥朔朝日于东郊，八月己亥夕月于西郊。史官评价"始得古礼"。至北周，于东郊筑日坛，西郊筑月坛，日月坛相对固定了下来。

在社稷祭祀问题上，魏晋之际也曾发生过一场争论。汉代有太社、王社之别，太社有稷而王社无稷，形成了两社一稷的格局。其理论依据是太社为民所设，有祈谷的内容；王社乃王自为立社，仅为帝系祈福，表示国王的权力，故无谷神——稷。魏晋之际的王肃认为这也是一种支离，晋武帝欲从王肃议，并两社为一社。理由是《尚书·召诰》曰："社于新邑，唯一太牢"，可见只有一社。反对派虞翻、付威则根据《礼记·祭法》"王为群众立社为太社，王自为立社为公社"，反对并社。结果晋武帝采取了动不如静的策略，他说："社实一神，而相袭二位，众议不同，何必改作。其便仍旧，一如魏制。"（《晋书·礼志上》）

宗法性宗教的诸神谱系中，还包括许多农事之神。其中最高位的是先农即神农，与其相配的是先蚕，以农为食，以蚕为衣，先农、先蚕的祭祀反映了男耕女织的自然经济形态。汉文帝以降，每年初春天子亲耕籍田，皇后率后宫佳丽去桑园采桑，并在先农坛祭祀先农、先蚕两位农神，以示国家对农业生产的重视。此外，古代宗教中的高禖、八腊、五祀等有关农事、民生的神灵，也都在魏晋的国家法典中得到了承认，香火不绝。其他杂祀淫祠，国家法律明令禁止。

秦汉以后，神仙方术之学流行，淫祠杂祀甚众。魏文帝、晋武帝都曾下诏书，严令禁止国家祀典之外的宗教崇拜活动，以防有人借宗教活动名义聚众起事。北方少数民族也从草原带来了不少原始的宗教信仰，北魏道武帝、孝文帝曾经借汉族祀典，禁民间杂祀，加速了本民族汉化的进程。

二　宗庙祭祀系统

宗庙祭祀活动是国家宗法性宗教重要的组成部分。比起天神崇拜、自然崇拜来，祖先崇拜对社会生活的影响更实在、直接。自周公制礼以来，庙制的变化相对较小。

魏晋南北朝，在宗庙祭祀问题上最大的一场争论发生在天子庙制问题上，代表人物仍然是郑玄与王肃。《礼记·王制》规定："天子七庙，诸侯五庙"，但是在对天子七庙的理解上却发生了歧义。郑玄根据《礼讳·元命包》认为，天子为五世之祖立庙，同于五服之制，五世以上亲缘断绝。郑玄此论使天子在宗法血缘上与臣民同于"五世而斩"的原则，宗法观念比较统一，但他却忽略了庙制在规定人们等级尊卑上的意义。王肃作《证圣论》难郑玄，考《周礼》本意，天子、诸侯、大夫、士每差一等而减两庙，是为了显示人们的身份等级。不然大夫三庙、士一庙、庶人无庙，岂不成了三世而斩、一世而斩，或者无亲不服了？在这个问题上，王肃的理解更为合理一些。

魏晋时代，门阀士族势力强大，社会极重门第血缘，因而在庙制问题上也越搞越复杂，最为典型的例子就是晋朝的宗庙。晋武受禅，于泰始二年（266）命有司议庙制，从王肃议，追封七世先祖，下诏立一庙七室。这样便一直追溯到汉征西将军司马钧，豫章太守司马量，颍川太守司马儁，京兆府尹司马防，宣帝司马懿，景帝司马师，文帝司马昭，共七庙。由于汉魏以后帝王多出身草莽，为了把自己的家族吹成名门望族，魏自称是舜的后裔，晋自称其始祖为高阳氏之子重黎，皆荒诞无稽，无谱系可考。由于真正的受命之君未必是始祖，故魏晋以降多采用虚太祖位的方法，后进一位，则从上边去一位远祖灵位。如武帝崩，迁征西；惠帝崩，迁豫章，仍保留了七室的形式。但怀帝崩，因其与惠帝是兄弟，不迁远祖，便成了八室。愍帝入，迁颍川，仍为八室。东晋怀帝继位，与惠、怀皆为兄弟辈，直接上承武帝。有太常博士贺循奏议："以为礼兄弟不相为后，不得以承代为世"，现在晋庙虽八室，实为五世，因此又复颍川、豫章之庙，结果变成了七世十室。元帝崩，迁豫章，犹十室。明帝崩，迁颍川，仍十室。成帝崩，康帝与成帝兄弟一世，不迁京兆而为十一室。康帝崩，穆帝继位，迁京兆。哀帝、海西无登除。简文帝继位，上承元帝，为保持宗庙中有七世祖先，又复京兆、颍川二主。简文帝崩，孝武帝继位，又除颍川。此时改建太庙，已成七世十四室了。[1] 当时门阀贵族垄断了社会政治、经济和法律的全部权力，宗庙中每迁一祖，就意味着一批皇亲国戚被划出皇族，失去大量的特权。因而随着晋室兄弟相争、骨肉相残，皇族内部各个集团的地位、利益也变迁不定，并连累得祖宗在天之灵也不得安宁，祖先牌位在宗庙中进进出出。

　　南北朝时期，宗法祭祀受外来宗教的影响，还发生过一次大的变化，即梁武帝的素食祭祖。宗庙祭祀一年五次大典，春祠、夏禴、秋尝、冬烝及腊月大祭，将时鲜农产品献与祖先，称为祭祀时享。宗庙祭祀一向有太牢血食奉献的传统，可梁武帝是个虔诚的佛教徒，受佛教普度众生、慈悲为怀观念的影响，认为杀牲祭祖"无益至诚，有累冥道"，故建议用大脯代牲。左丞相司马筠认为这样还不彻底，奏议用大饼代大脯，帝从之。自此至梁亡，宗庙不血食。这是佛教信仰对传统宗教最为严重的一次冲击。

三　宗法性宗教的政治文化功能

　　魏晋南北朝，玄学清谈发达，佛教义学鼎盛，而儒家哲学则缺少相应的

---

① 参见马端临：《文献通考·宗庙考二》。

发展，失去了"时代精华"的地位。但是儒学并没有消失，经学，特别是与宗法性宗教有关的"三礼"之学反倒特别发达，魏晋南北朝的统治者对"礼学"倾注了极大的热情。南方的门阀士族要利用宗法性宗教团结宗族，区别亲疏，巩固身份等级制度的作用，同时也需要用天上的神权论证自己政权的合法性。从魏至陈300余年间，南方政权六易其主，每一次政权的转移都是以"禅让"的形式实现的。这实质上都是以武力为后盾的和平逼宫，不过为了名正言顺，他们每每穿起古代的衣冠，演出一场场"天命转移"的滑稽剧。这也是南方门阀贵族统治的一大特色。一代新王朝建立之初，首先都要筑坛祭天，向天下四方诏告自己的政权合于天意民心，理应为天下共主。天神和祖灵是各朝统治者的精神支柱。

北方少数民族入主中原，是落后的草原游牧文化对河流农耕文化的一种军事征服。为了巩固军事胜利的成果，对政治、经济、文化相对发达的人民实行统治，少数民族统治者更需要用宗法性宗教的礼仪向臣民显示自己政权的合法性。比如第一个在北方建立后汉政权的匈奴人刘渊，为了表示自己在血统上并不外于中土，自称本家族为汉代和亲的公主之后，"冒姓刘氏"，上承刘汉政权。晋永兴三年（306）自封为汉王，也效法汉族统治者的样子在南郊筑坛告天，并修宗庙，"立汉高祖以下三祖五庙神主而祭之"（《晋书·载记第一·刘元海》）。后赵的石勒、石虎因"佛是戎神"大兴佛教，但他们对敬天法祖的虔诚丝毫不亚于崇奉佛陀。石勒从自立为赵王时，便建社稷、立宗庙、起明堂辟雍、亲耕籍田、建太学、立经学博士，其礼仪与南方政权毫无二致。北方少数民族统治者正是在学习、实践宗法性宗教礼仪的过程中，逐渐接受了中华文化的价值观念。他们巩固政权的过程便成了一个民族文化大融合的过程。

从中国文化发展史的角度看，宗法性传统宗教在魏晋南北朝时期还发挥了一项极为重要的文化功能，即稳定了华夏文化的基本价值。魏晋时儒家的"春秋大一统"、"等级名分"、"纲常伦理"等思想都遇到了严重挑战，士人纷纷转入了以道注儒，清谈玄理之路。有的遁迹山林，放浪形骸；有的轻贱礼法、蔑弃人伦。中土文化的削弱导致了异域文化的大传播，南北朝时期佛教的"苦空"理论和"涅槃"理想吸引人们去寻求个人的精神解脱。但是中国文化却没有因此而沉沦，流为异域文化的附庸。其原因除了儒学根基深厚，能同化佛、道而不失其主脉外，国家宗法性宗教在此社会结构巨变、民族冲突、中外文化激烈碰撞的条件下也起了维系国家、民族和文明的作用。

宗法性宗教与儒学是植根于农业经济和宗法等级制度上的文化同构体，儒学以哲学理论的形态表达宗法社会的纲常伦理观念，宗法性宗教则以情感的、礼仪的形式表达了宗法社会人际之间的亲疏尊卑。两者具有的基本价值观念相同，不过是反映同一对象的文化方式与层次不同。相比较而言，宗法性宗教具有更大的稳定性、广泛性和普遍性。魏晋南北朝时期，儒学发展相对停滞，而儒学文化的基本价值却借助宗法性宗教的形式得以延续。中华文明仍以容纳百川的气势奔腾向前。

第三节　道教的成长与整顿

一　道教主要流派的演变及道书大量涌现

东汉后期，道教开始形成，出现了张角领导的太平教和张鲁领导的五斗米教（因其创始人张陵、张修、张鲁以天师自居，亦称天师道）。早期道教以民间宗教的形式活动，在东汉末年政治腐败，社会矛盾激化的情况下，终于导致了张角发动的黄巾起义和张鲁领导的五斗米教汉中割据，道教的思想和组织成了农民起义的工具。汉献帝初平三年（192）黄巾军被东汉军击破，张角的太平教遂告终结。建安二十年（215）曹操攻击汉中，张鲁受招安，五斗米教也受到沉重打击，道教发展严重受挫。然而，道教并没有就此终结，而是适应新形势，改变自身形态，继续传播发展。

（一）魏晋时期道教的流布与分化

三国时代，太平教的某些残余分子，某些五斗米教组织仍在民间传播。鉴于东汉末年道教成为民变旗帜的教训，三国统治者加强了对道士活动的控制。

在江南，有太平道残部的于君道继续流传。据说于君道是由东汉顺帝时制作《太平经》的山东琅琊人于吉所传，主要人物还有容嵩、桂帛等。据晋虞溥《江表传》及《云笈七签》引《洞仙传》载，于吉能立精舍、烧香，制符水治病，甚至会呼风唤雨之术，曾在孙策军中为之效力，江东军民奉之若神。一日，孙策在城楼会集将士，于吉从楼下过，诸将三分之二皆下楼拜之，令不能禁。孙策因其"能幻惑众心，远使诸将不复顾君臣之礼"（《三国志·孙策传》），诛杀于吉。这是统治者对道教徒的一次严厉打击，但"世中犹有事于君道者"。

在华北地区，有太平道残部托仙人帛和之名，传播帛家道。据葛洪《抱朴子・祛惑篇》载：西晋时，有人自称白和（即帛和），八千七百余岁，在华北一带传道，当地道士闻白和再世，远近竞往奉事之，在当时有了相当的势力。帛家道主要传播《三皇内文》、《五岳真形图》，后为郑隐、鲍靓、葛洪等人继承。另外，还传说于吉曾经将《太平经》授予帛和，说明于君道和帛家道有某种关联。

史籍中关于五斗米教流传情况的记载稍多。曹魏时代，曹操收编张鲁以后，为了防备五斗米教徒在汉中地区重新聚集，"拔汉中民数万户以实长安及三辅"（《三国志・张既传》）。迁徙途中，"流移死者万以计数，伤人心志"（见《正统道藏》洞神部戒律类所收《正一法文天师教戒科经》）。普通教民受到了很大损失。翌年，张鲁去世，五斗米教失去了统一的领导，其祭酒、道官各自为政。从此五斗米教活动处于相对分散的低潮状态，但也因此获得了一个向全国传播的机会，道教组织分化发展。魏晋时期从五斗米教分化出的大教团有如下几支。

1. 残存于巴蜀地区的陈瑞、李特、范长生天师道团

巴蜀汉中本为五斗米教发源地，曹操迁走部分教徒及张氏家族后，仍有不少教徒在民间活动。三国时诸葛亮以法治蜀，未见天师活动情况。晋武帝时，出现了陈瑞领导的天师道。据陈寿《华阳国志》载："瑞初以鬼道惑民，其道始用酒一斗，鱼一头，不奉他神。贵鲜洁，其死丧产乳者不百日不得至道治。其为师者曰祭酒。……瑞自称天师，徒众以千百数。"从陈瑞教团称鬼道、设祭酒、天师之称看，其组织结构大致与五斗米教同，但"不复按旧道法"交五斗米，禁忌、祭品、服饰等又稍有差异。当时教团活动规模不小，西晋益州刺史王濬担心他们聚众闹事，"咸宁三年（277）春，刺史濬诛犍为民陈瑞"（陈寿：《华阳国志》）。

陈瑞被杀，天师道影响并没有消失，201余年后，蜀中又爆发了由李特、李雄父子领导的天师道起义。李氏父子本为巴蜀地区少数民族賨人领袖，汉末即已奉道，曾随张鲁降曹入内地，西晋初年返回益州，受到新任益州刺史赵廞厚待。"八王之乱"时，赵廞与李特结为同盟、割据益州。在与官军作战中，赵廞、李特被杀，李雄继承了这一事业。当李雄的流民军处于危境之时，他得到了青城山道士范长生的支援。范长生出身于当地士族大家，又是宗教领袖，很有实力，但他不愿自立，而归附于李氏。在范长生的帮助下，李雄击败晋益州刺史罗尚，攻入成都，并于公元304年建都称王，国号大成（后改国号汉，史称成汉），割据益、梁、宁三州，如同当年张鲁的汉中割据

政权。成汉政权一直维持了 47 年之久，公元 347 年，桓温出兵伐蜀，汉主李势出降，成汉政权灭亡，但李氏部将继续拥范长生之子范贲为帝，仍用道教号召民众，对抗晋廷，直至永和五年（349）才被彻底镇压。

2. 流入江东的李家道

此一派托源于仙人李八百，汉末流行于蜀中，三国两晋时，由蜀人李宽传入江东。李宽所传道术与五斗米教大体相同，以祷祝、符水治病为主。两晋之际，又有道士李脱及弟子李弘在江东大弘李家道。李脱自称有八百岁，自号李八百。李弘则干脆自称太上老君下凡，传说李弘是太上老君在西汉转生时的化名，并制造谶语曰：“老君变化易身形，出在胡中作真经……李子为姓讳弓口，（古弘字写作弓口）居在蜀郡成都宫。”（见《道藏》，《太上老君无极变化经》）以谶语制造政变舆论，历来为统治阶级所忌，故李弘一出，立即引起了执政者高度注意，东晋军阀王敦设计诱杀李脱、李弘。但是李家道仍在民间流传。从西晋至南北朝，共出现以李弘为名的谋反事件十余起，皆被统治者镇压。这一事实说明，民间道教仍是封建统治的重大威胁。

3. 迁往北方的五斗米教

被曹魏政权强迫迁往北方的五斗米教徒，以教主张氏家族为主。张鲁死后，统治者仍对张氏子孙保持了很高的礼遇，其后裔仍然担任天师，主持教务。关于这部分教徒活动的情况，史书缺乏记载，仅道藏中收集的《正一法文天师教戒科经》，反映了当时教内存在的教规涣散、科律松弛状况。张氏子孙发布《大道家戒令》、《阳平治》等教令，表现出道教内部有识之士对现状的不满和改革的要求。他们提出的教令更多地包含了儒家纲常伦理中的内容，说明五斗米教中的上层人士进一步向官方立场靠拢。晋政权东迁后，北方沦为民族冲突的战场，“五胡十六国”时期，少数民族统治者因“佛是戎神”，重佛轻道，大批道教徒随氏族大家迁往江南。留在北方的教徒一时处于相对沉寂状态，直至寇谦之出来振兴，改造天师道。

4. 东晋时杜子恭、孙恩教团

杜子恭教团是东晋时期江南最有影响的五斗米教组织，由世代信奉五斗米教的钱塘杜氏家族首创，教主为杜炅（一称杜昺），假托张鲁授令建立道团，能以章书符水治病济世，仍坚持教徒交五斗米的义名，“远近道俗，归化如云。十年之内，操米户数万”（见《洞仙传》）。当时大家氏族谢安、王羲之、桓温、陆纳等人都与杜子恭有交往。杜子恭死后，道团由另一氏族孙恩掌握。399 年，孙恩之叔孙泰卷入东晋政治集团冲突被杀，孙恩逃避海岛，遂发动教徒数百人起事。孙恩起义后南方各地教徒纷纷响应，队伍迅速扩大到数十万，攻城略地，所向披靡。"于是恩据会稽，自号征东将军，号其党曰'长生人'。"（《晋书·孙恩传》）401年，孙恩率十万大军攻击东晋首都建康，朝廷一片恐慌，忙派大将刘裕率兵出击，大败孙恩。次年孙恩又败，投海自杀，起义军推孙恩妹夫卢循为首领，继续与朝廷作战。410年，卢循再率十万大军进攻建康，由于军纪败坏，沿途烧杀，不得民心，再加之军队素质较差，在交战中被刘裕军队打得大败而逃。411年再攻广州，为刺史杜慧度"谲而败之"，卢循亦投海身亡。孙恩、卢循领导的"长生人"起义是一场农民战争还是一场贵族动乱，史学界尚有争议，但对东晋王朝的打击极为沉重是无疑的。这场以道教为旗帜的战争不仅耗尽了东晋王朝的实力，而且在镇压起义的战争中，形成了新的实权人物刘裕。卢循自杀后不足十年，刘裕便取东晋社稷而代之。可以说东晋与东汉一样，也是亡于道教起义。

（二）道教组织的整顿与理论的完善

鉴于民间道教组织在汉魏两晋时时激起民变的社会作用，封建统治者加强了对道教的管制。孙策诛杀于吉，曹操将甘始、元放、左慈、华佗等一大批社会知名道士"聚而禁之"，顺者加官行赏，逆者格杀勿论。一代名医华佗就是在为曹操服务多年后被杀害的。魏、晋政权多次下令禁"淫祠杂祀"，多数是针对民间道教活动的。

统治者聚禁的结果，反而给了道教一个向社会上层传播的机会。史料记载，曹操曾多次向甘始、左慈等道士学习服饵养生及容成御妇人术。孙权则和江东著名道士介象、姚光、葛玄等人均有交往，经常召他们入宫，并给与优厚待遇。上有所好，下必甚焉。文武百官纷纷与道士结交，学习服食、辟谷、房中等养生术。到了西晋，社会上的崇道之风更甚。世族大家一方面感叹世事无常，人命不永，故钻研佛教苦空的出世理论。另一方面，他们又极其留恋荣华富贵、恣情纵欲的人生，由贪生畏死而向往道教成仙之术。江南大姓郗、王、殷、沈等家族，皆世代崇奉五斗米教。如《晋书·王羲之传》载："王氏世事张氏五斗米教，凝之弥笃。"（羲之）"又与道士许迈共修服食，采药石不远千里，遍游东中诸郡，穷诸名山，泛沧海，叹曰：'我卒当以乐死'"，其对道教的笃信之情溢于言表。王羲之以"书圣"名垂青史，他用书帖与道士换鹅的故事，一时传为佳话。贵族崇道的结果，使大批道士步出山林钻营于权贵之门。为了取悦封建统治者，就必须对传统道教的民间信仰性质加以改造，使其成为符合封建社会形态的宗教组织。东晋南北朝时期，道教内部涌现出一批杰出人物，经过他们的理论建设与组织整顿，社会上出现了一大批奠定道教发展方向的经典著作和符合封建统治规范的道教流派，从而标志着中国道教的高层化和理论化。

两晋之际，首先出现的是集道教"丹鼎派"之大成的葛洪。他著《抱朴子》一书，其内篇论证了人能成仙的依据，研究了人成仙的具体方法，包括采集仙药、炼制金丹、存神养气等多种道教方术。其外篇讲道教为人处世的原则，是重要的道教哲学著作。《抱朴子》的出现，把道教"丹鼎派"的发展提高到一个新水平，并为道教日后的发展建构了一个比较完整的理论体系。

南北朝时代，五斗米教进行了两次大规模的宗教改革活动。一次是北魏寇谦之领导的"清整道教"运动。他利用北魏道武帝及重臣崔浩的支持，除去"三张伪法"及租米钱税，立坛宇，设科仪，使北方的道教组织进一步完善化，教义更符合封建统治阶级需要。经寇谦之整顿过的五斗米教亦称"北天师道"或"新天师道"，在太武帝一朝处于鼎盛状态。太武帝死后，北天师道势力有所下降，但仍保持了官方宗教的地位，北魏诸帝皆依例受道教符箓。北魏孝文帝迁都洛阳，仍于南郊立道坛供奉。北齐襄王高澄于548年代魏自立，罢除天师道坛。北齐天保六年（555），因道士在与和尚的论战中失败，齐文宣帝下令废道，令道士剃发为僧，北天师道的活动遂不再见于史籍。另一次改革发生在刘宋时代，江南道人陆修静重整南方天师道组织，规定神职人员的升降制度，为教民置治录籍，规定斋戒科仪。经陆修静整顿的南方五斗米教组织被称为"南天师道"。不过由于南方上清、灵宝两派比较兴盛，南天师道活动之迹渐不显于世。元代以后，与上清、灵宝同并于正一道。

在天师道改革的同时，南方还出现了上清和灵宝两大派系。上清派的创始人是杨羲、许谧、许翙等人。据陶弘景《真诰·叙录》说：晋哀帝兴宁二年（364），魏夫人华存和众真人下降句容许宅，授杨羲《上清经》，杨用隶书抄出31卷行世。魏华存实有其人，出身世家，笃信道教，曾为天师道祭酒，但率领众仙下凡是不可能的。大约是杨、许等人用扶乩法制造了上清系早期经典。东晋末年，许氏后人将此经传与王灵期，王"窃加损益，盛其藻丽"，扩充成50卷在社会上流行，上清派由此逐渐形成。刘宋陆修静曾对《上清经》收集整理，编入三洞体系。梁代陶弘景则对《上清经》进行更为广泛的整理加工，使之进一步发扬光大。由于陶弘景和弟子长期在茅山讲学修道，故上清派又称茅山宗。上清派的经籍与天师道不同，不是以太上老君为最高神，而是以元始天王为最高神。在修行方法上讲究个人修炼，特重存神服气，辅以诵经修功德，贬斥房中术，对天师道特重的符箓斋醮也不太重视，受早期神仙家影响较大。

灵宝派的创始人是葛洪的玄孙葛巢甫，立教于东晋初年。关于《灵宝经》的出现，道书中有许多神话，说元始天尊授太上大道君，大道君遣天真皇人授帝喾，下传至禹。再经若干年，太上遣徐来勒等三真人将此经授予葛玄，于是此经便成了葛氏的家传之学。但葛洪作《抱朴子》从未提及其从祖葛玄受《灵宝经》一事，可见这些神话不过是葛巢甫为创教自神其说而已。不过，东晋以前确有古《灵宝经》出现，《抱朴子》内篇中收一些《灵宝经》的篇名，可能是葛巢甫在古《灵宝经》的基础上，新造《灵宝经》30 卷。以后又由王灵期增至 50 卷，在社会上广泛传播，渐成灵宝派。刘宋时著名道士陆修静对《灵宝经》进行了整理编定，编入三洞经书目录。此外，他还制定斋醮科仪 100 卷，成为灵宝派道士主要的修习仪轨，故后世将陆修静也视为灵宝派重要代表人物。灵宝派信奉的神灵与天师道、上清派各有异同，他们把上清元始天王改成了元始天尊，把天师道的最高神太上老君降到了第三位，中间再加入上大道君。这种排列格局便演化成后期道教公认的"三清"（玉清元始天尊、上清灵宝天尊、太清道德天尊）次序。在修道方法上，灵宝道士除讲诵经、修功德外，特别重视斋醮科仪和集体修道，轻外丹和房中术，受早期符箓派影响较大。

除上述三大派外，陕西还有一个楼观派独立存在。楼观派道士自称其创造人是周康王的大夫关令尹喜，说老子西出函谷关时将《道德经》留给了尹喜，故成此派。这类远古传说无证可考，比较确实的史料只能证明楼观派创立于魏晋之际。魏元帝咸熙初（264）年，有道士梁堪来楼观台修道，以后下传王嘉、孙彻、马敛、尹通、牛文侯、王道义、陈宝积、王延、严达诸人，渐成规模。北魏文帝时楼观派有较大发展，隋唐时达到鼎盛，安史之乱后渐趋衰微，元代后合并于全真教。楼观派在修炼方术、组织结构等方面与其他诸派并无特殊之处，在道教史上则以崇奉《道德经》、《西升经》、《老子化胡经》，与佛教争正统地位而闻名。楼观派道士坚持认为，老子出函谷西去化胡，在西域创造了佛教，所以道教圣人高于佛教圣人，道教应处于中国宗教的正统地位。

南北朝道教大发展的一个重要标志，即理论的完善和道书的大量涌现。东晋初年葛洪作《抱朴子》，自称当时所见道书仅 282 种。至刘宋陆修静修

订《三洞经书目录》时，共著录道教经书及药方、符图 1228 卷，其中 1090
卷已行于世。三洞经书除前述的洞真部《上清经》、洞玄部《灵宝经》外，
还有洞神部《三皇经》，构成了当时道书三大体系。《三皇经》是以《三皇
文》和《五岳真形图》为主的一组道经，在三洞中问世最早。《三皇经》有
两类，一类据说由三国人帛和入西城山师事仙人王君，于石室中见古人所
刻。后人称这一类经文为小有《三皇文》，传承显然与帛家道有关。另一类
为大有《三皇文》，据称是古代三皇、五帝治世时上天所授，西晋时由葛洪
岳丈鲍靓入嵩山石室中获得，传与葛洪，葛洪传子孙。南朝时由陆修静修订
整理，传与孙游岳，孙再传陶弘景，由陶弘景编定为 14 卷传世。东晋至南
北朝，道书在短时期内大量涌现，很大程度上是受了佛教经籍翻译、传播事
业的影响所致。佛教经典的大量流传，一方面刺激道教必须编制大批经书与
之竞争，另一方面又为道教提供了借鉴。这种宗教竞争的结果，推动中华文
明向纵深发展。

（三）道教兴起的社会文化原因

道教在魏晋时期是一种受到统治阶级严厉打击和控制的民间宗教，几乎
断绝。可是到了南北朝，道教却发展为一种足以与儒、释鼎足而立的官方宗
教。究其原因，大致有四。

第一，道教在中国社会中有其不可替代的文化价值，体现了社会各界人
士对生死问题的普遍关注。人生必有死，但生存的欲望与死亡的恐惧，又推
动人们想方设法超越生死大限，各种宗教和哲学流派都试图解决这个问题。
如果说儒家偏重于人在社会生活中自我价值的实现，使人潜隐在心灵深处的
欲望通过社会道德实践得以升华和转化；那么佛教则是通过否定现实社会生
活价值的方法，把人们的精神引向虚幻的彼岸世界，从而排遣生存的苦闷和
对死亡的恐惧；而道教则弘扬人类的生存意志，迎合人们追求生命永恒的心
理。炼丹的宗旨投合了贵族统治者永远享受富贵荣华的心理，符水治病满足
了缺医少药的下层劳动者的生活需要，养生健身理论则符合大多数人增强体
质、健康长寿的共同愿望。这样一种全方位、多层次的社会文化功能是儒、
释两家无法取代的。

第二，道教文化具有极大的开放性与兼容性，它不仅将中国古代宗教、
老庄思想、阴阳五行学说、神仙方术、医药卫生、呼吸导引、民间巫术统统
囊括在自己的体系内，而且直接吸收儒家的纲常伦理作为自己的政治纲领，
吸收佛教的教规、教义、组织形式、经籍体系自我发展，故表现出兼容并

包、丰富多彩的理论特色，易于为社会各阶层人士接受。

第三，当时社会、文化的动乱为道教的崛起提供了客观环境。上层统治者得失无常，祸福不定，广大劳动人民流离失所，饱受战争之苦。当人们完全丧失了把握自己命运的能力时，理性主义的儒学便失去了"独尊"的地位，乱世中人们对宗教的兴趣与日俱增。道教虽不如佛教理论缜密，但却有华夏正统的牌子，故也能迅速发展。

第四，此时期出了葛洪、寇谦之、陆修静、陶弘景等一大批道教活动家、理论家，他们能够根据时代的变化，逐步改革道教的组织结构和理论，剔除其平民性和地方性，突出其贵族性与正统性，以维护纲常名教的鲜明姿态，取得了统治者的支持与信任。著名道士的活动与统治者的支持、利用是道教发展的重要动力。

二 《黄庭经》的道教内养理论

《黄庭经》是上清系诸经之一，由内、外两篇组成，全名为《太上黄庭内景玉经》和《太上黄庭外景玉经》。据专家考据：两篇文章风格有别，产生时代相近。似《外景经》产生在先，始行于西晋，当时称《黄庭经》。东晋初年葛洪的《抱朴子·遐览》便著录其名。东晋出现《内景经》后，才改为《外景经》。据陶弘景《真诰·叙录》，上清经皆由魏夫人传杨羲、许谧，"数传之后，为某某窃之，因济浙江，遇风沦漂，惟黄庭一篇得存"，可知黄庭确属上清系重要典籍。魏华存（251～334），字贤安，任城（今山东济宁）人，晋司徒魏舒之女。幼而好道，志慕神仙，师从著名道士王褒，受《上清经》。从《黄庭经》的内容看，《外景》多谈男子修炼之事，似王褒所撰，《内景》兼及女子修炼之术，可能是魏华存根据《外景》传本而草创，并由杨、许之徒增修润色而成。

道教丹鼎派的修炼之术有内、外之分，葛洪主外丹，把炼服金丹上药作为长生成仙的主要方法。但外丹理论虽讲得头头是道，但实践中却往往难于奏效，故后世丹鼎派中又发展出内丹派，以身体为丹炉，以精、气、神为丹砂，认为经过修炼，可在体内结丹而致长生。《黄庭经》行世之时尚无正式的内丹学，但是它将宗教思想与医学、生理学、气功学、养生学相糅合，以七言韵文诗的形式阐述了积精累气，健体长生的理论，为日后内丹学的形成奠定了理论基础。

作为一部健身长生的著作，首先必须对人的生理结构及其功能有一个正确的认识。《黄庭经》吸收了当时中医关于脏腑的理论，并结合古道书中人身各处有主神之说，提出了"八景二十四真"的人体结构—功能理论。它把人体分成上、中、下三个部分，认为每个部分都有八景神镇守，合为二十四真。这些神祇各具名称服色，与该器官的性状与功能相应。《黄庭内景经》第七、八章云：

> 至道不烦决存真，泥丸百节皆有神。
> 发神苍华字太元，脑神精根字泥丸，
> 眼神明上字英玄，鼻神玉垄字灵坚，
> 耳神空闲字幽田，舌神通命字正伦，
> 齿神崿峰字罗千，一面之神宗泥丸。
> 泥丸九真皆有房，方圆一寸处此中，
> 同服紫衣飞罗裳，但思一部寿无穷。
> 心神丹元字守灵，肺神皓华字虚成，
> 肝神龙烟字含明，翳郁导烟主浊清，
> 肾神玄冥字育婴，脾神常在字魂停，
> 胆神龙跃字威明，六腑五脏神体精，
> 皆在心内运天经，昼夜存之自长生。

这里所说的神不是精神之神，而是神妙之神。《黄庭经》所以把人的脏腑功能称为神，是由于古人惊异于人体器官的精密与微妙，但从认识上又无法科学解释，感到神秘，遂发生了器官崇拜，是自然崇拜内部化、微观化的结果。《黄庭经》认为，修炼者只要守一存真、默念神名，便可六腑安和，五脏生华，渐至长生成仙。"八景二十四真说"既有对人体科学的努力探索，也包含着把生理知识神化的宗教倾向。

进而，《黄庭经》提出了三黄庭与三丹田说，《黄庭经》也因此而得名。黄庭分上、中、下三宫，与上、中、下三丹田相一致。黄庭与丹田是对同一部位的不同称谓，从真神居处的角度着眼称宫，从炼养修真的角度考虑称田。上黄庭即上丹田在脑中，两眉间入三寸处，又称泥丸，对上身和面部诸器官有支配作用。中黄庭即中丹田，一说为心，一说为脾，似有自相矛盾之处。心主血脉流通，行气和表，而脾主消化吸收功能，向身体各部输送营养。道教特别重视的是下黄庭或下丹田，在脐下三寸，又称下关、关元，乃男子藏精，女子藏胎之处。内丹炼精结气，都要沉入下丹田，积之既久，体固精盛，便可长生不老。从现代医学的角度看，脐下三寸正是小肠部位，并非生命的特殊关节。但是气功学却把下丹田视为关键之关键，认为真气的运行和调动以下丹田为出发点和归宿，并在实践中确实可获健身、祛病的功效。这说明下丹田的生理作用对于现代医学仍然是一个未知的领域。

在生理结构研究的基础上，《黄庭经》提出了一套完整的内养修炼方法，主要包括积精、累气和存神致虚三个步骤。

积精是修炼的初级阶段。从积极的方面说，要漱咽津液，灌育灵根；从消极的方面说，要闭关守室，固精勿漏。《黄庭经》认为：津液为人体精华，要使之不断产生，滋润五脏灵根。修炼者可用升降吐纳之功，干漱之法，使唾液源源而生，然后徐徐吞咽，便可祛病延年。《内景经》说："口为玉池太和宫，漱咽灵液灾不生，体生光华气香兰，却灭百邪玉炼颜，审能修之登广寒。"肾脏则是人体下部津液的来源，《内景经》说："肾部之宫玄阙圆，中有童子冥上玄，主诸六腑九液满，外应两耳百液津。"肾脏又与下丹田相连共为藏精之所，道教最重留胎止精。肾生精，精不可泄漏，所以要戒慎男女之房事。若纵欲无节，则精气枯竭，灾病旋至。《内景经》说："结精育胞化生身，留胎止精可长生。""长生至慎房中急，何为死作令神泣。"《外景经》说："长生要妙房中急，弃捐淫欲专守精，寸田尺宅可理生。"这些思想与中医强调的护持元阳、不使泄漏的理论是一致的。古人认为精液乃生命之精华，过多泄漏对人体将造成极大损害，从性科学的角度看也有几分道理。不过其中也有对精液作用的夸大倾向，是古代生殖崇拜思想的孑遗。

积精的同时还要累气，主要指通过调节呼吸，断谷服气，最后做到胎息而仙。《外景经》认为：一般人"食谷与五味"，只能维持生命，修道者却"独食太和阴阳气，故能不死天相既"。太和之气又称"胎气"、"精气"、"玄气"，是自然界阴阳二气融汇而成的清清之气，最讳五谷臭腥，所以累气的修炼必须"辟谷"。《内景经》说："百谷之实土地精，五谷外美邪魔腥，臭乱神明胎气零，那从返老得还婴。三魂忽忽魄糜倾，何不食气太和清，故能不死入黄宁。"辟谷断绝人间烟火，完全以呼吸太和之气为生。累气以肺为主，加以鼻腔配合，即可调息补气。《外景经》说："呼吸庐间入丹田"，"幽阙侠之高巍巍，丹田之中精气微"，"服食玄气可遂生"。"庐间"指鼻，以鼻吸气，使气达于灵根（下丹田），入多出少，使精气结存于丹田之中，久之便可返老还童。《内景经》又说："结精育胞化生身，三气右徊九道明，正一含华乃充盈"，"延我白首返孩婴"。修炼到一定水平，不用鼻肺即可使气出入流行于全身，如母腹中的胎儿，谓之"胎息"成仙。

积精累气都属于炼形，要想成仙还得炼神，即"存神致虚"。存神要求修道者将整个身心思虑都集中到体内真神上，存念体内诸神，默念名号，培养对神灵敬畏的宗教情感，从而达到排除杂念的目的。存神还要求返观回照，使精神进入虚寂状态，致虚入静。《内景经》说："方寸之中念深藏，不方不圆闭牖窗，三神还精老方壮。"精神内守而不外流，便可以超脱世俗的名位利禄，行无为之道，安于恬淡朴素的生活。《外景经》说："持养性命守虚无，恬淡无为何思虑。羽翼已成正扶疏，长生久视乃飞去。""存神致虚"是从老子"致虚极"，"守静笃"发展而来，也就是道教的守一入静之法。在当时阶级矛盾、民族矛盾异常尖锐的情况下，贵贱殊异，死生无常，看破身外的功名利禄乃是维持内心平和，促进身心健康的必要前提。

《黄庭经》的内炼理论受到了后世内丹派的重视。隋唐以后内丹理论千变万化，但概括起来不过炼精化气，炼气化神，炼神还虚，炼虚合道等几个步骤的推进。这些思想在《黄庭经》中已具雏形。故《黄庭经》在后世被尊为内丹派经典，从问世以来便受到道教内外人士的欢迎。晋王羲之曾书写《黄庭经》，为世所珍。唐宋间黄庭之学甚盛，郑樵《通志》中著录黄庭门著作 30 部 57 卷之多。欧阳修删正《黄庭外经》，苏轼曾手书《黄庭内经》，又仿其文体作赞词。陆游作诗赞道："白发始悟颐生妙，尽在《黄庭》两卷中。"当代气功大师，也从中吸收了不少有益的成分。《黄庭经》所以能受到古今道俗人士的普遍重视，因为它是一部包含了宗教、哲理、生理、医疗、气功等多学科丰富内容的著作。虽然《黄庭经》的作者宣扬内养成仙的宗教思想有虚诞之处，且行文曲折，故弄玄虚，常用隐语，义带双关，使许多本来合理的思想反而迷离扑朔，歧义纷呈，降低了科学价值。不过，《黄庭经》在神秘外衣下包含着科学、实用的内容，特别是气功修炼的方法对于除病健身、延年益寿确有功效，成为传统文化中不可多得的珍宝。

三　葛洪和《抱朴子》

（一）生平与著述

葛洪（283～363），字稚川，自号抱朴子，丹阳句容（今江苏江宁县）人，著名的道教思想家，外丹学和神仙道教理论的奠基人。他对中国的医学、化学都曾做出重要贡献，并在中国哲学史上也占有一定地位。葛洪出身于江南名门，祖、父两代在东吴历任要职，西晋时家道衰落，年十三时父亡，躬耕稼穑，刻苦自学，博览经史百家，青年时期跟从祖葛玄学道。葛玄是当时著名道士，曾学道于左慈，并将多年收集的炼丹秘法授予郑隐，郑隐传于葛洪。葛洪成年后又师事江南另一著名道士鲍靓，娶鲍氏女为妻。魏晋时期，社会上流行的道教大致可分两大系统，一是注重斋祀厨会、符箓禁咒等民间群众性宗教活动的"符箓派"，亦称"鬼道"、"妖道"、"左道"。一是注重个人清修炼养，服食炼丹的"丹鼎派"，又称"神仙道教"。葛洪所继承的是后一派的传统，特精于神仙金丹之术，兼长医药。葛洪不仅知识渊博，还精于武略，西晋惠帝太安二年（303）张昌、石冰起义于扬州，葛洪为将兵都尉，因破石冰有功，升伏波将军。但葛洪无意于功名仕途，投戈释甲，广求异书，锐意于修道学仙。遇八王之乱，避居广州，后返丹阳乡里，专心著述。根据《抱朴子·自叙》，该书就是在这一段时间内写成。东晋初年，朝廷念其前功，赐爵关内侯。成帝时，召补州主簿，转司徒掾，迁咨议参军。成帝咸和七年（332），葛洪听说交趾产丹砂，遂求为句漏令（句漏山今在广西北流县），以便得丹砂炼丹。赴任途经广州，为刺史邓狱所留，遂止于罗浮山，炼丹修道，自此著作不辍，至 81 岁仙逝。

葛洪一生著作宏富，其中影响最大者当推《抱朴子》一书，该书包括内篇 20 卷，外篇 50 卷。他自称："其内篇言神仙方药，鬼悸变化，养生延年，禳邪却祸之事，属道家；其外篇言人间得失，世间臧否，属儒家。"（《抱朴子·自叙》）这本书包括了道教的宇宙观、人生哲学、政治思想、宗教观念、炼丹术、养生学，在道教发展史上有奠基的意义。此外葛洪还著有《神仙传》10 卷，《隐逸传》10 卷，《汉武帝内传》1 卷，《太清玉碑子》1 卷，《还丹肘后诀》1 卷，《肘后要急方》4 卷，《抱朴子养生论》1 卷，《稚川真人校证术》1 卷，《神仙金汋经》3 卷，《碑颂诗赋》100 卷，《军书檄移章表笺记》30 卷，《兵事方使短杂奇要》310 卷。

（二）对道教"长生久视"理论的系统论证

一种宗教要想成为具有普遍社会影响的社会意识形态，除了有其基本信仰外，还必须有一套论证其基本信仰的理论体系。社会文明程度越高，这种论证越需缜密周严。在魏晋时期，构建一套宗教理论对于道教的生存与发展尤为重要。当时的儒学虽然受到一定程度的冲击，但与儒学同构的宗法性宗教的正统地位却从未动摇，"敬天法祖"的基本观念已为历代儒生充分证明，加之统治者的强力推行，早已深入人心。佛教自东汉白马驮经，深入东土，至魏晋南北朝已进入迅速发展时期，其"苦空"理论有卷帙浩繁的经籍加以论证，深奥博大又胜儒学一等。而道教此时恰恰处于从民间宗教向官方宗教转型时期，要使统治者相信道教不是反叛者的理论，而且于封建统治有利，使广大教徒相信长生可获，神仙可求，其理论就必须从早期道教水平上有所发展。葛洪的《抱朴子》正是在这一转折时期里程碑式的著作。

葛洪在建构道教理论体系时首先对早期道教理论进行了整顿与改良，主要表现在以下两个方面，其一，取金丹神液理论，弃淫祠巫祝说。在早期道教中普遍存在着用符箓、巫祝等宗教仪式为人治病的活动，这是太平道和五斗米道在下层劳动人民中吸引信徒的重要手段。后来也有人鼓吹用这种方法求取长生。葛洪是神仙道教的传人，主金丹说，且重医药，否认祭祀巫祝能使人长生。他讲："长生之道不在祭祀事鬼神也。"（《抱朴子·金丹》，以下凡引此书仅注篇名）他认为"不务药石之救，惟专祝祭之谬，祈祷无已，问卜不倦"，是"愚民之蔽"，"淫祀妖邪，礼律所禁"，王者宜用严刑峻法，"致之大辟"来制止这类民间道教的活动（参见《道意》）。其二，赞富贵神仙，斥民间道教。葛洪出身名门，贵族气质较浓，生当两晋多难之世，对现实人生多所不满，遂走上了追求长生成仙的道路。在《抱朴子》中，他描绘了神仙逍遥自在，唯意所适的幸福生活。"或升太清，或翔紫霄，或造玄洲，或栖板桐。听钧天之乐，享九芝之馔，出携松羡于倒景之表，入宴常阳于瑶房之中。"（《明本》）人们都应当积极修行，延年益寿，争做神仙。葛洪在鼓吹富贵神仙的同时，激烈批评农民起义利用的民间道教。"曩者有张角、柳根、王歆、李申之徒……纠合群愚，进不以延年益寿为务，退不以消灾治病为业，遂以招集奸党，称合逆乱。"（《道意》）这些观点充分说明了葛洪的阶级立场，他就是要清除早期道教的人民性，把道教改造成为统治者服务的工具。

在纠正了早期道教偏失的同时，葛洪系统论证了道教"长生久视"，"肉体成仙"的基本信仰。

首先，葛洪用经验、归纳、比附等方法证明世上确有神仙存在。有人用经验的事实否认神仙的存在，葛洪却把人的经验分成直接经验与间接经验两种，"邃古之事，何可亲见？皆赖记籍，传闻于往耳"（《论仙》）。神仙虽未必亲闻亲见，但传说已久，典籍多载，必非虚言。"列仙之人，盈乎竹素矣"（同上），"前哲所记，近将千人，皆有姓字及有施为本末，非虚言也"（《对俗》）。进而他用归纳、比附的方法说明，个人的认识能力是有限的，仙凡路异，常人虽难以察知仙人的神通广大，不过人可以从多数物品有生有灭，少数物品却可以不朽推知长生不死的神仙存在。《论仙》讲：

> 夫存亡终始，诚是大体，其异同参差，或然或否，变化万品，奇怪无方，物是事非，本钧末乖，未可一也。夫言始者必有终者多矣，混而齐之，非通理矣。谓夏必长，而荠麦枯焉。谓冬必凋，而竹柏茂焉。谓始必终，而天地无穷焉。谓生必死，而龟鹤长存焉。

古人得出有始必有终的结论用的是归纳法，葛洪找出许多特例加以反驳，的确迷惑了不少人。可是从今天的角度看，他自己使用的也是经验，归纳等必然性较差的方法，因此其结论也是不可靠的。

其次，葛洪认为仙人可学。如果无此一条，虽承认世有神仙，道教也失去了存在意义。

> 或问曰："古之仙人者，皆由学以得之，将特禀异气邪？"抱朴子答曰："是何言与？彼莫不负笈随师，积其功勤，蒙霜冒险，栉风沐雨，而躬亲洒扫，契阔劳艺，始见之以信行，终被试以危困，性笃行贞，心无怨忒，乃得升堂以入于室。"（《极言》）

虽说"仙人禀异气"，超凡入圣，但古来神仙并非生就，而是经过刻苦的学习与修炼获得的。此论为全体信徒打开了长生不老，肉体成仙的大门，大大提高了道教对群众的吸引力。

再次，葛洪认为人通过"行气导引"，变化气质，可致长生。"仙人禀异气"，与凡人气质不同，但凡人可以通过行气导引改变自身的气质。因为"人在气中，气在人中，自天地以至万物，无不须气以生"（《至理》）。气是生命的根源，人有气则生，无气则死，所以人应该学会"宝精行气"，使气常存身中，如此便可以排除内欲外病之害，延长生命。

最后，葛洪论证了金丹大药使人长生的原理。他说：

> 夫金丹之为物，烧之愈久，变化愈妙。黄金入火，百炼不消，埋之，毕天不朽。服此二物，炼人身体，故能令人不老不死。此盖假求于外物以自坚固。（《金丹》）

可能是受中医药可以治病，可以调补身体的启示，道士们设想能找到某种使人长生不老的药物。他们惊异于黄金高熔点、耐腐蚀的化学稳定性，故推论黄金也具有使人不朽的滋补性质，所以丹鼎派把服食金丹作为长生成仙的根本方法。今天，从思想方法的角度看，葛洪的理论明显地犯有机械论和非类比附的错误，人体与无机物之间并不存在直接摄入和转化的关系。由于金丹理论在基本点上就存在错误，因此尽管葛洪论证得入情入理，但实践中却没有谁炼出了可以服之成仙的金丹。

（三）长生修炼的方法

确定人有长生不老，肉体成仙的可能性，下一步便是探讨具体的修炼方法。葛洪根据由外及内的原则，排列出以下学仙修道的方法。

①积善立功。葛洪强调服从封建礼教在修道求仙过程中的重要作用。他说："览诸道戒，无不云欲求长生者，必欲积善立功，慈心于物。"（《微旨》）所谓"善"、"功"，自然是以封建伦常为依据的，所以他又说："欲求仙者，要当以忠孝和顺仁信为本。若德行不修，而但务方术，皆不得长生也。"（《对俗》）显然，葛洪把服从各种社会的道德规范视为修道的外部环境，不修德便不能成仙，这说明他已把宗教活动置于礼教的规范之下。

②草木药饵。葛洪说："古之初为道者，莫不兼修医术，以救近祸焉。"（《微旨》）医药可以除病健身，先须除去身体疾患，方能为进一步练功打下基础。"先将服草木以救亏缺"（《极言》），属于"将服小药以延年命"（《微旨》）。

③屈伸导引。修道学仙须进行必要的身体锻炼。"朝夕导引，以宣动荣卫，使无辍阂。"（《杂应》）"调利筋骨有偃仰之方。"（《极言》）通过各种健身之术强壮体魄，也是修仙的必要条件。

④宝精行气。葛洪虽主外丹之说，但对内养派行之有效的修炼方法并不排斥，他把积精累气看成修仙必要的辅助手段。"欲求神仙，唯当得其至要，至要者在于宝精行气，服一大药便足矣，亦不多用也。"（《释滞》）宝精之法要求清心寡欲，不为外物引诱而有所伤耗。重点是戒慎房中之事，"又宜知房中之术，所以尔者，不知阴阳之术，屡为劳损，则行气难得力也"（同上）。行气之法，则是用呼吸吐纳之功，使入气多，出气少，最后达到胎息而仙，其说与内养派理论无大差异。

⑤金丹大药。葛洪认为炼服金丹才是长生成仙的根本途径。他说："升

仙之要在神丹也。""服神丹令人寿无穷已，与天地相毕，乘云驾龙，上下太清。"（《金丹》）葛洪的《抱朴子》详细介绍了丹药的种类及炼制方法，"仙药之上者丹砂，次则黄金，次则白银"（《仙药》）。丹砂即朱砂（硫化汞），朱砂经火烧炼可以还原为水银，又称"还丹"，道教认为锻炼九次的"九丹"就成为"神丹"。再合以"金液"便为"金丹"。葛洪指出：道书"皆以还丹金液为大要焉。然此二事盖仙道之极也，服此而不仙，则古来无仙矣"（《金丹》）。显然他对金丹的功效充满了信心，故将炼丹当作最神秘、最隆重的宗教活动。葛洪强调，必有仙骨之人，拜从明师，得秘方后，共行约盟，结伴入山，斋戒沐浴，守种种禁忌，然后按方合炼，其丹方成。由于朱砂与黄金有剧毒，直接吞服可直接毙命，故道士们在如何降低朱砂的毒性上下了大功夫，他们按阴阳五行相生相克之理，在朱砂、金液中加入各种药物共同熔炼，所以把金丹术变成了一门庞大复杂的学问。千百年来，尽管仙丹并未炼出，但其副产品却在医疗、养生方面发挥了积极的效益。

（四）"玄道合一"的宗教哲学

一个人炼成仙丹，长生不老，固然可以表明他具有超自然的力量，但在整个宇宙中他还是一个有限者，还要面对广袤无穷的世界。换言之，无论肉体如何修炼，精神上仍然是不完满的。道教的基本信条虽然是追求肉体不死，但是也不忽视精神的修炼和解脱问题，葛洪的道教理论由此切入宗教哲学领域。他借助老庄道家和魏晋玄学的一些范畴建立了自己的哲学本体论。他认为"玄"，或曰"道"是宇宙的本原，其内篇《畅玄》说：

> 玄者，自然之始祖，而万殊之大宗也。眇昧乎其深也，故称微焉。绵邈乎其远也，故称妙焉。其高则冠盖乎九霄，其旷则笼罩乎八隅。

"玄"虽无形无象，无影无踪，但它确实又是宇宙间一切事物最终的创造者。他又说：

> 道者涵乾括坤，其本无名。论其无，则影响犹为有焉；论其有，则万物尚为无焉。……以言乎迩，则周流秋毫而有余焉；以言乎远，则弥纶太虚而不足焉。（《道意》）

从派生万物、涵括宇宙的角度讲，"道"与"玄"是同级概念，都具有本原的性质。"玄"（道）不仅高出万物之外，同时它又是万物运行的规则，存在于万物之中。

> 道起于一，其贵无偶，各居一处，以象天、地、人，故曰三一也。天得一以清，地得一以宁，人得一以生，神得一以灵。金沈羽浮，山崎川流，视之不见，听之不闻，存之则在，忽之则亡，向之则吉，背之则凶。（《地真》）

由于道在万物之中具有一以贯之的性质，所以他又把道称为一。

葛洪的宗教哲学最终也是为他追求"长生久视"的宗教实践服务的。"玄道"就是宇宙中的无限者、永恒者，"其为玄道，可与为永"。"玄之所在，其乐无穷；玄之所去，器弊神逝。"（《畅玄》）人在追求肉体长生的同时，精神上也须与无限者合一，称之为"思存守一"。"守一存真，乃能神通。"（《地真》）作为宇宙本原的玄道，在人身上就是存于三丹田中的"真神"，修道必须时时默念，牢牢相守。"人能守一，一能守人，所以白刃无以挫其锐，百害无所容其凶。"（同上）葛洪极为重视"守真一"的精神修炼法，他认为"守真一"不仅可以却恶卫身，而且可以使天、地、人，主观与客观，人与道统一起来，人的精神便可以突破有限个体的束缚，与无限的宇宙合一，实现永恒。

葛洪的宗教哲学虽不如佛教哲学那么抽象复杂，不过毕竟填补了传统道教在抽象思维领域中的空白，使道教理论更为丰满。

（五）葛洪的社会政治理论

道教作为中华民族的宗教，在思维方式上必然反映中国人的特色，即把天、地、人，把自然、社会和人看成一个同构复合体。因而道教不仅认为个人修炼过程中要"思存守一"，兼综内外，在社会生活中也必须把现实世界与超现实世界打通，理想的人格是"合内外，一天人"。这个思想就表现在他汇通儒、道的工作中。葛洪在《抱朴子·自叙》中说自己："年十六始读《孝经》、《论语》、《诗》、《易》"，深受儒家思想熏陶。入道教后，也从未认为儒家的纲常伦理可以弃置不顾。他主张"道者儒之本也，儒者道之末也"。（《明本》）儒道两家互为表里，都是统治者治国的工具，他著文反复论证，修道与治国并不矛盾，"内宝养生之道，外则和光于世，治身则身长修，治国而国太平"（《释滞》）。道家重养生，儒家重礼乐，具体主张虽然不同，但皆为社会教化不可或缺。葛洪主张儒道兼容，他自称所著《抱朴子》一书，内篇属道家，外篇属儒家，本身便是儒道合流的产物。

在《抱朴子》外篇中，葛洪对封建主义的政治伦理思想提出了一系列独到的见解，表现了他对现实世界的积极关注。鉴于当时中央集权统治的松散，国家统一遭到破坏，葛洪评汉、批吴、论晋，从理论的高度总结历史经验，探讨天下兴亡得失。他针砭时弊，批评经学家颂古非今的保守风气，抨击玄学"诬引老庄"、"傲俗自放"的清谈习气，并特别对门阀贵族奢靡放荡，违礼败俗的生活方式进行了无情的揭露。"若夫贵门子孙及在位之士，不惜典型，而皆科头袒体，踞见宾客，既辱天官，又移染庸民。"(《刺骄》)从历史的经验中葛洪看到："人之有礼，犹鱼之有水矣。鱼之失水，虽暂假息，然枯糜可必待也。人之弃礼，虽犹觍然，而祸败之阶也。"(《讥惑》)葛洪本人虽为化外之民，但他却看出，当时的社会急需加强儒家礼教。他提出了许多条恢复礼教的具体建议，其要者有：

①君道臣节，明确君臣之际的纲常关系。他为君主专制制度百般辩护，并猛烈抨击鲍敬言的"无君论"主张，他说："夫君，天地，父也。君而可废，则天亦可致，父亦可易也。"(《良规》)这与董仲舒"三纲五常"的思想如出一辙，表现了道教徒对封建纲常的认同。

②刑德并举，以刑辅德。葛洪认为历代统治者"莫不贵仁，而无能纯仁而致治也；莫不贱刑，而无能废刑以整民也"(《用刑》)。他一反汉儒贬斥法家的传统论调，为申韩法术大唱赞歌。甚至直言："仁者，为仁之脂粉；刑者，御世之辔策。脂粉非体中之急，而辔策须臾不可离也。"(同上)在葛洪这里，实际上是以仁辅刑了。发此彻论，一是由于两晋时代社会极其紊乱，治乱世须用重典，人们期盼"铁腕"；一是由于葛洪毕竟不是纯儒，化外人反而更容易看清中国封建社会阳儒阴法的本质。

③审举任贤。葛洪看到，贵族子弟无才无德，但凭借等级特权却能够垄断政权，这是政治腐败的根本原因。他针锋相对地指出："招贤用才，人主之要务也。"(《贵贤》)而人主不能用贤，根本原因在于不能"至公无私"。他说："用之不得其人，其故无他也，在乎至公之情不行。而任私之意不违也。"(《百里》)为了保证选贤任能，葛洪提出用考试的方法选拔人才，文武官员必须经过考试，策对，使之名实相符(参见《审举》)。这一建议虽未被当时统治者采纳，但却成为科举制的先期探讨。

通观葛洪的宗教理论，可以说《抱朴子》给予中国道教鲜明的二重性格：一方面追求个人解脱超俗，长生成仙；另一方面又追求佐时济世的社会功效，治国安邦，为巩固封建统治服务。两者相合，就是他提出的："夫道者，内以治身，外以治国"的总原则。

四　寇谦之对北魏天师道的清整

寇谦之（365～448），原名谦，字辅真，北魏天师道的创始人。寇谦之出生在冯翊万年一个世宦家庭，祖、父两代皆为北方少数民族统治者效力，他本人则长期在北魏从事宗教活动，影响很大。太武帝年间，他首先取得了朝廷重臣崔浩的信任。崔浩亦出身于北方豪门，其家以儒学传世，崔浩本人博通经史，以北方儒学领袖自居。北方诸朝一向有重佛轻道的倾向，但崔浩却厌恶佛教，故拜寇谦之为师，大力举扬道教。崔浩又将寇谦之介绍给太武帝，在太武帝平定北方的战争中"随军赞化"，"为帝祈福"，深受重用。太延六年（440），寇谦之声称太上老君降临，授其为天师，授太武帝太平真君号，太武帝大喜。遂改元为太平真君元年，并亲赴道坛受符箓，加封寇谦之国师号，道教实际取得了国家宗教的地位。寇谦之借助太武帝、崔浩的支持，对北方松散、散乱的道教组织加以整顿。寇谦之的宗教改革活动大致包括以下几方面内容。

1. 改造早期道教的民间性质，使其成为可以被统治者接受的宗教组织

《魏书·释老志》将寇谦之的宗教改革概括为"除去三张伪法，租米钱租，及男女合气之术"，"专以礼度为首，而加以服气闭炼"。"三张"指五斗米教创始人张陵、张修、张鲁，他们所遗教规、教理被五斗米道徒奉为法典。三张之法，尽为民间创教和汉中割据时所立，时过境迁，已很不适用于统一安定之世。寇谦之对五斗米教的改革经过如下步骤。首先，编造宗教神话，尊奉太上老君。张鲁死后，五斗米教组织一直处于混乱状态，很难形成相对独立的教内权威。寇谦之自称太上老君授其真经和新天师职位，他是奉太上老君之命来"清整道教"。为了确定自己"新天师"的地位，他激烈反对天师职务的世袭制，强调"天道无亲，唯贤是授"，从而打破了张氏子孙对宗教领袖的垄断，在自己周围建立了一个坚强有力而又规模庞大的"新天师道"教团。

其次，除"租米钱税"。五斗米教以信徒入教交五斗米会费而著名。当五斗米教在民间流传时，这五斗米便成了道教的主要经济来源。到了寇谦之时代，五斗米教已经变成了天师道，并获得了国家政权的支持，不再需要信

徒交米了。而且封建政权也不允许其他组织另收税米，成为社会第二个经济中心。这一改革是维持封建王朝在经济上的垄断地位的重要措施。

再次，将张鲁时代政教合一的组织改造成单纯的宗教组织。张鲁割据汉中时，用五斗米教组织代替行政组织，自号为君师，以祭酒代郡县。"至寇谦之始窃道士之名号，私易祭酒之名"（法琳《辨正论》），使宗教组织与封建政权组织划清了界限，防止有人利用宗教组织反叛朝廷，实行割据。寇谦之直言不讳地斥责利用道教组织的农民起义是"愚人狂诈无端……诈称李弘，我身岂可入此下俗臭由奴狗魍魉之中，作此逆恶者焉？"（《魏书·释老志》）其阶级立场是十分明显的。

最后，除"男女合气之术"。早期道教方术有房中术一门，当属我国最早的性科学研究，其原意在于强身健体，修道成仙。但是在中国封建社会中，公开地讨论、研究性问题，自然要冲击"男女之大防"，"男女授受不亲"的社会观念，导致婚姻家庭关系的松弛。早期道教中确实存在着男女界限不甚严格，轻浮淫乱的状况。《后汉书·刘焉传》载："（张）鲁母有姿色，每挟鬼道，往来焉家"，这一情况遭到正统儒家士大夫及佛教禁欲主义的攻击。在中国，家庭是社会基本细胞，是联系个人与国家的桥梁，房中术的外传，有可能破坏家庭的稳定，导致宗法血缘关系的紊乱。寇谦之认识到，要取得封建统治者的认可，必须断然除去"房中术"。他说："黄赤房中之术，授人夫妻，淫风大行，损辱道教。"他甚至根本否认道教中有此事存在，"大道清虚，岂有斯事"（同上）。江南的葛洪、陶弘景还是承认房中术有助于修道，寇谦之则根本加以否认。

2. 整顿道教组织，调处宗教与政治关系

寇谦之将分散于民间、不同系统的天师道集中统辖起来，使其变成为北魏政权服务的宗教组织。他宣称新天师道"专以礼度为首"，把服从纲常礼教作为第一信条，要求教徒"不得叛逆君王，谋害国家"，"于君不可不忠"，同时还要安于封建等级制度，"戒勿以贫贱求富贵"。他还直接为北魏政权的合理性大造舆论，说："魏氏承天驱逐，历使其然，载在河洛，悬象垂天。"（《正一法师教戒科经》）他称赞太武帝说："陛下神武应期，天经下治，当以兵定九州，后文先武，以成太平真君。"（《魏书·释老志》）这些理论得到了统治者的欣赏，在太武帝的扶植下，天师道大盛，"遂起天师道场于京师之东南，重坛五重，遵其新经之制，给道士百二十人衣食，斋肃祈请，六时礼拜，月设厨会数千人"（同上）。当时著名道士韦文秀、祁纤、阎平州、罗崇之、王道翼等皆受朝廷崇幸，京郊的道坛便成了北方天师道的活动中心。

3. 重建教仪戒律，规范教徒行为

教仪是教徒表达宗教情感的主要活动，缜密繁复的教仪可以增加宗教活动的神秘性和庄严性。戒律则是教徒行为的执范，统一严明的戒律有助于教团的团结和行动划一。在五斗米教时期，道教也有一些简单而不固定的教仪和戒律。"除去三张伪法"，必有新法代之。寇谦之在早期道教教规教仪的基础上，吸收佛教仪制和戒律，为道教创立了一套较为完整的教仪，主要包括：奉道受戒仪式，宥过祈请仪式，求愿所行仪式（包括厨会求愿和烧香求愿），为死亡人的祈请仪式，消除疾病祈祷仪式，三会仪式（即"三元会"，于正月初七，七月初七，十月初五举行）。这套教仪对于教徒有近乎法律的神圣效力，如有违反被视为亵渎神灵，故每条后都写有"明慎奉行如律令"。（参见《老君音诵戒经》）。为了改变道教组织涣散，科律废弛的状况，寇谦之还重申、增订了许多条道戒。其中包括道教中原先固有的，如"行无为，行柔弱，行守雌，勿先行"，"戒勿费精气"，"戒勿忘道法"等等。也有从儒家搬来的纲常名教。如"不得违戾父母师长，反叛不教"，"不得叛逆君王，谋害国家"，等等。还有从佛教转借来的，如不杀生、不偷盗、不邪淫、不妄语、不饮酒，等等。在寇谦之所定戒律中，明显地具有儒、释、道三教融合的色彩，表现了道教文化开放性特点。

寇谦之在道教史上的主要贡献在整顿道教组织，制定科律斋仪方面，同时他也强调"服食闭炼"。在修养方法上，他将服饵修炼之术与符水禁咒之术合而为一，内外丹并重。据《正统道藏》"光"帙下《谷神篇序》载："北魏寇谦之尝集道经，为其书少，遂将方技、符水、医药、卜筮、谶纬之书，混而为一。"又据《魏书·释老志》，寇谦之本人在内外丹修炼方面都很有功夫，他练"服气导引口诀之法"，"遂得辟谷，气盛体轻，颜色殊丽"。又学外丹派"销炼金丹，云英、八石、五浆之法"。不过从总体上看，在修长生术方面他并没有超出《黄庭经》、《抱朴子》的特殊成就。如果说葛洪是著名的道教神学家，其主要活动是从事道教理论建设；那么寇谦之就是杰出的道教实践家，其主要业绩则留在道教组织建设方面。

五　陆修静的道教理论与活动

陆修静（406～477），字元德，吴兴东迁（今浙江吴兴）人，出身于江南士族家庭，为东吴丞相陆凯之后。少宗儒学，旁究象纬。及长，为求长生，弃绝妻子，入山修道。云游各地名山，寻访仙踪，遇异人授以秘诀，却粒修行。后入京师市药，得宋文帝召见，入内庭讲论道法，深得皇帝欢心。宋明帝即位后，命袁粲组织儒、释、道三家辩论。陆修静标理约辞，解纠挫锐，大张道教声威。明帝在京城北郊筑崇虚馆令其居之，陆修静在其中整理道经，广制斋仪，扩大了道教在社会上的影响。陆修静是一个知识广博的道教学者，师承不明，所学不囿于一家，后人概括他一生的业绩是"祖述三张，弘衍二葛"，对各派的理论都有所发展。陆修静一生著作颇丰，可惜大多亡佚，《正统道藏》中仅存《陆先生道门科略》、《洞玄灵宝五感文》、《太上洞玄灵宝授度仪表》、《太上灵宝众简文》、《洞玄灵宝斋说光烛戒罚灯祝愿仪》等数篇。我们将陆修静一生的主要理论与活动概括为三个大方面。

（一）改造道教组织，重建南天师道

魏晋以降，道教组织在南方也处于混乱状态，于君道、帛家道、李家道等组织巫觋杂出，淫祀盛行，并保持了民间反叛性质，甚至发生了孙恩、卢循暴动，严重干扰了封建统治。要使天师道能够生存下去，必须重整组织，再振科律。陆修静对南天师道的改良包括如下方面：

①整顿组织系统，健全三会日制度。"三会日"指正月初七上元会、七月初七中元会和十月初五下元会，每年逢此三日，规定凡教"民各投集本治师，当改制录集，落死上生，隐实口数，正定名簿，三宣五令，令民知法"。（《陆先生道门科略》）"治"是五斗米教创立时的基层组织，陆修静重新加以调整，天下分二十四治，功能类似于基督教的教区。教民每逢会日赴教区参加活动，申报家庭人口，并听道官宣演科律。会日制度成了联系道教组织与教民的桥梁。健全三会日制度使道教活动正规化、制度化。

②整顿名籍混乱状态，加强"宅录"制度。"宅录"是道教的户籍登记册，道民入教，须将全家男女口数登录于册。以后凡有生死添减，均须向本治师报告、改录。但张鲁死后，"宅录"制度废弛，教民生死而不投状，"或死骨烂，籍犹载存；或生皓首，未被纪录"，以致闹出"百岁童男，期颐处女"的笑话。无准确的登录制度，自然不会有严密的宗教组织，所以陆修静重申并加强了"宅录"这项基础工作。

③禁止道官自行署职，健全道官晋升制度。当时道教组织松散，道官自为加官晋爵更加剧了天师道内部的混乱。陆修静建立了"依功受箓"，按级晋升的组织制度。庶民三勤（为道教做三件好事）为一功，三功为一德，三德之后方可署箓，正式入教。以后从"十将军箓"逐次升为"散气道士"、

"游治"、"下治"、"配治"，再由天师子孙保举可封为下、中、上"八职"。得"上八职"以后，再加修炼，便可担任道教中最高的"阳平"、"鹿堂"、"鹤鸣"三职了。如此繁复的教内等级制度，完全是现实社会生活中宗法等级制度的翻版。

（二）编制灵宝斋仪，创立灵宝派

灵宝派以崇奉《灵宝经》而得名，可是在晋宋之际，《灵宝经》在流行过程中真伪混淆，文字错乱，统属不明。陆修静早年便注意收集采访道书，对《灵宝经》进行了系统的整理，并编制灵宝斋仪，为灵宝派在南朝的大发展奠定了基础。故后世把陆修静视为灵宝派的实际创始人。

在道教诸派中，灵宝派以重视斋醮科仪而闻名，认为"斋直是求道之本"。陆修静对斋戒使人长生的作用进行了理论的论证。他认为："生之所赖，唯神与气"，神就是五脏真神，气是人体内的精气，两者相合相辅，人便可长寿齐天。要使两者结合，不仅要炼养行气，还要身心的道德修养，做到心无杂念，"虚心以原道理"，使气不躁动于外，"静气以期神灵"。为达此目的，陆修静提出当用斋戒来约束人的思想与行为。他借用佛教身、口、意的概念，"身有杀盗淫动，故役之以礼拜；口有恶言绮语两舌，故课之以诵经；心有贪欲嗔恚念，故使之以思神"（《洞玄灵宝斋说光烛戒罚灯祝愿仪》）。所以说戒斋能够"制伏性情，使外累不入；守持十戒，令俗想不起"（同上），是修道养生的根本。他为道徒规定的十戒包括：①香汤沐浴。②废弃世务。③中食绝味，挫割嗜欲。④谨身正服。⑤闭口息语，不得妄言。⑥涤除心意，不得邪想。⑦烟香奏烟，鸣鼓召神。⑧忏谢罪咎，请乞求愿。⑨发大慈悲，愍念一切。⑩进止俯仰……稽颡忏悔。（同上）十戒把道教的个人的身心锻炼和儒家的道德修养结合起来，把道教的长生不死与佛教的断俗因缘、调伏六根、生死解脱结合起来，从而使道教的"养生成神"说进一步理论化、伦理化了。在斋仪方面，陆修静以灵宝斋为主体，吸收上清、三皇和天师道斋法，创造了一套更为完整的斋仪体系，即"六斋十二法"。

　　　　第一洞真上清之斋，以无为为宗，有二法：
　　　　其一法绝群离偶，眠神静氲，遗形忘体，合于道无。
　　　　其二法心斋，疏瀹其心，躁雪精神。
　　　　第二洞玄灵宝之斋，以有为为宗，有九法：
　　　　其一法金箓斋，调合阴阳，消灾伏异，为帝王国主请福延祚。

其二法黄箓斋，为人拔度九祖罪根。

其三法明真斋，学士自拔亿万曾祖九幽之魂。

其四法三元斋，学士自谢涉学犯戒之罪。

其五法八节斋，学士忏谢七玄及己身宿世今生之罪。

其六法自然斋，普济之法，内以修身，外以救过，为百姓祈福消灾。

其七法洞神三皇之斋，以精简为上。

其八法太一之斋，以恭肃为首。

其九法指教之斋，以清素为贵。

第三涂炭之斋，以苦节为功。上解亿曾万祖、宗亲门族及己身家门无鞅数罪，拯拔忧苦，济人危厄。①

陆修静还为这些斋仪设计了一套具体、明细的程式，如设坛摆仪、焚香、化符、宣戒、上章、诵经、赞诵，并配以烛灯、禹步、斋醮音乐等等，颇为隆重、热烈。历史记载，陆修静本人经常身体力行，主持各种斋戒活动，其虔诚真挚感动了帝王及其贵族，在群众中扩大了道教的影响。在陆修静的推动下，灵宝派在南朝发展很快，社会影响超过了上清、天师两派。他编定的斋醮仪范受到后人的赞誉，相沿继承。

（三）撰写《三洞经书目录》，分类整理道教经典

中国自古重视历史，因而也重视经籍的编纂，二十四史中皆有《艺文志》、《经籍志》。佛教传入中国后也继承了这一传统，东晋初有道安的《综理众经目录》，梁有僧祐的《出三藏记集》。道教受传统文化的影响，也很重视经籍的整理。葛洪的《抱朴子·遐览》记有道经 670 卷，并附 500 余卷名。他自称亲眼见过 282 种。不过葛洪整理经典并未分类、考订。陆修静利用自己广博的知识和天师、灵宝、上清诸派皆通的优势，对当时社会上流行的所有道教经典分类编整。他先对灵宝派经典进行了考辨整理，经过细心、艰苦的考索，终于将其编为 35 卷，并制《灵宝经目》，于宋元嘉十四年（437）上呈皇帝。以后他又分头对上清、三皇系经典加以整理，总括为"三

---

① 主要依据陆修静《洞玄灵宝五戒文》，并参考敦煌遗书 P2256 号载陆修静言六斋文，及《云笈七签》卷 37 "六种斋"条。转引自任继愈主编《中国道教史》，第 160 页，上海人民出版社，1990。

洞"，成《三洞经书目录》，于宋泰始七年（471）上呈皇帝。唐释道世《法苑珠琳》卷五十五《破邪篇》说："宋泰始七年，道士陆修静答明帝云：道家经书并药方、符图等，总一千二百二十八卷。云一千九十卷已行于世，一百三十八卷犹在天宫。"陆修静收集道书不仅数量多，而且进行了分类整理，开创了"三洞"体例。其中"洞真"指上清派经书，"洞玄"指灵宝派经文，"洞神"指三皇派经文。陆修静的《三洞经书目录》虽已亡佚，但他开创的分类系统直接影响到《道藏》的编纂，对道教发展起了促进作用。

由于陆修静，"总括三洞"，"祖述三张，弘衍二葛"，对道教各派的发展都有启迪，故受到后世道教的普遍尊敬，天师道称他为"陆天师"，上清派尊他为第七代宗师，灵宝派则把他视为始祖之一。到了宋徽宗时，又加封为丹元真人。

六　集南朝道教之大成的陶弘景

（一）生平著述

陶弘景（456～536），字通明，丹阳秣陵（今江苏南京）人，齐梁时著名的道教理论家、活动家和医学家。陶弘景出身士族，10岁读葛洪《神仙传》，引发长生之志，早年博通儒家经典，以才学闻名于世。青年时代曾入仕途，历任诸王侍读之类闲曹，未见重用，36岁时辞官归隐。齐武帝永明二年（484），从陆修静弟子孙游岳学习符图经法。后游茅山，得杨羲、许谧、许翙手迹，成为上清系重要传人。从此在茅山建华阳馆，自号华阳隐居，不复出山，后半生40余年皆修行于此，把茅山建成上清系的修习中心，故上清系日后也被称为"茅山宗"。他写成《真诰》一书，专门记述上清派早期教义、方术和历史，是一部重要的道教史著作。陶弘景归隐后仍然关心政治，齐梁之际肖衍发兵起事，他遣弟子献表拥戴。肖衍"革命"成功，朝中议论国号未定，陶弘景援引图谶及齐末童谣，以"梁"字为应运之符，遂定为国号。梁武帝对陶弘景深信不疑，屡以礼聘，皆为其婉拒，但梁武帝每逢吉凶大事，仍遣人入山咨询，陶弘景被时人称为"山中宰相"。齐梁之际，王公显贵对陶亦十分敬仰，从其受业者有数百人。陶弘景晚年炼丹数度未成，转而向佛教寻求解脱。他"敬重佛法"，"恒读佛经"，"在茅山立佛道二堂"，"并于鄮县阿育王塔受戒"。卒前遗令，死后穿道士的冠巾法服，以大袈裟覆含蒙首足，明器有车马，葬礼上道人在左、道士居右，于此可见陶弘景思想上兼融儒、释的特色。梁大同二年（536）陶弘景卒于茅山，诏赠中散大夫，谥号贞白先生。

陶弘景博通儒、释、道三家，兼善文学词章、医药养生，对兵法骑射、工艺技术亦莫不精通。一生著作等身，约有八十余种。他的著作属儒家方面的有：《孝经、论语集注并自立意》、《三礼序并自注》、《注尚书、毛诗序》。道教方面著名者有《真诰》、《真灵位业图》、《养性延命录》、《登真隐诀》、《华阳陶隐居集》、《抱朴子注》、《合丹法式》等等。医药卫生方面的有：《本草集注》、《肘后百一方》等。其他杂著有：《帝代年历》、《古今州郡记》、《撰太公孙吴书略注》等等。

（二）总结早期道教，编写神仙谱系

宗教的实质在于对超自然神灵的崇拜。因此每一种宗教都必须有自己的神灵观念和神仙谱系。道教创教后长期在民间流传，魏晋以后又形成了众多流派，各个派系，各个地区所奉神仙各有差异。如五斗米道（包括后来的天师道）、太平道奉太上老君为最高神，上清派却以元始天王为最高神，而灵宝派则以元始天尊为最高神，各具自己的神仙谱系，且各位神仙、真人的关系也没有明确界定。这种神灵观的混乱严重阻碍了道教的进一步发展。陶弘景深感建构神仙谱系的重要性。他讲："若不精委条顿、略识宗源者，犹如野夫出朝廷，见朱衣必令吏；句丽入中国，呼一切为参军。"（《真灵位业图·序》）因此他写了一部《真灵位业图》，把他所能搜罗到的道教传说中的神灵及地上的圣王、道士、帝君统统编入七个等级，每一级中有一位主仙，再设左右两仙相配。如最高等级中位者为元始天君，左配高上道君，右配元皇道君。以下等级除正副三主神外，还设有女真位、散位、地仙散位等座次，道教传说中的神仙玉玄皇大道君、金阙帝君、太上老君、九官尚书、定箓真君、丰都大帝；历史上著名的道士魏华存、杨羲、许谧、许翙、葛玄、葛洪、陆修静、张陵等（其中上清系真人排第二阶次、灵宝系真人排第三阶次、天师道真人排第四阶次，反映了道家各派在陶弘景心目中的地位）；儒家尊奉的圣贤黄帝、尧、舜、禹、孔丘、颜回等以及秦始皇、汉高祖、李广、何晏等人，共 500 余位。陶弘景说："虽同号真人，真品乃有数；具目仙人，仙人亦有等级千亿。"天上的圣殿同样是等级森严，完全是地上门阀士族等级制度的倒影。陶弘景编写的神仙谱系对道教理论的成熟有积极作用。

（三）养神与养形兼顾，内养与外丹并用

陶弘景继承了道教各派的养生学说，强调形神双修。他说："生者神之本，形者神之具，神大用则竭，形大劳则毙。"（《养性延命录》）形神皆不可用而不养，只要经过努力的修养，便可使寿命延长，甚至长生。"人生而命有长短者，非自然者。""我命在我不在天。"在养神方面的基本要求是"游心虚静，息虑无为"，而七情（喜、怒、忧、思、悲、惊、恐）六欲（生、死、耳、目、口、鼻）皆是伤神之物，必须节制。在养形方面，要做到饮食有节，起居有度，并加以行气、导引，"以鼻纳气，以口吐气"，"闭气不息，于心中数至二百，乃口吐气出去。日增息，如此身神具，五脏安"（《养性延命录》）。他又作《御女损益篇》，总结了古代房中术，指出男女之房事不可不有，又不可不慎。"房中之事，能生人，能煞人。譬如水火，知用之者可以养生，不能用之者立死矣。"（《御女损益篇》）故要求房中节欲，注意交合方法，遵行房中禁忌。陶弘景对中医、中药也很有研究，对中草药防病、治病、滋补身体的作用进行了多方面的探讨和论证，反映了当时医学的最高、最新成就。陶弘景也是炼丹术的积极推崇者，一生炼神丹多次，《南史·陶弘景传》载：

> 弘景既得神符秘诀，以为神丹可成，而苦无药物，帝（梁武帝）给黄金、朱砂、曾青、雄黄等，后合飞丹，色如霜雪，服之体轻。及帝服飞丹有效，益敬重之。……天监中献丹于武帝，中大通初又献二丹（一说二刀，从李渤《梁茅山贞白先生传》改），一名善胜，一名威胜，并为佳宝。

他还撰有丹书《合丹药诸法式节度》、《集金丹黄白方》、《太清诸丹集要》、《炼化杂术》等，可惜皆已失传，但仍可以从其他著作中看到他在化学实验方面的一些成果。

（四）融儒援佛，力促三教合同

陶弘景的经历使他对儒、释、道三教的理论皆很精通，在理论上他倡"三教均善"说。他认为："万物森罗，不离两仪所立；百法纷凑，无越三教之境。"（《茅山长沙馆碑》）三家皆至圣至善之教，人主应该"崇教惟善，法无偏执"，三教并弘。他从形神角度论证了三教相互联系，相辅相成的关系：

> 凡质像所结，不过形神，形神合时，是人是物；形神若离，则是灵是鬼。其非离非合，佛法所摄；亦离亦合，仙道所依。（《答朝士访仙佛

两法体相书》，见《华阴陶隐居集》）

形神相合就是现实人生，正是儒学研究的领域。形神相离形成鬼神崇拜，即是宗法性宗教活动的范围。形神非离非合，即是佛教"非有非无"的般若空观境界。形神亦离亦合则有道教天仙与尸解仙之道法。三教各有所长、各有发挥作用的领域。真正得道仙人应将道教的炼形，佛教的澄神和儒家的伦理道德融为一体。"假令为仙者，以药石炼其形，以精灵莹其神，以和气濯其质，以善德解其缠，众法共通无碍无滞"。（同上）这是他一生追求的完美境界。

在三教均善思想的指导下，陶弘景一生做了大量融儒、援释入道的工作。在解释道教修炼与天道合一的关系时他说："此说人体自然，与道气合，所以天命谓性，率性谓道，修道谓教。今以道教使性成真，则同于道矣。"（《真诰·甄命授》）在这里，他引证《中庸》的性命理论作为道教的诠释。在论证道教修养过程时，他又大量引用佛教的概念与范畴，如"要当守志行道，譬如磨镜，垢去明存，即自见形，断六情，守空净亦见道之真"（同上）。又如"神为度形舟，薄岸当别去，形非神常宅，神非形常载，徘徊生死轮，但苦心犹豫。"（《真诰·运象》）这里所用断情、空净、彼岸、形为神宅、生死轮回等概念无疑都取自佛教。所以宋代朱熹就曾指出："《真诰·甄命篇》却是窃佛家《四十二章经》为之。"（见《四库全书总目》）在陶弘景身上表现出的三教融合倾向，是这三大文化潮流几百年冲击融合的结果，也是梁武帝三教并重文化政策的直接反映。

七　道教对社会文明的影响与贡献

道教作为一种土生土长的宗教，始终与社会文明的其他方面共生共荣。由于道教自身理论与实践方面的特点，使之与科学技术和医药卫生方面的关系最为紧密。在当时的历史条件下，面对自然与社会的双重压迫，人无法完全掌握自己的命运，不得不乞灵于超自然的神灵，试图借助神力摆脱客观环境对人的束缚，在这里，宗教对人的思维方式和创造能力进行了错误的导向。然而对"长生久视"、"肉体成仙"这一虚幻目标的追求也赋予人们一种探索的冲动，成为科学文化发展的重要动力。

（一）炼丹术与古代化学

恩格斯早就肯定地指出：欧洲的炼金术是近代实验化学的先驱。[①] 据考证，欧洲语言中的 alchemy（炼金术），便是 chemistry（化学）一词的词源。而这个词又是从阿拉伯语 al-kimiya 一词演化而来，阿拉伯术士用的这个词则是中国道教炼丹所用"金液"一词的音译。世界文化交流史的研究可以证明，炼丹术和其他许多中国古老文明的成果一样，是经过西亚、阿拉伯这条线路进入欧洲的。当葛洪、陶弘景们在深山老林中支鼎炼丹时，他们做梦也想不到，自己已经成了近代化学的真正先驱。

魏晋道教的黄白术中，最重要者为还丹和金液。葛洪讲："余考览养性之书……莫不以还丹金液为大要者焉。然此二事，盖仙道之极也。"（《抱朴子·金丹》）还丹是指：道士在炼丹的鼎炉之中，使代表后天之道的丹砂返还象征先天之道的仙丹。所以炼丹的过程就是以方术模拟天地人生成之理，行周天火候，以合先天之道。葛洪说："丹砂烧之成水银，积变又成丹砂。"（同上）天然丹砂是硫化汞，但其中灰质含量较高，道士认为："灰质犹存，所以不能长生也。"（唐张九垓《张真人金石灵砂论》）因此要在赤土釜中开口烧炼，使其中的硫变成二氧化硫挥发，游离出金属汞。用现代化学公式表达则是：

$$HgS + O_2 \longrightarrow SO_2\uparrow + Hg$$

进而再使水银与硫磺化合，生成黑色的硫化汞。

$$Hg + S \xrightarrow{\triangle} HgS（黑色）\xrightarrow{升华} HgS（赤红色结晶）[②]$$

如果在密封的赤土釜中加热，即升华成赤红色晶体硫化汞。道士们以为这晶莹光泽的晶体即是可以使人长生不老的还丹大药。当然，历史上并没有人因服用这种仙丹而飞升，可炼丹的过程却使道士们对汞的氧化还原反应有所了解，并真实记录了化学变化过程中种种迹象，成为人类最早的化学实验记录，比阿拉伯和西方术士早几百年。

道教认为："金性不败朽，故为万物宝"，他们希望将金子坚固的属性转移于人身，以达长生的目的。但是医学和生理学的常识又告诉人们，黄金不能直接吞服。于是道士们便想方设法把少量黄金转移到某种液体中去，再调

---

① 参见《自然辩证法·导论》。

② 参见胡孚琛：《魏晋神仙道教》，第 241～242 页，人民出版社，1989。

和丹药服用，因此有了金液。正如道士们认识到的，黄金的化学稳定性是很强的，空气、水、氧、硫、强酸、强碱都不能使其腐蚀。但是道士们并没在"顽固"的黄金面前低头，他们努力寻找某种综合溶液去融化黄金。以葛洪的金液配方为例，其中包括黄金（Au）、汞（Hg）、雄黄（As_4S_4）、寒水石〔$Na_2Ca(SO_4)_2$〕、赤色戎盐（NaCI）、磁石水（Fe_3O_4）、硝石（KNO_3）、红色硫化汞（HgS）、华池（药醋 CH_3COOH）。这些药物有机混合，金与汞首先形成金汞齐，当金汞齐中的 Hg 逐渐变为 Hg＋＋转化到溶液中去以后，溶解在汞中的金子便陆续析出，重新形成紫红色胶状液体。我国古代科技史专家王奎克先生曾经指出："在那么早的时代出现熔金的方法在化学史上也是一项巨大的成就。"[1]

古代道教除了在汞化学、金化学方面取得的成就外，在铅化学、砷化学、铜化学方面也取得了令今人叹为观止的进展，客观上为近现代化学的兴起奠定了基础。但是由于时代及宗教自身原因的限制，这些卓越的科学成果并没有沿着实验→工业生产→为人类造福的康庄大道发展，而是顺着炼丹→中毒→宗教解释这样一条死胡同走向了衰微。魏晋南北朝的著名道士、豪门贵族，甚至君主帝王多有服丹中毒身亡者，可道士却将这解释为"尸解成仙"。尽管虔诚者对此信之不疑，但隋唐以后外丹术还是渐趋衰微。即使道士们留下的一些实验记载，也因道教内门户封锁或故弄玄虚而被搞得迷离扑朔，很难破译利用。如雄黄叫"太乙旬首中石"，硫叫"紫游女"，酸醋叫"华池"，汞叫"玄明龙膏"……不得明师指点，外人连用的什么药都搞不清楚，更无从谈开发利用了，因而大大降低了这些古代化学实验成果的科学性和实用价值。

（二）道教与医药学

道教重生恶死，追求"长生久视"，必然要对人的生理现象和防病、治病的医药学进行研究。许多道教大师又是著名的医学家，撰写了大量医书、药书。如葛洪的《肘后要急方》，《抱朴子》中的《仙药篇》、《杂应篇》，陶弘景的《本草经注》、《肘后百一方》、《效验施用药方》、《服食草木杂药法》、《药总诀》、《陶隐居本草》、《名医别录》等等，研究了人的五脏六腑生理机制、各种病症及辨症施治方法、各种草木药石的医疗性能，对祖国医药学的发展作出了重要贡献。

道教医学与中医学本身的发展是同步的，兹不赘述，这里特别要介绍一

---

① 《古代炼丹术中的化学成就》，见《中国古代科学成就》，第 239 页，中国青年出版社，1978。

些与炼丹有关的医药学成果。自古以来服丹药毙命者大有人在，成为人们批判道教的有力证据，但对服丹后对身体的有利影响，人们却未给予足够的重视。道士绝非白痴，如果服丹的结果只是一味的痛苦，直至死亡，那也就没人炼丹了。服了某些丹药身轻体健的资料也是大量存在的。如三国时大玄学家何晏曾讲："服五石散，非惟治病，亦觉神明开朗。"（《世说新语·言语》）有些普通丹药的医疗效果是无可怀疑的。同时，使人长生的金丹大药虽未炼成，但道士们冒着生命危险服丹，对丹砂、黄金、雄黄、硝石、砒霜的医疗效果有所认识。丹砂可以健脑、安神，黄金有"镇精神，坚骨髓，通利五脏邪气"的功效。这些药物在日后的中医治病实践中被广泛利用。另外，道士用男人的尿煮"秋石"，用女人月经炼"红铅"，是人类最早的性激素提炼法，具有刺激神经的"催淫"作用，可用来为贵族统治者的荒淫腐朽生活服务，但对性功能衰退之类的病也有疗效。

（三）道教与气功

气功是当今世界上独树一帜的中华瑰宝，气功的产生与发展都与道教有着密不可分的联系。魏晋南北朝时期，道教的内养方法已经发展出导引、行气、存思、守一、服食辟谷等方法，成为气功发展的基础，在现代气功中也被广泛采用。

导引即导气和引体，是一种把吐纳、调息和体操、按摩等肢体运动相结合的健身术。其强身健体的功效为千百年的实践所证明。现代气功中属于行功的"五禽戏"传说由三国时期的著名医生华佗发明，本属道教导引术的一种。

行气是吐纳、调息、胎息等呼吸功法的总称，道教主张通过呼吸运动使天地真气在人体内运动，并逐步做到入气多，出气少，使天地真气沉结于丹田之中，变成一种滋补身体的内丹。

存思守一是气功的精神修炼方法。存思是存想身中"真神"，守一就是守真一。真一之神存于丹田之中，就是玄、就是道。人在修炼过程中"意存丹田"，便可以达到一种与道合一的清幽虚静的精神状态。从现代气功学、心理学的角度看，"存思守一"是一种很好的精神与意志修炼方法，使人抛开外界事务的干扰，缓解精神压力。同时现代气功研究也证明，人集中并控制自己的意念于身体某一部位，便可以调动一般人平时不能调动的植物神经系统，使人体发挥出巨大的潜能，起到强身健体的作用。

服食辟谷则是气功修炼的一种比较高级的功法。葛洪认为五谷中含有糟粕，到了肠中就变成粪便。五谷是使人不能成仙的重要原因。因此他们设想可以通过服饵芝、玉、菊、术等珍奇清香之物，除秽轻身。进而通过气功锻炼，服食天地真阳之气，最后完全辟谷，成为不食人间烟火的神仙。道教对辟谷的功效有夸大的成分，但古今皆有辟谷一、两百日，半年乃至数年的记录，印度的瑜伽大师也有几年不饮不食者。这类通过意念的锻炼创造的生理奇迹，当代科学尚无法解释，值得深入研究。

（四）古代性科学——房中术

中国古代社会是建立在自然经济基础上的宗法等级社会，为了维持家庭和社会的稳定，社会主流文化——儒学视性为大敌，有"万恶淫为首"的观念，强调用社会和理性的力量压抑人的各种本能冲动，首先便是性欲。故儒家的人生哲学有生而无性，性的问题从来不能公开讨论。道教却恰恰相反，它迎合人潜意识中的死亡恐惧和性本能，一方面研究长生久视之道，一方面研究男女交合之术。而后者又是为前者这个总目标服务的。

秦汉之际，道教前身的方术之士便已开始了房中术研究，《汉书·艺文志》曾著录"房中八家"，可惜久已失传。到汉魏之际，由于道教的推动，房中术研究出现了一个高潮。在葛洪所作《抱朴子》中，著录房中著作八种，即《玄女经》、《素女经》、《彭祖经》、《陈赦经》、《子都经》、《张虚经》、《天门子经》、《容成经》。葛洪本人对房中术亦深有研究。他认为："人复不可绝阴阳，阴阳不交，则坐致壅阏之病。故幽闭怨旷，多病而不寿也。"（《抱朴子·释滞》）他把性生活看成人类正常的、必要的生理活动，强调不同年龄的男子应保持适当的性生活。葛洪的这个理解比儒、佛两家的禁欲主义更符合人体生理规律。同时道教房中术也反对无节制地纵欲，他针对人的年龄、身体状况、情绪、日月运行及气候变化等主客观条件，对男女性生活的时间、射精次数都作了详细的规定，其中许多条在今天看来都是合理的。道教房中术还特别重视男女性高潮的配合，"凡欲泄精之时，必须候女快，与精一时同泄"（《洞玄子》）。"若男摇而女不应，女动而男不从，非直损于男子，亦乃害于女人。"（同上）为了达到男女双方的性和谐，道教对女方性反应的"五行"、"五欲"、"九气"、"十动"及男子性反应的"四至"进行了观察和记录。如《素女经》描述女子性高潮的"五征"为："面赤，乳坚，鼻汗，嗌干咽唾，阴滑，尻传液"，与现代性医学的观察结果基本一致。这说明我国在美国性医学鼻祖金西（Kinsey，Alfred charles，1894～1956）以前一千五百余年便有了性生理研究和详细的观察记载。此外，道教还研究过性功能障碍及其治疗方法，成为祖国医学中的宝藏。

不过道教房中术中也含有很多不科学的成分，主要表现在"采阴补阳"和"还精补脑"两说上。如葛洪讲："房中之法十余家，或补救伤损，或以攻治众病，或以采阴益阳，或以增年益寿，其大要在于还精补脑一事耳。"（《抱朴子·释滞》）古人视精液为生命的精华，把射精看成身体的一大损失，故道教内养理论中有"固精勿泄"的思想。但这又与道教反对禁欲，认为绝阴阳也对健康不利的思想相矛盾。于是他们发明了一种"多交少泄可以延年"的观念。《素女经》讲："法之要者在于多御女而莫数泄精，使人身轻，百病消除也。"为此还创造了一种理论，叫"采阴补阳"，认为男人可以通过性交，从女人身体内采取延缓衰老的物质。陶弘景讲："但能御十二女子而复不泄者，令人老有美色。若御九十三女子而不泄者，年万岁。"（《养性延命录·御女损益篇》）这个观念在实践上成为当时豪门贵族玩弄女性的理论。至于还精补脑说，道教认为是比采阴补阳更为积极有效的强身健体方法，即在将要射精时，用手指在会阴处压迫输精管，并配合一定的呼吸动作忍精不泄，道士认为精液就会沿脊椎上行达于大脑，起到最好的养生效用。道教将此法吹得玄之又玄，其实这是他们不了解人体生理结构造成的一种误解。射精前压迫会阴，只是使精液进入膀胱，并未上升大脑，不过此法对避孕倒是有一定意义。

（五）道教与武术、兵法

武术是中华体育之国宝，兵法在战乱不停的古代则是一门发达的科学。道士们修仙学道，似与武术、兵法无涉。但是他们隐遁山林，易为盗贼猛禽所伤，故不得不习武以防身。且中华武术与气功理论相通，习武须专心致志，神清气足，而练气功又须身手敏捷，体魄强壮。故道教将武术搏击与内丹、硬气功、医药学、养生学融为一体，在道教理论指导下，讲究经络六道，以气发力，刚柔相济，相得益彰。所以自古红尘以外的道士又多武林高手。且道教自创建之初就与农民起义有关，自然不乏精通兵法之人。晋代葛洪在这两方面皆有相当的研究与贡献。他在《抱朴子·自存》中说："少尝学射，但力少不能挽强，若颜高之弓耳。意为射既在六艺，又可以御寇辟劫，及取鸟兽，是以习之。昔在军旅，曾手射追骑，应弦而倒，杀二贼一马，遂以得免死"，足见其武功高超。葛洪还精通兵法，他曾率兵镇压张昌、石冰起义，治军甚严。在其他几路官兵中伏吃败仗的情况下，葛洪的军队却阵容整齐，无所损伤，并援助其他官军。在这次战役后他被任命为伏波将军、赐爵关内侯。葛洪著有《军书檄移章表笺记》三十卷，《兵事方使短杂奇要》三百一十卷，《兵法孤虚月时秘要法》一卷和《抱朴子军术》一书。

这些著作虽已亡佚，但道教在我国军事科学上的贡献是不可抹杀的。

（六）道教与文学艺术

在世界各国的历史上，宗教与文学都存在着一种天然的联姻关系。文学记载宗教的内容，以利于宗教的发展；宗教又为文学提供创作方法和素材，推进文学艺术的繁荣，两者交相辉映、共生共荣。所以如此，是由于两者有着相似的思维方式。有人将其归结为潜意识，有人将其归结为情感思维，有人将其归结为直观思维，有人将其归结为右脑思维。不论称谓如何，总之是一种与理性的逻辑思维相对立的，以表象为思维因子的形象思维，在强烈情感的推动下跳跃式进行。不论原始人、古人还是现代人，他们一般都是在一种庄严肃穆、神秘灵异的宗教氛围中获得宗教观念的，同时也可以获得新的文学创作灵感，因而能够突破现实生活场景的局限，在更为广阔的宇宙空间展现人生。

将宗教体验以文学的形式记叙下来，就成为道教经典中享誉千古的文学作品。以魏晋时代而论，葛洪的《抱朴子》便是一本文辞并茂，颇具文学价值的宗教著作，其文基本采用骈偶句法，引经据典，文章华美，读来铿锵有韵，极富感染力。鲁迅先生在为许寿裳的儿子开列的《中国文学入门书十二部》中，就列入了《抱朴子》外篇。《黄庭经》用七言韵文诗的形式介绍了中医脏腑理论以及道教积精累气、健身长生的道理和方法，生动活泼，通俗易懂，历来受到道俗群众的欢迎。葛洪写成的《神仙传》、陶弘景所作《真诰》，既是道教史书，又包含了大量传说中的神仙故事。其中有驾飞龙，乘鸾凤，飘荡于天地之间的神仙；也有厉鬼魔魅，狰狞恐怖的地狱，为后人进行文学创作提供了丰富的素材和广阔的想象空间。

魏晋南北朝宗教的大发展，推动了文学艺术水平的迅速提高，所以鲁迅先生称这是一个"文学自觉的时代"（《而已集·魏晋风度及文学与药及酒的关系》）。道教对文学艺术发展的影响首先表现在文艺理论方面。道教与道家崇尚自然，强调"人法地，地法天，天法道，道法自然"（《老子》第二十五章）。这种"任运自然"的价值理想，在文学艺术家的范围内就形成了以自然为美的审美观念。陶渊明《桃花源记》中塑造的那个"遂与外人间隔"，"不知有汉、无论魏晋"的山中佳境，成为当时人追求的理想境界。其次，道家与道教崇尚虚无，"无中生有"的思想，经玄学家的发挥，形成了中国文学艺术理论中"言不尽意"的独特传统。写诗也好，作画也好，一方面讲究着墨处简练含蓄，一方面讲究画面上要留有空白，"一字不著，尽得风流"。陶渊明诗"采菊东篱下，悠然见南山"，字面平实质朴，场景平淡无奇，但却将"性本爱丘山"，"复得返自然"的欣喜心情在文字外交给了读者，使人回味无穷。再次，道教的神异传说，为文学创作提供了丰富的素材，在魏晋时期，产生了一大批与道教思想有关的志怪小说，其代表作便是干宝的《搜神记》和刘义庆的《世说新语》。《搜神记》记载了赤松子、宁封子等传说中的神仙及左慈、干吉、葛玄等著名道士的种种神秘诡谲的方术，至今仍不失神话的魅力。《搜神记》中《董永》一篇，写董永贤孝，卖身葬父，感动了天帝，派仙女下凡与他为妻，织布还债的故事。这个故事后世广为传诵，并为多种艺术题材加工。再如《世说新语》的《术解》篇，记述了当时社会上流行的占卜、看风水等道教方术。特别是"于法开解符"的故事，讲某人笃信道教，将道士画的符箓整张吞服，结果在腹中结成恶疾，诸医不可疗，最后还是佛教高僧于法开一剂汤药将其打下。此故事不仅记录了天师道符水治病的情况，而且多少有点三教之争的味道。最后，道教也成为绘画艺术的表现题材。东晋明帝司马绍曾画《瀛洲神仙图》，大画家顾恺之曾画《列仙图》，直接描绘道教列仙谱里的神仙。顾恺之画的《云台山》一幅虽已亡佚，但幸有他的《画云台山记》一文留存下来，说明该画是绘述张陵度化弟子的故事。传说张陵得道后，叫弟子去悬崖绝壁去采桃，其中王长、赵升气定神闲，胸有成竹，其他人大惊失色，汗流满面。结果王、赵得道，其他人不能成功。一幅画把一个宗教故事描述得淋漓尽致，栩栩如生。再如晋初荀勖画的《搜神记图》，南朝张僧繇画的《五星二十八宿真形图》，虽画久已亡佚，但从名目上不难看出与道教的关系。

第四节　佛教的迅速传播和发展

一　佛教迅速发展的社会文化背景

佛教自两汉之际传入我国，但终汉之世规模和影响都不大。中国统治者及士大夫将佛教视为一种神仙方术，任其自生自长。自魏晋南北朝时代，情况发生了根本的变化，一时间僧尼成群，寺院遍地，士人出家，王侯舍身，佛教组织成为一支谁也不能漠视的社会力量。同时，魏晋南北朝也是佛教这种外来文化在中国生根开花的时期，经几百年的冲突、融合，佛教成为影响中国人价值观念、思维方式、宗教信仰、精神风貌、社会习俗的重要因素。

佛教能够迅速传播是有其深刻的社会文化背景的。魏晋南北朝特殊的社会环境造成了社会各阶层人士不同的心态，成为接受佛教的良好土壤。从统治阶级方面看，由于豪门贵族专权，国家放弃了屯田制，实行按官僚品级分配土地的占田制，完全放弃了对大地主兼并土地的限制。门阀士族建立了大批"田连阡陌"的庄园、堡坞，其中"连栋数百，膏田满野，奴婢千群，徒附万计"，甚至豢养家丁、军队、幕僚，简直是一座小型王国。他们依仗自己占有的无穷财富，过着极情纵欲，腐朽奢靡的生活。太傅何曾，"食日万钱，犹曰无下箸处"（《晋书·何曾传》）。太仆石崇与晋武帝之舅王恺斗富，视金玉如粪土。石崇置酒请客，有女伎吹笛失声韵，便殴杀之。"令美人行酒"，客饮不尽，斩美人。（参见《世说新语·汰侈篇》）但是政治赌场得失急剧，一朝失势就会身首异处，甚至诛灭九族。就是那个骄奢不可一世的石崇，因爱妾绿珠而获罪，结果绿珠堕楼自杀，石崇为赵王司马伦所擒，全家十五口弃市。物质的享乐弥补不了统治者极度的精神空虚与恐惧。石崇在《金谷诗序》中叹道："感性命之不永，惧凋落之无期。"（见《世说新语·品藻篇》注）他们需要某种"永恒"填补精神空虚。在士大夫方面，门阀士族垄断了国家政权，"九品中正制"堵死了平民庶族进入统治阶层的道路，造成了魏晋政治"上品无寒门，下品无势族"的腐败状态。士人读书无用，报国无门，儒家经世致用的传统价值观念受到了严重挑战，清谈玄风由此而起。可是老庄之学"美则美矣"，"犹未尽美"，仍不能为人们提供终极的精神寄托，于是大批知识分子遁入空门，以至造成这段时期《高僧传》中人才济济，《儒林传》里寥落无人的奇观。最后，从劳动人民方面看，社会上一切苦难最终都要转嫁到广大农民头上。魏晋南北朝史籍中，"更相侵伐"，"干戈不戢"，"枕尸百里"，"白骨盈野"，"万有一存"，"百姓大饥"，"人相食"不绝于笔。不讲一城一地百姓生活如何苦难，就从人口统计来讲，汉桓帝永寿三年（157）"户千六十七万七千九百六十，口五千六百四十八万六千八百五十六"（《后汉书·郡国志一》）。而晋武帝太康元年（280），"大凡户二百四十五万九千八百四十，口一千六百一十六万三千八百六十三"（《晋书·地理志》）。120 年的战乱使人口锐减五分之四，除去豪族地主荫蔽人口的因素，民众死伤之多仍是令人咋舌的。极度苦难的社会使下层民众在现实生活中找不到一点生活的乐趣，佛教的"苦空"理论、涅槃境界、净土天国自然会大放光明，吸引众生。总之，佛教作为一种世界性宗教，具有较高的信仰素质，深奥思辨的哲学理论和形象生动的传教方式，因此它能够适应当时不同阶级人们的不同心理需要，迅速在中国文化土壤中扎下根。

佛教的迅速传播还有一个重要的文化因素不容忽视，即魏晋玄学的发展为中国士人接受佛教哲学准备了思想基础。传统儒学以伦理道德、经世致用见长，却拙于哲学思辨。因而两汉佛教初传之际，中国士人与西域高僧之间缺少彼此进行深层交流的思想媒介，难以真正理解佛教的精髓，所以在汉人心目中，佛教总是不脱祭祀祈福、延年益寿、阴阳数术、变化飞行的神仙方术形象。魏晋玄学家以道注儒，何晏、王弼等人提出"有无"、"本末"、"体用"、"一多"、"动静"等一系列本体论哲学范畴，极大地提高了中国士人的理论思维能力。魏晋玄学讲"天地万物，皆以无为本"（《晋书·王戎传》），这个本体无形无象，"以空为德"（王弼《老子注》第21章）。佛教般若学讲"人无我"，"法无我"，"万法皆空"。玄学家讲："凡有起于虚，动起于静，故万物虽并动作，卒复归于虚静"（王弼《老子注》第16章），佛经则讲："佛言，法性不动转故"（《放光经·明净品》），"涅槃寂静"。玄学家以本末范畴论证"以无为本"，强调"本在无为，母在无名"，般若学讲"真、俗二谛"，以真谛言空，以俗谛讲有……般若理趣，同符老庄。中国哲学和佛教哲学之间找到了一种可以互相转译、理解的共同语言，可以彼此对话了。同时，名僧清心寡欲、恬淡世情的风格，酷肖清高傲世、隐逸无为的名士。志趣相投，风好相同，魏晋名僧名士广泛交游，传为佳话。西晋僧人支孝龙与世族大家阮瞻等人交游频繁，"并结知音之友"，世人呼为八达。东晋名士孙绰作《道贤论》，把佛教七道人比作"竹林七贤"。一批名僧谈玄，为名士倾倒。如晋代名僧支道林作《逍遥论》，大谈"适性"，世人赞叹："向（秀）、郭（象）之注所未及。"他与谢安、王羲之、郄超、孙绰等名士"并一代名流，皆著尘外之狎"（《僧传·支遁传》）。郄超、孙绰、谢灵运等一批名士撰文立说，宣扬释迦宏旨。经过玄学化的名僧与佛化的名士几十年的交流，佛学大兴于华夏。

统治阶级的信仰和利用，更是佛教大发展的直接动力。东汉信佛的帝王和贵族还是少数，三国以后信佛成为普遍行为。魏明帝曹叡曾大起浮屠，陈思王曹植喜读佛经，曾作梵呗。东吴孙权拜译经名僧支谦为博士，不时向其请教经中深义，并令其与韦昭共同辅导东宫太子。如果说三国时帝王读佛经主要还是解决个人信仰问题，那么南北朝的统治者利用佛教的痕迹则比较明显。在南朝，由于政治腐败，200余年五易王朝，几乎不到十年便有一次大的人民起义或贵族动乱发生。统治者深感需要一种思想武器来"糅化人心"。可是传统的儒学在两汉已经发展成了繁琐不堪的训诂考据，丧失了凝聚人心、辩护政策的功能。佛教善于把形象的宗教信仰和精巧的哲学思辨结合起来，具有"内可以系人心，外可以招劝"的社会功效，故得到统治阶级的赏识。宋文帝刘义隆讲："明佛法汪汪，尤为明理，并足开奖人意。若使率土之滨，皆纯如化，则吾坐致太平，夫复何事!"(《弘明集》卷一一)宋文帝的这段话，把华夏帝王重视宗教教化功能的心理表白得一清二楚。他让沙门慧琳参与朝政，慧琳被时人称为"黑衣宰相"。到梁武帝肖衍，对佛教的推崇达到了顶峰。他青年时代曾经信奉道教，登基第三年便率僧俗两万人举行大法会，宣布自己"舍道归佛"。他讲："老子、周公、孔子等，虽是如来弟子，而化迹既邪，止是世间之善，不能革凡成圣。"所以他才"舍邪、外，以事正内"，并且命令公卿百官，侯王宗族，"宜反伪就真，舍邪入正"(以上均参见唐道宣《集古今佛道论衡》卷甲)。近代有些学者依此文字，断言梁武帝曾把佛教定为国教，此论虽有偏颇之嫌，但无疑说明梁武帝在信仰方面将佛教置于儒、道之上。天监十八年，梁武帝"屈万乘之尊，申再三之敬"，亲受菩萨戒，成了"菩萨皇帝"。他严守戒律，"日一蔬膳，过中不餐"。他不仅自己"永断辛膻"，而且下令天下僧尼一律素食，形成汉地佛教一大特色。甚至他还以杀牲祭祖"无益至诚，有累冥道"为由，改变了历代天子太牢血食祭祖的礼典，直至梁亡。梁武帝本人有很高的佛学素养，礼佛诵经，举办法会，并亲自升座讲经说法，弘阐佛理。他关心译经事业，组织僧众翻译、编纂大批佛教典籍。他自己也撰写了多部论著，发明教理，宣传三教合一。天监三年，梁武帝动员名僧、权贵64人，写了75篇论文围攻范缜的《神灭论》。梁武帝利用他的特殊地位，滥支国库钱财，大量布施僧尼，大修寺院。更有甚者，梁武帝四次舍身入同泰寺为奴，然后再由群臣将他赎回，其中两次有记载皆"群臣以钱一亿万奉赎皇帝菩萨，众僧默许"。以九五之尊的身份舍身为寺奴，其崇佛活动在中国历史上可谓登峰造极。

在北朝，少数民族统治者礼拜佛教同样虔诚，狂热。除了对佛教"辅助王化"的一般期待外，还出于落后民族入主中原的一种自卑心理，他们对外来文化佛教都有一种认同的亲切感。如后赵国汉族士大夫王度以儒家正统理论为根据，要求禁止佛教，石虎却回答说："朕生自边壤，忝当期运，君临华夏。至于飨祀，应兼从本俗。佛是戎神，正应供奉。"(《高僧传·佛图澄传》)他下令解除汉人出家的限制。"乐事佛者，悉听为道。"终后赵之世，石勒、石虎共建寺800余所。前秦苻坚发兵十万攻击襄阳，仅为迎请高僧道安。后秦姚兴出征西域，夺得鸠摩罗什。北朝帝王大兴佛事的例子不胜枚举。

魏晋南北朝高僧对于统治者的推崇、利用政策心领神会，竭力迎合。西晋道安深有感触地说："不依国主，则法事难立。"北魏法果则宣称："能弘道者人主也。"正是在君主和贵族们的积极扶助下，佛教组织在魏晋南北朝时期急剧发展。两晋开始有关于佛教发展状况的数字记载，相传西晋两京（洛阳、长安）共有寺院 180 所，3700 余名僧尼。东晋时全国寺院 1768 所，僧尼 24000 余人。南朝佛教在梁代达到极盛，有史料表明，全国共有寺院 2846 所，僧尼 82700 余人。[①] 仅京师一地就有寺院 500 余所，故知唐朝诗人杜牧《春日绝句》中"南朝四百八十寺，多少楼台烟雨中"绝非夸张之词。北朝的北魏佛教发展达到高峰，仅首都洛阳一地就有寺院 1367 所，全国僧人 200 余万。举世闻名的敦煌、云冈、龙门三大石窟就是此时期开凿的。

二　三国、两晋的译经、传戒和求法

三国时期，由于统治者的支持与信奉，佛教开始加速发展。出现了修寺、建塔、法会、斋僧等宗教活动。从笮融事佛的记载看，当时的佛教活动已有相当规模，可惜古寺、古塔早已荡然无存，史书对当时宗教活动的记载又极不详备，尤其是蜀国的情况更是难以考索。幸赖僧祐的《出三藏记集》和慧皎的《高僧传》，使我们对吴、魏两地的译经情况了解稍为完整。当时，不断有天竺、安息、月氏、康居等国僧人来华传法，针对中国人对佛教理解尚浅的特点，他们把主要精力放在译经上。于是在魏都洛阳、吴都建业形成了两个译经中心。此时期共译出佛经 40 余部、70 余卷。其中，吴地译经名僧是支谦和康僧会。魏地译经名僧为昙柯迦罗、昙谛、康僧铠和帛延，另有中国僧人朱士行，乃第一名赴西域取经之人。

支谦，又名支越，字恭明，是月氏籍居士。其父法度汉灵帝时归化东汉，他出生在洛阳，自幼学习中国文化典籍，又兼通西域六国语言。后从支谶的弟子支亮学习佛学，人称"天下博知，不出三支"。汉献帝时避乱入吴，孙权闻其大名召入宫中，"因问经中深隐之义，应权释难，无疑不析。权大悦，拜为博士，使辅导东宫，甚加宠秩"（《出三藏记集·支谦传》）。在吴期

---

① 以上数字出自法琳《辨正论》卷三，为当代多数佛教史著作引用。但似与北朝僧尼 200 万人相距太远。南梁郭祖琛上书梁武帝讲："都下佛寺五百余所，穷极宏丽，僧尼十余万。"（《南史·郭祖琛传》）仅京师一地即有僧尼 10 余万，全国近 3000 寺院，僧尼何止 8 万余人？另据《广弘明集》卷十九肖子显《御讲摩诃般若经序》载：梁武帝在同泰寺讲经，与会僧尼一次即达 319642 人。依此估算，梁代僧尼至少几十万。

间，他译出了《大明度经》、《维摩诘经》、《了本生死经》、《法句经》、《瑞应本起经》等27部佛经，共48卷。支谦个人译经是三国时期出经的三分之二。支谦博才多艺，深谙音律，他根据《无量寿经》、《中本起经》的内容，制《赞菩萨连句梵呗》三契，推动了佛教向民间传播。支谦辅导的太子孙登去世后，他便隐居于穹隆山中，与竺法兰等人修五戒，足不出山，六十而终。支谦所译佛经基本属于支谶在南方传播的般若学系统。由于他出生在汉地，故中文修养要远远高于西域来华的祖辈。所以他译的佛经"曲得圣义，辞旨文雅。"他改变了支谶等人常用音译的习惯，大量地采用便于中国人理解的意译法。如他译的《大明度无极经》，实为支谶《道行般若经》的异译本。从经名的翻译看他把"般若"译成"明"，把"波罗蜜"译为"度"，避免了初学者因一连串音译名词所产生的困惑。从思想内容方面看，支谦所译经文亦与时人思想更为符合。如在后世产生很大影响的《维摩诘经》，塑造了在家修行的理想人物——居士维摩诘。他本是一个"资财无量"的大贵族，居住在维耶离城中，过着吃喝嫖赌，荒淫奢靡的生活。但是由于他精通佛理，"智度无极"，具有佛一样的智慧和精神境。因而他"虽获俗利"却是为了"救摄贫民"。他的荒淫秽行，"入诸淫种，除其欲怒；入诸酒食，能立其志。"入污泥而不染，实为救助众生。他虽未出家修行，但在家"常奉梵行"，故能辩才无碍，神通广大，不仅压倒声闻、缘觉二乘，连文殊师利菩萨还要向他请教。在经文中，他还为自己的行为制造了一套理论，叫"不二入法门"，强调世间与出世间不二，生死与涅槃不二，佛国净土即在尘世之中。因为人之无明、烦恼，皆由内心"虚妄分别"所致。"菩萨以净意，故得佛国清净"，只要转变一下思想方法，便可以从烦恼中得到解脱，证得涅槃。《维摩诘经》的思想，获得了魏晋门阀士族们的欢迎。因其适应了他们既要享受豪华生活，又要追求精神解脱的心理需求，所以此经从支谦到罗什150余年间，出现了四个译本和一个合本，可见社会对它的重视。

康僧会，祖籍康居，世居天竺。其父为商贾，举家移于交趾。十岁时父母双亡，出家为僧。通过刻苦的学习，"明解三藏"，"博鉴六经"。吴赤乌十年（247）时到达吴都建业，译经传道。据说他曾应孙权之请，烧香祈祷，竟求取佛舍利。孙权叹服，为之建造佛寺，此乃江南建寺之始，故号建初寺。在吴期间译出《吴品》五卷（已佚），《六度集经》九卷（现存八卷）。他还为《安般守意经》、《法镜经》、《道树经》作注，制序，可惜经注皆已亡佚，仅《安般守意经序》、《法镜经序》流行了下来。从现存的经、序看，康僧会的思想里明显地具有调和大、小乘，汇通儒、释、道的倾向。康僧会本以发挥安士高所传小乘禅法为主，尤重《安般守意经》，不过他又把安般禅法说成是"诸佛之大乘"。他编译的《六度集经》，也是按照大乘菩萨行六度的次序，辑录佛经和佛经段落 91 种。另外，他又力促儒、释、道三家思想合流。他用道家的"元气"对译佛教的"四大"，用"灵魂不死"讲"轮回"。在《六度集经》中，他大讲"恻隐心"、"仁义心"、"为天牧民，当以仁道"（《明度无极章》）。"布施一切圣贤，又不如孝事其亲。"（《布施度无极章》）这些思想未必是印度佛经所本有，很可能是康僧会根据在中国传教的需要，翻译时添加上去的。

　　昙柯迦罗，中天竺人，富家出身，25 岁舍身出家。他聪明博学，"深悟因果"，"妙达三世"，佛学造诣精深。他"常贵游化，不乐专守"，魏齐王曹芒嘉平（249～254）年间来到洛阳。当时政府对汉人出家的禁令已弛。但是中国僧人并不了解僧团戒律，他们所谓的出家不过是"着坏色衣"，"剪落殊俗"而已。昙柯迦罗来华目睹这种混乱状况后，决心加以纠正。《高僧传·昙柯迦罗传》载："时诸僧共请迦罗译出戒律。迦罗以律部曲制，文言繁广，佛教未昌，必不承用。乃译出《僧祇戒心》，止备朝夕。更清梵僧立羯摩法。中夏戒律，始自乎此。"律乃佛教体系的重要组成部分，对于教徒具有"断三恶"，"禁心驰"规范僧众言行的功能。在原始佛教时期，只有"五戒"、"十戒"等一些简单律条。到了部派佛教时期，律学逐渐发达，有比丘戒 250 条，比丘尼戒 348 条之多，且各派对戒律的理解也不统一。昙柯迦罗考虑到，在佛法未昌之时，译出如此繁复的律藏未必有人理解，故先译出《僧祇戒心》朝夕诵读，检点僧人言行。授戒则是佛教徒出家的一种必需仪式，按印度习惯，授戒仪式必须请十名正式僧人参与。故昙柯迦罗请其他梵僧，共同主持为中国僧人授戒仪式。此为中国僧人受戒之始，故隋唐时期律宗奉昙柯迦罗为始祖。魏时，又有安息国僧人昙谛，亦善律学，于魏正元（254～256）年中来到洛阳，在白马寺译出《昙无德羯摩》。此书出于小乘上座部《四分律》，对日后律宗独尊《四分律》传统的形成有一定影响。

　　魏地译经名僧还有康居国沙门康僧铠，译出《无量寿经》二卷，《郁伽长者所问经》一卷。《无量寿经》对魏晋时期开始形成的弥陀信仰有很大影响，此经后世成为净土三经之一。另有龟兹沙门帛延，译出《首楞严经》二卷，《须赖经》一卷，《消灾患经》一卷。

　　三国时代，不仅有外国僧人来华传法，也开始有中国僧人出国取经。历史上第一个西行求法者是朱士行。《出三藏记集·朱世行传》载：朱士行，颍川（今属河南）人，家世不详，少年出家，立志弘法。读旧译《道行般若经》（小品）"往往不通"，深感"译理不尽"。当他听说西域有大品般若经后，"誓志捐身，以迎大品"。于是他于魏高贵乡公曹髦甘露五年（260），出维州，涉流沙，到达于阗国（今新疆和田），"果写得正品梵书胡本九十章，六十余万言"。晋武帝太康三年（282），朱士行感到自己年事已高，无力返回故乡，遂遣弟子将所抄经文送回洛阳。朱士行以八十高龄，"遂终于于阗"。晋惠帝元康初年（291），河南居士竺叔兰（祖籍天竺，生于河南）和西域高僧无罗叉共同译出这部佛经，即《放光般若》二十卷。此经对西晋般若学的兴起产生了推动作用。

两晋时期，佛教译经事业有了更大的发展，据僧祐《出三藏记集》统计，两晋150余年中，共译出佛经250余部，1300余卷。此时期的译经，不仅数量多，而且翻译质量也大大提高，为以后佛教大发展奠定了基础。从内容方面看，两晋译经涵盖面很广，大、小乘皆有，经、律、论俱全。如小乘四部《阿含经》，除《杂阿含经》为刘宋时期译出外，两晋时昙摩难提译出《中阿含经》60卷，《长阿含经》20卷；佛陀耶舍译出《增一阿含经》51卷。大乘佛教的《般若经》得到了重译（鸠摩罗什），《华严经》译出60卷本（佛陀跋陀罗），《法华经》共有三种汉译本，晋占其二（竺法护、鸠摩罗什）。大乘空宗《中论》、《百论》、《十二门论》、《大智度论》根本四论，皆由鸠摩罗什及其弟子译出。在律藏方面，两晋译出了《四分律》60卷（竺佛念），《十诵律》61卷（卑摩罗叉），《摩诃僧祇律》40卷（佛陀跋陀罗和法显）。汉地流行的戒律，晋代译出者占了3/4，且完整详备，洋洋大观，已非三国时昙柯迦罗所传的单行戒本可比。两晋时期译经事业所以会有如此成就，是与统治者的扶助分不开的。前秦苻坚发兵迎请道安，为他在长安组织过大型译场。后秦姚兴迎请鸠摩罗什，在长安为他组织的译场人数竟达三千之众。所以两晋时期译经，很大程度上是由国家组织进行的，三国时期个人译经当然无法与之相比。

僧祐的《出三藏记集》记载了两晋译师30余人，出经最多者为竺法护和鸠摩罗什。竺法护共译出佛经155部，311卷，占两晋出经部数（250）的一半以上，卷数（1300）的1/5。鸠摩罗什译出35部，294卷，尤以质量闻名。后者另有专论，此处简单介绍一下竺法护。

竺法护，祖籍月氏，世居敦煌，八岁出家，从师姓竺。他"笃志好学"，

"诵经日万言","博览六经,涉猎百家"。曾随师西游,通晓西域 36 国文字。这种经历,为他日后从事译经工作创造了条件。他把从西域诸国收集到大批佛教典籍带回长安,进行翻译。竺法护译出的经本包括《般若》、《华严》、《宝积》、《大集》、《涅槃》、《法华》诸经类,以及大乘论集和戒律,几乎囊括了西域流行的所有大乘要籍,为大乘佛教在中国弘传打开了局面。正如僧祐所言:"经法所以广流中华者,护之力也。"(《出三藏记集·竺法护传》)竺法护的翻译风格,"言准天竺,事不加饰",尽量保护佛经原貌,不厌详尽,一改过去译师随意删略的倾向,这对于中国僧人比较完整地掌握经文原意有所助益。竺法护于晋武帝末年曾一度隐居山林,后又到长安青门外立寺修行。晚年四出弘化,行踪不详。

两晋时期,又出了一位西行求法的高僧——法显。法显俗姓龚,平阳武阳(今属山西)人,幼年因体弱多病而出家,有感于律藏汉译未全,决心西行求法。东晋安帝隆安三年(399),与同学慧景、道整、慧应、慧嵬等人告别长安,涉流沙,越葱岭,历尽艰辛,途经 30 余国,用了六年时间方抵达中天竺。朱士行求法以后,汉地不断有人西行,但他们只是到达西域诸国,真正到达印度者法显为第一人。法显到达印度后,朝拜佛教圣迹,学习梵文,抄写梵本佛经。他在印度逗留六年后,又去师子国(今斯里兰卡)收集经、像。两年后,法显携带大批梵本经、律、论,从海路回到祖国。法显出国时有十数同学结伴,一路上或死,或留,或归,此时仅他一人满载而归。回国后法显便投入了繁忙的译经事业,并且卓有成效。《出三藏记集·法显传》载:他"定出六部,凡六十三卷","垂百万余言"(《高僧传·法显传》)。法显所译佛经影响最大者是"六卷《泥洹》",即小本《涅槃经》。此经最早在中国宣扬佛性思想,认为"众生皆有佛性",佛性是人成佛的依据。可是此经又认为"一阐提"人不在"众生"之列。此矛盾的说法曾在中国僧人中引起过极大的争议,推动了佛学思想的深化和发展。法显与佛陀跋陀罗共译的《僧祇律》在律学中占有重要位置。另外,他把自己西行求法的亲身经历写成《佛国记》一书,记述了西域诸国及天竺、师子国的山川地貌,风土人情,是历史上重要的舆地著作。

三　道安与早期般若学的六家七宗

东晋到南北朝,中国佛教发展出现了一个高潮,道安就是在这一高潮中涌现出来的一代名僧。道安(314～385),俗姓卫,常山扶柳(今河北冀县)

人。12岁出家，因其相貌丑陋，不为其师重视，"驱役田舍"。学习经典后，过目成诵，崭露头角。受"具戒"后外出游学，入后赵邺城（今河北临漳），师事西域名僧佛图澄，学识大进。后在河北一带讲经传法，弟子极多。东晋兴宁三年（365），道安为避兵乱，率弟子五百余人到湖北襄阳，住了15年，每年宣讲《般若经》两次，推动了江南般若学的兴起。东晋太元四年（379）前秦苻坚发兵攻击襄阳，将道安及其弟子习凿齿迎入长安，奉道安为国师，常以政事咨询。道安在长安时，住五重寺传法，受学僧众数千人。在此期间，道安组织西域名僧翻译佛经，制定"僧尼轨范"，从理论上和组织上将佛教推上了一个较高的水平。道安一生业绩可归结为如下几点。

（一）整理佛教经典

佛教初传中国，所译经典质量不高。例如，由于译者对外文省略句，倒装句理解不够，所以让人感到"胡语尽倒"，"每至滞句，首尾隐没"。早期译经多用直译、音译，也造成了名词艰涩，文意阻滞，"至使深意隐没未通。"道安在襄阳讲《般若经》时便深感于此，限于当时的条件，他采取将大、小品般若经对比研究的方法，广泛收集诸种经文版本，"寻文比句"，比较功夫愈深，则其意义隐没者愈加显著。最终达到"钩深致远"，既通其滞文，又能析疑的水平，提高了人们对《般若经》的理解。到达长安以后，道安利用前秦政府的支持，召集中、外名僧，组织庞大译场，大规模地翻译佛教经典。《高僧传·道安传》载："安既笃好经典，志在宏传。所请外国沙门僧伽提婆、昙摩难提及僧伽跋澄，译出众经百余万言。"在翻译活动中道安亲自主持，与西域僧人诠定音字，详核文旨，提高了译经质量。鉴于当时译经来路不一、异本繁多、真伪皆存的局面，道安决心对汉末以来所出佛经加以整理。他首次编定汉译佛经目录——《综理众经目录》，对当时流行的诸种经本一一详考。道安以严肃认真的态度从事这项工作，必须目见经本方可入录，"遇残出残，遇全出全"，绝不盲从苟且。他还对社会上流行的各种伪经详加考据，列入《伪经录》。这些基础性的研究工作，为以后译经事业的顺利发展创造了条件。道安编纂的《经录》不久便亡佚，所幸其中许多资料保存在僧祐的《出三藏记集》中。

（二）建立僧团仪轨

佛教传入中国后相当一段时间内，一直被视为一种方术式的左道旁门。这一方面是由于国人对佛教尚缺乏了解，另一方面也由于中国僧人缺乏严格的戒律，未建立严密的组织。东晋时随着佛教戒律大量译出，道安发起了整顿佛教组织的工作。他主张僧侣废除世俗姓氏，一律从佛祖以释为姓。他自称"弥天释道安"，此制为后世僧人遵行。道安还为他的僧团规定了日常生活的仪轨规范，《高僧传·道安传》载：

> 安既德为物宗，学兼三藏，所制僧尼轨范，佛法宪章，条为三例。一曰行香上座，上经上讲之法；二曰常日六时行道，饮食，唱诗法；三曰布萨、差使、悔过等法。天下寺舍，遂则而从之。

有了这些科仪轨范，僧侣行为趋于统一，僧团组织活动有据可依。这样，佛教才表现出与方术之士的原则区别，道安僧团的轨仪，后为天下寺院采纳。

（三）探索般若智慧，兴起般若学研究

般若是梵文 Prajñā 的音译，意为智慧、智、明等，为区别于世俗的智慧，故用音译。《般若经》全名是《大般若波罗蜜多经》，乃是印度大乘佛教中一个部派编集的论文集。自汉代支谶译出此经后，社会上有不同版本的般若经流传。"般若波罗蜜多"梵文为 Prajñā Paramtitā，意为智渡、明渡，是大乘佛教宣扬的六度之一，谓通过智慧达到涅槃彼岸。在佛教中这是一种极高的境界，要领在于抛弃凡人的世俗智慧，用般若洞照诸法实相，了悟现实世界虚幻不真的本质，把握诸法真如实际。因此《般若经》的核心就是教导人们认识一个"空"字，以此来否定世间诸法。但是如何解空却在中国僧人中引起了很大的争议，形成了早期般若学中"六家七宗"之争。

争论的一个重要原因，在于中国僧人早期译经过程中广泛采取的一种叫做"格义"的方法，即把佛教理论与中国传统文化相比较，用中国文化中某些类似的概念与佛教概念比附、连类，以获得两种文化间的沟通。一般讲，这种简单比附的方法在吸收外来文化的初期是不可避免的，甚至是必需的。在中国文化母体中，老庄道家思想与佛教有较多的一致性，所以僧人首先是用道家思想去与佛教"格义"。从支谶的译本开始，就把"真如"译为"本无"。至魏晋时期，与道安同出佛图澄门下的竺法雅，明确把格义的方法概括出来："以经中数事，拟配外书，为生解之例，谓之格义。"（《高僧传·竺法雅传》）他把"涅槃"译为"无为"，"禅定"译为"守一"，把"五戒"称为"五常"等等。这种译经、解经的方法，难免望文生义，牵强附会，把佛学研究引向误区。魏晋玄学兴起后，以无解空形成了一股社会思潮，名僧、名士从玄学的不同角度解释般若空观，"六家七宗"都属于玄学化的佛学。

1. 本无宗

在六家七宗中，道安的本无宗影响最大。道安在襄阳时研究、讲解《般若经》多年，撰写了多本解释《般若经》的著述。如《光赞析中解》、《光赞抄解》、《放光般若析疑准》、《实相义》、《性空论》等等，对般若理论有深刻的见解。他反对"格义"旧法，认为："考文以征其理者，昏其趣者也；察句以验其义者，迷其旨者也。"（《道行经序》）但他本人也没有摆脱玄学的窠臼，仍然大量使用玄学的语汇表述般若空观。《名僧抄传·昙济传》引道安的话讲：

> 冥造之前，廓然而已。至于元气陶化，则群像禀形，形虽资化，权化之本则出于自然。自然而然，岂有造之者哉？由此而言，无在元化之先，空为众形之始，故谓本无。非谓虚豁中能生万有也。夫人之所滞，滞在末有，宅心本无，则斯累豁矣。夫崇本可以息末者，盖此之谓也。

道安强调，他的本无说不是"虚豁之中能生万有"，因为他对般若空观有较深的理解，他是努力在说明"一切诸法，本性空寂"。道安对般若的理解在当时被推崇为正宗，他的学派被称"性空家"。可是由于使用了过多玄学家的语言，特别是套用了"无在元化之先，空为众形之始"的思维模式，因此难免把空当成了现实世界之外、之先的某种具体存在，空、有对峙，这当然不符合空宗的"中观"思想。

2. 本无异宗

这是本无宗中的一个支系，即六家七宗中的第七宗，但又与本无属于一家。本无异宗的代表人物是竺法深，生卒年月及生平事迹不详。在用本无阐述般若空观的基本方法上他与道安无异，但理论思维水平却要比道安低一个层次。道安明白"无中生有"对于唯心主义者来讲是一个"陷阱"，极力规避，竺法深则属于落于"陷阱"而不自知。隋代吉藏作《中观论疏》，转引竺法深的论述曰：

> 本无者，未有色法，先有于无。故从无出有，即无在有先，有在无后，故称本无。

这显然是对魏晋玄学的一种简单照搬，不仅离般若空观相去甚远，甚至与人们的日常生活经验都有很大矛盾。

3. 即色宗

代表人物支遁（314～366），字道林，俗姓关，陈留（今河南开封南）人。家世事佛，自幼读经，尤精般若，善体老庄。与谢安、王羲之等名士交游，以善谈玄理而闻名于世。曾作《即色游玄论》阐发般若空观，但此书已佚，我们只能根据别人的引述看即色论的观点。《肇论·不真空论》载：

> 即色者，明色不自色，故虽色而非色也。

就是说人们在日常生活中看到的只是事物的现象（色），而非事物的本质（真如），所以认识上虽有所感知，但是客观上未必存在着那么一种事物。支遁在《集妙观章》中进一步解释说：

> 夫色之性也，不自有色。色不自有，虽色而空。

色作为事物的现象，须待缘会（条件）而后有，要依赖其他事物，故无自性，虽色而空。从支遁的论证看，他已离开了玄学的旧范畴，直接用佛教"缘起论"的观念来说明般若空观，比前两家有所进步。但从思维方式上看他还受玄学"本末"对峙，割裂现象与本质的思维定式的影响，不完全符合般若学的"中观"思想。

4. 心无宗

代表人物支愍度是东晋僧人。据《高僧传》及《世说新语》载：他在晋成帝时和康僧渊、康法畅等人一起到江南创"心无宗"。《世说新语·假谲篇》载：

> 愍度道人始欲过江，与一伧道人为侣。谋曰："用旧义往江东，恐不办得食。"便共立心无义。既而此道人不得渡，愍度果讲义积年。

《世说新语》不是正史，创心无义换饭吃恐属传闻，但也从某种角度反映了当时中国僧人创说的仓促。心无宗的核心观点是："无心于万物，万物未尝无。"（《肇论·不真空论》）即于外境不起心，至于万物是否存在不必去管它。这是一种空心不空境的小乘观点，从大乘角度看是很不彻底的，有可能导致对客观事物的肯定，形成"法执"。故心无论一起便遭到江南僧众的围攻。

5. 识含宗

代表人物于法开，生平事迹不详。其核心观点认为：三界如梦幻，悉起于心识。吉藏的《中论疏》云：

> 三界为长夜之宅，心识为大梦之主。今之所见群有，皆梦中所见。其于大梦既觉，长夜获晓，即倒惑识灭，三界都空。此时无所从生，而靡所不生。

此说与心无宗正相反，空境不空心，认为万法皆因心识所生，随缘漂流，如梦中所见。及大梦方醒，神识既觉，识悟三界本空，即可成佛。不空心当然也是不彻底的，有可能导致我执。

6. 幻化宗

吉藏《中论疏》说壹法师持此论，大约指竺法汰的弟子道一。

> 壹法师云："世谛之法，皆如幻化，是故经云：从本以来，未始有也。"

又有日僧安澄作《中论疏记》云：

> 一切诸法，皆同幻化。同幻化故名为世谛。心神犹真不空，是第一义。若神复空，教何所施？谁修道隔凡成圣？故知神不空。

强调世谛法空符合大乘思想，但"心神犹真不空"则有明显的空境不空心倾向，当然也不彻底。

7. 缘会宗

代表人物于道邃。安澄的《中论疏记》载：

> 玄议云：第七于道邃，著《缘会二谛论》云："缘会故有，是俗，推折无，是真。譬如土木合为舍，舍无前体，有名无实。故佛告罗陀，

坏灭色相，无所见。"

从因缘和合的角度理解万法性空是符合般若空观的，但是于道邃只注意到万法"不有"的一面，以"推折无"作"真谛"，仍有偏无的倾向，而且也忽视了世俗谛"不无"的一面。

通观六家七宗之说，其立论的枢纽全在于解释真、俗二谛。他们基本上都是以真谛为无、为本；以俗谛为有、为末，其目的是教人识破俗谛的虚空，息情灭欲，向往佛国净土。不过由于小乘及玄学的影响，他们都没有体会到般若经中"不即不离"的"中观"宗旨，论说总有偏执。这一点在鸠摩罗什来华译出大乘空宗的主要经典后，才得到纠正。

四　鸠摩罗什和僧肇所传播的"中观"思想

（一）鸠摩罗什和他传译的大乘空宗之学

鸠摩罗什（344～413），祖籍天竺，生于龟兹。其父鸠摩罗炎是天竺名僧，弃相位出家，宗教造诣精深，投止于龟兹国。时王妹耆婆年方二十，心好佛法，王令二人婚配，生下鸠摩罗什。罗什 7 岁随母出家。当时龟兹流行小乘禅法，罗什对其深有研究。后随母周游罽宾、沙勒，遇莎车国大乘名僧，改学大乘，尤精龙树、提婆的空宗之学。回龟兹后，讲经传法，"道震本域，声被东国"。前秦符坚于建元十九年（383），遣大将吕光率七万大军迎请罗什。吕光破龟兹后，符坚被杀，他便留驻凉州称王。罗什因此也在凉州滞留了 16 年之久，学习汉文，研习中国文化典籍。后秦弘始三年（401），国主姚兴派人将罗什请入长安，待以国师之礼。此后十年是罗什一生最辉煌的十年。当时全国名僧云集长安，使北方的佛教文化事业发展到空前的高度。南方的慧远多次写信向罗什请教，僧肇、僧叡、道生、道融（人称"什门四哲"）等南北朝时期名僧皆出其门下。罗什所译经典，所传播的大乘空宗理论对中国佛学理论的发展具有极大的影响。鸠摩罗什在中国佛教史上的主要贡献可概括为以下几点。

1. 高质量地翻译了大量佛教经典

在鸠摩罗什以前，译经基本上是私人的事业。罗什到达长安后，国主姚兴组织了规模庞大的译场，并亲自参加校雠，从而使译经成为国家文化事业的一个重要组成部分。罗什精通汉语和西域多国语言，并了解中、西各国的历史文化背景。因此他译出的经文不仅意义精确，且行文流畅，采用意译，不用直译,远远超过了汉魏水平。在译场中罗什边读、边译、边讲,众弟子笔录,译经本身就是一种研讨和宣讲佛教理论的活动。十年间他们译出《大品般若经》、《维摩诘经》、《阿弥陀经》、《法华经》、《金刚经》等佛经,《中论》、《百论》、《十二门论》、《大智度论》等大乘空宗学者撰写的论文。这批经论的译出,不仅对解决两晋般若学争议有指导意义,并成为日后三论宗的渊源。他所译《成实论》是小乘空宗向大乘空宗过渡时期的重要文献,也是佛教徒的初级课本,后由此发展出了"成实师"。罗什所译经典总数,《出三藏记集》记为35部,294卷;《开元释教录》记为74部,384卷,说法不一。但是对罗什翻译质量则"众心惬服,莫不欣赏"。鸠摩罗什被誉为中国佛教史上四大译师(罗什、真谛、玄奘、不空)之一。

2. 破斥小乘,宣扬毕竟空的主张

罗什不仅是卓越的佛教翻译家,而且也是重要的佛学理论家,写有《大乘大义章》、《实相论》等一些著作。在理论上他主要是介绍龙树和提婆的中观学说。小乘佛教主张"众生空",又名"人空",他们把人身分解为"五蕴","四大",指出它们无实。大乘认为这还不够,不但要看到"众生空",还要看到"法空"。罗什在《大乘大义章》中指出:"有二种论,一者大乘论,说二种空,众生空、法空;二者小乘论,说众生空。"罗什明确指出了大、小乘的区别,在中国佛学界成为定论。大乘学者理论思维已经达到了本体论的高度,他们不满足于小乘学者仅侧重于宣传解脱个人苦难,只研究人生哲学的倾向,而是从世界观的高度观察宇宙,探讨世界本原。大乘空宗提出"八不缘起说"来讲空。《中论》讲:"不生亦不灭,不常亦不断,不一亦不异,不来亦不出。能说是因缘,善灭诸戏论,我稽首礼佛,诸说中第一。""八不"法包含了四对范畴:"生灭"指世界的产生与灭亡,"常断"指世界运动的连续性和间断性,"一异"指世界的统一性与多样性,"来出"指世界的转化。《中论》驳斥了小乘及外道关于世界起源的诸种"戏论",认为世界不是"自在天"所生,不是"四大"所生,也不是小乘理解的因缘和合而有。在空宗眼中,整个世界既无生,也无灭,是一团不可言说的空寂存在。小乘以生灭为常义,大乘以不生、不灭为常义。这就叫做"毕竟空",是一种绝对、彻底的空观,超绝生灭有无,"言有而不有,言无而不无"。"本言空以遣有,非去有而存空,若有去而存空,非空之谓也。"(《注维摩经》卷二)大乘空宗的空观不是引导人们弃有而求空,而是教人们一种观法,即扫除一切名相,在有无之际不着两边,亦不舍两边。这种"无定相"的观法关键是告诉人们，不存在一个超然世外的神密实体"真如"。如果把现实世界看成"有"，把"真如"看成派生万物的"无"，那么便是"无相为有相"，仍然做不到物我双忘的彻底解脱。空宗的"中观"思想在中国佛学史上产生了很大影响。

3. 破除"神我"有神论，宣扬无我义

自汉代以来，我国僧人都持灵魂不死说，认为人有一个不灭的灵魂，可以成为业报轮回的主体，一旦成佛便可长生不死。慧远在书信中曾十分认真地询问罗什：菩萨可住寿一劫有余否？这种中国式的佛教思想，一方面是古代传统宗教灵魂观念影响的结果，另一方面，从印度传来的佛教中确实也存在着承认灵魂不死的派别。如小乘犊子部就相信"补特伽罗"的存在，认其为轮回主体"神我"。罗什认为这些思想皆偏离了佛教本意，他在回答慧远的提问时指出："若言住寿一劫有余者，无有此说，传之者妄。"（《大乘大义章》）因为从大乘空观看，人的灵魂也是一个空，"若常相，非常相，自在相，不自在相，作相，不作相，色相，非色相，如是等种种（神我）皆不可得"（《大智度论》卷十二）。生死、苦乐都是"非常"的表现，与神我是"常"的观念相矛盾；若神我是自由的，它又是不自由的；是有作为的，又是无所作为的；是有形色的，又是无形色的。空宗通过列举一系列的二律背反，否定了神我的存在。罗什系统介绍空宗的思想，就为防止中国僧人因承认灵魂不死而犯"我执"的错误。可是，否定了灵魂不死，又要讲轮回转世，这是佛教理论内部一个根本性的矛盾。空宗指出了"识"的新概念，作为轮回因果的承载者。尽管他们百般解释，其实不过把灵魂换了一个名称而已，徒增僧俗信众理解上的困难。因而，尽管罗什的理论更符合印度佛教本意，但并未在中国佛学界引起多大重视。慧远照旧在庐山大讲"神不灭论"，有神论比无神论有更大的市场。

鸠摩罗什所传译的大乘空宗思想，给中国佛教界极大的启发，尤其在般若空观这个本体论问题上，佛教哲学开始摆脱了魏晋玄学的旧框架，走上了独立发展的道路。在传播大乘空宗思想的过程中，什门弟子僧肇发挥了重大作用。

（二）僧肇和《肇论》

僧肇（384～414），俗姓张，京兆长安人。少年家贫，代人抄书为生，从而阅读了经史百家，其中特别欣赏老庄的道家思想。随着思想水平的提高，他感到道家思想"美则美矣，然期栖神冥累之方，犹未尽善"（《高僧传·僧肇传》)。为寻求彻底的解脱而转入佛门,"学善方等,兼通三藏"。罗什在北凉时,僧肇投其门下,后又随罗什到达长安,在逍遥园译场参与译经,不遗余力。僧肇写的一些经序、经注,被罗什誉为"秦人解空第一"。僧肇31岁英年早逝,其主要著作收集为《肇论》一书,包括《不真空论》、《物不迁论》、《般若无知论》、《涅槃无名论》四篇。此外还有《维摩经注序》、《长阿含经序》和《百论序》等文。僧肇的著作以宣扬龙树、提婆《中》、《百》、《十二门》论中的"中观"思想为主,后世被尊为"三论宗"始祖。

在《不真空论》中,僧肇对六家七宗进行了批判性总结,指出他们都没有把握般若空观的实质。对于心无宗,"此得在于神静,失在于物虚",没有真正否定客观物质世界,达到人法两空的大乘境界。关于即色宗他指出:

> 夫言色者,但当色即色,岂待色色而后为色哉?此直语色不自色,未领色之非色也。

即色宗把世界分成本质与现象两个部分,强调现实的物质世界只是现象,没有自性,因此是空的。僧肇认为这种割裂本体与现象的思维方法不符合中观论,从中观的思想方法看,现象与本体是统一的,整个世界都是因缘和合而成,故无自性,用不着再区分现象与本质来确认其空。僧肇批判着墨最多的是"本无派":

> 本无者,情尚于无,多触言以宾无。故非有,有即无;非无,无亦无。寻夫立文之本旨者,直以非有非真有,非无非真无耳。何必非有无此有,非无无彼无?此直好无之谈,岂谓顺通事实,即物之情哉?

道安的本无派以无注空,认为佛教所说的空就是绝对虚无,他忽视了现象世界还有"有"(存在)的一面,与人们的日常经验相矛盾。而且,本无派还有割裂有无,认为真如存在于现象世界之外的倾向,不符合中观的思维方法,是一种"以无相为相"的"好无之谈"。在"有相"的对面设置一个"无相","犹逃峰而之壑",还是不得解脱。按照大乘空宗的见解,空并不是无,而是假。整个现实世界皆因缘和合而成,缘起故有,缘散即无,万物都没有自性(本质),因而是虚假不真的,不真故空。但是这个空却不是无,它"非有非非有，非无非非无"，处于一种"假号"的存在状态。"譬如幻化人，非无幻化人，幻化人非真人也。"现实世界如同魔术师变出来的幻影，作为世界是虚假不真的，作为幻影又是确实存在的。僧肇认为，正确的般若空观应该是"即万物之自虚"，通过对现象世界的直观洞视而得到"万法皆空"的觉悟。与六家七宗相比较，僧肇的空观是把"有无"问题换成了"真假"问题，这种论证方法与科学知识和日常生活经验的矛盾较少，与佛教经典更接近，故为后世大多数佛教徒接受。

僧肇作《物不迁论》，旨在反对小乘说一切有部"未来来现在，现在流过去"，三世流转，万物现象在变，本质不变的观点。僧肇强调真如佛体动静一如，即体即用，反对小乘割裂动静与体用。他的基本思想方法还是空宗的"中观"论。

> 《放光》云："法无去来，无动静者。"寻夫不动之作，岂释动以求静，必求静于诸动，故虽动而常静。不释动以求静，故虽静而不离动，然则动静未始异。

僧肇"即动以求静"的方法，不过是夸大事物运动过程中时间与空间的间断性，抹杀两者的连续性，从而把变动不居的客观事物说成是凝固不动的。其宗教目的是为了论证真如本体超绝断灭无常的现实世界而万世永固。"如来功流万世而长存，道通百劫而弥固"。他鼓励人们"处计常之中，而知无常之谛"，在诸法无常中证得永恒的真如佛果。僧肇动静不离，即动以求静的思想方法，对中国古代朴素辩证法思想的发展有积极的贡献。

《般若无知论》的要点在于阐述真如无相，般若无知的道理。从大乘空观的角度看，"实相无相"，真如并不是存在于现实世界之外的某一种实体，因此便不能以人们日常的智慧去感知，去理解，去思维。僧肇把人们的智慧分成两等，一般人所具有的日常智慧是"惑智"，只是对虚假的现实世界的虚妄认识，依此永远不能达到真如彼岸。而佛所具有的般若智则是"圣智"，"圣智幽微，深隐难测，无相无名，乃非言象之所得"。般若既非形象，又非文字，完全不是人们的语言所能把握，它是一种超情遣知，洞照性空的神秘直觉。僧肇教给人们达到这种般若智的方法。"圣人虚其心而实其照"，即抛弃一切世俗的认识和知识。因为世俗的经验科学知识总是有限的，"夫有所知则有所不知，以圣心无知，故无所不知。不知之知，乃曰一切知"。把世俗的一切知识都抛光了，就达到了大彻大悟的般若智境界，就可以去认识真如实相了。"是以圣人以无知之般若，照彼无相之真谛"，就可以使自己的思想超越一切现实的束缚而达到绝对的自由，实现宗教修养的最高境界——涅槃。

由于鸠摩罗什及其弟子们的努力，大乘空宗非有非无，即动求静，知即不知，体用一如，我法两空的"中观"思想在佛学界得以确立。罗什和僧肇去世不久，长安便陷于连年战乱之中，长安译场散伙，义学南迁，般若空观及大乘其他理论由此流向全国，佛教义学的中心转向南方。

五　慧远及其佛学思想

慧远（334～416），雁门烦楼（今山西宁武）人，俗姓贾。少习儒术，"博综六经"，精通《三礼》、《毛诗》。后受魏晋玄学的影响研究老庄。21岁时中原战乱，以经术报国无门，从道安出家。听道安讲般若经，乃恍然大悟，叹曰："儒道九流，皆粃糠耳。"从此潜心于般若学的研究，24岁便可以开讲《般若经》。为便于听者领会，"乃引《庄子》义为连类"，得到了道安的赞许。东晋太元三年（378），在襄阳辞别道安，后入庐山定居，往东林寺传法，弟子甚众，庐山成为南方两大佛教中心之一（另一为建业）。在庐山期间，慧远延请罽宾名僧僧伽提婆译出《阿毗昙心经》、《三法度》等小乘经典，为佛教毗昙学的发展奠定了基础。又迎请迦毗罗卫僧佛陀跋陀罗译出《达磨多禅经》，使小乘禅法在南方也有流传。晋安帝元兴元年（402），慧远与弟子刘遗民、周续之等123人于龙泉精舍无量寿佛前发誓，共期往生西方净土，以摆脱轮回之苦。他们在东林寺建立莲社，倡"弥陀净土法门"，宣称只要口念佛号，死后便可往生西方净土，所以慧远被后世的净土宗奉为始祖。

在慧远生活的时代，佛教已经发展成一支很大的社会力量，但也难免良莠混杂，素质不纯。当时沙门有的"聚敛百姓，大构塔寺，华饰奢侈"；有的勾结权贵，插手政治，当"缁衣宰相"；有的寺院包庇罪犯，藏污纳垢。部分僧徒的不良行为导致佛教威望的下降，引起朝野之士的不满。统治者慑于佛教势力发展过快，晋安帝元兴二年（403），桓玄下令沙汰沙门，并强令僧尼礼敬王者。慧远作《答桓太尉书》和《沙门不敬王者论》，系统阐述了佛教辅翼王化的作用，请求统治者对沙门的特殊习俗宽容。同时他又以自身坚定宗教信仰，深厚的理论基础，崇高的僧伽人格表率沙门，赢得了统治者的敬仰。桓玄不仅收回礼敬王者的成命，而且在沙汰沙门令末加了一笔："唯庐山道德所居，不在搜简之列。"

慧远在佛教理论中国化方面做出了很大的贡献，他的理论主要有法性不变论、神不灭论和因果报应论。

法性不变论是慧远佛学思想的理论基础。在《法性论》一文中他指出："至极以不变为性，得性以体极为宗。""体极"乃对"顺化"而言，"在家奉法，乃顺化之民"。可顺化之民受情欲的牵扰，终不免世俗之累。欲得解脱，就必须依佛法修行。"是故反本求其宗者，不以生累其神；超落尘封者，不以情累其生。不以情累其生则生可灭，不以生累其神则神可冥。冥神绝境，故谓之泥洹。"反本求宗，即可获得"无常"诸法背后的永恒不变的法性，亦可谓之泥洹。泥洹是涅槃的异译，乃佛教徒追求的至高无上、永恒不变的终极境界。法性是佛教的最高实体与精神修炼的最高境界的结合。

慧远从法性论出发，得出了灵魂不灭的结论。他认为学佛修道的人，精神与法性本体相结合，便转化为佛的法身。凡人的精神随物所化，在人死后便附转到另一个形体之上。他说："神也者，圆应无生，妙尽无名，感物而动，假数而行。感物而非物，故物化而不灭。"（《沙门不敬王者论》）灵魂问题是中国思想史上有神论与无神论争执不休的老问题，慧远继承了中国传统宗教中的灵魂观，强调灵魂的非物质性和永恒性。为了反对无神论者精神必须依赖物质，"薪尽火息"的论点，他提出了一个"薪尽火传"的命题。"火之传于薪，犹神之传于形。火之传异薪，犹神之传异形。"（同上）一个肉体消亡了，灵魂就会转移到另一个肉体上去，犹如一堆柴燃尽了，火种又传到另一堆柴上。这种灵魂的异体传递，就是佛教讲的轮回。

中国古代本来就有因果报应思想。《周易·坤·文言》讲："积善之家，必有余庆；积不善之家，必有余殃。"不过传统的因果报应思想比较简单，讲的多是现世现报，或殃及儿孙，往往得不到验证。慧远将佛教的轮回思想与之相结合，便大大提高了因果报应思想的神秘性、复杂性和诱惑性。慧远强调必须从人的主体活动建立因果。他说："三业体殊，自固有定报。"（《三报论》）"三业"指身、口、意，即人的行为、语言、思想。佛教认为人的一言一行一念皆有价值属性，即善、恶、无记（慧远评判善恶的标准当然是按现世封建伦常划定的）。人作业不同，报应亦自不同，"业有三报，一曰现报，二曰生报，三曰后报"（同上）。现报指今生作业今生报应，生报指今生作业来世报应，后报指今生作业，经数世乃至百世、千世后才报应。反正人有一个不死的灵魂，轮回不息，善恶到头终有报，只争来早与来迟。慧远的"三业三报"说比传统的福善祸淫说具有更大的灵活性，因而一经提出就引起了社会的重视。一方面它为现行的等级剥削制度提供了极好的神学证明，少数豪门贵族能过上骄奢淫逸的腐朽生活是由于他们前世积德行善，广大劳动人民受尽剥削压迫却是由于他们前世作孽。慧远把现世一切不平等、不合理的原因推到了不可考证的前世，并让受苦难者自己对自己的境遇负责。另一方面，慧远又为众生指出了一条虚幻的解脱前途，为了来世摆脱苦难，今生只有忍受一切屈辱，作封建制度下的顺民。对于广大劳动者，慧远的因果报应说比起儒家的"命定说"有更好的安抚作用，因而得到历代统治者的提倡，一般人也乐于接受，并通过文学、艺术等多种形式渗入社会的每一个角落，在历史上造成了极深的影响。

最后还要指出一点，慧远的因果报应说是以灵魂不死论为依据，严格讲并不符合印度传来的大乘佛教教义。鸠摩罗什破"神我"论，主要就是为了纠正中国僧侣这类偏见。从大乘的角度看，承认个人灵魂不死就是犯了小乘"我执"的错误，迷恋自我灵魂不舍，行善的出发点便是为来世修福田，动机仍然是功利的，所以还算不得真正的解脱。不过罗什宣演的正宗教义以"业识"代灵魂，玄虚深奥，不易为中国人接受。慧远的因果报应说生动机智，通俗易懂，更便于发挥辅助王道的教化作用。结果还是慧远的中国式佛教理论大行其道，这一事例从一个侧面反映了中国宗教重视社会功用的特点。

六　僧官制度的创建及其功能

中国自古便是一个王权至上的国家，所谓"普天之下，莫非王土；率土之滨，莫非王臣"(《诗经·小雅·北山》)。佛教在魏晋南北朝时期高速发展，寺庙林立，僧尼大增，"一县数千，猥成屯落"，寺院经济勃兴，以至"天下之财，佛占七八"。此时的佛教已成为一个既有宗教性质，又有政治、经济性质的庞大社会组织。如何管理这样一个巨大的社会组织，使之不要成为社会上的不臣之民，这是统治者必须解决的重大社会问题。中国的僧官制度就是在这样的历史背景下产生的。

(一) 僧官制度的产生

中国僧官制度的产生有一个逐步酝酿的过程。两晋时期，社会上开始出现一些大规模的僧团。如河北的佛图澄、襄阳的道安、庐山的慧远等等。这些僧团主要是通过学习印度传来的佛教戒律，并根据中国的国情制定一些僧制实行自治。如道安曾制"僧尼轨范"，不仅道安僧团视为"佛法宪章"，而且"天下寺舍，遂则而从之"（《高僧传·道安传》）。庐山慧远制订的《社寺节度》、《外寺僧节度》、《比丘尼节度》，亦为佛界普遍采纳。另一方面，各国君主通过赐予僧团领袖爵禄的形式，笼络宗教领袖，力图使僧团置于政权的控制之下。如石勒、石虎优宠佛图澄，封其为"大和尚"。前秦苻坚在迎请道安到长安后赐其"国师"号。这些由封建君主敕封的佛教领袖，已成为日后僧官的前身。

中国僧官制度的产生约在公元 4、5 世纪之交。据专家长期考据，南北分裂的东晋、拓跋魏和姚秦先后出现了僧官的设置。

关于东晋的僧官制度，史籍缺少完整的记载，仅于《僧传》中发现了数条线索。《续高僧传》卷六《后梁大僧正释道迁传》称：

> 昔晋氏始置僧司，迄兹四代，求之备业，罕有斯焉。

说明晋代始置专门的僧务管理机关，称僧司。但这条史料未注明是西晋还是东晋。又有《高僧传》卷五《竺道一传》载：

> 壹既博通内外，又律行清严，故四远僧尼威依附谘禀，时人号曰九州都维那……以晋隆安中遇疾而卒。

都维那是一种高级僧官的名称，在南朝僧官系统中，一般为最高僧官的副手。竺道一有此官衔，可见东晋时已开始设置了僧官体制。竺道一卒于东晋安帝隆安（397～401）中，那说明东晋僧官之设一定早于隆安五年（401）。

北魏最早的僧官记录出现在《魏书·释老志》中：

> 初，皇始中，赵郡有沙门法果，诚行精至，开演法籍。太祖闻其名，诏以礼征赴京师。后以为道人统，绾摄僧徒。

道人统是北魏僧官最早的名称，法果任此职的时间在皇始中，约 396～398 年之间。北魏初期僧官体制的具体机构不详，但其高度依附政权的性质是确定的。当南方的僧人与官方为沙门要不要礼拜王者而争论时，法果在北方却在大肆宣扬："太祖明叡好道，即是当今如来，沙门宜应尽礼，遂常致拜。谓人曰：'能弘道者，人主也，我非拜天子，乃是礼佛耳。'"（《魏书·释老志》）此论基本反映了佛教匍伏在王权脚下的形象。

关于姚秦僧官制度的史料稍多。《高僧传》卷六《僧䂮传》记载一项姚兴的诏令曰：

> 僧䂮法师，学优早年，德芳暮齿，可为国内僧主。僧迁法师，禅慧双修，即为悦众。法钦、慧斌共掌僧录。

后秦的最高僧官为僧正，赞宁《大宋僧史略》解释说："言僧正者何也？正，政也。自正正人，克敷政令，故云也。"僧正负责对全国僧尼的教化和戒律约束。悦众是梵语羯摩陀那（Karmadāna）的意译，"谓知其事，悦其众也"，执掌僧团各种庶务。僧录则掌管僧团的各种账簿。后秦僧官设置的时间，据宋代志磐《佛祖统纪》考据为弘始三年（401），稍后于东晋、北魏，但更为完整。

（二）南朝僧官制度及其功能

南朝宋、齐、梁、陈相沿，直接承继了东晋的僧官制度，但又有所发展。南朝中央僧官设有衙署，可泛称为僧司，但又有僧局或僧省的专称。主官称僧正或僧主，总领天下僧徒，主持经业的传授、法事的举行，主持翻译、抄撰经籍，参与选拟下层僧职，训勖、简汰徒众。僧正下设悦众（又称都维那）为副职，侧重于维持僧团纲纪，监督佛律、寺规的执行，纠察违失，惩治过犯。僧署又配一定数量的杂役，以供僧官驱使。在南朝，中央僧署直接由皇帝统辖，不隶属于其他俗官系统。中央僧官概由皇帝敕任。

南朝地方僧官层次较多，有按世俗行政区划分别设立的州、郡僧官，也有根据佛教管理需要设置的跨州、郡的区域性僧官。州级僧官设僧正一名，视需要可设副职维那，一般称州僧正，州维那。郡则有郡僧正，郡维那。跨州、郡僧官主要出现在僧尼特别集中的京城、三吴、荆州、广州地区。有"京邑大僧正"、"京邑都维那"等。从理论上讲，地方僧官应由中央僧官统辖，但由于南朝中央政权孱弱，地方割据势力强大，故地方僧官往往握有很大实权，并不完全听从中央僧官的左右。

除了中央和地方僧官体制外，南朝开始建立了基层僧官系统。基层僧官指由皇帝或官府委任的，能够代表官方监督寺院宗教活动的寺职。寺院中最高级僧官为寺主，其次为上座，再次为维那，世称"寺之三纲"，分别负责寺内宗教活动、经济收入以及僧徒戒律的执行情况。南朝时因有大量妇女出家，故设尼僧之官，实行尼僧自治。如支妙音被任命为简静寺主，慧果为青州景福寺主，慧琼为广陵南安寺主，宝贤为京城普贤寺主，僧瑞为永安寺主，令玉为南晋陵寺主等等。这些尼姑当时便很著名，事迹载于僧传。

南朝僧官的任命视品级而定，一般中央级僧官由皇帝任命，地方僧官由藩王或州郡长官推荐，由皇帝敕封。僧官由国家统一发给薪俸，僧正"秩比侍中"，月钱三万，以下递减。不过当时薪俸制度并不很严格，往往凭皇帝好恶而定。宋明帝时，兴皇寺寺主道猛也得月钱三万，俸同僧正。

南朝历代由于政治腐败，权力分散，故僧官权力很大，可以主持全部僧务，俗官不得插手。甚至梁武帝想自任"白衣僧正"（白衣相对于缁衣而言，指未出家人担任僧正），加强对僧尼的管理。但此议碰到了僧团的强烈抵制，只得作罢。这一事件说明佛教势力在梁武帝时达到了高峰，虽不能说与王权分庭抗礼，但也有相当大的独立性，并不完全唯王命是从。

（三）北朝僧官体制的演化变迁

北魏拓跋氏政权奠定了北朝诸代僧官制度的框架。《魏书·释老志》载：

> 先是，立监福曹，又改为昭玄，备有官属，以断僧务。

此条史料说明，北魏的中央僧官机构先称监福曹，后改为昭玄寺，统管天下僧务。但是监福曹创建的确切时间及改为昭玄寺的确切时间未载，只能根据其他零星史料推算。监福曹大约设于皇始（396～398）初年僧官初设之时。主管为道人统，目前见于僧传的道人统有法果、沙达、师贤诸人，未见有副职及衙署规模的记载，大约因北魏初年僧尼尚少，僧官制度也相对简单。至孝文帝时（471～500），昙曜已改称为沙门统，此时的僧官衙署也改称昭玄寺了。

昭玄寺的体制设置，职能分配已进一步完善化了。《隋书》卷二七《百官中》记载了一条关于北魏僧官制度的史料：

> 昭玄寺掌诸佛教，置大统一人，统一人，都维那三人。亦置功曹，主簿员，以管诸州县沙门曹。

北魏昭玄寺设沙门统二员，一称"大统"，以示尊崇。沙门统下设都维那三人，功曹、主簿等多员，构成中央衙置，直接统辖诸州、县沙门曹，形成了一个从上至下，较为完备的僧官体制。

北魏昭玄寺有巨大而广泛的权力。在朝廷中它是一个独立机构，与光禄寺、卫尉寺并列，直接听命于皇帝，并不隶属于任何俗官，甚至尚书、宰相也无法直接插手僧务。如北魏宣武帝时，沙门统昙曜在处理僧祇户时，"进违成旨，退乖内法，肆意任情"（《魏书·释老志》），尚书令高肇深为不满。但他只能上奏皇帝，建议"请付昭玄，依律推处"。可是皇帝包庇和尚，此事便不了了之。北魏昭玄寺除有管理僧尼宗教活动，处理寺院财产，掌握僧尼教戒的权力外，还有部分的司法权。宣武帝永平元年（508）秋诏曰："缁素殊异，法律亦异。故道彰于互显，禁劝各有所宜。自今已后，众僧犯杀人以上罪者，仍依俗断。余犯悉付昭玄，以内律、僧制治之。"（《魏书·释老志》）也就是说，僧尼除犯死罪，余皆可由内律处之。北魏最高僧官沙门统由皇帝任命，而下级僧官的诠选、陟黜之权则全付之昭玄。此外，昭玄寺还有建寺、度僧的审批之权。为了扩大沙门队伍，僧官有请必依，结果造成北朝寺院和僧尼人数激增，几倍或十几倍于南朝。这种现象导致国家税收锐减，人民负担过重，僧侣素质下降，罪犯逃避寺中等诸种弊端。

东魏、北齐僧制"多循后魏"，稍有变化。东魏时，因僧尼人数增加，也相应地增加了沙门统、都维那人数。沙门统由一人扩为十人。如北宋赞宁《大宋僧史略》讲："时置十员，一统一都、为正为副，故多也。"增加僧官人数，本为整顿沙门弊端，"又置昭玄十统，肃清正法"（《续高僧传·智润传》）。但僧门的窳败不是靠增加僧官人数所能纠正的。至北齐时，皇帝又设"断事沙门"一职，"以律科惩"，这也是统治者加强对僧团控制的一种努力。

西魏、北周的僧制亦承袭北魏，但实质性变化较多一些。在西魏、北周出现了以"三藏"为名的僧官。"三藏"原指佛藏中经、律、论三部分。对于精通三个部分的高僧，亦以"三藏法师"、"三藏和尚"之名美誉之。可西魏、北周的"三藏"不是一种荣衔，而是一种职务。《续高僧传·昙崇传》讲：

　　周武帝特所钦承，乃下敕云："崇禅师德行无玷，精悟独绝……可为周国三藏，并任陟岵寺主。"

又《续高僧传》卷一六《周京师天宝寺释僧玮传》载：

> 天和五年（571），敕使为安州三藏，绥理四众，备尽六和。

西魏恭帝三年（556）以前，仍以昭玄寺为中央僧置，但沙门统已改称昭玄三藏。恭帝三年后推行新制，废除昭玄寺，昭玄三藏改称国三藏。地方僧官则称州三藏或县三藏。三藏之名，终于周武帝建德三年（574）毁佛之时。

　　西魏、北周改制，不仅更改僧官名称，而且在改制过程中削弱了僧官的权力。据史籍所载，三藏的职权集中在礼法教化，日常管理方面，如"从而教导，僧尼有序"，"匡御本邑"，"妥理四众"等。而度僧建寺、僧籍管理之权，则收归政府。北周官制仿《周礼》立六官，其中春官卿所属的典命，"掌……沙门道士之法"（《通典》卷二三礼部尚书条）。又置司寂上士、中士"掌沙门之政"（同上书卷二五宗正卿条）。北周的改制，使俗官的势力伸进了山门，向着加强中央集权方向又跨出了一步，为隋唐时期僧官、俗官共治的僧务管理体制提供了一个雏形。

七　寺院经济的产生与发展

（一）寺院经济的产生与构成

　　中国佛教寺院经济有一个产生发展的过程。两汉之际佛教初传，传教者多为外国僧人，主要由政府和西域商人供养。魏晋时期中国人出家者渐多，佛事活动转盛，出现了一些规模较大的僧团，但是尚无固定的寺院财产。僧尼主要依赖国家、官僚、豪富及百姓布施过活。例如东晋道安在襄阳讲经时，有弟子三百余人，他们主要依靠当地大官僚、贵族捐助过活（参见《世说新语·雅量篇》），僧团尚无固定收入。

　　中国早期僧团不占有财富的状况与佛教早期经典、戒律的精神是一致的。释迦牟尼在创教时便规定了僧尼"不事生计"、"不蓄私财"等戒律。因为从事农耕会"掘地伤生"，私蓄钱财会引起"贪妄之心"。但是出家人也要食人间烟火，到部派佛教时期，上座与大众两部首先便因"受蓄金银钱净"发生分裂，佛教戒律也开始为僧尼私蓄钱财开了方便之门。

　　东晋前期僧团由于人数尚少，靠布施可以维生。东晋末年僧尼人数猛增，于是寺院内部开始出现了僧多粥少的局面。特别是一些出身豪门的人士出家,也把社会上追求奢靡之风带进了山门,更助长了僧侣贵族积聚财富的强烈愿望。寺院经济在东晋后期开始产生,到南北朝时期迅速兴盛起来。

寺院经济的主要成分是土地,因为在封建社会中土地是主要的生产资料。据有关资料载:北魏孝文帝"于京师立大中兴寺",一次赐"稻田百顷"(《释氏通鉴》卷五)。梁武帝造大敬爱寺,"赐田八十顷"(《梁书·皇后传》)。西魏文帝在昆池之南立中兴寺,"庄池之内外稻田百顷,并以给之"(《续高僧传·道臻传》)。类似具体记载不少,可惜无全国范围内的寺院占田统计数字。时人因有"资产丰沃,所在郡县,不可胜言"(《南史》卷七十),"凡厥良沃,悉为僧有"(《广弘明集》卷八)之类的估计,其中难免有感情化的夸大成分。近人以为,当时寺院与国家、豪族三分天下之田,约略可信。(参见何兹全:《中古时代之中国佛教寺院》)除土地外,寺院还广占山、林、园、池、碾硙、房舍。如杨衒之《洛阳伽蓝记》载:寺院田园中"水陆俱全","果菜丰蔚,林木扶疏",有梨、枣、桃、杏等果品供僧人享用,亦可出售。寺院的房屋"或常居邸肆","或商旅博易,与众人争利"。王公贵族、庶民百姓经常向寺院布施钱财,除了用于寺院建筑、购置田产、佛事活动者外,僧侣们还放债取息。他们以"济贫"、"救灾"为幌子,建立"寺库"或"长生库"放贷取息。放贷的形式有"典当制"与"举贷制"两种。关于利率,佛经内律早有规定:"赡病人不得生厌,若自无物,出求之,不得者贷三宝物。差已,十倍偿之。"(《行事抄》下卷四)利率1000%似乎不可信,除特殊情况下难以实现。但就一般社会利率而言,"称贷者,其息恒一岁而子如其母"(《皇清经世文编》卷三十六),即利率100%是完全可能的。

(二) 寺院经济的来源

寺院经济的来源主要有以下渠道:

第一,国家的赐与。帝王崇佛是寺院经济大发展的主要动力。当时国家手中控制着大量土地和民户,帝王经常无偿地赐与寺院。据南朝佛寺志著录225座著名大寺,其中属于皇帝者33,后妃公主17,王公15,官僚30,商僧16,商人1(参见陈作霖编《南朝佛寺志》)。属皇室王公的寺院,建造时便由国家赐与大批田产(如前所述),此后又不断施舍钱财。如梁武帝在阿育王寺开无遮大会,"所设金银供俱等物,并留寺供养,并施钱一千万为寺基业"(《梁书》卷五十四)。梁武帝四次舍身出家,其中两次有记载的"赎身钱"为一万亿钱!实际上是用国库资财变相布施。

　　第二，社会士人的捐施。社会风气从来是"上有好焉，下有甚焉"。帝王带头佞佛，大官僚贵族亦不甘落后。如梁之张孝秀，"去职归山，居于东林寺，有田数十顷，部曲数百人，率以力田尽供山众"（《梁书·张孝秀传》）。北魏大臣裴植母舍身出家为寺奴，"诸子各以布帛数百，赎免其母"（《魏书·裴植传》）。

　　第三，小民施舍。佛教利用因果轮回的原理，宣扬布施寺院可以赎回前恶，买得冥界幸福和来生快乐。故广大贫苦农民平日节衣缩食，在寺院却慷慨解囊。有时和尚们为吸引善男信女布施，采用种种野蛮残忍的手段刺激民众的同情心。如《高僧传初集》卷十三《宋临川招提寺释慧绍传》载：慧绍自焚以集钱财，"于焚身之日，于东山设大众八关，并告别知识。其日阖境奔波，车马人众，及赍金宝者不可称数"。

　　第四，侵占勒取。捐施本应是一种自愿的行为，但有些寺院却往往凭借政治、经济特权，强迫民众捐施钱财，捐献田产，甚至强买强卖之类的事件层出不穷。正如北魏人王澄上疏时所指出："天下州、镇僧寺亦然，侵夺佃民，广占田宅，有伤慈矜，用长嗟若。"（《魏书·释老志》）

　　（三）寺院经济的性质与经营方式

　　南北朝寺院经济急剧发展，成为封建经济中一个重要组成部分。占有大量田产的高级僧侣，构成了地主阶级中一个特殊阶层——僧侣地主。寺院经济的性质受社会经济形态制约，属于封建经济无疑，但是其在占有方式、经营方式方面，又有其自身的历史特点。

　　中国的寺院经济保持了一种以封建的生产方式为实质的财产公共占有关系。就生产方式而言，寺院作为土地的所有者，将土地租给农民耕种，收取地租，与一般地主剥削农民无异。但是就财产关系而言，佛教经律规定寺产"体通十方"，为佛所有，实际上属于佛背后的僧侣集体所有，不属于任何个人。因而寺院经济属于封建土地所有制中一个变态，是一种集体僧侣地主占有制。在这种体制下，任何僧侣不得将寺产分割私占。戒律规定："制不听蓄田园、奴婢、畜生、金宝、谷米、船乘等。妨道中最，不许自营，准判入重。"（《行事抄》中卷三二）同时也不许以家族形式继承，寺院财产世代属寺院所有。当然，在封建等级社会中，僧侣之间存在着尊卑等级，广大中下层僧侣并不能行使财产所有权。可是即使是最高层的主持、上座，也不能像封建家长那样随意支配寺院财产。寺院中的僧众会议是名义上的最高权力机构，各类司事人员必须定期将寺内收支状况向僧众会议汇报。日僧圆仁入唐求法时，看到长安资胜寺，十二月"二十五日更则入新年，众僧上堂，吃粥、馄饨、杂果子。众僧吃粥间，纲维、典座、直岁，一年内寺中诸庄，交易并客断诸色破用钱物帐，禁前申读"（《入唐求法巡礼记》卷三）。中国寺院经济这种僧侣集体占有方式，是由于僧侣特殊的生活方式和经典中宗教空想共产主义思想双重因素造成的，故使寺院在从消费共同体向经济共同体转化过程中保持了某种特色。

在经营方式上，南北朝时期的寺院经济模仿当时的豪门庄园经济形式，形成了一个个以寺院为核心的封建庄园。其经营形式有以下几类：

①寺院自营。大部分的下层僧侣，本来就是在地主阶级剥削下衣食无着的贫苦农民。出家后仍然在寺院从事耕作、洒扫、杂役等劳务。如法显年轻时，就曾与寺中"同学数十人于田中刈稻"（《高僧传·法显传》）。

②寺内奴隶佛图户经营。《魏书·释老志》讲："民犯重罪及官奴为'佛图户'，以供诸寺扫洒，岁兼营田输粟。"可见佛图户是国家赐给寺院的奴隶，在寺中充当杂役，并经营寺田。另有一部分破产农民自愿投靠寺院，在南北朝被称为白徒、养女，不是正式出家人，不书名籍，也属于寺院隶属的执役人口。

③租佃农民经营。寺院大多数土地还是租给农民耕种，僧侣收取地租剥削。租赁寺院土地的农民又分两大类。一类是没有人身自由的僧祇户，《魏书·释老志》载：北魏文成帝时，"昙曜奏：平齐户及诸民，有能岁输谷六十斛入僧曹者，即为僧祇户"。"平齐户"是国家的编户农民，原无独立身份，现将六十斛谷输入僧曹，便成了寺院的编户农民，仍无独立身份。另一类农民由原自耕农或半自耕农转化而来，一般有一定的生产工具和财产，为了避免国家沉重的赋税，自愿把田产挂于寺院名下。投靠寺院后，他们失去了土地的所有权，仅有土地的使用权。他们也租赁寺院土地耕种。僧侣地主对农民的剥削率一般为"见税什五"，与"世俗豪民同"，农民仅可免除国家赋役，收入略有提高。由于南北朝时期战乱频繁，国家徭役、赋税沉重，所以求庇于寺院的附户相当多。据北朝人刘昼估计，北齐一代寺院附户大约有二百万左右（《广弘明集》卷六）。

（四）寺院经济过度发展的弊端及国家加强控制的尝试

南北朝僧尼人数激增，除信仰的因素，一个重要动因便是贪求僧尼具有的免除国家租课、役调特权。史载僧侣"不贯入籍"，"寸绢不输官府，升米不入公仓"，因而吸引大批平民投入寺院。从魏晋至唐中叶，国家租调制度是以人及户作为课征单位的，有丁有户便要纳税出役，而不考虑财产情况。这种制度必须以切实可行的均田制为基础，然而历史上的均田制从未严格地执行过。人民贫富悬殊，贫者无立锥之地，只好绝户而充沙门，以避徭役，如《魏书·释老志》讲："正光已后，天下多虞，王役尤甚。于是所在编民，相与入道，假慕沙门，实避调役。"南朝的情况大体也是如此，桓玄在沙汰沙门时亦曾指出："京师竞其奢淫，荣观纷于朝市，天府以之倾匮，名器为之秽黩。避徭役于百里，逋巡盈于寺庙，乃至一县数千，猥成屯落。"（《弘明集》卷十二）

在佛教发展的早期，国家对寺院免租免役是与僧人依靠布施为生的状态相适应的，但是在南北朝寺院经济高度发展以后，国家仍然免租免役，便造成了寺院经济集团与国家争人争地的局面，造成严重的社会问题。有识之士指出："乃有缁衣之众，参半于平俗；黄服之徒，数过于正户。国给所以不充，王用固之取乏。"（《弘明集》卷十四）"释教虚诞，有为徒费，无执戈以卫国，有饥寒于色养。逃役之流，仆隶之类，避苦就乐，非修道者。"（同上书，卷六）寺院占有大量土地和人口后，削弱了国家赋税和兵役的来源，从根本上动摇了封建统治。地主阶级内部世俗地主集团与僧侣地主集团的矛盾便尖锐起来，一些人便站在世俗地主集团的立场要求对寺院经济加以控制，于是便有了沙汰、废佛之举。南北朝几次大规模的沙汰、废佛事件，背后都有经济的原因。然而佛教废而复兴，物质利益推动寺院经济变本加厉地发展。可以说，寺院经济过度发展的问题在南北朝时期，并没有从制度上很好地解决。

八　南北朝的译经、经录与僧传
（一）译经事业及其代表人物

南北朝时期，佛教译经事业有了更大程度的展开。据《开元释教录》统计，从宋文帝永福元年（420）至陈后主祯明三年（589）的169年中，南北方共十个朝代（宋、齐、梁、陈、北凉、北魏、东魏、西魏、北齐、北周），译者67人，译出经籍750部，1750卷。

南朝译经名僧首推求那跋陀罗（394～486），中天竺人，出身于婆罗门种姓。少年时博学多才，精通五明（因明、声明、内明、工巧明、医方明）、天文、书算、咒术。后改奉佛教，"博通三藏"。于宋文帝元嘉十二年（435）从海路来到中国，受到皇帝及诸大臣的欢迎，在建业住祇洹寺，开始译经事业。据《祐录》，他在宋 30 余年，共译经籍 13 部，73 卷；《开元录》则说 52 部，134 卷，说法不尽统一。求那跋陀罗所译经论在中国影响最大的是《楞伽经》四卷，该经内容丰富，开楞伽师之源，并成为禅宗早期宗经。他译出《杂阿含经》五十卷，补齐了《阿含经》系统。《胜鬘经》一卷，是大乘瑜伽行派尊奉的重要经典。

畺良耶舍（？～442），西域僧人，宋文帝元嘉元年（424）到达建业，受到宋帝礼遇，住钟山道林精舍。应中国沙门之请，译出《观无量寿佛经》一卷，《观药王药上二菩萨经》一卷，对净土思想的发展有推动作用。

刘宋时期，还有两位中国籍僧人以西行求法、翻译经论而著称于世，他们是智严和宝云。

智严，西凉州人，自幼出家，勤奋博学，"志欲广求经法，遂周流西域"，找到"胡本众经"，在罽宾邀西域名僧佛驮跋陀罗共同回到长安。东晋义熙十二年（416），刘裕伐长安，将他们迎入建业，先后住始兴、积圃等寺，与宝云等人共同译经。《祐录》记载，他译出《普曜经》六卷，《广博严净经》四卷，《四天王经》一卷。他晚年又"泛海，重到天竺……于是步归，行至罽宾，无疾而卒，年七十八"（《祐录·智严传》）。智严在第二次西行求法时客死他乡，他"为法亡躯"的精神受到后代僧人的称颂。

宝云（376～449），"未详姓氏，凉州人也。少年出家，精勤为学"（《祐录·宝云传》）。在法显、智严等人西行求法精神的感召下，于东晋隆安初年（397）"远适西域"，经艰苦跋涉，终于到达天竺。"遍学梵书，天竺诸国家训诂，悉皆备解"，后携带大批经籍回到长安。宝云曾参与智严的译场，因他"华梵兼通，音训允正"，所以经他"治定"的经籍文字水平较高。他自己单独译出《新无量寿佛经》二卷，《佛所行赞》五卷，在佛教史上有一定影响。

陈朝，南方又出现了一位译经大师——真谛（499～569），天竺人，是中国佛教史上"四大译师"之一。据《续高僧传·真谛传》讲，真谛于梁大同十二年（546）从扶南（今柬埔寨）带大批梵本佛经到达广州，第二年又去建业，受到梁武帝礼遇。他还未及开译，便发生了侯景之乱，于是辗转于南方各省避难。到陈朝生活也不安定，但在动荡中他仍坚持译出佛教经、律、论、集 64 部，278 卷（《内典论》说 48 部，230 卷；《开元录》说 38 部，117 卷）。真谛的译经以大乘瑜伽行派论著为主，其中《摄大乘论》三卷，为无著所撰，对比小乘，全面介绍大乘思想，在社会上引起了很大反响，开摄论师之源。此外还有《十七地论》三卷（即《瑜伽师地论》51～57卷）、《无上依经》二卷、《解节经》、《律二十二明了经》、《佛性论》、《俱舍释论》等，在佛教史上都有一定影响。真谛译经的一个特点是"行翻行讲"，译讲并进，在译经的同时进行义疏注记。因而真谛译经便于中国人理解，推动南方义学向纵深发展。真谛的译经与后世玄奘的译经，基本同属大乘唯识学体系，但观点不尽一致，所以玄奘、窥基对真谛的译经多有微词，其中有些属于门户之见。

北方早期影响较大的译师是昙无谶（385～433），中天竺人，自幼出家，先学小乘，后改大乘，专治《涅槃经》。善阴阳术数及房中之术。周游西域诸国，因与鄯善王妹曼头陀林有染，亡奔北凉，国主沮渠蒙逊宠之，以男女交接之术授蒙逊诸女、子妇。（参见《魏书·卢水胡沮渠蒙逊传》）在北凉一些义学名僧的协助下，昙无谶译出 40 卷本《大般涅槃经》。此经传到江南时，正值南方沙门佛性论讨论的热潮中，颇受欢迎。北魏道武帝拓跋焘闻昙无谶有"道术"，派人去北凉迎请，并威胁说："若不遣谶，便即加兵。"（《祐录·昙无谶传》）蒙逊不敢违抗，但又担心昙无谶到北魏后于己不利，便在他赴魏途中将其刺杀。一代名僧成为政治斗争的牺牲品。

北魏朝译经僧中最著名者为菩提流支，北天竺人，"遍通三藏"，"志在弘法"，于北魏宣武帝永平（508～512）初年到达洛阳，宣武帝亲自慰劳。菩提流支在内殿翻译《十地经论》的第一日，宣武帝亲自担任笔录，表示了国家对译经事业的支持。菩提流支在北魏 20 余年中，共译出经论 39 部，127 卷。其中与佛陀扇多、勒那摩提合译的《十地经论》影响最大，开创了北方的地论师学派。此外他还译有《入楞伽经》、《佛名经》、《法集经》、《深密解脱经》、《宝性论》、《金刚般若经论》、《法华经论》等，在社会上广为流传。

北魏朝又有昙摩流支精通律藏，译出《信力入印法门经》等三部。勒那摩提精于禅法，译出《宝积经论》、《妙法莲花经论》、《究竟一乘宝性论》各一部。佛陀扇多博通内外学，尤工艺术，译出《金刚上昧陀罗尼经》、《摄大乘论》等 11 部。北齐朝，那连提黎耶舍译出《大集月藏经》、《月灯三昧经》、《法胜阿毗昙心论》等七部。北周朝，阇那耶舍译出《大乘同性经》、《大云清雨经》。耶舍崛多译出《十一面观世音神咒经》等，对中国佛教都有所贡献。

通观南北朝的译经事业，可以说是数量繁多，品种齐全。从内容方面看，大小乘皆有，但以大乘瑜伽行派论著为主，同时又有少量密教经咒，基本反映了佛教在其发祥地的发展水平。当时，印度产生的经论，很快便可以传到中国译出，中国佛教徒紧跟印度佛教发展的步伐，水平也在趋近。

（二）僧祐和他的《出三藏记集》、《弘明集》

僧祐（445～518），俗姓俞，彭城下邳（今江苏邳县）人。他自幼出家，对律学有精到的研究，故慧皎的《高僧传》将他列入《明律篇》。萧齐之世，宰相萧子良经常听他讲律。齐武帝请他入吴区分五众（比丘、比丘尼、尸叉摩耶尼〔学戒女〕、沙弥、沙弥尼）。入梁以后，僧祐又受到梁武帝的尊崇。凡遇到与僧人行为有关的重大难题，皆请僧祐"参决"。他年迈体衰时，因有脚疾，武帝特请他乘肩舆入内殿，为百官授戒。僧祐共有僧俗弟子11000人，声名广著。然而僧祐在历史上最大的贡献，还是他编写的两部佛教史著作——《出三藏记集》和《弘明集》。

《出三藏记集》又称《祐录》，是现存最早的综合性经目。据梁启超考据，最早的经录当推道安的《综理众经目录》。由晋至梁，又有十余部经录出现，可惜皆已亡佚，惟祐公之录仅存（参见《佛家经录在中国目录学之位置》）。僧祐是在充分研究前代经录，特别是安公经录的基础上编写《出三藏记集》的。全书共分四个部分，他在序言中介绍说：

> 一撰缘记，二诠名录，三总经序，四述列传。缘记撰则原始之本克昭，名录诠则年代之目不坠，经序总则胜集之时足征，列传述则伊人之风可见。（《出三藏记集序》）

第一卷为"缘记"，共五篇文章，分别介绍印度佛教集结、传授的源流，三藏、八藏等名称的意义，中外文音译词汇之异同。第二至五卷是"名录"正文，著录了自汉末至梁初所译经、律、论共约2000部，5000卷。另附疑经目40部、伪经目50部。第六至十二卷为"经序"，收集了经序120篇，乃是中国僧人最早写成的佛学论著。第十三至十五卷是"列传"，为安士高、支娄迦谶、道安、鸠摩罗什等32位译经名僧立传，介绍了他们的生平事迹和翻译风格，实际成为目前所见最早的僧传，保存了一批极为珍贵的历史资料。

《弘明集》是一部佛教历史文献集，佛教传入中国，曾遭到本土文化的抵制和排斥。历代高僧正是在反驳各种恶意的攻击，解释重重误解的过程中使佛法发扬光大的。故僧祐在卷首阐述本书宗旨时说：

> 撰古今之明篇，摋（择）道俗之雅论。其有刻意剪邪，建言卫法，制无大小，莫不毕采。又前代胜士书记文述有益三宝者，亦皆编录。类记区分，列为十卷。夫道以人弘，教以文明，弘道明教，故谓之《弘明集》。（《弘明集序》）

可见这是一部护法辩诬之书，共收文章 120 篇，上自东汉《牟子理惑论》，下迄梁代释宝林的《破魔露布文》。由于《弘明集》比较完整、集中地保留了当时三教之争的资料，具有多方面的学术价值。

（三）慧皎和他的《高僧传》

慧皎（496～554），会稽上虞人。出家后"学通内外，博训经论。住嘉祥寺，春秋弘法，秋冬著述"（《续高僧传·慧皎传》）。曾撰有《涅槃义疏》、《梵网经疏》行世。

中国是一个重视历史文化的国家，僧人受社会文化环境的熏陶，也很注意对佛教史资料的收集和整理。据慧皎的《高僧传序》称：在他以前已有僧传作者 17 家，记载西汉以来西域及本土僧人活动情况。但是慧皎对这些僧传都不太满意。"或褒赞之下过相揄扬，或叙事之中空列辞典。"或"互有繁简，出没成异，考之行事，未见其归"。或"附见极多疏阙"。或"意似该综，而文体不足"。或"各竟一方，不通今古，务存一善，不及余行"。同时代的僧祐作《出三藏记集》，其中列传"止有三十余僧，所无甚众"。宝唱作《名僧传》（已佚）分 18 科，收集 426 人，是慧皎以前比较完整的一本僧传，但慧皎认为他选编不当。"自前代所撰，多曰名僧。然名者，本实之宾也。若实行潜光，则高而不名，寡德适时，则名而不高。名而不高，本非所纪，高而不名，则备今录。故省名音，代以高字。"（《高僧传·序录》）他在研究前人僧传得失利弊的基础上，广泛收集材料，推出自己的新作《高僧传》。"始于汉明永平十年（67），终至梁天监十八年（519），凡四百五十三载，二百五十七人，又旁出，附见者二百余人。"（《高僧传·序录》）可以说慧皎的《高僧传》是当时最为完备的一部僧传。

慧皎的《高僧传》不仅资料丰富，人物众多，且开创了一种更为合理的僧传体例。《高僧传》共分十科，十科的划分有着内在的逻辑规律。①译经，载东汉至齐译经名僧 35 人，以西域僧人为主。把译经放在首位，慧皎有一个说明："然法流东土，盖由传译之勋……震旦开明，一应是赖，兹德可崇，故列之篇首。"②义解。载自晋至梁名僧101人，多为中国高僧，僧传比较完整地介绍了他们的经历、学识、思想、著作，是该书最大的部分。关于义解，慧皎讲："至若慧解开神，则道兼万亿。"因有这批义学名僧，佛道才得以弘扬光大。③神异，载有会各种神奇方术的高僧20人，"通感适化，则强暴以绥"。各种法术可以镇服强暴，打开传教局面。④习禅，载精于禅定之僧21人。"靖念安禅，则功德森茂"，禅定乃佛教重要的修炼功夫。⑤明律，载精通戒律的高僧13人，"弘赞毗尼，则禁行清洁"，由于戒律的弘传，保证了僧团清洁形象。⑥亡身，载为供养佛或解救众生而舍身僧11人。"忘形遗体，则矜各革心"，他们为法亡躯的精神，对僧俗贪恋生死之心是一种警醒。⑦诵经，载勤于讽诵佛经僧21人。"歌诵法言，则幽显含庆"，对扩大佛法传播有贡献。⑧兴福，载致力于建塔、造像名僧14人。"树兴福善，则遗像可传"，大兴土木以修"功德"，留下不朽的历史遗迹，亦可扩大佛教影响。⑨经师，载善于吟咏歌赞，长于音律的名僧11人。⑩唱导，载善于担任法事斋会的导师，宣唱佛名，教理及忏文的名僧10人。"其转读、宣唱，虽源出非远，然而应机悟俗，实有偏功……乃编之《传》末。"

慧皎的《高僧传》所开创的体例，被后人视为范式，唐道宣的《续高僧传》，宋赞宁的《宋高僧》皆采用"十科"的编纂体例。由于《高僧传》是现存僧传中最早、最全者，故在佛学研究史上有极高的史料价值，为历代僧俗学者赞誉。如唐智升所言："义例甄著，文辞婉约，实可以传之不朽，永为龟镜矣。"(《开元录》卷六)

九　竺道生的涅槃佛性说

竺道生（？～434），巨鹿（今河北平乡）人，俗姓魏，因从竺法汰出家而改姓竺。道生一生的宗教活动大致可分成三个时期。公元397年，道生去庐山向慧远求学，见僧伽提婆，学习《阿毗昙经》等小乘教义，在庐山幽栖七年，此为第一时期。后获悉鸠摩罗什在长安译经、讲经，道生于404年西入长安，学习大乘《般若经》，与僧叡、道融、僧肇共称"什门四哲"，参与了大、小品《般若经》的翻译，此为第二时期。407年道生返回建业，以为"言以寄理，入理则言息"，开始大力宣扬涅槃学，此为第三时期。自道安以后，佛经翻译事业大为兴盛，晋宋之际，社会上最为流行的经典主要是僧伽提婆弘阐的小乘《毗昙经》，鸠摩罗什倡导的《般若经》和昙无谶宣扬的

《涅槃经》。由于道生的特殊经历，使他成为集三家大成的佛学思想家。特别是由于他从般若入涅槃，故能在涅槃经的核心——佛性问题上融会贯通，阐发新意。在建业时期，道生以"实相无相"，"佛无净土"，"善不受报"，"一阐提人皆得成佛"，"顿悟成佛"等一系列惊世骇俗之论轰动江南佛学界。他曾遭到"逐出建业"的惩罚，后又因先见之明而被尊为"涅槃圣"。道生晚年一直在庐山讲《涅槃经》。道生著作不少，但多已散失，如《泥洹经义疏》、《小品经义疏》、《二谛论》、《法身无色论》、《佛无净土论》、《顿悟成佛义》、《佛性当有论》等仅存篇名。现仅存《妙法莲华经疏》二卷，《答王卫军书》一文。《维摩经义疏》和《泥洹经义疏》中的若干残篇，存于他人的文章之中。

晋宋之际，中国佛学正处于从般若热向涅槃热过渡时期，道生恰恰成为转折的关键人物。般若学的主旨在于扫除名相，教人识破"万法皆空"。但是大乘空宗为了把自己的理论贯彻到底，最后把彼岸世界的最高境界涅槃也说成是"空"。如罗什所译《思益梵天所问经》讲："涅槃者，但有名字，犹如虚空。但有名字，不可得取。"大乘般若学的"毕竟空"理论对慧根较深的人很有启发，却造成了大多数文化水平较低的信徒修习上的困境。既然彼岸世界是一片空无，追求它还有什么意义呢？所以道生认为般若学并不是佛教的最高境界，而只是佛陀对某一类信徒说法的"方便法门"，佛经的次序应该是《阿含》、《般若》、《法华》、《涅槃》。修习者不应总停留在般若学对诸法照观的水平上，还应返回"实相"，即佛的"法身"。佛教从道生这里由空转有。

"法身"相对于佛的"生身"而言。释迦牟尼从生到死，他肉体的"生身"消亡了，但他所悟出的真理，所传布的言教合称"法"，是永存的。法在才有佛在，佛以法为身，故称"法身"。关于法身有相还是无相，佛教内部存在着分歧，甚至佛经自身便有自相矛盾之处。在道生看来，宇宙本体实相就是道或理，"理者是佛，乖则凡夫"，"佛为悟理之体"，所以佛不是别的什么，而是对宇宙性空之理的体悟，佛即真理的化身。从般若学"实相无相"的观点看，"法身"亦应当无形无色，并不存在观念中像人一样的佛，佛经中所谓丈六金身之类的说法，不过是为了立教的方便。同理，"佛无净土"，成佛在于返归实相，返归自身佛性，并非在超绝众生处别立境界。佛经中净土之说，也不过是为了立教的方便，相对于凡夫未觉悟时有秽、有惑的境界而言。进而道生又推出了"善不受报说"，他讲："无为是表理之法，故实无功德利也。"（《注维摩诘经》）道生认为因果报应说以功利诱人，是与绝形色、离合散、去美恶、舍罪福、彻悟人生真谛的涅槃境界相矛盾的。道生的这些观点显然是针对慧远等人的净土信仰和因果报应说而来的，反映了佛教理论在雅文化层面和俗文化层面上的差异。应该说这也是佛对不同层次的信徒的不同说教，故矛盾的观点可以在不同层面上发挥作用，并行不悖。

道生所说实相不仅包括宇宙实相，也包括人身自有的佛性。佛性一词的梵文为 Buddhalā，原意指"如来性"，"觉性"，后来引申发展为成佛的可能性、因性、种子。心中有佛性，人才有反观自悟的可能。在佛性问题上，印度佛教本身就存在着大、小乘的分别。小乘不承认众皆有成佛的可能性，而大乘却为苦难众生开了成佛的希望之门。《大般涅槃经》讲："一切众生，皆有佛性。"但是晋宋之际的中国僧人对这个"佛性我"还不了解，有人从般若学的"空"怀疑佛性之"有"，有人则将佛性等同于人不死的灵魂。道生对此提出了批评："理既不从我为空，岂有我能制之哉？则无我矣。无我则无生死中我，非不有佛性我也。"（《注维摩诘经》卷三）也就是说，佛教徒所谓"无我"是无四大构成的物质性自我，但不能因此否定由佛理构成的"佛性我"。道生认为佛性就是众生最善的本性，最高的智慧，最真的实体。佛性非空，亦非神明。因为佛性亦是宇宙的本体，本体只有一个，不能成为个人的神明。众生成佛也就是神明与本体合一，达到一种自证无相之实相，万物与我同一的境界。这既不同于道教的长生不老、肉体飞升，也不像世俗佛教所理解的使个人灵魂成为超脱轮回的"人佛"，而是在生死过程中对生死意义的超越。"夫大乘之悟，本不近舍生死远更他求之也。斯为在生死事中，即用其实（种子）为悟矣。苟在其事，而变其实为悟始者，岂非佛之萌芽起于生死事哉？"（《注维摩诘经》）从这种意义上讲："一切众生，莫不是佛，亦皆泥洹。"（同上）

从众生皆有佛性，道生得出了那个在佛学界引起轩然大波的结论：一阐提（善根断尽）人也可成佛。当时建业流行法显所译六卷本《泥洹经》，明言："如一阐提懈怠懒惰，尸卧终日，言当成佛，若成佛者，无有是处。"所以道生此论一出，即为拘守文辞之辈群起而攻之。但是道生凭借对经意的深刻理解，不为经典个别文字所困扰，他认为佛性是众生之本，如果承认一部分生灵没有佛性，便会动摇整个佛性论的理论基础。《名僧传抄·说处》载："道生曰：'禀二仪者，皆是涅槃正因，阐提是含生，何无佛性事？'"道生因坚持己见，被逐出建业。他到苏州虎丘说法，遂有"生公说法，顽石点头"

的传说。后投奔庐山。不久，北凉昙无谶四十卷本《涅槃经》传到建业，果然有"我经中说，一切众生，乃至五逆，犯四重禁及一阐提，悉有佛性"（《涅槃经》卷二八）。建业僧团转而钦佩道生孤明先发之悟性。其实从我们今天的角度看，这种悟性主要还来自道生对中国传统文化的深厚素养和对佛教宗旨的正确理解。儒家主张"为仁由己"，佛教宣扬"依自不依他"，这种重视主观能动精神的价值取向，必然要指向人心、人性。所以道生之论不过是孟子性善论的翻版而已，"一阐提人皆可成佛"，不过是"涂之人皆可为尧舜"的另一种说法。一些旧论的维护者担心承认一阐提人可以成佛会动摇封建宗法等级制度，其实道生之论，承认众生在成佛问题上虚幻的平等权利，恰恰能使劳苦大众获得某种心理平衡，是对现实世界等级剥削制度最好的巩固。因而道生的理论很快便得到了佛学界的公认和统治者的赞赏。

在成佛的方法问题上，道生提出了著名的"顿悟成佛"说。这个问题早有争论，安士高一派的禅数学侧重于精神修炼的宗教实践，认为成阿罗汉果也要经过累世修行，因而主张渐悟。而支谶、支谦一系的般若学者侧重于义解，直探实相本源，提出了小顿悟的观点。他们认为菩萨修行要经过"十住"阶次，在"七住"以前都是渐悟过程，到了"七住"才能树立坚定不移的认识，证得"无生忍"（安住于无生无灭而不动摇），达到小顿悟。再往后修习才能达到大顿悟而成佛。支遁、道安、僧肇、慧远都持此论。道生提倡大顿悟说，认为必须在"十住"的最后一念生"金刚道心"，一下子把一切惑妄断尽，悟解佛理，当即成佛。从般若学的角度看，实相无相，无生无灭，玄妙一体，不可分割，要么证悟它，要么未证悟它，没有中间状态可言，更不能逐步合一。再从涅槃学的角度看，众生皆有佛性，觉悟就是返归本性，见性成佛，这也是一个真性自然发显，真理顿悟的过程。不过，道生强调佛性是成佛的正因，但并不排斥成佛还要修习缘因，他主张顿悟，但也不反对"七住"以内的渐悟过程，即"悟不自生，必藉信渐"，还不如后世禅宗的顿悟来得彻底。

通观道生的佛学理论，可以说他把般若学与涅槃学结合了起来；把宗教哲学与信仰结合了起来；把佛教与以儒学为核心的传统文化结合了起来。道生以后，般若学渐歇，涅槃学大兴，大乘空宗在中国佛教界的核心地位让位给有宗。中唐以后，道生的佛性论直接启迪了禅宗这个纯粹中国化的佛教流派的产生，并间接地影响了宋明理学，尤其是陆王心学的"心性论"，作用可谓深远。

十　群峰涌起的南北诸家师说

南北朝时期，印度佛教经论大量译出，中西僧人为之作了大批注疏，阐述自己的理解。但是佛教经典哲理玄奥，字义艰深，导致僧人理解上歧义纷呈。大批僧侣和有信仰的士人，围绕着各部经典的"宗致"展开了长期的讨论，形成了南北诸家师说。南北方皆有的是涅槃师、毗昙师、成实师、摄论师；南方独有的是三论师、十诵律师；北方所独有的是四论师、四分律师、楞伽师等。这些师说虽然各有师承，可是不像隋唐以后的宗派那样，在宗法上有严格的谱系关系，在经济上以某处寺院田产为基础，在理论上以某师、某祖的著作为一尊。各派师说的人员是灵活流动的，一个僧人可以参加不同师说的讨论。不同师说亦常在某一共同问题上观点交叉，因而师说的理论是相对开放的。故宗教史上多把他们视为学派而不是宗派。不过有些师说与隋唐的宗派有着明显的渊源关系，如三论师与三论宗，楞伽师与禅宗等等。南北诸家师说是形成中国佛教宗派的前奏曲，在佛教发展史上有承前启后的作用。

（一）南北涅槃师及在佛性问题上的争议

涅槃师是以研习、弘传《涅槃经》为宗旨的学派。《涅槃经》当时共有三个版本。一个是东晋末年法显译出的六卷，一个是北凉昙无谶所译 40 卷本，亦称北本。第三个是慧观、谢灵运等人在北本基础上改编，润色而成的 36 卷本，亦称南本。涅槃经的核心思想是"涅槃不灭，佛有真我，一切众生，皆有佛性"。但是由于经典版本多，且经文本身就含有矛盾之处，故中国僧人在何为正因佛性问题上发生了激烈的争执。隋代吉藏《大乘玄论》说有 11 家，唐代均正《大乘四论玄义》说有本三家，末十家。这里简单介绍一下后者。

本三家为：

①道生。"当有为佛性体"，据传道生曾写《佛性当有论》，即众生须待成佛之日佛性当果而现。

②昙无谶。"本有中道真如为佛性体"，即说众生本来具有真如佛性。

③法瑶。"于上二说中间，执得佛之理为正因佛性"，即人本有佛性，但为烦恼遮蔽不现，须得成佛之理方现。

末十家为：

①昙爱。"执生公意云，当果为正因。"

②慧令。"执瑶法师意云，一切众生本有得佛之理，为正因佛性。"

③宝亮。"真俗共成众生，真如佛理为正因体。"

④梁武帝。"真神为正因体。"

⑤法安。"心上有冥传不朽之义为正因体。"

⑥法云。"心有避苦求乐性义，为正因体。"

⑦道朗、僧旻、白琰。"众生为正因体。"

⑧僧柔、智藏。"心识为正因体。"

⑨地论师。"第八无没识为正因体。"

⑩摄论师。"第九无垢识为正因佛性。"①

由此引证可见，佛性问题的确是南北朝争议的一个热点，流派繁多，歧义纷呈，并无定论。解决佛性"当有"还是"本有"的问题，成为推动玄奘西行取经的直接动因。

从涅槃师起，中国僧人开始了"判教"活动。随着研究的深入，他们发现各部经文中多有矛盾之处。为了合理地解释这些矛盾，中国僧人把它说成是佛陀为不同层次的信徒说法的需要，因此就需要在佛经中整理出个高低次序，发现其中的内在体系，即是判教。第一个作判教的僧人是慧观，他把全部经典分为顿、渐二教。顿教对大根器人而言，指《华严》。渐教又分五时，①三乘（声闻、缘觉、菩萨）别教，指最初的经教《阿含》；②三乘通教，指对三乘一齐讲的教，主要是《般若》；③抑扬教，主要指《维摩》、《思益》；④同归教，三乘同归的《法华》；⑤常住教，佛最后说如来法身是常，为究竟经教，即《涅槃》。慧观所创判教方法后世影响很大，凡宗派皆有自己的判教体系。

涅槃学宋齐之际兴起，梁代最盛，入陈以后因三论学的复兴、唯识学的传入而衰微，但隋代仍有这方面的争论。

（二）毗昙师和成实师

这是两个与小乘佛教有关的学派。

毗昙师以研究毗昙类经论为主。阿毗昙（Abhidharma）意译为对法、无比法、大法，可以泛指一切论典。但在南北朝，阿毗昙专指小乘部派论著。东晋末年，僧伽提婆在庐山译出《阿毗昙八健度论》、《阿毗昙心论》，刘宋僧伽跋摩译出《杂阿毗昙心论》，毗昙学开始流行起来。毗昙师的学说要点，

---

① 以上引文参见汤用彤《汉魏两晋南北朝佛教史》下册第十七章。

是根据说一切有部义旨，以四谛组织一切法义，并阐明我空法有及法由因缘生而有自性之义。《阿毗昙心论·界品》有一偈云："诸法离他性，各自住己性，故说一切法，自性之所摄。"这种过去、现在、未来三世实有的观点，虽经大乘反复批判，但因阿毗昙论说周密，故仍有不少信奉者。

在南方传承毗昙学的主要是僧伽提婆、慧观、僧业、法据等人，作了不少义疏。在北方则有僧渊、智游。特别是从西域高昌来内地的慧嵩，对毗昙学有很深的研究，被誉为"毗昙孔子"。南北方相比，北方毗昙学势力更盛，主要是因为北方自汉以来就有小乘禅数学的流传。以后，《摄论》、《地论》、《唯识》等大乘有宗著作译出，也先盛于北方，乃由于大乘有宗在印度本与说一切有部中的经量部有较密切的联系。

成实师主要研究《成实论》。《成实论》是中天竺诃梨跋摩著，原是一部小乘论书，但已在法有问题上对小乘说一切有部有所批判。如该书虽仍以"四谛"为主要论题，但认为苦因是"五阴苦"，重在否定客观世界，表现了某种大乘色彩，被视为从小乘向大乘的过渡性著作。鸠摩罗什在译大乘空宗四论时，感到此书对理解《大智度论》有帮助，故将此论译出16卷。由于《成实论》保持了小乘著作的特点，主要是通过给概念下定义的形式去阐述自己的主张，故解说清楚，内涵明晰，便于人们掌握，成为学佛者的入门书。

《成实论》一出，便引起了全国佛教界的重视，渐成南北两大系统。僧导居寿春，是南系的开创者；僧嵩居彭城，是北系的开创者。到南齐时，成实学有一大变。肖子良见研习《成实论》太热，怕人们流连忘返，耽误了对大乘的学习，将16卷本删为九卷本，名《新实论》。到了梁代，成实师在南方出现了僧旻、法云、智藏三大师，一时鼎盛。隋代吉藏判《成实》为小乘，成实学派渐趋衰微。

（三）《三论》学的再弘传及三论师

大乘空宗的三论之学在鸠摩罗什时代盛极一时，罗什死后数年，长安连年战乱，译场失传，弟子流落四方，三论之学一时沉寂。直到梁代，由于摄山僧朗的再弘传，三论学重振声威，实为昔日般若学死灰复燃。研究三论的学者自成一系，并开隋唐三论宗之源。三论师的代表人物如下：

僧朗，生卒年月不详，辽东高丽人。入关从罗什学习三论，后到南方，谈三论玄义，受到梁武帝的赏识。除讲《三论》，还擅长《华严》，但不立文字。因僧朗长年在摄岭兴皇寺讲学，亦称摄山大师。三论学派从兹肇端。

僧诠是僧朗的主要弟子，继续弘传三论之学。因足不出山，亦名山中师。他有弟子四人，法朗、慧布、慧勇、智辩，号称"诠公四友"，最后由法朗将师说发扬光大。

法朗祖代为官，出家后初无常师，禅、教、律，大、小乘皆学，后闻僧诠大名，投于摄山，研习三论，指谪义理，微发词致，声望日隆。开门授徒，"常众千人，福慧弥广"。在 20 年中讲三论及大品般若经 20 余遍，在社会上扩大了三论学的影响。法朗是陈代一大家，其弟子吉藏在隋代将三论学发展为三论宗。

（四）《摄大乘论》与摄论师

《摄大乘论》为印度瑜伽行派创始人无著撰，世亲为此论作解。在此论中，他们比较系统地介绍了法相唯识的思想。此论在我国共有三个译本，最早为北魏佛陀扇多本，流传不广，其次是真谛译本，据说真谛译经时"一章一句，备尽研核"，翻译质量较高，很快便流行起来。最晚是唐玄奘译本，称为"新译"。真谛译本与玄奘译本有些差异，最主要之点是，真谛认为阿赖耶识还有妄识和纯净识之分，纯净识便构成了第九识——阿摩罗识，亦称无垢识，即真如佛性。修行者由于阿赖耶识中纯净之识（净分）继续发展，对治妄识（染分），通过证悟阿摩罗识即可成佛。这就肯定了人人皆有佛性，都能成佛。这便与玄奘以阿赖耶识为根本识，人分五种姓（声闻、辟支、菩萨、不定、一阐提），一阐提人不能成佛的观点相矛盾，故玄奘对真谛多有批评。

《摄大乘论》译出后，真谛弟子法泰、静嵩、慧恺、僧宗、昙迁等人四处弘扬，摄论师在社会上有相当的影响。隋代后势力渐衰，唐代玄奘新译出后，并入唯识学派。

（五）《十地经论》与地论师

《十地经论》是大乘有宗的重要论著，作者世亲。关于《地论》的翻译，有几种说法，一说菩提流支和勒那摩提主译，佛陀扇多传译。一说北魏宣武帝为考检他们三人的翻译水平，令他们三人在内殿单独翻译，结果所出经文仅差一字，合为一本。

《十地经论》是讲修行到菩萨境界后，继续修习"佛地"的第十个次第，相当于《华严经》的《十地品》。世亲在书中讲："三界虚妄，但是一心作。如来所说十二因缘，皆依一心。"（《十地经论》卷八）他把有宗的阿赖耶识与传统的十二因缘相结合，宣传阿赖耶识缘起。进而他认为，破除无明的方法就是在阿赖耶识中求解脱："是凡夫如是愚痴颠倒，常应于阿赖耶识及阿

陀那识中求解脱。"(同上)

《十地经论》译出后，沿相州至洛阳的南北两条道路传布，形成了相州北道和相州南道两大派。以菩提流支和他的弟子道宠为首的相州北道，倡阿赖耶识依持说，主张佛性始有，此说后来与摄论师接近，并最终并入唯识宗。以勒那摩提及其弟子慧光为代表的相州南道，倡真如佛性依持说，主张佛性本有，此派最后融入华严宗。

（六）《楞伽经》和楞伽师

《楞伽经》全名《楞伽阿跋多罗宝经》，楞伽为山名，阿跋多罗意译为入，意为佛入楞伽山所说经，故亦称《入楞伽经》。汉文大藏经中共有此经三个译本，即刘宋求那跋陀罗本、元魏菩提流支本、唐实叉难陀本。其中宋译本所出时间最早，影响也较大。

《楞伽经》作者不详，但思想内容丰富，包括了大乘佛教多派的观点。其中以大乘有宗唯识学思想为主，讲"五法"、"三自性"、"二无我"、"八识"、"三界唯心"等观点，与当时《地论》、《摄论》和唐代唯识宗的思想近似，是唯识宗六部宗经之一。但是此经又讲如来藏思想，如来藏即人心中佛性，亦是万物本源，这类观念又近似于《涅槃》、《华严》的佛性论体系。此经还包括大乘禅法，提出了"愚夫所行禅、观察义禅、攀缘如禅、如来禅"等四禅说，讨论了顿悟、渐悟等修行方法，成为日后禅宗的思想根源。禅宗在四祖道信以前，始终以《楞伽经》为宗经。

《楞伽经》译出以后，社会上便开始出现了一批研习、弘传此经的学僧。特别是此经传到北方后，一些禅学者依据此经修习禅法，影响渐大。入唐后，弘忍的弟子玄赜作《楞伽唯人记》，玄赜的弟子净觉又据师意写成《楞伽师资记》。他正式列出楞伽师的谱系：以求那跋陀罗为初祖，菩提达磨为二祖，以下是慧可、僧粲、道信、弘忍、神秀，把早期禅师及后来的北派统统算入楞伽师系统。可见楞伽师确实是禅宗的前驱。

（七）其他诸师

南北朝时期，除上述几个影响较大的学派外，还有一些较小的学派流传，如下述。

俱舍师。陈代真谛译出《俱舍论》，全称《阿毗昙达摩俱舍释论》，乃阿毗昙学系中的一部分。因此论体系完整，解说简明，故原毗昙师中部分僧人转而研习俱舍。唐代玄奘再译《俱舍论》，俱舍师转依于唯识学，故有人认为俱舍宗乃唯识宗的附宗。

四论宗。以大乘空宗《中》、《百》、《十二门》、《大智度》四论为宗，主要在北方流行，代表人物为北齐道长、东魏昙鸾、北周静霭等人。思想与南方三论师近似。

十诵律师。以研习小乘说一切有部的《十诵律》而得名。该律由东晋卑摩罗叉译出，在江南广为流行，齐梁时盛极一时。智称、僧祐都是其中的佼佼者。

四分律师。以研习上座系法藏部的《四分律》而得名，主要在北方流传。该律由后秦佛陀耶舍与竺佛念共同译出，北魏时法聪、道覆等人专事弘传，又有慧光作《四分律疏》，扩大了此律的影响。到唐代道宣创立律宗时，便在佛教律藏中独重《四分》，其中也有南北朝时四分律师的宣扬之功。

禅学。自西汉以来，北方的禅学始终流传不绝，到南北朝时，主要流行佛陀与达磨两大系统。佛陀本北天竺人，先到北魏，在少室山建少林寺修禅，主要弟子是慧光、道房、僧稠。佛陀禅是当时禅学正宗，主张通过修习观身不净，观受是苦，观心无常，观法无我的"四念处"，信徒较多。菩提达磨是南天竺人，梁武帝时渡海来华，与梁武帝应接不契，过江入少林寺，面壁苦修九年，创造了"理、行二入"的新禅法。后来达磨被尊为禅宗初祖。

十一　观世音、弥勒和阿弥陀信仰的流行

佛教所以能在社会上广泛流行，因为它不仅有深奥的宗教哲理，而且有通俗生动的宗教信仰，故而能够满足社会不同层次信众的心理需要。钻研博大精深的佛教典籍可以使人获得精神解脱；而通过对佛、菩萨的崇拜和信仰，则可以获得一种安全感和依赖感。佛教宣扬佛、菩萨具有仁慈的心怀和无穷的威力，只要以某种特定的方式祈祷致敬，佛、菩萨就会下凡来解救世人的苦难，接引众生往生极乐世界。佛教信仰的对象虽然是虚幻的，但可以使苦难的心灵得到宽慰与寄托，因而在广大民众心目中的影响更大。在佛教信仰中，除佛祖如来外，影响最大的是观世音信仰、弥勒信仰和阿弥陀信仰。这些信仰在魏晋南北朝时代便开始流行了。

（一）观世音信仰

观世音是梵文 Avalokite śvara 的意译，亦称光世音、观自在，音译则为"阿婆卢吉低舍婆罗"。唐代为避太宗李世民之讳，改称观音。观世音是大乘佛教菩萨之一，许多佛典都提到他，而以《法华经》中的《观世音菩萨普门

品》讲得最集中，其次是《法华经·入法界品》、《无量寿经》、《观无量寿经》、《十一面观世音神咒经》等等。这些经典在南北朝时都已译出，并广为流行，从而促使观世音信仰的发生。

根据《观无量寿经》，观世音菩萨是西方无量寿佛（阿弥陀佛）的左胁侍（右胁侍是大势至菩萨），是"两方三圣"之一。观世音菩萨具有大慈大悲的心怀，"大慈与一切众生乐，大悲拔一切众生苦"（《大智度论》卷二十七）。他神通广大，可以了解亿万众生的苦难，凡称名呼救者，莫不立即得救。"若有无量百千万亿众生受诸苦恼，闻是观世音菩萨，一心称名，观世音菩萨即时观其音声，皆得解脱。"（《法华经·观世音菩萨普门品》）观世音菩萨就因其能观世界苦难之音而得名。佛经又说，观世音菩萨能显化成各种形象为众生说法，显宗说观世音有三十三身，可以是佛、是王、是将军、是农妇、是夜叉……密宗则供奉十一面观音、千手千眼观音、马头观音、如意轮观音，等等。南北朝时期，汉地开始出现妇女形象的观音菩萨雕像，隋唐以后进一步将观世音大慈大悲的特性固定为温柔慈爱的女性形象，使观音菩萨成为佛教诸神中最令人亲近的一尊，成为亿万民众家庭供奉的保护神。《华严经》又说，观世音居住在"补怛洛迦"山，此地为观世音净土，"处处皆有流泉浴池，林木郁茂，地草柔软"。观世音"显现妙身不可思议色，摄取众生，放大光网，除灭众生诸烦恼热"，令人向往。

魏晋南北朝，观世音信仰发展很快，社会上出现了大量观世音菩萨显圣救难的神话。如宋刘义庆编写的《宣验记》、齐王琰编《冥祥记》、宋傅充编《光世音应验记》、宋张演编《续光世音应验记》，等等，讲的都是人们在自然灾害、社会苦难、鬼怪之害面前生命危难之际，因称念观世音名号而获救的奇迹。故事主人公多是当时真名真姓的历史人物，更增加了群众的信任感。观世音崇拜不断发展，直至现代。南海普陀山是观音道场，成为中国佛教四大圣地之一。全国各地的观音庙、观音庵更是多得不可胜数。

（二）弥勒信仰

弥勒是梵文 Maitreya 的音译，也有译为弥帝隶、梅怛丽的，意译则为慈氏。在佛教史上，为了神化佛祖，教徒们编造了许多神话，说释迦牟尼只是佛的现在世，在释迦牟尼出生前还有六世佛（毗婆尸佛、尸弃佛、毗舍婆佛、拘楼孙佛、拘那含佛、迦叶佛），而在释迦牟尼灭度56亿7千万年后，将有未来世佛弥勒从兜率天宫下降娑婆世界，普度众生，故弥勒在佛教史上一直作为"未来佛"供奉。在佛教经典中，有《弥勒下生经》和《观弥勒菩萨上生兜率天经》，专门介绍弥勒佛的行业与功德，另外还有不少经典提到他。南北朝时期，弥勒信仰已经在社会上广泛流行。

弥勒信仰主要有两点内容。其一是弥勒净土信仰。按照《观弥勒菩萨上生兜率天纪》所言，在弥勒居住的兜率天里，庄严的宫殿装饰着金玉珠宝，园林中绿水环绕，化出无数朵金光莲花，百千天女，色妙无比，手持珠宝乐器，弹奏天宫梵曲……凡人只要坚持弥勒信仰，顶礼朝拜，死后便可进入弥勒净土。这些神话无疑为现实世界中的困苦众生描绘了一个理想天国。其二是弥勒佛将下降人间，普度众生。《弥勒成佛经》讲：到了弥勒降生之日，"其地平净如琉璃镜"，"现诸种奇妙景观"。那时人人丰衣足食，欢乐幸福。"寿命具足八万四千岁，无有中夭。"这就给劳苦大众一种期待与渴望，忍耐现世无穷的苦难，等待弥勒降生解救。

弥勒信仰在魏晋便已开始流行，名僧道安与弟子法遇、道愿、昙戒等八人在弥勒像前"立誓愿生兜率"（《高僧传·昙戒传》）。支道林曾作《弥勒赞》，以文学的形式赞颂弥勒上生兜率天和降世成佛。南北朝时期，弥勒信仰更为流行，许多达官贵人出资雕造弥勒塑像，为国家祝愿，为父母祈福。在丝绸之路两旁，人们开凿了敦煌、云冈、龙门、麦积山、炳灵寺等石窟群，其中弥勒像占了很大比重。据日本学者塚本善隆的《北朝佛教史研究》统计，北魏在龙门共造佛像 206 尊，其中释迦 43 尊、弥勒 35 尊、观世音 19 尊、弥陀 10 尊，由此可见弥勒信仰在佛教徒心目中的地位。隋唐以后，弥勒信仰在民间继续发展，并和整个佛教一样更加民族化，世俗化了。五代时，江南出了个布袋和尚契此，自称是弥勒下凡。此后汉地的弥勒造像便以契此为模特，成了笑口常开的大肚子弥勒佛了。

弥勒信仰流行的结果，一方面给了民众一种蒙眬的希望，使他们耐心等待；另一方面，以未来佛代替现在佛的神话，又使人们产生了一种除旧布新，改天换地的理想。所以隋代以后，"弥勒降生"屡屡成为农民起义的旗帜。而且，弥勒崇拜也成为多种民间宗教中的重要观念，这时已在某种程度上改变了初传时期的面貌了。

（三）阿弥陀佛净土信仰

阿弥陀佛是梵文 Amitābha 的音译，是佛教经典中所讲的西方极乐世界教主，因能接引念佛人往生，故又称"接引佛"。阿弥陀佛共有 13 个名号，即无量寿佛、无量光佛、无边光佛、无碍光佛、无对光佛、焰王光佛、清净光佛、欢喜光佛、智慧光佛、不断光佛、难思光佛、无称光佛、超日月光佛。关于阿弥陀佛的经典,主要有《阿弥陀经》、《无量寿经》、《观无量寿经》及世亲所著《往生论》。这些经论在魏晋时期便已陆续译出,主要宣扬阿弥陀佛具有无穷的愿力,可以接引称念他名号者死后往生无限美好的西方净土。

阿弥陀佛净土信仰在中国开始很早,东晋慧远就曾率弟子123人在阿弥陀佛像前发誓往生,不过在当时影响并不大。东魏时,出了一位净土名僧昙鸾。《续高僧传·昙鸾传》讲:他出家后广读儒释道三教经典。看罗什所译《三论》时,深感词意艰深,难以理解,便开始从事注释工作。不过他工作一半便大病一场,病愈后放弃佛教,入江南求不死仙方,遇陶弘景,受《仙经》十卷。返回洛阳,见到印度译经僧菩提流支。菩提流支告诉他,"纵得年长,少时不死,终更轮回三有",仍不得解脱人生苦海,并送他一部《观无量寿经》说:"此大仙方,依之修行,当得解脱生死。"昙鸾从此转而宣扬净土法门。昙鸾著有《注往生论》二卷,《略论安乐论净土义》一卷,《诚阿弥陀佛偈》195行。

昙鸾的判教,将佛教分为难行乘和易行乘,自力和他力两大类。读经著述,苦行求法皆属难行乘,要经过很长时期才能达到"不退转"的境界。而念十方佛,称其名号往生西方净土则属于易行乘,一世而见功。原因在于,难行乘凭借自力求觉悟,困难重重;易行乘以念佛修业为内因,以阿弥陀佛愿力为外因,内外相应,简便易行。昙鸾的念佛主要是"观想念佛",比后世道绰等人的"口称念佛"要稍复杂一点。观想念佛即在禅定中忆念阿弥陀佛。具体方法有《观无量寿经》内讲的"十六观"(日观、水观、地观、树观、八功德水观、总想观、花台观、佛像观、色观、观音观、势至观、普想观、杂想观、上辈生观、中辈生观、下辈生观)以及世亲《往生论》讲的"五念门"(礼拜门、赞叹门、作愿门、观察门、回向门)。凭此观、念,不仅可以往生净土,甚至还能成菩萨佛。

昙鸾的易行乘思想一经提出,便受到了社会的普遍欢迎。"魏主重之,号为神鸾焉。下敕令住并州大寺。晚复移住汾州北山石壁玄中寺。"(《续高僧传·昙鸾传》)昙鸾从此"名满魏都,用为方轨"。净土信仰在隋唐发展为净土宗,玄中寺被视为净土宗祖庭。

十二 佛教与魏晋南北朝的文化

佛教作为一种外来文化,在魏晋南北朝时代,不仅在中国这块古老的文化土壤上扎下了根，而且生根开花，结出了硕果。佛教对中国社会精神文明与物质文明的影响是全方位的，经济、政治前文多已谈及，此处主要介绍文学艺术方面。

（一）佛教与文学

随着佛经的大量翻译和流传，僧人与名士的交往，佛教对中国文学的各方面都产生了影响。无论诗歌、散文、小说，魏晋以后较之秦汉以前都有显著的差异。佛教经典中的文体，佛教理论中的价值观、生命观、生活观显然是造成这种转变的重要因素。佛教对魏晋南北朝时期的影响主要有以下几个方面。

首先，随佛教一同传入的印度声明学（古代印度学者研究的一种学问，近于语言学中的训诂学和词汇学），导致南朝音韵学上"四声"的发明和诗词格律"八病"的制定。齐梁时文学家王融、沈约与沙门昙济过从甚密，他们受佛教徒读佛经时梵音三声区别的启示，把中文字音依声调高低规定为平、上、去、入四声，用于诗词格律，世称"永明体"。沈约撰有《四声谱》，强调作诗应避免音律上的八种弊病，即平头、上尾、蜂腰、鹤膝、大韵、小韵、旁纽、正纽，世称"八病"。诗词格律的制定，为唐宋诗词创作的高潮奠定了基础。

其次，儒家重人事，文风质朴平实；道家老庄的散文富于玄想，达观宏远，顺应自然；汉赋则侧重描绘山川风物，词汇华丽。佛教与之不同，主张就人生观其苦空无常，就宇宙观其变幻莫测，从而为文人开辟了新的意境和新的创作题材。魏晋诗坛假"玄言诗"的余波，掀起了"般若诗"的新浪潮。支道林就是当时著名的佛教诗人，《全晋诗》中存其18首，他的诗既有玄言色彩，又有般若风格。"中有寻化士，外身解世网。抱朴镇有心，挥玄拂无想。"（《咏怀诗五首》之三）"维摩体神性，陵化昭机庭，无可无不可，流浪入形名。"支道林诗铺排玄言，直叙佛理，开一代新诗风，孙绰、许询、王羲之等名士都与之有所唱和。晋宋之际的大诗人谢灵运对佛教亦有精深的研究，他的诗将对玄理的探索与对自然山水的描绘结合起来，使读者可以获得一种明心见性、怡然自得的心境。例如他的《石壁精舍还湖中作诗》："昏且气候变，山水含清晖。清晖能娱人，游子憺忘归。出谷日尚早，入舟阳已微。……寄言摄生客，试用此道推。"在对湖光山色晨昏不同景色的描绘中，包含了佛教世事无常的原理，最后点题，使人警醒。这种寓情于景的描述已高于支道林的直述佛理。文学史上把谢灵运的山水诗看成从玄言诗向禅诗过渡的中间环节。此外，王齐之的《念佛三昧诗》、慧远的《庐山东林杂诗》、梁武帝的《净业赋》等，都是当时佛教诗词中的佳作。

再次，佛教为中国文学注入了超越时空、富于幻想的浪漫主义因素，为文学创作提供了新思维、新方法、新语汇、新素材。中国古典文学偏重于写实、教化，除了庄子，一般都缺乏浪漫色彩，即使是列仙传、神仙传也显得简单拘谨。佛教则不同，不受现实生活时空观的约束，上三十三天，入十八层地狱，恒沙积劫，无边无际，表现了浓烈的浪漫色彩，推动了中国浪漫主义文学的发展。在南北朝形成了侈谈鬼神、称道灵异的社会风气，从而产生了许多志怪小说，如干宝的《搜神记》、颜之推的《冤魂志》、吴均的《续齐谐记》等等，把我国的神话小说推上了一个新的水平。

(二) 佛教与建筑

寺院建筑宏伟庄严，结构精美，并与周围山水相协调，形成了以寺院为中心的宗教文化环境，不仅推动了传教事业的发展，而且也为中国建筑史留下了光辉的一页。

佛教建筑主要指佛殿和塔寺。佛殿是从中国古代建筑中逐步发展来的。寺本来是政府的驿馆，并非专门的僧房。东汉明帝时第一批传教的西域高僧下榻于洛阳白马寺，以后寺院逐步演化成佛教徒出家修行的专门住宅。东汉末年开始"大兴浮屠寺"，至东晋时期汉式寺院建筑格局基本定型。它采用中国世俗建筑的院落式布局，深院重重，常至数十。回廊周匝，廊内壁画琳琅，引人入胜。殿堂采用砖木结构，飞檐斗拱，形似宫宇，红墙琉瓦，金碧辉煌。隋唐以前，寺中多有塔，以塔为中轴线。如果说佛寺殿堂以传统建筑艺术为主，那么佛塔则是个引进项目。塔起源于印度，本指坟冢，梵文为stūpa，音译为窣堵波，意译为圆冢、方坟、灵庙。相传释迦牟尼去世后，佛教徒在埋葬佛骨的地方建塔礼拜，从此塔便成了沙门崇拜的对象和葬身的坟墓。佛塔建筑艺术随佛经传入我国，并和我国传统建筑艺术相结合，形成了楼阁形塔的新形式。如东汉末年笮融在徐州建浮图塔，"下为重楼阁道"，顶上"垂铜盘九重"(《三国志·吴书·刘繇传》)。"重楼"指木结构阁楼，"铜盘"亦称"金盘"、"伞盖"、"相轮"、"刹"，是佛塔顶部的装饰。南北朝时期佛塔基本采取这种建筑样式。为解决传统的砖木结构建筑方形与印度佛塔圆形的矛盾，中国的能工巧匠创造性地采用了多角形建筑式样，形成了中国佛塔的建筑特色。

（三）佛教与雕塑

佛教雕塑指寺院或石窟中雕刻、塑造的尊像，所用质料为金、石、玉、木、土、陶、瓷等，是宗教宣传的重要工具。在佛教传入以前，我国的雕刻艺术已达到了相当水平，内容以动物和人为主，风格简明质朴。佛教以其丰富多彩的宗教幻想给雕刻艺术注入了新的活力，使我国的雕塑艺术转而以表现佛与诸神为主，风格也变得庄严富丽，精巧圆熟。南朝的雕塑多以金、玉等昂贵材料为质地，体形虽小，但精巧细致。宋文帝、宋孝武帝曾铸无量寿金佛，梁武帝曾铸纯银佛，豪门贵族还刻有大量玉佛，门阀士族的奢侈于此可见一斑。北朝的佛像则以石刻为主，工程浩大，场面壮观。举世闻名的敦煌、云冈、龙门三大石窟都是在北朝开始开凿的。由于石雕巨大，不易丢失，石像坚固，不易朽烂，因此以三大石窟为首的石窟艺术群体成为中华文明史上旷古绝今的艺术杰作。石窟不仅表现了宗教艺术的绚丽多彩，同时也记录了中印雕塑艺术相互融合的过程。在早期的佛像雕塑中，往往以印度艺术为母范，甚至直接取法于印度佛像。越是向后发展，雕塑艺术越是中国化。常任侠先生以服饰为例说明了这个变化过程。由于印度地处热带，故印度佛像衣着单薄，且多偏袒左肩，裸露胸脯，衣褶为平行隆起的粗双线。云冈、敦煌早期造像，多直接模仿这种式样。但随着佛教的中国化，佛的服饰也开始中国化了。以后造像逐步采用了中国式的冠冕服，对襟、露胸衣、胸前有带系结，衣料较厚重，衣褶距离较宽，作阶梯状，反映了生活于温带的人的衣装习俗。到了唐代，佛、菩萨、金刚不仅服饰，甚至连脸孔都中国化了（参见常任侠《佛教与中国雕刻》）。

（四）佛教与绘画艺术

绘画对于引发教徒的宗教情感，扩大佛教的影响有重要作用。把佛画挂在寺院殿堂或信徒家中礼拜、敬奉，可以形象地传播佛教教义，因而在印度就很受重视。不论印度僧人传法还是中国僧人取经，都把取回佛像作为一项重要内容。印度佛教绘画艺术一经传入中国，便迅速与本土传统绘画技艺相结合，获得高速发展。东汉时"明帝令画工图佛像，置清凉台及显节陵上"（《魏书·释老志》），由此开中国画工自画佛像的先河。汉代佛像画家还不多，到魏晋时便已相继有佛画名家出现，南北朝时佛教绘画甚至成了绘画艺术的中心题材，几乎所有画家都作佛画。东吴画家曹不兴根据康僧会带来的佛像模写的画像，比例十分匀称。西晋卫协，有"画圣"之称，他画的七佛图为世人称道。东晋大画家顾恺之更是佛画高手，他画像注重点睛，说：

"传神写照，正在阿堵中。"相传顾氏在建业瓦棺寺壁上绘维摩诘居士图，光彩照人，轰动一时，达官贵人捐十万钱以求一睹。梁代张僧繇擅长佛画，他继承了中印度壁画风格，用浅深渲染的手法分出明暗阴影，富于变化，自成样式，有"张家样"之称。北齐曹仲达所绘佛像，衣服紧窄，为印度笈多艺术式样，创立了"曹家样"。

佛教绘画的内容大体可以分为像与图两大类。像主要是佛像、菩萨像、明王像、罗汉像、鬼神像和高僧像。图则有佛传图（绘画释迦牟尼一生的教化事业）、本生图（释迦牟尼在过去世教化众生的种种事迹）、经变图（描绘某一佛经的全部或部分内容）、水陆图（悬挂在水陆法会殿堂上的画），等等。佛教传入中国后，凡与中国传统伦理观念相吻合的绘画故事便流行得特别快，如"睒子本生"的故事讲：迦夷国王入山游猎，误射中正在山中修行的睒子。睒子临终时，念念不忘双目失明的父母无人奉养。他的事迹感动了天神，得神药而复活。在南北朝时成为极其流行的绘画题材，后来又和其他传统的孝子故事混在一起，被编入二十四孝图。

（五）佛教与音乐

中国古代统治者一向重视音乐的教化作用，《孝经》说："移风易俗，莫善于乐。"而印度的佛教徒则用一种称为"呗"的形式赞颂佛或菩萨。《高僧传》卷十三载："天竺方俗，凡是歌咏法言，皆称为呗。至于此土，咏经称为转读，歌赞则号为梵呗。昔诸天赞呗，皆以韵入笔弦。"梵呗是用印度的声调演唱中文的偈颂，其唱腔富有艳逸的音韵，旋律性强，对听众具有很大的吸引力和感染力。南北朝时期，佛教音乐逐渐与宫廷音乐、民间音乐和宗教音乐融于一炉，在朝野广泛流传。南齐肖子良"招致名僧，讲论佛法，造经呗新声"（《南齐书·肖子良传》）。梁武帝多才多艺，也是宗教音乐家，曾制《善哉》、《神王》、《灭过论》、《断苦轮》等十篇歌词，"名为正法，皆述佛法"（《隋书·音乐志》）。北朝诸代佛教音乐也很发达，"梵唱屠音，连檐接响"（《魏书·释老志》），蔚为壮观。

通观各种宗教艺术，其主旨都是为了把人们的注意力引向虚幻的天国，对文明的发展有一定的消极作用，但是艺术又有自身相对独立的性质。千百年来，无数有名或无名的艺术家，在塑造佛教天国的艺术形象时，总是把自己对现实世界真、善、美的追求和理解寓含在其中，以审美的形式反映了在神权禁锢下人类主体意识蒙眬的觉醒。这些艺术作品在天国的形式下表现了人间的真诚、善良和美丽，给人以新鲜活泼、丰富多彩的美感享受。所以，佛教艺术与世俗艺术一样，闪烁着古代艺术家们智慧的光芒，是中华文明史上的无价珍宝。

第五节 儒、释、道三教的冲突与融合

魏晋南北朝是一个宗教大发展的时代。道教在理论上和组织上趋于成熟，从民间宗教转向社会上层。佛教则从一种外国传来的"方术"变成了一支对中国文化有全局影响的意识形态和社会力量。而儒学则无大的进展，玄学经学以道家解儒经，偏于空谈，训诂之学和礼制之学未能超出汉代经学的水平，形成统一的儒家新理论体系。故儒家影响力相对降低，从独尊儒术变成了儒、释、道三教并存。可以说魏晋南北朝是封建统治阶级探索适应宗法等级制度的意识形态的时期，在这个过程中发生了儒、释、道三教的冲突与融合。

一 三教的状况与相互关系

魏晋南北朝儒学虽然丧失了独尊的权威，但仍然保持了思想文化领域中的正统地位，这是由中国宗法社会的性质决定的。儒家思想以忠孝为核心，把三纲五常作为不可动摇的天道人伦秩序，提倡内圣外王之道，以修身为起点，进而齐家、治国、平天下。儒家在理论上宣扬天命崇拜、祖先崇拜和圣贤崇拜，用天命神权为君权辩护，用道德伦理为社会教化立极，用圣贤之道为知识分子树本，儒学代表了中国封建宗法等级制度的根本利益。因此，无论"正始玄风"多么强劲，佛、道崇拜多么狂热，都不可能取代儒学的正统地位。表现之一：君道至尊、皇权至上。佛、道二教必须依附皇权而存在，接受政府的管理。即使在梁武帝佞佛，北魏太武帝佞道时期，也没有发生过教权超越皇权、政权转移于宗教领袖手中的情况。表现之二：宗法性宗教活动（如祭天、祭祖、祭社等等）始终作为国家宗教存在，由皇帝或皇帝委任的大臣亲自主持，列入国家礼典，受到政权保护。表现之三：执政者皆视儒学为治国之道，在行政上贯彻推行。儒学仍然是官方教育的主要内容，作为培养和选拔人才的标准。表现之四：社会道德风俗主要受儒家纲常伦理指导，不仅为士民尊重，各种教徒也不得违逆。总之，儒学实际上仍然处于官学地位，各级官吏不管个人信仰如何，必须首先是一名儒者，因而当佛教、道教发展过快、过猛，在经济上侵犯世俗地主集团利益，在政治上干扰封建国家机器运行时，便会受到各级官僚从儒家立场上发出的攻击。当然，当佛教、道教表示顺从封建纲常，并接受政府调节管理的情况下，儒学也对佛、道二教表示出很大的宽容。

道教是中国土生土长的宗教，但是理论上相对薄弱，在辨析名理方面不足与佛教抗衡，在政治上又不如儒家与宗法社会联系紧密。而且道教的神仙体系庞杂、肤浅，信徒较少，长生成仙说又不能兑现，所以容易受到攻击。但是道教也有它的优势，它本身是中国古代宗教、神仙方术和道家思想的混生物，是传统文化的重要组成部分，因此在价值观念、思维方式上与儒家倾向一致。为了求得自身的生存，道教经常与儒学结成同盟军，反击作为外来文化的佛教。华夏正统是道教自我标榜的主要资本，所以在反佛运动中道教徒甚至比儒家学者更尖锐，更有片面性。

三教中佛教在哲学理论上占有明显的优势。它有博大精深的理论体系，其宇宙论之宏阔、物性论之玄妙、人生论之超脱，不仅高于古代儒学，较之儒道合流的玄学亦高出一筹。因此在东晋玄学衰微以后，佛教便成了哲学界关注的中心，般若学与佛性论代表了当时哲学的最高水平。不过佛教毕竟是来自外国的文化体系，在价值观、人生观、伦理观、思维方式乃至生活习俗方面都与中国文化传统存在着矛盾。所以佛教徒在反击儒、道两家的攻击时，一方面显示自身的存在价值，另一方面也在逐渐地对自身理论加以修正，使之适应中国的国情。

二　儒、释、道三教几次大的理论冲突

魏晋南北朝时期三教在理论上的争辩始终没有中断过。从时间上看，先后发生过下述几场大的争论，而无数次小的争论不过是这几场大争论的前奏或余波。每次大的争论往往围绕着一个主题展开，但又兼涉其他问题，层次分明，内容丰富。限于篇幅，我们只能以每次大争论的主题为线索加以介绍。

（一）沙门敬王之争

第一场大的争论发生在东晋，冲突主要发生在儒、佛两家之间。庾冰与何充、桓玄与慧远围绕着沙门要不要跪拜王者的问题进行了两次辩论，争论的实质是宗教与政治的关系问题。

在印度，佛教徒有很高的社会地位，他们只礼拜佛祖释迦牟尼，而对世俗任何人，包括帝王和父母都不跪拜，甚至还可以接受在家父母的跪拜。这

种教仪与我国父母至亲、王者至尊的纲常伦理发生了矛盾。东晋成帝时庾冰、何充辅政，庾冰反佛，何充崇佛。庾冰代皇帝下诏，令沙门跪拜王者，认为名教不可弃，礼典不可违，礼敬乃"为治之纲"，不许域内有不敬王者的不臣之民。又谓"王教不得不一，二之则乱"，还想恢复到儒术独尊的状态。何充却认为沙门虽然礼仪有殊，但尊重王权，"寻其遗文，钻其要旨，五戒之禁，实助王化"，不必过分勉强出家人。与其"今一令其拜，遂坏其法，令修善之俗，废于圣世"，不如"因其所利而惠之"，发挥其辅助治国的作用。结果庾冰议寝，沙门竟不施拜。

东晋安帝时，桓玄总理国事。元兴二年（403），他下令沙汰沙门，并勒令和尚跪拜王者。他的理由是，沙门沾受国恩应守国制，不宜废其敬王之礼。针对庾冰、桓玄等人的主张，慧远作《答桓太尉书》和《沙门不敬王者论》，系统阐述了佛教的社会功用，竭力调和宗教礼仪与封建伦常的矛盾。他向统治者说明，佛教的基本教义与儒家忠孝伦理并不矛盾。

> 佛经所明，凡有二科：一者处俗弘教，二者出家修道。处俗则奉上之礼、尊亲之敬、忠孝之义表于经文，在三之训彰于圣典，斯与王制同命，有若符契。（《答桓太尉书》）

其实佛经中很少提到忠孝问题，但慧远还是肯定在家的佛教徒应该尽忠尽孝，以便换取统治者对出家僧人的特殊宽容。慧远把宗教信仰提高到关系皇权稳定和教化大业的高度来认识，指出穿袈裟的僧侣和戴儒冠的书生都是国家利益的维护者，对巩固宗法等级制度各有作用，不能说沙门徒沾恩惠而不施礼敬。

> 凡在出家，皆隐居以求其志，变俗以达其道。变俗服章不得与世典同礼，隐居则宜高尚其迹。夫然故能拯溺族于沈流，拔幽根于重劫，远通三乘之津，广开人天之路。是故内乖天属之重而不违其孝，外阙奉主之恭而不失其敬。……如今一夫全德，则道洽六亲，泽流天下。虽不处王侯之位，固已协契皇极，大庇生民矣。（同上）

出家人虽然礼仪与世俗不同，内缺事亲之孝，外缺奉主之恭，但它却有拯救灵魂之功，其作用不亚于在家尽孝，事主尽忠。慧远劝统治者把目光放远大一点，不必计较仪礼上的少许差异。在慧远的劝说和影响下，桓玄竟放弃了沙门必须跪拜王者的要求。这一事件当然不能说明佛教获得了超越王道控制的权力，只能说明佛教实质上开始与儒家纲常相结合。慧远的反复论证一方面使佛教保持了某种独立性，另一方面又使佛教与王权达成了某种妥协。

（二）白黑论之争

第二次大的理论冲突发生在刘宋时期。还俗沙门慧琳作《白黑论》，设白学先生代表中国传统文化，设黑学先生代表佛教，借白学先生之口对佛教哲学及因果报应进行了多方面的批评。以后宗炳作《明佛论》，全面反驳慧琳对佛教的批评。何承天作《达性论》，以儒家的性命之说反对佛教的因果之论，颜延之作《释达性论》，并与何承天互相通信多封，反复辩难，把这一问题的讨论引向深入。

慧琳在《白黑论》中对佛教的般若空观进行了批评。黑说："释氏即物为空，空物为一。"白问："三仪灵长于宇宙，万品盈生于天地，孰是空哉？"黑曰："空其自性之有，不害因假之体也。"于是白学先生曰："今析豪空树，无伤垂萌之茂。离材虚室，不损轮奂之美。"（《宋书·蛮夷传》）般若空观是佛教哲学的本体论，在中国传布以后，中国哲学尚未做出认真的回应，慧琳借白学先生之口，指出佛教般若学虽创造一大堆范畴论证万物自性空而无实，但是丝毫无损于事物的实际性质与生机。这种对佛学唯心主义的批评在当时是难能可贵的。此外，白学先生还批评了佛教的因果报应说，"美泥洹之乐，生耽逸之虑；赞法身之妙，肇好奇之心。近欲未弭，远利又兴。虽言菩萨无欲，群生固已有欲矣"（同上）。佛教以空无立义，因果说却以福乐设教，岂不自相矛盾？黑学先生辩解说："物情不能顿至，故积渐以诱之。"认为报应说是出于设教的方便，主要是对初学者而言。白学先生又指出这是手段与目的的背离，"道在无欲，而以有欲要之，北行求郢，西征索越"（同上）。白学先生所言，是佛教理论中的一个大矛盾，道生提出"善不受报"说就是为解决这个问题。慧琳从佛教阵营中退出，故问题抓得较准，也提得尖锐。

宗炳与何承天围绕着《白黑论》的问题继续讨论。宗炳反驳慧琳对般若空观的批评：

> 佛经所谓本无者，非谓众缘和合皆空也。垂萌轮奂处物自可有耳，故谓之有谛；性本无矣，故谓之无谛。（《弘明集》卷三）

宗炳从真、俗二谛的角度讲空观，强调空并非否定事物的存在，而是对诸法性质的一种认定。他又说：

> 夫色不自色，虽色而空，缘合而有，本自无有，皆如幻之所作，梦之所见，虽有非有。将来未至，过去已灭，见在不住，又无定有。（《弘明集》卷三）

慧琳肯定事物有自性是对的，但他只考虑了静态的存在。宗炳则从事物的可析性、变动性的角度来否定万法自性，在思辨上要胜过慧琳一个层次。宗炳又作《明佛论》，系统论述了儒、道、佛的优劣，认为佛教哲理精深玄奥，可以在德功上超过儒学，在玄虚上超过老庄。且佛教眼界最为开阔，看宇宙则"无量无边之旷，无始无终之久"，"布三千日月，罗万二千天下，恒沙阅国界，飞尘纪积劫"。儒家的目光则要狭小得多，"《书》称知远，不出唐虞，《春秋》属辞，尽于王业"。确切指出了儒家在宇宙观上的缺陷。何承天在这方面难于反驳，于是集中力量攻击佛教的因果观，突出了儒佛两家在人生哲学上的矛盾。他作《达性论》，用儒家天、地、人三才说反对佛教众生说：

> 夫两仪既位，帝王参之，宇中莫尊焉。天以阴阳分，地以刚柔用，人以仁义立。人非天地不生，天地非人不灵，三才同体，相须而成者也。（《达性论》）

人为万物之灵，故在天地间处于特殊地位，"安得与夫飞沈蠕蠕并为众生哉？"佛教徒所谓杀生受报说完全是无稽之谈。宗炳、颜延之等人强调因果报应是一种客观必然规律，"物无妄然，各以类感"，善恶之报"势犹影表，不虑自来"。被白起、项羽坑杀的六十万士卒，仍是由于他们杀生而受报。何承天指出："类感之物，轻重必侔；影表之势，修短有度。"仅为杀生便遭坑杀之祸，岂非因轻果重了？况且果报可在百世、千世之遥，这还有什么现实意义？他又说：

> 若夫众生者，取之有时，用之有道。行火俟风暴，畋渔俟豺獭，所以顺天时也。大夫不麝卵，庶人不数罟，行苇作歌，霄鱼垂化，所以爱

人用也。庖厨不迩，五犯是翼，殷后改祝，孔钓不纲，所以明仁道也。
（《达性论》）

何承天强调人既要爱护环境，又应当积极有为，参赞天地之化育，役物以养
生、渔猎而后食。儒家这种健康、现实的人生态度，比起释教消极无为的众
生说，对人类社会的发展更有积极意义。可是在解释社会生活中的不合理现
象方面，儒家的性命论反不如佛教的因果论更为圆通。故宋文帝在评价这场
争论时说："颜延之析《达性》，宗少文之难《白黑》，论明佛法汪汪，尤为
明理，并足开奖人意。"（《答宋文帝赞扬佛教事》）在最高统治者的支持下，
因果论大行其道。到梁陈之际，朱世卿著《法性自然论》，沙门直观作《因
缘无性论》，仍是在反刍这个问题。

（三）夷夏论之争

魏晋南北朝的三教之争，几乎每次都涉及夷夏之别的问题。桓玄反佛，
理由之一，佛教乃夷狄之道，不宜行于中国。何承天反驳宗炳，再次提出：
"中国之人，禀气清和，合仁抱义，故周孔明性习之教。外国之徒，受性刚
强，贪欲忿戾，故释氏严五戒之科。"（《弘明集》卷三）以民族文化的差异
否定佛教，夷夏之争经多年反复，终于在宋齐之际达到了高潮。道士顾欢作
《夷夏论》（此文载于《南齐书·顾欢传》），借儒家"夷夏之防"的民族观否
定佛教在中国传播的合理性。佛教徒则纷纷撰文立说，反击顾欢，以求得中
土文化对佛教的认同，从而形成魏晋南北朝第三次理论大冲突。

顾欢在《夷夏论》中列举了华夏与夷狄在文化、习俗上的诸种差异：

> 其人不同，其为必异。各成其性，不易其事。是以端委搢绅，诸华
> 之容；剪发旷衣、群夷之服。擎跽馨折，侯甸之恭；狐蹲狗踞，荒流之
> 肃。棺殡椁葬，中夏之制；火焚水沈，西戎之俗。全形守礼，继善之
> 教；毁貌易性，绝恶之学。

总之，中华是礼义之邦，人性温良敦厚；西域是蛮貊之地，人性刚勇强悍，
对不同人性之人应用不同方法教化。他借机抬高道教："佛是破恶之方，道
是兴善之术。兴善则自然为高，破恶则勇猛为贵"，两种教法不可互相取代。
"以中夏之姓，效西戎之法"，势必会"废祀弃礼"，破坏夷夏之大防，甚至
导致以夏变夷的恶果。所以他表面上并不否定佛教的合理性，但以国情不适

为由拒绝佛教在中国传播，他说：

> 佛，道齐乎达化，而有夷夏之别。若谓其致既均，其法可换者，而车可涉川，舟可行陆乎？

顾欢的《夷夏论》强调了文化的民族性与地域性，要求保持中华文化的民族特点有可取之处。但是其理论又有严重的狭隘民族主义和文化保守主义倾向。其尊夏贱夷、道优佛劣的种种说法都是妄生分别，没有多少道理，不利于中外文化交流，也不利于传统文化的更新。

《夷夏论》一出，立即受到佛教徒的反击。朱广之著《咨顾道士夷夏论》，批判顾欢狭隘的民族偏见。他认为夷夏风俗虽异，并无美恶之别，不能用"狐蹲狗踞"、"虫谨鸟聒"之类的语言辱称其俗。"蹲夷之仪，类罗之辩，各出彼俗，自相聆解。""祇蹲虔跪，孰曰非敬，敬以伸心，孰曰非礼。"各民族有不同的语言，亦无高低之分，"汉音流入彼国，复受虫谊之尤、鸟聒之消、类罗之辩，亦可知矣"。这些观点包含了一种民族平等精神和文化上的宽容态度。朱昭之在《难顾道士夷夏论》中认为，圣道"无远无近"，"无偏无党"，不分夷夏，皆可通用。明僧绍作《正二教论》则认为：夷夏风俗虽殊，但人性不异，故"在夷之华，岂必三乘；教化之道，何拘五教"。"既华夷未殊，而俗之所异，熟乖圣则？"佛教徒的这些批评符合儒家"一致而百虑，殊途而同归"的文化开放传统，在民族观上也比较公允明达，因而在理论上占了上风，为佛教的传播减少了阻力。

《夷夏论》中还包含佛、道二教互争高低的内容。佛教徒借助自身理论上的优势，对道教理论的缺陷进行了尖锐的攻击。谢镇之作《与顾道士书》和《重与顾道士书》，指出："佛法以有形为空幻，故忘身以济众；道法以吾我为真实，故服食以养生"，把佛、道二教在信仰与追求上的差异点了出来。他又说："道家经籍简陋，多生穿凿。至如《灵宝》、《妙真》，采摄《法华》，制用尤拙。"明僧绍在《正二教论》中指出：佛教"济在忘形"，"寂灭而常道"，"圆应无穷"，可以使人得到精神的解放。而道教"其炼映金丹，餐霞弭玉，灵升羽蜕，尸解形化，是其托术，验而竟无睹其然也"。相形之下，道教的弱点便暴露了出来。

佛教徒的反批评扩大了佛教的声势，但夷夏论的影响也未绝迹，每当反佛活动高潮中必有其回声。南齐道士作《三破论》，认为佛教"入国破国"，

"入家破家"，"入身破身"，胡人"刚强无礼，不异禽兽"，佛教是"修死之术"，言辞极端，近于谩咒。刘勰作《灭惑论》，僧顺作《释三破论》，玄光作《辩惑》，反驳道教。南梁荀济谏梁武帝崇佛，北周武帝灭佛前释道互争优劣，都可以看到夷夏论争辩的余波。

（四）神灭论之争

第四次大的理论冲突发生在齐梁之际，无神论思想家范缜著《神灭论》（载于《梁书·儒林传》），对佛教的根本观念"神不灭论"进行了批判。佞佛帝王梁武帝在天监三年（504）宣布"舍道归佛"，范缜于天监六年（507）发表《神灭论》，在全国引起了一场轩然大波。梁武帝组织名僧、名士60余人，撰写论文75篇对《神灭论》进行围剿，在中国思想史上形成了一次关于形神关系的大讨论。

范缜反佛也是从因果论开始的，《梁书·儒林·范缜传》载：

> 初，缜在齐世，尝侍竟陵王子良，子良精信释教，而缜盛称无佛。子良问曰："君不信因果，世间何得有富贵，何得有贱贫？"缜答曰："人之生譬如一树花，同发一枝，俱开一蒂，随风而坠，自有拂帘幌坠于茵席之上，自有关篱墙落于粪溷之侧。坠茵席者，殿下是也；落粪溷者，下官是也。贵贱虽复殊途，因果竟在何处？"子良不能屈，深怪之。缜退论其理，著《神灭论》。

因果论本来是佛教对阶级社会贫富分化，贵贱殊途这种不合理现象的宗教解释，肖子良反而用不合理现象的存在证明因果报应的存在，更是倒因为果。范缜用偶因论反对因果论，指出人出生在什么阶级、阶层的家庭，如同树花随风而坠一样，完全是偶然的，既非前世所修，亦非鬼神安排。因果论者说不清树花坠地的必然规则，因此也举不出人间因果的经验证明。范缜用偶因论反驳因果论是机智的，肖子良无理可辩，便利用手中的权力，指使王融用中书郎的官位诱使范缜放弃神灭论。缜大笑曰："使范缜卖论取官，已至令、仆矣，但何中书郎邪？"（《南史·范缜传》）范缜不仅理论精深，而且品质高洁，"威武不能屈，富贵不能淫"。然而，范缜的偶因论也不能正确解释社会上富贫悬殊现象，还不能从根本上驳倒因果论，故范缜"退论其理，著《神灭论》"。

佛教因果论若想存在，必须以灵魂不死作为理论前提。如果没有一个轮回不息的灵魂作为业报的承载体，因果论的大厦就会崩颓。范缜恰恰选此作为突破口。有神与无神是中国思想史上长期争论的一个老问题，从先秦的荀况到汉代的王充，再到魏晋南北朝的戴逵、何承天，都坚持"形具而神生"，精神依赖形体，形灭而神亡的观点。范缜继承了这一无神论的思想传统，提出：

> 神即形也，形即神也；是以形存则神存，形谢则神灭也。

但是他的思想又没有停滞在先辈形神相依，形尽神亡的水平上。他把魏晋玄学的"本末"、"体用"概念应用于形神观。

> 形者神之质，神者形之用；是则形称其质，神言其用；形之与神，不得相异。

"形质神用"的观点，进一步明确了形体与精神是本体与作用的关系，肯定精神对形体的依赖性，不能独立于形体而存在。在范缜以前，唯物主义无神论思想家都用"薪火之喻"来形容形神关系，如何承天讲："形神相资，古人譬以薪火。薪弊火微，薪尽火灭。虽有其妙，岂能独传。"（《答宗居士书》，《孔明集》卷三）但这个例子存在着形神二元化的弊病，被慧远等宗教徒利用，解释成"薪尽火传"的神不灭论之例证。范缜有鉴于此，从"形质神用"的角度举了一个更恰当的例子。

> 神之于质，犹利之于刃；形之于用，犹刃之于利。利之名非刃也，刃之名非利也。然而舍利无刃，舍刃无利。未闻刃没而利存，岂容形亡而神存。

"刃利之喻"将精神视为人体的功能，更有力地论证了形神相与不二，灵魂不能离开肉体独立存在的观点。

《神灭论》一出，"朝野喧哗"，梁武帝亲自下诏，组织僧正法云、权贵肖琛、东宫舍人曹思文等60余人，写了75篇论文围攻范缜，可范缜"辩摧群口，日服千人"（《广弘明集》卷九），锐不可当。曹思文只得上书武帝承认"思文情识愚浅，无以折其锋锐"。梁武帝也只好以"则言语之论略成可息"为由，停止了这场关于形神关系的辩论，范缜的无神论思想取得了辉煌的胜利。然而，宗教的根源不仅仅是认识上的错误，因而单纯依靠理论上的胜利并不足以扼制佛教的发展势头。在朝野上下一片佛教热的浪潮中，无神论思想反而成了微弱的"异端邪说"。

三　三教冲突的政治表现——限佛、灭佛与兴佛

魏晋南北朝时期，儒、释、道三教的理论冲突始终不断。当冲突超出理论争辩的范围时，就表现为政治上的限佛、灭佛和兴佛运动。

在激烈的阶级斗争和民族斗争中，南北方的统治者都认识到佛教是"糅化人心"、"辅翼教化"的极好工具。且西方极乐世界，又可以为今生享尽荣华富贵的贵族们提供精神寄托，因此统治者大力扶植佛教发展。但是佛教的过度发展又在封建社会中引出了新的问题。寺院经济的急剧膨胀，萌占了大量的农田和人口，形成了地主阶级内部一个新的集团——僧侣地主集团。他们与世俗地主集团争财力，争人力，并导致国家经济实力下降，物质利益的冲突成为三教之争深层的根源。大量信徒出家，不仅冲击了传统的家族伦理观念，而且也造成了人口再生产的障碍。寺院不受人间法律的约束，成了一些罪犯的避难所。某些高级僧侣生活奢华，淫乱丑行不断发生。……这一切现象都导致了世俗地主集团与僧侣地主集团之间矛盾的激化。

一般讲，由于南朝的士人与僧侣都具有较高的文化素养，因此反佛运动主要表现为政治或思想的批判以及限制佛教发展的行政命令。在南梁时期，大臣郭祖深上书皇帝：

> 都下佛寺五百余所，穷极宏丽。僧尼十余万，资产丰沃。所在郡县，不可胜言。道人又有白徒，尼则皆畜养女，皆不贯人籍，天下户口几亡其半。而僧尼多非法，养女皆服罗纨，共蠹俗伤化，抑由于此。（《南史·循吏·郭祖深传》）

他对寺院经济过度发展造成的危害进行了深刻的揭露，并要求皇帝下诏精简僧尼道人，以避免"处处成寺，家家剃落，尺土一人，非复国有"的后果。由于郭祖深未从根本上否定佛教，也未冒犯皇帝本人，故为梁武帝容忍。与郭祖深同时代的荀济批判佛教言辞可要激烈得多。他上书皇帝，把佛教称为乱国亡家的根苗：

　　宋齐两代，重佛敬僧，国移庙改者，但是佛妖僧伪，奸诈为心，堕胎杀子，昏淫乱道，故使宋齐磨灭。(《广弘明集》卷七)

把宋齐两代灭亡归结为佛教，有些言过其实，进而他又威胁武帝，若"陛下承事，则宋齐之变，不言而显矣"。他站在儒家立场上，指斥佛教紊乱纲常！"夫易者，君臣夫妇父子三纲六纪也，今释氏君不君乃至子不子，纲纪紊乱矣。"他指责佛教有"五不经"，如"僧尼不耕不偶，俱断生育，傲君陵亲，违礼损化"，甚至危言耸听地说佛教窃拟朝仪，倾夺朝权，不可不防。他直接批评梁武帝违背传统祭礼，素食祭祖，舍身佛寺，私人执役，有失帝王尊严。他说：

　　稽古之诏，未闻崇邪之命重沓，岁时禘祫，未尝亲享竹脯面牲，欺巫祖庙。违黄屋之尊，就苍头之役，朝夕敬妖怪之胡鬼，曲躬供贪淫之贼秃，耽信邪胡，诣祭淫祀，恐非聪明正直而可以福佑陛下者也。(同上)

这已不仅仅是批判佛教，而且是对皇帝本人进行人身攻击了。荀济终为梁武帝所不容而避祸投奔了北魏。在儒臣的鼓动下，南朝先后有东晋桓玄、宋文帝等几次沙汰沙门的行动，对佛教的发展有所限制，但总的来讲还是相对温和的。

　　相比之下，北朝统治者的批判可不像南朝文人那样温文尔雅，文质彬彬。如同北方人信仰宗教时侧重宗教实践一样，北朝的禁佛也是行动重于理论。中国佛教史上"三武一宗"四次灭法事件，两次发生在北朝。

　　第一次是北魏太武帝拓跋焘灭佛。太武帝早年也曾信佛，后因寇谦之的影响，转而相信道教。寇谦之自称是太上老君任命的新天师，下凡来辅助"北方太平真君"。太武帝不仅改国号为太平真君，且于太平真君三年亲赴道坛受箓，成了道教的信徒。寇谦之思想境界较高，并不主张以道排佛，但是将寇谦之引荐给太武帝的司徒崔浩则是个思想偏激的人物。"浩奉谦之道，尤不信佛，与帝言，数加非毁，常谓虚诞，为世费害。帝以其博辩，颇信之。"(《辩正论》卷三)在崔浩的挑拨下，太武帝对佛教成见日深。恰值太武帝征讨盖吴叛乱，路过长安，在一佛寺中发现弓矢矛盾，富人寄藏赃物及沙门与贵室私通的窟室，帝忿沙门非法，加之崔浩从中煽动，使太武帝下了灭法的决心。

> 诏诛长安沙门，焚破佛像。敕留台下、四方，令一依长安行事。又诏曰："彼沙门者，假西戎虚诞，妄生妖孽，非所以一齐政化，布淳德于天下也。自王公以下，有私养沙门者，皆养官曹，不得隐匿。限今年（太平真君七年，公元446年——引者）二月十五日，过期不出，沙门身死，容止者诛一门。"（《魏书·世祖纪下》）

太武帝灭佛是严厉而残酷的，

> 诸有佛图，形象及佛经，尽皆击破、焚毁。沙门无少长，悉坑之！……土木宫塔，声教所及，莫不毕毁矣。（《魏书·释老志》）

幸有信佛的太子从中缓冲，使大部分沙门四出逃亡，并藏匿了一批金银宝像、经论、秘藏。但无法移动的寺塔经像全部被毁，佛教遭到了沉重打击。从太武帝灭佛的诏书看，他灭佛的主要动机还是政治思想方面的原因。他以华夏文化正统继承人自居，认为佛教是胡教鬼道，有碍政教的统一和德化的推行。太武帝一生东征西伐的累累战功使他过分迷信个人的威力，希望凭借行政的力量实现意识形态的统一。加之北方文化落后，缺乏学术争论的传统，碰到思想理论上的矛盾，不习惯用讨论、宽容、理解的方法解决，而是简单地诉诸强力手段，从而导致了宗教史上这一幕悲剧。

第二次是北周武帝宇文邕灭佛。周武帝是在道士张宾的煽动下对佛教产生偏见的。当时俗有谶谣："黑者得也，谓有黑相当得天下。"道士张宾"以黑释为国忌，以黄老为国祥。"帝信其言，亲道远佛，亲受道教符箓，著道士衣冠（参见《广弘明集》卷八《叙周武帝集道俗议灭法事》）。又有还俗僧人卫元嵩与张宾结识，怂恿武帝排佛。周武帝本想通过重新调整三教关系，抬高儒教，压低佛教而振兴国力。天保四年（569）三月，武帝召集名僧、儒者、道士及百官二千余人于正殿论三教秩序。他讲："三教以儒教为先，佛教为后，道教最上，以出于无名之前，超于天地之表故也。"（同上）当日议而未定，同月再议一次，说："儒教道教，此国常遵，佛教后来，朕意不立"，已表达了灭佛意向。天保五年（570）甄鸾作《笑道论》，道安作《二教论》。《笑道论》揭露道教历史年代混乱，多有自相矛盾之处：老子化胡说荒诞无稽；道术多荒唐淫乱；道书多有剽窃诸子及佛经处。《二教论》则根本否定三教的说法，认为只有内外二教，"释教为内，儒家为外"，老子的道家之学只是儒家的一个分支。释教高于孔老，儒优于道，道优于仙。道安特别注意区分道家与道教，对道家学说加以肯定，但贬低、排斥道教。《笑道论》与《二教论》提出后，朝野无有抗者。周武帝老羞成怒，于建德三年（574）决定强制灭佛，为了缓和舆论的反对，同时罢黜道教：

> 初断佛、道二教，经像悉毁，罢沙门道士，并令还民。并禁诸淫祀，礼典所不载者，尽除之。（《周书·武帝纪》）

建德六年（577），武帝灭齐入邺，召齐地僧人入殿，宣布废佛。当时五百沙门皆默然俯首，独沙门慧远挺身抗争。慧远不仅驳斥了武帝对佛教的种种责难，最后直斥武帝："恃王力自在，破灭三宝，是邪见人"，将受"阿鼻地狱"之苦。武帝发怒说："但令百姓得乐，朕亦不辞地狱诸苦"（参见《广弘明集》卷十《叙释慧远抗周武帝废佛事》），下令在齐地废佛：

> 寺庙出四十千，并赐王公充为第宅。五众释门减三百万，皆复军民，还归编户。融刮佛像，焚烧经教，三宝福财，簿录入官，登即赏赐分散荡尽。（同上）

周武灭佛，使北方过分膨胀的佛教狂热有所降温，全国教徒人数再未上过二百万。且周武灭佛较之魏武灭佛，理论准备更为充分，灭佛时也不再屠戮沙门，只是强令其还俗。这也反映了北方少数民族统治者文化水平有所提高。

但是佛教并没有因为两次毁法事件而消亡，历史一再证明，对于佛教这样一种意识形态，光靠行政命令是取缔不了的。两次灭佛事件后不久，马上又掀起了兴佛运动。其根本原因就在于，佛教的社会功能并非真正与封建宗法社会水火不相容，魏太武帝与周武帝的行为也不代表整个统治阶级的根本利益，灭法行动仅仅是他们错误的宗教政策所致。就是他们的儿子也是反对灭佛的，因此等老皇帝一升天，佛教便很快在原有的基础上复兴。北魏太平真君九年（448）寇谦之死，十一年（450）崔浩获罪被诛，二年后（452）

太武帝被太监杀死，文成帝即位，立即下令复兴佛教。当时主持复兴佛法的僧人昙曜，首先在平城开石窟五所，每所雕造佛像各一，高者七十余尺，此为大同云冈石窟开凿之始。云冈石窟成为兴佛运动的一个纪念。同时昙曜提议："平齐户"一年向寺院交六十斛粟者便可为"僧祇户"，"僧祇粟"充为寺用。国家又拨重犯为"佛图户"，以充寺院杂役，实为寺奴。有了国家特殊经济政策的扶植，北魏佛教很快又恢复了原有规模。北周武皇宣政元年（578）去世，宣帝即立，于大成元年（579）下诏从旧沙门中选七人入正武殿修行。二月宣帝传位于 7 岁的静帝，朝廷大权落入国丈杨坚手中。次年宣帝又死，杨坚借其女天元大皇后之口下诏："复行佛、道二教，旧沙门、道士精诚自守者，简令入道。"（《周书·静帝纪》）从此，佛教进入了隋唐时代的新高潮。

四　儒、释、道三教融合的理论与实践

魏晋南北朝，三教间理论斗争尽管激烈，但完全否定对方存在价值，提倡排斥异教的还是少数。大多数学者或僧侣只是为自己信奉的教派争名次，因此三教冲突的结果是相互吸收，相互渗透，在碰撞中各自改变着自己的形态。三教冲突的过程也是三教融合的过程。三教融合的理论主要有三大类：一为本末内外论，二为均善均圣论，三为殊途同归论。

1. 本末内外论

玄学家在探讨儒、道两家关系时便立此论，沙门借内外论来说明佛、儒关系。东晋慧远说："求圣人之意，则内外之道可合而明矣。"（《沙门不敬王者论》）孙绰在《喻道论》中讲："周孔即佛，佛即周孔，盖内外名之耳。"道教徒则多用本来论说道、儒关系。东晋李充在《学箴》中说："圣教救其末，老庄救其本。"葛洪在《抱朴子·明本》中说："道者儒之本也，儒者道之末也"，所以他把研究道教方术的文章编为《内篇》，研究社会问题的论文编为《外篇》。佛、道二教都是站在出世主义的立场上，把注重现世统治之术的儒家视为外、末，把探讨彼岸天国的宗教看成内、本。儒家的立场正相反，从社会功用的角度研究三教关系，把儒学当作治国之本。晋傅玄认为："夫儒学者，三教之首也。"（《晋书·傅玄传》）宋何承天说："士所以立身扬名，著信行道者，实赖周孔之教。"而佛教不过是治术之末流，"善九流之别家，杂以道墨慈悲爱施"（《答宗居士书》）。三教对本的理解不同，且都有自我中心的倾向，但也承认其他教在中心之外的辅翼地位。

2. 均善均圣论

此论较之内外本末论有更强的调和三教关系的倾向。它承认三教各有利弊，可以互补，故都有存在的必要。如宋慧琳所作《白黑论》，又名《均善论》，主张"六度与五教并行，信顺与慈悲并立"。梁代名士沈约作《均圣论》，说："内圣外圣，义均理一。"王褒论三教特点时说："儒家则尊卑等差，吉凶降杀"，"道家则堕肢体，黜聪明，弃义绝仁，离形去智；释氏之义，见苦断习，证灭循道，明因辨果，偶凡成圣"。可以说他在一定程度上抓住了三教巩固封建宗法制度的不同作用，他表示自己"既崇周孔之教，兼循老释之谈"（《梁书·王规传》）。他的思想实际代表了当时统治者三教并重的文化政策。

3. 殊途同归论

当时的人们借用《周易·系辞》中"天下同归而殊途，一致而百虑"的说法，为文化开放、三教兼容进行论证。东晋慧远说："道法之与名教，如来之与尧孔，发致虽殊，潜相影响；出处诚异，终期则同。"（《沙门不敬王者论》）顾欢的《夷夏论》排佛最激烈，但他也承认："道则佛也，佛则道也。其圣相符，其迹相反"，佛道二教最终还是可以同一的。北周道安《二教论》说："三教虽殊，劝善义一，途迹诚异，理会则同"，三教最后同于劝善化俗。在巩固宗法等级制度这个大目标，实际也就是在儒家纲常名教的旗帜下，三教终于找到了相互吸引、相互补充、相互融合的基础。

在三教融合论的影响下，三教并行不悖的观念逐渐深入人心。在帝王、大臣、名士、僧侣和道士之中，三教兼修或二教兼修的人越来越多。如支遁佛玄兼长，持东晋清谈界牛耳。慧远"内通佛理，外善群书"，精通《丧服经》。宋文帝除赞扬佛事外，又立儒、玄、文、史四学。谢灵运精通儒术，又笃信佛法，宣扬顿悟论。齐竟陵王肖子良兼崇儒佛，多次在家中集合名僧名士讨论佛、儒理论。张融兼信三教，死葬时"左手执《孝经》、《老子》，右手执小品《法华经》"。梁武帝身为帝王，但对三教经典都很精通，大煽三教会同之风。道士陶弘景兼崇佛、道，又习儒术，著《孝经集注》、《论语集注》。三教兼宗的实践在上层人士中蔚成风气，从而形成了一种比较宽松、宽容的社会风气。学者不拘一教，多元吸收，推动了三教理论的相互适应与融合。

在三教融合的浪潮中，道教依傍儒家而壮大，吸收佛教而发展。在政治上，道教直接吸收儒家的纲常名教作为自己的社会政治理论，建立儒道联盟，标榜华夏正统，排斥外来的佛教文化，从而取得了统治者政治上的支持。在理论上，道教与佛教思想相沟通，吸收佛教的教义、教规和礼仪制度来建立自己的道戒、教规和科醮仪制。这一特点当时的名僧、名士早已指出。佛教作为一种外来文化，与儒、道融合就是其自身中国化的过程。魏晋时期佛教借助玄学的思辨范畴流行，因而使自身也抹上了一层本末、体用、有无的玄学色彩。在佛教近一步的发展过程中，僧侣们认识到还必须与主流文化儒学相结合。他们必须放下在外国"唯我独尊"的架子，承认"君为臣纲"，恭顺地向封建王权俯首称臣。南方的慧远竭力宣扬佛教有"助王化于治道"的社会效果，总算保住了不跪拜王者的面子。北魏僧官法果则干脆说："太祖明睿好道，即是当今如来，沙门宜应尽礼。"直接把帝王当佛祖礼拜，充分显示了中国宗教在政治上是王权"辅翼"的角色。另外，中国的宗法社会特重孝道，血缘家庭乃是联系个人与国家的桥梁，这与佛教提倡的出家修行，抛弃一切世俗的情感和义务的倾向是根本对立的。可是中国的佛教徒硬是通过翻译、注疏，甚至牵强附会的手法，在佛经中也找到了宣扬孝道的内容。孙绰的《喻道论》讲："佛有十二经，其四部专以劝孝为事。"沈约认为佛教的慈悲就是儒家的仁道。颜之推将佛教的五戒比为儒家的五常。他们甚至说："一子成佛，七祖升天"，出家修行是"弃小孝而行大孝"。这样引申发挥的结果使中国佛教在很大程度上脱离了印度佛教的原型，为更多的中国人接受。至于魏晋南北朝的儒学，基本上还停滞在章句经学阶段，尚未从理论上对三教之争作出回应。不过三教融合的理论与实践已经使儒家获得了比较开阔的文化视野，逐渐克服了因地域、国籍、民族等原因造成的心理障碍，能比较冷静地看待三教异同，这一文化心理的转变为隋唐时期多元文化的交流，为隋唐文化的鼎盛繁荣奠定了基础。

第五章　隋唐五代时期的宗教

第一节　概　　述

　　隋朝的建立，结束了近三百年南北纷争的局面，统一了全国。但由于不善于守成和建设，社会生活不能稳定，在第二代皇帝杨广手中，便丢了政权，被李唐所取代。像当初汉承秦制一样，唐朝继承和发展了隋朝确立的若干制度，又吸取隋朝速亡的教训，注意廉政、用贤和调节社会矛盾，采取种种长治久安的政策，经过贞观之治，至开元之治，国力达到鼎盛。其时政治稳定，经济繁荣，文化昌盛，团结少数民族，与四周大部分邻国实行睦邻友好与经济文化往来，有泱泱大国之风。由于国力充沛和实行宽容开放的文化政策与宗教政策，唐代的各种学说和宗教都得到较充分的发展，并且彼此可以和平相处。颜师古撰《五经定本》，孔颖达撰《五经正义》，儒家经学实现了文字和注疏上的统一。佛教在唐代达到极盛，形成若干中国式的佛教宗派，教义哲理有重大的创造和飞跃的发展，出现一大批高僧大德，求法、译述与传教活动也空前活跃，呈现出一派兴旺发达的景象。道教由于得到李唐朝廷的大力支持也迅速发达，一批道教学者融儒援佛，不断推动道教教义趋于深化，外丹术盛极转衰，内丹术随之崛起，道藏的编撰开始进行。贞观礼、显庆礼、开元礼的陆续修成，使得传统的宗法性国家宗教的祭祀礼仪，得以统一和齐备，形成中世纪中国统一国家宗教祭祀的常制。随着与西亚、中亚和西域各国的频繁交往，景教（基督教的聂斯脱利派）、伊斯兰教、火祆教、摩尼教也传入内地，并获得合法的存在与发展。

　　宗教并不总是与乱世相联系。宗教的发生发展固然根植于社会的苦难，宗教的大繁荣也依赖于强大的经济基础，以及自身在理论与实践上的积累与创造。唐代各种宗教的隆盛，当然与统治者的倡导、扶植分不开，也是南北朝时期各教（主要是佛道二教）辛苦经营的结果，量的积累引起质的飞跃。

同时寺观经济实力空前雄厚，国家、贵族乃至平民能够给予教团以较多的施舍，因而为宗教的发展壮大提供了充裕的物质条件：可以兴建更多更好的寺塔宫观，可以刻印更多的宗教典籍，可以供给更多的有闲僧侣安心译经、传道和推究宗教理论，收养更多的徒众，举办更多的慈善事业，使宗教影响迅速扩大。宗教在政治上有利于统治阶级政权的巩固，同时安定社会秩序对民众也有好处。宗教文化由于其内容丰富，风格特殊，造诣精深，而给予整个社会文化的发展以深刻而广泛的影响。唐代宗教文化是唐代文明的有机组成部分，它对中国的政治、经济、中外交流、文学、民俗、哲学、道德、建筑、雕塑、音乐、绘画、医学、科技等领域的发展，都有积极的贡献。

安史之乱以后，唐朝进入中期，宗教政策无大变。后期唐武宗改变前朝开明的宗教政策，于会昌五年灭佛，除国家宗教和道教外，不允许其他宗教合法存在。于是佛教受到沉重打击，开始走下坡路。景教、摩尼教、火袄教一律被禁止，只能在边缘地区或暗中流行。五代宗教主要是佛教禅宗和道教的天下。但由于国家四分五裂和政权更替频生，宗教无法与政权形成大规模的合作，多在名山丛林与民间活动，储蓄力量以待再兴。

第二节　三教并奖政策与三教并习风气

一　三教并奖政策的确定

南北朝时期，宗教政策因国而异，虽然多数统治者倾向于保持儒家正统地位并兼容佛道二教，但仍受到皇帝个人信仰兴趣的极大影响，波动不定，说明尚未形成成熟的政策观念。隋朝统一全国，为制定普适于全国的宗教政策创造了必要的政治条件。应当说，三教并奖始于隋文帝。开皇二十年诏曰：

> 佛法深妙，道教虚融，咸降大慈，济度群品。凡在含识，皆蒙复护。所以雕铸灵相，画写真形，率土瞻仰，用申诚敬。其五岳四镇，节宣云雨；江河淮海，浸润区域；并生养万物，利益兆人；故建庙立祀，以时恭敬。敢有毁坏偷盗佛及天尊像、岳镇海渎神形者，以不道论。沙门坏佛像、道士坏天尊者，以恶逆论。

这道诏书明确保护佛教道教和传统的山川之神。仁寿二年，又降诏曰：

礼之为用，时义大矣。黄琮苍璧，降天地之神，粢盛牲食，展宗庙
之敬。正父子君臣之序，明婚姻丧纪之节。故道德仁义，非礼不成，安
上治人，莫善于礼。

诏书又明确崇敬天地祖先之神，以郊天宗庙之礼为五礼之首，令杨素、牛弘
等修定五礼。文帝又推尊儒学之道，谓其能赞理时务，弘益风范。可知文帝
在政令上是敬天祭祖与儒、佛、道并重的。只是在实际行为上更偏重于佛
教。文帝幼时得佛徒尼姑智仙养育，及即帝位，每谓群臣曰：我兴由佛法，
故大树佛教。炀帝则因循而无创新。唐高祖执政暂短，未遑定制。唐太宗贞
观年间，三教并奖始定为国策，真正摆脱了皇帝个人兴趣的影响。从个人信
仰来说，唐太宗笃信儒学，而不信佛教道教。贞观二年，他对侍臣说："朕
今所好者，惟在尧舜之道，周孔之教。以为如鸟有翼，如鱼依水，失之必
死，不可暂无耳。"（《贞观政要》卷六）又说："神仙事本虚无，空有其名"
（同上），表示了对道教信仰的否定态度。贞观二十年，太宗手诏斥萧瑀曰：
"至于佛教，非意所遵。虽有国之常经，固弊俗之虚术。何则？求其道者，
未验福于将来；修其教者，翻受辜于既往。"（《旧唐书》卷六三）以因果报
应之不验，斥佛教为虚术，表示了对佛教信仰的否定态度。但是太宗却大力
褒扬佛道二教，礼敬玄奘，撰《大唐三藏圣教序》，推尊老子，抬高道士的
社会地位，不为反佛反道言论所动，皆是从国家政治需要出发，把佛道看成
安定社会、纯厚风气的有力手段，故同时奖掖儒释道三教，而不以个人好恶
定政策。太宗为高祖造龙田寺，为穆太后造弘福寺，为阵亡者设斋行道，立
寺十余所。贞观十一年诏中说："朕之本系，出自柱下"，"宜有解张，阐兹
玄化"，"庶敦本系之化，畅于九有；尊祖宗之风，贻诸万叶"（《法琳别传》
卷中）。可知太宗之遵道教，主要是敦本系、尊祖宗，有益于治化。贞观十
五年，太宗与僧人论佛道先后，曰："今李家据国，李老在前；释家治化，
则释门居上。"（《集古今佛道论衡》卷三）这就更清楚地道出了太宗倡佛奉
道的真实意图：遵奉道教是因为教主老子姓李，为李唐宗室之先祖，与老子
联宗，能抬高李姓皇朝的地位；倡导佛教是因为它可以"治化"，安宁人心，
改善民俗，巩固社会秩序。总之，都不是认为佛道在教义上有什么合理性和
真实性，都是从宗教的社会功能上着眼，看重它的"神道设教"的教育效
果。唐太宗作为一个政治家，在宗教政策上表现了成熟和老练。

事实上，不仅是儒学和佛道教，对于各种外来宗教如伊斯兰教、景教、摩尼教、火祆教，唐代初中期的政府也表现出相当宽容的态度，尊重外国商人、使者、侨民的不同宗教信仰，允许教士在内地立寺传教。臣民可以自由选择自己的信仰，政府一般不加干涉。太宗以后诸帝，除武宗外，大都继续了三教并重、多教共存的政策。武则天偏重佛教，但明白宣示，三教任务相同，令人撰写《三教珠英》；朝廷遇有大典，常令三教代表人物上殿宣讲各自经典。唐德宗生辰令三教讲论，其程式是："初若矛盾相向，后类江海同归。"(《南部新书》)政府明令禁止佛道互相攻击，推动了三教合流的趋势和三教兼习的风气。

二 三教之间的斗争

儒、释、道三家都尽力与王权保持一致，它们之间在理论上也不无相通之处。然而三家毕竟各有自己的宗旨和理论体系；儒学直接依附于朝廷，佛道则各有相对独立的教团；三家都想为自己争夺更多的思想文化阵地的地盘，在理论上和利益上必然引起摩擦。况且佛教是外来宗教，佛与儒、道之间又多了一层中外文化的冲突。此外，宗教教团与世俗朝廷在政治与经济利益上也常发生矛盾。由此之故，三教之间的对立和斗争是不可避免的。

在三教斗争方面发生的重大事件有如下几次。第一次是唐初傅奕反佛，僧人与一批大臣护佛。武德四年（621）太史令傅奕上《请废佛法表》，指责佛教妄说罪福，专行十恶，不忠不孝，逃避赋役，故"请胡佛邪教，退还天竺，凡是沙门，放归桑梓；令逃课之党，普乐输租，避役之曹，恒忻效力"（《全唐文》第133卷）。僧人法琳撰《破邪论》予以驳斥，虞世南为其作序，皇太子为之上奏，高祖遂搁置废佛之事。武德七年，高祖为崇道尊老子，诏令三教次序"今可老先，次孔，末后释宗"（《集古今佛道论衡》卷丙）。武德九年（626），傅奕七次上疏，再次请求废佛。清虚观道士李仲卿撰《十异九迷论》，刘进喜著《显正论》，联合反佛。高祖下诏询皇太子，意欲废佛而恐骇凡听，太子以为不可，大臣亦多反对。无奈，遂下诏连同佛道，一起加以沙汰，因退位，未果实行。僧徒明概撰《决对论》，法琳撰《辩正论》，李师政撰《内德论》，针对傅奕、李仲卿等加以批驳。贞观中，傅奕再次上疏，倡言反佛，认为"于百姓无补，于国家有害"（《旧唐书·傅奕传》）太宗颇然其言，但出于政治上的考虑仍不废佛，只是略给佛教以检束，并于贞观十一年下诏规定，"自今已后，斋供行立至于讲论，道士女冠可在僧尼之前"

（《法琳别传》卷中）。京邑僧人纷纷表示反对，智实上《论道士处僧尼前表》，指责道士"行三张之秽术，弃五千之妙门"、"实是左道之苗"（《佛祖历代通载》卷十一），因犯忌讳，流放岭南而死。道徒秦世英又告法琳《辩正论》攻击老子，犯了"讪毁皇宗"（同上）之罪，遂将其流放西蜀，于道中卒。秦世英后也被下狱治罪。总起来看唐初以傅奕（奕是儒者又曾信道教）为一方，和以法琳为另一方的道佛之争，多辩利国还是危国的问题，少涉教义内容，其结果都未能实现禁灭对方的目的，但道教更受皇室宠信，因而占据上风。

第二次在武则天当政时期，武氏改李唐为武周，不再与老子联宗，更多地依靠佛教为其执政制造舆论。沙门怀义、法朗等曾造《大云经疏》，言则天是弥勒下生，当为世主，皆得封赐。武后明文规定"释教开革命之阶，升于道教之上"（《资治通鉴》204 卷），并取消老子玄元皇帝称号。道士杜乂背叛本教，撰《甄正论》，对道教进行全面批判，指出天尊"本自凭虚"，道书"咸是伪书"，道教是"三张之鄙教"，又赞扬佛经是"圣文"，释教是"圣教"。武后即诏许杜乂剃度，赐名玄嶷，赠僧寿三十，提为佛授记寺寺都。此举震动颇大，佛道势力对比于是转化为佛优道劣。儒臣狄仁杰上疏斥佛，劝武后停止造大佛像，武后遂罢其役。

第三次是宪宗时韩愈上表谏迎佛骨，一曰佛法"上古未尝有"，二曰佛法不灵，"事佛求福；乃更得祸"，三曰崇佛"伤风败俗"，并使民众"弃其生业"，四曰"佛本夷狄之人"，不合先王之道（皆见《论佛骨表》）。韩愈以儒家道统的继承人自居，立志排击异端，攘斥佛老，其立论的出发点是维护国家政治经济利益和儒家文化的正统地位，所以不仅反佛，同时反道，全力倡导复兴儒学。韩愈反佛触怒了宪宗，被贬潮州，佛教势力毫未受损。韩愈看到当时佛道盛行，儒学拘守古义，无有名儒，理论上很不景气，这样下去对巩固宗法等级制度不利，因而作《原道》，鼓吹扶树儒学，强化它的地位，这有一定的战略眼光。但他只看到佛老与王权、儒学相矛盾的一面，看不到它们相通的一面，更不懂得儒学要复兴，只有吸收佛老，才能超越佛老，所以其反佛带有很大的片面性。

第四次就是唐武宗佞道毁佛（详见后文），道教终于借助政权的强制力量，给予佛教以沉重的打击。但这种情形主要发生在利益冲突上，并不表示道佛在理论上不能相容，更不表示广大道教徒与佛教徒势不两立。

三　三教融合与三教兼修

与三教之间的斗争相比，三教之间的会合乃是时代思潮的主流。李唐朝廷的宗教文化政策是三教并奖，前文已述。隋末唐初，具有隐士风度的文人王绩，在《答程道士书》中说："孔子曰：'无可无不可'，而欲居九夷。老子曰：'同谓之元（玄）'，而乘关西出。释迦曰：'色即是空'，而建立诸法。此皆圣人通方之元（玄）致，宏济之秘藏。"（《全唐文》卷一三一）他认为儒道佛三家创始人都有玄远之志，度世之旨，故三教是殊途同归的。王绩的兄长王通是隋末大儒，所著《中说》亦力主三教合一，可知知识界以三教并崇为时尚。虽然在执行中不时有畸轻畸重的情况出现，但多数情况下政府对三教矛盾采取折中调和的态度，从而为三教的合流创造了政治条件。从佛教方面说，唐代佛教已是中国化的佛教，也就是说它具有了中国传统文化的内容和品格。其中以天台宗、华严宗和禅宗最具中国特色，而禅宗则完全是中国所独创的新宗派。天台与华严都用判教的方式统一佛教史上众多的派别，天台有"五时"、"八教"之说，华严有"五教"和"六教"之说，分别把佛教诸流派纳入统一的佛教体系的不同档次，而以本派为最高，华严宗密甚至将儒、道纳入，列为最低层。这种判教方式显然是受了儒家道家的"殊途同归"、"本末内外"、"和而不同"的包容精神的影响。天台宗标榜方便法门，借以调和佛教与儒道，甚至把内丹法纳入止观学说。华严宗以"理事无碍"和"事事无碍"之说，打通出世与入世的间隔，把修佛法与事君亲联系起来。华严五祖宗密在《原人论》中说："孔、老、释迦，皆是至圣，随时应物；设教殊途，内外相资，共利群庶"，并且用《周易》的"四德"（元、亨、利、贞）配佛身的"四德"（常、乐、我、净），以儒家"五常"（仁、义、礼、智、信）配佛教的"五戒"。禅宗受儒道两家影响最深：它认为人人皆有佛性，"自性本自具足"，只要"明心见性"即可成佛，这正是融摄了孟子的性善说，所以特别强调自力；它否定语言文字的作用，放弃诵经守戒和正常思维程式，主张顿悟，只要觉解身物两空，便可成佛，这便是受了道家和玄学"得意忘言"、"坐忘"、"合内外之道"这种直感悟发式思维模式的影响。禅宗六祖慧能认为，心平不劳持戒，行直不用修禅，其具体要求就是"恩则孝养父母，义则上下相怜，让则尊卑和睦，忍则众恶无喧"（《坛经·疑问品》），把调和佛儒作为即俗而证真的实行。

从道教方面说，唐前期出现的清静无为学派如成玄英、王玄览、司马承祯等人，其学说皆援佛入道，因而轻炼丹符箓重清修养神。成玄英提出"重玄之道"，其特点是既不滞于有，又不滞于无，亦不滞于非有非无，其长生说以虚幻心境、不念生死为长生，带有佛教破执论的鲜明色彩。王玄览取佛教三世皆空和万法唯心之说，以灭绝"知见"为得道。司马承祯以为人与道本是一体，但心神被染，遂与道隔，故须静心修道，最终要坐忘合道，是时彼我两忘，恰如涅槃之境。唐后期兴起的钟吕金丹道，既讲内修真功，亦重外行，即忠孝信仁，积善行德，进一步把儒家思想纳入修道规程。至于佛教的报应说、轮回说、天堂地狱说，都渐次为道教吸收。

在儒学方面，虽有反佛如韩愈者，然更多的儒者爱好佛法，认为佛儒之间息息相通，可以互补。如柳宗元，其根基在儒家，其抱负在治国平天下，但他又自幼好佛，喜读佛经，明确地表示不赞成韩愈排佛，认为"浮屠诚有不可斥者，往往与《易》、《论语》合，诚乐之，其于性情奭然，不与孔子异道"（《送僧浩初序》）。刘禹锡亦力主儒佛同尊，他认为儒学适用于治世，佛教适用于乱世，两者"犹水火异气，成味也同德；轮辕异象，致远也同功。然则儒以中道御群生，罕言性命，故世衰而寝息；佛以大悲救诸苦，广启因业，故劫浊而益尊"（《袁州萍乡县杨岐山故广禅师碑》）。李翱属韩门学者，虽在政治上斥佛，但致力于理论上的儒佛融会，著《复性书》，将孟子性善说、《中庸》至诚尽性说与禅宗"见性成佛"说结合起来，以性为善，以情为恶，主张去情复性；尽性至极，则要"弗虑弗思"，"知本无有思，动静皆离，寂然不动"，是谓复性成圣。终唐之世，儒家调和儒佛，多停留在社会功能与政策执行上，其理论上的融冶，远不及道教。李翱是儒学在哲理上融会佛学的一次认真然而是初步的尝试，真正完成这一任务的则是宋明理学。

在三教合流的社会氛围里，士大夫阶层形成三教或二教兼习的风气，并且热衷于同僧道之人交游，而僧人道士亦多结交儒者与朝官，并熟悉儒家之说，彼此推扬，更加强了三教之间的交渗互补。如德宗时大臣韦渠牟，初读儒经，后做道士，又做和尚，自称尘外人，积极参加三教会讲。宰相韦处厚，佩服儒学，又栖心空门，外为君子儒，内修菩萨行。柳宗元文章中提到此类人物很多，如龙安禅师在湖南威望甚重，尚书裴胄、给事中李巽、礼部侍郎吕渭、太常少卿杨凭、御史中丞房公，"咸尊师之道，执弟子礼"（《龙安海禅师碑》）。南岳大明寺和尚惠开，主律宗，"宰相齐公映、李公泌、赵公憬、尚书曹玉皋、裴公胄、狐公峘，或师或友，齐亲执经受大义为弟子"（《碑阴》）。僧人浩初"通《易》、《论语》"（《送僧浩初序》）。僧人元暠，"资

其儒，故不敢忘孝；迹其高，故为释"（《送元暠师序》）。柳氏族人文郁，
"读孔子书，为诗歌逾百篇，其为有意乎文儒事矣。又遁而之释，背笈箧，
怀笔牍，挟淮溯江，独行山水间"（《送文郁师序》）。白居易宦途失意后，居
洛阳香山寺，以佛教为晚年精神依托。道士吴筠以诗名闻，玄宗遣使征之，
令为待诏翰林，常与诗人李白、孔巢父等唱和。这些情况说明，儒佛道三教
共存交处，已经为中国思想文化界所接受，多数人已习惯了多元信仰的社会
精神生活。

第三节　宗法性国家宗教祭礼的整饬

一　宗教祭礼的规范化

隋朝立国后，着手制定国家礼乐典制，牛弘、辛彦之等采南朝梁、齐与
北朝齐、周之礼，成五礼而颁之天下。文帝炀帝皆有改制，因在位短促未能
充分推行。唐高祖建国，未遑制作，郊庙之礼，悉用隋代旧仪。唐太宗即位
后，"乃诏中书令房玄龄、秘书监魏徵等礼官学士，修改旧礼，定著吉礼六
十一篇，宾礼四篇，军礼二十篇，嘉礼四十二篇，凶礼六篇，国恤五篇，总
一百三十八篇"（《旧唐书·礼仪一》），是为贞观礼。高宗时，议者以贞观礼
节文未尽，诏长孙无忌、杜正伦、李义府、李友益、刘祥道、许圉师、许敬
宗、韦琨、史道玄、孔志约、萧楚才、孙自觉、贺纪等重加绪定，勒成一百
三十卷，高宗自为之序，是为显庆礼。然而学者多非议显庆新修礼，以为不
及贞观礼。于是每有大事，皆参会古今礼文，临时撰定，贞观、显庆二礼并
行不废。玄宗开元间，徐坚、李锐、萧嵩、王仲丘等撰成新礼一百五十卷，
对旧礼有所删改补充，是为大唐开元礼。至此唐代五礼之文始备，而其中与
宗教祭祀直接有关的吉礼加上凶礼，占有显要的位置。宗法性传统国家宗
教，从三代形成，历经两汉魏晋南北朝与隋，至唐代方才有了比较统一完备
的典制。后世虽常有损益，其大体不能改变。

国家宗教祭祀规范化的重要表现，是将祭祀分为大中小三等，使之层次
分明，同时确定每岁常祀之制。属于头等大祀的是祭天祭祖，即祭昊天上
帝、五方帝、皇地祇、神州、宗庙及追尊之帝、后。大祀要预卜祀日，散斋
四日，致斋三日。若天子亲祀，则于正殿行致斋之礼。斋官集尚书省受誓
戒。属于次等中祀者为社稷、日月星辰、岳镇海渎、帝社、先蚕、七祀、先
代帝王、文宣王、武成王。中祀立预卜祀日，散斋三日，致斋二日。属于第

三等小祀者有司中、司命、司人、司禄、风伯、雨师、灵星、山林、川泽、司寒、马祖、先牧、马社、马步，以及州县之社稷、释奠。小祀则筮祀日，散斋二日，致斋一日。于上述祭祀之中，天子亲祠者二十有四。三岁一祫，五岁一禘，当其岁则举。其余二十有二，一岁之间不能遍举，则有司摄事。

凡岁之常祀二十有二：冬至、正月上辛，祈谷；孟夏，雩祀昊天上帝于圆丘；季秋，大享于明堂；腊，蜡百神于南郊；春分，朝日于东郊；秋分，夕月于西郊；夏至，祭地祇于方丘；孟冬，祭神州、地祇于北郊；仲春、仲秋上戊，祭于太社；立春、立夏、季夏之土王、立秋、立冬，祀五帝于四郊；孟春、孟夏、孟秋、孟冬、腊，享于太庙；孟春吉亥，享先农，遂以耕籍。

国家宗教祭祀的仪式主要有六个环节或步骤：一曰卜日，二曰斋戒，三曰陈设，四曰省牲器，五曰奠玉帛、宗庙之晨祼，六曰进熟、馈食。关于卜日，在祭祀前四十五天，卜于太庙南门之外，太常卿曰："皇帝以某日祗祀于某。"太卜令曰："诺。"授龟给卜正，卜正占定祀日，告于太常卿，以龟还卜正。小祀筮日，太卜令莅之。关于斋戒，共有三种：散斋、致斋、清斋。大祀之前七日，太尉带领百官集于尚书省，立誓曰："某日祀某神祇于某所，各扬其职。不供其事，国有常刑。"于是乃斋，是谓散斋，皇帝则散斋于别殿。致斋凡三日，其二日于太极殿，一日于行宫。致斋之日，晨一刻诸仪仗卫队入陈于殿庭，文武五品以上就位，侍卫官、侍臣皆准备就绪，三刻，皇帝服衮冕礼服入殿升御座，侍中奏请皇帝就斋室。皇帝降座入室，百官还出。凡预祀之官，散斋时照常办公，但不吊丧问疾，不作乐，不判署刑杀文书，不行刑罚，不预秽恶。致斋之日，祀官只行祀事，职事由他官摄行。不预祀之官，则持斋一日，是谓清斋。关于陈设，有五种设位：待事之位，即事之位，门外之位，牲器之位，席神之位。分别对预祀百官、蕃客、礼赞者、乐者、供奉牺牲、酒尊礼器的位置和诸神座位，加以规定，其方位、等级皆井然有序。关于省牲器，是指祀前宰牲的仪式，由祀官、公卿监督，宰人割牲，祝史取毛血，然后烹制。关于奠玉帛，是指祀日祭神的仪式，包括群臣就位、皇帝就位，奏乐起舞、皇帝升坛、奉玉币跪奠昊天上帝及祖神等。若是宗庙之祀，则曰晨祼，以笾、豆、簋、簠诸礼器盛供品，皇帝奉酒祭奠先祖，祝史奉牺牲之毛血肝膋之豆，斋郎举炉炭、萧、稷、黍，置于祖神座位之下。关于进熟、馈食，祭天称进熟，祭祖称馈食。皇帝将牺牲粢盛献给昊天上帝与陪祭祖神，太祝读祝文，太尉以下依次进献，然后分赐胙肉，将币、祝版、馔物置于柴坛柴上，以行燎祭，是谓进熟。至于宗庙馈食，除不行柴燎外，其仪略同于郊天。

此外，在坛制、神位、尊爵、玉币、边豆、簠簋、牲牢、册祝诸项上，都有详细而严格的规定。

二　祭天仪制的讨论与修订

唐初祭天悉用隋代旧仪，隋礼则依于牛弘五礼及江都集礼。唐太宗制定贞观新礼时，房玄龄等人与礼官述议，以为《月令》褚祭，只祭天宗，褚五天帝、五人帝、五地祇，皆非古典，今并除之，太宗依准。按贞观礼，冬至祀昊天上帝于圆丘，正月辛日祀感生帝灵威仰于南郊以祈谷，而孟夏雩于南郊，季秋大享于明堂，皆祀五天帝。至显庆礼犹著六天之说。显庆二年，礼部尚书许敬宗等认为，郑玄六天之义出于纬书，而天惟一无二，更不得有六；五帝皆是星象，不属苍天；应采王肃之说，南郊与圆丘应合为一祭。于是南郊祈谷、孟夏雩祭及明堂大享皆祭昊天上帝。乾封元年，高宗诏祈谷复祀威帝，二年又诏明堂兼祀昊天上帝及五帝。至开元中修成新礼，兼用贞观、显庆二礼，而侧重于前者，五方帝五人帝之祀行之已久，难已废除，皆从祀于昊天上帝。传统的祭法，祭天于南郊，祭地于北郊。武则天起始合祭天地于南郊。玄宗因之。

关于明堂制度。如《新唐书·礼乐志》所说，古无确制，"推其本旨，要于布政交神于王者尊严之居而已，其制作何必与古同。"隋无明堂。唐太宗时曾作过讨论。豆卢宽、刘伯庄认为明堂两层，上层祭天，下层布政。魏徵谓："五室重屋，上圆下方，上以祭天，下以布政。"颜师古以为明堂应近在宫中。武则天颇有气魄，毁东都之乾元殿，就地创立明堂，高二百九十四尺，下层象四时，中层法十二辰，上层法二十四气，极尽奢华。后为火焚，又复立之，号为"通天宫"，玄宗时毁之，以为有乖典制。

关于封禅之礼。太宗时曾议此事而未果行。高宗乾封元年，封泰山。在山南立封祀坛，又为坛于山上，广五丈，高九尺，号登封坛。在社首山建降禅坛，其他玉牒、玉检、石礩、石距、玉匮、石检等一应俱全。天子首先于封祀坛祀昊天上帝，以高祖、太宗配，如圆丘之礼。然后升山，明日封玉册于登封坛。又明日，祀皇地祇于降禅坛，如方丘之礼，以太穆皇后、文德皇后配，又以皇后为亚献，太妃为终献。又明日，于朝觐坛朝群臣，如元日之仪。又诏立登封、降禅、朝觐之碑。则天皇帝一改东岳泰山封禅之传统，偏要到中岳嵩山封禅，号嵩山为神岳，尊嵩山神为天中王。天册万岁二年，亲行登封之礼，礼毕大赦，改元万岁登封，改嵩阳县为登封县，阳成县为告成县。又禅于少室山，并于朝觐坛朝群臣。上嵩山神尊号为"神岳天中皇帝"。玄宗开元十二年，士大夫上书请修封禅之礼并献赋颂者，前后千有余篇，于是定于十三年封禅泰山。立圆台于山上，广五丈，高九尺，土色各依其方。又于圆台上起方坛，广一丈二尺，高九尺。又积柴为燎坛于圆台之东南，柴高一丈二尺，方一丈。又为圆坛于山下，如圆丘之制。又积柴于坛南为燎坛，如山上。玉册、玉匮、石礩等皆如高宗之制。玄宗欲初献于山上坛行事，亚献、终献于山下坛行事。贺知章奏言："昊天上帝，君也；五方精帝，臣也。陛下享君于上，群臣祀臣于下，可谓变礼之中。然礼成于三，亚、终之献，不可异也。"于是三献皆升山，五方帝及诸神皆祭山下坛。玄宗因问前代帝王秘封玉牒之文，贺知章对曰："玉牒本是通于神明之意。前代帝王，所求各异：或祷年算，或思神仙，其事微密，是故莫知之。"玄宗曰："朕今此行，皆为苍生祈福，更无秘请。宜将玉牒出示百僚，使知朕意。"其玉牒之文曰："有唐嗣天子臣某，敢昭告于昊天上帝。天启李氏，运兴土德。高祖、太宗，受命立极。高宗升中，六合殷盛。中宗绍复，继体不定。上帝眷祐，锡臣忠武。底绥内难，推戴圣父。恭承大宝，十有三年。敬若天意，四海晏然。封祀岱岳，谢成于天。子孙百禄，苍生受福。"此祷词中心意思在于奉天承运，敬天祈福，保祐大唐，永远安泰。于是玄宗于山上封台之前坛祀昊天上帝，以高祖配。三献毕，饮福酒，将玉牒玉策置玉匮中，束以金绳，封以金泥，纳于礩中，以"天下同文"之印封之。就燎坛位，举火，群臣称万岁，山上下呼应。夜间燃火，山上下相连属，颇为壮观。明日下山，禅于社首，享皇地祇，睿宗配祀，如方丘之礼。又御朝觐之帐殿，见文武百僚及属国、外国之使。制诏说，"朕接统千岁，承光五叶，惟祖宗之德在人，惟天地之灵作主"，本当不欲封禅，而有先圣用事，时至符出，不敢"侑神而无报"，故"柴告岱岳"，"百神群望，莫不怀柔，四方诸侯，莫不来庆"，这不惟是皇家之福，亦是天下之喜，故大赦天下，封泰山为天齐王。又制《纪太山铭》勒于石壁，其文有曰："孝莫大于严父，礼莫盛于告天"，"朕统承先王，兹率厥典，实欲报玄天之眷命，为苍生而祈福"，行封禅之礼，"斯亦因高崇天，就广增地之义也"，"凡今而后，傲乃在位，一王度，齐象法，权旧章，补缺政，存易简，去烦苛。思立人极，乃见天则"，又谓："朕惟宝行三德，曰慈、俭、谦。"此铭文表明，玄宗虔信昊天，并落实于人事，又有老子的思想浸润其间，成为一大特色。历代封禅，不如玄宗之盛，典制仪节，于此而周备。

三 祭祖及丧服仪制的讨论与修订

宗庙之制，历来以为七庙者多。但汉魏以来，创业之君其上世微，无功德以备祖宗，故其初皆不能立七庙。隋文帝立太祖之庙和四亲庙（同殿异室）。炀帝始立七庙而国运不长。唐武德元年，立四庙，曰：宣、懿、景、元。高祖死，祔弘农府君及高祖为六室，虚太祖之室以待。太宗死，弘农府君以世远毁，祔太宗，仍为六室。高宗死，迁宣皇帝神位，祔高宗，仍是六室。武则天称帝后，于东都改制太庙为七庙室，奉武氏七代神主，祔于太庙；改西京太庙为享德庙，改崇先庙为崇尊庙。中宗神龙元年，复西京太庙，复于西京立太庙。就立始祖之事发生争议。有人欲以凉武昭王为始祖。太常博士张齐贤以为不可，宜以景皇帝为太祖，从之。遂为七室之制。开元之后，增为九室。中唐以后，常为九代十一室。

自唐代始，诸臣之祭祖，皆依其品位确定庙制等级。开元十二年著令，一、二品四庙，三品三庙，五品二庙，嫡士一庙，庶人祭于寝。若宗子有故，庶子摄祭，则祝曰："孝子某使介子某执其常事。"通祭三代，而宗子卑，则以上牲祭宗子家，祝曰："孝子某为其介子某荐其常事。"庶子官尊而立庙，其主祭则以支庶封官依大宗主祭，兄陪于位，因为庙由弟立，兄不得延神。这一变化是重要的，它体现了官本位的政治体制对于早期宗法制度的某种修正和超越，政治地位重于血亲地位。但在本宗之内，依然通行宗法常制，嫡长子为第一位继承人和主祭人。

在丧礼方面，主要是修订五服之制。贞观中，唐太宗过问丧服，以为嫂叔无服不妥，舅与姨亲疏相似而服纪有异，于理未得，令魏徵等议，如发现其他亲重而服轻者，亦附奏闻。于是魏徵、令狐德棻等奏议，谓"亲族有九，服术有六，随恩以薄厚，称情以立文"，"舅为母之本族，姨乃外戚他族"，故舅重于姨，而舅止服缌麻，姨却五月，此为本末倒置。提议：曾祖父母旧服齐衰三月，请加齐衰五月。嫡子妇旧服大功，请加为期。众子妇小功，请与兄弟子妇同为大功九月。嫂叔旧无服，请服小功五月报。其弟妻及夫兄，亦小功五月。舅服缌麻，请与从母同服小功。准其奏。然而《律疏》舅报甥，服犹缌麻。显庆中，长孙无忌以为甥为舅服同从母，则舅宜进同从母报。上元元年，武后上表，谓"子之于母，慈爱特深"，"三年在怀，理宜崇报"，"若父在为母服止一期，尊父之敬虽周，报母之慈有阙"，"今请父在为母终三年之服"。高宗下诏，依其议而行之。开元五年，卢履冰上言，认为武后之议不合于礼，请仍旧章，于是令百官详议。刑部郎中田再思认为，"三年之制，说者纷然"，"郑（玄）王（肃）祖经宗传，各有异同；荀挚采古求遗，互为损益"，无有定论。"父在为母三年，行之已逾四纪，出自高宗大帝之代，不从则天皇后之朝"，故不宜改服。卢履冰又上疏，谓礼有"女在室以父为天，出嫁以夫为天"，"天无二日，土无二王，国无二君，家无二尊"，"故父在为母服周者，避二尊也"。卢履冰再上疏，谓其奏议是"请正夫妇之纲，岂忘母子之道"，而"则天怀私苞祸之情"，不可沿袭。左散骑常侍元行冲又奏议，重申严父之义，谓"天父、天夫，故斩衰三年，情理俱尽者，因心立极也"，"而妻丧杖期，情礼俱杀者，盖以远嫌疑，尊乾道也"，故附卢履冰之议，依古为当。百僚议而难决。其时或期或三年，不能统一。至开元二十年，中书令萧嵩等改修五礼，于是定为父在为母齐衰三年。从以上关于丧服的争论和修订中可以看出，丧服的轻重直接关乎父系血缘的亲疏，而父系血缘的亲疏又直接影响到人们的社会关系、社会地位和待遇；所以丧服等级的确定，就不仅是家族内部的生活事务，也还是国家的政治事务，要由皇帝亲自出面，大臣认真讨论，然后才能议定。家族体制与政治体制高度结合，这正是中国社会的特色，故称之为宗法等级社会。从唐代关于丧服的修订过程看，服丧的范围扩大了，丧服的规定更趋细密，服期不断加长，整个说来是加重了。武则天之后，人们可以改变她建立的一系列体制，但未能改变她提出的父在为母服三年的规定，最能说明丧服的日益繁重化乃是总的趋势，难以抗拒。

四　其他宗教祭祀仪制的讨论与修订

唐代除了修订祭天与祭祖的仪制外，其他国家宗教祭祀亦多有改作，其要者有五帝祀、社稷与先农、蜡祭、九宫贵神、先圣先师等。

五帝之祭祀。武德、贞观之制，每岁立春之日，祀青帝于东郊，帝宓羲配，勾芒、岁星、三辰、七宿从祀。立夏，祀赤帝于南郊，帝神农氏配，祝融、荧惑、三辰、七宿从祀。季夏土王日，祀黄帝于南郊，帝轩辕配，后土、镇星从祀。立秋，祀白帝于西郊，帝少昊配，蓐收、太白、三辰、七宿从祀。立冬，祀黑帝于北郊，帝颛顼配，玄冥、辰星、三辰、七宿从祀。孟夏之月，龙星见，雩五方上帝于雩坛，五帝配于上，五官从祀于下。此制将祭天与祭五帝分立，五帝祭配合四季气节，成为季节神。

社稷与先农。天宝以前，社稷为中祀；天宝三年，社稷及日月五星并升为大祀，以四时致祭，表示了国家对农业的重视。太社主用石，坛上被黄色，坛之四面及陛用四方色。藉田祭先农，唐初为帝社，亦称藉田坛，武后时称先农坛。神龙元年，礼部尚书祝钦明奏议，《诗·周颂·载芟》："春藉田而祈社稷。"则缘田为社，宜将先农正名为帝社。他认为藉田之祭本于王社，古之祀先农，即句龙、后稷，故先农与王社为一。韦叔夏与张齐贤以为，周、隋旧仪及本朝先农皆祭神农于帝社，配以后稷，则王社与先农不可合一；而经无先农，故先农坛应改为帝社坛，从之。但玄宗时又停帝稷而祀神农氏于坛上，以后稷配，后世因之。祝钦明等不知道先农（或神农）乃整体农业之神，而偏重于耕作；社神与稷神乃土地与五谷之神，偏重于生产资料，故不得合一，后世常两行之。

蜡祭。季冬寅日，蜡祭百神于南郊。祭神的范围十分广泛，如大明、夜明、神农氏、伊耆氏，后稷及五方、十二次、五官、五方田畯、五岳、四渎、四镇、四海、井泉、二十八宿、五方之山林川泽丘陵坟衍原隰，五方之鳞羽裸毛介，五方之水墉坊邮表畷，五方之猫虎龙麟及朱鸟玄武等，称之为百神，名当其实。

九宫贵神。开元二十四年，置寿星坛，祭老人星及角、亢等七宿。天宝三年，术士苏嘉庆上言，于京东朝日坛东，置九宫贵神坛，其上依位置九坛：东南曰招摇，正东曰轩辕，东北曰太阴，正南曰天一，中央曰天符，正北曰太一，西南曰摄提，正西曰咸池，西北曰青龙。四孟月祭，尊为九宫贵神，礼次昊天上帝，而在太清宫太庙上。玄宗亲祀之，或宰相为之。肃宗亦亲祀之。唐文宗大和二年，监察御史舒元舆奏称，祀九宫贵神之祝版上，皇帝亲署御名并称臣于九宫之神，此为不当，因为"以天子之尊，除祭天地、宗庙之外，无合称臣者"，"此九神，于天地犹于男也，于日月犹侯伯也"，皇帝不宜臣于天之子男。于是降为中祠，祝版称皇帝，不署名。按：九宫贵神皆高位天神，乃太一崇拜扩充而成，其职能在保护农业生产，故天宝三年十月六日敕谓："九宫贵神，实司水旱，功佐上帝，德庇下人，冀嘉谷岁登，灾害不作。"会昌中复升为大祠之礼，以其能升福禳灾也。

先圣先师之祭。武德二年，国子学立周公、孔子庙。七年，以周公为先圣，孔子配祀。贞观二年，采房玄龄、朱子奢建议，罢周公，升孔子为先圣，以颜回配祀。四年，诏州县皆立孔子庙。十一年，诏尊孔子为宣父，作庙于兖州。二十一年，诏左丘明、卜子夏、公羊高、谷梁赤、伏胜、高堂生、戴圣、毛苌、孔安国、刘向、郑众、贾逵、杜子春、马融、卢植、郑康成、服虔、何休、王肃、王弼、杜预、范宁二十二人皆以配享。永徽中，复以周公为先圣，孔子为先师。显庆中，采长孙无忌议，以周公配武王，以孔子为先圣。开元七年，改十哲立像为坐像，曾参特为之像，亚于十哲。二十七年，谥孔子为文宣王，赠诸弟子爵公侯。于是孔子由师跃为王，然而在人们心目中依旧是"人伦之至"，祭祀孔子是纪念他弘扬文化之功业，奖励教育，淳化民风，并非真正把孔子视为神，所以祭孔只能算作是准宗教行为。

孔子庙是文庙，此外还有武庙。开元中立姜太公尚父庙，以张良配，中春中秋上戊祭之，牲乐之制如文宣王。诸州武举人上省，先谒太公庙。上元中，尊太公为武成王，祭典同于孔子，以历代良将为十哲像坐侍。建中中，列古今名将六十四人图形配享。贞元中，不复祭诸将，唯享武成王与留侯。于是孔子为文教主，太公为武教主，文武并有祀主，人臣文武之道于是兼备于祭祀。

五　国家宗教与唐代文化

以天神崇拜和祖先崇拜为核心的宗法性宗教，在唐代明显地具有国家宗教性质，并逐级延伸到民间，它对唐代社会文化生活起了巨大的作用。

第一，它加强和巩固了大唐帝国的统一和稳定。在南北朝和隋代的基础上，宗教祭祀典制经过修订整理，形成了全国统一的规范化的周备的条例，它能够适应封建统一国家的需要，体现君权天授、福乃祖与的中世纪原理，"以适郊庙，以临朝廷，以事神而治民"（《新唐书·礼乐志》），社会上下的宗教祭祀有统一的典制可依，自然能够加强政令和法令的统一。通过祭天，突出君王的权威；通过祭祖，突出族长的权威，君权与族权借助于神权相结合，造成唐代长期稳定的政治局面，虽迭经动乱而能保持大体不溃，国家宗教于无形中起了重要作用。宋以后的统一国家，莫不采唐代宗教祭祀之礼以为新礼制作之本。

第二，在儒释道三教鼎立和社会思想多元化，儒学理论不景气的情况下，宗法性传统宗教保持了中国人的正宗信仰，使传统的社会精神支柱没有倾倒，民族主体文化依然挺立。有唐一代，佛道大盛，二教学者辈出，哲学理论呈繁荣景象，知识界趋之若鹜。而儒学虽然形成官方统一经学，朝廷颁行了《五经定本》、《五经正义》，成为科举考试的标准课本，但这种统一侧重于形式，即文字和经疏上的统一，未能造就大的儒家学者，提出新的儒家哲学，在理论上不能与佛道相抗衡。在这种情况下，儒学多依靠政权力量和在教育、民俗上的传统影响而延续，同时，维持中华民族敬天法祖、忠孝信义的信仰的重任，就更多地落到了宗法性宗教身上。不论佛教道教如何发达，不论景教、摩尼教等外来宗教渐次传入，对于多数中国人来说，仍然把生命之本源归之于祖宗，生命之基础归之于社稷，生命之主宰归之于天神，生命之依靠归之于家族，认为"丧祭之礼废，则骨肉之恩薄"。他们还是崇拜"二本"：万物本乎天，人本乎祖，以吉礼敬鬼神，以凶礼哀邦国。这是中国人吸收同化外来文化的思想根基。

第三，唐代有发达的礼乐文化，而宗法性宗教祭祀的典制与活动便是礼乐文化的重要组成部分。中国素称礼义之邦，而汉与唐是最盛时期。《礼记·昏义》说："礼始于冠，本于昏，重于丧祭"，《祭统》又说："礼有五经，莫重于祭"，可见汉代初期及以前的人就把宗教祭祀与丧葬之礼看成是礼乐文化的核心成分。在唐代依然如此。无论《旧唐书》，还是《新唐书》，抑或是杜佑的《通典》，都把吉礼放在五礼之首位，而吉礼就是国家的宗教祭祀之礼，其下才是嘉礼、宾礼、军礼、凶礼。国家直接掌握的郊社、宗庙、五郊迎气等宗教祭祀活动，紧密结合国事活动、农业季节、教育与民俗，成为社会政治、经济与文化生活的有机组成部分。由于国力比较强盛，祭祀的规模，礼乐的程式，都空前雄伟阔大，并且有两个皇帝举行了封禅大典，其盛况为他朝皇帝所不及。殿堂陵墓的建筑，祭器祭品的制作，祭舞祭乐的演奏，固然表现了上层贵族的权位、阔绰和铺张，同时也渗透了劳动人民的智慧和才能。

第四节　佛教的繁荣与挫折

一　隋唐五代佛教的发展与王朝的管理

隋文帝杨坚结束了中国自东汉以来几百年分裂割据的局面，重建大一统封建王朝。政治的统一为中国封建社会第二次发展高峰创造了条件，同时也为佛教走向繁荣提供了基础。隋唐佛教各项事业兴旺发达，除了社会历史的原因外，与帝王的大力扶植是分不开的。据《隋书·高祖上》载，隋文帝这位赫赫帝王竟诞生在尼姑庵中，13 岁以前一直由尼姑智仙抚养。杨坚的父亲杨忠是北周的开国元勋，官封柱国，晋爵隋国公，其母与周明帝的独孤皇后是亲姊妹。如此显赫之家肯把孩子生在庵中，并交尼姑教养，乃是由于一尼姑曾预言："此儿所从来甚异，不可于俗间处之。"故智仙"名帝为'延罗那'，言金刚不可坏也"（道宣：《集古今佛道论衡》卷乙）。这类金刚、罗汉转世的神话，不过是君权神授论的一种新的表现形式，佛教对中国文化的渗透于此可见一斑。杨坚自幼在宗教文化的熏陶下成长起来，当然对佛教有一种特殊的敬奉之情。同时他也是一位大政治家，深谙佛教劝善化民，资助王化的政治作用。他曾对灵藏说："律师度人为善，弟子禁人为恶，言虽有异，意则不殊。"（《续高僧传》卷二一《灵藏传》）宗教与暴力是统治阶级巩固政权必不可少的两手。

隋开皇元年（581），杨坚接受周静帝禅让即位，便开始在北方复兴遭受周武宗灭佛打击的佛教，在夺权成功的次月敕令于五岳各建佛寺一所。开皇二年（582）在京师敕建国寺——大兴善寺，中外名僧齐集此地译经讲法，成为隋朝国家宗教政策的策源地。开皇三年（583），依照"好生恶杀是王政之本"的宗教精神，下诏京城及各州官立寺院于正月、五月、八月的八至十五日行道，行道日禁杀生。同年下诏："周朝废寺咸与修营，境内之人听任出家"，还命令按户出钱建立经像。（《佛祖统纪》卷三九）开皇五年（585）爱请高僧，亲受菩提戒。开皇九年（589）灭陈，统一天下的霸业告成，振兴佛教的事业也开始推向全国。开皇十一年（591）诏示天下："朕位在人王，绍隆王室，永言至理，弘闻大乘。"（《历代三宝纪》卷十三）此后不问公私，一律奖励建寺院。开皇十三年（593）在三宝前忏悔周武宗灭佛之罪，又为复兴佛教之需，和皇后共同施绢十二万匹。王公以下，舍钱百万。仁寿年间（601～604）下令在全国兴建舍利塔，从长安到州、县，共建110座。有学者将隋文帝崇佛活动概括为广建佛塔、广度僧尼、广交僧侣、广写佛经、广作佛事，实难一一述及。有数字表明，隋文帝在位20年，共"度僧23万，立寺3792所，写经46藏，13286卷，治故经3853部，造像106560躯"（《释迦方志》卷下）。

隋炀帝杨广"弑父屠兄"，荼毒百姓，是个亡国之君，一生事业无法与其父相提并论，但是在崇信佛教方面父子却可以媲美。杨广也受过菩提戒，张口闭口"菩提戒弟子"云云。他大兴佛事，广济寺院，与国内高僧过从甚密。在杨广尚为晋王时，天台宗实际创始人智𫖮便已是他的座上客，他将"总持菩萨"的法号授予杨广，而杨广则回赠智𫖮"智者大师"美名。智𫖮离开京师后，杨广多次派人去庐山、扬州探望，互有书信往返，讨论佛教问题。在杨广治下虽然民生凋敝，四海沸腾，但佛教却如日中天。

鉴于佛寺大量修复，僧尼人数迅速扩大的情况，隋代承北魏、北齐和北周之旧制，恢复并不断完善政府对佛教的管理制度。隋代佛教管理机构已分成俗官与僧官两套班子。在政府方面，于鸿胪寺下设崇玄署，置令、丞管领僧、尼、道士、女冠的簿籍与斋醮事务。又设昭玄寺，置沙门大统、沙门统和都维那三种僧职，具体管理僧团细务。关于俗官与僧官的具体分工与职能，隋代正史记述较略，只是在一些僧传中记载：僧猛、昙延、灵藏等高僧先后担任过沙门大统、沙门统的职务。在昭玄寺下，州设僧正，郡设维那，是地方的僧官，管理地方僧务。隋文帝晚年虽仍然崇佛，但已开始注意严格办理僧籍，建立寺额制度，防止教团过多、过滥。隋炀帝即位后，加大了对僧团的管理力度，把中央集权统治延及寺院。从南北朝起，基层寺院就形成了由上座、寺主、维那构成的"三纲"制度，而杨广则在三纲之外又加上了寺监丞，由俗官担任，是政府直接派驻寺、观的监察人员。《隋书·百官志下》载："炀帝即位，多所改革"，"郡县州寺，改为道场，道观改为玄坛，各置监丞"。监丞的出现说明中国政权对宗教组织干预的深化，不过这一制度在实施过程中，僧官与俗官发生了尖锐的对立，故隋代也有在僧官中委任监丞的情况。

在隋唐之际的战乱中，佛教受到了一定程度的破坏，不过时间不长，李唐王朝迅速扫灭群雄，重建了统一的国家。他们继承了隋代的宗教政策，很重视对佛教的管理与利用。唐高祖李渊早年颇信佛法，在隋炀帝大业年间，曾造佛像为子祈疾，即帝位后，又多处立寺造像，设斋行道。秦王李世民在讨平王世充的战争中，亦曾借助嵩山少林寺的僧兵。武德二年（619），高祖曾设"十大德"统领僧众，这是隋唐之际僧官组织的一种变体，属于临时机构。

唐朝初年，曾发生过一次较为重大的三教理论冲突，太史令傅奕鉴于隋亡的历史教训，首先站出来攻击佛教。他说："佛在西域，言妖路远。汉译胡书，恣其假托。故使不忠不孝，削发而揖君亲。游手游食，易服以逃租赋。……窃人主之权，擅造化之力。其为害政，良可悲矣。"（《旧唐书·傅奕传》）显然傅奕是站在传统儒学的角度上，攻击佛教不利于政治、经济统治的方面。在他的反复敦请下，高祖于武德九年（626）下令沙汰僧尼、兼及道教。其令曰："朕膺期驭宇，兴隆教法。志思利益，情在护持。欲使玉石区分，薰莸有辨，长存妙道，永固福田，正本澄源，宜从沙汰。……京城留寺三所，观二所，其余天下诸州，各皆一所，余悉罢之。"（《旧唐书》卷一）从诏令中的数字看，其整顿的力度是很大的，如果实行，将对佛教的发展造成重大影响。同时从李渊的诏书文字及他一生的行事看，他并不反对佛教，只是由于佛教组织发展太快，鱼龙混杂，腐败滋生，因此需要沙汰，以净化组织，控制规模。但是沙汰令五月下达，六月即发生了诸王子争位之乱，李渊被迫退位，令即搁置。

唐太宗李世民即位以后，并没有放松"检校佛法，请肃非滥"（《续高僧传》卷二四《智实传》），因为他本人并不迷信佛教。他公开讲："朕所好者，唯尧、舜、周、孔之道"（《贞观政要》卷六），"朕于佛教，非意所遵"（《全唐文》卷八《贬萧瑀手诏》），梁武帝崇佛亡国，足以为前车之鉴。但是作为一名成熟的政治家，他又深刻地认识到："至如佛教之兴，基于西域。爰自东汉，方被中华。神变之理多方，报应之缘匪一。暨乎近世，崇信滋深。"（《集古今佛道论衡》卷二《法琳别传》）经几百年的发展，佛教早已成为在民众心目中有重大影响的宗教势力。帝王对佛教不仅不能凭个人好恶而随意处置，更应当加以充分利用。在统一全国的战争中，他每收复一地，便建寺一所，超度双方战死亡灵。据《广弘明集》载，他共在旧战场建寺 7 所，度僧 3000 人。唐太宗重视佛教译经事业，于贞观初年建立译场，由波罗颇迦罗密多主持。贞观十五年（641）吐蕃赞普松赞干布请求通婚，文成公主入藏，带去大量佛经、佛像，不仅加固了汉藏联系，而且促成了藏传佛教的生成。贞观十九年（645）玄奘法师西行求法归来，受到了政府的隆重欢迎。太宗曾将玄奘请入洛阳深宫倾心交谈，并想请他襄赞军机，共征辽东，但为玄奘所力辞。于是在西安慈恩寺为玄奘组织了 3000 人的庞大译场，高质量地重译、新译了佛经 75 部，1335 卷。应玄奘之请，太宗亲撰《大唐三藏圣教序》，赞诵佛教的功德。由于唐太宗的推崇，三论、天台、华严、净土、律宗在唐初都得到了大幅度的发展，唯识宗最为盛行。

武则天执政时期，把佛教崇拜又推上了一个新的高潮。武后本为太宗"才人"，得到宠幸，太宗死后做了尼姑。不久由高宗接回宫中，很快由昭仪、宸妃升为皇后。由于高宗李治庸懦无能，武则天逐渐参与朝政，并掌握了朝廷大权。帝后并尊的"双圣体制"，代子执政的"垂帘听政"都不能满足她的政治欲望，武则天还想当皇帝。但是中国传统文化强调"阳贵阴贱"、"夫为妻纲"，"牝鸡司晨"一向被视为国家大忌。于是武则天把目光转向了佛教。《旧唐书》卷六载："载初元年（689）……有沙门十人伪撰《大云经》，表上之，盛言神皇受命之事。"其经文中有一段"尔时众中，有一天女，名曰净光。……佛言天女……舍是天形，即以女身，当王国土，得转轮王。……实是菩萨，现受女身"（《大方等无想大云经》卷四）。有了佛祖经典，"武周革命"便有了充分的理论根据。武则天立即"制颁于天下，令诸州各置大云寺，总度僧千人。……九月九日，壬午，革唐命，改国号为周，改元为天授，大赦天下，赐酺七日。"（《旧唐书·则天皇后本纪》）因此女皇对佛教特别垂青，"以释教开革命之阶，升于道教之上"（《资治通鉴》卷204）。武周一代，大兴佛事，大修寺院，大造佛像，其狂热在中国历史上是著名的。长安四年（704）在洛阳城北邙山的白司马坂，铸特大铜佛一尊，向天下僧尼募捐"十一万缗"，劳民伤财。她又让面首薛怀义在白马寺任主持，监造特大夹纻佛像一尊，"高九百尺，鼻大如斛"，小拇指上便可以坐得下几十人。为了安放这尊大佛，在明堂北修建天堂一座，"日役万人，采木江岭，数年之间，所费以亿计，府藏为之耗竭，怀义用财如粪土"（《资治通鉴》卷203）。武则天在佛教诸宗中最欣赏华严宗，华严宗的实际创造人法藏经常出入宫禁，为女主说法。女皇亲自组织了新本《华严经》的翻译工作，并为之作序，华严宗当时红极一时。禅宗北派领袖神秀也得到了女皇的礼遇，神秀"肩舆上殿"，女皇"亲加跪礼，时时问道"，虔诚之情超出了礼法。

　　玄宗李隆基在唐代历史上以整顿女主篡权，中兴李唐王室著称，其中也包括对过度发展的佛教进行沙汰。开元十二年（724）下诏令天下60岁以下僧人，在3年内要背会200页经文，不会者一律还俗为民。此外，他还注意恢复并健全宗教管理制度。太宗朝，即继承隋朝旧制，在鸿胪寺设置崇玄署，管理僧、道事务，长官由俗官担任。武则天为了推崇佛教，将僧道的管理部门从涉外礼宾性的鸿胪寺改为礼部中的祠部。玄宗朝为了抬高道教，把皇家自认为本系所自出的道教改归专管皇室事务的宗正寺管理，僧尼仍由鸿胪寺崇玄署管理，但由祠部检校。这样，唐代便由崇玄署和尚书祠部共同管理寺额、僧尼、诠选、剃度、法事等宗教活动。其中，僧籍管理和僧官的诠选等关键性权力由尚书祠部负责。鉴于唐朝初年某些农民出家以避税赋，罪犯入庙以免刑罚的情况，玄宗朝建立了僧尼度牒制度。度牒也由尚书祠部发放。《佛祖历代通载》卷十二载："天宝五载丙戌五月，制天下度僧尼并令祠部给牒。"只有领到度牒才是国家认可的合法僧人，享受免除租赋徭役的特权。此制度的推行，对控制佛教发展规模有一定作用。度牒制度作为中国政府管理宗教组织的一项重要措施，一直延续到清朝。天宝末年，政府的宗教管理部门又作重大调整，设置了功德使。所谓"功德"，本是佛教对各种积善修福事业的统称，政府初设功德使，本为管理两京建寺、造像、译经、写经等事务，是一个临时性差遣。德宗朝曾经将其废止，复又设置两街功德使，令增僧尼之籍及功役。至唐宪宗元和二年（807），正式下诏："僧尼道士，全隶左右街功德使。"自此，功德使成为一正式部门，其长官由俗官担任，与尚书祠部共同掌管国家宗教事务。尚书祠部仍管度牒的发放及僧官的诠选，而功德使下则设左、右街僧录，主管具体佛教事务。僧录在唐朝是最高的中央级僧官，地方上则有僧正、维那等，构成了一个自上而下的管理网络。

唐玄宗中青年时期励精图治，对宗教组织管理得也比较严格。随着在位日久，渐生骄惰之心，对佛教也转而大力推崇，尤其是由善无畏、金刚智、不空从印度传来的密教。密教是佛教与古婆罗门教融合的产物，其中包含着"性力崇拜"内容的"无上瑜伽"修炼术，受到了贵族阶层的欢迎。唐玄宗给予几位密教大师以极高的礼遇，封为国师，并请入宫中受"灌顶礼"，传秘密法，密宗由此在中国兴起。玄宗还亲自参与汉地佛教的种种活动，御注佛经，宣讲佛法，大兴佛寺。开元时代随着经济的繁荣，佛教也达到了鼎盛。"安史之乱"使北方的佛教受到了相当严重的摧残，声势骤减。禅宗的南宗传人神会由于帮助政府收度僧税钱以为军资补助，深得帝王赏识，遂取代了北宗的势力，把经慧能改革过的禅宗思想推向了全国。

唐宪宗在位期间，突出的崇佛事件是迎佛骨入京城。当时传说凤翔县法门寺"护国真身塔"里有佛手指骨一节，塔门三十年一开，"开则岁丰人泰"。宪宗决定迎佛骨入京，先在宫中供奉三天，然后送诸寺巡回供奉。元和十四年（819）佛骨到京之日，"王公、士庶竞相舍施，惟恐弗及。百姓有破产充施者，有烧顶、灼臂而求供养者"（《唐书·宪宗纪》）。崇佛活动的狂热，超出了维护封建制度的水平，受到了正统儒学的反击。韩愈从维持纲常伦理的角度痛陈崇佛之弊。在《原道》一文中，全面阐述了儒家道统对巩固封建统治的重要意义。认为佛教是"夷狄之法"，僧人糜费社会财富，违背君臣、父子之义。他力主："人其人，火其书，庐其居，明先王之道以道之。"他建议用行政手段干预、禁毁佛教。但是韩愈一道《谏迎佛骨表》不仅没有降低宪宗的宗教热情，反而激怒了皇帝，自己也险遭杀身之祸。"一封朝奏九重天,夕贬潮州路八千",韩愈被贬广东潮州,而佛教势力仍在进一步发展。

唐代帝王绝大多数是信佛、崇佛的,在他们的扶植下,寺院经济得到了很大发展。唐初实行均田制,和尚、道士也有一份。关于授田的情况,《唐会典》卷三的"户部郎中、员外郎"条载:"凡道士给田三十亩,女冠二十亩,僧尼亦如之。"寺院不仅有田产,而且还有免租免役的特权,再加上帝王的赐予和王公的施舍,寺院经济发展很快,并利用均田制破坏之机扩充庄园,驱使奴婢。唐代寺院荫占了多少土地没有确切记载,许多史籍只是笼统地说"膏腴上土数千顷",总之数目可观。寺院经济的过度发展便与政府及世俗地主集团的利益发生尖锐冲突。德宗年间,都官员外郎彭偃建议向僧尼征收租赋,"但令就役输课,为僧何妨?""其杂色役与百姓同。"(《旧唐书·彭偃传》)但是此设想因守旧派大臣的强烈反对而作罢。不久,朝廷根本改革税收方式,变租庸调而为两税。此一改革的基本精神是"据地出税","随户杂徭",宰相杨炎在阐述新税法的意义时,特别强调是针对"富人多丁者,率为官为僧,以色免役"(《旧唐书·杨炎传》)。实行两税法以后,寺田除得政府特许,也要纳租,僧人仍保留免除徭役的特权。僧侣地主集团与世俗地主集团的矛盾虽得到一定程度的缓解,但并未彻底解决。再加之沙门干政、沙门失德事件时有发生,佛教的高速发展也埋下了自身否定的种子,最终导致唐武宗"会昌灭佛"事件的发生。

唐武宗李炎在位仅5年(841~845),是隋唐两代二十几位帝王中惟一反佛的帝王。武宗反佛除上述社会因素外,还有个人信仰方面的原因。他是一名虔诚的道教徒,迫切希望能服食仙丹而成仙(详情见一、五两节)。在赵归真、刘玄静的煽动下,武宗在会昌五年(845)下了灭佛的决心。会昌灭佛共毁大中寺院4600所,小庙4万余处,焚烧大量经籍,强令僧尼26万余人还俗,没收良田数千顷,解放寺奴15万人,收缴了大量金、银、铜、铁佛像、器皿。武宗灭佛大大增加了两税户人口,增加了国家收入,缓和了社会经济矛盾。灭佛一年后武宗因服道士进贡的仙丹中毒死亡,宣宗即位后马上下令恢复佛教。但是佛教已经元气大伤,许多靠大量诵经、拜佛吸引教徒的流派再也无力恢复了,只是在衰微中延续。而禅宗、净土宗等彻底中国化的佛教流派则比较快地得到了恢复,并占领了其他宗派原有的地盘。佛教诸派教义纷呈的局面不再,佛学在中国思想史上的地位相对降低。

五代时期，南方小国相对安定，佛教事业在帝王的支持和保护下得到了较快的发展。吴越王钱镠、钱俶都是崇佛帝王。特别是钱俶，为了恢复华严、天台等注重理论的佛教流派，派人从日本、朝鲜找回许多国内已丧失的经籍，被称为"玄珠复还"，直接推动了天台宗在宋代的"中兴"。而北方则由于连年战乱，为了扩大政府的财源和兵源，一直严格控制佛教的发展。特别是后周世宗柴荣，曾担任开封府尹兼功德使，深谙佛教过度发展的弊端。为了收复被契丹占领的国土，他整顿国务，推进改革，包括对佛教的压缩和限制政策。显德二年（955），诏令严禁私度僧尼，废除所有无敕额的寺院，没收全部铜质佛像用来铸钱，以充国库。经过这次整顿，"所存寺院凡2694所，废30336所，僧尼系籍者61200人"（《旧五代史·周世宗纪》）。这次虽不同于前三次的"灭佛"，仅是整顿，但因手段严厉，又是在会昌灭佛后的恢复期，依然显得过于严峻。政府的严厉政策及暴力打击，使佛教走上了自耕、自悟的"农禅"之路，由马祖道一、百丈怀海、临济义玄、青原行思、曹山本寂等人推重的质朴禅风迅速流遍全国，禅宗成为中国佛教的主流。

二　隋唐的译经与经录

在隋代帝王的支持下，经籍的翻译、整理工作十分活跃，大批经典翻译问世。当时最著名的佛经翻译家是那连提耶舍、阇那崛多和达摩笈多三人。那连提耶舍（490～589），北天竺人，北齐天保七年（556）到中国，受到文宣帝的优待，在昭玄寺从事译经工作。周武帝灭佛还俗避乱于外。隋开皇二年（582）回到长安，先在大兴善寺，后迁广济寺主持译经，直至开皇九年百岁圆寂。那连提耶舍在华期间，共译出《大方等月藏经》、《大庄严法门经》、《德护长者经》、《莲花面经》等8部23卷。阇那崛多（527～604），北天竺人，西魏大统元年（535）来到中国。周武灭法时回国避难，为突厥所留。开皇四年（584）隋文帝邀请他到长安大兴善寺主持佛经翻译。从开皇五年到仁寿末年，共译出《佛本行集经》、《大方等大集护经》、《大威德陀罗尼经》等共39部192卷。达摩笈多（法密，？～619）南印度僧人。开皇十年（590）到达长安，住大兴善寺。后隋炀帝在洛阳上林园设置译经馆，共译出《起事因本经》、《药师如来本愿经》、《摄大乘论释论》、《菩提资粮论》、《金刚般若经》等9部46卷。此外，中国僧人彦琮（557～610）参与阇那崛多和达摩笈多的译经事业。他记录了达摩笈多游历西域诸国的见闻，写成《大隋西国传》，并著有《达摩笈多传》、《辨正论》、《通报论》、《福田论》、

《沙门不应拜俗总论》等论文。开皇十二年（592）被请入大兴善寺主持翻译佛经。他精通梵、汉文字，论定翻译楷式，有十条八备之说。

前代翻译已多，隋代又添新译，故文帝在开皇十四年（594）和仁寿二年（602）两次敕令撰集经录。第一次由大兴善寺法经等二十人撰集《众经目录》7卷（后世通称《法经录》）。后一次由彦琮主持撰定《众经目录》5卷（后世通称《仁寿录》）。此外，北周废佛时还俗沙门费长房还写有《历代三宝记》15卷（后世通称《长房录》）。

唐代佛经翻译事业成就更高。以前翻译事业多由西域僧人主持，尽管他们多精通梵文和汉语，但毕竟对中国文化深层次的东西了解较少，故阅读他们所译经文总有隔阂之感。唐代以后出现了一批精通教义，深晓梵文的中国僧人，由他们担任译场的主译，译经质量自然大为提高。玄奘就是中国佛经翻译家的代表者，贞观年间他主持长安慈恩寺译场，不仅译经数量多，而且形成了一套完整的译经分工制度和工作程序。这也是唐代译经质量高的重要保证。其译场人员及分工如下：①译主：即翻译工作主持人，负责解决各种疑难问题，并最终决定译文的定稿。②证义：又称"梵证义"，与译主评量梵文，以正确理解经文的原意。③证文，又称"梵证文"，听译主高声朗诵梵文，检验是否有误。④书字，也称度语、译语、传语，根据梵文用中文译出相应的梵音，属于音译工作。⑤笔受，又称执笔，将梵音译成中国文字。这是翻译工作中的关键一环，多由精通中国文化的汉僧担任。⑥缀文，又称次文，由于梵、汉语法不同，文句结构不同，其任务是根据中国语言习惯调整文句结构，理顺文辞。⑦参译，又称证译，将译出的汉文再翻回梵文，看其是否符合原意。⑧刊定，又称校勘、铨定、总勘，刊削冗长、重复的文句，使之简练准确。⑨润文，又称润色，负责修饰文辞，使之优美典雅。⑩梵呗，按照新译经文高声朗读，检验音韵是否流畅、悦耳。从这个严谨、复杂的翻译工作程序看，唐代译经所以质量高，因为它是集体智慧和众人劳动的结晶。

唐代译经功劳最著者当属玄奘，从贞观十九年（645）开始，共译出《大般若经》、《解深密经》、《瑜伽师地论》、《摄大乘论》、《成唯识论》、《俱舍论》、《顺理论》等经、论共75部，1335卷，且经文准确、文辞优美。义净（635～713）敬慕法显和玄奘的事迹，从广州经海路到达印度，历时20余年，访问了30余国，带回大量梵本，在洛阳佛受记寺翻译。他与实叉难陀合译了80卷本《华严经》，单独翻译了《金光明最胜王经》、《孔雀王经》

等 56 部，230 卷。实叉难陀（学喜，652～720）除译《华严经》外，还译出《入楞伽经》。地婆柯罗（翻译年代 674～688），中印度人，武则天垂拱年间在两京的东、西太原寺及西京的广福寺译出《华严经·入法界品》、《佛顶最胜陀罗尼经》、《大乘显识经》，共 18 部。菩提流志（翻译年代 693～713），南印度人，武则天执政时译出《大宝积经》120 卷，因其中有女人可以为帝王的文字，深受武后赏识。不空（705～774）北天竺人，金刚智的弟子，中国密宗的著名传人。他受师派遣入天竺国、师子国带回密教经典 1200 卷，译出《金刚顶经》、《金刚顶五秘密修行念诵仪轨》、《大乘密严经》、《发菩提心论》等 111 部，143 卷，对密宗的形成产生了很大作用。除上述几人外，唐代还有许多译经大师，他们各有侧重，基本上将当时印度大乘佛教的精华都介绍了过来，促成了世界佛教中心从印度向中国的转移。据不完全统计，唐代共译出佛教经典 372 部，2159 卷。

在译经的同时，经目的整理工作也有很大发展。唐初有德兴、延兴二寺《写经目录》，玄琬编写，共收经目 720 部，2690 卷。显庆二年（658）所编西明寺大藏经《入藏录》，共录 800 部，3361 卷。此后，靖迈撰写了《古今译经图记》，道宣编纂了《大唐内典录》。武周天册万岁元年（695），明佺编成《大周刊定众经目录》。开元十八年（730）又有智升撰写了《开元释教录》，入藏目录共 1076 部，5084 卷，当时最为完整，并成为后来一切写经、刻经的准据。

隋唐两代所译经籍主要是手抄本，不便保存。为了防止经籍的流失，特别是鉴于魏武、周武两次法难，避免大量经籍付之一炬，隋代幽州（今北京房山）云居寺僧人开始了石刻经文的壮举。自隋大业年间（605～616）一直延续到清康熙三十四年（1695），前后千余年，共刻经石 15000 余块，佛经 1122 部，3572 卷。云居寺石刻经文的首倡者静琬在题刻中说："此经为未来佛□难时拟充底本，世若有经，愿勿辄开。"他们将刻好的经石埋藏于地下，成为一批宝贵文物。

三　天台宗、三论宗和三阶教

隋唐是中国佛教形成宗派的时期。南北朝末期佛教中已经形成了成实、俱舍、三论、涅槃、楞伽等南北诸家师说。不过，这些师说是围绕着某一部经典形成的学派，还不是宗派。当时僧侣从事的宗教活动，中心工作是介绍和弘扬印度传来的佛经的原意，尚不具备形成自己思想体系的能力。且南北分裂，政治阻隔，诸家师说多是仅了解自己信奉的一经一论，不能对佛教理论进行全面的概括和总结。隋唐的政治大一统为产生全国性佛教宗派提供了机会。各个宗派经过广泛的交往，提高了理论水平，纷纷建立自己的"判教"体系，即把南北诸家师说所尊奉的经典，按照自己对佛教理论的理解加以排列，使佛教思想有所宗统，从而也就形成了宗派自身的理论体系。另外，师说与宗派还有一个更为根本的差异。师说是一种结构松散的学术团体，没有固定的基地，也没有严格的传承关系，人员可以自由流动，不少著名僧人是不同师说的成员。而宗派则建立在比较稳定的寺院经济的基础上，为了维护自己集团特殊的经济利益，使庙产不致分散流失，僧侣们借鉴中国传统的宗法等级制度，建立了世代相传的承袭谱系——法统。每一代宗师都挑选最善于体会本家宗旨的弟子作为衣钵传人，继承寺产，统领僧众。在这里也表现了经济对文化发展的重要作用。宗派的形成是中国佛教成熟的一个标志，说明中国的佛教徒已经可以根据自身对教义的理解，并针对中国的情况发展佛教了。各家宗派的理论中，都或多或少地对印度佛教进行取舍和发展，创造了中国佛教。

（一）天台宗

根据佛教史的资料，天台宗的传承关系如下：

> 龙树……慧文—慧思—智颛—灌顶—智威—玄仰—湛然—道邃—广修—物外—元琇（唐末）……

以印度僧人龙树为始祖，大约一方面由于天台宗重视大乘空宗的理论，另一方面也是为了自神其说，其实并无依据。二祖慧文和三祖慧思是天台宗的思想先驱，天台宗的真正创始人是四祖智颛。所以说天台宗源于南北朝，创于隋，盛于初唐。唯识、华严、禅宗发达后天台宗影响力下降，"会昌法难"后势力急剧衰落，但仍传承不绝。

慧文，生卒年月不详，宗教活动时间在北朝齐魏之际，俗姓高。他最初主修禅观，及至读到龙树的《中论》、《大智度论》，始悟"一心三观"之要。他认为只有《大智度论》中所说"道种智"、"一切智"、"一切种智"三种超乎寻常思维的神秘主义直觉，才能达到对真如本体的照观。他聚徒数百，弘扬大乘，又在江淮间力阐禅观，社会影响很大。

慧思（515～577），俗姓李。15岁出家后一直念诵各种大乘经典，20岁开始云游四方，历访诸寺。后投入北齐慧文门下，专修禅观，受"一心三观"心要，得法华三昧证悟。南梁承圣三年（554）进光州（今河南光山）大苏山传法，弟子众多。陈光大二年（568）率弟子入南岳，住了10年，讲经传法，由弟子笔录，整理出《出四十二字门》、《无净行门》、《随自意》、《安乐行》、《次第禅要》、《三智观门》等著作。慧思的宗教活动既重禅法践行，又重义理推究，"昼谈义理，夜便思择"，"定慧双开"，启天台宗"止观并重"之先河。

智顗（538～597），俗姓陈，出身于南朝大官僚家庭，父母在梁末侯景之乱时死去。智顗18岁出家，后到大苏山投于慧思门下修炼禅法，在慧思热心指导下领悟"法华三昧"，这便是所谓的天台大师"大苏开悟"。陈光大元年（567）去金陵讲《法华经》，博得官僚与僧徒的敬佩。太建七年（575）率弟子20余人入天台山建寺，修头陀行，天台宗由此建立。以后智顗社会影响渐大，陈宣帝敕割天台山所在的始丰县（今浙江天台）之"调"以供寺用，天台宗因而有了雄厚的经济实力，智顗被尊为"天台大师"。陈亡时智顗避乱庐山，隋开皇十一年（591）应晋王杨广之请为其授菩提戒，被杨广称为"智者大师"，两人过从甚密。智顗生前在僧俗信众中影响很大，一生造大寺35所，度僧4000人，传业弟子32人，天台宗成为国内蔚为壮观的一大宗派。智顗一生著作很多，主要著作为：《法华玄义》、《法华文句》、《摩诃止观》各二十卷，被称为"天台三大部"。此外还有《四教义》、《净名义疏》、《金光明文句》、《观音义疏》等。至此，天台宗的理论建设已经基本完成。

天台宗理论的主要特征是宣扬"止观并重"，调和南北方佛教诸派的异同。从汉代佛法初传之时起，南北方佛教流派便形成了不同的风格。北方侧重禅定，南方讲究义理。南北朝时期政治、经济、军事的对峙更加巩固了南北方宗派的不同倾向。隋王朝的统一为佛教理论风格和修习实践的会同提供了条件。慧文、慧思本来都是北方的禅师，到南方传播禅数学的修习方法，又钻研南方广泛流行的般若学理论。智顗则继承了他们开创的事业，以他丰富的佛学知识，系统论证了止、观不可偏废的宗教原则。他说：

泥洹之法，入乃多途，论其急要，不出止观二法。所以然者，止乃伏结之初门，观则断惑之正要；止则爱养心识之善资，观是策发神解之妙术。止是禅定之胜因，观是智慧之由藉。（《修习止观坐禅法要》）

他比喻说，止观二法如车之两轮，鸟之双翼，"若偏修习，即堕邪倒"。所以天台宗把"止观并重"作为宗教修习的最高原则，这也可以看成南北方佛教学风融合的一种标志。

天台宗还试图通过"判教"将以前陆续传来的佛教理论和经籍内在地统一起来，实现宗教理论的大一统。判教是佛教徒根据各宗派自己的理论观点，对所有经典和理论著作系统排列整理，重新评估其意义的方法。判教的目的是为了说明各教派信奉的经典不但不互相矛盾，而且还是相互补充的。他们说佛教经、论中存在的一些矛盾的观点，是佛祖针对不同层次的听众，在不同场合进行的不同说教，其基本精神是一致的。同时，佛教徒还通过判教活动极力抬高自己一系所尊奉的主要经典，以达到压低其他教派的目的。天台宗就提出了"五时"、"八教"的判教体系。"五时"是指释迦牟尼成道后不同时期宣讲的道法，包括：①华严时，是佛祖对已有深厚佛学基础知识的听众所宣讲的道理。②鹿野苑时，是佛祖对初学者所讲的小乘、四《阿含》等一些基本知识。③方等时，对已有小乘基础的人所讲的某些大乘原理。④般若时，是佛祖所讲大乘空宗的原理，宣扬"色即是空，空即是色"的宗教观念。⑤法华时，是佛祖对佛学基础最深厚的听众宣讲之法，如《法华经》、《涅槃经》描绘了佛教追求的最高境。因此天台宗把《法华经》奉为最高经典。所谓"八教"，天台五祖灌顶解释说：

> 前佛后佛，自行化他。究其旨归，咸宗一妙佛之知见。但机缘差品，应物现形，为"实"施"权"，故分乎八：顿、渐、秘密、不定，化之四仪，譬如药方；藏、通、别、圆，所化之法，譬如药味。(《八教大意》)

"八教"分成"化仪四教"和"化法四教"，所指与"五时"近似，仍是佛祖"因实施权"，对不同听众运用的不同传教方法。"八教"说可以看做天台宗对不同宗教修习方法的概括，他们自己属于代表佛教最高水平的"圆教"，仍是在抬高自身。

在世界观上天台宗主张"一念三千"说。智颛说："世界无别法，唯是一心作。"(《法华玄义》卷二上)万法皆起于一心。他又解释道：

　　　　夫一心具十法界，一法界又具十法界，百法界。一界具三十种世
间，百法界即具三千种世间。此三千在一念心，若无心而已。介尔有
心，即具三千。（《摩诃止观》卷五上）

十法界指地狱、饿鬼、畜生、阿修罗、人间、天上、声闻、缘觉、菩萨、
佛。其中前六类称为"六凡"，是世俗之人的灵魂轮回之所；后四类称为
"四圣"，是人们经过修行达到的四种境界。十法界中每一法界又具十法界，
十十成百，百法界又各具"十如是"，十百成千。三种世间指五阴世间、众
生世间、国土世间，每一世间各具一千法界。三千法界包括了佛教时空观中
的一切存在。天台宗认为这一切都是心中的幻象，即所谓"三千在一念心"，
实则是用主观精神否认了客观世界的存在。
　　关于外部世界的存在状态，天台宗采用了龙树《中论》中的说法："因
缘所生法，我说即是空，亦为是假名，亦名中道义。"他们提出了"一心三
观"说，"我说即是空"是空观，"亦为是假名"是假观，"亦名中道义"是
中观。而空、假、中三观又是统一的，"夫三观者……唯于万镜观一（念）
心。观镜虽殊，妙观理等"（湛然：《止观义例》卷下）。万法皆由心生，故
万法皆应在一心中观察，千差万别的诸法，最终皆本源于平等一心。大乘空
宗认为万法皆由因缘而起，故无自性，本质是空。但空并不等于无，而是一
种虚假不实的存在，所以称之为假。如果认识了万法非有非无，不着两边的
中观宗旨，即是中道。空、假、中构成了"三谛"。智顗发展了空宗的中观
思想，认为在"三谛"中从假看即三谛悉假，从空看即三谛悉空，从中看即
三谛悉中。三谛即空、即假、即中，互不相离，成为圆融三谛。一切诸法皆
备法尔自然之三妙谛，这便是"三谛圆融"说。天台宗把这种圆融无碍的认
识当成了佛教的最高境界，所以他们又将自己的止观法称为"圆顿止观"。
　　智顗以后天台传人是灌顶（561～632），俗姓吴，祖籍常州义兴（今江
苏宜兴）。20岁出家，后一直师事智顗，记录、编纂了智顗的著作，包括：
《涅槃经玄义》、《涅槃经疏》、《国清百录》、《智者大师别传》等。这些都是
研究智顗和天台宗的重要史料。
　　湛然（711～782）是唐代中叶天台宗的中兴大师，俗姓戚，常州荆溪
（今江苏宜兴南）人。他师事玄朗，专修止观。著有《法华玄义释鉴》、《法
华文句记》、《摩诃止观辅行》三书，是后世研究智顗思想的指南。在理论
上，湛然提出的"无情有性"说影响较大。以前佛教认为成佛是众生（即有

情的动物）的事，无情（指非生物）没有佛性。湛然认为这样的佛性论是不彻底的，因为佛性不仅是成佛的依据，而且也是"真如"，即世界的本体。如果承认某一类存在物没有佛性，岂不认为世界的一部分失掉了本体？所以他说：

> 故子应知，万法是真如，由不变故；真如是万法，由随缘故。子信无情无佛性者，岂非万法无真如耶？故万法之称，宁隔于纤尘，真如之体，何专于彼我？（《金刚錍》卷 46）

在湛然看来，草木砖石皆有佛性，将大乘佛教普度众生的精神推及于万物，其用意在于极力扩大佛教的影响。湛然的弟子中有道邃和行满，日本传教大师最澄便是从他们两人处接受天台宗的。道邃的弟子宗颖和良谞，前者是日本慈觉大师圆仁之师，后者是日本智证大师圆珍之师，天台宗因之远播日本。

（二）三论宗

印度大乘空宗学者龙树、提婆著《中论》、《百论》、《十二门论》，是阐扬空宗思想的经典，三论宗便以信奉、弘扬此三论而得名。其统绪如下：

> 龙树—提婆—罗睺罗—青目—须利耶苏摩—鸠摩罗什—僧肇—僧朗—僧诠—法朗—吉藏

印度的数位师祖皆大乘空宗的缔造者。鸠摩罗什在姚秦时代来中国弘传空宗之学。僧肇是罗什的弟子，在译经和宣传般若空观上有很大贡献。罗什、僧肇去世后，长安陷入连年战火之中，三论之学由僧朗传入南方。他长期在摄山栖霞岭传法，被尊为"摄山大师"。当时"江南盛弘成实"，三论玄纲几乎断绝。僧朗非难成实师，破斥三论义理与《成实》一致说，使三论学重振声威，深得梁武帝的赏识。据说梁武帝也因此从《成实》转向了大乘。摄岭的第二代大师僧诠，始终在摄岭止观寺传法，有"山中师"，"止观诠"的美名。他一生只讲三论和《摩诃般若》，门徒数百，三论宗初具雏形。僧诠门下法朗（507～581）是三论宗的主要传人，陈武帝永定二年（558）奉敕入京，20 年间讲《华严》、《法华》及三论 20 余遍，听者常数千人。他弘传教义精微辟透，无住无碍。法朗门人遍于全国，知名者二十五哲，其中吉藏将三论宗发扬光大，成为隋代佛教一大宗派。

吉藏（549～623），祖籍安息，有时自称"胡吉藏"，出生在金陵。吉藏幼时随父拜见过中国佛教史上"四大翻译家"之一的真谛，真谛为他取名吉藏。他7岁出家，后听法朗讲学，深受影响。陈隋之际江南寺院荒芜，吉藏在各寺中收集文疏，浏览涉猎，见解大进。隋平定百越后往浙江会稽嘉祥寺传法，听者千余，被呼为"嘉祥大师"。唐初被请入长安，唐高祖设"十大德"为最高僧官管理全国僧务，吉藏也是其中之一。他平生讲三论100多遍，著有《大乘玄论》、《二谛义》、《三论玄义》、《中观论疏》、《十二门论疏》等26部书籍，完成了三论宗的理论构建。

三论宗的中心理论是诸法性空的中道实相论，为了说明空宗的这个宗旨，吉藏立破邪显正、真俗二谛、八不中道三种教法。

1. 破邪显正

即在思想中要破有所得，显无所得。吉藏主张破而不立，除去一切离情别见，于是便体现了言诠不及、意疏不到的无名之道，也就算是达到了对中道的体悟，叫无碍正观。三论宗要破除的邪见有四：①外道人不明人法两空，执著诸法实有，起种种邪念。②《毗昙》虽已达人空，而执著法有。③《成实》虽已达人法两空，但仍没有除去偏空的情见。④堕于有所见的大乘，虽除偏空，但仍执涅槃有得。可见三论宗将大乘空宗"毕竟空"的思想发挥得淋漓尽致。

2. 真俗二谛论

为立"毕竟空"，用真、俗二谛的言教来诠显它。龙树说："诸佛依二谛，为众生说法，一以世俗谛，二第一义谛。"（《中论》卷四）一般而言，认世界为有属于世俗谛，是凡间愚夫愚妇的见解。出世的圣哲则认万法为"空"，这才是第一义谛。不过有人误解了佛教的空观，把二谛当成了理、境二谛，著境为俗谛，离境真谛，出现了偏空的情见。故吉藏指出："借有以出无，住世谛破无见；借无以出有，住第一义谛破有见。故说二谛，破二见也。"（《二谛义》卷上）世界的本质虽空，但又是因缘和合的假有。佛说二谛均为引导众生的言教，为著空者依俗谛明有，为著有者依真谛明空，如此才能获得符合中道的正确见解。

3. 八不中道

龙树为了说明一切皆空曾经指出："不生亦不灭，不断亦不常，不一亦不异，不来亦不出。"（《中论》卷一）三论宗依《中论》，大肆宣扬不生、不灭、不一、不异、不常、不断、不来、不去这"八不法门"，用以说明中道的思想。生、灭、断、常是人们在时间上的计执，一、异、来、出是人们在空间上的计执，三论宗在其上都冠以否定词"不"，使众生体会诸法缘起性空，不生不灭，不常不断，不一不异，不来不去的真如实相，不要在任何方面有所偏执。如吉藏所言："通论三论，皆得显中"（《大乘玄论》卷五），把握了中道才是一种彻底的空观。

三论宗认为众生皆有佛果觉体，因被客尘所蔽，所以流转生死。只要拂除客尘，也就是去掉了各种有所得的偏见，湛然寂静的本有觉体宛尔显见，即可成佛。但是如果将三论宗"无所得"的逻辑坚持到底，那么成佛也是有所追求，有所得。为了照顾体系的完整性，《中论·观因缘品》讲："以生死、涅槃、凡圣、解惑，皆是假名相持，无有自性，称为因缘。"在他们看来"涅槃"也是依假名的方便说，人亦无佛可成，坚持追求成佛也是背离中道的偏执。三论宗破除了涅槃有得的执著，对于少数深谙儒家中庸之道和道家逍遥精神的高层知识分子，可以获得一种理论上的彻底和心理上的超越，但对于广大文化不高或急于修成正果的信徒，却会造成信仰上的困境。所以在吉藏以后，三论宗虽仍有一些弟子和传人，但势力急剧衰落下去。另外，吉藏门下有高丽僧慧灌，传三论宗于日本，为日本三论宗祖师。其二传智藏，三传道慈都曾来中国留学。三论宗在日本奈良时代甚为流行。

（三）三阶教

南北朝末期，《摩诃摩耶经》和《大集月藏经》相继译出，其中"末法"思想在中国佛教徒中产生了强烈的影响，这大约是南北朝时期两次"灭法"事件在僧人心头留下了浓重的阴影，相州信行依此经典开创了三阶教。

信行（540～594），魏州（今河北大名）人，俗姓王。他"少而落采，博综群经"（费长房：《历代三宝纪》卷十二），道宣的《续高僧传》则把信行的传列入了《习禅篇》，可能与他早年习禅有关。《历代三宝纪》记载信行的著作"二部，三十五卷"，即《对根起行杂录》32卷，《三阶位别集录》3卷。而《大唐内典录》则记载信行著作为"二部四十卷"，仅二书卷数略有出入。从敦煌出土《三阶教残卷》看，信行的著作是从40余种经文中抄录而成，这些著作构成了三阶教的经典。

"三阶"一词从佛经中"正法"、"像法"、"末法"三个时期划分中转化而来。信行认为佛灭后500年间为"正法期"，属第一阶，按照佛教教义修行的人都可以证得圣果。佛灭后600～1600年间的一千年为"像法期"，属第二阶。信仰佛教的人"似有所证，实无所证"，故称为"像法期"。从1600～10000 年间为第三阶，佛教日益衰微，故称为"末法期"。此时众生的机类、我见、边见定型，偏学一乘、三乘或偏念《法华》、《弥陀》，彼此是非，终至犯罪诽谤，永无解脱之期。三阶教相信当时的社会已达"末法"期。第一阶的"根机"人学一乘法，第二阶的"根机"人学三乘法即可解脱，而第三阶的众生则是"一切佛、一切经皆悉不能救得"的孽种。为救众生，他特创"三阶教"，宣扬以"普法"而救众生，所以三阶教又被称为"普法宗"。关于"普法"他解释说：要"正学一切普真普正佛法"，也就是要"归一切佛尽，归一切法尽，归一切僧尽"[①]，才能得到解脱。信行宣扬佛无差别，法无差别，普法普佛，普敬普佛。一切人皆有真如佛性，皆应当作佛来崇拜，末法浊世的罪恶凡夫只有在这种普敬普佛的宗教实践中才能获得解脱。信行本人身体力行这种学说，他不做比丘而甘为沙弥，"头陀，乞食，日止一食。在道路行，无问男女，率皆礼拜"（《历代三宝纪》卷 12）。他提倡的这种宗教实践近乎苦行僧。同时，他还创办了"无尽藏"，宣扬由教徒、施主布施，收集起来周济穷人，作为普法救世的一个方面。信行对"无尽藏"加以说明："一、以无尽藏物，施贫下众生，由得施故，劝发善心，即易可得。二、救贫穷人，以少财物同他菩萨无尽藏施，令其渐发菩提之心。"（敦煌残卷：《无尽藏法释》）显然无尽藏是佛教组织办的慈善事业，一方面可使受助者亲近佛教，扩大影响；另一方面也可使施舍者萌发慈爱之心，救他而自救。为了增加"无尽藏"的财富，三阶教还办了钱庄、当铺等机构，使之成为三阶教的经济支柱。

三阶教虽在隋初有一定发展，但这套末世理论并不符合隋唐封建盛世的社会心态，在民众中始终影响不大。且统治阶级担心这种末世理论会扰乱人心，一直将三阶教视为异端。从隋开皇二十年（600）起，隋唐两朝君主数次明令禁止三阶教流传。佛教内部各主流宗派也排斥三阶教，武周时代明伶等人修订《大周刊定众经目录》，把"三阶杂法"统统列入《伪经目录》。智升的《开元释教录》不仅将三阶教的著作列入《伪妄乱真录》，而且加以严厉批判。但是，三阶教鄙视上层僧侣的豪华生活，厌弃宗派之间的相互攻讦，且"无尽藏"对下层民众有一定吸引力，所以三阶教在唐代民间仍流传了相当长一段时间，不过谱系不清。

---

　①　转引自郭朋：《中国佛教简史》，第 212 页，福建人民出版社，1990。

四　玄奘西行与唯识宗

唯识宗是唐初盛行的一个大乘佛教流派,由玄奘及其弟子窥基创造,得名于"万法唯识"的基本宗教观念。由于该宗侧重于法相分析,故又名法相宗。另外,玄奘西行求法归国后,与弟子长期在长安慈恩寺译经,所以该派又因地得名慈恩宗。唯识宗的传承谱系如下:

无著—世亲—陈那—护法—戒贤—玄奘—窥基—慧沼—智周

无著、世亲是印度佛教大乘有宗的创始人,其思想经过陈那、护法的发展,由戒贤传与玄奘。玄奘从印度照搬回中国。

玄奘(600～664),俗姓陈,河南缑氏人。他幼年出家,投入佛门义海,青年时期游学于洛阳、四川等地,执经问难,崭露头角。他在《涅槃》、《摄论》、《毗昙》的学习中颇有心得,曾讲学于荆湘之间,声名鹊起。后入长安,"遍谒众师,备参异说,详考其理,各擅宗途,验之圣典,亦隐现有异,莫知适从。乃誓游西方,以问所惑"(《大慈恩寺三藏法师传》)。贞观三年(629),玄奘从长安出发,逾甘肃,出敦煌,经新疆及中亚诸国,历尽艰辛,辗转到达中印度摩揭陀国王舍城,入当时印度佛教中心那烂陀寺,向主持寺务的大乘有宗传人戒贤学习瑜伽行一系的学说。其时正值印度大乘佛教的鼎盛时期,仅那烂陀寺即有常住僧人四千多,加上客居僧人逾万。寺中僧人研习佛教各派及俗典(如吠陀,因明、声明等)的学者皆有,玄奘学到了很多知识。同时他本人也因知识渊博,擅长辩论而"声震五竺",是那烂陀寺中少数能通50部经典以上的"三藏法师"之一。戒日王专为玄奘在曲女城举行了"无遮"大会,玄奘"以其所造二论,书于大施场门",并宣布:"其有能破一偈(者),当截舌而谢之。"(靖迈:《古今译经图记》卷四)大会举行了18天,竟无一人驳倒玄奘,故而赢得了全印僧俗信众的尊敬。贞观十九年(645)玄奘结束了17年的留学生涯,携带657部梵本佛经及若干佛像、舍利回到长安,受到了朝廷极高的礼遇。玄奘西行求法,行程五万里,亲践110国,成了当时最有名的旅行家。弟子辨机根据玄奘西行的经历写成《大唐西域记》,详细记述了西域诸国的山川地貌,风土人情,成为世界著名的舆地著作。玄奘回国后的19年中,与弟子有计划、有组织地新译、重译了75部,1135卷佛经,成为我国翻译史上的一大壮举。在译经的同时,玄奘向门人详细讲解大乘有宗的思想，开始了创立唯识宗的工作。玄奘一生全力译经，无暇撰述，故未留下多少著作，他的思想主要保存在弟子窥基的著作中。

窥基（632～682），字洪道，俗姓尉迟，是唐朝开国元勋尉迟敬德的侄子，其父尉迟敬宗为唐左金吾将军，松州都督。窥基 17 岁出家，投身于玄奘门下，28 岁参加《成唯识论》的翻译工作，独任笔受。此书是代表唯识宗思想的主要著作，他又为之作《述记》、《枢要》发挥精义，成为研究唯识宗理论的指南。此外，他还协助玄奘译出《辨中边论》、《唯识二十论》、《异部宗轮论》等经典。他本人的著作现存有：《瑜伽论略纂》、《杂集论疏》、《百法论疏》、《因明大疏》、《大乘法苑义材章》、《金刚经论会译》、《法华玄赞》、《弥勒上生经疏》、《说无诟经疏》等等。由于他的著作以经典注疏为主，时人称其为"百论疏主"。正是在注疏大乘有宗经论的同时，他发挥了唯识宗的思想，使之充实完备，盛极一时。窥基本人则被尊为"慈恩大师"。

慧沼（650～714）是窥基的传人，初随玄奘译经，玄奘去世后又师事窥基。因长住淄州大云寺传法，遂称"淄州大师"。慧沼著有《成唯识了义灯》、《因明纂要》、《能显中边慧日论》等书，对弘扬唯识宗多有贡献。

智周（668～723），俗姓徐、濮阳人。初学天台宗，后转入唯识宗慧沼门下，著有《成唯识论演秘》、《因明疏前记》、《因明疏后记》、《大乘入道次第章》等 10 种。其中《演秘》与窥基的《枢要》，慧沼的《了义灯》，后世被称为"唯识论三疏"，是研究《成唯识论》不可缺少的入门书。新罗人智凤、智鸾、智雄，日本人玄昉等都曾就学于智周，后将唯识宗传播日本，成为奈良六宗之一。

唯识宗的判教体系，将释迦一代的教法分为有、空、中道三时。第一时有教，释迦初成道法，为破除众生的"我执"，在鹿野苑说四《阿含》，昭示四谛、十二因缘、五蕴等法，此为初成时我空说。第二时空教，是因小根器人听四谛诸法，虽断我执，但仍然执迷于法有。佛祖为破除其法执，在灵鹫山上讲《摩诃般若经》，开示诸法皆空之义，此为法空之说。第三时中道教，是因中根器人听释迦说无破有，复起空执，便以二谛性相皆空为无上道理。为除他们的空执，佛祖讲一切法唯识有等之义，此为识外境空之说。唯识宗的判教当然也是为了抬高自己的理论，但客观上也基本正确地反映了印度佛教由小乘而大乘，自空宗至有宗的发展历程。

唯识宗思想的核心是"八识"说，窥基说：

> 唯谓简别，遮无外境；识谓能了，诠有内心。……识性识相，皆不
> 离心。心所心王，以识为主。归心泯相，总言唯识。（《成唯识论述记》
> 卷一）

在他看来，客观世界的一切存在不过是心识的变现，除了人的主观意识，其
他一切均不存在。为了证明这个主观唯心主义的命题，唯识宗对主、客体的
关系展开了烦琐的哲学思辨。他们把人的主观意识分成了八种识。前六识为
眼识、耳识、鼻识、舌识、身识、意识，对客观世界起"了别"作用，区分
外部事物的色、声、香、味、触等感觉，并对外部事物进行常识性的思考。
眼、耳、鼻、舌、身完全是向外的，"唯外门转"，意识则既可追求外境，又
可反省自身，"内外门转"。唯识宗又认为：前六识不会无因而起，总要有所
依据，否则它们不会自行运动。"染污末那为依止"，第七识末那识是前六识
缘起的依据。但是末那识也仅仅是一个"转识"，是连续前六识与"根本依"
阿赖耶识的桥梁。阿赖耶是梵文"藏"的意思，有"能藏"、"所藏"两重含
义，将一切识或种子涵摄其中，所以又可意译为"藏识"、"种识"。《成唯识
论》卷四又说：

> 阿赖耶为依，故有末那转，依止心及意，余转识得生。

第八识阿赖耶识才是其他诸识活动的本原，世间诸法也都是由阿赖耶识变现
出来。

为了进一步说明主观的"识"如何产生出客观的物质世界，唯识宗又把
每一种识分成"见分"和"相分"两个部分。"见分"是每一识的"缘境"
作用，也就是人的主观认识能力。"相分"也就是所缘的外境，指被认识的
客观对象。以眼识为例，人们所以能看到外部世界，就因为眼的"见分"对
"相分"有所照观。但是不论"见分"还是"相分"，都不能离开人的心而存
在，两者都是心识的组成部分，而不是外物。客观世界"唯识所变"，不过
是人心识中的幻影而已。所以窥基说："三界唯心之言，即显三界唯识。"
（《成唯识论述记》卷十四）唯识宗通过主观分析的方法，彻底否定了客观世
界的存在。然而人死识灭，惟有阿赖耶识是永恒的，可以成为轮回转世的主
体。阿赖耶识实际上也就是不死的灵魂。

在阿赖耶识中，还有一种更为神秘的实体，即阿赖耶识种子。这种奇妙的种子可以分成两类，即无漏种子和有漏种子，性质因净、染而分。有漏种子是世间诸法之因，无漏种子是出世间诸法之因。在现世每个人的阿赖耶识中都有这两类种子，而且有漏种子居于多数，便成为凡人陷入苦海之因。唯识宗认为宗教修行的实践，就是用善行对有漏种子不断进行熏习，使之转化为无漏种子，最终悟得"正果"。

为了开辟一条"彻悟"之路，唯识宗在人的认识问题上又提出了"三自性"说。三性就是"遍计所执性"、"依他起性"和"圆成实性"。

> 遍计所执自性者，谓依名言，假立自性。为欲随顺世间言说故。（《显扬圣教论》卷六）

"遍计所执性"是指，顺随了世间种种俗论，周遍计度，妄执我、法皆为实有，是最为"迷妄"的见解。

> 心心所及所变现，众缘生故，如幻事等，非有似有，诳惑愚夫，一切皆名依他起性。（《成唯识论》卷八）

"依他起性"是指，万法虽无自性，但毕竟因缘而起，故属"依他起性"。"诳惑愚夫"信以为真，仍是一种错误的见解。

> 云何圆成实自性？谓诸法真如。圣智所行，圣智境界，圣智所缘。（《瑜伽师地论》卷七十三）

"圆成实性"即是诸法的真如实体，透过了外物虚幻的假象，就可以达到这样一种真实圆满的"圣智境界"。

关于人们修行的结果，唯识宗严守从印度取来的"真经"，不承认众生皆有成佛的可能性。他们认为修行者有五性之别。①声闻乘种姓，依照佛法修行，将来可以证得阿罗汉果。②独觉乘种姓，不必听佛说法，可依自力观察十二因缘而悟道，所以又称为缘觉种姓。但他们还属于小乘种姓，只能成为辟支佛，能自救而不能普度众生。③菩萨乘种姓，也就是大乘种姓，依法修行将来可以成佛。④不定乘种姓，即可上可下，可修成阿罗汉，也可成佛。⑤无种姓，也就是"一阐提"人，没有佛性，根本不能成佛。南北朝自竺道生以后，中国佛教的大多数流派都接受了"众生皆有佛性"的观点，承认"一阐提"人也可成佛。到了唐代，天台宗传人湛然甚至极而言之，提出"无情有性"说，视砖石草木皆有佛性。这一方面是为了极力扩大佛教在下层人民群众中的影响力，另一方面也反映了魏晋门阀制度衰落后，身份等级制度已经消亡的现实。唯识宗在这种形势下仍然坚持反映印度种姓制度的宗教观念，连"成佛"这样一种虚幻的利益都不肯施舍与平民，自然不适应当时的"国情"、"民心"。且唯识宗哲学范畴烦琐，修习过程漫长，不利于吸引教徒参与，故数传之后便急剧衰微了。

最后，唯识宗传播印度因明学的贡献特别值得介绍。因明是梵文 Hetu-vidya 的音译。"因"指推理的根据、理由，"明"指知识、智慧，因明学便是通过论证和推理探讨智慧的学问。因明学通过宗、因、喻"三支"构成一个逻辑三段论，进行推理、辩论。古印度因明学者曾以五支法为中心，对思维活动的逻辑规则和逻辑错误进行过研究，归纳出因三相、九句因、离与合等逻辑规则。他们把逻辑错误称为"似"，或"过失论"，包括宗九过，因十四过，对宗、因、喻、合、结五阶段中可能出现的逻辑错误一一指出。五六世纪，印度瑜伽行系的学者陈那对古因明学进行了吸收和改造，改五支做法为三支做法，创立了新因明学，并用来论证佛教原理。玄奘留学那烂陀寺，得陈那、护法、戒贤一系的嫡传，对因明学深有研究。印度戒日王为他举行无遮大会时，玄奘所立"真唯识量"就是用因明三段论写成的。

> 真故，极成色，定不离眼识（宗）
> 自许初三摄，眼所不摄故（因）
> 如眼识（喻）

在这个三段论中，"宗"是论题，玄奘要说明大乘有宗的真理，即人们共同承认（极成色）的可见物质，都不能离开眼识而存在。"因"是论据，因为我们认为色属于眼根、色尘和眼识（初三），而又不仅仅属于眼睛的器官。"喻"是结论，如人的视觉现象。由于玄奘逻辑严谨，所以才能"凡一十八日，莫敢当者"（靖迈：《古今译经图记》卷四）。回国以后，玄奘主持翻译了《因明入正理论》、《因明正理门论》等著作，为中国逻辑学、思维科学的发展引进了新的内容。这也是他对中华文明的进程作出的重大贡献。

五　注重理论思辨的华严宗

华严宗因崇奉《大方广佛华严经》而得名。其实际创始人法藏曾被武则天赐名"贤首"，故此宗亦称贤首宗。另外，该宗派在理论上以发挥"法界缘起"论为特色，又称为法界宗。

《华严经》是印度大乘佛教的重要经典之一，东汉即有译本。东晋时由佛陀跋陀罗译出 60 卷本《华严经》，影响渐大，有不少研究者，但未形成宗派。陈隋之际的杜顺是华严宗的开拓者，其传承谱系如下：

> 杜顺—智俨—法藏—慧苑—法铣—澄观—宗密……

杜顺（557～640），俗姓杜，雍州万年（今陕西长安县）人，又名法顺。他 18 岁出家，初学禅，师事因圣寺僧珍。后隐居终南山，以宣扬《华严经》著名。相传著有《华严法界观门》、《华严五教止观》。智俨（602～668），俗姓赵，天水人，12 岁出家，从杜顺受具足戒后，到处参学。在至相寺智正处听讲《华严经》，又钻研地论师慧光的经疏，领会《华严》别教一乘无尽缘起要旨和《十地经论》中的六相义。智俨著有《华严经搜玄记》、《华严一乘十玄门》、《华严五十要问答》，华严宗的理论至此初具雏形。法藏（643～712）是华严宗的实际组织者，其祖先为康居人，俗姓康。法藏 17 岁入太白山求法，听智俨讲《华严经》，深通玄奥。28 岁时武后请他到太原寺讲《华严经》。后获悉地婆诃罗从中印度带来《华严经·入法界品》的梵文本，他又参加了 80 卷本《华严经》的翻译工作。法藏奉敕入宫为武则天讲解华严宗的"十玄"、"六相"义旨，指宫中金狮子作喻，其讲义便是有名的《华严金师子章》。他还著有《华严经探玄记》、《华严一乘教义分齐章》、《华严经旨归》、《华严经问答》等，后世多保留了下来。至此华严宗的观门、教相建立周备，再加上武则天的信奉和提倡，并为《华严》新经作序，使华严宗在当时盛极一时。法藏的弟子很多，慧苑、慧英、宏观、文超、智超、玄一等皆是其中佼佼者。他们从不同角度对华严宗理论有所发展，但因而也生出许多歧义。慧苑传法铣（718～778），法铣传澄观（736～839）。澄观以纠正歧义，恢复法藏时代华严宗原貌而著名。后世认为澄观中兴了华严宗，被尊为四祖。他的社会影响很大，因久居五台山，故被皇帝赐名为"清凉国师"。澄观著有《华严经疏》、《随疏演义钞》、《三圣圆融观》、《法界玄镜》等著作。华严五祖宗密（780～841）是澄观的弟子，以诵经、修禅为业，提倡华严、禅宗思想融合的禅、教合一说，所以也被称为"圭峰禅师"。宗密著有《华严经行愿品别行疏钞》、《注华严法界观门》、《圆觉经大疏》、《华严原人论》、《禅源诸诠集都序》、《禅门师资承袭图》等。据宋《高僧传》说，宗密著作"凡二百许卷"，其中《原人论》、《都序》、《承袭图》是关于华严宗、禅宗重要的宗教史著作，有很高的史料价值。宗密死后4年，发生了唐武宗会昌灭佛事件，华严宗势力急剧衰落。五代以后虽仍有传人，但社会影响已经很小了。不过许多重要的宗教理论，却被禅宗及宋明理学家所继承，成为中国哲学的重要组成部分。

华严宗立"五教十宗"的判教体系，几乎成了一部印度佛教的发展史。"五教"指：

①小乘教，是佛为不能接受大乘教义的声闻乘人所立之教，包括四《阿含经》、《僧祇》、《四分》、《十诵》诸律及《发智》、《成实》、《俱舍》诸论。

②大乘始教，是佛祖为从小乘转入大乘之人所说之法。大乘始教又分空、相二门，其中空始教包括《般若经》及《中论》、《百论》和《十二门论》。相始教包括《解深密经》及《瑜伽》、《唯实》诸论。

③大乘终教，是大乘中的终极教门，指《楞伽》、《密严》、《胜鬘》诸经及《起性》、《宝信》诸论。

④大乘顿教，是大乘中专修顿悟的教门，指《维摩经》等。

⑤大乘圆教，是大乘佛教中圆融无碍的教门，专指《华严宗》。

"十宗"是具体把印度的大小乘佛教流派分到"五教"之内。

①我法俱有宗，指犊子、法上、贤胄、正量、密林山诸部。

②法有我无宗，指说一切有、雪山、多闻、化地诸部。

③法无去来宗，指大众、鸡胤、制多山、西山住、北山住诸宗。

④现通假实宗，指说假部。

⑤俗妄真实宗，指说出世部。

⑥诸法但名宗，指一说部。

⑦一切皆空宗，指大乘教中的空始教。

⑧真德不空宗，指大乘终教。

⑨相想俱绝宗，指大乘顿教。

⑩圆明具德宗，指一乘圆教。

华严宗的判教体系虽不完全符合印度佛教发展的轨迹，有时为了体系而牺牲事实，但是它毕竟将印度佛教部派时期和大乘时期诸派及信奉的经典勾画了出来，有较高的史料价值。

华严宗的基本理论是"法界缘起"说，如澄观所言："此经（指《华严经》）以法界缘起……为宗也。"（《华严策略》）他们将世界的一切存在，包括宇宙万法、有为无为、一多、总别、净染诸种差别，统统囊括在"一真法界"这个概念之中。而法界又是"唯心缘起"的，"尘是心缘，心是尘因，因缘和合，幻相方生"（《华严义海百门》）。按照佛教的缘起说，万法都不是孤立的、绝对的、客观的存在，必须依赖一定条件，而心则是万法缘起的最根本条件。"尘是心自现，由自心现，即与自心为缘。由缘前现，心法方起。"（同上）通过法界缘起论，华严宗便把一切客观存在都说成了由心识引起的幻象，从而达到了佛教否定客观世界的存在及其价值，引导人们追求涅槃彼岸的目的。

华严宗又发明了"六相圆融"、"一多相摄"等一系相对主义范畴，用以进一步说明诸法皆无自性，都是虚幻不真的。"六相"指总相（全体）、别相（部分）、同相、异相、成相、坏相。这些范畴本是相互依存、相互制约、对立统一的。但华严宗却抽出了其中的对立讲统一，把相互依存说成了相互等同，故而得出万法圆融无碍的结论。以总相、别相为例，他们说：

> "何者是总相？"答："舍是。""此但椽等诸缘。何者是舍耶？""椽即是舍。""何以故？""为椽全自独能作舍故。若离于椽，舍即不成。若得椽时，即得舍矣。"（《华严一乘教义分齐章》卷四）

房子是总相，椽、瓦等建材是别相，离了椽、瓦诸缘也就没有房子，所以说有了椽、瓦诸缘也便有了房子。华严宗由此便得出结论：别相即总相，总相即别相。其他四相的关系大致也是如此。华严宗教人们"六相圆融"的观法，就是让人们看淡社会上的种种差别和矛盾，"是故大小随心回转，即入无碍"（《华严义海观门》）。看破红尘即可解脱，他们用"十玄门"来形容这种没有矛盾，圆满无缺，诸方协调的精神境界。①同时俱足相应门。②一多相容不同门。③诸法相即自在门。④因陀罗网镜门。⑤微细相容安立门。⑥秘密隐显俱成门。⑦诸藏纯杂俱德门。⑧十世隔法异成门。⑨唯心回转变成门。⑩托事显法生解门。"十玄门"是华严宗追求的最高境界，在这里每一事物皆成为世界中不可分割的一部分，就像天帝头上戴的结了宝珠的网帽子，每颗宝珠都照见其他宝珠的影子，而自己的影子又反映在每一颗宝珠之中，交相辉映，重重无尽，无不圆足。所以华严宗处处以佛教发展的最高水平的"一乘圆教"自居。

华严宗否定现实世界的真实性，是为了把人们的精神引向彼岸世界。但在对天国的理解上他们与唯识宗又不相同。唯识宗把天国设置在现世之外，强调必须经过对阿赖耶识种子的累世熏习方可达到。华严宗认为这是渐教的方法，天国与现世的距离太大会减少对教徒的吸引力。因此他们提出了"四法界"理论，将天国安置在现世之中。"四法界"是：

①事法界："界是分义，一一差别，有分齐故。"（《华严法界观门》注）这是现实的世界，存在着无尽的差别、矛盾和烦恼。

②理法界："界是性义，无尽事法，同一性故。"（同上）在真如佛性之中，一切事物的差异消失了，展现了其本质的圆融无碍。

③理事无碍法界："具性、分义，性分无碍故。"（同上）理在事中，事界的分歧无碍理界的圆通，互不干扰，平安相得。

④事事无碍法界："一切分齐事法，一一如性融通，重重无尽故。"（同上）在获得了佛教圆融无碍的真理以后，再反观现实的世界，事法界的种种差异也变得圆融无碍了。由于理在事中，故成佛不必离境他求，只要通过诵经、习禅，转换思想方法，舍迷入真，即可流入菩提若海，也就是涅槃成佛了。

华严宗是一个中国化的佛教流派，从其思想内容看，他们越来越多地吸收了中国文化中天人合一、体用无间的思想，形成佛教式的辩证理论。而且他们的思想范畴，对后世的宋明理学也产生了很大影响。

六　高度中国化的佛教宗派——禅宗

（一）禅宗的创立与传承

禅宗是一个彻底中国化了的佛教宗派，而且在中国佛教史上影响最大。因其以"直证本心"为宗旨，故亦称"佛心宗"。按照禅宗自己开列的传承谱系，西土从释迦牟尼到菩提达摩共28祖，其说并无实据。中国禅宗谱系如下页。

达摩生卒年月不详，南天竺人，梁中叶泛舟过海来到中国。曾应梁武帝之请到金陵与帝对答，但因机缘不契，遂渡江到洛阳，入嵩山少林寺，面壁而坐，终日不语，七年之后终于创造了一种以"壁观"、"理入"为名目的

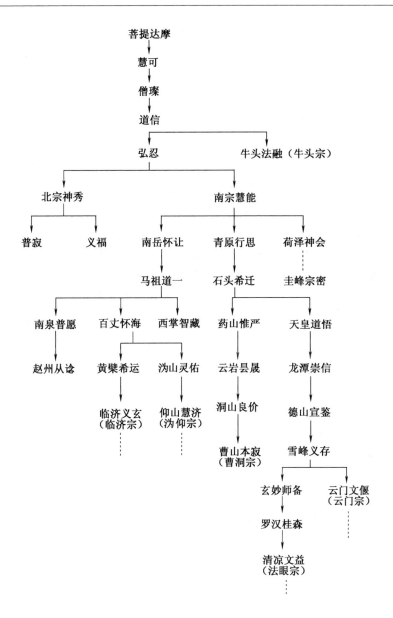

新禅法，此为禅宗创源。达摩传法于慧可，慧可传与僧璨（？～606）。据说僧璨"隐于司空山，肃然静坐，不出文记，秘不传法"（《楞伽师资记》）。自达摩以来，禅宗师徒皆重视《楞伽经》，故慧可、僧璨当时被归入楞伽师。四祖道信（580～651），俗姓司马，13岁入皖公山谒僧璨，奉侍九年，求解脱法门。得衣钵后去吉州、江州、庐山等地传法，后入黄梅山隐居30余年。

道信门下弘忍、法融最为著名。法融学成后入牛头山，开创了禅宗的支系牛头宗。弘忍（602～675）俗姓周，黄梅（今湖北黄梅）人，7 岁时便随道信出家，认为一直追随左右。道信"知其可教"，"悉以其道授之"。得衣钵后为禅宗五祖，常年在家乡黄梅的东山寺传法。门下弟子已达 700 余人，时人称之为东山法门。弘忍常劝僧俗持《金刚经》，似已离开了禅宗初期以《楞伽经》为宗经的传统。弘忍著有《最上乘论》。晚年欲传法时，让弟子各出一偈以证心意。上座弟子神秀曰："身是菩提树，心如明镜台。时时勤拂拭，莫使有尘埃。"（敦煌写本《坛经》）神秀的偈子，表达了他重视宗教修习的渐悟倾向。当时仅为伙头僧的慧能不识字，请人代笔写一偈曰："菩提本非树，明镜亦无台。佛性常清净，何处有尘埃。"（同上）弘忍认为慧能的见解更为彻底、深刻，便将衣钵传给了慧能。因惧怕上座神秀加害，慧能深夜携衣钵潜往广东。从此禅宗分裂成"北渐南顿"两大支系。

北宗神秀（606～706），俗姓李，开封人。少年出家，投于弘忍门下，为七百众之首。弘忍死后统领僧众，住荆州当阳山度门寺。武后闻其高名，请神秀去长安传法，在内道场供养。中宗尤加重之，时有"两京法主"，"三帝国师"之称。弟子普寂（651～739），俗姓冯，幼年出家，初学律宗，后投于神秀门下。中宗时因神秀年事已高，下诏令他代管僧众，在长安传法 20 余年。义福（658～736），俗姓姜，幼年出家，住荆州师事神秀。后到终南山感化寺、长安慈恩寺弘扬禅法，上下尊信。这一段时间北宗势力强大，超过南宗。不过，由于北宗在理论上缺少实质性发展，不久即为南宗取代。

南宗慧能（638～713），亦名惠能，俗姓卢，新州（今广东新兴）人。他本是一名不识字的樵夫，靠打柴养母度日。一日因闻人诵《金刚经》而有所领悟，投入黄梅弘忍门下充伙头僧。初时慧能并不受重视，因作得法偈而震惊四座，得衣钵后隐居广东深山 15 年。出身和经历使慧能不满意佛教当时日益贵族化，脱离广大民众的倾向。在十几年的隐遁生活中，他创造了自己一套"直证本心"，"顿悟成佛"的思想体系。出山后相继在广东韶关大梵寺、曹溪宝林寺传法，以"见性成佛"的简单法门，一扫几百年来佛教大量译经、读经，大搞宗教仪式，长时间坐禅修炼的方法，在僧俗中造成了极大的震动。慧能的宗教改革乃是中国禅宗的真正创源，禅宗的思想和流派迅速遍及全国。慧能留下的惟一著作是《坛经》，这也是中国僧人撰写的，惟一称为"经"的著作。《坛经》最早的版本由弟子法海整理而成，书名长达 32 字；《南宗顿教最上大乘摩诃般若波罗蜜经六祖慧能大师于韶州大梵寺施法坛经》，全经仅 12000 字，一卷，不分目，57 节，目前仅存敦煌写本。此后又陆续出现了三个版本，一是唐代僧人惠昕编的《六祖坛经》，分上、下卷，共 11 门，57 节，14000 余字，简称"古本"。二是未署名人编纂的《六祖大师法宝坛经曹溪原本》，一卷 10 品，20000 余字，简称"曹溪原本"。有人推测此为宋代高僧契嵩所作，对《坛经》作了较大幅度的调整，将许多注释编入了正文，使文字量较最初增加了近一倍。三是元朝至元二十八年（1291）僧人宗宝改编的《六祖大师法宝坛经》，一卷 10 品，品目与前本不尽相同，文字大部分同，为常见流行本，俗称"宗宝本"。

慧能身后，禅宗分成了荷泽、青原、南岳三大系统。荷泽神会（？～760），俗姓高，襄阳（今湖北襄阳）人。初师神秀，后投入慧能门下，秘密传法后去岭北弘教。当时北宗势力正盛，神会在河南滑台大云寺设无遮大会，阐扬南宗教旨。后到洛阳活动，著有《南宗定是非论》、《显宗论》，攻击北宗，指出南宗慧能才是达摩一系的正传。"安史之乱"后，神会积极协助政府设坛度僧收"香水钱"以供军需，受到肃宗的嘉奖。后住持洛阳荷泽寺，被称为"荷泽大师"。此后北宗门庭冷落，南宗思想流布全国。德宗时楷定禅门宗旨，定神会为禅宗七祖。其统绪为荷泽宗，弟子有无名、法如，三传为圭峰宗密，倡禅教合一，亦为华严宗传人。荷泽宗至此中绝。

南岳怀让（677～744），俗姓杜，金州安康（今属陕西）人。他少年出家，在曹溪投于慧能门下，相侍 15 年，问答契机。得法印后往南岳般若寺观音台传教 30 余年。怀让弟子众多，其中以马祖道一最为著名。道一（709～788），俗姓马，后世人称马祖。他投于南岳后，终日坐禅。怀让问曰："大德坐禅图什么？"道一答："图作佛。"怀让乃取一砖在地上磨，道一问："磨砖作么？"答："磨作镜。"道一愕然曰："磨砖岂能作镜耶？"怀让乘机开导曰："磨砖既不能作镜，坐禅岂得成佛？"（参见《古尊宿语录》卷一）道一顿时开悟。道一得法后建立丛林，聚众说法，门下有南泉普愿、西掌智藏、百丈怀海等名僧 129 人，各为一方宗主，禅宗自此大盛。

怀海（720～814），俗姓王，福建长安人。怀海以前禅僧多居律寺，怀海认为禅宗与律宗习惯不同，创设禅院，并制定了《禅门规式》规范禅僧的日常生活，后世便是影响巨大的《百丈清规》。怀海提倡"一日不作，一日不食"的农禅作风。《宋高僧传》载："令不论高下，尽入僧堂……朝参夕聚，饮食随宜，示节俭也；行普请法，示上下均力也。""普请"即普遍参加劳动的制度，通过农耕自食其力，一改以前僧人好逸恶劳，仅以布施为生的习惯，成为中国僧人生活方式上的一大革命。"普请"制度的实行，减少了禅林对统治者的依赖，扩大了禅宗的平民性质。特别是在日后的"会昌法难"中，能使禅宗顺利地利用自力渡过危机，成为整个佛教中占主导地位的宗派。百丈怀海门下，由沩山灵祐（771～853）和仰山慧济（807～883）创立了沩仰宗，五代时曾经繁盛一时，至宋代而早衰。而由黄檗希运和临济义玄（？～867）创立的临济宗，则成为禅宗中最为发达的流派，直至当代仍在传播。义玄俗姓邢，曹州南华人，"幼而颖异，长以孝闻"，出家后得黄檗印可。他在精研诸部经典后慨叹："此济世医方也，非教外别传之旨。"（参见《天人眼目》卷一）他认为只有用慧能开创的不读经、不拜佛的"教外别传"，才能达到普度众生的目的。义玄对慧能的思想作了最为充分的发挥，他说："你欲得如法见解，但莫受人惑，向里向外，逢着便杀。逢佛杀佛，逢祖杀祖，逢罗汉杀罗汉，逢父母杀父母，逢亲眷杀亲眷，始得解脱。"（《古尊宿语录》卷四）他所谓的杀是指摆脱社会上种种关系的束缚，去追求精神的绝对自由。他把诵经讽刺为："把粪块子向口里含过，吐与别人"，视佛祖"犹如孔厕"。由于义玄的思想作风彻底，故在禅宗诸家里树立了机锋峻烈，痛快淋漓的风格。

青原行思（？～740），俗姓刘，吉州庐陵（今江西吉安）人。出家受戒后投于慧能门下，问答契机，为会下上首。得法印后回家乡青原山静居寺阐化。同门希迁（700～790）后又投于行思门下，人称石头和尚。下传药山惟严（751～843）和天皇道悟（746～807）等21人。唐末五代，从药山惟严门下产生出洞山良价（807～869）和曹山本寂（837～908）的曹洞宗。其宗风以绵密回互，妙用亲切而闻名，并创造了"五位君臣"等接引学人的方法。曹洞宗法系虽不如临济宗发达，但连绵不绝，一直传至晚近。从天皇道悟门下产生出云门文偃（？～949）的云门宗和玄妙师备（837～908）、罗汉桂森（生卒年月不详）、清凉文益（885～958）的法眼宗。此两宗在宋初皆很活跃，至宋中叶中绝。这样，禅宗在唐末五代，共形成了沩仰、临济、曹洞、云门、法眼五宗，兴旺发达。

（二）禅宗的思想及其修习方法

禅宗的"禅"字由梵文 Dhyāna 音译而来，也译为"禅那"，意译则为"思维修"、"弃恶"、"静虑"之意。禅定是佛教的六度之一，在印度大、小乘佛教都很重视，因而形成大、小乘不同的禅法。东汉时安世高便开始在中国传播小乘禅法，深受北方僧俗信众的欢迎。达摩到少林寺以后所创"壁观"与传统禅法不同，不仅是冥心静坐，而且是"理入"。

> 理入者，藉教悟空，深信含生同一真性，客尘障故，令舍伪归真凝住壁观，无自无他，凡圣等一，坚持不移，不随他教，与道冥符。（道宣：《唐高僧传》）

达摩之意，借禅定思虑自身的佛性，坚定信念，尽扫尘迷，与真如合一。从达摩到弘忍，可以视为禅宗发展的理论准备阶段。六祖慧能发挥了达摩面壁参禅的倾向，又抛弃了"二入"、"四行"等烦琐规定，提倡单刀直入，直示心中佛性。他说：

> 本性是佛，离性无别佛。（《坛经·般若品》）
> 汝今当信，佛知见者，只汝自心，更无别佛。（《坛经·机缘品》）

所以说"心即真如"，山川草木，菩提诸法皆由人心所造。

> 心生则种种法生，心灭则种种法灭。一心不生，则万法无咎。（《古尊宿语录》卷三）

在心与法的关系上，慧能因参与一次辩论而震惊禅林。当时他刚刚结束岭南的隐居生活。

> 初至法性寺，值印宗法师讲《涅槃经》。时有风吹幡动，一僧曰风动，一僧曰幡动，议论不已。惠能进曰："不是风动，不是幡动，仁者心动。"一众骇然。（《坛经·行由品》）

慧能从此声名鹊起。他所以能凭借 12000 字的《坛经》征服拥有卷帙浩繁经典的其他众多宗派，根本原因就在于他抓住了佛教哲学中主体与客体这一对基本矛盾。大乘空宗对诸法性空的复杂论证，唯识宗抽象思辨的"八识"学说，华严宗"心尘互为缘起"、"四法界"、"六相圆融"等烦琐的哲学范畴，不过都是要把客观世界说成是心中的幻相。而禅宗利用认识过程中客体与主体的相关性，客体需要主体印证这一实际现象，把客体偷换成客观世界，结果就变成了客观世界依赖主观精神而存在。慧能心吞万法，言简意赅，高屋建瓴，一下子把陷入印度佛教哲学烦琐范畴而不可自拔的中国僧侣都吸引到自己的简单法门之下。

既然真如尽在自心，那么成佛便是一件极为简单的事情。

> 万法尽在自心，何不从心中顿见真如。(《坛经·机缘品》)

禅宗反对大量读经拜佛，

> 菩提只向心觅，何劳向外求玄？所说依此修行，西方只在眼前。(《坛经·疑问品》)

他们更反对头陀苦行、西行求法。

> 东方人造罪，念佛求生西方；西方人造罪，念佛求生何国？凡愚不了自性，不识身中净土，顾东顾西。悟人在处一般，所以佛言随住处恒安乐。(同上)

甚至名为禅宗，他们连坐禅也反对。

> 生来坐不卧，死去卧不坐，一具臭骨头，何为立功课。(《坛经·顿渐品》)

禅宗一扫繁芜的佛教修习仪式，提倡顿悟成佛。竺道生讲顿悟，但还不反对"十住"之内的渐次修行。而慧能则将顿、渐截然分开，认为真正的觉悟完全不要过程。慧能认为人心本是一个不可分的整体，"但直下无心，本体自现"，觉悟只在反身自照的一瞬间，"前念迷即凡夫，后念悟即佛。前念著境即烦恼，后念离境即菩提"(《坛经·疑问品》)。所以禅宗有"苦海无边，回头是岸"，"放下屠刀，立地成佛"的说法。同时禅宗又强调，觉悟是一个因人而异的具体过程，没有统一的模式，也不能用语言来表达。"如人饮水，冷暖自知"，佛经也好，师祖的教诲也好，都不能代替自证自悟。

慧能开拓了禅宗追求精神解脱的总方向，并强调这种解脱是个性化的。

慧能以后禅宗诸派，创造了"机锋"、"棒喝"、"四宾主"、"四照用"、"五位君臣"等一系列开启学人智慧的具体方法，形成了中国禅宗不同于传统佛教的最大特色。

"机锋"是禅宗非常特别的教学手段。他们反对"藉教悟宗"，而主张"不立文字，教外别传"，即在教学过程中触景生情，信手拈来一些"机缘"，如锋刀利斧一般，对受学者对症下药，解粘去缚，促其猛醒。所以禅师教学往往并不直接回答弟子的提问，而是用一些意蕴不明或答非所问的语言、动作、声音来启迪弟子的智慧。例如禅门公案记载：曹山本寂问洞山良价"如何是佛？"良价答曰："麻三斤。"本寂因此而开悟。这个"机锋"从字面上看是完全不可理解的。但是如果放在禅宗整个思想体系中考察，这正反映了禅宗追求"自返本心"、"意在言外"的宗旨。大师就是在用文不对题、言不及义的回答激发学者自身思考的兴趣，自佛自悟，不依他求。对于迷惑甚深之人，他们则运用当头"棒喝"，甚至拳打脚踢，使其幡然醒悟。如一个小和尚问马祖道一，"如何是佛祖西来意？"当即被打了一个耳光。又如德山宣鉴与弟子问答，声称："道得也三十棒，道不得也三十棒"，对弟子开口便打。（参见《五灯会元》卷七《德山宣鉴禅师》）这主要是由于提问者思维方式不对，顺此思路只能陷入邪途，故而对他猛击一掌，使之恍然大悟。禅宗的这套教学方法，在具体环境中，针对具体对象可能是行之有效的，但推而广之则难免流于形式。这种倾向在后期禅宗中表现得相当严重。

"四宾主"是临济义玄提出的教学方法。禅僧四处游学，师生相对并不了解对方的底细，不知谁是真正了悟了佛法大意的"主"，谁是尚未入门的"宾"。如果师傅觉悟了而徒弟尚未觉悟是"主看宾"，如果师傅反而不如徒弟觉悟程度高则是"宾看主"。如果双方都觉悟了是"主看主"，如果双方皆未觉悟则是"宾看宾"。"四宾主"是双方相互试探的"机锋"。"四照用"是临济宗根据弟子存在的"法执"、"我执"所采用的教学方法。义玄说：

> 我有时先照后用，有时先用后照，有时照用同时，有时照用不同时。（《天人眼目》卷一）

对待客体叫"照"，对待主体叫"用"，对一些人先用"照"破其"法执"，后以"用"破其"我执"，对另一些人则相反。有时"照"、"用"同使，有时分开运用，完全是因材施教。对于在法、我两方面有所"执著"的人，则

用"四料拣"之法。义玄又说:

> 我有时夺人不夺境,有时夺境不夺人,有时人境俱夺,有时人境俱
> 不夺。(同上)

对待放弃"法执",仅有"我执"之人要"夺人",用诗化的语言形容是"是
处有芳草,满城无故人"。对于放弃了"我执"而存"法执"之人则要"夺
境",即"上苑花已谢,车马尚骈阗"。对于同时存在法、我两执错误的人则
要"人境俱夺",这种情景如"云散水流去,寂然天地空"。而放弃了法、我
两执的人则如同"一片月生海,几家人上楼",达到了很高的境界。

"五位君臣"是曹洞宗的核心观点,如本寂所说:"此吾法之宗要也。"
君与臣是曹洞宗对真如与诸法的一种概括,君为正、为体、为空、为真、为
理,臣为偏、为用、为色、为俗、为事。君与臣的相互关系是:

君位	正中偏
臣位	偏中正
君视臣	正中来
臣向君	偏中至
君臣合	兼中到

前两位是说明君与臣的性质,后三位是讲相互关系。"正中来者,背理就
事",有偏于事而昧理的危险。"偏中至者,舍事入理"也有偏于理而废事的
"顽空"之忧。只有"兼中到"、"君臣合"才是"空有不二","理事圆融"
的最高境界。

通观慧能的宗教改革以及禅宗的修习方法,可以说他们使佛教与孟子的
"万物皆备于我,反身而诚","尽心、知性、知天",老子的"静观"、"玄
览"等中国传统思维方式高度冥合,使中国士人更容易接受。禅宗反对出家
苦行,不主张大量诵经、大搞祈祷等复杂的宗教仪式,大大降低了佛国的门
槛,在下层劳动群众中吸引了大批信徒。经过"会昌法难"的打击,佛教其
他流派都衰落了,惟有禅宗能迅速恢复。五代以后禅宗一枝独秀,到宋代禅
与佛几乎成了同义语,中国化和大众化是其奥秘。不过,慧能的宗教改革也
在佛教内部留下了潜在的危机。他们极力缩小天国与现世间的距离,使凡夫
与佛仅隔一念。极而言之,佛法不过是"吃饭、着衣、屙屎、送尿","运水
搬柴即是般若",结果大大降低了佛国的神圣性,使佛教逐渐走向了世俗化

的道路，在思想史上的地位开始降低。

七　律宗、净土宗和密宗

隋唐盛行的佛教流派中还有律宗、净土宗和密宗。一般讲他们的理论相对简单，或流行地域有限，或传播时间较短，故介绍相对从略。

（一）律　宗

律宗是中国佛教史上以研习和传持戒律为主的宗派。它所依持的主要经典是《四分律》，故又称为四分律宗。律是佛教徒的行为规范，有了统一的规范，宗教组织才能团结有力，教徒行为才能整齐划一，在群众中产生较大影响。所以佛教一向重视戒律的作用，从典籍上说，戒律是经、律、论三藏之一；从教义上说，戒律是戒、定、慧三学之首。律宗特别强调："金科玉律，唯佛能制"，戒律全部出自佛祖之手，神圣不可违背。实际上，释迦在世时的原始佛教只有"五戒"、"十戒"等一些简单的戒条。后世汗牛充栋的"律藏"出于印度佛教的部派时期。其中，昙无德部的《四分律》，萨婆多部的《十诵律》，弥沙基部的《五分律》，上座、大众二部的《摩诃僧祇律》在曹魏以后相继传入我国。魏正元二年（255），昙柯迦罗译出《昙无德（法藏）羯摩》（即《四分律》原本），并正式剃度中国僧人，开律宗之源。所以后世律宗奉昙柯迦罗为始祖，其谱系如下：

昙无德……昙柯迦罗—法聪—道覆—慧光—道云

│—智首—道宣（南山宗）……

│→法胜洪尊—法励（相部宗）

↓

怀素（东塔宗）

实际上在道宣以前律宗并未形成宗派，道宣才是中国律宗的实际开拓者。

道宣（596～667），俗姓钱，江苏丹徒人，从智首律师受具戒，学习各部律戒，并特别偏重《四分律》，著有《四分律含注戒本疏》、《四分律删补随机羯摩疏》、《四分律拾毗尼义钞》，被后来教徒称为律学三大部，对《四分律》作了定于一尊的解释。因道宣长年在终南山隐居传道，故其宗派称为南山宗。与道宣同时并弘《四分律》的还有相卅日光寺的法励（569～635），开始了相部宗。法励的弟子怀素（625～698）在西太原寺东塔开创了东塔宗。唐代律宗三宗并立，互有争论，繁盛一时。但是不久相部、东塔二宗相继衰微，唯南山一宗独承法系，绵延不绝。

隋唐律宗传人中还有一个特别值得一提的人物。南山律宗传人鉴真（688～763），俗姓淳于，广陵江阳（今江苏扬州）人，自幼出家，游历洛阳、长安等地。开元年间长住扬州大明寺，以戒律化导一方。天宝元年（742）应日本留学僧荣寂和普照之请，决心东渡日本传戒。先后五次渡海未成，双目失明，可意志愈坚。天宝十二年（753）鉴真终于渡海成功，到达奈良时受到了热烈的欢迎。天皇下达诏书曰："自今以后，授戒传律，一任和上"，并授鉴真"传灯大师"号。后又仿照唐代建筑式样造唐招提寺，作为受戒传律的基地，开日本律宗之源。鉴真东渡，除带去大量佛经、佛像外，还携去大批文化典籍、医药和艺术品，对发展日本的医学、雕塑和建筑都做出了巨大的贡献。所以中日两国人民都把鉴真和尚作为友谊使者爱戴、尊敬。

律宗将佛教戒律归纳为"止持"、"作持"二类。比丘、比丘尼二众制止身、口、意作恶的"别解脱戒"为"止持戒"。《四分律》的前半部主要是讲"止持戒"的。安居、说戒、悔过等行为规则为"作持戒"，在《四分律》的后半部讲解。律宗又将教理分为戒法、戒体、戒行、戒相四科。戒法是佛祖所制各种戒律。戒体是弟子受戒时领受在心的法体，即在心理上形成的制止作恶的能力。戒行是受戒后随顺戒体，防止三业罪恶的如法行为。戒相是由戒行坚固而表现于外可作轨范的相状。四者中戒体是问题的核心，律宗三派对此存有争议，主要争论戒体是精神性的"心法"还是物质性的"色法"。东塔怀素从《俱舍论》，倡"色法戒体论"；相部法励从《成实论》，倡"非色非心戒体论"；南山道宣参加过玄奘的译场，受《成唯识论》影响，以阿赖耶识为戒体，倡"心法戒体论"。这一争论的实质是道德源泉来自外界还是生于自心的问题，最后道宣一派取得了辩论的胜利。

律宗的判教分为化教和制教两种，以此总括佛教诸派。化教由佛陀经、论所诠，是如来教化众生，使其发生禅定和智慧的教法。化教又分性空、相空和唯识三教。制教由戒律所诠，是如来教戒众生，对其行为加以制御的教法。制教又可分为实法、假名、圆教三宗。实法宗依《俱舍》主张"色法戒体"，假名宗依《成实》主张"非色非心戒体"，圆教宗则依《法华》、《涅槃》、《楞伽》主张"心法戒体"。南山律宗认为自己就是代表佛教最高水平的圆教宗。

（二）净土宗

净土宗是中国佛教流派中专修往生阿弥陀佛西方净土的法门，又称为莲宗。向往西方乐土的思想在中国产生很早，东晋高僧慧远就曾与弟子123人结白莲社，在庐山精舍阿弥陀佛像前建斋立誓，共期念佛往生西方净土。故后世把慧远奉为净土宗始祖。不过当时并未形成净土宗流派，只是代有修习者。东魏昙鸾（476～542）是其中重要的传承者。他曾向陶弘景学过长生术，后得菩提流支译《观无量寿佛经》，改信净土，著有《安乐净土义》、《赞阿弥陀佛偈》。昙鸾以后有灵祐（518～605）、净影慧远（523～592）、智顗（538～597）、吉藏（549～623）等著名僧人对净土法门有所发展。然而净土宗的真正创始人是隋唐之际的道绰和善导。

道绰（562～645），俗姓卫，并州文水（今山西文水）人，自幼出家，原是"涅槃师"学者，后见到记载昙鸾事迹的碑文而改宗净土。他专念阿弥陀佛名号，日限七万遍。贞观年间讲《观无量寿佛经》两百遍，广劝念佛。他教人以小豆记念佛次数，据说当时积豆竟达"数百万斛"。又教人以念珠记数，"人各捐珠，口同佛号。每时散席，响弥林谷"（《续高僧传·道绰传》）。道绰认为在此末法之时，只有凭借阿弥陀佛愿力往生西方净土是惟一出路，著有《安乐集》。

善导（617～681），山东临淄人。初诵《法华》、《维摩》，后依《观无量寿佛经》，至山西文水玄中寺听道绰讲净土要旨，改信净土。去长安后，在光明、慈恩诸寺宣扬净土信仰。抄《阿弥陀经》几十万卷，画净土变相图三百幅。著有《观无量寿佛经疏》、《转经行愿往生净土法事赞》、《观念阿弥陀佛相海三昧功德法门》、《往生礼赞偈》、《依观经等明般舟三昧行道往生赞》等。至此，净土宗的理论和行仪趋于完备，正式成为一个宗派，一直传到晚近。公元12世纪净土宗远播日本，产生了很大影响。净土宗的一个特点是组织松散，宋、明时期净土传人有五祖、七祖、九祖之说，皆非确切的传承谱系，只是一些在净土宗发展史上有重要影响的人物。

净土宗属于重信仰，不重理论的佛教流派。根据佛教神话传说，阿弥陀佛是主宰西方净土世界之佛，他成道时曾发"四十八愿"，凡是闻、念他的佛号而生信仰者，他一律要把他们"接引"到西方净土去享受"极乐"生活。净土宗以"三经一论"为典籍。《无量寿经》，曹魏时康僧铠译，叙说阿弥陀佛因位的愿行和果上的功德。《观无量寿佛经》，刘宋畺良耶舍译，说往生净土的行业。《阿弥陀经》，姚秦鸠摩罗什译，说净土的庄严和执持名号证诚护念的利益。《往生论》，世亲著，北魏菩提流支译，总摄三经往生净土的宗旨。净土宗主张以行者念经行业为内因，以弥陀愿力为外缘，内外相应，往生极乐国土。净土宗的宗教实践主要就是称名念佛，宣称只要口念"南无阿弥陀佛"便可使灵魂往生净土。净土宗的理论和修习仪轨比禅宗还要简单，因而受到下层民众的欢迎。"会昌法难"后净土宗依其自身优势得以继续传播，甚至成为"天下共宗"，宋以后禅宗、律宗、天台宗高僧中多兼弘净土者。

净土宗大行其道，除宗教流行的一般原因外，还由于《无量寿经》为苦难众生描绘了一幅极为具体的极乐世界。

> 其佛国土，自然七宝——金、银、琉璃、珊瑚、琥珀、车渠、玛瑙合成为地。……光赫焜耀，微妙奇丽。
>
> 七宝诸树，周满世界……行行相植，茎茎相望，枝枝相准，叶叶相向。
>
> 又讲堂、精舍、宫殿、楼观，皆七宝庄严，自然化成。复以真珠、明月、摩尼众宝，以为交露，覆盖其上。

生活在这里的人们不仅环境优雅，住宅豪华，而且不用劳动。

> 若欲食时，七宝应器，自然在前。……百味饮食，自然盈满。……事已，化去，时至，复现。

对于受压迫，被剥削的苦难众生，《无量寿经》所描述的极乐世界，反映了人类追求和平、平等、富足、安乐的一种天性，自然能够吸引大量的信众。即使有人心疑其幻，也情愿暂解一时之痛。

（三）密　宗

密宗又称瑜伽密宗，是印度密教在中国流行的结果。印度的佛教在其发展后期，渐与传统的印度宗教——婆罗门教相结合，形成了密教流派。它既保留了佛教的基本理论与信仰，又吸收了婆罗门教所重视的祭祀、供奉、拜火等宗教仪制。密教的特征是主张身、口、意三密相应行，以求得出世的果报。即手结契印（"身密"），口诵真言咒语（"语密"），心作观想佛尊（"意密"）。他们认为佛祖的"真言"、"密语"是不能见诸文字，广泛传播的，只能对受过灌顶礼的弟子密传，由此而与信奉佛教诸部经典的"显宗"相区别。

密教经典从三国时期便开始在中国流传，但唐以前流行的都属于"杂密"。体系性的"纯密"则由"开元三大士"——善无畏、金刚智和不空传入中国。

善无畏（637～735），出身于南印度的一个贵族家庭，出家后在那烂陀寺学习密教。开元四年（716）来到长安，受到唐玄宗的礼遇，被尊为国师，设内道场，为皇族宁王、薛王灌顶受法。善无畏在长安期间传播"胎藏界"密法，译出《大毗卢遮那成佛神变加持经》，即《大日经》共七卷三十六品，是密宗的主要经典。译《大日经》时由中国僧人一行笔承，一行还撰写了《大日经疏》二十卷，奠定了密宗的发展基础。

金刚智（669～741），南印度人，自幼出家，先习经律，后专密藏。开元八年（720）从海上来到中国。到长安后亦被尊为国师，主要弘传"金刚界"密法。金刚智译出《金刚顶瑜伽中略出念诵经》等密教经籍4部，7卷。

不空（707～774），北印度人，自幼出家，15岁投于金刚智门下，到长安后参与金刚智的译经事业。天宝元年（742）秉承遗命，赴五印度和师子国（今斯里兰卡），寻求密藏梵本。天宝五年（746）返回中国，带回密教经典1200卷。据《贞元释教录》载：不空共译出经典111部，143卷，成为中国佛教四大翻译家之一。不空曾在内道场中为玄宗、肃宗、代宗灌顶受法，成为三代国师。先后被加封为鸿胪寺卿，开封府仪同三司，肃国公。赐食邑三千户，辞而不受。圆寂后谥"大辩证广智不空三藏和尚"。他所译《金刚顶一切如来真实摄大乘现证大教王经》（即《金刚顶经》）、《金刚顶五秘密修行念诵仪轨》、《发大菩提心论》等，皆为密宗重要经典。

在开元三大士的努力弘扬和中唐诸宗的推崇下，密宗曾经繁盛一时，形成了较大规模。汉地密宗中有两个重要传人，一个是一行（673～727），学识广博，曾学禅、律、天台诸宗，后投入善无畏门下，协助译经，撰写经疏，对密宗的流行产生了很大作用。特别值得一提的是一行精通历象、阴阳、五行之说，撰《开元大衍历》，成为当时著名的天文学家。另一个是惠果（？～805），曾向金刚智学金刚界密法，向善无畏学胎藏界密法。代宗很信任他，让他担任内道场护持僧，后又接受德宗、顺宗的归依，亦为三代国师。惠果住持长安青龙寺，受时人敬重，弟子众多，其中辩弘是南爪哇僧，空海、义操是日本僧。空海回国后传播东密，义操的弟子门人传播台密，开日本密宗之先。惠果死后，密宗逐渐在汉地失传。

密宗是佛教中最具神秘色彩的教派。为了和前期佛教相区别，他们说所有显宗的经典都是应身佛释迦牟尼所说，而密宗经典则是由法身佛大日如来所说，要高深于前者。他们最尊奉的经典是《大日经》，该经认为：佛教的最高真理是"真言"，又称"秘密号"。"一一真言，皆如来极妙之语"，"若信此真言道者，诸功德法，皆当圆满"。真言是人成佛的根本依据，有使人解脱的奇妙力量。故密宗对所谓"真言"奉若神明，绝不轻易外传。"以密教不可直言，故多有如此隐语"，所以他们主张秘密传教。按照密宗自己开列的谱系，大日如来将真言传与金刚萨埵，金刚萨埵传龙树，龙树传龙智，龙智活了700多岁，等金刚智出生后再传给他，并将秘密真言传入中国。密宗还有许多具有神秘色彩的修习仪轨，他们认为这些仪轨是如来为了以秘密顿证来度济众生所示的规范。例如"修曼荼罗"（"曼荼罗"意译为坛，或圆轮具足），在坛场上悬挂诸佛和菩萨像，供众人膜拜。又如"护摩"是一种拜火仪式，在祭坛上设置火炉，焚烧乳香、供物，以求本尊用智慧之火，烧烦恼之薪，保佑息灾增福。这些仪式显然来自古婆罗门教的图腾崇拜和火神崇拜。另外，受婆罗门教"祭祀万能"观念的影响，密宗特重供养，主张向寺院大量布施。

密宗的修习仪式中还有一种特别难为汉地群众接受的方式，就是男女双修。印度佛教以严格禁欲开始，但是在晚期却走向了自己的反面——纵欲。这是由几个方面的原因决定的。一是印度晚期的佛教已经高度贵族化了，他们要为自己的腐朽生活辩护；二是因为古婆罗门教中包含着大量生殖崇拜、性崇拜的因素；三是佛教徒对于觉悟的理解发生了变化，从逃避各种欲望寻求解脱转变为在欲望之中寻求解脱。如同宋明理学的晚期也曾产生出"天理即在人欲之中"的倾向一样，他们也在追求一种"从心所欲，不逾矩"的境界。因此他们说：

> 随诸众生种种性欲，令得欢喜。（《大日经》）
> 主宰者能调，大染欲大乐。（《金刚顶经》）
> 一切佛菩萨，尽为染爱妻。（《金刚峰楼阁一切瑜伽祇经》）

为此他们还创造了一大套理论，"女是禅定，男是智慧"（《大日经疏》卷4）。男女双修就如同"车有两轮"，"鸟有双翼"，方可达到佛教修养的最高境界。

在密教经典中有大量关于"佛母"、"明妃"、"天女"、"欢喜金刚"的故事，在喇嘛教的寺院里还有描绘男女双修（男女神裸体相抱）的"欢喜佛"像。密宗的理论和实践虽一时受到唐王朝腐朽王室、贵族的欢迎，但最终无法与重视家族伦理的汉地文化相协调，数传之后便衰微了。

八　前弘期佛教初传藏地及与本教的斗争

藏传佛教主要流传于我国藏族、门巴、珞巴以及一部分蒙古族群众中。过去，由于藏族群众把佛教中的高僧和寺院首领呼为"喇嘛"（汉语意译为"上师"、"上人"），所以内地习惯地将藏传佛教称为"喇嘛教"。藏传佛教是我国佛教内部三大派系之一，由于西藏地区特殊的社会历史条件及佛教传入西藏时自身的历史因素，藏传佛教形成了与汉传佛教、南传上座部佛教完全不同的特色，成为中国传统文化中极富特色的一支。

历史上习惯把佛教传入西藏的历程分为前弘期和后弘期。从佛教初传到公元 841 年朗达玛灭法为前弘期。此后佛教在西藏中断了 100 多年，公元 978 年以后佛教在西藏复兴至今为后弘期。公元 7 世纪佛教传入西藏以后，即与当地原有的本教发生了激烈冲突，并在长期的冲突中相互融合，最终形成了极具地方色彩的佛教流派——藏传佛教。

在佛教传入以前以及初传的一段时期内，西藏地区占支配地位的宗教信仰是自古流行的一种原始宗教——"本教"（boupo），亦称"苯教"或"苯波教"。本教起源于青藏高原上古老的自然崇拜，在宗教学上属于"灵气萨满"一类。本教认为万物背后皆有某种神灵主宰，日、月、星辰，山、川、牛、羊都成为人们崇拜的对象。进而本教将宇宙分成神、人、魔鬼三个境界。神住在天空的最高处，至上神叫做"什巴"。人住在宇宙的中间，人间的最高统治者是"赞普"（藏王）。他是天神的儿子，受天神的委托来治理人间，一旦任务完成就要顺天梯返回天界。地下住着各种精灵、龙和恶魔，掌握着自然灾害，并且可以作祟于人，使人生病。人一旦冲撞了各路邪神，就得请巫师作法驱鬼，以消灾免祸。逢年过节也要请巫师祈祷降福，逐鬼禳灾。遇有大事要请巫师占卜吉凶，死了人要请巫师施法送神。总之，在本教中巫师是连结神、人的桥梁，发挥极为重要的社会作用。从第 1 代赞普到第 26 代赞普都用本教治国，赞普的左右总是有本教的巫师担任高级职务，参赞军机。

佛教传入西藏是公元 7 世纪的松赞干布（629～650 年在位）时代。松赞干布骁勇善战，统一了吐蕃内部，并不断征服邻近民族，使吐蕃的疆域扩张到了空前的程度。他创造藏文、制订法律、厘定官制，使西藏社会制度初具规模。他羡慕邻国尼泊尔的工艺技术和唐王朝的礼仪文化，主动要求与两国联姻，相继娶了尼泊尔的赤尊公主和唐文成公主为妃。两位公主都信仰佛教，入藏时带去了大批的佛经、佛像。为了供奉这些佛像，松赞干布决定在拉萨由赤尊公主主持，延请尼泊尔工匠修了大昭提寺；由文成公主主持，延请汉地工匠修了小昭提寺。在寺中供奉释迦、观音、弥勒、度母、光明佛母、甘露金刚等佛像。松赞干布还请尼泊尔工匠按照自己的形象塑造了一尊佛像供于大昭提寺中，佛教影响渐大。当时还译了《宝云经》、《观音六字明》、《阎曼德迦法》、《摩诃哥罗法》、《吉祥天女法》、《集宝顶经》、《宝箧经》、《观音经续》、《白莲花经》、《月灯经》等经典（参见《青史》）。松赞干布又根据佛教的经典和戒律，制定了西藏最早的伦理和法律。其十六条人伦理法为：一、敬信三宝，二、修行正法，三、孝敬父母，四、恭敬有德，五、敬重尊长，六、交友有信，七、利益国人，八、心性正直，九、景慕贤哲，十、善用资财，十一、以德报德，十二、秤斗无欺，十三、不相嫉妒，十四、不听妇言，十五、和婉善语，十六、心量宽宏（参见《西藏王臣记》）。从这十六条人伦道德规范中，也可看出儒家思想的影响。当时的法律包括：斗殴处罚，杀人抵偿，盗窃者加八倍罚款，奸淫者断肢体流放，欺妄者割舌（参见《藏王记》）。从中可以看到佛教"五戒"的原型。在藏族民间故事中传说，文成公主在建寺过程中曾亲自勘察地形，降伏魔怪。这可能是佛教与本教最初冲突的痕迹。

松赞干布以后两代赞普忙于内乱，无暇崇佛。赤德祖赞（704～755 年在位）即位后，又一次与唐王朝联姻，迎请金城公主入藏（710）。公主入藏后发现，文成公主带去的佛像被置于密室之中，所译经典也早已荡然无存，可能发生过排佛事件。金城公主急令将佛像抬到大昭寺供奉，并再次延请汉族高僧入藏译经，先后译出《百业经》、《金光明经》等。当时邻国于阗发生了排佛事件，赤德祖赞下令收容从于阗逃出来的僧人。此事在朝廷中引起了崇奉本教的大臣的不满。约在 739 年，吐蕃地区发生了疫病，本教巫师乘机扬言这是佛教僧侣触怒了本教神祇所致，于是强行把于阗僧人驱逐出境。

赤德祖赞去世后，由他与金城公主生下的儿子赤松德赞（742～797）幼年即位，并由笃信本教的大臣仲巴结辅政。仲巴结借口前几代藏王短寿，国家兵祸连绵，故颁布禁令不许佛教流传，将佛像埋入地下，把大昭寺改为屠场，拆毁喀扎寺和真桑寺，驱逐信教群众，勒令外籍僧人出境。这是对佛教徒的一次大规模的迫害事件。赤松德赞年长以后，从阅读前代藏王的史籍中了解到他们弘扬佛法的事迹，深为感动。他与一些信佛的大臣密议重兴佛教，首先设计剪除了以仲巴结为首的一批信仰本教的权臣，为佛教的发展扫清了障碍。当时一信仰佛教的大臣巴赛囊，去印度那烂陀寺求法，归途中路过尼泊尔，遇到了印度著名的显宗大师寂护（亦译静命）。他邀请寂护一道入藏传法，并将此事禀告藏王。寂护入藏后仅在利蒲住了四个月，主要宣讲佛教"十善"、"十八界"、"十二因缘"等基本原理。恰恰此时藏地连续发生了雷击、疫疠、饥馑，信奉本教的大臣借机攻击寂护，将他遣送回国。在回国途中，寂护遇到了密教大师莲花生。此人擅长咒术，会所谓除魔降妖的阴阳法。传说莲花生到西藏后多次与本教巫师斗法，连战连胜。他每战胜一些本教巫师，就将其收为佛教的护法神。这些传说本身就包含着密教在进入西藏的过程中，不断将本教某些巫术变成自身内容的文化意义。莲花生终于用佛教密宗的高级巫术战胜了本教的低级巫术，为佛教理论的传播打开了大门。莲花生受到了藏王极高的礼遇，但他知道光有密教巫术不行，他要求藏王重新请回寂护宣扬佛教理论。寂护和莲花生的不同际遇，表现了藏族民众基于自身的民族性格对不同文化类型的选择，从一开始就奠定了藏传佛教显密双修，重密轻显的特征。

　　然而本教在藏地仍有相当的影响，崇信本教的大臣扎达陆贡与赞普王妃等一起为本教鸣不平，要求继续禁止佛教的传播。而同时 27 位贵族则上书赞普，要求"遵行佛法"。赤松德赞看出佛、本两教已经水火不相容，故下令两家在墨竹的苏浦地方江布圆宫前举行辩论，负者自行退出。佛教一方以寂护、莲花生、无诟友为首，本教一方则以来自香雄的香日乌金为首。原始的本教当然不是以大量经典为依据的佛教的对手。辩论告负后藏王给他们指出三条出路：或者改信佛教，或者回家去当平民，或者流放边远山区。同时他又令全体臣民盟誓，"长信三宝，奉行佛言"，用行政命令在藏地推广佛教。而且将本教经书大量销毁，禁止流传。凡私自将佛教经典改作本教书籍，一律处死。762 年，赤松德赞令寂护主持，按印度飞行寺的式样建造了桑耶寺。766 年寺院落成时，由莲花生大师主持了开光仪式，盛大的法会据说整整开了一年。767 年又从印度请来"说一切有"部持戒律师 12 人，以寂护为亲师，在桑耶寺为 7 名藏僧受戒。从此西藏有了第一批正式受戒僧人，在历史上被称为"七觉士"。此后又从印度、汉地请来大批译师，翻译佛教大、小乘，显、密宗经典。当时最负盛名的是所谓"三老年"、"三中年"、"三青年"九大译师。据当时所编《庞塘目录》、《泰埔目录》、《登迦目录》记载，西藏已译出约六七百卷经文，译经事业空前发达。寺院中请经修法者络绎不绝，西藏佛教初具规模。

在赤松德赞时代，还有一件日后影响整个藏传佛教发展方向的事件，即汉僧与印度僧人的辩论。公元8世纪时，吐蕃领土空前广大，与唐王朝多处接壤，因此汉、藏佛教文化交流密切，不少汉僧到藏地传法。赤松德赞对各派佛教采取兼收并包的政策，使之共同发展。781年，唐德宗应赤松德赞之请，派汉地高僧良琇、文素二人轮流去藏地传法。又有沙州（今敦煌）大禅师摩诃衍等三汉僧，奉赞普令在拉萨宣扬禅宗的顿悟宗旨。摩诃衍的理论受到藏族许多人的信奉，包括皇后及赞普的姨母。他"判佛教为顿门与渐门，并谓吾法易修，利益广大。其修供养礼拜等身语妙行不能成佛，唯全无所作乃能成佛耳。西藏僧俗多随之修"（法尊：《西藏民族政教史》卷1）。当时禅宗发展很快，"令百姓官僚尽洞晓知"。摩诃衍的顿悟主张引起密教僧人的强烈反对，他们认为汉僧所讲"并非金口所说，请即停废"。赞普下令禅、密两家进行辩论，以确定谁的教义更符合佛祖本义。密教方面从印度请来寂护的弟子莲花戒（约730～800）担任主要代表，双方围绕许多问题展开了论辩，最后禅宗败北。赤松德赞下令将禅僧送回内地，禁止吐蕃人再学禅宗。禅宗的失败主要是由于吐蕃没有经历过汉地春秋战国那样传统宗教土崩瓦解，百家争鸣的思想解放运动，因而大多数人也就很难接受禅宗那种"直证本心"，"任运自在"的风格。从此，藏传佛教与汉地佛教的风格迥然各异。

赤松德赞以后几位赞普继续弘化，佛教在藏区深入人心。赤热巴金（815～838年在位）即位以后，前弘期佛教的发展达到了高潮。他下令给每一位僧人配七户居民以为供养。每逢法会斋僧，他不仅大发布施，而且将自己的头巾放在地上，请僧侣们从上面迈过，再戴到头上。他制定法律，凡以恶指指僧者断其指，凡以恶目视僧者剜其目。以"十戒"为社会道德准则，以传说中的印度度量衡单位改换吐蕃现行的度量衡体制。赤热巴金用行政力量强力推行佛教的政策激化了佛教与本教的矛盾，引起信仰本教的臣民强烈反对，他本人也被崇奉本教的大臣韦·达那巾等三人杀死。

赤热巴金死后，崇尚本教的大臣立即拥立朗达玛（838～842年在位）即赞普位，开始恢复本教，打击佛教。他们停止了对僧人的一切供奉，驱逐外地僧人。他们查封大昭、桑耶诸寺，在庙门画上僧人饮酒图，焚烧经籍，将小佛像投入江中，大佛像搬不动则捆上绳子。宣布文成公主是罗刹鬼，派刺客暗杀印度和本地高僧。强迫一般僧侣还俗，或皈依本教。朗达玛灭法的行动相当彻底，从此佛教在西藏销声匿迹了一百多年。佛教在与本教的斗争中虽然暂时失败，但前弘期毕竟在群众心中播下了佛教信仰的种子。

九　佛教与隋唐文明

隋唐是中国封建文化最灿烂辉煌的时代之一，其间处处闪耀着佛教的炫光。佛教与隋唐文明的关系可概括为两个方面。一方面，佛教文化自身就是这璀璨夜空中一颗耀眼的明星。另一方面，佛教对中国哲学、文学、艺术、民俗等社会文明诸多层面都发生了积极的影响，使之润色增辉。

（一）佛教活动的社会化

随着佛教组织、思想的蓬勃发展，佛教的礼仪、制度逐步深入到社会生活的各个方面，成为人民精神生活中重要的组成部分。主要包括以下方面：

①法会。佛教法会分常例法会和不定期法会两类。常例法会有佛诞日、成道会、涅槃会、盂兰盆会、天子诞辰、国忌等。不定期法会包括佛牙供养法会、斋会、八关斋会、讲经法会等。在法会上举行的佛教仪式有行香、读经、梵呗等项。为了祈祷还进行转经行道，即在本尊或佛塔周围绕行而表示尊敬的仪式，也叫做绕佛、绕塔。梵呗是将经典的颂偈配上节拍进行歌咏，是一种佛教音乐。每逢法会，寺院中香烟缭绕，梵呗连云，吸引了大批群众。天子诞辰法会在宫中或寺院举行，印度本无此例，它特别表明中国佛教对政权和君主的依附性。

②斋会。即对僧侣提供斋食的仪式，也叫做设斋。如果对一般民众也提供斋食称为无遮斋。斋会在南北朝时即已出现，隋唐达到鼎盛，按斋僧数目分为"千僧斋"、"五百僧斋"，甚至出现过"万僧斋"。斋会多在佛生日、涅槃日、天子诞辰、国忌日举行，也可在佛像落成、求雨、祝福、消灾、报恩等场合举行。皇室贵族及大官僚以设斋会作为谋求来世幸福的一种手段，但客观上也有社会福利意义。

③义邑。这是以在家修行者为中心组织的宗教团体。义邑在北魏即已出现，隋唐时期随着造像事业的兴盛，义邑组织也获得了较大的发展。有的义邑成员多达一两千人，每月举行斋会，各邑人依次念经，集资造像。义邑信仰的对象主要有释迦、弥勒、弥陀、观音等，祈愿内容也多以世俗利益为主。

④法社。由达官贵人中的在家居士和僧侣共同组成的信仰团体,重视戒律或修禅,共期往生净土。法社起源于东晋慧远的白莲社,经南北朝,至隋唐发展到极盛。如著名诗人白居易就曾参加过杭州龙兴寺创办的华严社,并为之撰写《社戒文》。当时华严社拥有千余人,社员捐施的良田四十顷。规定每年召开四次大聚会,每人诵念《华严经》一卷,有时也举行斋会。

⑤悲田养病坊。唐代大寺院一般都设有悲田养病坊,是兼管悲田、治病、施药的社会慈善机构。于武则天长安年间(701~709)首创,由僧尼掌管,不属于国家福利机构,但对其事业有所弥补。玄宗开元二十二年(734)下诏,将京城内贫儿收容于各寺院病坊。悲田养病坊对于宣扬佛教的慈悲思想,扩大佛教影响产生了重大作用,会昌法难后逐渐衰落。另外,一些寺院还有宿坊,为上香或行路者提供住宿和膳食,也属于佛教的社会慈善事业。

⑥民间传教活动。向民众传播佛教知识的僧侣称为经师,他们主要通过转读、梵呗和唱导三种形式向民众讲述佛经的内容和思想。转读即诵读佛经,梵呗是将经文配上音节歌赞,唱导则是说唱结合,"宣唱法理,开导众心"。转读和梵呗以原文为主,比较深奥,唱导则通俗易懂,开佛教俗歌风气之先。唱导迅速深入到平民百姓心中,并由此派生出变文之作。变文是根据佛经改写的宗教故事,如写维摩诘居士与文殊师利共论佛法的《维摩诘变文》,写目连遍历地狱救母的《大目乾连冥间救母变文》等等,成为唱导的脚本。变文深受民众的欢迎,并成为中国文学从士大夫文学向民间文学转化的契机。

(二)佛教对诸多社会文化领域的影响

在佛教文化自身发展的同时,其影响力辐射到哲学、伦理、文学、绘画、雕塑、音乐、民俗等诸多方面,主要内容如下:

1. 佛教与中国哲学

佛教以逻辑严谨,思辨精深而著称于世,恰好弥补了中国传统的儒家哲学理论思辨相对薄弱的缺陷。自春秋战国以来,中国哲学还基本上停留在天人关系水平上。魏晋玄学以道注儒,提出了本末、体用等一系列本体论哲学范畴,但他们的研究仍未突破宇宙论的范围。佛教以"法相"分析为核心的心性论哲学,弥补了传统哲学对主观世界研究的不足。唯识宗的"八识"、"见分"、"相分"等分析,使人们对认识活动过程中主体的感觉、知觉、统摄、创造等诸种作用有所了解。华严宗"一真法界","心尘互为缘起","理事无碍法界"等理论,启迪了后世程朱理学"体用一源"、"显微无间"、"理在气中",在现实世界之中巧妙地安置了超越的本体——"天理"。"六相圆融","一多相摄"等相对主义的思想方法,又演变成程朱"理一分殊"的构造体系的方法。禅宗的"心生则种种法生,心灭则种种法灭",上承孟子"万物皆备于我",下启陆王心学的"宇宙便是吾心","心外无理","心外无物",成为中国主观唯心主义哲学发展过程中一个不可缺少的环节。特别是竺道生、慧能"众生皆有佛性","性体圆融","见性成佛"的佛性论,成了传统儒学"忠恕之道","性善论","良知"、"良能"等伦理观念很好的哲学证明。正是在隋唐佛学大发展的基础上,才有了宋明理学的繁荣。

2. 佛教与文学

隋唐文学以诗著称于世,有人把诗作为盛唐文明的代表,而唐诗中深深浸润着佛教的脱俗和超逸精神。宗教与文学本属不同的领域,但相似的思维方式却成为二者并行兴盛的纽带。禅和诗都需要内心体验,都重视象喻和启发,都追求言外之意。在禅师与诗人的广泛交际中,以禅入诗,以诗述禅的禅言诗获得了长足的发展,为唐诗注入了特有的禅趣。如著名诗人王维(701~761)平生信佛,素服长斋,因仰慕维摩诘居士,自号摩诘。其诗以表现禅宗情趣见长,后世有"诗佛"的雅号。他的名诗《鹿柴》:"空山不见人,但闻人语响。返景入深林,复照青苔上。"表现了一派空山人寂,日落黄昏的自然景象。王维借山水喻寄了作者对世界寂灭无常,空无自性的看法。唐代著名诗僧寒山子有诗三百余首,在《一住寒山万事休》诗中说:"一住寒山万事休,更无杂念挂心头。闲于石壁题诗句,任运不同不系舟。"抒写了任运自然,无系无挂的超逸心境。这类禅言诗饱含禅宗的机锋,使读者在山川林木的审美中得到心灵的启迪。

佛教对唐代文学另一方面的重要影响,表现为在变文故事的推动下,开始了从雅文学向俗文学的转化。唐代以前中国文学的体裁是单纯的,骈文是骈文,散文是散文。而变文则不同,它吸收了印度散韵重叠的表现方式,唱白并用,唱的部分用韵文,讲的部分用散文,诗、文合体,雅俗共赏,引起了许多文士的模仿。变文的内容原以佛经为主,但随着变文在民间的流传,说唱故事逐渐从佛教故事转向了历史故事和民间故事,出现了《伍子胥变文》、《王昭君变文》、《董永变文》、《孟姜女变文》等,从此开创了中国口语文学和后世白话小说的先河。另外,诸多佛经和传记为民间文学提供了广博丰富的素材,如《大唐西域记》就成了不朽名著《西游记》的原型。

3. 佛教与绘画

在隋唐佛教艺术大发展的潮流中，涌现了一大批杰出的画家。吴道子是唐代的画圣，集诸家画风之大成，为古代佛画大师。他曾在长安、洛阳等地作佛、道壁画三百余间，其画风洗练劲爽，势状雄峻，生动而有立体感，建树了一代新画风。王维不仅是诗人，而且也是画家。他诗中有画，画中有诗，把佛教清虚静寂的思想融于山水画中，开创了超然洒脱、高远淡泊的画风。佛教绘画为盛唐文明涂上了绚丽的色彩。

4. 佛教与雕塑

经过南北朝中印雕塑艺术的融会与发展，佛像的雕塑艺术在隋唐达到了高度成熟的状态。石窟的开凿虽多起于北魏，但多数佛像、彩雕和壁画的完成还是在隋唐。洛阳龙门石窟中最大的卢舍那佛，披着中国化的袈裟，一张唐代贵族丰腴秀美的脸庞，雅利安式的直鼻梁，脸上挂着帝王式的自信微笑，一付君临天下，唯我独尊的广博气度，充分展示了盛唐文明多元开放，自立于世界民族之林的豪迈精神。敦煌莫高窟中的释迦证道雕像，清瘦羸弱，身体前倾，深陷的双目中包含了无限的慈悲与智慧。虽然讲的是佛祖证道的故事，却充满了人间智者为解除人类苦难孜孜以求的奉献精神。石窟中的大力金刚彩雕，肌肉凸突，刚劲挺拔，如同当代的健美运动员，把男性体质的阳刚之美塑造得淋漓尽致。壁画中的飞天仙女，裸露仙躯，冰肌玉骨，玲珑婀娜，把女性体质的阴柔之美描绘得栩栩如生。云冈、龙门、敦煌石窟的雕塑彩绘，虽然皆取材于宗教故事，但表现的却是人的身躯、人的事迹、人的精神，人性之光熠熠生辉，表现了中华文明特有的人文精神，永远值得中华民族的子孙们为之骄傲和自豪。

第五节　道教的隆盛

一　隋唐五代皇室崇道情况

道教在隋唐时期呈现蓬勃发展的势头，除因它本身长期积累而产生质的飞跃的内部因素外，遇到了好的外部社会环境，即统治者的大力倡导，也是重要的促进因素。

隋文帝尊重道教。当他实行禅代之际，道士张宾揣知其意，盛言有代谢之征，又称杨坚仪表非人臣相。杨坚即位后，拔张宾为华州刺史，道士焦子顺、董子华等亦被重用。其建国年号"开皇"，即采自道经。开皇二十年，下诏保护佛及天尊像，并下令重修楼观宫宇。但文帝更重佛法，"至于道观，羁縻而已"（《集古今佛道论衡》卷乙）。隋炀帝对道士王远知执弟子礼，置玉清玄坛以处之。炀帝之崇道主要出于个人长生的追求，因之宠信擅长辟谷术的道士徐则、宋玉泉、孔道茂等。大业八年（612），嵩山道士潘诞为炀帝合炼金丹，帝为之造嵩阳观，华屋数百间，以童男童女各一百二十人充给使，位视三品，常役数千人，所费巨万。发石工凿石深百尺数十处，寻找石胆石髓，以炼金丹。六年不成，又云以童男女胆髓各三斛六斗，可以代之。炀帝发现上当，才把他处死。

唐代皇帝于佛儒道三家中特重道教，道教因之大盛。主要是由于道教教主老子姓李名耳，李唐皇室尊之为同姓始祖，谓己为李老君之后裔，来历不凡，以此来神化李姓皇族，借道教巩固李姓之家天下。早在隋唐交替之际，社会上便流行种种道教神话，为李唐革故鼎新制造舆论。《混元圣纪》载："大业十三年丁丑，老君降于终南山，语山人李淳风曰：唐公当受天命。淳风由是归唐。"《唐会要》卷五十载：

> 武德三年五月，晋州人吉善行于羊角山，见一老叟，乘白马朱鬣，仪容甚伟，曰："谓吾语唐天子，吾汝祖也，今年平贼后，子孙享国千岁。"高祖异之，乃立庙于其地。

武德七年，唐高祖到终南山谒老子庙。武德八年造太和宫于终南山。武德九年，下诏裁抑佛道，而以汰佛为主，且谓"老氏垂化，本贵冲虚，养志无为，遗情物外，全真守一，是谓玄门"，颇为赞扬，只是禁止道士"驱驰世务"而已。旋因玄武门之变而事竟不行。

唐太宗为秦王时，道士王远知即以符命祝其为天子。《旧唐书·王远知传》说："武德中，太宗平王世充，与房玄龄微服以谒之，远知迎谓曰：'此中有圣人，得非秦王乎？'太宗因以实告。远知曰：'方作太平天子，愿自惜也。'"与此同时，佛僧法琳则支持太子建成，故太宗即位后常扬道而抑佛。贞观十一年下诏书说，佛道皆有教化之功，"黄君垂范，义在清虚；释迦贻则，理存因果。求其教也，汲引之迹殊途；求业宗也，弘益之风齐致"；但两相比较，道教比佛教更重要，"然大道之兴，肇于遂古，源出无名之始，事高有形之外，迈两仪而运行，包万物而亭育，故能经邦致治，反朴还淳"；可是后来佛教西来，崇信者渐多，道教反被轻视，"滞俗者闻玄宗而大笑，好异者望真谛而争归，始波涌于闾里，终风靡于朝廷"；有唐之建有赖道教，"今鼎祚克昌，既凭上德之庆，天下大定，亦赖无为之功，宜有解张，阐兹玄化"；于是规定："自今已后，斋供行立，至于称谓，道士女冠，可在僧尼之前，庶敦反本之俗。"（见《广弘明集》卷二十八）贞观十五年，太宗对弘福寺主道懿说："今李家据国，李老在前；若释家治化，则释门居上"，这话的意思很明显，佛道都予扶植，但道教与皇族连宗，故在政治上地位更高一层。

唐高宗于乾封元年（666）亲赴亳州参拜老君庙，追加老君尊号为"太上玄元皇帝"。上元元年，武后"条请王公百僚皆习《老子》。明年，一准《孝经》、《论语》例，试于有司"。（《旧唐书·高宗纪》）。谥已故道士王远知为"升真先生"，赠太中大夫。两次召见道士潘师正，立精思院以处之，前后赠诗数十首。潘死后，谥为"体元先生"，亦赠太中大夫。

武则天登帝位后尊佛抑道，削去老子"太上玄元皇帝"的称号，以减消李唐的神学权威。及至中宗登位复大唐国号，一依高宗故事，老君依旧称"玄元皇帝"，贡举人依旧习《老子》。

唐玄宗李隆基最崇道教，道教因之发展到有唐一代的最盛时期。玄宗崇道种种，计其大者有：①遍立庙观。开元十年（722），诏两京及诸州各置玄元皇帝庙一所。十九年于五岳各置老君庙。二十九年复于两京及诸州各置玄元皇帝庙，画其像，并以高祖、太宗、高宗、中宗、睿宗五帝之神位配祀，并置崇玄学。据《唐六典》载，开元间"凡天下观总一千六百八十七所"。②追加老君尊号。宝元年，玄宗帝升上圣。天宝二年，追加为"大圣祖玄元皇帝"，崇玄学为崇玄馆。天宝三年，以金铜铸玄元等身天尊及佛各一躯。天宝八年，册为"圣祖大道玄元皇帝"。天宝十三年，上尊号为"大圣祖高上大道金阙玄元天皇大帝"。③加封真人真经。天宝元年（742）置崇玄庙，追号庄子为南华真人，文子为通玄真人，列子为冲虚真人，庚桑子为洞虚真人，其四子所著书分别改称《南华真经》、《通玄真经》、《冲虚真经》、《洞虚真经》。两京崇玄学各置博士助教各一员，学生一百人。④优礼道徒。开元九年遣使迎茅山道士司马承祯入京，亲受道教法箓，以道士为师。开元二十五年，以道士女冠为宗亲，属籍宗正寺。以道士尹愔为谏议大夫，集贤学士兼知史馆事。天宝年间召道士吴筠入京，敕待诏翰林。⑤尊崇《道德经》，编集道藏。玄宗亲自为《道德经》作注，把它列为诸经之首，颁布天下，令士庶皆习，用老子之道修身治国。《唐明皇再诏下太上老君观》说：

> 道德者百家之首，清净者万化之源，务本者立极之要，无为者太和
> 之门。……夫使天下百姓，饮淳德，食太和，靡然回心而向道。岂予寡
> 薄独能致此？……往年布令各家藏《道德》，冀德立而风靡，道存而用，
> 则朕之陈祖业，尚家书，出门同人，无愧于天下矣。

看来玄宗之崇道，不止于政治需要的考虑，其本人深受道家道教的影响，内心已树立了虔诚的信仰。开元中，发使搜访道经，纂成《三洞琼纲》，总计三千七百四十四卷（一说五千七百卷），名为"开元道藏"，为道教史上第一部道书总集。⑥公主嫔妃入道。睿宗二女出家为女冠，封金仙、玉真。玄宗宠妃杨玉环被度为太真宫女道士，号"杨太真"。大臣亦有起而效法者。此后，唐代诸帝亦皆崇信道教，其中最为狂热者为武宗。如果说玄宗崇道，其重心在推扬道教文化，那么武宗崇道，其重心则在追求个人长生，故醉心于法箓炼丹。开成五年（840）招道士赵归真等八十一人入宫，于三殿修金箓道场，并亲受法箓。会昌元年，以衡山道士刘玄靖为银青光禄大夫，充崇玄馆学士，赐号广成先生，令与道士赵归真于禁中修法箓。造望仙观、望仙台、降真台、望仙楼，皆穷极奢丽。会昌四年，以赵归真为左右街道门教授先生，待之以师礼，学神仙长生之术。在道士赵归真、邓玄起、刘玄靖等怂恿下，于会昌五年下令排佛，拆毁佛寺，勒令僧尼还俗。会昌六年，武宗服食金丹，中毒而死。宣宗即位后，赵归真等被诛杀。武宗所宠之道士，志在献术取宠，博取富贵，在文化界并无太大影响，对于道教的发展亦无甚积极推动作用。

五代十国的皇帝亦有多人崇道。后晋高祖信奉道释，周世宗崇道排佛，并召华山道士陈抟问飞升黄白之术。闽王延钧好神仙之术。南唐主李煜好神仙方药，服用道士神丹而病死。

二　道教清修无为理论的发展

唐代出现了一批文化素养较高的学者，他们既不像赵归真辈那样热衷政治、出入宫禁、权势显赫，亦不栖身山林、自修自悟，与世无涉，而是用力于道教学术的研究，进行道教义理的探索，著书立说，传布道教思想。这些道教学者许多出身于茅山宗，承陶弘景之祖风，推崇老庄之学，吸收佛教哲

学和儒学，融会三教，注重清修，轻符咒之术，善养生之道，对道教理论的发展有重大贡献。

（一）清修无为派的著名道士

孙思邈，唐代道教学者和医学家，陕西人。《旧唐书》本传称其"弱冠善谈庄老及百家之说，兼好释典"，有驻容之术。唐太宗、高宗授以爵位官职，固辞不受，隐居终南山。又称其"学殚数术，高谈正一"。以其医术高明、热心救人，被后人尊为药王。主要著作有《千金方》、《福禄论》、《摄生真录》、《枕中素书》、《会三教论》、《保生铭》、《存神炼气铭》等。他的医学理论以阴阳五行与天人一体说为基础，谓"天有四时五行"，"人有四支五藏"，"阳用其形，阴用其精，天人之所同也"，"良医导之以药石，救之以针剂，圣人和之以至德，辅之以人事，故形体有可愈之疾，天地有可消之灾"（见《本传》）。其养生术强调节欲适作，以德济养，合乎情理。他并不相信金丹可以使人飞升成仙，而把炼丹作为制药的手段。

王玄览，广汉绵竹人，号洪元先生，主要著作为《玄珠录》，武则天时去世。其学说援佛入道，将道分为"可道"与"常道"；"可道"生万物，万物有生死，"常道"生天地，天地能长久；而"可道"与"常道"又统一不可分，故道是假又真，"道中有众生，众生中有道"；众生非道而能得道，因为人皆有"道性"，得道之途在修炼心识。《玄珠录》说："心生诸法生，心灭诸法灭，若证无心定，无生亦无灭。"这是运用法相宗"万法唯识"论解释世界与人生。心识分为识体与识用，"识体是常是清净，识用是变是众生"，修道就是"修变求不变，修用以归体"，从而得到不死清净之真体。王玄览的思路与成玄英同出一辙，而佛教色彩更为浓烈。

司马承祯，河内温县人，法号道隐，自号白云子。事师潘师正，上承茅山宗陶弘景，作道书多种，其中以《坐忘论》和《天隐子》最为重要。一生经历武后至玄宗数朝，数受召见而不以术数邀富贵。睿宗曾问以阴阳术数之事，承祯却说："道经旨：'为道日损，损之又损，以至于无为'。且心目所见者，每损之尚未能已，岂复攻乎异端，而增其智虑哉？"并申理国无为之道。（《旧唐书》本传）后谥贞一先生。司马承祯之学以老庄为主体，吸取佛教止观学说，儒家正心诚意之学，阐发"主静"与"坐忘"的养生修真理论。他认为人心"以道为本"，但"心神被染，蒙蔽渐深，流浪已久，遂与道隔"，所以需要修道，净除心垢，"使道与生相守，生与道相保，二者不可相离，然后乃长久"，而修真之初要在于"安坐收心离境，住无所有，不著一物，自入虚无，心乃合道"，亦即"坐忘"，"坐忘者，何所不忘哉？内不觉其一身，外不知乎宇宙，与道冥一，万虑皆遗"（以上《坐忘论》）。《天隐子》亦是发挥"彼我两忘"的思想，并提出"一曰斋戒，二曰安处，三曰存思，四曰坐忘，五曰神解"的修道步骤，总称为"神仙之道，五归一门"。又以敬信、断缘、收心、简事、真观、泰定、得道为七条"修道阶次"，形成较完备的修道理论。他又把五渐门、七阶次概括为"三戒"："一曰简缘，二曰无欲，三曰静心。"谓勤行三戒，道将自来。此种佛道结合的静心坐忘理论一直为后世清修派所遵循，也充分表现了道家学说在道教理论与实践中的牢固地位。

吴筠，华州华阴人，曾入嵩山依潘师正为道士，传上清经法，曾受玄宗召见，后还茅山，既而中原大乱，乃东游会稽，隐剡中，与诗人李白有诗文往来。玄宗令其待诏翰林时曾问以道法，吴筠对曰："道法之精无如五千言，其诸枝词蔓说，徒费纸札耳。"又问神仙修炼之事，对曰："此野人之事，当以岁月功行求之，非人主之所宜适意。"（《旧唐书·本传》）其风格亦同于司马承祯，更像道家之士。著《玄纲论》、《神仙可学论》等书，用力于神仙信仰与老庄文学的结合。《玄纲论》说：

> 或问曰："道之大旨，莫先乎老庄，老庄之言不尚仙道，而先生何独贵乎仙者也？"愚应之曰："何谓其不尚乎？……老子曰：'深根固蒂，长生久视之道。'又曰：'谷神不死。'庄子曰：'千载厌世，去而上仙，乘彼白云，至于帝乡。'又曰：'故我修身千二百岁，而形未尚衰。'又曰：'乘云气，驭飞龙，以游四海之外。'又曰：'人皆尽死，而我独存。'又曰：'神将守形，形乃长生。'斯则老庄之言长生不死神仙明矣，曷谓无乎！"

老庄确有神仙思想，吴筠言之不谬，但老庄不以神仙为主，而吴筠却夸大老庄的神仙思想，用以论证修仙之可能性与合理性，此乃道教本色。吴筠不赞成佛教重神轻形，而主张形神相守，从炼形着手，进而炼气，进而炼神，"虚凝澹泊怡其性，吐故纳新和其神，高虚保定之，良药匡辅之"。使"体与道冥"则可以长生久视。这一说法已为日后内丹学理论开辟了通途。

杜光庭，唐末五代道士，赐号广成先生，传真天师，学问渊博，对道经、史迹、仪则多所论述。著《道门科范大全集》，集以往道教斋醮仪式之大成。撰《道德真经广圣义》纳儒入道，谓"载仁伏义，抱道守谦，忠孝君亲，友悌骨肉，乃美之行也"。他主三教融合，在修炼方法上结合佛道，要求灭"三毒"，断华饰、远滋味、绝淫欲；守三元（上元泥丸脑宫，中元心府绛宫，下元气海肾宫），进一步"炼阴为阳，炼凡成圣"（见《说常清净经注》）。杜光庭与吴筠的学说都是清修派向内丹派的过渡。

唐代还有道士张果、李筌等人注《阴符经》，五代道士谭峭作《化书》，五代道士彭晓著《周易参同契分章通真义》，较有影响。

（二）成玄英、李荣的重玄学

道教在义理上本依凭于老庄道家，或者说道教哲学向来以老庄之学为基础，虽然道教在宗教化的过程中不能不偏离天道自然和淡漠生死的宗旨，而追求长生成仙，敬拜天界诸神，但道教的宇宙论和修养论始终没有离开过老庄的道论和清静无为学说，可以说道教总是内含着道家。魏晋以来，道教内部一些清修之士，受老庄精神的影响，不太看重外丹和符箓，而把炼养的重心放在精神解脱上。他们受儒家修身养性说的影响，又接纳佛教般若学和佛性论的思想营养，用老庄和玄学加以融通，逐步形成道教所特有的道性说和精神超越之道，对长生成仙做出新的解释，不再局限于肉体长生和飞升，而是使人进入一个深邃高妙的精神境界，人的身心摆脱一切烦恼拖累，获得无限的安宁。这种思潮发展到唐初，便形成重玄之学，它主要是由成玄英和李荣完成的，它标志着道教理论发展到一个新的阶段，出现一个重大的变化，即道教在偏离道家之后，又在一个更高的基础上向道家回归，而又不失道教的本色，从此道教才有了可以与佛教和儒学相并提的较为高深的哲学。

1. 重玄学的前期发展

重玄二字发端于老子。《道德经》第一章云："道可道，非常道；名可名，非常名；无名天地之始，有名万物之母。故常无欲以观其妙，常有欲以观其徼。此两者同出而异名，同谓之玄。玄之又玄，众妙之门。"老子认为道体为无，超乎言象，故不可称道；然而道用为有，表现为形而下之万物。大道即是体用一如、无有统一。一般人见其有而不见其无，有的人又见其无而不见其有，很难从总体上把握大道的真实含义，这是因为大道幽深，没有超常的见识是无法接近它的。玄是幽深的意思，"玄之又玄"就是幽深又幽深；比起一般的道来，大道是两重的幽深，故"玄之又玄"即是重玄。魏晋玄学可以说是一重性的玄学，一些思想家尚不满足，还要将这种玄学再深化一步，遂提出"重玄"这个概念。较早使用"重玄"一词的，有东晋玄学化佛教学者支道林，他在《弥勒赞》中说："恬智冥徼妙，缥眇咏重玄"，又在《咏怀诗》中说："中路高韵溢，窈冥钦重玄；重玄在何许？采真游理间"，他受到王弼哲学的影响，强调事物本然之理，以此来理解重玄，实未超出玄学的水平。另一佛教学者僧肇用中观学糅合老学，对重玄学作了进一步的发挥。他在《涅槃无名论》中用老子玄道批评顿悟，主张渐修，他说："虚无之数，重玄之域，其道无涯，欲之顿尽耶？书不云乎，为学日益，为道日损。"陈慧达《肇论序》论及僧肇，有"末启重玄，明众圣之所宅"一语，唐元康疏云："末启重玄者，以此因果更无，加上故末，后明此两重玄法。般若为一玄，涅槃为一玄也"，按慧达和元康的理解，僧肇的"重玄"理念是指由般若智慧进入涅槃境界，重玄即是成佛之途。释玄嶷《甄正论》对重玄的概念有另一种解释，它说：

> 子云谈咏重玄者，即《老经》云"玄之又玄"。此明徼妙两观，同出一心之妄。见此见彼，识辨心生。推寻识辨之心，竟无的主，此事冥昧，不可了知，故云玄也。玄者深远冥昧之称。又玄者，则此冥昧之理亦不可得，更复冥昧深远，故云又玄。

这种解释未必符合老子原意，但指出重玄乃是两重否定，则有所创见。

在道教方面，南朝作品《升玄内教经》提出："三一之道"，它借用佛教的思想，讨论空、假、实与真道的关系，空、假、实虽三，却统一于真道。道教的传统看法，认为三一之道表示天地人、君臣民、精气神等宇宙、社会与人体的三要素，而《升玄内教经》用佛教中观学说将三一之道提升为一种本体论的哲理。道教学者宋文明提出道性说，他认为"一切含识，皆有道性。何以明之？夫有识所以异于无识者，以其心识明暗，能有取舍"，何谓道性？"道性以自虚自然为体"（见斯坦因 1300～1443），静则为性，动则为情。道性说是受启于佛性说而又具有道家自然人性论的特色。茅山宗的臧玄靖对三一之道的解释，见于成玄英《道德经义疏》的引文，其义曰：

> 夫言希夷微者，谓精气神也。精者灵智之名，神者不测之用，气者形相之目。总此三法为一，圣人不见是精，不闻是神，不得是气。既不见不闻不得，即应云无色无声无形。何为乃言希夷微耶？明至道虽言无色，不遂绝无。若绝无者，遂同太虚，即成断见。今明不色而色，不声

而声，不形而形，故云希夷微，所谓三一者也。

藏玄靖的三一新说，新在把道教精气神的生理与炼命之说，解释成体用一如的性理之学，使道教哲学更接近佛学。

大约成书于隋朝的《玄门大义》（又称《道门大论》），它对三一之道的解说更进了一步。它说："昔因三一以入于无，得无之时，谓为真一。此之无一，犹对于有之无，是为挟二，故为待也。今之三一，即体非有，亦复非无，非有非无，故无所挟。既无所挟，故为绝也。"它认为传统所说的"真一"乃是相对于有而言的无，是有所待者，尚滞于无；而现在所说的"三一"，既非有，亦非无，无所滞留，故具有绝对性。这就接触到遣之又遣、玄之又玄的重玄真义。

另一部成书于隋朝的道典《本际经》，不仅用佛家"真实空"的理念诠释了道性，而且为重玄提出一个定义式的说明，其论曰：

> 何谓重玄？太极真人曰：正观之人，前空诸有，于有无著。次遣于空，空心亦尽，乃曰兼忘。而有既遣，遣空有故，心未纯净，有对治故。所言玄者，四方无著，乃尽玄义。如是行者，于空于有，无所滞著，名之为玄。又遣此玄，都无所得，故名重玄众妙之门。

《本际经》把重玄之义又深化了一步。所谓重玄，不仅要遣有遣无，于有无皆无所滞，还要将无所滞的玄心加以遣除，这才进入重玄之境。

2. 成玄英的重玄学

成玄英是唐初著名道教学者，陕州人。《新唐书·艺文志》称，成玄英注《老子道德经》二卷，又《开题序诀义疏》七卷，注《庄子》三十卷，《疏》十二卷。对后世影响最大者当推《庄子疏》，其重玄思想最成熟的论述也在《庄子疏》之中。

成玄英在《道德经开题序诀义疏》中回顾重玄学历史时说：

> 夫释义解经，宜识其宗致。然古今注疏，玄情各别。而严君平《指归》以玄虚为宗，顾征君《堂诰》以无为为宗，孟智周、藏玄静以道德为宗，梁武帝以非有非无为宗。晋世孙登云：托重玄以寄宗。虽复众家不同，今以孙氏为正，宜以重玄为宗，无为为体。所言玄者，深远之

名，亦是不滞之义，言至深至远，不滞不著，既不滞有，又不滞无，岂
唯不滞于滞，亦乃不滞于不滞，百非四句，都无所滞，乃曰重玄。故经
云：玄之又玄，众妙之门。

成玄英认为，历代解老诸家虽各有所得，皆不如晋朝孙登的以重玄为宗最能
体现老子宗旨。他认为"玄"乃深远之义，言大道深远，不局限于有无之
境，非但不局限于有无，亦不局限于这种不局限，既不把"追求"绝对化，
又不把"不追求"绝对化，这样才能与至道一体化。

　　成玄英的重玄学理论可以概括为以下要点。第一，将老学与庄学结合起
来，把老子的道论引向庄子的境界说，使道成为主客合一真理。他在《庄子
疏序》中说："夫《庄子》者，所以申道德之深根，述重玄之妙旨，畅无为
之恬淡，明独化之窈冥，钳揵九流，括囊百氏，谅区中之至教，实象外之微
言者也。"他认为庄子最能体会和发挥老子的思想，揭示出老学的重玄宗旨。
事实上，老学正是中经庄学，才发展出重玄学，所以成玄英花大气力疏解
《庄子》。第二，重玄的一层含义是指大道的存在方式，也可以说是道的本体
论。他说："夫玄道窈冥，真宗微妙，故俄而用，则非无而有无，用而体，
则有无非有无也。是以有无不定，体用无恒。谁能决定无耶？谁能决定有
耶？此又就有无之用，明非有非无之体者也。"（《齐物论疏》）大道是微妙深
远的，既不是具体的有，亦非不存在，它存在于有无的变化之中，又超出有
无的限定，重玄就表示大道的超绝神妙性，成玄英称之为至道之乡、重玄之
域。《齐物论疏》说："六合之外，谓众生性分之表，重玄至道之乡也。夫玄
宗罔象，出四句之端，妙理希夷，超六合之外"，《大宗师疏》又说："夫道，
超此四句，离彼百非，名言道断，心知处灭，虽复三绝，未穷其妙。而三绝
之外，道之根本，所谓重玄之域，众妙之门，意亦难得而差言之矣。"在成
玄英看来，大道既非具象，亦非实体，亦非心识，它根本不是某物。那么它
是什么呢？《秋水疏》说："道者，虚通之妙理；物者，质碍之粗事。"原来
道是妙理，包罗宇宙，生化万物，通达一切，道非物而物以之生以之存。第
三，重玄的另一层含义是指修道的要求和方式。既然大道深微，用求学的方
法是无法得道的，必须用老子"为道日损"的方法，即负的方法，才能求道
而得之。庄子提出"坐忘"的方法不是去破除世俗之见，而是要"忘却"。
成玄英认为要不断地忘却，甚至把忘却也忘却，此即是兼忘。为了忘却，必
须绝三："一者绝有，二者绝无，三者非有非无"，故谓之三绝也。"夫玄冥

之境，虽妙未极，故至乎三绝，方造重玄也。"（《大宗师疏》）一般俗人执于有，贤明君子能遣有易契于无，而得道之人则能"双遣有无"（《知北游疏》）。从事与理的关系上说："岂惟物务是空，抑亦天理非有。惟事与理，二种皆忘，故能造乎非有非无之至也。"（《天地疏》）双遣的含义除双遣有无外，还表示"身心两忘，物我双遣"（《在宥疏》），"岂独不知我，亦乃不知物；唯物与我，内外都忘，故无所措其知也"（《齐物论疏》）。成玄英重玄学虽然深受佛教中观学的影响，但是本色还是道家：其一是将佛教的"破执"改造成"兼忘"；其二是所谓"双遣"体现一种顺应自然的精神，前文引"不滞于不滞"，就是既不刻意去追求，也不刻意去不追求，一切都要合乎自然之理。第四，重玄之道依然有长生成真的道教色彩。在修性修命的功夫上，成玄英重视修性，但亦肯定命功重要。其修命的特点是依自然之道养生，各尽其生命之修短，避免祸害夭折。他说："养生之妙道，依自然之涯分，必不贪生以夭折也"（《养生主疏》），人应该爱养精神，不贪不竞，通达生死，随任变化，以证长生久视之道，这便是真人、圣人了。

　　成玄英的重玄学，标志着道教在融会佛、儒和道家哲学的基础上形成自己高深的哲学，为道教的理论发展，开辟出一条崭新的道路。它为宋元全真教的兴起，作了思想上的准备。同时，由于它引入"理"的概念，用以充实"道"的内涵，也为宋明理学的兴起，准备了思想条件。由此可知，成玄英在中国思想史和宗教史上的地位是非常重要的。但是成玄英毕竟重性功而轻命功，对于宗教徒必需的修证实功，缺乏应有的说明，不能满足道教信徒炼养的需要，因此才有唐后期钟吕金丹道的兴起，从命功上弥补成玄英重玄学的不足。

　　3. 李荣的重玄学

　　李荣是年轻于成玄英的另一名重玄大师，号任真子，四川绵阳人，主要著作有《道德经注》和《西升经注》。他在唐高宗朝和武则天朝经常与佛教学者论战，是当时著名的道教领袖。

　　李荣的重玄思想主要体现在《道德经注》之中。在道论上，李荣与成玄英一样，引理释道。他说："道者，虚极之理也。"道的特征是"清虚无为"，故能包容无极，无所不入。在道与德的关系上，"通生曰道"，"畜养为德"，道是万物生存的根据，德是万物生存的内涵。道是即体即用，超出有无对待的，故在解释"玄之又玄，众妙之门"时说："道德玄冥，理超于言象；真宗虚湛，事绝于有无"。道是超越的终极之理，但道有体用，体隐用显，显微不定，故道与万物不即不离，体与用始终处在不断转化之中，故在解释"是谓无状之状，无物之象，是谓惚恍"时说："从体起用，自寂之动也；自寂之动，语其无也。俄然而有，摄迹归本；言其有也，忽尔而无。忽尔而无，无非定无；恍然而有，有非定有。"可以看出，李荣能够从动态上把握道与万物的关系，这是比成玄英高明的地方。

在修养论上，李荣的重玄思想得到了更鲜明的体现。李荣认为人的本性是清静无为的，这便是道性，但感官欲望导致贪财逐名好色，遂使人丧失道性。故修道必须遗情去欲，返本归根。但修道绝不是破除有为而一味无为，修道当因乎自然之性，行中和之道。他在解释"无为而无不为"时说："惑者闻无为，兀然常拱手，以死灰为大道，土块为至心，恐其封执无为，而不能悬解，故云无为而无不为也"，如此，"则为学为道，道学皆忘"，他反对离俗修道，入于败灭。他在解释"是以圣人受国之垢，是为社稷主，受国不祥，是为天下王。正言若反"时，强调"反俗而合于道"，说："体柔弱之道，则物无不包；悟幽玄之境，则事无不纳。"所以修道之人，既要借玄道以遣除有无的分别，又要用重玄来遣除玄道的局限，即是"借彼中道之药，以破两边之病。病除药遣，偏去中忘，都无所有"（释"道冲而用之，或不盈"），又说："夫重玄之境，气象不能私；至虚之理，空有未足议"（释"大道废，有仁义"）。按李荣的说法，佛教中道义是一付破除俗见和空断的良药，病既破除，则药亦须消遣，连佛家的中道义也要忘却，这才是重玄之境，这才是最终的解脱。吸收佛教又超出佛教，李荣有明确的意识。

李荣与成玄英相比，道教的本色更为强烈。他肯定修道之人如能"道实于怀，德充于内"，"心志柔弱，顺道无违"，便"得成仙骨"（释"实其腹，弱其志，强其骨"）。圣人能够做到"生死无变于己，寒暑未累于身"（释"清静为天下正"），"与天为期，与道同久，终于此身，永无危殆"（释"没身不殆"），这样的圣人也就是神仙了。

三　外丹道的兴盛、危机与钟吕内丹道的兴起

隋唐时期在帝王与贵族倡导下，黄白之术颇盛。烧炼金丹，以求长生，在统治者为的是做富贵神仙，在道士为的是实现信仰、证成真道，也有人借此换得尊荣，骗取钱财。在前代积累的基础上，外丹黄白之术至隋唐进入新的发展时期。隋代倡导内丹的道士苏玄朗也烧炼外丹，著《宝藏论》，记载当时炼丹士们所掌握的药金药银近三十种，可知黄白术已颇有声色。唐代是

外丹道最兴盛发达时期，被称为道教外丹的"黄金时代"。其一，表现为丹道理论的发展。此时"夺天地造化之功，盗四时生成之务"的丹道思想更为成熟，《周易参同契》大受重视，从中发挥出自然还丹说，用药的相类说，火候的直符说。自然还丹说认为，上仙所服之丹，乃天火所造，人可以在丹炉中浓缩地再现自然成丹过程而炼就金丹。炉鼎如同小宇宙，鼎三足以应三才，上下二合以应二仪，足高四寸以应四时，炭分二十四斤以应二十四气，水火相交以象阴阳二气之交感，故可仿自然而还丹。用药相类说认为配取丹药必须依据相类相补的原则。《参同契》说："以类辅自然，物成易陶冶"，据此，《太古土兑经》说："夫论相类者，阴阳和合即变化顺宜也。"《张真人金石灵砂论》用阴阳分类，谓："阳药有七：金二石五——黄金、白银、雄、雌、砒黄、曾青、石硫黄，皆属阳药也。阴药有七：金三石四——水银、黑铅、硝石、朴硝，皆属阴药也。"用药的原则是相类的药阴阳互补，生成新质，"阳药阴伏，阴药阳制"。《阴真君金石五相类》说："相类品物，合成雌雄铅汞二名，龙虎双得，坎离不离，相类一物无不成焉"，"若不相类，则事不成，凡万物皆然。"有时也采用中医"君臣佐使"的理论，如以水银为君，以硫黄为臣。火候直符说认为，火候的掌握要符合阴阳消长的自然之道，《参同契》说："圣人不虚生，上观显天符，天符有进退，诎信以应时。"天符就是太阳的运行规律，据此一月内分六候，一年十二月通于十二消息卦，或用文火，或用武火，或进阳火，或退阴符。其二，表现为炼丹流派的众多，唐代外丹道由于用药不同和理论有异而分成许多流派，其中主要是三派：金砂派、铅汞派、硫汞派。金砂派重视黄金和丹砂，代表人物有孙思邈、孟诜等，上承葛洪，欲假黄金以自坚固，假丹砂以成变化。所谓金、银大多数是金属化合物，表面似金似银。铅汞派主用铅与汞，而排斥其他杂药，如《大还心镜》所说："只论铅汞之妙，龙虎之真，去四黄之非，损八石之参杂。"代表人物有郭虚舟、孟要甫、刘知古、柳泌等人。硫汞派则主用硫黄和水银合炼，"硫黄是太阳之精，水银是太阴之精，一阴一阳合为天地"（《太清玉锦子》）。由于矿物药往往合炼成有毒物质，加以杂质不易清除，危害人体，唐后期的炼丹减少了矿物用药，而逐步增加了动植物用药。各派之间互相攻击，同时互相吸收，而以硫汞派的成就最大。其三，表现为用药范围的扩大。唐代炼丹用药在前代基础上不断扩展种类。《太古土兑经》中有五金四黄八石之说，谓："金银铜铁锡，谓之五金；雌雄硫砒，名曰四黄，朱汞鹏硇硝盐矾胆，命云八石。"成书于唐代的《真元妙道要略》所记，除上述物类，还有铅、礜、石英、云母、赭石等。梅彪著《石药尔雅》，收集炼丹药名一百五十多种，还注有不少隐名别名，如汞之他名即有二十一种。此外，在炼丹经书之多，器物设备之新，炼丹方法之精，社会影响之大诸方面，唐代都是空前的。

　　但是外丹道是需要当世兑现的，它不像佛教三世说那样灵活讲因果，后世之报，死无对证，而服食外丹能否成仙，为人们所共睹，而其结果多数是失败的。纵然有少数人服丹而病愈或身健，亦不能长生。而大多数服丹的结局不是长生，而是速死。唐太宗、宪宗、穆宗、敬宗、武宗、宣宗皆服丹药中毒而死；诸臣如杜伏威、李道古、李抱真等亦是服食中毒致死。后梁太祖、南唐烈祖亦如之。方士柳泌制金丹药，一连毒死宪宗、穆宗二帝。武宗服药后，喜怒失常，口不能言，不久死去。在这种严酷的事实面前，道士的"尸解"等托辞已不能对付人们的冷静思考，怀疑和否定外丹的思潮遍布朝野，有识之士纷起抨击。《隋书·经籍志》说："金丹玉液长生之事，历代縻费，不可胜纪，竟无效焉。"宪宗服丹时，起居舍人裴潾上表切谏，以金石含酷烈之性，加烧炼则火毒难制。南唐主李煜服药中毒，临终时对齐王李璟说："吾饵金石，始欲益寿，乃更伤生，汝宜戒之！"（《资治通鉴》卷二百八十三）到死方才醒悟，这种惨局对周围人士不能不有警戒作用。此外一些方术之士，借外丹之名，烧炼假金银，以谋财利，也损害了外丹术的声誉，于是外丹道至唐末五代走向衰落。在这种情势下，道教内部必然要另辟长生之途径，于是便有更多的道士潜心于内养之术，从而促进了内丹学的迅速发展。另外，内丹学的导引、胎息、行气等道术，古已有之，至隋唐时期在理论和实践两方面都积累了较丰富的成果，而道教清修无为派学者早已从高层次上扭转了教内热心黄白的风气，由重外转向重内，在理论方向上为内丹学的崛起铺平了道路。

　　远在晋代的《黄庭经》和《抱朴子》中即出现人体有上中下三丹田的提法，说明内丹之道发生很早。史家一般把隋朝道士苏元朗，看做是内丹道的正式创立者。按《罗浮山志》，元朗居青霞谷，其弟子竟论服芝得仙，元朗笑曰："灵芝在汝八景中，盍向黄房求诸?"乃著《旨道篇》示之，自此道徒始知内丹矣。元朗以为"天地久大，圣人象之；精华在乎日月，进退运乎水火。是故性命双修，内外一道"，于是借外丹术语以喻内丹，"身为炉鼎，心为神室，津为华池"，天铅、婴儿喻"身中坎"，砂汞、姹女喻身中离，黄婆喻"心中意"，黄芽喻体中脾，"自形中之神入神中之性，此谓归根复命"，称为还丹。

　　唐代内丹托名钟离权与吕洞宾。钟、吕为八仙之二，民间传说很多，真伪难辨。按李养正先生《道教概论》说法，钟离权乃唐末五代后汉人。吕洞宾乃钟离弟子，号纯阳子，世称吕祖或纯阳祖师。五代另一道士施肩吾号"华阳真人"，撰《钟吕传道集》，可以代表这一时期内丹道的理论水平。该书从内丹学角度阐发《参同契》，以天人合一思想为理论基础，以阴阳五行学说为炼养的依据，形成较为完备的内丹道体系。《传道集》认为："纯阴而无阳者，鬼也；纯阳而无阴者，仙也；阴阳相杂者人也"，人不修道则死而为鬼，修道而得纯阳之体则为仙。修道之方在于效法自然天道。"天道以乾为体，阳为用，积气在上；地道以坤为体，阴为用，积水在下"，乾坤交而生万物，天地升降交合，运行不已，故长久坚固；人效法之，便要使肾水与心火升降交合，"上下往复若无亏损，自可延年"。心为离，名曰阳龙，又名朱砂；肾为坎，名曰阴虎，又名铅。心肾交合，龙虎交媾，变出黄芽，得金丹大药，"保送黄庭"（脾胃之下，膀胱之上），即是采药。且须配合以进火（调神御气使归丹田），抽铅填汞，即抽肾中之阳补心中之阴，而养胎仙，真气靠河车搬运，于三丹田中反复进行。"金晶玉液还丹而后炼形，炼形而后炼气，炼气而后炼神，炼神合道，方曰道成。"此外，尚须存想与内观，外以德行相配合，"若外行不备，则化元鹤而凌空无缘而得"。

　　以上可知，苏元朗已提出"性命双修"的原则，《钟吕传道集》又正式提出心肾交媾、抽铅填汞的原理和炼形炼气炼神的基本步骤，内丹学于是初步形成。其后，经五代宋初道士陈抟到北宋道士张伯端，则内丹道更为系统发达，逐步成为道教发展的主流，道教人士视之为最高妙深奥的修仙之法。

四　道教与隋唐文化

　　道教对隋唐文化的影响可从三方面说。其一，为李唐皇室提供巨大的精神支柱和教化全国的思想手段，直接服务于巩固大唐帝国的政权。道教在此前此后都受到执政者扶植，但都未如李唐把道教直接作为皇室之宗教，使之与皇权紧密结合，皇亲国戚，大臣文士纷纷崇道入道，道书进入科举必修科目，乃至武宗时道教几成国教，老子地位崇高无上，宫观祠庙遍及全国。这一情势带有两重效果：用宗教加强了对人民的思想控制和愚弄，这是消极的；同时也用宗教加强了社会的稳定，而这一稳定发生在盛唐时便具有积极意义。其二，道教的虚妄成分危害社会进步和人们的身心健康。宫观的建造，神像的塑立，以及炼制金丹的花费，都消耗了大量的社会物质财富，加重了劳动人民的负担。道教浓化了民间迷信的空气，许多有才能的人也将宝贵时光白白浪费在永远达不到的成仙目标的追求上，像诗人李白、白居易也亲试过飞丹合药。而外丹常含毒性，服丹中毒而死者，以唐朝人为最多，这是愚蠢和可悲的。其三，从积极方面说，道教无形中推动了中国的医药学、化学、冶炼术、体育、哲学和文学艺术的发展，推动了多元文化之间的融合，使道教文化成为盛唐文化的有机组成部分，给后世以深远的影响，道教在这方面的贡献也是不容抹杀的。

在医药学上。孙思邈是道士兼医学家，其《千金方》集唐以前医学之大成，凡腑脏之论，针艾之法，脉证之辨，食治之宜，妇婴之疾，七窍之痾，五石之毒，备急之方，以及导引、按摩等养生之术，莫不毕精，成为中医之经典著作，他炼制的"太一神精丹"，主治"客忤霍乱，腹痛胀满，尸疰恶风，癫狂鬼语，蛊毒妖魅，温疟"。在药物学方面，唐代将陶弘景所注《神农本草经》先增为七卷，以后陆续增为五十三卷，也称《唐新本草》。道士孟诜亦撰《食疗本草》，推动了药学的发展。

在化学上。外丹道所追求的不死之丹虽不能成功，但炼丹术的发达却极大地推动了有唐一代的古化学学科的发展，积累了关于汞、铅、砷、铜等元素及其化合物的知识，其中尤对硫与汞的分解、化合以及汞的提纯，有精确的知识与技术，已达到相当高的水平。火药的发明，前此已有实验，至唐代《真元妙道要略》一书，则有了关于制造火药的最明确的记载，云："有以硫黄、雄黄合硝石并密烧之，焰起，烧手面及烬屋舍者。"火药是中国四大发现之一，在世界文明史上产生了不可估量的影响。

在金属冶炼上。炼丹有用水法反应者，但此时主要用火法反应，即蒸馏、升华、化合、伏火等法，在密封容器中，以高温促成若干金属熔解形成合金。所成药金药银，大都为非真金银的金属化合物或混合物。所谓"点铁成金"、"点铜成金"，皆是制造铜或铁合金的方法。水法炼铜在唐代已有小规模制作，至宋形成大规模作坊。

在体育上。钟吕内丹道兴起，注意炼气炼形，并与炼神结合，形成一套很系统很精密的内养功法。其中有许多宗教神秘的成分，但也包含着后世被称为气功的合理内容，确实有利于祛病健身。在炼气炼神的过程中，人的潜能被调动，发生种种特异功能，从而显示了人体的深层奥妙。内丹道对人体生理学有着特殊的贡献。由于炼养得法，许多道士成为长寿之人。据《唐书》载，孙思邈为百岁之人，孟诜卒年九十三，张果可用神药使已堕齿复生而光洁，道士叶法善享年一百零七岁，为一般人不可企及。

在哲学上。唐代清修无为派道士多为哲学家，对道家哲学有推动深化之功，其论著成为唐代哲学的组成部分。他们都力主三教融合并身体力行之，对于三教合流思潮的发展，有推波助澜之劳。其援佛入道，主要在心性炼养方面，即将佛性说与道性说加以糅合，这不仅是当时哲学发展的新趋势，也为尔后宋明理学的形成开辟了途径。内丹道以阴阳五行观察人体生理，以天人合一论作为内炼的依据，反过来又用内丹的实践丰富了天人一体的理论，加深了人们关于自然与一有内在联系的认识。

在文学艺术上。道教仙话既形成民间故事，又形成文人传奇文学。唐与五代道士钟离权、吕洞宾、张果等人逐步被艺术化，至宋代形成八仙的传说，围绕八仙又产生诸多文艺作品。从"志怪"到"神魔"的大量作品，都表现了道教意识，如《游仙窟》、《枕中记》、《南柯太守》、《柳毅传》、《虬髯客传》等，皆为名作，后世多演为戏曲。道教关于仙境和仙人的描述，极大地激发了人们的想象力，无拘无束地发奇思怪想，把浪漫主义的创作风格升华到一个新的境地，孕育出一批文艺大家和一流文艺作品。唐代诗词多咏神仙事迹，或借重神仙作艺术构思。大诗人李白相信道教，仙人求不得，便成醉中仙，其诗意境高雅，美妙绝伦，被称为诗仙。其他诗人，直如杜甫，亦多游仙之作。白居易的《长恨歌》借助于道教的想象力，把唐玄宗与杨玉环的韵事描写成美丽动听的爱情故事，因而流传后世。在绘画方面，唐代阎立本的《十二真君像》，吴道子的《送子天王图》、《八十七神仙卷》，张素卿的《龙虎图》，以及五代阮郜的《阆苑女仙图》等，在绘画史上都有很高地位。其他道教建筑、雕塑、音乐等皆多有成就。如玄宗时诏道士司马承祯制《玄真道曲》，茅山道士李会元制《大罗天曲》，贺知章制《紫清上圣道曲》，皆清雅不俗。

第六节　若干西来新宗教的流行

一　景教的流行

基督教传入中国在初唐之时，时称"大秦景教"或"大秦教"。大秦指罗马，景教实系基督教聂斯脱利派，信奉君士坦丁堡主教聂斯脱利所倡导的教义。该教曾因不赞成"三位一体"说被总教会目为异端，公元 5 世纪末在波斯形成独立教派。唐朝实行经济与文化开放政策，与中西亚地区交往频繁。该教派遣教士阿罗本（叙利亚人）于贞观九年来到长安，唐太宗派宰臣房玄龄率仪仗去西郊迎接。阿罗本在唐廷受到礼遇，"翻经书殿，问道禁闱"。唐太宗听其教义，颇加赞赏，于贞观十二年下诏说："大秦国大德阿罗本远将经像来献上京。详其教旨，玄妙无为；观其元宗，生成立要；词无繁说，理有忘筌；济物利人，宜行天下。"（《唐会要》卷四十九，又见《大秦景教流行中国碑》）并于长安义宁坊赐建景寺一所，度僧 21 人。可知太宗并未真知基督教教义，只觉得其教合于道家之旨，有利教化，故予支持。高宗时准诸州各置景寺，封阿罗本为镇国大法主，不少教士还担任了朝廷与军队中的重要职务。玄宗命宁国等五王亲赴寺建立坛场。肃宗、代宗皆尊重其教。受中国当时习俗和佛教影响，景教多用时语，称教士为"大德"、"僧"、"僧首"，教士亦有通佛学者。明代熹宗天启年间西安西郊发掘出《大秦景教流行中国碑》，该碑立于唐德宗建中二年，大秦寺僧景净撰碑文，由此证明中唐以前景教在中国有可观的发展和影响。碑文说："法流十道，国富元休；寺满百城，家殷景福"，教业是相当兴旺的。

　　唐代景教紧密依附于李唐皇室，主要传播于上层。如太宗、高宗对阿罗本之宠优；玄宗令大将军高力士送五圣写真（高祖、太宗、高宗、中宗、睿宗五帝之画像）供于大秦寺内安置，诏佶和、罗含等教士于兴庆宫修功德；肃宗以教士伊斯为高官；代宗每于圣诞节赐天香以告成功。而大臣如房玄龄、魏徵、尉迟恭、郭子仪等，也尊崇该教。该教又能融通佛教，善用中华习语传布景教教义，故其教得以容于唐代中国社会。但教士多为外国人，中国下层民众甚少。

　　迨至唐武宗会昌五年灭佛，祸及一切外国宗教，景教亦遭毁灭。武宗认为"以武定祸乱，以文理华夏，执此二柄，足以经邦"，不能让西方之教与我抗衡，于是拆毁天下佛寺，令僧尼还俗，"勒大秦穆护、祆三千余人还俗，不杂中华之风"（见《旧唐书·武宗纪》）。于是景教在内地被禁绝。但边远地区仍有基督教在活动。敦煌古籍中有《大秦景教三威蒙度赞》、《尊经》、《大秦景教宣元本经》、《一神论》、《大秦景教大圣通真归法赞》等景教文献，说明武宗之后，在我国西北地区仍有景教流行。此外，阿布·赛义德《东游记》提到唐末黄巢军占领广府（即今广州）时，杀回、景、祆、犹太教徒十二万人，说明当时沿海一带有不少基督教徒保持信仰。计算起来，从贞观九年到会昌五年,景教在内地传布达二百余年之久。

二　伊斯兰教的初传

伊斯兰教由穆罕默德于公元 7 世纪初在阿拉伯半岛创立,至 8 世纪教徒已遍及亚、非、欧三大洲,成为世界宗教。该教以《古兰经》为根本经典,亦奉《圣训》。以"安拉是惟一的真神,穆罕默德是安拉的使者"为核心信仰,称为清真言。其基本教义可概括为"六信"和"五功"。"六信":①信安拉,相信安拉是宇宙中惟一的全知全能的造物主,无始无终,无所不在,故无形象无方位;②信使者,相信安拉在不同时期派遣到人间的使者,其中穆罕默德是最后一位使者,即"封印至圣",他受命于安拉,传达神意,治理人世;③信天使,相信安拉所造的精灵妙体,他们是安拉的忠使和助手,是人类的朋友;④信经典,相信《古兰经》是安拉的语言,它是神圣完美的,是国家立法和穆斯林生活的最高准则;⑤信后世,相信今生短暂,后世长存,人死后灵魂不死,世界末日到来时将复活,接受安拉的审判,虔诚行善者升天堂,背教有罪者下地狱;⑥信前定,相信一切自然与社会事物,包括人生吉凶祸福,社会治乱兴衰,皆由安拉预先安排妥当,人力无法加以改变。"五功"是:礼、念、斋、课、朝。礼即礼拜,向安拉表示归顺、感恩、赞颂、恳求、禀告的宗教仪式,一般每日五次,每周五聚礼以及节日礼拜。念,即念诵清真言,既要诚信不移,又要念念不忘。斋,伊斯兰教历九月斋戒一个月,称为斋月,白日戒饮食,晚上戒房事。课,信徒向教会交纳天税,即宗教捐税。朝,凡健康的信徒,经济上许可,一生中要前往麦加朝觐克尔白(神殿内的黑石)一次。此外饮食上禁食猪肉及死物、血液。主要节日有开斋节和宰牲节。

伊斯兰教何时传入中国内地,有数种不同说法,史学界一般倾向于陈垣先生的见解,把唐高宗永徽二年(651)大食国派使节来长安朝贡,作为伊斯兰教正式传入中国内地的标志。阿拉伯商人在中国沿海与边远地区行商并建寺做礼拜,也许更早一些。据《旧唐书·大食传》,"永徽二年,始遣使朝贡";据《册府元龟》等书载,永徽二年至贞元十四年间,大食国(指阿拉伯人建立的伊斯兰帝国)遣使入华朝贡约三十七次,说明中国与大食政府间来往已很频繁。至于民间经济交往更是密切。当时中国与大食间的海、陆两条交通线已很发达。陆路经波斯、阿富汗与西域,从西北地区到达长安,海路经波斯湾与阿拉伯海、孟加拉湾、马六甲海峡至我国南海沿岸广州、泉州等地。据《资治通鉴》载，唐贞元三年，李泌检括长安胡客有田宅者四千人（《唐纪》四八），其中以阿拉伯和波斯客为最多。当时唐朝对邻国友好，对外国使者给以优待，"人马皆仰给于鸿胪礼宾"，只是到贞元间财力不足，才令他们回国，愿留者为唐臣，给俸禄，结果无一人愿归。对于沿海城市之外商，予以保护。唐文宗太和八年（834）下诏说："南海番舶，本以慕化而来，固在接以仁爱，使其感悦"，而地方官吏荷以重税，"深虑远人未安，率税犹重，思有矜恤，以示绥怀。其岭南、福建及扬州蕃客，宜委节度观察使常存问。除舶脚、收市、进奉外，任其往来通流，自为交易，不得重加税率"（《全唐文》卷七五）。这种开放国策，使远道外国人源源而来，加快了中外文化的交流。这些使节、商人、旅行家、航海家便是宗教的媒介，他们的伊斯兰信仰随之带入中国内地和沿海，他们的宗教风俗受到政府和当地人们的尊重。这些胡客或蕃客往往在沿海城市相聚而居，居地称"蕃坊"，但无史料证明另立有礼拜寺，不过既有共同信仰，必有相应宗教生活，又处在中国人之中，不免与中国传统信仰互相渗透。许多唐代外侨，在中国娶妻生子，出现"五世蕃客"、"土生蕃客"，成为中国最早的穆斯林。

天宝十年，唐朝与大食间发生了一次战争，唐军失败，被俘者不少。天宝十四年以后，为平定安史之乱，唐廷又借用回纥、大食兵。两国士兵之交往亦推动了伊斯兰教的传布。唐兵杜环被俘西去，在大食等地居住十余年，归作《经行记》，对阿拉伯的伊斯兰教有真切的观察和记载（全书已佚，残文见《通典》卷一九三、一九四），使中国人进一步熟悉了伊斯兰教。

伊斯兰教在唐代的初传中国，有以下特点。其一，初传主要借助于行政使者与商人，不像佛教和景教之初，皆由僧侣和教士携经而入内地。中外经济上的交往，成为伊斯兰教传入中国最重要的渠道和载体。其二，信徒绝大多数是侨居中国的阿拉伯人及其后裔，绝少纯中国血统的信徒，故而对广大汉族影响极微。但他们处在汉族社会汪洋大海之中，却不能不受中华传统文化的熏陶，与汉族的通婚，更加速了他们"华化"的过程。唐宣宗时大食人李彦升精通经史，高中进士，便是典型事例，也说明唐廷开明，不歧视有才能的外国人。其三，唐代的伊斯兰教及教徒没有受到贵族和社会高度重视，这些外国穆斯林也避免卷入激烈的社会斗争，他们把伊斯兰教信仰作为自己内部的生活方式和风俗而代代相承，没有向外传教的野心，所以没有同中国儒释道三教以及社会政治势力发生碰撞，虽然不能扩展影响，却易于保存自己。所以当唐武宗会昌五年打击佛教、景教和祆教时，伊斯兰教没有被取缔，而以"大食殊俗"得以保存，并流传下去。

三　祆教的流传

祆教在波斯称为琐罗亚斯德教，在中国称为"祆教"、"火祆教"、"拜火教"。它是公元前6世纪由琐罗亚斯德在波斯东部所创立，后来流传到亚非许多地区。公元3～7世纪，伊朗萨珊王朝曾奉为国教。7世纪阿拉伯人统治波斯后，伊斯兰教取代了琐罗亚斯德教。该教以《阿维斯陀》为经典，通称《波斯古经》。教义一般概括为"神学上的一神论和哲学上的二元论"，认为宇宙原初有善与恶两种神灵：善神叫阿胡拉·玛兹达，意谓智慧之主，是光明、生命、创造、善行、美德、秩序、真理的化身；恶神叫安格拉·曼纽或阿里曼，它是黑暗、死亡、破坏、谎言、恶行的化身。善恶二神各拥有僚神、眷属，彼此反复较量，终于善神战胜了恶神，光明代替了黑暗，阿胡拉·玛兹达成了最高的存在，惟一的主宰者。这个过程就是世界创造和劫灭的过程。当下的世界处在善与恶的斗争中，琐罗亚斯德根据神的意志而诞生，于是人类有了光明前途。该教认为火是善神的儿子，象征着神的绝对和至善，因此礼拜圣火是教徒的首要义务。

7世纪中叶在伊斯兰教逼迫下，大批琐罗亚斯德教徒东迁，大食以东至我国新疆地区遍信该教。在6世纪初的北魏南梁以及北齐北周各朝即有火祆教传入，并受到上层支持。该教至唐代得到进一步流行，主要表现在祆祠到处设立，唐廷设官专司其教，其教活动情况在《大唐西域记》、《往五天竺国传》、《经行记》、《酉阳杂俎》、《唐会要》、《唐书》中都有记载。唐高祖武德四年（621）即置祆词，管教之官府称萨宝府，官职分为萨宝祆正、祆祝、率府、府史等，主持祭祀，自四品至七品不等，也有流外四、五品。宋代姚宽《西溪丛语》云："唐贞观五年，有传法穆护何禄将祆教诣阙奏闻。"可知祆教教士颇得唐廷礼遇。西京长安有祆祠四座，东都洛阳有祆祠二座。唐人张鷟《朝野佥载》提到南市西坊之祆庙，谓："河南府立德坊及南市四坊皆有胡祆神庙。每岁商胡祈福，烹猪羊，琵琶鼓笛，酣歌醉舞。酬神之后，募一胡为祆主，其祆主取一横刀，利同霜雪，以刀刺腹。食顷，平复如故。盖西域之幻法也。"该书还提到"凉州祆神祠，至祈祷日，祆主至胡祆神前舞一曲，即却至旧祆所，莫知其所以然也。"

武宗会昌五年灭佛，"大秦穆护、祆三千余人还俗"，祆教于是禁绝。

四　摩尼教的流传

摩尼教创立于公元 3 世纪的波斯，因创教人摩尼而得名。我国旧译明教、末尼教、牟尼教、明尊教、二尊教等，该教在琐罗亚斯德教的基础上，吸收基督教、佛教等教义，形成自己的信仰体系，并创立一套独特的戒律和寺院制度。初在波斯广泛传播，后受祆教排斥定为异端，摩尼被处死，但摩尼教却传至欧亚非广阔的地区。该教基本教义是"二宗三际论"。《摩尼光佛教法仪略》说：

> 初辨二宗，求出家者，须知明暗各宗，性情悬隔，若不辨识，何以修为？
>
> 次明三际：一、初际，二、中际，三、后际。初际者，未有天地，但殊明暗，明性智慧，暗性愚痴，诸所动静，无不相背。中际者，暗既侵明，恣情驰逐。明来入暗，委质推移。大患猒离于形体，火宅愿求于出离。劳身救性，圣教固然。即妄为真，孰敢闻命？事须辨析，求解脱缘。后际者，教化事毕，真妄归根，明既归于大明，暗亦归于积暗，二宗各复，两者交归。

可知"二宗"是指光明与黑暗两种对立的力量，"三际"是指二宗在过去、现在和未来三个发展阶段中力量对比的变化。摩尼教认为世界太初（初际）之时，即有明暗二宗，明与暗两王国互相对峙，但不相犯。中际时，黑暗王国的势力侵入光明王国，两方开始搏斗。光明王国主神大明尊召唤生命之母（善母），生命之母又召唤其子初人，初人又召唤其诸子五明子，即清净气、妙风、明力、妙水、妙火，与黑暗诸魔决斗。但初人昏倒，五明子被黑暗群魔吞噬。于是大明尊又第二次召唤明友、大般、净风及其五子，制止了黑暗对光明的入侵，救出初人，但五明子已紧附在五类魔身上，与其原素纠合在一起。明使净风把五明子和五类魔两种力量混合造成世界，从战死的暗魔身上挤出光明分子造成日月，仍然受到暗魔污染的分子形成众星，暗魔的身体形成天地山岳。大明尊又发出第三次召唤，召出第三使，第三使又召出惠明使。这二位明使把光明黑暗分不开的分子变成动植物。恶魔吸收光明分子，按明使的形象作出亚当和夏娃，这便是人类的始祖，他（她）们的肉体由黑暗分子组成，灵魂由光明分子构成。大明尊作第四次召唤，派明使耶稣唤醒

亚当，不与夏娃同居，但亚当后来忘掉本性，与夏娃生了塞特，其后裔便是
人类。人类是暗魔的子孙，而灵魂是光明分子组成的，所以面临着从肉体中
拯救出灵魂的问题。大明尊派出的使者有琐罗亚斯德、佛陀、耶稣，而摩尼
是最后的使者，他指导人类"劳身救性"，超度众生，优者回归光明王国，
劣者在世界末日与黑暗分子一起葬入地狱。在后际中，宇宙复归初际状态，
明归于大明，黑暗分子永远被囚禁在黑暗王国。可见摩尼教与琐罗亚斯德教
有所不同，不仅讲善恶二元，而且教义中始终贯串善恶二元论，是典型的二
神论宗教。该教戒律可简括为"三封"和"十戒"。三封是口封、手封、胸
封，即言禁、行禁、欲禁。十戒是：不拜偶像，不妄语，不贪欲，不杀生，
不奸淫，不偷盗，不欺诈，不二心，不怠惰，每日按时祈祷和实行斋戒忏
悔。自公元 3～17 世纪，该教从波斯本土传至亚、非、欧广大地区，成为中
世纪一个世界性的宗教。

　　摩尼教于公元 6～7 世纪经丝绸之路，由西域传入中国，先在新疆地区，
后在内地。据《佛祖统纪》卷三九云：延载元年（694），"波斯国人拂多诞，
持二宗经伪教来朝"。女皇武则天召见了拂多诞密乌没斯，令其与僧徒辩论。
则天悦摩尼教教义，留其课经。这是摩尼教正式进入内地，受到朝廷合法承
认的开始。摩尼教在中国流传过程中有逐步佛教化的倾向，主摩尼、释迦、
老子三圣同一论。它在唐代曾两度合法传播。一在玄宗开元二十年之前，一
在天宝之后。史载开元七年（719）六月，"吐火罗国支汗那王帝赊，上表献
解天文人大慕阁"（《册府元龟》卷九七一），盛称其人智慧幽深，无所不知，
可询问君臣事意及摩尼教法，乞为置法堂供奉传教。慕阁乃中亚摩尼教团中
高级僧侣。开元十九年六月，拂多诞奉玄宗之命，于集贤院翻译《摩尼光佛
教法仪略》。从敦煌石室发现的该经残卷看，此经已将摩尼教的基本教义教
规介绍出来了，同时摩尼与道教互相依附，与佛教彼此渗透，形成中国摩尼
教新特点。该经有一段关于老子化摩尼的经文，云："我乘自然光明道气，
从真寂境，飞入西那玉界苏邻国中，降诞王室，示为太子。舍家入道，号末
摩尼，转大法轮，说经戒律定慧等法，乃至三际及二宗门，教化天人，令知
本际。上至明界，下及幽涂，所有众生，皆由此度"，又谓"三教混齐，同
归于我"，"是名总摄一切法门"。此处老子化胡并非西晋王浮《化胡经》原
文，乃唐人所增，内中混同三教，把释迦、摩尼视为一体，用道教佛教解说
摩尼教法，皆唐人观念。开元二十年，玄宗发布敕令："末摩尼法，本是邪
见，妄称佛教，诳惑黎元，宜严加禁断"，但"以其西胡等既是乡法，当身

自行，不须科罪"（《通典》卷四〇）。安史之乱后，两借回纥兵平叛。肃宗宝应元年（762），回纥牟羽可汗屯兵洛阳时遇摩尼师睿思等四人，将其带回漠北。经过辩论，摩尼师战胜原宗萨满，摩尼教遂受奉信，且被尊为国教。元和之后，达于鼎盛。随之，唐廷亦解除禁令，摩尼教又得以在内地大力传布。从大历三年到元和年间，摩尼教从京师长安扩展到今山西、河南、湖北、江西、江苏、浙江等广大地区、建寺传教，成为仅次于佛教的外来大宗教。至武宗朝，开始有步骤地打击道教以外诸教，包括摩尼教。会昌二年封闭长安等地摩尼教寺，三年罢废天下诸州摩尼寺，杀害摩尼教徒。会昌五年勒令摩尼教徒还俗，充国家两税户，外国教徒送远处收管。遭此打击，摩尼教在内地衰微，但在西北与东南沿海仍然流行。五代时，摩尼师复受中原朝廷礼遇。同时下层农民以该教为外衣进行反抗压迫的斗争，如后梁贞明六年（920）陈州人毋乙、董乙利用摩尼教造反，一时声势甚盛，终被镇压。

五 景、伊、祆、摩四教的流传与唐代文化

佛教的传入推动了中国与印度两大文化的交流，已为人们熟知。景、伊、祆、摩的传入则在更大范围内推动了中西文化的交流，丰富了隋唐五代文化的内容，也使盛唐文明更远地走向西方。景教来自罗马，伊斯兰教来自阿拉伯民族，祆教、摩尼教来自波斯，这几个地区都是当时世界上文明最发达的地区，与东方文明的中心唐帝国一并代表着全世界文明发展的最高水准。阿拉伯人在天文、历数、建筑、医药、兵器等方面有着精湛的造诣。大秦等地出产"火绽布、返魂香、明月珠、夜光璧"、"土宇广阔，文物昌明"（《大秦景教流行中国碑》）。波斯的金银器、纺织品以及绘画、雕塑都十分精美。中国唐朝与这些国家和地区的经济往来，为其宗教的东渐提供了方便，同时宗教的东传，也带动了中西贸易的繁荣。丝绸之路既是经济通路，也是文化与宗教通路，两者是交织在一起的。唐朝的经济与文化由此更为丰富多彩。长安城成为国际交往中心。沿海广州、泉州以及扬州，由于国际贸易而繁华振兴。中国人因此得以享用西方文明成果。如波斯之珊瑚、琥珀、玛瑙、胡椒输入中国，开元间，来献方物玛瑙床，无孔真珠等；大秦（一名拂菻）于贞观中遣使献赤玻璃、绿金精等物；大食于开元初遣使献马、钿带等。又如拜占庭医生善医眼与痢疾，并能作穿胪术，对中国有影响；拜占庭人向唐高宗赠万能解毒剂。景教僧崇一曾为玄宗长兄李宪治病得愈。《千金翼方》载有波斯及大秦散汤方。唐代香药多来自阿拉伯与波斯。广州人因使

用了西人的缝合木船技术而大得其益。与此同时中国唐代的文化成果也通过海陆两路而输向西方。如唐代发达的炼丹术，早在汉魏时期就西传，于唐时其学问与技术更不断传入阿拉伯，继传至欧洲。唐代陶瓷从 8 世纪末正式开辟了国外市场，在西亚享有极高声誉，多见于阿拉伯著作中，因之通往西亚的海路被称为"陶瓷之路"。带有宗教信仰的西亚商人对繁荣我国东南沿海的经济起了重要作用，而中国穆斯林和回纥的摩尼教徒，对于开发西北地区亦有不少贡献。

宗教在国际政治交往中也起过相当重要的作用。如大秦景教教士阿罗本在长安受到礼遇，朝廷是把他作为大秦及西亚的使者看待的。唐太宗接见祆教教士何禄，武则天召见摩尼教拂多诞，都是以此加强与西亚的联系，表示天朝的光被四表、惠润八方的大国气度。吐火罗国派摩尼师慕阇来唐朝，既是为了传教，也为了加强两国政治关系。在安史之乱以后，回纥与唐朝的往来中，摩尼教师成为使团重要成员，在外交活动中起重要参谋作用，这当然是中国内部地区政权之间的交往。

景、伊、祆、摩诸教的传入，更加使中国内地居民的信仰多元化，并且加速了多元文化的融合过程，逐渐渗透到传统文化和民间习俗中去。景教多借佛教，摩尼教借用道教，而佛藏又收录摩尼经典。不论何方宗教，一旦进入中国，它与传统文化之间便不再有明显的界限，如同涓涓支流，汇入大海，增生了波辉。其中特别是摩尼教虽于晚唐被禁绝，却深入了民间，成为一种民众信仰，在宋、明两朝复有可观的活动规模。

中国宗教通史

（修订版／下卷）

牟钟鉴　张践／著

中国社会科学出版社

目　　录

（下卷）

第六章 辽、宋、金、西夏
时期的宗教

第一节 概 述

　　这一历史时期大约从公元960年北宋开国，至公元1279年南宋灭亡，共300余年，是中国历史上又一次政治分裂、割据政权并存的时期，也是民族矛盾尖锐、民族战争频繁的时代。旧史家以宋朝为正统，以辽、金、西夏为夷邦，这是一种民族偏见，应予纠正。其实辽、宋、金、西夏都是中国境内的割据政权，都对中国社会的发展做出过贡献，只是民族主体成分不同，政治、经济、文化，各有特色罢了，考察其历史，应以平等眼光对待之。辽朝是以契丹族为主体的社会，据有北方广大领土，仿效中原政治体制，建立封建国家。宋朝是以汉族为主体的社会，在经济和文化上最为发达，但国力孱弱，受外族军事压迫，领土比唐代大为缩小，北宋时尚据有黄河流域部分土地，南宋时龟缩到长江中下游，偏安一隅。金朝是以女真族为主体的社会，兴起于东北，不断向南发展，据有辽东，后来又攻破辽朝，把领土扩大到河北、河南一带，最后为蒙古军所灭。西夏是以党项族为主体的社会，据有西北广大领土，立国190年，最后为蒙古军所灭。

　　在宗教信仰方面，辽朝一方面保有本民族的传统原始信仰；另一方面又接受汉族和中原地区的文化影响，包括宗教信仰，其中最重要的是宗法性宗教和佛教。辽朝仿效中原，建立自己的郊社宗庙制度，作为政权的神权依据，其中掺杂着若干民族色彩。辽朝以佛教信仰最为发达，由于其他文化相对落后，哲人稀少，故禅宗不甚流行，而以华严宗、密宗和净土宗较为兴旺。在佛教事业上，以契丹藏的修刻和房山石经的续刻而著称于史。

　　宋朝上继汉唐，文化积累比较深厚。国家重视宗法性宗教礼制的承接和修订，使郊社宗庙之制日趋完备。宋真宗实行东岳封禅大礼，为绝后之举。

在佛教信仰方面，禅宗大行，以临济一系最为发达。不过，禅宗发生了重大变化，由不立文字变为大立文字，谈禅与经教并行互补。此一时期，儒、佛、道三教在理论上的融合，达到前所未有的高水平。从佛教方面说，契嵩和智圆乃是三教融合的代表者。从儒学方面说，二程、朱熹、陆九渊的理学和心学皆受佛学影响极深，他们以儒学为本位，口头上也批评佛教，却大力吸收佛学的思维成果，使儒家哲学达到一个高峰。在道教方面，宋真宗、宋徽宗大力扶持道教，使道教力量和影响迅速扩展。外丹学衰微而内丹学日趋发达和成熟，以陈抟和张伯端为代表的内丹炼养体系正式建立，他们的思想也给予宋代理学以重大的影响。

金朝女真族有较强的萨满教信仰传统，同时又推崇儒学，学习中原郊社宗庙礼制，建立国家学术与宗教。同时又适度扶助佛教，使佛教成为民间社会的主要信仰。其时禅宗、华严、净土、律宗等宗派皆广为流行。保存下来的赵城金藏是佛教史上珍贵的文物和重要资料。在道教方面，全真道、太一道和真大道教在河北相继兴起，其中王喆所创立的全真道逐渐发展成为北方道教的主流，开创了道教发展史一个崭新的阶段。

西夏主要是佛教。西夏据有河西走廊，恰当中国通向西亚的丝绸之路，也是西域与中原佛教交流的必经之路，故佛教文化比较发达。从保存下来的敦煌和榆林的佛教石窟，可以看出西夏人对佛教的虔诚崇拜及佛教艺术的精美繁荣。

辽、宋、金、西夏时期，虽然政治上对峙，军事上不断发生冲突，但中国的文化仍然是一个整体。儒、佛、道三教为四朝所共同信奉，宗教的来往从未中断，宗教文化和儒学成为这一分裂时期维系中华民族共同体的重要精神纽带。

此外在中国若干地区，还有伊斯兰教、犹太教、摩尼教及一些民间宗教流行，为宗教文化增添了多样性的色彩。

藏传佛教经过长时间沉寂之后，进入后弘期，逐渐形成几个大的教派，成为藏区较为稳定的主流意识形态和民众的信仰。

第二节　辽朝宗教

一　民族传统信仰及其汉化倾向

契丹族是辽国的主体，在唐以前保持着氏族社会的组织形态，唐末受中原文化的影响，急剧地向中世纪帝制社会过渡，由耶律阿保机建立正式的国家，许多制度仿照汉族模式。这样，在宗教信仰上，一方面保留了较多的原始及民族传统宗教的成分；另一方面开始接受中原地区的宗法性国家宗教的影响，形成一种混合的形态。

（一）木叶山崇拜与天地崇拜相结合

木叶山被契丹族认为是本族的发祥地，尊之极为神圣。传说有男子乘白马沿土河（老哈河）而来，有女子驾青牛沿潢河（西拉木伦河）而来，相遇于木叶山，结为夫妻，其后族属繁衍，形成契丹八部。遥辇胡剌可汗制祭山仪。太宗耶律德光即位后，稍用汉礼，在木叶山祭祀天地，如中原天子之泰山封禅仪。又崇信佛教，迁幽州大悲阁白衣观音像于木叶山，建庙奉祀，以为家神。据《辽史·礼志》载，祭山仪大致为：设天神、地祇位于木叶山，东向；中立君树，前植群树，以像朝班；又偶植二树，以为神门。牲用赭白马、玄牛、赤白羊，皆牡，杀之悬于君树。皇帝皇后穿戴礼服乘马至君树前下马，受群臣拜过，至天神地祇位致奠，使读祝文。之后有科群树、匝神门树、上香、奠果品等礼仪，皇帝皇后多次礼拜，巫与太巫参与其中。整个仪式将祭天地、祭山、祭树木和巫觋祈祷结合在一起，很有特色。太宗于拜山仪过树之后，又有"诣菩萨堂仪"一节，然后拜神，增添了佛教的色彩。兴宗耶律宗真则先有事于菩萨堂及木叶山辽河神，然后行拜山仪，冠服、节文多所变更。辽朝祭祀天地虽不如中原郊社封禅之盛，然而正如《辽史》所说："神主树木，悬牲告辨，班位奠祝，致嘏饮福，往往暗合于礼。"木叶山祭祀无朝不有，一帝多次，仅《辽史》记载在20余次以上，足见其重视之程度。

祭天活动除在木叶山以外，还经常在别处举行，仅《辽史》各帝纪所载，共有20多次，祭天之山有乌孤山、乌山、黑山、秋山、黑岭、永安山、赤山、阴山等，祭天用品有青牛、白马、黑白羊、鹅、黑兔、酒脯等，其中以青牛、白马为最多，因其曾驮祖先有功而尊贵，成为最上等的祭品。祭天地也不限于节日，狩猎有得、作战成功、瑞象降临、求天福佑，皆随时以祭，比较灵活，没有形成固定的制度。此外还祭水，以混同江祭祀最勤。

中国少数民族本来就有天神崇拜，但契丹贵族建国后的天神观念显然接受了汉族正统观念的熏陶，而有别于早期的状态，不再像古时那么生动淳朴，已具备了奉天承运的思想。辽太祖曾说："受命之君，当事天敬神"（《辽史·耶律倍传》），又说："上天降临，惠及燕民。圣主明王，万载一遇。朕既上承天命，下统群生，每有征行，皆奉天意，是以机谋在己，取舍如神"(《全辽文·谕皇后皇太子大元帅及二宰相诸部头等诏》),辽太祖树立天神权威就是为了用神权支持君权,论证君临一国的合理性,其事业既有天助,便不许有人与之对抗,诏书口气与中原君王相类。

与天地崇拜相联系的还有拜日仪与瑟瑟仪。皇帝升露台拜日,诸大臣陪拜,亦有严格仪节。瑟瑟仪是天旱祈雨的巫术活动。前期建百柱天棚。至其日,皇帝祭奠先帝之后射柳两次,亲王和宰执各射一次。中柳者将诜柳者的冠服拿来穿上,不中者将自己的寇服送给诜柳者,并且要向对方献酒,然后各归还冠服。第二天将柳植于天棚的东南,巫师用酒醴、黍稗加以祭祝,皇帝皇后祭东方毕,子弟射柳。并赏赐有差,如降雨,赏赐更多。

(二)祭祖与丧葬仪式

祭祖是各民族古代的共同性宗教风俗。辽朝贵族部分地接受中原礼制而有告庙仪、谒庙仪、科陵仪以及丧葬仪,比之古老的风俗要复杂、正规,比之中原诸朝则要简易、方便。辽朝建太祖庙,有大事举行告庙仪式,如柴册、亲征等事。皇帝亲临诸京则行谒庙仪式,皆拜见先帝御容,上香,告祝。四时荐新于太庙,孟冬朔行拜陵仪。

皇帝驾崩,承嗣者要哀哭、致奠、奉柩出葬,其间有太巫祈禳被除,燔焚衣、弓矢、鞍勒、图画、马驼、仪卫等物,宰杀羖羊以祭,皆辽国旧俗。初,丧服依本族传统。天祚皇帝问礼于总知翰林院事耶律固,始服斩衰,略近汉礼。

(三)祭孔与倡导儒学

中原历朝皆尊孔祭孔,但在知识界仍偏重于孔子的道德哲学方面,视孔子为道德大师,人伦之至。辽国尊孔之初,便视孔子为神,把儒学当做宗教对待。辽太祖曾问臣下:"受命之君,当事天敬神。有大功德者,朕欲祀之,何先?"群臣皆谓应敬佛,太祖说:"佛非中国教。"只有皇太子耶律倍回答说:"孔子大圣,万世所尊,宜先。"太祖大悦,即建孔子庙,诏皇太子春秋释奠。耶律倍兼工辽汉文章,通阴阳,知音律,精医药,善绘画,曾译《阴符经》,熟悉汉族文化。他虽在权力斗争中失败,但尊奉孔子和儒学的主张却被采纳,成为一种国策。神册三年,诏建孔子庙、佛寺、道观,儒释道并受奖掖。神册四年,谒孔子庙,命皇后太子分谒寺观。景宗保宁八年,遣五使廉问四方鳏寡孤独及贫乏失职者赈之,以体现儒家仁民爱物之义。圣宗统和十三年,诏修山泽祠宇、先哲庙貌,以时祀之。圣宗开泰元年,那沙乞赐佛像、儒书,诏赐护国仁王佛像一,《易》、《诗》、《书》、《春秋》、《礼记》各一部。道宗大安二年,召权翰林学士赵孝严、知制诰王师儒等讲"五经"大义，四年命燕国王延禧写《尚书五子之歌》。这些都可以看出辽朝贵族信奉孔子、热心孔学的态度。由于儒佛同时流行，彼此不免互争高下。《景州陈公山观鸡寺碑铭序》曾说辽朝之兴始以武功，中为文德，而文德之中，"浮图为胜"。可是马保忠《上皇帝文》却说"强天下者儒道"，"崇儒道则乡党之行修，修德行则冠冕之绪崇"，故主张"自今其有非圣帝明王孔孟圣贤之教者，望下明诏痛禁绝之"，这分明是要罢黜佛教及诸学而独尊儒术。（以上见《全辽文》）此举虽未能行，也可以从中得知孔学在辽朝是很受尊崇的。

道教在辽朝的力量和影响比佛教要小得多。由于史料极缺，其面目不甚清楚。据现存零星资料看，辽朝有些贵族对道教颇有兴趣，神册三年（918）辽太祖耶律阿保机"诏建孔子庙、佛寺、道观"（《辽史》卷一《太祖本纪》）说明契丹贵族在吸收汉文化时采取了三教兼容并蓄的态度。辽境内有道观和接纳外来道士的处所，道士可以自由往来于辽唐和辽宋之间，但道教自身似乎没有强有力的教派，也没有较具规模的宗教活动。据《契丹国志》，景宗第三子隆裕，"自少时慕道，见道士则喜"，后为东京留守，崇建宫观，备极辉丽，东西两廊，中建正殿，接连数百间，"又别置道院，延接道流，诵经宣醮，用素馔荐献"。圣宗"至于道释二教，皆洞其旨"，并于太平元年（1021）幸通天道观。兴宗亦好道，授王纲等道士以官爵，又在夜宴时，命后妃易装女道士。有资料说，著名道士刘海蟾是辽人，遇吕洞宾得丹诀，宋初往来于终南太华之间，与张无梦、种放同访陈抟，结为方外之交。据说金丹道南宗始祖张伯端即出刘海蟾门下。但刘海蟾主要活动于宋地，未闻其在辽有何言谈行止。辽朝道教内容简略，特附述于此，不再另辟专节。

二　佛教的流行及其社会影响

（一）辽朝统治者与佛教

契丹民族原本信仰原始巫教，并无佛教。唐末，辽太祖耶律阿保机逐步统一契丹诸部落，并扩大经略，注意延揽汉族人才，吸收先进文化，由此开始接受佛教。唐天复二年（902），太祖在龙华州（今内蒙古翁牛特旗以西）"始建开教寺"（《辽史》卷一《太祖本纪》）。辽神册三年（918），"诏建孔子庙、佛寺、道观"（同上），表示契丹对汉文化儒、释、道三教全面认同。神册六年（921）攻陷信奉佛教的女真渤海部，迁当地僧人崇文等50余人，入当时的都城西楼（后称上京潢府，今内蒙古林东），特建天雄寺。皇帝、贵族经常入寺进行宗教活动，举行祈愿、追荐、饭僧等法会。会同元年（938），太宗耶律德光攻入燕云十六州（今河北、山西北部），这一带本是汉族佛教发达地区，契丹民族从此受到佛教更大的影响。

辽国自太祖皇帝起世代崇奉佛教，对佛教采取支持、保护政策。其中，圣宗耶律隆绪（982～1030年在位）、兴宗耶律宗真（1031～1054年在位）、道宗耶律洪基（1055～1100年在位）崇佛最甚。他们不断增建佛寺，拨大量土地、农户归寺院所有，又拨内币支持房山云居寺石经的镌刻。道宗不仅支持佛教事业的发展，而且本人就是一位造诣颇高的宗教学者。他精通梵文，对《华严经》深有研究，"每余庶政，止味玄风。升御座以谈微，光流异端；穷圆通以制赞，神告休征"（《释摩诃衍论赞玄疏存》，《全辽文》卷八）。他不仅能够讲经，而且留下了不少注疏《华严经》的著作。上有帝王表率，下有群臣效法，王公贵族争相布施寺院以建功德。如圣宗次女泰越大长公主舍南京（今北京）私宅建大昊天寺，同时施田百顷，民百家。兰陵郡夫人肖氏施中京（今内蒙古大名城）静安寺土地3000顷，谷1万担，钱2000贯，牛50头，马40匹。由于权臣、豪富纷纷施舍，辽地寺院经济迅速膨胀。寺院占有大量土地和民户，这些民户原应向国家交纳的税金半数改交寺院，形成了寺院二税户的特殊制度。

《辽史》对辽朝僧官制度缺乏完整的记载，但从一些零星文献可知，辽亦仿唐，在五京设置僧录司，其中燕京设左、右街僧录司。僧官职位有都僧录、僧正、僧判等，皆由僧人出任。州郡设僧正、都纲、都维那。都维那不是僧职，而是邑社头目。当时民间信仰佛教活动很盛，由僧人和居士组成"千人邑社"，推举高僧或有名望的居士担任都维那，管理社事。相比之下，辽朝僧官制度不如宋朝严格，"出家无买牒之费"（《辽史》卷二六《道宗纪六》），国家对剃度毫无限制，因此僧尼人数大增，严重影响了国家财政收入，国力大衰。圣、兴、道三宗之后，政治腐败，国运渐衰。我们虽不赞成"辽以释废"（《元史·张德辉传》）的说法，但佛教在当时产生的消极作用也是不可低估的。

辽被金灭后，太祖八世孙耶律大石率部远走西域，在今新疆及中亚地区建立了西辽王朝。他们把内地的儒、释、道三教都带到边陲。据邱处机弟子记录的《长春真人西游记》卷上载：在当地回纥王侯举行的欢迎宴会上，"侍坐者有僧、道、儒人"，可惜当时佛教活动情况不详。当地民族本已信奉伊斯兰教，西辽贵族自身虽崇信佛教，但对其他民族的宗教信仰采取了宽容政策，形成了该地区伊斯兰教、佛教、景教共存的局面。

（二）辽朝佛教的流派、人物及其著述

辽朝宗教重视僧才的培养，建立了比较完善的考试制度，设经、律、论三门，以学业优秀者为法师。这种制度刺激了佛教义学的研究和发展。汉地诸宗辽地皆有，但以华严和密宗两个重视理论和仪轨的派别最为昌盛，其次才是禅、律、净土、唯识、俱舍诸派。

五台山是当时华严宗的传教中心。辽代华严宗上承唐代，不过法统世系已不明了。目前所知最早在辽地研习华严思想的法师是觉华岛（今辽宁兴城菊花岛）海云寺的海山法师，生卒年月不详，兴宗时人，俗姓郎，名思孝。海云早年曾中进士，后看破红尘，遁入空门，因"行业超绝，名动天下"，与王公贵族广泛交游。兴宗赐号"崇禄大夫，守司空，辅国大师"，与兴宗诗文唱和，交谊甚笃。"凡上奏章，名而不臣。"（金·王寂《辽东行部志》）海山对华严宗有较深的研究，著有《大华严经玄谈钞逐难科》1卷，《大华严经修辞分疏》2卷。高丽僧人义天所撰《新编诸宗教藏总录》（即《义天录》）录其书名，但著作已失传。

鲜演（？～1118）是另一位华严名僧，俗姓李，怀州（今内蒙古巴林右旗）人。少年时代受到良好的儒学教育，出家后游学于北方名寺，学识广博，尤精华严。道宗皇帝对他非常欣赏，"常以冬夏，召赴庭阙，询颐玄妙，谋议便宜"（《辽史》卷二三《道宗纪三》）。延请他为大开龙寺暨黄龙府（今吉林农安）讲主，"特授'圆通悟理'四字师号"，迁崇禄大夫检校太保。天祚帝即位后又加进阶守太保，乾统六年（1106）迁特进守太傅，可谓"名驰独步，振于京师"。鲜演著作很多，而以《华严经玄谈抉择》6卷最为著名。他还为澄观《华严经疏抄玄谈》作注疏。另外他还撰有《仁王护国经融通疏》、《菩萨戒纂要疏》、《唯识掇奇提异钞》、《摩诃衍论显正疏》、《菩提戒心论》、《诸经戒本》、《三宝介师外护文》等，涉及佛教诸多方面。当时"高丽外邦，僧统倾心；大辽中国，师徒翘首"，鲜演成为中外瞩目的华严大师。

道宗耶律洪基也可以算是华严宗的著名研究者。他曾作《华严经随品赞》10卷，《华严经赞》、《华严经五颂》等。此外，华严学僧志实，著《华严经随品赞科》，是为道宗《随品赞》所做科文。兴中府和龙山华严寺沙门道弼著有《大华严经演义集玄记》6卷，《大华严经演义逐难科》1卷，都是当时华严宗重要著作，《义天录》均有著录。

密宗是唐中叶，由善无畏、金刚智、不空等"开元三大士"传入中国的，在中原流行过几十年。因密宗的某些思想与儒家纲常相左，故受到多方

面的抵制，至唐末已湮没无闻。但在辽地，密宗却在民间广为流传，这可能与契丹民族的文化传统有关。一方面他们没有缜密的纲常名教体系；另一方面，原始巫教遗风也使他们更容易接受密教求子、安产、求福、退魔、治病等加持祈祷之术。辽代密宗主要代表是觉苑和道殿二人。觉苑生卒年月不详，自幼出家，广泛学习各部佛典。西天竺摩揭陀国三藏法师慈贤来华，"志弘咒典"，觉苑从之受学，"专攻密部"，著有《大毗卢遮那成佛变伽持经义释演秘钞》5卷，《大科》1卷，《大日经义释演秘钞》10卷，弘扬密教经义，在朝野名声很大，被朝廷赐予总秘大师，燕京圆福寺崇禄大夫，检校太保，行崇禄卿等衔号。五台山金河寺沙门道殿，字法幢，俗姓杜，生卒年月不详。他"始从龀龆之年，习于儒释之典"（释性嘉：《显密圆通成佛心要集并供佛利生仪后序》，《全辽文》第267页）。出家后广研禅律诸家，精通内外之学。后专攻密教，著有《显密圆通成佛心要集》2卷，附《供佛利生仪》1卷。全书共分四门：①显教心要；②密教心要；③显密双辨；④庆遇述怀。他在该书序言里说："无畏来唐，五密盛行于华夏……暨经年远，误见弥多。或习显教，轻巫密部之宗；或专密言，昧黩显教王趣。……今乃不揆琐才，双依显密二宗，略示成佛心要。庶望将来，悉得圆通。"（《全辽文》第226页）这里明确表达了熔"华严圆教"与密教教义于一炉，显密双修的宗旨，表现了辽代密教的特点。此外，沙门行琳辑《释教最上乘秘密陀罗尼集》30卷，印度僧人慈贤译出《大佛顶陀罗尼经》1卷，《大随求陀罗尼经》1卷，《大摧碎陀罗尼经》1卷，《妙吉禅平等观门大教王经》5卷，《妙吉祥平等观门大教王经略出护摩仪》1卷。这些经典的译出推动了密教在辽地的传播。在民间下层群众中，普遍流行着《准提咒》、《六字大明咒》、《八大菩萨曼陀罗经》等密教经咒。

与密教和华严宗的发达有关，辽地沙门中兴起了《释摩诃衍论》传习的热潮。《释摩诃衍论》题为龙树著，是阐述马鸣菩萨《大乘起信论》的著作，其内容包含了一种将《起信论》思想密咒化的倾向。中京报恩寺诠圆通法大师法悟撰《释摩诃衍论赞玄疏》5卷，《赞玄科》3卷，《大科》1卷。燕京归义寺纯慧大师守臻撰《释摩诃衍论通赞疏》10卷。医巫闾山通圆慈行大师志福撰《释摩诃衍论通玄钞》4卷，《通玄科》3卷，《大科》1卷。这三位学僧乡里、姓氏和生平皆不可详考，但他们留下的著作是辽代佛教中具有代表性的文献。注重《释摩诃衍论》的研习是辽代佛教一大特色。

辽地净土信仰非常盛行，其中著名代表人物是燕京奉福寺忏主，纯慧大师非浊（？～1063）。他"搜访缺章，聿修睿典"，撰《往生集》20卷，深受道宗皇帝赏识；道宗"亲为帙引，寻命龛次入藏"（喻谦：《新续高僧传》卷三《非浊传》）。非浊在兴、道两朝影响很大，受赐紫衣，先后授上京管内都僧录、燕京管内左街僧录。后加封崇禄大夫、检校太保、太傅、太尉等荣衔。

辽代律宗也有传人，燕京奉福寺澄渊就是律宗名僧，撰有《四分律繁补缺行事详集注》14 卷，是唐道宣《行事钞》的注疏，可见他也是南山律宗的传人。觉华岛海云寺的海山除精华严，亦长律藏，撰《近注五戒仪》、《近注八戒仪》、《自顾受戒仪》各一卷，《发菩提心戒本》3 卷，《大乘忏悔仪》4 卷，对律宗传播有推动作用。

辽地唯识宗传人有燕京悯忠寺沙门诠明（后因避穆宗讳改名诠晓），他"总讲群经，遍糅章钞"，"博学多识"，圣宗赐"无碍大师"号。著有《法华经玄赞会古通今钞》、《金刚般若经宣讲会古通今钞》、《弥勒上生经会古通今钞》、《成唯识论详镜幽微新钞》、《百法论新台义府》等五种经疏及科文共 73 卷，以阐述唯识宗创始人玄奘及窥基的思想而著名。

与宋朝禅宗一枝独秀的局面相反，辽地禅宗的门庭相对冷清。可考的禅林只有燕京西山潭柘山麓的悟空寺和冀州盘山的感化寺。悟空寺本潭柘禅师的古道场，景宗保宁初（969）赐名悟空，圣宗统和十九年（1001）改为万寿禅院，太平年间（1021～1030）改名太平寺，道宗大康（1075～1084）中又改名华严寺，从寺名数改可想见其势力不昌。辽代禅宗无大名望者，甚至连禅宗的宗经《坛经》，在无碍大师诠明考订经录时都被认为伪妄，全予焚除（参见《释门正统》卷八），可见禅宗社会影响不大。从辽地佛教宗派的流布情况看，辽朝佛教更多的是上承唐代佛教，而不是借取邻国宋朝佛教。

（三）佛教与辽朝社会文化

辽地佛教对社会文化事业影响最大的事件当推契丹藏的雕刻和房山石经续刻这两件大事。契丹藏倡刻始于圣宗太平元年（1021），直接导因是由于得到了宋《开宝藏》的蜀版，为了表示自己在文化上不逊于汉人王朝，契丹统治者组织大批僧侣刊刻藏经，并在内容上尽量补充宋版所缺的写本，在形式上行格加密，改卷子式为折本。全藏于兴宗重熙元年（1032）开刻，至道宗清宁八年（1062）完成，共 579 帙。由于当时辽已恢复了契丹国号，故后人称此藏为契丹藏。契丹藏曾传入高丽，对高丽藏再雕本的校刊、订正有很大影响。房山云居寺石经自隋代静琬开刻，至唐末因战乱停止。辽圣宗太平七年（1027），州官韩绍芳奏请增刻，圣宗即拨款支持。后兴宗、道宗不断追加拨款，至靖宁三年（1057）刻完《大般若经》等 600 余块，合原存石经共 2730 块。天祚帝天庆七年（1117），又将道宗时所刻石经大碑 180 片，与寺僧通理大师等校刻石经小碑 4080 片一起埋在地洞里，上建砖塔，刻有标记。这是辽朝对佛经一次大规模的收集、整理。石经具有极高的史料价值，契丹藏印本今已全部佚失，但通过云居寺辽代刻制石经，还可窥见契丹藏面貌之大概。印经与刻经动用了辽地大量人力和物力，是辽代文化生活中的大事件，为保护佛教文化做出了重要贡献。

辽代寺院建筑有不少保存至今，如大同的下华严寺为道宗清宁二年（1056）建，上华严寺为清宁八年（1062）建，都系辽代巨型佛教建筑，至今仍为国家重点保护文物和旅游热点。辽代佛教建筑中又以佛塔最为著名，如山西应县佛宫寺的木塔，系道宗清宁二年（1056）建造，八角六层，高达 360 尺，为现有木塔中年代最古者。辽代亦继承了北方佛教徒开凿石窟的传统，目前可考的有内蒙古赤峰灵峰院千佛洞，辽宁朝阳千佛洞和后昭庙千佛洞。大同云冈也有辽代开凿的石窟。

由于统治者的推崇，佛教深入民间。为了支持寺院的佛事活动，各地信徒组织了许多邑社，推举当地寺院长老或有名居士任邑长，量力集资从事各项佛事活动。邑社往往因支持不同的佛事活动而有不同名称，如燕京仙露寺舍利邑，专为安置佛舍利而设；房山云居寺的经寺邑，专为镌刻石经而组织。印大藏经时，也有专门的邑社组织募捐。邑社是当时联系僧俗人等的重要桥梁，一方面促进了佛教的兴盛，另一方面又带动了民间信仰的普及。当时社会上最流行的是往生西方净土的阿弥陀佛信仰和弥勒降生信仰，其次还有炽盛光如来信仰、药师如来信仰、白衣观音信仰，等等。佛教信仰影响了人们衣食住行的诸多方面，最突出者妇人以金粉涂面，号为佛装，为一大时尚。人以三宝奴、观音奴、文殊奴、药师奴为小字亦很常见，可见佛教对辽地民俗影响之深。

第三节　宋朝宗教

一　国家宗教祀典的修订

五代衰乱，国家宗教祭祀的礼文仪注多草创，不能备一代之典。宋太祖建国后即重视礼制的恢复制定。开宝中四方渐平，诏诸臣撰成《开宝通礼》200 卷，乃本唐代《开元礼》而损益之。又定《通礼义纂》100 卷。熙宁十年，礼院定《祀仪》。元丰元年命诸臣检讨旧礼，陈襄说："国朝大率皆循唐故"，不久诸礼撰定，内中与宗教祭祀有关的是：《祭祀》总 191 卷，包括《祀仪》、《南郊式》、《大礼式》、《郊庙奉祀礼文》、《明堂祫享令式》等；《祈禳》总 40 卷，包括《祀赛式》、《斋醮式》、《金箓仪》；《丧葬》总 163 卷，包括《葬式》、《宗室外臣葬敕令格式》、《孝赠式》。大观初，置议礼局于尚书省，三年编成《吉礼》231 卷、《祭服制度》16 卷，颁布实行。政和三年，成《五礼新仪》共 220 卷。北宋熙宁与元丰之际，国家宗教祀典变动最大者，当是"圜丘之罢合祭天地；明堂专以英宗配帝，悉罢从祀群神；大蜡分四郊；寿星改祀老人；禧祖已祧而复，遂为始祖；即景灵宫建诸神御殿，以四孟荐享；虚禘祭"（《宋史·礼志一》）。靖康之后，南宋诸帝常有意于修礼而未成。

宋代吉礼，主国家神祇祭祀之事，祀典领于太常。每年大祀三十，中祀九，小祀九。大祀：正月上辛祈谷，孟夏雩祀，季秋大享明堂，冬至圜丘祭昊天上帝，正月上辛又祀感生帝，四立及土王日祀五方帝，春分朝日，秋分夕月，东西太一（立春祀东太一宫，立秋祀西太一宫），腊日大蜡祭百神，夏至祭皇地祇，孟冬祭神州地祇，四孟、季冬荐享太庙后庙，春秋二仲及腊日祭太社太稷，二仲九宫贵神。中祀：仲春祭五龙，立春后丑日祀风师，亥日享先农，季春巳日享先蚕，立夏后申日祀雨师，春秋二仲上丁释奠文宣王，上戊释奠武成王。小祀：仲春祀马祖，仲夏享先牧，仲秋祭马社，仲冬祭马步，季夏土王日祀中霤，立秋后辰日礼灵星，秋分享寿星，立冬后亥日祠司中、司命、司人、司禄，孟冬祭司寒。各州则于五郊通气日祭岳、镇、海、渎，春秋二仲享先代帝王及周六庙，用中祀规格；州县祭社稷，奠文宣王，祀风雨，用小祀规格。此其大略，诸帝常有增益与调整。

（一）祭天地

北宋作坛于东都城南，礼制与唐代大同小异。关于祭天，有三种讨论：一在北宋讨论昊天上帝与天皇大帝的区别，另一北宋南宋多次讨论祭天配祖问题，三是讨论天地是否合祭。北宋礼仪使赵安仁认为，"元气广大则称昊天，据远视之苍然，则称苍天。人之所尊，莫过于帝，托之于天，故称上帝"。这是指最高的天神。而"天皇大帝即北辰耀魄宝也，自是星中之尊"，即是说天神与星辰之神不是一回事，"辰象非天，草木非地"，故天皇大帝列于坛第二等。王钦若则认为天皇大帝应在五帝之上，诏天皇北极特升第一龛。宋太祖四次亲自南郊祭天，以宣祖（赵弘殷，赵匡胤之父）配享。太宗即位，亲郊仍以宣祖配，常祀圜丘则以太祖配。真宗即位，郊天奉太宗配，明堂奉太祖配。真宗死，以太祖配祀神州地祇，以太宗配祀昊天上帝及皇地祇，以宣祖配祀感生帝。景祐中，仁宗诏以太祖、太宗、真宗三庙万世不迁；南郊以太祖定配，二宗迭配。高宗建炎二年郊天以太祖配。度宗咸淳二年郊祀以太宗配。宋代开国皇帝是太祖，但真宗以下又承嗣太宗，而两者又同出于宣祖，故配天之祖不好确定，多有变化。宋初，城北设方丘以夏至祭皇地祇，又别立坛于北郊以孟冬祭神州地祇。神宗元丰元年，是否于圜丘合祭天地引起讨论，许多大臣认为应当分祭于南北郊，以顺阴阳之义，四年诏定亲祀北郊，并依南郊之仪，有故不行即以上公摄事。六年祀昊天上帝，罢合祭，不设皇地祇位。哲宗立，复议合祭事，一派认为圜丘无祭地之礼，一派认为皇帝未能亲祀北郊，则缺祭地之大礼，故应合祭天地于南郊，于是遂合祭之。淳熙中，大儒朱熹反对合祭，认为"古者天地未必合祭，日月、山川、百神亦无一时合祭共享之礼"，此议未被采用。

宋代礼制，祭天有四仪，除冬至南郊祭天三岁一举并合祭天地外，还有：孟春祈谷、孟夏大雩，或祀于圜丘，或别立坛祀之；季秋大享明堂祭天。又因前代之制，冬至祀昊天上帝于圜丘之时，以五方帝、日、月、五星以下诸神从祀。又以四郊通气及土王日专祀五方帝，以五人帝配，五官、三辰、七宿从祀。立春祀青帝，以太昊配，勾芒、岁星、三辰、七宿从祀；立夏祀赤帝，以神农配，祝融、荧惑、三辰、七宿从祀；季夏祀黄帝，以轩辕配，后土、镇星从祀；立秋祀白帝，以少昊配，蓐收、太白、三辰、七宿从祀；立冬祀黑帝，以高阳配，玄冥、辰星、三辰、七宿从祀。古有感生帝之祀，感生帝即五帝之一，帝王之兴必感其一，故名之。隋唐皆祀之，并以祖考升配，宋因其制。乾德元年，采聂崇义言：宋以火德上承正统，奉赤帝为感生帝，每岁正月制坛而祭，以符火德。绍兴中，感生帝由小祀升为大祀。此外还有明堂之祭。北宋以大庆殿为明堂，分五室于内。皇祐二年仁宗定制，明堂祭天合祭皇地祇，奉太祖、太宗、真宗并配，祀五帝、神州，天地诸神从祀。这就是移郊礼为季秋大享之礼。元丰中因郑玄六天之说引起讨论，神宗以为祀英宗于明堂，惟以配上帝，悉罢从祀群神，谓昊天上帝、上帝、五帝，一帝而已。淳熙六年孝宗从群臣议，合祭天地于明堂，并侑祖宗、从祀百神，如南郊。

真宗大中祥符元年，行封禅大礼，登泰山祭天。这是宋代惟一行泰山封禅之帝，亦是中国最后一位泰山封禅之帝。事先遣官告天地、宗庙、社稷、太一宫及在京祠庙、岳渎，命王钦若、赵安仁为封禅经度制置使，王旦为大礼使，王钦若复为礼仪使，冯拯为仪仗使，陈尧叟为卤簿使，赵安仁复为桥道顿递使，并铸赐五使印及经度制置使印，沿途为之预备，修缮前代封禅坛址。封禅日，真宗乘步辇登山，自山下至太平顶，每两步一人，各竖长竿，揭笼灯下照。设昊天上帝位于山顶圜台，太祖太宗配祀，真宗登台奠献，三献毕，封金匮玉匮，受大臣称贺，山下传呼万岁，声动山谷。其玉册文曰："嗣天子臣某，敢昭告于昊天上帝：臣嗣膺景命，昭事上穹。虔修封祀，祈福黎元"云云。其玉牒文曰："有宋嗣天子臣某，敢昭告于昊天上帝：启运大同，惟宋受命，太祖肇基，功成治定；太宗膺图，重照累盛。粤惟冲人丕承列圣，寅恭奉天，忧勤听政。以仁守位，以孝奉先。祈福速下，侑神昭德，惠绥黎元，懋建皇极，天禄无疆，灵休允迪，万叶其昌，永保纯锡"云云。稍后禅祭皇地祇于社首山，奉天书升坛，以祖宗配，其玉册文与封天略同。封禅礼毕，受朝贺，大赦天下，文武递进官勋，减免税赋工役。前后四十七日，沿途观者塞路，耗费国帑 830 万缗。诏大臣作封禅颂辞，山上刻石留念。徽宗政和中，曾有封禅之议，造舟四千艘，雨具亦千万计，终未能行。由此可知封禅礼耗费巨大，十分劳民伤财（见《宋史·礼志七》）。真宗又于大中祥符四年至汾阴祀后土，规模比封禅略小，亦兴师动众，臣民不胜其苦。

（二）社稷、岳渎、九宫神、文宣武成及诸祠

自京师至州县，皆祀社稷。朝廷以春秋二仲月及腊日祭太社太稷，州县则春秋二祭。牲用太牢，礼行三献，致斋三日。先是，州县社主不用石，礼部认为社稷不屋而坛，当受霜露风雨，以达天地之气，故用石主，取其坚久，尺寸为太社石主之半。

岳镇海渎之祀。立春祀东岳岱山于兖州，东镇沂山于沂州，东海于莱州，淮渎于唐州。立夏祀南岳衡山于衡州，南镇会稽山于越州，南海于广州，江渎于成都府。立秋祀西岳华山于华州，西镇吴山于陇州，西海、河渎并于河中府。立冬祀北岳恒山、北镇医巫闾山并于定州，北海、济渎并于孟州。土王日祀中岳嵩山于河南府，中镇霍山于晋州。真宗赐号东岳曰天齐仁圣帝，南岳曰司天昭圣帝，西岳曰金天顺圣帝，北岳曰安天元圣帝，中岳曰中天崇圣帝。仁宗诏封江渎为广源王，河渎为显圣灵源王，淮渎为长源王，济渎为清源王，加东海为渊圣广德王，南海为洪圣广利王，西海为通圣广润王，北海为冲圣广泽王。

太一九宫贵神。汉武帝祠太一神，唐玄宗兼祠八宫，合称九宫贵神。它们是：太一、招摇、轩辕、太阴、天一、天符、摄提、咸池、青龙，主风雨霜雪雹疫，为大祀。

文宣武成之祀。文宣王孔子之祀，唐开元末升为中祀，设从祀，五代从祀废。宋朝塑先圣、亚圣、十哲像，画七十二贤及先儒二十一人像于东西庑之木壁。太祖太宗三谒孔庙。真宗大中祥符元年，封泰山后至曲阜，谒文宣王庙，封孔子为玄圣文宣王，次年追封十哲为公，七十二弟子为侯。以后承嗣皇帝皆谒拜孔子庙。诸州府贡举人，择日谒先师孔子，遂为常礼。政和中，王安石配享孔庙。绍兴中，升为大祀。淳祐中，理宗诏以周敦颐、张载、程颢、程颐、朱熹从祀，黜王安石。景定中，张栻、吕祖谦从祀。

武成与文宣相对待。自唐起，立太公庙。后来封为武成王。宋太祖建隆三年，诏修武成王庙，与国子相对，以历代谋臣、名将配享。真宗加谥昭烈。配享者时有升退，而武成王之祀历久不绝。

宋代继唐之旧，祭祀日月、高禖、先农、先蚕、寿星灵星、风伯雨师等。

（三）宗庙与凶服

建隆中立四亲庙，祭祀僖祖（太祖之高祖赵朓）、顺祖（太祖之曾祖赵王廷）、翼祖（太祖之祖父赵敬）、宣祖（太祖之父赵弘殷）。太平兴国二年，太庙增为五室，以祔太祖神位。至道中，太宗神主祔于太庙，诸臣在安置太祖与太宗神位上发生争执，有的认为应以昭穆处之，有的认为父子方为昭穆，太祖太宗是兄弟同代不为昭穆，后定为合祭之日，太祖太宗依典礼同位异坐，诸臣在何为始祖的问题上又发生争执，一派认为应以僖祖为始祖，如周之后稷，太祖则如周之文王，太宗如周之武王；一派认为应以太祖为始祖，因为他乃受命之君，开基立业，而僖祖不能比拟后稷。这场争论从北宋持续到南宋，前一派以朱熹为代表，后一派以董弅为代表。在许多情形下，一时未定，则于太庙虚东向之位，止列昭穆。徽宗崇宁中，太庙增为十室。南宋光宗绍熙中，太庙增为十二室。及光宗祔庙，太庙为九世十二室，太祖正始祖之位。庆元中别建僖祖庙，祀奉僖、顺、翼、宣四祖。

宗庙之祭，每岁以四孟月及季冬，共四次。此外，三年一祫（历代祖灵合祭于太祖），五年一禘（皇帝祭祀始祖），皆祭祖之大典。祭祖对于巩固皇室家族统治至关重要，政治家对此有明确的认识。大观五年吏部员外郎董弅说：“臣闻戎、祀，国之大事，而宗庙之祭，又祀之大者也。”（《宋史·礼志十》）这很可以代表宋代统治集团的普遍性观念。

南宋绍兴中曾发生关于火葬的争论。监登闻鼓院范同言：“今民俗有所谓火化者，生则奉养之具唯恐不至，死则燔荬而弃捐之，何独厚于生而薄于死乎？甚者焚而置之水中，识者见之动心。"其时民贫无葬地，故有火化之风，且"日益炽甚"，范同认为"事关风化，理宜禁止"。他建议各地守臣应措置荒闲之地，给贫民土葬之用。而户部侍郎荣薿则认为火化有其缘由，不宜遽行禁除，他上书说："臣闻吴越之俗，葬送费广，必积累而后办。至于贫下之家，送终之具，唯务从简，是以从来率以火化为便，相习成风，势难遽革"，由于人口日盛，土地难得，"既葬埋未有处所，而行火化之禁，恐非人情所安"，他建议贫民与旅客可姑从其便（见《宋史·礼志二十八》）。由此可知，土葬之盛是在上层。平民中为贫困所制，为土地所限，早已兴起火化之习，这不是行政手段所能解决的。

宋代凶礼服制循古礼而有变通。天子行三年守孝之礼，在外廷以日易月，在内廷则行之，御朝时浅素浅黄而已。各帝略有变通。臣为君服，制有三等，三日而除。百官为父母守丧三年，订为常礼，如太宗诏书所说："孝为百行之本，丧有三年之制，著于典礼，以厚人伦。"但边臣可视其情况灵活掌握，有的可不解官而行服，牧伯刺史以上在卒哭后恩准起复，而在京幕僚及州县之官皆须解官行服。家内丧服，子为嫁母，并听解官，以申心丧；子为生母，庶子为父后，如嫡母存，为生母服缌三月，仍解官申心丧，若不为父后，为生母持齐衰三年，以明嫡庶之别；妇为舅姑，按《礼记·内则》的规定，"妇事舅姑，如事父母"，其三年齐斩，一从其夫；嫡孙承重，解官持齐衰三年之服。宋代丧服，总的趋势是加重。

（四）地方祭祀

州县一级属于官方祭祀，与中央相比，皆降格祭祀社稷与山川风雨之神，同时地方性增强。地方祭祀中最具传统特色的是山西晋祠，它源远流长，糅合了官方祭祀和民间信仰的双重性，体现了汉民族信仰的风格。晋祠就是晋王祠，是为祭祀和纪念晋国创始君王唐叔虞而修建的。北齐称大崇皇寺，唐复名晋祠，宋改为惠远祠，明以后再改回称晋祠。目前晋祠的建筑，是北宋太平兴国中初具规模的，天圣年间，形成以圣母殿为中心的格局，金、元、明、清陆续有所改造、补建，遂成今日晋祠之貌。圣母殿供奉叔虞的母亲邑姜，她也是姜太公的女儿，宋代封为"广惠显灵昭济圣母"，女性之神占据主位，这是很特殊的，一方面是因为母以子贵，而统治者又需要提倡女德懿范，另一个很重要的原因是晋祠傍依晋水，为当地农业的依靠，老百姓将圣母视力水神，祈求风调雨顺、五谷丰登，于是有圣母殿之建，倒把叔虞祠挤到左侧去了。晋祠有昊天神祠，宋帝崇信道教玉皇大帝，故将传统的昊天上帝与玉皇大帝合二为一，统称"昊天金阙至尊玉皇大帝"；昊天神祠同时还祭祀三清与关帝，是官方宗教、道教和民间信仰的综合祭祀场所。晋祠原本是晋人祭祀诸侯先祖的祠堂，属于宗庙系统。后来又有了昊天神祠、圣母殿、水母楼等，逐渐变成祭天祭自然诸神的场所。随着儒释道三教逐渐合流，民间多神崇拜风气日盛，各路神仙蜂拥而至，各据一殿，相安共处，老百姓祭祀起来也颇方便。老君洞、吕仙阁、东岳祠、文昌宫属于道教；舍利生生塔、奉圣寺属于佛教；同乐亭、读书台属儒家；三圣祠奉祀药王、仓王、扁鹊，属医家；台骀庙、公输子祠、王琼祠、苗裔堂、财神洞属于民间或地方信仰。晋祠集中了汉族信仰的各个不同侧面，反映了他们在信仰上的多元性、兼容性和不稳定性。

二　禅、教并重与儒、佛合流

(一) 宋王朝的佛教政策与佛教的发展

宋王朝立国 319 年，相传 18 帝，除徽宗在很短的一段时间内排佛外，都采取扶助佛教的政策。因此作为一种社会力量，佛教的规模与影响仍然是很大的。

宋太祖"陈桥兵变"，夺取了后周天下，一改周世宗的抑佛政策，大兴佛事。建隆元年（960），先度童行 8000 人，停止了寺院的废毁。继而又派沙门 157 人赴印度求法，每人赐钱三万，这是中国历史上第一次大规模的派出留学生活动。宋太祖派内史张从信往益州，主持雕印《大藏经》，开中国史上刻藏之先河。宋太宗"素崇尚释教"，在登基伊始的太平兴国元年（976），一次度童行 17 万。他还效仿唐太宗大开译场，延请中外名僧主持，译出大量经典，并亲撰《新译三藏圣教序》，刻之于碑，以求流芳千古。他敕令在开宝寺内建造一座 11 级，360 尺高的舍利塔，历时八年，"所费亿万计"。塔成之日，亲自安放舍利，"上雨涕，都人万众皆洒泣。燃指，焚香于臂掌者无数。"（《皇朝类苑》卷四三）当时社会崇佛之狂热，于此可见一斑，真宗、仁宗、英宗、神宗、哲宗继承了太祖、太宗的扶助佛教政策，使得佛门香火日盛，出家者日众。据不完全统计，北宋时全国寺院达 4 万余所，僧尼 43 万，私度者尚不在此列。（参见《宋会要辑本·道释一》）出家的僧人中有感于时局艰难、报国无门的士大夫，但更多的还是迫于国家赋税重负的贫苦农民。他们"窜名僧籍，以求一时之荫蔽"。为了保证国家财政收入的稳定，宋代沿袭了唐代的"度牒制度"，以求控制僧尼人数的增长。北宋王朝由于一直与西北少数民族作战，战败后又用纳贡的方式苟和，致使财政匮乏。一旦发生天灾和战争，便以"鬻牒"的方式维持财政平衡。朝廷经常发空名度牒以充救灾款或工役费，贱者二三十贯，贵者八九百贯，甚至"紫衣"、"师号"亦可标价出售。尚书祠部经常发几千张"空名度牒"给地方，以代拨款。地方政府再用它支付工费，结果度牒竟像货币一样在市场上流通起来，成为中国宗教史和财政史上一大奇观。

宋代寺院经济规模相当庞大，除了大量田产外，寺院还出租空房、经营长生库（当铺）、碾硙、商店，收入颇丰，并且僧人享受免役特权，故高层僧侣的生活多很阔绰。寺院经济的发展加剧了僧侣地主集团和世俗地主集团的矛盾，故北宋各朝排佛之议不绝。

宋代唯一的排佛事件发生在徽宗朝。宋徽宗赵佶是个狂热的道教徒。由于当时与女真人建立的金国冲突加剧，国内民族矛盾上升。有人提出佛教是"金狄之教"，崇道排佛情绪上升。宣和元年（1119）正月，"乙卯，诏：佛改号大觉金仙，余为仙人、大士。僧为德士，易服饰，称姓氏。寺为宫，院为观。改女冠为女道，尼为女德。"（《宋史》卷二二《徽宗纪四》）宋徽宗导演了一出佛教"道化"的闹剧，实在不伦不类。但是佛教传入中国千余年，早已根深蒂固，仅凭几句"金狄之教"之类的言辞是废止不了的。翌年，宋徽宗又诏令恢复僧尼形服，去德士等称号。

宋室南迁以后，偏安一隅，国力衰微。南宋诸帝仍然崇佛，但不得不对佛教发展规模严加控制。不过，江南佛教势力原本雄厚，再加上国家仍用"鬻牒"之法弥补财政亏空，故南宋佛教依然保持了相当规模，僧尼人数在20万以上。

宋代僧官体制包括僧、俗两套机构。在俗官方面，政府实行多头控制。鸿胪寺管理佛教事务；尚书祠部掌握"剃度受戒文牒"；中书或门下省掌握全国州县寺观名额、国立大寺住持人选及赐给僧尼"紫衣"、"师号"；开封府尹兼领功德使，监察督责度牒发放和僧官的补选。这样，四五个政府部门互相牵制，不使专权，反映了宋代中央集权加强的倾向。在僧官方面，宋承唐制，设左、右街僧录司为中央级僧署，主要职位有僧录、僧正、副僧录、首座、鉴义等，皆左、右对置，以左为尚，管理全国僧尼试经、梵修诸事。在州设僧正司，主要职务有僧正、副僧正，掌管境内僧务。名山大刹也设僧正，管理一山僧团。寺有住持、典座、都维那三纲。僧团中具体事务皆由僧官负责处理，俗官一般不加干预。不过，政府却通过寺、僧名额管理及僧官遴选，将宗教事务牢牢控制在手中。

(二) 宋代的译经和刻藏

宋太宗非常重视译经事业,在太平兴国寺大殿西边建立译经院,赐西域高僧法天、天息灾(法贤)、施护等人为"传教大师"、"明教大师"、"显教大师"号,入院主持翻译工作。另外还有大批中国僧人参与译经,担任证义、笔录、润文等职。自太宗太平兴国七年(982)至仁宗景祐二年(1035)的54年间,共译梵本1428夹,译出经文564卷。其中密教经典所占比重最大,因当时正值印度国内密教全盛时期,流入中国的经文以密教为主。另据记载,施护等人译经前都要先作道场,"持秘密咒七昼夜。又设木坛、作圣贤位布圣贤字轮,目曰:'大法曼拿'……香、花、灯、涂、果实、饮食,二时供养。礼拜、旋绕,以珍魔障。"(《宋会要辑稿·道释二》)从其行事看,亦属密教中人。密教理论与实践中,有许多内容和儒家伦理相牴牾,当时在译经院担任译经使、润文官者又多为儒家学者,所以一些经典甫被译出,旋遭销毁。如淳化五年(994)译出《大乘密藏经》,发现有65处"文义乖戾",太宗闻讯,当即诏谕:"使邪伪得行,非所以崇正法也",勒令"当众焚毁"。(同上)真宗天禧元年(1017)译出《频那夜迦经》,亦因含有"荤血之祀"、"厌诅之词"而"不得编入藏目"。(同上)如此筛选的结果,使许多经典译出而无法流行。就流传开的部分看,讲"义理"的也不多,故宋代译经并未在佛教史上产生重大影响。神宗熙宁四年(1071)废译经院,元丰五年(1082)罢译经史、润文官,译经事业至此终结。

宋代曾三度编写《经目》。其一,由参政知事赵安仁、翰林学士杨仁等人在大中祥符六年(1013)编出《大中祥符法宝录》22卷,收录了自宋太宗太平兴国七年至真宗大中祥符四年的30余年中所译出的经籍222部、413卷,东土僧人撰述11部、160卷。其二,宋仁宗天圣年间惟净等人编出《天圣释教录》二帙,收集前代经录共602帙、6620卷。其三,宋仁宗景祐年间,吕夷简、宋缓等人编出《新修法宝录》,总括了宋初54年所出经1428夹,564卷。

五代以后,雕版印刷技术有了很大发展,宋代开始用于佛经印刷,成为佛教史上一件开拓性的大事件。宋代三百余年间,官私刻藏一共五次。第一种为官刻《开宝藏》,由皇帝亲自派人主持,从开宝四年至太平兴国八年(971~983),历时12年,在益州(今成都)刻成,因此也称蜀版。此藏最初以《开元录》之经为限,约5000卷,后陆续增加东土撰述及《贞元录》各经,最后达到653帙、6620卷。《开宝藏》此后成为一切官私刻藏的共同准据，甚至高丽、契丹、日本刻藏也以此为底本。第二种是福州私刻东禅等觉院版，由禅院住持冲真等募刻，到崇宁二年（1103）基本完成，故此版称为《崇宁万寿大藏》，后又稍加添补，共得564函，5800余卷。第三种是福州私刻的开元寺版，由福州蔡俊臣等人发起组织刻经会，支持开元寺僧人刻经。从政和二年到绍兴二十一年（1112～1151），历时四十余年，依照东禅版的规模刻成。第四种是潮州思溪圆觉禅院版，亦称思溪版，由致仕的密州观察使王永从出资，政和末年开雕，南宋绍兴二年基本完成。共得548函，5480卷。此藏亦因圆觉禅寺而得名《圆觉藏》。第五种是平江碛砂延圣禅院版，此藏由绍兴初年（1229）大官僚赵安国独自出资刻成的《大般若经》等大部经典为首倡，后仿思溪版定目续刻。咸淳八年（1272）因战火而中止，入元后完成，共得591函，6362卷。此藏因始刻于碛砂延圣禅院，亦称《碛砂藏》。在中国文化史上，宋代的刻经比译经更有影响。唐代以后，佛教理论虽然缺少发展，但佛教的社会影响仍然很大，这当与佛经借助印刷术不断向民间渗透有关。

（三）宋代禅宗的新发展

唐武灭佛，拆毁寺院，没收寺产，焚除经典，使得依赖施主大量布施，读经、坐禅求解脱的教派难以为继，惟有"不立文字"，自耕而食的禅宗很快得到了恢复。入宋以后，禅宗一枝独秀，禅与佛几乎成了同义词。不过宋禅也不是唐禅的简单恢复，它形成了自己新的风格和特点，即教内"禅、教（指华严、天台、唯识等注重宗教理论的宗派）合一"，教外"儒、佛合一"。

1. 禅宗著作的大量涌现

禅宗本以"不立文字"，"教外别传"而闻名，但是入宋以后，也出现大量风格独具的禅宗著作，这是宋禅区别于唐禅的重要特征。"语录"前代已有，但数量不多，"灯录"则是宋禅的独创，"评唱"、"击节"等注疏性著作，更是前代所未闻。

"灯录"是一种记言体的禅宗史传，由于重在记言而不重记行，故不同于一般僧传。书中所记都是禅家的"公案"、"机锋"和禅语。宋代著名的"灯录"有：

《景德传灯录》30卷 宋道原撰

《天圣广灯录》30卷 宋李遵勖编

《建中靖国续灯录》30卷 宋惟白集

《联灯会要》30卷 宋悟明集

《嘉泰普灯录》30 卷　　宋正受编

《五灯会元》20 卷　　宋普济编

前五部"灯录"共 150 卷,洋洋数千万言,记录了历代禅师的语录,内容重复烦琐。普济删繁就简,会五为一,故名《五灯会元》。宋代较为著名的"语录"有:

《古尊宿语录》48 卷　　宋赜藏主集

《续古尊宿语录》6 卷　　宋师明集

《人天眼目》6 卷　　宋智绍集

《正法眼藏》6 卷　　宋宗杲集

这些"语录"收集了慧能以下几十位禅师的"机缘"。大量"灯录"、"语录"的出现,转变了宋代禅宗的风格。《文献通考》的作者、元朝人马端临评述道:"(禅宗)本初自谓直指人心,不立文字。今四灯总 120 卷,数千万言,乃正不离文字耳。"(《文献通考》卷二二七)

除了记述性的"灯录"、"语录",宋禅还发展出"颂古"、"拈古"、"评唱"、"击节"等注疏性著作。所谓"颂古"是以韵文体对古代公案所做赞颂性解释,而"拈古"则是散文体的注释。"颂古"的形式前代已有,而以宋初云门宗传人雪窦重显(980~1052)的《颂古百则》最为著名。它辞藻华丽,广征博引,受到士大夫和禅僧的欣赏。重显还写有《拈古百则》。"评唱"和"击节"则以临济名僧佛果克勤的《碧岩集》和《击节录》最为著名。前者是对重显《颂古百则》的"评唱",后者则是对重显《拈古百则》的"击节"。

宋禅的做法,从某种意义上讲背离了慧能开创禅宗时"不立文字","教外别传"的传统。慧能的宗教改革是对佛教徒大量译经、注经、读经,逐步陷入烦琐的宗教教义而不能自拔状态的一种否定,为佛教的发展注入了生机。后世禅宗信徒还编了一个故事,说一日在灵山法会上释迦牟尼为大众说法,突然从莲座上抽出一支独自欣赏,众弟子皆不解其意,惟有上座迦叶对佛祖会心一笑。这便是著名的"释迦拈花"、"迦叶微笑"、"不立文字"的禅宗所得,才是佛祖教外真传。但是在实践中,慧能的简单法门也暴露出诸多弊端,宋代"文字禅"是对慧能的又一次否定。造成这种转折的原因有三:其一,慧能提倡"直证本心","见性成佛",方法是靠个人的"参究"、"顿悟"。为了启发门徒，后代禅师又逐渐发展出了"公案"、"机锋"、"棒喝"、"禅语"，弟子们感到对启发灵性很有帮助，记录下来便成了"灯录"、"语录"。不过禅宗都是因材施教、触景生情的，时过境迁便使后人对"公案"、"语录"所蕴涵的深意不得其解，故需要"评唱"、"击节"等注释性著作。其二，禅宗过分重视个体觉悟，反对拘泥经文，结果导致禅门各种异端思想的发生。禅僧延寿（904～975）看到了这种倾向，指出："近代或有滥参禅门不得旨者……并是指鹿作马，期悟遭迷，执影是具，以病为法。"（《宗镜录》卷二五）这些人"毁金口所说之正典，拔圆因助道之修行"，"发狂慧而守痴禅，迷方便而违宗旨"（同上）。有的和尚甚至说："饮酒食肉，不碍菩提；行盗行淫，无妨般若。"延寿明确提出了"禅、教兼重"的方针。"经是佛语，禅是佛意。诸佛心口，必不相违。"（同上书，卷一）延寿征引佛经120种，祖师语录120种，圣贤集60种，编出百卷巨著《宗镜录》。"禅教合一"的潮流推动了禅宗向传统的复归。其三，禅宗与中国士大夫的心态、情趣、价值取向、思维方式高度契合，因此受到士大夫阶层的普遍欢迎，成为他们精神生活中的避风港。宋代"好佛"、"参禅"成为文人的一种时尚，这在一定程度上改变了早期禅宗质朴少文的特点。宋代"五灯"中的前两部，《景德传灯录》由翰林大学士杨亿参与"刊削"、"裁定"，《天圣广灯录》干脆由驸马李遵勖任主编。士大夫的参与促进了禅宗从"内证禅"向"文字禅"的转化。

2. 宋代禅宗的师承

禅宗在慧能以后逐渐分化，唐末、五代之际形成了临济、曹洞、沩仰、云门、法眼等五宗。在"直证本心"、"见性成佛"的根本宗旨上五家原无大异，不过在开启学人智慧的方法上却各不相同。沩仰、法眼二宗在宋初便已湮灭。云门宗在宋初还出过雪窦重显等名僧，到宋中叶时便销声匿迹了。曹洞宗法系绵延，代有传人，不过势力不大。所以宋代禅门真正兴盛的仅临济一系。当时有"临天下，曹一角"之说。

宋代临济宗，从临济义玄的六传弟子石霜楚圆门下，分出杨岐方会和黄龙慧南两个支系。加上原先五宗，便有了禅门"五家七宗"之说。师承关系见下页。

杨岐一系在宋代有影响的人物较多，宗风甚盛，成为临济主干。代表人物是方会、克勤、宗杲，但后世弘传临济法系的主要还是绍隆，直至晚近不绝。黄龙一系仅在慧南及其弟子克文时期兴盛一时，数代以后便失传了。

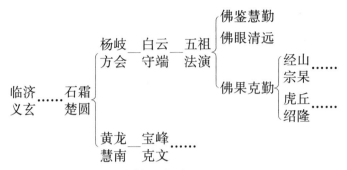

3. 杨岐宗人方会、克勤和宗杲

方会（992～1046），俗姓冷，袁州宜春（今江西宜春）人。20 岁时因经管钱粮出了问题，逃入筠州九峰山剃度出家。每阅经闻法，心领神会。后学禅，参石霜楚圆，得启发而开悟。辞别九峰后，被迎居杨岐，举扬一家宗风，故后世尊他的宗派为杨岐派。方会的思想被弟子收集在《杨岐方会和尚语录》、《杨岐方会和尚后录》中，并被编入《古尊宿语录》。

方会继承了慧能"只汝自心，更无别佛"（《坛经·机缘品》）的思想，他认为："只个心心是佛。十方世界最灵物。"（《古尊宿语录》卷一九）心既是成佛的根据，也是世界的本原。同时他又将禅宗的思想与华严宗思想相糅合，提出："一即一切，一切即一"，"一尘才举，大地全收"（同上）。这里他用华严宗"一多相即"、"于一尘中微细国土庄严清净旷然安住"（《华严经旨归》）等思想来讲心与万物互相含摄，体用不二的关系。由于禅、教合一，使禅宗的主观唯心主义更富有理论色彩。在禅法方面，他也尽力吸收天台、云门诸家派的观点，提出"四一"口诀作为宗旨：

> 杨岐一要，千圣同妙，布施大众，果然失照！
> 杨岐一言，随方就圆，若也拟议，十万八千！
> 杨岐一语，呵佛叱祖，明眼人前，不得错举！
> 杨岐一句，急著眼觑，长连床上，拈匙把箸！
>
> （《古尊宿语录》卷一九）

这里"一要"，"一言"，"一语"，"一句"皆是禅机，此中机锋，只能随人意会了。

克勤（1063～1135），字无著，俗姓骆，彭州崇宁（今四川成都附近）人。克勤是方会的三传弟子，师从法演。据说自幼聪颖，因游妙寂寺见佛有感，遂出家。一日往太平拜见法演，闻法演诵"小艳诗"曰："频呼小玉原无事，只要檀郎认得声"，豁然开悟，投于法演门下。后得法演赏识，与之"分座说法"。在荆州期间，因与丞相张商英谈论《华严经》，张深为信服，称其为"僧中管仲"。可见克勤也是禅教皆通的人物。不久，沣州刺史延请克勤住持夹山灵泉院。宣和中诏往京城天宁寺，徽宗赐号"圆悟禅师"。后因母病返蜀，住持昭觉寺，绍兴五年（1135）病逝。

克勤一生著作宏富，代表作为《碧岩集》和《击节录》，两书都是禅宗式的注释性著作。以下从《碧岩集》中选出一段以示其特点。《碧岩集》是对重显《颂古百则》的"评唱"，每则先引"公案"，括号中"著语"为克勤所加。

第一则，圣谛第一义。举梁武帝问达磨大师（说这不唧溜汉）；"如何是圣谛第一义？（是甚系驴橛）"磨云："廓然无圣（将谓多少奇特，箭过新罗，可煞明白）！"帝曰："对朕者谁满面惭愧（强惶惶，果然摸索不着）？"磨曰："不识（咄！再来不值半文钱）！"帝不契（可惜许却较些子），达磨遂渡江至魏（这野狐精，不免一场么罗，从东过西，从西过东）。……

达磨见梁武帝这则历史传说，从某种意义上反映了禅宗思想与梁武帝欣赏的佛教"义学"的不同。禅宗将其变成公案，以示高深。其实达磨当年还不会"逗机锋"，禅门子孙硬是将一小段历史记载视为包含无数微言大义的公案，几句简单问答视为蕴藏无限内涵的禅语。克勤所加"著语"，更是充分表现了禅宗呵佛骂祖、无所顾忌的特点。下引重显《颂古百则》中的"颂古"：

圣谛廓然（箭过新罗，咦！）何当辨的（过也，有什么难辨）？对朕者谁（再来不值半文钱，又怎么去也？），还云不识（三人四人中也，咄！）。因兹暗渡江（穿人鼻孔不得，却被别人穿，苍天！好不大丈夫苍天！），岂免生荆棘（脚跟下已深数丈）？……

克勤又对重显的颂古加以评唱：

且据雪窦颂此公案，一似善舞太阿剑相似。……大凡颂古，只是绕路说禅，拈古大纲，据款结案而已。雪窦与他一拶，劈头便说："圣谛廓然，何当辨的？"于佗初句下著这一句，不妨奇特。……"因兹暗渡江，岂免生荆棘？"达磨本来兹土，为人解粘去缚，抽钉拔楔，铲除荆棘，因何却道"生荆棘"？非止当时诸人，即今脚跟下已深数丈。……

克勤的评唱，可以说是以禅注禅，以机锋触机锋，完全不同于前代佛教义学的注经。本意如何？注解如何？全凭读者心悟。不过他还是说了一句明白话："大凡颂古，只是绕路说禅"，禅机本已玄奥，"颂古"绕了一弯，"评唱"再绕一弯，注释的结果很可能是越注越糊涂。

宗杲(1089~1163)，俗姓奚，宜州宁国(今安徽宣城)人，少年出家，历参数禅，后在京都天宁寺投于克勤门下，得其印可，分座接众。金兵犯京，避乱苏州虎丘。后往浙江径山传法。道场很盛，嗣法弟子90余人，分赴四方，临济宗人满天下：孝宗赐号"大慧禅师"，终年75岁。宗杲为了维护禅宗"直接"的宗旨，反对老师克勤作《碧岩集》、《击节录》，走"文字禅"的道路。他焚师书，并说："虑其后人不明根本，专尚语言以图口捷，由是火之，以救斯弊也。"(元布陵：《重刻圆悟禅师碧岩集后序》)但他自己却编了6卷《正法眼藏》，并因此而著名。在《重刻正法眼藏序》中，宗杲阐述了自己编这本书的宗旨：

> 法久弊生，或承虚接响，以盲枷瞎棒，妄号通宗；或守拙抱愚，以一味不言，目为本分；或仿佛依稀，自称了悟；或摇唇鼓舌，以当平生。如此有百二十家痴禅，自赚赚人，论溺狂邪！

宗杲之言，道出了后期禅宗忽视理论，盲目卖弄机锋，胡参乱证的弊端，为救此弊，宗杲乃"抉择五家提挈最正者，凡百余人，裒以成帙，目曰《正法眼藏》"(同上)。也就是说，从临济、曹洞、云门、沩仰、法眼五家中选出最正统者作"正法眼"，以为禅门楷模。

> 《正法眼藏》不分门类，不问云门、临济、曹洞、沩仰、法眼宗，但有正知正见可以令人悟入者，皆收之。(同上)

宗杲编书，表现出了一种融会五宗的倾向，但由于不分门类，不按先后，不问唐宋，信手拈来，使读者在机锋林中更摸不着头脑。

另外，宗杲还以提倡"看话禅"，反对"默照禅"而闻名。曹洞宗门人正觉（1091～1157）认为：心是诸佛本觉，只因疑碍昏翳，自作障隔，所以无明。如能静坐默究，净治揩磨，去掉妄缘，自然清静圆明。他把静坐守寂作为证悟的惟一方法，并且身体力行，"昼夜不眠，与众危坐，三轮俱寂，六用不痕"（《宏智正觉禅师广录》卷九）。这实际上又退回了佛教早期的"禅定"，与慧能"一付臭骨头，何为立功课"，"行亦禅，坐亦禅，语默动静体安然"的传统相违背。宗杲反对正觉的"默照邪禅"，提倡"看话头"求解脱，即参究公案中的"活句"。他把公案中意义明确的文字称作"死句"，而意蕴不明的则是"活句"，正是学者当用功处。如有人问："何为佛祖西来意？"禅师答曰："庭前柏树子"，完全是文不对题。宗杲却认为：在此不可思议处思议，正是开悟的诀窍。谁参透了这些话头，就算是开悟了，可以开堂授法。如何评价禅宗这种开悟，在当代思维科学领域里仍是一大难题。有人认为它启发了人心灵深处的潜意识而获得了生命的智慧，有人认为这完全是使人糊涂的神秘主义。

4. 黄龙宗人慧南与克文

慧南（1002～1069），俗姓章，信州玉山（今江西玉山）人。幼年出家，先学云门禅，后投到石霜楚圆门下。开悟后去洪州（今江西南昌）黄龙山崇恩禅院说法，开创了黄龙派。慧南传法，以他接引学人的所谓"黄龙三关"而著名。

> 师室中常问僧出家所以，乡关来历。复扣云："人人尽有生缘处，那个是上座生缘处？"又复当机问答，正驰锋辨，却复伸手云："我手何似佛手？"又问诸方参请宗师所得，却复垂脚云："我脚何似驴脚？"三十余年，示此三问，往往学者，多不凑机。丛林共目为三关。（《建中靖国续灯录》卷七）

"生缘"、"佛手"、"驴脚"即是三关。这三关是三个难于从字面上回答的问题，是为了提示学者，禅境不可言传，本心佛性离言别相，不要拘泥经典文字，而需要参禅者去自悟。在理论上，慧南也属于"真如缘起论者"，认为"尘即真如"，"理事不碍"，佛性不离人心庶物。他说："智海无性，因觉妄以成凡；觉妄元虚，即凡心而见佛。"（《续古尊宿语录》卷一）凡、佛之分，只在迷、悟之间，所以佛与众生无别，皆有佛性。"黄龙三关"中的"佛手"、"驴脚"即含有凡圣无别、自他无二的观点。

克文（1025～1102），欲姓郑，幼年出家，游学四方。"贤首、慈恩、性、相二宗，凡大经论，咸造其微"（惠洪：《云庵真净和尚行状》），对佛教诸宗理论皆有所了解。最后投于慧南门下，光大师说。朝廷曾赐"紫方袍"和"真净大师"号。克文与王安石、苏辙等人交谊甚厚，博得王、苏的赞誉。克文将"真如缘起"说发挥到了极致，"法法本然，心心本佛，官也私也，僧也俗也，智也愚也，凡也圣也，天也地也，悟则视同一家，迷则千差万别"（《古尊宿语》录卷四三）。在他看来，世上千差万别的事物都以真如为本体，"不必更分彼此，同是一真法界"（《续古尊宿语录》卷二）。觉悟者完全可以不计较于此，"各以妙明心印印之，则王事、民事，一一明了，一一无差别"（《古尊宿语录》卷四三）。他把华严宗的圆融思想与禅的心法相结合，把社会上一切差别都消融在一心之中。

（四）天台宗的师承及其"山家"、"山外"之争

天台宗是宋代佛教中，除禅宗之外另一个比较活跃的宗派。这一方面是由于天台宗内产生了一批有影响的人物，发生了"山家"与"山外"的争论，另一方面则是由于从海外寻回了大量佛教文献，其中属于天台宗的比较完备，从而引发了佛学界对天台宗理论的兴趣。

宋代天台宗的师承如下：

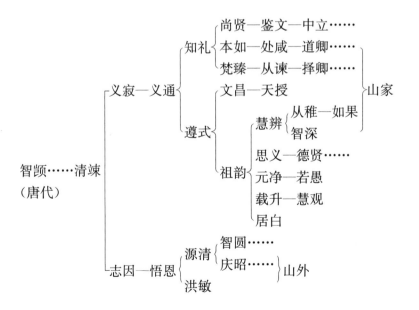

义寂（919～987）是宋代天台宗的开拓者。19岁出家，先习律学，后到

天台山国清寺，投入清竦门下。学习中他深感天台文献在会昌法难中损失严重、残缺不全。当时吴越王钱俶因读《永嘉集》，其中有些文句不解，向义寂请教。义寂说："此出智者《妙玄》，自唐末丧乱，教籍散毁，故此诸文多在海外。"于是吴越王遣使十余人，往日本、高丽（今朝鲜），寻回不少佛教文献（见《佛祖统纪》卷八），此事在佛教史上被称为"去珠复还"。其中天台文献占了很大比重，从遵式整理的《天台教观目录》看，宋初天台文献已经收集整理得比较完备，天台宗从此"中兴"。

义通（927～988），字惟远，原系高丽王族，五代时游学中国，投入义寂门下，成为一代宗师。宋太宗赐其所居寺院为"宝云"寺，他本人被尊为"宝云大师"。义通一生著作不多，但一个外国僧人能成为中国宗派传人已属不易，且他的"二神足"遵式和知礼在重兴天台宗的过程中起了很大作用。

知礼（960～1028），字约言，俗姓金，浙江四明人，人称四明知礼。他7岁出家，15岁受具足戒，20岁从义通学习天台教观，成为传法门人。"凡三主法会，唯事讲、忏四十余年，胁不至席。当时之人，从而化者千计。"（赵抃：《宋故明州延庆寺法智大师行业碑》）宋真宗赐其"法智大师"号。晚年曾结伴十人，共修《法华忏》，相约以三年为期，期满集体自焚。后经多方劝阻，方只忏不焚。在理论方面，知礼主要宣扬天台宗"一念三千"，"圆融三谛"，"性具善恶"的思想。从天台宗"一乘圆教"的观念看，平等即差别，差别即平等，世间万物，虽千差万别，但都是实相的体现。人们从空、假、中三个角度观察诸法实相，就是所谓空、假、中三谛。三谛并不是一种先后次第关系，而是一体之三面，即空、即假、即中，彼此圆融、互不妨碍。而三千世界，既非自生，亦非他生，而只系于一念心。众生与佛既同具染净二性，又同具善恶二性，万法本具一心，由于随缘显隐不同而有人生世界的差别。知礼对这些思想加以发挥，提出"无明与法性相即不二，圆融无碍"。认为众生的本体真如本来具有愚痴无知的"无明"，是众生生死轮回之因，而觉悟者断尽无明就能洞见法性。

遵式（964～1032），字知白，俗姓叶，天台宁海人，是知礼的表兄弟。他早年出家，先习律学，后投身义通门下学习天台。他曾于"国清普贤像前炼一指，誓传天台之教"。学成后四处宣扬天台教观多年，影响很大，宋真宗赐号"慈云大师"。遵式也是"真如缘起"论者，特别强调真如与诸法互为缘起，圆融无碍。他说："天台所谈佛性与诸家不同。诸家多说一理真如名为佛性，天台圆谈十界，生佛互融，若实若权，同居一念。"（《天竺别集》卷下）真如在诸法之中，众生与佛一体，且皆为一念心的产物。遵式提出了

"性心一体"的观点:"性,心之体也;心,性之相也。穷心,了性,号浮图也;迷体,据相,号众生也。心性一也。"(同上)这种理论表现出天台圆融教观与禅宗心性的融会。遵式除了理论著作,还写有大量"忏仪",如《金光明忏仪》、《大弥陀忏仪》、《小弥陀忏仪》等。他一生多次主持念经、拜忏,有"天竺忏主"、"慈云忏主"之誉,真宗曾专门诏请他入京"修法华忏,为国祈福",可见他在宗教实践方面声名远被。

悟恩(912～986),字修己,俗姓路,姑苏常熟人。自幼出家,先修律学,后在钱塘慈光院投于志因门下学习天台,学成后大讲《法华》、《光明》及《止观论》,对弘扬天台思想有很大贡献。在他的著作中,《金光明玄义发挥记》在天台宗史上曾掀起了轩然大波,由此引发了"山家"与"山外"之争。

"山家"、"山外"的争论起于对智颛《金光明经玄义》的不同理解。智颛的《玄义》有广、略两个版本。悟恩的《发挥记》所注是略本,其中只详说了法性问题,而没有专门讲天台"五重玄义"中的"观心"问题。悟恩认为,诸法实相是可以直接观的,不必通过观心一节,广本所讲"观心",是后人所加,并不符合智颛原意,《玄义》当以略本为主。此论一经提出,即遭到四明知礼的反对。知礼认为悟恩有偏,有教而无观,违反了天台教、观并重的宗旨。他作《扶宗记》,注《玄义》,专以广本为主,大讲观心,认为必须把要观的道理集中在心上来观。这一思想与他和遵式坚持的"心体不二"的观念是一致的。知礼此书一出,立即引起悟恩门下弟子的反对,庆昭与智圆合著《辨讹》,维持师说,反对知礼。他们认为:观实相就是观真心,而知礼离开实相以观心,只能是观妄心。真心、妄心之说出于华严宗以如来藏为真心二门的旧说,知礼认为庆昭、智圆是受了其他宗派的影响,故贬为"山外",自己则是坚持天台正宗的"山家"。以后,知礼相继作了《问难书》、《诘难书》、《问疑书》、《复问书》诘难庆昭、智圆;庆昭、智圆则做《答疑书》、《五义书》、《释非书》辩答,往复五次,绵亘七年。知礼于景德三年(1006)总结了前番十次问答,集为《十难义书》2卷,又作《观心二百问》,宣扬"山家"观点,其说大行,知礼一系成为天台嫡系。

(五) 宋代其他诸宗

1. 净土宗

宋代净土宗在社会上有很大影响。一方面由于它宣称只要口念佛号,便可往生西方阿弥陀佛净土,对下层民众有较大吸引力,故能在会昌法难后迅速恢复。另一方面,净土信仰在宋代已成为各派佛教徒的共同信仰。例如:

天台名僧知礼曾"结社万人","心心系念，日日要期"，"誓取往生"（《乐邦文集》卷四）。禅僧延寿奉诏住杭州时，每天日暮要"往别峰行道念佛"。吴越王钱俶闻后赞道："自古求西方者，未有如此之切者。"（同上书，卷二）《佛祖统纪》的《净土教志》中，宋代75人被列入了《往生高僧传》，各派名僧皆有，禅净合一、台净合一蔚成风气。净土宗宣称：阿弥陀佛在成佛前曾发48种宏愿大誓，凡诚心称念他名号者，他都接引往生西方净土，永享极乐。往生净土虽不是证得涅槃，即身成佛，但那里"极乐世界黄金为地，行树参空，楼阁七珍"，"人寿无量，长生不老"（同上）。

宋代不同于唐代，热衷净土信仰的不仅仅是下层民众，也包括大批有较高文化修养的高僧、居士。这一方面说明佛教后期理论上的融汇；另一方面也反映出，在隋唐佛教理论高潮过后，中国知识阶层对佛教的兴趣已开始由理论转向信仰。这种情况也是佛教开始世俗化的表现。

宋代专修净土的代表人物是省常和宗赜。宋代净土宗的重要文献《乐邦文类》（宋宗晓编纂）把他们列为净土宗五位继祖中的两位（其余为善导、法照、少康——均为唐人）。省常（959～1020），字造微，俗姓颜，浙江钱塘人。先习天台止观，后效莲社故事，在西湖与僧俗千余人，结"净行社"于庆昭寺，以相国王旦为社首，社会影响很大，推动了江南净土信仰的发展。省常曾自刺指血写《华严经·净行品》，每书一字，三拜、三绕、三念阿弥陀佛，写毕，刻印千卷，分施千人。宗赜，生卒年月不详，号慈觉，襄阳人，少习儒业，出家后兼习禅教，后归心净土。哲宗元祐中，住持真州（今江苏仪征）长芦寺，建"莲花胜会"。常日与僧俗教徒多人，同声称念阿弥陀佛名号，日至千声、万声，以为功课。著有《苇江集》，"内有劝孝文120篇，多教人劝父母修净土，为出世间之孝"（明道衍《诸上善人咏》）。反映了一种将净土信仰与儒家孝道相融合的思想。

2. 华严宗

华严宗是一个注重理论思辨的中国佛教流派，在唐末大变动中损失惨重，师承不明。宋代势力已相当衰微，只有长水子璿和晋水净源二人试图重扶宗风，才勉强维持香火。

子璿（？～1038），浙江嘉禾人。师从不明，曾向临济禅僧慧觉学禅，慧觉劝他"励志扶持"华严，从此开始刻苦研习华严宗经典，学成后住于陕西长水（即泸水），"众几一千"，有相当大的社会影响，著有《楞严经疏》10卷，算是宋代华严宗的重要著作了。净源（1011～1086），俗姓杨，福建泉州人。先在五台山承迁处学习《华严经》，后从学子璿。学成后游于江浙一带，住持报恩观音院，弘扬华严教义。恰值高丽僧义天（1051～1101）"航海问道，申弟子礼"，并带来了一些华严宗章疏。义天回国后又把《金书华严》三个译本共 180 卷寄给净源。大量文献的回归刺激了华严宗的"中兴"。净源的弟子师会、希迪继续弘化，使华严宗在江南得到一定程度的恢复。

3. 唯识宗

宋代唯识宗的师承及代表人物不明，但讲《唯识》、《百法》、《因明》的著名学者相继不绝。延寿编《宗镜录》时，曾试图调和华严、唯识、天台诸教的矛盾，约请各派代表人物共同讨论，但当时谁代表唯识宗则无记载。当代学者认为：唐宋以后，如同净土宗成为佛门共宗一样，唯识宗已成为各宗派之共学，其理论为诸派所吸收。研究唯识学著作的学者代有其人，但已难成独立的宗派。此观点有一定道理。

4. 律 宗

宋代律宗仍有相当规模，主要传承南山一系，中心移于杭州，代表人物是允堪和元昭。允堪（？～1061），钱塘人，曾被朝廷赐予"智圆律师"号。出家后曾遍学诸宗，尤精律学。学成后在杭州昭庆寺等处设戒坛，传授戒法。允堪对道宣的《行事记》深有体会，作《会正记》加以发挥。后代律宗认为该书深得南山宗旨，"独为尽理"。此外，他还著有《戒疏发挥记》、《业疏正源记》等。元昭（1048～1116），字湛然，俗姓唐，余杭人，为允堪再传弟子。先习天台，后归律宗，学成后曾于四明开元寺建坛授戒，在江南名声很大。元昭任杭州灵芝寺住持三十余年，有灵芝律师之美誉。著有《行事钞资持记》、《羯摩疏济缘记》、《戒疏行宗记》、《住法记》、《报恩记》、《芝园集》等书。尤其是前三书，成为后世律宗传世经典，曾远播日本。

赞宁（919～1001），俗姓高，其先祖为渤海人（满族前身），自幼出家，习南山律部，时称"律虎"。吴越王钱俶赐号"明义示文大师"。宋太宗太平兴国三年（978）随钱俶入朝，赐"通惠大师"号。赞宁的主要贡献还不在律学方面，太平兴国七年（982），他奉诏撰《大宋高僧传》，于端拱元年（988）完成。依照梁、唐《高僧传》的体例，共收进刘宋至宋初十朝高僧正传 531 人，附传 125 人。材料收集广泛，史料考据严谨，文笔生动流畅。《宋高僧传》写出后，宋太宗亲自批答嘉奖，赞宁因此而驰名朝野、文坛。他曾担任左、右街僧录（最高级僧官），翰林、充史馆编修，在佛教史上极为罕见。

（六）契嵩、智圆融会儒释的理论

宋朝是一个政治、军事高度集中统一的封建王朝，相应的，文化思想也逐渐从多元开放走向集中统一。佛教自两汉东渐以来，就不断与中国文化相融合。魏晋南北朝佛教调适自身与纲常名教的关系，隋唐形成了完全中国化的佛教流派，而宋代佛教则在思想深层次上与儒学融为一体。打通儒释，援儒入释是一个普遍的社会潮流，兼通儒释的禅僧在丛林中并不罕见，而其中契嵩与智圆最具代表性。

契嵩（1007～1072），字仲灵，俗姓李，藤州（今广西藤县）镡津人。自幼出家，14岁受具足戒，博学多识。在瑞州（今江西高安）投入云门宗人晓聪门下，成为其得法弟子。庆历年间，"入吴中，至钱唐，乐其湖山"，定居于此，闭门著书，作《辅教编》、《传法正宗记》、《传法定祖图》等，"凡百作卷，总六十余万言"（《佛祖统纪》卷四五）。为了使自己的著作得到朝廷认可，编入大藏，契嵩于嘉祐六年（1061）携著作入京。经开封府尹王素帮助，其书上达仁宗，得到嘉奖，"诏付传法院编次，以示褒宠"，并赐"明教"师号，契嵩由此名声大振。但他谢绝了朝廷的挽留，退归杭州灵隐寺，终老于此。

在佛教史上，契嵩留有三件影响重大的事业。第一件是著《正宗记》与《定祖图》，考订禅宗"西土二十八祖"传承系谱，遂成禅门定论。其实从释迦牟尼到菩提达磨的所谓"西土二十八祖说"并无历史实据，契嵩将传说变成"历史"。第二件是对《坛经》进行了较大幅度的改编，使之从一万四千余字增至两万余字。在改编的过程中，把原来许多注释变成了正文，又加以润色，使其面貌发生了很大变化。这次改编的成果就是《六祖大师法宝坛经曹溪原本》。第三件则是撰写《辅教编》，倡三教融合，特别是从理论上论述了儒释的一致性。

宋代虽未发生大规模的排佛、灭佛事件，但排佛之议在士大夫中从未止息。契嵩生活时代，执政重臣范仲淹、富弼、文彦博、韩琦、欧阳修等人都有不同程度的排佛倾向。正如契嵩的传记作者陈舜愈所言："当是时，天下之士，学为古文，慕韩退之排佛而尊孔子。……仲灵独居，作《原教》、《孝论》十余篇，明儒释之道一贯，以抗其说。诸君读之，既爱其文，又畏其理之胜而莫之能夺也，因与之游。"（《镡津明教大师行业记》）

契嵩调和儒释的理论是高层次的，他不像早期佛教徒那样，简单地在文字层面上寻找两家的相似之处，而是首先在心性论上找到了两者的理论结合点。作为一名禅宗传人，他坚持"心生万法"的宗旨，他说：

> 心乎，大哉至也矣，幽过乎鬼神，明过乎日月，博大包乎天地，精微贯乎邻虚。（《辅教编·广原教》）

心是宇宙本原，又具有"本觉"的特征，是佛教和其他一切世俗道德体系的终极依据，他讲：

> 《坛经》之所谓心者，亦义之实，仁之实也。（《辅教编·坛经赞》）

《坛经》所讲的人心，就是儒家的仁、义，因而三教的圣人，百家的圣人都是从心出发来建立理论的。

> 古之有圣人焉，曰佛，曰儒，曰百家，心则一，其迹则异。夫一焉者，其皆欲人为善者也；其异焉者，分家而各为其教者也。（《辅教编·广原教》）

各家圣人不过是从不同角度发明本心，殊途而同归，皆为劝人向善。在此理论基础上，契嵩全面调和佛教戒律与儒家纲常。

> 五戒，始一曰不杀，次二曰不盗，次三曰不邪淫，次四曰不妄言，次五曰不饮酒。夫不杀，仁也；不盗，义也；不邪淫，礼也；不饮酒，智也；不妄言，信也。（《镡津文集》卷八《寂学解》）

佛教的五戒成了出世的名教，儒家的五常成了人世的戒律，此岸彼岸打通为一。契嵩还特别大讲孝道，"夫孝者，大戒之所先也"（《辅教编·明孝章》）。孝道是儒家纲常伦理的核心观点，最集中地反映了中国宗法社会的特征，在以往的儒释冲突中，孝道问题往往是争论的焦点。契嵩承认孝在戒先，实质上是承认了儒家在中国社会中的主导地位，佛教自愿向儒学靠拢。他又说："夫五戒有孝之蕴……今夫天下欲福，不若笃孝。笃孝，不若修戒。"（《辅教编·戒孝章》）出家守戒又成了行孝的最佳手段，听来似与现实悖谬，但契嵩却用神话故事来调和两者的矛盾。他举出元德秀刺血写经，画佛像，"为母追冥福"的例子，证明佛教有神化孝道的作用。

> 佛也，极焉，以儒守之，以佛广之；以儒人之，以佛神之。孝其至
> 且大哉！（同上）

儒家从入世的立场上说明孝道，佛教从出世的立场上神化孝道，"其所出虽
不同，而同归乎治"。所以他直接向宋仁宗呼吁："愿垂天下，使儒者儒之，
佛者佛之，各以其法赞陛下之治化。"（同上）儒佛两家最终在巩固现行社会
制度的立场上结合了起来。

宋代另一个倡导儒释合流的著名人物是天台宗门人孤山智圆。智圆
（976~1022），字无外，自号中庸子，俗姓徐，钱塘人。自幼出家，8 岁受具
戒，21 岁从源清受天台教观。源清死后住西湖孤山，离群索居，苦研经史，
试图扶持天台宗风。因与知礼意见不合，被列入"山外"派；据《佛祖统
纪》中《智圆传》载：他拒不结交权贵，贫寒自守，勤奋著述，一生共著书
24 部，119 卷。智圆的著作以宣扬"三教同源"、"宗儒为本"的思想引人注
目。他说：

> 非仲尼之教，则国无以治，家无以宁，身无以安。……国不治，家
> 不宁，身不安，释氏之道，何由而行哉？（《闲居编》卷一九《中庸子
> 传》上）

在儒、释、道三教斗争史上，经常发生"本末"之争。从方外的立场看，神
为人本，而从方内的立场看，人为神本。从智圆的论述看，他把身安、家
宁、国治作为佛教存在的前提，显然已把"本"移入方内。他又论证两者关
系说：

> 夫儒、释者，言异而理贯也，莫不化民俾迁善远恶也。儒者，饰身
> 之教，故谓之外典也；释者，修心之教，故谓之内典也。惟身与心，则
> 内外别矣，蚩蚩生民，岂越于身心哉？非吾二教，何以化之乎？嘻！儒
> 乎？释乎？其共为表里乎？（同上）

两教功用相同，但手法各异，"修身以儒，修心以释"，不能重此轻彼，他自
号"中庸子"，是折中儒释，表里两家之意。

契嵩、智圆的调和儒释理论，说明佛教中国化达到了一个更高的层次。

佛教进入中国后，先是在社会功能上寻求协调，接着发展到教义上与儒、道相衔接，至宋以后达到了哲理上的融通。

(七)佛教与宋代文明

佛教在宋代日益渗透到社会文化的深层面，对整个文明进程都产生了巨大的作用。

在文学方面，由于禅宗一家独盛，参禅、逗机锋为士大夫所热衷，故以禅入诗、以诗写禅之风更甚于唐代。一些著名诗人如王安石、苏轼、黄庭坚、陆游、杨万里等，皆与名僧有交往，写诗多蕴禅意，甚至直接取材于禅宗语录。如苏轼《题西林石壁》："横看成岭侧成峰，远近高低各不同。不识庐山真面目，只缘身在此山中。"从庐山观山，悟出世间万物的差异仅仅是由于人的主观观察角度不同，万法因缘皆由心生。再如王安石，变法失败后遁入空门。他在《怀钟山》诗中说："投老归来供奉班，尘埃无复见钟山！何须更待黄粱熟，始觉人间是梦间。"表现了一种人生如梦、万法皆空的悲观心态。

唐宋时期佛教的变文、宝卷推动了士大夫文学向市民文学的转化，对中国文学发展产生了很大的影响。变文是一种散文体和韵文体相结合的体裁，可说可唱，佛教徒用它来讲述佛教故事，宣传教理。变文始自唐代，因其文字通俗流畅，深入民间，为广大群众所喜好。入宋以后，一些统治者认为这种通俗文学不登大雅之堂，曾明令禁止，官方查禁的结果，使说唱结合的变文演化成了以唱为主的宝卷。其中以七字句、十字句的韵文为主，间以散文。宝卷的内容最初全是宣传佛经的，如《鱼篮宝卷》、《目连三世宝卷》等，讲的都是佛经故事。以后陆续吸收历史传说和民间故事，出现了《梁山泊宝卷》、《土地宝卷》、《药名宝卷》等其他内容的作品，宝卷成为后世诸种戏曲、弹词、鼓词的前驱。

在雕塑、绘画艺术方面，宋代艺人以写实见长，形象端庄优美，亦能刻画性格。彩塑如麦积山石窟中的供奉人像、长清灵岩寺的罗汉像，石刻如杭州灵隐寺飞来峰诸刻、四川大足县宝顶摩崖造像，俱细巧精致，栩栩如生。佛教绘画发挥了宋代写实之长，所画观音、罗汉、高僧像，笔法细腻形态逼真。世俗画家李嵩、梁楷、贾师古，僧侣画家牧溪、玉润、仲仁等，皆因画佛像而名扬于世。

宋代佛教与儒家的全面融合还促进了中国封建社会后期官方哲学——宋明理学的产生。儒家以忠孝为核心，构造了一套适应中国宗法社会的政治伦理体系。但是，儒学自创立之初就存在一个明显弱点，即过于强调

"经世致用"，而缺少关于价值本体的理论思考。这使儒学在形而上学领域经常遭到道家和佛教的挑战。魏晋时期的玄学和南北朝以后的佛教相继成为社会文化的热点，涌现出一批反映时代精神的哲学大师，而儒学在相当时间内却无力从哲学理论上做出回应，因而韩愈惊呼孔孟之道的沉沦，奋起倡导儒学复兴运动，但其理想并未实现。到了宋代，士大夫们逐渐认识到，韩愈提出的"人其人，火其书，庐其居"的行政干预手段并不能消灭佛教这样一种流行已久的社会意识形态。要复兴儒学，必须走"修其本以胜之"（欧阳修语）的策略。所以，宋明理学家都采用了出入佛老，窃其精髓以自壮的道路。他们借助佛教的思辨哲学体系来升华儒家的纲常伦理，用扬弃的方法胜过了佛教。

宋明理学包括程朱理学与陆王心学两大体系。程朱主要是借助华严宗"四法界"的思想，构建了以"天理"为本原的哲学体系。早在佛教传入之前，中国哲学史上便有"理"的范畴，但皆用于事物运行的具体原理、规则，并无本原的含义。华严宗则把"理"从"事"中抽象出来，放在与事对置的"界"的位置上。澄观讲："理法名界，界即性义，无尽事理，同一性故。"（《华严法界玄镜》卷上）理成了事之外独立存在的"界"，且代表着事物的统一性。程朱吸收了这个思想，二程讲："动物有知，植物无知，其性自异，其理则一。"（《宋元学案》卷一五《伊川学案》）朱熹讲："眼前凡所有应接底都是物，事事都有个极至之理。"（《朱子语类》卷三）天理是宇宙间惟一的本体，千差万别的事物都是天理的具体表现。朱熹讲："万物皆有此理，理皆同出一源。但所居之位不同，则其理之用不一。如为君须仁，为臣须敬，为子须孝，为父须慈，物之各具此理，而物物各异其用，然莫非一理之流行也。"（《朱子语类》卷十八）他们认为儒家纲常是天理在人际间的必然表现，如此论证，是用代表宇宙普遍法则的天理来提高封建纲常的普遍性和必然性。朱熹又借用佛教"月印万川"之喻来论证纲常名教与天理"理一分殊"的关系。朱熹讲："然虽各自有一个道理，却又同出于一个理……释氏云：'一月普现一切水，一切水月一月摄。'这是那释氏也窥见得这些道理。"（同上）朱熹的引证，出自唐代禅僧玄觉的《永嘉证道歌》，"月印万川"的比喻生动、形象地说明了理一与分殊的含摄关系。为了抵御"气化派"的抨击，程朱特别强调"理在气中"，"理在事中"，把天理这个本原安置在现实世界之中。二程讲："至显者莫如事，至微者莫如理，而理事一致，显微同源。"（《二程全书》卷二七）在这里，显然他们又借助了华严宗的"理事无碍法界；具性、分义，不坏理事，性分无碍故也"（澄观《华严法界玄镜》卷上)。

陆王心学在本体论上则更多地承袭了禅宗"心生则种种法生,心灭则种种法灭"的主观唯心主义思想。陆九渊把禅宗的语言变成了"宇宙便是吾心,吾心便是宇宙",甚至讲到"心外无理"时所举例子"如镜中观花",也是从禅宗"身是菩提树,心如明镜台"引申来的,他借主体对客体的反映能力,把客体说成是主体内部的存在。

在修养方法上,正觉的"默照禅"对宋明理学有所启发。正觉教弟子空心默坐:"直须歇得空空无相,湛湛绝缘,普与法界虚空合,个时是你本身。"(《宏智正觉禅师广录》卷五)就是通过静坐,离言绝相,排除一切主观思虑,以获得一种万法皆空,灵魂绝对自由的宗教感受。理学家亦多主张静坐,是为前代儒者所无。周敦颐以"主静"为道德修养的重要原则,他说:"圣人定之以中正仁和而主静,立人极焉。"(《太极图说》)"伊川每见学者能静坐,便叹其善"(罗大经:《鹤林玉露》丙编卷三),希望人们在静坐中忘却红尘人欲。二程把修养过程分成"静坐"、"用敬"、"致知"三部曲,几乎成了佛教"戒、定、慧"三学的翻版。他们要求弟子在静坐中体会"喜、怒、哀、乐未发之前气象",与禅宗参"父母未生之前,如何是本来面目"的"话头"如出一辙。二程的修养方法也曾引起了某些非议,他们亦有所察觉,努力与佛教划清界限,强调道德修养不离生活日用,"洒扫应对,便是形而上者",但是仍然不脱禅宗"搬柴运水,无非佛事"的模式。

在讲学传道的方式上,宋明理学家也自觉或不自觉地模仿禅宗。如理学家所办书院的"书院规约",多受禅宗"丛林制度"和"百丈清规"的影响。他们编纂的"语录"、"学案",显然受到禅宗各类《语录》、《公案》的启迪。朱熹所著的理学史著作《伊洛渊源录》、《近思录》,无论题材还是形式,都有模仿禅宗"灯录"的痕迹。

总之,宋明理学家尽管多在口头上排佛,但他们吸收佛学的例子俯拾皆是。可以说,没有佛教哲学便没有宋明理学,佛教文化成为中国哲学升华的重要催化剂。

三 道教的兴旺

宋代道教继唐之后,形成道教史上一个相当活跃的发展新时期。从道教自身来说,内丹学经过陈抟和张伯端,更加深化和系统,道教哲学趋于成熟;道教教派分化繁衍,出现不少新教派。从社会对道教的态度来说,北宋国力羸弱,版图缩小,南宋更偏安江南,外有异族强敌,内有农民起义,因此，统治者大力提倡道教，以固皇权，以定民心，以摄异邦；民众亦需要带有华夏正宗色彩的道教的抚慰，以安定身心，故而道教得到很大发展，地位日益提高。

（一）统治者对道教的提倡

宋太祖曾召见道士苏澄隐，赏赐甚厚。宋太宗亦好道，太平兴国中两次接见华山道士陈抟，待之甚厚，并向宰相赞美说："抟独善其身，不干势利，所谓方外之士也。抟居华山已四十余年，度其年近百岁。自言经承五代离乱，幸天下太平，故来朝觐。与之语，甚可听。"后赐号希夷先生，赐紫衣，与之属和诗赋，甚相得。端拱中，加自身尊号"法天崇道皇帝"。淳化中召终南山隐士种放，未至。令人广搜道书，由徐铉、王禹偁等校正，得 3737卷。宋太宗之尊清修炼养道士，主要是重视他们的清静无为的主张，用以养身、治国。但他最感兴趣的宗教则是能论证皇权天授和祈福消灾的道法派道教，宋真宗则发展了这种倾向。太宗承兄而为帝，有"烛影斧声"之说。他为了平息社会和议，制造了翊圣降世显灵的故事，说翊圣是高天大圣玉帝的辅臣，受命降灵于终南山张守真家，职责是辅佐宋朝，并在宋太祖临终前传言给他："晋王有仁心，晋王有仁心。"意思是晋王（即赵光义）应即帝位。这则神话显然是为了安定人心而制造的，不过翊圣从此就成了宋朝皇室的尊神。宋真宗大中祥符九年（1016）由宰臣王钦若编成《翊圣保德真君传》，颁之全国，内中宣扬宋朝受命于天，三教并奖，以道教为主，并述"剑法"（除妖驱邪之法）和"结坛法"（祈福禳灾之法），扩大道教仪法的影响。翊圣，太宗封为"翊圣将军"，真宗加封为"翊圣保德真君"，徽宗又加封为"翊圣应感储庆保德真君"。

北宋皇帝之尊道教，以真宗与徽宗为最盛。真宗与契丹订立了屈辱的澶渊之盟，又要挽回面子，稳定政权。王钦若建议封禅泰山，"可以镇服四海，夸示外国"，封禅当有天瑞，天瑞可以人力为之。于是以神道设道为理由，与王旦串通一气，制造了天书符瑞、天神下临等神迹，将传统的天神崇拜与道教信仰相结合，形成了与众不同的特殊的宫廷宗教。大中祥符元年正月，真宗对辅臣说，去年冬夜半见神人来告，宜于正殿建黄箓道场，迎接天书《大中祥符》三篇的降临。接着便发现黄帛天书降于宫殿房角，王旦拜而进之，帛上有文曰："赵受命，兴于宋，付于眘（一作恒）：居其器，守于正。世七百，九九定。"于是群臣入贺，遣官奏告天地宗庙社稷，一时颇有声色。四月，天书再降内中。六月天书又降于泰山。于是举行各种典礼加以庆贺。又建金符道场行宣读天书之礼，中位玉皇像，恭上玉皇大天帝圣号。玉皇大帝本是道教的天神，至此与传统的天神昊天上帝混为一体，这是宋代天神崇拜的一大特色。大中祥符五年，真宗又对辅臣说梦，谓神人传玉皇之命，云："先令汝祖赵某授汝天书，令再见汝，如唐朝恭奉玄之皇帝。"又梦见灵仙仪卫天尊降临，说："吾人皇九人中一人也，是赵之始祖，再降，乃轩辕皇帝，凡世所知少典之子，非也。母感电梦天人，生于寿丘。后唐时，奉玉帝命，七月一时下降，总治下方，主赵氏之族，今已百年。"于是布告天下，封号为"圣祖上灵高道九天司命保生天尊大帝"，圣祖母号为"元天大圣后"。于是，道教诸神中又多出一位赵姓的保生天尊，成为赵氏宗室的家族神。真宗抬高玉帝的地位，大中祥符八年，上圣号为"太上开天执符御历含真体道玉皇大天帝"；同时抬高赵氏尊神，九年上圣号为"圣祖天尊大帝"，来年又上其夫人圣号为"圣祖母元天大圣后"。（以上见《宋史·礼志七》）真宗亦礼敬太上老君，上封号为"太上老君混元上德皇帝"。真宗还在全国大修道教宫观，如天庆观、圣祖殿，在京城建玉清昭应宫，共 2610 间，铸造玉皇像、圣祖像和真宗御像，耗费大量金银财物。又作景灵宫于京师以奉圣祖。真宗又选录道士校订道藏经典，由王钦若总领，负责整理道籍，成《宝文统录》。张君房重修，成《天宫宝藏》，凡 4565 卷，张又摄其精要为《云笈七签》，享有"小道藏"之美誉。真宗对以祈福禳灾为主的正一派道士亦很重视，曾召龙虎山天师道第 24 代天师张正随，赐号"真静先生"，立授箓院、上清宫，蠲其田租，封号准其世袭。这是天师受皇廷"先生"封号之始。真宗曾表示"朕奉希夷以为教，法清静以临民"（《宋史·方技列传》），欲以黄老之道致乎升平，但他言多行繁，百姓不胜其扰。

宋徽宗之崇道，又甚于真宗。据《宋史·徽宗纪》，崇宁四年，奠九鼎十九成宫；大观二年，颁《金箓灵宝道场仪范》于天下；政和五年，赐嵩山道士王仔昔为冲隐处士；政和六年，会道士于上清宝箓宫，诣玉清和阳宫，上"太上开天执符御历含真体道昊天玉皇上帝"徽号宝册，将昊天上帝与玉皇上帝的名称连为一体；政和七年，会道士二千余人于上清宝箓宫，诏通真先生林灵素谕以帝君降临事，又命林灵素讲道经，接着指示道箓院上章，册己为"教主道君皇帝"；重和元年四月，以太上混元上德皇帝二月十五日生辰为贞元节，五月以林灵素为"通真达灵元妙先生"，张虚白为"通元冲妙先生"，以青华帝君八月九日生辰为元成节，八月诏颁御注《道德经》，九月诏太学、辟雍各置《内经》、《道德经》、《庄子》、《列子》博士二员，集古今道教事为纪志，赐名《道史》，诏：视中大夫林灵素，视中奉大夫张虚白，并特授本品真官；宣和元年正月实行崇道排佛，诏："佛改号大觉金仙，余为仙人、大士；僧为德士，易服饰，称姓氏；寺为宫，院为观；改女冠为女道，尼为女德。"欲以道教融解佛教，三月诏天下知宫观道士与监司、郡县官以客礼相见，五月诏德士并许入道学，依道士法，六月诏封庄周为微妙元通真君，列御寇为致虚观妙真君，仍行册命，配享混元皇帝；宣和七年十二月，让帝位给太子，自己被尊为"教主道君太上皇帝"。纵观徽宗一生，在位期间与崇道相始终。开始时，宠信茅山第 25 代宗师刘混康，赐号葆真观妙冲和先生，亦敬重龙虎山 30 代天师张继先，泰州道士徐守信。政和年间，道士王老志和王仔昔先后得到徽宗崇信。徽宗称梦见老子，得"汝以宿命，当兴吾教"的神示，又发生所谓天神降临之事。而对徽宗崇道影响最大者是道士林灵素，其人好为大言，他对徽宗说，天有九霄，神霄最高，神霄玉清王是上帝长子，号长生大帝，即是陛下，主南方，东方青华帝君是陛下之弟，又谓蔡京为左元仙伯，王黼为文华吏，盛章、王革为园苑宝华吏，贵妃刘氏为九华玉真安妃。徽宗闻之喜，赐号并赏赐优厚。据说林灵素稍识五雷法，祷雨有小验。在林灵素怂恿下，建上清宝箓宫，普建神霄万寿宫，造青华坛，吏民诣宫受神霄秘箓，朝士趋之若鹜。每设大斋，花费缗钱数万，谓之千道会，灵素升高正坐，皇帝侧居，任其对答。其徒二万多，皆美衣玉食，其教制拟朝制。后升温州为应道军节度，加号元妙先生、金门羽客、冲和殿侍晨，恣横京师四年，傲视太子诸王。由于林灵素的神化，徽宗自认为确是昊天上帝的元子，为大霄帝君，降世为教主道君皇帝，这样，他成了中国历史上独一无二的天神、教主、人君三位一体的皇帝，使神权与君权合二为一。但是这种肤浅器躁的道教活动并没有挽救北宋的衰败，反而加速了政权的灭亡，徽宗与钦宗同为金人所虏，死于异国他乡，这就为他崇道的虚妄性和消极性做了最好的证明。诚如《宋史·徽宗本纪》赞文所指出的，他失国之由，一是"恃其私智小慧，用心一偏，疏斥正士，狎近奸谀"，一是"溺信虚无，崇饰游观，困竭民力"，"怠弃国政，日行无稽"。徽宗崇道惟一的积极成果是修成《万寿道藏》（又名《政和道藏》），凡 5481 卷，是为道藏最早的雕版印本。随着北宋的灭亡，以符箓祈禳等道法为主的旧道教渐趋没落，以炼养和劝善为主的新道教逐渐兴起，形成一大转折。

南宋诸帝对道教有一般性的支持，其中理宗稍重道教。他曾于嘉熙三年（1239）召见正一道 35 代天师张可大，命其提举三山（龙虎山、茅山、阁皂山）符箓，赐号"观妙先生"。又有许多关怀，使正一道成为南方诸道派之首领。理宗在扶道上的一件大事是推荐道书《太上感应篇》，亲题"诸恶莫作，众善奉行"八字，由名儒真德秀作序与跋，宰相郑清之作赞文，由太乙宫道士胡莹微负责刊印，于是此书得到了广泛传播，使书中所宣扬的宗法性道德得以宗教的方式普及到民间，同时也加速了儒道之间的融合。

(二) 内丹学的发展与成熟

对宋朝内丹学贡献最大的道教学者，一是宋初的陈抟，一是稍后的张伯端，后者成为全真道南宗的始祖。他们的内丹学和道教哲学，皆源于唐末五代的钟吕之学，将内丹与禅学相结合，主张性命双修，在处世为人上将老庄之学与儒学相结合，不干势利，高尚道德以励世风，为世人所敬仰，与林灵素辈截然不同。

据《宋史陈抟传》，陈抟（871～989）字图南，亳州真源人，通经史百家之言，隐于华山行服气辟谷之术，不喜外丹与斋醮。周世宗好黄白术，曾召而问之，陈答曰："陛下为四海之主，当以致治为念，奈何留意黄白之事乎?"赐官不受。太平兴国中，陈抟应宋太宗之邀来朝，宰相宋琪因问玄默修养之道，对曰："抟山野之人，于时无用，亦不知神仙黄白之事、吐纳养生之理，非有方术可传。假令白日冲天，亦何益于世? 今圣上龙颜秀异，有天人之表，博达古今，深究治乱，真有道仁圣之主也。正君臣协心同德，兴化致治之秋，勤行修炼，无出于此。"太宗赐号希夷先生。显然，陈抟认为当朝为君为官者只能以治国为务，不可能静默炼养，故不与谈内丹之学，更不愿诱以金箓登仙之事，仅以治国常经相劝而已，后来道教的清修之士多类此。陈抟自号扶摇子，好《易》，著《指玄篇》等论内丹，而影响最大者当是《无极图》和《先天图》。此两图出于何人，传承如何，《宋史·朱震传》、《宋元学案》皆有说法，但陈抟以上难考，陈抟以后皆源于陈抟，当是史实。《无极图》曾刻于华山，对道教和理学影响最著，开创以图式解析《易》理之新潮。据明末清初黄宗炎《太极图说辨》，该图最下为"玄牝之门"，指"人身命门两肾空隙之处，气由所生，是为祖气"；提其祖气而升之，名为炼精化气，冉升为炼气化神，即"炼有形之精，化为微芒之气；炼依希吸之气，化为出有入无之神"；使之贯通于五脏六腑，名为五气朝元；水火交媾又升一步为取坎填离，"乃成圣胎"；又使复还于元始，而为最上，"名为炼神还虚，复归无极，而功用至矣"。该文又说："盖始于得窍，次于炼己，次于和合，次于得药，终于脱胎，诚仙真求长生之秘术也。"陈抟的《无极图》有两种解释，顺而言之（自下而上），为宇宙生成与演化过程，即"顺以生人"；逆而言之（自上而下），为炼养内丹的过程，即"逆以成丹"。而炼养内丹的过程分为五阶段，即：得窍、炼己、和合、得药、脱胎，内丹教义于此基本确定。《无极图》来自《周易参同契》，糅合了《易》理、《老子》，故而有较浓重的哲学色彩，从丹法上说是先性后命，陈抟还吸收佛教禅法，教人以观心之道，立五种空义，其"真空义"为："知色不色，知空不空，于是真空一变而生真道，真道一变而生真神，真神一变而物无不备矣，是为神仙者也。"这是一种佛道结合的内丹哲学。陈抟被世人目为神仙，道教徒称他为"陈抟老祖"，颇受后代敬慕，华山因此而增辉。陈抟之后有张无梦、刘海蟾、种放。

张伯端（987～1082），天台人，生当北宋时期。据《历世真仙体道通鉴·张用诚传》，张伯端于宋神宗熙宁二年（1069）遇刘海蟾，授金液还丹火候之诀，乃改名用诚，字平叔，号紫阳，修炼功成，作《悟真篇》，行于世。则张乃陈抟再传弟子，其《悟真篇》是道教内丹学的经典之篇，与《参同契》齐名。《悟真篇》以《阴符经》、《道德经》为祖经，吸取"三才相盗"和"虚心实腹"的观念，融摄儒学与禅学，形成独具特色的先命后性的丹道理论。首先，《悟真篇》高唱"三教归一"，并认为三教同归于性命之学，其序云："释氏以空寂为宗"，"老氏以炼养为真"，皆有所得，亦皆有所未达，儒家则《周易》有穷理尽性至命之辞。《鲁语》有毋意必固我之说"，又略而不详。实乃"教虽分三，道乃归一"，即归于修性修命之道。所以《悟真篇》是站在内丹学立场上贯通三教的。其次，《悟真篇》以天人合一的原理为依据，提出逆炼归元的炼养方法，以体中真阴真阳为"真铅汞"，通过采药、封固、火候、沐浴等步骤，达到金丹炼成、与道合一、超出生死

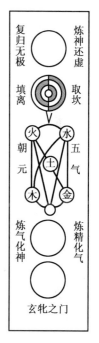

无极图

的目的，其诗云："一粒灵丹吞入腹，始知我命不由天！"第三，《悟真篇》强调性命双修，先命后性，"命之不存，性将焉存？""先以修命之术顺其所欲，渐次导之于道。"修命之要，在乎金丹，以先天精气为药，以元神所生真意为火候，炼精炼气，达到脱胎换骨的境地。然后由命入性，以命安性，取法禅宗和庄子，求得本源真觉之性，达于无生空寂、神通妙用之境地，这样就成就了性命圆满、与道合真、变化不测的神仙了。此外还要以行善积德辅助内在的炼养，故《悟真篇》说："德行修逾八百，阴功积满三千，均齐物我等亲冤，始合神仙本愿。"

张伯端生前未立教团，身后始形成金丹南宗一派。张传石泰，石泰（1022～1158）作《还源篇》，申《悟真篇》宗旨。石传薛道光。薛道光

(1078~1191),作《还丹复命篇》,以凝神入气为入手处。薛传陈楠。陈楠传白玉蟾。白玉蟾(1194~1229)琼州人,曾见南宋宁宗,赐号养素真人。张伯端之后,传至白玉蟾,才有了教团和靖庵,并且内丹与雷法并行。白之内丹学更重禅法,以契道之心为金丹,谓"心即是道"(《海琼问道集》),"丹者心也,心者神也",所以"神是主,精气是客"(《海琼白真人语录》),他虽讲炼形、炼气、炼神三关,实则以炼神贯通全过程,初关炼形,要在忘形养气,中关炼气,要在忘气养神,上关炼神,要在忘神养虚,故而极重性功,将性功与命功打成一片。张伯端、石泰、薛道光、陈楠、白玉蟾,被后来全真道奉为南五祖,形成南宗一派。

(三) 符箓派道教的衍化

道教符箓派以符水治病、祈福禳灾为职事,汉末以来,一直盛行不衰。虽然事烦縻费,却又以其实用性得到统治者的欢迎和民间的信奉。宋朝的符箓道教,继承以往正一、上清、灵宝三大教派,也出现了神霄、清微、净明等新教派,其新时期的特点是:融冶佛儒,吸收内丹,兴起各种"雷法"。

正一道自北宋真宗朝见重于世,24代天师张正随受朝廷赐号"真静先生",立授箓院。直至南宋末35代天师张可大,代代天师都得宋廷"先生"赐号,张可大提举三山符箓,成为南方道教领袖。第30代天师张继先,蒙徽宗多次召见和赏赐,他本人博学能文,以"本来真性"为成仙之本,要教徒通过"休歇"(即放下一切念头)来达到解脱,形成符箓派的道教哲学。又学神霄雷法,认为"雷乃先天炁化成","灵光一点便为灵",可通天、感神、役使鬼神。雷法之所以能求雨祈晴,是因为以一点灵光主宰自身阴阳,随意交感,则与自然界阴阳相交感,感动鬼神,发为风雨雷电。张之后,正一道士留用光,以行五雷法祷雨而闻名。

上清派以茅山为据点,在宋朝其宗师常受赐朝廷。第23代宗师朱自英(976~1029),曾为真宗求嗣,赐"国师"号。第25代宗师刘混康(1037~1108)受宠于哲宗、徽宗两朝。

灵宝派长于斋醮祭炼,多活动于民间。北宋末,分化出"东华派",其代表人物宁全真(1101~1181)常主南宋朝廷醮祭事,封"赞化先生"。

新教派主要是神霄、清微两大派。神霄派创始于王文卿(1093~1153),北宋末年道士,自称其符法出自高上神霄玉清真王,故名。王文卿受宠于宋徽宗,拜金门羽客,赐号"冲虚通妙先生"。在徽宗倡导下,神霄雷法大行于世,影响到内丹南宗,又用南宗内丹之学,建立雷法的理论基础。王文卿主张"以道为体,以法为用",雷法中所召之雷神雨吏,实是自身精气神和五脏之气的外化。神霄派认为，内炼成丹，随意主宰身内阴阳与五气之交感，并能感通外界的阴阳五气，达到祈雨求晴、消灾治病的目的，这显然是夸大了人体的功能。

清微派自称其法出于清微天元始天尊，故名。其雷法名目繁多，代表人物黄舜申集清微法之大成，法旨近于神霄派，只是所用符箓不同而已。

净明道见《元朝的宗教》章。

（四）宋朝道教对理学的影响

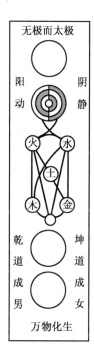

道教内丹学的成熟，从一个重要侧面深化了传统的天人之学，揭示了人体小宇宙与生态大宇宙之间若干内在的联系，不仅从理论思维上启发了宋代的理学，而且直接影响了北宋理学的形成。北宋理学的前驱周敦颐和邵雍，都与道教内丹学有极深的渊源。元初张雨《玄品录》说：陈抟以《易》学授穆修，修传李之才，之才传邵雍；陈抟又以《太极图》授种放，放传穆修，修传周敦颐。《宋元学案》说：河上公本图名《无极图》，魏伯阳得之，以著《参同契》。钟离权得之，授吕洞宾，吕于华山授陈抟。陈抟又得《先天图》于麻衣道士，皆以授种放，放授穆修与僧寿涯。修以《先天图》授李之才，之才授邵天叟，天叟授尧夫（邵雍）。修以《无极图》授周敦颐，周又得先天地之偈于僧寿涯。河上公、魏伯阳、钟离权、吕洞宾之授图世系已渺茫难考，且假托者居多；但陈抟以下，传授关系甚详具，不为无据。周敦颐的《太极图》正是得陈抟所传《无极图》，颠倒其序，重作解说，改换名称而已。上文已述，道教的《无极图》，其意在"逆而成丹"；周敦颐之《太极图》，其意则在"顺而生人"，故从上而下讲之，成就了一种儒家的宇宙生成与演化学说。周敦颐作《太极图说》，从无极讲起，谓："无极而太极。太极动而生阳，动极而静，静而生阴，静极复动。一动一静，互为其根。分阴分阳，两仪立焉。阳变阴合，而生水火木金土。五气顺布，四时行焉。"又说："乾道成男，坤道成女。二气交感，化生万物。万物生生，而变化无穷焉。惟人也得其秀而最灵。"这样，道家的宇宙生成说就与《易传》的宇宙论相合，成为最普及的传统宇宙之学。周敦颐又认为"圣人定之以中正仁义而主静（无欲故静），立人极焉"，主静之说亦源于道教。

邵雍的先天象数之学，其框架来自道教的《先天图》，其用途是着重标示六十四卦之间的相生相接关系，用以说明一年四季的变化；同时亦标示太极阴阳之变化，用以说明天地万物的演变历史。他区别"先天"、"后天"，深化了形上形下的哲学范畴，对于理学的正式形成有推进作用。

此外，苏轼对内丹学颇有研究，说过"五行颠倒术，龙从火里出，五行不顺行，虎向水中生"（《东坡杂记》）的话，足见其熟知的程度。朱熹一生向往内丹之学，著《周易参同契考异》，认为其书深奥，"每欲学之，而不得其传，无下手处，不敢轻议"。理学家皆有静修的功夫，未始不与内丹学的熏陶有关。世人多称理学为道学，以其多取之于道家和道教，故而推重形而上之道也。

四　摩尼教、伊斯兰教、犹太教与祆教的状况
（一）摩尼教

唐末武宗灭佛，连带禁毁景教、祆教和摩尼教等，摩尼教由此失去与中亚教团的组织联系。会昌劫难之后，佛教重新兴盛，景教在中原一时中绝，而摩尼教独自向民间发展，五代时，发生付母乙为首的摩尼教民间暴动，遭到镇压，至宋代又复活跃，主要流行于福建两浙一带。何乔远《闽书》的《方域志》载："会昌中汰僧，明教在汰中。有呼禄法师者，来入福唐，授侣三山，游方泉郡，卒葬郡北山下。至道中，怀安士人李廷裕得佛像于京城卜肆，鬻以五十千钱，而瑞相遂传闽中。"又《佛祖统纪》引《夷坚志》云："吃菜事魔。三山尤炽。为首者帽宽衫，妇人黑冠白服，称为明教会"，"其经名二宗、三际。二宗者，明与暗也。三际者，过去、未来、现在也"。该书又引僧宗鉴之语，谓："良渚曰：今摩尼尚扇于三山，而白莲、白云处处有习之者。"三山在今福州，泉郡即今泉州。摩尼教宗旨为："清净、光明、大力、智慧"，崇拜光明，反对黑暗，故宋代又称其为明教，其称尤流行于福建，他处亦有习称摩尼或牟尼者。此教被当时上层目为异端，陆游《老学庵笔记》中说："闽中有习左道者，谓之明教。"近泉州华表山发现宋代黑瓷碗残片，上有"明教会"字样，足证上述文献所记不虚。"吃菜事魔"是宋代统治者对包括摩尼教在内的各种异端宗教的俗称和贬称，有时专指摩尼教徒。此称源于佛教徒，而后流布于社会。摩尼本素食，摩音与魔同，故称摩尼教徒为吃菜事魔，也有以所诬称其他非主流民间宗教者。

中国民间宗教由来已久，汉末的五斗米道、太平道是民间道教。北魏的大乘教是民间佛教；宋代的明教是一种具有外来宗教色彩的新的民间宗教；其时脱胎于佛教的白莲宗、白云宗、金刚禅等，皆属于民间宗教性秘密结

社，前后兴起，与明教相呼应，下层民众信奉者日众，预示着中国民间宗教发展高潮的即将到来。陆游《条对状》记载了宋代明教等民间宗教的活动情况和上层人士的忧虑，他说："自古盗贼之兴，若止因水旱饥馑，迫于寒饿，啸聚攻劫，则措置有方，便可抚定，必不能大为朝廷之忧。惟是妖幻邪人，平时诳惑良民，结连素定，待时而发，则其为定，未易可测"，"淮南谓之二桧子，两浙谓之牟尼教，江东谓之四果，江西谓之金刚禅，福建谓之明教、揭谛斋之类，名号不一，明教尤甚。至有秀才、吏人、军兵，亦相传习。其神号曰明使，又有肉佛、骨佛、血佛等号。白衣乌帽，所在成社，伪教妖像，至于刻版流布"，"以祭祖考为引鬼，永绝血食；以溺为法水，用以沐浴"，"更相结习，有同漆，万一窃发，可为寒心。汉之张角，晋之孙恩，近岁之方腊，皆是类也"（《渭南文集》卷五）。可见明教在宋代已有相当实力，已成为诸民间宗教之首，并且走上了与农民运动相结合的道路。方腊原籍歙州，后迁居睦州青溪（浙江淳安）。其时宋徽宗向江浙一带征发"花石纲"，民不堪其苦，方腊为当地明教首领，聚众于宣和二年十月起事，自号圣公，建元永乐，置官吏将帅，以巾饰为别，自红巾而上凡六等。掠城杀官，不日至数万众。得睦、歙等六州五十二县，东南大震，众近百万。次年被童贯率领的官兵镇压，方腊兵败被杀。

宋代之摩尼教，除以其特有的教义教规改造中国民众习俗外，又适应中国佛道教文化和民间俗情而形成新的活动方式和教戒。《佛祖统纪》引宗鉴之言说，其教"大抵不事荤酒，故易于裕足；而不杀物命，故近于为善"。庄季裕《鸡肋编》曾记述该教活动情况，谓："事魔食菜，法禁甚严，有犯者，家人虽不知情，亦流于远方，以财产米给告人，余皆没官。而近时事者益众，始自福建，流至温州，遂及二浙。睦州方腊之乱，其徒处处相煽而起。闻其法，断荤酒，不事神佛祖先，不会宾客，死则裸葬"，"又始投其党，有甚贫者，众率财以助，积微以至于小康矣。凡出入经过，虽不识，党人皆馆谷焉。凡物用之无间，谓为一家，故有无凝被之说，以是诱惑其众"，"但拜日月，以为真佛"，"其初授法，设誓甚重，然以张角为祖，虽死于汤镬，终不敢言角字"。于此可知，明教有互助互济，教民来往免费招待的教义，故对于贫困之农民有很大吸引力。其断荤酒和不杀生等教戒近于佛教，其不事祖先和裸葬则异于华俗，其崇拜张角则近于道教。其不会宾客，率财相助，素食谨行，则体现民间的良风美俗。明教于乡村建斋堂，设道场，聚徒活动，夜聚晓散，听者甚众。

北宋末年，摩尼教已有相当规模。宣和三年，尚书省奏言"契勘江浙吃菜事魔之徒，习以成风”，仅温州一处即有斋堂四十余处。后虽法禁趋严，且剿灭方腊，然而南宋之朝，南方明教活动仍方兴未艾。高宗绍兴四年，起居舍人王居心奏本云："伏见两浙州县，有吃菜事魔之俗。方腊以前，法禁尚宽，而事魔之俗，犹未至于甚炽。方腊之后，法禁愈严，而事魔之俗，愈不可胜禁。"因为其教体现了民间相亲相友相助之精神和节俭淳朴的风尚，与此同时，地方官则作威作福，把民众推向明教，故愈禁而愈烈，据史籍记载，南宋发生过五次"魔贼之乱"。

(二) 伊斯兰教

唐宋时期是中国伊斯兰教发展的前期，伊斯兰教的传布几与中国同阿拉伯人的贸易发展同步。两宋时期，中国的海上对外交通和商业呈繁荣趋势，阿拉伯商人纷纷来华，有一批人长住不归，并成为巨富，多侨居于广州、泉州沿海城市，娶妻生子，逐渐华化。他们带来了伊斯兰教信仰，在所居地建立清真寺，向真主礼拜。朱彧《萍州可谈》卷二记萍州蕃坊云："蕃人衣装与华异饮食与华同"，"至今蕃人但不食猪肉而已"，"至今蕃人非手刃六畜则不食"。今广州市之怀圣寺，虽未必是唐代建筑，至少南宋初年已存，寺内有高达36米之光塔，昼可悬旗，夜则举火，作航海之灯塔。他处如扬州太平桥之寺，为南宋末年建；海南岛有"番神庙"，"其神曰舶主"，"祀忌豚肉，往来船只必祀之"(《琼州府志》)。清真寺时人多呼为"礼堂"，或"礼拜堂"。

泉州是宋代四大商港之一，穆斯林商人较多，清真寺也比较集中。圣友寺建于1009年(宋大中祥符二年)，其建筑样式为中世纪伊斯兰传统教寺形式。清净寺建于南宋，吴鉴《重修清净寺碑记》中说："宋绍兴元年，有纳只卜·穆兹喜鲁丁者，自撒那威从商舶来泉，创兹寺于泉州之南城，造银灯香炉以供天，买土地房屋以给众。""清净"二字后来演为"清真"，即伊斯兰教称颂真主"清净无染，真乃独一"之意。也门教寺约建立于南宋以前，为也门穆斯林奈纳·奥姆尔所筑，今已毁。该寺出土的石碑双面浮雕阿拉伯文字，一面为："礼拜之地，是真主的执掌。你们不可并同真主，呼求他人"(《古兰经》文)，一面为："一位虔信、纯洁的长者，也门人奈纳·奥姆尔·本·艾哈玛德·本·曼苏尔·本·奥姆尔·艾比奈建筑了这座吉祥的礼拜寺的大门和围墙，乞求真主恩赐他，宽恕他。"[1]

----

① 以上参见庄为玑、陈达生《泉州清真寺史迹新考》。

富有而友好的阿拉伯穆斯林，有的出钱助修广州、泉州城，有的被宋廷任为朝官或市舶使；他们的商业活动促进了中外文化交流和经济交流，中国的四大发明通过他们传至欧洲，阿拉伯人创造的高度文明成果如天文、历法、航海、地理、医药、香料、珍宝等也随着他们大量传入中国，丰富了中国文化的内容；他们在所居地形成"蕃学"，教穆斯林子弟读书，活跃了教育气氛；海外贸易与关税也增加了国库的收入，如南宋高宗时市舶收入每岁达 200 万贯。高宗绍兴十六年曾谕："市舶之利，颇助国用。宜循旧法，以招徕远人，阜通货贿"；宋代阿拉伯穆斯林商人之驻华及与华人通婚繁衍后代，促进了回回民族的形成。

西北维吾尔族建立的喀拉汗王朝，大致与两宋同时。在此之前维吾尔族信仰萨满教并转向佛教以及摩尼教、景教。从 10 世纪中叶起，开始信仰伊斯兰教，先扩展到喀什，后来伊斯兰教军队打败佛教徒军队，和阗也归属喀拉汗王朝，民众转信伊斯兰教，只有在西辽治下的高昌回鹘汗国仍然信奉佛教。维吾尔族在原有传统文化的基础上，吸收了汉族文化和阿拉伯文化，建立了新的伊斯兰文化，产生了许多积极的文明成果。如巨著《福乐智慧》、《突厥语大词典》就诞生在喀拉汗王朝时期，它们是研究中亚、新疆历史、语言、文学的主要典籍。

（三）犹太教

犹太教是犹太人的民族宗教，奉雅赫维（耶和华）为独一无二的真神，期望救世主弥赛亚降世拯救犹太人，认为自己是亚伯拉罕后裔，只有犹太民族才是上帝的选民，以《旧约圣经》为宗经，以摩西十诫为道德行为规范，婴儿实行割礼，遵守安息日，不与外族外邦通婚，宰杀牛羊时要挑去腿筋不食，以犹太会堂为聚会场所。公元 70 年，罗马摧毁耶路撒冷圣城，从此犹太人成为"没有祖国"的民族，流散到世界各地，其中有少数来到中国。据现有史料，中国犹太人的活动，始于唐，盛于宋，以开封一地为最多。宋时开封极为繁荣，是东方最先进的商业和文化中心，人口达 100 万。今存开封犹太教符堂的三块碑文，一为明弘治二年的《重建清真寺记》，一为明正德七年的《遵崇道经寺记》，一为清康熙二年的《重建清真寺记》。在犹太教何时传入中国的问题上，康熙碑云周时，正德碑云汉时，弘治碑云南宋，但都共同指明该犹太会堂建于南宋孝宗隆兴元年（1163），其时当金朝世宗大定三年，开封（时称汴梁）已属金朝管辖，明清人以宋为正统，故碑文标宋年号。三碑皆谓该教出自天竺，则开封犹太人可能来自印度。弘治碑说："出自天竺，奉命而来。有李、俺、艾、高、穆、赵、金、周张、石、黄、李、聂、金、张、左、白,七十姓等。进贡西洋布于宋,帝曰:'归我中夏,遵守祖风留遗汴梁'。"这可能是北宋时的事,其时犹太商人用西洋布献于宋廷,以求留居中国开封,得到宋帝许可。中国历史上不称犹太教,一般称"一赐乐业"(以色列异译)教,因其不食牛羊腿筋而挑除,又称"挑筋教",亦有古教或回回古教等名称,称其寺为清真寺。世俗之人往往辨不清犹太教与伊斯兰教的界限,故常混之,而犹太人为了表示不同,宁肯叫"挑筋教"。据专家估计,宋时开封有犹太人约500余家共2500多人。他们保持犹太教的基本信仰和教义教诫,又汲取中国文化的营养,在习惯上语言上都有所改变,如称"上帝"为"天",称《圣经》为《道经》,称其教为"天教"。他们也在礼拜堂祭祖,但不是宗祖,而是犹太民族的祖先亚当、亚伯拉罕、雅各、摩西等。他们敬奉孔子和儒学,春秋两季往孔庙祭孔。犹太教民与中国人相安而共处,他们的信仰受到尊重。

(四)祆　教

祆教在唐武宗灭佛后受到沉重打击,一时衰败,但不绝如缕,宋代有所恢复。两宋之际张邦基撰《墨庄漫录》,内云:"东京城北有祆庙",祆神俗以火神祠之,京师人对其甚为敬畏,"有庙祝姓史,名世爽,自云家世为祝累代矣","自唐以来,祆神已祀于汴矣,而其祝乃能世继其职,逾二百年,斯亦异矣"。汴京除此州城北之祆庙外,还有"大内西去右掖门祆庙"(《东京梦华录》)以及宁远坊的祆庙(《东京记》),共三处。州外,镇江亦有火祆庙(《镇江志》)。《宋史·礼志》载,建隆元年,太祖平泽潞时祭祆庙、泰山、城隍,征扬州、河东,并用州礼;又大中祥符二年天旱,曾遣官祀祆祠、城隍。可知,祭祀祆祠,成为国家官方祀礼的一项内容。但未见有独立组织的大规模的祆教活动,看来已经成为分散的众多杂教诸祠之一,元明两代祆教亦有所延续,不过是苟延余绪而已。

第四节　金朝宗教

一　女真宗教旧俗和国家宗教礼制的建立

金朝的主体女真族在五代时期尚未脱离原始社会,北宋以后大量吸收唐宋文化迅速兴起,进入私有制社会,其汉化速度比辽朝西夏快,程度也要深。在宗教信仰上,长期保持以萨满教为主要形态的民族传统宗教;在灭辽并进入黄河流域以后,接纳宋朝礼乐典章器具,仿唐宋礼制,逐步建立国家宗教祭祀制度,使宗教活动正规化,同时保存了相当多的民族传统宗教的遗风民俗，形成一种混合型的宗教体制。

（一）萨满教

女真族也同其他古老民族一样，早期盛行自然崇拜、灵魂崇拜、祖先崇拜和天神崇拜，经常对天地日月山川风雨和祖神进行祭祀。女真族的传统信仰属于北方许多民族共同信奉的萨满教，其主要特征是萨满即巫师成为主导宗教活动的中心人物，形成一些有别于一般原始宗教的特殊活动方式。"萨满"是满—通古斯语族语言"巫师"的译音，本意是"因兴奋而狂舞的人"。萨满被认为是族神在族内的代理人和化身，是人神交通的中介，可以为本族消灾求福，以祈祷和跳神为社会提供宗教服务。《三朝北盟会编》中有关于金代女真信奉萨满教的明确记载，它说："兀室（完颜希尹）奸猾而有才。……国人号为珊蛮。珊蛮者（即萨满的异译），女真语巫妪也，以其通变如神。"女真族认为萨满能探知神意，"有巫者能道神语"（《金史·卷六十五·列传第三》）；"病则巫者杀猪狗以禳之"（《会编》）；巫还可以代人求神降生子女，如昭祖（石鲁）无子女，经巫师祈祷，后来生下二男二女，"其次第先后皆如巫者之言，遂以巫所命名名之"（《金史·卷六十五·列传第三》）；巫还为人诅咒仇家，使其遭灾罹祸，"其家一经诅咒，家道辄败"（同上）。从女真的后裔满族的萨满教看，萨满共有两种：一种是管祭祀、跳家神的，每姓中都有一个；另一种专管治病，称为神巫。萨满教认为人都有灵魂，与肉体不得相离，人之所以生病，就是由于灵魂出游时为魔鬼捕获，如久不归来，人必致死，请萨满祈祷跳神，可以取悦神鬼，借助超人之力使灵魂获释。萨满跳神时，头戴尖帽，缀五色纸条，下垂蔽面，外悬小镜两个，如两目状，身穿长布裙，腰系铜铃，擎鼓而舞，口中念念有词。不仅祭神治病要跳神，秋收完毕时祭祖也要跳神，老萨满跳三昼夜，新萨满要跳九昼夜（以上见《黑龙江省满族社会历史调查》）。我们由此可以推断当年金朝萨满旧俗的活动情景。《南渡录》载徽钦二帝在金朝官府中看到巫者"彩服画冠，振铃击鼓，罗列于前"，一边跪拜，一边念语祈祷，其状况与后来满族习俗相类似。

（二）接受中原宗教礼制

唐宋吉礼本于古代传统信仰而使之规范周密。金朝旧俗在内容上与中原宗教习俗是相通的，只是发展程度和活动方式有某些差别，所以当金朝女真贵族实行宗教改革，按中原礼制建立国家宗教祭典时，进行得很顺利，没有发生冲突，循理而成章。据《金史·礼志》，会宁始建宗社；皇统间，宗社朝会之礼次第举行；世宗即位后，开"详定所"以议礼，设

"详校所"以审乐，参校唐宋故典沿革，于明昌初编成《金纂修杂录》，凡400 余卷，金朝礼典至此大体具备。该书将吉礼凶礼之仪节加以图解，卤簿 13 节以备大葬，小卤簿 9 节以备郊庙。宣宗以后，受蒙古族势力压迫，国势日衰，疆土日缩，战乱不息，图籍散佚，宗教礼仪不能如定制进行，凶礼之纪亦失略不存。需要说明的是，金朝国家宗教典制的建立，虽然保存了许多传统民族旧俗，但与建国之前的萨满巫教流行的情况相比，有了重大变化，萨满从宗教活动的中心地位退居辅助性的司仪地位，更多地在民间发挥其传统作用，而在国家宗教大典中，皇室首领成为主祭者和中心人物；萨满教是带有金氏族性质的民间宗教，而金朝国家宗教则是具有阶级性质的贵族宗教。

据《金史·礼志》，金朝有南北郊天之制。太宗即位时设位而祭天地。天德以后始按中原传统定南北郊之制，大定、明昌时期礼仪周备。大定十一年议郊礼时，世宗对宰臣说："本国拜天之礼甚重。今汝等言依古制筑坛亦宜。我国家绌辽、宋主，据天下之正，郊实习之岂可不行？"可见金主郊祀是为了表明金朝已经继承华夏正统，故应举行正式的国家宗教祀典。他下诏说："国莫大于祀，祀莫大于天，振古所行，旧章咸在"，明白地要依循中原旧礼。又说："推本奉承，犹未遑于郊见"，即金朝奉天承运，理应郊天，"明昭大报"。南郊坛在丰宜门外，北郊方丘在通玄门外。又建进日坛曰大明，在施仁门外；建夕月坛曰夜明，在彰义门外。常以冬至日合祀昊天上帝、皇地祇于圜丘，夏至日祭皇地祇于方丘，春分朝日于东郊，秋分夕月于西郊。郊天之仪，斋戒用唐制，祀前有诸多准备，如致斋、陈设、省牲器、奠玉币、进熟等，祀中有初献、亚献、终献三个步骤。祭天坛上设昊天上帝、皇地祇神座，以太祖配，其下有五方帝、日月神州地祇、天皇大帝、北极神座以及五神、五官、岳镇海渎、昆仑、山林川泽、丘陵坟衍原隰等诸神，唐宋国家祭祀的诸神一应俱全。方丘仪略同郊天而规格有降，由礼官代祀，皇帝不亲临。皇帝朝日，初用金人旧礼，天会四年正月，始朝日于乾元殿，而后受贺。天眷二年，定朔望朝日仪，"设百官褥位于殿门外，皆向日"。大定中，先从旧俗南向拜日，后改行东向之礼以符唐制。

贞元元年，建社稷坛于上京。大定七年建坛于中都。社坛铺五色土，其主用白石。社西为稷坛，如社坛之制而无石主。祭用春秋二仲月上戊日，乐用登歌，遣官行事。其州郡祭享，一遵唐宋旧仪。明昌五年，定风雨雷师为中实习，令有司摄祀。建风师坛于景丰门外，岁以立春后丑日致祭。建雨师坛于端礼门外，岁以立夏后申日致祀。大定四年诏依典礼以四立、土王日祭岳、镇、海、渎诸神。

皇统元年，熙宗诣文宣王庙祭孔，对儒臣说："为善不可不勉。孔子虽无位，以其道可尊，使万世高仰如此。"大定中，礼官参酌唐开元礼，拟定释奠仪数。祭祀时奏《来宁》、《静宁》、《肃宁》、《和宁》、《安宁》、《辑宁》、《泰宁》、《咸宁》诸曲，配以颂圣之辞，其辞有云："伟矣素王风猷至粹。垂二千年，斯文不堕。涓辰维良，爰修祀事。""巍乎圣师，道全德隆。修明五常，垂教无穷。""天生圣人，贤于尧舜。仰之弥高，磨而不磷。""禀灵尼丘，垂芳阙里。生民以来，孰如夫子。"以上颂辞表现出金朝贵族对儒学的向往，对孔子的尊崇，其风格上承《诗经》，足见其受中原文化熏陶之深。金朝自熙宗尊孔。世宗时设译经所，用女真文字翻译汉文的儒家经史，世宗对宰臣说："朕之所以命令翻译五经，是要女真人知道仁义道德所在。"章宗下诏修孔庙，各州县建孔庙，设文院译写儒经，命学官讲解。学校讲授经办，科举以经书为标准，儒风由之大盛。儒学虽不是宗教，孔子也没有成为真正的神，但是孔子已经成为官方祭祀的对象，儒学在客观上也起到了教化人心的类似宗教的作用。此外金朝还设武成王庙，增加金臣陪祀。又按时祭祀前代帝王。

金初无宗庙，天辅七年，葬太祖于上京，建宁神殿于陵上。自此诸京皆立庙。在京师者称太庙。初太庙为七世十一室，大定十九年增为十二室。大定十一年，世宗诏以"三年冬祫，五年夏禘"为常礼，每岁四时孟月及冬末腊月五享于太庙，享日并出神主前廊，序列昭穆，以太子为亚献，亲王为终献。

（三）宗教旧俗的保存

金朝官方宗教祭祀大体走上内地制度化轨道，但原有民族宗教习俗如拜天、祭山、祭江等仍得到延续。金因辽旧俗，在重五（五月初五）、中元（七月十五）、重九（九月初九）行拜天之礼。重五拜于鞠场，中元拜于内殿，重九拜于都城外。立架高五六尺，刳木为盘，如舟状，画云鹤纹，置于架上，荐食物于盘中，聚宗族而拜天。皇帝则在常武殿筑台为拜天所。重五拜天毕，进行射柳。插柳两行，各以手帕缠柳枝为标志，离地数寸处削皮露白，射者驰马断柳，以手接而驰去者为上。断而不能接者为次，断非白处或中而不断或不能中者为负。又做击毬游戏，参加者乘马持鞠杖，杖长数尺，其端如偃月，两队共争一球，以击球进入一门孔网囊者为胜，或设对立两门，互相排击，各以出门为胜，球如拳大，以轻韧木枵其中而涂以红色。这就是古代的马球,吐蕃与唐皆有是俗,当是各民族文化交流的产物。金人的做法是将宗教祭祀与体育活动结合在一起,使其内容丰富多彩。

长白山是女真族的发源地,故受到特殊尊崇。大定十二年,有司奏言:"长白山在兴王之地,礼合尊崇,议封爵,建庙宇。"于是封为兴国灵应王,于山北建庙祭祀。礼用三献,如祭岳镇。明昌中复册为开天弘圣帝。长白山的地位类似于中原山祭中的泰山。大定二十一年,册封燕京西郊山陵地大房山神为保陵公,祭仪如长白山。又因金太祖征辽,策马径渡混同江,不舟而济,有如神助,故封其江神为兴国应圣公,致祭如长白山仪册礼如保陵公故事。又封章宗出生地麻达葛山为瑞圣公。此外,世宗封上京护国林神为嘉荫侯,泸沟河神为安平侯,郑州黄河神为昭应顺济圣后;章宗封静宁山为镇安公。这些山神河神都与女真族事业的成功与兴旺有关,祭祀活动带有较多的民族特色。

二 佛教的继续流行

(一) 金代有限度扶持佛教的政策

女真族建国以前,便已从邻近的高丽、渤海等国传入了佛教。灭辽以后,南进中原,占领了宋京汴梁及淮河以北地区,当地高度发达的佛教文化给女真统治者更大的影响,他们在汉化的同时也佛化了。

金代帝王皆信佛教。太宗常于内庭供奉佛像,又建旃檀像安置于燕京悯忠寺,每年设会斋僧。天会二年(1124),太宗命僧善祥于山西应州建净土寺。命佛觉大师海慧在燕京建寺,至熙宗时命名为大延圣寺。由于幽燕本辽朝故地,佛事原即繁荣,再加上金人的扶植,其势更盛。"僧居佛宇,冠于北方"(《宣和乙巳奉行程录》),"燕京兰若相望,大者三十有六"(《松漠记闻》卷上),俨然是一大佛教中心。金熙宗因其子病重,与皇后至寺院焚香,流涕哀祷(《金史》卷八十《熙宗二子传》)。海陵王即位,改元正隆,亲到宣华门迎佛,并"赐诸寺僧绢五百匹,彩五百段,银五百两"(《金史》卷五《海陵王纪》)。世宗时期(1161~1189)是金代盛世,南北战争暂告一段落,社会相对稳定,经济得到发展,佛教活动也趋于极盛。各地纷纷修缮辽代旧寺,并新建寺院,政府对此给予奖掖。如燕京建大庆寿寺时,世宗曾赐田20顷,钱2万贯。重建燕京昊天寺,赐田百顷。修建香山寺,并改名为大永安寺,赐田2000亩,钱2万贯。世宗生母贞懿太后出家住东京,特为其创建清永禅寺,别筑尼院,拨内币30万以为营建费。寺成后赐田200顷,钱百万贯,寺内僮仆多达400余人,富贵华丽。章宗即位,亲召禅宗名僧万松行秀入内廷说法，奉锦绮大僧伽衣，王室贵族亦纷纷罗拜，捐施珍品。章宗之子得了"急风"病，他求医祈愿，病愈后印《无量寿经》1万卷以示报谢。总之，由于金代诸帝的支持，金代佛教仍保持了相当隆盛的局面。

金代统治者崇佛的同时，也吸收了辽代佛教过度发展的教训，对佛教亦有所抑制。早在太宗天会八年（1130），为防止僧侣队伍的快速膨胀，曾诏令："禁私度僧尼。"海陵王信佛，但反对臣下佞佛逾制。一次他听说臣下到寺里去见和尚法宝，法宝正座，众大臣则侧身陪坐。海陵王十分恼怒，他说：佛本是一小国王子，能轻舍富贵、自修苦行，由此成佛，令人崇敬。而今人希望从信佛中获取福利是很荒谬的。况僧人往往是不第秀才、市井游民出家，其身份不及下等官吏。民间愚夫愚妇，行将就木，多归信之，情有可原。大臣辅宰对和尚如此礼敬实有伤大体。他将法宝召入朝廷，重责二百棍。礼敬和尚的张浩、张晖等人各责二十。（参见《金史》卷五《海陵王纪》）世宗幼时受母亲贞懿太后影响，笃信佛教。执政以后他说："人多奉释老，意欲缴福。朕蚤年亦颇惑之，旋悟其非"，"至于佛法，尤所未信。梁武帝为同泰寺奴，辽道宗以民户赠寺僧，复加以三公之官，其惑深矣"（《金史》卷六《世宗纪》）。世宗从历史的高度总结前代帝王的宗教政策，他自己不信佛教，但仍抱着"敬而远之"的态度对待佛教，一方面允许其发展；另一方面又采取种种限制措施以防浮滥。他多次下诏严禁民间建寺庙，禁私度僧尼，积极整顿教团，诏免辽代二税户，防止僧侣逃避课役，禁止僧侣与权贵交往，要求僧尼随俗拜父母及奉行丧礼，等等。

金代基本沿袭了唐、宋的僧官体制。一方面由政府礼部掌管天下寺院僧尼名额及考试。规定："凡试僧、尼、道、女冠，三年一次"，考官由政府官员及僧官共同担任，分经、律、论三门课试，名额严加控制，中选者授为三宗法师。另一方面自中央至州县，建立僧录、僧正、都纲、维那等宗教管理机构，由僧人任职，管理寺院及僧团庶务。自北齐始，隋、唐、五代皆有"国师"之号，宋朝立国，罢国师之封。金代又恢复这一制度，以僧中"老尊宿"为国师，"威仪如王者师，国主有时而拜"。如此礼敬僧人，开元代"帝师"制先河。在世宗以前，金代对佛教的管理比较严格。章宗以后，因内部政府腐败，外部又有蒙古的军事压力，财政拮据，金代统治者也效法宋朝，公开出售度牒、紫衣、师号以补国库亏空。宣宗、哀宗时此风更甚，遂使金地僧团亦趋于腐化。

（二）金代佛教诸流派及其代表人物

金代国祚虽短（1115～1234），但由于辽代的基础，加上宋朝的影响，佛教各宗派皆有相当规模的发展。

在金人占领前的黄河流域，禅宗杨岐、黄龙二派势力就很兴盛，金人占领后，一部分禅僧仍留此地传法。如道询(1086～1142)住山东灵岩寺传法，著《示众广语》、《游方勘辨》、《颂占唱赞》等书。汴梁则有佛日，大弘法化，其传法弟子圆性(1104～1175)于大定年间住持燕京潭柘寺，大力复兴禅学，著有《语录》三编行世。另有政言，从慈照禅师处得法，著有《颂古》、《拈古》各百篇及《金刚证道歌》、《金台录》、《真心说》、《修行十法门》等。相了(1134～1203)，从懿州崇福寺超公处得法，曾住燕京潭柘寺弘化。道悟(1151～1205)，得法于河南熊耳山白云海禅师，后往郑州普照寺弘法。教享(1150～1219)，从普照寺宝和尚处参学有得，弘传师说。上述皆金代较有声望的禅僧，基本属于杨岐"看话禅"一派。

金代最著名的禅僧当推曹洞系的万松行秀(1161～1246)，俗姓蔡，河内(今河南洛阳南)人，15岁时在邢州净土寺出家，受具足戒后出外参学。初投庆寿寺胜默，"半载无所入"，后诣磁州(今河北磁县)大明寺参雪岩，未逾月便"豁然大悟"，并从嗣法。后还邢州，建万松轩自适，自号万松野老。金明昌四年(1193)，受章宗之命入宫说法，受赐袈裟。行秀虽主禅学，但又精通华严，推重净土。他写的《评唱天童正觉和尚颂古从容庵录》是当时禅宗名著。身为金、元两朝重臣的耶律楚材为之作序，他称赞万松："得曹洞血脉，具云门善巧，备临济机锋"，对禅门各派思想皆有继承与发扬。行秀还撰有《祖灯录》、《请益录》、《释氏新闻》、《辨宗说》、《心经风鸣》、《禅说》、《法喜集》等书，著作宏富。行秀思想又以兼融三教为特色，弟子称赞他："儒释兼备，宗说精通，辩才无碍。"行秀曾写信劝耶律楚材："以儒治国，以佛治心"(以上均见《湛然居士文集》)，成为社会上广为流传的格言，反映了儒、释两教相辅相成的社会功能。

金代华严名僧有宝严、义柔、惠寂等人。他们在北方诸大寺多次开讲《华严经》，门徒很多。当时他们也写有一些注疏性的著作，可惜早已亡佚。另外，有印度那烂陀寺高僧苏陀室利精通华严，声名远被，以85岁高龄航海来华，又历时六年方到达华严宗的传教中心五台山，未及开讲便圆寂于五台山灵鹫寺。

密宗在辽代末期即已衰落，金代可考的传人仅有法冲和知玲二人。相传法冲在大定三年(1163)曾与道士萧守珍角力获胜，所传教法不详。知玲曾在河北盘山感化寺弘传密教。从房山云居寺附近金代石刻遗物及其他一些砖塔遗构看，金地民间流行的密教当属金刚界曼陀罗法。另外，金代有北印度哈罗悉利及从弟三摩耶悉利等七人来华弘传密教，曾游五台、灵岩诸寺。

净土宗在金代亦为共宗，祖朗、禅悦、广思及居士王子成等人在弘传净土思想方面较有名气。特别是祖朗（1149～1222），历主燕京崇寿寺、香林寺，日课佛号数万声，感化甚众。广思在河北临城山建净土道场，与当地居士结白莲社，开北地结社念佛风气。另外，禅宗名僧行秀也是净土大师，著有《净土》、《洪济》、《万寿》、《四会》等宣扬净土信仰的语录，社会影响很大。

金代律宗以悟铢（？～1154）最为著名，他不仅是精通律藏的理论大师，而且以律行精严的实践受到僧众崇拜。此外，法律（1099～1166）于皇统二年（1142），奉诏命度僧十万。后为平州三学律主。广恩（1195～1243），在邢州开元寺，曾度僧千余人，亦是当时知名律师。

金代佛教思想史上，居士李纯甫（1185～1231），号屏山，以批判宋儒的排佛论，主张三教调和论而著名。李纯甫本是章宗朝进士，初宗儒学，激烈反佛。但后来研习内典有得，遂广交禅僧，曾师事万松行秀，转而为佛教辩护。他讲：“屏山居士，儒家子也……颇喜史书经济之术，深爱理学穷理尽性之说。偶于玄学似有所得，遂于佛学亦有所入。学至于佛，则无可学者。乃知佛即圣人，圣人非佛。”（《重修面壁庵碑》，《金文丛》卷八一）他著《鸣道集解》，竭力反驳宋儒种种排佛之说。他指出：宋儒“虽号深明情理，发扬介绍，圣人心学，然皆窃吾佛书者也”（刘祁：《归潜志》卷九）。李纯甫的理论虽一时受到儒士们的激烈抨击，但他指出的事实却是确定无疑的。三教融合论对学术思想的发展也有促进作用。

（三）佛教与金代文化事业

在金代社会文化生活中，大藏经的刊刻是一件值得大书的盛事。大藏经刊刻活动发起人是潞州女信徒崔法珍，她断臂苦行，募集资金，感动了许多善男信女，纷纷出资帮助。雕印工作从皇统八年（1148）开始，至大定十三年（1173）在解州（今山西运城）天宁寺完成。全书以宋官版大藏经为底本，加以补充，共得 682 帙，约 7000 卷。大定十八年，崔法珍将藏经献与朝廷，朝廷命圣安寺为她设坛授戒，正式收为比丘尼。由于金代文献残缺，这一重大事件竟未见于记载。只是 1934 年偶于山西赵城广胜寺发现其印本，才引起了当代学者的注意。此藏也因发现地而被命名为赵城金藏。目前，此藏是保存较为完整的古代藏经，有很高的史料价值，当代新编中华大藏经，选用该藏作为底本。

在金代残存的建筑、雕塑、壁画中，还保留了一部分金代佛教艺术特色。金代寺院大多沿用晋唐以来门楼廊院环布的布局，围墙四面设门，四隅筑角楼，和门殿廊庑相接。现山西大同普恩寺的大雄宝殿、普贤阁、三圣殿、天王殿为太宗天会六年（1128）修建，上华严寺的大雄宝殿为熙宗天眷三年（1140）重修，山西应县净土寺大殿，是天会二年（1124）建，都还保存着某些金代建筑特色。金代佛塔与辽代大体相同，但局部又有所变化，塔身多涂成白色象征国号。寺院中一些壁画，出自当时名家之手。如关中僧法海以绘画著名，华原延昌寺大殿壁画"八明王变"就是他个人的作品。"法堂华严壁"是他和山水画名家杨泽民合作的成果。雕塑以定州圆教寺僧人净璋所造木雕弥陀像最为著名。

三　河北新道教教派的出现和发展

靖康之后，宋偏安于东南，中原与北方大片领土为金朝管辖。一批北方汉族知识分子迫于严酷的政治形势，不愿或不能走官宦闻达之路，儒业治世无望，佛门又非所慕，便进到道家和道教领域里，寻找安身立命之地，并企图通过道教的改革和创新，为社会提供一条收揽人心、稳定秩序、摆脱痛苦的宗教之路。其时金朝并无统一的官方宗教，儒学亦不繁盛，急需新的精神力量作为贵族内心依靠，并抚慰饱经战乱之苦的汉族广大群众；而北方民众处于乱世，承受着民族与阶级的双重压迫，生活在"干戈不息"、"十门九绝"的兵荒马乱之中，更需要精神慰藉和社团的资凭。于是一批新道教教派应运而生，它们适应当时文化上多元融合的趋势，对旧有的道教教义有较大的革新，既有深奥的哲理和成仙的境界，又有明白易行的修炼方法和教规，并且有第一流的知识分子作骨干核心，于是得以迅速流行，盛极一时，在中国道教发展史上开辟了一个崭新的阶段。这就是全真道、真大道教、太一教的兴起与发展。[①] 从创教时间上说，后两教稍早，但全真道影响最大，在道教史上地位很高，故先述之。

（一）全真道

按全真道教内谱系，其传授源流可上溯至东华帝君，其下钟离权、吕洞宾、刘海蟾、王喆，他们被称为全真北五祖。事实上全真道真正的创始人是王喆。王喆（1113～1170），咸阳人，原名中孚，字允卿，后应武举，易名德威，字世雄，入道后改名喆，字知明，号重阳子，出身于"以财雄乡里"的当时豪

---

　　① 全真道于金元两朝皆有丰富的活动内容，故分两阶段述之。太一教与真大道教主要活动于金朝，且史料简缺，故其在元朝的活动，皆隶于金朝一节，元朝章不另。

门，能文习武，而两无所成，于是慨然入道。自谓于正隆间遇至人而得道，于大定三年（1163）结茅终南刘蒋村，与玉蟾和公、灵阳李公三人同居，倡道关中。曾在终南南时村掘地穴居，号"活死人墓"，内修丹道，外则佯狂，称"王害风"。数年中收道徒无几，乃于大定七年（1167）焚其居，只身东游至宁海（今山东牟平）首会马钰于怡老亭。马钰（丹阳，1123～1183）、孙不二（清静，1119～1182）夫妇执弟子礼。又收谭处端（长真，1123～1185）、刘处玄（长生，1147～1203）、丘处机（长春，本姓"丘"，后人为避孔子讳改为"邱"，1148～1227）、王处一（玉阳，1142～1217）、郝大通（广宁，1140～1212），共七大弟子。胶东乃旧齐地，多出方士道士，有学仙之风。这七大弟子皆出身豪富而又有文才抱负，受习俗熏染而乐于修道，追随王喆之后成为全真道的骨干。大定八年（1168）、九年（1169）在文登、宁海、福山、莱州一带建立起五个教团会社，即"三教七宝会"、"三教金莲会"、"三教三光会"、"三教玉华会"、"三教平等会"，正式创立了金丹道的组织形式。大定九年（1169）王喆率领丘刘谭马四大弟子返回关中，死于汴京。七大弟子修道传教于关中及河北、河南、山东一带，以清节苦行而惊世骇俗，开始引起社会的重视。

其时道教外丹术流行数百年无验证而衰落，符箓派因道士林灵素等横乱北宋朝廷，随着汴京的倾覆而失去北方民众的信仰，钟离权吕洞宾的内丹学经北宋陈抟、张伯端的努力得到进一步发展。从外部说，三教合流的思潮成为文化发展的主流，由社会功能上的融合进展到哲学理论上的融合，出现了吸收佛道的新儒学（宋代道学）和容纳儒道的新佛学（宋代禅学），只有贯通三教的新道教尚未诞生。王喆作为一个有文化教养的宗教家，正是在这种条件下着手创建新道教的。他所创立的全真道抛弃了符箓与外丹，在钟吕派内丹学的基础上融摄禅学和儒学，以"三教圆融"、"三教平等"为号召，以修炼心性为主要内容，以淡泊刻苦、救难济人为行为准则，在不违背道教得道成仙的基本宗旨的前提下，使道教向道家之学回归，完成了合儒佛于道的历史任务。首先，王喆在创教之初便以三教合一为标榜。他在胶东建立五个会社都冠以"三教"字样。《终南山重阳祖师仙迹记》说："凡接人初机，必先使读《孝经》、《道德经》，又教以孝谨纯一。及其立说，多引六经为证据。其在文登、宁海、莱州，常率其徒演法会者五，皆所以明正心诚意、少私寡欲之理，不主一相，不拘一教也。"《全真教祖碑》也说："先生劝人诵《道德》、《清静经》、《般若心经》、《孝经》，云可以修证。"王喆在其著作《金关玉锁》中说："太上（指老子）为祖，释迦为宗，夫子（指孔子）为科牌"，明白地共信三教之祖；又说："三教者不离真道也，喻曰：似一根树生三枝也"，把三教看成是一体之三派。他的诗里有"三教搜来做一家"、"释道从来是一家"、"三教从来一祖风"等语，认为在根本原理上三教是相通的，他引述佛教《心经》论证内丹，引述儒家五常而论证丹诀，认为天下终极真理惟一无二，此即全真家所说的"天下无二道，圣人不两心"，只是各家的具体表现形式不同而已。事实上儒佛道三家的理论虽有相通之处，亦有实质上的差异，王喆的三教同源同理之说只是表示了他会通三教的强烈愿望，并不符合历史实际。王喆有鉴于儒佛远胜于道教的现实，便大倡三教平等之说，《金关玉锁诀》谓"三教者如鼎三足"，缺一不可，三教之徒交游中不应有门户之见，这显然是要抬高道教地位，争取与儒佛平起平坐。其次，王喆在全真教义上强调心性的修炼，以清净为宗，以识心见性为先，这与当时中国哲学普遍重视心性之学的总趋势相一致。王喆为新道教起名曰全真，全真之义，按姬志真的解释是"全本无亏，真元不妄"，按李道纯的说法是"全其本真"，《全真教祖碑》谓"识心见性"、"独全其真"，总之是要保全真性，成就一个最完满最真实的人生。按传统道教教义，成仙不仅是精神上的超度更是肉体上的永生，一切道术之终极目的都是使个体生命长盛不衰，经过脱胎换骨，超凡入仙，永享仙寿。王喆在内丹学的基础上，扭转了这个方向，力斥肉体长生和飞升之说，而极力宣传真性的超度、精神的解脱，这就更加远离神仙道教而接近佛教禅学。王喆说："欲永不死而离凡世者，大愚不达道理也"(《立教十五论》)，又说："真性不乱，万缘不挂，不去不来，此是长生不死也"(《重阳授丹阳二十四诀》)，因此炼丹修道者应"先求明心"，明心之要在于"清净"，"内清净者，心不起杂念；外清净者，诸尘不染着"(同上)，具体地说，要"断酒色财气，攀援爱念，忧愁思虑"(《重阳教化集》)，乃至做到"心忘念虑"、"心忘诸境"、"不着空见"，极似于禅宗的"见性成佛"、"无念无住"之说，又与早期道家清静无为之说相吻合。后来许多学者都看出王喆所创之全真道偏离了符箓与神仙道教而复归于道家清修之学。王恽《奉圣州永昌观碑》说："后世所谓道家者流，盖古隐逸清洁之士"，"自汉以降，处士素隐，方士诞夸，飞升炼化之术，祭醮禳禁之科，皆属道家"，"弊极则变，于是全真之教兴焉，渊静以明志，德修而道行"，"不知诞幻之说为何事，敦纯朴素，有古逸民之遗风焉！"徐琰《郝宗师道行碑》说："道家者流，其源出于老庄，后之人失其本旨，派而为方术，为符箓，为烧炼，为章醮，派愈分而迷愈远，其来久矣；重阳真君，不阶师友，一悟绝人，殆若天授，起于终南，达于昆仑，招其同类而开导之，锻炼之，创立一家之教曰全真。其修持大略以识心见性、除情去欲、忍耻含垢、苦己利人为宗。老氏所谓'知其雄守其雌，知其白守其黑，知其荣守其辱'，'为道日损，损之又损，以至无为'；庄生所谓'游心于淡，合炁于漠'，'纯纯常常，乃比于狂'，'外天地，遗万物'，'深根宁极'，'才全而德不形者'，全真有之。老庄之道于是乎始合。重阳唱之，马谭刘丘王郝六子和之，天下之道流祖之，是谓七真，师其一也。"徐琰站在道家立场上，斥符箓烧炼为迷误，实则道家之分化出道教亦属文化史的正常现象，不必特加贬抑；不过他看到全真道与老庄之学相合，这却是很有见地的。

但是王喆立全真并非简单回归老庄道家，一者他倡导三教合一，在回归道家的同时，向禅宗靠拢，与儒家联袂，具有新的时代特色；二者他仍主张道教成仙说，不失道教本色，不过不是肉体直接飞升，而是内丹炼就的"阳神"，成为不坏之纯阳之体，可以脱离肉体，超出生死，飞升天界（见《金关玉锁诀》）；三者他收徒立会，克己忍辱，传教济世，非老庄隐逸遁世之风，乃宗教家的行径。他是用道家和佛家的精神提高了道教，又用道教的精神改造了道家，把一种混合型的心性之学，通过一系列修道的方法和教团制度，变成可以实际操作并约束行为的，能够组织民众直接干预社会生活的教化体系。王喆有《重阳立教十五论》，规定了全真道的基本教义教规：①凡出家者先须投庵，身依心安，气神和畅；②云游访师，参寻性命；③学书，不寻文乱目，宜采意心解；④精研药物，活人性命；⑤修盖茅庵，以遮日月，但不雕染峻宇而绝地脉；⑥道人必须择高明者合伴，以丛林为立身之本；⑦凡静坐者须心如泰山，不动不摇，毫无思念；⑧翦除念想，以求定心；⑨调和五行精气于一身，以正配五气；⑩紧肃理性于宽慢之中以炼性；⑪修炼性命；⑫人圣之道，须苦志多年，积功累行；⑬超脱欲界、色界、五色界；⑭养身之法在于得道多养；⑮脱落心地，超离凡世。此外还有不娶妻室，不茹荤腥等教戒。以上教义教规归纳起来不外是：静心以修性；养身以修命；出家以依道；苦行以入圣；积善以成德。这就为全真道的性命双修、功行双全的炼养功夫奠定了基础。

王喆死后，马钰掌教。马钰的继任者谭处端、刘处玄、邱处机、王处一等人，以关陕和山东半岛为重点地区进行活动，亦到达河北、河南。邱处机的重大社会活动在元代，此处从略。七大弟子皆遵循师训阐扬三教合一、性命双修和真功真行两全的教义。马钰（丹阳真人）写诗劝僧道和合，云："虽有儒生为益友，不成三教不团圆。"（《洞玄金玉集》）王利用《马丹阳道行碑》说，马钰过济南时，有慕道者问修道之旨，马钰说："夫道以无心为体，忘言为用，柔弱为本，清净为基。节饮食，绝思虑，静坐以调息，安寝以养气，心不驰则性定，形不劳则精全，神不扰则丹结，然后灭情于虚，宁神于极，不出户庭，而妙道得矣。"其说本于老子清静无为之旨，以静定性，以啬养身，以气修命，绝不提符箓斋醮之事。修道之真功要在事上磨炼，"去嗔怒所以养性，处污辱低下所以养德"（《丹阳真人语录》）。刘处玄（长生真人）亦谓："三教归一，弗论道禅"（《仙乐集》），他吸收佛教的轮回说，要人们脱离人间苦海，学道成仙，说："恋恩亲，恩生害，死难逃，气不来身卧荒郊，改头换面，轮回贩骨几千遭。世华非坚，如石火，火宅难逃"（同上），亲情与荣华都要看破，否则难逃厄运之苦。他认为"万形至其百年则身死，其性不死也"（《至真语录》），所以只要努力修性，使之清净不乱，便可长生不死。谭处端（长真真人）认为修道要在心性上下工夫，其《述怀》诗说："朝昏懒慢修香火，十二时中只礼心。"（《水云集》）礼心的具体要求是排除一切私心杂念、情感欲望，故云："如何名见自性？十二时中念念清净，不被一切虚幻旧爱境界朦胧真源，常处如虚空，逍遥自在。"（同上）只要能做到"一念不生，则脱生死"（同上）。王处一（玉阳真人）进而将"真功"与"真行"结合起来，认为"见性"的功夫有两层：首先要"彻悟万有皆虚幻，唯知吾之性是真"，进而要"即知即行，行之至则亦为见性"（《北游语录》）。全真家所谓"行"，即是忍辱含垢、苦己利人、忠孝仁慈，这就为其参与社会实际生活树立了教义上的根据。

全真道之所以能够在北方迅速崛起，一个重要原因是王喆与七大弟子皆是士子中第一流人才，有著述，便于结纳士类，相与推扬；同时他们含辛忍苦，有奇行异迹，能受苦，能治生，能轻财仗义，济人之急，故为民众所赞佩，所感动，入教者渐多。如马钰每日乞食一钵面，誓死赤足，夏不饮水，冬不向火。王处一于沙石中跪而不起，其膝磨烂至骨，赤脚往来砺石荆棘中，世号铁脚。邱处机入磻溪穴居，日乞一食，行则一蓑，昼夜不寐者六年，其后在陇州龙门山修行七年，一如在磻溪时。郝大通于赵州桥下趺坐六年，持不语戒，寒暑风雨，不易其处。王喆立教之初，令出家者结茅庵草舍修行，以云游乞食为生。后来教团增大，开始自己垦荒、耕田，劳动以自养，这种勤劳俭朴的作风受到社会好评，扩大了全真道的影响。虞集《幽室志》说，全真道士"涧饮谷食，耐辛苦寒暑，坚忍人之所不能堪，力行人之所不能守，以自致于道，亦颇有所述于世。"王恽《奉圣州永昌观碑》说："其特达者各潜户牖，自名其家，耕田凿井，自食其力，垂慈接物，以期善俗。"辛敬之《陕州灵虚观记》评论全真道人，"其逊让似儒，其勤苦似墨，其慈爱似佛，至于块守质朴，澹无营为，则又类夫修混沌者"。他们既给人们指出一条避灾求福的新途径，又给社会带来一股清新的好风气，道人士子率先行之，民众妇女翕然从之，不久便形成一股强大的社会力量，"南际淮，北至朔漠，西向秦，东向海，山林城市，庐舍相望，什百为偶，甲乙授受，牢不可破"（《紫微观记》）。

由于全真道已经形成一种不可忽视的精神力量和社会势力，惊动了金朝统治者；而全真道又是不以政治为直接目的的宗教教派，便促使金朝掌权者采取支持利用的政策，以加强对黄河流域广大汉族地区的思想统治。王嚞死后，马钰掌教，仍以无为为主，不与官府联络。马钰死后，金廷开始争取全真道，全真道也希望得到金廷的承认，以便依靠国家的力量进一步发展本教。金大定二十七年，世宗召王处一至燕京，问养生和治国之道，王回答说："保精以养神，恭己以无为"，得到世宗嘉许。次年，世宗又召邱处机进京，屡承接见。问保安之道，邱谕以抑情寡欲，养气颐神，世宗大悦而敬之。王邱二人都企图用道家清静无为之旨影响世宗，既是针对世宗色欲过度而发，又是想消减政治的暴虐性，以期缓和社会矛盾，改善社会生活。金大定二十八年，世宗再召王处一，次年王至京而世宗已死，章宗留王作醮事，为世宗求冥福。全真既起于民间，与其他民间宗教一样，有着一定的民众性，容易发生不利于社会稳定的事件，故统治者常有戒备之心。明昌元年（1190），朝廷"以惑众乱民，禁罢全真及五行毗卢"（《金史·章宗纪》），邱处机次年东归栖霞，全真道受到挫折。如《紫微观记》所说，由于全真流传甚广，"上之人亦常惧其有张角斗米之变，著令以止绝之"；不过全真已超出民间的水平，并与官吏发生密切联系，故禁令不久，"当时将相大臣有为主张者，故已绝而复存，稍微而更炽"。章宗于是改变态度，认为全真道可用，于承安二年（1197）召王处一，赐号体玄大师，又召刘处玄，命待诏天长观。从此全真道与金廷达成谅解，变成合法宗教，全真道进入稳定发展时期。章宗泰和元年（1201）、三年（1203），王处一两次参加亳州太清宫的普天大醮，为章宗祈嗣。宣宗贞祐二年，山东动乱，驸马都尉仆散安贞请邱处机前去抚谕，"所至皆投戈拜命，二州遂定"（《长春真人本行碑》）。贞祐南迁（1213）之后，蒙古崛起，金朝衰败，而全真道在动乱中迅猛发展，"河朔之人，什二为所陷没"，"人敬而家事之"（《紫微观记》）。蒙古、金廷、南宋三朝争相派使者召见邱处机，以便联合全真道的强大势力争取中原民众。邱处机不应金、宋，而应诏成吉思汗，为全真道的鼎盛创立了未来的社会政治条件，详见"元代宗教"章。

(二) 太一教

《元史·释老传》说："太一教始金天眷中道士萧抱珍,传太一三元法箓之术,因名其教曰太一。"太一教是北方三个新道教教派中唯一崇尚祈禳符箓的,其教风近于南方的天师道,以老氏之学修身,以巫祝之术御世。萧抱珍是河南汲郡人,用太一三元法行化于世,天眷初其法大行。初以家宅为传教中心,后信徒众,乃于卫州东三清院故址结茅庵而居。其弟子侯澄在赵州、真定建太一堂,奉持香火,以符药济人。大定二年,出钱得观额,以赵州之第为太清观,真定府之第为迎祥观。每年受箓为门徒者上千人。"太一"之称,"盖取元气浑沦,太极剖判,至理纯一之义"(王若虚:《一悟真人传》)。事实上,太一崇拜始自汉武帝,历朝奉祀之,以为天神。故太一教亦可视为传统宗教分离出来的民间道教。"三元",即天、地、水三官,三官大帝分掌众生命籍,向为天师道所崇奉,由此可知太一教又渊源于天师道。金皇统八年(1148),熙宗召萧抱珍至京,礼敬赏赐,敕其居为"太一万寿",标志金廷正式承认太一教。世宗大定六年(1166),萧抱珍死于汲郡万寿观。二祖萧道熙,本姓韩,因从教祖之姓而为萧。大定九年,世宗在道熙本观敕立万寿额碑,其后教声大振,门徒增盛,众数万,东渐于海。大定二十二年(1182),世宗召道熙至内殿,问养生,对云调气守虚乃野人之事,"陛下当允执中道,恭己无为"(《秋涧集》)。大定二十六年(1186),萧道熙隐遁,立萧志冲为三祖。志冲本姓王,与祖、父并受真人法箓,其承法嗣后,曾受朝廷任命,补住中都天长观,后还卫州,声望既隆,求教者接踵,每年传教数千人。泰和初,曾参加亳县太清宫的普天大醮。又曾赴中都太极宫诵经,遂留京城。举萧辅道为四祖,贞祐四年卒。辅道是抱珍之再从孙,字公弼,号东瀛子。《赵州太清观懿旨碑》称他"才德兼茂,名实相符,清而能容,光而不耀。富文学而重气节,谨言行而知塞通","阐物法事,绍述宗风,道助邦家",是光大太一教门庭的主要人物。时值金元交替,山河破碎,人烟绝灭,辅道哀悯无辜死者,于蒙古兵卫州屠城之后,收葬枯骨,俗称"堆金冢",又阵前说项,免于再次屠城,一言而活万家,树立了颇高的声望。元世祖在潜邸闻其名,召至和林,询所以为治者,辅道对答以爱民立制,润色鸿业,用隆至孝者。赐重宝不受,赐号"中和仁靖真人",尊礼有加。辅道亦广交天下士人,为士林所倾仰,被称为"一世伟人"。五祖李居寿,道号淳然子,嗣为五代祖后更姓为萧,世祖赐号贞常大师。至元十一年,建太一宫于两京,命居寿居之。十三年赐太一掌教宗师印。十六年为世祖作醮事,奏赤章于天,五昼夜毕,向世祖谏言:"皇太子春秋鼎盛,宜参预国政。"世祖喜而采纳。可见居寿与元世祖及皇室关系之密切，太一教颇受元廷恩宠。六祖李全祐，继奉太一宫祀事，十年间，受业者众，用度匮乏，元廷赐屯田400余亩，以为宫观恒产。后又赐栗林500株，建太一集仙观，朝香夕火，祈天永命。七祖蔡天箓，曾于延祐二年，与正一大师张留孙、全真大师刘德或于大都长春宫设建金箓普天大醮，又于泰定元年，同正一道吴全节、刘尚平等著名道士一起，建金箓周天大醮于大都崇真万寿宫，其赐号为太一崇玄体素演道真人。七祖之后，其传法祖师无史料可考。以上情况说明元代太一教与全真道、正一道等教派地位相侔，颇受元室重视，元末急剧衰亡，之后再无史料记载。

太一教虽热心于符箓斋醮，也同时讲究内炼，以心灵湛寂、冲静玄虚、品德坚洁为修道之要，而以符箓为之辅，与祈禳祷祀并行不悖。二祖萧道熙谓仙道只依一"弱"字便是。三祖萧志冲长于静坐，自谓"静中自有所得，非语言可以形容"（《太一三祖墓表》），已得内修的旨趣。四祖萧辅道"体一理而不偏，应众机而靡戾"（《赵州太清观懿旨碑》）。五祖李居寿以忠信孝慈为行身之本，未尝露香火余习，德量弘衍博大，非庸俗道流。由此之故，太一教得以应和士林，上邀皇宠，下服民众，但与全真道相比，道士的文化素养和宗教学识相对较低，不能成为道教发展的主流，对中国文化的影响也是有限的。

（三）大道教（后称真大道教）

《元史·释老传》说："真大道教者，始自金季，道士刘德仁之所立也。其教以苦节危行为要，而不妄取于人，不苟侈于己者也。五传而至郦希诚，居燕城天宝宫，见知宪宗，始名其教曰真大道，授希诚太玄真人，领教事，内出冠服以赐；仍给紫衣三十袭，赐从者。"按：刘德仁生于金天辅六年（1122），死于金大定二十年（1180），其活动在金朝前中期，故《元史》所谓"始自金季"有误。又据陈垣先生考证，大道教之名早已有之，至元宪宗时始称真大道教。大道教之创立背景，约略与全真、太一同，如《道园学古录》所指出的，"金有中原，豪杰奇伟之士，往往不肯婴世故，蹈乱离，辄草衣木食，或佯狂独往，各立名号，以自放于山泽之间。当是时，师友道丧，圣贤之学泯灭渐尽，惟是为道家者，多能自异于流俗，而又以去恶复善之说劝诸人，一时州里田野，各以其所近而从之。受其教戒者，风靡水流，散于郡县，皆能力耕作，治庐舍，联络表树，以相保守，久而未之变也"。刘德仁之创教，正是由于不愿仕金为官，又不愿陷于宋金之争，而以宗教慰心，以教团联络自保，开辟一块自家的天地。刘德仁，沧州人，号无忧子，幼年即出家，游于山东淄州。金皇统二年（1142），青年刘德仁便创立了大道教。据载，其时遇神人老者授《道德经》要言，或谓授玄妙道法，自是玄学顿进，从游者众，远近前来治病求教，教门大兴。大定七年，赐东岳真人之号，弟子嗣守其业，治大教天宝宫，正式得到金廷承认，郡置道官一人，领其徒属，其地位可与全真、正一并立。

大道教的教义教规，据宋景濂《书刘真人事》说有九义："一曰视物犹己，勿萌戕害凶嗔之心。二曰忠于君，孝于亲，诚于人，辞无绮语，口无恶声。三曰除邪淫，守清静。四曰远势力，安贱贫，力耕而食，量入为用。五曰毋事博弈，毋习盗窃。六曰毋饮酒茹荤，衣食取足，毋为骄盈。七曰虚心而弱志，和光而同尘。八曰毋恃强梁，谦尊而光。九曰知足不辱，知止不殆，学者宜世守之。"此九条之要，在清修寡欲、俭约自奉、安分为人，皆老子遗意，既不做抗暴英雄，亦不做帮凶无赖，符合当时多数民众的情绪，故具有感召力。杜成宽《大道教碑》说："其教见素抱朴，少思寡欲，虚心实腹，守气养神。及乎德盛功成，济生度死，以无为保正性命，以无相驱役鬼神。"其精神与上述九义同，又多出济世和驱鬼两项，更全面地表述了大道教的教义内容。又赵清琳《大道延祥观碑》说："其教以无为清静为宗，真常慈俭为宝，其戒则不色不欲不杀不饮酒不茹荤，以仁为心，恤困苦，去纷争，无私邪，守本分，不务化缘，日用衣食，自力耕桑赡足之。"此外，还用默祷方式为人除邪治病，不言化炼飞升之事，"惟以一瓣香朝夕恳礼天地"。田璞《重修隆阳宫碑》亦赞美大道教"不尚华美"，"纤毫不乞于人"。刘德仁立教之时，华北地区饱受战争灾祸，民生凋敝，食用匮乏，社会精神生活亦十分紊乱，人心思宁。大道教的教义适应了恢复和发展农业生产、稳定人心、改善社会气氛的客观需要，其教风质朴实用，颇得民心，因而能够在民间广泛传布。由于它有安宁社会的作用，故而也受到金廷的重视和礼遇。

刘德仁掌教38年。据宋景濂《书刘真人事》，二祖陈师正，号大通，幼渔于河，德仁挈以人道，掌教15年，卒于金明昌五年（1194）。三祖张信真，号冲虚，著《玄真集》，收诗文数百篇，传于世，掌教25年，卒于金兴定二年（1218）。四祖毛希琮，号体玄，当金朝灭亡之时，能于兵革中以柔自存，掌教5年，卒于金元光二年（1223）。金元之际，社会处在剧烈变动中，真大道教隐于民间，余绪不绝。至元朝宪宗时，五祖郦希诚掌教，真大道教转盛，受到宫廷宠信。据田璞《重修隆阳宫碑》，郦希诚乃妫川水峪人，元初为教门举正，阐教山东，掌教之后，整顿颓纲，"道风大振，巨观小庵，四方有之"。传说他行教至泰安，值天旱，默祷之后，大雨倾盆，他对众人说："岂知天道必应乎？吾以至诚恳祷而应，天其许教门之畅也。"后在奉先县之怀玉乡建宫观而居，元朝势都儿大王赐隆阳宫额。五祖号太玄，掌教36年，卒于元宪宗九年（1259）。六祖孙德福，号通玄，至元五年，元世祖命其统辖诸路真大道，赐铜章，成为钦定的宗教领首。孙掌教15年，卒于元至元十年（1273）。七祖李德和，号颐真，《元史》记载他在至元十二年代祀岳渎后土（《世祖纪》），至元十四年，又代祀济渎（同上）。李掌教12年，卒于至元二十一年（1284）。八祖岳德文，号崇玄，涿州人，年16，入道隆阳宫，受教于五祖太玄郦希诚，于至元二十一年继七祖掌教，统辖诸真大道教事，其时真大道教臻于极盛。御赐以玺书褒护之，丞相安童患病求治于岳真人而愈之，时人神之，诸王争相结纳礼助，势都儿王为其修库藏宫宇，置田产购衣冠，饰以金宝，极其精盛。元贞元年（1295），加封其祖师，赏赐尤厚，同年奉诏修大内延春阁，赐予遍及其徒。虞道园《岳祖碑》说："吾闻其徒云：西出关陇，至于蜀，东望齐鲁，至于海滨，南极江淮之表，奉其教戒者，皆攻苦力作，严祀香火，朔望晨夕望拜，礼其师之为真人者如神明然。信非有道行福德者，不足当其任。而真人时常使人行江南，录奉其教者，已三千余人，庵观四百，其他可知矣。"真大道不仅风靡河北，已流行江南矣。九祖张清志（《元史·释老传》误为"志清"，《新元史》改正为"清志"），号玄应，乾州奉天县人，16岁出家，从天宝宫李师学道，李死，师事岳师，继八祖掌教19年，教风日盛。《元史·释老志》说朝廷授他演教大宗师、凝神冲妙玄应真人。其为人事亲孝，尤耐辛苦，制行坚峻。居临汾时遇地震，救活者甚众。朝廷重其名，任其掌教，张于京师深居简出，不交纳权贵，而乐与道德缙绅先生为友，时人高其风，画图以相传。据虞道园《吴张高风图序》，张与吴草庐为道德之交，张谒吴府见吴子，以杖画地作"诚"字示之而出。据吴草庐《天宝碑》，八祖岳真人死时，清志料理丧事毕，即潜遁，复归华山归隐。天宝宫由二赵（一名赵德松）、一郑（进元）摄掌教事，五年之间，相继陨灭。郑临终嘱其徒请张清志出山掌教，乃于华山得之，故张清志犹可视为十一祖。张清志以后，该教传承及活动情况失考，大约亡于元末。

真大道教之宫观，著名者有大都南城之天宝、玉虚，平谷之延祥，房山之隆阳，缑山之先天，许州之天宝等。

第五节 西夏宗教

西夏是以党项族人为主体在我国西北地区建立的一个古代王朝。建国后，他们除从中原输入儒学外，还从中原、辽、金、吐蕃等地分头引入了佛教，使佛教成为西夏文化中的一个重要组成部分。西夏帝传十世，历184年，最后亡于成吉思汗的蒙古铁骑。从近、现代陆续出土的西夏文佛经的断简残篇，可以大致看出佛教在西夏兴起、隆盛、衰退、消亡的过程。

一 西夏统治者与佛教

与中国其他民族一样，党项族最初流行原始巫术，进入河西走廊地区以后，佛教在西夏社会中迅速上升为占支配地位的意识形态。宗教信仰演变的背后，有着深厚的社会文化原因。首先，西夏政权所辖河西、陇西、陕西地区是佛教进入中国的必经之地，该地区居民多笃信佛教，党项人不可避免要受到影响。其次，西夏周边的宋、辽、金、吐蕃、回鹘诸国都是信仰佛教的国家。西夏与之政治、经济、文化、军事交往频繁，不可能不受他们宗教信仰的影响。再次，党项人民在几个世纪之中，饱受吐蕃侵扰、长途跋涉、安史之乱、藩镇割据之苦，加之西北地区自然环境恶劣，统治者盘剥无度，广大民众在现实生活中看不到摆脱苦难的希望，而佛教关于因果轮回、西方净土、涅槃解脱的说教正好给人们一种精神安慰，社会的苦难为佛教传播提供了适宜的土壤。最后，随着党项族社会的进化，人民文化水准提高，原始巫教已不足以成为统治阶级的意识形态。统治者一方面利用佛祖释迦牟尼自神其说，维持专制统治，另一方面又要用佛教思想安抚百姓。西夏文字典《文海》在"佛"字条下注解曰："佛者是梵语，番语（西夏文）觉之谓也，教导有情者是也。"[①] 统治者的有意利用也是佛教兴盛的重要原因。

在文献资料中，党项人有确切记载的佛教活动始于西夏建国前的李德明（元昊之父）时代。宋景德四年（1007）德明母丧，他向宋朝要求到宋朝北部的佛教圣地五台山修供十寺。获准后，遣阁门祗侯袁瑀为致祭使，护送祭品到五台山朝圣。可见佛教当时已成为党项贵族的重要信仰。宋仁宗天圣八年（1031），德明正式向宋朝提出求赐佛经的要求。"丁未，定难节度使赵德

---

① 史金波、白滨、黄振华：《文海研究》，第426、577页，中国社会科学出版社，1983。

明遣使来献马七十匹，乞赐佛经一藏，从之。"（李焘：《续资治通鉴长编》卷一〇九）宋赐大藏经给党项人，推动了佛教的发展。

景宗元昊是西夏的开国之君，他不仅创造了西夏文字，而且"晓浮图法"，"通汉文字"（《隆平集》卷二十），对佛教和汉文化都深有研究。西夏文字的创造为佛经扩大传播提供了条件，宋景祐元年（1034）十二月，元昊效法其父，又一次向宋朝求赐佛经。在西夏立国的当年（1038），元昊便组织大批僧俗信众开始将佛经翻译成西夏文。为了安置宋朝所赐大藏经，开办译场，元昊于天授礼法延祚十年（1047）下令修建规模宏大的高台寺。据《西夏书事》卷十八载："于兴庆府东一十三里，役民夫建高台寺及诸浮图，俱高数十丈，贮中国所赐大藏经。广延回鹘僧居之，演绎经文，易为番字。"他还在全国广建佛塔，吸引"东土名流，西天达士"前来进奉佛舍利，由于统治者的提倡，寺院、僧人逐渐增加，佛教社会地位迅速提高。

元昊死后，毅宗谅祚幼年登基，其母后没藏氏代为执政。没藏氏入宫之前曾于戒台寺出家为尼，号称"没藏大师"。她承元昊余绪，继续推进佛经翻译事业，而且于垂帘执政的第三年，即天祐垂圣元年（1050）开始"役兵民数万"，大兴土木，建承天寺。寺成之后，"延回鹘僧登座演讲，没藏氏与谅祚时临听焉"（《西夏书事》卷十九）。太后与幼帝临寺听讲，无疑是对社会的一种号召与示范。毅宗执政后，又向宋朝求赐大藏经，加强了与中原汉族的佛教往来。另一方面又向辽朝进贡回鹘僧、金佛、《梵觉经》，以宗教为载体扩大了与契丹族的文化联系。

惠宗秉常时期，母后梁氏执政，仍推行扶助佛教政策。于天赐礼盛国庆四年（1073），再次向宋朝求赐大藏经，进一步推进了西夏文佛经的翻译事业。现北京图书馆藏有一幅西夏译经图，图中描绘了梁太后和秉常分座译场两旁，督导译经活动的情形。这一时期所出许多佛经都署名"天生全能禄番祐圣式法皇太后梁氏御译，就德主世增福正民大明皇帝嵬名御译"。当然太后与皇帝是无暇亲自动笔的，"御译"表示此经是在皇帝与太后的亲自督导下译出。惠宗朝还开始大规模开凿、重修敦煌莫高窟和万佛峡榆林窟，保存至今。

崇宗乾顺幼年时，仍由梁太后执政。此梁太后是惠宗朝梁太后的侄女，她秉承了姑母的崇佛传统，继续推进译经事业，终于在崇宗天祐民安元年（1091）完成了3570卷西夏文佛经的翻译工作，从此我国佛教史上又出现了一部用少数民族文字写成的大藏经。天祐民安四年（1094），梁太后与崇宗发愿，动用大量人力、物力、财力修建凉州感通塔及寺庙，并立碑赞庆。在碑文中记叙了凉州民众事佛的隆重场面："况武威当四冲地，车辙马迹，辐辏交会，日有千数。故憧憧之人，无不瞻礼随喜，无不信也。"①

　　西夏第五代皇帝仁宗仁孝执政达 53 年，这段时期政治相对稳定，与宋、辽、金战争较少，经济繁荣，文化昌盛，佛教事业也相应地达到了高潮。仁宗朝大规模的赎经、译经活动已经结束，转入刻印佛经阶段。从目前保存的有年款的西夏刻本佛经看，仁孝时期所出最多，木刻印刷术成为扩大佛经传播范围的重要手段。仁孝本人笃信佛教，经常在国家的重要节日或佛教节日大搞佛事活动。如仁孝为刻印汉文佛经《佛说圣佛母般若波罗蜜多心经》所作发愿文讲："朕亲睹胜因，遂陈诚愿。……于神妣皇太后周忌之辰，开版印造番汉共二万卷，散施臣民。仍请觉行国师等，烧结灭恶趣中围坛仪并拽六道，及讲演《金刚般若经》、《般若心经》，作法华会，大乘忏悔，放神幢，救生命，施贫济苦等事，恳伸追荐之仪，用答勤劳之德。"此发愿文不仅记述了此经刻印的缘起、数量及发放情况，还提到当时为发放佛经所举行的诸种宗教活动。又如乾祐十五年（1184）仁孝花甲生辰之时，刻《佛说圣大乘三归依经》，"印造斯经番汉五万一千余卷，彩画功德大小五万一千余帧，数珠不等五万一千余串，普施臣吏僧民，每日诵持供养"。为发放佛经、彩画，"亦致打截截，作忏悔，放生命，喂囚徒，饭僧设贫，诸多法事"。从上述几则记载可知当年佛事活动规模盛大，花样繁多。在西北地区不太发达的经济基础上，如此铺张地大搞佛事活动，造成人力物力的极大浪费，这也是西夏王朝由盛转衰的原因之一。

　　仁孝之后虽有五位帝王，但仅传 34 年，西夏王朝进入了晚期。然而统治者不顾日渐消乏的财力，仍搜刮民脂大兴佛事。现存苏联的《大方广佛华严经入不思议解脱境界普贤往愿品》的施经发愿文载：为施此经，罗太后一次度僧 3000 名，斋僧 30590 名，施佛像、佛经、数珠共达 18 万帧、部、串，又举行旷日持久的大法会，消演番、汉大乘经 61 部，作大乘忏悔 1149 遍，散囚 52 次，设贫 65 次，放生羊 70709 口，大赦一次。如此靡费的佛事活动只能加速西夏的灭亡。

　　西夏灭亡后，作为一个王朝的佛教史可以画上一个句号，但作为党项民族的宗教信仰，佛教依然存在。在元朝，党项作为色目人，为国内的第二等级，党项族僧人特别受到朝廷的重视和礼遇，出任全国佛教事务管理机

---

　　① 转引自史金波《西夏佛教》，第 35 页，宁夏人民出版社，1988。

关——宣政院的最高长官或地方佛教事务长官者不乏其人。如党项僧杨琏真伽，元世祖时曾任江南释教总统，其子杨暗普任宣政院使。河西人日尔塞曾任宣政院使、甘肃释教总统。西夏皇族嵬名氏之后韩嘉纳和哈兰朵尔在元顺帝时任宣政院使。党项族人杨亦执里不花任宣政院使，并监河西宪。显然，元朝主要用西夏后裔管理河西地区党项遗民的宗教事务。到了明代，党项人渐与当地汉人融合。河北保定市郊韩王庄出土的一座西夏文经幢，记载了散居此地的党项族人的佛教活动，此时距西夏亡国已 270 余年，宗教活动使党项人的民族特征得以长期保持。

二 西夏的赎经、译经与印经

在西夏佛教史上，赎经、译经和印经是一项前后连续，紧密衔接的活动。

为了系统引进汉文大藏经，西夏统治者不断派人去宋朝求取佛经，并贡献一定数量的马匹作为印经工值，有以物赎经之意，故称其为赎经。西夏的赎经活动主要集中在建国前后的 40 余年中，目前见于文献记载的共有 6 次：①1031 年（德明时期）；②1035 年（元昊时期）；③1055 年（谅祚时期）；④1058 年（谅祚时期）；⑤1062 年（谅祚时期）；⑥1073 年（秉常时期）。《续资治通鉴长编》记载第二次赎经的情况说："己巳，赵元昊献马五十匹，以求佛经一藏。诏特赐之。"（卷——五）宋朝统治者认为佛教有"抚众"、"柔远"之功效，每次都满足其要求，有时还退还马匹，免费赐藏。从赐经的时间看，当时仅《开宝藏》印刷完成，故数次赎经皆为此藏。《开宝藏》亦成为西夏文大藏经的底本和准据。

引进大量佛教经典后，译为本民族语言，是外来文化与本民族文化结合的最初步骤。西夏文大藏经的翻译起止年限史书无明确记载，只在一些佛经所附发愿文中有所涉及。如北京图书馆所藏西夏文《过去庄严劫千佛名经》卷末附有一篇元朝皇庆元年（1312）刻印发愿文，简略介绍了佛经在西夏流布、翻译的情况：

夏国风帝新起，兴礼式德。戊寅年中，国师白发信及后稟德岁臣智光等，先后三十二年为头，令依蕃译。民安元年，五十三岁，国中先后大小乘半满教及传中不有者，作成三百六十二帙，八百二十部，三千五百七十九卷。

这段发愿文提到翻译开始年代是"夏国风帝"的"戊寅年",帝位及年号皆不详。但翻译结束的年号"民安元年"却很明确,为西夏崇宗的天祐民安元年(1091)。由此上溯53年,那么译经开始的年代当为景宗元昊的天授礼法延祚元年(1038),恰为戊寅年。众所周知,6000余卷的汉文大藏经大约用了1000年时间才陆续译出。相比之下,短短53年,译出西夏文大藏经3579卷,速度之快、效率之高确实令人赞叹。取得如此成果,当然与西夏王朝对译经事业的支持分不开,同时也与西夏引入的汉文大藏经本身系统、完整有关。更为重要的是,西夏僧人借鉴了中原译场成功的经验与方法。中原译场在隋唐时不仅发展到相当的规模,而且建立了明确、合理的内部分工制度。译场除主译外,还有证义、度语、笔受、润文、梵呗等数十人助译,所以译经往往是分工协作、集体劳动的结晶。北京图书馆保存的西夏文《现在贤劫千佛名经》前有一幅木刻版译经图,详细描绘了译场工作的场景。图上部中央端坐一位高僧,像上部横刻一条题款:"都译勾管作者安全国师白智光",乃当时著名的回鹘僧人,在图中他比别人大许多,表示他是主译。他的左右各有八位僧俗人像,题款为:"相祐助译者,僧俗十六人。"八位人像上各有姓名:北却慧月、赵法光、嵬名广愿、昊法明、曹广智、田善尊、西玉智圆、鲁布智云。从姓名看,属于不同民族。他们面前有一长条案,上置经卷及笔、墨、纸、砚。这些人姿态不同,表示担任不同职务。虽然对他们的分工没有注明,但也足以说明,西夏译场存在着明细的分工制度。

从内容上看,西夏文佛经大多数译自汉文。在目前发现的西夏文佛经残本中,汉文经藏中的宝积部、般若部、华严部、涅槃部、阿含部的主要经典都已译出,律藏中的《根本说一切有部尼陀那目得迦》、《根本说一切有部百一羯摩》、《月光菩萨经》、《佛本行集经》,论藏部的《大智度论》、《金刚般若论》、《瑜伽师地论》、《阿毗昙达磨顺正理论》等重要著作亦有译本发现,可以说对汉文大藏经的翻译是相当完整的。此外,西夏文佛经还有相当一部分译自藏文,如《圣八千颂般若波罗蜜多经》、《佛说圣大乘三归依经》、《圣大乘胜意菩萨经》、《圣胜慧到彼岸八千颂经》、《圣摩利天母总持》、《大密咒受持经》、《坏有渡母胜慧到彼岸心经》、《吉有金刚王空行文》、《圣顶尊相胜母供顺》、《佛母大孔雀母王经》、《大寒林经》,等等。一般来讲,西夏早期所译多为汉文佛经,晚期则出现了藏文佛经,从中可以反映出汉地佛教与藏传佛教传入时间的差异。

佛经译出后,使用西夏文刻印流行。西夏文字参照汉字笔画创造,四角饱满,字体端方,疏密得宜,多用斜笔,生动活泼。现在出土的西夏文佛经刻印本工整秀丽，清晰美观，不少堪称书法佳作。在西夏人雕版刻经的基础上，元世祖忽必烈下令雕刻西夏文大藏经版，至成宗朝大德六年（1302），共雕刻经版 3620 余卷，印出 30 藏。元成宗后，又有三次大规模印刷西夏文大藏经，共 150 藏。如此大量的经文，主要在河西信佛教的党项族人中流行，这也说明，元代统治者对少数民族宗教信仰的重视。

关于印经最后还要提到一点，许多西夏文佛经都包括序、跋、发愿文和各种题款。这些资料记载了佛经在西夏流布、翻译、印刷的情况，如译者姓名、翻译年代、刻印者姓名，以及为刊刻、发行佛经所举行法会，等等。由于西夏国早已消亡，党项族人又已融入其他民族之中，所以关于西夏国的文字记载较少。因此，这些佛经上的序、跋、题款、发愿文和插图便成了今人研究西夏佛教的主要史料。

三 西夏的僧人、流派和僧官制度

由于史料的大量湮没，亦由于中国古代统治者不太重视统计工作，关于西夏僧人总数始终未见可资凭据的直接材料。不过通过一些间接史料，可以推知西夏僧人数量一定不少。首先，西夏寺庙数量非常多，不少书籍记载西夏境内寺塔林立、洞窟成群。古人留有"云锁空山夏寺多"的诗句，正是对当时佛教发展盛况的描述。其次，西夏僧人在政治、经济、法律上享受不少特权。高级僧侣可以出入宫禁，与闻机要；寺院土地可以少纳税或不纳税；僧人本人可以免除徭役；僧人犯法可以从轻发落……这种种优惠自然会诱使大批贫苦农民涌入山门。西夏天盛年间政府曾用法律对出家条件进行限制，可见出家者太多已对社会稳定造成威胁。再次，一些佛经所附刻印发愿文提到施放佛经、彩画、数珠的数量都相当大。如天盛十九年一次刻印番、汉文佛经 2 万卷；乾祐十五年印经 51000 卷，制彩画 51000 帧；乾祐二十年，一次大法会施经 25 万卷；罗太后一次施经 17 万卷……如此多的人领受佛经，其中固然有不少俗人，但专以念经为生的僧人亦不会少。最后，文献记载帝王作法事，多次度僧、斋僧。如罗太后为追荐仁宗，一次度僧 3000 人，斋僧 35000 人。在人口总数不太多的西北小国，这个数字还是相当可观的。

西夏的佛教来自中原和西藏，它自然会受到汉、藏佛教宗派的影响。如《凉州重修护国寺感通塔碑铭》所记："佛之去世，岁月浸远，其教散漫，宗尚各异，然奉之者无不尊重赞叹。"显然西夏僧人对内地佛教宗派了解并有所尊奉。但是非常遗憾，至今未发现有关西夏佛教宗派流传状况的"僧传"、

"语录"或"宗谱",我们只能根据各宗派信奉经典遗存的情况,推测当年各宗派的流布。

西夏历来崇敬北方佛教重地五台山,多次派人礼佛、朝圣,并依据五台山寺庙的样式在贺兰山中建寺。五台山是华严宗的传教中心,西夏僧人受华严宗较大影响是必然的。目前已发现大量西夏文抄写、刻印的《华严经》。据西安文管处保存的《大方广佛华严经》卷九末所附西夏文押捺题记载:当时一次就刻印了50部《华严经》,并且还有一部泥金手抄《华严经》问世,于此可见统治者对该经的重视。另外,西夏僧人还将《华严法界观门》、《注华严法界观门》、《注华严法界观门通玄记》、《华严金师子章》等华严宗重要文献译成了西夏文,研习者一定不少。

净土宗因其简单实用,在中原流行很广,宋代开始成为天下共宗。净土宗尊奉的《无量寿经》、《阿弥陀经》、《净土求生顺要论》等经论都有西夏文译本。当时西夏是一个文化比较落后的地区,净土宗宣扬仅"口宣佛号",便可往生西方净土,如此简单法门,自然易被民众接受。

禅宗是一个彻底中国化了的佛教流派,他们号称"不读经、不拜佛、不坐禅",却得佛祖"教外别传"的心法,能够自悟本心,即心成佛。实质上,禅宗的"教外别传"不过是佛教思想与中国传统文化高度契合的产物,西夏统治者在政治上以儒立国,又主要从宋地输入佛教,提倡佛儒合一的禅宗亦在情理之中。目前发现的《坛经》西夏文译本,与敦煌出土的法海本较为近似,大约是较早的经文。此外,西夏僧人还译出《禅源诸诠集都序》、《禅源诸诠集都序之解》、《禅源诸诠集都序择炬记》、《禅源诸诠集都序纲文》、《中华传心禅门师资承袭图》、《修禅要语》等禅门论著,介绍了中原禅宗的发展及其师承。另外,西夏有些僧人亦以禅僧自居,如贺兰山佛祖院的平尚重照禅师,乾祐二十年在大度民寺作大法会时延请的了禅法师,西夏刻汉文《大方广佛华严经普贤菩萨行愿品疏序》后附施经发愿文记提到的惠照禅师与西天禅师。禅师的存在证明禅宗可能已经形成了流派。

西夏佛教中后期,影响较大的则是藏传佛教。河西与吐蕃地域相邻,两地人民往来密切,统治者互有通婚,吐蕃僧人经常来西夏传法。藏传佛教号称得法身佛大日如来秘密单传的真言密法,真言密法不可公开传扬,只能传给受过灌顶礼的弟子,并以此与诸公开传的显宗流派相区别。藏传佛教僧人经过长期宗教实践,往往炼得一套类似特异功能式的功夫,所以很能吸引民众。到仁宗天盛年间颁布法典《天盛旧改新定律令》中明确规定:番、汉、西蕃(吐蕃)僧人可以担任僧官,但必须会背诵十多种经咒,其中藏文经咒占半数以上，由西蕃僧人主持考试。仁宗乾祐二十年（1189）举行大法会，"念佛诵经，读西蕃、番、汉藏经"，藏传佛教已列为首位。西夏晚期罗太后举行一次法会，"度僧西蕃、蕃、汉三千员"，亦将藏僧列于党项僧人之前，可见统治者对藏传佛教的重视。

近代以来，对以黑水城为中心的西夏国遗址进行了发掘，出土了大量汉文、西夏文、藏文佛教经论，但西夏人自己撰写的论著则很少，显然还没有形成独立的宗教思想体系。造成这种状况的原因有以下几点：①西夏立国时间较短，党项僧人还来不及消化浩如烟海的佛教文献，更来不及根据自己民族的情况有所创新。②西夏地区经济较落后，民族文化水平较低。③西夏兴佛时期，汉地正流行不立文字的禅宗，禅宗的流入不利于西夏形成独特的佛学理论体系。

西夏佛教僧人众多，民族成分复杂，自然需要一套制度加以管理。西夏统治者借鉴汉地经验，在中央政府设功德司全权管理全国佛教事务。功德司一名取自唐朝，西夏人又加以创造，共设三个功德司：和尚功德司管理境内僧人，出家功德司掌管度僧名额，护法功德司维护佛门戒律。功德司在西夏五品官阶中属二品，地位较高。与唐、宋僧务多头管理体制相比较，西夏的宗教事务、僧籍和戒律督察统归僧官处理，权力很大。功德司设司正为最高长官，下设司副为其辅佐。《天盛旧改新律令》第十章规定：护法功德司一正、一副、一判、一承旨；和尚功德司一正、四副、六判、六承旨；出家功德司有言过处六，承旨六，粗略规定了功德司的编制。在黑水城出土的西夏文辞典《杂字》中记载僧官还有僧正、僧副、僧判、僧录等职，大约是地方僧官。在一些大寺中，还有提举、僧正、僧副、僧监等职务，大约为寺院管理人员。

西夏政府还有"国师"、"帝师"之设。在许多西夏文佛经译者姓名前，标有国师称号，如白智光、白法信、嵬名思能、兰山智昭等人，国师是僧人一种极高的荣誉称号。当代学者史金波指出：西夏不仅有国师，而且还有帝师。如藏汉合璧《圣胜慧到彼岸功德宝集偈》，首列汉文题款一段，罗列汉译、梵译、证义、校勘者名单，其中一名校勘者为"贤觉帝师，讲经律论，功德司正，偏袒都大提点，嚘卧勒沙门，波罗显胜"。波罗显胜一生宗教活动情况不详，帝师职权如何亦未见于其他论著，但"帝师"一词在元代以前显然已经出现了（参见史金波《西夏佛教史略》，第137页）。正是由于西夏政权效法汉地建立了一套比较完善的宗教管理制度，故西夏佛教发展相对比较平稳，既未出现沙门干政、沙门暴动、僧侣地主势力过分膨胀的情况，也没有统治者采取"灭佛"、"沙汰"等过激行动的例子,佛教与社会各方面的关系比较协调。

四　佛教与西夏社会文化

佛教作为一种意识形态,可以说伴随了西夏王朝的始终,在社会文化的各个方面都留下了极深的印痕,我们将其概括为如下几个方面:

1. 佛教与政治

党项民族在唐末尚处于氏族部落发展阶段,它是在汉族封建文化的影响下直接进入君主专制社会的。但在西夏建国之后,其社会内部仍然存在着奴隶制、部落制、氏族制组织残余。在意识形态方面,旧社会的遗风更是比比皆是。如人与人之间"以齿不以爵"的民俗,宗教信仰上的自然崇拜、鬼神崇拜、巫术崇拜,等等。这些古代社会观念的遗存不利于党项社会的进一步进化,导致各部之间互不统属,彼此离心,纠纷不断,叛服无常。党项统治者在引进儒家礼乐的同时也引入了佛教。佛教尽管也有众多的偶像,但佛祖释迦牟尼凌驾于众佛、菩萨、金刚之上,众神之间形成了一种尊卑等级关系。向民众灌输这种折射着人间阶级差别、礼义名分的宗教思想,有利于排除反映原始平等观念的传统宗教,在社会上形成一种尊长敬上、维护王权的氛围,有利于封建专制制度的巩固。统治者不遗余力地宣扬佛教,实质上也是把佛教作为辅助统治的工具。

西夏地处我国西北地区,由于天旱少雨、地广人稀,人民长期过着动荡不定的游牧生活,因而民风剽悍、好勇尚武。不过,总括西夏王朝近200年的历史,文献所载人民起义的例子并不多见,这与西夏佛教盛行有着重要联系。佛教教义以一种虚幻的天国麻痹了人民的斗志,使他们为了彼岸的幸福隐忍了现实的痛苦。

西夏建国正处于我国民族关系史上一个错综复杂的时期,西夏周围是宋、辽、金、回鹘、吐蕃、元等由不同民族建立的国家。这些古代民族国家之间既存在着紧密的政治、经济、文化联系,又经常因为利益冲突而发生战争。在这种复杂的民族关系中,佛教作为大家共同的宗教信仰,经常起到沟通心理、缓和矛盾的作用,并为民族融合奠定了心理基础。比如,西夏与宋王朝关系比较紧张时期,佛事活动并未停止,西夏通过派人赴五台山朝圣、求赐佛经、僧人互访,在敌对政权之间起到了润滑剂的作用。

2. 佛教与人民文化生活

西夏统治者崇佛,每逢国家重要庆典,皆举行隆重的佛事活动。如为庆祝崇宗 10 周岁生日，于天祐民安四年（1094），动用大量人力、物力修葺凉州感通寺塔及寺庙。寺成之日举行大法会，并立碑庆赞。天盛十九年（1167）曹太后"周忌之辰"，举行了印蕃、汉佛经，办法华会等活动。乾祐十五年（1184）为庆贺仁宗"花甲本命之年"，组织了规模宏大、内容丰富的施放佛经、佛画，讲经诵咒、烧施结坛、施食供养等一系列佛事活动。天庆乙卯年（1195），罗太后为纪念死去两年的仁宗皇帝，作大斋会，施经、放生、度僧、饭僧，花费巨大。再加上佛教本身的"佛诞日"、"浴佛节"、"盂兰盆节"等纪念日，佛事成为人民精神生活中的重要内容，极大地左右着人们的衣食住行和精神风貌。

西夏国创造文字，当然不仅仅是为了传播佛教，但译经、写经、印经却不失为西夏文的主要用途之一。从目前已出土的西夏古文献看，佛教经籍所占比重最大，是西夏文献中最系统的文化知识。西夏文字是在译经、抄经、刻经的过程中不断完善的，可以说，佛教的传播促进了西夏文字的发展和成熟。

佛教的兴盛，也刺激了西夏印刷术的发展。受宋朝刻印大藏经的影响，辽国刻了契丹藏，金国刻了赵城金藏，西夏也不甘落后，不仅刻有西夏文大藏经，还刻有大量汉文、藏文经书及佛画，其镌刻技术之精湛堪与刻印事业最发达的宋朝相媲美。

由于西夏社会文化生活的各个方面都染上了佛教色彩，故党项族著名学者骨勒茂林在编著西夏文、汉文双解词语集《番汉合时掌中珠》时，首先列入佛教的内容，"或作佛法，修盖寺舍，诸佛菩萨，天神地祇……"在其人事部的词语中，大量出现如烦恼缠缚、起贪嗔痴、三界流转、远离三途、十地菩萨、等觉妙觉、证圣果已、昔因行愿、演说法门、菩提涅槃、六趣轮回、苦报无量、修行观心、得达圣道等佛教术语，约占词典人事部内容的四分之一，可见佛教进入群众生活程度之深。

3. 佛教与西夏艺术

佛教艺术在河西地区盛行已久，西夏立国于此，自然承继了南北朝、隋唐以来逐渐形成的这一宝贵文化遗产。同时，他们又在当地绘画、雕塑、书法、建筑等艺术门类中注入了党项民族的特色，形成了独树一帜的西夏艺术，为中华民族艺术宝库贡献了一朵奇葩。

西夏艺术的精华，集中保存在敦煌和榆林石窟中。据统计，西夏时期共在敦煌莫高窟新开 17 孔洞窟，重修 96 孔，在榆林峡重修 11 孔。在这些西夏石窟中，壁画无数，彩塑多尊，异彩纷呈，美不胜收。从艺术风格上看，西夏早期壁画、彩塑多承袭隋唐风格，在构图、题材上尚未形成特色。中期在吸收中原艺术的同时又吸收了回鹘艺术，逐渐形成本民族的风格，尤其是人物形象和服饰，基本反映了党项人的体格特征与面貌，为我们保存了西夏人衣食住行方面许多宝贵史料。西夏晚期壁画的民族风格更臻于成熟，同时藏传佛教的影响也进入了洞窟，以密宗本尊大日如来和观音为坛主的壁画开始产生，反映了西夏国内各民族文化共存的事实。

从西夏壁画的内容看，仍以佛像、佛说法图、经变图、菩萨像为主。壁画构图完整，技法精湛，以娴熟的线条、丰富的色彩，将净土世界的诸佛、菩萨描绘得栩栩如生。在西夏榆林 2 窟壁画中，出现了以唐僧取经为题材的画面。唐僧态度安详，双手合十，礼拜菩萨，孙悟空手牵白马，立于唐僧身后。这是同类题材中所见最早者，对于研究《西游记》故事的形成与演变有很高的价值。又如榆林 3 窟东侧壁画，中为千手千眼观音，在菩萨下方左右对称绘有犁耕图、踏碓图、酿酒图、锻铁图各一幅，把西夏人民的世俗生活刻画得细致入微，情趣盎然，这幅壁画从一个侧面说明，宗教的天国不过是现实世界的折光与倒影。

在莫高窟和榆林石窟中有三十几窟西夏彩塑。这些彩塑带有浓郁的唐代浪漫主义风格，同时又部分地受到宋代写实的现实主义影响，自成一家。如莫高窟 491 窟三尊西夏彩塑，人物皆修眉长眼，鼻梁与额齐平，具有北方民族的相貌特征。其中一尊女供养人像，头梳垂环髻，身着挂衣，脚穿分头鞋，额宽颐小，唇微开而露齿，一身西夏贵妇的装束，雍容华贵，典雅大方。除了莫高窟和榆林窟的彩塑、壁画，在内蒙古自治区额济纳旗黑水城西夏遗址，还出土了一大批卷轴画，亦有很高的艺术价值，可惜其中许多珍品被俄国探险家柯兹洛夫于 20 世纪初劫走。

总之，由于西夏国统治者的重视与提倡，为河西地区自唐末、五代开始衰落的佛教艺术注入了生机。西夏的佛教艺术水平很高，在中国艺术史上占有重要地位。

第六节　西藏佛教的再弘传及宗派的形成

一　后弘期佛教著名人物及其贡献

公元 842 年，被迫还俗打猎的僧人见吉多吉用弓箭射死朗达玛，朗达玛的几个儿子为争夺赞普位爆发了战争，吐蕃全境大乱。在战争中差役无度，生产破坏，人民陷入水深火热之中。朗达玛以后几代赞普虽未再下令禁佛，但社会上亦未见僧人活动的痕迹，西藏地区佛教处于停滞状态。

朗达玛灭佛时期，有藏僧藏饶萨、钥格回和玛释迦牟尼三人，携带经、律、论典籍，经阿里绕新疆，潜入西康避难，并继续修行。后来一些藏僧闻讯来此聚集，于是在西康形成了一个藏族僧团。藏族青年穆苏萨巴，投于藏饶萨门下，以钥格回为亲师，剃度出家。后通晓教义，知识渊博，被尊为公巴饶赛（亦称喇钦）。当时西康受汉地禅宗影响较大，讲究明心见性，顿悟成佛，而不注重修寺建庙，仪规戒律。公巴饶赛凭借自家财力大修寺院，大兴佛事，吸引当地藏族人士受戒入教，维持了藏传佛教的传统。

当公巴饶赛在西康传法时，藏地内乱渐趋平复。统治者开始认识到，还是佛教更有助于统治。藏王室后裔、控制山南地区的地方势力头领意希坚赞虔信佛教。他听说西康僧团的情况后，派 7 人（一说 11 人）到西康求法。目前知姓名者有鲁梅粗墀喜饶、热希粗墀迥乃、征耶歇云丹、巴粗墀罗迫、松巴耶歇罗追、洛敦多吉旺曲、聪尊喜饶僧格、者敦重熏粗墀。他们都从公巴饶赛受戒，学习佛教各部经典，学成后于 978 年左右陆续返回卫藏，建寺、收徒、传法。其中鲁梅粗墀喜饶名声最大，弟子最多，著名者便有"四柱"、"八梁"、"三十三椽"，创建 18 处僧团。一时间佛教遍布全藏，深入民间，人数之多，影响之广，又非前弘期可比。一般佛教史以 978 年鲁梅粗墀喜饶返回拉萨作为后弘期开始之年。从朗达玛 841 年灭法至此，佛教在西藏中断了 137 年。此后，由于统治者的支持，人民的信奉，佛教作为西藏地区的主要宗教地位再未发生过动摇。后弘期本教势力急剧衰微，一部分吸收佛教内容，成了类似佛教的一个宗派，被藏民称为"白本教"。在一些偏远地区，仍保留较多本教特征的则是"黑本教"，其势力已不足与佛教抗争。

后弘期开始便很重视佛经的引进和翻译。当时印度佛教正处于密教的鼎盛时期，所以此时流人西藏的经典以密教为主。在译经事业上，以仁钦桑布、卓弥、玛尔巴和桂枯巴拉四人成就最大。

仁钦桑布（宝贤，958～1055），生于古格的宁旺热特那，13 岁从耶歇桑布出家。当时阿里地区藏王名耶歇翰（智光），他对当地密教的一些修行方法颇生疑惑。这些教徒仅按密教经典字面行事，以男女乱交为成佛法门，以杀人砍头为超度手段，并修习"炼尸成金"的邪术。藏王感到此等教法于统治不利，决定从阿里地区挑选 21 名优秀青年往迦湿弥罗（今克什米尔）学习密教真传，仁钦桑布亦在其中。由于路途艰险，瘟疫流行，21 人中只有仁钦桑布和弟子玛莱贝喜饶得以生还，仁钦桑布一生三次赴印度和克什米尔留学，曾跟随印度 75 位大师学法，修习一切显、密教义，并带回大量经籍。

据统计,他一生翻译17种经、13种论、108种怛特罗(密咒),还译出了不少医学、文学、工艺方面的书籍。在显宗方面他注重弘传般若学,译、讲《二万般若释》、《八千颂般若》、《八千颂大疏》等。藏传佛教中般若学发达与他的倡导是分不开的。在密宗方面,他总弘四部密法(行部、事部、瑜伽部、无上瑜伽部),尤其是瑜伽部的广释、仪轨、修法,都是他传译的重点。由于他所译密咒质高量大,故藏传佛教史上以他为界限,之前为旧派密咒,之后为新派密咒。玛莱贝喜饶为仁钦桑布的上座弟子,译出许多密宗无上瑜伽部经典。

卓弥(994~1078),青年时由藏王派往印度、尼泊尔等地留学。他先在尼泊尔静贤论师处学习声明,后往印度超岩寺学习戒律、般若和密法,又去东印度留学四年,从般若因陀罗茹箕学习"道果"密法。回西藏后译出《喜金刚》、《金刚幕》、《三补礼》等密典,主要弘传欢喜金刚等瑜伽母续。卓弥的门徒很多,玛尔巴、桂枯巴拉皆出其门下。萨迦派创始人昆却杰布(1034~1102)亦曾向卓弥献金求学"道果"密法,回到萨迦地方后创建萨迦寺。由于"道果"密法是萨迦派的主要教法,所以他们尊卓弥为始祖。

玛尔巴(法慧,1012~1097),15岁从卓弥学法。后三次赴印度,四次赴尼泊尔,曾在那萨巴、弥勒巴、静贤、庞庭巴等佛教大师门下广学集密、胜乐、大手印、欢喜金刚、摩诃摩耶、四座等密法,回西藏后,主要弘传集密等瑜伽母续、佛顶等瑜伽母续。玛尔巴门下弟子很多,最著名者为米拉日巴,日后成为噶举派创始人,所以噶举派主要奉行玛尔巴所传密法。

桂枯巴拉也是卓弥的弟子,曾三次赴印度,跟随72位大师学习显密诸法,特别依止静贤大师,学习集密龙猛派教法,回藏后译出《胜乐金刚空行续》、《四座续》、《摩诃摩耶续》、《欢喜金刚母续》等密教重要经典。他的弟子也很多,宁玛派的索尔琼、喜饶扎巴曾在他门下听《喜金刚经》。

除上述四大译师外,还有罗敦协饶、跋曹日称、吉觉月光、桑迦圣慧、宁盛称、克邬格巴轮称、绷钥明称、哆称佛称、跋日宝称、罗甲慧积、梅觉慧积、卓慧称等一大批藏族译师,分别译出大、小乘多部经论,现多保留在大藏经中。至此,显宗的经论和密宗的修行方法已输入完备,为后弘期佛教大发展奠定了理论基础。

在后弘期理论建设方面,印度高僧阿底峡(982~1054)也发挥了重要作用。阿底峡(梵名译音,意译为月藏)是印度扎护罗国(达长)王子,自幼好学,精通声明、医方明、工巧明和大小乘显密教经论,29岁受戒为僧,曾任那烂陀寺和超岩寺首座。许多西藏僧人,如桂枯巴拉在留学印度时都曾

向他学习，回国后又把他的情况介绍给藏王。藏王非常仰慕阿底峡的才学和
修养，派遣高僧携黄金迎请阿底峡入藏传法。1042年阿底峡入藏，在藏弘化
17年，73岁时病殁于西藏摄塘。阿底峡的特殊贡献在于，对西藏僧人显密
修行次第进行了调整。长期以来，由于佛教多头引进，佛经卷帙浩繁，使藏
僧往往不了解各部经典、各派教法在整个佛学体系中的位置，偏修偏习，以
至淫秽混乱的情况普遍存在。这样不仅达不到密宗所要求的修养境界，而且
在群众中影响很坏。阿底峡在托林寺译出《菩提道灯论》，概括了显密要旨，
提出福慧双修的见解。他不反对密宗修法，但认为密法必须以显宗的佛教理
论为基础，一定要先显后密。在密教诸部中，他把无上瑜伽视为"圆满修
持"的最高阶段，只能渐至，不可骤达，故不肯轻易授人。据说他只把四本
续的一切口诀秘密传授给了仲敦巴（1004～1064），使他成为密宗全部教主。
仲敦巴日后成为噶当派创始人。阿底峡对显密诸部修习次第的调整，使当时
混乱的佛教教理系统化，使佛教徒的修持规范化，对西藏密教的发展具有极
为重要的意义。使藏传佛教始终保持其理论性、严肃性和神圣性，而不像在
它的发源地印度那样，由世俗而庸俗，由庸俗而窳滥，并最终消亡。

二　藏传佛教诸派及其理论

后弘期佛教扫清了发展障碍，迅速成为藏地占支配地位的意识形态。不
过，由于传入西藏的佛教理论本身就派别不一，密宗又特重秘密单传，故各
种密传独立门户，化导一方。加之9～11世纪正是西藏地方分裂时期，各地
贵族割据一方，更加剧了藏传佛教的部派分化。各派僧侣与各地封建势力相
结合，形成了"政教合一"，互为表里的政治集团。在藏传佛教史上，先后
出现过宁玛、噶当、噶举、萨迦、格鲁五大派系，此外还有一些小派系。他
们的势力随着理论的胜负及其背后封建领主权力的盛衰而消长。

（一）宁玛派

宁玛派是藏传佛教中历史最为悠久的一派，"宁玛"二字即为"古"、
"旧"之意。所谓"古"，因其自称为8世纪前弘期的莲花生所传，创教时间
比其他诸派皆早。所谓"旧"因其理论属于前弘期传入的旧派密咒。宁玛派
的实际创始人是11世纪的"三索尔"，即索尔波·释迦琼乃（释迦生，
1007～1064）、索尔琼·喜饶扎巴（慧称，1014～1074）和索尔琼·卓通
巴·释迦僧格（1074～1143），他们共尊莲花生为始祖。该派因僧人多戴红
帽、穿红袈裟，又俗称"红教"。

宁玛派的特点是组织松散，教徒散布各地，僧人参加生产劳动，可以娶

妻生子，该派教法内容不尽一致，但一般而言重密轻显，并无正规的学经制度，且因吸收了大量本教内容，神怪色彩浓郁。其理论以"大圆满法"为正传，认为一个人的心体（思想）就其本质而言是纯净的，"远离尘垢"，为万法之源。修习的目的就是为把握好这个远离尘垢的心体。然而这个心体既非世间之心所能把握，亦非超世间之心所能把握，最好的办法是"听其自然"，随心而往。如果能做到在"虚空明净"中把心安住于一境，就算是实现了"大圆满法"，即身成佛了。宁玛派密法采用师徒单传或父子单传的形式。由于教徒分散，故虽传播地域广阔，影响却不大，也未形成强大的寺院集团。宁玛派一直流传至今，近现代还远播欧洲，比利时的布鲁塞尔、法国的卡斯特朗、希腊的雅典等城市都有宁玛派寺院。

（二）噶当派

在藏语中，"噶"字意为"佛语"，"当"字意为教授、教戒，连在一起，说一切佛语都是对僧人修习过程的指导。噶当派源于阿底峡，实际创始人是仲敦巴（1005～1064）。仲敦巴曾多年跟随阿底峡学习各种显密教法，特别是阿底峡的《菩提道灯论》关于密宗修习次第的理论对他影响很大。阿底峡死后，仲敦巴应当雄地方领主所请前往传法，在热振地方建立热振寺作为根本道场，从而形成噶当派。仲敦巴死后，其三大弟子分别传法，形成教典、教授和教戒三派。博多哇·仁青赛传（1031～1105）开创教典派，主张一切经论都是成佛的方便和修行的依据，他们特别重视"噶当七论"，即《大乘经庄严论》、《菩提论》、《集菩提学论》、《入菩提行论》、《本生鬘论》、《菩提道灯论》和《集法句经》。京俄哇·楚臣拔（1038～1103）传出的一支称教授派，此派也读"噶当七论"等经典，但更重视在师长指导下的修习实践。如念咒，供佛和静修，故有教授派之名。在理论上他们以"四谛"、"缘起"、"二谛"为教授，以明"无我"正义，通依一切大乘经典，显教倾向明显。教诫派由普穷哇·宣奴贤赞（1031～1106）开创，以"恒住五念"为主旨，以"十六明点"的修法为心要法门。这个教派下自戒律，上至金刚乘法，都在一座中一齐修习，特重持戒。

总体来讲，噶当派比较注重佛教显宗理论，但他们也不排斥密宗教法，只是强调修习次第，只对大根器人授以密法。噶当派所传密法以《真实摄经》为主，属于密宗第三部的瑜伽部。当时密宗最高的无上瑜伽部已传入西藏，搞了许多狰狞恐怖的神和欢喜佛顶礼膜拜，经文中又有许多描述性关系的内容，往往导致污秽事件发生。噶当派主弘瑜伽部，与主弘无上瑜伽部的萨迦、噶举两派以及包含大量本教内容的宁玛派相比，有"纯净"之誉。噶当派以怯喀寺、基布寺为基础形成了较大的寺院集团。噶当派的思想对宗喀巴的宗教改革有很大影响，宗喀巴宗教改革以后，噶当派并入了格鲁派。

（三）萨迦派

萨迦派因其流行于萨迦地区而得名：此派寺院多以红、白、蓝三色线条涂墙（红色代表文殊，白色代表观音，蓝色代表金刚手），所以人们称其为"花教"。萨迦派创始人昆却杰布（宝王，1034～1102）出生于萨迦地方古老的昆氏家族，据说该家族的鲁益旺波松是西藏最早剃度的七位僧人（七觉士）之一，数传后到昆却杰布，投于卓弥译师门下助译各类经典，又从桂枯巴拉大师学习显密各部数法。40岁后到家乡奔波山建立萨迦寺，从此形成萨迦派，自任教主。该派规定僧人可以娶妻生子，但生子后便不可再接近妇人。寺主的地位由教主家族世袭，从此昆氏家族便垄断了萨迦地方政、教大权。萨迦派势力在元朝达到鼎盛，元世祖册封萨迦五世祖八思巴为"帝师"、"大宝法王"，不仅"授玉印"，任中原僧总统，而且置释教总统所（后改为宣政院），"军民通摄"，统管吐蕃地区政、教一切事务。以后历代帝师皆出自昆氏家族。在元中央政府的支持下，萨迦派建立了第一个统一全藏的政教合一政权，不仅恢复了西藏的统一，而且也促进了祖国的统一。元代萨迦势力超过了其他宗派。元以后萨迦派因内部不和而分裂，势力衰落，但仍偏安一隅，世代为萨迦地方的统治者，教派流传至今。

萨迦派以"道果法"为其理论核心。"道果法"的秘诀最初由卓弥译师所传，后由昆却杰布之子贡噶宁布发挥完善。"道果法"以"空明无执"和"生死涅槃无别"为根本见解。萨迦派认为修行"道果法"要经过三个次第，即"最初舍非福，中断于我执，后除一切见，知此为智者"。第一步"最初舍非福"，要人们对没有投入"三恶趣"（地狱、饿鬼、畜生）知足，并努力修行，争取来生投入"三善趣"（天、阿修罗、人）中。第二步"中断于我执"，仅为来生趋善避恶而修行还属于对于个人灵魂的我执，没有摆脱轮回。进一步修行就要树立"无我空慧"的思想，认识到自身不过是父母因缘巧合的结果，无自性，不值得留恋。破除我执，人生一切烦恼皆可破除。第三步是"后除一切见"，即不仅要破"我执"、"法执"，而且要破除"宇宙万物皆非实有"的"断见"。因为人陷入断见就会连生死轮回、天堂地狱都不相信，肆无忌惮，无恶不作。所以道果法还教人们在有、无之际执著中道，"知此为智者"，因获得"一切智"而证得"涅槃"佛果。

(四)噶举派

噶举派是藏传佛教中支系最多的流派。在藏语中"噶举"意为"言传",因注重师徒间的口传而得名。该派僧人多穿白衣,所以又被称为"白教"。

噶举派最初有两个派系,主流是由玛尔巴和米拉热巴(1040～1123)开创的达布噶举,支系则是由琼波南交巴(1086～?)传来的香巴噶举。两派一度香火都很兴盛,但香巴噶举14世纪后便失传了,达布噶举分出的各派一直传到晚近。玛尔巴译师15岁在卓弥译师门下学法,后三次赴印度,四次赴尼泊尔,共参拜过108位密教大师,最后依止弥勒巴,证得"大手印"境界,并以此说为传教核心,回藏后广弘集密、胜乐、欢喜金刚、四座、大幻等密法,弟子甚众。其中米拉热巴得到了全部密法,并将噶举派发扬光大。按照噶举派的说法,显宗重修心,密宗重修身。密宗包括呼吸、脉、明点等一整套气功,他们的气功修炼从"拙火定"入手,即利用气功炼御寒的功夫。米拉热巴名字中"热巴"一词,就是说他学会了这种功夫,可以穿单衣抗御严寒。以后再修"那饶六法",练成后便可吞刀吐火,肉体飞升,游行虚空,如履平地。噶举派修行最高一级是无上瑜伽部的"双身修法",即通过男女修者的交媾而证悟"空"。米拉热巴门下弟子很多,其中达波拉杰(1079～1153)门下又分出四派,即噶玛噶举、蔡巴噶举、拔戎噶举和帕竹噶举。后来帕竹噶举又分成了止贡巴、达垄巴、主巴、雅桑巴、绰浦巴、修赛巴、叶巴、玛仓巴等八个小派系,合称"四大八小"。噶举派僧徒分布前后藏各地,许多宗教领袖在元、明两代受过中央政府的册封,掌握西藏地方政权。

在藏传佛教中,噶举派还以最早实行活佛转世制度而著名。噶玛噶举中的黑帽系和红帽系是其先行者。黑帽第一位转世活佛是噶玛拔希(1204～1283),因元宪宗赐其金沿黑帽而得名,他死后,在后藏贡塘地方发现了攘迥多吉(1284～1339),被认为是噶玛拔希的转世灵童,确定为下一代转世活佛。此系活佛一直转世到十六世日必多吉(1924～　　),1959年随达赖出逃印度。红帽系一世活佛为扎巴僧格(1283～1349),转至十世却朱嘉措(1738～1791),因勾结廓尔喀(今尼泊尔)人叛乱,被乾隆帝抄没寺产,停止转世。

转世制度对后世格鲁派达赖、班禅两大系活佛制度的产生有所启迪。格鲁派是藏传佛教中产生最晚,而在后期又势力最大的流派,详见明代章。

(五)其他小流派

1. 希解派

由印度僧人丹巴桑结(?～1117)创立,教法以般若为主,密法以传

"大手印"法为主。丹巴桑结先后 5 次入藏，其门徒多在荒山老林、坟窟墓场等人迹罕至之处进行苦修，很少建寺院，但僧团形成一派社会势力。在历史上，该派未与中央政权发生过任何联系，也没有掌握过地方政权，故社会影响很小。

希解一词，意为"能寂"、"止息"，即说他们依靠对般若性空的理解及一套苦行修炼，便可达到终止生死流转，熄灭一切烦恼的涅槃境界。15 世纪初该派逐渐失传。

2. 觉域派

"觉"为"能断"之意，说依他们的修行方法即可断除人生苦恼和生死轮回。"域"为"境界"，即心理活动的对象。该派认为：一切烦恼皆由于对认识对象的误解和爱憎而起，因而用洞照性空的般若智慧和一切人的慈悲心，便可断除这些烦恼，证得涅槃。他们认为一切显密教法都有"觉域"的功能。该派亦由丹巴桑结所传，据说他第三次入藏时将觉域授予交释迦耶歇和雅隆玛热色波。交释迦耶歇传法于侄子索南，索南再传于女弟子洛准玛，此后该系多传女子，称"摩觉"（意为女传觉域）。而雅隆玛热色波的弟子多为男子，称"颇觉"（意为男传觉域）。觉域派 15 世纪后还有传人，此后便于史无载了。

3. 觉囊派

该派思想溯源于域莫弥觉多吉。其人原为一在家的瑜伽行者，出家后学习金刚、集密等密法，创立"他空义"。其他诸派多从龙树的中观论说"万法性空"，而该派却认为：事物有它真实的属性，虚幻只是人们"虚妄分别"增加上去的东西。"虚妄分别"即是"他"，佛所说空只是"他空"。从"他空义"，推论出事物皆有实体，一切众生皆有佛性，众生佛性与佛之佛性无别。这种思想与印度教的湿婆派一脉相承，域莫弥觉多吉五传弟子突结尊追（1243～1313）创建觉囊寺（今日喀则附近），该派因此而得名。再传至笃补巴喜饶时，该派逐渐兴盛，后来也采用了活佛转世制度，并由多罗那它（1575～1634）传入蒙古喀尔喀部，成为著名的哲布尊丹巴系活佛，是藏传佛教在蒙古族中的最大派系。该派在西藏的僧徒 17 世纪后被格鲁派兼并。

4. 郭扎派

创始人为郭扎巴·索南坚赞（1182～1261），曾向 1204 年入藏的印度高僧释迦室利跋陀罗学习显密教法，29 岁受比丘戒，后去冈底斯山修行五年，据说获得了特殊的体验，后在江孜郭扎地方建立了郭扎寺，传播各种"大手印"法门,是当时颇有名望的高僧。门徒很多,弟子内也有一些名人,但未将其学说光大,不久便湮没无闻了。

5. 夏鲁派

亦称霞护派、布顿派,由西藏佛学界著名人士布顿·仁钦朱(1290～1369)创立。布顿学识广博,写过不少佛教与历史书籍,全集共 26 函,约2000 余种。他是藏文大藏经《丹珠尔》的目录编纂人,后来几版《丹珠尔》都是依他编定的次序刻印的。1322 年写成著名的《布顿佛教史》,前半部讲佛教在印度、尼泊尔传播的情况,后半部讲佛教在西藏发展的历史,成为后人研究藏传佛教的重要史料。布顿成名后得到夏鲁地方领主的支持,请他当夏鲁寺座主,该派也因此而得名,他死后,夏鲁寺开始了他的转世系统。他的弟子中有人曾当过宗喀巴的老师。

第七章　元朝的宗教

第一节　概　述

元朝是由蒙古贵族建立的版图辽阔而国祚不长的大帝国。蒙古族入主中原，一方面保持着传统的萨满教信仰，另一方面也在征服西藏的过程中接受了藏传佛教。为了管理和稳定以汉族为多数的多民族组成的社会，蒙古贵族在宗教信仰上实行承认现状和兼容并包的政策，对佛教、道教、伊斯兰教、基督教以及其他信仰都给予宽容，形成元代宗教文化多元并存、同时发展的局面。

在思想上，元朝统治者推崇儒学，以程朱理学为官方哲学，并将理学作为科举和教育的首要规范。同时承袭宋朝，仿中原旧礼，建立国家宗教礼典，行郊天、宗庙之礼，接续华夏宗教传统。

由于鼓励佛教的发展，汉地佛教和藏传佛教都颇为兴盛。汉地佛教仍以禅宗为主流，其中临济、曹洞二宗较盛。但佛教义理方面无甚大创造。由于蒙、藏的特殊关系，元朝君王尤重藏传佛教，将其宗教领袖由国师提升为帝师，建立起元代特有的帝师制度，使藏传佛教及其领袖具有了崇高的社会地位，同时过分的政治支持也带来一些负面作用。在云南地区，上座部佛教由境外传入并得到发展，逐渐融入民间，给予傣族地区的社会文化生活以普遍而持久的影响。

金元之际出现的全真道，在元代达到鼎盛，以邱处机西行见成吉思汗为契机，全真道大行于汉族地区，人才辈出，全真内丹学理论空前繁荣。江南地区，忠孝净明道崛起，正一道亦呈兴旺气象，它与北方全真道成对峙并行之势。

在中原与西域及阿拉伯、波斯频繁交往的大背景下，回回民族正式形成，并在元代占有较高的社会地位。与此相应，伊斯兰教也进入顺利发展的时期。在新疆,伊斯兰教进一步扩大了影响,而佛教力量逐渐缩小。此外,犹太教亦继续流行。

基督教的一支——也里可温教从西域传入,虽然在蒙古贵族中得到传布和较快发展,但元朝的覆灭也使它随之消亡。

发源于宋代白莲宗的白莲教,在元末兴起,成为汉族反抗蒙古贵族统治的旗帜。随着白莲教的发展,民间宗教开始进入活跃时期。

第二节　官方宗教礼仪的建设与特点

据《元史》的《祭祀志》,元朝兴于朔漠,原有天神崇拜、自然崇拜、祖先崇拜旧俗,入主中原后,渐次采用唐宋祭礼而有所简约,又将若干旧俗掺入其中,形成了初具规模的国家官方宗教祭祀典礼。

一　郊天

蒙古族贵族原有拜天之礼,但衣冠尚质,祭器尚纯,有古朴之风。宪宗(蒙哥)即位第二年,始穿冕服拜天于日月山,又合祭昊天后土,以太祖、睿宗配享,祭地并不固定。世祖忽必烈中统年间,亲祀天于桓州西北,并沿袭蒙古旧俗,洒马湩以为礼,皇族以外不得与祭。至元十二年上皇帝尊号,遣使预告天地,始借鉴唐宋金旧仪,于丽正门东南七里建祭台,设昊天上帝、皇地祇两神位,行一献礼。成宗即位,建坛于城南七里。大德六年春三月庚戌,合祭昊天上帝、皇地祇、五方帝于南郊,由左丞相摄祀。武宗至大中,议北郊方泽之祀,后未能实施。英宗至治中,议南郊祀事,诸大臣认为:郊天当三年一祀,祀昊天上帝,五帝从享,以太祖配,牺牲有牛马。文宗至顺元年,亲祀昊天上帝于南郊,以太祖配,此前皆由大臣摄祀。所用祀仪,与中原旧制大同小异。

二　宗庙

蒙古旧俗,祭祀祖先须割牲、奠马湩,用本族巫祝致辞。世祖中统中,诏建太庙于燕京,至元三年太庙成,定为八室。至元四年,命国师僧荐佛事于太庙七昼夜,此为太庙荐佛事之始。至元十四年,诏建太庙于大都。十七年,祖神迁入新庙,毁旧庙。武帝即位后,亲祀太庙。英宗亦特重祭祖,曾对群臣说:"朕缵承祖宗丕绪,夙夜祗栗,无以报称;岁惟四祀,使人代之,不能致如在之诚,实所未安。自今以始,岁必亲祀,以终朕身。"

凡大祭祀,皆重马湩祭仪。马湩即马奶,以革囊盛送祭坛,马牲与牛羊猪三牲同时供奉,将奠牲盘酹马湩,巫师升至第一座,呼叫帝后神讳,并念其祝语。礼毕,以割奠所剩之物,撒于南棂星门外,名曰抛撒茶饭。

又有神御殿,旧称影堂,用织锦做成祖宗像,以时祭祀。影堂设在佛寺,如世祖、裕宗帝后影堂在万安寺,顺宗、仁宗帝后影堂在大普庆寺,成宗帝后在万宁寺,武宗及二后在福元寺,明宗帝后在延圣寺,英宗帝后在大永福寺,也可皇后在仁王寺。影堂又藏玉册玉宝。把祭祖附设于佛教场所,足见之朝贵族对佛教的倚重。

三 太社、太稷

至元三十年,建社稷坛于和义门内,社东稷西,社坛用五色土,稷坛一色黄土,社主用白石,稷不用主,后土氏配社,后稷氏配稷,社树以松,于社稷二坛之南各一株。以春秋二仲月上戊或中戊日祭祀之。

四 宣圣

太祖置宣圣庙于燕京。至元十年,中书省命春秋释奠,执事官穿其品服,陪位诸儒襕带唐巾行礼。成宗大德十年建宣圣庙于京师。至大元年,诏加号孔子为"大成至圣文宣王"。延祐三年秋七月,诏春秋释奠于孔庙,以颜子、曾子、子思、孟子配享。封孟子父为邾国公,母为邾国宣献夫人。皇庆二年,以许衡(鲁斋先生、大儒)从祀,又以先儒周敦颐、程颢、程颐、张载、邵雍、司马光、朱熹、张栻、吕祖谦从祀,至正中,增列宋儒杨时、李侗、胡安国、蔡沈、真德秀五人从祀。又追封朱熹之父为献靖,改封朱熹为齐国公。至顺元年,以汉儒董仲舒从祀,加封孔子父叔梁纥为启圣王,孔子母颜氏为启圣王夫人,颜回为兖国复圣公,曾参为成国宗圣公,子思为沂国述圣公,孟子为邹国亚圣公,程颢为豫国公,程颐为洛国公。太宗窝阔台令孔子 51 代孙孔元措袭封衍圣公,修阙里孔庙,官给其费。武宗起行代祠之礼,牲用太牢,礼物别给白金 150 两,彩币表里各 13 匹。后皆循此制,而锦币杂彩多有增加。元朝在汉化过程中推尊孔子,提倡儒学。特别是程朱理学列为科场程式,开始成为官学。元朝历代皇帝中崇儒最甚者为文宗,文宗于天历二年在大都建奎章阁,置学士员，讲授经学，遣儒臣曹元去曲阜代祀孔子，又诏令修葺曲阜孔庙，建颜回庙，加封孔子父母及诸弟子，各郡县皆设宣圣庙，其目的是通过对儒学纲常节孝的提倡，稳定蒙古贵族的统治，并加速蒙古族文化汉化的过程，使元朝政权成为华夏文化正宗的代表。

五　岳、镇、海、渎

自中统二年始，实行代祠之礼，选重臣或名儒及道士前往祭祀。其神祠共 19 处，分三道，后以东岳、东海、东镇、北镇为东道；中岳、淮渎、济渎、北海、南岳、南海、南镇为南道；北岳、西岳、后土、河渎、中镇、西海、西镇、江渎为西道。又复为五道，加封五岳为帝，江河淮济及诸海为王。

其他宗教祭祀还有风雨雷师、武成王、古帝王、周公、功臣、忠臣、义士等。

六　蒙古旧俗

元朝保留下来的宗教风俗，除大祭奠马湩外，还有：每年六月二十四日洒马妳子，用马一、羯羊八、彩缎及貂鼠皮等，命蒙古巫觋及蒙汉秀才达官四员领其事，再拜告天，并呼成吉思汗名字而视之，这是一种祭天仪式；每年九月内及十二月十六日以后，在烧饭院中，用马一、羊三、马湩、酒醴、红织金币及裹绢各三匹，命蒙古达官一员，偕蒙古巫觋，掘地为坎以燎肉，以酒醴、马湩杂烧之，巫觋用族语呼累朝皇帝名而祭祀，此乃一种祭祖风俗；每年十二月下旬择日，在西镇国寺内墙下设草人草狗，选达官世家之贵族举行"射草狗"之礼，射至糜烂，用羊酒祭祀，祭毕，帝后及太子嫔妃与射者各脱下外衣，由蒙古巫觋祝赞之，将外衣交予巫觋，名曰脱灾；每年十二月十六日以后择一日，帝后及太子用白黑羊毛线将头至手足全身缠绕，坐于寝殿，蒙古巫觋一边念咒语，一边奉银槽贮火，内有米糖酥油，以其烟熏帝之身，断所系毛线，纳入槽内，帝又将数寸红帛裂碎，唾之投入火中，解下衣帽付巫觋，谓之脱旧灾、迎新福；帝后病危，移居外毡帐房，死后殡殓其中，葬后，每日用羊二次烧饭以为祭，至四十九日而后止；凡皇帝死之丧葬，以楠木为棺，以皮服为装，用金器为殉，用蒙古巫媪导行，实行土葬，葬前每日三次用羊奠祭，葬后每日一次烧饭致祭，三年然后止。

第三节　汉、藏佛教的发展与帝师制度

元朝是蒙古贵族联合回、汉等民族地主阶级共同建立的封建政权，也是中国少数民族建立的第一个全国性政权。由于蒙古铁骑能征善战，中国的版图空前扩大，使元代的佛教具有民族多样性的色彩。

一　元朝帝王的崇佛政策

《元史·释老传》开篇便讲："释老之教，行乎中国也，千数百年。而其盛衰，每系乎时君之好恶。"元代佛教的兴隆是与十朝帝王的崇奉分不开的。蒙古族原本信仰萨满教，12～13 世纪，随着蒙古民族社会的进化和对外军事征服，他们开始接触到藏传佛教（俗称"喇嘛教"），藏族高僧深厚的宗教修养吸引他们皈依沙门。在入关以前，佛教已经成为蒙古民族一种相当普遍的宗教信仰。元世祖忽必烈就是一个虔诚的佛教徒，在戎马倥偬的军旅生涯中，"万机之暇，自持数珠，课诵、施食"（《佛祖统纪》卷四八），坚持佛事活动不懈。统一天下后他讲："朕以本觉无二真心治天下……故自有天下，寺院田产二税尽蠲免之，并令缁侣安心办道。"（同上书，卷四九）元朝采取一系列优惠扶植政策，使中原的佛教迅速得以恢复。出于传统者的信仰和巩固对藏统治的政策考虑，元代帝王特别尊奉藏传佛教。忽必烈入关前就曾请萨迦派高僧八思巴讲经说法，参赞军机。立国后，尊八思巴为"帝师"，授玉印，命其统领天下释教及吐蕃政教事务。八思巴还为忽必烈本人及其后妃和全体皇族灌顶受戒，并由此形成传统。世祖以降，每帝必先从帝师受戒，然后才登基受贺，崇佛政策代代相传。

元帝崇佛，保留了草原民族质朴无华、讲求实利的特点，主要是求佛保佑，降福免祸。因此他们对虚玄深奥的佛教义学并无多大兴趣，崇佛活动主要是修功德、作佛事。凡举行法会、念经、祈祷、印经、斋僧、修建寺院，费用多由国库支出。又常赐寺院田产、财物，数目往往非常惊人。由于史籍缺乏完整的统计数据，我们只能从史料中枚举数例以证其浩繁。

元世祖中统二年（1261），"曾于城中乾、艮二隅造两佛刹，曰大乾元寺，曰龙光华严寺"（《佛祖统纪》卷四八）。至元二十二年（1285），"发诸卫军六千八百人，给护国寺修造"（同上）。至元二十五年（1288）四月，"万安寺成，佛像及窗壁皆金饰之，凡费金五百四十四两有奇，水银二百四十斤"(同上)。成宗大德五年（1301），"赐昭应宫、兴教寺地各百顷，兴教寺仍赐钞万五千锭。上都乾元寺地九十顷，钞皆如兴教之数。万安寺地六百顷，钞万锭。南寺地百二十顷，钞如万安之数"（《元史·成宗纪三》）。成宗年间作佛事，"岁用钞千万锭"（《续资治通鉴》卷二〇二）。元贞元年（1295）九月，"以国忌日……饭僧七万"（《元史·成宗纪一》）。武宗至大三年（1310）正月，"营五台寺，役工匠千四百人，军三千五百人"（《元史·武宗纪二》）。仁宗庆元二年（1312）三月，"赐汴梁路上方寺地五百顷"，四月"给钞万锭，修香山永安寺"（《元史·仁宗纪一》）。仁宗延祐四年（1317），内廷作佛事，每岁共耗"面四十三万九千五，油七万九千，酥二万一千八百七十，蜜二万七千三百"（《元史·释老传》）。皇庆年间，各寺修佛事，"日用羊九千四百四十头"（《元史·仁宗纪一》）。英宗至治元年（1321）二月，"调军三千五百人，修上都华严寺"。"大永福寺成，赐金五百两，银二千五百两，钞五十万贯，币帛万匹"（《元史·英宗纪一》）。文宗天历二年（1329），"建承天护圣寺"；至顺元年（1330）四月，"以所籍张珪诸子田四百顷，赐大承天护圣寺为永业"，"括益都、般阳、宁海闲田十六万九十顷，赐大承天护圣寺为永业"（《元史·文宗纪三》）。在我国佛教史上，如此慷慨地赐予寺院田产还是少见的，由此可见蒙古贵族崇佛之狂热。文宗自我表白说："吾建寺，为子孙、黎民计。"（同上）殊不知滥用民力、虚耗国库将会导致严重的财政危机和社会危机。至元顺帝时，内外交困，但仍无收敛，照修佛寺。正元三年（1343）十一月，"拨山东地土十六万二千余顷，属大承天护圣寺"（《元史·顺帝纪四》）。至元十三年（1353）三月，"诏修大承天护圣寺，赐钞二万锭"（同上）。统治者佞佛的结果，大元国土之上，"凡天下人迹所到，精蓝、胜观、栋宇相望"（《续资治通鉴》卷一九七），俨然人间佛国，可是平民百姓在阶级压迫、民族压迫之下早已痛不欲生。当红巾军起义的烽火燃起之时，佛、菩萨也保祐不了大元王朝，狂热崇佛也是元朝国祚短暂的原因之一。

二　汉地佛教的发展及其管理制度

由于统治者的推崇，元代汉地佛教迅速从宋末战乱的低谷中恢复到了相当规模。据宣政院至元二十八年（1291）统计：全国共有"寺院二万四千三百一十八所，僧尼二十一万三千一百四十八人"（《元史·世祖纪十三》）。若将私建寺庙、私度僧尼计算在内，肯定不止此数。由于王室及贵族的慷慨赏赐，寺院占有大量田地，元代寺田约有 3286 万亩。（见《续文献通考》卷六）元朝寺院经济除了占有土地，还大力经营商业与工业，如开办当铺、酒店、碾硙、养鱼场、货仓、旅馆、煤矿、铁矿，等等。史籍记载：皇庆初年（1312），除赐予大普寺腴田 8 万亩外，还有邸店 400 间（即旅店）。（《陔余丛考》卷十八）仁宗延祐三年（1316）于五台山灵鹫寺置铁冶提举司，对寺院经营的冶铁业加以管理。（《元史·仁宗纪二》）

面对如此众多的僧尼和如此巨大的寺院经济产业，元政府需要一套完整的宗教管理机构。元代的僧官体制主要沿袭唐宋，又参考了辽、金、西夏，并加损益而成。唐宋两代基本上都是由尚书祠部与功德使分掌僧务，其中尚书祠部的俗官握有度牒发放、寺额控制、遴选大寺住持等实权；功德使的僧官则负责管理各寺具体僧务。而西夏的僧官体制则有僧俗合一的倾向，由和尚、出家、护法三功德司统领全部僧务。元代亦采取僧俗并用的方针，两套管理机构逐渐合一，僧官权力大大加强。僧官不仅管理全部僧务，而且"军民通摄"，僧官衙门在某些地区（如西藏、川康、河西）可以发挥全部政权作用，在汉地则可发挥部分政权作用（如参与俗官审理僧俗之间的法律纠纷），实为中国政治制度史上一大特例。造成这种现象的原因，与少数民族全民信教的性质有关。

元代中央政府的僧务机构在元世祖时即有三变。最初称释教总统所，由帝师八思巴领"僧总统"衔，统管吐蕃军政事务及中原僧务。至元元年（1264）改称总制院，仍由帝师兼领。至元二十五年（1288）再改称为宣政院，"以尚书右丞相桑哥兼宣政使"（《元史·世祖纪十二》）。从此中央僧务机构基本定型，宣政院长官主要由帝师或中央省长官兼任。宣政院是元政府四个最高机构之一（中书省、御史台、枢密院、宣政院），秩从一品，可见统治者的重视。宣政院的主要职能分两大类，一类是专管吐蕃军政事务，另一类是统领全国佛教事务，如地方各级僧官的监督、选任，名山大刹住持的遴选，寺额的确定，国立大刹的修筑，童行的剃度，师号、紫衣的赐予，等等。宣政院对僧尼犯罪有司法权。元律规定，僧尼除犯奸、盗、杀人罪外，皆归僧司处理。僧尼与民间发生纠葛，由僧司会同官府审理。宣政院除领导各级地方僧司外，又在一些宗教事务特别多的地区设立派出机构——"行宣政院"，直接管理当地僧务。如江南行宣政院、福建行宣政院，等等。

功德使司从唐代创制，下辖左、右街僧录司，由僧官任职，具体管理天下僧务。元代至正十七年（1280）亦曾循唐、宋旧例设功德使司，以宣政院使或帝师兼领。如至元二十一年（1284），宰相桑哥以总制院使的身份兼领功德使司。由于宣政院本身已具"军民通摄、僧俗并用"的性质，再设置一个僧俗并用的中央机构便成骈指，因而功德使司从设置之初，职权便已大大缩小，只管法会、醮祀、印经等部分僧务。到天历二年（1329）文宗正式下诏："罢功德使司归宣政。"（《元史·百官志三》）从此对宗教事务实行一元化领导。

在地方上，元代参照宋、辽，特别是金代的僧官制度，在各路设僧录司，州设僧正司，府设僧纲司，县设都纲，管理本地区僧务及有关司法事宜。除一般地方僧司外，还有针对特殊宗教问题的机构，如专门管理白云宗的白云宗总摄所，专管苦行僧的头陀僧录司，等等。

鉴于元代寺院田产丰盈，经济实力雄厚，且多种经营，结构复杂，于是由国家设立专门职署管理寺院的土地及工商产品，这也是前代所无。主管全国寺院土地的机构称太禧宗禋院，下辖若干机构，统管各大寺土地经营、钱粮出纳、营缮役作诸事。各大寺也相应地建立总管府、提举司、提领所等机构，分管本寺田地及工商产业。上述府、司、所的官员皆由国家指派，有品有俸。此举使元代寺院经济的性质更趋复杂，出现了寺产官府经营、寺院受惠、产权国家所有的特殊体制。这也是政治上"军民通摄"的必然结果。

元代重建僧官制度之初，对僧尼出家、度牒发放的控制还是比较严格的。如《元史·刑法志二·户婚》载："诸愿弃俗出家为僧、道，若本户丁多，差役不阙，及有兄弟足以侍养父母者，于本籍有司陈请、保勘出路，给据簪剃。违者，断罪、归俗。"另外还有诸多禁令，如"诸僧、道悖教娶妻者，杖七十，离之。僧、道还俗为民，聘财没官。""诸弃俗出家，不从有司体覆，辄度为僧、道者，其师笞五十七，受者四十七，发元籍。"（《元史·刑法志四·禁令》）但是到了元朝末期，僧法废弛。为了弥补财政亏空，元代统治者也效法宋代，公开标价鬻牒。"僧、道入钱五十贯，给度牒，方听出家。"（《元史·顺帝纪一》）荒年饥月，发放空头度牒以赈灾，甚至拍卖紫衣、师号，"僧道入粟三百石之上，赐六字师号，都省给之；二百石之上四字师号，一百石之上二字师号，礼部给之"（《元史·食货志四》）。如此买卖，必然导致僧侣素质的下降。

三　汉地佛门诸宗的流传

《元史·释老志》对汉地佛教的发展状况概括曰："若夫天下寺院之领于

内外宣政院，曰禅、曰教、曰律，则固守其业。"继宋、金之余绪，禅宗仍是汉地佛教主流，禅宗以外各种研究佛教经典的流派称教，研究并主持戒律的宗派称律。三派各守祖业，无大发展。

元代禅门仍是临济、曹洞两家天下。曹洞宗的代表人物是万松行秀，他是金元之际的人物，前边已做过介绍，此处从略。临济宗的代表人物是海云印简和云峰妙高。

印简（1202～1257），字海云，俗姓宋，山西岚谷宁远（今山西岚县）人。自幼出家，成年后受具足戒，游学四方。一日，"过松浦值雨，宿于岩下，因击火，大悟。自扪面门曰：'今日始知眉横鼻直！'"（《佛祖历代通载》卷二一《海云印简》）开悟后在兴州仁智寺"出世"开堂，后历任涞阳兴国寺、兴安永庆寺及燕京大庆寺等处住持，曾为世祖忽必烈说法。因重兴真定临济寺，被尊为临济中兴大师。印简死于元宪宗七年（1257）。元武宗至大二年（1309），大书法家赵孟頫奉敕撰《临济大师之碑》，将印简定为临济宗第16代宗师。印简有僧俗两位知名弟子，一位是西云安，元武宗曾赐以"临济正宗之印"，封荣禄大夫，司空。另一位是元初大政治家刘秉忠。

妙高（1219～1293），字云峰，句之长溪（今属福建）人。自幼"嗜书力学，尤耽释典"，出家后参禅僧。得法开悟后奉旨住持金陵蒋山，"十有三载，众逾五百"。当时禅、教之争激烈，至元二十五年（1288），元世祖召集禅、教、律各派名僧入京"廷辩"，妙高因代表禅宗参加辩论而著名。《历代佛祖通载》卷三十四记载了这次辩论。世祖问妙高："吾也知尔是上乘法，但得法底人，入水不溺，入火不烧，于油锅中坐，汝还敢么？"妙高答："不敢。"世祖问："为甚不敢？"妙高答："此是神通三昧，我此法中，无如此事。"这段问答充分表现了蒙古贵族崇信的擅长诸种密咒法术的藏传佛教与汉地禅宗的区别。元世祖似乎对重在心灵开悟的禅宗不大感兴趣，"遂以龙袖西拂"。但擅长"机锋"的禅宗却从中参出了"皇情大悦"的"禅机"，此则"公案"也算把汉地禅宗的特点表达了出来。

南方临济名僧还有雪岩祖钦（？～1287）、高峰原妙（1238～1295）、中峰明本（1263～1323）、元叟行瑞（1255～1342）、一山一宁（1247～1317）。他们都曾是一方禅林的住持，有些人还留下了一些著作、语录或机锋。但与宋代禅宗相比并无超越之处，与曹洞传人相比亦无原则差异，只是各守师门，维持宗绪而已。

元代天台名僧有湛堂性澄（1253～1330），在杭州演福寺弘法。至治元年（1321）曾奉诏入京，校正大藏。著有《金刚经集注》和《弥陀经句解》。元代几位著名天台僧人皆出性澄门下。如玉岗蒙润（1275～1324），受业于性澄，弘《法华经》于杭州。晚年隐居于龙井，著《四教仪集注》，是天台宗的入门书。浮休允若（1280～1359），在南天竺寺受教于性澄。他风度严峻，被称为僧中御史，著有《内外集》。绝宗善继（1286～1357），为性澄嗣法弟子，历任天台荐福、能仁诸寺住持，阐扬《法华》三大部教义，晚年亦兼修净土。其弟子明玘是明代名僧。

五台山仍为华严宗的教学中心，仲华文才（1241～1302）是元代华严名僧，世祖曾命他为洛阳白马寺住持，号"释源宗主"。后为五台山佑国寺第一代住持，赐号"真觉国师"。著有《华严玄谈详略》5 卷，《肇论略疏》3卷，《慧灯集》2 卷。大林了性（？～1321），自幼出家，游历诸方讲座，后于五台山文才处受教，备受启迪。当时藏传佛教受到朝野的狂热崇拜，著名喇嘛备受朝廷尊宠，一些汉地名僧也抠衣接足，乞其摩顶，谓之摄受。惟了性对喇嘛长揖不拜，保持了理论上与人格上的独立性。幻堂宝严（1272～1322）为文才的嗣法弟子，先后住持五台山普安、佑国二寺，弘扬华严教义。

元代唯识学著名学者有普觉英辩（1247～1314），受学于柏林寺，弘教于泰州景福寺，被称为无佛世之佛。云岩志德（1235～1322），从真定龙兴寺法照学唯识教义。至元二十五年（1288）朝廷在江淮建御讲所，志德被选为讲主，开讲《法华》、《唯识》诸疏。吉祥普喜（生卒年月不详），也是江淮御讲所讲主之一，擅讲《唯识》、《因明》，因和云南名僧端无念辩论《唯识》而著名。

光教法闻（1260～1317）是元代著名律宗传人，7 岁出家，20 岁受具足戒，精通《四分律》、《唯识》、《法华》。帝师亦怜真曾请他讲《般若》、《因明》，可见造诣之深。曾奉诏住持京师大原教寺、大普庆寺，由他剃度的僧俗极多。朝廷赐荣禄大夫、大司徒荣衔。

元代佛教史上还有两位著名居士值得一提。一个是湛然居士耶律楚材（1190～1244），出身于辽皇族，仕于金，又为元朝开国元勋，一代名相。他曾在万松行秀门下参禅三年，得其印可。后奉成吉思汗令扈从西征，告别恩师行秀，但两人书简不绝。宋代禅宗大师正觉和尚作《颂古百篇》，号为绝唱，耶律楚材坚请行秀为之评唱，以启示后学，因此才有了行秀的名著《从容录》。行秀成书后，寄与西征前线的耶律楚材，楚材对该书给予了极高评价，并为之作序。他自述当时的心境说："予西域伶仃数载，忽受是书，如醉而醒，如死而苏，踊跃欢呼，东望稽颡，再四披绎，抚卷而叹曰：万松来西域矣。"（《万松老人评唱天童正觉和尚颂古从容庵录序》）他对佛教的虔诚之情溢于言表，与行秀的师生情谊也在佛教史上留下一段佳话。

另一好禅名臣是海云印简的弟子刘秉忠（1216～1274）。刘秉忠原为云中南堂寺僧人，字子聪。印简随忽必烈去内蒙古途中经过云中，二人相见，秉忠拜印简为师，并得到忽必烈的赏识。印简南还后，刘秉忠仍留在忽必烈大帐中，参与军政大计，建立功勋。世祖即位后诏复原姓刘，更名秉忠，赐以官邸，以翰林侍读学士窦默之女妻之。后拜光禄大夫，位太保，参领中书省军。著有《文集》十卷行世。

四　藏传佛教的发展与帝师制度

和汉地佛教陈陈相因、勉维宗绪的状态相反，元代藏传佛教仍处于上升时期，元政府的管理体制因地制宜，推陈出新，颇具特色。《元史·释老传》讲："元兴，崇尚释氏，而帝师之盛，尤不可与古昔同语。"元代之前汉地有国师而无帝师，西夏佛经题款中曾出现过帝师的称谓，但其职责、地位不详。元代帝师权力重大，地位显赫，且元亡帝师制度也随之终结，故帝师之设便成为元代佛教史的一大特征。《释老传》接着讲："元起朔方，固已崇尚释教。及得西域，世祖以其地广而险远，民犷而好斗，思有以因其俗而柔其人。乃郡县土番之地，分官设置，而领之以帝师。乃立宣政院，其为使位居第二者，必以僧为之，出帝师所辟举。而总其政于内外者，帅臣以下，亦必僧俗并用，而军民通摄。于是帝师之令，与诏敕并行于西土。"显然，帝师之号绝非仅仅出于对喇嘛的尊敬，而是基于治藏的政治需要。

公元 9 世纪吐蕃王朝崩溃以后，西藏就陷入了长期的分裂战乱之中，各地领主拥兵自重，割据一方。10 世纪后期，藏传佛教进入了后弘期，萨迦、噶举、宁玛、噶当等大小教派陆续诞生。在当时的社会背景下，他们纷纷与各地封建领主相结合以求发展，封建领主成为佛教宗派的经济支持者，宗教领袖则是各地方的保护神。如萨迦派就是藏传佛教流派和萨迦地方昆氏家族相结合的产物，数百年来萨迦派的领袖皆由昆氏家族成员垄断。噶举派下有许多小的支系，如止贡、蔡巴、帕木竹巴等，也都是地方上的政教合一政权。宗教组织的互不统属，加剧了地方政权的各自为战，分裂割据成为西藏社会进化的重大障碍。

　　13 世纪初，蒙古族崛起于北方。1206 年，成吉思汗建立蒙古国，先后消灭了金与西夏政权，并将青海、甘肃等地的藏区也并入了版图。太宗窝阔台即位后，划西夏故地与甘青藏区作为其第二子、西凉王阔端的份地。此后蒙古人开始考虑经营西藏，1240 年阔端派大将多达率兵入藏，遭到了藏民的强烈抵制，多达被迫返回甘、青地区。多达向阔端建议，应用笼络藏传佛教领袖的方法治藏。他介绍各派情况说：噶丹派寺庙最多，达垄噶举道德最高，止贡噶举有大法力，萨迦班智达学富五车，最有权威。他建议最好重用萨迦一派。1244 年，阔端写信请萨迦座主萨迦班智达到西凉会谈。萨迦班智达在经过几年准备后，于 1247 年率侄子八思巴（1239～1280）赴凉州会晤阔端，受到了蒙古贵族极高的礼遇。阔端对萨迦班智达说："我以世法为治，汝以佛法护持，如此则佛法不广被天下，迄于西海乎？"表达了借助宗教领袖统一西藏的意图。萨迦班智达返藏后，写信给前、后藏僧俗领袖，说蒙古人军队精锐，战术高超，藏人反抗只能一败涂地，只有归附一途，方可保藏区人畜平安。由于他的劝说，西藏各部领袖终于同意接受蒙古人的册封，从而使西藏人民免遭战火。当时萨迦班智达与阔端达成协议，由蒙古国任命萨迦派人员为达鲁花赤，赐金符银符，所有吐蕃地区头目必须听其节制。前后藏大小官员仍维持旧制，但均须经萨迦派领袖保举，蒙古人任命。所有藏区寺庙宗教事务皆由萨迦僧人管辖。这样，萨迦派利用蒙古人的支持，开始凌驾于其他诸派之上，一个统一全藏的政教合一政权逐渐形成，西藏走向统一。

　　阔端去世后，宪宗蒙哥令其胞弟忽必烈继续统管漠南蒙古及西凉汉、藏地区。西藏僧俗贵族对于依附蒙古并无异议，但对于萨迦派取得地方宗教领袖地位不满，于是他们纷纷单独与蒙古贵族取得联系。如帕竹噶举、止贡噶举的领袖曾与旭烈兀联络，蔡巴噶举和噶玛噶举的领袖噶玛拔希曾受到忽必烈的召见。但是忽必烈沿用了阔端主要扶植一系宗教领袖的策略，仍与萨迦派保持最为密切的联系。1252 年，忽必烈请萨迦班智达赴凉州会晤，此时萨迦班智达已经去世，他的侄子八思巴继承了萨迦座主之位。1253 年，忽必烈征大理途中，在六盘山召见了八思巴，八思巴深厚的理论修养赢得了忽必烈的敬重，遂留在身边。1258 年，忽必烈召集释道两教高士辩论《老子化胡经》真伪，19 岁的八思巴作为释教首席代表舌战众道士，大获全胜，逼使 17 名理屈词穷的道士削发为僧，一些道观改为佛寺。八思巴丰富的宗教知识和敏捷的才思使他名声更高。在这段时间，八思巴继续追随忽必烈左右，而噶玛拔希却投靠了蒙哥可汗，以后又投靠过阿里不哥，使忽必烈对萨迦派的倚重更为坚决。1260年忽必烈即大汗位后，立即仿照西夏制度，封八思巴为国师，赐玉印，统管蒙藏地区宗教事务，而噶玛拔希则获遣。1264年忽必烈迁都大都，设立全国性宗教管理机构——总制院，八思巴以国师身份兼领总制院使，从而成为全国的释教领袖和西藏地区最高军政长官。萨迦派在西藏的地位更加提高。此后，八思巴还受命创制蒙古新文字，他用藏文字母拼蒙古语音，1269年新文字造成，诏令颁行天下。为酬谢八思巴造字之功，遂升号为"帝师大宝法王"，更赐玉印，元代帝师制度从此创立。1274年八思巴乞西还，以其弟亦怜真接帝师位，1279年八思巴在萨迦去世，谥号"皇天之下、一人之上、宣文辅诏、大圣至德、普觉真智、佑国如意、大宝法王、西天佛子、大元帝师"，评价之高，无与伦比。世祖敕令翰林学士王磐撰《帝师行状》以颂其功德，并"建帝师八思巴寺于京师"以为纪念。

元初设置总制院，秩从一品，是元政府管理宗教事务和民族事务的最高机构。为了提高它的级别，1288年将总制院改名为宣政院。"宣政"一词典出唐代，据史籍记载，唐天子曾几次在宣政殿接见吐蕃使臣。用此名称谓这个机构，可见元统治者更重视它的治藏功能。宣政院下管理各藏区事务的长官是"宣慰使"，机构名称是"宣慰司"。其兼摄军权者称"宣慰使司都元帅府"。元代宣政院所辖元帅府计有三处：一是吐蕃等处宣慰使司都元帅府，主要管辖今甘、青两省藏区及西川甘孜、阿坝西州部分藏区。二是吐蕃等路宣慰使司都元帅府，主要管辖今四川阿坝、甘孜藏区的大部分及西康昌都地区。三是乌斯藏、纳里速、古鲁孙等三路宣慰使司都元帅府，辖区基本与今西藏地域大致相等。宣政院权力极大，包括藏区文武官员的铨选、驿站及驻军的设置、户口调查、喇嘛封赐，等等。若遇吐蕃"有大征战"，元帅府可直接参与枢密院机要。宣慰使有时由蒙古贵族担任，有时由萨迦本钦（长官）兼任。在宣慰使之下，元代又在西藏建立了十三万户制度。万户是地方行政长官之名，1260年，元政府在萨迦派的支持下对全藏的人口、资源情况进行了彻底的调查，并在调查的基础上将前后藏划分为十三个万户。根据《元史·百官志》、《五世达赖传》、《土观源流记》、《西藏王臣史》等资料，十三个万户分别是萨迦、霞鲁、曲弥、拉堆降、拉堆洛、降卓、止贡、稚桑、蔡巴、帕竹、嘉玛、达垄、羊卓。朝廷明确规定萨迦是十三万户之首，各万户的官员均应由萨迦帝师提名，朝廷任命。当然这点在当时不可能完全做到，因为各地方万户实际被当地封建领主所垄断，世袭继承。但此规定仍然表明，元中央政府已经在西藏建立了自上而下的行政管理体制，并卓有成效地行使权力，西藏已成为祖国领土上不可分割的组成部分。

根据《元史·释老传》，八思巴以下几代帝师分别为：亦怜真（1238～1279）、答儿麻八剌乞列（1268～1287）、亦摄思连真（1249～1294）、乞剌斯八斡节儿（1246～1303）、辇真监藏（1257～1305）、相儿加思巴（1267～1314）、公哥罗古罗思监藏班藏卜（1299～1327）、旺出儿监藏（生卒年月不详）、公哥列思八冲纳思监藏班藏卜（？～1341）、辇真吃剌失思（生卒年月不详），历代帝师皆出自萨迦昆氏家族，采用叔侄相承，兄终弟及的传承制度。元代帝师惟一例外是萨迦系非昆氏家族的胆巴（1230～1303）。胆巴大师宗教造诣高深，生前深受世祖、成宗、仁宗的赏识和重用，死后被追谥帝师号。帝师制度作为一种宗教管理制度，在民族关系方面发挥了重要作用，这使佛教超出了信仰的意义，成为联结中央政府与地方政府的桥梁，而共同的宗教信仰也促进了蒙、藏、汉等民族的融合和祖国的统一。

由于帝师制意义重大，各代帝王都给予帝师特殊的地位，不可避免地引起一些负面效果。如"正衙朝会，百官列班，而帝师亦或专席于坐隅"（《元史·释老传》）。帝师出行，都有特派大臣开道，地方百官率部迎送。帝师入京，则命礼部尚书、郎中专督迎接。帝师的巨大权力使"为其徒者，怙势恣睢，日新月盛，气焰熏灼，延于四方，为害不可胜言"（同上）。他们把在藏区政教合一的统治方式也用于汉地，掠夺民财、强奸妇女、欺侮百官、无恶不作。然而元代法律却对帝师及其徒属百般保护，宣政院甚至想将"凡民殴西僧者，截其手；詈之者，断其舌"写入法典，幸有太子阻拦方作罢。（同上）反之，"上都开元寺西僧强市民薪，民诉诸留守李璧。璧方询问其由，僧已率其党持白挺突入公府，隔案引璧发，捽诸地，捶扑交下，拽之以归，闭诸空室，久乃得脱。奔诉于朝，遇赦以免"（同上）。僧党竟敢在公堂之上明火执仗，殴辱长官，而朝廷并不惩罚，这在政权从来高于教权的中国历史上实属罕见。更有甚者，西僧"有杨琏真加者，世祖用为江南释教总统，发掘故宋赵氏诸陵之在钱塘、绍兴者及其大臣冢墓一百一所，戕杀平民四人，受人献美女宝物无算"（同上）。他甚至"截理宗项（骨）以为饮器，弃骨草莽间"（《续资治通鉴》卷一八四）。其野蛮程度无以复加。帝师徒属的诸种不法，引起了朝野军民的普遍不满，成为诱发汉民族反抗异族统治的重要原因。

崇尚藏传佛教，还有一个不利于蒙古贵族在中原统治的因素，就是藏密中"男女双修"的"密法"。密宗在唐"开元三大士"时代便已传入中原，但因其与中国宗法制度及其伦理相牴牾而遭摒弃。元代密教再一次随藏僧传入，在蒙古贵族中颇为盛行，并助长了末世统治者的荒淫之风，元顺帝即是最甚者。《元史·顺帝纪六》载："至正十三年（1353）十二月间，（丞相）麻哈及（集贤殿学士）秃鲁帖木儿等，阴进西僧于帝，行房中运气之术，号'演揲儿法'（意为大喜乐）。又进西番僧，善秘密法，帝皆习之。"在西僧的助长下，元顺帝令人"取良家女奉之"，"谓之供奉"。又派亲信"刺探贵人之命妇及士庶之室家，择其美而善淫者，谋入宫中，数日乃出"（《续资治通鉴》卷二一一）。结果元顺帝昼夜宣淫，不理朝政，终于成了亡国之君。

五　佛教与元代社会文化

元代的佛经刻印仍是社会文化生活中的大事业。元代官方没有自己的刻藏活动，而是完成了金代开始的《赵城藏》。至元二十二年至二十四年间，召集汉藏高僧勘对汉藏两种文体的大藏经异同，编成《至元法宝勘同总录》10卷。民间刻藏有以下几次：一是浙江余杭县大普宁寺白云宗僧徒于至元中期刻成《普宁藏》6000余卷。二是松江府僧录管主八，补齐了宋末开刻而未完成的《碛砂藏》，共刻28函，约315卷。三是白莲宗复兴之后传入福建，于延祐二年（1315）在建阳县发起雕印毗卢大藏，并得到福建省长官亦黑迷失的赞助，但只刻成《般若》、《宝积》、《法华》、《涅槃》四大部，目前尚有少量残本。

在文学艺术方面，佛教的影响莫过于杂剧、元曲的产生。中国的戏剧艺术成型较晚，其产生，无论在题材、结构还是艺术形式方面都深受佛教文化的影响。随着佛教的传入，西域和天竺乐舞也广被中华。《隋书·乐志》说："大抵散乐、杂戏，多幻术，皆出西域。"唐以后，社会上便流行着舍利弗、法寿乐、阿那瓌、摩多楼子为名的《梵竺四曲》（郑樵《通志》）。佛教徒为了传教的方便，唐、宋两代又发明了变文、宝卷、弹词、鼓词等散韵结合、说唱结合的宣讲形式。这股股源头活水，最终汇成了元曲，成为中华戏剧艺术的先河。佛教宣扬的生死轮回、善恶报应的观念及其神话，成为中国戏剧早期最为常见的题材。如最早的杂剧《目连救母》就取材于《目连因缘功德经》及其有关的变文。佛教变文中灵魂转世、阴阳交通、人鬼同出的结构，经常为早期散曲、杂剧所采用，活跃了艺术思维，开拓了人们的眼界。许多大剧作家本人也曾深受佛教的影响，如马致远（？～1321）的《半夜雷轰福荐碑》,便集中表现了佛教的宿命论思想。

在雕刻艺术方面,由于元朝统治者推崇藏传佛教,使西藏密教的雕刻艺术在内地也大放异彩。密教注重"身密"的研究,因而讲究佛像的雕塑造型。帝师八思巴入京以后,带来了尼泊尔佛像工艺家阿尼哥。阿尼哥最初奉命修补了明堂针灸铜像,京都金匠无不佩服,许多人拜他为师。当时两京寺院的佛像多出于他手。至元二十五年(1278)阿尼哥还俗,授大司徒。阿尼哥还带出了一批雕塑高手,如塑造大圣寺、万安寺佛像 140 尊的禀搠思哥斡节儿八哈失,塑造青塔寺四天王像的阿哥拔,铸造玉德殿三世佛、五方佛等输石像,又造文殊、弥勒布漆像的杂儿只,奉文宗皇后之命铸造八臂救母输石像的八卜儿等人,皆是阿尼哥弟子。汉人刘元在阿尼哥的弟子中技艺最高,他塑造的佛像精美绝伦,他也因此而官至正奉大夫秘书监卿。阿尼哥、刘元等人的不懈努力,一改汉地佛像风格,使梵式佛像流传于大江南北,中外文化交流再一次结出硕果。

第四节　云南上座部佛教的传入与发展

云南上座部佛教①是中国佛教三大派系之一,主要在今云南省西双版纳傣族自治州,德宏傣族、景颇族自治州,思茅地区,临沧地区,保山地区的傣族、布朗族、德昂族、阿昌族及部分佤族群众中流行。云南上座部佛教由于在来源、理论、戒律、仪规等方面均与汉地佛教、藏传佛教有着明显的差异,因此在中国佛教史上具有独特的重要地位。目前,国内外学术界对云南上座部佛教的研究还很不充分,实为一大缺憾。由于云南上座部佛教活动初期约略在元朝,且材料不多,故将对该派的论述集中在本章。

一　上座部佛教的传入

云南上座部佛教属于佛教的南传系统。公元前 3 世纪中叶,印度阿育王在佛教第三次集结以后,遣使分头沿南、北两路传播佛教。北传佛教从印度北部经中亚、西域诸国流入我国的汉、藏地区,其经典用梵文写成,思想主要属于佛教大乘流派。南传佛教则由印度南部传入斯里兰卡、缅甸、泰国、

---

①　在历史上,云南上座部佛教长期被称为云南小乘佛教。小乘本是印度大乘佛教产生后对部派佛教时期诸宗派的贬称,此称谓引起云南上座部僧侣及群众的反感,不宜沿用。

柬埔寨、老挝等国，经典用巴利文写成，思想属于佛教的上座部。我国的傣族人民世代居住在祖国的西南边陲，由于地理和族源上的原因，他们是从邻近的泰国、缅甸等地输入了上座部佛教。

佛教输入以前，傣族人民中普遍流行着以祖先崇拜、农事崇拜、灵魂崇拜和自然崇拜为主要内容的原始宗教，佛教是在与原始宗教的激烈冲突中传入傣族地区的。在傣族群众中，流传着许多佛陀与魔王斗法的神话传说，成为当时宗教斗争的间接记录。如一则神话说佛祖释迦牟尼亲自到西双版纳来传法，斗败了魔头披雅而使佛法光大。又传说古代傣族头人叭沙木底和叭满与佛祖斗法，约定谁失败谁就要吃屎。他们斗败了佛祖，可机智的释迦牟尼却去吃蜜蜂屎（蜂蜜）。初期由于原始宗教势力强大，佛教徒在村民中无立足之地，多居住在山林之中。傣族的僧侣被称为"帕漠"或"帕厅"，意为"山和尚"，反映了当年僧侣的境遇与地位。但是，佛教比之原始宗教，毕竟是一种更为先进、完善的精神力量。随着傣族社会的进化和统一，佛教终于走出山林，成为该地区占支配地位的意识形态。而原始宗教仍然在民间流行，甚至佛教也吸收了大量有关抓鬼、镇鬼的内容，反映了佛教与当地文化的相互渗透与融合。

佛教传入傣族的确切时间尚未考定，有人认为是 6～8 世纪，有人认为是 12 世纪以后，还有人认为是 13 世纪。由于对云南上座部佛教的文物收集、史籍研究还很不充分，所以迄今尚未得出一个可以为多数学者肯定的结论。不过，傣文创造于 13 世纪，此后佛教便有了可靠的载体——傣文佛经。从经典的研究推断，佛教的传入不会晚于 13 世纪。此时正是元朝灭大理国，立云南行省，在西双版纳、德宏设宣慰司，建立土司制度之时。16 世纪上半叶，缅甸的洞吾王朝建立，势力强大，西双版纳土司与之联姻，娶缅甸公主为妻。缅甸公主携带大量佛经、佛像入滇，推动了云南上座部佛教的兴盛。此后在封建领主的大力扶植下，傣族地区大修寺院，大建佛塔，大作佛事，上座部佛教与领主制度相结合，取得了全民信仰的地位，并对社会政治、经济、文化和民俗诸多方面产生了深刻影响。

二 理论与经典

释迦牟尼死后 100 年，佛教分裂为上座与大众两大派。上座部由当时僧团中的长老们组成，坚持佛陀创教时的一些基本理论和戒律，以正统自居。与之相对的大众部则对原始佛教的理论和戒律有较多发展。此后，虽然上座部又发生了再分化，但还是较多地保留了原始佛教的面貌。云南上座部佛教在理论上继承了这一传统，他们提倡"唯我独尊"，以释迦牟尼为惟一教主，不相信其他佛、菩萨。在追求解脱的道路上主张个人修行，通过入寺为僧，递次升级，以在现世证得阿罗汉果为理想的最高果位。这与大乘提倡的"普度众生"，"十方诸佛"有很大差异。在教义上虽然也讲"四谛"，"十二因缘"，但与大乘宣扬的"四大皆空"不同。云南上座部受"说一切有部"影响，主张"人空法有"，不否定客观世界的存在，同时强调释迦所说法是实在的。他们提倡积德行善，谋求来世的幸福，鼓励不出家的群众多做善事，多布施，否则来生就要陷入地狱、饿鬼、畜生"三恶趣"之苦。

云南上座部佛教的经典亦总称为三藏。傣语称经藏为"苏点打比打夏"；戒藏为"维耐"；论藏为"阿批搭马比打夏"。傣文三藏号称有八万四千部之多，其中经藏五大类，二万一千部；戒藏五大类，二万一千部；论藏七大类，四万二千部。有一部五卷本的贝叶经名为《别闷西版酣》，专门讲这八万四千部佛经的由来。当然，世界任何地方的大藏经也没有这么多数量，《别闷西版酣》所列数字可能有夸大和理想化的成分。目前，对保存下来的佛经也没有一个比较准确的统计数据，我们只是从中依稀窥见古代上座部佛教的繁盛面貌。特别是在论藏中，傣族僧人对经文进行了发挥，表述了他们的宗教见解。其中一些篇章是研究傣族地区历史、地理、文化方面的宝贵资料，如 22 册的贝叶经《当难列普罗克》，意为《释迦牟尼巡游世界记》，记述了西双版纳地区许多地名的来历及风土人情，有很高的史料价值。《本生记》中最后一品的《维克达拉》，是流行于缅甸、老挝、泰国及我国傣族地区的重要文学著作，对当地人民的宗教生活和风俗习惯都有很大影响。《百喻经》不仅记述了印度许多传说故事，而且增加了不少傣族民间流传的寓言、笑话，对研究古代傣族社会有重要的参考价值。

傣族佛教经典从文字上可以分成三大类。一类全用傣文翻译，仅夹杂少数巴利文词汇。此类经文诵读出来男女老幼皆可听懂，便于在民间流传。另一类是半傣语、半巴利文。第三类则是全巴利文经典，仅用傣文字母拼读注音。这类经典几乎成了巴利文和傣语的对照词典。

傣文经典从质料上看有棉纸手抄本和贝叶刻本两种。后者又称贝叶经，是南传上座部佛教珍贵的文物。贝叶乃贝多树（一种棕榈类木本植物）的叶子。在傣语中贝多树称"烂"，贝叶经就称"拜烂"。贝叶经的制作工艺十分复杂。先将贝叶从树上剪下，七八叶或十叶叠在一起，用两块平木板夹住，压上石块。几天后取出用圆棍在上面滚压，直至平滑为止。然后用石头再压几天，取出修剪整齐，即告完成，其长度一尺五至二尺，宽为二三寸。刻经时将贝叶放在特制的木架上，用一根铁笔刻划，铁笔傣语称"勒章"，"勒"是铁的意思，"章"即佛寺中的刻经人员。一名熟练的刻经人员在贝叶上刻字比在棉纸上抄写还要快两三倍。每张贝叶可正反两面刻写，刻好后涂上干炭粉，擦上油，字迹便清晰地显露了出来。每刻完十来页，叠成一册，压平，穿孔，再贯以细麻绳，就是一册贝叶经了。经册的边缘涂上金粉或墨粉，讲究的涂上金漆。长篇经典 10 多册或 20 多册为一卷，配上布包、席包或木盒，甚为精致、美观，且不易损坏。贝叶经成为凝聚着傣族人民辛劳与智慧的文明成果。

三　教派、僧阶与寺院制度

云南傣族地区的上座部佛教，由于僧侣所遵循的戒律不同以及信教群众生活方式的差别，基本上可以分为四大派。

1. 摆庄派

这是在傣族群众中信仰者最多的一派。戒律比较宽松，僧侣生活在村寨田园之中，生活较为舒适，可以穿呢制的袈裟，睡觉可以用被褥，可以乘车、骑马、吃肉、吸烟，可以自由出入民家，可以随意还俗。此派僧人与民众的关系比较密切，群众见僧人也不必行严格的礼仪，可以自由交谈，只以供应饮食为宗教义务。在信仰上该派也与当地原始宗教相妥协，相信诸种鬼神。此派在德宏州影响最大，自称是从缅甸的瓦城传入。

2. 摆润派

亦称润派，在西双版纳地区最为流行，思茅、临沧、德宏地区也有分布。泰国清迈一带部分自称傣允的傣族和缅甸景栋的部分自称傣痕的傣族也信仰这一派。摆润派有一独特的风俗，当和尚升为长老时，须先逃到山林之中，然后村寨群众四出寻找，找到后用树枝编成轿子，插满鲜花，抬回寺院进行升职典礼。摆润派内部又分摆巴和摆孙两个支系。摆巴意为山野派，因佛教初传时僧侣皆息居山林，后来仍坚持在山林修行的属于这一派。摆孙派即是田园派，立足于民间，生活不如摆巴派清苦，戒律也不如摆巴派严格，所以信徒较多。

3. 左抵派

主要在德宏、临沧一带流行，以戒律严格而著称。僧侣衣食简朴，只披黄色袈裟，睡觉不用被褥，无故不出寺门，出行必须赤足。寺院离村寨较远，不许进入民家。不食酒肉，不得乘车骑马，更不得还俗。为了防止贪图安逸，此派规定僧人不得在寺中久居，僧侣在一个寺庙居住超过一定时限，就要在长老率领下外出流动一段时间，然后移住它寺。信仰此派的群众规矩也比较多，如见长老叩头行礼，不杀生，不饮酒，家中只许饲养打鸣的公鸡，不许饲养其他家禽，等等。由于戒律严格，信徒很少。

4. 尕列派

从左抵派中分化出来，戒律不如左抵派严格。僧侣一般过定居生活，不再四处流浪。但因该派又分裂成干当、密朱、东比剌、鄂瓦等几个小支系，故影响很小。

上座部佛教在云南傣族社会中盛行之时，该地区正处于封建领主制度下，社会上的等级制度折射到宗教组织内部，就形成了云南上座部佛教特有的僧阶制度。各派僧侣根据年龄和修养，分成不同的僧阶。以西双版纳摆润派为例，从低至高共有九阶之多。它们是：科勇、帕（含帕弄、帕囡）、督（含督弄）①、祜巴、沙弥、桑哈扎拉、帕召祜、松迪、阿戛莫里。科勇是出家前的见习阶段，傣族男子在青少年时期，都要到寺院过一段出家生活，一般要经过七八个月的见习，然后举行隆重的仪式升为帕（和尚）。帕相当于汉地佛教的沙弥。再经过七八年的学习，宗教修养达到一定水平，便可以升为督，意味着已成为一名合格僧人。督的地位相当于汉地受过具戒的比丘，以后逐次升级，但平民出家，最高也只能升到祜巴。祜巴以上五级的意义比较含混，而且有特殊血缘的人方可到达。如阿戛莫里，有召片领（宣慰使）血统的人才能担任。松迪是王储出家的封号，他还俗以后就称松迪帕丙召，译为至尊佛主，表示他有出家受戒的特殊身份。德宏、耿马、临沧地区的佛教内部也存在僧阶制，名称和级数多寡与西双版纳大同小异。

云南上座部佛教所规定的僧阶制度是十分严格的，等级精神贯穿于僧侣衣、食、住、行的各方面。如不同等级的僧侣穿不同的袈裟，帕只披一块长方形的布，督用长 7 块、横 9 块长方形布缝成袈裟。祜巴则用长 11 块、横 9 块长方形布缝成袈裟。外人一见衣服便可知其僧阶。在日常生活中，较低级

---

①　近代以来，有关云南上座部佛教的著作常把督译成佛爷，把督弄译成大佛爷。中国佛教协会副会长、云南省佛教协会主席刀述仁先生指出：这是一种误译。督的原文 Guru 只是对僧侣的尊称，并无佛或爷的意义在内。还是直接用音译，或参照其他宗教习惯译为"长老"为好（参见《世界宗教研究》1990 年第 3 期）。

别的僧侣必须为较高级别的僧侣服役，除了砍柴、割草、挑水、烧火等一般寺中劳役外，还要打洗脸水、洗脚水，等等。上层僧侣可以任意处罚、打骂下层僧侣，而法律又规定帕不许控告督。社会的不平等也反映在寺庙之中。

云南傣族地区自元、明时代就已是"寺塔遍村落"（《西南夷风土记》）。虽寺院产生的最初年代难以详考，但经过几百年的发展，该地区已形成了从宣慰街到基层村社的一套比较完备的寺院制度。云南上座部佛教的寺院之间存在着上下隶属关系。在村寨基层寺院之上，有控制全陇的中心寺院，陇以上又有控制全勐（相当于县）的中心寺院，勐以上又有统辖全西双版纳的宣慰街中心寺院，层层划分，完全以行政区划为依据，这是西双版纳傣族社会实行政教合一制度的必然结果。与行政机关相似，上级寺院对下级寺院有指挥权，可以批准或取消其决定，并主持下级寺院祜巴的任命。下级寺院对上级则有请示、汇报的义务，高级僧侣"祜巴勐"（即一县最高长老）须有召片领（宣慰使）的批准手续。土司头人就是通过这套寺院体系，将教权牢牢地控制在手中，从未发生过教权与政权严重冲突的情况。

四　南传上座部佛教与傣族社会

佛教作为一种世界性宗教，有较高的文化素质，因此才得以广泛传播。佛教在受容国文化中的地位，主要由该地区自身文化的素质决定。佛教传入汉地时，汉族文化已经发展到相当高的水平。儒学、道教与佛教相比基本是同一层次的文化，各有优势。因此佛教在汉地经几百年的冲突碰撞，仅取得社会意识形态中一个辅翼地位。但是在傣族地区，佛教传入时当地文化还处于原始宗教和神话传说阶段，佛教比之高一个层次。故一经流入，很快便取代了原有的宗教，成为占支配地位的意识形态，并对傣族社会的各个方面都产生了决定性影响。

在古代，傣族社会实行政教合一制度，各级寺院与同级行政组织相配套，管教亦管人。各级封建领主往往既是本地区的行政长官，又是宗教领袖。如召片领的尊称是"松迪帕丙召"，意为"至尊佛主"；村寨头人称为"叭"，意为佛主命令执行人（"叭"是"帕雅"的快读，"帕"是和尚，"雅"是命令）。高级僧侣可以进入勐或召片领的议事廷，参与重大政治、经济、军事活动的决策。另一方面，"祜巴"以上僧阶的晋升又必须由土司批准并亲自主持"作贩"仪式认可。上座部佛教教义规定有二法不可犯，一为佛法，二为王法，遵守王法是僧侣的重要义务。而傣族封建领主制定人间法律时又规定，佛教寺院神圣不可侵犯，如有违反，"重者杀头，轻者罚为寺奴，终生服侍佛主"。王法与佛法互相保护。在经济上封建领主也给予寺院极大支持，僧侣经常认领主为"干爹"，以获得更多的布施。在傣族地区，布施寺院是群众每家必尽的义务。僧侣的伙食由村寨中的百姓轮流备办，或将柴米油盐送入寺中，僧侣完全不事生产，过着寄生生活。

傣族社会具有全民信教的性质，佛教伴随人度过一生。孩子一降生，便抱到寺院中请僧侣取名字、写八字、算星象。傣族男子在成年以前，必须有一段脱离家庭的寺院生活，少则三个月，多则十几年。社会舆论认为：只有入寺当过和尚的人才是有教养的人，否则便要受人歧视。这种观念也是和寺院垄断教育的实际情况相适应的。当时没有学校，寺院是人们受教育的唯一场所。儿童入寺后跟随僧侣学习文字，诵经，同时也可获得一些文化、历史、科学技术方面的知识。由于僧侣的生活完全由村民供应，因此儿童入寺学习时间的长短由家庭贫富而定。只有富贵人家的子弟才能长期受教育，在宗教上、文化上获得较高地位，并为他们将来的统治打下了基础。在日常生活中，围绕寺院进行的各种佛事活动成为傣族人民精神生活中的重要内容，有些大的法事甚至成为全民的节日。泼水节为傣历新年，约在清明后 10 天，是傣族人民最隆重的节日。其间要进行浴佛、推沙、扎花房、泼水等活动。关于泼水节的来历，民间有着各种神话传说，但肯定与"浴佛节"有着明显联系。其次是傣历 9 月 15 日的"开门节"和 12 月 15 日的"关门节"，其间三个月为净居期，要进行 8 次小祭，4 次大祭。此外傣历 1 月献袈裟，8 月 15 日补佛身，10 月 10～15 日献经书，这些活动都是全民参加的。由于僧侣宣传佛教有修来世、积阴功的功效，故户户倾囊在所不惜。一些家庭遇有婚丧、疾病，也要到寺院"作赕"，许愿布施，钱财皆归僧侣所有。

云南上座部佛教在千百年的发展历程中，留下了大量的佛塔与佛寺作为历史的见证。佛塔主要用来藏佛骨、佛发和佛牙，建筑精美，雄伟挺拔。佛塔一般建于中心寺院中，也有单独兴建的佛塔。佛塔式样很多，一般由塔刹、塔身和塔基三个部分组成。塔基多为四方形，每面有佛龛，内刻佛像。塔刹由一串大大小小的圆锥构成，上贴金箔，顶上有塔尖直指云天。有的佛塔是一组塔群，中间一座主塔，四周四至八座小塔环抱，如春笋破土而出。景洪大勐笼的曼飞龙笋塔就是这样的塔群。据傣文经书记载，此塔建于傣历 565 年（1206），中间主塔高 16.29 米，8 座呈葫芦状的小塔簇拥着主塔，蔚为壮观，是傣族人民智慧与艺术的结晶。

西双版纳与德洪两地佛寺建筑风格不完全相同。西双版纳地区的佛寺一般比较简朴，主要由大殿、鼓房、僧房三部分组成。大殿为长方形，坐西朝东，有四五百米之广，木柱支撑。因该地区常年多雨，故房顶坡度较大，上覆红瓦。殿中设有佛座，仅供奉释迦牟尼塑像。佛前有仪仗、经幢，周围墙上绘有精美的壁画，内容多为佛本生故事，或天堂、地狱，以劝善戒恶。大殿后身是鼓房，内置大鼓，每月七、八、十四、十五日夜击鼓鸣钟，以镇魔鬼。鼓房周围是僧房，一般为干栏式建筑，分为宿舍和读经室。德洪地区佛寺则受汉地影响较大，红墙绿瓦，重门层阶，屋顶层层重叠，上有尖塔，塔顶垂吊璎珞，金碧辉煌。殿内供奉释迦彩塑，四周亦有壁画、佛幡、佛伞环绕。两侧佛龛内还有牙雕、木刻、金属铸造的小佛像供奉。释迦像旁还有一小高台，为高僧讲经说法之用。云南傣族地区的寺院不仅建筑精巧，而且数量很多，西双版纳几乎村村有寺院，家家有僧人。风吹梵铃动，云起经声扬，置身此土如登天竺佛国。

佛教作为一种高层文化载体，在古代曾为傣族人民带来了很多精神文明的成果，大大加速了傣族社会文明的进程。在傣语中，吸收了许多巴利文的词素，用以表达复杂的关系与事物。老傣文就是在巴利文字母、语法的基础上形成的。虽然老傣文产生的确切年代学界尚有争议，但多数学者都认为：傣文的产生与译经和写经有关，是佛经的翻译使傣文固定化、规范化了。在科学技术方面，傣历的制定与佛教联系最为紧密。傣历也是比较先进的阴阳合历，其中许多专用名词都来自巴利文，傣历的推算方式也与印度天文历法属于一种类型。有一部傣历叫《历法星卜要略》，其中还包括傣历与佛历的换算法。在当时，历法的颁布和演算权在寺院，因为僧侣是社会上惟一的专职知识阶层。我们在看到佛教麻痹人民精神的同时，也要看到它对社会发展的积极贡献。

第五节 全真道的繁荣与江南道教的流行

一 邱处机与全真道的隆盛

全真道兴于金，而盛于元。自王喆死后，七大弟子弘扬全真教义，光大道门，其后继者人才辈出，形成若干道内教派，使全真道呈现繁荣景象。马钰创遇仙派，刘处玄创随山派，邱处机创龙门派，谭处端创南无派，王处一创嵛山派，孙不二创清静派，郝大通创华山派。其中以邱处机及其创立的龙门派对全真道发展的贡献最为突出，影响最大，其教派累世传承不衰。

邱处机是全真七子中最负盛名的高道。金南迁后，全真道在社会上已成为一支强大的宗教势力，成为蒙古、金、南宋三朝争取的重要对象。1219年，金朝与南宋先后派人去山东栖霞召邱处机，邱皆未应诏。同年，还在西征军中的蒙古成吉思汗闻其名，派近臣札八儿、刘仲禄持诏专程邀邱处机朝觐。邱预见到蒙古必兴，可借其力推行全真教义，早日息兵偃戈，去战乱杀戮之祸，便慨然应诺，以 73 岁高龄，于次年偕同弟子赵道坚、宋道安、尹志平、李志常等 18 人北上，路经燕京到达宣德，又接成吉思汗之诏，邀其西行。他曾写诗给燕京道友，云："十年兵火万民愁，千万中无一二留。去岁幸逢慈诏下，今春须合冒寒游。不辞岭北三千里，仍念山东二百州。穷急漏诛残喘在，早教身命得消忧。"此诗表示了他以无为之教化有为之士的心愿，为的是让百姓早日过上太平安生的日子。留宿山北时，先驰表谢，拳拳以止杀为劝。发抚州，经数十国，行经万里。曾喋血战场，避寇叛域，绝粮沙漠，自崑崙历四年始达雪山（今阿富汗之兴都库什山）。邱处机在途中所写诗中，曾云："蜀郡西游日，函关东别时，群胡皆稽首，大道复开基"，表示了弘道西域的宏愿；又云："我之帝所临河上，欲罢干戈致太平"，表示了弭兵救民的济世之志（以上均见《长春真人西游记》）。成吉思汗既欲在政治上对全真道有所倚重，又欲求知长生养身之道，故对邱处机优待礼敬。当时成吉思汗正忙于西征军事，日事攻战，邱处机劝他说，"欲一天下者，必在乎不嗜杀人"；"及问为治之方，则对以敬天爱民为本；问长生久视之道，则告以清心寡欲为要"（《元史·释老传》）。成吉思汗毕竟是位大政治家，十分欣赏邱处机的谏言，说：天赐给我仙翁，开启我的心智，发布了"已许不杀掠"的布告。并命左右将邱之言谈记录下来，用以教训诸子。为尊敬起见，称呼"神仙"，赐以虎符和玺书。有一天雷震，成吉思汗谘问，邱处机对答说，雷是天威，人之罪莫大于不孝，不孝则逆于天，于是天威震动加以警告，听说境内多有不孝者，陛下应以天威之说训导民众，成吉思汗听从之。又一次成吉思汗大猎于东山，马摔倒，邱处机趁机劝诫说：天道好生，陛下年事已高，不宜频繁田猎，于是成吉思汗罢猎很久。邱处机回到燕京，借助成吉思汗的威力和器重，救死济困，做了许多慈善事业，"时国兵践蹂中原，河南北尤甚，民罹俘戮，无所逃命。处机还燕，使其徒持牒招求于战伐之余，由是为人奴者得复为良，与滨死而得更生者，毋虑二三万人"，中州人称道之（见《元史·释老传》）。成吉思汗赐名邱处机所住天长观为长春宫，并派使者慰问,云:"朕常念神仙,神仙毋忘朕也。"邱处机八十而卒(1227),葬于长春宫处顺堂,即今北京白云观。邱处机曾在龙门山(今宝鸡市东南)隐居潜修七年,故其教派称龙门派。邱在世之日,全真道达到极盛。元太祖命邱掌管天下道教,诏免道院和道人的一切赋税差役,并先后在燕京建立"平等"、"长春"、"灵宝"等八会,于各地大建宫观,一时道人云集,教门大兴。邱处机对其弟子说:"千年以来,道门开辟,未有如今日之盛!"(《北游语录》卷1)元宋子真《通真观碑》说,当时人们对全真道,"翕然宗之,由一以化百,由百以化千,由千以化万,虽十族之乡,百家之间,莫不有玄学以相师授,而况通都大邑者哉!"元遗山《修武清真观记》谓邱处机雪山之行后,"黄冠之人,十分天下之二,声焰隆盛,鼓动海岳",其教发展势头如火如荼。高鸣《清虚宫重显子返真碑铭》说:"夫全真教之兴,由正隆以来,仅百余载",时当元世祖执政之初,"今东至海,南薄汉淮,西北历广漠,虽十庐之邑,必有香火一席之奉",足见元初全真道流行之广,已是"大道氾兮,其可左右"了。

邱处机的思想基本上继承王重阳和马钰而来,又有进一步的发挥。他力主三教合一,有诗云:"儒释道源三教祖,由来千圣古今同。"(《磻溪集》卷1)他仿效佛教"众生皆有佛性"之说,宣扬有情皆有道性,云:"凡有七窍者,皆可成真","畜生饿鬼,皆堪成佛"(《长春祖师语录》)。他用超生说代替长生说,云:"吾宗所以不言长生者,非不长生,超之也。"(同上)而超生在于修性,故云:"吾宗唯贵见性,水火配合其次也",又说其丹功是"三分命术,七分性学"(同上),其先性后命的主张十分鲜明。性功在于清心寡欲,"去声色,以清静为娱;屏滋味,以恬淡为美"(《玄风庆会录》),修道者应出家,断除一切尘缘,"一念无生即自由,心头无物即仙佛"。命功以意守下丹田为入手,引出肾中真炁,与心中木液相交,是为龙虎交媾,继而金液还丹,太阳练形等。命功之上转入性功,直修到六根清净,方寸澄澈,便是真丹。邱处机是一位悲世悯人的高道,与王重阳立教之初不同,他传道的重心在济世真行。其弟子《尹清和语录》云:"丹阳师父全行无为古道也。至长春师父,惟教人积功行,存无为而行有为,是执古是谓道纪,无施不可。师父尝云:'俺今日些小道气,非是无为静坐上得,是以大起尘劳作福上,圣贤付与;得道之人皆是功行到,圣贤自然与之'。"他看到大兵之后人民涂炭,令各地道徒立观度人,以救世为先务,使全真道成为灾民归依的社会组织,这种救世济民的实践是邱处机掌教下的全真道得到广泛赞誉和流行的根本原因。清乾隆皇帝为北京白云观邱祖殿题联云：“万古长生不用餐霞求秘诀；一言止杀始知济世有奇功”，这是对邱处机一生最简练准确的评语。邱处机的主要著作有《大丹直指》、《摄生消息论》、《磻溪集》等。

邱处机之后，全真历任掌教尹志平、李志常（又称李真常）、张志敬、王志坦、祁志诚、孙德彧等，皆得元室所赐真人号，多出任玄教大宗师，其贵盛远在太一教和真大道教之上。据《秋涧集·尹志平道行碑》，尹为掌教，“四方学者辐凑堂下，归依参叩，于于而来”，尹的指教是：“修行之害，食睡色三欲为重，多食即多睡，睡多情欲所由生，人莫不知，少能行之者。必欲制之，先减睡欲，日就月将，则清明在躬，昏浊之气不生，向上达者，率自此出。人徒知从心为快，不悟制得此心，有无穷真乐也。”他从少睡入手寡欲澄心，亦有其特色。据王鹗《真常真人李志常道行碑》，李志常由学儒而入于道，在燕京掌教期间，见士大夫之流寓于燕京者，托名道籍，李加以招延，供饭于斋堂数十人，为士流所赞赏。李志常曾在即墨东山避寇，未及入窟室而为寇所获，虽捶楚惨毒而不告窟之所在，寇退，数百避难者环泣而谢，争为给养。据王鹿庵《诚明真人道行碑》，张志敬从小以李志常为师，学诗读书；及掌教，大畅主旨，将原来全真道不资参学、不立文字的传统改变为讲论经典，涵咏义理，及其卒世，京师士大夫，远方道俗，奉香火致奠者填塞街巷，累月不已。据《元史·释老传》，邱处机之四传祁志诚道誉甚著，丞相安童曾访他问政，志诚告以修身治世之要。安童辅佐元世祖以清静忠厚为主，乃受志诚之影响；既而罢相，泰然安处。

全真道兴于北方，在元朝传入江南，以武当山为活动中心。此前张伯端一系内丹派后学，此时纷纷合流于全真道门下，而成为全真南宗，其中著名学者有李道纯、李月溪、金志物、牧常晁、李钰、赵友钦、陈致虚等，诸人中又以李道纯为最著名。李道纯是杰出的内丹大家，著有《全真集玄秘要》、《中和集》等。他力主三教归一，其《中和集》说：“禅宗、理学与全真，教立三门接后人”，“会得万殊归一致，熙台内外总登春”，其《三天易髓》明言：“引儒释之理证道，使学者知三教本一。”他认为儒家的太极，佛教的圆觉，道教的金丹，是名三而实一，修道皆尚静定。他炼养内丹之要：“以太虚为鼎，太极为炉，清净为丹基，无为为丹田，性命为铅汞，定慧为水火，窒欲惩忿为水火交，性情合一为金木并，洗心涤虑为沐浴，存诚定意为固济，戒定慧为三要”（《中和集》），是知其内丹学确是将儒佛道熔为一炉，充分表现出全真道的旨要。

在编撰全真道史方面，李道谦贡献最大，他撰《祖庭内传》、《七真年谱》、《甘水仙源录》，收集大量宫观碑刻及传赞，为研究全真历史提供了可靠而又系统的资料。李道谦，汴梁人，生于金，长于元，博学多识，初为提点重阳宫事，至元二年升京兆道门提点，十四年提点陕西五路西蜀四川道教，兼领重阳万寿宫事，卒时送葬者数万人。在道经之刊行方面，宋披云出力甚多。宋为邱处机弟子，莱州掖城人，曾随长春西行雪山，长春以藏经大事付托之。长春谢世后，他令弟子秦志安（通真子）于平阳玄都观总掌藏经编辑之事，并亲自参与，广罗遗籍，历数万里，不遗余力，终于完成重刊《道藏》的浩大工程，凡7800余卷，名《玄都宝藏》。全真道初重炼养，本不尚读经，其说皆独出心裁，不拘门户渊源；但数代之后，方觉无征不信，欲整理教统，使自身具有来龙去脉，而能为教内外所重。于是有北五祖之说，北七真之说，南五祖之说，于是有《道藏》的重刊，以明全真道起自老子，乃道教之正宗，且用以教诲后之道徒，使道教统绪不至于衰堕。

元朝有焚道经之举。佛道在历史上常有摩擦，在元朝虽皆受尊崇，而以佛教尤其密宗最受宠信。道教徒宣扬老子化胡，以示道在佛先；又道家常侵占已荒芜之佛寺，引起利益上的矛盾。佛教更受朝廷器重，故佛道之争，常以佛胜道败为结局。元宪宗八年（1258），全真由张志敬掌教，佛教徒以福格为首，指摘全真道徒伪造《老子八十一化图》，僧道各集17人辩论，结果道士失败，宪宗勒令道士落发，恢复侵寺200余所，将《老子化胡》等所谓伪经及雕版尽行焚毁。元世祖至元十七年（1280），诏谕祁志诚焚毁《道藏》伪妄经文及版。至元十八年（1281），听说保定、真定、太原、平阳、河中府、关西等处道藏经版尚存，命僧录司教禅诸僧及文臣诣长春宫，偕正一天师张宗演、全真掌教祁志诚、大道掌教李德和等考证真伪。接着百官集悯忠寺，尽焚《道藏》伪经杂书，惟《道德经》系老子亲著，予以保留。又于至元二十一年诏相哥谕翰林院撰《焚毁伪道藏经碑》，记两次焚经始末，颁布诸路刻石。两次焚经虽使道教受到打击，但全真道及其首领仍继续得到朝廷扶植利用，事态没有扩大。

全真极盛之后，渐渐改变初期清净俭朴、苦修厉行之教风，而以华贵为荣。道观极其壮丽，道首奢侈腐化，结纳权贵，与世俗之浊风卑行同流合污。王鹿庵《真常观记》说，今掌玄教者"居京师，住持皇家香火，徒众千百，崇墉华栋，连亘街衢，通显士大夫，洎豪家富室，庆吊问遗，水流而不尽"，道宫成了热闹的社交之地。虞道园《紫虚观记》亦云："今为道家之教者，为宫殿楼观门垣，各务极其宏丽"，"大抵侈国家宗尚赐予之盛，及其土木营缮之劳而已"。全真道后期外荣而内衰，其掌教人张志仙、孙德彧、蓝道元、孙履道、苗道一等，皆无盛德伟业，且有如蓝道元者，以罪被黜。泰定三年（1326）张傲奏云："比年僧道往往畜妻子，无异常人，如蔡道泰、班讲主之徒，伤人逞欲，坏教干刑者，何可胜数"，其时佛教道教有权势之徒已腐化成风。元末，太一教与真大道教渐趋湮灭，全真道虽然继续延流，而教誉已大为跌落。

二　江南正一道的繁荣景象

江南正一道汇合与统领诸符箓派道教而成为与北方全真道相对峙的另一大教团，在元朝亦呈繁荣活跃景象。南宋原有的茅山、灵宝、清微、神霄、天心、东华等派继续流衍于江南，而由正一天师总掌江南道教。蒙古贵族南下中原，西征诸国，既重视利用全真道，亦相当倚重正一道。早在灭宋之先，元世祖忽必烈就派人入江西龙虎山，访第 35 代天师张可大。至元十三年（1273）世祖召 36 代天师张宗演，提到张可大曾预言"后二十年，天下当混一"，已经应验，赐宗演冠服、银印，命他主领江南道教。后至元十八年、二十五年他两度入觐。世祖取天师世传玉印、宝剑观看，对近臣说："朝代更易已不知其几，而天师剑印传子若孙尚至今日，其果有神明之相矣乎！"嗟叹久之。37 代天师张与棣，袭掌江南道教。元贞元年，其弟张与材嗣为第 38 代天师，袭掌道教。成宗大德五年（1301）召见与材于上都幄殿，八年授正一教主，主领三山符箓。武宗时特授其金紫光禄大夫，封留国公，赐金印。仁宗即位后特赐宝冠、织文金之服。延祐三年，与材卒，其子张嗣成嗣为 39 代天师，袭领江南道教，主领三山符箓。

在张天师嫡传之外，张留孙与吴全节师徒是元廷最宠信的高道，其荣耀有甚于天师者。张留孙字师汉，信州贵溪人，少时入龙虎山为道士。至元十三年，从天师张宗演入朝，谈话合世祖心意，遂留在宫中。曾祷止暴风雨，又曾去日月山，为皇后祷治病疾，并替皇后解梦称意，帝后大悦，命留孙为天师，固辞，乃号为上卿，命尚方铸宝剑以赐，为之建崇真宫于两京，由留孙专掌祠事。至元十五年，授玄教宗师，赐银印。留孙曾与世祖讲论治国之道，申述黄老治道贵清净、圣人在宥天下之旨，深契世祖之心。世祖欲任完泽为相，命留孙卜筮，留孙以《易》而占，决为吉事。大德中，加号玄教大宗师，同知集贤院道教事，且追封其三代皆魏国公，官阶品俱第一。武宗即位，封大真人，知集贤院，位大学士之上，又加特进。留孙为帝讲《老子》，推明谦让之道。仁宗即位，常诵留孙之言，并告诉近臣，累朝故旧大德，仅剩张上卿一人，进封开府仪同三司，加号辅成赞化保运玄教大宗师，刻玉为玄教大宗师印以赐。死后追赠道祖神德真君。

张留孙门下高徒颇多，而以吴全节最著名。全节字成季，饶州安仁人。年十三学道于龙虎山。至元二十四年从张留孙至京师见世祖。元成宗召见全节，要他每岁侍从行幸。大德十一年，授玄教嗣师，赐银印，视二品。至大元年赐七宝金冠、织金文之服，又封其父祖故里。至治二年，授特进、上卿、玄教大宗师、崇文弘道玄德真人、总摄江淮荆襄等处道教、知集贤院道教事，赐玉印银印。吴全节好结交士大夫，亲推贤才，又能赈穷周急，曾为成宗推荐洛阳太守卢挚，谓其平易无为，而民以安靖，于是得拜集贤学士，又曾保护翰林学士阎复，不受陷害，当时人认为朝廷得敬大臣体，而不以口语伤贤者，全节是出过力的。张留孙、吴全节虽擅长符箓占卜，但不像林灵素辈一味迎合帝意以攫取富贵，而能讲论学问，提出积极有益的建议，在当时知识界和朝臣中有较高威望，属于高层次的道士。以张留孙为代表的道教派别是龙虎宗的一个支派，形成一个颇具实力的教团，其第二任掌教是吴全节，第三任为夏文泳，第四任为张德隆，第五任为于某，已处于元末。该教派思想上推崇儒学，力行忠孝，在宗教内容上杂学各派，表现了元朝江南道教既教派林立又杂糅合流的时代特色。

茅山派以江苏三茅山为中心，其著名道士杜道坚（1237～1318）一生经历宋元两朝，皆受器重。见元世祖，奉玺书提点道教，住持杭州宗阳宫。大德中授杭州路道录、教门高士真人。皇庆中授隆道冲真崇正真人，兼掌湖州报德观、通玄观，撰《玄经原旨》等，深通玄理。另一位道士张雨，以文章诗词名世，撰有《玄品录》等。茅山第45代宗师刘大彬撰《茅山志》33卷，收集茅山历代文史资料甚为丰富，是道教史志名著。灵宝派以江西阁皂山为中心，其支派东华派以温州为传教中心。神霄派至元朝，支派繁多，不可胜数，最著名道士为莫月鼎，以神霄雷法闻名于世，弟子甚众，元世祖曾予召见。清微派在黄舜申之后有张道贵、张守清等道士，修道于武当山，与全真道十分接近。

三　江南流行的净明道

江南流行的净明道，是儒道结合的典型。净明道奉祀许逊，其信仰可以上溯到唐代以前。许逊是西晋时的道士,据说他得道于吴猛,提倡孝道,在豫章一带传道三十余年,形成教团。其后统绪绵绵不绝。唐高宗时,道士胡惠超、张蕴、郭璞被认为净明道三师。北宋历朝皇帝皆尊崇净明道。宋真宗将南昌西山游帷观升格为玉隆宫,宋徽宗加赠为玉隆万寿宫,禁止樵采,免其租赋,又封许逊为神功妙济真君。宋室南渡之年,有道士周真公在许逊信仰最浓的江西南昌一带,宣传净明教义,称许逊等六真降神于渝水,出示净明灵宝秘法,化民以忠孝廉谨慎之教,后许逊高明大师又降临玉隆万寿宫,授飞仙度人经、净明忠孝大法,"真公得之,建翼真坛,传度弟子五百余人"(《净明忠孝全书》卷一)。周真公之后传承不明,似即中绝。元初有南昌西山隐居儒士刘玉(1257～1310),自称25岁时遇西山道士胡惠超,胡告知"净明大教将兴,当出八百弟子,汝为之师"(《西山隐士玉真刘先生传》),于是刘玉立腾胜道院,以善道劝化。据说刘玉于元成宗元贞二年得许逊降授《玉真灵宝坛记》,次年又得净明监度师郭璞降授《玉真立坛疏》,得净明法师胡惠超降授道法和三五飞步正一斩邪之旨。又自称得许真君再授《中黄大道》、《八极真诠》,并委刘玉为八百弟子之首。这样,十几年间,道书初备,弟子拱尊,遂正式开出净明道宗,以许逊当第一代祖师,刘玉为第二代,名义上不承认与周真公的传承关系,而事实上是有承前启后关系的。可以说,刘玉是净明道的正式创始人,首次采用净明道作为教派名称。黄元吉(1271～1325)为旌阳(许逊曾为旌阳县令,故又称许旌阳)三传,徐异(1291～1350)为旌阳四传,赵宜真为旌阳五传,刘渊然为旌阳六传,其时已入明初。刘渊然以下传谱不明。据《净明忠孝全书正讹》,有明太祖十五子朱权,学习净明道法,被明成祖封为涵虚真人,俗称朱真人。又有张真人,系河南杞县人,入南昌西山修净明道,羽化于清顺治十八年(1661)。又据《逍遥山万寿宫志》卷十三《人物志》,全真道龙门派邱处机第八世法嗣徐守诚于顺治九年入南昌西山研修净明道,见宫观荒废,致力于修复。徐守诚于康熙三十一年(1692)卒,可知从17世纪末起,净明道法统由全真道接续,徐之后由其弟子谭太智、张太玄、熊太岸等维持。以后衰微无闻。

"净明忠孝"四字是该教的宗旨。刘玉解释说:"何谓净?不染物;何谓明?不触物;不染不触,忠孝自得。"又说:"净明只是正心诚意,忠孝只是扶植纲常","本心以净明为要,行制贵在忠孝"(以上《玉真刘先生语录》)。"净明"二字本取于佛教心性本净本明、一尘不染之义,用以规定修道者应达到的内心境界。净明道认为人心本来是纯净透明的，但为后天物欲私情所蔽而不净不明，故刘玉说："人之一性本自光明，上与天通，但苦多生来渐染熏习，纵忿恣欲，曲昧道理，便不得为人之道。"（《净明忠孝全书》卷二）修净明之道，就是教人清心寡欲，正心诚意，不为利欲所动，无贪瞋，无褊狭，不怨怒，做到广大清明。在修心的同时还要践行，即要尽忠尽孝，不仅要忠君孝亲，而且要把忠孝的行为加以扩充，刘玉说："大忠者一物不欺，大孝者一体皆爱"（《净明忠孝全书》卷三）。刘玉全力维护宗法制度，毫不掩饰地说"忠孝只是扶植纲常"，但世儒把这当成陈词加以忽略，净明道"却务真践实履"（《全书》卷二）。净明道功过格中有"救众"的教法，救助饥渴之民、寒冻之民，埋葬无主之骨、无土之家，周济行旅，修桥补路，济生利民，远近闻知，仰向从游者众。由于它强调忠孝践履和行善积德，既得到元朝贵族与学界的赞许、支持，同时也能得到下层民众的广泛崇敬，一时影响颇大。旌阳三传道师黄元吉于元英宗至治三年（1323）赴京师讲学，公卿士大夫多礼敬之，莫不叹异，朝廷赐之玺书，张留孙留住崇真万寿宫。四传道师徐异亦游京师大行祈禳，朝廷赐号净明配道格神昭效法师。六传刘渊然于洪武二十六年（1393）得明太祖"高道"之赐号，在永乐年间担任了中央道录司的职务。净明道还受到明代王阳明心学学者王龙溪、罗汝芳等人的赞誉。

但是净明道毕竟还是道教，也要讲修道成仙。不过它鄙薄传统的内丹外丹、辟谷吐纳等道术，认为净明忠孝的修养和实践乃上乘内丹之道。《净明大道说》云："要不在参禅问道，入山炼形，贵在乎忠孝立本，方寸净明。四美具备，神渐通灵，不用修炼，自然道成。"刘玉说："惩忿则心火下降，窒欲则肾水上升，明理不昧则元神日壮，福德日增，水上火下，精神既济，中有真土为之主宰，只此便是正心修身之学，真忠至孝之道"，修持既久，则"非必长生而长生之性存，死而不昧，列于仙班，谓之长生"（《全书》卷二）。净明道追求的长生，不是肉体永存，而是德性不亏，与儒家的圣贤极为接近。净明道亦讲用符箓祈禳，但主张行符法应以内修为本，以至诚感动天地，消得心中魑魅魍魉，便可使外邪自然息灭。净明道把儒家伦理直接具体化为宗教教义和戒律，用道教的宗教形式去包容儒家修身济世的人本内容，这是一次儒学宗教化的成功尝试，是道教史上一次相当新颖独特的改革，但同时也是道教向儒家靠拢的表现，是以丧失道教自身传统特点为代价的。黄元吉、徐异等编辑净明道著述为《净明忠孝全书》6卷，成为研究净明道教义的主要史料。

第六节　也里可温教、伊斯兰教、犹太教的振兴

一　也里可温教——基督教的再次传入

景教在唐初传入中国，流行 200 余年，武宗灭佛（845）后在中原湮没无闻，但在西域少数民族中仍有信奉者。基督教的再次传入则是随着元朝的兴起而实现的。当时在西域流行的基督教聂斯托利派（景教）和刚刚传入的天主教方济各会，元人统称为"十字教"，蒙语为"也里可温"（Erkeun）意为"福分人"、"有缘人"、"奉福之人"。《元史》中也曾见"阿勒可温"、"耶里可温"等异译。

元太祖成吉思汗统一蒙古诸部落后，他和他的继承者又建立了一个横跨欧亚大陆的大帝国。蒙古铁骑的西征使欧洲各国的封建君主十分惊慌，教皇英诺森四世（Innocent IV）派方济各会教士，意大利人柏郎嘉宾（Plano Carpini）访问蒙古大汗驻地和林，劝蒙古人信仰天主教。定宗贵由虽厚待来使，却以"奉天承运"为由拒绝了教皇的要求。定宗的复书至今仍保存在梵蒂冈图书馆，是蒙古人与罗马教廷最早接触的记载。以后法国国王路易九世为准备第七次十字军东征，曾派法国教士罗伯鲁（Willian of Rubruck）携带礼物出访和林，想联络蒙古大军夹击耶路撒冷。宪宗蒙哥召见使者，但拒绝了他们的要求。1255 年，威尼斯商人马可·波罗去君士坦丁堡经商，听到了有关中国的传说。1260 年他沿伏尔加河进入中国，世祖忽必烈召见了他。当时的元朝正处于鼎盛时期，文化也比较开放。世祖请马可·波罗带信给罗马教皇，正式提出请教皇派遣通晓"七艺"（文法、论理、修辞、算学、几何、音乐、天文）的 100 名传教士来华，以证明天主教比其他宗教优越。还要求取耶稣墓前灯油作纪念。马可·波罗本人虽不是传教士，但他在中国与罗马教廷之间起了穿针引线的作用。

1289 年，教皇尼古拉四世派意大利人、方济各会修士约翰·孟高维诺（John of Montecorvino，1247～1328）航海来华，受到朝廷的礼遇，成宗铁穆耳待他极为恭敬，并准许他公开传教。孟高维诺是第一位正式进入中国的天主教传教士，由此开始了他的传教事业。1298 年他在大都建成第一座教堂，1305 年、1308 年又建成两座。这些教堂虽已荡然无存，但一些资料记

载，教堂修得巍峨堂皇，可容纳数百名信徒礼拜，"有高耸入云之钟塔，内悬钟三具，每时一鸣，以唤信徒祈祷"①。他还招收了 150 名 7～8 岁男童，成立神职班，教授拉丁文和希腊文，并将《新约》等宗教文献译成蒙古文和维吾尔文。孟高维诺在华传教近三十年，收信徒 6000 余人，连元世祖忽必烈的母亲别吉太后都成了他的信徒。1307 年，教皇任命他为中国教区大主教，以后又相继派一些传教士来华协助他传教，但关山阻隔，多数人客死途中，到达中国者仅有亚诺尔德·各洛尼（Arnold of Cologne）、哲拉德（Gerard）、裴莱格林（Peregrine of Castello）、安德鲁（Andrew of Perigia）。由于这些传教士的努力，至 1328 年，天主教信徒已达 3 万人，流行于大江南北，尤以江南沿海一带为盛，杭州、镇江、泉州皆建有教堂。至顺年间，镇江有十字寺 7 所。明万历、崇祯年间，在泉州发现三个十字架，证明系元代遗物。

元代对各教均设官府专司其务，对基督教，世祖于至元二十六年（1289）设"崇福司"，"掌领马儿哈昔列班也里可温十字寺祭享等事"（《元史·百官志五》）。"马儿哈昔"即"主耶稣"（Mar Jesua），"列班"是蒙语对神职人员的称呼。延祐二年（1315）改司为院，"省并天下也里可温掌教司七十二所，悉以其事归之"（同上）。延祐七年（1320）复改为司。从当时管理也里可温教的庞大机构可知其宗教之兴盛。蒙古族统治者对基督教采取了宽容和支持的政策，不仅允许其公开传教，而且给教士发放薪俸。孟高维诺自述："余继续在此居住，依皇帝所赐俸金为生。"

元朝也里可温教发展较快，也曾与佛、道教发生冲突。《元典章》卷三十三载：浙江温州地区也里可温招收民户充本教户计，侵夺领管之权。在祝圣祈祷时要班立于先生（道士）之上，并殴打法箓先生。这场官司打到朝廷，礼部明文规定："随朝庆祝班次，和尚、先生祝赞之后，方至也里可温等"，并禁止擅自招收户计。此资料说明，也里可温的传入已在文化上引起了冲突，开始出现各教争高低的情况。不过也里可温教毕竟势力太小，只能排在佛、道以下。

元朝末年，老一代入华传教士相继去世，教廷又派若望·马里诺利（Giovanni de Marignolli）来到中国传教。但他看到元廷政治腐败、民族矛盾

---

① 孟高维诺的信转引自张力、刘鉴唐著《中国教案史》，第 8 页，四川省社会科学院出版社，1987。

尖锐、出现了社会大动荡的前兆，便不顾元顺帝的一再挽留，三年后即回国述职。以后罗马教廷虽多次向中国遣使，但无一人到达。元朝也有中国基督徒前往欧洲，如维吾尔人拉本扫马（1225～1294）和马克（1245～1317），在世祖至元十五年（1278）自山西霍山出发，西至巴格达。马克被基督教大总管登哈委任为中国教区总主教，拉本扫马被伊儿汗国派充赴欧洲大使，二人皆卒于西亚。

也里可温教在中国惨淡经营近百年的事业，随着元帝国的覆亡而灰飞烟灭，基督教第二次从中国宗教史上销声匿迹。其原因从内部看，也里可温教是随着蒙古铁骑一起进入中原的，在蒙古贵族推行民族歧视政策的情况下，也里可温教本身也被抹上了一种外来征服者的色彩，故广大汉族人民对之始终心存怀疑、冷漠甚至敌视的情绪。也里可温教在元代主要是蒙古人、色目人的宗教，并没有在占人口大多数的汉族人中扎下根。从外部原因看，蒙古帝国统治欧亚大陆时，从欧洲来华是比较方便的，沿途都有蒙古驿站，五六个月即可到达。蒙古帝国崩溃后，中亚为信奉伊斯兰教的民族占领，切断了中、西陆路交通，明朝又实行海禁。也里可温教便在内无适宜土壤，外无源头活水的情况下迅速枯竭了。残存在北京、内蒙古、新疆、泉州等地的一些刻有十字的石碑，记载着传教士的热情和艰苦，也记录了基督教进入中国的又一次尝试。

二　伊斯兰教的好时光

元朝是中国伊斯兰教相当盛行的时期，穆斯林人口急剧增加，社会地位大为提高，穆斯林在社会政治和文化生活中做出了前所未有的成绩。成吉思汗及其孙西征西亚与东欧，建立了横跨欧、亚的蒙古大帝国，由此中西交通空前畅达；西亚伊斯兰教国家残破，穆斯林大批归降或被俘，随蒙古军而东来，参加征服和统一中国的战争，称之为"西域亲军"，其中有阿拉伯人、波斯人和中亚各族人，多是炮手、水军、工匠。忽必烈建立元朝并统一中国以后，这些人在全国各地屯驻，与当地汉族、维吾尔族、蒙古族居民通婚，代代繁衍，逐渐形成了一个新的民族——回族。与此同时，陆上的"丝绸之路"畅通无阻，海上的"香料之路"也十分繁荣，西域之穆斯林商人、学者、传教士、达官贵人、旅行者等，纷至沓来，这些人中有许多定居中国，与当地人通婚，形成回族的另一个重要来源。

元朝穆斯林的状况与唐宋不同。第一，他们多数不再自视为外国侨民，大都以中国为家，娶妻生子，置产立业，变成了中国人，如周密《癸辛杂识续集》所云："今回回皆以中原为家，江南尤多。"第二，他们的分布不再局限于东南沿海的通商口岸，而遍布全国各地，渐渐形成"大分散，小集中"的居住特点，故《明史·西域传》说："元时回回遍天下。"但主要分布在东南沿海、大都及西北、西南一带。第三，他们的社会地位较高。元朝将中国人分为四等：蒙古人、色目人、汉人（北方人）、南人（江南宋遗民）。色目人绝大多数是穆斯林，其政治与社会地位仅次于蒙古贵族。色目人在帮助元朝统一中国的事业中立有汗马功劳，故备受蒙古贵族优遇。元世祖建立元朝以后历任宰相，非蒙古人者有16人，其中色目人占12人。元成宗时规定，各道廉访使，必择蒙古人为使，或缺则以色目世臣子孙为之。自延祐开科举以后，每次色目人登进士第者，少者十余人，多者数十人。这种情况非常有利于伊斯兰教的活动和传播。

元代将伊斯兰教徒称为"木速蛮"，即穆斯林的古译；又称"答失蛮"，即大食人的异译，亦指伊斯兰教徒；世俗又往往称为"回回"。其教名或称真教、清教，或称回教。中央设立"哈的"，即回教法官，掌教内律法的执行，并负责为国祈福。该制曾几置几罢，反映了国家与教会在执法上的权力之争，也说明伊斯兰教的势力已相当强大，政府不敢小觑。中统四年，敕也里可温、答失蛮、僧、道，租田入租，贸易输税。至元元年，命儒、释、道、也里可温、答失蛮等户，旧免租税，今并征之。至大二年，宣政院奏免僧、道、也里可温、答失蛮租税。其时伊斯兰教已由沿海外国小教发展成为由政府正式承认的中国合法大教，可与佛教、道教、儒教及基督教并列，足证其规模和影响之大。《马可·波罗行纪》说，大都及今西北、云南、山西各地均有回回教徒。《伊本·巴图塔游记》说，元代"中国各城市都有专供回回教徒居住的地区，有供举行礼拜用的大寺"。《西湖游览志》说："元时内附者，又往往编管江、浙、闽、广之间，而杭州尤伙。号色目种，隆准深眸，不啖豕肉，婚姻丧葬，不与中国通。诵经持斋，归于清真。"镇守唐兀地区（今宁夏一带）的阿难答，所部15万人，除色目人外还有不少蒙古人和汉人，大半皈依伊斯兰教，由此可推知全国穆斯林人口之多。清真寺之著名者，有泉州清净寺、广州怀圣寺、杭州真教寺、昆明礼拜寺二所、哈剌和林礼拜寺二所，大都进行了修葺或重建。寺内设有教长主持寺院，又有传呼礼拜者，执掌教务者。忽必烈曾有迫害穆斯林教徒之举，但未成国策，蒙古贵族从总体上还是保护伊斯兰教的。《史集》曾载忽必烈闻知《可兰经》有

"凡崇拜数神者杀之"的话，召都城回教博士而问之，对曰有之，忽必烈又问既上帝命汝曹杀异教之人，何以汝曹不从其命？对曰时未至，吾曹尚未能为之。忽必烈大怒，说：然则我能杀汝也，遂命立将其人处死。这说明《可兰经》中原有的不宽容观念尚未来得及由中国教徒加以改变和重新解释，不符合崇尚佛教兼信诸教的忽必烈的心意。该书又记忽必烈禁用断喉法杀羊，须按蒙古旧俗破腹杀之，此与回教习俗不合，有犯禁之回教徒受罚。然而在多数情况下，穆斯林还是颇受政府尊重。中央一级设回回国子监学，奖励伊斯兰学问。又设回回司天监，掌观象衍历。著名天文历算家札马鲁丁任职司天台，造浑天仪，又撰《万年历》，世祖曾加以颁行。此外又设太医院广惠司，掌修制御用回回药物及和剂，治疗诸宿卫士及在京孤寒者。还设回回炮手军匠上万户府，负责造炮，管理造炮工匠。

元代的穆斯林对中国的政治、经济、军事、文化做出了重大的贡献，涌现出一大批一流的优秀人才。在政治方面，有许多穆斯林功臣显宦。如泉州人蒲寿庚，助元灭亡南宋有功，官至左丞，子皆高官。扎八儿，助成吉思汗破金中都，封凉国公。赛典赤赡思丁，曾率千骑从成吉思汗西征，太宗宪宗之世拔为高官，颇有惠政，世祖之世，拜中书平章政事、陕西五路西蜀四川行中书省、云南中书行省平章政事，为中央所倚重。世祖曾忧云南委任失宜，远人不安，亲自委任赛典赤前往抚治。赛典赤至云南，内和当地蒙古贵族，外和交趾、萝槃甸，皆以诚感之。云南习俗落后，文化荒漠，"赛典赤教之拜跪之节，婚姻行媒，死者为之棺椁奠祭，教民播种，为陂池以备水旱，创建孔子庙，明伦堂，购经史，授学田，由是文风稍兴"（《元史·赛典赤赡思丁传》），对于开发云南、推广中原文明作出贡献。赛典赤居云南 6 年，卒时百姓巷哭，交趾王派使者 12 人送葬，其祭文有"生我育我，慈父慈母"之语，使者号泣震野，足见其德政感人之深且远。

在经济方面，穆斯林亦有举足轻重的地位，特别是在中西商业交往中，穆斯林发挥着重要作用，俗称"富贵回回"，以其多为富商也。如泉州巨贾佛莲，乃穆斯林教徒，蒲氏之婿，其家极富，凡发海舶 80 艘，死后家产仅珍珠便 130 石。在文化方面，出现一批著名的学者、艺术家、专门人才。大学者赡思，学通五经，尤深于《易》学，旁及天文、地理、钟律、算数、水利及外国之书，著述甚富，有十余种，内有《四书阙疑》、《五经思问》、《奇偶阴阳消息图》、《老庄精诣》、《西域异人传》等。大诗人丁鹤年，通《诗》、《书》、《礼》三经，擅长诗文，对算数、导引、方药亦有研究，晚年信佛，理父母葬依儒家习俗，斩衰三年，庐墓终身，时人称为孝子。他的诗颇有禅味，如《赠秋月长老》一首，诗云："秋月既虚明，禅心亦清净。心月两无亏，炯然大圆镜。流光烛万物，万物咸鲜莹。倒影入千江，千江悉辉映。情尘苟不归，倏忽迷真性。所以学道人，于此分凡圣。视身等虚空，无得亦无证。伟哉寒山翁，与汝安心竟。"他的思想可以说是兼儒佛回而有之。诗人萨都剌博学能文，文学创作以诗歌为主，内容有歌颂山川之美者，有揭露社会不平者，有表达励精图治愿望者。其山水诗最见功力，粗犷有致，善于表现塞外风光，以《登石头城》和《金陵怀古》两首脍炙人口，他被推崇为"有元一代词人之冠"。此外还有大画家高克恭（其画与赵孟頫齐名），作曲家马九皋，建筑家也黑迭儿、马合马沙父子等。上述情况表明，回族在形成之初，即具有了高度的中原文化素质，同时保留了西域文化某些特点，特别保持了伊斯兰教的信仰和习俗，在他们身上体现着中西文化的融合。

在新疆地区，蒙古进入以前，南疆大部分地区已经伊斯兰教化，该教渐推向北疆。惟东部以吐鲁番、库车为中心是佛教传统。成吉思汗的宗教政策是尊重各种宗教，不得有所偏爱，对于伊斯兰教更是十分重视，因为向西扩张主要进入伊斯兰教地区。他虽然屠戮中亚敢于顽抗的穆斯林，但并不仇恨伊斯兰教，反而着力于笼络伊斯兰教上层人士。其时乃蛮部屈出律占据原西辽地区，屈出律原信景教，后改信佛教，对伊斯兰教大肆迫害，引起新疆广大穆斯林的强烈不满，而成吉思汗进军新疆却打着信教自由和保护伊斯兰教的旗号，故受到新疆穆斯林的欢迎，"当时民心瓦解，惟望蒙古兵速至"（《新元史·乃蛮传》）。当地伊斯兰教徒配合蒙古兵打击屈出律，因而蒙古军队进入新疆十分顺利，南疆诸城望风归附，蒙古遂占有新疆。窝阔台汗继承成吉思汗的宗教政策，礼遇和保护新疆的穆斯林。成吉思汗次子察合台受封于从畏兀儿（维吾尔）之边到撒马尔罕和不花剌的广大伊斯兰地区，他坚决维护和推行蒙古习惯法，因而对于伊斯兰教有所侵害。贵由汗倾向于基督教。蒙哥汗继位后，恢复了成吉思汗兼容各种宗教的政策，受到新疆穆斯林的敬重。忽必烈时代，蒙古人在信仰上分裂，忽必烈信奉了佛教，但仍然保护其他宗教。他曾说："我对四大先知（耶稣、穆罕默德、摩西、释迦牟尼）都表示敬礼，恳求他们中间真正在天上的一个尊者给我帮助。"（《马可·波罗游记》）。这样，在元朝，新疆的三大宗教——伊斯兰教、基督教、佛教都得到一定程度的发展，同时各教之间互相来往、互相渗透，气氛比较平和宽松。当时伊斯兰教处于上升时期，佛教在新疆正走下坡路，所以自由传教的结果，伊斯兰教得到最快的发展。在察合台后王统治时期，出现了以圣战推行伊斯兰教的情况，强迫异教徒皈信伊斯兰教，直接冲击到吐鲁番地区。到16世纪新疆全境除了北部瓦剌蒙古信奉喇嘛教外，全部改信了伊斯兰教。进入新疆的蒙古人逐渐吸收伊斯兰文化，从游牧改为定居，发展农业、手工业和商业，逐渐融合于维吾尔民族之中，蒙古后裔建立的察合台汗国也渐渐消失。

三　犹太教有所发展

元代由于蒙古西征和中西方交通的开拓，又有大批犹太人来华。除开封以外，还分布于大都、西北、东南沿海等地区。犹太教也因犹太人的增多而有所发展，从皇帝诏书中可以看出，它常能与佛、道、基督、回等教相并列，被视为一大宗教。当时称犹太教为"术忽"、"主吾"，或"珠赫"、"主鹘"。据《元史·文宗本纪》，天历二年（1329）诏"僧、道、也里可温、术忽、答失蛮为商者，仍旧制纳税"。又《顺帝本纪》至元六年（1340），"监察御史世图尔言，宜禁答失蛮、回回、主吾人等叔伯为婚姻"；至正十四年（1354），"募宁夏善射者及各处回回、术忽殷富者赴京师从军"。犹太人极善经商，故多富有，元廷视其为财政重要来源，依制收其税款。西人马可·波罗等在游记中提到和林、大都等处有犹太人，《伊本·巴图塔游记》提到杭州第二城区住有犹太人。有犹太人定居便有教堂的修建。明弘治二年（1489）开封的《重建清真寺记》碑文云，清真古寺（犹太教堂）始建于宋，"元至元十六年己卯（1279）五思达重建古刹清真寺，坐落土市字街东南，四至三十五杖"。时人常将回回与犹太人混杂，也把犹太教堂称作清真寺。

第七节　白莲教的崛起与元末
社会变革

民间宗教古已有之，如汉末五斗米道、太平道是民间道教，北魏大乘教是民间佛教，宋代明教是民间摩尼教。但中国民间宗教形成较大规模、呈现活跃态势是从宋元白莲教开始的。白莲教及其他民间宗教的兴起，可以看成是儒佛道三教合流思潮向社会下层扩散，与民间信仰相结合的产物；也是社会上下矛盾加剧，宗法等级制度控制力下降，民众自信自保和反抗性增强的表现。

一 白莲教的产生与发展

白莲教的早期形态是佛教白莲宗，它是源于净土宗的一个民间教派。宋代净土念佛结社盛行，多称白莲社或莲社，参加者既有僧侣，又有在家信徒，初具民间结社形式。白莲宗的创始人是南宋绍兴（1131～1162）间吴郡昆山僧人茅子元。白莲宗崇奉阿弥陀佛，要求信徒念佛并持五戒，以期往生西方净土。茅子元采用天台宗教理，绘制《圆融四土三观选佛图》，以佛像、图形和比喻解说佛土的高低，使普通民众易于理解；又制作《白莲晨朝忏仪》，简化并统一以前的念佛修忏仪式，便于在民间推行。在组织上，他改变过去净土结社的松弛状态，建立起师徒相授、宗门相属的紧密的教团组织，规定徒众以"普觉妙道"四字命名。还在淀山湖建白莲忏堂，自称导师，坐受众拜。白莲宗同当时的白云宗及民间摩尼教一起，因其自行结社聚众的活动方式遭到朝廷的敌视和禁断，同被视为"事魔邪党"，茅子元被流放到江州。但由于白莲宗教义浅显、修行简便，颇合下层民众的心理需要，故得以传播，甚至流传到蒙古人统治的北方。

元朝统一中国后，承认和支持白莲宗的活动，使之进入兴盛时期，形成以庐山东林寺和淀山湖白莲堂为两大中心的广大活动范围。白莲宗内有家室的职业教徒称为白莲道人，不剃发，不穿僧人，数十人或上百至千人相聚结为庵堂，供奉阿弥陀佛、观音、大势至佛像，做一些祈福消灾、行善济世的事情。这样的堂庵其规模堪与佛寺道观相比，当时遍布南北各地。堂庵还拥有田地资产，由主持者父子相继，成为堂庵首领的家产。后来白莲宗与弥勒信仰相结合，演变成白莲教，带上了更多的反叛精神。弥勒在佛教里是一位未来佛，古代民间常借"弥勒出世"、"弥勒下凡"来组织民变队伍，隋、唐、宋三代皆有托弥勒而造反的事件发生。白莲教又吸收了摩尼教义，崇尚光明，相信光明定能战胜黑暗，弥勒下生可以解救世人，由此逐渐成为下层人民反抗元廷统治的旗帜，集众生事，间有武装反抗的行为，故至大元年（1308），朝廷下令禁止。仁宗时曾恢复白莲教合法地位。而英宗即位后复禁断。顺帝时期，政治腐败，民族与阶级矛盾趋于激化，广大汉人起来反元，自然而然地把白莲教当成起义的旗帜和组织形式。

二 元末白莲教起义

至元四年（1338），白莲教僧人彭莹玉及其徒周子旺，在袁州（今江西宜春）发动起义。至正十一年（1351），颍州白莲教武装红巾军发动起义，开启了元末大规模的农民战争。起义领导者是白莲教首领韩山童，杜遵道、刘福通、罗文素、盛文郁、王显忠、韩咬儿等人为之辅佐，形成一个英勇善战、足智多谋的领导集团。起义前先造谶语，预设独眼石人埋入黄河要道，民夫开河道掘出石人，远近轰动，传言："莫道石人一只眼，此物一出天下反"，以此动员民众参加反元斗争。刘福通等人又倡言韩山童是天国降世的明王，是宋徽宗八世孙，当为中国主。起义者头缠红巾作标志，并高举赤旗，故被称为红巾军或红军或香军（烧香拜弥勒）。由于消息泄露，韩山童被捕处死，刘福通迅即起事，各地白莲教会众及受苦农民相继起兵响应，形成汹涌潮流。而后有蕲州徐寿辉、彭莹玉起义，李二、王权、孟海马、郭子兴起义。年轻的朱元璋投奔郭子兴，参加了红巾军的队伍。至正十五年（1355）刘福通迎立韩林儿，称"小明王"，立国号为"宋"。张士诚在高邮建立反元的大周政权，方国珍据东南海上，陈友谅占有江西、湖广。后来郭子兴死，朱元璋代领其众，深知白莲教之得人心，仍奉"小明王"的年号。他率领起义军东征西讨，推翻了元朝政权，并吞了割据的群雄，沉韩林儿于瓜洲江中，于1368年正式称帝，立国号为"明"，此"明"字既表示自己是出世的"明王"，又表示与明教崇尚光明有直接关系。应该说，白莲教及其武装红巾军在摧毁腐朽的元朝、建立新生的明朝的艰难曲折而又惊天动地的事业中，起了重要的作用，他们的口号和行动符合当时社会除旧革新的趋势，符合广大被压迫民众的要求，所以得到全国的支持，终于取得胜利。这一重大社会变动，显示了以白莲教为主的民间宗教所蕴藏的巨大威力和反抗压迫的性格。

第八章　明朝的宗教

第一节　概　　述

  明王朝在政治上是高度专制的，但在文化上却能包容，宗教上实行多教并奖的政策。随着中央实际控制力的下降，民间文化和民间宗教得到空前发展。明朝是以汉族为主导的政权，所以更重视传统国家宗教典制的修订和完备，祭天、祭祖、祭社稷以及丧葬服制都比以前更加正规化和细致化。明成祖在北京建设的宗教祭坛及祀礼，延续整个明清两代。

  在佛教方面，汉传佛教与藏传佛教都有明显的发展。汉传佛教更加向儒学靠拢，以临济、曹洞二宗为主，仍然是禅宗的天下，名僧辈出，出入儒道。明末四大家在内部会通诸宗，在外部融冶三教，把出世与入世进一步沟通起来。藏传佛教经过宗喀巴的改革，面貌焕然一新，他建立的格鲁派（黄教），迅速超过其他教派而成为藏传佛教的主流。中央重视藏传佛教，建立三大法王体制，敕封各派领袖。

  明代儒学初以程朱理学为主；中期以后，王阳明心学崛起，其后学繁荣兴旺，对明代文化产生巨大影响。心学与禅学相激励，相得而益彰。左派王学更是援佛老入儒学，并接受资本主义萌芽的催发，具有个性解放、更新传统的威力，促使明代文化更加生动和多元化。

  道教的全真一派，强调隐遁内修，减弱了社会影响力。只有武当道教因张三丰的活动而一枝独秀。南方正一道则受到朝廷特别恩宠与崇拜。正一道士陶仲文、邵元节得到明世宗器重，身居高位，显耀一时。道教的内丹学在理论上虽无重大创造，但在具体的修炼方法上却不断丰富，更具操作性，各种功法相继问世，在民间产生普遍影响。各种道教劝善书如《太上感应篇》、《功过格》等大为流行。《正统道藏》和《万历续道藏》的修编，是道教史上的盛举。

基督教（天主教）再次传入。利玛窦以天主教儒学化的策略，取得传教的初步成果，从此，基督教在中国流传下来，直至今日。基督教的正式进入中国，带来了欧洲的自然科学和器物文明，教士又把中国传统文化典籍传播到欧洲，对于欧洲启蒙思想家产生影响，从此中国文化史上第二次中外文化交会正式开始。

伊斯兰教受到国家政策保护而有平稳的发展，明末汉文译著开始出现，王岱舆、刘智等穆斯林学者，会通儒回，用宋明理学阐释伊斯兰教教义，推动了伊斯兰教的中国化进程。

民间宗教进入它最活跃、最发达的时期，它们教派众多，教义庞杂，主儒佛道三教会通，以秘密或半秘密方式活动，被执政者目为"异端"、"邪教"。民间宗教以白莲教与罗祖教为两大主干，交渗互动，衍生出上百种教门，成为民众自救的组织和反抗压迫的旗帜。但内部成员复杂，往往实行封建家长统治，带有许多落后性。民间宗教的兴起与演化在帝制社会末期的宗教史上占有重要地位。

第二节　国家宗教祀典的后期发展与完备

中国中世纪的最后两个朝代——明朝与清朝，是传统的宗法性的国家民族宗教发展的完全成熟期，也是它走向终结的时期，它与中国宗法等级社会中央集权制、宗法制的成熟、衰亡相同步。它的完全成熟和周备是在明朝完成的。明朝修订国家宗教祀典同它对整个礼乐典制的因革充实连在一起，计其大者有三次。首次是明朝初期朱元璋在位之时，明太祖统一天下不久即开设礼乐二局，广征耆儒，分项研讨。洪武元年命中书省及翰林院、太常司，定拟祀典，于是总结以往祀典的历史沿革，酌定郊社宗庙之制，礼官与儒臣又编集郊庙山川仪注和古帝王祭祀感格可垂鉴者，名曰《存心录》。洪武二年，诏儒臣修礼书，翌年告成，是为《大明集礼》。明太祖又屡次敕命礼臣编修礼书，并于在位三十余年中，亲撰礼制礼法之书十数种。与前代相比，一个重要的变化是，将天皇、太乙、六天、五帝之类，尽行革除，并将历代加封诸神之尊号，一概免去，恢复其本来称呼。又诏定国恤，父母之丧并服斩衰，长子之丧降为期年，正服旁服以递而杀。史称"斟酌古今，盖得其中"。二次是在永乐年间，京城从南京迁到北京，大规模兴建皇宫紫禁城，接着兴建太庙与社稷坛，又高规格地兴建了天坛、先农坛（时称山川坛）等宗教祭坛，其坛制规格大致仿洪武南京之定制，但在建筑质量与样式上则大有改进。永乐中又颁《文公家礼》于天下。三次是在世宗嘉靖年间，嘉靖皇帝热心于议大礼，以制礼作乐自任，其变更较大者有：分祀天地，复朝日夕月于东西郊，罢二祖并配，以及祈谷大雩，享先蚕，祭圣师，易至圣先师号；其最甚者尊其父兴献王朱祐杬为皇帝，其神主以皇考身份进入太庙，引起朝廷持久的争论。孝宗朝所集之《大明会典》于此时数有增益，更臻于周备。

国家祭祀由太常寺负责，从属于礼部。明初以圜丘、方泽、宗庙、社稷、朝日、夕月、先农为大祀，太岁、星辰、风云雷雨、岳镇、海渎、山川、历代帝王、先师、旗纛、司中、司命、司民、司禄、寿星为中祀，诸神为小祀。后改先农、朝日、夕月为中祀，天子亲祀者有天地、宗庙、社稷、山川。国有大事，命官祭告。中祀小祀皆遣官致祭。帝王陵庙和孔子庙则特别派员致祭，以示尊崇。每年由国家举行的祀礼，大祀有 13 种：正月上辛祈谷、孟夏大雩、季秋大享、冬至圜丘皆祭昊天上帝，夏至方丘祭皇地祇，春分朝日于东郊，秋分夕月于西郊，四孟季冬享太庙，仲春仲秋上戊祭太社太稷。中祀有 25 种：仲春仲秋上戊之明日祭帝社帝稷，仲秋祭太岁、风云雷雨、四季月将及岳镇、海渎、山川、城隍，霜降日祭旗纛于教场，仲秋祭城南旗纛庙，仲春祭先农，仲秋祭天神地祇于山川坛，仲春仲秋祭历代帝王庙，春秋仲月上丁祭先师孔子。小祀 8 种：孟春祭司户，孟夏祭司灶，季夏祭中霤，孟秋祭司门，孟冬祭司井，仲春祭司马之神，清明、十月朔祭泰厉，每月朔望祭火雷之神。封王之国所祀，有：太庙、社稷、风云雷雨、封内山川、城隍、旗纛、五祀、厉坛。府州县所祀，有：社稷、风云雷雨、山川厉坛、先师庙及所在帝王陵庙。各卫亦祭先师。可见祭天只在中央，祭太庙可降至王国，社稷山川风雨之祭则遍及府州县。普通庶人，可以祭里社、谷神及祖父母、父母与灶神。

一　郊祀

洪武元年，明太祖依李善长议，建圜丘于钟山之阳，方丘于钟山之阴，分祭天地于南北郊。冬至则祀昊天上帝于圜丘，以大明、夜明、星辰、太岁从祀。夏至则祀皇地祇于方丘，以五岳、五镇、四海、四渎从祀。洪武三年，增祀风云雷雨小圜丘，山川之神于方丘。洪武十年，明太祖认为人君事天地犹父母，不宜分祭天地，于是合祀于奉天殿，以每岁孟春为祭时。洪武十二年合祭天地于南郊大祀殿。永乐十八年，在北京建大祀殿，规制如南京。嘉靖帝欲行二至分祀天地之礼，引起在朝儒臣的争议，主分祭者近200人，主合祭者200余人，由嘉靖帝决断，建南郊圜丘以祭天，建北郊方泽以祭地，建东郊朝日坛与西郊夕月坛，分祀之制遂由此而定。关于郊祀配位，明仁宗以太祖、太宗（成祖）并配祀于天，嘉靖帝改为南北郊以太祖配，大祀殿仍以二祖并配。

与郊天相连的还有祈谷、大雩及大享之礼。明初不行祈谷，嘉靖时始于大祀殿祈谷，先以太祖太宗配，后改为太祖配。大礼殿在圜丘之北，祈谷于此乃是向天神祈求丰年，说明祭天最经常的意义在于保护农业生产。大雩即祈雨之祭礼，明初无定式，嘉靖中建崇雩坛于圜丘坛外泰元门之东，奉太祖配，岁旱则祷。中国自古以农业立国，雩祭由来已久，本是国家宗教的组成部分，但佛道流行以后，祈雨多由和尚道士主持。孝宗时大学士丘濬曾说："天子于郊天之外，别为坛以祈雨者也。后世此礼不传，遇有旱暵，辄假异端之人为祈祷之事，不务以诚意感格，而以法术劫制，诬亦甚矣。"所谓异端系指道教。但此风气既盛，革除实难。嘉靖皇帝一方面命礼部掌雩礼，另一方面宠信符箓派道士，遇水旱之灾，常举行大型斋醮予以禳除，由道士主持，于是二教同行，礼术并用。明初无明堂之制。嘉靖十七年议明堂，严嵩等上言：明堂秋享，可于大礼殿行之，并配祀以献皇帝，嘉靖皇帝稍纳其言，大享上帝于玄极宝殿，奉睿宗献皇帝配，定献皇帝配帝称宗，改称太宗号曰成祖。明朝宫廷还有令节拜天之礼。嘉靖初，每日宫中行拜天礼，后改为正旦、冬至、圣诞节于奉天殿拜天。郊祀之礼定制后，罢冬至拜天，惟正旦、圣诞节行拜天礼于玄极宝殿。

二　社稷、日月、先农、先蚕、高禖

社稷之祀自京师至封国府州县皆置立。明初京师建社稷坛于宫城西南角，太社在东，太稷在西，社配以后土，稷配以后稷，太祖亲祀之。洪武十年，太祖与礼官议，以为社稷分祭及配祀皆未当，于是改作社稷共为一坛，在午门之右，拘句龙、弃稷配位，以仁祖配，且从中祀升为上祀。永乐中，北京建社稷坛，制如南京。洪熙后，奉太祖太宗同配，于二仲月上戊日祭之。嘉靖九年，世宗下谕礼部云："天地至尊，次则宗庙，又次则社稷"，对于三大祭祀的次序做出准确概括；又云："今奉祖配天，又奉祖配社，此礼官之失也。宜改从皇祖旧制，太社以句龙配，太稷以后稷配"，在西苑（即今之中海南海北）立帝社帝稷，隆庆中废之。在地方上，王国称国社国稷，府州县社稷俱设在本城西北，里社每里一百户立坛一所，祀五土五谷之神。

朝日夕月。春分祭日于东，秋分祭月于西，合于阴阳之义，明初行之。洪武二十一年，太祖因大明（日神）、夜明（月神）已从郊社，便取消了朝日夕月之祭。嘉靖九年，重定春秋二分祭日月之典，在朝阳门外建朝日坛，西向，在阜成门外建夕月坛，东向。朝日无从祀，夕月以五星、二十八宿、周天星辰共一坛。

先农。洪武初，帝行祀先农礼，然后躬耕籍田，并建先农坛于南郊。永乐中，在北京建先农坛，制如南京，护坛地 600 亩，供祭品地 90 余亩。弘治中定耕籍仪。嘉靖时以其仪注过繁而简化之，迎神送神止行二拜。以耕田所产，供圜丘、祈谷、先农、神祇诸坛及长陵等陵、历代帝王及百神之祀；以西苑所出，供方泽、朝日、夕月、太庙、世庙、太社稷、帝社稷、禘祫、先蚕及先师孔子之祀。

先蚕。明初未列先蚕祀典。嘉靖皇帝以为古者天子亲耕，皇后亲蚕，以劝天下，故建先蚕坛，由皇后带领公主及内外命妇行祀礼。

高禖。嘉靖中定祀高禖礼，设木台于皇城东，永安门北，台上供皇天上帝，台下立高禖神位，以献皇帝配，为求子孙兴旺。

三　神祇坛和天上、地下诸神

洪武二年从礼部尚书崔亮言，建天下神祇坛于圜丘壝外之东，及方丘壝外之西。又建山川坛于正阳门外天地坛西，合祀诸神。山川坛设位十九等，太岁、四季月将为第一，次风云雷雨，次五岳，次五镇，次四海，次四渎，其下各地江河山川及京都城隍、旗神战神等。洪武九年复定为十三坛。永乐中，北京建山川坛（即先农坛）如南京制。嘉靖十一年，改山川坛为天神、地祇二坛，天神坛在左，南向，分云雨风雷四坛；地祇坛在右，北向，分五岳、五镇、五陵山、四海、四渎五坛。隆庆中，礼臣以为天神地祇已从祀南北郊，遂罢之。

太岁坛。古无太岁、月将坛宇之制，明朝始重其祭。洪武中，礼官认为太岁乃十二辰之神，即木星，一岁行一次，历十二辰而周天。此外，还有十二月将、十二时日直以及风师雨师雷师之祀，增以云师，当以太岁风云雷雨诸天神合为一坛，诸地祇合为一坛，春秋专祀。于时礼太岁诸神于城南，后来合二坛为一，增四季月将。嘉靖中，建太岁坛于正阳门外之西，与天坛对，中立太岁殿，东庑为春秋月将二坛，西庑为夏冬月将二坛。

山川之神。洪武三年，去山川前代所封名号，五岳、五镇、四海、四渎皆复其本来称谓，如称"东岳泰山之神"、"东镇沂山之神"、"东海之神"、"大江之神"等，遣官分祭。

城隍。城隍可能起源于古蜡祭中的"坊"和"水庸"，三国吴地即已有城隍庙，南北朝与唐朝祭城隍多见于史书。宋朝以来，城隍之祠已遍及天下，其神被视为城镇之保护神，如张九令《祭洪州城隍文》所说："城隍是保，氓庶是依。"洪武中，封大城市之城隍神为王公侯伯，后去封号，只称某府州县城隍之神，庙制规模同于官署厅堂。永乐中，建城隍庙于都城之西，曰大威灵祠。嘉靖中，圣诞节及五月十一日神诞，遣官致祭。

四　历代帝王、圣贤、功臣之祀

三皇。明初承元代典制，以三月三日、九月九日通祀三皇，后来禁地方祭祀，一归于京师。嘉靖间，建三皇庙，名景惠殿。

圣师。嘉靖皇帝始祭圣师，供奉皇师伏羲氏、神农氏、轩辕氏，帝师陶唐氏、有虞氏，王师夏禹王、商汤王、周文王武王，共九圣，以周公孔子陪祀。

历代帝王陵庙。洪武三年，访查各地历代帝王陵庙79处，其中功德昭著者36人，遣官往修祀礼。洪武四年，礼部议定合祀帝王35人。不久去周宣王、汉明帝、章帝，增祀娲皇、魏文帝、元世祖、宋理宗，共36帝。后罢宋理宗，增祀隋高祖。洪武六年，建历代帝王庙于京师，罢隋高祖之祀。洪武二十一年，诏以历代名臣从祀，罢武成王庙祭。嘉靖中，建历代帝王庙于都城西，名曰景德崇圣之殿，其后定祀15帝，从祀名臣32人。

孔子庙。洪武元年，诏以太牢祀孔子于国学，遣使至曲阜致祭，行前太祖对祭使说："仲尼之道，广大悠久，与天地并。有天下者莫不虔修祀事。朕为天下主，期大明教化，以行先圣之道。"定制每岁仲春、秋上丁，皇帝降香，遣官祀于国学，丞相初献，翰林学士亚献，国子祭酒终献。洪武三年，诏革诸神封号，惟孔子封爵仍旧。洪武四年，太祖读《孟子·离娄》"君视臣如草芥，则臣视君如寇仇"数语，勃然大怒道："使此老在今日，宁得免耶？"下令撤去孔庙中孟子配享的神位。第二年太祖又说："孟子辨异端，辟邪说，发明孔子之道，配享如故。"又恢复了孟子配享的神位，反映了这位独裁者既想利用孟子的宗法主义学说又害怕孟子的从道不从君的抗上精神的矛盾心理。又诏天下通祀孔子，并颁布释奠仪注。洪武二十八年罢扬雄从祀，代以董仲舒。永乐初建孔子庙于国子监之东。嘉靖九年，大学士张璁依据世宗的旨意，提出孔子宜称先圣先师，不称王，祀宇宜称庙，不称殿，祀宜用木主，宜毁塑像。编修徐阶反对易号毁像被谪，御史黎贯亦不赞成去王号而被解职。于是称孔子为至圣先师，去其王号及大成、文宣之称，改大成殿为先师庙，四配十哲以下皆称子，不复称公侯伯，制木为神主，罢公伯寮、秦冉、颜何、荀况、戴圣、刘向、贾逵、马融、何休、王肃、王弼、杜预、吴澄之从祀。而林放、蘧瑗、卢植、郑众、郑玄、服虔、范宁各祀于其故乡。增入后苍、王通、欧阳修、胡瑗、陆九渊等人从祀。从祀诸儒91人。隆庆中增薛瑄，万历中增罗从彦、李侗、陈献章、胡居仁、王守仁。

　　关帝庙。关帝崇拜兴起于宋，宋哲宗封关羽为"显烈王"，宋徽宗封其为"义勇武安王"，令建关王庙于解州。元代加封为"显灵义勇武安英济王"。元末明初著名历史小说《三国演义》问世并广泛流传以后，关羽的名声大振，成为"古今第一将"，正如湖北当阳关陵的一副对联所云："汉朝忠义无双士；千古英雄第一人。"社会上下表彰其"忠义"二字：其尽忠，自然受到上层统治者的欢迎；其重义，又受到中下层民众的敬仰。明代关羽崇拜达于极盛，关羽由王上升为帝，明神宗封他为"协天护国忠义帝"、"三界伏魔大帝"、"神威远镇天尊关圣帝君"。从此关帝庙取代了武成庙而为官方武庙，与孔子文庙相对称，在国家宗教中占有重要位置。明熹宗和思宗都把关帝当做护国神将。明宫中宝善门、思善门、乾清门、仁德门、平台之西及皇城各门，皆供关圣之像。而在民间，关帝庙遍及全国，仅北京城明清两代立的关帝庙就有100余座。

五　宗庙

　　明初作四亲庙于宫城东南。孝宗即位时，九庙已备，建祧庙于寝殿后，并祧德、懿、熙三祖，自仁祖以下为七庙。嘉靖十年，奉安太祖神主于寝殿正中，以序进迁七宗神位。又改建九庙，创立皇考庙，供德、懿、熙、仁四祖神主于祧庙，太祖神主于太庙，太宗以下神主列于群庙。嘉靖二十年，太庙火灾，二十四年建成新庙，不按昭穆，不序世次，只顺伦理，太祖居中，左四序：成、宣、宪、睿，右四序：仁、英、孝、武。

　　明世宗即位不久，即下令礼官集议其生父兴献王的崇祀典礼。首辅杨廷和、礼部尚书毛澄等主张以孝宗为考，兴献王及妃为皇叔父母，世宗不予接受。张璁上《大礼疏》，主张为兴献王立庙京师，尊与父同。世宗称赞之，并以"圣母慈寿皇太后（孝宗后张氏）懿旨"的名义，迫令杨廷和草敕礼部，称兴献王为兴献帝，母称兴献后。正德十六年，又加"皇"字，称兴献皇帝皇后。嘉靖元年，清宁宫后殿火灾，世宗惧之，从杨廷和议，称孝宗为皇考，慈寿皇太后为圣母，兴献帝后为本生父母，不复加皇。嘉靖三年，罢杨廷和，加称本生父母为"本生皇考恭穆献皇帝"、"本生母章圣皇太后"，后又采张璁议，去"本生"二字，引起群臣反对，发生左顺门跪请事件。世宗独排众议，将抗臣系狱，迎奉兴献王神主于观德殿（奉先殿西室），尊号为"皇考恭穆献皇帝"，改称孝宗为皇伯考，孝宗后为皇伯母。嘉靖五年，建世庙于太庙之左，奉祀兴献帝，尔后改称"献皇帝庙"。嘉靖十七年，尊其生父为睿宗，祔于太庙，自此大礼之议方告结束。武宗无嗣，世宗乃武宗之从弟，这种皇位继承关系乃是不得已的特例，不是宗法制的正常做法，所以引起了尊血统还是尊政统的争论，孝与忠发生了冲突。表面上是祀礼的问题，实际上是维护君权继承法的问题，所以修撰杨慎激愤地说："国家养士百五十年，仗节死义，正在今日。"把问题看得如此严重。但是，礼法本为君王而设，君王要改变它，别人也无可奈何。世宗确立生父为皇考，奉入太庙，是为了使自己一系的地位更加巩固，同时借以排斥削弱武宗朝的旧臣，建立忠于自己的权力网络。

明代于宫垣内按左宗庙右社稷之制建立宗庙，殿五间，以符五庙之数，不立祧庙，祧主祔始祖之室。群臣家庙初无定制，权仿朱子祠堂之制，奉高、曾、祖、祢（父死入庙称祢）四世神主，在四仲月、腊月及时俗节日祭之。庶人得奉祀祖父母、父母，著为令。洪武六年定公侯以下家庙礼仪，凡公侯品官，别为祠屋三间于宅之东，祀高曾祖考，并祔位。嘉靖中，定三品以上立五庙，以下皆四庙，四世递迁。

六　丧礼与丧服

品官丧礼本于《仪礼·士丧》，稽诸唐典，参以朱子《家礼》。病危，迁于正寝。属纩，气绝乃哭。立丧主、主妇，治棺讣告。设尸床、惟堂、掘坎。乃沐乃含。置虚座，结魂帛，立铭旌。小敛，次日大敛，盖棺停灵。五服之内朝哭相吊。朝夕奠，百日卒哭。三月而葬。刻志石，造明器，作神主。灵柩至墓所，下葬。一年小祥，二十五月大祥，神主入于祠堂。间一月而禫（除服之祭）。士庶人丧礼仿而降之，强调以哀戚为本，不得过于厚优，禁止火葬水葬。

丧服之制列于《大明令》和《孝慈录》，共列八类，其大略为：

①斩衰三年者：子为父母，庶子为所生母，子为继母，子为慈母养母，女在室为父母，嫡孙为祖父母承重及曾高祖父母承重者，为人后者为所后父母及所后祖父母承重，妇为舅姑，妻妾为夫。

②齐衰杖期（一年）者：嫡子众子及其妻为庶母；子为嫁母、出母，夫为妻。

③齐衰不杖期者：父母为嫡长子及众子，父母为女在室者，继母慈母为众子，孙为祖父母，为伯叔父母，妾为夫之众子及所生子，为兄弟及其子女，为姑及姐妹在室者，妾为嫡妻，嫁母出母为其子，妇为夫亲兄弟之子女，女出嫁为父母，祖为嫡孙，父母为长子妇。

④齐衰五月者：为曾祖父母。

⑤齐衰三月者：为高祖父母，为继父。

⑥大功九月者：为堂兄弟及姊妹在室者，为姑及姊妹及兄弟之女出嫁者，父母为众子妇，为女之出嫁者，祖为众孙，为兄弟之子妇，妇为夫之祖父母、伯叔父母、兄弟之子妇、兄弟之女出嫁者，女出嫁为本宗伯叔父母及兄弟与兄弟之子。

⑦小功五月者：为伯叔祖父母，为堂伯叔父母，为堂兄弟之子女，为兄弟之妻，为嫡孙妇，为外祖父母，为母之兄弟姊妹，为同母异父之兄弟姊妹，为姊妹之子，妇为夫之姑、姊妹、兄弟、兄弟妻。

⑧缌麻三月者：为族曾祖父母，为族伯叔祖父母，为族父母，为族兄弟姊妹，为兄弟之曾孙，为乳母，为舅之子、姑之子、姨之子，为外孙，为婿，为妻之父母，妇为夫之曾祖、高祖父母、叔伯祖父母、堂伯叔父母。

以上称为“五服八等”，它的特点是细密烦琐，重男轻女，逐渐加重。最重视嫡长子一系，故孝服亦最重。妇为舅姑、妻妾为夫皆斩衰三年，而夫为妻不过齐衰杖期，为岳父母不过缌麻三月。

第三节　汉地佛教的延续与藏传佛教的改革

明朝已至中国封建社会后期，政治上中央集权的君主专制制度空前强化，文化上儒释道三教高度融合。作为社会意识形态之一的佛教在这一时期的明显特征表现为：汉地佛教理论与儒学高度趋同，僧官制度更加完善，与藏传佛教的联系进一步加强。

一　明代统治者的佛教政策与管理制度

明朝历 276 年，16 位帝王中的绝大多数在推崇宋明理学的同时兼崇佛教。由于佛教传入中国已历千余年，儒家为主，佛、道辅翼的意识形态结构业已定型，明帝王能够充分吸收历史上宗教管理体制方面的经验，比较有分寸地控制、利用佛教。既不因信奉而使其发展过分，又不因加强管理而造成摧残。所以明代的佛教基本处于平稳发展的状态。

明太祖朱元璋 17 岁曾在家乡濠州（今安徽凤阳）皇觉寺当过几年和尚，这段特殊的经历使他在当了皇帝以后，对佛教抱有双重的情感。一方面他最忌讳别人提及他出家的经历，推而广之，连生（僧）、光、秃之类的字眼也视为大忌。臣下在奏折、贺表里无意提到这些字词就可能招致杀身大祸。如常州府学训导为本府作的《正旦贺表》中有一句"睿性生知"，被皇帝读成了"僧知"；祥符县学教谕贾翥为本县作《正旦贺表》中有"取法象魏"之语；被读成了"去发"；杭州府学教授徐一夔作《贺表》中有"光天之下，天生圣人"一句，他读后大怒，认为"光"是剃发，"生"是僧人，骂他是个秃和尚。诸如此类，不胜枚举，结果那些作颂圣文章的人反被牵入文字狱。同时朱元璋亦因其早年的僧侣生活而对元末佛教内部种种弊端深有认识。由于蒙古族统治者狂热崇佛以及滥售度牒，导致僧侣队伍的膨胀和素质的低劣。教团中多有不务经业、不居寺坐禅而云游乡里者，甚至娶妻蓄室的"伙居僧"遍及州、府。逃避租税、违法犯罪者遁迹空门，前朝政敌"改名易姓，削法顶冠，人莫识之"，寺院成了藏污纳垢之所。庞大的僧侣队伍不仅是政府和人民的沉重负担，而且一遇时变就会成为社会不安定因素。所以朱元璋对佛教采取了"紧缩"政策。洪武六年（1373）十一月，他说："（对佛道二教）近日崇尚太过，徒众日盛，安坐而食。蠹财耗民，莫甚于此。"（《明太祖实录》卷八六）诏令州、县裁并寺院，严格剃度。他认为僧尼素质下降是由于宋、元以来滥售度牒造成的，故从根本上加以改革，废止计僧售牒，度牒改为三年免费发放一次，但同时进行严格的考试。洪武十年（1377）诏令由翰林学士宋濂等人出题考校僧徒，"皆通《般若心经》、《金刚般若经》、《楞伽经》"者，准许继续为僧，"不通者，令还俗"。洪武二十四年（1391）诏令对全国寺观进行清点，命各州府只许保留大寺观一所，僧众集中居住，各府不得超 40 人，州 30 人，县 20 人，令僧官严格监督。《明律》对私度僧尼，私建寺观限制甚严。《明会典》卷一六三《律例四》载："凡寺观庵院除见在处所外，不许私自创建增置，违者杖一百，还俗。僧道发边远充军，尼僧女冠入官为奴。""凡僧道不给度牒，私自簪剃者，杖八十。若由家长，家长当罪。寺观住持及受业师与私度者，与同罪，并还俗。"明初的佛教因太祖一系列严格管理而得到整顿。

另一方面，朱元璋又是一位成熟的政治家，深知佛教对巩固统治的益处。他在《招善世禅师诏》中讲："佛教肇兴西土，流传遍被华夷，善世函顽，佐王纲而理道，今古崇瞻，由慈心而顾重。是故出三界而脱沉沦，永彰而不灭。"（《释氏稽古略续集》卷二）由于佛教有"善世函（凶字的俗写，有折服之意）顽"，"佐王纲而理道"的社会功能，故而要大加褒扬。朱元璋登基伊始，便在南京蒋山召集江南名僧 40 余人，启建"广荐法会"，超度战争亡灵，并为新王朝祈福。《明史·李仕鲁传》载：太祖对高僧"辄赐金襕袈裟衣，召入禁中，赐座，与讲论……时时寄与耳目"，尊奉之情溢于言表。朱元璋在位几十年，曾组织刻藏，命令全国僧尼抄写《心经》、《金刚》、《楞伽》三经，并亲自为《心经》作序。他一生所写赞颂佛教的文章、诗、偈都收入御制《护法集》中，共 36 篇。另外，他也采取了许多实际的"护法"行动，给僧人许多优惠条件。如洪武二十七年（1394），他下诏规定："钦赐田地，税粮全免；常住田地，虽有租粮，仍免杂派人差役。"（《释氏稽古略续集》卷二）设置僧官，"皆高其品秩"。

总之，朱元璋严厉整顿佛教并不是反佛、排佛，而是去其杂芜，存其精华，使佛教在中央集权统治的轨道上合理发展，成为封建政治、文化中一个有机的组成部分。

太祖以降，明朝诸帝基本沿用了太祖对佛教推崇、扶植、利用、控制的政策。明成祖朱棣以僧人姚广孝为军师，夺了建文帝的天下，随即废除了建文帝"限僧、道田，人无过十亩"的规定，"僧、道限田制竟罢"，寺院经济获得了较快的发展。为了表示自己的虔诚，朱棣亲自"雠校"、重刻《法华经》、《金刚经》，并为之作序。在序文中他赞扬佛教有"阴翊王度"的"善世"之功。他还亲自撰写《神僧传》9 卷，记载了自东汉迦叶摩腾至元代胆巴帝师共 208 位"神僧"的事迹。其内容与《历代高僧传》并无多大差异，不过是把"高僧"升格成了"神僧"而已。为了巩固对西藏的统治，他继续大封"法王"。明武宗朱厚照崇尚佛教，学经典，通梵语，大兴土木造寺院。

正德二年（1507）五月间，一日之内"度僧道四万人"。尤为别出心裁的是，"帝自号大庆法王"。明诸帝中崇道排佛的仅有世宗朱厚熜，他"自号灵霄上清统雷元阳妙一飞玄真君"，崇信道士邵元节、陶仲文等人，先拆毁宫中佛像196座，后悉除禁中佛殿，"刮正德所铸佛镀金一千三百两……焚佛骨万二千斤"（沈德符：《万历野获编》卷二七《释道·释教盛衰》）。不过，就全国范围讲，对佛教发展的影响不大。

明初几代坚持严格考试，免费发放度牒的制度，在一定程度上控制了僧尼人数，保证了僧团素质，但也不可避免地导致私度激增。明代宗景泰二年（1451）因济四川、贵州饥荒，重开收费售牒制，凡纳米五石，发给度牒。宪宗成化二年（1466）淮扬地方大饥，亦发度牒敛米救济。成化八年（1472）淮扬巡抚张鹏再请空名度牒1万道，买米度荒。次年，户部发空名度牒10万道，以赈山东。……此类例子还有很多，滥售度牒只能导致僧尼队伍的急剧膨胀，明初对寺观规模的有效控制亦前功尽弃。至成化二十一年（1485），京城内外寺观便达639所，难怪有人说："自古佛寺之多，未有过此时者。"（《明会典》卷一〇四《礼部·僧道》）然而，明代却没有天下僧尼总数的官方统计，据专家估计，明末僧尼不会低于50万。

明代的宗教管理机构在宋、元两代的基础上因革发展，总的方向是加强国家控制。明初，罢置功德使、宣政院等机构，由礼部祠祭司一家总揽宗教政令大权。凡僧道试经给牒、僧籍名册、天下僧官的选补、寺观名额的补给，令出一门。洪武元年（1368）正月，太祖在金陵天界寺"立善世院"作为中央的僧官机构，管理天下寺观僧尼的具体事务。可洪武四年（1371）十二月，又诏"革僧道善世、玄教二院"，原因是怕另设机构妨碍了祠祭司的集中管理。此后十年，具体僧务也由政府部门包办。但是随着教徒队伍的扩大，行政官员深感承办具体僧务的不便，于是在洪武十五年（1382）正月，又诏令仿唐、宋旧制，"置僧录司……总其教"。即在中央设僧录司，府设僧纲，州设僧正，县设僧会，层层管理具体僧务。明代僧官职能与唐、宋无大差异，惟明代为僧官正式颁定品位，发放俸禄，使僧官更加官吏化了。僧录司最高职务为左、右善世，按正六品给俸，秩同翰林侍读，六部主事，月给米十石。左、右阐教按从六品给俸，秩从翰林院修撰，月给米八石。余下类推，至县僧正。

明初将天下僧侣分成禅、教、讲三大类。"其禅，不立文字，必见性方是本宗。讲者，务明诸经旨义。教者，演佛利济之法，消一切现造之业，涤死者宿作之愆，以训世人。"（《释氏稽古略续集》卷二）"禅"指禅宗，"讲"是其他研习经典的宗派，教是专门举行各种宗教仪式的和尚。政府不但明文规定各类僧人的职分，而且统一其服装。"禅僧茶褐常服，青条玉色袈裟。讲僧玉色常服，绿条浅红袈裟。教僧皂色常服，黑条浅红袈裟。"（《明太祖实录》卷一五〇）于此可见政府对佛教事务干涉之深。

明代汉文刻藏事业前后共有六次。第一次是洪武年间（1368～1398）刻于南京的《洪武南藏》共 1600 余部，7000 余卷。第二次是永乐年间（1403～1424）刻于南京的《永乐南藏》，共得 1610 部，6331 卷。第三次是永乐年间刻于北京的《永乐北藏》，共 1621 部，6361 卷。此三版均为官版，由政府出资，组织人力刻印。第四次是《武林藏》，由杭州地方民间人士集资镌刻。第五次是《万历藏》，约在万历十七年（1590）至清顺治十四年（1657）刻成，共 1659 部，6234 卷，也是私版。第六次是由明末佛教大师真可发动刊刻的《方册藏》。以前藏经皆为梵箧版，阅读、携带不便，《方册藏》的刊刻有助于佛经的流行。此藏初刻于五台山，后移至杭州径山寂照庵，故又名《径山藏》。还因此藏由嘉兴楞严寺流通发行，又称《嘉兴藏》。此藏最终于清康熙十五年（1677）完成，共 2090 部，12600 余卷。

由于汉、藏佛教交往的增加，明代还数次刻印藏文大藏经。藏文藏经包括甘珠尔（经、律、密咒）、丹珠尔（赞颂、经释、咒释）和松绷（藏、蒙教徒的著述）三个部分，第一次永乐版于南京开刻，仅刻了甘珠尔。第二次万历版，续刻了丹珠尔。第三次是塔尔寺版，仅有甘珠尔。第四次是理塘版，是明末崇祯年间由云南丽江纳西族土司木增赞助刻成，亦仅甘珠尔。藏文大藏经两次在汉地刊刻，说明汉、藏文化的交流已经达到了比较全面和深刻的程度。对于民族文化交流及心理融合有积极的促进作用。

二　宗喀巴的宗教改革与明王朝的奖掖政策

藏传佛教经后弘期 300 余年的发展，已达到相当规模。但是 14 世纪初，藏传佛教内部也出现相当严重的问题。由于西藏实行政教合一制度，宗教领袖往往又是地方行政官员，处于政治、经济各种矛盾的交叉点上，上层僧侣同时也是大封建领主，占有大批土地和农奴，享受种种特权，生活豪华腐朽。由于教派繁多，戒律松弛，许多僧人欺压百姓，无恶不作，不知戒律为何物。显宗理论缺乏实际性的修习，而密教修习又乱无次第。藏传佛教的这种状况引起了广大群众的强烈不满，面临被抛弃的危险。宗喀巴就在这样的背景下开始了他的宗教改革。

宗喀巴（1357～1419），本名罗桑扎贝巴，生于青海湟中地方，因该地藏名"宗喀"，故被尊称为宗喀巴（在藏语中"巴"有尊敬之意）。其父是元朝政府册封的地方军政长官（达鲁花赤），他自幼出家，8 岁受沙弥戒，拜当地活佛敦朱仁钦为师，广学显密教法，16 岁时入藏深造，广拜名师，刻苦钻研。在显教方面，受萨迦派经师仁达瓦"中观"思想影响最大。在密教方面，则受噶当派关于显密修行次第观念的影响最大。除了宗教理论，他还掌握了因明、声明、医药等方面的知识。他每学完一论，便在一个寺院立宗答辩，在佛教界声名日显。29 岁受比丘戒后开始为众讲经说法，并撰书阐述自己的观点。他一生著作百余种，其中最著名的是《菩提道次第广论》和《密宗道次第广论》。此外，还有《密宗十四根本戒》、《事师五十颂释》、《中论广释》、《辨了不了义论》、《五次第明论》，等等。在这些著作中，他以噶当派的思想为基础，加上自己对显、密经典的理解，形成了独特的思想体系。他认为僧人必须在通达全部显宗理论的基础上方可修习密法，修习密法又要有一个循序渐进的过程。为此他将西藏流行的诸种显密教法整理成一个以实践和修习为纲目，按部就班，次第整然的系统，使后来者有所遵循。他针对藏传佛教戒律松弛的状况，特别强调僧人不分显、密，都必须严格遵守戒律。他大力弘传各部律典，并制定了不娶妻、不饮酒、不杀生、不事生产等戒条。1399～1409 年间，他把精力转移到宗教活动方面，四处宣扬自己的思想。宗喀巴的活动得到了有很大政治权力的阐化王扎巴坚赞（原属帕竹噶举）的大力支持。1409 年元月，阐化王为宗喀巴在拉萨举行了一个规模宏大的祈愿大法会，前来参加的僧人逾万，不分地区和教派。据说法会持续了一年之久，此后形成了每年元月在拉萨举行传招大法会的传统，一直延续至今。同年，宗喀巴在拉萨以东的达孜县内建立了甘丹寺，与弟子们长年居住寺中，并创立了自己的宗派。该派最早因地得名，称"甘丹寺派"。由于宗喀巴及其弟子戒律严明，修习讲究遵循次第，崇尚苦行，故该派又称"格鲁派"（藏语"格鲁"意义"善规"）。又因这一派僧人皆戴黄帽子，亦称"黄帽派"或"黄教"。宗喀巴晚年继续讲经、传教、发展僧团，于 1419 年（藏历十一月二十五日）圆寂。

宗喀巴的宗教改革在西藏佛教界引起了很大震动，整肃了教团内部散漫、腐化之风，深受下层僧侣的敬佩和广大群众的欢迎。统治者也认为僧侣只有严守戒律、苦读经典，才能在官吏及民众中树立安分守己、敬上睦群的榜样，起到辅助王化的作用。故格鲁派产生之后，立即受到了汉藏统治者的支持和群众的拥护，其组织发展迅速，势力很快超过了其他诸派。以后，宁玛、萨迦、噶举等派也在不同程度上接受了格鲁派的理论和戒律，面貌焕然一新。宗喀巴的宗教改革挽回了藏传佛教发展的颓势。

宗喀巴死后，贾曹杰·达玛仁钦（1364～1432）继承了甘丹寺，弟子甚众。宗喀巴另一著名弟子绛央却杰（1379～1449）曾被明廷册封为妙音法王，他于1416年在拉萨西郊创建哲蚌寺。另一弟子，大慈法王释迦也失（1352～1435）于1419年在拉萨创建色拉寺。宗喀巴的侄子根敦朱巴（1394～1474）又于日喀则创建札什伦布寺。甘丹、哲蚌、色拉、札什伦布四大寺院成为黄教的主要基地。另外，宗喀巴的弟子喜饶僧格（慧狮子）在拉萨创建下密院，贡噶顿珠（庆喜义成）在拉萨建上密院，成为格鲁派僧人修习密教的主要场所。

格鲁派禁止僧人娶妻生子，故宗教领袖之位采取活佛转世的形式传承，以后逐渐形成了达赖、班禅两大活佛系统。1546年，哲蚌寺法台根登嘉措死后，寺内上层喇嘛从前藏雄龙地方找到了索南嘉措（1543～1588），认定为前任法台的"转世灵童"。1578年，蒙古土默特部首领俺答汗（1507～1581）赠予索南嘉措"圣识一切瓦齐尔达喇达赖喇嘛"的尊号。这个尊号是梵文、蒙语、藏语的合称，"瓦齐尔达喇"是梵文"金刚持"的意思，"达赖"是蒙语"大海"的意思，"喇嘛"是藏语"上师"的意思。合在一起便是"智德深广犹如大海能包容一切的上师"，此为"达赖喇嘛"一词最早的由来。此后，格鲁派追认宗喀巴的侄子根敦朱巴为一世达赖，根登嘉措为二世，索南嘉措是三世。1653年，清政府封五世达赖罗桑嘉措为"西天大善自在佛所领天下释教普通瓦赤喇怛喇达达赖喇嘛"，这个封号从此固定下来，至今已传十四世。五世达赖的师傅是札什伦布寺座主罗桑却吉坚赞（1567～1662），当时被人们尊为"班禅"，意为大学者。他死后五世达赖为他选定"转世灵童"罗桑意希（1663～1737），从此开始了班禅系的转世系统，以罗桑意希为五世班禅，并追认宗喀巴的弟子凯朱结格雷贝桑（1385～1438）为一世，索南乔郎（1439～1504）为二世，罗桑敦朱（1505～1566）为三世，罗桑却吉坚赞为四世。1713年，康熙帝封罗桑意希为"班禅额尔德尼"，"额尔德尼"满语意为"珍宝"，这个封号从此固定下来，至今已传十一世。

明朝继承了元朝的治藏事业，对西藏继续行使主权，不过策略有所调整。《元史·西域传三》讲："初，太祖以西番地广，人犷悍，欲分其势而杀其力，使不为边患，故来者辄受官。"洪武五年（1372），乌斯藏摄帝师喃加巴藏卜遣使朝贡，次年又亲自入朝。明王朝将帝师的封号改为国师，授炽盛佛宝国师玉印。于是乌斯藏地方僧俗首脑纷纷入朝进贡，交还元朝印信，换取新王朝敕印。元朝在藏传佛教中独重萨迦一系，昆氏家族垄断了十三世帝师，元朝希望通过扶植某一派系来统一西藏政教大权。可是格于形式，这一设想并未实现，噶举诸派在地方上实力仍很强大，萨迦派自身又发生了分裂。故明朝及时调整政策，改一派独尊为群封众建，使各派势力互相钳制，不致威胁中原安全。"迨成祖，益封法王及大国师、西天佛子等，俾转相化导，以共尊中国。以故西陲宴然，终明世无番寇之患。"（《元史·西域传三》）明成祖于永乐元年（1403），遣官入藏请噶举派首领哈立麻（噶玛）入京主持大法会，封为大宝法王。永乐十一年（1414）诏请萨迦派首领昆泽思八入朝，封为大乘法王。当时宗喀巴正在进行宗教改革，成祖专派四大臣入藏迎请其进京说法。宗喀巴因年迈体弱，派上座弟子释迦也失入京朝贡，被封为大慈法王。从此开始了西藏三大法王体制。此外，成祖还敕封了阐化王、阐教王、辅教王、护教王、赞善王等五小王，分别赐给各小宗派领袖。另有九大灌顶国师，十八灌顶国师等名目，册封范围之广超过历代。据达赖五世《西藏王臣记》及《青史》所载，当时西藏僧俗各界领袖对明王朝的册封还是很重视的，以领得中央王朝所颁印信为正统。各派斗争越激烈，就越是需要中央政府的支持。"俾转相化导，以共尊中国"，"以故西陲宴然"。明王朝利用对藏传佛教诸派群封众建，达到了维护祖国统一，减少民族战争的目的。这是明王朝民族宗教政策成功的一面。但是，通过增加西藏政、教诸派的内耗削弱其实力，最终达到保证中原安全的目的，又反映出剥削阶级的民族宗教政策狭隘、自私的一面。

三　禅宗两大派系及其代表人物

禅宗仍是明代汉地佛教的主流，临济、曹洞两家流行天下。不过随着佛教理论世俗化的进程，禅宗内部两派、禅宗与其他教派在理论上的差异日趋缩小。明初，禅宗发展不大。至中叶，禅学与王学相激荡，风气转盛。至末期，由于社会政治的腐败，士大夫纷纷逃禅，禅宗人才会聚，出现了一批声名显赫的人物。

（一）"国初第一宗师"——梵琦

明初较有名气的禅僧有：楚石梵琦、梦堂昙噩、愚庵智及、季潭宗泐、恕中无愠、呆庵普庄、见心来复、斯道道衍、雪轩道成、南洲博洽等人，其中以号称"国初第一宗师"的梵琦社会影响最大。

梵琦（1296～1370），俗姓朱，字楚石，宁波象山人。自幼出家，16岁受具足戒，后"印可"于大慧宗杲的四传弟子元叟行瑞。在元代"六开道场"，极力宣扬禅宗思想。元顺帝至正七年（1347），帝师赐梵琦"佛日普照慧辩禅师"号。洪武元年、二年两次奉诏赴蒋山法会，"亲承顾问，赐以币金"。洪武三年（1370）75岁时圆寂，身后留有《楚石梵琦禅师语录》20卷。

梵琦的思想属于真心一元论和真如缘起论。他说："无理外之事，无事外之理；无心外之物，无物外之心。在蚌为珠，在龟为兆，在牛为角，在马为蹄。一一交参，重重摄入。"（《梵琦语录》卷五）理事、心物互相缘起，交参互摄，密不可分。但从根本上讲，"须知尽十方乾坤大地，人畜草芥，高低阔狭，无空缺处，总是自家屋里的。"（同上书，卷三）归本求源，山河大地还是一心的产物。基于这种认识，梵琦的宗教修养理论充满了禅宗式的挑战精神。如他讲："直得文殊、普贤扫床摺被，等妙二觉随驴把马。"（同上书，卷五）"三乘十二分教，大似屎窖子。"（同上）"道著一个佛字，漱口三年。"（同上书，卷七）他教人冲破一切对外在偶像的盲目崇拜，在自返本心中获得精神解脱。但是他又主张归心净土，诗曰："一寸光阴一寸金，劝君念佛早回心。直饶凤阁龙楼贵，难免鸡皮鹤发侵。鼎内香烟初未散，空中法驾已遥临。尘尘刹刹虽清净，独有弥陀愿力深。"（株宏：《云栖法汇·皇明名僧辑略·楚石梵琦师》）宋代以后，禅宗大家多兼弘净土，这是一种矛盾的现象。因为禅宗的宗旨是提倡自力、自度的，与净土宗借助弥陀愿力格格不入。造成这种情况一方面是禅宗大师对不同根器的人分别接引所致，另一方面也是为了解决"开悟"以后如何归宿的难题。离开了对某种形式的彼岸天国的终极寄托，宗教也就失去了它的吸引力。

（二）临济名僧德宝、圆悟和法藏

在明代中后期的临济宗里，德宝、圆悟、法藏的地位比较重要。

德宝（1512～1581），俗姓吴，字月心，别号笑岩，金台人。自幼出家，受戒后云游四方，"随缘开化，靡定所居"，在无闻明聪门下得法。"晚年屏居京师柳巷"，著有《笑岩集》4卷行世，在社会上影响很大，明中叶以后，"凡谈禅宗，必称德宝"。门下弟子很多，明末佛教四大家中株宏、真可、德清都曾向他叩问禅要。由于德宝的推动，临济门风转盛。

德宝行脚数千里，历时十余年，南北往返，出入名山，对当时禅林流行的一味卖弄"机锋"的教学方法不满，欲对宋明以来的临济宗风加以改革。他讲：

> 凡欲学道，厥要有三：曰信，曰志，曰时。立信要真，决志要定，时之要极。信真，则始末无歧路；志定，则逆顺无异缘；时极，则忽悟如反掌。自古及今，超凡证圣，鲜不由斯而成者，可不悉乎？（《笑岩集》卷三《普示》）

德宝明确地把"信"放在修道的首位，希望用信仰主义来力挽颓风。这显然与唐、宋禅宗"自性自度"，"疑则有进"的传统背道而驰，但又是禅宗发展史上的物极必反，否定之否定前进。至于"信"的内容，德宝的思想仍不脱禅宗本色。他讲：

> 欲达至道，先悟真心；欲悟真心，先求正信；正信拟获，厥道知矣。何谓正信？决信我此真心本无念缘，不见边际；本无变动，不见往相；本无所依，不见可执；本无名言，性相假立；乃至本无圣解凡情，佛知祖见可得者。果尔信极，豁然速知我此真心。（《笑岩集》卷四）

信山河大地皆出自本心，信诸佛与众生唯是一心作，信自返本心见性成佛，这些思想与其他禅宗大师无大差异。

在悟道方式上，德宝的思想也很有特色。从宋代宗杲提出"看话禅"以来，"看话头"已成禅门一种很普遍的教学方法。而德宝却提倡"念话头"，另辟蹊径。他教弟子：

> 或厉声，或微声云："父母未生已前，那个是我本来面目？"复云："咦！必（毕）竟那个是我本来面目？"只此一咦，直使当下断然空寂。（《笑岩集》卷三）

德宝的"念话头"不仅要参，而且要出声念，这显然受了净土宗念佛的影响。他不仅提倡禅、净合一，而且将净土宗的方法也移入禅宗之中：

只把从前一切未了未办底、未能割舍底诸杂事业，朴塌尽情一刀两断都放下，向无依无著干净心中惟提一个阿弥陀佛，或出声数念，或心中默念，只要字字朗然……如此用心，不消半年一载，话头自成。（同上）

他实际上是把阿弥陀佛当成了"话头"，以念佛代参禅，以信代悟。这是他用信仰主义的方法救禅门之弊的结果，反映了佛教内部禅、净合流的趋势。

圆悟（1566～1642），俗姓蒋，号密云，浙江宜兴人。年 26 时，因读《坛经》有悟，30 岁弃妻出家，投于幻有正传门下，是德宝的再传弟子。40 岁蒙印可，46 岁得衣钵，52 岁正式于龙池"出世"、"开堂"。此后，"六坐道场，说法二十六年，化溢支那，言满天下"。"王公大臣，皆自远趋风。""剃度弟子三百余人"，其中佼佼者十二人。除嗣法的汉月法藏外，还有破山海月、费隐通容、木陈道忞等人，皆为明清之际高僧。崇祯十五年（1642）圆悟 77 岁时圆寂，道忞为其撰《行状》，名士钱谦益为撰《塔铭》，弟子将其著述收入《密云禅师语录》中，由道忞奏请，清顺治帝准其收入大藏。

圆悟思想质朴，文辞无华，学风与德宝相反，以恪守祖义闻名于世。圆悟认为："参禅正忌杂毒入心，贵乎纯一。"（道忞：《天童密云悟和尚行状》）他不赞成社会上流行的禅教合一、以教辅禅的思潮，更反对援儒入禅。他作诗自我标榜："不爱圣学不援儒，不求佛道不入社"（《密云禅师语录》卷一三），是一个"纯禅"。在理论上他坚持慧能的简单法门，认为心为万物本原。由于三界同流，所以：

诸佛与众生，本无异相，只缘迷悟，见有差殊。虽有差殊，迷时本体本不曾迷，悟时本体本不曾悟。迷悟都不干本体事。（同上书，卷五）

心中佛性永远湛然清纯，佛与众生的差导只在迷、悟之间。"祖师西来，唯直接单提，令人返本还源而已。"（同上书，卷七）自返本心，见性成佛，所以不需要读经念佛。在"开悟"方法上，圆悟坚持临济宗"棒喝"为主的方式。明人黄伯瑞为《密云禅师语录》作序时指出：圆悟门下，"棒喝交驰，学者无开口处"。他也自称："所以贫道生平，但有来者，便当头一棒。"

(《密云禅师语录》卷七)他的学生记录课堂教习生活有如下之例:

> 问:"十方诸佛,历代祖师,父母未生前,甚处安身立命?"师便
> 打。"已生后,甚处安身立命?"师复打。"即今甚处安身立命?"师又
> 打。僧转身云:"释迦大师来也,请和尚答话。"师亦打。(同上书,卷
> 二)

如此开口便打,几乎成了"打禅"。圆悟声称:"者便是临济宗旨!"显
然他要用自己的实践抵制禅门改革之风。

法藏(1573～1635)字汉月,号于密,俗姓朱,江苏无锡人。自幼习
儒,15岁在德庆院出家,19岁落发,29岁在袾宏处受沙弥戒,遍访名僧,
37岁受具戒,40岁悟道。在求学的过程中他曾"遍购《古尊宿语录》读
之"。在法藏所读语录中,他最欣赏《高峰语录》和寂音所著《临济宗旨》,
自称"得心于高峰,印法于寂音"。但因自学成才,在佛教界得不到应有的
承认,故于开悟后又投于圆悟门下,以求临济正宗的身份。由于法藏已有相
当的成就和身份,故一入圆悟门下便定为首座,并于不久"悟手书源流并信
拂授之"。但终因法藏并非真正开悟于圆悟,且在理论上互有歧见,所以师
徒之间始终存在着龃龉,最后终于爆发了公开的争论。法藏死于崇祯八年
(1635),嗣法弟子弘储撰《三峰和尚年谱》,又请黄宗羲为撰《塔铭》。其文
字由弟子收集在《三峰汉月禅师语录》中。

圆悟教学以"棒喝交驰"而著名,法藏出其门下,自然没少吃苦头。黄
宗羲在为其所撰《塔铭》中感慨道:"其后胡喝乱棒,声焰隆盛,震动海
岳。……三峰禅师从而救之,宗旨虽明,箭瘢若粟。"临济义玄创造"棒喝"
之法,本是针对执迷不悟者,希望用当头一棒停止其错误的思维方法继续发
展。但临济后学完全不讲道理,一味胡喝乱棒,完全陷入非理性主义不能自
拔。法藏决心纠正禅门陋习,并对禅宗一系列特有的教学方法进行了理性化
解释,为禅林注入了新的气象。他首先将如来禅和祖师禅进行了比较:

> 欲入此者,有禅、教之分。教有如来禅,禅有祖师禅。(《三峰汉月
> 禅师语录》卷十四)
> 参禅贵先决祖师禅与如来禅。祖师禅看透十法界之外,不堕如来之
> 数,故曰出格。如来禅者,超于九种法界,堕在十法界之顶,犹是格

内。（同上书，卷六）

如来禅是佛教传统禅法，依佛经所载般若、实相、寂照、定慧、空智、实智、名相等法修行，仍是有理可循，有前人可据，还不是最彻底的解脱。而传说由禅宗初祖菩提达磨所创的祖师禅，则要"从如来禅尽处一推，谓之独透、独露"。即要使思维达到无言教、无理数的境界。禅宗的"参禅"、"机锋"、"看话头"，都是接引学者思想达到这种状态的手段。关于"参禅"，他解释说：

> 参禅最忌易明，易明则情不枯，情不枯则入不深，入不深则见不彻了，见不彻了则何有相应分？所以古人令人向无摸索处摸索。（同上书，卷七）

禅宗大师就是要把人的心识引向心识的绝路。

> 所以，佛祖指示参禅向上一路，全不落者格子，令人向离心离识处加个参字，向出凡圣路处加个学字，于去不得处参，去不得处学。（同上书，卷十五）

以禅宗的机锋为例，祖师从不正面回答学者的提问，或者答非所问。这样做就是为了使学者心生疑虑，主动思索，透过经典的言辞，达到心灵的开悟。比如：

> 盖古人问道："如何是佛？"答个"干矢橛"。便反思道：为什么不见答个菩提、涅槃、妙性、真如，而单单道个干矢橛？答不如问，有何长处？因此疑心顿起，放意不过，凭他闲处闹处，总是此疑，如万丝结住，百不能解，愈思愈疑，因之情绝心断，彻见答处的确，谓之悟道。（同上书，卷七）

法藏对"机锋"的解释，已完全不同于宋禅"颂古"、"评唱"一类的"绕道说禅"了，不仅符合禅宗大师本意，而且直截了当，言语清楚，意义明确，在一定程度上缓解了禅门后学非理性化的倾向，同时也开了以理性主义方法解禅的先河。近、现代国内外不少佛学研究者基本是沿着这条路子解禅，不过方法更为现代而已。

法藏改良禅宗的思想与他"幼习儒业"有关，他的许多理论中都可以看到宋明理学的影子。如他讲："在祖师禅，谓之话头；在儒家，谓之格物。……则禅与圣道，一以贯之矣。"（同上书，卷七）"故参禅贵在事上著力，一事透则万法了，法了则心歇。此法一了，有何不会？"（同上书，卷一三）这完全是朱熹"即物而穷其理"，"一旦豁然贯通焉，则众物之表里精粗无不明矣"（《大学章句》补注）的翻版。法藏解禅的理性主义显然来自儒学，这说明佛教不仅在价值取向上与儒学趋同，而且在思想方法上也相互融通。

法藏与圆悟之争，后因清朝雍正帝以"九五之尊"的身份直接参与裁决而格外引人注目。争论起因是法藏所写《五宗原》一书，圆悟起而辩之，法藏弟子弘忍又作《五宗救》以扶师说，圆悟再作《辟妄救略说》10卷"痛驳"，成为中国佛教史上一段有名的公案。争论之一是禅门五宗的传承谱系。一般认为慧能身后分怀让、行思两支，怀让一系又分出临济、沩仰二宗，行思一系则分出曹洞、云门、法眼三宗。但法藏采用北宋年间惠洪《林间录》的说法，把云门、法眼也说成是怀让系，结果成了怀让一枝四叶，行思一枝一叶。圆悟对此大加驳斥。争论之二是关于五家宗旨。法藏认为五家各有宗旨，不容混淆。圆悟却认为宗旨就是自心，不可分立。"此临济建立宗旨，唯问著便打而已"（《辟妄救略说》卷一），试图用临济一家宗旨取代其他各家。争论之三是关于威音○相。法藏根据佛教的神话传说，说有一个威音王佛，生于七佛之前的空劫之时，无声无象，故以○表示。七佛皆从中出，而禅宗五家宗旨皆由威音○相分化而成。圆悟认为法藏并未真悟威音王佛，威音○相既为一圆相，便不可分为五宗，而只有"释迦拈花，迦叶微笑"一线单传的心法才是禅门宗旨。上述问题有些属于宗教史上的歧见，有些则是对宗教理论的不同理解，争论本属正常。但圆悟出于对法藏不遵师说的私怨，横加攻击，无端辱骂，甚至把师徒恩怨的旧账全翻了出来，显得颇失气量。至清代，由于雍正帝贬斥法藏，毁其著作，停其法系，遂使圆悟及其弟子成为临济"正脉真传"。

（三）曹洞名僧慧经、元来与元贤

慧经（1548～1618），字无明，俗姓裴，抚州崇仁（今江西崇仁县）人。成名后因常住建昌府新城（今江西黎川）寿昌寺，故佛教史上亦称其为寿昌慧经。他 21 岁出家，投于曹洞宗师廪山常忠门下学习佛法，几年后正式落法受戒。先住峨峰，"影不出山者，二十四年如一日也"。后迁宝方、董岩等寺，又"荷锡远游，乃过南海访云栖，之中原入少林，礼初祖塔"，"寻往京都，谒达观禅师"，"顷之，入五台，参瑞峰禅师"。在遍访名师、云游四方之后，定居于寿昌开堂说法，一时名声大振，"四方纳子日益至"，后人称他重振了曹洞宗风。慧经于万历四十六年（1618）71 岁圆寂，德清为撰《塔铭》，弟子编写的《无明慧经禅师语录》收入《续藏经》。

慧经出家后有感于禅林生活奢侈、结交权贵等腐败现象，决心发扬百丈怀海所提倡的农禅精神，以自己寓禅于劳的实际行动表率禅林。明人刘崇庆在其《寿昌和尚语录序》中说："（慧经）足迹不履城隍，竿牍不近豪右。……日惟随众作务，众未及田，师已荷镬先至。虽栉风沐雨，亦无倦意。""迨七旬，尚混劳侣，耕齿不息。必先出后归，躬率开田，三刹岁入，可供三百余人。故生平佛法，未离镬头边也。"（德清《寿昌无明禅师塔铭》）

慧经的宗教理论与其农禅实践也是一致的。他持禅宗传统的"真心一元论"，"何者是法，即汝心是。……故云万法从心生"（《无明慧经禅师语录》卷二）。由于万法"本自如如体，何处乃非真？"所以不拘何事、何物，找个话头参看明白，即可明心见性，顿悟成佛。他说："于一切处，只见有话头明白，不见于一切处。倏然一时瞥地如日升空，十方普尽大地是个话头。所谓打破大散关，直入解脱门。"（同上书，卷一）在农田中劳作亦可悟道成佛。

元来（1575～1630），又名大舣，字无异，俗姓沙，安徽舒城人。16 岁出家，先学天台"止观"后学禅。27 岁"印可"于无明慧经，为"第一上座"。曾"三礼云栖"，后开山于信州博山能仁寺。此后三十年中"往来吴、越、江、闽间"，数度住持江南名寺。"弟子益进，朔既燕都，南尽交趾，望风而至者，岁以千计。"最后"至金陵，居天界寺"，徒众万计。由于元来名声噪盛，"学士大夫，文学布衣，礼足求戒者，动至数万"。刘日杲作《博山和尚传》赞曰："博山宗风，遂擅天下"，"明兴二百余年，宗乘寥寥，得和尚而丕振"。元来死于崇祯三年（1630），弟子为他收编了《无异元来禅师广录》。

元来亦是对宋明以来的禅风不满者，他揭露禅林的弊端说：

　　诸昆仲，近时禅道凋零，人心狂悖。……或大骂一场，谓之直捷，谓之险峻，谓之接机，谓之推向万丈坑中，谓之不容开口。或盲加几棒，或竖指擎拳，或乱伸问答，谓之痛快，谓之流通。或藏睛闭目谓之禅，摇唇鼓舌谓大悟。……或祈乩笔之验，以保阳年；或礼应赴之流，而修冥福。（《无异元来禅师广录》卷二）

明末禅宗的教学方法日趋非理性化，甚至与社会上流行的各种世俗迷信活动同流合污，完全背离了初衷。为了纠正禅学末流的种种弊端，元来提倡禅、教合一，希望用佛教理论和戒律对禅门的参悟有所约束。有人问他："宗、教二门，是一是二？今云参悟是第一义，一切教乘尽可废耶？"他回答道："宗乃教之纲，教乃宗之目，举一纲则众目张。"（同上书，卷二一）在宗、教两端不可偏执一方，方可收"纲举目张"之成效，"非敢以宗抑教、以教抑宗，真有所抑，即是魔人"（《无异元来禅师广录》卷二三）。元来不仅提倡禅、教互补，而且还做了大量以教补禅的实际工作，他说：

《华严经》云："奇哉！奇哉！一切众生，皆具如来智慧德相"，可谓开发性源矣。……《圆觉经》云："如来大光明藏，是诸众生清净觉地"……可谓凡圣同源，毋劳指注。……《法华经》云："是法住法位，世间相常住。"果知得"此法住法住"，可谓无量定聚，当下知源。（同上书，卷三）

他为禅宗的许多观点都找到了经典上的依据，用他的话说："三乘十二分皆心之注脚。"本来禅师"离经叛道"，根本不要什么注脚，发展至此，又出现了某种回归经典的趋向。

元贤（1578～1657），俗姓蔡，字永觉，福建建阳人。自幼学习儒家，尤重程朱理学。25岁时读书山寺，因闻和尚诵《法华经》，知"周孔外，乃别有此一大事"。明年，往董岩谒无明慧经，决意学禅，40岁时落发出家，慧经死后又依止无异元来，并受具足戒。57岁"出世"后，先后住持福州鼓山涌泉寺、泉州开元寺、杭州真寂院、剑州宝善寺"四大名刹"，"问道、受戒，不啻数万人，得度者数千人"，名满天下。清顺治十四年（1657）元贤于80岁圆寂。

元贤出家前曾深受儒家文化熏陶，文化水平较高，故著作宏富，共20

余种，80多卷。元贤著作大致可分为三类：第一类是属于佛教史性质的《继灯录》、《补灯录》和《建州弘释录》。《继灯录》是一部上承《五灯会元》的灯录体著作。《补灯录》乃是不满于《五灯会元》的遗漏，为其拾遗"凡一百八十五人"，《建州弘释录》是关于建州（今福建建瓯县）的一部地方性僧传。三书在佛教史上皆有一定价值。

第二类是经注。元贤主张禅、教、律三派融合，他讲："禅、教、律三宗，本是一源，后世分为三，乃其智力弗能兼也。以此建立释迦法门，如鼎三足，缺一不可，合之则俱成，离之则俱伤。"（《续寱言》）他身体力行做禅教合一的工作，一生写了《法华经私记》、《楞严翼解》、《楞严略疏》、《金刚略疏》、《般若心经指掌》等注释佛经的书籍。如果说元来是以经注禅的话，那么元贤的经注则是以禅注经。

第三类则是正面表达自己思想的论著，包括《寱言》、《续寱言》以及他死后弟子收编其语录、诗文、杂著而成的《永觉元贤禅师广录》30卷。元贤的语录谈禅说法，阐述禅、教合一的思想与其他佛教大师无异，而他在《寱言》、《续寱言》中表达的会通儒释，以禅补儒的思想则颇具特色。他曾赋诗言志曰：

> 老汉生来性太偏，不肯随流入世塵。顽性至今犹未化，刚将傲骨救儒禅。（《鼓山永觉老人传》）

明朝中叶以后，心学与禅学相激励，都有向异端发展的趋势。故元贤要站在正统立场上救之，方法则是糅合儒、禅。他说：

> 人皆知释迦是出世底圣人，而不知正入世底圣人，不入世便不能出世也。人皆知孔子是入世底圣人，而不知正出世底圣人，不出世便不能入世也。（《寱言》）

佛教理论引人出世，但其功用却是入世的，而孔子的儒学伦理也有促使人的精神超越世间的成分，元贤倒是看到了一些儒、释同源的真谛。所以：

> 即使佛处震旦国，说经世法，又岂过于周公、孔子哉？……至于我佛所说，则超人超天之实法，而穷理尽性之实学也。昔夫子所谓予欲无

言，而端木氏所谓闻于文章之外者，又岂有异于是哉？是知理一而教不得不分，教分而理未尝不一。（《寱言》）

明清之际，中国的实学思潮达到了高峰，受其影响，连一向标榜"万法皆空"的和尚也打出了"实学"的招牌，大谈"经世法"了。并且，元贤将儒、释两家的关系说成是"理一分殊"，宋明理学对他影响之深于此可见一斑。

元贤不仅论证儒、释同源的道理，而且积极地用佛教理论参加宋明理学的讨论，以求达到"以禅补儒"之效。例如，人性问题，他认为，孟子讲性善、荀子讲性恶、扬雄讲善恶混、韩愈讲性三品，皆只识性之用，未谙性之体。"倘能识水（性）之体，则不离四种，亦不即四种，而四种之论不攻自破矣。或曰：释氏云：随缘不变名性，是合体用名之也。"（同上）这里他把佛性放到了儒家人性之上，以湛然清纯的佛性为体，以有善有恶的具体人性为用，试图以此来调和儒家内部的矛盾。关于"太极"属于儒家还是道家？是否分阴阳？是否是宇宙之原？他认为："太极之体，语大则包纳太虚，语小则全俱一尘，虽全俱一尘，即包纳太虚；虽包纳太虚，即全俱一尘。"（同上）这里，他实际上是用"缘起万法"的"真如"代替了"太极"。关于"格物"，元贤反对陆王训"格"为"正"，或解为"格除物欲"。他同意"晦庵训为穷至事物之理"。他又说："愚谓格物者，须穷其实体，直彻根宗，《易》所谓精义入神也。"（同上）这种格物说，又带上了禅门"直证本心"的味道。类似的议论还有很多，从"纯儒"的角度看似乎有点不伦不类，但元贤可以直接参与同理学家的深层次"对话"，从一个侧面说明当时儒释合流已达到了相当深的程度。

四　明代其他诸宗

（一）净土宗

明代以后，净土成为佛教各派的共同信仰，因此已不再作为一个独立的宗派存在。不过，各宗派及居士中皆有一些以弘传净土而闻名者，使净土思想仍在不断发展。如明初禅僧梵琦，力促禅净合一。天台宗传灯著《往生论》，从理到事，分为十门，宣扬净土思想。而明代宣扬净土思想影响最大者，还要算"莲宗八祖"袾宏。他著有《答净土四十八问》、《净土疑辩》、《弥陀疏钞》等著作，在社会上广为流传。在《净土疑辩》中，他阐述净土信仰的意义说："净土之教……专一心而向往，历三界以横超，诚哉末法之要津矣。"对西方净土的坚定信仰，正是佛教趋于末法时代获解脱的根本法门。同时袾宏也是禅净合一论者，他说："归元性无二，方便有多门，晓得此意，禅宗净土，殊途同归。"（《云栖法汇·释经》第十四册）谈禅悟道与念佛超生，方法虽然有异，但达开悟的目的相同。此外，以文学名世的袁宏道、袁宗道、袁中道三兄弟，都是明代弘扬净土思想的著名居士。史载："袁氏一门，向心净土。"袁宏道著《西方合论》是由居士写成的一部重要的净土著作，后世僧俗信众给予了较高的评价。

（二）天台宗

明代天台宗仍以浙江天台山为祖庭，代有传人，不过势力衰微，仅能绵延而已。其中较有影响的人物是号称"中兴天台"的无尽传灯。传灯（1553～1627），俗姓叶，号无尽，衢州（今浙江衢县）人。少年时投入进贤映庵门下出家，后随百松学习天台教观，开悟后入天台山住持幽溪高明寺。他除学天台外兼学禅宗与净土，著有《楞严经玄义》、《天台山方外志》、《楞严圆通疏》、《天台传佛印记注》、《性善恶论》等。唐代智𫖮提出"性具无明"、"性恶"的观点后，宋代的知礼加以发挥，在宋明之际关于人性的讨论中成为一个引人注目的观点。传灯此时又加以阐扬。"夫性者，理也。性之为理，本非善恶。古今之立论以善恶言者，无乃寄修以谈性，借事以名理，犹缘响以求声，缘影以求形。性之为理，岂善恶之足言哉？"（《性善恶论》）传灯虽然坚持天台宗性具善恶的基本观点，但他将性与修加以区分，认为在性中善恶不分，言修后善恶方显。这种思想显然与王阳明心学"无善无恶是心之体，有善有恶是意之动"，以"心性"已发、未发区分善恶如出一辙，这也是儒释高度融合的必然结果。

另外，明末佛教四大家中的智旭与天台宗也有较深的关系，著有《教观宗纲》，讨论天台宗旨。尽管他的思想并非纯粹的"山家"，但他在佛教界有较高的声誉，得此大家弘扬，对天台宗扩大影响意义重大。

（三）华严宗

明代华严宗的宗绪若存若亡，间或有一些稍有名气的人物。雪浪洪恩（1548～1608），大力弘传《华严经》，曾多次宣讲澄观的注疏。洪恩传巢松慧浸（1566～1621）和一雨通润（1565～1624），通润又传汰如明河与苍雪读彻。明河（1588～1640）曾用华严宗的思想注释《楞伽》、《楞严》二经，并著有《补续高僧传》26卷。苍雪读彻（1588～1656）善于宣讲《华严大疏》,并工于诗文,不过他们的思想并无多少创新,因此无法适应潮流,吸引教徒,中兴祖庭。

(四) 唯识宗

明代唯识宗势力衰微,没有明确的传法系统。明中叶以后,陆续有些僧人传播、研究唯识宗的著作和理论,调和性、相二宗(在中国佛教史上,持"真如缘起论",认为万法生于一心的属于性宗,包括天台、华严、禅宗。通过法相分析证明万法唯识的是相宗,唯识宗是其代表)亦是佛教中的一股潮流。正德年间(1506~1521),鲁庵弘传唯识学于北方。普泰继之,渐传于南地,并著有《八识规矩补注》2卷。其弟子洪恩主弘华严,又旁及唯识,著有《相宗八要》。明昱(1527~1616)曾讲唯识于南京、北京、杭州等地,著有《成唯识论俗诠》、《相宗八要解》、《三十唯识约意》、《百法明门论赘言》、《观所缘论会译》、《因明入正理论直疏》等著作。袾宏的弟子绍觉讲唯识于杭州莲居庵,门人大惠著《成唯识论自考录》,广承著《唯识音义》,新伊著《成唯识论合响》、《成唯识论合响补注》。"明末四大家"中的真可对唯识宗也深有研究,著《八识规矩》、《唯识略解》、《阿赖耶识四分略解》、《前五识略解》等书。除上述僧人外,连明清之际的大哲学家王夫之也著有《相宗络索》,大谈唯识宗旨。

宋代以后,唯识理论有成为各宗"共学"的倾向,入明后这种趋势更加明显。不过,由于研究唯识理论的人哪家都有,故其研究成果自然地打上了各家的烙印。如真可讲唯识说:

> 八识四分,初无别体,特以真如随缘,乃成种种耳。夫真如随缘之旨,最难明了。良以真如清净,初无薰染,如何瞥起随缘耶?于此参之不已,忽而悟入,所谓八识四分,不烦少检唯识之书,便了了矣。(《阿赖耶识四分略解》,《紫柏尊者文集》卷一)

唯识宗的教义,向以缜密严谨著称,必须经过严格的逻辑推理方可见其结论,其思维方式与中国"直观"、"洞照"的习惯相去甚远。真可读唯识的方法则完全是中国式的、禅宗式的。他教人"少检唯识之书","参之不已",完全是"参禅"、"看话头"的模样。所以他参出来的结论:"八识四分"、"特以真如随缘"是完全违背唯识宗旨的。因为正宗的唯识论坚决反对"真如缘起论"。

（五）律　宗

明代律宗亦不兴旺，但还算是传承不绝。正统年间（1436～1449），朴原（？～1446）主持庆昭寺，建坛传戒。万历年初，如馨（1543～1615）在南京古林寺传戒。其弟子寂光（1580～1645）继之，对律学有所发展。寂光在南京宝华山传戒，名声很大，其足迹遍海内，临坛演戒百有余所，自命为"大明律师"，著有《梵网经直解》4 卷。寂光的嗣法弟子见月著《传戒规范》，有一定影响。同时，福州的鼓山元贤，广东鼎湖山的道丘、弘赞亦曾致力于律学。弘赞著有《四分律如释》12 卷，《四分律名义标释》40 卷。所以《新续高僧传·寂光传》称此时期为"律学中兴"。

五　明末佛教四大家

自明中叶以后，佛教势力渐盛，人才辈出，至明末，出现了影响广泛的四位佛教大师——袾宏、真可、德清、智旭。四人有一共同特点，即诸宗皆通，内外皆通，但又不限于一宗一派，大有比较研究的学者气象。

（一）云栖袾宏

袾宏（1535～1615），字佛慧，号莲池，俗姓沈，杭州仁和（今浙江杭州）人。自幼习儒业，17 岁补诸生，27 岁以后生活坎坷，四年中连遭丧父、失儿、悼亡、丧母之痛，看破红尘，作《七笔勾》，斩断尘缘，落发出家。32 岁受具戒后，"即单瓢只杖游诸方，遍参知识"。后回到杭州五云山，为此地山水风景所动，遂结庵而居，题名"云栖"，弘化于此。以后逐渐得到周围居民的施舍，建禅堂、法堂，使云栖寺成为浙江名刹。袾宏本人也以"云栖大师"之名称扬于世。袾宏自称他的教学"大都主以净土，而冬专坐禅，余兼讲诵"，禅、教、净合一，且严于戒律。久之，以其广博的学识、高尚的品行声名远被，"道价日增，十方纳子如归"。"大司马宋公应昌，太宰陆公光祖，宫谕张公元汴……并一时诸缙绅先生，次第及门者以百计。"净土宗推袾宏为"莲法八祖"，华严宗以他为圭峰宗密以后第 22 世祖师，而他又经常出入禅门，思想以融通诸宗为特色。袾宏一生著作宏富，弟子将其分为释经、辑古、手著三大类，30 余种，合编为《云栖法汇》，共 3 函，34 册。

袾宏出家初学禅宗，但他对当时禅林浮华浅陋的教学方法颇为不满。

今人心未妙悟……种种无义味语，信口乱发，诸无识者，莫能校勘，同声赞扬。（《竹窗二笔·家门语不可乱拟》）

> 古人棒喝，适逗人机锋，一棒一喝，便令人悟，非若今人以打人为
> 事。(《遗稿·问答》)

早期禅宗的机锋、棒喝，是针对有一定宗教修养的人而言，随机问答，因材施教，确有启迪智慧的作用。到了后期，完全排斥念佛、读经，"信口乱发"以为机锋，盲拳瞎棒"以打人为事"，已很难达到开启智慧的目的。袾宏力图用禅、教结合来挽回宗风，他认为：

> 离教而参，是邪因也；离教而悟，是邪解也。饶汝参而得悟，必须
> 以教印证，不与教合悉邪也。是故……学者必以三藏十二部为楷模。
> (《竹窗随笔·经教》)

在这里，他实际是把"教"看成"参"的标准和依据。同时，在宗教实践中又很重视戒律，在其门下，"日有程，月有稽，岁有表，凛凛乎使无赖之徒不得参乎其间"(《重修云栖禅院记》)。他还撰有《沙弥要略》、《具戒便蒙》、《菩萨戒疏发隐》等律学著作，并修订《瑜伽焰口》、《水陆仪轨》、《朝暮二时课诵》等仪制垂范后世。参禅、持戒、诵经，最终又归于净土。

> 若人持律，律是佛制，正好念佛；若人看经，经是佛说，正好念
> 佛；若人参禅，禅是佛心，正好念佛。(《云栖遗稿》卷三)

一切宗教活动最后要以信仰为归依。袾宏的思想反映了明代佛教各派，从理论到实践皆趋于合流的倾向。

在教外袾宏又提倡儒、佛合流，不过他也不同意社会上一些人简单地宣传佛、儒为一说。

> 佛、儒二教圣人，其设化各有所主，固不必歧而二之，亦不必强而
> 合之。何也? 儒主治世，佛主出世。(《竹窗随笔·儒佛配合》)

儒、佛二者毕竟有不同的文化渊源，属于不同的思想体系，社会功用也不相同，不必人为地使二者合一。然而，

则儒与佛，不相病而相资。试举其略，凡人为恶，有逃宪典于生前，而恐地狱于身后，乃改恶修善。是阴助王化之所不及者，佛也。僧人不可以清规约束者，畏刑罚而弗敢肆，是显助佛法之所不及者，儒也。（《竹窗随笔·儒佛交非》）

儒、佛二教，一显一隐，在辅助王化方面可以相辅相成。祩宏对二教社会功能的分析是符合实际的。

祩宏还对明末传入中国的基督教做出了回应。基督教有强烈的"一神论"倾向，且于传入之初采取了"排佛补儒"的战略，使中国僧人甚为反感，祩宏领衔加以抵制。他以当年"三教之争"的老办法，搬出佛陀与上帝"斗法"。他说："彼所称天主者，忉利天王也"，"彼所知者，万亿天王中之一耳。余欲界诸天，皆所未知也。"（《竹窗随笔·天说一》）他把基督教徒所信奉的上帝（明代译为天主），仅仅视为欲界诸天之一（欲界六天为：四天王、忉利天、夜摩天、兜率天、化乐天、化他自在天），欲界之上还有色界，无色界，所以根本是个小人物，算不得什么唯一神。"又言天主者，无形、无色、无声，则所谓天主者，理而已矣。何以御臣民，施政令，行赏罚乎？"（同上）用佛教的神灵观去理解基督教的上帝，就如同随意判定上帝是忉利天王一样，完全是文不对题。同时，祩宏站在中国人的立场上，不仅维护佛教信仰，也维护宗法性宗教的信仰，认为不必用基督教来"补儒"。"南郊以祀上帝，王制也。曰钦若昊天，曰钦崇天道，曰昭事上帝，曰上帝临汝……天之说何所不足，而俟彼创为新说也？"（同上）祩宏此论，主要是为了拉儒家作为同盟军。不过从祩宏对基督教的批判看，他对基督教了解甚浅，然而他还是明末中西宗教文化冲突中的一员大将，可见，当时的冲突尚处初级阶段。

（二）紫柏真可

真可（1543～1603），字达观，号紫柏，俗姓沈，江苏吴仁人。17岁时辞亲远游，欲立功塞上，路过虎丘云岩寺，闻寺僧诵八十八佛名号，心有所感，遂从该寺明觉和尚出家。20岁受具戒，此后遍历名山。至武塘景德寺，专研经教；至匡山，深究相宗；入五台，学习华严；赴京师潭柘寺，在禅林老宿德宝处参悟。可以说他没有专一的师承，但又遍通诸家。他矢志恢弘禅宗，但又不"出世"、"开堂"，因而成为一名独立于宗派以外的高僧。万历年间，真可有感于梵筴版大藏经不便携带，且阅读不便，立志刊刻方册藏，得到一批大官僚的资助。《方册版》亦称《径山藏》、《嘉兴藏》，经多年努力刻成，促进了佛经的流通。万历三十一年（1603），京城发生了事关东宫废立的"妖书"案，皇帝震怒，责令追查。真可为仇家陷害，被诬为"妖书"作者，被捕下狱，严刑拷打并无确供，于当年12月17日死于狱中。真可的著作由德清等人编为《紫柏尊者全集》30卷、《紫柏尊者别集》4卷、《附录》1卷。

明人顾仲恭在《跋紫柏尊者全集》中概括真可一生的思想时说："最可敬者，不以释迦压孔老，不以内典废子史。于佛法中，不以宗压教，不以性废相，不以贤首废天台。"外融儒、释，内和性、相可以说是真可思想的最大特色。

宋明以来，儒、释、道三家思想高度融合，这里不仅有佛教对理学的影响，而且也有理学对佛教的影响。在真可的理论中，就特别表现出陆王心学的痕迹。例如，他讲：

> 天地可谓大矣，而不能置于虚空之外。……故以心观物，物无大小；以物累心，心不能觉。惟能觉者，始知心外无物。（《紫柏尊者文集》卷九）

从观点到语言，都是王阳明"心外无物"的移植。由于设定心为万物本原，故各教圣人不过是从不同角度发明此心而已。

> 夫身心之初，有无身心者，湛然圆满而独存焉。伏羲氏得之而画卦，仲尼氏得之而翼《易》，老氏得之二篇乃作，吾大觉老人得之，于灵山会上，拈花、微笑。……自是由阿难氏乃至达磨氏、大鉴氏、南岳氏、青原氏……世出世法，交相造化。（《紫柏尊者文集》卷一二）

真可为三教同源找到了一个可靠的理论基础。至于教内性、相二宗，禅、教、律诸派，更是可以在心上找到共同点。他融会禅、教，曰：

> 宗、教虽分派，然不超乎佛语与佛心。传佛心者，谓之宗主；传佛语者，谓之教主。（同上书，卷三）

同时他又用水、波关系喻言性、相二宗：

> 法相如波，法性如水。后世学者，各专其门，互相排斥，故波之与水不能通而为一。（同上书，卷一四）

真可极力倡导念经，研习佛典，他本人在研习唯识、华严、天台诸宗经典方面颇有建树，且于融合之中见新意。不过，真可的融合实质还是有宗为教纲，性为相本的倾向，将一切问题都归结为自心、本性，反映出中国宗教走内在超越道路的特性。

（三）憨山德清

德清（1546～1623），字澄印，别号憨山，俗姓蔡，安徽全椒人。自幼在寺中读书，不堪课业之苦，因见和尚诵经，心向往之。19岁往南京栖霞山披剃出家，26岁以后行脚游方，"至吉安，游青原"，"出入燕京"，登五台，见北台憨山风景奇秀，"默取为号"。其间从华严、唯识、禅宗诸派名僧学习，会通诸家。31岁与袾宏同游五台时，"留数日，夜对谈心，甚契"。35岁时神宗圣慈太后派人在五台山设"祈储道场"，德清与妙峰共建无遮道场为皇家"祈嗣"。越明年，在五台讲《华严玄谈》，听者万余。37岁赴东海牢（崂）山，皇太后赐金三千与他建寺，他却把钱用来赈济山东灾民。万历十四年（1586）神宗印大藏经15部分赐全国名山，太后特赐一部与东海牢山，因无处放置，又赐钱建海印寺。这一年真可来访，与德清互相倾慕。万历二十三年（1595）因神宗与母后不和，嫌其佛事太费，迁怒于德清，将其逮捕入狱，遭严刑拷打，最后以私创寺院罪流放岭南。在二十余年的流放生涯中，德清一直从事佛教活动，并得到了广东地方官僚的支持。他多次入曹溪南华寺，见禅宗祖庭残破，房产被占，便与地方官合作，驱逐流民，选僧受戒，设立僧学，订立清规，一年时间，重兴祖庭。万历三十四年（1606）朝廷大赦，德清获得了自由。他离广东，入湖南，游九江，至杭州，宣讲佛教教义及戒律。天启二年（1622）又回到曹溪，一年后圆寂于此。禅宗门人因他恢复祖庭之功，将其遗体制成肉身像供后世瞻仰。德清的主要著作有《华严境界》1卷，《楞严通义》10卷，《法华通义》7卷，《观楞伽记》4卷，《肇论疏记》3卷，《憨山绪言》1卷。他的弟子将其所有著作及语录编为《憨山大师梦游全集》共55卷。

德清的思想也以对内调和禅、教、净，对外融合儒、释、道而闻名。他对禅门离教而参的诸种弊端进行了批评：

> 今参禅人，动即呵教，不知教诠一心，乃禅之本也。……若不以教印心，终落邪魔外道。（《憨山大师梦游全集》卷六）

禅宗作为佛教的一个流派，毕竟离不开经典的启发和印证。德清又说：

> 吾佛世尊，摄化群生，所说法门，方便非一。而始终法要，有性、相二宗。以其机有大小，故有顿渐之设。末后分为禅、教两门，教则引摄三根，禅则顿悟一心。（《憨山大师梦游全集》卷二十）

性、相二宗，顿、渐二法，禅、教二门本是佛陀为接引不同根器人的不同说教，实则相同，不能将它们对立起来。德清还特别注意净土宗，他说：

> 今所念之佛，即自性弥陀；所求净土，即唯心极乐。人苟能念念不忘，心心弥陀自现，步步极乐家乡，又何远企于十亿国之外，别有净土可归耶？（同上书，卷二）

如此"自性弥陀"，"心中净土"，完全是把净土思想禅化了，但同时他又把念佛当成禅悟的重要手段。

> 若念佛念到一心不乱，烦恼消除，了明自心，即名为悟。如此念佛，即是参禅。（同上书，卷九）

这里他又把参禅净土化了。总之，在德清思想中，佛教各派的理论和方法高度混同，失去了差异与锋芒，这也是宗教世俗化的一种表征。

德清又用"真心一元论"来统摄儒、释、道三教。他首先肯定："佛说三界上下法，唯是一心作"（《憨山大师梦游全集》卷十），心乃万物本原。"真心本来洁净，因妄想污染而苦恼旋生。"（同上书，卷一四）所以，"三教之学，皆防学者之心"（同上书，卷四五）。他得出的最终结论是：

> 为学有三要，所谓不知《春秋》，不能涉世；不精老庄，不能忘世；不参禅，不能出世。（同上书，卷三九）

这既是对宋明以来中国封建社会意识形态结构的高度概括，又是对中国士大夫文化心理结构的精辟分析。正是儒、释、道三教，以入世、忘世、出世三种方法调节人们心理的平衡，保证封建社会的顺利运行。

（四）蕅益智旭

智旭（1599～1655），字素华，别号八不道人，晚称蕅益老人，俗姓钟，江苏吴县人。少年时受宋明理学影响，著文"辟异端"，"誓灭佛老"。17 岁因读袾宏《自知录》、《竹窗随笔》，"乃不辟佛，取所著《辟佛论》焚之"。24 岁出家，25 岁在云栖寺受具戒。以后"遍阅律藏，方知举世积讹"，决意通过弘传律藏纠正禅林流弊。32 岁开始"究心台部，而不肯为台家子孙"。又游历江、浙、闽、皖诸省，不断讲述、著书。晚年定居浙江灵峰，清顺治十二年（1655）圆寂，终年 57 岁。智旭平生著作宏富，弟子将其分为宗论和释论两大类。宗论即《灵峰宗论》10 卷，主要阐述自己的思想。释论则是注释佛经之作，共 60 余种，164 卷。

清嘉庆五年（1801），和硕亲王裕丰在《书重刻〈灵峰宗论〉后》中概括智旭思想说："融会诸宗，归极净土"，此诚确论。智旭不满意当时禅、教诸门抱残守缺、故步自封之状，立志步袾宏、真可、德清三大师之后尘，通过禅、教圆融重振宗风。他说：

> 何谓教？何谓宗？语言设施之谓教，忘情默契之谓宗。故宗也者，虽云教外别传，实即教内真传也。（《灵峰宗论》卷六）

他认为禅宗反对拘守经籍文句，以"教外别传"相标榜，但其精神实质并不外于经教，是"教内真传"。他对当时僧侣因疏于戒律而导致的腐败极为不满，斥之曰："今时丧心病狂无耻禅和，影响窃掠，听其言超佛祖之先，稽其行落狗彘之下。"（同上）所以他特别重视戒律的作用，极力宣传禅、教、律合一。

> 禅者佛心，教者佛语，律者佛行。……不于心外别觅禅教律，又岂

于禅教律外觅心。如此终日参禅、看教、学律，皆与大事大心正法眼藏相应于一念词。（同上书，卷二）

参禅、看教、学律，最终又归源于净土：

> 始知若律、若教、若禅，无不从净土法门流出，无不还归净土法门。（同上书，卷六）

智旭认为修念佛法门的"要诀"在于：

> 念佛功夫，只贵真实信心。第一要信我是未成之佛，弥陀是已成之佛，其体无二。次信娑婆的是苦，安养的可归，炽然欣厌。次信现前一举一动，皆可回向西方。（同上书，卷二）

德清的净土信仰以参为主，智旭的净土信仰却是以信为主。他强调："参禅必不可无净土，净土必不可夹禅机。"（《灵峰宗论》卷二）所以后世认为智旭是袾宏以后净土宗的重要代表人物。

智旭幼习理学，对儒家经典十分熟悉。为了推进儒、释融合潮流，他进行了大量以佛释儒的工作，试图佛化儒学。如他解释理学家极力推崇的"十六字真传"时讲：

> "人心惟危，道心惟微，惟精惟一，允执厥中。"心岂有二哉？迷其本一，故人心惟危，如水成冰也。语其不二，故道心惟微，如冰还成水也。返迷归悟，故名惟精，如汤销冰也。迷悟性空，故名惟一，如冰水同一湿性也。炽然迷悟，体元不属迷、悟两端，故名厥中，即迷、悟之体也。从迷得悟，一悟永不复迷，故名允执，即惟精之功也。（同上）

这里讲的完全是"真如缘起论"的道理，与理学"人心"、"道心"在道理上有某些相似之处。此外，他还用佛教理论解释无极、格物、忠恕、尽性、五常、孝道等范畴，最后得出结论：

　　儒之德业学问，实佛之命脉骨髓。故在世为真儒者，出世乃真佛。
（同上）

　　经过 1000 多年的碰撞与融会，儒、释二教在本质上已经高度趋同，"真儒"与"真佛"、"出世"与"入世"已浑然一体。这不仅是智旭思想的特色，也是整个明代佛教的特色。

六　佛教在社会文化中的辐射与延伸

　　明代佛教虽不像南北朝或隋唐佛教那样独树一帜，煊赫耀人，但它已深深融入中国文化体系之中，在文化的深层面上辐射、延伸。这主要表现在哲学与文学两个方面。

（一）禅宗与王阳明心学

　　禅宗在中国哲学史上的重要作用，就是推动中国哲学从本体论向心性论转化。禅宗认为："本性是佛，离性更无别佛"（《坛经·般若品》），人性就是人成佛的全部依据。不仅如此，"心生则种种法生，心灭则种种法灭"（《古尊宿语录》卷三），宇宙万法皆由心生，心是宇宙万物的本原。所以，一切哲学问题都可以在人心中解决。王阳明深受禅宗心性论的影响，大谈"心外无理"，"心外无物"。他明确指出："乃知天下之物本无可格的，其格物之功本在身心上做"（《传习录》下），把做学问的功夫严格限制在人心、人性之中。

　　在佛教思想体系中，禅宗属于性宗系统。这一点在提倡禅教合一的宋、明禅宗中更为明显，他们将华严宗、天台宗的"真如缘起论"与禅宗的心性相结合，认为真如即佛性，佛性即人心，人心随缘，故有万法。如前面提到的明初禅宗大师梵琦就讲："百法千门，同归方寸，河沙妙德，同出心原。"（《梵琦语录》卷三）万物皆由心生。但在凡俗世界中，"真心处垢不垢，处净不净，处生不生，处灭不灭。譬如随色摩尼宝珠，若人得之，无不成佛"。（同上书，卷七）人心、佛性的本觉之明，不会被污染，只要能自返本心，自悟即可成佛。王阳明于此深受启发，他把人心也说成是一种纯然至善、永恒不失的本体。"至善是心之本体，只是明明德到至精至一处便是，然亦未尝离却事物。"（《传习录》上）王阳明把这种浑然至善，"未发之中"的本体又称为"良知"。良知如同佛性一样，"虽妄念之发，而良知未尝不在，但人不知存，则有时或放耳"（《传习录》中）。圣人与凡人同，皆有良知良能，关键就在于是否能自返本心，发现良知，并推之于天下。"所谓致知在格物者，致吾心之良知于事事物物也。吾心之良知即所谓天理也。致吾心之良知之天理于事事物物，则事事物物皆得其理矣。"（《传习录》中）所以他把"致良知"当成"圣门正法眼藏"，当做他做学问的宗旨。这一套思想方法，甚至连语言都是从禅宗借用来的。王阳明并不讳言儒、释两家的一致性，他讲："然释氏之说，亦自有同于吾儒，而不害为异者。惟在于几微毫忽之间而已。"（《明儒学案》卷一〇）这"微毫"之差，仅在于最终称为出世的佛或是入世的圣人。

王门后学与明中后期的禅宗更是打成一片，互相影响。特别是佛教世俗化的大潮流，给了一向清高自傲、孤芳自赏的儒学以极大的刺激。禅宗以简单法门传世，具有一种平民化的倾向。"搬水劈柴无妨般若"，出世而不离世的观点和"农禅并作"的实践，使禅宗在下层民众中有很大的影响。王门后学中王艮开创的泰州学派，也模仿禅宗，力图把儒学发展到贩夫走卒中去。王艮在《心斋语录》中讲："圣人之道，无异于百姓日用，凡有异者，皆倡之异端。"所以他的著名学生中有樵夫朱恕，陶匠韩贞，田夫夏叟，他们在下层民众中广泛传播泰州学派的思想。韩贞学成之后，"遂以化俗为己任，随机指点，农工商贾从之游者千余"（《明儒学案》卷六《泰州学案一》）。王艮及其弟子的本意是将"正心"、"诚意"之学传播于民间，用世俗化的儒学维持治道。可是在明末资本主义萌芽不断增长的情况下，传入市民中的圣学却有改变初衷的倾向。

明末市民意识的崛起也与禅宗有着密切的联系。禅宗直指本心，特别强调"自性自度"。如慧能讲："三世诸佛，十二部经，在人性中，本自具有。若不自悟，须求善知识，指示方见。若自悟者，不假外求。"（《坛经·般若品》）自性真理，圆满十足，不假外求，因此否认一切外在的权威，反对以佛经为是非标准、开悟工具。这一倾向在禅门后学中竟发展成为一种"呵佛骂祖"的潮流，即使在提倡禅教合流的明代亦无明显变化。如"国初第一宗师"梵琦就讲："三乘十二分教，大似屎窖子。"（《梵琦语录》卷五）"如来涅槃心，祖师正法眼，衲僧奇特事，知识解脱门，总是十字街头破草鞋，抛向钱塘江里著！"（同上书，卷四）禅宗的这些"话头"并非真要否定佛教，而是提醒后学不要因佛经个别词句束缚，妨碍了心对佛法大意的领悟。可是这些极端强化主体意识的观点和惊世骇俗之语，却在社会上形成了一种怀疑一切，"冲决网罗"的文化氛围。南宋陆九渊就曾说："六经皆我注脚。"到了王阳明这里成了"夫学贵得于心，求之于心而非也，虽其言出于孔子，不敢以为是也"(《王文成公全书》卷二《答罗整庵少宰书》)。再传至李贽，则成了"咸以孔子之是非为是非，故未尝有是非耳"(《藏书·世纪列传总目前论》)。在中国，孔子的地位毕竟与释迦牟尼不同，在千百年间形成的经学思维方式中，孔子乃是"张口为经，吐字为法"的圣人，是专制制度的保护神，对于孔子言论稍有不敬，便可能影响社会的稳定。再加上王门后学对作为官方哲学的程朱理学的激烈批评，提出了童心即私心，天理在人欲中之类的极端言论，推动了明清之际启蒙思想的发展，对封建思想体系形成了一定程度的冲击，引起统治者的敌视与恐慌。李贽就是在官府的迫害下遁迹沙门，并最终被迫自杀的。

近现代学者中常有人将慧能的宗教改革与西欧马丁·路德的宗教改革相比较，往往认为马丁·路德的宗教改革倡导"天职"观念，为欧洲正在萌芽中的资本主义提供了一种适宜其发展的经济伦理，而禅宗则把"俗人变成僧侣，起了更广泛地麻痹人民的作用"。事实上，禅宗倡导的自返本心、自性自度、疑则有进也曾唤出了"王学左派"王艮、罗汝芳、何心隐、颜山农、李贽等人冲击封建礼教的异端言行，这不也是当时中国正在萌芽状态的资本主义精神的折射吗？

(二) 佛教与文学

佛教对明代文学影响最大的方面莫过于小说。中国古典小说在明清时代达到了高峰，在那些脍炙人口的传世佳作中，无论是作品的写作形式、价值观念、思维方式，还是素材选择、人物塑造、情节安排，都映射出佛教的精神。

首先，佛教促成了小说这一文学体裁的产生。中国古代文学有着明显的贵族气质，诗词歌赋，无不以典雅高深为尚，因而大大限制了传播范围。唐、宋以来，佛教的变文、宝卷、俗讲散韵相间，说唱结合，通俗易懂，给了中国文人很大启发。唐、宋已有半文半白的话本小说，而在明朝最终出现了完全用白话文写成的长、短篇小说。由于小说语言来自生活，生动活泼、口语性强，接近现实，故一出现，便迅速而广泛地在社会上流传开来。

其次，佛教关于"四谛"、"轮回"、"因果报应"等观念，成为文学创作的指导思想之一。如罗贯中的长篇小说《三国演义》，以东汉末年、三国时期历史为题材，描写了以曹、孙、刘三大军事集团为首的封建军阀在争霸战争中的兴衰史。作者在小说的开篇以一首《临江仙》词阐述了小说的宗旨："滚滚长江东逝水，浪花淘尽英雄。是非成败转头空，青山依旧在，几度夕阳红。白发渔樵江渚上，惯看秋月春风。一壶浊酒喜相逢，古今多少事，都付笑谈中。"也就是说，这百余年血雨腥风的残酷斗争在作者眼中，不过是一场由色转空的大梦。又如《金瓶梅词话》，描写了市侩、商人、暴发户西门庆勾结官府，欺压百姓，蹂躏妇女，淫欲无度的一生。小说结局带有强烈的宿命论色彩：西门庆纵欲亡身；武松为兄报仇，义上梁山；潘金莲荒淫无耻，命丧黄泉；吴月娘温良贤惠，终得贵子。优秀短篇小说集"三言二拍"中，宣扬佛教因果报应、宿命论思想之处更是比比皆是。实际上，我国广大人民群众，包括相当部分的知识分子，不是从佛学经籍、而是从这些文学作品中接触佛教、了解佛教、信仰佛教的。

再次，佛教为古典小说创作提供了思维方式，并影响了中国小说的艺术格局。在佛教传入之前，中国的文学创作受儒家理性主义影响，"不语怪力乱神"，因而中国的神话欠发达，而且严重地历史化了。南北朝以后，佛教中现实与超现实的时空交叉混杂的思维方式，为文学家开拓了思路，神仙菩萨、历史人物、市井小民混为一体，上天入地，灵魂显形，腾云驾雾，给人们留下了无穷的想象空间。例如，《封神演义》写的是殷周之际武王伐纣的一场战争，由于历史久远本无多少史料可据，但作者却利用丰富的想象力，把佛教、道教及中国民间诸神都搬入小说之中。

此外，佛教因果轮回的观念使中国古典小说中很少有善恶交织的人物和不可解决的矛盾，一般都是善恶报应昭彰不爽的大团圆结局，因而也不存在真正西方意义上的悲剧。

最后，佛教为古典小说提供了丰富的素材。最典型的作品是长篇小说《西游记》。不仅故事原型脱胎于唐玄奘西行求法，而且其中许多具体情节也是从佛教故事中演化来的。如菩提祖师半夜传法给孙悟空，就是从禅宗五祖弘忍半夜悄悄传衣钵与慧能的传说演化来的。《大方广佛华严经》写善财童子五十三参，而唐僧取经历八十一难。中国历史上佛、道两家激烈的冲突、斗争，折射成比丘国、车迟国悟空与道士斗法。"三武一宗"四次灭佛，变形为西域车迟国、灭法国迫害僧徒。……正因为有佛教典藏和历史中无数真实事件或神话传说作为模特，《西游记》才能写得如此丰富多彩，引人入胜。

明代文学除了小说，在戏曲方面也取得了卓越的成就。汤显祖（1550～1616）的《牡丹亭》、《荆钗记》、《邯郸梦》、《南柯梦》皆为传世佳作。其中，同样浸透着佛教色空果报，虚无出世的精神，这与他青年时代与罗汝芳、李贽及紫柏、真可交往密切，受他们思想熏陶有关。另外，吴江派领袖沈璟（1553～1610）创作的《双鱼记》、《红渠记》、《桃符记》、《坠钗记》更是大力宣扬佛教的宿命论和因果报应思想。

明代佛教对文学作品的影响是巨大的，但需要指出的是，此时影响文学的佛教已经是中国化了的佛教。比如，《金瓶梅词话》终篇诗云："闲阅遗书思惘然，谁知天道有循环。"用佛教因果报应的思想概括全书人物的命运，但使用的词语却是"天道循环"。"天道"本是儒家的概念，代表着宇宙间最高的正义、真理和主宰，并无善恶循环之意。而佛教所云因果是自业自报，并不需要一个外在的天来做主宰。作者却巧妙地将两者缝合在一起，这也从一个侧面反映了儒释合流之深。

深受佛教影响的明代小说也反映出中国人宗教性格的一个特点，即一方面迷信神佛，希望借助超自然的力量战胜眼前的困难；同时又信而不虔，不仅信仰对象兼容并包，而且不时以一种嘲弄、游戏的心态与神、佛寻开心。这与基督教徒、伊斯兰教徒、印度教徒的虔诚精神是不可同日而语的。《西游记》中的孙悟空就是其中的典型。他不仅敢大闹代表统治秩序的天宫，敢在佛祖手上撒尿，还敢说佛祖是妖精的外甥。更有甚者，《西游记》第九十八回写道，唐僧师徒历尽千辛万苦，终于到了灵山雷音寺，释迦的大弟子阿难、迦叶却向他们索要贿赂，不送银钱便给"无字经"，人间官场的龌龊在西天佛国亦然。妙笔写来令人忍俊不禁，掩卷又难免思绪万千。这不正是禅宗六祖慧能大师所说："东方人造罪往生西方，西方人造罪又往生何处？""迷者顾东顾西，悟者自在一般"的觉悟境界吗？可以说，正是因为中国人这种信而不虔的宗教心态，才会产生禅宗这样呵佛骂祖的宗派，才会有孙悟空这个敢于大闹天宫，敢于和如来、观音嬉笑怒骂，撒泼耍赖的艺术形象。

第四节　道教的世俗化与符箓派的荣盛

明朝200多年，道教的演化又有新的特点。在金元两朝兴盛的全真道走向衰落，甚至沉寂。一者它与元室关系紧密，遭明王室嫌弃；二者发展到后期，道士不热心匡世扶危，而致力于全性葆真，社会影响缩小；三者修命养性之内丹术需要较高的文化层次，曲高和寡，道徒不易发展。所以全真道逐渐离开了社会政治舞台的中心，走上了学者式的隐遁清修之路。与此同时，以斋醮符箓为主要特色的正一道越来越活跃，大受明王室的青睐，进一步与社会政治生活和日常生活相结合，成为支配全国道教的主导势力。道教理论更深地与儒学、佛教相融合，教义与活动更广地与社会实际生活相贯通，向民间扩散，使明朝思想文化处处带有道教的色彩。

一　明王室与道教

明代皇帝多好方术，宠信道士，此风始自朱元璋。朱元璋亲近的道士有周颠、张中、张正常、刘渊然等。周颠有异状奇形，能预言，为太祖"告太平"，善辟谷罩巨缸以薪煅之无恙，常随太祖同行。洪武中，太祖采撰《周颠仙传》，记其事。铁冠子张中善数术，能测祸福，多奇中，太祖因邓愈之荐而召至，张中预言豫章当流血，庐舍毁尽，又预言国中大臣有变，后果如其言。朱元璋与陈友谅鄱阳湖大战，张中曾为明军祭风，并预言胜事，深受器重。张三丰名全一，不饰边幅，号张邋遢，能数月不食，并云能日行千里。太祖闻其名，洪武二十四年遣使觅之不得。张正常为正一道42世天师，世居贵溪龙虎山。太祖召入朝，去其天师号，改授正一嗣教真人，赐银印，秩视二品，为之设置赞教、掌书二僚佐，洪武五年（1372）敕令永掌天下道教事。其子张宇初，洪武十三年授大真人，领道教事，洪武十六年奉敕建玉箓大斋于南京紫金山，十八年奉诏祈雨，二十三年奉敕重建龙虎山大上清宫。刘渊然幼为祥符宫道士，善雷法。洪武二十六年，太祖闻其名，召至，赐号高道，馆朝天宫。明太祖亲近道士，对正一道士尤有好感，曾在御制序文中说："禅与全真，务以修身养性独为自己而已；教与正一，专以超脱，特为孝子慈亲之设，益人伦，厚风俗，其功大矣哉。"（《御制玄教立成斋醮仪文序》）可知明太祖崇信正一道，是看到它可以在社会政治与伦常生活中起维护秩序的作用。于是敕礼部会僧道定拟释道科仪格式，使之遵守。洪武十五年，太祖又亲制道教科仪乐章。据《明通鉴》，太祖亲自参加祈雨醮事，"上素服革履，徒步至坛，席藁曝日中，夜卧于地，凡三日"，表现得极为虔诚。但是朱元璋并不放纵道教，对道教活动采取严格管理不使冒滥的方针。洪武五年，给僧道度牒，下诏说："天下大定，礼仪风俗，不可不正"，"禁僧道斋醮杂男女恣饮食，违者有司严治之"（《明通鉴》卷四）。洪武六年下诏："府州县止存大寺观一所，并其徒而处之"（《太祖实录》卷八六），限制僧道出家。洪武十四年（1381）编"黄册"。洪武十五年置僧录、道录二司，隶礼部，加强管理。二十四年清理释、道二教，凡僧道，府不得过40人、州30人、县20人，民年非40以上、女年非50以上者不得出家。二十八年令天下僧道赴京考试给牒，不通经典者黜之。洪武中有诏，凡火居道士，许人挟诈银三十两、钞五十锭，如无，打死勿论。明太祖态度如此严厉，一是以僧道太奢，"蠹财耗民"，对财政有影响；二是他本人起自民间，曾利用白莲教反元，深知民间宗教具有反叛潜能，故立国后禁断白莲教，并严格僧道管理，不使白莲教和其他民间宗教信徒混入僧道之中；三是因僧道中多有"不循本俗，污教败行"者，有碍国家法律的统一。故须考核整顿，令僧道并而居之，不使与民相混。洪武二十七年（1394）下令礼部榜示天下僧寺道观，凡归并大寺，设砧基道人一人，以主差税。每大观道士编成班次，每班由一年高者率之，其余僧道皆不许奔走于外，及交结有司，以书册称为题疏，强求人财等，于崇山深谷中修禅学全真者一二人则许，三四人则不许（见《太祖实录》卷一八四）。又下诏："令僧道有妻妾者许诸人赶逐，相客隐者罪之。有称白莲、灵宝、火居，及僧道不循祖风，妄为议论、阻令者，皆治重罪。"（《留青日札摘抄》），明显是防止失控，造成民变。

明成祖永乐帝大体继承了明太祖的爱好与宗教政策。43代正一嗣教真人张宇初，建文时犯法夺印诰，成祖即位后予以恢复。永乐八年宇初卒，弟宇清嗣位。永乐初，张宇初命正一道士孙碧云为武当山南岩宫住持，永乐十一年敕授孙碧云道箓司右正一，形成武当山本山派，奉祀玄帝为主。永乐大帝最推崇真武神，真武本于"玄武"，最初是北方七宿的星辰神，它与四灵崇拜相结合，变成龟蛇之神，至宋代被人化为人格神，宋真宗封之为"真武灵应真君"，为避赵玄朗"圣祖"之讳，改"玄"为"真"，宋钦宗加封为"佑圣助顺真武灵应真君"。元世祖于大都建大昭应宫以祀真武，元成宗加封为元圣仁威玄天上帝，成为北方最高的神。朱棣在发动"靖难之变"中，宣扬真武显灵，称帝后加封真武为北极镇天真武玄天上帝，下令大修该神之祀地武当山，赐名大岳太和山。前后督夫30万，历时7年，建成拥有八宫二观、三十六庵堂、七十二岩庙、三十九桥、十二亭的庞大道教建筑群，在天柱峰顶造起金殿，以铜为质，以金为饰，费以百万计，"天下金几尽"，使武当山成为闻名遐迩的道教圣地。成祖在北京建造宏大的真武庙，成为京师九庙之一，官方以时祭祀。还在御花园中建钦安殿专祀真武，在奉天殿两壁斗拱间，绘有真武神像，并制作《御制大明玄教乐章》，为祭祀真武帝与二徐真君之用。他自认为是真武的化身，以此张大自身形象。明成祖还十分仰慕明初已名气昭著的高道张三丰。传说张三丰曾为县令，后弃官出家为全真道士，于终南山遇火龙真人传以丹诀，赴武当修炼多年。永乐五年（1407），成祖遣给事中胡濙偕内侍朱祥带玺书香币往访张三丰于武当山，遍历荒徼，十年不获，竟不知其所在。后来英宗赠为"通微显化真人"，宪宗封为"韬光尚志真仙"，世宗封为"清虚元妙真君"，熹宗加封为"飞龙显化宏仁济世真君"，于是张三丰由高道升为神仙。明成祖依据祖训，对僧道亦申管教之令，如永乐十七年（1419）下谕云："天下僧道多不守戒律，民间修斋诵经，辄较利厚薄，又无诚心。甚至，饮酒食肉，游荡荒淫，略无顾忌。又有无知愚民妄称道人，一概蛊惑。男女杂处无别，败坏风化。即揭榜申明，违者杀不赦。"（《留青日札摘抄》）可见政府不仅要管僧道犯法事，亦过问僧道犯戒事，且处以重刑。

明朝诸帝中，奉道最虔、为时最久者是明世宗。世宗即位之初尚能励精图治，冷淡斋醮。中年以后专信道教，希求长生，日事斋醮，不理朝政，老而弥笃。《明史·海瑞传》说："世宗享国日久，不视朝，深居西苑，专意斋醮。督抚大臣争上符瑞，礼官辄表贺。"世宗最初崇信龙虎山上清宫正一道士邵元节，嘉靖三年征其入京，嘉靖五年封为真人，九年以后步步高升，敕建真人府于城西，以其孙启南为太常丞，曾孙时雍为太常博士，岁给元节禄百石，以校尉40人供洒扫，赐庄田30顷，蠲其租，嘉靖十五年又封为礼部尚书，赐一品服。世宗所宠另一道士陶仲文，由邵元节推荐而入朝，因预言火灾果中而得信任，授神霄保国宣教高士，封神霄保国弘烈宣教振法通真忠孝秉一真人，又因祈祷疗疾有功，特授少保、礼部尚书，后再加少傅，仍兼少保，位至三公，恩宠出元节之上。嘉靖二十三年，说仲文祈祷擒获叛臣王三有功，加少师，仍兼少傅少保，一人兼领三孤，终明之世，惟有陶仲文一人。世宗对陶仲文恩宠迭加，授特进光禄大夫柱国兼支大学士俸，荫子世恩为尚宝丞，复给伯爵俸，授其徒郭弘经、王永宁为高士。嘉靖二十九年，以平狱功，封仲文恭诚伯，岁禄千二百石，弘经、永宁封真人。后又以功增禄百石，荫子世昌国子生，荫子锦衣百户。陶仲文得宠20年，位极人臣，嘉靖三十九年卒，年八十余。此外，世宗还宠信过道士段朝用、龚可佩、蓝道行、胡大顺、王金、顾可学、端明、朱隆禧等人。段朝用以烧炼荐于世宗，言所化银皆仙物，用为饮食器当不死，授紫府宣忠高士，后事败论死。龚可佩为昆山道士，通晓道教神名，诸大臣撰青词者引以为顾问，得为太常博士，迁太常少卿，帝命入宫教宫人习法事，以嗜酒罪杖死。蓝道行以扶鸾术得幸，曾假乩仙言严嵩奸罪，为嵩报复，下狱死。胡大顺伪撰吕祖所作《万寿金书》一帙，且言吕祖授三元大丹，可却疾不老，勾结帝幸人蓝田玉、罗万象与内官赵楹，将书献于世宗，后因徐阶谏止，胡、蓝、罗并论死。王金好黄白术，迎合世宗欲服灵芝延年的愿望，厚结中使，得芝万本，聚为万岁芝山，献于帝，于是得授太医院御医。金又与申世文、陶世恩、陶仿、刘文彬、高守中等伪造《诸品仙方》、《养老新书》、《七元天禽护国兵策》，与所制金石药并进，世宗服后，火发不能愈，死前遗诏归罪王金等人，论死系狱。隆庆中，金遇赦编口外为民。顾可学见世宗好长生，厚贿严嵩，自言能炼童男女溲为秋石，服之延年，通于帝，命为右通政，嘉靖二十四年超拜工部尚书，寻改礼部，至太子太保。端明自言通晓药石，服之可长生，由陶仲文以进，召为礼部右侍郎，寻拜工部尚书，改礼部，加太子少保。朱隆禧以所传长生秘术及所制香衲进于世宗，受赐白金、飞鱼服，加太常卿致仕，居二年，加礼部右侍郎。这些佞幸以道术方术邀宠，得封官晋爵，直接干预朝政，污浊世风，大失道教清虚本色，皆起因于世宗之昏迷癫狂，上好下阿，势所必然。世宗晚年求方术益急，嘉靖四十一年，命御史姜儆、王大任分行天下，访求方术及符箓秘书，得法秘数千册。世宗又学宋徽宗样子，并且更有过之，为自己父亲上道号仁化大帝，其母为妙化元君，自号灵霄上清统雷元阳妙一飞玄真君，后又加号为帝君，把自己一家打扮成神仙世家。世宗因好斋醮，而需要撰"青词"。青词是斋醮仪式上写给天神的奏章表文，用朱笔写于青藤纸上，于是大臣争以青词取宠，可位至辅弼之职，一时形成风气。袁炜撰青词最称旨，由侍读升为宫保、尚书，后又兼武英殿大学士，入阁典机务。严讷所撰青词皆称旨，由太子太保兼武英殿大学士，入阁参机务。李春芳、郭朴亦由青词而为相臣。故以上四人时有"青词宰相"之称。明世宗一心迷恋方术、斋醮，大臣谏净者，非贬即死，大权旁落于权臣严嵩手中，弄得朝廷内外乌烟瘴气。后严嵩被贬死，徐阶代为首辅，情况稍有好转。世宗临死前似有所悟，遗诏中有"只缘多病，过求长生，遂至奸人诳惑"（《明通鉴》卷六三）之语。

二　道教教派与思想

明代道教仍以北方全真，南方正一为两大主要教派，但全真道隐微，正一道显贵。正一道在元代，它的天师仅限于统领江南诸路道教。从明洪武初年起，正一道天师即掌全国道教事，其地位超出全真道而为主导。第42代天师张正常于明初两度入京朝觐，被授正一嗣教真人，永掌天下道教事。此后，直到明末第51代正一天师张显庸，代代皆袭封大真人，掌管全国道教事务。世宗朝，由于正一道士邵元节显贵一时，正一道的政治地位也达到高峰。但正一道也因此而受到腐蚀，不法犯罪者时有发生，除张宇初、赵宜真外，不复有高道名世。张宇初撰《道门十规》，系统阐述道教教义与教制，颇有重新整顿正一的意愿。他的道教思想已不局限于传统的符箓斋醮，更多地吸收了全真的性命双修之学与严格的教规教风，表现了道教内部各派互融趋同的潮流，同时又融会儒道，给道教输入更多的外部营养。由于道家的学术声威较高，张宇初便强调道教以老子为宗源，《道门十规》说，道教"虽有道经师三宝之分，而始自太上授道德五千言于关令尹"，认为道教内炼之术皆源自老庄，而后世方术与祈禳祓祯之术，脱离老子虚无清静之本，流连而忘返，奔竞于声利，遂被世人目为异端。他主张外法应以内炼为本，"果能抱元守一，御炁凝神，六识净消，一真独露，我即雷霆大法工，当何符咒罡诀云乎哉"，"谈笑风霆，特吾余事耳"（《岘泉集》）。张宇初十分推崇全真南北二宗的内丹之传，以性命双修为一切道教教法之本，《道门十规》说："近世以禅为性宗，道为命宗，全真为性命双修，正一则唯习科教。孰知学道之本，非性命二事而何？虽科教之设，亦惟性命之学而已"。他赞赏元代全真的"百日立基、十月胎圆、三年圆毕"的渐进丹法。他以心性为三教共同之源，运用宋儒太极之说解释心性，《岘泉集》说："太极者，道之全体也，浑然而无所偏倚，廓然无得形似也，其性命之本歟？性本于命，理具于性，心统之之谓道，道之体曰极。"张宇初看到明初正一道戒律松弛，道风颓堕，主张吸收全真的教戒，提倡艰苦俭朴之风，以达到振宗兴教的目的。他认为修道之士应有戒行为先，远离尘俗，草衣木食，以真功苦行磨砺身心，宫观要加强管理，住持以精严戒行而服众，不得交结权贵、干预公事，私蓄俗眷，对轻薄之徒要依律惩处，他要道友以赵归真、林灵素辈为戒，不能蹈其骄奢富贵、夸诞语辞而为世人诟责的前辙。赵宜真为元明间名道，上承全真、清微二派之传，又曾从曾真人受净明忠孝道法，被净明学者尊为第五代嗣师，他以符箓祈禳闻名于世，在元明间云游至龙虎山，受到正一天师的礼遇，正一道士多有师事者，晚年定居于江西鄠都紫阳观。在赵宜真身上，体现着全真、清微与净明的合一，他的丹法略与全真北派同，以"自性法身"为本，以"摄情归性"、"摄性还元"为进修之要，以"粉碎虚空"为最高境界，主张先性后命。他亦信外丹，认为日月精华炼成丹药点化肉身，可以脱胎换骨，白日飞升。他的雷法注重内炼，说："天地大天地，人身小天地，我之心正则天地之心亦正，我之气顺则天地之气亦顺矣。故清微祈祷之妙，造化在吾身中，而不在登坛作用之繁琐也。"（《道法会元》）明初江南诸派道教合流，江南正一与北方全真亦靠拢，门户的界限是很模糊的。

明代全真道士多隐遁潜修，亦有著书立说者，如无垢子何道全（1319～1399）、混然子王道渊等，而最为世所仰慕的全真高道，当推张三丰。张三丰师事火龙真人，火龙真人师事麻衣先生李和，李和师事陈抟，陈抟以上或为虚拟。张三丰一系属于明初新兴之全真支派。张三丰的著作有《金丹直指》、《金丹秘诀》等，清代道光年间编成《张三丰先生全书》。张三丰身后，形成"自然派"、"邋遢派"、"隐派"等新道派。丘玄清为武当道士，曾师事张三丰，得朝廷赏识，封为太常卿，为全真道士中最荣贵者。全真正宗自元以来分为七派，其中以龙门派势力最大，明代该派出现特重戒律的龙门律宗，以邱处机门下赵道坚为龙门第一代律师，张德纯为第二代，陈通微为第三代，明初周玄朴为第四代。第五代律师分两支，一支张静定，传于赵真嵩为第六代，赵传法于王常月（1522～1680），为龙门第七代律师。王常月于明末传戒法于伍守阳（1565～1644），为龙门第八代律师。周玄朴门下另一支沈静圆，传于卫真定，卫传沈常敬，为龙门第七代律师。另有崂山道士孙玄清（1517～1569），本为龙门第四代，自立金山派，又称崂山派，属龙门支派。万历间，扬州儒生陆西星（1520～1601）创全真东派。

明代全真道的理论皆以三教归一为时代特色，以性命双修为宗旨。有的偏重于修性，有的偏重于修命；有的强调自身清修，有的强调男女合修。如《三丰全书》认为内丹所谓铅汞即是孔孟所言仁义："仁属木，木中藏火，大抵是化育光明之用，乃曰仁；义属金，金中生水，大抵是裁制流通之用，乃曰义。"它以儒学心性修养和力行伦常来讲解内丹，谓内以尽性，外以尽伦常，便可成就内丹，全人道方可全仙道，故云："只要素行阴德，仁慈悲悯，忠孝信诚，全于人道，仙道自然不远也。"又不重视出家弃俗，而倡导"在家出家，在尘出尘，在事不留事，在物不恋物"，近似于禅宗无住无念的思想。在具体炼养步骤与方法上，张三丰一系主张从筑基炼己入手，属修性的"玉液还丹"。《三丰全书·大道歌》说："未炼还丹先炼性，未修大药且修心，心定自然丹信至，性清然后药材生。"其所谓药，内药指身中元精，外药指虚空中真一之炁，"内药养性，外药立命，性命双修，方合神仙之道"。至一阳初动，及时采药封固，炼化精气，称"金液还丹"。由修心炼性而达精气化神，由有为而达无为，率此天性以复其天命，即可得道。张三丰有一篇《道要秘诀歌》是口口相传下来的，主要讲命功的步骤和旨要，其文如下：

　　道要歌，效用多，不知道要必遭魔。

　　看玄关，调真息，知斯二要修行毕。

　　以元神，入气海，神气交融默默时，便得一玄真主宰。

　　将元气，归黄庭，气神团结昏昏际，又得一玄最圆明。

　　一玄妙，一玄窍，有欲观窍无观妙。两者玄玄众妙门，异名同出谁知道。

　　看玄关，无他诀，先从窍内调真息。气静神恬合自然，无极自然生太极。

　　古仙翁，常半语，天机不肯完全吐。或言有定在中央，或言无定自领取。

　　到如今，我尽言，此在有定无定间。有定曰窍无曰妙，老君所说玄又玄。

　　指分明，度有情，留与吾徒作赏音。闻而不修为下士，超凡入圣亦由人。

　　初学者，实难行，离了散乱即昏沉。松不得兮紧不得，贵在绵绵与勿勤。

　　用功夫，牢把握，须将神气分清浊。清是先天浊后天，后天窝里先天出。

　　扫开阴浊显清阳，闭塞三宝居灵谷。

　　这灵谷，即窍儿，窍中调息要深思。

　　一息去，一息来，心息相依更相偎。

　　幽幽细细无人觉，神气冲和八脉开。

　　照此行持得妙窍，玄关何必费疑猜。（转引自陈撄宁《道教与养生》）

　　这一首歌运用老子玄论和顺其自然的理论讲解调息炼气的方法，通俗简明，又合于老子哲学的精神。明代内丹家比元代讲先性后命或先命后性又进了一步，形成先摄心修性，次炼化精气修命，最后"粉碎虚空"以了性的"性→命→性"的程序，初期的修性是打基础，最后的了性是最高次第，以修命作为中介手段。在单修与双修的方式上，多数主张单修，少数倡导双修。东派陆西星主张行道双修，限于夫妇同炼，其方口授秘传者多，所著书中无多记载，因受制于中国的礼教传统，难以公开流行。他的《青天歌注》说："学道初关先须炼己，炼己者克己也，克己去私，私欲净尽，本体湛然，乃见真性"，见性后，采药临炉，取坎填离，炼化精气，这时须男女双修，其《玄肤论》说："须知彼我之气，同一太极之所分，其中阴阳之精互藏其宅，有不可以独修者"，女体之中藏有真阳，男体之中藏有真阴，故须男女合炼，阴阳互补，共炼同成。

三　道教与社会生活、文学艺术

明代道教内丹炼养术的具体化和通俗化，为它扩散到民间创造了有利条件，它的健身养生实效也博得教外人士广泛的好评。许多文人学者从养生养性角度习学内丹。王阳明曾炼内丹数十年，虽否认它有长命之效，但肯定它的积极作用。《传习录》谓："只是一件，流行为气，凝聚为精，妙用为神。"林兆恩主三教合一，自称师法张三丰，采内丹性命双修之术。李时珍《本草纲目》肯定任督二脉乃道家从静定功夫中得来，还丹内炼成为医疗术之一。在武术上，拳勇之技，少林为外家，武当为内家，据传内家拳系张三丰所创，有"行如蛇，动如羽"的特点，后来演化出太极拳、八卦拳、形意拳、大成拳等，其路数技法皆以《道德经》"柔弱胜刚强"为依据，着重炼意与气，形成独特的风格。道教文化的扩散，加强了民间多神崇拜的风气。一方面道教不断从民间信仰中收编新的神灵；另一方面又将自己的神仙信仰推广到民间去，使得诸如关帝、玄帝、文昌帝、吕祖、城隍、王灵官、三官、真武等庙宇遍布城乡各地，海神妈祖、东岳神、土地神以及龙王、送子娘娘等神庙更是所在多有。另外，在道教影响下，扶乩与劝善书盛行，明儒李贽、高攀龙等都为《太上感应篇》作序、注疏，《关帝觉世真经》、《文昌帝君阴骘文》、《吕祖功过格》、《文帝孝经》等皆盛行于世。

道教观念也大量渗入小说、戏曲、鼓词等通俗文学中去，小说《水浒传》、《西游记》、《封神演义》等，充满了关于佛教菩萨、道教神仙道术的描写，一方面写当时社会的佛、道教宗教生活，另一方面借用佛道教的宗教幻想，进行浪漫主义的艺术构思，寄托人们的理想与愿望，同时也进一步宣扬和扩散了宗教神鬼思想与宿命论、因果报应等观点。成书于明初的《三国演义》，写智足多谋的诸葛亮，善观天文地理，知己知彼，料敌如神，常在困厄艰难之际表现出超人的大智大慧。但诸葛亮的智慧总与道术相联系，时时散发出道士的气味。说他能"知凶定吉，断死言生"；在七星坛作法，呼风唤雨；病重在五丈原，于帐中祈禳北斗，七日之内主灯不灭，则可增寿一纪；以及"巧布八阵图"、"班师祭泸水"、"定军山显圣"等情节，都是受了道教符箓与雷法的影响，因此鲁迅批评《三国演义》"状诸葛之多智而近妖"，这是十分确切的。

完成于明代的《水浒传》，道教对于其中故事情节和人物性格的影响大于佛教，全书以张天师祈禳瘟疫开始，洪太尉误走妖魔，三十六天罡星、七十二地煞星下凡，引出了梁山好汉们威武雄壮的故事；宋江遇九天玄女，接受三卷天书，入云龙斗法破高廉，宋江再见玄女而破混天象阵法，入云龙破乔道清妖术等，都是借助道教神灵和法术来构造故事情节。书中罗真人、九天玄女、公孙胜等为道教正面形象，高廉、乔道清代表着妖魔，两者之争即是仙道与邪魔的斗争。《水浒传》的长处是把本来是天上魔君降世的梁山群雄，写成代表着正义和民意的正面人物，把传统的贵族意识中的道与魔的观念给颠倒了，这是颠倒的颠倒，有重大的进步意义。

《西游记》这部典型的神魔小说，显然是在佛教故事催启下诞生的，书中以如来佛法力为最高，以唐僧师徒皈依佛教为结局，但是道教的影响亦不可忽视，书中写神界有三大系统，佛教占其一，道教占其二。西方佛祖与菩萨是佛教系统，以玉皇大帝为首的天宫朝廷和以太上老君为首的散仙系统都是属于道教的神仙世界。孙悟空神通广大，闹天宫、闹龙宫、闯地府、斗神仙、斗龙王、斗妖怪、七十二般变化，腾云驾雾，来去无踪，表现出来的主要是道教武神仙的形象。该书借助于佛教道教的幻想，构造了神奇美丽的天国，同时这个天国又充满着人间的矛盾和情趣，使得该书极富于浪漫主义精神，又渗透着现实主义的关切。《封神演义》在艺术构思上主要借助于道教，而又不受现实道教理论的限制，它塑造出鸿钧老祖置于元始天尊之上，其下老子为第一位，处超然地位，元始天尊为第二位，掌管仙权，通天教主为第三位，为魔道之首。书中以阐教帮助周武王与截教帮助殷纣王为基本矛盾线索，展开神与魔、正义与邪恶之间的曲折而复杂的斗争，提出一个相当庞大的神仙系统，再造了道教的神仙世界。小说发挥宗教神话富于想象夸张的特长，赋予各类人物以奇特的形貌，如杨任掌内生眼，雷震子胁下长有肉翅，哪吒能化出三头六臂。各种仙术道法神奇莫测，如土行孙的土遁、水遁，陆压的灭妖葫芦。书的主角姜子牙本是历史人物，经过作者再塑，成为半人半神的英雄，在人间成就事业，列土封侯以奠新朝，在仙界扫荡妖魔、更易新神以安天国。《封神演义》是仰仗道教而创作的，反过来又为道教观念的扩散起了不小的作用，使道教许多神仙成为千家万户所熟悉的对象。

道教的扩散，作为一种文化，包含着许多健康合理的成分，如气功、拳术、绘画、雕塑、富有想象力的艺术精神等，丰富了中国民间文化生活。当然，它也带来许多消极的影响，如迷信、认命、浪费、影响生产与科学的发展等等。道教从表面上看，比金元时期地位下降了，声望减弱了，但实际上它通过世俗化的过程大量进入人们的日常生活，广泛渗入社会文化领域，化整为零，无孔不入，与整个中国传统文化结合得更加紧密。

四　《正统道藏》与《万历续道藏》

明代永乐年间，成祖命 43 代天师（时称嗣教真人）张宇初辑校《道藏》。功未就绪而成祖死。仁宗宣宗未暇置理。明英宗正统间，诏通妙真人邵以正督校，增所未备。正统十年，刊校事竣，共 5305 卷，480 函，以千字文为函目，自天字至英字，每函各为若干卷，卷为 1 册，系经折本（梵箧本），称为《正统道藏》。明神宗万历三十五年，第 50 代天师张国祥刊续《道藏》，自杜字至缨字，共 180 卷，32 函，称为《万历续道藏》。正续《道藏》加在一起共 5485 卷，512 函，经版 121589 叶。由于明代以前的《道藏》多毁坏流散，《正统道藏》（包括《万历续道藏》）便起了续存收佚的作用，成为后世最流行的一部较全的道教文化大丛书。入清以后，经版庋藏于大光明殿，日有损缺。光绪庚子年八国联军攻入北京烧掠，存版尽毁。自《正统道藏》刊行后，明清两代印施各处宫观甚多。但屡经兵灾，存者寥寥可数，《道藏》遂成秘笈。1923～1926 年，上海涵芬楼据北京白云观所藏《正统道藏》、《万历续道藏》影印，缩为六开方册本，共 1120 册，从此而后，学者始得常读明刊《道藏》。现有明《道藏》版本，除涵芬楼本外，还有台湾艺文印书馆据涵芬楼本影印装订的平装本 60 册，台湾新文丰出版公司印行影印精装本 60 册，文物出版社、上海书店、天津古籍出版社联合出版的 16 开本《道藏》影印本 36 册，都颇方便查阅。

根据道教经典编辑的惯例，《正统道藏》的经目分类采用"三洞四辅十二类"的编目体例。三洞指洞真、洞玄、洞神。按道教的说法，洞真系天宝君所说经，为大乘，住玉清境，凡托名元始天尊所作经典收入此部；洞玄系灵宝君所说经，为中乘，住上清境，凡托名太上道君所作经典收入此部；洞神系神宝君所说经，为小乘，住太清境，凡托名太上老君所作经典收入此部。三洞又各分为十二部，它们是：第一本文，第二神符，第三玉诀，第四灵图,第五谱录,第六戒律,第七威仪,第八方法,第九众术,第十记传,第十一赞颂,第十二章表。每洞十二部,三洞合为三十六部。四辅指太玄部、太平部、太清部、正一部。太玄部辅洞真,太平部辅洞玄,太清部辅洞神,正一部通贯总成。从内容上看,太玄部收入老庄道家以下及与道教相关的诸子百家著作,太平部收入太平经,太清部收入金丹诸经,正一部收入正一经。但三洞四辅十二部的分类法本身并不科学,存在着一系列的矛盾和混乱,如明版《道藏》的《道德经》不归于太玄部,而归于洞神部玉诀类即是一例。按照陈国符先生的意见,三洞四辅是根据经的来源和传授关系而形成的;洞真经系《上清经》演绎而成,洞玄经系《灵宝经》演绎而成,洞神经则初有《三皇经》,此后增入它经。陈撄宁先生就《道藏》书籍的性质分为十四类:①道家类;②道通类;③道功类;④道术类;⑤道济类;⑥道余类;⑦道史类;⑧道集类;⑨道教类;⑩道经类;⑪道诚类;⑫道法类;⑬道仪类;⑭道总类。陈撄宁先生并不认为《道藏》包罗万象,其取舍自有道教的标准,故凡收入者皆与道教相关,不过分类需要改进而已。故自为类次,层次分明,各有侧重,透视出道教立体化的多层面的结构框架,颇值得我们重视。《道藏》的内容所展示出的,绝不仅仅是道教的教义,它表示道教已经成为一种大的文化体系,具有十分丰富的内涵,需要从多方面加以把握。《道藏》如同佛藏,都是我国超大型文化丛书,是我国传统文化宝库的重要组成部分,不仅研究道教需要它,研究整个文化史也离不开它。目前对它的研究只在开拓阶段,今后开发的前景相当广阔。

第五节　基督教的再传入及其与中国传统文化的冲突

元朝覆亡以后,基督教在中国沉寂了一段时间。此时,欧洲经历了文艺复兴,基督教也发生了天主教与新教的分裂。随着欧洲列强海外殖民事业的拓展,传教士输出宗教的热忱也空前高涨,数千名传教士来到远东,叩响了印度、日本、中国的大门。基督教于明末再次传入我国。

一　传教士想方设法进入中国

15~16世纪,在西班牙、葡萄牙等一批老牌殖民国家,宗教改革后的天主教仍保持着统治地位。1534年,西班牙军人出身的依纳爵·罗耀拉(Ignacio de Loyola）创立了天主教耶稣会，企图通过向东方传教来重振天主教的势力，明清之际来华的传教士多属这一派。葡萄牙占领印度后，耶稣会便把下一步的传教地定为中国。

然而，传教士打开中国大门却是非常艰难的。当时中国东南沿海因受倭寇骚扰之苦，正实行严厉的海禁。1541年，罗马教皇保罗二世与耶稣会会长罗耀拉，应葡王约翰三世之请，派西班牙人方济各·沙勿略（Francisco Jarier，1506～1552）到中国传教。但是他仅仅到了广东沿海的上川岛，却无法进入广州。沙勿略最后客死在这个荒岛上。望着中国紧闭的国门，他无奈地叹息道："盘石呀！盘石呀！什么时候可以开裂，欢迎吾主啊！"

葡萄牙人占领澳门以后，传教士在中国门口找到了一个中间站。葡籍传教士伯来笃（Barrto）和公匝勒（Gonzenlez）步沙勿略的后尘试图进入中国未果，退居澳门传教。他们的传教事业在澳门取得了很大发展，到1565年，教徒已达5000余人。1578年，耶稣会印度和日本教务巡阅使范礼安（Alessandio Valignani）去日本前，在澳门住了一年，研究了中国的情况。他认识到，要到中国传教，首先要学习中国的语言和文化。他从国内调来了罗明坚（Michaele Ruggieri，1543～1607）、利玛窦（Matteo Ricei，1552～1610）等40余名优秀的传教士，在澳门学习汉语和中国的典籍文章，熟悉中国的风土民情。丰厚的中国文化知识成为这些外国传教士打开中国大门的钥匙。

多年以后，罗明坚在回忆范礼安时说："他用谦逊坚忍打开了中国关得很紧的大门。"其实，除了传教士们坚忍不拔的毅力外，他们还有更为厉害的一招，即利用西方先进的物质文明成果贿赂中国各级官员。1581年，据说罗明坚已经学会了12000余个汉字，熟谙中国的礼仪典章。他利用葡商每年春秋两季去广州交易的机会，随船前往传教。当地官员见他洞悉本国语言而破格礼遇，允许他前往肇庆谒见广东总督陈瑞。罗明坚不失时机地献上了中国人当时还未见过的自鸣钟等礼品，贪婪的总督欢喜异常，不顾国家的闭关制度，允许他留住天宁寺。几个月后，陈瑞去职，新任总督郭应聘同样欣赏罗明坚进贡的西洋礼品。这时利玛窦也来到了中国，郭应聘赐他们一所房屋，但条件是他们必须"换上中国衣服，变成中国皇帝的子民"。在成为何类子民问题上，传教士感到基督教与佛教有某些相似之处，于是罗明坚和利玛窦剃去头发，穿上僧服，成了名副其实的"洋和尚"，他们的住所也被命名为"仙花寺"。这样，明成祖以来严厉的禁海令便被传教士的"礼品"打开了一个缺口，基督教与西方的商品共同进入中国。

1588 年，罗明坚返回欧洲，利玛窦主持仙花寺，并由此把基督教的传教事业推向高潮。利玛窦出身于一个意大利官僚家庭，其父希望他去罗马学习法律，将来进入政界。但他偏偏选择了修道传教的事业，并义无反顾地应范礼安之召，赴澳门学习中文，准备进入中国。利玛窦是明末传教士中最著名的代表人物，在华传教事业的开拓者。1594 年，范礼安又派郭居静（Lazaro Cattaneo，1560～1640）来华做利玛窦的助手。利玛窦留郭居静主持仙花寺，自己北上南昌、南京开拓传教事业。有过数年的中国生活经历，利玛窦逐渐认识到，佛教僧侣在中国社会中的地位并不高。在韶州时，他遇到了苏州人瞿太素，瞿太素劝他改换儒服。利玛窦从其所劝，以博得中国士大夫们的好感。利玛窦有才识胆量，又擅长交际，凭藉他广博的中国文史知识和雄厚的西方天文、历算、地理知识，迅速在中国上层儒士中结交了一批朋友。再以自鸣钟、三棱镜、日晷仪等精巧礼品的馈赠取悦于官吏，便在南昌、南京、韶州等地建立了一批住院，正式开始了传教活动。此后，又有龙华民（Niccolo Longobardi，1559～1654）、苏如望（Joao Soeiro）、罗如望（Joao de Rocha，1566～1623）、庞迪我（Diago de Pantoia，1571～1618）等著名的西方传教士相继来华，有的留住南方各住院，有的则随利玛窦继续北上。1596 年，利玛窦任在华耶稣会会长。他知道，皇帝是中国的最高统治者，如果得不到皇帝的支持，基督教很难在中国站稳脚跟。1598 年，利玛窦、郭居静等人进入北京，他们通过太监将自鸣钟、铁弦琴、圣经、圣像等礼物献给了万历皇帝。"两架自鸣钟最使皇上惬意，钟针随滴答之声移动，准时当当报鸣，神宗皇帝喜为天下奇物。"（罗光：《利玛窦传》，第 119 页）皇帝还派宫廷乐师向传教士请教铁弦琴的弹奏方法。利玛窦等人虽未获得觐见的机会，但却得到了在北京居留的默许。利玛窦在北京宣武门附近建立住屋，此地日后成为南堂的前身。此前基督徒发展缓慢，1853 年利玛窦在肇庆时，为一将死的老人施洗，此人成为中国第一教徒。十余年间，教徒不过百名，且没有在职官员和著名儒生。利玛窦到北京后，教徒队伍迅速扩大，"1603 年，差不多500 人。1605 年，有 1000 多。1608 年，有 2000 多"（德礼贤：《中国天主教传教史》，第 60 页）。其中包括了一批著名的官员与儒生。

明末中国基督教徒中，徐光启（1562～1633）、李之藻（1569～1630）、杨廷筠（1557～1623）三人最为著名，后世教会史书称他们为中国天主教"三柱石"。他们三人皆进士出身，儒门弟子，杨廷筠还是佛教居士，本无信仰问题。但是面对明末日益尖锐的社会矛盾和民族危机，他们立志为富国强民做一番事业。然而宋明理学陷入"理气"、"心性"的思辨中不能自拔，对解决社会实际问题毫无助益。士大夫中间"实学"呼声日高而又缺少源头活水，此时"西学"的传入正是恰逢其时，一切有助于治国平天下的新知识他们都乐于接受。利玛窦等传教士看准了中国士大夫的心态，以西方先进的自然科学知识作为传教的手段。徐光启是看了利玛窦带来的《山海舆地全图》以后才知其人的，并对他产生了仰慕之情。1600 年春两人在南京相见，视为知己。以后徐光启虚心向利玛窦学习自然科学知识，并共同翻译了《几何原本》，在中国科技史上做出了不朽的贡献。此后，他还向熊三拔（Sabbation de Ursis，1557～1620）学习水法，向汤若望（Adam Schall，1591～1666）学习天文，成为明代著名的科学家。在学习自然科学知识的过程中，徐光启读了利玛窦所著介绍天主教教义的《天主实义》，转而信教，向罗如望领受洗礼，取圣名"保禄"。李之藻则是在利玛窦留居北京期间一直追随左右，学习西方数学、天文学知识。他翻译了《同文指算》、《圜容较义》、《浑盖通宪》、《乾坤体义》等书，还版刻《坤舆万国全图》。但是，他一直甘当利玛窦的学生，却不愿意入教，显然儒家敬鬼神而远之的宗教观在他头脑中影响颇大。可在一次重病之中，利玛窦"力劝其立志奉教于生死之际"，李从其劝，从利手中受洗，取圣名为"良"。杨廷筠也是在向利玛窦、郭居静学习自然科学的过程中转而信教的。不过他还多一层磨难，因其家中有一妻一妾。做居士时，佛教并不硬性干涉，而天主教却坚持一夫一妻者方可受洗。开始他甚为不满，后经李之藻力劝，他方与妾分居，郭居静为他付洗，取圣名"弥额尔"。徐光启官至礼部尚书，李之藻为光禄寺少卿，杨廷筠曾为监察御史。有这样一批朝廷重臣、著名知识分子参与，大大加快了基督教的传播速度。

二　利玛窦的天主教儒学化策略

利玛窦在中国天主教传教史上的突出地位，不仅因为他杰出的宗教活动，还因为他在理论上尽力使天主教教义适应中国的国情，减少了基督教进入中国社会的阻力。初入中国时他们想使基督教"佛化"，冒充佛门一支而博取民众好感。但是不久他便发现："中国人虽然礼敬偶像，但是在得不到所要求的恩惠时，便对他们大加毒打。不久，又因着恐惧魔鬼的报复，而重新虔诚尊敬。他们对于神的敬畏心，实在太薄弱，所以对于僧侣也就不太重视。"（《利玛窦中国札记》第 2 卷第 5 章）可以说，利玛窦以一种职业宗教家的敏感，迅速捕捉到了汉民族在儒家"敬鬼神而远之"宗教观的熏陶下，形成的一种特殊宗教心理。他们对任何超人间的领域都缺乏笃诚、持久的信仰，但又广拜仙佛，以增现世福祉。利玛窦看出："中国人主要的偶像，就是他们的官吏"，"他们更喜欢为一般民众应用的宗教，把中国古时几位哲学家言及道德与良好政治的训言当教义"（同上）。在中国，儒学是维系国家政体的意识形态，同时也是民众信仰的基础，具有至高无上的地位。一种外国宗教若想在中国落脚生根，必须与儒学认同。于是传教士们采取了"排佛补儒"的战略来取悦于儒生。他们著文批评佛教轮回转世、因果报应的信念及不杀生的戒律，反对佛教徒的偶像崇拜。同时经过深入研习儒家经典，他们也深知基督教与儒学的根本对立之处。因此利玛窦传教之初并不急于翻译《圣经》，而是先写《天主实义》等著作，有选择地介绍基督教的知识。到中国许多年后，他在著作中写道："直到今天，我们还没有解释有关我们的神圣信仰的全部奥秘。"（屠立汾：《利玛窦神父的历史著作》第 2 卷，第 225页）由于利玛窦将中西宗教文化的矛盾隐藏得太深，以致明末著名思想家李贽在与他交往多年后竟怀疑地说："但不知到此地何为，我已经三度相会，毕竟不知到此何干也。意其欲以所学易吾周、孔之学，则又太愚，恐非此耳。"（《续焚书》，第 36 页）

　　另一方面利玛窦又看到，"在中国没有一门宗教，没有一门教仪，不是万分糊涂的"（〔法〕裴化行：《天主教十六世纪在华传教志》）。由于长期的碰撞与融合，儒、释、道三教的边缘已十分模糊，而儒学与宗法性宗教则是同根异体，学与教并行交叉。于是利玛窦引经据典，大作调和儒学与基督教的工作。他直言不讳地说："把孔夫子这位儒教奠基人留下的某些语焉不详的字句，通过阐释为我所用。"（德礼贤：《利玛窦全集》第 2 卷，第 249 页）中国人自古便有天神崇拜的信仰，利玛窦很自然地将"昊天上帝"与"天主"（God）等同。他说："历观古书，而知上帝与天主特异以名也。"（《天主实义》，第 416 页）古书中"敬天"、"事天"等字样都被他解释成了古人崇拜上帝的活动。儒家最重孝道，利玛窦附会说：孝道要尽三方面的义务，即向至高无上的天父——上帝尽孝；向一国之父——君主尽孝；向生身之父尽孝。他把儒家的"仁"等同于基督教中的"爱"。把基督教蔑弃现世物质利益，追求天国理想混同于宋明理学的"重义轻利"，"存天理、灭人欲"。他又迎合当时的实学思潮，"引六经之语以证其实，而深诋空谈之误"（冯应京：《天主实义》序），批评禅学与王学末瑞的空疏。……总之，利玛窦极力用儒家经典中的文字来阐发基督教义，抹杀两者的差异。同时，他对中国宗法性传统宗教中祭天、祭祖、祭孔等仪式活动采取宽容的态度，允许教徒在家中保留祖宗牌位，在官场参加祭孔活动，不使他们在现实生活中感到为难。这就与他激烈抨击佛教偶像崇拜的言行大相径庭了。

利玛窦上述调和工作迎合了中国士大夫的心理，受到了普遍的欢迎。以致徐光启在读了《天主实义》以后，竟然没有发现基督教与儒学有任何抵触之处。他说："百千万言中，求一语不合忠孝大旨，求一语无益于人心世道者，竟不可得。"（《跋二十五言》）如果说范礼安坚持要传教士学习中文打开了中国的大门，那么利玛窦儒化基督教则为大规模传教铺平了道路。

三　南京教案——基督教与中国文化的第一次冲突

唐朝景教的湮灭是武宗灭佛的间接影响所致，元末也里可温教的消失则是蒙古军事帝国崩溃的自然结果。当时基督教并未在汉人中间传播，也未与中国文化发生实质性接触。而明代万历年间的南京教案，才是基督教与中华文明第一次实质性碰撞。

尽管利玛窦等人引经据典，移花接木，百般巧饰，但是，基督教文明与儒学文明的根本差异是抹杀不了的。首先，儒学植根于中国的宗法血缘社会，祖先崇拜是社会上下的普遍信仰，孝道则是儒家伦理的核心。但是基督教以上帝为惟一神，反对任何形式的偶像崇拜，他们把中国教徒在家中举行的祭祖活动也看成是对基督教戒律的破坏，并加以干涉，这在中国民众心目中是绝对不能容忍的。如王夫之所言："如近世洋夷利玛窦之称（天主），敢于亵鬼倍亲而不恤也，虽以技巧文之，归于夷狄而已矣。"（《周易外传》卷五第八章）其次，儒家宣扬纲常伦理，等级秩序，男女大防，而基督教则提倡在上帝面前人人平等。明末天主教发展的教徒士农工商、三教九流皆有，且有女教徒参加活动，这种情况被卫道士们视为大逆不道。如许大受作《佐辟》曰："至若从夷者之妻女，悉令其群居而受夷之密教，为之灌圣水、滴圣油、援圣棱、饭圣盐、燃圣烛、分圣面、挥圣扇、蔽绛帐、披异服，又昼夜混杂，又何与焉？"（《辟邪集》卷四）再次，中国人在不伤及礼教的大前提下，主张对各种宗教采取宽容态度，个人允许有多种信仰，崇奉多神主义。而基督教则有强烈的排他性，不允许教徒信仰混杂，因而它攻击佛教等传统宗教的行为自然也引起佛教徒的反击。最后，中国文化是在东方特定的历史环境中形成，一向有"尊夏贱夷"的文化中心观。而基督教则带有欧洲中心论的倾向，两雄相向，必有一争。

利玛窦在世，宁愿曲解教义，也要对中国民众原有的宗教信仰采取顺应态度，故能在中国顺利发展，1610 年利玛窦逝世后，龙华民接替了主教职务。他一改对中国传统宗教顺应的态度，多次著文指出：中国的"天"并不是西方人的"上帝"，而是自然神。1628 年又在上海召开 21 名传教士和 42 名皈依者会议，正式禁止把中国典籍中的"天"当做基督教的"上帝"对应词使用，从而使矛盾激化。

在中国学者方面，明末黄贞著《不忍不言》、《破邪集》、《请辟天主教书》；王朝式作《罪言》；钟始声作《天学初征再征》；虞淳熙作《利夷欺天罔世》；林启陆作《诛夷略论》；许大受作《圣朝佐辟》；李光生作《儒教正》等文，口诛笔伐基督教。特别是黄贞的《破邪集》，举出基督教对中国哲学、宗教、伦常、道统构成的威胁"五大端"猛烈抨击，在社会上引起了较大反响。在佛教方面，袾宏作《天说》、圆悟作《辩天说》、通容作《原道辟邪说》、如纯作《天学初辟》，反击天主教对佛教的攻击。一时间，"天学"成为社会热点。

万历四十四年（1616），排教活动因礼部侍郎署南京礼部尚书沈漼的三封上疏而推向了高潮。他以"崇正学"、"黜异端"、"严华夷"为号召，力主排教。沈漼提出的禁教理由有四：第一，西方传教士散处中国，时有窥伺之心。第二，劝人只信天主，不祭祖先，有伤孝道。第三，传教士私习历法，破坏了禁止民间研习历法的律令。第四，教徒擦圣油、洒圣水、聚男女于一室，伤风败俗。沈漼的上疏在南京引起了强烈反响。南京诸大员如晏文辉、余懋孳、徐如珂等人纷纷响应。而徐光启在北京则以礼部尚书的身份著文为天主教力辩。他作《辩学章疏》说："臣累年以来，因与讲究考求，知此诸臣（指西方传教士）最真最确。不止踪迹心事，一无可疑，实皆圣贤之徒也。其道甚正，其守甚严，其学甚博，其识甚精，其心甚真，其见甚定。"他们不远万里来华传教，并无他图。"皆务修身以事天主，闻中国圣贤之教，亦皆修身事天，理相符合，是以历苦艰难，履危蹈险，来相印证，欲使人人为善，以称上天爱人之意。"（《徐文定公集》卷五）他还扣发了沈漼的第一封上疏。李之藻当时在高邮，杨廷筠在杭州，他们均致书南京官员请求保教。沈漼则在京城勾结权宦魏忠贤，在南京串通礼部尚书、东阁大学士方从哲，以先斩后奏的方式，于 7 月 20 日包围了南京的教堂，逮捕了传教士王丰肃（Alphonsus Vagnoni）、谢务禄（Alvarus de Semedo）及华人信徒 14

人，幼童 5 人。8 月 14 日又逮捕了钟鸣礼、张寀等 8 人，这便是历史上著名的"南京教案"，成为中国教案之始。蕴成教案后，沈漼又两次上疏皇帝，要求明令禁教。其间虽经徐光启等人力谏，但万历帝经不住守旧众臣的反复陈请，终于在万历四十五年（1617）12 月 28 日下令封闭天主教堂，放逐外国传教士。庞迪我、熊三拔、王丰肃、谢务禄等人被押解广东，其他一些西方传教士则遁迹隐形，投寄教民家中避祸。传教事业受到了一次严重打击。

南京教案风波稍定，1621 年，万历皇死，天启帝登极，魏忠贤以皇帝年幼，独揽大权，命方从哲为首辅，方从哲则引荐沈漼为礼部尚书，东阁大学士。其时适逢山东发生了白莲教起义，沈漼之流乘机指斥天主教为白莲教，再一次掀起迫害教徒的风波。

四　"三柱石"护教之功与明末教会复兴

在南京教案期间，徐光启、李之藻、杨廷筠"三柱石"护教之功甚伟。徐光启著文立说，逐条反驳沈漼的仇教言论。又辩明天主教与白莲教之区别，举其要者十四端，反复辩白。其说不能使皇帝回心转意，他便利用自己的权力与地位，暗中庇护传教士与教徒。当时杨廷筠家在杭州，成为教士避难的中心。因其身居高位，仇教者明知其事亦无可奈何。有资料显示，在宗教迫害严重的 1621 年，杭州仍有 1600 余人受洗，可见杨廷筠影响之大。

沈漼第二次发动排教运动，但影响未致扩大。因为曾与利玛窦结识，对基督教抱有好感的叶向高在天启初年担任首辅，位居沈漼之上。沈漼通过交结魏忠贤入阁，朝廷舆论恶之，有人上章弹劾，将其比为蔡京。叶向高乘机将沈漼挤出内阁，次年（1624）而卒，教难亦随之平息。

南京教案对基督教传播事业虽造成了很大影响，但由于时间较短，未能从根本上改变基督教稳步扩大传播的总趋势。教案高潮中，有的转入地下秘密传教，几个著名传教士被押赴广东，但王丰肃改名高一志，谢务禄改名曾德昭，重新潜入内地传教。

万历四十七年（1618），明军在辽东惨败，京师震惊。徐光启上疏请练兵自效，被朝廷采纳。他派人去澳门购买西洋大炮。天启二年（1622），明熹宗遣使赴澳门，把 16 位传教士与 7 名葡军头目请入北京，并派往东北前线协助明军作战。天启六年（1624），袁崇焕镇守宁远，西洋大炮运抵辽东，一举打败"八旗铁骑"，打伤努尔哈赤。明帝大喜，命名此炮为"安边靖虏镇国大将军"，传教士因此也名正言顺地住进了北京。

万历年间，历法多年失修，推算经常失误。"南京教案"以前，徐光启等人便已指出："西洋归化人庞迪我、熊三拔等，深明历法。其所携历书，有中国载籍所不及者。"（黄伯禄：《正教奉褒》）万历四十一年（1613），李之藻任南京太仆寺少卿，即推荐庞迪我、熊三拔、龙华民、阳诺玛等人参与新历的修订，但因南京教案而中废。天启元年（1621）春，邢云露再次详述日月交食之事，证明中国历法不如西洋历法，皇帝令礼部勘验。崇祯二年（1629）五月朔，有月食，用当时中国的大统历、回回历推算，月食前后刻数皆不合，而徐光启用西洋历法计算，与实际情况完全符合。皇帝因此相信了西洋历法，诏立西洋历法局，命徐光启督责龙华民、邓玉函、汤若望等人，将中西历法相参校，不久写成了《崇祯历法》，大大提高了天文测算的准确率。传教士受到了朝廷的重视与礼遇、西洋历局成为传教士活动的一个固定基地。西方物质文明和精神文明的成果再一次成为传教士布道的有力工具。

明末，除耶稣会外，方济各会、多明我会也进入中国传教，基督教徒再次激增。1627 年 13000 人，1636 年 38200 人，到了清初的顺治七年（1650），教徒人数已达 15 万人。当时的中国，除了云南、贵州，各省均有传教士活动。基督教不仅在民间和士大夫中间传播，而且流入宫廷。汤若望等人因修历深得皇帝宠幸，经常出入宫禁，便乘机宣传教义，发展教徒。约在 1630 年，太监庞天寿首倡奉教，取圣名"亚基楼"，同时领洗者十人。以后教徒人数不断扩大，嫔妃皇子中亦有信教者。禁中安圣堂一座，汤若望经常在其中主持弥撒等圣事。明末数年间，宫内受洗者达 540 余人（据萧若瑟神父《天主教传行中国考》）。1644 年满清入关，朱明王朝垮台，在南明小朝廷的后宫，天主教发展更甚。在传教士与信教太监的劝导下，永历帝嫡母王太后入教，洗名"赫烈纳"，生母马太后洗名"玛利亚"，王皇后洗名"亚纳"。皇太子慈恒出生后，永历帝本不同意其付洗，但不久皇太子大病一场，只得应允，洗名"公斯当定"。南明王朝简直成了基督王国。皇太后及掌握南明大权的庞太监还曾致书罗马教皇，请他多派教士来华传教，散布福音，并求上帝保佑明王朝太平中兴。然而上帝也救不了软弱、腐败的南明小朝廷，当南明王朝的使臣、传教士卜弥格携带教皇内容空洞的回信返回中国时，南明小朝廷早已灰飞烟灭了。传教士们利用南明政权扩大教会势力的努力前功尽弃了，但基督教在民间传播的势头方兴未艾，为清初基督教的大发展奠定了基础。

五　基督教与明清之际的中西文化交流

明代基督教的再传入，虽然已经有了葡萄牙、西班牙等西方国家殖民扩张的历史背景，但从传教士在华活动的实际情况看，仍然属于和平传教事业。传教士来华的直接动机还是出于扩大宗教事业的热忱，许多人为了这一目的历尽艰辛，甚至献出了生命。同时，作为一种文化载体，基督教将西方先进的自然科学及物质文明成果带入了中国，又把中国悠久的历史文化与发达的手工业技术传回欧洲，对东西方文化交流做出了巨大的贡献。梁启超在《中国近三百年学术史》中讲："中国智识线与外国智识线相接触，晋唐间的佛学为第一次，明末的历算学便是第二次。"在商品输出的浪潮形成以前，宗教输出的热情便成了文化交流的主要动力。自罗明坚、利玛窦踏上中国之日起，西方的自然科学知识和机械产品就成了他们吸引教徒，证明上帝存在的工具。尽管他们的直接目的是传播宗教，但所采用的工具却对中国科技发展产生了极为明显的促进作用。中国的天文、地理、数学、水利、机械、医药、语言、音乐、绘画等领域在明清之际皆发生了一个飞跃。

1. 西方天文学的传入与中国历法的修订

中国自古重视天文历法，不过由于传统的天文学观念陈旧，设备简陋，故传统的大统历、回回历与西洋历法相较已有了很大差距。早期来华的传教士中，利玛窦、庞迪我、熊三拔、龙华民、邓玉涵、汤若望、南怀仁等人，皆是精通天文的专家。他们把推算天文、验修历法作为证明西方文明优越、基督教优越的工具，因而在传播天文学知识方面倾注了极大的热情。崇祯二年（1629）五月月食，西法推算密合天行，从而树立了西洋历法的形象。崇祯帝于九月下令建西洋历局，大批传教士在其中供职、翻译、写作了大量天文学著作。如《日躔历指》、《测天约说》等，分五次进呈皇帝，总计137卷，皇帝亲赐书名《崇祯历书》，成为一部有重大影响的天文学巨著。入清以后，汤若望等人又增译了《历法西传》、《新法历行》等著作，介绍了哥白尼、第谷、伽利略等人先进的天文思想。康熙赐名《西洋历法新书》，收入《四库全书》。

在传译西方天文著作的同时，传教士还带来一批天文仪器进呈皇帝。如利玛窦刚到广东肇庆，即献上星盘、望远镜等。徐光启主持西洋历局后，传教士又带来或监制了七政象限大仪、交食仪、列宿经纬天球仪、万国经纬仪、候时钟、望远镜等。有了先进的仪器，对天文的观察更为精密，促进了中国天文学的进一步发展。

明末，虽诏立西洋历局，并多次观测比较中西历法的正误，但由于守旧派官员的顽固反对，新法并未得行。清初顺治朝多尔衮执政，汤若望再次奏请行新历法。通过 1644 年 8 月一次日食的观测，证明西法优于中法，多尔衮遂令将新法编成《时宪历》颁行全国。康熙初年，因鳌拜等人造成"历法狱"大案，新历被迫停用。但康熙亲政不久，平反"历法狱"冤案，重行新法。从此中国通行的历法便一直采用西洋历法推算，说明西洋天文学知识已被中国社会接受。

2. 西方数学的传入及其译著

天文学的发展自然带动了数学的传入与吸收，明清之际传入的西方数学知识主要有几何学、三角学、对数表、代数学、割圆学等几大类。

几何学的引进成果，首屈一指当推利玛窦、徐光启合译欧几里得的《几何原本》，此书是国际数学界公认的经典著作。利玛窦带入的是德国数学家克拉维斯的注释本，由利口授，徐笔录，至第六卷平面几何而止。徐光启译此书反复推求，探索精奥，三易其稿始成。梁启超赞此书"字字金精美玉，为千古不朽之作"(《清代学术概论》)。明清之际的数学家无不钻研此书。不过，利玛窦传译此书只为辅助传教，故译出六本后便阻止徐光启再译，以免世人陷入科技而忘记了天主。此外，李之藻 1613 年译出《同文指算》，全面介绍西方数学方法，1614 年译出《圜容较义》，专论圆的内接与外切。徐光启 1607 年译出《测量体义》，讲具体测量技术。1631 年，西洋历局的传教士译出《割圆八线法》和《大测》，前者讲平面三角学，后者讲球面三角学。1646 年，波兰传教士穆尼阁与薛凤祚合译《天步真原》，最早在我国介绍对数计算方法。康熙年间，传教士白晋、张诚等人在宫中传入"借根方程"等代数学方法。……西方数学知识与方法的输入，与中国传统数学相汇通、激荡，培养出一大批数学人才，推动了数学研究的高潮。这一时期在我国数学史上占有极为重要的地位。

3. 西方地理学的传入与中国地图的测绘

西方地理学输入之前，中国士人囿于天圆地方之说，一向认为自己居住在世界的中央，周边只有夷狄蛮貊等游牧部落。关于中国以外的世界，只有邹衍的"大九州"、"中九州"、"小九州"等一些模糊的猜测。1584 年利玛窦在广东肇庆献上用西法绘制的世界地图《山海舆地图》，使中国有识之士大开眼界。徐光启就是因此图的吸引而与利玛窦相识。此后利玛窦作《乾坤体义》，介绍了西方自然地理知识。1623 年艾儒略作《职方外记》，介绍五大洲各国的山川、气候、物产、民俗，1637 年又作《西方答问》，专门介绍西方各国的风土民情。这些便是中国人最早接受的近代地理学知识。

中国自古即有地图测绘，但方法简单而又不统一。西方传教士介绍地理知识的同时，也将地图测绘方法介绍进来。利玛窦等曾帮中国测绘过地图，提高了中国地图的规范性与精确度。康熙年间，中国封建社会出现了最后一个鼎盛局面，地大物博，疆域辽阔。为了确切掌握国情，康熙帝于 1708 年正式谕令测绘全国地图，由白晋主持，雷孝思（Regis）、杜美德（Tantoux）、费隐（Fridulli）、加尔特（Cardols）、潘如（Bonjour）、汤尚贤（de Tarte）、冯秉正（de Mailla）、德玛诺（Kenderer）等传教士参加。另有许多中国科学家参与其间。他们历尽艰辛，耗时九载，终于测绘出全国地图一幅，分省地图各一张，康熙亲自命名为《皇舆全图》。此图的完成不仅在中国历史上是一件开天辟地的大事业，当时在世界上也处于领先地位。

4. 水利学与机械工程学

《四库全书提要》如是评价西学："西洋之学，以测量步算为第一，而奇器次之。奇器之中水法尤切于民用。"在这方面，意大利传教士熊三拔（1575～1620）贡献最大。他著《泰西水法》6 卷，集欧洲水利工程学的精华，论述了龙尾车、玉衡车、恒升车、水库的功能与作用，并附图加以说明。该书 1612 年出版，引起各方重视。徐光启作《农政全书》60 卷，其中水利部分主要采取《泰西水法》，在社会上发挥了很大效益。

在机械工程方面，以瑞士传教士邓玉涵（Joannes Terrenz，1576～1630）与国人王征共译的《远西奇器图说》最为著名。该书比较系统地介绍了西方物理学与机械工程学的原理。1627 年，汤若望写出《远镜图说》，介绍了望远镜的制作方法以及凸镜与凹镜的配合，光线曲折反射等光学原理。此书成为西方光学传入中国之始。在机械工程学中，枪炮制作及使用技术更是受到朝野高度重视。袁崇焕用佛朗机大炮重创努尔哈赤，可随着孔有德、耿仲明等人背叛明朝，部分大炮流入清军手中，"凡行军必携红衣大炮"打击明军。康熙年间，传教士南怀仁等铸大、小炮 120 门，在平三藩之乱的战争中发挥了巨大作用。火炮传入的同时，研究火器的著述也相继传入。汤若望口授，宁国焦助译的《火攻挈要》，南怀仁的《神威图说》，详细记述了火炮的铸造、运输、使用技术以及相关的军事战略，使我国军事文明登上了新的台阶。

5. 西方医药学的传入与应用

西方医学首先传入中国的是解剖学，以邓玉涵撰、毕拱辰译的《泰西人身概说》为滥觞。其书详细解释了人的骨骼、肌肉、内脏、血液、神经等各系统的结构及生理功能。此后，汤若望、罗雅各、冯秉正相继将《西洋人身图》等解剖图谱传入。不过，由于中西医基础理论相距甚远，故当时的中国医士完全无法理解西洋医学。甚至认为中国人用心思虑，西洋人用脑思虑，两地人生理结构上的差异才导致了宗教信仰上的差异。

相对来讲，西方药物学的输入比较顺利。1618 年熊三拔著《药露说》，向中国人介绍西方提炼药品的方法。万历末年，便已有人用西法生产中药，广东澳门一带有人制造苏合油、丁香油、桂花油、檀香油等药品。清康熙年间，白晋、巴多明译成《人体血液循环和但尼斯的新发现》，墨西哥方济各会士译成介绍西方药物的《本草补》。康熙还请传教士入内廷充当御医，直接把西方传入的医药学知识用于实践。1693 年，白晋等人用金鸡纳霜治好了康熙的疟疾，使他对西医、西药更为重视。由于皇帝的推崇，国内开始出现了一批认真研究西方医学的医学家，其中以王宏翰最为著名。他 1688 年著《医学原始》，其中多处转述传教士的著作。又有清中叶医生王清任，善于用尸体解剖来验证生理和医疗方法，著《医林改错》2 卷。

6. 建筑、美术和音乐

西式建筑随着教堂的兴建出现在中国大地上。1650 年，汤若望按中国建筑式样修建了南堂。后来徐日升、闵明我又将它改建成西方巴洛克式样，长80 尺，宽 40 尺，"堂制狭深"，高门长窗，上有尖顶，院中有西式喷水池，"左池水高三、四尺，右池水四道，上喷高四、五尺"。堂内设置天文仪器、地图、自鸣钟。在堂两侧筑塔楼两座，分置风琴和钟铎，定时奏乐，一派异域风情。惟门上仍悬"通玄佳境"的御赐匾额，使教堂多了中西合璧的味道。广州、澳门、杭州、上海等地也陆续建起了西式教堂，西洋建筑风格通过这些教堂向民间辐射。

清代，西洋建筑最宏大者当推圆明园中长春园的欧式宫殿。1747 年，乾隆皇帝请意大利籍传教士郎士宁（Joserh Castiglione，1688～1766）主持，法国传教士王致诚（J. Penis Attiret）、蒋友和协助，共同设计了长春园的建筑。该园成为法国和意大利建筑风格的混合体。其中蓄水楼、花园门、养雀笼、方外观、海宴亭、远瀛观、大水法等建筑均用白色大理石建成，结构宏伟，楼台森严，雕工精细，重廊回绕，成为大片中国园林中一块异国宫苑，是世界园林史上中西合璧的一大奇观。然而，如此珍奇的世界艺术瑰宝，却在 1860 年毁于英法联军战火，出自传教士手笔的人间天国却破碎于因教案而起的涉外战争。

　　西洋绘画也是先以宗教画的形式进入中国的。万历年间，罗明坚首先把耶稣、圣母玛丽亚像带进中国。后利玛窦在肇庆、南昌、北京等地，多处悬挂圣像以增加教堂气氛。1600 年，他向神宗进呈天主像一幅，圣母像两幅，徐光启、姜闻、顾起元都曾见过这些圣像。以后龙华民、汤若望、南怀仁等传教士亦曾把大批圣像带入中国，并进呈皇帝。乾隆年间，还有一批擅长绘画的传教士入内廷供奉，其中郎士宁（Joseph Castiglione）、艾启蒙（Lgnatius Sickelparth，1708～1780）、安德义（Joannes Pamascenns Salusti）、潘廷璋（Joseph Pahzi）等人最为著名。他们将西方绘画的方法和风格传入中国，在中国画坛引起了很大震动。明末顾起元在《客座赘语》一书中谈到了他对西洋绘画特点的观察："中国画但画阳不画阴，故看之人面躯干平，无凹凸相。吾国画兼阳与阴写之，故面有高下，而手臂皆轮圆耳。"西洋画讲究透视，有立体感，此法引起了中国画家的注意和模仿。如明末福建莆田人曾鲸能写照传神，他运用西洋透视方法，重墨骨而反敷彩，加晕染，形成了江南画派的独特风格。

　　西洋音乐最早也是由传教士带入中国的。利玛窦等人曾将一架铁弦琴进呈万历皇帝，并向宫廷乐师传授演奏方法。庞迪我深谙乐律，郭居静善辨中国五音。入清以后，葡萄牙传教士徐日升精通音律，由南怀仁引荐入宫。他能用西洋音符记录中国歌曲的曲调，并记下中文歌词，深得康熙赞许。1699 年在宫廷中组成了一个小型西洋乐团，分别使用提琴、长笛、七弦琴、军号，在宫中为皇帝演奏。徐日升、德理格著有《律吕纂要》、《律吕正义》等音乐著作，一方面介绍西洋五线谱的用法；另一方面又整理中国乐谱，在当时宫廷乐师中很有影响，可惜未能扩展于民间。

　　7. 传教士与中国文化西传

　　西方文化东渐主要通过传教士，而中国文化的西传同样是通过这座桥梁。中国古代向以"礼义之邦"闻名于世，传教士来到中国，对弥漫于社会各个层面的儒家文化感受最深。所以他们向西方介绍中国文化，首先也是翻译儒家经典。最早将《四书》译成拉丁文寄回意大利的是利玛窦，时间大约为 1593 年。最早将《五经》译成拉丁文的是比利时人金尼阁，大约在 1626 年。为了推动欧洲对中国的研究，传教士还写了一些语言学方面的著作，如金尼阁的《西儒耳目资》，是一部首先用西文为汉字注音，并按西文顺序排印的中文字典，此法日后成为汉语拼音之滥觞。卫匡国著有《中国文法》，白晋有《中法辞典》，钱德明著《满法辞典》，推动了中西方的相互了解。另外，传教士还撰写了相当一批介绍中国历史、地理、动物、植物、天文、医学等方面知识的书籍，引起了西方社会对中国的兴趣。当时，欧洲正处于资本主义革命的前夜，思想界正酝酿着一场反对封建统治，反对教会蒙昧束缚的斗争。恰值此时以儒学为核心的中国文化传入欧洲，儒家的"天"是自然法则的代表，宋明理学的"道"以理性为基本精神，这正是对基督教神启真理最有力的冲击。孔子以"仁"为核心的伦理道德体系及政治哲学，正好与欧洲启蒙思想家推崇的人道主义近似。于是德国的莱布尼茨，法国的孟德斯鸠、伏尔泰、霍尔巴赫、魁奈等一批启蒙思想家都对中国文化给予了极高的评价。儒学作为资本主义启蒙思想的助燃剂，发挥了积极作用。

第六节　伊斯兰教的新发展和儒化倾向

一　明王朝与伊斯兰教

伊斯兰教在中国的发展，可以分成前后两个时期。前期为唐宋元，是伊斯兰教进入中国和在中国各地传播时期；后期为明清及近代，是伊斯兰教在中国稳步发展并形成中国特色的时期。明代三百年，回回正式形成民族共同体，伊斯兰教成为其普遍信仰。就地区分布而言，形成大分散小集中的地理格局，与汉族杂居，又通用汉语汉文，与汉族及其文化有着极为密切的联系。

明王朝是汉族贵族政权，朱元璋在推翻蒙元统治的过程中以种族革命相号召，提出"驱逐胡虏，恢复中华"的口号（见《皇明通纪》卷二）。明王朝建立以后对蒙古人、色目人虽未滥加镇压，但仍有戒备和歧视，企图用法律手段加以限制和强制同化。《大明律》规定："凡蒙古、色目人，听与中国人（汉人）为婚姻，不许本类自相嫁娶。违者杖八十，男女入官为奴。"原注云："夫本类嫁娶有禁者，恐其种类日滋也。"对色目人（其中大多数是回族）而言，其族源本来就是西域民族与汉族的融合，明律的规定在客观上更有利于回族的发展，远亲婚姻，后代更为强壮，同时伊斯兰教的信仰不变，使得越来越多的汉人通过与回族人的婚姻而成为穆斯林，这大概是明朝统治者始料不及的。此外，诏禁蒙古人、色目人胡衣胡姓，变胡姓为汉姓，其原则是：繁者为简，诡者为俗。于是有哈、以、者、买、卖、摆、喇、马、穆、丁、刘、王、安、李等姓出现，其中仍有回姓独特色彩，而多数已与汉姓无别。泉州回族大家蒲寿庚曾扶元灭宋，在元朝为功臣，在明朝为罪者，朱元璋曾下诏禁止蒲氏子孙读书入仕，以示惩戒。在伊斯兰教教制方面，限令伊斯兰教教长只有传道布教权，不得行法官之责，掌理民间诉讼，企图把宗教与政治分开。

但从总体上说，明王朝对伊斯兰教的政策是优厚的，对穆斯林的态度是宽容的，这是因为伊斯兰教并不反对明朝政权，而且有利于政权巩固，回汉之间并不存在严重对立，且有不少回族豪杰之士为明朝的建立和发展做过重大贡献。为朱元璋建功立业的许多将领都是回族，如常遇春、胡大海、汤和、邓愈、沐英、蓝玉、冯胜、冯国用等，皆是武功赫赫的名将。洪武初，敕修礼拜寺于西安、南京及滇南、闽、粤，并御制《至圣百字赞》，文云："乾坤初始，天籍注名，传教大圣，降生西域，受授天经，三十部册，普化众生，亿兆君师，万圣领袖，协助天运，保庇国民，五时祈祷，默祝太平，存心真主，加志穷民，极救患难，洞彻幽冥，超拔灵魂，脱离罪孽，仁覆天下，道贯古今，降邪归一，教名清真，穆罕默德，至贵圣人。"（《天方典礼》）朱元璋承认真主的伟大，穆罕默德的贵圣，认为清真之教有协助天运、保庇国民之功，尊崇之情不亚于赞扬佛道二教。洪武三年四月甲子诏："蒙古诸色人等，皆吾赤子，苟有才能，一体擢用。"据《清真先正言行略·赛哈智传》载，"明初，徐达入元都，得秘藏书数十百册，系天方先圣之遗典。因御书百字，褒颂圣德；敕赐清真寺并嘉西圣遗惠，宣恩西域；钦与哈知（赛哈知）世袭咸宁侯，并命哈知于京师、西安建净觉、礼拜二寺"，又载："洪武二十五年，召赛哈智赴内府，宣谕天经于奉天门。奉旨每户赏钞五十锭，绵布二百匹。与回回每分作二处，盖造礼拜（寺）两座。如寺院倒塌，随时修，不许阻滞。与他住坐，任往来府州县布政司买卖，如遇关津渡口，不许阻滞。钦此。"伊斯兰教及其穆斯林在以往历史上从未受此厚遇，说明伊斯兰教日渐成为大教，穆斯林成为一支巨大的社会力量，不能不引起最高当局的重视；同时伊斯兰教是当时社会稳定的因素，故受到当权者的保护。

明成祖曾下谕旨，保护伊斯兰教，敕云："大明皇帝敕谕米里哈智，朕惟能诚心好善者必能敬天事上，劝率善类，阴翊皇度，故天赐以福，享有无穷之庆。尔米里哈智，早从马哈麻之教，笃志好善，导引善类；又能敬天事上，益效忠诚，眷兹善行，良可嘉尚。今特授尔以敕谕，获持所在，官员军民一应人等，毋得慢侮欺凌。敢有故违朕命慢侮欺凌者，以罪罪之！故谕。永乐五年五月十一日。"（见泉州、福州、苏州等地清真寺所存"敕谕碑"，扬州普哈丁墓存有敕谕原件。）从永乐敕谕中可以看出，当时的穆斯林代表人物积极靠拢汉族传统信仰和效忠中央政权，所谓"敬天事上，益效忠诚"，形成一种协调关系，故永乐帝嘉奖之，给予莫大的关怀。

明宣宗曾下敕谕给郑和，敕云："敕太监郑和，尔以所造龙舟，乃差内官高定住进来，果造得平稳轻妙，足见尔忠敬之心。朕甚嘉悦，就赏赐尔物件，付与高定住，将来酬尔美意。仍于南京天财库支钞十万贯与尔为下番之费，其西洋诸番国事皆付托于尔。惟尔心腹智识，老成旧人，以副朕委任之重，尔宜慎之！得尔所奏，南京城内三山街礼拜寺被焚，尔因乞保下番钱粮人船，欲要重新盖造。此尔尊敬之心，何可怠哉！尔为朝廷远使，既已发心，岂废尔愿？恐尔所用人匠及材料等项不敷，临期误尔工程，可于南京内监官或工部支取应用，乃可完备，以候风信开船，故敕。时宣德五年七月二十六。"（引自薛文波《明代与回民之关系》）此敕可知明廷对郑和的信赖和倚重，也可知郑和乞修南京三山街礼拜寺，其为虔诚之穆斯林已无可疑。

明朝诸帝，以武宗最为接近伊斯兰教，并于诸宗教皆有浓厚兴趣而尤尚清真。据《清真先正言行略·陈大策传》，"明史：武宗于佛经梵语，无不通晓。习鞑靼语，自名忽必烈；习回回语，自名妙吉敖烂；习番僧语，自名领班丹。"又云："武宗留心诸教，尝访以天方教道。大策遂进呈天经，广荐名教领，凡天人性命理，及大而修齐治平，小而居处服食之类，互相翻译。帝因于回经三十卷微言妙义靡不贯通。一日，上评论诸教，谓侍臣曰：'诸教之道，皆各执一偏，唯清真认主之教，深原于正理，此所以垂教万世，与天壤久也。'"① 看来武宗是位语言天才，而且聪明过人，对于宗教有一定解悟

---

① 武宗评论诸教，在"诸教之道，皆各执一偏"之前面有一段话："儒者之学，虽可以开物成务，而不足以穷神知化；佛老之学，似类穷神知化，而不能复命自反真。"武宗评儒与佛老三家得失虽未必确切，但他追求绝对超越的至上神，因而找到伊斯兰教，却能表现出他的信仰特点。

能力，曾御制诗一绝，评褒清真之教，诗云："一教元元诸教迷，其中奥妙少人知；佛是人修人是佛，不尊真主却尊谁?"（《正教真诠》）武宗拿佛教（主要指禅宗）与清真教相比，认为佛教之佛乃人修而成之，比不上超绝一切的真主之神，他对超人之神更感兴趣，因而赞美一神教之伊斯兰教。当时是一个思想比较开放的时代，武宗诸教皆研，更受清真感化，但他不拘于一教一学，而能广为接纳，故并未成为穆斯林，皇室的传统也不允许他正式以伊斯兰教为第一信仰。但武宗确倾心伊斯兰教，不仅有上述言论，还有禁食猪肉之行事。据清傅维麟《明书·武宗本纪》，"正德十四年九月，上次保定，禁民间畜猪，著为令"。又《皇明实录·武宗实录》："上巡幸所至，禁民间畜猪。远近屠杀殆尽，田家有产者，悉投诸水。"武宗禁畜食猪之缘由，据明沈德符《野获编》卷一，武宗云："照得养豕宰猪，固寻常通事。但当爵本命，又姓字异音同，况食之随生疮疾，深为未便"，故下令禁养宰杀，事当正德十四年十二月。清俞正燮《癸巳存稿》又认为："其豹房实多回人"，"怂恿之，托云国姓朱，武宗亥生，故有此钧帖"。看来原因是多重的，既因朱猪同音，又因其生肖为亥猪，更受左右穆斯林影响，认为食猪肉不洁，有碍卫生，实际上接受了穆斯林一项重要的宗教风俗习惯。

此外，"世宗敕名净觉寺，行令礼部给与札付，冠带荣身"，"令各省随方建寺，赴京比例，请给札付，住持寺院"（《瀛涯胜览》）。又，"神宗诏修天下清〔真〕寺，褒以封号；凡一应主持，恩及冠带。今供职焚修，以事造化天地人神万物之主"（《皇明外纪》）。

以上史料皆可说明朝廷对伊斯兰教采取了支持、保护和利用的政策，伊斯兰教的信仰是合法的，在政治上法律上是得到保障的，这是伊斯兰教在明代平稳发展的重要社会条件。

从教徒分布来看，自边疆逐步扩展到内地，《日知录》云："《实录》：正统元年六月乙卯，徙甘州、凉州寄居回回于江南各卫，凡四百三十六户，一千七百四十九口。其时西陲有警，不得已为徙戎之策，然其种类遂蕃于江左矣。三年八月，有归附回回二百零二人，自凉州徙至浙江。"由于其他原因而内迁和流转者，所在多有。明初，穆斯林聚居区经济发展较快，出现一大批回回村落，并且由于商业的发展，交通沿线城镇的穆斯林也增多。伊斯兰教亦随着回族的分布而遍及全国各地。南京作为明初的首都有大批回族穆斯林居住，在近50万的总人口中，回回约占十分之一二，是当时全国回族人口最集中的一个城市，光阿訇就有上百人。在新疆，明初的吐鲁番、哈密犹奉佛教,永乐六年(1408),吐鲁番慈僧来京,朝廷授予"灌顶慈慧圆智普通国师"可证。至成化五年(1469)已改信伊斯兰教。陈垣先生有《新疆诸地改从回回教考》论之较详。除回族外,从 13~17 世纪,我国的撒拉族、东乡族、保安族等也陆续信奉了伊斯兰教。从清真寺的修建来看,明代穆斯林一方面大力重修早期著名之清真寺,如泉州圣友寺、广州怀圣寺、杭州真教寺、扬州仙鹤寺、北京牛街礼拜寺、上海松江清真寺等;另一方面又新建了一大批清真寺,如西安的化觉寺、南京的净觉寺、北京东四清真寺、西宁东关清真寺、新疆喀什的艾提卡尔礼拜寺,在河北、河南、安徽、广西、江西、甘肃等省亦有一批新的清真寺出现。这一情况说明伊斯兰教处于继续发展壮大之中。

二　经堂教育的兴起

明朝以前,伊斯兰宗教教育存在着严重缺陷:一方面,穆斯林普遍使用汉语汉文,对于阿文经典,囫囵其辞,不甚了了;另一方面,司铎者抱持原本,师传徒授,只有口译口讲,不能普及,使得穆斯林宗教素质下降。陕西经师胡登州(1522~1597)有鉴于此,"慨然以发明正道为己任",他朝觐回来以后,改革以往以家庭为主、以口传手抄《古兰经》为主的办法,借鉴我国传统的私塾教育和阿拉伯经学教育的经验与模式,建立起正规的经堂教育制度,开一代风气,被尊称为"胡太师祖"。胡登州以清真寺为经堂,阿衡(阿訇)为教师,以经典为读本。吸收一定数量的回族子弟,请阿訇集体教习经典。学生毕业时挂幛(标示学历之锦帛)穿衣(回教礼服),学生之衣食住费用由教民供给。胡太师四传至周老爷,其时回文大学林立,人才辈出。周有八大弟子,及诸小弟子,对于后来经堂教育皆有贡献,如云南之马复初,河南之张古东、二杨,二杨为河南经堂之创始者。与周同时有王龙及黑云南,皆博学之伊斯兰学者,时歌谣称云:"王一角,周半边,黑云上来遮满天",谓其影响之大也。其后形成两大经学学派:陕西学派和山东学派。陕西学派(包括西北、豫、皖及南部诸省)以胡登州及其初传弟子为代表,其学精而专,一般专攻阿文经典,如专门讲授认主学而不讲其他。山东学派(包括直、鲁及东北诸省)以常志美、李永寿为代表,其学重博而熟,长于波斯文,讲课时阿文波文兼授,讲认主学的同时亦讲苏菲哲学。此外还有一些小的学派,如云南学派,以马德新、马联元为代表,兼陕西、山东两派之长;兰州学派,以周老爷为代表,学风严谨讲课要求深透;河州学派,以马万福为代表，重视教法教律的研究教学；东南学派，以王岱舆、刘智为代表，用汉文注释、解说伊斯兰经典。

经堂教育在发展过程中由单纯学习《古兰经》扩展为系统的宗教教育：有《古兰经》、《圣训》的经典注释课，教义学，教法学，阿文语法修辞学等。读本并无统一规定，但逐渐形成"十三本经"，即有十三书是经堂学生必读的，在中国已流传了数百年。十三本经是：

①《连五本》，包括《素尔夫》、《穆尔则》、《咱加尼》、《米额台·阿米来》、《米素巴哈》等五卷，这五本是学习阿拉伯语词法句法的基础课本。

②《遭五·米素巴哈》，是对《米素巴哈》的诠释，作者是波斯学者艾布·法塔赫·纳司尔丁·穆图勒孜（1143～1213）。这是基础教学中承上启下的一本入门书。

③《满俩》，又名《舍拉哈·卡非耶》，是关于《卡非》（埃及学者伊东·哈吉卜所著语法书）的诠释。作者为波斯学者阿卜杜·拉合曼·加米（1397～1477）。该书是阿拉伯语法理论的优秀作品。

④《白亚尼》，又名《台洛黑素·米夫特哈》，是修辞学名著，作者为中亚呼罗珊著名学者赛尔德丁·台夫塔札尼（1321～1389）。

⑤《阿戛依杜·伊斯俩目》，又名《阿戛依杜·奈赛斐》，作者欧麦尔·奈赛斐，边注者赛尔德丁·台夫塔札尼。该书是认主学杰作。杨仲明阿訇汉译本称《教心经注》。

⑥《舍来哈·伟戛业》，作者麦哈木德（？～1346），注释者率德伦·设里尔。该书是哈乃斐学派的教法著作。王静斋阿訇的汉文译本名曰《伟戛业》。

⑦《虎托布》，是对阿拉伯文《圣训》40段的波斯文注解。李虞宸阿訇的汉文译本称《圣谕详解》。

⑧《艾尔白欧》，波斯文，作者哈萨谟丁。该书也是对40段圣训的注解，偏重于理学。

⑨《米尔萨德》，作者阿卜杜拉·艾布伯克尔。波斯文。该书专论修身养性、近主之道，为伊斯兰教哲学著作。伍遵契汉文译本称《归真要道》。

⑩《艾什尔吐·来麦尔台》，波斯文，作者是阿卜杜·拉合曼·加米，是认主学的最高理论，被认为是伊斯兰哲学的杰作。破衲痴的汉文译本为《昭元密诀》。

⑪《海瓦依·米诺哈吉》，波斯文法。中国伊斯兰教学者常志美著。该

书受到中国穆斯林尊崇，同时享誉于西域天方之国。

⑫《古洛司汤》，波斯文学著作。作者萨迪（1200～1290）。王静斋汉译本曰《真境花园》，水建馥译本曰《蔷薇园》。

⑬《古兰经》。（以上见冯今源、铁国玺著《伊斯兰教文化百问》。）

经堂教育之所以强调用阿拉伯文与波斯文教学，是为了使学生（未来的阿訇）直接研读伊斯兰教原文经典与论著，以提高他们的宗教素质。由于语言教学占很大比重，整个经堂教育的教学时间便不能不拖长，一般需五六年之久，教学内容的重心取决于教师的专长，教学计划并不严密，组织机构亦复松散。但它毕竟形成了具有中国特色的伊斯兰教育制度，培养出一大批中国穆斯林学者和人才，提高了教职人员的义化水平和宗教学识，推动了回族文化教育事业的发展，加速了伊斯兰文化与中国传统文化的交流和融合，也为近代中国穆斯林学校教育的发展奠定了基础。

三　汉文译著的出现

明代以前中国无汉文伊斯兰教经典与论著译本。明代经堂教育的兴起，虽然能够用阿文或波斯文伊斯兰教原著培训阿訇，仍不能解决广大信徒学习宗教知识的普遍性问题，因为多数中国穆斯林不懂汉语以外的语言，不能直接习读原文经书。这样长期隔膜下去，伊斯兰教在基层信徒中就有失传的危险。况且中国穆斯林生活在汉文化的汪洋大海之中，儒家思想在整个文化生活中占有主导地位，影响极深极广，任何外来文化都不可能抗拒它，只有与它接近，主动接受它的影响，才可能更好地保持原有的特点，不受排逐，在中国扎下根来。伊斯兰教文化亦不能不解决中国化（在很大程度上是儒化）的问题，否则不仅难为国家政权和主流传统所容，就是对于长期使用汉语和接受儒家思想熏陶的中国穆斯林来说，也难以适应阿拉伯和波斯的原封不动的宗教传统。佛教率先走过了中国化的道路，明代基督教亦采取联儒、补儒、益儒的策略。在这种情势之下，伊斯兰教的信仰和学术，不能不在内容和语言上吸收中国传统文化特别是儒学的营养，同中国固有文化做更大程度的调适，努力建设中国化的伊斯兰教文化，使它成为整个中国文化的有机组成部分，同时保持自己最基本的特质。陆容《菽园杂记》（写于弘治年间）说："回回教门异于中国者，不供佛，不祭神，不拜尸，所尊敬者唯一天字，最敬孔圣人。故其言云：僧言佛子在西空，道说蓬莱住海东，唯有孔门真实事，眼前无日不春风。见中国人修斋设醮，则笑之。"可知，明代中国穆斯林以"天"称呼真主，是为了与中国传统的天神崇拜相调和，又表示了对孔子特别的尊崇，确定了"合儒"的立场，在这样的大前提下，不妨表示一下对佛道的批评和对汉地风俗的异见，这是无碍于大局的。

伊斯兰教汉化在理论上正式始自汉文译著的出现，回族的儒家学者用汉文翻译伊斯兰教典籍，用汉文撰著伊斯兰教理论，根据中国传统文化的精神和中国穆斯林的心理与素养，对伊斯兰教教义做出创造性的解释和发挥，使之适应中国的社会环境。这样的理论活动，开始于明代末年，活跃于清代前期，以王岱舆、刘智、马注、马德新四大家最负盛名，其中又以活跃于明末的王岱舆为最早的创始者，被推为四人之首，在开创伊斯兰教理论发展新局面上做出了不可磨灭的贡献。

王岱舆祖上是典型的回族世家，从阿拉伯迁来中国后，世代居住于南京，曾受到朱元璋的厚遇，就职于回回钦天监。王岱舆别号真回老人，生于明万历十三年（1585）左右，自幼接受伊斯兰宗教教育，师承胡登州四传弟子马君实，完成了经堂教育课程，精通阿拉伯语、波斯语和伊斯兰教典籍。成年以后，他感到知识褊狭，汉文水平不高，决心钻研儒、佛、道及百家诸子之学。经过一段时间的刻苦努力，终于成为博通伊、佛、道、儒四教的大家。王岱舆第一部汉文作品是《正教真诠》，初版刻印于崇祯十五年（1642）；第二部汉文著作是《清真大学》，初刻刊本已难考查，时间当在明末动乱之际；第三部汉文作品《希真正答》，系王岱舆弟子伍连城根据同学对先师生前言论的记载，整理编辑而成，清代只有传抄本，民国时期才正式排印。王岱舆的汉文著作以著为主，以译为辅，以其深刻和新颖在教内外引起普遍重视和好评，满足了汉语学者渴望了解伊斯兰教义的需要，儒家学者何汉敬、梁以濬在《正教真诠》序言中充满赞美之词，回族上层亦予嘉许。有人称这些译著使伊斯兰教"千古疑案"得到解决，从而使该教"大昌于世"，扩大了社会影响。1645年5月清兵攻陷南京，王岱舆北上至北京，在马思远的学馆讲课，并与著名伊斯兰教学者刘智、马注等交往论学。王岱舆约在顺治十四五年去世，安葬在三里河清真寺西侧李氏墓地。

《正教真诠》贯穿着"以儒解回"的精神，共分上下两卷。上卷20篇主要阐述认主独一、明心悟性的宗教哲学。下卷20篇，主要讲述穆斯林的修持之学以及伊斯兰的法规、礼制、禁忌和特殊的风俗习惯。作者运用儒学观点来解说伊斯兰教义，如宣扬"三纲"思想，提倡"人生在世有三大正事，乃顺主也，顺君也，顺亲也"；用"五常"诠注"五功"，念经不忘主则具仁心，施真主之赐于穷者为义，拜真主与拜君亲为礼，戒自性者为智，朝觐而能守约为信；倡导天命论，谓"先天为命，后天为性，命乃种子，性乃果子"；赞颂"忠恕"，认为"真者化灭诸邪，忠者斩除万有，此为人之大本也"，"克己恕人，方能进入正道"；肯定"克己复礼"，谓"若非礼勿视，必须正视；若非礼勿听，必须正听；非礼勿言，必须正言"。儒学家何汉敬在序言中指出王岱舆阐述的伊斯兰教理论可以补充儒学，云："独清真一教，其说在于本，理宗于一，与吾儒大相表里"，"其教众不废君臣、父子、夫妇、兄弟、朋友之序，而洁己好施更广吾儒所不足"。《清真大学》是一部系统阐述伊斯兰宗教哲理的专著，围绕着"真一、数一、体一"三大概念展开其理论体系。"真一"即真主，绝对惟一至高至上者；"数一"乃自然之理，万物之原始，天地万物之种；"体一"即人对真主的体认，象征天地万物之果。作者结合中国理学的宇宙生成论，提出了真主创造宇宙的模式：真一（真主）→数一（无极、太极，即媒介物）→阴阳→天地（日月星辰）→土水火气→世界万物。其中既有阿拉伯哲学关于世界万物是由真主流出的东西组成的观点，又有中国传统哲学的无极、太极、阴阳的思想。"体一"是人与万物向"真一"的复归，方法便是格物、致知、寻根、穷理，最后大彻大悟，与真主同一。为了解释真主本体的单一与德性的多样，该书把真主说成有体有用有为的三品的世界主宰。1935年一批回族学者为王岱舆立新碑，推举金吉堂写传，金在《王岱舆阿訇传》中写道："正教在华，有闭关自守之称，而前之阿林，对教义之所以然，往往不能彻底发挥。独王公岱舆发人之所未发，言人之所不敢言，正教光辉，因之昭著。"王岱舆的理论活动不仅受到回族学者的高度评价，也为中国思想史界所关注，他在伊斯兰教史和中国思想史上的地位都是重要的。（以上参考余振贵《王岱舆》一书）

四 穆斯林与明朝文化

中国穆斯林对明朝文化的繁荣发展做出过积极的贡献，成就了光辉的业绩，涌现出一大批杰出的人才。

在安邦治国方面，有"十大回回保国"的民间传说，其姓名虽难细考，但在为国建功立业的回族人物中，为世人所知者，至少有如下一些人：常遇春（开国功臣，与徐达并称，追封开平王，谥忠武，配享太庙）、沐英（平治云南有大功，追封黔宁王，其子沐春、沐晟、沐昂皆政绩卓著）、赛哈智（世袭咸宁侯，一生风操清亮）、丁德兴（开国猛将，追封济国公）、海原善

（洪武间任湖广安化县知县，有善政清名）、铁铉（官至兵部尚书，抗兵成祖被杀）、回谦（任监察御史、庆元府太守，有德政）、陈大策（官北京后军都督府，为武宗进天方经）、蓝玉（太祖功臣，封凉国公，后被杀）、海瑞（官至南京左都御史，著名清官）、达云（万历间戍边名将，时称西陲战功第一）、黑春（辽东总兵，屡建奇功，后阵亡）、马自强（万历间文渊阁大学士，预机务，有直名）、亘茂（登进士，为一时名士）、马云衢（天河县知事，有政绩）、哈维新（明季边将）、萨琦（宣德间进士，官至礼部右侍郎，耿介有名）、马世龙（山海关总兵，后镇宁夏，有威名）。

在海外交往、航海事业方面，最负盛名的是郑和。郑和先祖世居云南，马姓，其父马哈只曾朝觐天方，本人为太监，永乐帝赐姓郑。现泉州城外回教先贤墓中有郑和行香碑记，西安清真寺中有郑和重修碑记，可知他确为伊斯兰教徒，但也曾奉信过佛教。永乐三年（1406），郑和与回教学士马彬、费信等，率水师 27000 余人，乘大舟 62 艘，自苏州刘家港起航，沿海至南洋。至宣德八年（1432），曾七次奉使出洋，遍历群岛，经印度洋，越亚丁湾，循红海，至非洲，绕马达加斯加岛南端而还。使明朝国威，远震南洋。于是印度、琉球、希腊、暹罗、马六甲、苏门答腊、爪哇等 30 余邦，皆遣使入贡于明，这是中国外交史和航海史上空前的壮举，"三保太监下西洋"传为明初盛事。这一创举，促进了我国与亚非诸国的友谊和国际间的经济、政治、文化交流，其故事在东南亚一带至今传颂不绝。郑和部下多为回族穆斯林，故这一宏伟事业中，回族健儿之功莫大焉。

在学术文化方面，除王岱舆援儒释回，推动了中国哲学的发展以外，明代还出现了回族大思想家李贽（1527~1602）。李贽号卓吾，福建回族，接受王学影响，提出童心说，反对咸以孔子之是非为是非，以异端自居，有强烈的批判精神，对当时和后来思想界的进步有极大激励作用，后被迫害而死。在史学方面，回族学者马欢的《瀛涯胜览》，费信的《星槎胜览》，对研究中西交通史，都是珍贵的历史文献。

在天文历法方面明代穆斯林有特殊贡献。据《明史纪事本末》，洪武元年（1368）十月，征元太史院使张佑、张沂，司农卿兼太史院使成隶，太史院同知郭让、朱茂，司天监王可大、石泽、李义，太监赵恂，太史院监侯刘孝忠，灵台郎张容，回回司天监黑的儿（一作"海达儿"，又作"海答儿"）、阿都剌，司天监丞迭里月实，14 人修订历数。又，洪武二年夏，征元回回司天台官郑阿里等 11 人至京，议历法，占天象。朱元璋深知元朝历法水平极高，回族天文历法人才卓绝，故几乎全部接收其机构人员，继续为明朝服务。洪武元年改太史院为司天监，又置回回司天监，基本上沿用元代旧制。洪武三年改司天监为钦天监，下分四科：天文、漏刻、大统历、回回历。洪武三十一年罢回回钦天监，回回历科依旧。洪武初，大将军平元都，收其图籍若干万卷，其中西域天方之书数百册，无人能解其文。洪武十五年（1382），太祖对翰林李翀、吴伯宗说：迩来西域阴阳家推测天象至为精密有验，其纬度之法，又中国书之所未备，宜译其书。于是召钦天监灵台郎海达儿、阿答兀丁、回回大师马沙亦黑（又作玛沙伊赫）、马哈麻等至于廷，出所藏书，择其言天文、阴阳、历象者，次第译之。其中逮阔识牙的《天文书》最早译成，后称《明译天文书》，即现传之《回回历法》。终明之世，《回回历》与《大统历》互相参照使用达270 余年。

穆斯林天文历法专家颇多。明朝初年，王岱舆先祖来南京受到朱元璋接见，朱元璋发现其先祖具有高超的天文历算学识，能"订天文之精微，改历法之谬误，高测九天，深彻九渊，超越前古，无爽毫末"，于是当殿下令王之先祖去回回钦天监任职，允住南京，免除一切徭役。吴谅，原名墨沙一赫，西域撒马儿罕国人，深于历法。洪武十二年来华觐太祖，问答称旨，授为刻漏博士，命改正中国历数，并制浑天仪。著《法象书》。永乐初至燕京，授钦天监五官灵台郎。后代继承家学，终明之世，俱供职天文生。马哈麻，祖籍西域，精历法，注回回历受到太祖称赞。

穆斯林在医药上亦有贡献。明清两代皆有回回太医院，为皇家服务。地方上亦办私人医院，如元末明初杭州穆斯林富豪鄂施曼创立医院名鄂施曼尼雅，患病住院治疗者甚众。明初陶宗仪《辍耕录》记载，"任子昭云：向寓都下时，邻家儿患头痛不可忍。有回回医官，用刀开额上，一小蟹坚硬如石，尚能活动，倾焉方死，疾亦愈"，此种医术类似华佗开刀手术，相当高明。

在科技方面，郑和下西洋使航海技术大大提高，航海技术与造船术均列当时世界之冠。如航海时使用了天文导航、罗盘导航、陆标导航、测量水深和底质等各种技术手段，绘制了记载亚非地理的《郑和航海图》，开辟了数十条大洋新航线，所造最大船只长 138 米，宽 56 米，稳且坚固，在当时世界造船业上处领先地位。

第七节　民间宗教的活跃与发展

一　明代民间宗教概况与白莲教的演变

明代是中国民间宗教史上划时代的新时期，这个新时期可用"迅速兴旺、异常活跃、教派众多"来形容。特别在明正德以后，民间宗教的组织和势力遍及大半个中国，主要活动于河北、山东、山西、河南、江苏、安徽、浙江、福建、江西、湖北、四川、陕西诸省。它的基本信徒是农民、手工业者、矿工、流民、漕运水手、城市贫民，总人数不下数百万之多，成为一支极为可观的社会力量。民间宗教的教派众多，彼此亦常有交叉互渗的情况，但缺乏全国统一的教会组织，各派自成一体，自有传承世系，在官方压迫和上层宗教排斥下，秘密或半秘密地进行活动。偶尔也打入贵族内部以谋求发展，但始终未能成为合法宗教。相反，在社会矛盾加剧、民众灾难深重之时，往往成为下层群众互助和反抗压迫剥削的组织形式，被统治者目为"邪教"，不断遭到残酷镇压，然而愈挫愈烈，成为明政权的一支对抗力量。

据万历四十三年（1615）礼部关于"禁左道以正人心"的奏章，当时盛行的民间宗教有8种："一名涅槃教，一名红封教，一名老子教，又有罗祖教、南无教、净空教、悟明教、大成无为教。"又据天启四年创立的圆顿教经卷《古佛天真考证龙华宝经》，当时比较活跃的民间宗教教派有16种，《天真收圆品》罗列了教派及其教主的名称："红阳教，飘高祖；净空教，净空僧；无为教，四维祖；西大乘，吕菩萨；黄天教，普静祖；龙天教，米菩萨；南无教，孙祖师；南阳教，南阳母；悟明教，悟明祖；金山教，悲相祖；顿悟教，顿悟祖；金禅教，金禅祖；还源教，还源祖；大乘教，石佛祖；圆顿教，菩善祖；收源教，收源祖。"清人黄育楩在《破邪详辨》中说："至明万历以后，有飘高、净空、无为、四维、普明、普静、悟明、悲相、顿悟、金禅、还源、石佛、普善、收元、弓长、吕菩萨、米菩萨、孙祖师、南阳母以及明宗、觉通、如如等匪相继并出"，这里记录了22个教主名称，其中有些是一教内的数个传主，但民间宗教教派之愈演愈多，却是总的趋势，而实际上教派名目之繁多要超过上述记载，民间宗教的勃兴成为一股不可遏止的狂潮。

造成明代民间宗教活跃的因素很多。第一，它是专制制度的产物。明代专制主义达到一个新的高度，太祖、成祖以后，昏庸之君居多，吏治空前腐败，更加脱离民众，在形式上已丧失了代表全民的名义，控制社会下层的实际能力也大大削弱；民众越来越不把命运寄托在明君贤相清官身上，不得不立教自救，这就给民间宗教的兴盛创造了有利的社会政治条件。第二，它是正宗信仰衰落的结果。历史上维系中国社会的三大精神支柱是儒、释、道三教。儒学发展出程朱理学，为元明两代统治者用为官方哲学，渐渐变得虚伪僵化，成为假道学；陆王心学代之而兴，强调本心，反对外在的权威和传统，对人们的思想有解放作用，异端众说因之而出，一发不可收拾；佛道二教在理论上都无大的创新，日益世俗化和功利化，这既降低了它们在民众中的吸引力，同时又给民众利用和改造佛道教提供了借鉴。正如清初莲宗居士周克复所说："末运法弱魔强"(《净土晨钟》卷九)，儒释道二教的不景气，造成了民间信仰的壮大。第三，它是儒释道三教合流思潮与民间传统信仰相结合的产物。儒释道三教合流至明代达到高潮，在知识界不仅互相吸收，而且公然标榜三教合一，如李贽、王畿、管志道、焦竑等儒者，元贤、袾宏、真可、德清、智旭等高僧，张三丰、陆西星等高道，皆倡导三教合流。这种思潮影响到其他文化领域，扩散到民间，使民间信仰带上更多的多神崇拜的色彩，三教的学说和教义为民间宗教宝卷的造作提供了丰富的思想营养，三教的组织形式和活动方式也为民间宗教的建立提供了效法的模式。明代民间宗教大部分或脱胎于佛教，或孕生于道教，同时也都吸收了儒学的内容。从这个意义上说，佛道儒三家并没有衰落，而是由上层正宗的领地，更多地下降和扩散到民间，其影响实际上是扩大了。第四，明代中叶以后，不仅皇帝昏聩，政治黑暗，而且天灾频仍，经济残破，民不聊生，民众纷纷加入民间宗教以求生存，进而揭竿起义，希图变天，这是民间宗教得以大发展的主要动力，也是明代民间宗教常成为民变旗帜的直接原因。嘉靖时御史章焕上疏说："数年以来，民穷财尽，邑无安居之户，里无乐业之家，于是妖言盛行，根盘枝蔓。"(《明世宗实录》嘉靖三十五年)万历四十五年(1617)，直隶巡抚刘廷元奏折中说："畿南亢旱异常，既失望于夏麦，又难有收于秋成。途中有掇树草而啖者，有扶老襁幼而南奔者，情况殊不堪观。"(《明神宗实录》万历四十五年)总之，人民已经到了求苟活而不可得的时候，利用民间宗教作为外衣和手段进行改天换地的斗争，希望摆脱苦难，获得新生，便是顺理成章的事情了。

　　明代的民间宗教就其主流而言乃是元末白莲教的继续和发展，虽然并无严格定义上的教主传承和组织续接，但在教义的基本倾向上、在经典(宝卷）的撰著流布上、在组织规则与活动方式上，明代民间宗教的众多教派都接受了白莲教的影响，客观的社会作用也类似，所以有人统称之为白莲教。白莲教已经成为明清两代民间宗教的泛称，官方习惯于用"白莲教"一词指称一切所谓"邪教"和异端，若有牵连，便遭镇压；所以民间宗教教派大都讳用白莲教的称谓而另起名目，这就造成了教派用语和官方用语上的差别，令人困惑而不易确切把握，实际上是同一股宗教潮流。

但白莲教从宋元到明清的发展却显示了不同的阶段性，发生过较大的变化，这也是必须加以注意的。其演化主要有三个阶段：早期宋元阶段是净土阿弥陀信仰，结莲社做佛事以求往生西方净土，这个阶段的反叛性不强，所以能为蒙古贵族容纳；中期元末明初阶段引入弥勒信仰，弥勒是未来佛，弥勒下凡便意味着明王出世，必然带来变天思想，很容易成为民变的旗帜，从此白莲教便成为一种反叛的宗教，既为元后期统治者所不容，又为明初统治者（他们是借白莲教打天下的）所禁断；后期是明中叶至清末，以罗教的兴起为转机，形成数以百计的教门，大都引入了无生老母信仰，正式产生了明清民间宗教自己独有的最高创造神和救世主，同时保留阿弥陀和弥勒信仰，突出"三期末劫"说，更加具有反叛性，因而受到当权者的镇压也就更加残酷，后期的教门多是罗教的衍支或受罗教影响，所以罗教起了相当关键的作用。

朱元璋明令禁断白莲教，永乐帝继而效之。但白莲教的活动和武装对抗仍然此起彼伏，从未中断。湖广、江西方面，洪武六年（1373），蕲州王玉二"聚众烧香，谋为乱"（《明太祖实录》卷七十八）；洪武十九年（1386年），新淦彭玉琳，"自号弥勒佛祖师，烧香聚众，作白莲会……谋为乱"（同上书，卷一百七十八）；洪武二十年（1387），宜春教民李某"妄称弥勒佛，发九十九等纸号，因聚众谋作乱"（同上书，卷一百八十二）；洪武二十一年（1388），萍乡、分宜、宁都发生弥勒教民谋乱；永乐四年（1406），湖广蕲州广济县僧守座"聚男女，立白莲社，毁形断指，假神煽惑"（《明成祖实录》卷五十九）；永乐七年（1409），江西人李法良"行弥勒教，流入湘潭，聚众为乱"（《明大政纂要》卷十四）。四川、陕西方面，洪武十二年（1379）眉县彭普贵领导白莲教起义，陷十四州县；洪武三十年（1397）正月，汉中府沔阳县吏高福兴、民人田九成、僧人李普治起兵，田九成号"汉明皇帝"，建元龙凤，高福兴称"弥勒佛"，他们的同党金刚奴称"四天王"，"聚众至千余人，而陕蜀间番民因之作乱"（《明太祖实录》卷二百四十九），他们攻城掠物，与官军对抗，直到永乐七年才最后被平息。山东方面，永乐十八年（1420）青州地区爆发了唐赛儿领导的白莲教农民起义。其时山东等地"水旱相仍，民至剥树皮掘草根以食。老幼流移，颠踣道路，卖妻鬻子以求苟活"（《明史·邹缉传》），于是民变趁时而起。唐赛儿是蒲台县林三之妻，自称佛母，聚徒数千人，据益都，"自言得石函中宝书神剑，役鬼神，剪纸作人马相战斗"（《明史·卫青传》），各地白莲教徒纷纷响应，全省震动。后来官方派大军将起义镇压下去，被俘 4000 多人全部被杀害，而唐赛儿、董彦升、宾鸿等人却不知去向。朝廷怀疑唐赛儿混处尼与道姑中，"尽逮山东、北京尼及天下出家妇女，先后几万人"（《明史·段民传》）。

明中叶以后，白莲教以流民为基本群众，组织起事。成化间荆襄刘通、石龙（石和尚）起事，流民从者 4 万人。弘治中，河南赵景隆以白莲教起事，自称中原宋王。正德间，山西崞县白莲教世家李福达谋反，宣传"弥勒佛空降，当主世界"（《罪惟录·叛逆传》），嘉靖间四川蔡伯贯起事和浙江马祖师起事皆传李福达之术，足见其影响之大。万历间，南雄李圆朗宣传弥勒降生，自谓有方术，能易死还生、先天演禽、飞剑杀人诸法。浙人赵一平（古元）与孟化鲸谋反。福建吴建、吴昌兄弟组织白莲教徒进行抗官斗争。刘天绪在凤阳，自称无为教主，当阳皇极佛出世，后又称龙华帝主，封教民官职，俨然以新朝国君自居。明末最大规模的白莲教起义是山东徐鸿儒领导的起义（详见下文），它成为明末农民大起义的序幕。

明代民间宗教教派林立、名目繁多，而影响较著、势力较大者有罗教及其分支东西大乘教与老官斋教，有黄天教和红阳教，有三一教。

二　罗教及其衍支东西大乘教与老官斋教

罗教又名罗道、罗祖教，是明清两代流传较广、支派繁盛、影响相当深远的大型民间宗教。它的创始人是山东莱州即墨人罗梦鸿，又名罗清、罗静、罗英、罗梦浩、罗杰空、罗怀等，教徒皆尊称为罗祖。他生于明正统七年（1442），死于嘉靖六年（1527），寿八十五，一生经历了正统、景泰、天顺、成化、弘治、正德、嘉靖诸朝。祖辈当兵，隶北京密云卫古北口军籍。成化六年（1470）出家，经过 13 年的苦修，于成化十八年（1470）正式创罗教。罗氏创教前原是禅宗临济宗人，所以熟悉佛教。罗教形成的标志是罗清著经卷五部六册，即：《苦功悟道卷》、《叹世无为卷》、《破邪显证钥匙卷》（上、下册）、《正信除疑自在卷》、《巍巍不动泰山深根结果宝卷》。五部六册主要受佛教影响，书中引用大量《金刚经》、《涅槃经》、《华严经》、《圆觉经》、《般若经》的内容，而以禅宗和净土为主。罗教奉达摩为正宗，尊崇六祖慧能，主张"三教共成一理"，"不住斋，不住戒，逢世救劫，因时变迁"（《苦功悟道卷》卷一），不供佛像，不烧香，不做道场，不设经堂，颇有禅宗宗风。罗教教义，采用了佛教的性空说，着重阐发真空之义。《苦功悟道卷》说："忽然参透虚空，未曾有天有地，先有不动虚空"，"这真空往上参，无有尽处；这真空往下参，无底无穷"。《巍巍不动泰山深根结果宝卷》说："佛人僧俗善恶，三教菩萨修正，天堂地狱经书，这些都有坏。本来面目，从无量旷大劫来，永劫不坏"，"也无古佛，也无众生；这个长存，再无别事；本来无一物，何处有尘埃"。罗氏发挥佛教空论，把世上一切事物，包括佛祖菩萨，统统都否定了，只承认一个绝对的永劫不坏的真空，它是宇宙的根本，它变化出天地日月、山河大地、五谷禾苗，乃至三千诸佛，所以真空法乃是罗教的哲学基石。罗氏提出本分家乡（即后来的真空家乡），尘世是流浪家乡，有生有死，历经种种磨难，而最终的归宿是本分家乡，"既得高登本分家乡，永无生死"（《巍巍不动泰山深根结果宝卷》第二十三品）。又提出"无生父母"，"单念四字：阿弥陀佛，念得慢了，又怕彼国天上，无生父母，不得听闻"（《苦功悟道卷》卷一），"无生父母"就是天下人的共同父母，亦即永恒的至上神。从此民间宗教形成"无生父母，真空家乡"的八字真诀，其源实出于罗教。后来，"无生父母"变为"无生老母"，她是最高的女神。罗教教义也受到道家和道教的影响，从中吸收了"无极"、"无为"等观念，用老子的"天下万物生于有，有生于无"的观点解释宇宙万物的来源，如《巍巍不动泰山深根结果宝卷》说："天地日月，森罗万象，五谷田苗，春秋四季，一切万物，三教牛马，天堂地狱，一切文字，都是无极虚空变化。"无极又称真无极，亦即真空境界。罗教认为以往佛道儒三教的一切修持方法皆是有为法，都在扫除之列，只有无为妙法——摈弃一切欲念追求，才能真正使人摆脱现实苦难，返本还原，了悟大道。所以罗教又被称为无极教、无为教，罗梦鸿又被尊称为无为祖、无为居士、无为宗师。

罗教正式形成以后，在教义和活动上都表现出极大的独立性，与正宗信仰和现政权处在对立状态，所以受到正统佛教人士的攻击和政府的查禁。罗氏在山东传教时，德清和尚（明代佛教四大家之一，称憨山大师）亦在那里传布正统佛教，有意与罗氏争夺教徒，"渐渐摄化，久之凡为彼师长者，率众来归，自此始知有佛法，乃予开创之始也"（《年谱实录》），并称罗教为外道。另一位佛教大师袾宏（别号莲池）在《正讹集》中说："有罗姓人，造五部六册，号无为卷，愚者多从之，此讹也。彼所谓无为者，不过将万行门悉废置，而不知万行即空，终日为而未尝为者，真无为也。彼口谈清虚，而心图利养，名无为而实有为耳。人见其杂引佛经，更谓亦是正道，不知假正助邪，诳吓聋瞽"，"凡我释子，宜力攘之！"还有一位密藏大师更抓住罗教的民间性特点加以攻击，说该教"三更静夜，咒诅盟誓，以密传口诀。或紧闭六门，握拳拄舌，默念默提，救拔当人，以出苦海。或谓：夫人眼视耳听足行的，现成是佛。大佛小佛，男佛女佛，所作所为，无非佛事。何分净染，何事取舍，何假修持。但临命终时，一丝不挂，即归家乡耳。如此则皆其教之法也。"又说："蚁屯鸮聚，唱偈和佛，邪淫混杂，贪昧卑污，莫可名状。而愚夫愚妇率多乐于从事，而恣其贪淫，虽禁之使不归向，有不可得。此教虽非白莲，而为害殆有甚于白莲者乎！"密藏表现出一种贵族式的门户偏见，辞多诋毁，但他抓住了罗教带根本性的"归家乡"教义，看到了罗教与白莲教的共性。在政府方面，对罗教的态度和政策是严厉的，《礼部志稿》中说："如白莲、无为等教者，诱惑愚顽，酿成祸乱"，"白莲、罗道等会，惑众靡财，悉重加惩治。"万历十五年（1587）左都御史辛自修奏："白莲教、无为教、罗教，蔓引株连，流传愈广，踪迹诡秘。北直隶、山东、河南颇众"（《明神宗实录》）。万历三十一年（1603）康丕扬奏请禁止"白莲教、无为教、罗道教"。万历四十三年（1615）"礼部请禁左道以正人心"（以上同书），"左道"包括罗祖教。万历四十六年（1618），南京礼部烧毁五部六册，告示中说："照得无为教惑世诬民，原系《大明律》所禁"，"其言皆俚俗不经，能诱无知良民，听从煽惑，因而潜结为非，败俗伤化，莫此为甚"，"再不许私习无为等教，自取死罪。其有经坊私刻小本者，该司查出，一并烧毁"（《南宫署牍》）。

罗氏自认为五部六册是正宗信仰，也曾咒骂过白莲、弥勒等教为邪教，但在事实上罗教不仅仍然处在民间宗教的地位，而且给白莲教的发展以重大的推动，许多白莲教衍支以罗祖为教主，以五部六册为经典，或者仿其内容而为之宝卷，由此而陆续出现众多的宝卷，使民间宗教进入繁盛的阶段。

罗教的第二代分成两大支派——无为教和大乘教，大乘教又有东西之分。无为教是罗教的正宗，《古佛天真考证龙华宝经》记载明代16个教派，其中有"无为教，四维祖"，"四维"合为罗守，可知罗教一直被称为无为教。罗梦鸿之子孙在京畿一代传布此教，代代为无为教教主，直至清代犹然。

大乘教分为两支，如《龙华宝经》所说："西大乘，吕菩萨"，"东大乘，石佛祖"。西大乘教传为正统年间京郊黄村女尼吕牛所创，吕牛也称吕妞，教徒尊称吕菩萨。初以黄村保明寺（又名皇姑寺）为中心，在西山一带传播，后遍及华北各省，并远播到四川、安徽、江苏各地。教内人认为吕菩萨是观世音下凡，而观世音自是无生老母。保明寺由此香火滋盛，为大乘教圣地。隆庆万历间，保明寺出了一位张姓女尼，法名归圆，仿罗氏五部六册又撰成新五部六册，即：《销释大乘宝卷》、《销释圆通宝卷》、《销释显性宝卷》、《销释圆觉宝卷》、《销释收圆行觉宝卷》（二册），称为大乘教五部六册。归圆的思想出于大乘佛教，而又入于罗教，以罗祖口吻说教，信奉无生老母、无极老祖等，宣扬末世劫变思想，对明后期民间宗教有一定影响。由保明寺刊印的大乘教宝卷，也有近于道教的，如刘香山、刘斗璇等所著《东岳天齐仁圣大帝宝卷》、《护国威灵西王母宝卷》、《佛说骊山老母宝卷》等，则重全真道教义。

万历年间，大乘教流传于冀东各县，蓟州人王森（原名石自然）于滦州石佛口声言自己系天真古佛转世，自号法王石佛、石佛祖。相传他得妖狐异香，因称其教为闻香教，自称闻香教主。世人为了与以保明寺为中心的大乘教相区别，称闻香教为东大乘教，保明寺的教门为西大乘教。东大乘教以石佛口为中心，向外传教，徒众遍布河北、河南、山东、山西、陕西、四川。该教信奉燃灯佛、释迦佛、未来佛，宣称未来佛（弥勒佛）降生在石佛口王姓家内。又宣扬三期末劫、返本归源等思想。该教组织严密，有大小传头和会主等名号，并有竹签飞筹，传递消息，一日数百里。万历二十三年（1595）王森被捕，判死刑，后来用贿得释，继续在京结交外戚中官，行教自如。其徒李国用以符咒召鬼之术别立宗教，出卖了他，王森再次入狱，并于万历四十七年（1619）死于狱中。之后，其子王好贤和徒弟徐鸿儒、于弘志等继续传教，徒党益众。王好贤以河北宝坻为中心，号召乡民，准备起事，夜聚晓散，传经联络。天启二年（1622）徐鸿儒、王好贤举行起义，徐鸿儒自号中兴福烈帝，建元大乘兴胜。以红巾为标志，攻破郓城、邹县、滕县，一时声势浩大。斗争一月有余，最后遭镇压失败，徐鸿儒和于弘志被捕杀，王好贤逃逸，但已引起"二百六十年来未有之大变"（赵彦奏疏），成为李自成、张献忠大起义的序幕。徐鸿儒临刑前说："我与王氏父子经营天下二十余年，按籍而数，吾法门弟子已逾二百万。"（《两朝从信录》卷二一）可知闻香教事业之盛。王森子孙仍世代传教，历三百余年未曾中断，后改名为清茶门教、收缘门教、一炷香教、大乘圆顿教、圆顿门兴隆派、太上古佛门教等。在王森的弟子中有张翠花这样的女性，她有"中央圣地翠花张姐"之称，是中央一方之主，在闻香教中有重要地位。由张翠花引荐，弓长参拜王森为师，后来自立圆顿门教，弓长自称古佛天真教主，于明末传教颇有成果，继续和发展了闻香教的传统。

罗教在明末传入江南，浙江庆元县应继能（又作殷继能）及其徒姚文宇先后接任教主，是谓老官斋教。后来由姚氏家族世袭教权。姚文宇有《三世因由》一书，托言初世姓罗，二世姓殷，三世姓姚，表示自己乃罗祖转世。老官斋教以福建为中心，在浙、赣、闽、湘、鄂一带发展势力。福建建安、瓯宁最盛，会众吃素，俱称老官，并设斋堂。姚氏后裔每年去福建一次，举行收徒仪式并收会费。姚氏传教授徒，密传口诀，有小乘二十八偈语及大乘一百零八字偈语，另传坐功、运气等三层功夫。明万历三十二年（1604）瓯宁的教民在吴建领导下起事。清代乾隆十三年，在建安、瓯宁两地发生老官斋教聚众抗官之事。

三　黄天教和弘阳教

1. 黄天教

黄天教又叫黄天道、皇天教，其教名来源于三世三天信仰。据后来清代官方档案披露，该教认为："过去者是燃灯佛"，"度道人道姑，是三叶金莲为苍天"；"现在者是释迦佛"，"度僧人尼姑，是五叶金莲为青天"；"未来者是弥勒佛"，"度在家贫男贫女，是九叶金莲为黄天"（《清代档案史料丛编》第三辑），以黄天象征未来的美好理想，故名。该教创于明嘉靖年间，创教人是北直隶万全卫李宾，道号普明，被道徒尊为普明佛。李宾青年时务农，后来驻守长城为士卒。于是参师访友，明修暗炼，于嘉靖三十二年（1553）创立黄天教，并传教于宣化、大同一带。嘉靖四十二年死于万全卫膳房堡。教权由其妻王氏接续，王氏道号普光，隆庆三年（1569），"通传妙法"，万历四年（1576）去世，与李宾同葬于膳房堡碧天寺内。普光死后，教权由两个女儿接传。大女普净，二女普照。之后，普照之女普贤接传教权。以上五人称为黄天教五佛祖。普贤之后教权转回到李姓，李宾胞兄李宸的后代手中，这已是清代的事情了。还有一位道号普静者，乃李宾亲传弟子，俗名郑光祖，他编撰过经卷，与圆顿教有密切联系，对江南长生教的出现有重要影响。长生教创于明末浙江西安县，创教人汪长生，道号普善，被奉为黄天教十祖，是普静一派在江南的直接传承人。[①]

普明著有《普明如来无为了义宝卷》（简称《普明宝卷》）。普静著有《普静如来钥匙宝卷》，又称《普静如来钥匙古佛通天六册》。《普明宝卷》首先表现出一种弥陀信仰，论述古弥陀见尘世群生罪孽如山，难离苦海，于是"驾法船，游苦海，普渡众生。随类化，劝人人，回心转意。受三皈，和五戒，指你真经。舍凡情，发弘誓，超出三界"。同时又引入罗教的无生老母信仰，述说尘世群生在灵山与无生老母失散，沦降在阎浮世界东土苦海，今由弥陀古佛下凡，化为明师真人，指引众生还归回乡。宝卷描述群生见到无生老母如见到亲娘。宝卷把世界分成过去、现在和未来三个时期：过去的燃灯佛混元祖安世治天，其时"人人长寿"、"草衣遮体"、"兽面人心，一无邪染"；现在世界则是"有明有暗，有圆有缺"，"人有形体，五欲邪淫，染尘末世，不得长生"；未来世界将由皇极古佛转世的人来缔造。它认为世界上共有96亿人，过去道尼度了2亿，现在佛尼释子度了2亿，还剩下92亿在染尘末世中，等待皇极古佛化度。普静的《普静如来钥匙宝卷》发展了《普明宝卷》，明确引入弥勒信仰，将三世说阐述得更清楚更有特色，它的概括是："燃灯佛子，兽面人心；释迦佛子，人面兽心；弥勒佛子，佛面佛心"（见黄育楩《破邪详辨》引）。这其中包含着对现实的强烈否定和对未来的美好憧憬，它进一步扩大了黄天教的影响。

黄天教从教义内容上更加接近道教，特别接近内丹派的全真道。《普明宝卷》要人们兼修性命之功，云："坎离交，性命合，同为一体"，目的是为了结丹："性命合，同一粒，黄婆守定。结金丹，九转后，自有神通"，结丹以后，"天无圆缺人无老，人无生死月常明。无饥无饿无寒暑，无染无污自清凉。寿活八万一千岁，十八童颜不老年"。《普静如来钥匙宝卷》亦要人们修行内丹，谓"得道之人，先通内用，养神、养气，神气不散，结成大丹"。他们认为人身乃一小天地，宇宙乃一大天地，两者是一体的，要取日精月华、先天混元之气，纳入体内，才能丹珠自成。《普明宝卷》以全真自命其教，书中多次出现全真道名目。除了强调性命双修，还吸收全真道的三教圆融思想，谓："一切众生归天去，收元了道，三教归一。"（《普静宝卷》）黄天教的戒律多采自佛教，但它广行道场的方式则近于道教。《普静如来钥匙

---

① 长生教奉普明为七祖，亦尊奉禅宗六祖。该教出了几部有名的经卷：《弥勒佛地藏十王宝卷》，崇祯间编成；《圆明宝卷》，清同治间编成；《众喜宝卷》，道光间编成。

真经宝忏》所载道场的内容，先念诸神咒以便做到身心清净并请出太上老君、北斗七星诸神；接着念诵各种"宝忏"，认识人间的罪恶，忏悔前罪，要求道场主持人仗其法力，消灾免祸。这些做法更像正一道。其时嘉靖皇帝"好鬼神事，日事斋醮"，影响到社会风气，故黄天教创立时不仅采纳全真道，也采纳正一道，以便满足底层群众的精神需要。

2. 弘阳教

弘阳教又作红阳教或混元红阳教。创教祖师飘高，俗名韩太湖，号宏阳，广平府曲周县人，生于明隆庆四年（1570），19 岁出家，22 岁进圆顿教，证出弘阳教理，万历二十二年（1594）在太虎山悟道，开宗立教，广收门徒，建立教团。次年，进京传教，结交贵族与太监，为之护教张扬，于是教门大兴隆。他得到掌皇家印造经书的太监的支持，将弘阳教宝卷在内经厂印制，并借御印经典之名，流通天下。但弘阳教始终未得到政府的正式承认，因而主要还是在民间流行。弘阳教的宝卷刊印流通居于各教门之冠，有《混元红阳悟道明心经》、《混元红阳苦功悟道经》、《混元红阳叹世真经》、《混元红阳血湖宝忏》等，不下数十种。飘高仿罗祖五部经，造《红阳五部经》，谓之"大五部"。后又将许多经咒、佛号等造为《销释混元无上大道玄妙真经》等五部，称"小五部"。教义的宗旨是三阳说和红阳劫变说。《混元教弘阳中华经》序说："弘阳法者，现在释迦掌教，以为是弘阳教主，过去是青阳，未来才是白阳。"过去青阳之世，燃灯古佛掌教；未来白阳之世是弥勒佛掌教。无疑它与黄天教的三世说是一致的。现在是红阳之世，所以红阳教当兴。它认为红阳末劫是人间最大劫难，劫尽之后，才是白阳的理想世界，而飘高祖师下降东土，就是要拯救苦海中的众生，使他们摆脱末劫之灾，登上法船，驶向幸福的天宫。弘阳教的主神有自己的独特性，它是混元老祖，有时称无极老祖，与无生老母是夫妻关系，共同执掌天宫，主宰人间。混元老祖是创世主，无生老母则是人间的共同慈母，飘高是他们的小儿子，孔子、老子、释迦、真武是飘高的兄长。弘阳教也采取《弥勒下生经》的说法，即过去燃灯佛掌教时，已度化 2 亿元人（徒众被称为"大地元人"），现在释迦佛掌教，再度化 2 亿元人，还有 92 亿元人将为未来掌教的弥勒佛所度化，同归真空家乡。弘阳教也受道教的影响，"混元"之称来自道教，混元老祖创世的过程是"一生二，二生三，三生万物"（《混元弘阳飘高祖临凡经》)。显然取自道家。老子被尊为"老君圣人"，与释迦、孔子一起，设"三教堂"奉祀。弘阳教也同正一道一样，十分注重道场仪式，善于斋醮祈祷。在飘高生日忌日，教徒念经作会，焚香礼拜，祈福禳灾。平日为民众祈禳被除，超度亡灵。该教宝卷中有大量供斋醮坛场用的经忏科仪之类的内容。弘阳教主张三教兼融，在它的道德信条中，将佛教道德和儒家道德结合起来，宣扬善者有因，恶者有报，恭敬三宝，孝养双亲，和睦邻里，爱成子嗣等伦理观念。从总体上说，弘阳教与黄天教比较接近，都宣扬三世说和末世劫变说，具有变天思想和反叛精神，它们的上层分子虽然想取得国家掌权集团的支持，但教义本身和教徒的思想情绪决定了这两种宗教必然与现政权发生对抗，作为"邪教"、"异端"而受到查禁和镇压。

四　三一教及其特点

明代有一个由知识分子学术社团演变为宗教的特例，这即是"三一教"，可视为准民间宗教，它的出现很能反映明代中后期的思想文化特征。它的创始人是正德至万年间的福建儒家学者林兆恩。林兆恩，字茂勋，别号龙江，道号子谷子、心隐子、混虚氏、无始氏，学者初称三教先生，后来教徒尊称三一教主、夏午尼氏，正德十二年（1517）生于福建莆田，死于万历二十六年（1598），享年82岁。林氏出身于书香世族，青年时仕途坎坷。至壮年结交一批王阳明后学学者如罗洪先、何心隐等，深受三教合流思潮的影响。仕途失意后，开始治学著述，收徒讲学，与弟子切磋学问，探究三教深义，或作好善乐施之举。40岁时居"东山宗孔堂"，与诸生讲论古礼，后立"三纲五常堂"，讲授三教，形成学术社团。这时林兆恩还不是宗教家，而是一位名声卓著的学者，受到士林许多人的尊敬。林兆恩晚年，渐渐以教主自居，赋予学术社团以宗教组织的外在形式，并且在弟子们的神化和崇拜中，把自己变成神，学堂变成教堂，堂内的活动掺杂越来越多的宗教祭祀内容。终于在他71岁时，三一教正式形成，门下称三教先生为三一教主，各地立三一教堂，教堂供奉四大偶像：孔子，儒仲尼氏，圣教宗师；老子，道清尼氏，玄教宗师；如来，释牟尼氏，禅教宗师；林兆恩，夏午尼氏，三一教主。万历二十六年（1598），林兆恩去世，门徒分头传教，形成三大支派。一支以陈标、王兴为首，先于浙江、安徽，后于福州，时而至金陵，建堂传教，归者甚众。另一支以张洪都、真懒为首，倡教金陵，北至直隶、北京。张在北京时，官吏为之护法，往来多为缙绅，文学弟子不可胜计。真懒在金陵建中一堂，疗病施舍，编辑刻印《林子全集》。第三支以卢文辉为首，在莆田、仙游倡教，以林氏嫡传自居，继续神化林兆恩，建立规模宏大的三一教堂，变林兆恩画像为塑像，渲染林氏是弥勒下凡，行"龙华三会，普度人天"。卢文辉之后陈衷瑜掌教权，陈氏之后董史承续教权。三一教在清初有活动，雍乾以后衰落，但未中断，又传至台湾和东南亚各国，至今在福建和海外仍然存在。

林兆恩一生著述宏富，约百余万言，是位大学问家，生前多次编辑论著。后人将其著作总汇为《林子全集》或摘编成集，版本颇多，其中以崇祯本《林子全集》较好。林兆恩的三一教教义贯穿一条主线，即三教合一而又归儒宗孔。林氏认为三教之源本同，三教之道本一，"譬之树然，夫树一也，分而为三大支：曰儒，曰道，曰释"（《林子全集》利第五册），"释迦之寂灭，道之虚无，儒之格致，其旨一也"（《三教正宗统论》一册），他不同意立三教门户和在三教之中分邪与正，但他在三教中特别崇儒尊孔，以为孔子之教"最切于民之日用之常，而又不可一日无焉"，"孔氏之教之大，无一而不在孔氏所容蓄之中"（《林子全集》利第七册）。他又有"非非三教"之论，即"以三教之非者非之"，对三教弊端进行批判，以为三教正宗久已不传，以伪为真，以谬为正，必须返本正源。他以为荀学不识性；汉儒注经晦心性之学，坏了道脉；韩愈性三品说谬戾；朱子注训太早，伊川检束太严——总之赞成心学而非难理学。他认为道教长生之说为虚怪妄诞，但肯定钟吕传统的内丹之学。对于佛教，他把"明心见性，不假外求"的禅宗视为真传正宗，批评不婚娶延嗣、出家而不事常业、诵经念佛、参禅枯坐等行为。很明显他是以心学的标准评判三教是非的。林兆恩认为三教之学，真谛全在"心性"，心具至理，显而为教，故云："以人之心，至理咸具，欲为儒则儒，欲为道则道，欲为释则释，在我而已，而非有外也。"（《林子全集》利第七册）儒释道在修道途上有不同的作用：儒为"立本者"，道为"入门者"，释为"极则者"。林兆恩发大心愿要合三教为一，使三家归之于"中一道统"，认为《尚书·大禹谟》十六字真传"言心与精而为一，而会归于黄中之中而允执之者，此尧舜之所以开道统之传，而为万古圣学之宗也"（《夏午经纂要》卷二）。明代中后期，三教合流达到一个高潮，不仅三家在理论上互融互补，而且有一批学者公开主张取消三家门户，如李贽、管志道、何心隐、焦竑等，他们与林兆恩同属一种文化思潮；而林兆恩的三一教不仅主三教合流，而且将其纳入一种新的宗教之中，这倒是林氏的独家创造。对于林兆恩的言行，学界有褒有贬。何心隐大加赞美，他对林氏说："儒、释、道大事也正为孔老释迦作了，以后只三教合一是一件大事，又被吾子作了。"（林兆珂：

《林子年谱》）把林氏比成三圣之后又一圣人。黄宗羲却批评道："观兆恩行事，亦非苟矣。夫周程以后，必欲自立一说，未有不为邪者。兆恩本二氏之学，恐人之议其邪也，而合之于儒，卒之驴非驴，马非马。"（《黄梨洲文集》），黄氏认为林兆恩只本于佛道，儒学不过是掩饰，这是不公允的；但他指出林氏出于佛道，是有道理的，三一教确是用佛教道教的宗教性改造了儒学，这样的儒学不符合儒家历来形成的人本主义道统，变成货真价实的宗教，确实是非驴非马的变态事物，又带有弥勒信仰的民间色彩，被正宗儒者目为异端是理所必然。总起来说，三一教亦是一种民间宗教，它的组织形式、活动方式基本上采用了当时流行的白莲教各派的模式，在教义上也有接近的地方；但它与当时其他民间宗教有显著的不同，即：它由学术团体演变而成，与知识界联系较为密切，学问之风较盛，崇拜对象限于佛老孔林，崇儒归孔是主要倾向。

五　明代民间宗教的共性及其对社会文化的影响

明代民间宗教的共同点，可作如下概括：

（1）它们在教义和组织上大都脱胎于儒、释、道三教，其中尤以佛道影响较大，因此宝卷的思想都是三教掺杂，并且明确主张三教合流。罗教近佛，黄天教近道，三一教近儒。一般地说在宗教信仰上多采佛道，在宗教道德上多采儒家。

（2）多数以无生老母为最高神灵，同时信奉弥勒、老子诸神。"无生老母、真空家乡"是它们的独特信仰，由此而与佛道教相区别。无生老母是创世主，也是救世主，她的责任是将沦落在尘世中的儿女们度脱到真空家乡即天堂中去。家乡的观念对于民众是亲切的，信教的目的就是要从迷失的人生路上回到真正温暖幸福的家乡。有的教派信奉混元老祖等，但无生老母仍然保持着高位神的地位。

（3）大都宣扬三期末劫，以救劫应变号召群众。世界三期说源自佛教的三阶说、龙华三会说和摩尼教的三际说，而又有自己的创造。弘阳教把世界历史分成青阳、红阳、白阳三个阶段，与龙华三会说恰相对应。龙华三会，即初会、二会和三会，在明代颇为流行，其说是：龙华初会，燃灯佛铁菩提树开花，二会是释迦铁菩提树开花，三会是弥勒佛铁菩提开花，第三会是最高境界。明代民间宗教又有新的说法，如黄天教的苍天、青天、黄天说，《皇极经》的三佛三世掌权说，其要皆不出三期说，而以当时为二期末劫，宣扬"红阳劫尽，白阳当兴"，故而包含着否定现实、争取未来的革命意义。

（4）它的成员主要是下层群众、农民、手工业者、水手、城市贫民、流民等，大部分是由于生活贫困、孤立无靠、灾难深重而加入民间宗教，以求得精神上的慰藉和生活上的救济。民间宗教组织在平时是民众互相自保的组织形式，在社会动荡时期也常常成为武装起事的旗帜和外衣，具有异端性和反叛性。因此一般为统治者所禁止和镇压，活动常处在非法和秘密状态。

（5）教内领导成员的身份和思想比较复杂，有的能代表教民利益并做出牺牲，真心向往和争取美好的理想；有的出于个人野心，想当新皇帝；有的想借助于教会势力抬高自己的身价，以便进入上层社会。教内组织等级森然，往往形成家长式统治，教权由教首世代相传。民间宗教往往能利用各种关系打入上层贵族，特别是结交宫廷内官，重要原因是太监多出身贫寒，与教首同乡同宗，容易产生亲近感，加以民间宗教多依附于佛道教，外人一时不易分清，故得到某些官吏、太监的护持，但始终不能得到朝廷正式承认。

（6）它们的经典多称为宝卷，以韵文为主，散文为辅，用偈子、唱诗、曲牌等说唱文艺形式表述，浅显而生动，便于在民间流传。宝卷种类繁多而内容庞杂，多俗言俚语，粗陋而神秘，间有深奥精辟之处，被正宗大教和官方目为"邪经"，查禁取缔，毁版烧书，只能秘密流传。

（7）在崇拜对象和活动中重视女性的作用。经卷中有朦胧的男女平等思想，对妇女的苦难有较多关切。在神祇中除突出无生老母的至尊和慈爱的形象外，还崇拜观音、王母娘娘、骊山老母、七仙姑和各层圣母。在教首中女性为数不少，如大乘教的吕菩萨、女尼归圆和张翠姐，龙门教的米奶奶，永乐间自称佛母的唐赛儿，无为教的寡妇岳氏妻称观音，山东王伦益称混元祖师，偕妻十指母，率众起义。至于一般教徒中，妇女数量众多，如明中叶以后，在社会或家庭中从事宣卷活动者以尼姑为多，以妇女为主要听讲者。中国妇女的地位，越在下层越是居高，她们所承受的负担和苦难又最为沉重，所以在具有反抗精神和民间色彩的教门中受到尊敬。

（8）教门繁多，愈衍愈众，彼此借重、交错，又自成一体，各有教规戒律约束，暗中传布和活动，不可胜记，难以归类。地方性强，分散而又相对集中。具有顽强的生命力，形成一种巨大的民间宗教传统，虽屡受朝廷禁断镇压，而始终绵延不绝，如山草，野火烧不尽，春风吹又生，并且在总体上呈发展扩大的趋势。

明代民间宗教对社会文化的影响是多重的和复杂的。

从消极方面说，在教义上，宝卷往往把本来比较精致的佛教、道家道教哲学加以粗俗化，使之庞杂浅显，理论水平不是提高了，而是降低了；在组织制度上，形成具有封建等级色彩的帮派，成员混杂，以家族和迷信为纽带，不利于群众力量的有效组合，往往被野心家利用，形成自我损耗；在社会作用上，宗教的虚幻性和法术的神秘性只能给教民以虚假的精神安慰，不利于民众的真正觉醒，甚至有碍生产，有害身心健康。

但我们不能站在封建正统的立场上，斥它们为"邪教"、"乱民"，应该站在社会和人民的立场重新给予公正的评价，指出它们进步的合理的方面。首先，当民众还不能摆脱宗教的影响时，这些民间宗教组织成了他们在贫困和灾难景况下自保自救的社会组织，借以抵御外来的压迫，求得生存和改善。例如，漠北的白莲教徒大都是求生和逃避朝廷搜捕的流民，聚集为村落，借以安身；罗教的数量众多的漕运水手信徒，受官衙盘剥，生计常受威胁，而依赖教门和庵堂，则生可托身，死有归宿。朝廷为了防止民变，有时也不得不做点改良和安抚。明代民间宗教常常成为民众武装反叛朝廷的外衣和组织手段，反映出民众在中世纪后期的自我觉醒和冲天精神，虽然都未成功，但这样的斗争乃是民众自我组织的实际锻炼，为明末农民大起义和后来连续不断的群众斗争风暴，作了思想上和组织上的准备。其次，民间宗教平日的宗教活动，也是教徒们的一种文化生活方式和教育方式，对于丰富教徒的精神生活、改善社会风气和促进民间文艺的发展，有积极作用。教徒平时念经、烧香、拜忏、上供、坐功、吃斋，遵守教内戒律，也常有节日聚会，往往是宗教活动与文艺活动、商业活动结合在一起进行，可以宣泄感情、交流思想、增进见闻。宗教道德信条，采自佛道教和世俗道德，无非是劝人为善。特别是不设男女之大防，妇女可以一起参加活动，礼教家认为是"男女混杂，伤风败俗"，实际上是破除夫权，提高妇女地位，有进步意义。再说宝卷本身就是民间文艺作品，包含各种宗教神话传说，在形式上活泼多样。经卷的开头和结尾，大都有开经偈、焚香赞和收经偈；散文说白韵文有五言、七言、十言，十言多为三字两句、四字一句，与梆子腔十字乱弹同；卷中穿插《山坡羊》、《雁儿落》、《上小楼》、《驻云飞》、《黄莺儿》、《画眉序》、《傍妆台》等民间曲牌，便于诵唱，这样宝卷就充实和发展了民间文艺，其丰富的资料尚有待开发。最后，民间宗教除祭神拜忏活动外，在修持上大都讲究身心的锻炼，讲练气功，精演武术，去病强身。民间宗教的修持也是杂采儒释道三教而用之，所谓"皈道、皈佛、皈圣，以三教为一家，双修性命"。它也有自己的特点，即：第一，理论和方法简单明了，多是口头传授，适合普通教民的口味；第二，群众性强，教民在礼拜、念佛等活动中普遍练习，具有民间体育的性质；第三，强调防病治病，并且有实际的功效，而特受民众欢迎；第四，气功与武术相结合。许多教首本人是气功师兼武术师，在传教中教功练武，培养出不少武林高手，在硬功、轻功和武功上颇有成就，推动了中华武术的发展。民间宗教的气功和武术夹杂着迷信和其他糟粕，但也确有真功夫在其中，是值得挖掘的。

第九章　清朝前期的宗教

第一节　概　　述

清政府的宗教政策大体上沿袭明朝，进一步完备国家宗教祀典，尤重祭孔，大力提倡尊孔读经，继续以程朱理学为官方哲学；同时崇信佛教和道教，而以佛教为重，为加强蒙满、满藏联盟，对于藏传佛教表示了相当的尊重；对于伊斯兰教低限度地承认其合法存在，而继续禁断白莲教等各种民间宗教；在不违背中国礼仪传统的前提下，初期允许天主教士一定程度的合法活动。但是清朝与明朝相比，在宗教政策上，尤其在具体的执行过程中，亦有诸多变化，形成这一时期若干新的特点。第一，清廷是东北满族入主中原，在国家宗教祭礼上掺杂了许多满族的宗教旧俗；第二，清代诸帝除雍正外，不大重视道教，没有出现明代嘉靖皇帝那样的道教狂热贵族信徒，道教与清廷的关系比较冷淡；第三，清廷的政治统治，一向迷信武力征讨和镇压，而较少使用怀柔和招抚，面对以伊斯兰教为旗帜而举事的穆斯林，和以各种民间宗教名义而举事的广大民众，清廷的对策是"斩绝根株"，进行血腥的屠杀和严酷的惩罚，因此，伊斯兰教和广大穆斯林，特别是有斗争精神的回族，在有清一代遭受了极大的厄难困苦，这与明代的祥和状态大相悬殊；第四，西方基督教文化与中国传统文化（主要是儒学）之间的冲突进一步加剧，罗马教廷的僵硬政策，导致了康、雍、乾、嘉、道各朝严厉的教禁，基督教在中国的传布遇到前所未有的困难。

清前期的宗教，亦是多教并存的局面。国家宗教、佛教、道教在理论上都无重大创新，其基本趋势是各教在教义上互相融会，在活动上互相兼容。儒、佛、道三家的合流达到一个新的水平，伊斯兰教的儒化及其相应的汉文译著活动有较大进展，广大汉族地区的民间信仰更具有多教并修、多神并崇的特点。从上层来说，佛教和道教呈现停滞乃至衰落的局面，但从下层来说，佛道二教的信仰在民间的影响大大扩展，并向社会其他文化领域广泛渗透，成为全社会精神生活中极为活跃和普遍存在的文化要素。这一时期宗教领域一个显著的特点是各种民间宗教比明代更为蓬勃兴旺，有如甘草、竹丛，根系难除，愈剪愈生，教门杂多，蔓延全国，并随时从宗教力量转化为政治力量和军事力量，搅得大清帝国几无宁日，显示了中国民众的觉醒和组织水平达到了一个新的高度。民间宗教和秘密结社，一直是清代头等的社会问题，它构成清史的重要内容。

第二节　国家宗教祭祀与民间祖先崇拜

满族贵族集团入关而为中国统治者，主要凭借武力和高明的政治策略。而其长治久安之治国方略，则依赖于中原传统的礼乐典制，其中包括传统的郊社宗庙祭典。顺治三年，诏礼臣参酌往制，修成礼书；康熙时则有《日讲礼记解义》；乾隆帝又御定《三礼义疏》，皆成为清朝制礼作乐的理论依据。《大清会典》、《皇朝三通》通定皇朝各种制度，而礼典的确定则又有专书。一曰《大清通礼》，乾隆中撰成，道光年增修。二曰《皇朝礼器图式》，内有祭器、仪器、冠服等规定。三曰《满洲祭神祭天典礼》，内含祭期、祭品、仪注、祝辞等项，是满族宗教祭祀旧俗的典籍，入关以后，用而不废。清初循用明廷旧制，稍有损益。如祭天增堂子之祭。康熙时，废除在禁中祭上帝，在大享殿合祀天地日月及群神，和在太庙阶下合祭五祀；祭祖之典则罢禘祭，专行祫祭。乾隆时，修雩祀，废八蜡，建两郊坛宇，定坛庙祭器。

凡国家宗教祭祀，皆属于太常、光禄、鸿胪三寺，而综于礼部。惟堂子祭天与内廷祭祀归内务府司之。清初定制，凡祭三等：圜丘、方泽、祈谷、太庙、社稷为大祀；天神、地祇、太岁、朝日、夕月、历代帝王、先师、先农为中祀；先医、贤良、昭忠等为群祀。乾隆时改常雩为大祀，先蚕为中祀。天地、宗庙、社稷一般情况下由天子亲祭，其余或亲祭或遣官。

一年之中，大祀有 13 次：正月上辛祈谷，孟夏常雩，冬至圜丘，皆祭昊天上帝；夏至方泽祭皇地祇；四孟享太庙，岁暮祫祭；春秋二仲及上戊，祭社稷；上丁祭先师（光绪末升为大祀）。中祀有 12 次：春分朝日，秋分夕月，孟春、岁除前一日祭太岁、月将，春仲祭先农，春季祭先蚕，春秋仲月祭历代帝王、关圣、文昌（咸丰时改关圣、文昌为中祀）。群祀有 53 次：季夏祭火神，秋仲祭都城隍，秋季祭炮神，春冬仲月祭先医，春秋仲月祭黑龙白龙二潭及各龙神，还有玉泉山、昆明湖河神庙、惠济祠，以及贤良、昭忠等祠。万寿节祭北极佑圣真君、东岳都城隍。其岳、镇、海、渎，及帝王陵庙、先师阙里、元圣周公庙，天子巡幸则有亲祭，平时遇大庆典则遣官致祭。各省祭祀社稷、先农、风雷、境内山川、城隍、厉坛、帝王陵寝、先师、关帝、文昌、名宦、贤良等祠。天子祭京城太庙，亲王以下家庙，祭始封祖并高、曾、祖、祢五世。入品官员至士庶祭高、曾、祖、祢四世。

凡登基大典、上尊号、徽号，郊祀，万寿节，册立皇太子以及征讨、凯旋、谒陵、巡狩等，皆先期遣官祭告天地、太庙、社稷或祇告奉先殿。

一　坛制、祭设与仪注

顺治时，建圜丘于正阳门外南郊，尺寸皆用阳数。圜丘南向，三层，上层直径五丈九尺，高九尺；中层直径九丈，高八尺一寸；下层直径十二丈，高同中层。用砖一九七五阳数。陛四出，各九级。乾隆八年修斋宫，十二年修内外垣，改筑圜丘，规制益拓。上层径九丈，二层十五丈，三层二十一丈，一九（乘为九）、三五（乘为十五）、三七（乘为二十一）皆天数。三层径合为四十五丈，符合九五（乾卦九五爻处至尊之位，飞龙在天，代表皇位）之义。初，上层坛面由中心向外铺砖九重，砖数一九累至九九，二三层以次递加。后改坛面为艾叶青石。乾隆十六年，更名大享殿为祈年殿。该殿亦按天数而建，殿高九丈，取"九九"阳极数之意；殿顶周长三十丈，表示一月之天数；大殿中部有龙井柱四根，为四季之象征；中层金柱十二根，象征一年十二个月；外层檐柱十二根，象征一日有十二时辰；三层共有柱二十八根，象征天上二十八宿；加上顶部八根童子柱（短柱），则为三十六柱，象征三十六天罡；大殿宝顶有一雷公柱，象征皇帝"一统天下"。方泽坛北向，其建制用阴数，方泽周四十九丈四尺四寸，深八尺六寸，宽六尺；坛为正方形，上层方六丈，二层方十丈六尺，合六八阴数；每层陛四出，皆八级；二层南列岳镇五陵山石座，镂山形，北列海渎石座，镂水形；内墙方二十七丈二尺，高六尺，厚二尺；外墙方四十二丈，高八尺，厚二尺四寸；坛内垣周五百四十九丈四尺，外垣周七百六十五丈。雍正八年重建斋宫。乾隆十五年改筑方泽墁石，上层石纵横各六，共为三十六，二层倍上层。社稷坛在宫城右前，方形，二层，高四尺。上层方五丈，二层方五丈三尺。陛四出，各四级。坛上覆五色土：中黄、东青、南赤、西白、北黑，象征皇帝居于中央而统有四方。初，五色土中央有一土龛，中有石、木二柱，分别代表社神和稷神，后改为只用石柱，称社主石或江山石。各省社稷坛高二尺一寸，方广二丈五尺。太庙在宫城左前，承明代建筑而数为修缮，主体由大殿、二殿、三殿组成。大殿（即前殿）为顺治时重修，广十一楹，深四楹，殿内供木制金漆神座，殿之东西两庑祀亲王、郡王和满汉功臣。中殿广九楹，深四楹，殿内十五夹室。后殿九楹，殿内供四代神牌。朝日坛在朝阳门外东郊，夕月坛在阜成门外西郊，俱顺治八年建，制方，一层，陛四出。日坛各九级，方五丈，高五尺九寸；圆壝，周七十六丈五尺，高八尺一寸，厚二尺三寸；坛垣前方后圆，周二百九十丈五尺。月坛各六级，方四丈，高四尺六寸；方壝，周九十四丈七尺，高八尺，厚二尺二寸；坛垣周二百三十五丈九尺五寸。先农坛在正阳门外，周四丈七尺，高四尺五寸。东南为观耕台。内垣南门外则有神祇坛；神坛位东，祀云雨风雷；祇坛位西，祀岳镇海渎。先蚕坛在西苑东北隅，制视先农。

祭设各有定制。神位之设，圜丘第一层，正位昊天上帝，南向；配位祖神八；第二层从位，东大明，次星辰，西夜明，次云雨风雷。祈谷位次视圜丘第一层。方泽第一层，正位皇地祇，北向，配列祖列宗；第二层从位，东五岳三山四海，西五镇二山四渎。顺治十七年，合祀大享殿，正位左天帝右地祇，东太祖西太宗，从祀十二坛，大明、星辰、五岳、四海等位东，夜晚、五镇、四渎等位西。社稷坛之正位，东大社西大稷，东配后土句龙氏，西配后稷氏。太庙、奉先殿神牌置寝室龛位，祭时移前殿宝座。祭器之设，有爵、簠、簋、笾、豆、俎、尊、瓶、铏、筐等礼器，各有差等。初，祭器用瓷，雍正时改为范铜，乾隆中分用漆、陶、木、铜、玉。祭品之设，则有玉、帛、牲牢，以及五谷、瓜果、鱼盐以及各种脯、饼。牲牢有四等：犊（小牛）、特（公牛）、太牢（羊、牛、豕各一）、少牢（羊、豕各一）。圜丘、方泽用犊，大明、夜明用特，天神地祇及星辰、社稷、太庙、先师等用太牢，余群祀用少牢。

仪注多沿用古礼而稍有增减。郊庙祭祀，祭前二岁十月，钦天监预卜吉期。前一岁正月，确定祀日。顺治以后，定大、中、群祀之祀期，著为例，遇忌辰不改祀期。郊祀斋戒，祀前十日或四日或三日始，不滥刑狱，不宴会，不听乐，不宿内，不饮酒，不茹荤。前祀一日，皇帝至坛斋宿。以木制成祝版，书祝辞，皇帝亲祭时行阅祝版仪，即是祈祷也。又特制祭祀礼服，服色各应祀神。如皇帝圜丘祭天著天青祀服，祀方泽礼服黄色以象地，朝日大红，夕月玉色等。现以郊社与太庙祭祀仪注为例看祭典的基本过程。顺治间定郊社之仪：前期斋戒；阅祝版玉帛香，省牲；祀日迟明，礼部太常官诣皇穹宇行礼；皇帝乘辇出宫，陪祀王公从行；主昭亨门更祭服，讫二层拜位前，分献官各就位；典仪赞"迎神燔柴"，司乐官赞"举迎神乐"；帝升至一层，诣香案前，跪上炷香凡三次，复位，行三跪九叩礼；典仪赞"奠玉帛"，司乐赞"举乐"，帝诣神位前，跪摭玉帛奠案，复位；典仪赞"进俎"，司乐赞"举乐"，诣神位前，跪受俎拱举，复位；行初献礼，舞干戚舞，亚献、终献舞羽龠；三献毕，帝升坛至饮福位，受福酒胙肉；率群臣行三跪九叩礼；彻馔送神，司乐、典仪赞讫，率群臣行礼如初；有司奉祝、帛、馔、香，各诣燎所，唱"望燎"；帝诣望燎位，半燎礼成，还大次，解严。再看祭太庙之礼仪：祭前三日视牲，皇帝入斋宫；先二日送祝版至内阁，中书书祝辞，大学士书帝名；先一日皇帝御中和殿阅祝版，行三拜礼，荐祝版于香亭，送至太庙神库；祭日皇帝著祭服，乘礼舆出宫，至太和殿换乘辇，入太庙；入前殿就拜位前，奏乐舞八佾，皇帝就拜位立，迎神；皇帝至太祖及列宗香案前上香，行三跪九拜礼，王公百官随之；行三献之礼；太常官赞赐福胙，皇帝跪受，率群臣行三跪九叩礼；撤馔，太常官跪告礼成于神；有司奉祝、帛、香，恭送燎所，皇帝视帛燎半，礼成，出太庙，还宫。以上祭礼，乾隆时稍为简化。

二　尊孔与祭孔

清代前期极力推崇孔子和儒学，一方面以四书五经为国子监课本，崇重宋明理学，将程朱一派奉为正宗，朝廷靠理学名臣加强对国人的思想钳制；另一方面则加强祭孔活动，进一步神化孔子，给孔门披上更浓重的宗教色彩。顺治时，以京师国子监为大学，立文庙，定称孔子为大成至圣文宣先师，春秋上丁遣大学士行祭，先贤先儒配飨。正中祀先师孔子，南向；四配：复圣颜子、宗圣曾子、述圣子思子、亚圣孟子；十哲：闵子骞、冉子雍、端木子赐、仲子由、卜子商、冉子耕、宰子予、冉子求、言子偃、颛孙子师，东西向；西庑从祀，先贤：澹台灭明、宓不齐、原宪、公冶长、南宫适、公晰哀、商瞿、高柴、漆雕开、樊须、司马耕、商泽、有若、梁鳣、巫马施、冉孺、颜辛、伯虔、曹邺、冉季、公孙龙、漆雕徒文、秦商、漆雕哆、颜高、公西赤、壤驷赤、任不齐、石作蜀、公良孺、公夏首、公肩定、后处、鄡单、奚容藏、罕父黑、颜祖、荣旗、句井疆、左人郢、秦祖、郑国、县成、原元、公祖句兹、廉洁、燕伋、叔仲会、乐欬、公西舆如、狄黑、邦巽、孔忠、陈亢、公西蒧、琴张、颜之仆、步叔乘、施之常、秦非、申枨、颜哙、左丘明、周敦颐、张载、程颢、程颐、邵雍、朱熹，共 69 人；先儒：公羊高、穀梁赤、伏胜、孔安国、毛苌、后苍、高堂生、董仲舒、王通、杜子春、韩愈、司马光、欧阳修、胡安国、杨时、吕祖谦、罗从彦、蔡沈、李侗、陆九渊、张栻、许衡、真德秀、王守仁、陈献章、薛瑄、胡居仁，共 27 人。① 顺治九年，曲阜衍圣公率孔、颜、曾、孟、仲五氏世袭五经博士，孔氏族五人，颜、曾、孟、仲族各二人赴京，参与祭孔，顺治视学，亲祭孔子，王公百官陪祀，同年授孔氏南宗博士一人，于西安奉祀孔子。康熙六年，颁太学《中和韶乐》，二十二年亲书"万世师表"匾额，悬于大成殿，二十六年御制《孔子赞序》、《颜曾思孟四赞》，五十一年以朱熹"昌明圣学"升跻十哲，位次卜子，又将范仲淹从祀。雍正元年追封孔子五代王爵，赐木金父公曰肇圣，祈父公曰裕圣，防叔公曰诒圣，伯夏公曰昌圣，叔梁公曰启圣，更启圣祠曰崇圣。雍正二年，视学释奠，并复祀和增祀先儒若干人，复祀（先罢今复）者 6 人：林放、蘧瑗、秦冉、颜何、郑康成、范宁；增祀（旧缺今增）者 20 人：县亶、牧皮、乐正子、公都子、万章、公孙丑、诸葛亮、尹焞、魏了翁、黄榦、陈淳、何基、王柏、赵复、金履祥、许谦、陈澔、罗饮顺、蔡清、陆陇其。张载祔祀崇圣祠。又因尊孔而避讳，"丘"字一律写为"邱"，读"期"音，只"圜丘"不改。雍正四年，定春秋二祀皇帝亲祭孔子之制，五年定八月二十七日为先师诞辰，官军民致斋一日以为常，六年御书"生民未有"额。乾隆二年，复元儒吴澄陪祀，三年升有子若为卜二哲，位次卜子商，移朱熹位次颛孙子师。同年乾隆亲自祭孔，其过程是：乘舆至文庙门外下，入中门，盥洗毕，入大成中门，升阶，三上香，行二跪六拜礼，有司以次奠献，入左右门，诣四配、十二哲位前，分献官分诣先贤先儒位前，上香奠献，帝三拜，凡三献。从此释奠先师用三献之礼，祭崇圣祠亦如之。乾隆三十三年，修葺文庙成，大门增"先师庙"额，正殿及门曰"大成"，帝亲书榜，制碑记。

曲阜阙里文庙，有事祭告，春秋致祭同于太学。康熙曾东巡至曲阜亲祭孔子，服龙衮，行礼三跪六拜，扈从诸臣、地方高级官吏及衍圣公府在职者陪祀。帝心犹以为不足，于是定迎神送神俱三跪九拜，又亲制祝文，祀日登

---

① 见《清史稿·礼志三》，原书记为 28 人，但人名实为 27 人。

殿释奠毕，至诗礼堂讲书。礼成更常服。至孔林跪奠酒三爵三拜。建庙碑，御书文馔石，建子思子庙。雍正二年，曲阜孔庙火灾，敕大臣重建，八年庙成，悉仿宫殿制。乾隆二十三年，东巡亲祭孔庙，遣大臣祭颜、曾、思、孟四庙，御制《四贤赞》刻于石。孔府的主要职掌是祭孔，以体现"慎终追远，民德归厚"的先圣遗训，每年举行50余次祭孔活动，以春、夏、秋、冬为四大祭。各省府、州、县释奠，礼如太学，省督、抚、学政于上丁率属致祭，学政莅试时，先至文庙行礼。

三　满族宗教旧俗的保存和演化

1. 堂子祭天

满族旧俗有设杆祭天礼，又设静室总祀社稷诸神祇，称为堂子。顺治时在燕京长安左门外建堂子，正中为飨殿，五楹，南向，汇祀群神；前为拜天圜殿，北向，中设神杆石座；东南为上神殿，三楹，南向。一年祭祀多次，而以元旦拜天、出征凯旋为重，由皇帝亲祭，其他还有月祭、杆祭、浴佛祭、马祭等。康熙十二年罢汉官与祭，堂子遂保持了满族内部宗教风俗的传统。正月初三和每月初一，司俎二人于堂子所立杉柱上挂纸帛27张，陈列时食一盘，醴酒一盏。司香上香。执三弦、琵琶之内监坐甬道西，持拍板之守堂子人坐其东。司祝进跪，司香授盏，司祝受盏献酒。于是奏神弦，鸣拍板，拊掌应节。共六献，皆赞歌"鄂啰啰"，守堂子人亦歌。献毕以盏授司香，司祝一叩兴，合掌致敬。弦、板停奏，司祝执神刀进，奏弦、拍板如初。司祝一叩兴，司俎赞歌"鄂啰啰"，众和歌。共祝祷三次，诵赞九次。司祝一叩兴，复祷祝三次，以神刀授司香，停弦板，司祝跪祝，一叩兴，合掌致敬，退。所供酒食给守堂子人。司祝的祝词如下："上天之子，纽欢台吉，武笃本贝子，某年生小子，某年生小子。今敬祝者，丰于首而仔于肩，卫于后而护于前。畀以嘉祥兮，齿其儿而发其黄兮，偕老而成双兮，年其增而岁其长兮，根其固而神其康兮。神兮贶我，神兮佑我，永我年而寿我兮。"其主旨在求健康长寿。

立杆大祭。每岁春秋二季月初一，或二、四、八、十月上旬选择吉日举行。杆木以松，长三丈，围径五寸。先一月于延庆采木，树梢留枝叶九层，架为杆送至堂子。前一日树于圜殿之石座。皇太极崇德初年，规定亲王、郡王、贝勒祭三杆，贝子、镇国、辅国公祭二杆，镇国、辅国将军祭一杆。后改定大内至入八分公俱祭一杆，将军不祭。届日，司香预悬神幔，炕上置漆案，陈列供碟三个，前置楠案，列黄瓷碗二个，圜殿置二楠案，陈炉或碗，前设彩毡。司俎二人赴坤宁宫请佛亭及菩萨、关帝像，送至堂子。安放佛亭于座，像悬幔以三绳，系两殿神杆间。又悬黄幡，挂纸帛。飨殿北炕案上陈打糕、搓条饽饽盘九个，酒盏三个，圜殿高案则陈盘三个盏一个。每一献祭，司祝挹碗酒注盏内，两殿祭献歌祷如月祭。祭毕，司香卷幔，撤像奉送回宫。若帝亲祭，则由满族王公大臣扈从，其礼仪盛大如月祭。祝辞曰："上天之子，佛及菩萨，大君先师，三军之帅，关圣帝君，某年生小子，某年生小子，今敬祝者，贯九以盈，具八以呈，九期届满，立杆礼行。爰系索绳，爰备粢盛，以祭于神灵"云云。可见满族长期受佛教文化与汉文化浸润，其信仰中已混杂着佛崇拜与关帝崇拜，佛菩萨是保护神，关帝为武圣，因军事重要而受推尊。

祭田苗神。堂子上神殿即祀东南隅尚锡神亭。神曰田苗，月朔祀之。神案置一盘一盏，分陈时食醴酒，司香上香，司俎挂净纸杉柱上，诸王护卫依次挂之。内管领一人入，除冠服，解带，跪叩，祝辞曰："上天之子，尚锡之神，月已更矣，建始维新，某年生小子，敬备粢盛兮，洁楮并陈。惠我某年生小子，贶以嘉祥兮，畀以康宁。"

还有四月八日佛诞祭祀于飨殿；每岁春秋季月祀所乘马于圜殿，又分朝祭与夕祭；还有背镫祭，亦分朝夕。乾隆中定春秋骟马致祭，由赞祀之萨满叩头。凡出师凯旋，皆祀于堂子，如崇德元年太宗征明及朝鲜，明年班师告祭于堂子，康熙平吴三桂、察哈尔，以及历朝靖乱之后，皆以礼祇告于堂子。

清帝极重堂子祭。乾隆十四年诏书说："堂子致祭，所祭即天神也"，"堂子则旧俗相承，凡遇大事，及春秋季月上旬，必祭天祈报，岁首尤先展祀"，并认为堂子祭乃是经书所说古类祭之遗意。

2. 坤宁宫祀神

此祭始自盛京，顺治时定坤宁宫祀神礼。宫西供朝祭神位，宫北供夕祭神位，廷则树杆以祀天。朝祭神为佛、关圣，夕祭神为"穆哩罕"诸神，祝辞称"纳丹岱珲"为七星之祀，"喀屯诺延"为蒙古神，还有"年锡"、"安春阿雅喇"诸号。综其所祀，有元旦行礼、日祭、月祭、报祭、大祭、背镫祭、四季献神等，其仪节大率类堂子而有小异。祭祀程序大致分为：灌耳、接血、净脏、灌肠、陈胙、合猪、献歌、食胙等步骤。未进猪前，司祝萨满系闪闪缎裙，束腰铃，盘旋蹲步祝祷，击手鼓，太监击鼓以应之，又拍板，皇帝行礼。祷祝将毕之时，司祝坐炕上，诵神歌，响神铃，祈请凡四次。祷毕，击鼓三点，拍板一鸣而止，然后撤祭肉，并撤还神位。夕祭司祝之祝辞有："自天而降，阿珲年锡之神，与日分精，年锡之神，年锡唯灵。安春阿雅喇、穆哩穆哩哈、纳丹岱珲、纳尔珲轩初、恩都哩僧固、拜满章京、纳丹威瑚哩、恩都蒙鄂乐、喀屯诺延，某年生小子，今为所乘马敬祝者"云云，所列"年锡"等，皆满族传统信仰之神号。

3. 其余诸祀

求福祀神。神称"佛立佛多鄂谟锡玛玛"，亦名"换索"，乃保婴之神。选无事故之满族九家，聚其彩线，树柳枝以牵绳，举扬神箭，以祈福佑，祷富厚而丰穰，如叶之茂，如木之荣。

奉先殿祀。顺治十四年，建奉先殿于景运门东北，如太庙寝制。定制：元旦、冬至、岁除、万寿、册封、月朔望，奉神位前殿，帝亲行礼，供献如太庙大飨仪，而常例供献，后殿行之，此乃祭祖的活动之一。康熙初，依明洪武三年例，朝夕焚香，朔望瞻拜，时节献新，生忌日致祭，具常馔，行家人礼。此后仪规稍有变动。

寿皇殿祀。寿皇殿初在景山东北，供奉皇室列祖列后遗容。乾隆中徙景山正中。以时瞻仰，重要节日致祭。又有安佑宫，在圆明园，永佑寺，在热河避暑山庄，亦供奉列祖列宗绘像，以行瞻礼。

跳神活动。跳神乃满洲萨满教旧俗。内室供神牌，设如来、观音及七仙女、长白山神、远祖、始祖之神位，或用木龛，供牲及打糕。祀日五鼓主人吉服跪拜，女巫舞刀祝曰："琴献糕饵，以祈康年。"主人击神版，护卫亦击，并弹弦、筝、月翠以和之。然后杀牲，熟而荐之。事毕，乃集宗人食胙肉。夕祭如朝祭，唯击铜鼓、手鼓、架鼓，诵声与跳舞不断加快节奏。次日用男巫致辞，牲肉刲为菹盐，和稻米以进，名曰祭天还愿。三日祭乃毕。满族中，舒穆禄氏供昊天上帝、如来、菩萨诸像，又供貂神其侧；纳兰氏则供羊、鸡、鱼、鸭诸品，巫者身系铜铃跳舞，以铃坠为宜男兆。清初萨满跳神盛行，嘉庆以后少用萨满，但其祭祀活动则未曾废。

四　贵族与平民之祭祖与丧礼

1. 皇室、品官、士庶之宗庙祭祖祀典

入关前满族皇室在盛京建有太庙。顺治时，建太庙于燕京宫城端门左，朱门丹壁，上覆黄琉璃，卫以崇垣，周长二百九十一丈；盛京太庙尊为四祖庙，委人守护。定时飨制，孟春择上旬日，三孟用朔日，用熟牛，读祝，致祭；又定亲缩制，饮福受胙如圜丘。雍正中，礼臣议言："大祀莫重郊坛，孝享莫大配天。宗庙典礼，宜视社稷。祭社稷日，皇帝亲诣上香，太庙自宜一例。至帛爵俱不亲献，皇帝立拜位前，所以亚郊坛也。"报可。乾隆时仪注稍有改动。清制有袷无禘，顺治时定岁除前一日大袷，移后殿中殿神主奉前殿，届日帝亲祀，礼如时飨。康熙时御史李时谦请行禘祭，礼臣张玉书认为宗庙之禘，古来诸说不一，夏商以前禘制不详，汉唐以后禘制同袷，因难考始祖所自出之帝，今太庙祭礼以尽尊敬，五年一禘之礼可不必行，遂寝其议。

凡亲王世子、郡王家祭，建庙七楹，中五为堂，奉始封王与二昭二穆。贝勒、贝子、宗室公家祭庙五楹，中三为堂，后楣北分室五，奉始封祖及四代，两旁夹室奉亲尽桃主。

凡品官家祭庙立居室东，一至三品庙五楹，三为堂；四至七品庙三楹，中为堂；八品以下庙三楹，无庑。祭器与供品按等级递减。庶人家祭，设龛正寝北，奉高、曾、祖、祢位，案不逾四器，家长主祭，上香，一跪三叩兴。

2. 皇室、品官与士庶之丧礼

皇帝治丧，繁礼而厚葬。顺治十八年，清世祖崩，帝及宗室百官截发辫成服；大敛竟，奉梓宫乾清宫，设几筵，每日三奠，缟素临哭三日，斋宿二十七日；民间停止音乐、嫁娶一月，官停百日；京城寺观各敲钟三万杵；上尊谥庙号，祗告郊庙社稷；制神主牌，行祔礼，以时祭祀；卜葬吉日，前三日遣告天地宗社，是日行大礼移梓宫于陵墓地宫，缩殿奉安世祖神位，二十七月满，诣太庙袷祭。皇帝守孝，以日当月，二十七日后即除丧服。康熙去世，雍正帝初不欲限二十七日服制，群臣上疏云："从来天子之孝，与士庶不同。《孝经》曰：天子以德教加于百姓、施于四海为孝。《书》称高宗谅阴，晋杜预谓释服后心丧之文。盖人君主宗庙社稷，祭为吉礼，必除服后举行。若二十七日不除，祀典未免有阙。"（《清史稿·礼志十一》）于是释服，移御养心殿，斋居素服三年。雍正帝去世，乾隆帝又欲行三年之丧，经群臣引古典议定：二十七日内，遇元旦朝贺，吉服升太和殿，不宣表，不作乐；常事及引见具在便殿，百日后乃御门；百日内服缟素，百日外易为素服，升殿受朝易为吉服，祭祀则易为礼服；在京王公百官，二十七日除服，遇典礼及朝会、坐班吉服，在署治事、入朝奏事则素服。

品官丧礼有定制：立丧主、主妇，治棺，讣告，设尸床，帷堂，含金玉，小敛，大敛盖棺，设灵床灵座，三月而葬。在职官吏，父母卒，要易服奔丧。期丧者，期年不与朝、祭。顺治中，定百官亲丧祭礼以其子品级而论其礼仪。康熙中禁居丧演戏饮博。乾隆中，谕京旗文武官遇亲丧，百日后即入署治事，持服如故，罢与祭祀朝会。

士庶人丧礼于顺治中为定制：用朱棺，椁一层，鞍马一。初祭用引幡，金银楮币各一千，祭筵三，羊一。大祭同。百日、期年祭视初祭半之。一月殡，三月葬。墓祭纸币、酒肴有定数。其寿衣、墓地、丧仪，皆仿品官而下之。事实上此丧礼仅小康之家以上者方能为，贫苦无告者，死有葬身之地已属不易了。雍正十三年，下诏严禁百姓丧葬侈靡，如筵饮闹丧、杂陈百戏等，又谕生监以上不得乖礼制，但皁隶编氓可在父母疾笃或服丧期内婚嫁，这大概就是"礼不下庶人"的意思了。

3. 丧服之制

顺治三年定丧服制，即"五服八等"。五服：一曰斩衰服，生麻布，旁及下际不缉，配以麻冠、绖、菅屦、竹杖，妇人麻屦，不杖；二曰齐衰服，熟麻布，旁及下际缉，配以麻冠、绖、草屦、桐杖；三曰大功服，粗白布，配以麻冠、绖，茧布、缘屦；四曰小功服，稍细白布，冠、屦如前；五曰缌麻服，细白布，绖带同，素屦无饰。八等：以上所述是五等，齐衰又分为四等：齐衰杖期、齐衰不杖期、齐衰五月、齐衰三月，因此共八等。丧服越粗糙，穿戴时间越长，服制越重。

据《大清通礼》（乾隆中撰成，道光年增修），"五服八等"的大致适用范围是：

斩衰三年——子为父母、继母、慈母、养母、嫡母、生母、过继后之父母，子之妻同；女在室为父母；嫡孙（无嫡子情况下之承重孙或曾孙）为祖父母或高、曾祖父母；妻、妾为夫。

齐衰杖期——嫡子、众子为庶母，子之妻同；子为嫁母、出母；夫为妻；嫡孙为祖母承重（祖父在世）。

齐衰不杖期——为伯叔父母；为亲兄弟及其子女；祖为嫡孙；父母为嫡长子及众子；为嫡长子妻；继母为长子、众子；孙与孙女为祖父母；妇为夫兄弟之子女；妾为夫之父母、夫之妻及长子、众子等。

齐衰五月——孙及孙女为曾祖父母。

齐衰三月——孙及孙女为高祖父母。

大功九月——祖为孙及孙女，祖母为诸孙；父母为诸子妇及女已嫁者；伯叔父母为侄妇及侄女已嫁者；为人后者（过继儿子）为其兄弟及姑姊妹在室者，其妻为夫本生父母；为同堂兄弟姊妹，为姑姊妹已嫁者；妻为夫之祖父母及伯叔父母等。

小功五月——为伯叔祖父母；为同堂伯叔父母、同堂姊妹已嫁者；为同堂兄弟之子女；祖为嫡孙妇，为兄弟之孙及孙女；为外祖父母；为母之兄弟姊妹；妇为夫兄弟之孙及孙女，为夫为姑姊妹兄弟及夫兄弟之妻，为同堂兄弟之子女等。

缌麻三月——祖为众孙妇，祖母为嫡孙、众孙妇；高曾祖父母为曾孙玄孙；为族曾祖父母、族伯叔父母、族兄弟姊妹；为姑舅兄弟、两姨兄弟；为岳父母；为婿；为外孙及外孙女；妇为夫高曾祖父母、夫伯叔祖父母、夫祖姑在室者，为夫堂伯叔父母、夫堂兄弟及堂兄弟之妻，为夫堂姊妹等。

以上清代丧服制度可以看出，它是宗法等级礼制的重要组成部分，是以男性血统为中心的夫权、族权在丧礼上的反映，其作用是标明服丧者与死者的远近亲疏关系，从而在社会地位和财产的继承上各有差等，以维护宗法等级制度的尊严。在为夫家服丧上，妻同于夫，如为公婆服斩衰三年，但反过来夫为妻之父母却只服缌麻三月；嫡孙为祖父母服斩衰三年，众孙及孙女为祖父母服齐衰不杖期，而为外祖父母只服小功五月，差别甚远；妻、妾为夫须服斩衰三年，而夫为妻只须服齐衰杖期，为妾则无服；嫡庶有严格区别，子为嫡母服斩衰，为庶母服齐衰，祖为嫡孙服齐衰，为众孙服大功，等等，相当精确地反映了人们之间的宗法伦理关系。

丧葬之礼是近祖崇拜的重要内容。孔子说："生事之以礼，死葬之以礼，祭之以礼"（《论语·为政》），这是孝道的全过程，包括生养、死葬、追祭三个阶段，而死后之事三分有其二，亲祖的形象通过丧祭活动总是浮显在后人亲属的心中，这是一种血亲生命，绵绵不绝，把家族的成员紧密联结在一起，形成宗法性的共同体。这种共同体的生命力要大大强于个体成员的生命力，它增强了社会的内聚性和稳定性，增强了人们适应社会环境的能力，但对于个体成员的才能、个性的充分发展则有束缚作用。

第三节　佛教的发展与转衰

一　清廷对佛教的推崇与管理

满族入关以前就已接触到藏传佛教，1627年藏族喇嘛囊苏到东北弘教，受到了清太祖努尔哈赤的礼遇。太宗皇太极执政时期，清政府开始与达赖、班禅建立联系，1642年达赖遣使入盛京朝见太宗。为了控制信奉喇嘛教的蒙古人，太宗破格礼遇来使。入关以后，满洲贵族大量接触汉地佛教，对藏传佛教的虔诚有所下降，但仍给予相当程度的重视。

顺治帝6岁登基，24岁去世，在他不长的一生中却与佛教发生了非常密切的关系。据《宗统编年》载：顺治十四年（1657），"上狩南苑，因幸海会（寺）"，见憨璞性聪，因其"奏对称旨"，后又"召入禁中，问佛法大意"，顺治自称这是他接触禅宗的开始。顺治帝天性聪慧，多才好学，一经点化，立即迷上了悟性通彻的禅宗。他常召性聪入宫参禅，并赐其"明觉禅师"号。顺治十五年（1658）和十七年（1660），他两次召临济名僧玉林通琇入京，"内廷问道，锡大觉普济禅师号，并赐紫衣金印"（《五灯全书》卷六八《玉林通琇禅师》）。顺治十六年（1659）又召请另一临济名僧木陈道忞入京，"赐号弘觉禅师"，"结冬万善殿"，"驾数临幸"，"致问甚多"。通琇与道忞因皇帝的崇奉而成为清初名僧。顺治十七年（1660）爱妃董鄂氏死，顺治帝痛不欲生，万念俱灰，意欲出家，因宫廷上下坚阻而未果。次年顺治帝病逝，按佛教仪式举行火葬。

康熙皇帝是中国历史上较有作为的君主之一，兼有文治武功，精通多门学问。他在极力推崇程朱理学的同时，对释教也大加褒扬。康熙在位61年，曾经六下江南，每次南巡，"山林法席，均荷恩光"。如康熙二十三年（1684）第一次南巡，到天宁、平山二寺，天宁赐额"萧闲"，平山赐额"怡情"。到金山寺，御书"江天一览"于竹林。亲撰《竹林赋》勒石于竹林寺……类似情况不可胜记。据《清鉴纲目》卷二《圣祖仁皇帝记》载，他一生"写寺庙扁榜多至千余"。另外，他还多次巡幸五台山，参礼佛寺，对僧人优礼有加。不过从思想深层看，康熙是个儒家信徒，对方外之教持一种"敬而远之"的态度。他提倡儒释合一，其中利用的成分偏多。

雍正则是一个对佛教有很深造诣的皇帝。当他还是雍亲王时，便与藏传佛教高僧章嘉呼图克图十分接近，研习经典颇为用功，后与汉地禅僧广泛接触，方知"初时惟知从佛教经典上研求，而未知心性中向上一事"（蒋维乔：《中国佛教史》卷四）。于是转向禅门，结纳禅僧，自号"圆明居士"，在王府中参禅悟道。及登帝位，雍正又编纂《御选语录》19卷，其中包括上自僧肇，下至玉林通琇等历代宗师语录、机锋，也有他与臣下问答的言句，其中颇多奇拔之语，禅机横溢，从中亦可窥见雍正帝的才识。从雍正选编语录的范围，可见他佛教思想中具有教内禅教合流、教外儒释道合流的倾向。《御选语录》中不仅有僧肇、慧远等根本不属禅门的高僧论著，甚至连北宋道教

"紫阳真人"张伯端的著作也选入了。他在"序言"中解释说:"紫阳真人作《悟真篇》,以明玄门秘要,复作颂偈等三十二篇,一从性地演出西来最上乘之妙旨。"他认为道教内丹派在根本理论方面与禅宗是相通的。

雍正另一佛学"名著"是《拣魔辨异录》8卷。明代临济宗人圆悟和法藏师徒二人因"五家宗旨"等问题发生过一场争论。法藏死后,虽经圆悟力辩,法藏法系至清初仍很兴旺,且多有明末遗民避迹其中。因此雍正不惜以"九五之尊"的身份参与僧争,推崇圆悟,斥责法藏及其弟子。他的所谓"辨异"其实并无多少新意,基本上是重复圆悟《辟妄救略说》中的观点。不过同样的道理从帝王口中讲出,便多了一层不容置辩的威严。他说:"魔藏、魔忍二人者,实为空王之乱臣,密云之贼子,出世、世间法并不可容者。"在"乱臣贼子"这顶大帽子下,自然要用行政力量禁止。"天童密云悟派下法藏一系,所有徒众,著省督抚详细查明,尽削去支派,永不复入祖庭。"这已不是一般的理论著作,而是皇帝的谕旨了。结果法藏一系便在清廷的政治高压下夭亡了。

乾隆皇帝以"十全老人"自诩,除文治武功外,亦希望在佛教史上留下美名。他把精力放在刻藏与译经方面。雍正十三年(1735)朝廷特开藏经馆,准备再次雕刻梵筴版大藏经。不久雍正去世,乾隆全力继承了这一事业,由于国家的大力支持,仅用了4年时间,于乾隆三年(1738)十二月完成。此藏在明《北藏》的基础上,又增刻若干名僧撰述和语录,共得724函,1672部,7247卷,史称《龙藏》。这是中国封建社会最后一次官刻大藏经,经版一直保存在北京柏林寺中,存护完整,在近、现代佛教史上产生了较大影响。另外,乾隆有感于元代曾将藏文大藏经译成蒙文,希望也有一部满文大藏经传布族人。故而在乾隆三十八年(1773)开始组织人将汉文藏经译成满文,历时18年完成。接着又雕印满文大藏经,共计108函,699部,2466卷,可惜此版已毁于八国联军战火。雍正年间,北京黄寺的土观呼图克图一世奉命将藏文《甘珠尔》译成蒙文。乾隆六年(1742)至十四年(1750)又将《丹珠尔》译成蒙文。乾隆年间,还将一部分藏文经典译成汉文。可以说,国内各民族之间文字的互译是清代译经的主要特色。

明代僧官制度已经比较成熟,清代基本沿袭,但又根据清朝政治的特点稍加改良。在中央政府方面,仍设祠祭清吏司管理天下僧籍、寺额及大寺住持人选。不过明代令出一门,清代则实行多头管理。从康熙十三年(1675)开始,僧录司各号僧官的选住升补,"由管理内务府大臣选补"。乾隆朝再规定，由内务府掌仪司提供补选僧人的简历，内务大臣开单请旨，交礼部给符委任，移吏部注册。这样，一名僧官的委任，就要经过三四个衙门的烦琐手续，其中由满洲人任职的内务府操实权，反映了清代政治民族歧视的性质。地方僧官的选补则由督抚提名，申报礼部补充，移咨吏部注册。在僧官方面，京城设置僧录司，"左、右善世二人，正六品；阐教二人，从六品；讲经二人，正八品；觉义二人，从八品……由礼部选择、移吏部补授"（《清会典·礼部·祠祭清吏司·方伎》）。地方上仍设僧纲司、僧正司、僧会司，名称与职能均同于明代。

度牒的发放与管理，是控制天下僧尼人数的大事，清初统治者对此执行甚严。入关前及入关初期曾实行纳银给牒制，以弥补由于僧人出家造成的财政损失。此种作法实为鬻牒制。顺治八年（1651）谕令："僧道纳银给牒，琐屑非体，以后永免纳银。"（《癸巳存稿》卷十三《度牒寺庙》）当时实行无偿给牒，但严禁私度，并对出家者的身份与条件作了明细的规定：户不满三丁者不得出家；不许逃犯罪徒剃发为僧；冒名领度牒者从重治罪；私发度牒，私创寺院者从重治罪。此规定的立脚点无疑是公民对家庭与国家应尽的义务。随着康乾盛世的出现，人口激增，出家者也随之大增，乾隆四年（1740）各省已发放度牒 34 万张之多。乾隆帝下令不再扩大发放，令师徒相传，在清史文献中称"招徒传牒制"。持有度牒的僧人，年逾四十可招生徒一人，并由地方官在其师度牒上注明生徒的年龄、体貌、籍贯及剃度年月，师死后徒可据有此牒。此法一出，造成私度的激增，也使地方官对僧籍无法控制。康熙末年，在全国推广"摊丁入地"的税制改革，完全废止了人头税，只收地亩税，农民已无必要以出家逃税，僧道的经济优越性从此消失。故乾隆十九年（1754）通令全国："僧道度牒本属无关紧要……著永行停止。"（《大清会典事例》卷五〇一《礼部·方伎》）自唐代天宝年间开始实行的度牒制度至此彻底废止，这一宗教管理制度的改变本质上还是经济制度改革的结果。

清代僧尼人数和寺院数随人口而逐渐增加，据康熙六年（1662）礼部统计：各省官建大寺 6073 处，小寺 6409 处，私建大寺 8458 处，小寺 58682 处，合计 79622 处。僧众 110792 人，尼众 8615 人，合计 118907 人。（《大清会典》卷十五《礼部·方伎》）这是中国史书中少有的"准确"数字，但其准确程度却令人怀疑，因为寺数太多，而僧数太少，每寺平均不足 1.5 人，大约是未把私度僧尼统计在内。乾隆四年（1740）礼部发度牒 34 万张，是个大约可信的官方数字。此后废止度牒，再无官方统计数字。近代高僧太虚在《整理僧伽制度论》中估计，清末僧尼人数约为 80 万人。

二 禅宗的派系流衍

清代汉地佛教仍以禅宗为最盛。禅门内临济宗的天童、磐山二系独步天下，曹洞宗寿昌、云门两支相对峙。

天童一系始于明末密云圆悟，其门下出汉月法藏（1573～1653），费隐通容（1593～1661），木陈道忞（1593～1674），破山海明（1597～1666）四大支系，在清初都很发达，尤以法藏系为最。①法藏系。法藏后继者为杭州灵隐寺的具德弘礼（1600～1667），苏州灵岩寺的继起弘储。弘礼门下又分出晦山戒显、硕揆原志等人，各传禅道于吴楚之间。弘储门下金赋原直往南岳、德山传法；楚奕原豫往潭州云盖山、灵岩弘道，宗风大盛于湖南。由于雍正帝的禁令，法藏系至此中绝。②费隐通容历住浙江石门福严寺、福建福清的黄檗寺等大刹，法系流布东南。其弟子隐元隆琦（1592～1673）曾应邀赴日本传法，为日本黄檗宗的开山祖。另一弟子亘信行弥（1603～1659）历住雪峰和南山，大振宗风于闽南。③破山海明从圆悟门下得法后返蜀，历住高峰、凤山、祥符、无际、蟠龙、佛恩、双桂等九刹，名声远被西南，法系流布四川、贵州。④天童法系中，在清初最负盛名的是木陈道忞一支。道忞字木陈，号梦隐，俗姓林，广东潮州人。幼习儒业，艺文擅名乡曲，试为生员。及弱冠，读《大慧语录》若有所悟，即走匡庐出家，历参憨山、黄檗，最后得法于圆悟。圆悟入寂后承继天童法席，名显东南。顺治十六年（1659）六月，奉诏入京面君，顺治帝命学士王熙、冯溥、曹本荣，状元孙承恩、陈文元在万善殿与道忞问答，所言禅机甚合帝心。以后数次应诏问对，并被赐予"弘觉禅师"号，名扬朝野。道忞辞京还山，顺治不舍，命留法嗣旅庵本月和山晓本哲二人于京。道忞南还后在天童寺建"奎焕阁"，在绍兴平阳寺建"御书楼"，以志皇恩。由于帝王的赏识，道忞门庭大盛。道忞留有著作《九会语录》、《北游录》等。

磐山圆修与天童圆悟同出于幻有正传门下。清初，圆修弟子玉林通琇（1614～1675）因顺治帝的推崇而名重朝野，故使磐山法系光扬天下。通琇字玉林，俗姓杨，江苏江阴人。19 岁时从圆修出家，受具戒，不久后开悟，得圆修印可，甚为赏识。通琇 23 岁时圆修去世，通琇继主湖州（浙江吴兴）报恩寺。顺治十六年（1659）通琇第一次奉诏入京，与帝讲道于万善殿，深契帝心。但不久后通琇坚辞还山，顺治赐其"大觉普济禅师"号，并留其上座弟子茆溪森于京。顺治十七年（1660）帝二次诏通琇入京，与天童系的道忞并辔连镳，竞传都门。顺治又加封其"大觉普济能仁国师"号。晚年，通琇定居浙江天目山，门下弟子众多，撰有《玉林琇国师语录》行世。清中叶以后，天童一系消沉，惟宁波天童本寺尚绵延法系。而磐山一系的镇江金山、扬州高旻、常州天宁、杭州天目成为天下"四大名山"，使临济宗名扬天下。

清初曹洞宗有寿昌（今浙江黎川）慧经和云门（今浙江绍兴）圆澄两系绵延。寿昌在明末号称曹洞中兴道场，入清以后，慧经弟子元来、元贤、元镜各振一方。元来主要弘法于江西、广东一带，门下高徒有宗宝道独、栖壑道丘、星朗道雄、剩人涵可、天然函星等，名显一时。元贤传曹洞禅法于福建鼓山，门下为霖道霈，讲学刻经，为曹洞增色不少。云门一系，圆澄门下出石雨明方、三宜明盂、瑞白明雪，在清初均为化导一方的宗师，弟子众多。清初的曹洞宗堪与临济宗相匹敌，清中叶以后开始衰败。

三 汉地其他各宗

（一）律 宗

清代因税制改革，废止了度牒制度，出家的经济因素减少了，信仰因素增加。为了保证僧尼的素质，防止冒滥，唐宋以来一直沉寂的律宗相对活跃，出现了一批著名的律师，建坛受戒，故有"以戒牒代度牒"之说。清代律宗多出于明末古心如馨律师门下。如馨传戒于南京古林寺，三昧寂光（1580～1645）继之，得法后分灯于宝华山，清初律宗遂分为古林、宝华两大派系。古林一系，有海华、寂鼎、普璠、本修等人相继，传戒不绝。宝华一系相对更为隆盛。寂光重兴宝华山道场后不久圆寂，门下有香雪戒润和见月读体两高足。二人因对戒律的见解不同，戒润下山至常州天宁寺弘律，著有《楞严经贯珠》10卷行世。读体则继承了宝华寺，使之成为律宗的主要道场，有"律宗中兴"的美誉。读体博览律藏，精研《四分广律》，著有大量律学著作，受到教内重视。读体逝后，弟子定庵德基继主宝华寺，宜洁书玉分席杭州昭庆寺。书玉的四传弟子文海福聚应雍正帝之请入京主持大法源寺，为法源寺第一代律师。后奉命开三坛大戒，四方乞戒者有1819人之多，名震京师。书玉著《南山宗统》，考明南山律宗法系，有很高的学术价值。

（二）净土宗

清代净土宗仍为天下共宗，念佛法门普被一切社、会。各宗名僧均有弘扬净土教义者，其中最著名者为实贤和际醒。

实贤（1686～1734），字思齐，号省庵，俗姓时，江苏常熟人。15 岁出家，24 岁受具足戒，严习毗尼，不离衣钵，日止一食，胁不沾席，率以为常。后谒绍云法师，研习《楞严》、《唯识》、《止观》诸书，三观十乘之旨，性相之学无不通贯。后住杭州梵天寺，专修净土，仪规严整，江南缁素如归。著《劝发菩提心文》，以"邪、正、真、伪、大、小、偏、圆"这八相来区别所发心愿是否正确。又作净土诗 108 首及一些宣传净土信仰的著作，在社会上产生了很大影响，被尊为"莲宗九祖"。清末居士彭际青辑《省庵禅师语录》2 卷行世。

际醒（1741～1810），字彻悟，号梦东，俗姓马，河北丰润人。幼习儒业，子、史、经、集无不贯通。22 岁时大病一场，"病中悟幻质无常"，立志出家。后历参名僧名宿，性相皆通。投入北京广通寺粹如禅师门下参禅，开悟后继承法席，被时人称为临济 36 世、磐山 7 世宗师。嘉庆五年（1800）居北京怀柔县红螺山资福寺，归心净土，日课诵 10 万声弥陀，期生安养，依者甚众，此地遂成北方净土宗著名道场，得"南有普陀，北有红螺"之盛誉。有《彻悟禅师语录》2 卷行世。

从实贤、际醒二位大师的行迹看，净土宗虽然宣扬不用读经、坐禅及其他各种复杂的宗教修习仪轨，只要口宣佛号，死后阿弥陀佛便会接引往生西方净土。但是，凡成为著名净土宗师者，无不是通贯经籍仪轨的高僧，不然很难在僧徒及信众中产生吸引力。

（三）华严宗

清前期华严宗因出现了续法、通理两位大师在南北两方弘传，促成了一种所谓的"中兴"气象。

续法（1641～1728），字柏亭，俗姓沈，浙江仁和人。自幼出家，拜杭州慈云寺明源和尚为师，精通大小经忏，兼明《四书》、《诗》、《易》。19 岁受具戒，尝以华严、天台异同折衷于明源。明源答道："汝当审二派所以异，而毋滥狃其所以同。能审其所由异，自辩其所由同，而并非参其非同非异者而证悟焉。"于是续法大悟，遍研各宗经典，又不唯持于一家，比较研究，宗旨洞然。他研考藏经，于华严之源流始末辨析考索，此宗系统从此厘定。当时华严经疏散乱，续法广为收集整理，对华严宗的延续做出了重大贡献。

他住持杭州梵天寺，50 余年专讲《华严经》。身后留有各种佛学著述 40 余种，600 余卷。门下弟子众多，最著名为培丰、慈裔、正中、天怀四人，继续弘传华严思想于南方。

通理 (1707～1782)，字达天，俗姓赵，新河（今山东平度）人。自幼出家，20 岁时在北京潭柘寺受具足戒。先学《法华》，后专弘《华严》。雍正十一年 (1733)，"奉旨入圆明园，校对《宗镜录》及教乘诸书，精心研雠，时契圣览"（《新续高僧传》卷一《通理传》）。乾隆十八年 (1753) 任职僧录司。乾隆四十五年 (1780) 班禅六世进京，奉命与之谈论佛法，被封为"阐教禅师"。著有《楞严指掌疏》、《法华指掌疏》、《五教仪增注》等著作 10 余种。弟子多在北方弘传贤首。

（四）天台宗

天台宗在清前期虽有一些传人，但多影响不大。清初的受登 (1607～1675) 受学于蕅益智旭，曾住持杭州天溪大觉寺，弘传天台教义 30 余年。受登门下有灵乘、灵耀二高足，灵乘字遐运，著有《地藏菩萨本愿经论贯》及《科注》各一卷。灵耀字全彰，跟随受登 20 余年，后住持嘉兴寺，对《嘉兴藏》的补刻很有贡献。著有大量解释天台教观的著作，如《四教仪集注节义》、《摩诃止观贯义科》，等等。在社会上有相当影响，推动了天台思想的传播。

（五）唯识宗

唯识宗因其教义烦琐，哲理深奥，故仅在唐初兴盛一时，其后一直湮没不昌。不过唯识宗所传的相宗著作，一直流传了下来，在佛学体系中占有一定地位，代有研习者。明末袾宏门下，有灵源大惠、古德大贤、新伊大真等人传讲。入清之后，大惠讲《唯识》于京师及苏杭，著有《唯识自考录》。大贤弘法于云栖，其弟子玉庵、法孙忍庵继承此学。大真住持莲居寺，讲论《唯识》，著有《成唯识论合响》。弟子本全、圣先相次继席，讲学不辍。这些人被称为莲居派，清中叶后渐趋消沉。

四　藏传佛教的发展及清廷的管理

明代中央政府对藏传佛教中诸派系采取多头扶植，使其相互钳制的政策，故宗喀巴宗教改革完成以后，格鲁派发展虽然很快，但尚未取得绝对统治地位。

格鲁派为求发展，达赖三世索南嘉措 (1543～1588) 全力向蒙古诸部传播黄教，受到了蒙古民众的欢迎和崇奉。1578年5月，蒙古土默特部俺达汗赠索南嘉措"圣识一切瓦齐尔达喇达赖喇嘛"尊号，令蒙古部落全体信奉，极大地提高了黄教的地位。俺达汗还多次请索南嘉措到青海、内蒙讲经弘法。1588年3月，索南嘉措在内蒙古卡欧吐密地方圆寂，由蒙古贵族主持，指定俺达汗的曾孙云丹嘉措（1589～1616）为三世达赖的转世灵童。四世达赖是诸世中惟一的非藏族人。1602年，云丹嘉措在蒙古军队的护卫下回到西藏，在藏北热振寺举行了"坐床"典礼，又拜札什伦布寺的四世班禅罗桑却吉坚赞（1567～1662）为师。1614年云丹嘉措又将罗桑却吉坚赞请到哲蚌寺，为他主持比丘戒，受戒后担任哲蚌、色拉二寺的堪布。1616年云丹嘉措突然死亡，有传说是崇信噶玛噶举的藏巴汗派人杀死了他。藏巴汗当时握有西藏政教大权，他怀疑四世达赖在用咒法使自己生病，故下令停止达赖活佛的转世系统。他还多次率兵攻打格鲁派寺院，使格鲁派的发展受到重大挫折。但是藏巴汗的病并没有因此好转，还是精通医道的罗桑却吉坚赞治好了他的病，劝他同意达赖继续转世，并亲自主持找到了四世达赖的转世灵童。这一时期，四世班禅罗桑却吉坚赞德高望重，是格鲁派的实际领袖，对发展藏传佛教做出了贡献。

五世达赖罗桑嘉措（1617～1682）生于帕木竹巴一个贵族家庭，这个家庭与格鲁、噶举、宁玛诸派都保持了较为密切的关系。五世达赖1622年被迎入哲蚌寺"坐床"，1625年拜四世班禅为师受沙弥戒，1638年又从四世班禅受比丘戒。四世班禅为四、五两世达赖的师傅，师徒关系密切，共扶黄教。当时由于噶举派握有西藏政教大权，格鲁派发展困难。达赖、班禅两人密计，邀请蒙古厄鲁特部落领袖固始汗发兵入藏，杀死了藏巴汗，清除了政府中噶举派势力，没收其寺产，强迫其信众改信黄教。固始汗占领西藏后，命令将藏区全部税收奉献给达赖作为供养，并任命达赖大管家索南饶巴为第巴，管理藏区全部政务。自此，建立了以达赖为中心的、政教合一的西藏政治体系，其他教派再也不足以与格鲁派抗衡。

1642年，达赖、班禅遣使到东北与清廷建立联系，受到皇太极的礼遇。清廷入关后，仍很重视藏传佛教，将其视为治理蒙、藏民族的工具。顺治不仅经常遣使问候达赖、班禅，而且于1652年邀请五世达赖入京会晤。达赖到达时，顺治亲自出城迎候，在太和殿为其接风，建黄寺供其居住，并赐黄金550两，白银11000两，大缎1000匹，还有许多珠宝、玉器、骏马。1653年，达赖以气候不适为由告归，顺治赐满、汉、蒙、藏四体金印一颗，印文为"西天大善自在佛所领天下释教普通瓦赤喇怛喇达赖喇嘛之印",又赐金册十五叶,并派亲王为之送行。

由于得到了中央政府和蒙古军队的支持,达赖活佛在西藏地位更高,五世达赖借此机会全面整顿黄教。他用从内地带来的金银在全藏建了 13 所大寺,号称"黄教十三林",并规定了各寺的僧额,如甘丹寺 3300,色拉寺 5500,哲蚌寺 7700,札什伦布寺 3800……由此形成定制。在规定的数额内,由地方政府拨给各寺一定的田庄、农户,作为寺产,由寺院派人管理、收租。另外,五世达赖还为各寺规定了严格的僧制,如寺庙内部的组织制度、僧官任免制度、喇嘛学经制度、寺内纪律,等等,后世基本相沿不变。前几代达赖都住在哲蚌寺,五世达赖开始兴建布达拉宫,并将达赖办事机构迁入其中。从此,布达拉宫便成了西藏的政教中心。1662 年,四世班禅圆寂,五世达赖亲自为其主持选择"灵童"仪式,认定罗桑意希(1663～1737)为五世班禅。以后,五世达赖又担任了五世班禅的授戒师,从此形成了达赖与班禅互为师徒,互相主持转世仪式的传统。这一时期为藏传佛教完善定型时期,五世达赖发挥了主要作用。他晚年基本不过问政事,专心著述,留有著作 30 余卷,其中以《相性新释》、《西藏王臣史》、《菩提道次第广论》、《引导大慈次第论》最为著名。康熙二十一年(1682)五世达赖圆寂,但当时执政的第巴桑结嘉措为了保住自己的利益,密不发丧。他以大师闭关静修为名,仍以五世达赖的名义发布政令。

自固始汗率兵入藏后,固始汗的子孙成了西藏的实际统治者,蒙人与藏人的矛盾渐趋尖锐。第巴桑结嘉措派人与准噶尔汗噶尔丹秘密勾结,想请噶尔丹发兵清除固始汗之孙拉藏汗及其势力。1693 年康熙亲率大军击败噶尔丹,从俘虏口中得知五世达赖已死去多年。康熙致书严厉斥责桑结嘉措,桑结嘉措一面写信表示悔过,一面迎立已十几岁的仓央嘉措(1683～1707)到布达拉宫坐床,是为达赖六世。1705 年,桑结嘉措密谋毒死拉藏汗未果,反被蒙古军队处死。拉藏汗另委隆素为第巴。他们以仓央嘉措耽于酒色,不守清规为名,说他不是达赖五世的真灵童,要求朝廷废除。1706 年,康熙下令将仓央嘉措押赴北京,行至青海时身亡。拉藏汗与隆素商议,于 1707 年另立伊喜嘉措为六世达赖。但是这个达赖不负众望,一直未得到三大寺上层人士的认可。康熙感到西藏局势不稳,决定增加班禅一系的威望,遂于 1713 年册封五世班禅罗桑意希"班禅额尔德尼"尊号,赐金叶一副,金印一颗,一同于达赖。

　　桑结嘉措被杀后，其旧部逃往新疆准噶尔蒙古部落，勾结策旺阿拉布坦入藏，杀死了拉藏汗，将他所立的六世达赖伊喜嘉措囚禁山中。准噶尔蒙古不仅不服从中央，而且威胁云南、四川、青海等地安全。康熙两次组织兵力进藏，终于清除了准噶尔蒙古的势力，确立了清王朝对西藏的统治。考虑到西藏政教合一的传统，又于 1720 年从西康选定格桑嘉措（1708～1757）为七世达赖，由大将延信送往布达拉宫坐床。为了加强对西藏上层贵族的监视，清政府于雍正五年（1727）决定派正、副驻藏大臣入藏，同时又在西藏留川、陕兵 2000 以为威慑。此后一段时间，中央与西藏地方政府关系相对正常，西藏政局也比较稳定。七世达赖本人生活俭朴，戒行严谨，深得人民敬爱。

　　乾隆二年（1737），五世班禅逝世，选定巴丹益喜（1738～1780）为六世班禅，照例拜七世达赖为师。1757 年，七世达赖逝世，选定强白嘉措（1758～1804）为八世达赖，并拜六世班禅为师。巴丹益喜一家是后藏的大贵族，其弟仲巴呼图克图掌管札什伦布寺财政大权。另一弟则是噶玛噶举派红帽系活佛沙玛尔巴。而八世达赖家又与藏王有亲戚关系。一段时期以来，多系活佛的转世灵童都出在大贵族家庭。因灵童是由藏传佛教中的职业宗教家用"吹忠"（跳神）的形式确定的，一些贵族便串通寺中神职人员，通过活佛转世制度变相控制了西藏政教大权。为了家族私利，他们又常常利用宗教形式制造动乱。1780 年，六世班禅赴承德避暑山庄朝见乾隆皇帝，在京病逝。仲巴便将朝廷及王公所赐金银全部据为己有。沙玛尔巴因未分到任何财产而怀恨在心，遂勾结境外廓尔喀（今尼泊尔）人攻入西藏，掠夺札什伦布寺及其他大寺。乾隆皇帝鉴于廓尔喀人经常与西藏发生冲突，于是派嘉勇公福康安为大将军，率一万七千大军入藏，一直打到加德满都城下，夺回了被掠财宝。乾隆与福康安等人认为：西藏政教制度不完善是造成这场大灾难的直接原因，于是在 1792 年制定了《藏内善后章程二十九条》，对西藏政治、宗教制度进行了重大改革。其中第一条便规定了活佛转世的"金瓶掣签"制度。由清政府特制一纯金瓶供奉于布达拉宫内，西藏大、小活佛转世，都需先寻访灵童数名，将其姓名、生年用汉、藏、满三种文字写于签上，由中央驻藏大臣监视抽签确定灵童人选。如果只找到一个符合神学条件的灵童，则需用一空签，如抽中空签就得重找。"金瓶掣签"制度防止了少数贵族假借神言，串通作弊，垄断活佛职位的可能性，加强了中央政府对西藏地方的控制能力。从此，"金瓶"便成了中央皇权在西藏的象征。

　　清前期的"康乾盛世"，国力强盛，疆域广阔，国内各民族人民团结安定，这是和清政府对蒙藏地区成功的民族政策、宗教政策分不开的。承德避暑山庄及外八庙的建筑，便是这一盛世的见证。避暑山庄是清廷的行宫，乾隆经常于此会见朝觐的蒙古王公和藏族高僧，为此相继在山庄外的东、北山麓修建了气势雄浑的外八庙。其中有 1755～1759 年为纪念平定准噶尔叛乱、欢迎厄鲁特四部贵族而修建的普宁寺（该寺仿西藏三摩耶寺）；有 1767～1771 年为欢迎土尔扈特部落从俄罗斯返回祖国而修建的普陀宗乘之寺（"普陀宗乘"是藏语"布达拉"的汉译，仿造布达拉宫而建，有"小布达拉宫"之称）；有 1780 年为欢迎六世班禅觐见而建的须弥福寿之寺（仿札什伦布寺）；有班禅大师讲经说法的妙法庄严寺……这样，具有蒙藏民族风格的雄伟壮观的外八庙便与端庄秀丽的汉族皇家园林形成了众星拱月之势，反映了边疆各族人民与中央政府和衷共济的密切关系，成为民族团结，国家统一的象征。

乾隆朝以后，国力下降，对西藏控制力相对降低，西藏政局也比较混乱。九世达赖隆朵嘉措（1805～1815），十世达赖粗墀嘉措（1816～1837），十一世达赖凯朱嘉措（1838～1855），十二世达赖陈列嘉措（1856～1875）皆短命夭亡。虽然没有确切的证据，但从许多间接的材料看，他们都成了僧俗贵族争权夺利的牺牲品。而离权力中心较远的班禅活佛个人命运则要好得多，与此大体同时的七世班禅丹白尼玛（1781～1853）活了 72 岁，曾当过九、十、十一三世达赖的师傅。

清前期是藏传佛教的鼎盛时期，据乾隆 2 年（1737）七世达赖报理藩院的数字，全藏黄教寺院合计 3477 所，僧尼 316230 人，寺属农奴 128190 户。其中属于达赖系寺院 3150 所，喇嘛 302560 人，农奴 121438 户。属班禅系寺院 327 所，喇嘛 13670 人，农奴 6750 户。有专家推算，当时喇嘛人数接近西藏人口总数一半。庞大的僧团队伍创造了灿烂辉煌的西藏宗教文化，但对西藏社会经济、文化造成的负面影响也不可低估。格鲁派严禁喇嘛娶妻生子和从事生产劳动，导致近代藏族人口锐减，经济停滞。

第四节　道教的延续与道教文化的扩散

一　正一道的衰落

清代前期之道教，虽仍有众多信徒，但其景况已大不如明代，从总体上出现停滞与衰落的形势。这固然是由于道教在理论上缺乏更新和创造的生机,也是由于清政府对道教态度较为冷淡,视之为汉人的宗教,在保护的同时略有歧视,而它最热心提倡的是儒学和藏传黄教。尤其对于正一道,清代诸帝皆无崇信者,亦不如明代诸帝那样热衷于斋醮祈禳,因而使正一道的原有社会地位有所下降。清初,顺治皇帝晓谕龙虎山正一道天师世家,表示不废正一清静之教,命在世天师袭职掌理道箓,统率族属,约束教徒,不得犯法生事,给一品印,但不得干预教外诸事,只宜法祖奉道,谨德修行,遵守法纪。52 代天师张应京授正一嗣教大真人,掌天下道教事;53 代天师张洪任袭封,并敕免本户及上清宫各色徭役。康熙时,54 代天师张继宗授正一嗣教大真人,并授光禄大夫品级。雍正帝较重道教,认为道教不悖儒家存心养气之旨,有济人利物之功验,沿用康熙旧例敕封第 55 代天师张锡麟,赐银修龙虎山大上清宫并为诸宫购置香火田数千亩。又召白云观道士贾士芳治病,召正一道士娄近垣驱邪。到乾隆朝开始贬抑道教:五年(1740),规定嗣后正一真人不许入朝臣班行;十七年(1752),降正一真人为正五品秩;三十一年(1766),第 57 代天师张存义升正三品,后又授通议大夫,不过是略施怀柔而已,张天师的声誉和地位已趋于低微,不复显赫了。

清代前期各代天师无仙学道术造诣高深者,唯龙虎山正一法官娄近垣能以其学显于世。娄近垣属符箓派道士,整理和重刻《黄箓科仪》、集清初道教斋醮科仪、牒文、符箓之大成。他又倡佛仙圣三教同道一心之说,认为至道之体无定位,得道之人"无心于物,故心心皆佛心;无心于道,故处处是道体"(《阐真篇》),此乃道、禅融合的思想;他主张从无住无心之性功入手,继而炼化精气,以修命功,最后达到"易彼幻形,成其真体,出此真体,转彼幻形",逍遥于世外和世间的目的。其时正一道与全真道虽各自保持教派之名义,但在教义教理上多已互相融合,差别越来越小,特别是明清两代的内丹学,已成为道教各派共习同倡的修炼理论和方法。

二　全真道的中兴

明代全真道侧重隐遁清修,忽略济世兴教,因而不受朝廷重视。清代诸帝不喜符箓斋醮,而好理学与禅学,对于全真道的道禅融合及清静无为之道较有兴趣,故而有所褒扬。如顺治对全真道授戒传度提供方便;康熙褒封全真中兴高道王常月;雍正封南宗祖师张伯端为"大慈圆通禅仙紫阳真人",以其《禅宗诗偈》入《御选语录》;乾隆拨款修白云观,两度亲至白云观礼敬,并为邱处机书楹联,赞曰:"万古长生,不用餐霞求秘诀;一言止杀,始知济世有奇功。"表示了对全真道宗旨和高人的尊重和仰慕。

全真道于明季道风颓敝，邪说流行，教戒松弛，龙门派第 7 代律师王常月以振兴教脉、恢复全真祖风自任，出来整顿全真道，主要措施是清整戒律，取得了很大的成功，被誉为全真中兴之祖。王常月，号昆阳子，山西潞安府长治县人，生当明季之乱，中年师从赵复阳学道，赵以《天仙大戒》密授之。顺治定都燕京，王常月北上挂单于灵佑宫。顺治十三年（1656）三月，王奉旨主讲白云观，赐紫衣，三次登台说戒，度弟子千余人，一时各地道流纷纷上京受戒。康熙二年（1669），王常月率徒南下，在南京、杭州、湖州、武当山等地立坛授戒，入教者甚众。康熙十三年（1680），一说康熙十九年，王常月卒，以衣钵授弟子谭守诚，康熙赐号"抱一高士"。王常月诸弟子继续在各地开坛授戒，形成若干龙门支派，如：黄虚堂开苏州太微律院支派，金筑老人开余杭天柱观支派，陶靖庵开湖州云巢支派，吕云隐开苏州冠山支派，黄赤阳二传弟子许青阳开杭州机神殿支派，还有若干弟子四处传道或隐居修道，谭守诚则住持京师白云观，一时全真道龙门派大盛于世。

王常月倡导修道以持戒为首要功行。他开坛说戒的讲稿，由弟子整理成书曰《龙门心法》。这部书对清代全真道影响最大，使全真道由重丹法而转为重戒律。《龙门心法》共二十讲，第一皈依三宝，第二忏悔罪业，第三断除障碍，第四舍绝爱源，第五戒行精严，第六忍辱降心，第七清净身心，第八求师问道，第九定慧等待，第十密行修真，第十一报恩消灾，第十二立志发愿，第十三印证效验，第十四保命延生，第十五阐教弘道，第十六济度众生，第十七智慧光明，第十八神通妙用，第十九了悟生死，第二十功德圆满。《龙门心法》认为修道首先要树立信仰，皈依三宝：道、经、师，而皈依三宝之要在于皈依"真三宝"，即身、心、意。善用身者成仙成佛，不善用者成魔成怪，制身须是行持戒律。人心险恶，诸罪皆由心生，制心须持戒入定。人意变化不测，善用者成真入圣，治国安民，不善者流浪欲河，沉沦苦海，关键在于明了觉悟，先诚此意。制身则能皈依师宝，制心则能皈依经宝，制意则能皈依道宝。身心意化为三宝真身，依戒定慧法门，行持不懈，则能成道。王常月认为功德圆满并非肉身不死，"不死者我之法身，长生者吾之元气"，"人皆有死，但要死得好，干干净净，明明白白"。这是《龙门心法》的理论要旨。《龙门心法》的特色是强调戒行精严，把"戒"字看成"降魔之杖"、"护命之符"、"仙丹宝筏"，持戒须一丝不苟，才能功德圆满并振兴教风。全真道自邱处机始，总结道教戒规，仿效佛教戒律，制定"三坛大戒"，即初真戒、中极戒、天仙戒。初真戒包括"三皈依戒"、"五戒"、"十戒"、"女真九戒"。中极戒为"进道之舟航，升仙之梯级"，受此戒者为"妙德师"，终身守持即为"妙德真人"。天仙戒是教律中最高层次，共十类，270 法，受此戒者为"妙道师"，三坛功德圆满者为"好道真人"。严格的戒律，将全真道信徒的思想行为纳入道教教义轨道之中，冒滥者不敢入教，散漫者收心谨行，改善了全真道徒在人们心目中的形象，出现了王常月、陶靖庵、周明阳等一批有影响的高道，龙门派由此得到较大发展，传遍全国南北各地，其盛况如同禅宗中的临济，故世有"临济、龙门半天下"之说。

明末清初之伍冲虚、柳华阳，建"伍柳派"，属北派清修丹法，借佛教禅法说丹术，寓口诀于其中，其书被众人推为丹功启蒙的好书，对于普及道教内丹学起了显著的作用。柳华阳的《金仙证论》描述"产药"的情形，主观体验是"周身融和，酥绵快乐"，心境"自然虚静，如秋月之澄碧水"，氤满而任督自开，"肾管之根，毛际之间，痒生快乐"，这全是练功的切身体会，具体而生动，使炼内丹的玄妙奥隐变得可以感受和捉摸。柳华阳的《慧命经》也是别开生面之作，对后世有巨大影响。康熙时有高道朱元育，著《参同契阐幽》、《悟真篇阐幽》，发挥心得，暗示丹功口诀，会儒佛道三家之宗要，同归一致，尽性命双修之微旨，简易平实，两书同为道经解本中之双绝，为世所推重。张清夜（1676～1763）是雍乾之际的道士，修道于成都青羊宫、武侯祠，他的思想弃烦琐而取简要，斥空修而重践行。其《玄门戒白》云："道德五千言，总以清静为宗；金丹四百字，惟期守真是务"，又谓"大道出于纲常，纲常外无大道"，"广行方便，多积阴功"。他感慨当时道教的衰弱，说："近世师愈多而道愈歧，德愈薄而心愈昧"，"仙派源流，于今几绝"，所以以继微存亡自任。

龙门派第 11 代道士刘一明（1734～1821），号悟元子，别号素朴散人，祖籍山西曲沃，为有清一代内丹学大家，其著作后人刻为《道书十二种》，出入儒释，另创新词，说清修派之丹法，极为透彻，因而颇具名气。他勤修苦炼，在丹理上获取高深造诣，在实践上亦有深厚的功夫，使他的性功命功同臻上乘境地，可称一代宗师，在我国养生史上也占有显赫的地位。在理论上，刘一明融会儒佛道三教，主张性命双修且要有渐进次第，《修真九要》分丹功为：勘破世事、积德修行、尽心穷理、访求真师、练己筑基、和合阴阳、审明火候、外药了命、内药了性，共九个步骤，先性后命，最后以"粉碎虚空"为了当。他的哲学，以无形大道为宇宙本原，是道家本色（见《阴符经注》）；以逆修之法返本归真，继承了陈抟和张伯端的道教内丹学（见《修真辨难》）；其顿悟渐修之道，学习佛教（见《修真辨难》）；其尽心穷理之说，则用儒学，所谓"儒即是道，道即儒，儒外无道，道外无儒"（《三教辨》）。闵小艮亦是龙门派第 11 代道士，道名一得，乾隆至道光时人，隐于金盖山中，著有《古书隐楼藏书》、《金盖心灯》，多发挥中黄直透之丹功，非北派亦非南派功法，以清修为主，可划为中派。闵小艮论中黄说："丹家理气，原有三道：曰赤、曰黑、曰黄。赤者心气。黑乃督脉，性润下，法必制之使升，此二道精气所由出，人、物赖以生存者。黄乃黄中，径路循赤黑中缝，而统率二气为开合主宰，境则极虚而寂，故听经驻，只容先天，此中黄也。"（《泄天机》按语）据王沐先生说，北京西郊中医研究院用现代仪器测出有赤黑两条上升之路，可以证实闵小艮之说，但尚未测出黄道（见《中国道教》1987 年第 2 期王沐《道教丹功宗派漫谈》）。

三　《道藏辑要》和新道书

清康熙年间，彭定求选取《正统道藏》中 200 多种道书，编成《道藏辑要》，按二十八宿字号，分成 28 集，共 200 余册。道教的重要经典，历代祖师、真人的著作，重要科仪戒律及碑传谱记，皆有收录，是《道藏》的节本，更易于流行和使用。清嘉庆年间，蒋元庭编《道藏辑要目录》。

清代出现若干新的道书或道教经典的注解，其中较著名的作者及其撰述有：

董德宁撰《黄帝阴符经本义》、《太上黄庭经发微》、《仙传宗原》、《悟真篇正义》、《元丹篇》、《丹道发微》、《性学筌蹄》、《周易参同契正义》。

刘一明撰《黄帝阴符经注》、《黄庭经解》、《悟真篇直指》、《敲爻歌直解》、《百字碑注》、《修真辨难》、《神室八法》、《无根树解》、《悟道录》、《参同契经文直指》、《参同契直指笺注》、《参同契直指三相类》、《西游原旨读法》。

闵一得撰《黄帝阴符经玄解正义》、《雨香天经咒》、《天仙道戒忌须知》、《道规玄妙》、《栖云山悟元子修真辨难参证》、《订正皇极阖辟证道仙经》、《泄天机》、《管窥编》、《天仙心传》及附录、《天仙道程宝则》、《西王母女修正途十则》、《泥丸李祖师女宗双修宝筏》、《读吕祖三尼医世说述管窥》、《订正廖阳殿问答编》、《三懒心话》、《智慧真言注》、《一目真言注》、《增智慧真言注》、《祭炼心咒注》。

傅金铨撰《天仙正理读法点睛》、《丹经示读》、《道书试金石》、《新镌道书度人梯经》、《道书一贯真机易简录》、《性天正鹄》、《新镌道书樵阳经》、《心学》、《道书杯溪录》、《赤水吟》。

朱珪梭撰《阴骘文注》、《文昌孝经》、《元皇大道真君救劫宝经》、《真经》。

其他撰著一二种者有：王常月《初真戒律》，惠栋《太上感应篇注》、朱元育《悟真篇阐幽》、《参同契阐幽》，张持真辑《忏法大规》，彭定求校正《真铨》，王仁俊辑《灵宝要略》，陶素耜《周易参同契脉望》、《承志录》，李光地《参同契注》、《阴符经注》，袁仁林《古文周易参同契注》，汪绂《读参同契》、《读阴符经》，纪大奎《周易参同契集韵》，俞樾《太上感应篇缵义》，王士瑞《养真集注》，江含春《解真篇》、《金丹悟》、《金丹疑》，施守平《碧苑坛经》，陶太定辑《吕祖师三尼医世说述》，薛阳桂辑《梅花问答篇》，李德洽原述《上品丹法节次》，章世乾《元丹篇约注》，刘鸿典《感应篇韵语》，蒋国祚《太上黄庭内景经注》、《太上黄庭外景经注》。

以上作者既有道士，又有教外学者，说明道教文化已经引起学界普遍的关注。

四 道教文化在民间的扩散

清代的道教文化也像明代一样，继续向民间扩散，进一步加强了民间多神崇拜的风气；劝善书更普遍地流行；民间宗教有更多的新教门摄取道教的营养；民间文学和文人文学在指导思想、艺术构思和故事情节上多表现出儒、佛、道三教合流的倾向，道教人物、道教故事、道教丹术法术、道教理想，常成为文学创作的专门题材。

道教是很典型的多神教，它的神仙谱系庞杂多端。一方面它不断地造神，把其中许多神传布到社会上，逐渐成为民间信仰中的神，如太上老君、玉皇大帝、吕祖、真武大帝等；另一方面它又不断地从民间信仰中吸收新神，编入其神仙谱系之中，并为之塑像建庙，顶礼膜拜，如龙王、土地、泰山神（碧霞元君）、送子娘娘等，其中尤以关圣帝君，清代为官方、民间和道教所特别尊崇。关帝在明代已取代了姜太公而成为与"文圣人"孔子并肩的"武圣人"，尊封为大帝或帝君。清代皇帝继续追封：顺治敕封为"忠义神武关圣大帝"；雍正追封关公三代（曾、祖、父）公爵，大臣祭祀要行三跪九拜礼；乾隆将"壮缪"原谥更命"神勇"，加号"灵佑"；嘉庆加封"仁勇"；道光加"威显"；咸丰加"护国"、"保民"，列为中祀，祭礼如帝王庙仪，又加"精诚绥靖"封号，御书"万世人极"额；同治加号"翊赞"；光绪加号"宣德"。于是关帝的封号长达26字，成为官方宗教中的显神，京城与直省关帝庙一岁三祭。在民间，关帝被认为具有司命禄、佑科举，治病去灾，巡察冥司等多种功能，是一位义气千秋、正直无私的大神，他通过《三国演义》的流传而家喻户晓，成为民众尊敬的偶像。清代关帝庙几遍全国各地，连西藏和内蒙古都有他的庙，关帝被汉地佛教奉为护法神，被藏传佛教奉为八部神之一，在寺院为之立殿或加塑神像，如北京雍和宫有关帝殿，杭州灵隐寺有关帝神像。据《京师乾隆地图》载，当时北京城内关帝庙有116座，为京城庙宇之冠，全国的情形就可想而知了。在全国关帝庙中，以关羽家乡山西解州的规模最大，壮观宏伟，乾隆时状元秦涧泉为之做对联云："三教尽皈依，正直聪明，心似日悬天上；九州隆享祀，英灵昭格，神如水在地中。"反映出当时关帝崇拜之盛。此外洛阳的关林，亦叫关帝冢，建于明，增修于清，有殿堂150余间，形成规模宏大，壮丽精美的古建筑群，亦说明关帝在人们心目中的崇高位置，人们把许多美好的希望寄托在他的身上。

明清两代，作为道教道德信条通俗化形态的各种劝善书在民间广为流行，成为儒家伦理的重要补充和民间风俗淳化的重要手段。撰成于宋代的《太上感应篇》，不仅自发在民间传布，而且得到皇帝、王公大臣、名儒文士的关心和推动，如顺治帝有《劝善要言序》，黎士弘、梁宪、耿介、施闰章、周灿、彭定求、陈廷敬、张叔珽、汤来贺、彭绍升、陆陇其、惠栋、朱珪、伍崇曜、丁晏、俞樾、丁丙等，皆为《太上感应篇》作注或序或疏，各地多有捐资印施的官绅富者。《道藏辑要》所收的《关帝觉世真经》、《文昌帝君阴骘文》、《吕祖功过格》、《文帝孝经》等，皆是当时盛行于世的劝善书。"阴骘"是积阴德之义，《阴骘文》以天人感应和因果报应为指导思想，宣传儒家道德规范和道、佛宗教戒条，以文昌帝君的经历等故事，说明广行阴德，将获善报，列出忠主、孝亲、敬兄、信友、矜孤恤寡、敬老怜贫、不谋人财产、不淫人妻女、不恃富欺穷、不倚权势辱善良等数十项信条作为立身处世的准则，依此而行，则百福并臻，千祥云集，近则善报个人，远则福济子孙。普通民众受其影响者甚多。

道教文化对世俗文学的深广渗透，是同儒佛道三教合流思想的全面扩散联系在一起的,通过这些通俗文学作品的流传,使得包括道教在内的三教思想进入千千万万民众的头脑中,接受其影响的人数远远超过了它的教徒,差不多带有全民性了。现以《聊斋志异》、《红楼梦》和《绿野仙踪》为例,说明道教与清前期古典小说之密切关系。《聊斋志异》的作者蒲松龄(1640~1715)是山东淄川人,生于明末,是书成于康熙中,以谈狐说鬼而闻名,实乃作者借鬼神故事来宣泄对社会人生弊病的悲愤,尤以警世,故其《自志》中说:"集腋为裘,妄续《幽冥》之录;浮白载笔,仅成《孤愤》之书。寄托如此,亦足悲矣。"作者字"留仙",表示慕道,书中描写道士、道术、神仙、祈禳驱除、变化飞升的故事比比皆是,道佛掺和的内容更是随目可见。如《种梨》讲搬运术,《崂山道士》讲穿墙术,《成仙》讲得道与点金术,《道士》讲幻术,《罗刹海市》讲海市蜃楼,《仙人岛》讲仙女,其他如《神女》、《天宫》、《云翠仙》、《役鬼》、《跳神》、《尸变》、《乩仙》、《驱怪》、《捉狐射鬼》、《单道士》、《上仙》、《颠道人》、《何仙》、《丐仙》等,观其篇名就知道是与道教有关的作品。道教讲变化之术,其变化皆超出常人情理,故能长生不老、神通广大,无事不可成,无处不可至。一个作家,要想在中国这块土地上驰骋其艺术想象力,开辟怪异幻变的艺术世界,不能不借助于道教。《聊斋》作为神怪小说的成功典范,吸收利用道教仙话是其中一个重要因素。《红楼梦》被誉为中国古典小说之冠,它的作者曹雪芹生当雍乾之世,它的思想和艺术成就里有道家庄学的深刻影响,有佛教哲学的浸润渗透,同时也有道教与之形影相随。作为提示全书主题的"好了歌"及其解注是佛道结合的杰作,唱者为跛足道人,解注者是悟道的甄士隐,要人们抛却世间富贵,出家修道;当柳湘莲遭尤氏变故遇跛腿道士问"此系何方?仙师仙名法号?"时,道士笑道:"连我也不知道此系何方,我系何人,不过暂来歇足而已。"这数句冷言打破柳湘莲迷关,悟到人生如旅途,并无安身立命处,归宿在于成道;该书以道教仙话——顽石幻形入世开头,又以道教仙话——石头记结尾,中间一僧一道飘然而来,倏忽而逝,形成与宝黛爱情并行的另一条线索,贯穿始末,又构造出太虚幻境、绛珠仙草和神瑛侍者的离奇故事,引出"还泪之说",为宝黛故事埋下伏线,这些带有道教色彩的艺术构思,大大增加了《红楼梦》的生动性;书中还描写了佛道合作超度亡灵的丧事场面,道士在大观园作法事驱邪逐妖,刻画了张法官、王一贴、马道婆等不同层次上的道士形象,以及贵族中好道修炼的典型——贾敬,这些构成全书故事情节的有机组成部分,可见,从写作思想到艺术手法到人物情节,都有道教的成分。还有一部以道教为专门题材的著名小说《绿野仙踪》，也是属于高水平的文学作品，该书作者李百川，一生经历康熙、雍正、乾隆三朝，对于道教的情形相当熟悉。全书以冷于冰（我意冷于冰以张三丰为原型，其师皆称火龙真人）访师求道、炼丹成仙、济世、度人、正大罗金仙果位为主要线索，将内丹、外丹、符箓、雷法以及其他各种道术连缀在故事情节之中，使人读此书有如读道教百科手册之感，而又生动形象不受枯燥之苦，语言文字也十分优雅，此非道教行家兼大文学家不能为之。书前有"虞大人前评"，其词曰："细观此书，结构精严，妙想迭出；真中幻，幻中真，具五花八门之奇，极锦簇云攒之趣"，决非溢美之词。所谓"真中幻"者，在现实社会人生故事中寓有道教之成仙理想和神通；所谓"幻中真"者，在奇特、幻逖的色彩下面显露出真实的世态人情。在冷于冰身上寄托着作者既要修道证真又要救世利人的双重目标，相当深刻地表现了道教"内以修身，外以行善"的传统精神，同时又具有明清道教各派融合的时代特色。要了解当时的道教不可不读此书。

第五节　民间宗教在镇压中继续勃兴

一　发展概况与清廷的禁灭政策

明代中后叶是民间宗教走向活跃的时期。明清之际的社会政治变动并没有遏止民间宗教发展的势头，相反各种民间宗教已汇成大气候，在民族压迫的催激下，更加蓬勃，成为清朝建国之初就遇到的棘手的社会问题，不得不花大气力应付。顺治三年（1646）吏部给事中林起龙上书说："近日风俗大坏，异端蜂起，有白莲、大成、混元、无为等教，种种名色。以烧香礼忏煽惑人心，因而或起异谋，或从盗贼，此直奸民之尤者也。"（《东华录》）朝廷于是严禁"邪教"，遇各色教门即行严捕，处以重罪。然而禁教毫无成效，禁之愈烈。清初思想家颜元（1635～1704）在《存人编》中说："适红巾、白莲始自元明季世，焚香惑众，种种异名，旋禁旋出。至今若'皇天'，若'九门'、'十门'等会，莫可穷诘。"康熙时王逋肱《蚓庵琐语》中亦说："今民间盛行所谓教门者，说经谈偈，男女混杂，历朝厉禁，而风愈炽"，"山东山西则有焚香白莲，江西则有长生圣母、无为、糍粑、圆果等号，各立各户，以相传授"。蒲松龄《聊斋志异》中有《白莲教》、《罗祖》、《邢子仪》等篇，涉及白莲教、罗教和当时人的信仰活动，说明康熙时这些教在民间还很有影响。清代民间教派很多，数以百计，就大的教派分布情况而言，华北地区主要有罗教、黄天教、红阳教、清茶门教、一炷香教、龙天教、八卦教等教派；江南有大乘教、无为教、老官斋教、龙华教、三一教、长生教、收圆教等教派；西南地区有鸡足山大乘教、青莲教、金丹教、刘门教等教派；西北地区有罗教、圆顿教、明宗教等教派。这些教派不是脱胎于佛教，就是脱胎于道教，教义宗旨皆主儒佛道三教并信而又别立"真空家乡，无生老母"的特殊信仰，宣扬"三阳劫变"的思想，成为正宗大教外的异端。其中的骨干是宋元出现的白莲教系统和明中叶出现的罗祖教系统，彼此又互相影响，嬗变出形形色色的教门。清初的众多教门有相当一些是明代教门的直接延续，如罗教、黄天教、红阳教、老官斋教、三一教、长生教、大乘教、龙天教、无为教、一炷香教等；有若干教门是清代新兴起的，如八卦教、清茶门教、天理教、圆教、真空教、青莲教、白阳教等，这些新兴教门与明代民间宗教颇有渊源，有的是原有教门的分支或改头换面，但名义和称号是新出的，一般皆不自称白莲教。就规模和影响而言，以华北和中原地区的八卦教、江南青莲教（斋教）和西南大乘教为最重要。

清代前期民间宗教一个显著特点是比明代更具有反抗精神，而且往往采取武装对抗。改朝换代的政治目标较之求福升天的宗教目标更为强烈，因此所谓"邪教"案件频繁发生，遍及南北，多不胜数，乾嘉以后几乎每年都有若干次大的武装起事。清廷本来就禁止一切"邪教"活动，满族贵族以少数统治汉族多数，心怀戒惧，严防一切动乱，以稳定其政权；同时依靠武力统一天下，相当迷信强制作用；加以民间宗教有明显反清复明色彩，且常诉诸武力，更加激化了与清廷的矛盾，使清廷对民间宗教制定了严厉镇压、禁绝灭除的政策，造成许多次大惨案、大悲剧。早在入关之前的崇德七年（1642），清廷就镇压了沈阳的善友会（秘密结社）。顺治初采林起龙议，取缔"邪教"。顺治十八年（1616）镇压江苏溧阳的大乘教。乾隆中，惩办张保太案，镇压马朝柱造反，剿灭清水教起义，气氛十分紧张，乾隆帝一再强调："邪教煽惑愚民，最为世道人心之害，不可不严切根查"（《清高宗实录》乾隆四十年）。当然，清廷对民间宗教也有抚息的一面，特别是康熙、雍正两朝，采取种种措施恢复和发展生产，安定社会秩序，通过"与民休息"的政策，达到巩固政权的目的；在民间宗教的问题上注意不故意扩大事态，能宁息则宁息之，优先解决最迫切的民生问题，这是有一定远见的。康熙帝曾告诫山东巡抚："为治之道，要以爱养百姓为本，不宜更张生事。"（《圣祖实录》）雍正帝亦注意在惩办"邪教"时不扩大化，以防激之生变。雍正八年（1730）福建巡抚刘世明借口"习无为罗教者，阖家俱吃斋"，要"通饬严禁"，雍正帝大为恼怒，批驳说："但应禁止邪教惑众，从未有禁人吃斋之理。此奏甚属乖谬纷扰"（《东华录》），他又下令取消香税，鼓励民间进香祷神。但从乾隆朝起，民间宗教已明显形成强大政治异己力量，清廷改为强硬政策，专务剿灭诛除，宗教性的矛盾变成政权与民间势力之间的生死搏斗，政策上的弹性由此而丧失。

二　八卦教的兴衰（含清水教、天理教）

八卦教主要活动于华北，包括京畿和直隶，它在清代民间宗教运动中占据十分重要的地位，清前期华北许多教门及农民起义都直接或间接与它有联系，清末义和团运动也与之关联。它的存在时间极长，对清朝的历史进程有重大影响。

八卦教初创于康熙初年的鲁西南单县一带，该地区属曹州府管辖，是多灾的穷乡僻壤，历史上有民间宗教的活动传统，明末闻香教徐鸿儒起义即发于曹州一带，罗祖教在这地区的结社不下 3000 余处。八卦教创始人刘佐臣，编造《五女传道》经书进行创教布道，又依《八卦图》收编教徒，因草创之初，入教者不多，只立离、震、坎数卦。刘佐臣死后，他的儿子刘儒汉，孙子刘恪、重孙刘省过，相继掌教，使教门不断扩大完备。八卦教初称五荤道收元教，后又易名为清水教，又称天理教、九宫教、先天教、在理教，等等，由于按八卦组成教团系统是它的显著特点，所以八卦教的称呼最为流行。八卦为八宫，加上中央宫为九宫，故又称九宫教。八卦教在教理上吸收了道教依八卦体系炼内丹的思想，掺和闻香教、一炷香教和黄天教的内容而成；它的组织原则是"内安九宫，外立八卦"，将八卦与五行结合起来，形成有固定教首、支派拱绕、组织严密的教团体系。刘姓教首居于中央宫的位置，不具体统领某卦，但全教必须服从他的领导，奉之若神明。下面分为乾、坤、震、巽、坎、离、艮、兑八卦支派，各有掌教传人。执掌离卦教的是河南商丘郜姓，高祖是郜云龙。执掌震卦教者一说为金乡的侯姓（初祖侯棠），一说为菏泽的王姓（初祖王容清）。坎卦以直隶容城张柏为卦长，山东坎卦头目孔万林、直隶大兴坎卦头目屈得兴皆张柏弟子。艮卦以金乡县张玉成、张静安父子相继为卦长。巽卦由单县张炎兄弟充任卦长。乾卦中心在河南虞城县，张姓充任卦长，后传子孙张玺、张文士。兑卦中心在直隶东明县，卦长为陈善山兄弟。只有坤卦未曾立教。

八卦教的主要经典《五女传道》，又称《五圣传道》，它是一部接近道教的修炼内丹、追求长生的传教书。所谓"五女"由观音、普贤、白衣、鱼篮、文殊五位菩萨幻化而成，却用丹道点化世人，认为"大道分明在一身，迷人不知向外寻"，修道的方法是先入静，然后炼气，使之流转，"靠尾闾，透三关，透出云门天外天"，要像纺纱一样快慢均匀、接续不断，最后结成"圣胎"，运上泥丸宫，透出元神，便可超凡入仙。这部书通俗易懂，所用比喻皆为下层民众熟悉，它把丹功简明化，推广于民众，既给教徒以精神安慰，又使教徒在进行宗教活动的同时运气练功，收到颐养内心、防治疾病、健壮体魄的功效，所以受到民众的欢迎。乾嘉时代，八卦教修炼内丹已成风气，"坐功运气"已是教徒宗教生活的核心内容之一。乾隆五十六年，八卦教徒刘照魁供出《八卦教理条》，以八卦卦画、口诀为纲目讲解修道要领，内中多有暗语，教外人难以破译，但能看出其宗旨是通过炼丹起脱生老病死的悲苦，以佛教观照，以道教普度。八卦教的教义是三教混一的体系，除佛道外，特别推崇孔孟，甚至将他们尊为本教教主，从四书五经中寻章摘句，作为修炼内丹的理论根据。经卷告诉教徒，"若明真性达天理，就与前贤皆无二"（《军机处录副奏折》），这个天理"在天上元亨利贞，落地下春夏秋冬，落在人身仁义礼智"（同上），以"仁义礼智信"为五行，以"不杀不盗不淫不毁不欺"为五戒，以"温良恭俭让"为五常，所以嘉庆中八卦教首领林清改教名为天理教。但八卦教毕竟不同于被官方承认的儒、佛、道三教，它吸收了历代民间宗教关于劫变的思想，信仰八字真言："真空家乡，无生父母"，认为宇宙和人类须经历三个阶段：第一阶段是青阳时期，无生老母派燃灯佛下凡，度脱皇胎儿女两亿人；第二阶段是红阳时期，无生老母派释迦佛下凡，又度脱皇胎儿女两亿人；第三阶段是白阳时期，无生老母派弥勒佛下凡，将度脱其余皇胎儿女九十二亿人，回到天宫，即真空家乡，过永远幸福的生活。而目前人类正处在红阳劫尽、白阳当兴的时代，遭受着空前的灾难，因此现实社会是罪恶的，应该被否定，用一个理想的社会来取代它。这样的信仰反映了下层民众对现实的批判，具有鼓动社会变革的意义，所以为当权的统治者所不容。而八卦教把刘佐臣奉为弥勒下生，他又是孔夫子再世，是末劫收元的祖师，无生老母在人间的代表，有至高无上的神权，他的后世掌教子孙是他的转世和化身，理应继续担当八卦教首领，具有统领教徒的无上权威，这样，八卦教的独立神权又与皇权掌握的神权发生冲突。同时刘氏家族有排满兴汉的思想，例如，乾隆时从震卦长王中之徒谌梅和坎卦头目孔万林兄孔兴已家中抄出两本"无名邪书"，内有以宗教预言的形式预言清政府灭亡的时间，说："平胡不出周刘户，进在戊辰己巳年"、"朝廷离幽燕，建康城里排筵宴"，引起乾隆帝震怒。虽然八卦教经卷中有正统说教，但上述教义具有的异端色彩和反叛精神，决定了它只能是下层社会的信仰，不能成为官方宗教。

八卦教的第二代教首是刘儒汉，他承袭父业，掌教 30 余年，死于乾隆元年。他开创了以血缘关系为纽带的教权世袭制，各卦首领亦纷起效法，出现了刘姓、郜姓、侯姓、王姓几个大的教权家族。刘儒汉还买官做过知县，扩大了该教的影响，其时八卦教势力范围已扩大到晋冀鲁豫以及陕甘一带。第三代教首为刘恪（儒汉之子），掌教约 20 余年。第四代教首为刘省过（刘恪之子），掌教约 15 年，死在乾隆三十七年"邪教案"中。这时八卦教已易名为清水教（入教时用三盅清水磕头，故名）。当时清廷查获李孟炳等人所带"邪书"，究出谌梅、王中、李孟醇、龙居泾等人，获《训书》，内有反清思想，乾隆帝令继续追查，终于究出大教主刘省过，以及教内重要人物孔万林、陈圣仪、贾茂林、崔柏瑞、李大顺、潘筠、张柏等，第一次揭开了八卦教的内幕。结案时，他们或斩或配，使八卦教受到重创，刘氏家族由盛转衰。接着以刘省过逃亡在外的儿子刘二洪为教首，是为第五代传人，传教不到九年，遇上段文经事件。段文经为大名府捕快领班，系八卦教头目，于乾隆五十一年率同教 50 余人突袭大名府道，杀官劫狱，企图救出坐牢的刘大洪（刘省过长子），失败后连同刘大洪一起被害，又牵连出刘二洪、刘四洪及母李氏，刘氏兄弟皆被处死。第六代传人为刘氏家族成员刘廷献（刘省过族兄弟），他在乾隆年间受"逆案"牵连发配到新疆，其时震卦头目侯朴鉴于八卦教无刘姓掌理，便派人去新疆，推举刘廷献为中天教首，总管八卦教事。嘉庆七年，刘廷献死，震卦头目侯绳武再次派人去新疆拥立刘廷献之子刘成林为新教首，实际教务由侯绳武掌管。嘉庆二十二年，事发，刘成林等被害，刘氏家族终于覆灭。

八卦各派之中，以震卦、离卦、坎卦实力较强，影响较大，与乾嘉之朝农民运动关系密切。震卦初由侯姓家族掌教，乾隆中叶以后王姓家族兴盛，入其教者称后天王老爷之徒。乾隆五十三年，王中之子王子重发配新疆为奴，被教徒推为掌教。有教徒刘照魁者，被布文彬收为义子，成为震卦重要骨干，四处联络，重振教团，于乾隆五十五年赴新疆见王子重，受封"东震至行开路真人"，次年被捕，供出王子重等人，王与布文彬、屈进河、刘书芳、刘照魁等皆被斩杀，大批骨干成员被流放。王子重之子王彦继为震卦教首。嘉庆十八年，八卦教在直鲁豫起事失败，王彦等人被逮入狱。道光初，王容清之曾孙王顺掌教，于道光四年被破获处死。据山东巡抚琦善奏折，其宗教活动的情形是："各教犯拜师时，摆设香案茶果，向上叩头，或教会每日参拜太阳，或教会每日坐功运气，口授真空家乡等项咒语，各教大略相同。王顺与刘允兴接充教主后，所得同教钱文，或名籽粒钱，或名扎根钱，亦有名进身孝敬钱者"，"王顺又以钱之多寡给与爻数等项名号，为教中出力之人"。离卦掌教郜姓家族，传承一个多世纪，几与清代相始终，由于它屡剿屡起，被清廷看做元凶大恶，几十年查捕斩除，仍然绵延不绝，这与它神秘主义的教法不无联系。离卦入教者多于深夜僻静处点香供茶出钱，在香案前顶礼膜拜，说"请圣如来，接圣如来，投离卦透天真人郜老爷会下"，并默念咒语，发誓起咒，谓："传授心法，轻传匪言，泄漏至理，阴诛阳灭，将此身化为浓血，入水水中死，入火火中亡，强人分尸，天地厌之。"每日朝午晚三次朝拜太阳，念八字真言。其联络暗号是："凡是同教的人，只把食指、中指并着往上一指，名为剑诀。"坎卦教由侯姓家族掌教，至乾隆初中叶张柏又曾为坎卦长，张有两大弟子，一为大兴县屈得兴，一是曲阜孔万林。据嘉庆二十年直隶总督那彦成奏折："林清徒党多系坎卦教，凡有在教者，均称为北方元上坎宫孔老爷门下。其孔老爷系首先传教之山东宁阳人孔万林，亦已于王中案内正法。"而嘉庆十八年的"癸酉之变"正是以林清为首的八卦教的壮举。

从乾隆中期至 1840 年，随着清王朝由盛转衰，八卦教也在整体上由一种民间宗教运动转化为农民革命运动，创造了可歌可泣的业绩。其中以乾隆中清水教起义和嘉庆中"癸酉之变"最为著名。清水教首领王伦于乾隆十六年入教，有一身气功拳棒功夫，精于医道，广交江湖豪杰，于乾隆三十六年招收徒弟，手下有一批武艺高强的骨干，包括许多女艺人，有义子 18 人，皆豪侠有勇力，相信八字真言和劫变思想，他组织的教团兼宗教与武功双重属性，习八卦拳等各种拳法，与宗教活动相掺杂，又怀有改朝换代的政治目的。乾隆三十九年八月，王伦与谋士梵伟率徒众举行起义，数日之内连克寿张、阳谷、堂邑三县，继而拔临清旧城，围攻临清新城，发展成数千人的队伍，屡败清兵。一月之后，清廷派重兵围剿，起义军失败，王伦自杀，许多骨干及教徒被擒杀，刑死者达 1700 人。这次起事发生在清帝国腹地，所以给整个社会以相当大的震动。发动"癸酉之变"的林清于嘉庆十一年入八卦教，嘉庆十四年充任京南坎卦长，十八年收红阳教李老一支归属八卦教，活动中心在大兴县，其教徒中有官僚如曹纶，亦有宫内太监作为内应。其时河南震卦首领李文成，以滑县为中心形成可观势力，于嘉庆十六年正式与林清联合，形成八卦教各派重新统一的形势。十七年，林清封李文成为天王，冯学礼为地王，于克敬为人王，后又改封李文成为人王，又得《三佛应劫书》，"其书内有天盘三副：过去系燃灯佛掌教，每年六个月，每日六个时；现在是释迦佛掌教，每年十二个月，每日十二个时；将来系未来佛掌教，未来佛即弥勒佛，每年十八个月，每日十八个时"（《清代档案史料丛编》第三辑）。嘉庆十八年，确定以"奉天开道"为旗帜，取代清政权，建立八卦教天下的具体计划，林清、冯克善是文圣人和武圣人，李文成是天王，于克敬是地王，冯学礼是人王，宋元成是元帅，牛亮臣是宰相，八卦卦长称八宫王，每宫下设八宫伯，共计六十四宫伯，以与六十四卦相应，又将八卦教改称天理教，俗称在理教，以明上合天理、下顺民情之意。同年九月十五日，有六七十名天理教徒攻入紫禁城东华门、西华门，直接插入清廷皇宫重地，与卫兵、王公大臣进行了浴血奋战，十六日失败，十七日林清被捕，接着清廷对大兴、通县一带八卦教进行剿捕，四年之内共处决 700 余名。与京城之变相呼应，直、鲁、豫三省八卦教徒在华北十几个州县先后起事，如九月七日河南滑县 3000 名教徒攻县城；又有长垣、曹县起事，破曹县、定陶，震惊全省，十月初扈家集战斗失利，山东起义军失败。十一月至十二月，在河南滑县一带，李文成率部与清军多次激战，最后失败，李举火自焚，牛亮臣、徐安国、冯克善被俘，与九宫教首梁建忠、刘宗林等皆被处死。这场大的农民暴动震撼了华北大地，约七八万人惨遭屠戮。

经"癸酉之变"，八卦教只剩下离卦一支仍保有实力，成为尔后最活跃的支派，但掌教者多为异姓，且向多元分离发展，出现圣贤教、先天教、大乘教、一字教、白阳教等众多名目。与离卦教有联系的大教案，有嘉庆十六年孙维俭大乘教案，孙是离卦教郜姓三传弟子，后自立教名，传徒 1600 余人；有道光三年明天教首马进忠称皇帝案，马进忠为离卦教徒，充任支派教首后，改称明天教，自号圣人，封正宫娘娘、三宫六院、将军、六部、丞相、军师等，举行新帝登基典礼，后被拿获，100 多人处死，300 多人发配；道光十二年尹老须案，尹老须即尹资源，系直隶离卦教郜姓之后教首刘功的教业继任者，自称南阳佛，谓能出神上天，接见无生，收徒数千之众，后事发处死，连带近百人遭殃；道光十五年曹顺为首的先天教起事案，先天教首叶生宽、王宁继承了离卦教，成为它的旁支，于嘉庆二十一年被告发处死，后来教徒曹顺从韩鉴手中接过教权，于道光十五年率徒攻占赵城，并攻打霍州、洪洞，失败被杀，同死者百余人。这是 1840 年以前，八卦教最后一次有规模的武装造反事件。[①]

在上述八卦教教案中，有仅因事涉"邪教"并无政治性活动而被查获处罚的，有因压迫太重借宗教进行反抗的，有出于教首或掌教家族政治野心而妄图变天的，也有几种情况同时并存的。我们既不能像清廷那样斥八卦教为"邪教"，加以"惑众乱世"的罪名，也不能一概予以肯定，视为农民革命加以颂扬，而应把它作为一种特定的历史现象加以研究，指出它的必然性、局限性和历史作用的双重性，由此更进一步认识中国俗文化的特点和传统。

三　其他教派的活动

1. 白莲教

早在乾隆三十九年（1774），河南人樊明德领导的混元教，在豫、皖、鄂一带活动，信奉《混元点化》等经卷。第二年，樊明德被捕处死，曾供称其师为杨集。樊弟子王怀玉逃走，王弟子刘松被发配到甘肃隆德县。刘松与其弟子刘之协商量复教，于乾隆五十三年（1788）另立三阳教名称，改《混元点化经》为《三阳了道经》，推刘松为老教主，刘松之子刘四儿为弥勒佛转世。刘之协收湖北人宋之清入教，使一部分收元教徒改奉三阳教。乾隆五十七年（1792），宋之清与刘松、刘之协分裂，另立西天大乘教，拜李三瞎子为师。乾隆五十九年（1794）宋之清、刘松、刘四儿等皆被捕处死。嘉庆元年（1796），荆州地区白莲教在教首张正谟、聂人杰领导下起义，开始了大规模的川楚白莲教武装反清斗争，教内传说李姓、杨姓、刘姓真人下凡，将立帝业，刘之协为军师，朱九桃是辅臣。其时川楚白莲教支系繁多，互不统属。三月，王聪儿、姚之富起于湖北襄阳；十月，徐天德起于四川达州，冷天禄起于四川东乡；随后，罗其清、苟文明起于巴州，冉文俦、冉天元起于通江，龙绍周、徐万富起于太平，陈崇德起于大宁；陕西还有冯得仕、林开泰的起事。各支起义军中，以王聪儿一支为最强。王聪儿是襄阳地区白莲教首林齐的妻子，林齐被捕遇难，众人推王聪儿为白莲教总教师，发动了声

[①]　关于八卦教的论述，主要参考马西沙的《清代八卦教》一书。

势浩大的起义。这支队伍先进攻襄阳和樊城，又转战河南邓州唐州之间，冲破清兵的围剿后直逼湖北汉阳，三楚为之震动，旋又入河南作战，经陕西向四川进发，于嘉庆二年六月在东乡附近与四川徐天德、冷天禄的队伍会合，队伍改编为黄、蓝、青、白等号，设掌柜、元帅、先锋、总兵等职，年底控制了 20 多个州县。王聪儿还亲率队伍杀回湖北，经陕西转回四川，曾发动汉中大战，逼近西安，后因李全部失利，东回湖北，于嘉庆三年（1798）在郧阳战败跳崖而死。余部继续坚持战斗，至嘉庆十年（1805）才最后被镇压下去。清廷为此耗银 2 亿两，副将以下军官死 400 余名，一、二品大官死 20 余名，其统治受到沉重的打击。王聪儿之白莲教信奉"真空家乡，无生父母"，"习其教者，有患相救，有难相死，不持一钱，可以周行天下"（《内自讼斋文钞》卷一），继承了明代白莲教的教义和互助共济的传统。

2. 圆教

又称收圆教、大同教。教首金惇有，安徽和州人，于清初创此教。金死由其徒方荣升继掌圆教，自称蓬莱无极老祖，刻有九莲金印，声称三年后坐朝时启用。方又尊李玉莲（合并而来的原明教女徒）为开创圣母，住石观音院，自谓身怀弥勒，方为之编造"皇极真主命，隐居石观音"的口诀，加以神化。圆教分布于湖北、江西、安徽、江苏、河南等省。嘉庆二十年（1815）该地区发生灾荒，方荣升计划趁机起事，因泄密于八月被捕，圆教受到沉重打击。圆教的经卷受黄天教、弘阳教、八卦教的影响，与清茶门教有更直接的关系，金惇有与清茶门教教首王秉衡有间接师承关系。金惇有编《应劫册》，宣扬："先前系燃灯佛座青莲掌世，为无为青阳教。后释迦佛座红莲掌世，为太极红阳教。今则退位，弥勒佛座白莲掌世，为皇极白阳教。弥勒掌管天盘，混沌七七日，自后日月改行，气候更变，惟习圆教，不遭此劫。"这是明清民间宗教的共同性说法。方荣升则有些创新，他自称朱雀星宝霞佛下降，紫微星附体，世人信圆教可以免劫；又以四十五日为一月，十八月为一年，在金木水火土五行之外增"慧"、"动"二字，成为七行；又编造新文字一千零三十。在官方的正统观念中，阴阳、四时、五行乃不易之天道，治道必须合于天道才能成功。而方荣升企图变易五行年月，是一种改天换地的大胆行为，虽然反映出对历法的愚昧，但富有想象力和异端精神。

3. 大乘教

康熙二十年，云南大理人张保太（又称张宝泰）在鸡足山开堂倡教，入教者吃斋念佛，烧香礼拜，可以升天成佛，免除阴司受苦，张保太法号道岸，自称 49 代收元老祖，达摩禅派嫡子，可见深受佛教思想的影响。但他又提倡儒佛道三教合一，亦奉信弥勒和龙华三会，表现出民间宗教的色彩。乾隆四年（1739）江苏发生西来教"邪教"案，首领夏天佑即张保太的弟子，张保太被供出死于狱中，但他所传的大乘教已由西南传至江苏、贵州、湖北、河北等地。张保太死后，其子张晓继续掌教，使大乘教有所发展，增强了反叛性，其分支有：江苏的龙华会、燃灯教、西来教，四川的法船、铁船、瘟船三教。法船之说见于《龙华宝经》，谓末劫来临，众生危难，古佛令太上老君造法船金船，宗门祖师领儿女登法船渡劫进天宫。法船教主刘奇称弥勒下凡管天下，以后李开花当皇帝。其时前后"李开花"常成为新皇帝的托名，弄得清廷惶惶不安。大乘教徒至乾隆中叶仍有活动。

4. 青莲教

又称斋教，后称金丹教，分布于四川、陕西、甘肃、湖北、湖南等地，活跃于道光年间。在四川，道光六年（1828）有教首尹正、刘日瑚在华阳一带传教，持经卷《十参四报经》，在湖南桂阳，青莲教徒于道光二十年（1840）和二十六年（1846）两次起来反抗官府。青莲教奉达摩祖师、无生老母，诵《无上妙品经》，有三皈五戒，其教义有"五行十地"之说。五行又分先天五行：法、精、成、秘、道；后天五行：元、微、专、果、真。十地为教区组织原则。首领五人，依五行掌教务，称"依法子"、"依精子"等。青莲教中有青家、红家、黑家之分，青家吃斋焚香诵经，红家不吃斋，黑家从事武力活动。道光时，川陕甘青莲教首领是"依微子"李一原，湖南是"顶航"周位抡，"顶航"乃教中最高阶位。青莲教吸收了法船教的传统，后来又与天地会合流，对清后期发生影响。

5. 清代罗教

罗教创于明代，对明清两代民间宗教产生普遍性影响，它自身也支派越分越细，形成"经非一卷，教非一门"的复杂局面。罗教在清代，其正宗是无为教，罗梦鸿的子孙在京畿一带相沿传授此教。嘉庆中当局在盘山无为庵起获无为居士罗公画像一轴及若干宝卷，罗公即罗祖。另一支王森所创东大乘教（即闻香教），在清代的滦州石佛口王姓家族继续传布，先称大成教，后改称清茶门教，王家与清贵族有密切联系，因而该教一度得到发展。雍正十年，当局查办了石佛口大成教的活动，了解到其教以轮回生死诱人修来世善果，吃斋念经，男女混杂，每月朔望各在本家献茶上供，六月初六至次教首家念佛设供，并上钱粮，次教首转送老教首，谓之解钱粮，所诵经有《老九莲》、《续九莲》等。嘉庆二十年该教受到严厉查办而衰落。罗教传入江南的一支称老官斋教，由姚姓家族世代掌教，传布于浙、赣、闽、湘、鄂一带。乾隆十三年（1748）福建瓯宁教民因宗教集会受到地方官吏袭击，由普少、魏现领导起义，称弥勒下凡，标"无为大道"，提出"代天行事"、"劫富济贫"的口号。同治五年（1866）建阳、崇安有安寿子、陈顺光领导的教民起义。罗教在江浙漕运水手中有深厚的基础，其活动中心一在苏州，一在杭州，后来成为青帮之前身。杭州罗教兴起翁、钱、潘三姓，各建一庵，招收徒众，遂有"三祖传道法先天"、"三祖传道杭州城"之说。水手教民依赖罗教团体，使精神和生活有所归属，增强了抗御困难和外部压力的能力，并得以互助共济。后来，随着成员职业的单一化和宗法师承关系对教权世袭关系的取代以及宗教气氛的淡化，罗教逐渐转化为行业性的帮会，建立起帮会权力系统，垄断江浙漕运行业，并形成内部小的帮派，最后变为游民无产者的社会团体，活跃于清末民初的社会生活之中。

6. 清代的黄天教

黄天教创于明代，继续流行于清前期，颜元说当时黄天道大行于京师府县以至穷乡僻壤。创始人李宾胞兄李宸的后裔在清代把持教权，以万全县膳房堡的碧天寺为基地做会传道，参拜太阳，默祷天地，炼养内丹，对八卦教、收元教有直接的影响，乾隆中几次"邪教"案都涉及黄天教，时人常把黄天、无为、收元看成普明（李宾道号普明佛）一脉派生的诸教，加以混同。从清初到清中叶，黄天教嫡派传承世系是：李蔚→李茧→李昌年李遐年。乾隆二十八年（1763）大学士兆惠与直隶总督方观承亲往万全县查办此教，毁碧天寺，掘出李宾夫妇尸骨粉尸扬灰，收缴经卷，大肆逮捕教徒，给予黄天道以毁灭性打击。尔后沉寂达一个世纪，至光绪元年（1875）再度大兴，万全县乡民建普明寺，并逐渐扩充。

7. 清代红阳教

又称弘阳教、混元教，清代讳弘历讳，官方文档皆称红阳教。该教由飘高老祖（韩太湖）创于明代万历间，与宫内太监有较多联系，保持较多道教特点。据清代档案载："京东一带，向有红阳教为人治病，及民间丧葬，念经发送。"较少介入政治，较多趋向正统观念。但受八卦教影响，一部分支派加入天理教起事，或参与其他反抗活动，而且该教教义内本有三阳劫变之说，不能不被当局目为"邪教异端"，虽未给予残酷打击，亦在取缔之列。有清一代弘阳教未能形成宗教领导中心，支派分散，互不统属，又多数为异姓相传，未形成家族世袭教权。教徒多为城市贫民和农民、手工业者。清代则增入旗人和妇女较多，主要来自贫困阶层。乾隆二十三年（1758）通州正黄旗汉军士兵桑自雷加入红阳会。乾隆二十九年（1764）良乡正白旗汉军张三加入红阳教。乾隆四十年（1775）海城旗人刘得智、直隶正白旗所属夫役李瑚等，均加入红阳教。该教经卷《混元红阳血湖宝忏》对妇女的各种痛苦表示关切，得到很多妇女的信奉。

8. 清代的一炷香教

创教人董吉升，字四海，山东商河县人，生于明万历四十七年，死于清顺治七年。董氏原为道士，创立一炷香教后，仍然把持许多道教宫观，从事宗教活动，并收若干道士入其教门。教徒尊董氏为"神仙"，其宗教生活大致是：焚香拜佛，跪一炷香，望空祈祷，坐功运气，求治病获福并最终成佛做祖。该教有许多支派和名目，如：一炷香五荤道、添门教、如意教、平心道等。董氏家族于明末倡教，至清道光十六年，已传承七代，派分八支，历200余年，教徒分布于鲁、直、京地区，并远播盛京、吉林。由于该教长期打着道教的旗号，其教徒做道场、斋醮与正一道士差别极少，同时在教义上鼓吹忠孝伦理，唱念歌词系劝人为善行好，极少不法行为，故长期未能为清廷所觉察。有一段歌词云："双膝打跪一桌前，对给老天说实言。父母堂前多进孝，别要哄来不要瞒。犯法事情再不做，钱粮早上米先完。乡里养德多恕己，这是行好才全还。行好劝人三件事，戒酒除色莫赌钱。"这是安分守己的教义，在诸多民间宗教里，最具有保守性，因而未受到清廷严厉处理。但该教游离于正宗佛教道教教团组织之外，别立教祖，不受国家管理，自传自养，自然有离心倾向，亦不能取得政府合法承认，所以当嘉道之际清廷发现该教秘密时，便下令取缔。但该教已根深株壮，枝蔓四伸，难已剪除了。

四　民间宗教的社会文化意义

民间宗教的教义和活动中有许多落后愚昧的东西，从历史的发展结果看，它并没有解决民生的艰难，使民众获得它所许诺的幸福。但在那个等级压迫甚重、宗教气氛笼罩、民众知识缺乏的时代，下层人民只能把希望寄托于宗教理想，并且借重宗教的旗帜，掀起反抗压迫剥削的巨大社会风暴，这是不能以今天的眼光随便加以指责的。我们在"明朝宗教"一章中已经指出，民间宗教往往是民众自保自救的社会组织，也常常成为民众反抗不义的旗帜和手段，它的宗教生活也是教徒的文化生活和自我教育手段，对改善社会风气、促进民间文艺乃至民间体育、气功皆有积极作用，当然也存在消极影响，甚至形成新的教门家族压迫。我们在这里进一步就清前期民间宗教的社会文化意义作些补充说明。

首先，它是清朝由盛转衰的重要促成因素。清朝一统天下后，经过康雍两朝，已进入稳定强盛，然而正是在它达到最盛的乾隆期，民间宗教活动与政治反抗运动如火如荼地发展起来，形成遍布全国的大大小小的地下独立王国，动摇了清政权的根基，清廷虽然全力查办镇压，但此伏彼起，穷于应付，无形之中大伤元气，嘉庆以后，国势日颓。中国历史上最后一个王朝江河日下局面的形成，是与民间宗教的积极活动分不开的。

其次，人民群众在民间宗教的反抗运动中所表现出来的大无畏精神，不怕牺牲再接再厉的精神，表明中国人民的民气未亡，民心未死，宁作刑鬼，不作顺民。清后期的太平天国运动、捻军、小刀会、义和团等武装起事，正是清前期民间宗教反抗运动的继续和更高水平的发展。

最后，民间宗教经由明中叶到清中叶的发展流传，已经在全国范围内形成根深蒂固的传统，它与官方宗教、学者宗教鼎足而立，具有相对独立的宗教俗文化体系。这个体系的生命力极其顽强，在民众的物质文化条件未根本改善之前，是不会衰亡的。研究儒学史、佛教史、道教史以及国家民族宗教史，不能只限于研究官方的宗教政策和管理，研究高僧高道传记，还要大力研究民间信仰，特别是民间宗教。否则只知道显流，不知道暗流，只知道少数上层集团的宗教信仰，不知道多数下层民众的宗教信仰，非但不能对中国明清宗教史作整体的把握，亦不能了解雅文化下落为俗文化过程的规律性，由此对整个传统文化亦难做出全面深刻的理解。

第六节　伊斯兰教的演进与苦难

清前期的伊斯兰教发展状况与明代大不相同。从外部环境来说，清廷一反明廷的优厚政策而为严厉约束的政策，稍有不顺便残酷镇压，歧视回民，分化瓦解，禁绝惩办，无所不用其极，使穆斯林处在十分险恶的境地中。但宗教队伍始终没有溃散，除回族、维吾尔族外，撒拉、东乡、保安等族也相继接受了伊斯兰教信仰。从内部状态来说，随着经济的发展和穆斯林的阶级分化，形成中国所特有的门宦制度，教派之争十分激烈。所能相衔接的是从明末到清初，伊斯兰教汉文译著一派繁盛，但好景不长，随着清廷与穆斯林矛盾的激化，伊斯兰教的学术事业亦受到挫折而走向衰落。

一　清廷对伊斯兰教的政策

　　清廷对伊斯兰教的态度有一个发展过程。从康熙朝到乾隆中期，清廷的宗教政策是崇儒重佛，儒佛道三教并重，对于伊斯兰教既不尊崇，也不作为左道邪教予以查禁，而是允许其合法存在，但进行严格的管束。雍正时，山东主官曾上疏要求对伊斯兰教禁教毁寺，理由是"回教不敬天地，不祀神祇，另定宗主，自为岁年"。雍正帝则予批驳，认为伊斯兰教"乃其先代留遗，家风土俗"，"非作奸犯科，或世诬民者比"，应"从俗从宜，各安其息"，不能强求整齐划一，并对有关官员作了处罚。与此同时，康雍之朝还褒奖效力朝廷的伊斯兰教上层，保留边疆地区宗教上层某些特权，在西北地区推行乡约制度，用教义和家庭宗族关系互相约束，不令发生违法行为。乾隆帝为取悦信仰伊斯兰教的香妃（即容妃），也曾对穆斯林信仰和风俗表示尊重；但中期以后，朝廷与穆斯林发生激烈对抗，乾隆帝便改而采取无情镇压和分化利用的政策，激起多次回民起义。越反抗越镇压，越镇压越反抗，一发而不可回缓，其酷烈的程度不亚于对民间宗教的打击。清廷的宗教政策和民族政策是互相配合的，在处理民族关系上，它的方针是联合蒙、藏，制服汉、回及其他民族，因为回汉两族都进行过反清复明的斗争，在经济生活和政治倾向上有许多共同性；清廷又挑拨汉回之间的矛盾，拉拢忠实的汉族上层牵制和压迫回族；在回族内部则采取"以回制回"的策略，拉老教徒打新教徒。据大清法律，回回纠众持械，罪加一等，犯窃盗者面刺"回贼"字样，又禁新疆回民与内地回民往来。与此相适应，它在宗教政策上便抬高藏传佛教，利用儒学，贬低和压制伊斯兰教。它对回族的压迫和对其他信仰伊斯兰教少数民族的压迫，同对伊斯兰教的压迫是同时进行的。这一政策自乾隆延续至清末，没有放松和改变。

　　乾隆四十六年，陕西发生新教与旧教的互相仇杀和新教首领马明心之徒苏四十三领导的回民起义，乾隆帝明谕军机大臣，要煽动旧教之人，作为前驱，杀新教之人以自效，所谓"以贼攻贼"，可见对旧教之众亦视为"贼"，不过加以利用而已。清廷不以捕杀马明心和镇压起义为满足，在"善后"中广泛株连新教教徒，把新教打为"邪教"，务期"尽绝根株，不留余孽"，于是成千上万新教普通信徒作为"余党"惨遭杀害，在全国穆斯林中形成白色恐怖气氛。又因而革除阿訇、掌教、师父等名目，拆毁新教礼拜寺及一切聚徒念经之所，搜查各种违碍书籍，这样不仅新教不能公开活动，旧教也因无教职人员的名目而难以正常开展活动。接着又发生了伊斯兰教文字狱，广东回教徒海富润携带回族学者刘智的《天方至圣实录年谱》及《天方字母解义》、《清真释疑》、《天方三字经》等书，在广西桂林被查获，书作者的家被查抄，其亲人被株连，刘智的《天方性理》、《天方典礼》版片也被起获，殃及多人包括已故的刘智、金天柱等，大有扩展之势。乾隆帝还算清醒，知广西巡抚处理过严，下诏指出回教经典，系相沿旧本，无谤毁显为悖逆之语，"若必鳃鳃绳以国法，将不胜其扰"，使事情得以平息。但他在诏书中贬低回教书典"字句大约俚鄙者多"，又说"此等回民愚蠢无知"，表明了民族和宗教歧视的立场。当时举国上下都有"厌回"、"仇回"的观念，官僚阶层以迎合求进为能事，大都不懂民族与回教知识，故有上述事件的发生。乾隆四十九年，陕甘又发生田五领导的回民起义和马四圭、张文庆的率众反抗。乾隆帝一面剿捕，一面软化；诛杀 3000 多人，并严保甲、乡约；同时下令改进旧教收钱办法，使教徒自愿弃新教归旧教。乾隆帝还下令，在各省清真寺内供奉万岁牌，书"皇帝万岁万岁万万岁"，聚礼日要向本坊回民宣讲"圣谕广训"，将其刻成碑文树之寺内。又责成各教坊，教习经文不得在外地聘请教师，回民义学教以诗书，使其向化。

乾隆、嘉庆、道光在处理新疆和卓及白山宗、黑山宗的问题上，也反映了清廷镇压与分化相结合的宗教民族政策。"和卓"作为伊斯兰教初创者的"圣裔"，受到教徒狂热崇拜。乾隆二十二年（1757）大小和卓叛乱，清兵用两年时间予以平定，维护了国家的统一和领土的完整。伊斯兰教在新疆有两系，分为黑山宗和白山宗。白山宗和卓萨木萨克出逃，时常骚扰边境。清廷的政策是利用黑山宗，压制白山宗，加深教派间的对立，使其"自生猜嫌，互有钳制"，对犯边的和卓张格尔、玉素甫（萨木萨克之子）等痛加剿灭，并严惩其家属与亲信。这里有保卫边境反对民族分裂的合理性，但在处理上株连扩大，屠杀太甚。清廷派驻新疆官员欺压当地穆斯林，如魏源《道光重定回疆记》中所述："各城大臣，威福自出，甚至广渔回女，更番入直，奴使兽畜"，尤对白山宗教民多方压迫，不能不激起他们的反抗，而清廷则是有反叛即剿除。这里的矛盾是复杂的，统一与分裂、民族矛盾与阶级矛盾、宗教教派的矛盾、教内上层家族与普通教民的矛盾，都交错在一起；清廷在处理这些矛盾时有正确的方面，但不能严格区别宗教与政治，对宗教常因策略考虑而权宜处之，对政治则以巩固清廷统治为目标，广大教民因而深受其苦。

二 伊斯兰教中国教派和门宦的形成

伊斯兰教从唐代传入中国至明末，既无教派之争，又无门宦，统统都是古传老教，被称为"格底木"（或"格底目"），意为尊古派，又称"老派"、"老教"、"清真古教"。它在信仰和活动上严格遵守传统的伊斯兰教教义教规，属于逊尼派。在教团组织上实行互不隶属的单一教坊制，即以清真寺为中心，由周围的穆斯林居民组成地域性的宗教团体。教务管理上采取教长或阿訇聘请制，和"三掌教"（伊玛目、海推布、穆安津）制；教长的聘任可以是本坊人，也可是外坊人，任期三年，全面主持坊内宗教事务；海推布协助教长管理宗教事务；穆安津专司宣礼，按时召唤教徒做礼拜。清初，苏非派传入中国，"格底木"的一统天下发生破裂，但它仍然是影响最大的教派，由于受汉族文化的长期影响，在宗教仪式中有不少汉族习俗，如丧葬穿白戴孝、"烧七"纪念等。

明清之际，西北穆斯林地区农业、手工业和畜牧业都有较大的发展，阶级分化日益加剧。一批教长或上层人士积累了较多的私人财富，成为地主富豪；这时苏非派传入，该派创教人利用苏非派的神秘主义和顺从、克己等说教，成为具有无上权威的教主。这两种情况的结合，便产生了中国的门宦制度，它是扩大了的教坊制，其特点是各门宦教主兼宗教领袖与大地主，形成高门世家、教权世袭，具有种种封建特权，在宗教等级制下实行封建剥削压迫；上有教主、道堂，下有清真寺，组织严密，各清真寺教长由教主委托和领导，上下是绝对隶属关系；教徒要绝对服从和崇拜教主，认为教主是引导他们进入天堂的人，教主死后在教主坟地建立亭屋，教徒上坟念经，顶礼膜拜。

清初以来，我国西北地区形成四大门宦：

（1）虎非耶。该派主张低声念诵赞词，故又称为"低声派"。它有20多个支系，分布在甘、宁、青、滇、新疆地区，有的是阿拉伯或中亚苏非派传道师来华传授，有的是中国穆斯林赴麦加朝觐和游学后，回国传布苏非派思想，有的是自行研习苏非派经典后布道。它的基本特点是"教乘"和"道乘"并重，既诚信伊斯兰教基本信条和主要经典，又力主在"现世的繁华"中用闹中取静的办法进行道乘修持。此门宦中教徒最多的有花寺、穆夫提、北庄和胡门几个支系，他们参加过反清斗争。花寺门宦由河州马来迟（1681～1766）创建于雍正乾隆之朝，教徒 20 余万人。马来迟死后教权传第三子马国宝，至光绪间已传七代，其后衰落。穆夫提门宦的创始人是马守贞，生于明崇祯六年（1633），死于清康熙六十一年（1722）。该门宦强调"舍命不舍教"，有反抗精神，教民见教主要跪拜，这是受了汉族礼节的影响。北庄门宦是临夏东乡族最大的门宦之一，创始人马葆真，生于乾隆三十七年（1772），卒于道光六年（1826），东乡族人，但遵信其教者有东乡、回、撒拉和保安四个民族，教徒曾多达 10 余万。胡门门宦创始人马伏海，生于康熙五十四年（1715），卒于嘉庆十七年（1812）。胡门认为"真主、圣人、穆民归为一体"，这是苏非派的观点。

（2）嘎的林耶，又译为"格底林耶"。它是苏非派一个大教团，相传由穆罕默德 29 世孙阿布都·董拉希传入中国，其下分为大拱北门宦、香源堂、阿门、七门、韭菜坪几个支系。大拱北门宦创始人祁静一，生于顺治十三年（1656），卒于康熙五十八年（1719）。他受教于阿布都·董拉希，不娶妻室，静修养性，寡欲苦行，其遗训倡忍辱无为之旨，存境幻事空之说，深受佛道二家的影响。大拱北门宦在宗教上力主静修、参悟，以达到近主认主的目的，一般教徒除信仰真主和穆圣外，只信祁静一和有德行的当家人，清规严格，但无教主世袭制，世家要自食其力，努力于耕作，或行医济世。香源堂，又称"海门"或"沙门"，创始人海阔，于乾隆二十二年（1757）在兰州监管自新疆解押北京途经兰州的"巴巴爷"，因受其教，创立海门。他强调信义高于一切，失信背义即失去信徒资格。

（3）哲赫忍耶，又译作"哲合林耶"或"哲赫林耶"。是我国伊斯兰教各门宦中人数最多，传播地区较广，教权较集中巩固，流传时间最长的门宦之一，主张高声念诵赞词，故又称"高声派"或"高念派"。它的创建者是马明心，教徒尊称为道祖太爷，之后传承了"二姓三家"，即阶州马家、平凉穆家、灵州马家。马明心曾提出许多宗教改革的主张，受到下层教众的欢迎，经常与老教特别是虎非耶的华寺门宦相对立，故清廷文书称其为新教。马明心祖籍甘肃阶州（现武都），生于康熙五十八年（1719），被害于乾隆四十六年（1781）。马明心青年时随叔父去麦加朝觐，从穆罕默德·布录·色尼学习经典和沙孜林耶道堂的宗旨。乾隆九年回国，在青海循化、甘肃河州一带传教。乾隆二十六年（1761）马明心在撒拉族聚居的循化地区传授哲赫忍耶宗旨，招收门徒，并对宗教仪规进行改革：如将"主麻"的十六拜，简化为十拜；布施要周济穷人，不能由阿訇独自享用；反对教权世袭，主张教权应传贤不传子等。马明心以身作则，清贫俭朴，住窑洞，不贪财，有钱物即施散给贫苦穆斯林，是典型的苏非派苦修者。在教义上，马明心宣传哲赫忍耶宗旨，提倡"东海达依"道路，宣扬"提着血衣前进"的精神，即殉道的观念，这是进天堂的捷径，要教徒抛弃屈从现实、隐忍苟活的怯弱态度，勇敢为改变现实苦难而斗争，这对于穆斯林反清起义具有巨大鼓动作用。由于这种种原因，马明心得到了越来越多的教民的拥护，被穆斯林认为"穆勒师德"（指教者，引领者），是替主扬法，替圣传道的人，因此树立了极高的威信。哲赫忍耶的教徒颂扬他是"寻道者的方向，善人的克尔白，殉道者的首领，替安拉行道的革新者"（《哲赫林耶道统史》）。"穆勒师德"被认为是接近真主的人，他体现真主的意志，将善行者导入天堂，将恶行而坠入火狱者搭救出来。这样，马明心就以其新派教义和自身的神圣地位把分散的穆斯林组织起来，成为可观的有战斗力的社会现实力量，不仅皈依者愈众，而且花寺门宦一些教徒也相继信仰了哲赫忍耶，于是引起了两派之间的纠纷争斗。撒拉十工中有九工改信哲赫忍耶，其中骨干信徒有贺麻路乎、苏四十三、赛立麦、韩依卜拉、韩二个等。该教派传播迅速，甘肃数十州县皆有其信徒，循化一带力量雄厚，教徒反抗精神强烈，具有为教而献身的精神。这就不仅引起花寺等旧有门宦的怨恨，而且引起官府的恐慌，马来迟之子马国宝在官方支持下，控告哲派是破坏伊斯兰教传统的"邪教"，官方裁判将马明心驱逐出境（乾隆二十七年）。马回官川传教，该地不久即成为哲派基地。而循化地区的哲派在贺麻路乎和苏四十三领导下有了更大的发展，与花寺派发生多次冲突。官方袒护花寺派，将贺麻路乎发配新疆，苏四十三成为循化哲派领袖。哲派与花寺派互相仇杀，愈演愈烈，乾隆四十六年（1781），兰州知府杨士玑与河州副将新柱前往查办，新柱扬言要为老教做主，杀尽新教，于是激出事变，苏四十三率部杀死杨、新等官吏，举行武装起事，攻占河州城，攻打兰州城，企图解救被捕的马明心。结果，马明心被害，苏四十三率领的队伍在华林山战败后被屠杀。清廷不仅严惩直接参事者，大肆株连其亲属和友好，而且对整个新教采取"剿尽杀绝"的政策，认为"凡新教之人，皆系贼党"，"实为罪大恶极，不可不严断根株"（《兰州纪略》卷四），使哲派受到沉重打击。马明心之后，哲派由马的学生穆宪章（1745～1812）任第二代教主，其间发生过田五阿訇领导的起事；马达天（1757～1817）任第三代教主；马达天之子马以德（1780～1849）任第四代教主。从此哲赫忍耶派开创了子孙相传、世袭罔替的教权制；马明心所创之宣教的"道堂"，逐渐凌驾于清真寺之上，成为传教的中心；宗教财产也相继集中于掌教家族，亦父传子受，神权与财权相结合；而后又修建拱北，作为教主的墓地，让教徒朝拜。这样，哲赫忍耶派就由一个具有苏非派精神和革新特色的伊斯兰教派，演变为一大门宦。

（4）库不忍耶，又译作"库不林耶"。该派是苏非派的支系，教内传说于明代传入中国，据学者推断应是康熙至乾隆间传入。该派始祖传为穆罕默德后裔穆呼引的尼，先在临夏东乡大湾头定居并传教，改姓张，字普吉，号张玉皇，故其教有"张门"之称，自任教长。穆死后由其子艾黑麦提·白贺达吉继任第二代教长，他以"邪教"罪被捕死于狱中，后来，教徒为他修建了拱北。其后共传了十辈。张门的宗教仪式主要有：①静修参悟，住山洞，一日一餐，不见人，时间由四十天到百余天不等；②念《古兰经》、《卯路提》、《满丹夜合》；③死者转"水床"两次，放在"水床"上洗，并念经转香，葬后"念七"到十次。该教教权松弛。

三　伊斯兰教汉文译著的活跃

明末清初是伊斯兰教文化发展的一个重要转折时期。在北方，回族穆斯林建立经堂教育制度，传习经典，培养宗教人才。在南方，以南京、苏州为中心并远及云南的汉文译著活动空前活跃。它不仅使长期生活在汉文化气氛中并使用汉语汉文的回族等穆斯林得以习读经典，更好地了解伊斯兰教义，不致因懂得阿文波斯文的人越来越少而造成中国伊斯兰教的衰微，而且使广大的教外人士，特别是以儒释道为思想骨干的中国学术界主流得以更方便地研读伊斯兰教典籍，直接了解它的丰富内容；更重要的是，它推动了伊斯兰教中国化的事业，使它与儒学等传统思想相结合，形成具有中国特色的伊斯兰教文化。

继明末回儒王岱舆大力开辟汉文译著事业之后，又有主要活动在清初的一批回族学者继续这一事业，并把它推向高潮。在 1840 年以前，著名代表人物有以下几位：

张中（约 1584～1670），又名时中，自称"寒山叟"，苏州回族人。主要著述有《归真总义》、《四篇要道》等。

伍遵契（约 1598～1698），字子先，金陵回族人。幼习儒学，长攻伊斯兰教经典教义。主要著述有《修真蒙引》，并与兄弟合作翻译波斯文《归真要道》。

马注（1640～1711），字文炳，号仲修，云南金齿（今保山）人。幼年家道贫苦，"十五而业文章，学为经济"。南明永历帝流亡滇中，他以"经济之才"用为锦衣侍御。两年后"辟隐教读，笔耕自膳"。30岁以前，攻读儒书，著《经权集》、《樗樵集》两部文集。30岁以后学习阿拉伯文和波斯文，专攻伊斯兰教典籍。后来又外出游学讲学，人们尊称"仲翁马老师"。著《清真指南》，共10卷，10万余言，"上穷造化，中尽修身，未言后世"。他被云南穆斯林视为"明末清初云南第一个穆斯林学者"，"云南汉译经典的创始人"，又得到大学者刘智的推崇。

刘智（1660～1730），字介廉，自号一斋，江苏上元（今南京）人。幼年承受家教，习读伊斯兰教经籍及汉文化传统之经史子集、佛道之书，会通诸家而折中于天方之学。他曾游学各地，北至京师，晚年归居金陵，专心治学，埋首译著。积20年苦功，著书数十种，代表作有三部：《天方性理》、《天方典礼》、《天方至圣实录》，此外还有《五功释义》、《真功发微》、《天方礼经》、《礼书五功义》、《天方三字经注解》等。刘智用伊斯兰教哲学丰富了中国传统哲学，又会通儒家及释老诸家，系统整理、解释伊斯兰教义，完整地构造出中国伊斯兰教思想体系，成为中国伊斯兰教哲学的集大成者，在中国学术界有广泛影响。内阁学士兼礼部侍郎徐元正为《天方性理》作序，赞美该书"言性理恰与吾儒合；其言先天后天、大世界小世界之源流次第，皆发前人所未发，而微言妙义视吾儒为详"，又说："天方圣人创之于前，群贤宿学传之于后，白门刘子汉译以授中国，中国将于是书复窥见尧、舜、禹、汤、文、武、周、孔之道。则是书之作也，虽以阐发天方，实以光大吾儒。"于此可知刘智作品既有深刻丰富的新意，又与儒学紧密融合，是公认的佳作。《天方典礼择要解》于乾隆四十七年进呈，成为惟一收入《四库全书》书目中的中国伊斯兰教作品，《四库提要》称赞此书"习儒书，授经义，文颇雅瞻"。刘智备受身后穆斯林的尊敬，尊称为"筛海"、"先哲"、"先贤"，其南京墓经常有远方穆斯林前来拜谒。

王岱舆、马注、刘智、马德新（后文将述及）四人的汉文译著最具代表性，世称他们为中国伊斯兰教教义学上的"四大哈里发"。

中国伊斯兰教汉文译著中伊斯兰教教义与中国传统思想的会合有多方面表现，现择数事予以说明。

（1）大量采用儒佛道三家的名词术语，加以改造，用以表达中国伊斯兰教教义概念，如真一、真忠、乾元、仁义、天干、地支等，其中"真"、

"道"、"一"三者具有特殊重要意义。"清真"原为普通名词，明清两代逐渐专为伊斯兰教所用，表示该教"清洁真诚"、"真实无妄"，故称安拉为"真主"、"真宰"，称经为真经，称寺为清真寺，既具有中国色彩又能表述伊斯兰教宗旨。"道"是中国哲学的重要范畴，中国伊斯兰学者用以表示"天理当然之则"（刘智：《天方典礼》），并提出常道、至道、道统、道乘等概念，用以说明伊斯兰教的基本原理。"一"在中国哲学中表示开端和本根，中国伊斯兰学者用以表述"认主独一"的信仰，谓"正教贵一"。

（2）将伊斯兰教的"真一"说与程朱理学的"太极"说结合起来，以"一切非主，惟有真主"为最高信仰，然后才有太极的作用，故《天方典礼》说："真一有万殊之理，而后无极有万殊之命，太极有万殊之性，两仪有万殊之形"，又说："真宰无形，而显有太极，太极判而阴阳分，阴阳分而天地成，天地成而万物生，天地万物备，而真宰之妙用贯彻乎其中。"这样就形成了中国式的伊斯兰教宇宙生成论。

（3）吸收儒家"格物致知"的修养学说，用之于"认主独一"的修道过程。刘智认为认主是格物致知的最终目的，而要认主必先认己，认己即明己，"视己身之灵明，而知有性；参天地之造化，而知有主"（《天方典礼》）。

（4）在人性论上吸收程朱关于"天命之性"和"气质之性"的学说，建造新的宗教人性论。马注说："率性之道何如？曰性有二品：一、真性；二、禀性。真性与命同源，所谓仁义礼智之性。禀性因形始具，乃火风水土之性。"（《清真指南》）性善者可以进天堂，性不善者只要凭借伊斯兰教的启示，就会显露出真性而使气质发生变化，同样可以复命归真。

（5）将儒家的五伦称为五典，是"天理当然之则，一定不移之礼"，忠君与忠真主是一致的，"夫忠于真主，更忠于君父，方为正道"（《正教真诠》），教徒应坚守"人道五典"，又坚守"天道五功"，就是尽到了职责。

（6）主张回儒"道本同原"。"东方孔子仲尼，西方穆罕默德，心同理同，道无不同，均能尽其性，以尽人物之性。"（《天方正学》）但是中国伊斯兰教学者有一点是不变的，即真主是至高无上的，是宇宙独一无二的主宰，在肯定这一基本信仰的前提下容纳儒佛道各家学说，这样不仅坚持了伊斯兰教的基本教义，还用中国传统哲学更好地解决了安拉独一与德性诸多的矛盾，即安拉的至尊至贵，显现为万事万物之妙用，两者之间是无与有、体与用的关系，如刘智的《天方典礼》就说："盖真主之本然，有体也，有用也，有为也。其体隐寂难知，其用微妙难测，其为则依稀可见矣。何者？真宰之本然，隐于用，而见于为也。"

汉文译著的大批出现，打破了伊斯兰教与儒佛道长期隔阂的状态，使它进入中国学术交流渠道之中，一方面推动了伊斯兰教中国化的过程；另一方面，也促使伊斯兰教理论超出教内的局限，在社会生活的更大范围内起作用，中华民族多样性的文化由此而更加丰富和繁荣。

四 伊斯兰教与回民起义

由于清廷对穆斯林采取压迫的政策，对伊斯兰教采取歧视和分化的政策，激起中国穆斯林多次的武装反抗斗争，整个有清一代未曾止息。仅在1840年以前，主要的穆民起义就有：顺治五年（1648）三月，回民米喇印、丁国栋在兰州起义；顺治七年（1650），羽凤麒、撒之浮、马成祖领导广州回族官兵英勇抗清，失败被杀，人称"教门三忠"；乾隆三十年（1765）二月至八月，维吾尔穆斯林赖黑木图拉、额色木图拉父子率众举行乌什起义；乾隆四十六年（1781）正月，苏四十三领导甘肃撒拉、回、东乡等族人民大起义，七月失败；乾隆四十八年（1783）四月至七月，回族田五阿訇及李可魁、张文庆、马四圭领导了石峰堡大起义。这后两次回民大起义人数众多、搏斗惨烈、牺牲巨大，如田五事件被杀和株连者在两万人以上。这些斗争主要是民族矛盾和阶级矛盾激化的结果，但与伊斯兰教也有着密切的联系。

首先，从起因上说，宗教问题处理不当，宗教纠纷逐步加剧，是导致事变的重要缘由。如苏四十三起义，最初是马明心新教与花寺老教发生教派斗争乃至仇杀，清廷采取拉老教、打新教的策略，遂激起新教教徒的反抗，清廷地方官员公开扬言尽杀新教信徒，逼得新教不能不与之作殊死斗争，并发展成有回汉共同参加的反清武装暴动，连清廷也不得不承认是"激而生变"所致。田五起义是清廷镇压马明心和苏四十三之后，穆斯林教徒报复雪耻的壮举，田五等人提出的口号是"为马明心报仇"和反抗"剿洗回民"、"洗灭新教"。总之，灭教的政策必然引起强烈的反抗。

其次，在起义过程中，伊斯兰教成为旗帜，既是组织手段，又是精神鼓舞力量，有宗教学识并担任教职的阿訇成为中坚分子。伊斯兰教"为教而战，为教而死"的"圣战"传统，为主道而战死可以立时登天，所以产生一种护教的勇敢精神，以牺牲为荣，穆斯林在强大的清廷重兵面前表现得十分勇猛无畏。苏四十三起义失败，或战死，或自焚，无一降者；田五起义前，起义者制"号褂"（死后穿的衣服），穿着号褂去战斗，视死如归。伊斯兰教

"天下穆民是一家"、"穆斯林是兄弟"的口号，也起了加强队伍内部团结的作用。苏四十三、田五等都是宗教领袖，田五是阿訇，他们在教民中有威信，凭借宗教组织力量而成为起义军的带领者和指挥者。马明心虽未直接参与起义，因其教主的地位，依然是起义军的精神领袖。

复次，伊斯兰教对穆斯林的武装起义也有消极影响。教派之争，给清廷以分化瓦解的空隙，削弱了团结抗清的力量。苏四十三起义带有浓厚的宗教气氛，当队伍在兰州城下见到被俘的马明心在城上出现时，齐滚马下地，口称圣人，挥涕如雨，呼喊真主保佑，马明心令教徒速回，勿教妇孺受累，这种情况对战斗不利。田五在石峰堡战斗激烈时刻，仍按时诵经祈祷，放松防务，使清兵得以趁机攻入而遭受失败。宗教和民族的排他性也影响民族团结和一致抗暴。田五领导的队伍在攻城略地、抢粮拉畜中，也伤害汉民达 2000余人，加深了回、汉之间的矛盾，这对回汉两民族都不利，只对少数统治者有利。

在回民起义惨遭镇压的同时，伊斯兰教也受到摧残打击。苏四十三起义失败，新教被作为"邪教"予以严断根株，使之不留余迹，新教礼拜寺概行拆毁，强迫新教徒退教改从老教。不仅如此，老教亦受牵连，清廷规定："回民中不得复称总掌教、掌教、阿洪、阿衡、师父名目"（《循化志》卷八），循化掌教改为总练，阿洪改为乡约；选择政治上忠诚可靠者充任乡约，对教民活动稽查约束；除毁新教寺，老教寺也不再增建；不许留外地的回民学经、教经及住居；每年乡约头人对上述各项情节要总结汇报一次，由地方官签署通过，年终送清廷备案。田五案后，清廷进一步加强对伊斯兰教的控制，陕甘总督规定不仅不许外地人来此地学经教经，还不许此村之人前往彼村念经，不许存《卯路》、《滇沙》等经，乡约头人具结，地方官加结，按季申送；又出告示实行五禁：一禁搀夺，二禁勾引窝留，三禁抱养及改归回教，四禁造礼拜寺，五禁诬告。总之，伊斯兰教连正常的宗教活动都受到限制和干预，穆斯林处在恐怖与压抑的气氛之中，仅能在清真寺内维持最低限度的宗教生活，这不仅对伊斯兰文化的发展十分有害，也使回族、撒拉族、东乡族等民族的经济发展遭受重大摧残，教民的生活又回到清真寺内，几近于封闭状态。

但中国穆斯林并没有被杀绝，其队伍也没有瓦解，其力量经过暂短的沉寂聚而复旺，且日盛一日。诸多原因之中，伊斯兰教信仰起了重大作用。中国有十个少数民族几乎全民信教，民族靠宗教维系，宗教靠民族支撑，两者密不可分，相得而益固；宗教风俗扩为民族风俗，饮食习惯相同，不与异教徒通婚，外族配偶要改从本族风俗，更扩大了教徒的队伍；穆斯林的信仰一般比较虔诚，从小薰习，终生不变，越受挫折，信念越加坚定，更有流血牺牲进入天堂的思想准备；穆斯林除了与政治压迫者对抗外，一般不攻击中国传统宗教和哲学，不与儒佛道进行争辩、比较高下，不向汉族等外族传教，更不争夺全国范围的教权，他们的宗教生活容易得到教外人们的尊重，他们的正义斗争也能够获得教外人们的同情，特别在反清斗争上，与受压迫的汉族休戚与共，有广大的同盟者，所以根深蒂固、不可动摇。

第七节 基督教与中国文化的冲突及清廷的禁教

一 清初传教事业顺利发展

明亡，清兴，以汤若望、龙华民为首的北京教团并没有远避他乡，而是留在城内争取新朝的支持。当时顺治帝年幼，摄政王多尔衮执掌朝政。鉴于前朝的经验，他对基督教采取了优容政策。1644 年 5 月，汤若望入朝晋见多尔衮，力陈旧历法之弊，并预言 8 月将发生日食。多尔衮命大学士冯铨会同内大臣等人，当时临台勘验。结果用旧历法中的大统历推算差二刻，用回回历推算差四刻，惟用西法推算密合天行，西方的科学知识征服了新朝的统治者。11 月汤若望受命掌管钦天监，任监正。次年冬他进呈新历书，多尔衮命令颁布全国。汤若望加封太常寺少卿衔。

多尔衮去世后，年轻的顺治帝亲政，他对西方科学文化知识表现出了极大的兴趣，称汤若望为"玛法"（满语师傅之意），不仅经常召入宫中问道，而且多次亲临教堂受教。"1656 年和 1657 年两年之间，皇帝竟有 24 次，临访汤若望于馆舍之中，作较长之晤谈"，"完全和一位朋友到了他朋友底家里一般"（魏特：《汤若望传》第二册，第 277 页）。1653 年，"上赐汤若望通微教师号"。1658 年，"诰授汤若望光禄大夫，并恩赏若望祖先三代一品封典"。上有皇帝宠爱，下级地方官对基督教也采取了迎合的态度。外国传教士大批来华建教堂，传教，教徒人数激增。明末的 1636 年教徒仅 38200 人，1650 年便已增至 15 万，1664 年竟达 248100 人之多。

清初天主教发展过程中也曾出现过一段曲折。1662 年顺治去世，年仅

8 岁的康熙登基，由鳌拜等守旧四大臣"辅政"。他们从狭隘的民族主义立场出发，不仅排斥汉文化，而且对作为西方先进文化载体的基督教也难以宽容，制造了轰动一时的"历狱"大案。"历狱案"起因于杨光先对汤若望的指控。杨氏思想顽固僵化，仍以传统的"夷夏之防"看待一切外来文化。尽管他对天文学一窍不通，但竟提出了三款罪名控告汤若望：①"内外勾连，谋为不轨"；②"传妖书以惑天下之人"；③"于时宪历敢书'依西洋新法'五字，暗窃朝廷正朔之权"。这几款罪名除了诬陷不实之词，便是保守派抱残守缺，盲目排外病态心理的表现。然而杨光先不伦不类的指控迎合了鳌拜的政治需要，于是一场大狱由此兴起。1664 年 3 月清廷下令逮捕汤若望、南怀仁等传教士，并将全国各地的外国传教士送往北京拘押。当时汤若望已 73 岁，患痿痹症口舌结塞，受审时由南怀仁代诉。虽然对他们的指控都查无实据，但仍被判绞监候，押送刑部大狱。辅政大臣将此案审理结果报告孝庄太皇太后，太皇太后览报大怒，遂命速即开释。但李祖白、宋发、朱光显、刘存泰、宋可成等五名参与修订新历的中国官员却被当做替罪羊冤杀。次年汤若望在京病逝，外国传教士除南怀仁等四人外统统遣送广州老耶稣会教堂内，着广东总督看管。杨光先则因诬告传教士有功，被任命为钦天监监正。

四年后康熙亲政，除掉了辅政大臣鳌拜。他从太皇太后口中了解到"历狱"原委，决心平反昭雪。为了使朝臣信服，他命令南怀仁和杨光先直接用科学检验的方法证明新旧历法的优劣。1668 年 12 月 27 日和次年 2 月 18 日，两次进行测试正午时刻的实验。南怀仁的测算"逐款皆合"，持旧法的吴明烜"逐款皆错"，而杨光先竟"不知推算"。但杨光先在科学事实面前不仅不认错，还用一套陈词滥调诡辩。他说："中国乃尧舜之历，安有去尧舜之圣君，而采用天主教历？中国以百刻推算，西历以九十六推算，若用西历，必短国祚，不利子孙。"这类狂妄无知的诡辩更让康熙反感，杨光先被立即革职，由南怀仁署钦天监。南怀仁固辞不受，甘愿在钦天监布衣效劳。同时，康熙还为在"历狱"中蒙冤的中国官员昭雪，并惩办了制造"历狱"的其他有关人员。

康熙是优秀的少数民族政治家，不仅注重吸收汉族文化的优点，而且对西方自然科学知识也有很浓厚的兴趣。南怀仁、徐日升、闵明我三位神父轮流进宫为皇上讲授数学、几何、物理、天文、地理等学科的知识，还将其制作的天文、物理仪器进呈皇帝，在宫内进行各种实验。

"又作永年历，共 32 卷，预推至 2000 年。"在讨伐"三藩"的战争中，南怀仁等主持铸造大、小战炮 323 门，发挥了重要作用。康熙将南怀仁等神父视为亲密的朋友。以后，又有法国耶稣会传教士白晋（Joachim Bouvet，1656～1730）、张诚（Jean-Francois Gerbillon，1654～1707）来到康熙身边，继续向他介绍西方科学文化知识。徐日升、张诚作为翻译和顾问，随索额图参加了中俄《尼布楚条约》的谈判。白晋则主持了第一部中国地图——《皇舆全览图》的测绘工作。这些传教士在中国文化史上都发挥了重要作用。

康熙重用南怀仁等传教士，虽未在全国正式解除教禁，但鳌拜的禁令已成一纸空文。各地纷纷返还教会资产，归还被查封的教堂，传教活动迅速恢复。1692 年康熙正式批准，"各处天主教照旧存留，凡进奉供奉之人，仍许照常行走，不必禁止"（《熙朝定案》，《天主教东传文献续编》三）。这道敕令等于允许自由传教，于是天主教在中国的传教活动又出现了一个高潮。到 1700 年，中国教徒人数已达 30 万。

明末，中国教徒中还没有人担任神职，清初才开始出现第一批中国籍神职人员，其中最著名者为罗文藻、吴渔山。罗文藻（1616～1691），福建建安人，1653 年在方济各会意大利籍神父安当处受洗，后多次往澳门、马尼拉学习基督教的专门知识，回国后成为外国传教士的助手。1654 年 7 月受"祝圣"成为神父，在广东、福建等地传教。1685 年在广州获得主教头衔，成为第一名中国籍主教，当时称"司教"。那时传教活动十分艰难，罗文藻在担任主教 5 年后病故。吴渔山（1632～1718）本是清初著名的山水画家，入教后加入耶稣会，不再作画。他入教的确切时间不详，约在 1675 年左右。51 岁时妻子亡故，吴渔山去澳门耶稣会初学院学习。1688 年由罗文藻"祝圣"为神父，在上海、嘉定等地传教。著有《墨井诗抄》、《三巴集》、《三余集》、《口铎》等，是中国天主教徒最早的著述。

二　教会内部"礼仪之争"与康熙政策的转变

自明末基督教东传以来，中国的传教活动一直由葡萄牙支持的耶稣会控制。17 世纪中叶以后葡萄牙国势衰落，西班牙支持的多明我会、方济各会，法国支持的外方传教会相继进入中国。这些传教士多不懂中文，又不了解中国的国情，但为了争夺在中国的传教权，他们对耶稣会的一些宽容措施提出了非难，从而挑起了这场"中国礼义之争"。很明显，教义之争的背后已带上了列强争夺势力范围的阴影。

耶稣会传教士对基督教教义采取的某些修正措施，主要是对中国传统的宗法宗教祭天、祭祖、祭孔礼仪采取了宽容态度，不干涉教徒在家或在官场参加这些活动。祭天、祭祖、祭孔的礼仪绝不仅仅是一种民俗，自殷周以来，它就是国家正式宗教，载之于国家公布的"礼志"、"祀典"，历代沿袭，并不断修订。任何中国人都必须按照规定参加各种祭祀活动，否认便是"非礼"。"敬天"、"法祖"、"尊贤"成为中国人价值观念的核心，中国文化的开放性，都是以不妨害这一核心信仰为前提的。汉魏以降，儒、释、道之争主要是围绕着这个核心展开，佛教往往被斥为"无父无君"，"无法（发）无天"。明清之际儒、释、基新三教之争仍然是围绕这个核心展开的。利玛窦及耶稣会对某些教义采取了儒化处理，对于促进基督教与中国文化的融合，争取中国民众的理解具有十分重要的意义。可是多明我、方济各、外方传教会的神父们却不理解利玛窦的苦心，对耶稣会的传教策略提出了挑战。当时教内的争论主要围绕以下几个问题展开。

1. 关于"天主"或"上帝"的名称问题

基督教初传，God 一词的翻译已有数变，先音译为"德斯"，意译为"天主"。后利玛窦利用中国古籍中"天"或"上帝"之名与 God 对译，藉口中国古代便有基督信仰。后来利玛窦本人也逐渐发现中国的"天"与西方的"上帝"有根本的差异，但为了传教的方便，耶稣会传教士仍然坚持"上帝"与"天主"的概念混用，而其他诸派则认为只能用"天主"，不许用"上帝"。

2. 对祭天、祭祖、祭孔的礼仪

利玛窦认为与基督教反对偶像崇拜的戒律并不矛盾，祀天并非祀茫茫的苍天之神，而是礼敬天地万物之源。祭祖设置祖先牌位，并非祖先灵魂在上，也非儿孙借以求福，而是出于亲爱之义，孝敬之思。至于祭孔，也不是把孔子当做人格神来崇拜，而是敬仰孔子的人格，敬其为人师表。多明我等派的传教士，则把耶稣会的折中看成是对"十戒"的破坏，犯了偶像崇拜的错误，破坏了对天主信仰的虔诚，所以严格禁止中国教徒参加各种祭祀仪式。

3. 其他一些涉及民俗的问题

如民间举行迎神活动，基督徒可否输钱参加？神父为女教徒施洗，可否免去那些中国人不习惯的礼节？如此等等，多明我、方济各、外方等传教会都主张严格照搬西方礼仪，不得走样。

　　首先挑起礼仪之争的是西班牙籍多明我会教士马拉来斯。他 1633 年到中国后，对耶稣会的传教策略不满，1637 年返回欧洲，1643 年写出 17 条指控向教皇汇报。1645 年教廷发布禁令，要求中国教徒严格遵守天主教戒律。为此，耶稣会于 1651 年派卫匡图神父回欧洲向教廷作出解释，1656 年新教皇亚历山大七世做出裁决，准许耶稣会继续按他们的意见去做，暂时平息了争论，但在华各派传教士意见仍然相左。1693 年 3 月 26 日，法国巴黎外方传教会教士阎当代表主教发布禁令，禁止中国教徒"祭祖"、"祭孔"。他还把这道"训谕"送教皇莫诺森审阅。这一武断的措施立即使矛盾激化。1700 年耶稣会闵明我、徐日升、张诚等人请康熙皇帝亲自说明这个问题，以期引起欧洲教廷的注意。康熙在当年 11 月 30 日的上谕中肯定了利玛窦的观点，指出"祭孔"是"敬其为人师范"；"祭祖"是"尽孝思之念"。礼义之争应该停止。（参见《清圣祖实录》康熙三十八年条）但是在法国的操纵下，教皇克莱孟十一世仍作出了禁止中国教徒祭祖、祭孔的决定，并派多罗主教来华传达这一决定。教皇此举无异于宣布中国的天主教徒必须放弃本民族的文化传统与信仰。于是礼义之争演化成了两种文化，两个民族以至清廷与罗马教廷的全面对抗。教皇的固执与傲慢激起了康熙的愤怒，他迅速下令将多罗驱逐出国。以后又在传教士中实行"领票"制度，"自今以后，若不遵利玛窦的规矩，断不准在中国住，必须回去"（魏特：《汤若望传》第一册，第 196 页）。当时多明我、方济各、外方等会教士多未领到票，被驱逐出国。

　　康熙本人虽然对掌握自然科学知识，遵守天朝礼义的耶稣会传教士仍很尊重，留住北京，但驱教令在地方官员中却引起了普遍的仇教情绪。御史大夫樊祚绍、广东碣石镇总兵陈昂分别于 1711 年、1717 年上书要求"禁绝天主教"，康熙都未批准，说明他还是很重视政策分寸的。不过，偏执而又狂妄的罗马教廷并未吸取教训，改弦更张。1720 年教皇第 2 次派遣特使嘉禄来北京，再次重申禁令，无异于火上浇油。康熙览表后极为愤慨，批示曰："以后，不必西洋人在中国行教，禁止可也，免得多事。"（陈垣〔辑录〕《康熙与罗马教皇使节关系文书》影印本卷十四）这一次禁教的严厉性开始表现出来，无票的传教士统统驱逐出境，没收大批教会财产，即使有票的传教士也不再受到重视。利玛窦和耶稣会传教士苦心经营几十年的传教事业受到了严重挫折。

康熙对基督教政策的转变，导致中国百年"闭关锁国"政策的实行。虽然事件的起因在于罗马教廷，中国的基督教也遭到了厄运，但是客观上对中国社会的文明进程却造成了不利的影响，使中国失去了一次与西方诸国在基本相同的起跑线上接触、竞争的机会。

三　雍、乾、嘉三朝的禁教与教案

康熙朝末年开始执行的禁教政策到雍正朝执行得更加严厉。雍正二年（1724）初，将全国各地的传教士押送广州或澳门的天主教堂内安插，不许他们潜入内地，严禁公开传教。雍正禁教除一般的政治、文化考虑外，还有一个直接原因是，允禩、允禟的亲信苏努全家都是天主教徒，雍正担心政敌勾结外国势力篡权。他因皇族内部的权力之争而迁怒于教会，把"信西洋外国邪教"作为打击政敌的一种手段。雍正掌权后，将苏努全家男丁 39 口全部斩首，女人充做官奴。天主教教士将此案上报罗马教廷，作为中国政府迫害教徒的证据。不过从审理苏努一案的资料看，并未见到西洋传教士插手皇权争夺的确切证据，雍正禁教个人情感色彩较重。

雍正一朝急风暴雨般的禁教活动使基督教被迫转入半地下状态，但 30 余万教徒多数仍坚持信仰，退教者很少。据广东巡府鄂弥奏称：广州天主堂改为公所后，民间仍有男教堂 8 座，教徒万人，女教堂 8 处，入教女子 2000 余人。（参见张力、刘鉴唐《中国教案史》，第 175 页）同时，不断有外国传教士改换名姓，重新潜入内地传教。而且，雍正还是留有少量精通天文、历法、测量的传教士在政府部门任职，故基督教禁而不绝。

乾隆登基，继续推行其祖、其父的禁教政策。当时教会内部礼义之争还在进行，罗马教廷多次重申教皇本笃十四 1724 年 7 月 11 日的教令，禁止迁就中国礼俗。特别是 1773 年教廷解散了欧洲和中国的耶稣会，使得在基督教文化与中国文化之间持调和立场的教派彻底消失，矛盾更趋尖锐，民众排教呼声更高。鉴于前两朝基督教禁而不绝的教训，乾隆帝于二十一年（1757）采取了"闭关"政策，防止外国传教士随外国商人深入内地。闭关后，惟限广州一口通商，商人来华不许登岸，仅在船上或广州十三行内贸易，并有专人看管。此举使传教士更难进入内地，对外贸也造成了极大的限制。

禁令虽严，乾隆朝仍有少数传教士甘冒风险潜入内地传教，教案时有发生。如乾隆十一年（1746）五月，福建巡抚周学键抓获传教士费若用（Aliobor)、德（Serrano）、毕（Royo）、施（Piaz）四人。乾隆命令"夷人勒限回国"，可周学键却私自决定将四人处死。翌年苏州发生教案，多明我会葡萄牙人黄安多（Henriquez）、意大利人汉方济（Athemis）以"洋人散布邪说，煽惑良民"罪被处死。教案事件在江苏、南京、北京、四川、山东、山西、陕西等地也曾发生，有些地方虽曾判传教士死刑，可最后都改为押解澳门。像福建、苏州那样处死传教士的事例是很罕见的。

经过一连串的打击，基督教活动完全转入地下，但仍很活跃。中国教徒组成地下网络，暗中保护外国传教士。为了扩大在华传教事业，澳门陆续派出三批传教士秘密潜入内地，终于在 1784 年引发了乾隆朝最大的教案。当时外国传教士乔装打扮，在中国教徒一站一站的掩护下深入内地，其中一批在到达襄阳城时被抓获。官府还在当地教徒刘绘川、刘十七家中查出圣像、圣经等物，上报朝廷，乾隆大怒。当时正值闭关时期，乾隆认为西洋人如此明目张胆地对抗朝廷禁令，可能是"得有西北逆回滋事之信，故遣人赴陕，潜通信息"，勾结造反。回民起义当时已搞得朝廷坐卧不宁，如再与西洋人勾结后果更不堪设想。所以乾隆把此案看得很重，下令全国大搜捕。"迅速严查，一并解京，归案办理。"（《清高宗实录》第 1215 卷，第 10 页）全国搜捕的结果，共抓获外国传教士数十名，中国教徒数百名。鉴于他们"尚无别项不法情节"，外国传教士被押解出境。中国教民中担任神父者发往伊犁与厄鲁特人为奴，一般教民勒令交出圣经、圣像，具结改悔。1784～1785 年间的全国性大教案，使基督教在中国传播更为困难，但政府也没有达到消灭内地地下教团组织的目的。

嘉庆继位，仍推行禁教政策。特别是在嘉庆十年（1805）发生了白莲教起义以后，民间秘密宗教对王朝的威胁暴露了出来。当时的清廷将基督教也视为一种地下的民间宗教，故对其采取了更为严厉的态度。嘉庆朝发生过1805 年和 1811 年两次全国性的大教案，1812 年发生了西藏马齐事件和贵州驱教案，1813～1814 年又在湖北、广东发生了多起驱教案。教案本身均由外国传教士不顾中国政府禁令，私自潜入中国传教引起，均以外国传教士被逐，中国教徒受惩结局。客观地讲，中国政府在处理教案时一般还是有分寸的，对于无甚劣迹的传教士仅仅是押解出境，故其中一些人才敢于逐出复入。

雍、乾、嘉三朝的严厉禁教，并未根绝基督教徒的活动。据不完全统计，鸦片战争前，中国天主教徒仍在 20 万以上。（参见张力、刘鉴唐《中国教案史》，第 214 页）这一事实说明，宗教作为一种文化现象，绝不是行政命令或暴力手段所能消灭的。而从基督教在清初顺利发展，但中期却遭禁止的命运也可看到，外来文化必须与中国传统文化相调适才能立足，若持僵硬顽固立场，只能被中国社会所排斥。

四　东正教及基督新教的传入

东正教是基督教内三大派系之一。1054 年，基督教东西教会分裂。以罗马为中心的西部教会称"公教"，又称"天主教"，而以君士坦丁堡为中心的东部教会自称"正教"，又称"东正教"。东正教主要在希腊、俄国、东欧、中亚及西亚部分地区流行。明清之际在中国广为流传的基督教各派均属于公教，即天主教。而东正教传入中国的时间则比较迟，有确切记载是在康熙四年（1665）。当时俄国人占领了黑龙江北岸的雅克萨城，随军的东正教教士叶尔莫根（Ermogen）到达中国，并于康熙十年（1671）在雅克萨城建立了"耶稣复活"教堂。不久又在雅克萨不远处建立了"仁慈救世主"修道院。这是在中国土地上建立东正教堂的最早记录。

康熙二十四年（1685），中俄两国在雅克萨开战，清军攻克雅克萨城，捣毁了东正教堂，同时俘获了一些俄国士兵，其中包括传教士马克西姆·列昂节夫（Maxin Leontiev）。他们被押回北京后受到了优恤，清政府将他们编入镶黄旗满洲第四参领第十七佐领，安置在东直门里胡家园胡同，按旗人待遇，发给年俸钱粮，允许与中国人通婚。为了照顾他们的宗教生活，拨东直门内关帝庙给他们作祈祷所，俗称"罗刹庙"，由列昂节夫主持。这是北京城内第一座东正教堂，俄国人正式命名为"圣索菲亚"教堂，又称"北馆"。中俄《尼布楚条约》签订后，许多俄国战俘不愿意回国，成为中国第一批东正教徒。

康熙三十四年（1695），俄国正教会给列昂节夫送来了证书，承认"圣索菲亚"教堂，并指示他们："不仅要为沙皇，而且要为中国皇帝祈祷……以便在中国找到一块传播正教的立足点。"（陈佳荣：《中国宗教史》，第 419 页）以后，沙皇政府不断向中国提出派遣传教士，修建教堂的建议。康熙五十四年（1715）三月派遣 9 名所谓"行教番僧"到达北京，成为沙皇第一个"北京传教团"，以"北馆"为驻地进行传教活动。雍正五年（1727），中俄签订了《恰克图条约》，其中第五款规定：准许俄国人在京建教堂，并可定期派传教士替换前届教士。按此规定，他们又在东江米巷（今东交民巷）建成了另一座东正教堂，命名为"奉献圣婴"教堂，又称"南馆"。据不完全统计，从 1715～1850 年，俄国前后共派十二届、百余名传教士来京传教。

1721 年，沙皇彼得一世对东正教会实行改革，取消了俄国正教会的首牧制，成立主教公会，宣布东正教为国教。此后正教首脑成了沙皇的代表，可以参加内阁会议。当时中俄没有正式外交关系，俄国驻京传教使团便自然而然地成了俄国政府驻华代理机构。1807 年，沙俄政府外交部正式委派一名"监护官"随同教士来华。随着时间的推移，沙俄对中国的侵略野心不断膨胀，1818 年俄国政府训令北京教团："今后的主要任务不是宗教活动，而是对中国的经济、文化进行全面研究，并及时向俄国外交部报告北京政治生活中的重大事件。"（陈佳荣：《中国宗教史》，第 420 页）从此，俄国传教士在宗教活动的幌子下，干起了收集情报、刺探军情、招降纳叛的间谍勾当，充当了沙俄侵略中国的先遣队。

基督新教是 16 世纪欧洲宗教改革的产物。1517 年 10 月 31 日，德国神父马丁·路德（Martin Luther，1483～1536）发动了反对罗马教廷出售赎罪券的运动，揭开了宗教改革的序幕。法国的加尔文（Jean Calvin，1509～1564）又发动了废除主教制度的运动。以后，产生出许多新的宗教流派，逐渐与罗马教廷脱离，迅速成为天主教、东正教之外另一大教派。新教直到 19 世纪才传入中国内地，主要是由于其产生之初，忙于和天主教争夺欧洲地盘，无暇东顾，而当他们开始考虑东方传教问题时，又适逢中国闭关禁教时期。乾隆五十七年（1792），信奉新教的英国派使臣马戛尔尼到中国，向清政府提出 11 点要求，其中包括在华自由传教，当即遭到乾隆皇帝的拒绝。另外，中国早期传教权为葡萄牙、西班牙、法国等信奉天主教的国家把持，他们也不许基督新教插手中国事务。1624 年，荷兰侵占我国台湾，荷兰是信奉新教的国家，新教教士随侵略军一起到台湾活动，盖教堂、建学校，据说吸收了千余名教徒。不过到 1662 年郑成功收复台湾，新教便在中国土地上绝迹了。

基督新教传入中国内地是从英国牧师马礼逊开始的。罗伯特·马礼逊（Robert Morrison，1782～1854），生于英国北部小镇莫佩里，1804 年加入伦敦布道会，1807 年奉派前来我国。当时中国禁教甚严，英国东印度公司为了自身的商业利益，不肯售船票给他。马礼逊只好绕道美国，再从美国搭船到达广州。由于不能直接以传教士的身份露面，他先住在一家商馆，一面学习汉语，一面了解中国文化与风俗。1809 年，马礼逊被英国东印度公司聘用，以翻译身份在华工作 20 余年，一边经商，一边传教。以后，又担任英国特使的翻译兼秘书，临终前一个月被任命为英国驻华副领事。

马礼逊在华期间完成了两部有影响的著作，一部是《新旧约全书》中译本，一部是《英华辞典》。自明末西教东渐 200 余年以来，始终未有一部完整的《圣经》译本发行，社会上仅流传着一些《圣经》的片段与简介本。马礼逊来华前曾参考过这些译本，并决心完成翻译《圣经》全书的事业。来华后经五年努力，终于在嘉庆十八年（1813）译出《新约全书》，于广东秘密刻印两部。此后，伦敦布道会又派米怜（Willian Milne，1785~1822）来华协助马礼逊工作。嘉庆二十四年（1819）译出《旧约全书》。道光三年（1823），马礼逊将两书合并刻印，命名为《神天圣书》。《圣经》全译本的刊刻发行，对基督教在华传播事业产生了巨大的推动作用。以后，马礼逊又全力转入了《英华辞典》的编写工作。据说为编辞典他曾参考了中文书籍万卷之多，全书共 6 册，注解甚详，为中西文化交流做出了重大贡献。

马礼逊在华发展了许多新教教徒，嘉庆十九年（1814），印刷工人蔡高被他秘密吸收为第一名中国教徒。另一名较早入教的雕版工人梁发（1784~1834），先助马礼逊刻印《圣经》，后往马六甲在米怜处受洗，协助米怜办“英华书院”。嘉庆二十四年（1819）梁发返回广州，道光三年（1823）由马礼逊授其圣职，成为第一名中国籍新教牧师。梁发写过一些宣传基督教思想的小册子，由马礼逊帮助修改付印。其中《劝世良言》一书后来传入洪秀全手中，竟成为太平天国农民起义的思想武器。

步马礼逊后尘，英、美、德等国新教牧师接踵来华，其中著名者有：1830 年来华的美国美部会教士裨治文（Elijah Coleman Bridgman，1801~1861），1833 年来华的美国新教教士卫三畏（Samuel Wells Williams，1812~1884），1834 年来华的伯驾（Peter Parker，1804~1888），1837 年来华的罗孝全（Issachar Jacox Roberts，1802~1871），1830 年来华的德国新教传教士郭实腊（Kart Friedrich August Gützlaff，1803~1851）。到中国后，他们取了中国名字，努力学习汉文化，开学校、办医院，竭力开拓中国的传教事业。但 1840 年以前，基督新教在华教士仅有 20 余人，发展中国教徒不满百人。

1840 年前来华的基督新教传教士多是虔诚信徒，他们来华的直接动机是为了扩大宗教势力，他们开办的教育和医疗事业客观上也给中国人民带来一定好处。但是，从当时整个世界形势看，基督徒的传教事业已经成为西方列强扩张输出的一个组成部分，所以传教、办医院、建学校便都具有了文化侵略的意义。特别是有些传教士自觉地与本国政府和商人相勾结，甘愿充当帝国主义侵略活动的先锋，在历史上写下了不光彩的一页。例如，马礼逊长期在东印度公司任职，参与了肮脏的鸦片贸易。裨治文、卫三畏联合主编的《中国丛报》鼓吹侵略思想，为帝国主义侵华提供参谋和咨询。郭实腊以传教为名，乘武装间谍船"阿美士德"号，详细考察了中国广东、福建、浙江、上海、山东等地海防，参观了吴淞炮台，并向本国政府写出了详细报告。在这样的历史条件下，中国先进知识分子与广大人民群众反对洋教的斗争便已超越了文化冲突意义，带上了反抗西方帝国主义侵略的色彩。

第十章　清朝后期的宗教

第一节　概　　述

　　清后期朝廷的宗教政策大体上沿袭前期，继续鼓吹尊孔读经，恪守先辈皇祖确定的国家宗教祀典；同时控制和利用佛道二教作为思想统治的辅助手段；对于民间宗教和伊斯兰教新教采取严厉禁除的政策，凡借武力反抗朝廷者皆予无情镇压。但清后期是中国帝制社会最后的阶段，社会统治集团已经腐败没落。鸦片战争以后，西方列强用军舰和枪炮轰开了中国紧闭的国门，中国经历了一系列对西方国家的失败战争，签订了一系列丧权辱国的不平等条约，逐渐沦为半封建半殖民地社会。在清廷屈膝于洋人的同时，中国民众的觉悟和反抗却达到一个新的高度，出现了前所未有的规模巨大的农民革命战争，如太平天国起义和云南回民起义，给予清廷以沉重打击；也出现了前所未有的抵抗西方殖民主义压迫的群众斗争，如义和团运动，从此揭开了中国历史新的一页。这些巨大的历史事变反映在宗教领域，佛道二教进一步衰微，藏传佛教的变动常常与反对英国殖民者的插手纠缠在一起；以宗教为旗帜的民众武装起义如火如荼，并具有了反帝反封建的新时代色彩，一部分民间宗教转化为行帮和会社，成为近代革命政党的先驱；西方列强强迫清廷大开教禁，得到在中国传教的权利，基督教借着西方的政治经济乃至军事势力在中国各地大规模地发展，往往与西方殖民主义的政策和侵略行径联结在一起，激发了中国民众的仇洋情绪，导致诸多教案，这样基督教在近代中国的传播，已经超出一般宗教史的范围，而成为中国近代政治史和中外关系史的重要组成部分。从鸦片战争到辛亥革命是中华民族历史上最为屈辱的时代，但也是帝制社会行将结束、中国民众空前觉醒和自我组织能力空前提高的时代，宗教领域的变化从一个侧面反映了中世纪的晚景和近代社会新曙光的出现。

第二节 宗法性传统宗教的晚景

一 国家宗教祀典的若干变动

在宗庙之制上有所修订。光绪三年（1877），就祭祀穆宗（同治）事引起争议，侍讲张佩纶主张立太宗（皇太极）世室，百世不祧，扩展后殿而建世室，以安各代宗祖神位；侍郎袁保恒主张别建昭穆六代亲庙，太祖至穆宗同为百世不祧；鸿胪寺卿徐树铭主张前殿用祭享，中殿左建寝殿，以藏衣冠，序昭穆；直隶总督李鸿章以为太庙不宜改修，应援奉先殿例用增龛来解决，亲尽则祧，于是以此议为准。光绪十六年，帝父奕譞卒，定称号"皇帝本生考"，建醇贤亲王庙，祭以天子之礼，以便合乎"父为士子为大夫，葬以士，祭以大夫"的古义。宣统元年改议德宗（光绪）祔庙事，由于光绪与同治为兄弟辈，发生昭穆等位还是先后的问题，重宗统者以为异昭穆不便，重皇统者以为同昭穆不合，大学士张之洞认为："古有祧迁之礼，则兄弟昭穆宜同；今无祧迁之礼，则兄弟昭穆可异。"于是议论乃定。同年秋天，又下诏说："穆、德二庙，同为百世不祧，宜守朱子之说，以昭穆分左右，不以昭穆为尊卑"，不必拘守经说。

关于丧葬之制。乾隆时，曾论京旗文武官遇亲丧，百日后即入署治事。宣统元年，礼部取消满汉丧制的差别，满官亲丧去职，与汉官一例，皆须居丧27个月。在丧服上，同治十年定兼祧庶母服制，依定制为兼祧父母服期，为兼祧庶母服小功；其以大宗子兼祧小宗与以小宗兼祧大宗者，以大宗为重，为大宗庶母服期年，小宗庶母服小功；其以小宗兼祧小宗者，以所生为重，为本生庶母服期年，为兼祧庶母服小功；至出嗣而非兼祧者，以所后为重，为所后庶母服期年，为本生庶母服小功。可知丧服继续加重，重大宗，重承嗣，宗法制仍然存在。

诸祀位次的变动。关圣、文昌帝君原为群祀，咸丰中升为中祀。先师孔子原为中祀，光绪三十二年（1907）升为大祀。

群祀之增设。咸丰间，临清、东昌、河南正阳关并祀金龙四大王；永城祀观音大士、孚佑帝君；杭州、嘉兴、汤阴、武昌并祀宋岳飞；三水祀玄坛正一真神；灵山祀明朱将军统鉴；归善祀明王守仁；全州祀无量寿佛唐周全真；攸县祀唐杉仙真人陈皎等。同治朝，加金龙四大王封号至四十字；广东祀大鉴禅师卢惠能；宝山祀故知县胡仁济；栖霞祀元邱真人处机；江都祀汉杜女仙既康女仙紫霞等。德宗光绪朝,瓯宁祀三圣夫人;福建祀白玉蟾真人葛长庚;长乐祀唐郭子仪;潞城祀唐李靖;云阳祀张飞等。光绪二十七年,两宫西狩,御舟渡黄河,风平浪静,特加黄河神大王、将军诸封号。清后期的群祀杂而多端,儒、佛、道三家神灵、祖师皆有罗致,历代名人、传说人物亦可列位,大多是地方性的祭祀,但都经朝廷认可,列为正祀,与民间自发性祭祀有明显界限。

还有一点要特别指明,清廷为安汉民之心,极重明代陵墓的保护和祭祀。清兵入关之初,曾破坏明陵,但不久,即意识到此事关系重大。顺治建元之初,即礼葬明崇祯帝后,由户部管理,定时祭祀明十三陵,设太监,给地亩,置香官及陵户。康熙南巡,诣明孝陵拜奠。雍正帝授明皇室之后朱之琏一等侯世袭,往江宁(南京)、昌平祭,岁举以为常。乾隆帝亦曾祭明太祖陵,并至昌平酹明成祖陵。道光十六年,定明陵春秋致祭,由袭侯往行,余以其族官品峻者摄之,或遣散秩大臣致祭,以为永制。光绪七年,下谕禁止开垦明陵旁近地亩。终清之世,明十三陵得到了相当好的保护,直到民国三年(1914)左右,当地豪绅争夺产权,明陵才又遭破坏。

二 祭孔的升格和孔府的祭祀

晚清朝廷正规祭祀中,隆重日增者莫过于祭孔。同治二年(1863),文庙更订增祀位次,其两庑从祀神位按时代为序安置如下:东庑——公羊高、伏胜、毛亨、孔安国、后苍、郑康成、范宁、陆贽、范仲淹、欧阳修、司马光、谢良佐、罗从彦、李纲、张栻、陆九渊、陈淳、真德秀、何基、文天祥、赵复、金履祥、陈澔、方孝孺、薛瑄、胡居仁、罗钦顺、吕柟、刘宗周、孙奇逢、陆陇其。西庑——穀梁赤、高堂生、董仲舒、毛苌、杜子春、诸葛亮、王通、韩愈、胡瑗、韩琦、杨时、尹焞、胡安国、李侗、吕祖谦、黄榦、蔡沈、魏了翁、王柏、陆秀夫、许衡、吴澄、许谦、曹端、陈献章、蔡清、王守仁、吕坤、黄道周、汤斌。同治七年西庑增宋臣袁燮,东庑增清儒张履祥。光绪初元,增入陆世仪(西庑)、张伯行(东庑)、汉儒许慎(东庑)、河间献王刘德(西庑)、宋儒辅广、游酢(西庑)、吕大临(东庑)。光绪三十四年又增顾炎武、王夫之(东庑)、黄宗羲(西庑)。宣统三年增汉儒赵岐(西庑)、元儒刘因(东庑)。

祭孔在历代祀典中的规格有二变:明代嘉靖时由群祀升为中祀,是为一变;清代光绪三十二年由中祀升为大祀,是为二变;从此祭孔与祭天祭祖祭社稷并列，同为头等祀典。文庙改覆黄瓦，乐用《八佾》，增《武舞》，释奠亲躬，有事遣亲王代，分献四配用大学士，十二哲两庑用尚书。祀日入大成左门，升阶入殿左门，行三跪九拜礼。上香、奠帛、爵俱跪，三献俱亲行。三十四年，参稽礼制，相度地形，定文庙九楹三阶五陛之制。宣统三年，估修文庙工程用银三十七万四百余两。各省文庙规制、礼器、乐舞及崇圣祠祭品，并视太学。

曲阜孔府，世称"天下第一家"。自宋仁宗景佑五年（1038）建"衍圣公府"以来，历代均有所扩建。孔府占地200多亩，有厅、堂、楼、殿460多间，是全国最大最华贵的府第。孔庙有300多亩，厅、堂、殿、庑466间，大成殿前有10根石雕龙柱，故宫不能与之媲美。孔林为孔子及后裔墓地，四周林墙达15华里，占地3000多亩。在清朝盛时孔府有土地百万庙，分布于鲁、豫、苏、皖、冀五省，地租收入用来祭孔和开支家族费用。孔府的主要职掌就是祭孔。每年的祭孔主要是四大丁（四季的丁日），还有四仲丁（大丁后的第十天），八小祭（清明、端阳、中秋、除夕、六月初一、十月初一、生日、忌日），每月初一、十五祭拜，二十四节气有二十四祭，总起来一年之内祭孔有五十多次。由衍圣公主祭，有分献、监祭、典仪等103人，鸣赞、相礼等礼生80人，弹奏舞蹈的乐舞生120人以上，还有孟、颜、曾后裔代表参加。据孔德懋《孔府内宅轶事》，大祭孔子时主要仪程如下：

鸣：乐舞生就位，执事者各司其事，陪祭官就位，分献官就位。

引：就位。

鸣：瘗毛血。

引：诣盥洗所盥手，诣酌奠位跪酹酒尊，一叩三。

鸣：迎神。

（起乐）举迎神乐，奏昭平之章。

引：诣盥洗所盥手，升堂至先师神位前，跪叩头，平身上香，复位。

鸣：三跪礼叩。

鸣：奠帛，行初献礼。

（起乐）举初献乐，奏宣平之章。

引：诣盥洗所盥手，洗爵，诣酒樽所，司樽者举幂酌酒，诣至圣先师神位前，跪叩头，平身献爵，复位。

鸣：行终献礼。

（起乐）举终献乐，奏叙平之章。

引：诣盥洗所盥手，洗爵，诣酒樽所，司樽者举幂酌酒，诣至圣先师神
　　位前，跪叩头，平身，献爵。

鸣：赐福胙。

引：升堂，诣复位，赐酒，受福胙，一跪三，复位。

鸣：三跪九叩瘗馔。

　　（起乐）举瘗馔乐，奏懿平之章。

鸣：送神

　　（起乐）举送神乐，奏德平之章。

鸣：三跪九叩，恭捧祝帛诣燎位。

引：诣亡王位，焚正位祝一柝，帛一段，复位。

鸣：礼毕。

祭孔是带有宗教色彩的纪念活动，表现传统文化的一种精神寄托，其典制拟天子之礼，而孔子的形象实高于历代最高掌权者，这说明文化的持续力胜过政治。祭孔是传统正规祀典的缩影，凝含着各种文化的因子，礼乐文化的种种特征于此可见其一斑。祭孔的乐舞是所谓的雅乐古舞，穿插于祭祀活动之中，肃穆典雅，有陶冶性情、教化俗风之功能。

三　民间祭天祭祖及其他宗教风俗

祭天一向是皇帝的特权，但敬天却是广大民众的普遍信仰，由敬而拜，在所难免，所以民间有焚香拜天以求福消灾的风气，只是不能举行高级别的祀天大典而已。晚清以来，民间祭天之风日盛，官方不加禁止。一般有几种情况：一是春节初一，立"天地君亲师"牌位，焚香而拜之，这在汉族农村较为流行，以一家一户为单位分散进行；二是祈雨祈丰收的拜天活动，有一定季节性，与农事活动和自然灾害连在一起，并无定制；三是若干少数民族地区有传统的祭拜天神的习俗，如满族家庭设杆祭天，赫哲族雕刻神树或木制神像而祭天，彝族中有祭祀天帝"恩体谷兹"的传统，羌族七月十九有玉皇会等；四是民间宗教和秘密会党中有祭天的规矩，如天地会以天为父以地为母，义和团敬重玉皇大帝，以玉帝敕令行扶清灭洋事。与民间敬天直接相联系的是祭灶、祭财神等，祭灶神在元明两代是腊月二十四，清代改为腊月二十三日，贴对联"上天言好事，下界保平安"，送灶神上天，供糖瓜一盘，希望灶神吃了它，在上帝面前不说人们的坏话，一说糖瓜粘住灶神的嘴，使他不能去说三道四。几天之后，在原来灶神位置上贴上一幅新的灶神图，再

祭祀一次，是为迎灶神，于是祭灶结束。财神是赵公明，玉帝封他为正一玄坛元帅，执掌财宝，民间传说他能驱雷役电，除瘟消灾，生意人要供奉他，可以发财致富。

民间祭祖历久而普遍。依据祭祀的地点来划分，可分为庙祭与墓祭。庙祭就是在祖宗祠堂、家庙进行祭祖，贫穷之家则在住屋设神龛供神祖，或只设牌位、影像、谱牒。墓祭是指子孙携带祭品到墓地去祭祖，一般是在祖坟前焚化冥镪，奠以清酒，供以馐馔、果品等物，必诚必敬。富贵之家的坟地较阔，植树木，坟前设石碑、石桌、香炉，有的还立围墙，盖看茔房子，派专人看坟。贫困之家则仅上香烧纸，供以常品，叩头致祈而已。一年之内还有数次扫墓上坟活动，旧时济南地区寒食、中元日、十月朔，家人皆至墓前，陈祭品展拜，焚冥镪，给坟头加土，用土块压纸钱于坟顶以示纪念。清明节扫墓为全国之通俗，时当春分与谷雨之间，在寒食节后三天。按照时间划分，祭祖又可分为定时祭与不定祭。定时祭指岁时年节和生辰忌日的祭祀，岁时年节如春节、元宵、清明、寒食、端午、中元（七月半）、中秋、重九、十月一、二分（春分、秋分）、二至（夏至、秋至）以及每月的朔望，等等。不定祭是指家族或家发生重大事情要向祖先报告时的祭祀，如加官晋爵、中举、生子、娶媳，皆要祭祖，生男因嫡庶不同祭祖亦有差别。祭祖之中最隆重者是年节之祭，据山东《东平县志》，年祭的习俗一般是：年末扫除屋宇，清洁几筵，恭请先人神主，有的人家设置三代宗亲牌位在龛内或供桌上，有的人家将祖宗名字和家谱写在轴画纸上悬之壁间，俗称为家堂；除夕，奉祀子孙至郊外焚香叩首，迎先人之神回家，并在神案前行礼，上茶奠酒，设果品，午夜备设祭席；初一早，家长率家属向神案前，以次行四叩礼，三日内每服必祭；至上元节（正月十五）后，神主、纸牌位、纸家堂均收起藏于妥善之处，年祭便告结束。祭仪必须专诚，祭器定要洁净，祭品则应新鲜丰富。

民间丧葬礼俗，沿袭古礼而有简化，增加些地方性色彩。一般是土葬，木棺为具，葬于家族墓地。丧葬礼仪的指导思想是"事死如事生"，替死去的亲人装点行程，举行告别仪式，护送到另一个世界去。弥留之际，亲属要给死者沐浴更衣，死者留下临别遗言，亲人孝子守候不离左右。初死之时用新丝绵试死者有无鼻息，称为"属纩"。接下来是"复"礼，即到高处呼喊死者名字，看能否复生。再下是初哭，并给死者口中含食品或钱物，或往死者手中放钱物，以备冥行之用。家人在门口挑起丧幡，以为死丧的标志。次日装殓入棺，穿戴及铺盖要尽量新洁整齐。接着盖棺封钉。人一死，孝子要向亲友报丧，亲友要奔丧、吊丧，孝子则迎接、陪同，还有哭丧。古礼的规定是三日而殡，三月而葬，但在民间一般是次日而殡，五至十天左右而葬，夏日短而冬季长，富裕之家由阴阳先生卜日和选择墓地。出殡之日，孝子披麻戴孝，由长子长孙摔盆起杠，出殡队伍的顺序是：首由孝子扛引魂幡，次灵枢，次抱冥器的孝子，次鼓乐班子，最后是女眷，有人一路撒纸钱，以买路送灵。到达墓地，把随葬之衣饭罐、长明灯放置坑壁龛内，然后放棺木入坑，填土埋葬，堆成土丘，用砖简单砌成墓门，或沿边砌砖并树墓碑。民间有"烧七"之俗，从下葬日起，每七天去坟地烧纸致祭一次，七七四十九天毕，以后则是周年忌日祭祀。孝子居丧称"丁忧"、"丁艰"、"守孝"，居丧期间粗茶淡饭，不作娱乐活动，但民间多艰于生计，不能像富贵之家专门守孝三年，只能戴孝劳作，聊度岁月。受佛道教影响，丧家多延请和尚道士诵经礼忏，设坛作斋，炼度超荐。民间称婚嫁为"红喜事"，老人寿终正寝为"白喜事"，认为是正常的自然之道，故丧事办得如婚嫁那样热闹，要雇吹鼓手奏乐，设宴款待亲友，甚至唱戏歌舞，殡丧之事往往成为一村一乡的一次丰富多彩的集会，不仅吊唁了死者，安慰了丧家，而且冲淡了哀伤的气氛，加强了亲友邻里之间的感情交流。当然，有的人家破财厚葬，丧事延连数日，对农业生产和丧家生活带来不利影响。坟地成片，侵占许多良田林山；巫师借机装神弄鬼，散布迷信，敛钱自富；棺木竞相比附，浪费大量木材。所有这些陈规陋习需要加以改革，使丧葬之仪，既合乎人情伦理，又健康简朴。故民国以后，民间始有举行新式葬礼者，以黑纱代替孝服，送挽联花圈以资纪念，用鞠躬代替叩头，来宾演说，多寄以哀思，少宗教内容，这种丧礼在城镇现代家庭中流行，而乡间仍多沿袭前清旧俗。

四　宗法性传统宗教的终结

宗法性传统宗教是寄生在宗法等级社会的政治制度和社会制度上的宗教，它的存在和活动依赖于君主专制政体和家庭组织，也部分地依赖于民间宗教习俗。我们把这种宗教又叫做国家民族宗教，就是因为它的具有规模性的宗教祭祀大典，皆由国家中央政权和地方政权直接主持，如中央一级的祭天地、皇祖、社稷、日月、先农、先蚕等，府州县的祭社稷、城隍、山川风雷等，皆是列入国家礼制的宗教祀典；同时祭祖的活动并不局限于皇室和贵族官僚阶层，它遍及全国各地区各阶层的家族和家庭，几近于全民性质，而关帝、文昌、龙王、土地、东岳等神祠亦遍布中原，既是汉族地区的普遍性宗教风俗，也影响到许多少数民族。

孙中山领导的辛亥革命推翻了帝制，结束了漫长的家天下时代，社会政治、经济、文化发生剧烈变动，家族组织也开始走向解体。于是紧密依附于宗法等级社会的宗法性传统宗教便随之发生总体性的崩溃，象征皇权尊严的神权坍塌，天坛、地坛、太庙、太社稷以及日、月、先农等祭祀活动被取消，旧的国家官方礼仪一概废止。这是中国社会一个历史性的进步，民众在行为和精神上获得一次空前的解放。近代思想家提出"革天"、"辟天"、"革神"的口号，批判以往的国家宗教"称天为治"，"假此以欺人"。孙中山先生说得好："帝制时代，以天下奉一人，皇帝之于国家，直视为自己之私产，且谓皇帝为天生者，如天子受命于天，及天睿聪明诸说，皆假此欺人，以证皇帝之至尊无上。"（《在桂林对滇赣粤军的演说》）中国进步的思想界再不信那"君权神授"的教条。

但是宗教的变化不如政治的变化那样迅速，传统宗教中政治因素容易改变，信仰因素则不然，只能渐渐演变。在传统的宗法性宗教瓦解的同时，佛教、道教、伊斯兰教、基督教并没有发生总体瓦解的情况，它们有较强的独立性，因而继续存留下来。看起来中国人在信仰上似乎仍旧有很大的选择余地，不信宗法性的宗教之后还可以改信其他宗教。但是上述存留的宗教，其教徒在中国是少数，不能与宗法性宗教相比；后者已经存在了数千年，并且始终占据中心位置，"敬天法祖"一向是多数中国人第一位的信仰，不是其他宗教所能简单取代的。因此宗法性传统宗教的解体，不能不使相当多的中国人在一段时间内产生信仰上失重的感觉，承受信仰转换的苦恼。

第三节 佛教僧团的衰落与佛学研究的勃兴

一 清后期佛教流衍大势

自汉魏"慧风东煽"以来，佛教迅速赢得了中国士民的青睐，成为社会主要宗教信仰之一。历代帝王、思想家，都对佛教理论及其作用给予了高度的重视。然而明清以后，佛教与思想界日渐疏离，僧团的信仰与修习仪轨高度世俗化，日趋向道教和民间宗教靠拢。如原属道教信仰体系的关帝庙搬进了佛教殿堂，"武圣"也成为佛门弟子崇拜的对象。中国化的观音信仰更是十分普及，"白衣大士"、"南海观音"、"慈航大士"的彩塑遍及大小寺宇。修来世、求解脱、往生西方净土的宗教观念也日趋与追求现世利益、祛疾消灾、增福添寿的功利要求结合起来。比如，清后期流行的各种忏法瑜伽焰口（施饿鬼）、梁皇忏、慈悲忏、金刚忏、大悲忏，以及打佛七、修水陆道场等，均以超度亡灵、追悔罪恶、保佑子孙为目的，明显染上了世俗迷信的色彩，与各种道教斋醮仪轨，民间宗教的巫术活动的界限也日渐模糊。僧侣在寺宇或士民家中做"佛事"，收取钱财成了重要的"宗教活动"，精通经典的高僧大德乃凤毛麟角，僧团的衰落成为一种有目共睹的事实。

　　造成佛教衰落的原因首先在于社会方面。1840 年，西方列强的大炮和鸦片烟轰开了中国的大门，严重的民族危机迫使有识之士把寻求救国方案的目光转向了西方。西方近代自然科学和社会科学对中国青年知识分子产生了极大的吸引力。相反，佛教和其他传统文化一样，因其不能直接解决迫切的社会问题而被人们疏忘。西方各种无神论、唯物主义学说的传布，使国人本来就不虔诚的宗教心理更添几分轻慢、排斥。以至简单地将宗教视为迷信，当做现代化的障碍加以抨击。当然，在空前尖锐的民族矛盾和阶级矛盾面前也有一些"逃禅"者，但这些人不是失意的政客，便是落伍的理论家，他们到青灯古佛前寻求晚年的精神慰藉，已很难对佛教文化有所发展了。更有甚者，清后期大量涌入的基督教具有强烈的"一神论"倾向，主张对各种中国的传统宗教悉加扫荡，使中国"基督化"。特别是当基督教信仰与太平天国农民起义相结合时，思想的排斥演化成暴力的冲击。洪秀全在《原道觉世训》中指出："据怪人妄说阎罗妖注生死，且问中国经史论及此乎？怪人佛、老之徒出之。"他认为是由于佛教的输入才使中国人丢掉了上帝信仰，误入歧途。所以他又说："皇上帝之外无神也，世间所立一切木石、泥团、纸画各偶像皆后起也，人为也。被魔鬼迷蒙心灵，颠颠倒倒，自惹蛇魔阎罗妖缠捉者也。"因而太平军横扫江南 15 省，大军过处，焚烧经籍，捣毁寺院，驱赶僧尼，对江南佛教事业造成了极大的破坏。后虽经众多高僧、居士努力活动，但佛教势力已难以恢复。光绪二十四年（1898），湖广总督张之洞提倡发展新式教育，但一无资金，二无房产，便开展了一场"寺产兴学"运动，试图没收全国寺产 70％以充教资。这一运动一直延续到民国初年，使佛教的物质基础又一次受到严重损害。

　　清后期佛教衰落的内部原因则在于佛教理论的过分世俗化。魏晋南北朝时期，大批经典的引入使佛教理论像一颗璀璨的明珠，吸引着中国士大夫阶层，译经、注经、研究佛经成为学术思潮的热点，佛教人才辈出。人才的归向决定了理论的盛衰。隋唐时代佛教达到了鼎盛状态，产生出众多的中国佛学宗派。五代及宋，虽然探讨印度佛教原理的宗派相对式微，但彻底中国化的禅宗、净土宗却如日中天，禅门的宗教理论、接引方式、丛林制度实际上是在宋代达到了它的成熟形态。宋元以后，由于禅宗的修习方式有向极端发展的偏差，为了力挽颓风，禅林高僧大德又主张教内禅教合一，教外儒释道合一。这种合一之风在明末曾使佛教一度"中兴"，但也进一步丧失了主体性。禅宗的产生本来就是印度佛教原理与中国传统文化结合的产物，说明完全照搬印度佛教行不通，所以明末重提"禅教合一"并未引起真正的"原教旨主义"运动。即使重新从经典中寻出一些理论，也很难超出隋唐佛教理论。而此时佛教在其发源地印度已经枯竭，无法再为中国佛教注入新的活力。明末的"儒释合一"潮流，则更使佛教从价值观念到思维方式都丧失特色，对士大夫阶层逐渐失去其特殊的吸引力。时至清末，尽管僧尼人数随人口总数的增加而膨胀（据太虚《整理僧伽制度论》估计约为 80 万），但僧侣的文化素质却在不断降低，出家者多为衣食无着的贫苦农民。因而，清后期一批名山大刹虽还占有大量田地（如镇江金山寺占良田 1 万余亩，寺周边方圆数十里农民多为金山寺佃户，号称"金山庄"），拥有相当的经济实力，但佛教理论停滞，宗派流于形式，僧团队伍已很难承担复兴佛教的重任。

在佛教僧团衰落的同时，清后期佛学研究的兴起却引人注目。从事佛学研究的人基本可分成两大类。一类属于对佛教抱有信仰的居士，如郑学川、杨文会、欧阳渐、韩清净等人。由于他们具有较高的文化素养，又曾留学海外，中西兼通，所以具有广泛的社会活动背景。有的还颇具财力，收集经典，刊刻藏经，创办佛学院，对佛教的延续产生了举足轻重的作用。所以现代佛教研究者们普遍认为，清后期佛教发展的重心已移到了居士方面。另一大类则是世俗的思想家，如龚自珍、魏源、康有为、谭嗣同、章太炎、梁启超等人。他们把佛教当成一种传统文化现象来研究。研究的动机不是出于信仰，而是寻找唤起民众革命的工具，或是探求历史文化发展的内在规律。他们的研究已不再属于佛教自身发展的范畴了。

二 佛教宗派的苟延

禅宗仍为汉地佛教的主流，包括临济、曹洞两大派。曹洞门下又分云门、寿昌两个分支，但势力都不昌盛。云门为明末圆澄法系，以后传古樜智先，以焦山寺为祖庭。数传而至月辉了禅，适逢太平天国之乱，金山、北固等名刹相继被焚。了禅与弟子死守焦山不去，并亲赴太平军营中陈说利害，竟保住了焦山寺。了禅传流长悟春，悟春传芥航大须，大须传雪帆明道，勉维宗绪。寿昌一系在明末曾兴盛一时，几可与临济匹敌。但清中叶以后，博山元来一系湮没无闻，鼓山元贤一系则在太平军打击下一蹶不振。直至清末，古月禅师（？～1919）住鼓山，降服了山中毒蛇猛虎，又为人治病，吸引四方士庶，重兴鼓山道场。但其师传不明。

临济宗天童、磐山两系清初并兴，但不久天童式微，仅在祖庭勉维烟火，磐山系则发展出镇江金山、扬州高旻、常州天宁、天目禅源四大名刹，声震江南。太平天国起义，四大名刹皆被焚毁。时金山寺正由观心显慧主持，寺焚后结茅为禅堂，与弟子讲学不辍，深为曾国藩敬重，为之重建江天寺，金山得以重兴。显慧传法子大定密源、常静密传、性莲密法、隐儒密藏。他们四出弘法，整肃禅规，使金山成为清末禅宗首刹。扬州高旻寺入清以来历代主持为：天慧实彻、了凡圣际、昭月了贞、宝林达珍、如鉴达澄、方聚悟戒、道源真仁、楚禅全振。其中宝林达珍曾在嘉庆年间重兴天台山国清寺。楚禅全振则在清末名列江南宗门五老。常州天宁寺清初还是律宗道场，在乾隆年间由金山的大晓实彻改为禅院，下传纳川际海、净德了月、恒赞达如、雪岩悟性、普能真嵩、定念真禅、青光清宗、冶开清镕诸世。其中冶开清镕亦为江南宗门五老之一。西天目山禅源寺始建于元代，明时衰废，清初由玉林通琇禅师重兴。下传美发淳、晦石琦、澹如永、玉辉真、定慧知、广福清、能和果、智长云、见空圆、来悟明、灵慧德等世。"四大名刹"不仅自身源远流长，数废数兴，而且不断培养出"高材弟子"，续江南其他名寺烟火。如金山悟圆禅师于嘉庆年间复兴杭州海潮寺；金山法忍和尚于光绪年间复兴赤山般若寺；金山净心禅师重兴宁波天童寺；金山仁智首座重建宜兴显亲寺；天宁寺清宗禅师重兴天目山狮子正宗寺；高旻法一首座重兴南京狮子岭……可见，清后期禅门血脉多赖四大名刹延续。另外，清末许多居士亦多在四大名刹中修炼身心，参方禅和。在清末禅门颓败之风中，四大名刹起了承上启下的中枢作用。

清后期天台学僧传名者不少，有观竺、广昱、隆范、幻人、寻源、通智、敏曦、祖印、谛闲等。他们在江、浙、湖、广一带弘传天台教观，使天台宗旨得以维持不堕。其中，以活动于清末民初的谛闲法师最为有名（详见下章）。

清初柏亭、雪浪南北呼应,使华严宗名噪一时。不久转而沉寂,宗谱不清。清末光绪年间,出月霞法师以研习华严闻名(详见民国章)。

唯识宗虽自唐中叶后便趋于消沉,但唯识学代有研习者。清朝末年,在教内有松岩、默庵以研习《唯识》闻名。松岩住南京清凉山,精研相宗。当时西方社会学名著《天演论》、《民约论》已传入我国,松岩用唯识理论加以评价。可惜他圆寂较早,著作不传。默庵(1839～1902)名果仁,居南岳福严寺,经常开讲《唯识论》,著有《唯识劝学篇》,在南方较有影响。另外,近代一批居士的唯识学研究更为著名。杨文会创办金陵刻经处,从日本收集、购回大量唯识经典,对唯识学的复兴起了重要作用。特别是由于西方哲学东渐,使近世学者感到长于经验分析和理论思辨的西方哲学与科条严整、系统分明的唯识宗理论很近似,于是重新引起研究唯识学的兴趣。其中最著名者为南京内学院创始人欧阳渐居士,著有《唯识抉择谈》、《唯识讲义》等书。北京则有三时学会的韩清净居士,著有《唯识三十颂诠句》、《唯识指掌》等书,在唯识学的研究方面有很深的造诣。近代大思想家章太炎对唯识学亦深有研究,把唯识宗的"见分"、"相分"、"阿赖耶识"等概念吸收进自己的理论体系,借以建构《五元论》、《俱分进化论》等革命学说,使唯识学在新的历史条件下发挥了新的历史作用,亦可称为"化腐朽为神奇"。

三 居士成为佛学的主流

与僧团的衰落相反,居士佛教渐成近世佛教的主流。居士佛教自古即有,然明清以前社会作用并不突出。入清以来,因僧尼队伍文化素质下降,居士的地位与作用相对上升。清初著名居士有宋文森、毕奇、周梦颜、彭绍升、罗有高、汪缙。清中叶有钱伊庵、江沅、裕恩、张师诚等人。清后期则有沈善诚、郑学川、杨文会、欧阳渐、韩清净等人。居士佛教的作用主要表现在两个方面。一是学术思想,近代佛教居士人才济济,出现了一批学识渊博的大学者。他们收集整理文献,勾稽阐微,使佛教思想得以延续。二是宗教活动,居士们往往利用自身在政治、经济方面的优势,印经刻藏,组织法会,举办佛学教育机构,创行佛教刊物,从而在社会上维持了佛教的影响,在教徒中树立了信心。

郑学川(1826～1880),字书海,扬州江都人。少习儒业,曾充诸生。后在北京怀柔红螺山瑞安法师处修习,博通经典,尤精净土。太平天国之后,感慨真可《方册藏》毁于战火,梵夹版《龙藏》流行不便,于同治五年

(1866) 在扬州创立江北刻经处,与杭州许云虚、石埭杨文会、扬州贯如法师等人共同倡刻方册佛经。他本人也于这一年出家,法号妙空,又号刻经僧,专以刻经为业。先后创刻经所 4 处 (苏州、常州、浙江、如皋),总其事于扬州砖桥。15 年间共刻佛经 3000 余卷,并有大量著作行世。

杨文会 (1837~1911),字仁山,安徽石埭人,出身于仕宦之家。"十岁受读,十四岁能文,不喜举子业。"(《杨仁山居士事略》,见《杨仁山居士遗著》第一册) 17 岁时遇太平天国之乱,举家避徙皖、赣、江、浙之间。此时,他"襄办团练"、"跣足荷枪,身先士卒,日夜攻守不倦",因而颇得曾国藩、李鸿章的赏识。同治二年 (1863) 居父丧,读《大乘起信论》、《楞严经》,深深地被佛教吸引。战后坚辞曾、李之聘,倾心于佛学研究。他认为"末法时代,全赖流通经典,利济众生",于是发心刊刻单行本藏经。光绪二十三年 (1897),杨文会于南京延龄巷居处设立"金陵刻经处",四年后又将该处房产捐赠给刻经处作为永久产业。十余年间,前后共刻成佛经 3000 余卷,不仅对民国时期佛教的发展起了促进作用,而且带动了上海、北京等地佛经的刊行工作。

光绪四年 (1879),杨文会受曾纪泽之邀出访英、法诸国,在伦敦结识了日僧南条文雄,得知中国唐、宋年间散失的许多佛经在日本尚有保存。杨文会归国时,托南条搜购古逸经论 200 余种送回中国刊行,使唯识、华严等宗派许多绝灭多年的著作重见天日,激发了国内学者研究的兴趣。光绪二十年 (1899),杨文会还与西方传教士李提摩太将《大乘起信论》译成了英文,推动了佛教向西方的传播。

有感于当时僧团素质的下降,光绪三十四年 (1908),杨文会于"金陵刻经处"内创办了佛教学堂"祇洹精舍",开近代创办佛学院之滥觞。他请谛闲法师主讲天台教观,自讲《大乘起信论》。又设国文、英语等课程,全面提高佛教学者的素质。虽然"祇洹精舍"当时学员不足 20 人,且不及两年便因经费不足而停办,但其影响力却是巨大的。不仅其佛学教育的方法引起了后人的效法,而且培养出名僧太虚和著名居士欧阳渐,使文会门风得以光大。另外,谭嗣同、章太炎等著名思想家也曾在杨文会门下学佛。

宣统二年 (1910),杨文会在南京创立佛学研究会。他在《佛学研究会小引》一文中指出:"方今梵刹林立,钟磬相间,岂非(释迦)遗教乎? 曰:相则是矣,法则未也。禅门扫除文字,单提'念佛的是谁'一句话头,以为成佛作祖之基。试问三藏圣教,有此法乎? 此时设立研究会,正为对治此病。"（《等不等观杂录》卷一，《遗著》第七册）短短一句话，概括了清后期僧团衰落，佛学理论停滞、荒疏的事实。杨文会毕生致力于佛教理论的研究，身后留有大量著述。据《杨仁山居士著作总目》载：主要著作包括《大宗地玄文本论略注》、《佛教初学课本》、《十宗略说》、《观无量寿佛经略论》、《论语发隐》、《孟子发隐》、《阴符经发隐》、《道德经发隐》、《南华经发隐》、《冲虚经发隐》，等等。杨氏的佛学著作基本属于对传统经典的阐述发挥，述而不作。而一系列的《发隐》则属于佛化儒学，佛化道家之作。

　　欧阳渐、韩清净、桂伯华、丁福保等一大批居士活跃于清末民初，他们的出现说明，清末佛学的主流已移到了居士一边。

四　世俗学者的佛学研究

　　清后期一大批世俗学者也对佛教进行研究，他们中间虽不乏对佛教抱有信仰者，但与居士相比，他们主要不是以宗教作为自己的安身立命之本。他们研究佛教的目的还是为了"救世"。

　　龚自珍（1792～1841），字璱人，号定庵，浙江仁和人。他是在鸦片战争以前便已预感到"衰世"将临的敏锐思想家，但是在"闭关锁国"的情况下，又找不到济世良方。"何敢自矜医国手，药方只贩古时丹"，他只能从古代文化中寻找救国方案，佛教也包括在内。龚自珍学佛，以著名居士江沅为师。他自述道："铁师念佛颇得力，似师毕竟胜狂禅"，说明他对禅林文化质素低下，一味盲参瞎棒之风的不满，故从居士之门入佛。入门之后，"狂禅辟尽礼天台"，并且对天台宗的"性具说"深有研究。经过对宋人陈瓘所著《三千有门颂》的反复钻研和七昼夜思考，他终于悟出："以弥陀性具法界中之我，念我性具法界中之弥陀。"（《撮录三千有门颂》，《龚定庵文集》，第400页）按照天台宗的性具说，人人皆有一个"自性清净心"，本无善恶，"或问圣众以何为依止？答以心为依止。真心耶？妄心耶？答以妄心为依止，全妄即真故"（《定庵观仪》）。也就是说，"心、佛、众生，三无差别"，体用一如，亦真亦妄，全妄即真。龚自珍把天台宗的性具说用于人性论研究，写出了《阐告子》一文，他自称："予年二十七著此篇，越十五年，年四十二矣，始读天台宗书，喜少年阇合乎道，乃削剔芜蔓存之。"用天台阐告子，建立的则是龚自珍自己的思想。"龚子言性也，则宗无善无不善而已矣。善恶皆后起也。"他用"性无善恶"的观点反对程朱所推崇的孟子的"性善论"以及"变化气质"，"存天理、灭人欲"等理学的道德修养论。既然性无善恶，人应"各因其性情之近"，而"自尊其心"。率性而行，"心尊，则其官尊矣；心尊，则其言尊矣。官尊、言尊，则其人亦遵矣"（《尊史》）。这里，已经明显地表露出要求恢复人的尊严，宣扬个性解放的启蒙思想。此外，龚自珍的佛学思想还包含大量发誓往生，归心净土的消极因素，这也是他在那个风雨飘零的苦难时代精神无所寄托，心灵苦闷的结果。

魏源（1794～1856）的佛学思想则主要是他晚年政治失意的产物。1853年，太平军攻至扬州，魏源正在扬州附近的高邮任知州，尽管他尽力参加了镇压太平军的战斗，但终以迟误驿报的罪名被免职。此后他潜居兴化、杭州，钻研佛学，写有《净土四经总叙》、《无量寿经会译叙》、《观无量寿经叙》、《阿弥陀经叙》、《普贤行愿品叙》等，以宣扬净土信仰为主。他说："如是向往，如是取舍，如是出离。而后一礼拜、一观想、一持名，念念弥陀如慈父。如疾苦之呼天，如逃牢狱而趋定所，虽欲心之不专，不可得矣。"（《观无量寿经会译叙》）魏源皈依佛门，找到了精神的终极归宿，暂时忘却了社会的种种苦难。正如梁启超所言："社会既屡更丧乱，厌世思想，不期而自发生。对于此恶浊世界，生种种烦懑悲哀，欲求一安身立命之所，稍有根器者，则必遁逃而入佛。"（《清代学术概论》）

康有为（1858～1927）虽然没有留下佛学研究专著，但他在探索救国救民真理时亦曾遍翻中国思想武库，抨击程朱，扬弃陆王，出入佛老，对佛学理论不乏灼见。在其资产阶级改良思想成熟阶段所写著作中，经常可以见到佛学的痕迹。以《大同书》为例，全书以去苦求乐为指导思想，其思想渊源于佛教的"四圣谛"。《大同书》甲部便是"入世界，观众苦"。而甲部第一章又是观"人生之苦"，说人生从投胎开始便众苦丛生，以后又有"夭折苦"、"废疾苦"相随，完全是"苦谛"中"生老病死苦"的翻版。作为《大同书》结论的癸部"去苦界，至极乐"，详细描述了他心目中的"大同世界"，几同人间净土。大同世界不仅人类物质生活极大丰裕，而且佛学与仙学并行，人们的精神生活也达到了极高的境界。当然，康有为设计的大同世界立足于此岸，与佛教构筑在彼岸天国的净土有原则区别。

谭嗣同（1865～1898）是资产阶级改良派中最激进的思想家。梁启超在《清代学术概论》中评价曰："然真学佛学而真能赴以积极精神，谭嗣同外，殆未易一二见焉。"他把佛教中的怀疑、批判精神，镕铸成冲击封建制度的思想武器。谭嗣同生当民族危机深重之时，立志以自己的生命与鲜血唤醒国民。光绪二十二年（1896），他遵父命在南京候补知府，于杨文会居士处学佛一年,心识大开,"成仁学一书"。关于《仁学》的理论基础,他说:"凡为仁学者,于佛当通华严及心宗、相宗之书。"(《仁学·仁学界说》)佛学成为仁学重要的理论来源和组成部分。他又说:"三界唯心,万法唯识……其实,佛外无众生,众生外无佛。虽真性不动,依然随处现身;虽流转世间,依然遍满法界。"(同上)佛教的唯识学说成为他主观唯心主义哲学的重要依据。进而,他用这种主观精神鼓舞自己与同胞的斗志。"佛则曰:'轮回。'曰:'死此生彼。'……知身为不死之物,虽杀之亦不死,则成仁取义,必无怛怖于其中。"(《仁学》,第 309 页)他认为有了灵魂不死的学说,便可以鼓舞起人们大无畏的精神,向黑暗的封建制度发动勇猛的冲击。"其坚忍不饶……佛教尤甚。曰'威力',曰'奋迅',曰'勇猛',曰'大无畏',曰'大雄'。据此数义,至取象于师子。……故夫善学佛教,未有不震动奋厉而雄强刚猛者也。"(《仁学》,第 321 页)在谭嗣同著作中,佛教一改"揉化人心","阴翊王化"的形象,完全变成了"冲决网罗"的雄狮,其中许多观念,完全是他引申发挥的结果,很难用严格的佛学研究标准来衡量其是非。故章太炎说:"至如谭氏《仁学》之说,拉杂失论,有同梦呓,则非所敢闻矣。"(《章太炎全集》第 4 册,第 429 页)

　　章太炎(1869~1936)是清末资产阶级民主派的著名思想家,同时也是著名的佛学研究家。1903 年,他因发表了《驳康有为论革命书》和为邹容《革命军》作序,触怒清廷,被捕下狱,"因系上海、三岁不觌,专修慈氏,世亲之氏"(《章氏丛书·菿汉微言》)。他自称"先师无著",以大乘有宗的嫡传弟子自居。1906 年章太炎流亡日本,参加同盟会,主编《民报》,发表了《无神论》、《建立宗教论》、《人无我论》、《五无论》等一系列文章,鼓吹"用宗教发起信心,增进国民道德"。激励革命党人斗志,是他研究佛学的目的之一。此外,他还特别欣赏唯识宗缜密的理论思维和严谨的逻辑体系,认为其与近代西方哲学思想比较切近。他希望通过唯识学与西方哲学的结合,创造出中国资产阶级的哲学体系,这也是中国传统文化现代化的一种尝试。他把康德的"先验范畴"、叔本华的"唯意志论"与"八识"说糅合在一起,说:"近来康德,索宾霍尔(叔本华)诸公,在世界上称为哲学之圣。康德说'十二范畴'纯是'相分'的道理。索宾霍尔所说:'世界成立全由意志盲动'也就是'十二因缘'的道理。"(《演说录》,《民报》第 6 号)他认为,眼、耳、鼻、舌、身、意"六识"之"相分",都是人认识世界的"先天范畴"。但这些"先天范畴""非如六识之境而缘起,离境而息",而是藏于阿赖耶识之中。"自阿赖耶识建立以后，乃知我相所依，即此根本藏识。此识含藏万有，一切见，一切相，皆此识之枝条。"（《人无我论》）所以章太炎把阿赖耶识看成宇宙的本原。阿赖耶识创生万物的过程是"盲目的意志冲动过程"。他讲："此天然界本非自有，待现实要求而有。此要求者由于渴爱，此渴爱生于独头无明"。（《建立宗教论》）章太炎把叔本华的"盲目意志"换成了佛教术语"独头无明"。人心本自清纯，因无明而生渴爱，而有污染，而生出万法。"世界本无……本由众生眼翳见疾所成。"（《五元论》）客观世界的存在不过是人们的共同的错误看法集合而成，其实质虚妄不真。人们应该破除对这个虚幻假象的执著，抛弃对物质财富的贪婪和对生命的留恋，献身于革命事业。章太炎宗教哲学的世界观，最终还是为民主革命事业服务的。

五　动荡社会中的藏传佛教

清中叶以后，中央政府表面上仍维持了对西藏地区的主权，但由于国力开始下降，对西藏地区实际控制能力大不如前，致使西藏社会内部各种矛盾开始激化。连续几代达赖的短命夭亡，正是僧、俗贵族尖锐斗争的表现。另一方面，英国在征服了印度以后，开始觊觎西藏地区，成为破坏汉藏关系以及藏区稳定的主要因素。藏传佛教正是在这种民族矛盾和阶级矛盾错综复杂的形势下艰难地向前发展。

英国侵占西藏的图谋在吞并西藏周边尼泊尔、不丹、锡金及克什米尔地区后开始显露出来。19世纪初，当英国逐次侵略这些小国时，腐败、懦弱的清政府见死不救，因而助长了英帝国主义侵略西藏的野心。这一时期执政的西藏主要宗教领袖是十三世达赖土登嘉措（1876～1933）和九世班禅却吉尼玛（1883～1937）。西藏人民第一次抗英斗争发生在光绪十三年（1887）。当时为了阻止英人入侵，西藏地方政府在中国与锡金（哲孟雄）交界的隆吐地方设立了边卡。英国蛮横地提出了立即拆除的无理要求，藏方坚决反对。软弱的清政府不但不从物质上和道义上支持西藏人民，反而用"男尽女绝之忧"恫吓西藏人民，迫其向英帝屈服。当时达赖所属拉萨三大寺，班禅所属札什伦布寺以及西藏全体七品以上官员向清廷驻藏大臣上了一道公禀，声明："纵有男尽女绝之忧，惟当复仇抵御，永远力阻，别无所思"，表达了西藏人民反抗侵略的坚强意志。不过藏军毕竟装备落后，势孤力单，不是用洋枪洋炮武装的侵略军的对手。战败后隆吐山口的防线被拆除，并签订了《藏印条约》（1890）八款，开放边界，准许英商自由进入藏地。从此西藏几乎成了不设防之地，藏族人民初尝侵略苦果。

光绪二十一年（1895），十三世达赖年方十九，快到亲政的年龄，与摄政的第穆呼图克图矛盾渐趋尖锐。一日达赖穿着第穆赠送的靴子，感到浑身不适，发现其中夹有写着达赖生辰八字的咒符。于是达赖下令逮捕第穆严讯，第穆当夜便暴死狱中，从此达赖夺回了西藏政教大权。

1904 年西藏人民进行了第二次大规模反英斗争。自 1890 年签订藏印条约后，英人得寸进尺，又相继提出重新勘界，再开商埠，向西藏派驻外交官等无理要求。被清政府和西藏地方政府拒绝后，英国派荣赫鹏为统帅，率军攻入西藏。达赖、班禅号召藏族全体僧俗民众反抗侵略，九世班禅还多次出面与英军斡旋。然而武器落后的藏军终无力抵御装备精良的英军，1904 年 8 月拉萨失守，达赖被迫逃亡内地，藏人再一次签订了屈辱的城下之盟。在第二次抗英斗争中，达赖、班禅并肩战斗，共同领导了抗英战争。英军占领拉萨后，因未抓获达赖，便极力拉拢班禅，试图以班禅替代达赖。1905 年他们强迫班禅去印度朝拜英国皇太子，班禅初以没有中国皇帝的命令不得前往为由拒绝。后迫于英军的压力前往，但他拒绝跪拜英国皇太子，说："当称我，只在大皇帝前跪拜，其余不行。"班禅仅执常礼，也未签订任何条约。英人无可奈何，只得送班禅返藏。

达赖逃入内地后，驻藏大臣有泰弹劾达赖"平日跋扈妄为，临事潜逃无踪"。清廷为了掩饰自身在抗英战争中领导、支持不力的罪责，借故革去达赖封号，命令班禅代管藏区政教事务。由于达赖在藏族民众中已经形成了崇高的威望，又出于藏族社会僧俗团结的愿望，班禅借口后藏事务繁忙，无力代摄，拒绝了清廷的要求。达赖 1904 年流亡内地后，经青海，过甘肃，入内蒙，沿途受到藏、蒙、汉各族人民的热烈欢迎。1907 年达赖入五台山朝佛，清廷见其威望甚高，不得不恢复封号，又加封"诚顺赞化西天大善自在佛"，还敦请达赖进京"陛见"。1908 年 8 月，达赖到达北京，受到清廷的隆重欢迎，数次与慈禧太后和光绪皇帝晤谈，双方皆有丰富的馈赠。不久，光绪与慈禧相继去世，达赖亦于 1909 年返藏。

与此同时，清廷任命赵尔丰为四川总督，在西康大力推行"改土归流"，1908 年完成了打箭炉（今康定）、理塘、巴塘等藏区的"改土"工作。"改土归流"是从雍正年间开始推行的一项民族政策，在条件成熟的情况下有利于祖国的统一和民族的融合。可是在条件不成熟时强力推行也会激化民族矛盾，导致冲突。1909 年清廷宣布赵尔丰兼任驻藏大臣，并派四川知府钟颖率

2000 川军入藏。此举无异宣布即将在西藏推行"改土归流"，从而引起西藏僧俗贵族的极大不安。再加上川军纪律败坏，入藏途中烧杀抢掠，汉藏民族矛盾一时尖锐起来。1910 年川军进入拉萨，"卫队沿途开枪，击毙巡警一名，大昭寺之济仲大喇嘛于琉璃桥畔饮弹身亡。卫队又向布达拉宫开枪乱击，僧众亦有带伤者。一时全城震动，人心不安。达赖恐遭危险，即挈其左右逃往印度"（朱秀：《西藏六十年大事记》）。这次川军入藏，达赖逃往印度事件，主要是由于清廷推行错误的民族政策所致，其结果是把达赖推向了帝国主义侵略势力一边。从此，他便一直动摇于中央政府与英国之间，试图为藏传佛教及其信教民众找到一条生路。

达赖出逃印度后，清廷再一次革去了他的封号，并请班禅"暂摄藏事"。班禅"暂摄"数月后坚决要求返回后藏。1911 年"辛亥革命"成功，四川总督赵尔丰被杀，驻藏大臣联豫躲入哲蚌寺中。入藏川军群龙无首，缺粮断饷，兵变不止。他们四出掠夺烧杀，1912 年 2 月包围了色拉寺，妄图劫掠寺中贵族财物，色拉寺喇嘛 5000 余人奋起抵抗。两军相持数月，川军弹尽粮绝，危在旦夕。6 月 19 日，经尼泊尔驻藏官员调节，川军放下了武器，全部取道印度回到祖国内地。从此，民国政府再也无力向西藏派兵。1912 年 5 月，十三世达赖返回西藏，重握政教大权。但整个藏区经济停滞，政局动荡不定，藏传佛教并无多少实质性的发展，只能在社会动荡中苟延。

第四节　道教的衰微和延续

晚清道教继前期进一步衰落，社会地位下降，理论上缺乏创新，教团的影响力减弱。龙门道士多兼行斋醮祈禳，用香火钱来谋生，与正一道士的差别越来越小。正一道天师无大作为，不过依仗天师声威谋取富贵而已。在与朝廷的关系上，清廷不甚重视南方之正一天师，而与北方之全真有较密切的来往。道教文化继续向社会各领域扩散，其真正的影响在民间习俗之中。

一　道光以后正一道天师状况

第 60 代天师张培源，字育成，号养泉，道光九年（1829）嗣教。咸丰九年（1859）督办团练以对抗太平天国军，同年十月卒。光绪三十年诰赠"光禄大夫"。

第 61 代天师张仁晸，字炳祥，号清岩，张培源之子，同治元年袭位。

曾与弟子编订残乱道书。光绪二十九年卒,次年诰赠"光禄大夫"。

第 62 代天师张元旭,字晓初,张清岩之子,出身庠生,精于道法,光绪二十九年嗣教。以符箓教信徒,以职牒传道士,受度者众。曾补述 50 代至 61 代天师传,阐述性命双修、天人合一之旨,以道通儒。民国初建,江西都督府于 1912 年取消前清给予天师之封号,没收其田产。1914 年,张元旭通过长江巡阅使张勋,请于总统袁世凯,乃复某封号,发还田产。重颁正一真人之印,袁政府更赐以三等嘉禾章,及"道契崆峒"匾额。1919 年,张元旭被推为"万国道德会"名誉会长。1920 年,又被推为"五教会道教会"会长。1924 年卒于上海。

第 63 代天师张恩溥,字鹤琴,号瑞龄,元旭之子,1924 年嗣教。与国民党要员多有来往。1949 年去台湾,在台北觉修宫成立天师府。1950 年成立台湾省道教会。1966 年成立"中华民国道教会",张任第一届理事长。1969 年卒。

据有关资料记载,天师府全盛时期,田地遍及 12 县,仅贵溪县就有田庄 12 处,占地 2283 亩,此外还有大规模的山林。天师府规模宏大,占地 24000 多平方米,内建筑面积达 11000 多平方米。但乾隆以后,天师地位日益下降,晚清朝廷不再赐予土地山林,原有地产亦渐渐丧失,天师府和上清宫再未修葺。到 40 年代末,上清宫只剩下"太上清宫"门楼、"午朝门"、"钟楼"、"下马亭"、"东隐院"等,一片残破景象。

据《清朝野史大观》卷十一《贬斥道教之历史》称,清末"张氏(张陵)子孙乃犹有僭用极品仪制,舆从舄奕,声气招摇,游历江浙闽粤诸省,沿途以符箓博金钱,并勒索地方有司供张馈赠",这就更加损害了天师在人们心目中的形象。政府既不重视,自身又无高才高德,它的衰微自然是不可避免的。

二 晚清之全真道

全真道仍以龙门派为主体,以北方为基地,传布于全国各处,借着清初龙门中兴的余威,晚清龙门一系的势力仍相当强大,但教团素质下降,高道极少,民间非正式道士有所扩大,道教更多地成为一种生活方式。

全真道观有两种:一曰小道院,如北京的吕祖庙,上海的三茅阁;二曰十方丛林,它有传戒的特权,如各省的玄妙观、白云观。道士也有两种:一种是记名出家,往往由于体弱多病,许与小道院为徒弟,仍在家中教养,等到成年时可以跳墙（逃走）然后婚娶；一种是正式出家，终身为道士，不能有妻室。一般是先拜小道院院主为师，结发成髻，改服圆领阔袖之道袍，穿白布高袜，云履青鞋；习字读经外要洒扫炊事，担水负薪，服勤一年；如值白云观受戒之期，便随院主入观，完成应受之戒律，始得道士的正式资格，俗称老道。其中成绩优秀者，留观习道传道，其余戒众，一律发给衣钵戒牒，或归还本观，或挂单（外出游学）于各省之十方丛林。小道院能授徒而不能授戒，大道院能授戒而不能直接授徒。（参看萧一山《清代通史》）

晚清的全真祖庭北京白云观，出了一位有名的政治道士高云溪。高云溪又名高仁侗，山东费城人。青年时在青岛崂山出家，后在天津住道观，得到直隶总督荣禄的赏识，来到北京白云观任方丈，是为白云观第 20 代主持，时在光绪年间。白云观的名誉方丈是宫内太监刘诚印，道号素云道人，据说他是当时内务府总管李莲英的副手。自明以后，宫内太监都自认为是全真道徒，故与白云观有密切关系，清宫亦复如是。高云溪因与刘诚印、李莲英有交往，故能出入宫廷，见过慈禧太后，在宫中作过道场，受到清廷的青睐。高云溪在青岛时结识一个外国人叫璞科第，此人是国际间谍，为西方列强服务。据叶恭绰《中俄密约与李莲英》一书说，前清与帝俄所订喀西尼密约，世皆传为李鸿章所为，其实李只系演出者，编导为帝俄，被动主体是西太后，从中促进和穿插者为李莲英和璞科第，而李与璞的联络实由白云观道士。其密谈地点一在杨梅竹斜街之雅座，一在白云观后之云集园。八国联军侵华，清廷与之订立丧权辱国条约，条约内容是事前在白云观后花园秘密商订的，高云溪起过联络作用，深受西太后信赖。故西太后逃到西安后，在京大臣奏请西太后回京求和，西太后回话说："不见到高方丈，我不回去。"大臣们将高云溪请到西安，西太后通过他了解了列强对她的态度之底细，方敢回京。[1] 高死于光绪三十三年（1907），清廷赐礼甚丰。

高云溪主持白云观期间，白云观势力甚大。直至民国初年，尚有土地5800 余亩，年收入在 3 万元，晚清白云观香火甚盛，为京城一大节日聚会处。据坐观老人《清代野记》载，每年元宵后，开庙十余日，倾城士女皆往游，谓之会神仙。观内主持道士高峒元（疑为高仁峒即高云溪之误）交通宫禁，卖官鬻爵，与总管太监是盟兄弟，以神仙之术惑慈禧太后，被封为总道教司，"其观产之富甲天下"。凡达官贵人妻妾子女有姿色者，皆寄名为义

---

① 参看李养正《白云观轶闻》，《燕都》1991 年第 3 期。

女，得所幸则大荣耀。有杭州某侍郎，靠其妻拜高为假父而得升广东学差。足见高云溪之神通，可谓通天之特殊人物。但他在宗教事业上并无建树，说明全真道的教团领袖已经完全世俗化了。

晚清全真内丹学也出现了几位有功底有著述的道士，如李涵虚、刘名瑞、赵避尘、黄元吉等人，皆为当时所重，对后世亦有一定影响。

李涵虚为内丹功法西派创始人，生于嘉庆丙寅（1806），卒于咸丰丙辰（1856），四川乐山县人。初名元植，字平泉，咸丰六年得道后，改名为西月，字涵虚，号长乙山人，又称圆峤外史。李拜郑朴山为师，而郑是孙教鸾嫡传高徒。孙真人有《金丹真传》，提出"结丹之法由我而不由人，还丹之功在彼而不在我"，下手功夫重在阴阳双修、彼我合练，此则与东派陆潜虚（陆西星）之学相近。李涵虚受孙、郑的影响，对陆潜虚极为敬佩，在《海山仙迹》自序中说，重订《吕祖年谱》成，有一老人携一扬州俊士莅临，见而悦之，旁批数十行，飘然而去，"老翁必系吕师也，扬州俊士其即陆潜虚乎?"书中托言冷生，谓信仰吕纯阳及张三丰，又云："纯阳有三大弟子，为群真冠：海蟾开南派，重阳开北派，陆潜虚开东派，吾愿入西方……身为西祖。"寓言自己为陆西星之后身，所以改名西月与之相对，月与星同辉而更明亮，改名涵虚与潜虚相对。李涵虚受张三丰丹法影响，与钟吕丹法汇合，所以与陆西星的东派又有不同。李氏著述颇丰，共有两类：一类是注释编订类，如：《太上十三经注解》、《大洞老仙经发明》、《〈无根树道情词〉二注》，删订《海山奇遇》，改编《三丰全集》等；另一类是论著类，有：《后天串述》、《九层炼心》、《道窍谈》、《三车秘旨》、《圆峤内篇》等。其中《道窍谈》一书最能表现涵虚西派特色，该书着重于成人修道，其论内丹修炼云：

　　中年学道者，只要凝神有法，调息有度，阴跷气萌，摄入鼎内，勿忘勿助，后天气生，再调再烹，真机自动。乘其动而引，不必着力开，而关自开；不必着力展，而窍自展。其气一升于泥丸，于是而河东之路可通，要皆自然而然。乘乍动而又静之际，微微起火，逼过尾闾，逆流天谷，自然炼精化气，灌注三宫。以后复得外来妙药，擒制吾身之真气，令其交凝，使不散乱。然后相亲相恋，如龙养珠，如鸡抱卵，暖气不绝，同落于黄庭之间，结为朱橘，乃曰"内丹"。则初候之功成，延年之妙得，全形之道备矣。

　　此论之精要，在于论开关展窍应自然而然，论制药须取外药以合内药。该书多有创新，如将传统的筑基、练己两步，分作开关、筑基、得药、练己四步，"以开关辟筑基之路，以得药助筑基之需，以炼己了筑基之事"。又将旧说"炼精化气，炼气化神，炼神还虚"，改造成炼精、炼气、炼神了性、炼神了命、炼神还虚五关。又将传统所说的"河车"，析为三件："第一件运气，即小周天子午运火也；第二件运精，即玉液河车运水温养也；第三件精气兼运，即大周天运先天金汞，七返还丹，九还大丹也。"该书将道教极为绝密之诀——"两孔穴法"展示给世人，谓一穴有两也，"空其中，而窍其两端，故称为两孔穴"，此即师徒密传之"口对口、窍对窍"者，为任督交合之地，阴阳交会之所，乌兔往来之乡。该书论"玄关"亦有独到之处，玄关是体内神气相交而形成的灵光，从虚无中生出，不是位于五脏六腑内；黄庭、气穴、丹田为死窍，而三者之中有神凝气聚、真机直露，即为活窍；玄关出现时，明灭不定，只有交抱纯熟，才能逐步固结。该书主仙佛同修，云："夫三教者，吾道之三柱，分而为三，合而为一者也"，"释道言性默言命，仙道传命默传性，儒道则以担荷世法为切，言性难闻，言命又罕，并性命而默修之"，总之皆不离性命之道，皆为道脉。《道窍谈》确十分精妙，近代道教学者陈撄宁给予很高评价。李涵虚之弟子，有江西周道昌、福建李道山。

　　刘名瑞（1839～1931）为同治、光绪时道士，为南无派20代宗师，号盼蟾子，隐居于京郊天寿山桃源观，著有《道源精微歌》、《敲跷词章》、《易考》等书，阐发丹功清修秘者，为该派宗师中自元明以来惟一有著作传世者。刘名瑞自称"演法于龙门，受法于南无"，可见他的师承是兼两派而受之，其学主忘情绝念，心不外游，处静室之中，以正念治萌生之情欲，炼神于两乳之间；妇女练功必须先斩断赤龙（月经）而后清修。赵避尘自称是刘名瑞弟子，光绪宣统时道士，1927年卒。他的丹功师承北宗，名震一时，其学融道佛而成。他著有《性命法诀明指》，谓入手功夫先观两眉之间的祖窍，并看鼻难，这是佛家功法；坐式以"两手和合扣连环，四门紧闭守正中"为口诀，则是北派功法。他自认为北派支流，自称千峰老人，创千峰派。该派流传不绝，港台至今仍有存留。

　　黄元吉，名裳，清末光绪时道士，丰城人，著有《乐育堂语录》、《道德经注释》等书。他的内丹功法承中派绪统而有创新，不用后升前降，他在《道德经注释》第26章注中说，丹功"始用顺道"，以神入气中，适"火蒸水沸"(即以神引动元精),"水底金生"(即元精发现),这时便"玄窍"开而真信至,"是为真阳生而子药产",称为"外药",又称"小药",因为它生在肾管外,其气小。接着"木载金升"(即神携精上升),切切催之,至"乾鼎"(即泥丸),以真意引之下入丹田,即入"坤腹","再候真阳火动,为内药生",此药生于气根根内,故回内药。然后"内外交炼,结为金丹,此即《悟真篇》所言'化成一片紫金霜'是也"。黄元吉的丹法,发挥南宗《悟真篇》的思想,其论内外药合用又近于西派李涵虚,而本质上是中黄直透,不讲开合,汇合各派而行中派之功,是其丹法特色。黄元吉受儒学影响,认为理气合一而生万物,是谓"仁";元气又叫"真一之气",人与物、仙与佛皆出之而生;性即是理,命即是身中之元气;性命双修就是以性立命,以命了性,性命合一。其秘诀是:动处炼性,静处炼命,他认为修丹不过守仁慈而已,故极重性功。

清末,湖北武昌长春观"着屋千间,道友万数"(《长春观志》),与西安八仙庵、成都二仙庵并称天下龙门派大丛林。龙门第 15 代道士齐守本,字金辉,立龙门支派"金辉派";山东福山县道士张宗璿,属龙门第 23 代,于光绪年间开"霍山派";此外还有"金山派"、"华山派"、"先天派"、"紫阳派",以及龙门以外其他全真支派,至清末皆传续不绝。

三　道教文化继续向社会扩散

道教的真正力量不在政治,不在教团组织和信徒人数,而在思想文化;正式入教者极少,而受其熏染者极多;中国文化的各个领域,或多或少都染有道教色彩,这种情形明代已十分显明,清代更甚,后期则是前期的发展。道教文化发挥社会作用,往往不是孤立进行,它是在儒佛道三教合流的总思潮中作为一个环节一个因素而发生影响的。三教的思想互相纠缠混合,显示了中国人信仰之杂而不纯和宽容大度,同时三家也以丧失各自的独立性为代价,换取了联合则强、调和则久的可观成就。

全真道在清初本以明亡后愤而遁入教门的儒士为骨干,多有反清意识。龙门十代以后,亦多以儒生为骨干,不过其入道动机常因科举不第而转念,如金静灵、许青阳、沈一炳、闵一得等人皆因应举不中,灰其念而入道,故将儒学思想直接带入道教丹学与功法之中。清末儒生陈铭珪,入道为广东罗浮山酥醪洞主,著《长春道教源流》,他在总论中说,全真道:"其逊让似儒,其勤若似墨,其慈爱似佛","以兼善济物为日用之方",故不仅不排斥儒学，而且能补其所不足。清代全真道士多主张三教合一，这可以看做是佛儒思想对道教的影响。

从教外来看，道教思想也影响到儒家学者。龚自珍是清代前后期转换时刻的大思想家，是开近代学术新风气的人物，他信仰儒佛而不信道教，但他那首有名的《己亥杂诗》："九州生气恃风雷，万马齐喑究可哀；我劝天公重抖擞，不拘一格降人材。"却是一首道教斋醮用的祷词。其自注云："过镇江，见赛玉皇及风神、雷神者，祷词万数，道士乞撰《青词》。"可见龚自珍的名诗是从迎神赛会上获得灵感而创作的，它是所有《青词》中最好的一首。

近代四川著名经学家廖平，生于咸丰二年（1852），卒于1932年。廖平兼通今古文经学，他的经学思想先后经历过六次变化，愈变愈奇。前三变皆讲今古之学，后三变皆讲天人之学。他认为孔子所作的六经，有"人学"和"天学"两部分，人学只明六合之内，天学则言六合之外。圣人之外，尚有进境，即神人、真人之境界，这是廖平的经学四变，佛道教由此引入其中。他说："若再加数千年，精进改良，各科学继以昌明，所谓长寿服气，不衣不食，其进步固可按程而计也。"（《四变记》摘本）他在《释典》条下云："将来世界进化，归于众生皆佛，人人辟谷飞身，无思无虑，近人伦之详矣。特未知佛即出于道，为化胡之先驱，所言即为将来实有之事，为天学之结果。一人为之则为怪，举世能之则为恒。"廖平所理想的人格，实为佛仙兼于一身者，因此"道释之学，亦为经学博士之大宗矣"（《经学四变记·自叙》）。廖平的经学五变，渐舍佛典而愈重《内经》，以《内经》说《诗》，认为《诗》乃神游学，《易》为形游学。经学六变进一步讲述《诗》、《易》天学，阐发五运、六气、小大天地的天人合发之学。闻一多先生称其神游形游之学为神仙之学（《神话与诗》），这是不错的。廖平晚年，已经把仙学放在儒学之上，把神仙视为人类最高境地，足证他受道教影响之深。

康有为（1858～1927）是清末改良派政治家和思想家，戊戌维新运动的发起者和组织者，又是经学大家，复兴今文经学的代表。他的思想多受廖平启发，认为"大同之世，惟神仙与佛学二者大行"，他进而论述道："盖大同者，世间法之极，而仙学者，长生不死，尤世间法之极也；佛学者，不生不灭，不离乎世而出乎世间，尤出乎大同之外也。至是则去乎人境而入乎仙佛之境，于是仙佛之学方始矣。"（《大同书》）他的理想国演进的程序是：大同太平→仙学佛学→天游之学。所谓天游之学是仙佛的最高境地，人人皆为仙佛神圣，不必复有仙佛神圣，"则有乘光、骑电、御气，而出吾地而入他星者，此又为大同之极致而人智之一新也"（《大同书》），这不过是把仙佛的神通和逍遥，加上星际旅游而已，这时候的人不再是地球人，而是宇宙人了。由此可知，康有为理想的大同世界，是儒佛道三教结合的产物，道教理想是不可缺少的组成部分。

　　道教在晚期文学中的影响的典型代表是刘鹗所著《老残游记》。刘鹗字铁云，清末江苏丹徒人，生于咸丰七年（1857），卒于宣统元年（1909）。《老残游记》成于 1906 年，是晚清小说中一朵奇葩。书中着力推崇一位山间隐居的人物黄龙子，其人亦道亦佛亦儒，其诗有"曾拜瑶池九品莲，希夷授我《指元篇》"、"菩提叶老《法华》新，南北同传一点灯"等句，提出"势力尊者"决定宇宙万物的一生一杀，用《易》预测社会事变，颇像位大预言家。泰山碧霞宫一位道士的女儿玙姑，转述黄龙子的话说："儒、释、道三教，譬如三个铺面挂了三个招牌，其实都是卖的杂货，柴米油盐都是有的。不过儒家的铺子大些，佛、道的铺子小些，皆是无所不包的。"又说："凡道总分两层：一个叫道面子，一个叫道里子。道里子都是同的，道面子就各有分别了。"作者用生动形象的话，表述了当时相当多的人士对三教的看法，即三教是名异实同、异枝同根、殊途同归，很有典型性。玙姑认为先儒公到极处，但其精神失传已久，汉儒拘守章句，韩愈颠倒是非，宋儒存理灭欲已自欺欺人，至时儒不过乡愿而已，对后儒进行了极为辛辣的讽刺。《老残游记二集》又写老残与德慧生一家上泰山烧香，遇斗姥宫道姑靓云、逸云，描写了下层青年道姑受贵家弟子欺凌的悲惨境遇，逸云又读佛经，为德夫人说法，既是道教光景，又大有佛教味道，是晚清泰山道教生活一幅活生生的画面。该书揭露当时吏治的黑暗，许多大官是杀民邀功、用人血染红顶子的刽子手，作者有感于社会家园的破败，民生之艰辛，寄哭泣于《老残游记》，对现实进行控诉和鞭笞，其思想成就未始不得力于佛道教的批判精神，其艺术成就亦未始不得力于道教的丰富想象力，当然全书结局之消沉亦是宗教消极性所使然。

　　在民俗方面，道教更加与民间宗教信仰糅合杂处。《太上感应篇》等劝善书继续广泛流行。民间宗教继续从道教中吸取营养。在道观道士与平民的关系上，一方面道观增设民间诸神，扩大向社会开放的程度；另一方面百姓之家常请道士去做法事，形成习俗。如北京白云观除三清阁、四御殿、吕祖殿等道教正宗殿宇外，还建有儒仙殿、火神殿、华佗殿、元君殿、甲子殿等，以满足民众祭拜各种神灵的需要，白云观在节日里更成为民间集会欢庆的重要场所。各地道房道院为社会大做法事道场，成为道教的日常活动和经常性经济来源，如上海正一派道观所作经忏坛醮有三部分：第一部分有醮事（祈雨晴、公醮、清醮、雷醮、火醮、瘟醮等）、清事（收告、镇宅、抱患、预禳等）、延生（打金箓、受箓、祝圣、阅素、普堂、开光、完愿、庆诞、还受生等）、亡事（初丧、追七、周忌、安葬、除灵、禫服、荐祖、冥庆、冥配等）、放戒（传戒、授戒）。第二部分法事名目繁多，有清微发递、灵宝发递、祭天、五方镇宅、招魂发檄、解冤结、请三宝、行香放灯等。第三部分有小型法事（还受生、送鬼、净宅、预告等）、经忏法事（玉皇经忏、雷祖经忏、真武经忏、上表、供天、炼度等）。这些法事道场，有许多已远离道教传统宗教活动的范围，是为适应民间习俗而新立名目，这种宗教性的社会服务已达到无孔不入的程度。（参看李养正《道教概说》）此外，民间的岁时节令的庆祝活动中，既有自古传承下来的宗教习俗，又有佛教和道教的内容。春节以祭祖为中心，从腊月下旬到正月有一系列与道教有关的宗教习俗活动，如腊月二十三或二十四祭灶送灶；然后是贴门神、挂鬼判钟馗、置桃符板等；除夕子时接神，主要是喜神财神；初一除祭祖拜年外，北京三官庙有庙会。初八拜星君，北京人则去白云观拜祭；初九祭玉皇；正月十九北京为燕九节，庆祝邱处机诞辰，举行以白云观为中心的全市性盛会，是日几乎倾城空巷而趋。端午节民间祭祀诸神，中有张天师，据清末富察敦崇《燕京岁时记》载："每至端阳，市肆间用尺幅黄纸，盖以朱印，或绘画天师、钟馗之像，或绘五毒符咒之形"，"贴之中门，以避祟恶"。六月六，山东民间祭泰山神。七月十五为中元节，道教定为地官大帝诞辰，民间亦祭祀成习，认为是日地官降凡，定人间善恶。九月九重阳节，胶东农村祭财神，瓦木工祭鲁班，酒坊祭杜康，染房祭梅福或葛洪。十月十五为下元节，水官大帝诞辰。天官地官水官三官信仰源于古代自然崇拜，后来成为道教尊神，宋以后三官与三元结合，形成三元节（正月十五是上元节，祭天官）。三官职掌人间祸福和鬼神迁转，为道教和民间共同敬祭。另外，十月十五日冶工（各种金属制作工匠）还祭炉神老君，这显然是从道教借来的。腊月二十五民间还有迎玉皇的活动，云是日玉皇与三清一起下凡视察人间善恶疾苦。行业神中除老君、葛洪崇拜外，刺绣崇妃绿仙女，墨匠崇吕祖，乞丐、剃头匠崇罗祖大仙，文具商崇文昌帝君，按时祭祀，相沿成习。上述这些民间的行业宗教风格，与道教信仰密切相关，同时又非道教正式的宗教活动，它们不受道教教团衰落的影响，以民间习俗的强大的惯性力量发展流传。

第五节　伊斯兰教的厄运和搏进

1840 年以后，清廷继续乾嘉道三朝对穆斯林严厉控制、分化瓦解、遇有反抗便无情镇压的反动政策。伊斯兰教和广大穆斯林处境艰难，在困苦中奋进，求得生存和发展，宗教与民族相依为命，穆斯林队伍始终不溃散，表现出顽强的生命力，为葬送数千年之帝制社会，做出了重要的贡献。

一　穆斯林起义与清廷的高压政策

清后期的穆斯林起义，同以汉族民众为主体的太平天国起义一样，首先是以清廷为代表的贵族统治阶级残酷压迫和剥削所造成的，他们腐败奢侈，又把西方列强的掠夺、盘剥转嫁给广大人民，使民众陷入水深火热的空前苦难之中，所以金田义旗一举，各地纷纷响应，穆斯林自不例外，与太平军形成直接或间接的配合；其次，穆斯林起义更有其特殊的原因，即他们更遭受到过重的民族压迫和宗教歧视，处在社会的极下层，比一般的民众苦难更为深重。清廷一向轻视甚至仇视回族，地方有司持法不公，遇有民族纠纷，便袒护他族而惩治回族，以回族为主体的广大穆斯林处在被严密监视、被欺辱的境地。而回族等族穆斯林刚性极强，不堪忍受，常起而反抗，清廷与地方官吏一律严惩和镇压，于是阶级、民族与宗教矛盾迅速激化为对抗性矛盾，酿成大规模的武装起义。清后期较有影响的穆斯林社会政治运动与武装起义，计有：咸丰五年（1855）新疆塔城徐天尧、安玉贤领导的回、哈等族人民焚烧沙俄贸易圈的斗争；咸丰六年（1856）至同治十三年（1874）云南杜文秀领导的各族人民大起义；咸丰七年（1857）库车买迈铁里、伊布拉欣领导的维吾尔族农民起义；咸丰八年（1858）贵州张凌翔、马河图领导的普安厅回民大起义，坚持斗争 14 年；咸丰九年（1859）阿布都领导的东乡族人民反清起义，马荣先领导的四川会理地区回民起义；咸丰十一年（1861）山东朝城县张鲁集回民组织"西域回回大队"，加入宋景诗领导的黑旗军，山东费县回民李八率领队伍参加鲁南地区的幅军起义。同治元年（1862）至同治十二年（1873）陕西、甘肃、宁夏、青海、新疆数省的回、东乡、撒拉、维吾尔各族人民举行声势浩大的反清武装起义，陕西有白彦虎、马生彦、赫明堂、邹玉龙、关阿訇，宁夏和陇东有马化龙，河州有马占鳌，西宁有马文义、马桂源、马本源，肃州有马文禄，新疆有妥明、索焕章、布格聂丁；光绪二十年（1894）甘肃再次爆发穆斯林起义；光绪二十一年（1895）河湟地区爆发回、撒拉、东乡人民反清斗争，领导人有河州回族马永琳，循化撒拉族马古禄班、比西麦干，洮西东乡族闵福英、马有哥、马录录；光绪三十三年（1907）哈密扎加甫兄弟率领农民包围王府，要求摆脱徭役制度。可见穆斯林从未停止过反抗，直到清王朝灭亡。下面就其中规模特大的几次穆斯林起义，作一述评，略其过程，详其宗教。

云南杜文秀起义。起义的直接原因是汉族乡绅勾结官府欺压回族，引起民愤。一是汉绅觊觎永昌回民腴田，勾结胥吏，将该地回民驱逐出境，回民失掉土地财产，起而反抗；二是回汉争夺银矿，临安汉绅黄殿魁纠众屠杀回民，官方为之袒护。咸丰六年，昆阳回族武举马凌汉率众击败黄殿魁，巡抚舒兴阿出示格杀勿论，于是官兵团练纷起杀回民数千人，大变爆发。马如龙起于建水，马金保、蓝平贵起于姚州，杜文秀起于蒙化，马名魁破广西州数县，马世德据临安、通海间，马和、马贵据澂江府。杜文秀率回民万余攻入大理，建平南国，拥有滇西，部众多达 50 万，数年包围省城。马如龙据滇东，后来受岑毓英招抚，清廷授为总兵，后升提督，又拉拢伊斯兰教领袖马德新，加授二品伯克、云南总掌教。杜文秀起义历 18 年，攻陷 52 座城池，最后在岑毓英、马如龙联合进攻下失败自杀。这次起义有几点引人注意。第一，实行各民族平等联合，将一族一教的反抗斗争提升为各民族对清贵族压迫集团的斗争。杜文秀宣布遥奉太平天国南京之号召，革命清廷，改正朔，蓄全发，易衣冠，提出"竖立义旗，驱除鞑虏，恢复中华"的口号，主张"无分汉回夷，一以公平处之"，"不准互相凌虐"，"以平分土地安身"，深得广大回、汉、彝等各族人民的拥护，有大批汉人执戈相从，驱杀清吏，帮助义军，白、纳西、傣、景颇各族人民亦纷纷参加。第二，不以护教为号召，主张各教团结，突出反清的政治目标，杜文秀提出"三教同心，联为一体"，其进攻昆明的檄文中说："但得汉回一心，以雪国耻，是为至要"，"志在救劫救民，心存安回安汉"。第三，起义的失败与清廷实行以回制回和利用宗教的政策有关，马如龙的背叛是致命性的打击，而德高望重的宗教领袖马德新的受招抚，又使起义事业雪上加霜，伊斯兰教的号召力反被清廷所用，得以实现其分化瓦解、各个击破的策略。（资料参考：刘凤五《回教徒与中国历代的关系》、肖一山《清代通史》、朱万一《中国少数民族革命运动史》）

同治年间西北回民大起义。这次起义的中心是在宁夏灵州的金积堡，以新教教主马化龙为领袖，从同治元年马兆元在平远起事到同治四年金积堡反击清兵大捷，是胜利阶段；从同治四年马万选、马化龙受抚，到同治八年刘松山部向金积堡进军为抚局阶段；从同治八年刘松山大举进攻到同治九年金积堡陷落为殊死搏斗和失败阶段。在最后阶段中，刘松山被击毙，马化龙带领穆斯林进行了顽强拼死的斗争，慷慨壮烈，最后粮援俱绝，马化龙亲赴清营投降，表示愿以一人抵罪。同治十年，马化龙父子、亲属及抗清穆斯林1800余人惨遭杀害。马化龙是富甲一方的豪门，又是伊斯兰新教的总大阿訇，穆斯林对他的信仰达到了如醉如痴、牢不可破的地步，所以他有特别大的号召力，自然成为回民反清运动的领袖。他投降后，左宗棠之所以还要杀他，就是因为他是宁夏回民的宗教领袖，在回民中有崇高威望，怕日后再率众闹事。在陕西方面，由于汉族地主阶级在官方支持下发动"秦不留回"的排回运动和官府讼事压抑回族的方针，在太平军入陕的鼓舞下，回民发动了抗清的武装斗争，组织了十八大营，由赫明堂、任武（任老五）、洪兴、邹玉龙、冯均福、毕大才、陈林、阎兴春、关阿訇、郭二阿訇、二河州阿訇、白彦虎、马生彦、禹德彦、余彦禄、孙玉宝、蓝明泰、马正和、杨文治、崔伟、马得为、于振奎、白六、马义等人分别领导，进行了英勇斗争，最后被左宗棠所镇压。在甘肃、青海方面，马彦龙、马占鳌起兵河州，攻陷狄道，马桂源、马本源起兵西宁，马文禄占据肃州，皆为左宗棠所败，或降或逃或死。在新疆方面，则有妥明（妥得璘）、索焕章建立的以乌鲁木齐为中心的清真王国，和雅克布建立的喀什噶尔王国，后亦皆为左宗棠所平定。在西北穆斯林大起义中，伊斯兰教起了一定的组织和号召作用，教坊制度的联合构成了起义队伍的组织形式，阿訇成为起义军的首领，如陕西回民十八大营的领导人中，阿訇在半数左右。伊斯兰教的教义对斗争中的穆斯林有激励作用，许多人把保卫教门与保卫民族视为一体，在"圣战"观念的支配下，不怕牺牲，勇敢战斗，给予清军以沉重打击。当然伊斯兰教也有消极作用，如排斥异教徒异民族，造成孤立；当一部分宗教领袖如赫明堂、马化龙、马占鳌、马德新投降时，起义队伍便在很大程度上被瓦解了。而这些人的归降又是接受了《古兰经》里忍耐、顺从的教诲，所以容易上清廷分化政策的当；伊斯兰教内部教派和门宦之间的矛盾，也造成各支起义队伍不能高度团结，以致被清廷各个击破的悲惨结局。

清廷对待穆斯林的政策，概括起来，就是坚决镇压剿灭为主，辅以分化招抚。钦差大臣左宗棠、督军大员刘松山、都兴阿、杨玉科、董福祥等，就是这一政策的忠实执行者，都以屠杀回民而恶名昭著。其结果是严重的，它使回民面临民族生死存亡的危局。如清前期陕南、关中一带回民繁盛，全省回民七八十万人，关中清真寺 800 多座（1862 年以前），仅西安穆斯林不下数千家，清真寺七座；而大起义失败后，左宗棠"不留根荄"的政策使陕西除省垣以内秦岭以南，凡三辅及陕北一带，皆无穆斯林的足迹，陕南仅余 3 万人。左宗棠十分满意金积堡之屠，认为"其干净熨贴较之东南诸役，尚似信心"，肃州血洗也使他称心，谓"首要各逆，实无一漏网"，"数十年征伐之事，以此役为最妥善"（见范文澜《中国近代史》）。清廷明确把打击的主要矛头指向伊斯兰教新教。左宗棠在同治十年发出布告称："新教本是回教异端"，凡信徒皆要自首悔教，"如敢仍行新教"，即立正刑诛（《左宗棠布告》），并上疏同治皇帝，要在全国范围内禁绝新教，清廷允在陕甘查禁，其他各省缓办。高级官吏仇视回族和伊斯兰教，没有起码的常识，如董福祥在光绪二十一年上奏中称："回部狼子野心，不崇礼教，人轻剽而喜乱，性凶狠而嗜杀，入我朝食毛践土二百余年而总不遵正朔"，"回人不重儒术，全习西域邪教以牟利"，不仅把回族和伊斯兰教说得一无是处，而且把被屠杀者说成嗜杀，颠倒是非一至如此。清廷对于反抗的穆斯林，除大力"痛剿"以外，也辅以拉拢收买、分化瓦解的手段，如前已述清廷对云南回族领袖马如龙、马德新的招抚，对陕甘回族领袖马化龙的招抚。此外还有河州回族领袖马占鳌及其子马安良，投降清廷后，忠实为清廷效劳，在扑灭回民起义中充当先锋，起了重要作用。应当说，清廷对回民的屠杀，并没有使回民屈服，伊斯兰教也没有灭绝，只是暴露了统治者的残忍；而清廷对某些回族和伊斯兰宗教领袖的利诱、使用，却给回族和伊斯兰教造成了内部的伤害，使之长期不和，教派的纠纷也始终不断，形成很大的内耗。

在新疆地区，沙皇利用伊斯兰教作为侵吞新疆的工具，在国外的和卓后裔不断进行入侵和分裂活动，发生七和卓之乱，伊斯兰教问题变得复杂化，既有国内矛盾，又有国际斗争。同治年间，库车回民公推黑山宗黄和卓踞东四城，喀什金相印等踞西四城，阿訇妥明踞北疆、吐鲁番、哈密，迈孜木杂特踞伊犁，伊玛木踞塔城，这些都是以伊斯兰教为旗帜的穆斯林反清起义，具有正义性。但有的演变成政教合一的封建割据势力，有的勾结阿古柏分裂中国，建立臣服于沙俄的"哲德沙尔汗国"。清廷派左宗棠平定了阿古柏的叛乱，维护了国家的统一和领土完整，这是值得肯定的。但清廷及其驻疆大臣对穆斯林实行压迫的政策仍应受到指责。设立公议局、保甲制，安设门牌互相稽查，运用"先抚而后剿"的策略，开新疆行省，以乡约制代替柏克制，强迫穆斯林学生入学拜孔，企图用行政的强制的手段迫使穆斯林就范，其结果只是给穆斯林增加了痛苦，并不能解决民族与宗教矛盾，也没有扼杀穆斯林的反抗。光绪二十五年，甘、新巡抚饶应祺奏称：有叫吴勒者子的修道者，自谓得妥德璘真传，"到处以邪说惑众"，"谋为不轨"，与回民马三"同谋造反"，于是加以镇压和取缔。饶应祺在具奏中说："查吴逆乃回教之败类，其教背乎老教，并为新教之异端，臣通饬各属将所设道堂一律拆毁，产业充公。嗣后止准在寺念经，不准再立道堂，并不准私设教堂，以免朦混而滋事端。"这样，遭到打击的不仅是新教，老教也受到种种限制。（参看李兴华《清政府对伊斯兰教的政策》）

二　伊斯兰教教派和门宦的流变

清后期的伊斯兰教内部又有新教派出现，原有的门宦亦多有变迁。

（一）依黑瓦尼（又译为"伊赫瓦尼"）的创建和发展

依黑瓦尼是阿拉伯语的汉译，意为"弟兄"，一般称其为"新兴教"或"新教"，创建于河州（今临夏），风行于西北，流行于全国。创始人马万福，祖籍甘肃省东乡族果园村，故通称果园哈知，生于清道光二十九年（1849），卒于民国二十三年（1934）。早年是北庄门宦的阿訇，后去麦加朝觐留学，回国后倡导伊斯兰维新运动，认为门宦信仰与伊斯兰教义不符，退出北庄门宦，与河州十大阿訇研究宣传依黑瓦尼的主张。他们认为中国伊斯兰教汉化太甚，离开了原有教旨，主张只"认圣、顺圣、尊经"，严格力行"五功"，倡导"凭经行教"、"尊经革俗"，提出十大纲领，规定不探望拱北、《古兰经》自己念，别人代念不行等，并分头在各地传教。光绪二十一年（1895），河州花寺门宦的马永琳、马永瑞等发动反清起义，马万福动员教徒参加，与东乡马大汉订立"决不投降"盟约。但当清廷派董福祥领兵前来镇压时，马万福竟背弃盟约，暗中与清兵先锋马安良勾结，出卖马大汉，独自投降，并隐姓埋名以避灾祸。光绪二十三年河湟事变平息，马万福回到临夏，初为教徒所记恨，后来与马国良取得谅解，开展讲学活动，号召教徒"打倒门宦，推翻拱北"，逐渐形成新的教派。光绪三十四年（1908）马万福在河州西川聚众讲经，宣称"依黑瓦尼要统一各教派和各门宦"，受到格底目和各门宦的强烈反感，上报兰州总督，要对他予以严惩，马万福遂隐身他乡，依黑瓦尼受挫。民国初，马万福前往新疆传教，为哈密王告发，都督兼省长杨增新逮捕马万福。民国七年（1918），马万福在押解回兰州的路上，由青海马麒兄弟接回西宁，住西宁东关清真大寺，依靠马麒马麟兄弟的行政军事力量，将依黑瓦尼派推向青海全省。马麒、马麟、马步芳、马步青等相继统治青海期间，依黑瓦尼派是他们重要的思想统治工具。马万福去世后，依黑瓦尼分成两派，一派以尕苏个哈只为首，称苏派，一派以马得宝为首，称白派，两派斗争激烈。同时该教派传到甘肃、宁夏乃至全国，一直维持着较多的教徒人数。

（二）西道堂的创建

西道堂创于甘肃临潭县旧城，创始人马启西，生于咸丰七年（1857），卒于民国三年（1914）。其父马元是位阿訇，入赘于北庄门宦人家。马启西幼年攻读《四书》、《五经》，博览诸子百家，深受汉文化熏陶，又钻研伊斯兰教学者刘介廉（刘智）的论著，成为饱学多识的穆斯林学问家。光绪十七年（1891），马启西在家乡设帐讲学，同时坐静修持。光绪二十四年（1898），马启西在旧城北庄门宦的达子沟拱北开设经堂，讲解伊斯兰教学理，与敏永录发生矛盾。遂于光绪二十七年（1901）迁出达子沟拱北，与北庄脱离关系，回家中设帐讲学。马启西讲解的主要是刘智、王岱舆等人的著作，如《天方性理》、《天方至圣实录》、《天方典礼》、《五功释义》、《正教真诠》、《归真要道》、《清真大学》、《清真指南》等，被称为汉学派。马启西的论著后来被焚毁、散失，所遗若干对联很能体现他的思想，比如："穷神之化至精学问在无我，复命归真第一人品要如他。""把斋贵清心上地，拜主须养性中天。""开之谓言微解妙解一本诚，是大人致知学问；斋之取意身齐心齐情欲正，为君子克己功夫。"他把儒、佛、伊三教思想融为一体，表现出很高的悟性。北庄与花寺门宦的阿訇指责他宣传邪教，甘肃回族军阀、花寺门宦马安良指使敏含章打击马启西，造成多次教派冲突。光绪三十年（1904），马启西和他的学生在西凤山下修建清真寺，因受上寺与官府迫害，曾西去新疆三年之久，回到旧城，正式命所传之教为西道堂。辛亥革命后，西道堂主张移风易俗；在宗教教义上以"五件天命"课为全功，重品德、讲信义，不收钱财；在教育方面，主张男女上学念书，不强制儿童念经；在经济方面，重视营商务农，教徒以道堂为家，过集体生活。这些主张颇受回、撒拉、保安等族贫苦民众的欢迎，纷纷前来投靠，一派活跃、兴旺景象。民国三年（1914），马安良借口马启西"勾结土匪白朗"，派张顺元率兵包围西道堂，将马启西等杀害。西道堂后来在马明仁、敏志道领导下，几经曲折，又得复兴，成为拥有庞大财富的宗教社团兼商团。在教团组织上实行封建家长制，教主具有至上权威，行终身制，但不世袭，其下教坊互不隶属，兼有门宦与格底目的特点，教权为敏、马、丁三大家族所包任。20世纪40年代后期，西道堂逐渐衰落。

(三) 若干重要门宦的后期传承

1. 花寺门宦

马来迟为第一辈教主，马国宝为第二辈教主，马光宗为第三辈教主，舍木苏松的格为第四辈教主，奴茸的尼为第五辈教主，马桂源为第六辈教主。在同治年间西北回民反清大起义中，河湟地区的花寺门宦教主和阿訇，都卷入这一斗争的洪流，马桂源、马本源、马永福、马永瑞成为义军领袖。马占鳌是马桂源的学生，花寺门宦的著名阿訇，智谋出众，后来投降清廷，受左宗棠节制，成为清廷镇压回民起义的帮凶。马永福、马永瑞投降，马桂源、马本源被诱杀。光绪年间，花寺门宦分成两派，马永琳为老教，马如彪为新教，分庭抗礼，经常发生摩擦。光绪二十一年新老两派联合在循化反清抗清，清廷派董福祥率兵进剿，先行官马安良设计诱降了马永琳，使起义归于失败，先后杀害穆斯林约2000余人，马永琳亦被杀，花寺门宦嫡系基本上被清除，从此一蹶不振。其后河州马显福（马来迟六世孙）谋图复兴，殁于1948年。循化一支以依布拉赫曼为传教人，后来他的孙子克里木成为有学识的阿訇，是为花寺门宦第七辈教主，于1977年病故。

2. 穆夫提门宦

从清初创始人马守贞传起，到第九辈教主马云，他主持教务时值咸丰、同治年间。同治初年，临洮汉族地主乡绅挑动回汉矛盾，焚杀回民，马云被迫率众武装反抗，并与前来围剿的清兵激烈搏斗，最后失败。穆夫提门宦第十一辈教主马维翰，曾声援河湟地区马永琳的反清斗争，于光绪二十二年被董福祥、马安良所杀。民国年间，马维翰之子马福寿为第十二辈教主，被马步芳杀害。

以上属于虎夫耶门宦系统。

3. 撒拉教

其教与嘎的林耶和虎夫耶两门宦皆有渊源关系。该教源于文泉堂，文泉堂创教人马文泉，于1860年在临夏传教。马文泉传于母撒，母撒以下形成撒拉教。母撒传尔则子，尔则子传尕拉阿訇，尕拉传胡阿訇，胡阿訇传苏娃什。苏娃什生于光绪十五年（1880），卒于1949年。撒拉教主张：每辈只有一个主事人，传贤不传子；凭经立教；以忍、让、恭、俭四字为律己待人的原则；不聚敛钱财，遵守政府法令，只管教事，不预国事。撒拉教徒散布于西北四省。

4. 哲赫林耶门宦

在马明心时代，该派反对教权世袭，还未形成门宦，经穆宪章、马达天两代仍维持传贤不传子的传统。从第四辈教主马以德起，开始了教权的父传子，教产归于教主家族，修建拱北，教内实行严格的等级服从制，逐渐形成新的门宦。第五辈教主马化龙是马以德长子，生于嘉庆十五年（1810），被害于同治十年（1871），是同治年间甘肃回民反清斗争的主要领袖。马化龙之后，其长孙马进成被阉割为奴，不能行施教权，由马元章掌教。马元章是马明心四世孙，生于咸丰三年（1853），卒于民国九年（1920）。马元章青年时从云南清廷镇压杜文秀事件中逃出，回到甘肃，恢复哲派，曾营救马化龙之子马进西。马进西创山川派，马元章创北山派。马元章通阿汉两文，对伊斯兰教经典和诸子百家均有研究，继承刘智的传统，用汉文宣讲教义，用儒道之学解说伊斯兰宗旨，按照宗法等级制建立门宦教权制，写有《省己格言》、《鉴古训》、《道统论》等文章。马元章时代的哲赫林耶派已不同于早期马明心时期，由反抗官府的立场转而讨好官府，结交军阀，曾获清廷赏赐的御笔寿字中堂和袁世凯赐予的一等嘉禾勋章；马元章极力神化前辈教主，大搞拱北崇拜，把教主家族神圣化，用各种方式聚积财富，使自己成为远近闻名的大地主兼大教主，他代表的不再是下层贫苦穆斯林的利益，而是少数上层穆斯林的特权和利益。马元章之后，其子马震武继承教权，所辖教坊多达450余个。马进西自立一派，卒于1940年。（以上教派与门宦的叙述主要据马通《中国伊斯兰教派与门宦制度史略》）

其余嘎的林耶和库布林耶两大门宦，皆传承不绝，因无显著事迹，故从略。

三　伊斯兰经学与汉文译著的成就

（一）汉译《古兰经》

从17世纪初到18世纪上半叶，中国穆斯林学者采取"抽译"的方式翻译《古兰经》，实际上是编译，根据《古兰经》的经文含义，加上自己的理解，有选择地边翻译边创作，王岱舆、马注与刘智等学者就是这样做的。从18世纪下半叶到20世纪初为选译阶段，根据需要有重点地翻译，有音译本，如《汉字赫听》、《赫听真经》，用汉文拼读阿拉伯文经文；有注解本，如《经汉注解赫听》，在汉阿对音的同时，附有译文和注释。马复初曾通译《古兰经》而未能完成。中国第一部《古兰经》的通译本是 20 年代出现的，先是教外人士翻译，后是教内学者翻译，逐步完善化。

（二）汉阿文并重的译著活动

这是由了解汉文和儒释道学说的穆斯林学者推动的运动，目的是使教内不懂阿文的教徒更好地掌握伊斯兰教义，用以配合经堂教育，又让教外人士更多地了解伊斯兰教，做到"隔教不隔理"，其结果是促进了伊斯兰文化与中国传统文化（特别是儒学）的交融结合。汉文译著活动在清前期以南京、苏州为中心，前文已述；在清后期则转而以云南为中心，以马复初、马联元为代表，译著内容不限于典制、历史、教义、哲学和教法，还扩及阿拉伯语法、修辞学及某些自然科学。

马德新，字复初，云南大理人，生于乾隆五十九年（1794），卒于同治十三年（1874），是造诣精深、著述宏富的一代经学大师，在同时代学者中首屈一指。马德新幼年跟父学习阿拉伯文、波斯文，成年后赴陕西从名师周大阿訇攻读伊斯兰教经典，周阿訇是陕西经堂创始人胡太师的四传弟子，故马德新得以窥见陕学真传。道光二十一年（1841）至道光二十八年（1848），马德新赴阿拉伯朝觐、留学，在麦加、开罗、君士坦丁堡与当地学者切磋学问，涉及经典、哲学、法律、天文、历史、文学许多门类，勤搜典籍，抄录珍本，"以具所得于天方者，与东土所存之典故，合而参之，揭精拔萃，改为典章"，可以说无论是学理上还是所携经籍，都是满载而归。马德新曾在新加坡作过天文观察和研究，后来进一步整理，用阿汉两种文字写成《寰宇述要》和《天方历法》两书，成为以后穆斯林宗教教育的重要教材。马德新用阿文将旅游阿拉伯世界的见闻写成《朝觐途记》，1861 年由弟子马安礼译为汉文，在昆明刻版问世。该书记载了沿途各国的陆海交通，当地古代建筑、文化遗址及传说中先知圣哲陵墓等，是弥足珍贵的史料，最为国外研究中国伊斯兰学者所欣赏。马德新回云南后名声大振，在各回族聚居区设帐教学，四方从学之士星列云集，可谓盛极一时，形成当时中国伊斯兰经堂教育的重要中心，培养出一批人才。咸丰年间，马德新、马如龙领导了滇东回民的反清起义，后来接受招抚，对云南回民起义产生消极影响，马德新接受清廷"二品伯克、滇南回回总掌教"称号，劝说杜文秀放弃与清廷对立，表现出极大的动摇性和妥协性。马德新的后半生虽然也被卷入政治军事斗争的漩涡，但他所关注的仍在伊斯兰学术，一有机会便归隐民间，从事阿拉伯文著述和汉文译著，写下了大量的学术价值很高的著作，计有 30 余部，如《宝命真经直解》、《四典要会》（包括：《信源六箴》、《礼功精义》、《幽明释义》、《正异考述》）、《性命宗旨》、《会归要语》、《醒世箴》、《天理命运说》、《礼法启爱》、《道行究竟》、《寰宇述要》、《天方历源》、《据理质证》等，另外还有整理、删述王岱舆、马注、刘智著述而成的作品；内容上包括经典学、教义学、教法学、语言学、历史、文学、天文历法等，这些著作流通全国，为中国伊斯兰教学术的发展，开辟了一个新的时代。《大化总归》和《四典要会》是马德新汉文译著的代表，前者突出后世复生、复命归真，用以弥补王、刘之不足；后者引孔孟之章，发伊斯兰教之教理，以证伊斯兰教合于圣人之道。同治十三年（1874）马德新为清廷所杀害，时年 80 岁。

马联元，字致本，云南玉溪人，生于道光二十一年（1841），卒于光绪二十一年（1895）。他自幼秉承家学，又数次到麦加朝觐，在阿拉伯世界学习，精通阿文波文。一生主要时间在玉溪县讲学，门徒先后以千计。马联元提倡"中阿并授"，他用汉文翻译了《古兰经选本》（即《亥听注解》）；又以很大精力，用阿文波文编写了一套完整的教材，供寺院教育大学部初级班使用，计有《词法基础》、《语法基础》、《修辞学基础》、《逻辑学基础》、《古文仙法》等，后来普遍为清真寺教学所采用。他还主持完成了中国第一部《古兰经》木刻本的工程。光绪二十年（1894）左右，他再度去麦加朝觐，路经印度东北康波尔，应邀在当地讲学，一年后病逝于此，印度穆斯林立下墓碑，以志纪念。他的阿文著作《简明伊斯兰法典》也在印度出版。

此外，还有蓝煦著的《天方正学》、马安礼著的《天方诗经》，都有一定影响。

整个清朝，从前期到后期，都是中国穆斯林的厄难时期，虽然境遇艰险，信仰者却成倍增加，礼拜寺也大量增多。穆斯林在全国的政治地位大不如元明两代，但以宗教和民族力量维系了内部的团结，教团势力更加深入农村，伊斯兰教学术研究和教育事业也在不断推进。光绪宣统年间，受时代新思潮的影响，穆斯林先觉之士开始致力于伊斯兰教改革事业。经师王宽在北京倡办新式学校，提倡经书两通、普及教育。留日穆斯林学生在东京组织留东清真教育会，创办《醒回篇》，讨论种种改进方策，亦时时透露民族革命的信息，这是清末伊斯兰教的新气象。（参看纳忠、纳国昌、金宜久、白寿彝的有关论著）

第六节　近代社会矛盾漩涡中的基督教

　　鸦片战争是中国历史上的一个重要转折点，帝国主义的侵略打断了中国社会自身的历史进程，也改变了基督教在华传播的状况及其作用。传教问题经常成为中西冲突甚至战争的导火索，对中国近代社会产生了重要影响。

一　鸦片战争前后传教士的作用

　　清前期，由于基督教与中国文化的冲撞，清廷采取了"禁教"政策。其后 100 多年，统治者用"闭关锁国"的方法"巩固"老大天朝，而西方却进行了轰轰烈烈的工业革命。19 世纪初，当传教士再一次叩响中国大门之时，中西双方的实力和地位已不可同日而语了。有了强大的国家实力作为后盾，西方传教士彻底放弃了利玛窦时代谦逊忍让的态度，盛气凌人地获取了在华传教的特权。其时，虔诚、正直、以传播上帝福音为惟一宗旨的传教士虽大有人在，但在鸦片战争的硝烟中，最引人注目的还是"用战争把中国开放给基督"的狂妄叫嚣。在文化侵略方面，天主教、基督新教和东正教并无多大差别。

　　鸦片战争爆发前，西洋传教士便开始为武装侵华制造舆论。美国新教牧师伯驾公开宣称："只有战争能开放中国给基督。"美国传教士裨治文和卫三畏创办《中国时报》，不断为侵略战争煽风点火，出谋划策。他们刊登文章说："根据中华帝国目前的态度，如不使用武力，就没有一个政府可以与之保持体面的交往。"（1835 年 1 月号）由于传教士长期在华活动，了解中国的语言、历史和文化，掌握中国官场的内幕，因而英国东印度公司经常雇用传教士参与鸦片贸易。例如当时著名的传教士马礼逊、郭实腊都曾经在东印度公司任翻译或顾问。战前，不少传教士还为本国政府刺探军情。如郭实腊曾于 1832 年以传教为借口详细考察了清军在上海吴淞口的炮台，并为政府写成报告。一名英国传教士将吴淞口至内地的航道图秘密送给英军，在鸦片战争中发挥了重要作用。至于以学术研究为名收集中国政治、经济情报更是司空见惯之事。

　　鸦片战争爆发后，许多传教士干脆直接受雇于侵略军，为本国政府利益服务。郭实腊成为年俸 800 镑的官方翻译，在战争期间为英国侵略军献计献策，要他们对中国政府采用强硬政策，逼使中国屈服。同时他亲自深入宁波、定海、镇海等地，刺探军情，收买汉奸，为英军的胜利立下了汗马功劳。马礼逊之子马儒略亦是年俸 1000 镑的官方翻译，以其对中国社会的了解，成为侵略军的得力帮凶。战争中英军沿长江攻打南京，切断中国漕运孔道的诡计就是马儒略提出的。在《南京条约》的谈判中，马儒略和郭实腊是英军的主要翻译，在谈判桌上为英国争得了不少好处。鸦片战争期间，美国传教士也非常活跃，雅裨理和文惠廉参加英军充任顾问。伯驾停办了他的眼科医院，跑回美国策动政府出兵。美国遂派海军司令加尼率两艘战舰为英军助阵，美国传教士裨治文还担任加尼的翻译和助手。1844 年，裨治文、伯驾、卫三畏参加美国订约使团，迫使中国政府签订了《望厦条约》。由于伯驾在战争中的特殊作用，战后被任命为美国驻华使馆中文秘书，并逐步高升，直至 1855 年担任美国驻华公使。

　　西方传教士在鸦片战争中充当的角色使基督教在中国社会的作用开始发生根本性转变。以传播福音，事奉上帝为信念的传教士何以会入世干此卑劣勾当呢？笔者以为，主要原因有四：第一，基督教本身具有强烈排他性，视其他民族诸神为邪恶，各国传教士都有一种为了上帝的荣耀而征服异教徒的顽固信念。明清之际耶稣会对中国诸神信仰采取宽容态度，只是无可奈何的权宜之计。第二，明清两代几百年间，世界各民族的国际地位发生了根本的转化。中国从古老而又神秘的东方帝国沦为半殖民地，西方列强则因国富兵强而以世界主宰自居，欲将自己的生活模式（包括宗教信仰）强加于人。第三，传教士的活动不能不受本国、本民族利益的制约。当本国与他国的利益发生冲突时，他们便自觉地站在自己政府的一边。第四，传教士中信仰不虔的"吃教"、"借教"者大有人在，帝国主义分子也不少。他们在中国披着基督徒的外衣，专事欺压中国人民，牟取私利，更增加了基督教的侵略性。

二　基督教各派在华传布状况

　　帝国主义用大炮轰开了中国的大门，也为基督教传教事业扫平了道路。1842 年，英国侵略军强迫中国政府签订的第一个不平等条约——《南京条约》中便规定："耶稣、天主教原系为善之道，自后有传教者来到中国，一体保护。"1844 年中美签订《望厦条约》，第 17 款写明：除了传教士能在五口传教外，"还可以建立教堂"。法国亦不甘落后，1844 年派使臣与中国签订了《黄浦条约》，其中第 23 款除规定法国传教士可在五口传教外，还写上："倘有中国将佛兰西礼拜堂、坟地触犯毁坏，地方官照例严拘重罚。"在这些不平等条约的庇护下，基督教各派在口岸城市迅速传布。

然而，外国传教士并不满足于仅在口岸城市传教，他们以各种形式向内地渗透。当时道光皇帝的上谕明文规定："外国人概不准赴内地传教"，故一段时间内各地官府仍不时抓获私自潜入的传教士，每每酿成教案风波。此类教案以1856年广西"马赖事件"最为严重。法国天主教神甫马赖不守规约，私自潜入中国内地传教，并且为非作歹，被西林县逮捕处死。法国借维护传教自由权为名，联合英国，悍然发动了第二次鸦片战争。中国战败后，与英、法、俄、美四国签订了屈辱的《天津条约》和《北京条约》。《天津条约》规定："天主教原以劝人行善为本，凡奉教之人，皆全获保佑身家，其会同礼拜诵经等事，概听其便。凡按第八款备有盖印执照安然入内地传教之人，地方官务必厚待保护。"自此，"教禁"大开，外国人可以在中国土地上自由传教，中国人可以自由入教。法国传教士还感不足，担任使团翻译的孟振生在《中法北京续约》中又加上一句，"并任佛（法）国传教士在各省租买田地，建造自便"。外国传教士又获得了购置田产的自由。第二次鸦片战争后，基督教在全国各地迅速发展。

天主教在华传播的历史最长。鸦片战争前共有五个传教会在华活动，它们是：西班牙多明我会、巴黎外方传教会、方济各会、遣使会及耶稣会。其中耶稣会一度被罗马教廷解散，但1814年又得以恢复，并凭借昔日基础重建。鸦片战争后，不仅原有的教会继续发展，而且又有许多新的教会相继来华。包括密良外方会（1869），圣母圣心会（1865），奥斯定会（1879），圣伯多禄修会（1885），德国司带尔圣言会（1879）等。修女会也不甘落后，如仁爱修女会（1842），沙德圣保罗修女会（1848），加诺萨女修会（1860），拯亡会（1867），包底欧上智会（1875），多明我女修会（1889）等，接踵来华。修士、修女的活动不仅分布在江南数省，而且深入到山西、河南、陕西、内蒙古、四川、贵州等内陆、边远省份。他们盖教堂，发展新教徒，办医院、孤儿院、留养院以及各类学校，出版图书报刊，构成了一个庞大的文化事业。至1918年，天主教教徒人数已达187万，外国传教士886名，中国传教士470人。

基督新教传入我国虽然较晚，但鸦片战争后发展较快。据统计，到民国初年，先后来华的新教团体170个左右，包括：①公理宗：有英国的伦敦布道会、美国的美部会、美普会、协同公会以及瑞丹会、瑞华会、自理会、宣道会，等等。②加尔文宗：有北美长老会、苏格兰福音会、英国长老会、加拿大长老会、爱尔兰长老会、美国南长老会、复初会、约老会、基督同寅会、归正教会等。③路德宗：有荷兰礼贤会、巴色会、德国信义会、丹麦路德会、北美信义会、中美信义会、芬兰信义会、信义公理会、信义长老会、挪威遵道会、鄂豫遵道会、自立信义会、挪威路德会、挪威信义会、瑞美行道会、瑞典信义会，等等。④浸礼宗：有美国浸礼会、来复会、英国浸礼会、孟那福音会、新约教会、友爱会、瑞典浸信会、美国浸信会、安息浸礼会等。⑤卫斯理会：有美以美会、监理会、美福音会、循理会、美道会、循道会、美遵道会、圣道会，等等。⑥安立甘宗：有美国圣公会、英国圣公会、加拿大圣公会等。⑦内地会：有自由会、德女公会、女执事会、德华盟会、瑞圣公会、挪威会、北美瑞挪会、立本会、瑞华会等。⑧其他一些不明宗派的新教团体：如基督复临安息会、公谊会、宜道会、美女公会、救世军、使徒信心会、上帝教会、五旬节会、弟兄会、美基督会、南直福音会，等等。随着教会传播活动的展开，华人牧师和教徒人数都不断增加，1914 年新教人数达到了 25 万，外国在华传教士 5978 人。基督新教与天主教一样，在进行宗教活动的同时，也建学校、办医院、出版图书，从事慈善事业。

东正教在中国发展相对较慢，但至清末也有一定规模。1860 年以后，北京传教团改由俄罗斯正教最高会议派遣，不再履行外交职能，不过传教士仍然从事收集情报的工作。在中俄签订《瑷珲条约》和《北京条约》的过程中，传教士为沙俄政府起了参谋作用。以后他们又利用不平等条约赋予的特权，加速了传教活动。东正教先后在哈尔滨、沈阳、旅顺、上海、天津、青岛、新疆等地建立教堂。据统计，至 1917 年，属于俄罗斯正教北京教团的教堂 37 所，神学院 1 所，男女学校 20 所，气象台 1 座，企事业机构 46 家，财产价值 150 万卢布。尽管东正教教士自 1860 年后便比较注意出版汉文书籍，举办慈善事业，培养中国籍神职人员，但因修士大司祭、修士司祭、辅祭等多不通汉语，故东正教的活动对中国人影响一直不大。据 1906 年统计，中国籍信徒仅 725 人，俄罗斯籍信徒约 3 万人。所以东正教基本上还是为俄国侨民或入了中国籍的俄商信奉的宗教。

三 基督教与太平天国

基督教在近代中国历史上的重要影响之一，就是引发了扫荡半个中国，历时 14 年之久的太平天国农民运动。

太平天国农民起义军领袖洪秀全（1814～1864）出生于广东花县，基督教在此地已传播了多年。中外传教士为了向民间扩大影响，撰写了多种介绍基本教理的小册子，广为发行。道光十六年（1836）洪秀全赴广州参加乡试，一个传教士送他一本由第一位中国籍牧师梁发撰写的小册子《劝世良言》。当时洪秀全正倾全力于科举仕途，根本无暇翻阅此书，回家后束之高阁。然而，十几年后，洪秀全屡试不第，直到 1843 年才在懊丧之余信手翻看了《劝世良言》，不觉为书中所讲"真理"吸引，并由此"大彻大悟"。据《天王本记》载：此前他便做过一梦，见一黄发黑服老者及一中年男子召见他，要他起而"荡灭恶魔，扶持真理"。对照《劝世良言》一书他才恍然大悟，原来老者便是"天父爷火华"，中年人是"天兄耶稣基督"。这类常见于帝土传记的神话，直接目的是自神其说，号召民众，但又从一个侧面反映了农民群众寻求真理的过程。

道光二十三年（1843）六月，洪秀全与洪仁玕、杨秀清、肖朝贵、冯云山等人创立了"拜上帝会"，进行了起义的舆论与组织准备。这一时期，洪秀全写成了《原道醒世训》、《原道觉世训》、《原道救世歌》等文章，在广东、广西农村大力宣扬上帝信仰。洪秀全认为："上帝爷火华"是世间万物惟一的缔造者和主宰，"开辟真神唯上帝，岂有别神宰期间"（《原道救世歌》）。他用基督教的一神信仰反对千百年来封建统治者赖以存在的宗法性宗教与儒学。中国历代帝王都以"奉天承运"的"天之元子"自居，借以神化王权。洪秀全直指满清皇帝说："耶稣尚不得称帝，他是何人，敢觊然称帝者乎？只见其妄自尊大，自干永远地狱之灾也。"（《原道觉世训》）他把中国的圣人孔子视为与皇上帝作对的邪神，借皇上帝之口指斥孔子曰："推勘妖魔作怪之由，总追究孔丘教人之书多错。"（《太平天日》）总之，中国人崇拜的孔孟、关帝、如来、观音、金花夫人、送子娘娘等偶像都不是神，而是妖，必须统统打碎。洪秀全还用基督教中包含的原始平等思想反对中国封建社会中的等级剥削制度，他说："天下多男人，尽是兄弟之辈；天下多女子，尽是姊妹之群。"（《原道觉世训》）"天父上帝人人共，天下一家自古传……天人一气理无二，何得君王私自专。"（《原道救世歌》）进而，他把宗教中的平等观念与农民的平均主义要求结合起来，提出了一个在地上建立太平天国的理想。拜上帝会实质上已经不是一个蔑弃尘俗，向往彼岸的单纯宗教组织，而成为号召农民"创建义旗、扫平妖孽"的政治组织了。

经过数年的准备，洪秀全等人于 1851 年 1 月 11 日发动了"金田起义"，并迅速扫荡了江南十省，定都南京，建国号"太平天国"，洪秀全自称天王。太平天国运动在南方坚持了 14 年，成为北京满清政府之外另一个中国政府，自然引起了西方国家的注意。起义发生后，许多传教士大为兴奋，他们看到了把中国变成基督教国家的希望。外国传教士米赫斯说："如革命成功，吾人可预料之利益，乃是大开海禁传教经商。"（彭泽益：《太平天国革命思潮》，第 79 页）于是传教士与西方各国代表纷纷前往南京进行活动。英国传教士麦思都，1853 年 9 月 22 日陪同英国公使文翰一同访问天京。1854 年，美国传教士裨治文陪同美国驻华公使麦莲访问天京。太平天国起义十余年间，外国传教士对天京有案可查的访问就有 20 余次。太平天国的领袖也希望共同的宗教信仰可以使西方了解这个政权，支持这个政权，因而对"洋兄弟"给予了热情的欢迎。但是西方传教士在与太平天国这个东方兄弟接触增加以后便发现，太平天国的领袖们并不是真正的基督徒，而是在随心所欲地使用基督教的观念。他们不是把中国基督化，而是在把基督教中国化。如洪秀全的"宗教教师"罗孝全数度访问天京，天王并没有按照"兄弟之辈"的身份与他相见，而是让他以"君臣之礼"参拜天王。太平天国口头上尊奉上帝为惟一真神，但又按照中国式的理解称耶稣为天父长子，洪秀全是天父次子。洪秀全自称在天国还见过"天母"、"天嫂"，并且将自己的儿子过继给耶稣，让他"兼祧两宗"，简直是匪夷所思。这种理解完全破坏了基督教"三位一体"的原理，成了一种宗法家族式的"君权神授论"，令外国传教士啼笑皆非。东王杨秀清在太平天国运动中具有"赎病主"的特殊身份，被称为天父的小儿子，有"代天父言"的能力，具有浓厚的巫术宗教倾向，也是西方基督教强烈反对的。罗孝全曾劝洪秀全放弃这些中国化的宗教习惯，而洪秀全反而下诏命罗孝全"改宗"，转依他这种中国式的基督教。

　　宗教理论的分歧使太平天国与"洋兄弟"之间相互疏远、反感，甚至反目为仇。美国传教士花兰藏从天京访问归来懊丧地说："我去南京本来满抱希望，但我离开南京后，我的看法完全变了……现在我伤心地说，我所发现的，除了基督教名义以外，无基督教的实质。"（幕维廉：《中国的太平天国起义者》，第 256 页）罗孝全讲得更坦白："至于天王所非常热心宣传的宗教主张，我相信在大体上由上帝看来都是可憎恶的。事实上，我认为他是一个神经错乱的人。""我认定天王是一个疯子或傻瓜而抛弃他。"（《罗孝全在天京的自述》，载《北华捷报》1862 年 2 月 8 日）教义上的矛盾最终转化成了政治上的冲突。当然，更根本的原因还在于，太平天国政权并不允许帝国主义为所欲为。而通过第二次鸦片战争，西方国家已迫使清政府接受自由传教，自由经商的条件。他们感到与清政府交往更符合他们的在华利益。于是外国传教士纷纷转到了清政府与洋枪队一边，拥护对太平天国的围剿了。

四　风起云涌的教案浪潮与义和团运动

清末基督教是在西方列强商品和资本输出的社会背景下，依仗一系列不平等条约在我国传播的。故而教禁大开造成的是一场席卷神州大地的，具有侵略与反侵略性质的教案风潮。酿成清末教案的主要原因是教会的劣行，表现为如下几个方面：

1. 霸占田产，掠夺财富

鸦片战争后，西洋传教士蜂拥而入，难免鱼龙混杂，人员素质不能与早期传教士相比。许多人打着传播上帝福音的幌子，却做着个人发财的迷梦。一旦得势，便以征服者的姿态疯狂掠夺财富。1846 年 2 月 20 日，道光皇帝慑于帝国主义的压力，在上谕中同意将禁教时期没收的教产统统发还教会和奉教之人。从此，传教士刮起了"给还旧址"的风潮。不仅北京的北堂、南堂得以归还，就是广州、湖北等地，许多教产是当年教士作价卖给中国平民的，100 多年间已多次易手，房主又多次花钱修葺，传教士照样强行索要，中国平民敢怒不敢言。1860 年《中法北京续约》中有"任法国传教士在各省租买田地，建造自便"的条款。于是各国传教士便利用数次战争所得赔款，开始了一场大规模的"掠夺"房地产的活动。他们依仗权势，强要恶索、盗买盗卖，甚至强迫捐献的事也经常发生，搞得怨声载道，民不聊生。另外一些传教士，利用手中特权，大量攫取黄金、白银、古玩、文物。这一时期，中国大量文物典籍流落海外，许多传教士靠倒卖文物发了横财。传教士的行为使在帝国主义经济侵略重压下不堪其苦的中国人民雪上加霜。

2. 网罗无赖，横行乡里

基督教扩大在华传播，一项重要任务就是发展教徒队伍。当时入教之人不乏信仰虔诚者，但所谓"吃教"、"恃教"者也大有人在。一些衣食无着的贫苦农民为吃顿免费馍馍入教倒也情有可原，地方上一些恶棍、富贾、地痞、流氓为逃赋漏税、寻求庇护而麇集教门，则极大地败坏了教会的声誉。依仗帝国主义势力，教会有极大的司法特权。本来传教士并不具有"外交豁免权"，但由于一些传教士同时又受雇于本国政府，所以也享受特权。在正常的国际交往中，外交豁免权应以尊重所在国各项法律为前提，但由于当时中国政府对外屡弱无力，少数传教士的外交豁免权便成了无所不为的法外特权，并荫及全体外国传教士，甚至一切入教华人。一些富绅恶棍、仰仗教会权力，抢田霸产、奸淫妇女、走私贩毒、欺压平民。外国传教士对中国教民的种种劣迹不仅视而不见，而且还鼓励他们冲撞官府，寻衅滋事，以打击中国官员的威风，扩大教会的影响。凡此种种教民劣迹，无疑都会增加广大民众对教会的反感。

3. 包揽讼词，教会干政

由于帝国主义势力撑腰，清后期的外国传教士竟有干涉中国司法的权力。清政府总理衙门 1896 年初颁发了一个名为《地方官接待教士事宜》的文件，规定：总主教与主教和督抚同级，摄位司铎、大司铎与司道同级，司铎与府厅州县同级。教务纠纷发生时，应由教中品秩相当的教士与同级的中国官员，并邀请外国公使或领事会同解决。所以，清末传教士包揽讼词，包庇教徒的事件频频发生。不论是非曲直，只要教士"具片送州，包定输赢"。于是一些心术不正的人为打官司而入教，天主教被戏称为"打官司教"。许多教案皆因教士包庇恶棍而起。曾国藩在同治九年（1870）的一道奏折中讲："凡教中犯案，教士不问是非，曲庇教民；领事不问是非，曲庇教士。遇有民教争斗，平民恒曲，教民恒胜。教民势焰愈横，平民愤郁愈甚。郁极必发，则聚众而群思一逞。"曾国藩对教案起因的分析是很有道理的。外国教士干涉中国司法权，不仅平民怨忿，各级官吏也极为不满。

4. 善业不善，恶名远扬

基督教各团体在中国开医院，办育婴堂、孤儿院及各类学校，本为扩大教会影响的善举，但多则难免滥。清末期，教会医院将中国贫民当试验品致伤致残，教会学校虐待学童，育婴堂内婴儿大量死亡的事件屡屡发生。如 1868 年扬州育婴堂发现被虐杀婴儿尸体 40 多具。1891 年无锡天主堂发现死婴 200 多个。1891 年丹阳天主堂发现腐烂婴儿尸体 70 余具。……这些事例被对教会怀有成见的民众发挥演绎，便成了教会医院"剖心剜眼"、育婴堂用童男童女配药等耸人听闻的消息，使中国人民反教情绪火上浇油。

文化冲突也是清末教案的原因之一。中国士民本来有自己的宗教与文化，基督教以其强烈的排他性，强迫信徒放弃原有的信仰与习俗，自然会伤害广大民众的情感。中国在长期相对封闭的文化环境形成的"尊夏贱夷"的民族观，也容易滋生一种盲目排外的社会心态。特别是在清末的社会条件下，中国民众尚未认清帝国主义经济侵略、文化侵略的本质，于是自然地把战争赔款，农村经济破产等苦难账算在一切外国人，特别是他们能够直接接触到的外国人——传教士身上。反对帝国主义侵略的合理要求与盲目排外的冲动情绪搅在一起，使仇教火焰愈烧愈旺。

中国近代教案事件发生次数之多，规模之大，性质之复杂，冲突之激烈世所罕见。清末教案基本上可以分成两个时期。1860 年以前为早期，主要有1848 年福建黄竹岐民教斗殴案，1848 年青浦教案，1851 年定海教案以及引发第二次鸦片战争的 1856 年广西西林教案。早期教案一般规模小，频度低，影响也不大。1861～1900 年则是一个教案多发期，其中规模及影响较大的有：1861～1862 年的贵阳教案，1861～1862 年的南昌教案，1869 年的安庆教案，1870 年的天津教案，1876 年安徽宁国两次教案，1886 年重庆教案，1886 年第一次大足教案，1890 年第二次大足教案，1891 年芜湖教案，1891年宜昌教案，1891 年辽东热河教案，1895 年成都教案，1897 年山东巨野教案，1898 年第三次大足教案，1898 年山东冠县梨园屯教案。教案发生的导因不尽相同，但基本上都是由于教士或教民的不法行为引起的。软弱的清政府不敢和西方国家正面交涉，迫使积忿已久的民众采用暴力手段自行解决，有时群众的背后还有各级官吏的纵容或支持。于是教案每每酿成殴伤、杀死中外传教士及教民，捣毁或焚烧教堂的涉外事件。每次结局，又都以清政府迫于压力，惩处参与教案的官员与民众，向洋人赔礼道歉，支付巨额赔款而告终。如此处理教案，结果只能是教民气焰愈张，群众反抗情绪愈长，教案风波遂一浪高过一浪，并最终酿成了"义和团运动"这场全国性的特大教案。

19 世纪末巨野、大足、冠县三次大教案，被认为是义和团运动的先驱。在大足和冠县教案中，起义农民提出了"顺清灭洋"、"扶清灭洋"的口号，成为日后义和团运动的思想纲领。巨野教案有大刀会参加，冠县教案有梅花拳参加，教案最终虽以民众被镇压而告终，但参与教案的地下会党组织却成为"义和团"的先驱，为义和团运动作了组织准备。

1900 年春夏之交，散布在山东、河北等地"义和拳"反教活动的星星之火，因得到地主阶级保守派的支持而成燎原之势。在近代传教与反教斗争中，地主阶级保守派的态度和立场是十分复杂的。对于教民种种法外特权他们嫉恨如仇，希望借民众之手打击教会。可是教案一旦发生，外国列强兴师问罪之时，为了保护自己的既得利益，他们又总是首先牺牲广大民众和下层爱国官吏，杀当事者的人头，撤地方官的职向帝国主义谢罪。义和团运动就是由于 1900 年农历 5 月 25 日慈禧的一道支持性上谕而迅速升级的。山东、河北一带的义和团奉旨进京，本来宣布是要惩处一切不法教士和教民。可是运动一起，在狂热的排外思潮支配下，矛头指向一切洋教堂，擒杀一切可见的外国传教士和中国教民，甚至围攻外国使馆。时隔不久，运动迅速由京、津燃向全国，辽宁、黑龙江、山西、内蒙古、四川、云南、贵州……凡有洋教之处，无不浓烟滚滚，血肉狼藉。据不完全统计，义和团运动一年间，杀死天主教主教 5 人，教士 48 人，修女 9 人，修士 3 人，教徒 3 万人；杀死基督新教教士 188 人，新教徒 5000 人。全国教堂四分之三被摧毁，基督教传教事业受到了严重的挫折。义和团运动被基督徒称为一次大"教难"。

义和团运动招致八国联军侵华战争。结果中国首都失守，皇太后与皇帝逃跑，起义群众遭到了残酷的镇压和杀戮。战后数额庞大的"庚子赔款"使中国陷入了深重的民族灾难之中。义和团运动虽然失败了，但其巨大的历史影响却是不容忽视的。在政治上，它向帝国主义显示了中国人民不甘心于殖民统治的坚强意志，迫使列强放弃了瓜分中国的企图。在宗教方面，义和团运动唤醒了一部分有民族自尊心的中国教徒。1906 年，俞国贞等基督教上层人士在上海发动组织了"中国基督教自立会"，宣布该会的宗旨为："凡事不假外人之力，俾教案消弭，教旨普传，及调和民教，维持公益，开通民智，保全教会名誉，国家体面的目的。"（《中外日报》1906 年）这一宣言带动了基督教内部爱国自立运动的兴起，全国不少地区教徒群起响应，引起了帝国主义分子的恐慌。在中外反动势力的压力下，这一爱国运动不久便销声匿迹了。然而它却证明，广大有良知的中国教徒已经站到了中国人民大众一边。另一方面，义和团运动也迫使外国教会放弃狂妄偏执的传教策略，重新考虑中国人民的宗教情感和文化结构。1919 年，罗马教廷的教皇本笃十五世批准天主教重新进行"天主教中国化运动"，力求使基督教教义儒学化。1922 年，基督新教开展了所谓"本色运动"，务求将基督新教办成具有中国本色的教会。正是由于教会内部发生了这些变化，20 世纪教案大幅度减少，传教事业开展得相对顺利。

五　另一个侧面的评说

基督教是在清末一种非常复杂的历史背景下在华传播的，因而对中国社会的影响也是多方面的。在帝国主义与人民大众的矛盾中，基督教作为一种外来的宗教文化，产生了毒害人民，辅助帝国主义侵略的作用。然而在人民群众与封建统治的矛盾中，基督教作为一种西方近代科学文化知识的载体，对中华文明的促进作用也是不可抹杀的。

①开办大量新式学堂，介绍西方先进的科学文化知识。近代传教士继承了明清之际先驱的衣钵，仍用先进的科学文化知识作为吸引教徒的重要手段，而开办新式学堂则是他们超过前辈之处。如 1839 年开办的"马礼逊学堂"，1844 年开办的"宁波女子学塾"，成为中国早期现代教育的雏形。以后，天主教开办了北京辅仁大学、上海震旦大学、天津商学院。基督新教开办了燕京大学、山东齐鲁大学、上海圣约翰大学、南京金陵大学等等，是中国最早的一批高等学府。教会办的中小学更是遍及城乡。据 1918 年的统计资料，全国共有各类教会学校 1.3 万所，在校学生 55 万人。教会学校除了传播宗教知识外，还开设数学、物理、化学、天文、英语等课程，为中国培养了大批科技人才。

②传播西方新思想，输入自由、平等、民主的新观念。传教士不仅介绍西方自然科学知识，也介绍西方社会科学知识。如裨治文撰写的《阿美利加合众国志》，对美国的民主和宪法精神有所阐述。丁韪良译《万国公法》，分送清廷府道官员。李提摩太主张变法，对康、梁有所启发。基督教中包含的原始平等观念，鼓动了太平天国农民起义。基督教反对教徒祭祖、祭孔，曾引起了社会公愤，但在反对巫术迷信方面也有积极意义。基督教提倡一夫一妻，男女平等，婚姻自主，对中国流行几千年的纳妾制度和重男轻女观念也是一个重大冲击。另外，教会学校也为辛亥革命培养了一大批职业革命家，孙中山先生就是其中的佼佼者。

③发展西式医疗事业，有利民众健康。传教士将医疗视为"福音的婢女"，认为在治疗中国人肉体伤病时最容易把宗教精神注入他们的心灵。的确，人在生死病痛之际，也是最容易接受宗教的。自 1834 年伯驾开办第一所医院后，教会又相继开办了不少医院，协和医院就是其中最著名者。据1937 年统计，教会在华设护理学校 143 所，在校学生 37800 人，医院及诊所271 间，在客观上起到了介绍西医知识，防病治病的作用。

④促进慈善福利事业的发展。传教士一向把兴办慈善事业作为吸引教徒的重要手段，如办育婴堂、孤儿院、育童学校；以戒烟禁赌，改造妓女为目的的改良会、济良会、拒毒会、道德会、养真社等等。在大灾荒时，还曾由教会出面组织"中国赈灾委员会"。在苦难深重的近代社会，教会

的慈善事业虽不能根本解决中国人民的苦难，但也有一些缓解痛苦
的作用。

第七节　民间宗教与秘密会社

清后期民间宗教继续成为民众反清起义的旗帜，但有新的特点：一是与
清末席卷全国的大规模革命运动，如太平天国、捻军、辛亥革命运动相配
合，不再是地区性的孤立的运动；二是从反清发展到反洋，具有反对外国侵
略的新内容；三是发展到清末，与资产阶级反对帝制社会的民主革命运动相
衔接，产生了全新的时代意义。

一　八卦教的后期演变及其与农民运动的关系

八卦教在经过嘉庆、道光两朝血腥镇压之后，从形式上说不再像前期那
样轰轰烈烈似乎消失在社会舞台上，但它并没有被消灭，仍以顽强的生命
力，改头换面，作为其他名义的农民革命运动的成分，发挥着积极作用。

19世纪50年代起，南方发生太平天国运动，北方爆发捻军起义，给予
清廷以沉重打击。捻军之所以能在直、鲁、豫三省纵横驰骋，重要原因是有
八卦教的呼应和支持。捻军的鲁西北军队，即"邱莘教军"的军事组织以五
旗为建制，五旗是：白旗、黄旗、绿旗、红旗、黑旗。显然是受传统五行观
念的影响。而其基本队伍是八卦教徒，故五旗又与八卦相配，乾、兑两卦配
白旗，坤、艮两卦配黄旗，震、巽两卦配绿旗，离卦配红旗，坎卦配黑旗，
据《山东军兴纪略》载，清军于咸丰十一年获细作，讯之知捻军首领习天龙
八卦教，"习乾兑者，从世钦、程顺书、安兴儿、安喜儿、石天雨等，张白
旗；习坤艮者，张善继、张玉怀、张殿甲、孙全仁等，张黄旗；习震巽者，
杨太、杨福龄等，张大绿旗，雷风鸣、王振南等张小绿旗；习离卦者，郜老
文、苏洛坤、穆显荣、显贵、张桐、张宗孔等，张红旗；习坎卦者，先张蓝
旗之左临明，后与姚泰来、宋景诗、朱登峰、杜慎修等，张黑旗；花旗杨朋
岭、杨朋山、杨朋海不知习何卦。"旗下以甲乙丙丁戊己庚辛壬癸方色为营
名。各旗军以黄旗为贵，张善继为总头目。这些名目都与八卦教教义相合。
后来在清兵打击下，黑旗军头目宋景诗投降，黄旗头目张善继被捕处死，邱
莘教军遂遭瓦解，而离卦红旗头领郜洛文拒受招降，郜是离卦早期掌教郜云
龙之后。与山东起事同时，另一郜氏家族成员郜永清，作为河南商丘金楼寨

离卦总头目,联络捻军,起兵造反,同治初,兵败死难。

义和团初称义和拳,有人认为是白莲教之一脉,是八卦教中离卦一门;有人认为两者互不相干,甚至互相对立。多数学者认为两者虽渊源不同,但互有影响,这是符合历史实际的。早在清中叶,清水教中就流传八卦拳、义和拳,清水教失败,八卦拳的名目消匿,义和拳的名目广为流行。八卦教的多次武装斗争都有义和拳的成员参加。当然也有少数义和拳成员被清廷收买,出来反对八卦教造反。

光绪年间,八卦教教徒李向善在五台山南山寺落发为僧,法号普济,他交结四方,广罗门徒,建立九宫道,其教徒遍布华北及东三省,离卦郜姓子孙也隶属其门下。普济死后,全国教徒集资在龙泉寺修建弥勒塔和石雕牌楼,以资纪念。九宫道依托佛门而大为兴盛,实则是八卦教的变态。其他圣贤道、先天道、在礼教、秘密还乡道等,皆是八卦教的流行。(以上据马西沙《清代八卦教》)

二 天地会、哥老会与太平军、辛亥革命

天地会是带有民间宗教色彩的民间秘密结社,它是由民间宗教组织向近代政党演变的过渡形态。它的创立年代有五说:康熙之前郑成功创会说,康熙十三年创立说,雍正十二年创立说,乾隆二十六年创立说,乾隆三十二年创立说。本文据戴逸《简明清史》取乾隆二十六年说,但不排除在正式建立之前,有更早的前期活动。天地会最早出现于福建和广东地区,会员大多是穷苦的劳动者,如运输工人、小商贩、手工业工人、无业游民、破产农民等,穷苦而无稳定的职业,天地会最初就是他们用以自保互助的组织。从乾隆五十一年台湾天地会林爽文起义开始,天地会明确提出"反清复明"的口号,发展成为具有宗教色彩的政治性结社。嘉庆以后传至江西、广西、西湖、浙江、贵州等省,又传至南洋华侨地区,成为清后期江南最大的反清秘密组织,其主要活动在1840年以后,故于此章论述。天地会名目繁多,其他最流行的称呼是"洪门"和"三合会"。

陶成章《教会源流考》说:"何谓洪门?因明太祖年号洪武,故取以为名",肖一山《清代通史》则从拆字上讲,"洪"字乃"汉"字去"中土",表示不忘复兴汉族政权,与反清复明的宗旨一致。入会者皆姓洪,彼此联络的暗语是"三八二十一",即三点加上"八"、"廿"、"一",合为"洪"字,又称红帮。《西鲁叙事》记载天地会的传说,雍正十二年,少林寺僧五

人逃脱清廷迫害南走广东惠州石城高溪庙，与大普庵和尚万云龙同心盟誓反清复明，又收纳朱洪祝加入，于是招兵买马，于石城太平寨岳神庙起事。万死，姚必达联盟五虎将，改立天地日月各派。五僧为五祖，又称前五房；后五房是：吴天成、洪太岁、李识弟、姚必达、林永昭。故天地会拜五祖及始祖万云龙。《教会源流考》认为天地会为郑成功首倡，陈近南（陈永华）继而修整，故天地会亦拜郑氏而尊陈氏。"洪"字左旁三点，故天地会又称三点会，后认为三点偏而不全，又改为三合会，天地人三才之合也。据《清代通史》述，天地会有入会仪式，香主的演词大略是："天地万有，回复大明，灭绝胡虏。吾人当同生同死，仿桃园故事，约为兄弟，姓洪名金兰，合为一家。拜天为父，拜地为母，日为兄，月为姊妹，复拜五祖及始祖万云龙等与洪家之全神灵。吾人以甲寅七月二十五日丑刻为生时。凡昔二京十三省，当一心同体。今朝廷王侯非王侯，将相非将相，人心动摇，即为明朝回复、胡虏剿灭之天兆。吾人当行陈近南之命令，历五湖四海，以求英雄豪杰。焚香设誓，顺天行道，恢复明朝，报仇雪耻，啜血盟誓，神明降鉴。"入会者要宣誓，并遵守一系列戒禁，大致内容是：忠心义气，孝顺父母，和睦乡党，兄弟一家，患难相助，报仇灭清，信实为本，自己犯事，身当身抵，不得扳连，诈骗背盟，奸淫掳掠，五雷诛灭等。有文云："暗藏三点革命，誓灭清朝，扶回大明江山，同乐太平天下。"有诗云："三点暗藏革命宗，入我洪门莫通风，养成锐气复仇日，誓灭清朝一扫空。"从以上天地会的宗旨看，该会确首由明朝遗民所创建，故反清复明的政治目标十分明确，带有浓厚的民族革命气息；同时它拜天地日月，大张顺天行道的旗帜，则是继承了传统天神崇拜的宗教观念，把它改造成为一种与官方宗教对立的异端宗教。据《贵县修志局发现的天地会文件》，内容有八拜之说："一拜天为父，二拜地为母，三拜日为兄，四拜月为嫂，五拜五祖，六拜万云龙为大哥，七拜陈近南先生，八拜兄弟和顺。"以天为父，以地为母，故称天地会，这最符合中国人传统的宗教观念。日月次一等，故以兄姊或兄嫂相称。拜该会创始人和教主，也是宗教团体的特点。天地会的组织，初期简易，只设香主、先生、二哥，其下有先锋之职，先锋之下称洪棍，一般会员称草鞋。后来形成"内八堂执事"制，山主称龙头大爷，有大元帅或总理之称，次圣贤，次新副，次红旗，次蓝旗，次巡风，次江口。但总的说，天地会内部等级不如民间宗教森严，互称大哥，以兄弟相待，见面有"腰凭"作为识别符号。据罗尔纲先生考证，天地会的思想和组织形式出自《水浒传》，"八方共域，异姓一家"，以忠义为信条,不论三教九流,都一般兄弟称呼,"准星辰为弟兄,指天地作父母",设忠义堂,把《水浒传》的构想来实践,创立四海一家的社会团体,在家族组织、行会组织、宗教组织(严格意义上的)之外,另立第四大社会组织,有政治纲领,有共同信仰,也有互助共济的共同利益,是扩大了的帮会,淡化了的民间宗教,提高了的民社,已经有了近代政党的雏形。

天地会于道光年间反抗活动增多。如道光十六年湖南新宁蓝正樽起兵,习教传徒,聚众数千,攻武冈州城。此后十余年,湖南天地会屡起义兵,如道光二十年,武冈曾如炷、来阳杨大鹏起事,二十七年雷再浩、李沅发起于新宁,黄三起于道州,攻城杀官,皆蓝正樽之余流,而成为太平天国运动之先声。咸丰元年(1851),洪秀全于广西金田发动起义。湖南天地会成员焦亮,在广东与天地会首领张天佐(改名赤松子)、李丹相结,立老万山堂,自己改名洪大全,又名朱九涛,自称太平王,李丹称平地王,张天佐称徐先生,借天地会势力在广东发动反清斗争,以天德皇帝相号召,凡义军布告,皆署"天德某年"。粤省天地会拥有数十万众,在太平天国起义直接影响下,何六、陈开、李文茂、陈金红、陈显良等开展反清斗争,义军贯东北西三江,分布数十州县,攻城十余座,坚持十余年。两广总督叶名琛残酷加以镇压,杀戮天地会十余万人。洪秀全初与洪大全的天地会联合,尊封大全为天德王,大全在军中地位甚高。但洪秀全与冯云山立拜上帝会,既在宗教信仰上与洪大全甚有差异,又在政治纲领上有重大不同。洪秀全不赞成天地会以复明为目的,他要另建自己的新朝,并在宗教上仰仗上帝的威力,故与洪大全貌合神离。咸丰二年,洪大全被清军俘获处死,他手下的天地会会徒,一部分离散,一部分加入上帝会,成为太平军的重要力量,如罗大纲、林凤祥、李开芳辈,还有一部分投降清廷,成为清军健将,如张国梁、刘永福、张钊、田芳辈。又有上海天地会分支小刀会首领刘丽川(粤人)、陈阿达(闽人),于咸丰三年九月率众袭上海县署,杀县令,渐集万余众,合攻道署,缴上海兵备道印,曾驰报天京,请太平军支援,后因种种原因未能联合,坚持18个月,于咸丰五年正月突围,刘丽川牺牲,余众一部分参加太平军,另一部分参加江西的天地会起义。哥老会亦天地会之分支,会首称大爷、二爷、五爷,互称"袍哥",以兄弟义气为箴言,以反清复明为宗旨,会员旧军人居多,按仁义礼智信分为五门,各有门主统帅。孙中山领导的辛亥革命,初甚借帮会力量,尤倚重于天地会和哥老会。孙中山、郑士良皆洪门中人。国民党发源于兴中会,而天地会与哥老会乃兴中会之骨干力量。黄兴、马福益之华兴会，陶成章、沈英、张恭之龙华会，皆以哥老会为基础，海外华侨的资助，新军起义之发动，皆赖会党之力量。我们从清朝民间秘密组织的发展过程中看出这样的轨迹：开始以民间宗教为主，内部实行家族等级制度，如白莲教、罗教、八卦教等；渐渐产生了民间秘密结社，宗教性减弱，社会性增强，内部以兄弟相待，不分异姓、地域，天地会是由传统民间信仰中脱胎出来的政治性结社，太平天国则是以宗教为旗帜行改朝换代之实的社会政治革命运动；至清末，在民间秘密结社的基础上，出现了近代政党，如国民党，把种族革命提到社会国民革命的高度，从而才有辛亥革命的发生。中国民众的觉醒和组织方式，经历了一个漫长而曲折的道路，才逐渐提到现代的高度。

三　义和团运动与民间宗教信仰

　　义和团运动的具体过程和其政治内容，本章从略，这里只着重探讨义和团与宗教的关系。义和团运动是 19 世纪末中国农民反抗帝国主义侵略的革命运动，鉴于中国农民有深厚的民间信仰传统，这场运动不能不带有宗教的色彩，并且对运动的发生、发展和结局产生重要的影响。

　　义和团起源于白莲教，初称义和拳，旧名义和会，乃山东农村习棒练拳的民间组织，起于青县故城，渐蔓延于东昌府一带，又发展到直隶省，南与大刀会合为一体。明清的民间宗教，除宗教祭祀活动外，都有练功健身的传统，文练气功，武练打斗；义和拳的练拳实际上也是民间宗教组织进行的活动，不过是忌讳教名、有意突出拳术以防官府查禁而已。从现有资料看，义和拳直接源于八卦教。故以八卦分拳门。罗惇义《拳变余闻》说："河间府景州献县，乾字拳先发，坎字继之。坎字拳蔓延于沧州静海间，白沟河之张德成为之魁，设坛于静海属之独流镇，称天下第一坛，遂为天津之祸。乾字拳由景州蔓延于深州冀州而涞水，而定兴固安，以入京师。"又云：坎字拳为林清之余绪，乾字拳当离卦教部生文之余绪，震字拳乃山东王中之后，义和拳是八卦教的余绪，故按卦门活动，组织分散，又能同声相和、同气相应。

　　但义和拳已经不是严格意义上的八卦教，它不再讲三阳劫变、真空家乡、无生父母，它的信仰庞杂多端，而多源于神话传说和明清小说，形成新的特点；它的宗教活动紧密配合拳术，以神咒成其金钟罩之神功。《拳变余闻》录其咒祷之词，有云："请请志心归命体，奉请龙王三太子，马朝师，马继朝师，天光老师，地光老师，日光老师，长棍老师，短棍老师。"又云：
"天灵灵，地灵灵，奉请祖师来显灵，一请唐僧猪八戒，二请沙僧孙悟空，
三请二郎来显圣，四请马超黄汉升，五请济颠我佛祖，六请江湖柳树精，七
请飞镖黄三太，八请前朝冷于冰，九请华佗来治病，十请托塔天王金吒木吒
哪吒三太子，率领天上十万神兵。"（转引《清代通史》）其神还有洪钧老祖、
黎山老母、关帝、赵子龙、周仓等。民间的多神崇拜演而为小说传说，小说
传说反过来又推动了民间信仰的发展，文学在宗教史上有如此重要的作用，
实为中国俗文化的一大特色。义和拳的神术有两种：浑功百日，可避枪炮；
清功四百日，能飞升成仙。设神坛，建组织，练队伍，用宗教的形式来发展
自己的势力。临阵佩小黄纸画像，书："云凉佛前心，玄火神后心"，诵咒：
"左青龙，右白虎，云凉佛前心，玄火佛后心，先请天王将，后请黑煞神"，
又诵："北方洞门开，洞中请出铁佛来，铁佛坐在铁莲台，铁盔铁甲铁壁寨，
闭住炮火不能来"，认为如此做即可刀枪不入。从八卦教到义和拳，宗教信
仰的变化是由历史使命的改变引起的；八卦教在清前期主要任务是抗清反
清，义和拳在清后期主要任务是抗洋反洋，故其信仰虽杂，而渐向正统宗教
的内容靠近。其最高神灵是玉皇大帝，谓扶清灭洋乃天意所使。北京义和拳
有一告示，托玉帝口气号召徒众："我乃玉皇大帝下凡，知尔等之心甚诚"，
"祸患之来，实自洋鬼"，"我将率领群圣群神，亲自下凡，凡义和拳所在之
区，必有神明暗助"，"义和拳成熟之日，即洋鬼灭亡之时，天神之意，以为
电线宜割断，铁路宜拆毁，洋鬼宜斩首"，"我此时命尔等正直之团民，宜万
众一心，歼灭洋鬼，以平天怒"。天津义和团首领曹福田亦谓："吾奉玉帝
敕，命率天兵天将，尽歼洋人，吾何敢悖敕命？"（以上转引《清代通史》）
可知义和拳是借重于传统信仰的，拳民的勇敢精神虽主要激发于帝国主义的
侵略压迫，亦和他们相信天意、虔信神力相助有关，故自称为"天神天将义
和神团"。义和团纪律严明，入团立誓，绝不能破坏戒条，因为犯戒就会
"符咒不灵，神不附体，不能避枪炮"。更有妇女组织，幼女团称"红灯照"，
老妇团称"黑灯照"，成妇团称"蓝灯照"，孀妇团称"青灯照"，练轻功，
谓能呼风助火，在神光的笼罩下，表现出中国妇女的政治热情。

　　义和团运动最初是从反洋教运动中发展起来的，其中有信仰上的冲突，
更多的则是反帝国主义的内容。许多洋教会和洋教士对中国人民盘剥欺压，
为非作歹，激起中国人民的反抗。在义和团运动爆发前，全国大小教案已发
生 400 余起。1898 年，山东冠县德国郎神父在梨园屯传教，拆毁村玉皇庙，

改建教堂，村民上诉，官府袒外，义和拳骨干十八魁闫书勤、高小麻等组织
民众拆教堂，改名义和团，举赵三多为首，聚众数千人，蔓延十余县，与教
会相持近三年，被清兵镇压。十八魁演为十八团，立大会首二会首，义和团
从此崭露头角。1899 年秋，朱红灯率义和拳在平原起义；冬，济南、泰安两
地拳民又起，以仇教为号召，进而打出"扶清灭洋"的旗帜，由仇洋教到仇
洋人。这与清廷中一部分守旧派为维护封建道统而反洋教在性质上是不同
的，但在表面上接近，故可以有某种程度的联合，最终还是要分裂。义和团
虽然不赞成信仰上帝，但并未把矛头指向整个基督教，而是指向作恶的洋教
会和洋教士，当然后来也有盲目扩大打击面的情况发生。

　　义和拳发展为义和团，并使北京城成为他们的天下，在仇洋思想的支配
下，在清廷有意的利用策略鼓动下，义和团走上了反侵略战争的最前线，在
进攻租界和抗击八国联军的血与火的搏斗中，表现出大无畏的英雄气概，手
执大刀、长矛、木棍、石块、竹竿，与帝国主义的洋枪洋炮对阵，前赴后
继，有进无退，慷慨就义，无逃无降，虽然失败，也使帝国主义者胆战心
惊，不敢瓜分中国。这其中主要起作用的是民族的正义感和民族仇恨心，同
时团民对天意神拳神符的盲目迷信，也起了一定的作用。从消极方面说，宗
教信仰与盲目排外仇外的情绪结合在一起，也使义和团看不清帝国主义与清
廷暗中勾结、在本质上一致的道理，在一定程度上做了慈禧太后阴险政策的
牺牲品；再者，太相信神术的威力，只一味盲目地进攻，不能冷静地分析敌
我力量对比，不懂得讲究策略和更好地保存自己、更有效地打击敌人，这是
一种愚昧的勇敢，造成过大的人员伤亡，牺牲了不少宝贵的生命，这也是深
刻的教训。

四 真空教、斋教与一贯道

　　清代后期，原有的民间宗教众多教派互相融合，有的消散，有的与会党
合流，也有新教门出现。除八卦教外，再举三个教门作简要介绍。

（一）真空教

　　又称空道教，创始人廖帝聘，江西寻邬人，生于道光七年（1827），卒
于光绪十九年（1893），被教徒尊为真空祖师。廖氏幼年即攻读四书五经，
又兼习佛道二教典籍，文化层次较高。咸丰中拜刘必发为师，读罗教宝卷五
部六册。在吸收罗教并容纳儒佛道三家的基础上。他于同治元年（1862）创
真空教，并在江西各地传播。他著有四部经卷：《首本宝卷》、《无相经卷》、

《三教经卷》、《报恩经卷》，阐述真空教教义。他把世界本原归为"无极"、"真空"，人们应当通过修行，复本还原，归一归空，便能得到解脱。其教义杂有儒、佛、道与罗教的思想内容，其信奉的诸神有无极圣祖、释迦牟尼、弥勒、达摩、观音、孔子、孟子、老君、盘古、阎王等，廖帝聘作为真空祖师亦受到教徒膜拜。其时鸦片传入中国，江西地近广东，深受其害。真空教依据普度众生的宗旨，为人戒烟治病，其方法是："只须真心跪拜，向空静坐，接清化浊，其瘾自脱，其病自瘳。"采用宗教的形式，进行精神心理的治疗，故颇有效果。这是真空教的特点，也是它的主要贡献。后来官府以邪教罪名逮捕廖帝聘，他在狱中病死，其后真空教仍继续流行，又流传到广东、福建和东南亚华侨之中。（参考喻松青《明清白莲教研究》）

（二）斋　教

即青莲教，道光间最为活跃。同治、光绪年间，斋教武装反清运动时有发生。同治五年二月，福建崇安与江西封禁山一带，数百名斋教教徒杀入崇安县，头裹白巾、红巾、绿巾，手持刀戈及书有"王国普有"的旗帜，后又攻入建阳县，终为左宗棠部所破。光绪十七年，广西上林、宾州斋教组织起义，由于泄漏而失败。斋教的部分支派于咸丰、同治中与天地会合流，从原来设立经堂，诵谈经书，习念咒语法术，吃斋拜佛，转而歃血盟誓，结拜兄弟，异姓相交，义气用事，减少了宗教性，具有了更多的会社性。咸丰元年，给事中黄兆麟奏称："现闻衡、永、宝三府，郴、桂两州，所属地方及长沙之安化、湘潭、浏阳等县，到处教匪充斥，有红薄教、黑薄教、结草教、捆柴教等名目"，"又有斋匪，名曰青教，名目虽分，其教实合，皆以四川峨嵋山会首万云龙为总头目，所居之处有忠义堂名号。其传徒皆有度牒，以布为之，上书'关口渡牌牒'五字，盖印'何和宝堂'图记"。尊万云龙和设忠义堂皆是天地会、哥老会的特征，故此时湖南斋教实已并入会党。同治五年，湖北钟祥县仇光耀、李锦等设立斋教，入会者均视作骨肉，以手足呼之。同治九年，闽赣交界处斋教"结拜兄弟"，其实质皆已转化为会党。

（三）一贯道

同治年间，在鲁、豫、苏、皖、鄂数省，兴起一个新的民间宗教教门，叫末后一著教，即一贯道，创始人和教主是山东青州人王觉一。据一贯道经书记载，王觉一道号北海老人，前为东震堂之师祖，其师为西乾堂祖师，则王与八卦教乾、震两卦有关，可能是震卦王姓之后，故称东震堂以示继承震卦事业。一贯道把王觉一称为该道15代祖师，而把道统上溯到盘古、太昊、黄帝，并以达摩为初祖，下接禅宗和罗教的祖师，这是许多宗教教派喜欢做的事，即杜撰道谱，以张大教门。我们只可以说一贯道来源于佛教和罗教，又与大乘教和青莲教有直接关系，但真正创教人还是王觉一。王觉一自称是古佛降生，手掌有古佛字纹，故人称王古佛。王觉一将该教门称为"末后一著教"，是缘于《古佛天真考证龙华宝卷》，该卷说："古佛出世，设立宗门，有凡有圣，有修有证"，"置立为起，收源为落，一字为宗，大乘为法，圆顿为教，古佛法门，末后一着，千门万户，尽皈佛门"，讲的是龙华三会，末劫将至之时，古佛最后一次普度众生。又称该教为一贯道（初为一贯教）是起于孔子之言："吾道一以贯之"，但据王著《一贯探源图说》，王觉一要一以贯之的并非仅限于孔子的忠恕之道，而是要贯通儒佛道三教，使其归于一。王觉一著《三易探源》、《学庸圣解》、《一贯探源》、《圆明范格》等书，阐述三教一贯之旨，以穷理尽性以至于命为修道要义；宣扬末劫来临，入教修持可以免劫；又修炼内丹气功，教弟子炼精化气；还喜谈易理、天象，讲论灾劫、异术、相数，多作宗教预言；又供奉无极、太极、皇极三图，授徒众诸佛诸祖咒语。总之，一贯道建立之初其教义就庞杂多色，而其基本格调不出民间宗教的藩篱。一贯道教门内有完整的教阶制度，等级森严，据曾国荃奏折称："王觉一说伊教有九品名目：一品众生，二品天恩，三品正恩，四品引恩，五品保恩，六品顶行，七品十果，八品十地，九品莲台。"这是吸收了青莲教的教阶而有所发展，王觉一称太老师，其子王继太称大老师，大徒弟刘至刚称老师，初入教者皆不得见此三人之面。王觉一父子有强烈反清意识，心怀取彼而代之的抱负，从光绪八年起即在江苏、湖广一带组织抗清暴动。据光绪九年一贯道徒徐金洪被捕后的供词，王觉一利用江南天灾甚大，与道徒约期起事，以徐金洪为江南总头目、吴玉山为先行、万老四为参军，有方印，有"重整三教，编选道统"八字，用钤印旗帜，后计划流产。后来王觉一父子等至汉口，招收徒弟，皆拜一贯图，不设神道偶像，确定武昌、汉口举事总指挥为熊定幗，王觉一回到扬州。起事被发觉而失败，王继太等被杀，王觉一避匿，于光绪十年死在天津杨柳青。一贯道在民国以后成员日趋复杂，社会作用有相当大的消极面，但在清末却是一个反抗清朝暴政的民间宗教教派，有积极的社会作用。（参见马西沙《清代八卦教》）

第十一章　民国时期的宗教

第一节　概　　述

从辛亥革命到 1949 年中华人民共和国成立，时间不长的 40 余年里，中国社会发生了自秦汉帝国以来最大的变局，漫长的君主专制制度被推翻，与帝制相联系的官僚体制、礼乐仪轨、明经科举皆被废止，社会政治、经济、文化发生剧烈变动，中国开始了由中世纪社会向现代社会的过渡。这是一个大破大立、动荡不安、内忧外患共存的时期。一方面，是风起云涌、接连不断的革命运动，反袁与护法运动，五四反帝爱国与反封建新文化运动，反军阀与北伐战争，抗日战争，中国共产党领导的新民主主义革命，这些运动和斗争的精神动力来自两种思潮，一是欧美的资产阶级民主主义，二是俄国的社会主义，两种思潮转化为社会物质力量，汇成强大的冲击波，动摇着传统社会的根基，也震撼着中国人的心灵世界。另一方面是社会旧势力旧传统旧文化的盘踞、顽强抵抗和变态回复，以及国际帝国主义的加紧侵略与渗透，农村自然经济的普遍存在，宗族组织的强大有力，袁世凯与张勋的复辟帝制，封建军阀的割据与混战，汪伪政权与满洲国的叛卖，国民党的高压与腐败，日本、美国等殖民主义势力在中国社会各领域的全面扩张，这一切又造成了中国在过渡时期的漫长、痛苦和曲折。改革既不能渐进和顺利，难免要诉诸武力，发生强烈对抗，因而激进主义颇受欢迎，改良主义缺少市场，表现在文化问题上既有深刻勇猛的批判，也滋长着民族虚无主义和全盘西化的倾向。

在宗教领域，由于帝制的覆灭和宗法等级社会的解体，紧密依附于宗法等级制度的国家宗教祭祀制度也随之坍塌，象征皇权尊严的神权不复存在，天坛、地坛、太庙、社稷以及日、月、先农等国家宗教祭祀大典一概废止，只留下雄伟壮丽的神坛供后人凭吊。辛亥革命时期进步的思想家集中批判了

"君权天授"、"称天为治"的传统观念。虽然袁世凯当大总统时，颁布过祀天令，举行过祀天典礼，但也不得不将祀天与帝制分开，承认国民皆可致祭；即使这样的祀天新制也不过是昙花一现，随着袁世凯皇帝梦的破灭而退出历史舞台。不过，传统的国家民族宗教既有政治性，也有民族性和习俗性，它的政治因素容易改变，信仰因素则会长久延续。尊天敬祖的观念依然根深蒂固，敬祖祭祖的风气盛行如昔，只在仪礼上稍有变通。地方性的庙宇，无论是前清祀典中所列入的，还是被看做淫祠的，依然遍布城乡各个角落，成为一般民众获取精神安慰的处所。

佛教和道教由于缺乏以前皇权那样有力的支持和保护而更加衰微，战争的破坏，民生的凋敝，使许多寺院道观萧条废毁。其中道教更由于与正统祭祀接近、与世俗鬼神崇拜交织而受到革命运动的冲击，部分道观改作他用，政治地位受到限制，道教神学受到进步人士的批判，其情景有如日薄西山，不复有大教气象。然而佛道二教仍有其深厚的传统和新时期的转机。它们的思想继续向社会其他文化领域渗透，它们的活动更广泛地向民间扩散，与日常习俗进一步相结合。从上层说，出现一些文化素质高又有现代眼光的宗教学问家，如佛教的太虚、圆瑛，道教的陈撄宁，着手宗教的整顿与改革，使之适应现代社会生活。居士佛教和道教，以及教外学者对二教的学术研究活动，得到较快的发展，特别是佛学研究出现一批造诣较高的著作，并带有明显的新时代学术的特色。

伊斯兰教由于与若干少数民族文化相结合而获得持续的稳定性。摆脱了清廷的高压政策，并受到革命思潮的鼓舞，穆斯林出现了一股蓬勃向上的力量，改革与参与意识普遍增强，一些有宗教学识和现代头脑的学者，掀起一场伊斯兰新文化运动，取得显著成效。

基督教（包括老教与新教）随着西方国家势力在中国的扩张和西方文化在中国的发展而有较快的增长；来华教士和教派组织增多；中国教徒人数增加很快；基督教的文化事业包括教育、医疗、报刊、救济等活动空前活跃，既扩大了西方的影响，培养出一批具有亲西方意识的知识分子，又传播了世界的新思想新科学，培养出不少学有专长的高级人才，他们中许多人走上了爱国反帝的道路，为振兴中华做出杰出贡献。

民间宗教进入民国以后，虽不如明清两代声势浩大，亦在继续流行之中。一部分于清末民初演变为民间会社，进而演变为近代政党，如天地会、哥老会演而为兴中会、华兴会，遂为国民党的建立奠定了基础；一部分亦渐

失其宗教性而演变成行帮，具有盲目的破坏性，如青帮红帮；一部分继续保
持原有民间宗教的信仰与活动方式，但教义更芜乱，成员更复杂，活动更分
散，如九宫道、先天道、理门等。民间宗教总要依附一定的政治势力，有的
依附地主豪绅，有的依附反动政客与军阀，有的依附日本帝国主义，有的依
附革命与抗日队伍，而且内部有派，变化多端，其社会作用不可一概而论。

宗法性传统宗教的终结和中世纪主导性哲学——儒学的沉沦，使多数中
国人尤其是知识分子丧失了信仰的轴心，一时又找不到新的共同性信仰来填
补真空，不知何以安身立命，于是痛苦莫名，不得不四处探索。有的归心于
欧美自由主义或基督教，有的依托于儒佛道三家而又加以改造，有的信仰了
共产主义和马列主义。有一些知名的知识分子企图重建一种新的信仰，用以
替代衰败了的传统信仰。康有为倡导孔教，章太炎提出建立无神宗教，胡适
则欲建立理智化人化社会化的新宗教，蔡元培设想以美育和哲学代替宗教。
这种情况反映了在大破大立转折时期中国知识分子的彷徨、困惑和不息的探
索。这是一个思想信仰空前混乱的时代，它把重建中华民族主体信仰的任务
严峻地提到思想家的面前。

第二节　佛教的"复兴"与改良运动

一　开始向现代宗教形态过渡的佛教

清朝后期，由于僧教僧团窳败，佛教理论缺少发展，致使僧尼素质低
下。再加上太平天国起义对江南名刹的严重破坏，"庙产兴学"运动的强烈
冲击，佛教事业更趋衰落。幸赖教外杨文会等一批著名居士收集、刊刻经
典，兴办学校，培养人才，使佛学在清末又出现了"生机"。1911年辛亥革
命推翻了满清王朝，结束帝制，建立民国，万象更新，佛教事业也开始"复
兴"。民国初年的佛教复兴运动有一个重要特征，即佛教在思想理论上、组
织结构上、社会活动形式上都开始向现代宗教转化。佛教理论的现代化下文
将按人专述，此处主要介绍佛教组织与活动的现代化努力。

（一）佛教组织的现代化努力

在漫长的封建社会中，中国佛教僧团逐渐形成了以寺院经济为基础，以
宗谱法系为网络的丛林制度。在这种旧式宗教制度之下，佛门宗派林立，时
常出现相互攻讦，争夺财产，彼此倾轧的现象，严重阻碍了佛教的进一步发
展，也成为士民攻击佛教的重要口实。至清朝末年，佛教各宗派都已衰微，

故民国诞生之初，即有一批著名的僧侣、居士试图建立现代方式的宗教组织。1912 年初，欧阳渐、李证纲、邱晞等居士发起组织了中国近代史上第一个现代佛教组织"中国佛教会"，并拜谒临时大总统孙中山，得到政府的认可。该会在南京设立办事处，创立月刊，主张佛教徒不论在家、出家，应以能行为上。他们指责寺院僧尼争寺产、讲应赴、收金钱的腐败行为，引起了江浙各寺僧人的一致反对。欧阳渐的同学太虚一面反驳"中国佛教会"的主张，一面又与仁山等人在南京毗庐寺组织了"佛教协进会"与之抗衡。他们也面谒孙中山，得其赞许。该会以教理、教制、教产三大革命为号召。在教理上主张清除两千年来人们附会在佛教上的鬼神迷信内容，反对探讨死后世界，提倡人间佛教，解决现实问题。在教制上反对政教合一，反对佛教依附政权，主张建立独立的佛教协会管理全国教务。在教产上反对宗派将庙产视为私有，主张寺产属全体僧尼共有，应集中起来办教育和慈善事业。太虚的宗教改革思想也遭到守旧僧尼的反对，佛教协进会很快就解散了。另有扬州谢无量办"佛教大同会"，该会提倡佛、道合一，建立中国统一的宗教组织。上述三会虽然有很大分歧，但要求佛教改革的倾向却是一致的。有鉴于此，江浙诸山的长老请敬安和尚出面，组织统一的横向联合的"中国佛教总会"，并商请欧阳渐、谢无量取消他们的组织。中国佛教总会于 1912 年 4 月在上海留云寺成立，提出了"保护寺产，振兴佛教"的口号，并得到南京临时政府的同意，下设 20 个省支部和 400 余个县支部。一个现代宗教组织粗具雏形。

然而，在军阀混战的社会环境中，佛教组织的发展亦非一帆风顺。袁世凯夺权以后，一些军阀、政客继续侵夺寺产，毁坏佛像。敬安代表佛教总会北上劝谏，反而受辱身亡。敬安之死引起社会各界强烈反响，后经熊希龄等人出面调停，乃以大总统令的形式公布了中国佛教总会章程，该会成为独立的全国性佛教团体。太虚主办佛教总会刊物《佛教月报》。1913 年 6 月，北洋政府颁布《寺产管理暂行规则》，明令寺产不得变卖、抵押、赠与或强占，寺院经济得到了保护。

1915 年，北洋政府邀请南北高僧到北京讲经，由杨度、孙毓筠、严复等人主持。由于当时袁世凯称帝野心已经暴露，月霞等高僧不愿做帝制的装饰品，愤然离京。袁世凯对此极为不满，于该年 10 月颁布《管理寺庙条令》，明令取消中国佛教总会，规定寺产"遇有公益事业之必要及得地方官之许可"，可以占用。佛教总会一再上书北京政府，要求取消此令，并自动改名为"佛教会",以求变通,勉强延续。1918 年北洋政府再次重申《管理寺庙条令》,取消佛教会。于是全国僧尼、寺院再一次处于放任自流、无人保护,听凭军阀、官僚、土豪、流氓凌侮、侵夺的状态。

佛教会虽然解散,佛教徒的宗教活动并没有停止。他们办学、印经、讲经、主持各种法事,不断扩大社会影响。一些高僧、居士与军政要员也频繁往来。如云南军阀唐继尧请欧阳渐赴滇讲经,湖南军阀赵恒惕邀请太虚入湘说法,浙江军阀卢永祥因水灾请谛闲主持禳灾法会……种种活动逐渐软化了军阀们的粗暴立场,1924 年又成立了"中华佛教联合会",为全国性的佛教组织。

30 年代是佛教发展相对顺利的时期,全国大、小寺院得到一定程度的恢复,出家人数上升,并有相当数量的居士组织出现。但这一时期仍有"寺产兴学"余波回荡,其他类型的侵夺寺产活动也时有发生。如 1928 年,浙江大学一批教授,提出了"打倒僧阀,解放僧众,划拨庙产,振兴教育"的口号,内务部颇有赞许之意。太虚针对性地提出"革除弊制,改善僧行,整理寺产,振兴佛教"等四项改革主张,消弭了社会上的误解,平息了风波。

抗日战争爆发后,佛教组织受到了极大的破坏。1943 年在四川召开监、理事会议,选举太虚为理事长,恢复佛教会的活动。同年 11 月,民国内务部颁布《寺庙兴办公益慈善事业实施办法》,规定:"各僧寺每年收益在五万元以上者,即须征收百分之五十。"太虚极力活动,劝免施行此令。同年,太虚代表佛教,与天主教的于斌,基督新教的冯玉祥,伊斯兰教的白崇禧共同组织了中国宗教徒联谊会,把宗教徒的社会联合扩及各教。1947 年 3 月,在南京召开了中国佛教徒第一次全国代表大会,成立中国佛教总会,选举章嘉呼图克图为理事长。

民国期间建立的各种佛教会,完全不同于法系相承的宗派,也不同于政府组建的僧司,而是教徒自己推选产生的宗教管理组织。它在很大程度上剔除了传统宗教组织的封建性、宗法性和地方性,在政教分离的原则下推动佛教正常发展。然而需要指出的是,这种现代宗教组织作用是有限的,一方面是由于民国时期动乱的社会形势,另一方面,太虚等人推动的佛教改革运动遭到了教内保守派僧侣的激烈反对。所以,佛教复兴运动的成果也不像教内某些人士宣传的那样大。

(二)佛教活动的现代化努力

民国时期佛教保持了明、清以来逐渐形成的各种礼仪、活动,如瑜伽焰口（施饿鬼）、梁皇忏、慈悲水忏、金刚仪、大悲忏、佛祖诞辰日、成道日、盂兰盆节等等。除此之外，佛教又搞了许多新式宗教活动。

其一，大力兴办佛教学校，用新式方法培养佛学人才。杨文会的弟子们继承了祇洹精舍的僧侣教育精神，将佛教教育事业进一步发扬光大。1914年金山寺月霞在上海创办华严大学，为中国第一所佛教大学。1919年谛闲在宁波观宗寺创办观宗讲舍。五四运动后，太虚相继创办了武昌佛学院、厦门闽南佛学院、北京柏林教理院、重庆汉藏教理院，培养了大批僧才。1921年，韩清净在北京创办"三时学会"，以阐扬法相唯识学为宗旨，培养了一批唯识学研究人才。1922年欧阳渐在南京创办支那内学院，按新式教育方式分科授学，培养了大批佛学研究人才。1924年大勇从日本学习密宗归国后，在北京创办佛教藏文学院，并组织学生赴藏学习，使东密、西密在汉地都有人研习。又有叶恭绰、狄楚卿等居士组成净业社，开办"法宝图书馆"，收集经典，为佛学研究人员提供方便。上海段芝泉、史量才、赵恒惕等人组成菩提协会，专门翻译，研习藏传佛教经典。1936年，中国佛教协会成立佛教研究所，专门培养高级佛学研究人才。全国各地，较小的佛教教育、研究机构难以一一列举。正是由于这些机构培养了大批人才，才使佛教摆脱清末僧尼文化素质低下，佛教日趋流于形式的困境。

其二，整理出版佛教典籍，发行佛学刊物，用现代传播媒介弘扬佛教。1909年中国僧人出版了第一部铅印大藏经《频伽藏》。1923年上海净业社影印发行了日本的《卍字续藏》。1930年西安卧龙寺和开元寺发现了宋代碛砂版藏经，1931年由商务印书馆影印发行，共500余部。单版少量印行的佛教经典更是不可计数。除此以外，僧侣还主办了多种佛学刊物宣传佛教思想。如1912年讹一乘、狄楚卿在上海发行《佛学丛报》，1913年佛教总会由太虚主办会刊《佛学月报》。以后佛教刊物日多，其中最著名的是太虚于1920年创办的《海潮音》，不仅内容丰富，发行量大，而且持续时间最长（至今仍在我国台湾地区发行）。佛教文化运动的复兴，扩大了佛教的社会影响。

其三，举办各类公益慈善事业。中国佛教一向以慈悲为怀，在古代便有施食、悲田养病坊、客舍等社会慈善设施。不过当时的慈善事业以寺院为单位，规模较小，而且无长期计划。近代以来受基督教的影响，开始进行各种社会化的慈善公益事业。如圆瑛法师于1918年在宁波创办佛教孤儿院，以后又相继开办孤儿院、学校多所，收容、养育孤儿千余名。当时的国民政府也要求寺院多办一些慈善事业。据1928年统计，仅北京一地就有："善果寺设立第一平民小学，夕照寺设立第二平民小学，招花寺设立工读学校，净业寺组织贫儿工艺院，嘉兴寺增设贫民纺织厂，永泰寺筹办女子工读学校。"（《民国佛教篇》，转引自《中华民国文化史》，第504页）另有上海居士林林长王一亭创办华洋义赈会、孤儿院、残疾院、中国妇孺救济院等组织。北平的三时学会还创办过佛教医院。募捐赈灾也是佛教徒开展的重要慈善活动。如1928年豫、陕、甘三省大旱，华北慈善团体联合会会长朱庆澜联络华北、上海等地的慈善团体，发起"三元钱救一命"的募捐运动，共得款百余万元。他三次深入灾区发放赈济款，施衣、施药，掩埋饿莩。1931年长江大水，朱庆澜又与上海王一亭组织了全国救济水灾委员会，募捐救助灾民。在军阀混战的时代，这些活动给灾区人民送去了一丝温暖。

其四，积极参加抗日救亡运动。"九·一八"事变后，广大爱国宗教徒同全国人民一道，积极投身于抗日救亡之中。佛教界的著名高僧、居士，纷纷发表声名、通电，揭露日本帝国主义的真面目，号召全国僧尼奋起抵抗。如欧阳渐大声疾呼："国将亡，族将灭，种将绝，痛之不胜，不得不大声疾呼，奔走呼号。"太虚于"七七事变"以后通电全国，呼吁全国教徒"奋勇护国"，"练习后防工作"。连平日宣传绝不与闻国事的弘一法师也广泛宣传："念佛不忘救国，救国不忘念佛。"太虚利用自己的国际声望，出使印度、缅甸、锡兰、新加坡等国，揭露日军暴行，争取世界人民的支持。圆瑛以中国佛教会会长的身份通电日本僧人，呼吁日本教徒："共奋无畏之精神，唤醒全国民众"，"制止在华军阀之暴行"。抗战全面爆发后，圆瑛组织了佛教会全国救护团，自任团长，训练青年僧侣，开展战场救护。上海抗战中僧侣救护队出动100余次，救护伤员8273人。他们还办了"佛教医院"，由女尼担任看护。在"淞沪战役"期间，上海著名居士王一亭、中华佛教会主任秘书赵朴初等人，组织多个难民收容所，救济难民50余万。1940年日本飞机轰炸重庆，僧侣奋勇救护，当时报刊号召"向和尚看齐"……总之，佛教徒在抗日战争中尽了自己的民族责任。

其五，佛学研究蓬勃展开。近代佛学研究热从清末便开始了，但当时迫于形势，研究的目的多是寻求治国良策，故有谭嗣同、章太炎等人的引申发挥。民国年间，佛学研究由表及里，水平大大提高，出现了一批著名学者和一批可以传世的著作。如梁启超的《佛学研究十八篇》，胡适的《中国禅学之变迁》，熊十力的《新唯识论》，黄忏华的《佛学概论》、《佛教各宗大意》，蒋维乔的《中国佛教史》，汤用彤的《汉魏两晋南北朝佛教史》，丁福保的

《佛学大辞典》，等等，都有很高的学术价值，为当代佛教研究的发展奠定了良好的基础。

（三）抗日战争后佛教再趋衰微

由于佛教采取了种种与现代社会相适应的措施，获得了相当程度的恢复，并于抗战前达到了最高水平。抗日战争爆发后，佛教复兴的势头遭到严重挫折。如金陵刻经处和南京内学院，除欧阳渐率部分学员携经版内迁四川外，院舍内收藏的 30 余万部图书全部毁于战火。江南许多名刹亦被兵燹，日军掠走大批佛像、经籍，僧尼大量流散。二三十年代创办的佛教教育机构大部分停业，居士团体无法活动，整个佛教事业受到不可估量的损失。

抗日战争胜利后，佛教僧侣、居士队伍发生了分化。以太虚为首的一部分高级僧侣加强了与国民党的联系，参与反共活动。太虚本人 1946 年参加"国大代表"选举未成，翌年病逝。天津居士张汝嘉参加青年党，曹世芝参加民社党。僧侣大圆、仁义加入民社党后，在僧众中广泛发展党徒，支持国民党的反共战争，1946 年蒋介石 60 寿辰，天津佛教会召开祝寿大会，举行"拜消灾延寿药师佛忏"。及至 1949 年初中国共产党领导的人民解放军兵临天津城下，该会还在国民党特务组织下成立"防共锄奸小组"，并组织僧侣战地服务队，为国民党军队服务。

然而大多数僧侣遵循教义，研讨经典，讲经弘法，不与闻政治。更有部分高僧和佛教学者，不满国民党政府的腐败，拒绝撤往台湾或漂流海外。如圆瑛大师回绝了南洋各地教友、弟子的邀请，声言："我是中国人，生在中国，死在中国，决不他住。"（《圆瑛法师事略》，《上海文史资料选辑》第 45辑）中华人民共和国成立以后，圆瑛被推选为中国佛教协会第一任会长。

二　敦煌藏经洞的发现与敦煌学的兴起

1900 年敦煌石室藏经洞的发现是近代佛教史上一件意义重大的事件，对于民国佛学研究有促进作用。

敦煌曾是古代西北重镇，地处丝绸之路的咽喉要道，宋代以前相当繁盛，一向是中西文化交汇的前哨站。从北凉开始，佛教徒便在敦煌城外三危山下开凿石窟，几代不绝。公元 11 世纪，党项人势力强大，建立西夏王朝，战火波及敦煌。估计是在一次僧人外出避难前，将寺中大量的经卷、文书、佛像、法器等存放在一洞窟的附窟中，外面用砖封固，并在砖上覆泥，绘上彩画，看不出任何痕迹。西夏之乱后，出逃的僧人再也没有返回，敦煌石室便成了一个无人知晓的千古之谜。明代以后，中西交通主要转向海路，敦煌成了一个闭塞的内陆小城而为人遗忘。1900 年 5 月 26 日，湖北籍道士王圆箓带人清理洞窟积沙时，无意间发现了这个高 1.6 米，宽 2.7 米的石室，其中堆放写本经典、织绣、绘画、法器足有四五万件。没有文化的王道士并不了解其价值，只是将一些写本、佛像送给了敦煌知县汪宗翰。汪宗翰对此很感兴趣，又将一些画像、写本送与上司，从此敦煌遗书开始辗转流传于兰州、北京等地。当时任甘肃学台的叶昌炽长于金石、版本、校勘之学，他从汪宗翰手中得到部分写本后，认识到敦煌石室遗书的价值，于 1902 年曾建议甘肃藩台将这批宝贵文物转移到兰州保护，但甘肃政府因需耗银五六千两而未予批准，只是命令王道士就地看守。与麻木、腐朽的清政府官员恰成反比，西方探险家的嗅觉特别灵敏，纷纷涌入敦煌。王道士监守自盗，将大批宝贵文物廉价卖给了他们。1907 年英国人斯坦因第一次"买"走写本 24 箱，佛像 5 箱；1914 年再次"买"走写本 5 箱，共 1 万余件。1908 年法国人伯希和拣选文书精品，掠走 5000 余件。1911 年日本人吉川小一郎又从王道士处"买"走 600 余件。俄国人、美国人也接踵而来，1924 年美国人华尔纳用特制的化学胶液，粘揭盗走莫高窟壁画 26 块，造成了重大破坏。从此，中国宝贵的文物流散世界各地。1909 年伯希和回国途中，将一小部分敦煌文物在北京展览，这才引起中国学界和政府的注意。清政府迫于国人压力，拨款将剩余的 8600 余件文物移入京师图书馆内保存。移运途中又有部分散失，落入私人手中。

1909 年后，国内开始了"敦煌学"研究。罗振玉、王国维、蒋伯斧、陈寅恪等人成为第一代敦煌学研究者。此后，敦煌学逐渐走向世界，日本、欧美一些学者利用他们手中占有的资料，相继开始了敦煌学研究。日本学者甚至声称，"敦煌在中国，敦煌学在日本"。及至 1944 年，国民党政府成立了国立敦煌艺术研究所。随着国内、外学者研究的深入，敦煌遗书的宗教、历史、经济、舆地、文学、艺术、工艺、药学等多方面的文化价值全面显现出来，敦煌学成为一门多学科交叉的国际性学问。

就佛学方面而言，佛教经典占全部文书的 95％左右，具有极高的研究价值。如关于禅宗早期的历史，由于禅宗"不立文字"的传统，后人所知一直不详。在敦煌藏经中，发现署名达摩的著作即有十余种。敦煌卷子《四行论》长卷，是后人根据二祖慧可创作的歌谣小品编纂而成。《传法宝记》是四祖道信的传记。《导凡趣圣悟解脱宗修心要论》是五祖弘忍的著作。玄颐所作《楞伽人物志》是现行净觉所作《楞伽师资记》的前身。北宗神秀所作《大乘无生方便门》、《大乘五方便门》，七祖神会所作《菩提达摩南宗定是非论》，等等，是记载禅宗"南能北秀"分化的重要史料。这批宝贵文献的发掘整理，填补了禅宗史研究的许多空白。

又如禅宗奉为宗经的《坛经》，《敦煌写本》全书仅 12000 字，不分品目，共 57 节。后世通行的《曹溪原本》，共分 10 品，20000 余字。两者相较，无论在字数、编排、内容上都有相当大的差距。特别是从思想内容方面看，《敦煌写本》更接近慧能的思想体系。如慧能得法偈，《曹溪原本》写作："菩提本无树，明镜亦非台，本来无一物，何处惹尘埃。"而《敦煌写本》则是："菩提本无树，明镜亦无台，佛性常清净，何处有尘埃。"当代佛学研究者郭朋指出："佛性常清净"比"本来无一物"更符合禅宗真如缘起论的思想体系。因为慧能毕竟属于大乘有宗的佛性论体系，而不属于大乘空宗的中观论体系。《敦煌写本》埋藏地下千余年，不可能被后人篡改，误写，有更高的研究价值。

另外，敦煌藏经中还有藏传古佚佛经 368 种之多，许多在我国和印度久已失传。如《大乘入道次第》、《大乘四法经论开决记》、《大乘稻芉经随听手镜记》、《佛说诞命经》、《诸星母陀罗尼经》，等等，此次出土，极为宝贵。

总之，敦煌石室的发现，为佛学研究又开辟了广阔的新领域。

三　佛教大师的活动与思想

从清末开始，佛教诸宗内部开始出现一些较有思想的人，至民国初年，相继活动在社会舞台上，形成佛教"复兴"之势。现分别介绍如下。

（一）敬　安

敬安（1852～1912），字寄禅，俗姓黄，湖南湘潭人。因他重苦行，27 岁时在宁波阿育王寺舍利塔前燃去二指，故有"八指头陀"的别号。敬安 7 岁丧母，12 岁丧父，家贫失教，但酷爱读诗、写诗，16 岁出家后，一边读经参禅，一边苦吟不辍。用他自己的诗讲："苦被诗魔扰，沉吟未敢闲。""本图作佛祖，岂分作诗奴。"功夫不负有心人，敬安终于成为天下有名的"诗僧"。他曾遍访江、浙禅林，成名后历主衡阳罗汉寺、衡山上封寺、大善寺、宁乡沩山密印寺，最后主持宁波天童寺 10 年，选贤任能，百废俱兴，夏种冬禅，靡有虚岁。经多年苦心经营，终于使天童寺恢复了昔日江南名刹的风采。

　　敬安经常用诗来表达他的佛学思想。"日月精华从性得,乾坤元气自心生。"表明他是个"真心一元论"者。"真如既不变,万有徒纷驰",真如随缘,故生万有。然而,万有如幻影,唯真如永恒湛然。"妄境故无恒,真如了不变",所以人要想超出幻境,必须自返本心,"内心贵自契,外物靡所省","惟修平等行,自契妙明心"。敬安的思想并无超出同代禅僧之处,不过将禅宗思想用诗文表达出来,更加深入浅出,生动活泼。敬安晚年亦归心净土,他用旖旎的诗句描述了净土世界的极乐生活,有相当大的感染力。"我闻安养国,贤圣俱栖迟。讲堂极壮丽,行树相因依。湛然七宝池,矫矫珍禽飞。金绳界道明,天乐随风移。衣食应念至,不假人力为。……长揖三界苦,永绝四流悲。逝辞五浊世,金手引同归。"(《八指头陀诗文集·咏怀诗十首》)净土世界如此美好,敬安作诗发愿往生:"莲花出水湛然洁,宝树成行不假栽,欲往西方安乐国,须凭信力断疑猜。"(同上书,《净土诗》)

　　然而,现实世界是残酷的,清末以来,社会上兴起了"寺产兴学"之风。更有一些豪强恶霸,无赖之徒也乘机侵夺寺产,毁坏佛像,中饱私囊,敬安与一些立志护教、复教的名僧、居士,于1912年在上海筹组中华佛教总会,敬安德高望重,被推为会长。同年10月,北上京师,试图劝谏政府禁止"寺产兴学"运动。但是北洋军阀政府内务部礼俗司司长杜关不但不听劝谏,反而侮辱敬安(据说二人话不投机,杜关怒批敬安面颊)。敬安愤而退归法源寺,当即卧床不起,于12月2日病逝。敬安之死引起朝野各界的重视,后经熊希龄等人调和,袁世凯下令内务部核准中华佛教总会章程,并于1913年颁布《寺产管理暂行规则》,按旧制保持寺产。敬安护法亡躯,为佛教事业做出了贡献。他身后留有大量诗文,被整理成《八指头陀诗文集》传世。

(二) 月　霞

　　月霞(1858～1917),名显珠,俗姓胡,湖北黄冈人。19岁在南京观音寺从禅定和尚出家,遍访高旻、金山、天宁等禅宗名刹,刻苦参禅。后至河南太白山结茅,与徒众开垦稻田200亩,自种自食。后应邀去南京赤山从法忍受学,被安以首座,从此开始留心教典。月霞不满意天台教观,而惬心于华严法界,表示要"教弘贤首,禅继南宗"。以后相继到鄂、皖、陕等地名山古刹讲经说法,为大江南北僧众瞩目。清末他曾在江苏、湖北创办僧教育会,在南京办僧立师范学堂,民国初年皆毁于战火。1914年创办华严大学,广弘华严教旨。1915年应杨度、孙毓筠、严复等人邀请赴北京创办"大乘讲习所"。同年 8 月，杨度等人办"筹安会"，为袁世凯复辟帝制造舆论，月霞愤而南返。月霞讲经足迹远至日本、锡兰、泰国、缅甸，他还曾到印度礼拜释迦圣迹，可谓见多识广。1917 年月霞 60 岁时逝世。他一生弘法 30 余年，讲经论 100 多篇，扩大了华严宗的影响。不过月霞没有留下多少著作，现仅存一部《维摩经讲义》，据说还有一部《法界法原》已佚。

（三）谛 闲

谛闲（1858～1932），名古虚，号卓三，俗姓朱，浙江黄岩人，天台宗重要传人。谛闲自幼习儒，后随舅父学医，因疑"医病不能医命"之理，遂生出家普度众生之志。未几，妻、子、母相继亡故。20 岁时至临海白云山出家，几年后又到天台山国清寺受具戒，成为天台宗传人。26 岁时在平湖福臻寺从敏曦学《法华》，"未及终卷，已悟一心三观之旨"。28 岁升座讲经，以后两度"闭关"，坚持禅观。出关则应各禅林之邀，讲《法华》、《楞严》、《弥陀》诸经，法席遍于南北，信众日广，声誉日增。1912 年任天台名刹——宁波观宗寺住持。1919 年在此创办观宗学舍，培养天台学僧。1915 年，日本对华提出"二十一条"，其中包括日僧来华传教特权的规定，同时派日本僧人来华传播日本密宗和真言宗。日本政府利用佛教进行文化侵略，引起中国僧、俗各界的不满，北京政府不敢公开抗日，只能邀请南北高僧在京讲经，以为抗衡。1915 年谛闲应邀赴京讲经，名公钜卿多列席肃听，袁世凯特以"宏阐南宗"的匾额相赠。1917、1918 年谛闲又两次赴京讲经。年逾古稀之时，他还远赴哈尔滨极乐寺主持传戒大会。由于谛闲的活动，使天台教义得到一定程度的恢复。

谛闲一生著作很多，主要有《大佛顶首楞严经序指味疏》、《圆觉经讲义》、《金刚经新疏》、《教观纲宗讲录》、《华严经普贤行愿品辑要疏》、《八识规矩颂讲义》、《省庵劝发菩提心文讲义录要》、《水忏申义疏》等等，由弟子整理成《谛闲大师全集》行世。从文章题目可见，谛闲虽为天台传人，但思想并不局限于一宗一派。从内容上看，谛闲的著作亦多为述而不作。

（四）省元与印光

清末民初，净土宗出了两位名僧，一是省元，一是印光。

省元（1861～1932），字宪章，俗姓贺，山东蓬莱人。省元幼而好学，因感于生死无常而出家，29 岁投于辽阳千山中会寺依思禅师门下，后往北京上房山兴率寺、云横寺、极乐寺、广化寺等地参学。他每日仅日中午餐稀饭一碗，搬柴运水，悉躬亲之。一日担水路上突然开悟。后又在拈花寺"闭关"三年，出关后十方讷子问法，他开示曰："文字般若，口头三昧，都是不中用的。惟自行住坐卧之中，单提一句阿弥陀佛，默默念持……直至一心不乱，忽然离念，寂光真境，任运眼前。"（转引自蒋维乔《中国佛教史》）他的这种宗教体验在当时影响很大。

印光（1861～1940），名圣量，俗姓赵，别号常惭愧僧，陕西郃阳人。幼学程朱，以辟佛为事。后渐觉其非，改信佛教。20 岁时在终南山五台莲花洞出家。后遍游名山，广参知识，1886 年定居于北京怀柔红螺山资福寺，专修净土，自号继庐行者，名声日隆。1893 年应邀去普陀山法雨寺宣传净土思想。他常说："自量己力，非仗如来宏誓愿力，决难即生定出生死。从兹唯弥陀是念，唯净土是求。"（同上书）1912 年在上海创办《佛学丛报》，1923年在南京祗办放生念佛道场。又办佛教慈幼院，推广慈善事业。1940 年在山东灵岩寺圆寂。因印光毕生弘扬净土信仰，死后被弟子尊为"莲宗十三祖"。浙江徐文蔚将他的著作收集为《印光法师文钞》行世。

（五）太　虚

太虚法师是民国佛教改良运动的主要倡导者，在佛教史上占有举足轻重的地位。

太虚（1889～1947），俗姓吕，本名淦森，又名沛林，浙江崇德人。自幼务农，家境贫寒。16 岁时在苏州木渎小九华寺出家，法名唯心。后镇海寺奘年和尚又为他取法名太虚。1904 年 11 月，奘年带太虚往宁波，在天童寺敬安法师处受具戒。以后游学于江、浙、粤等地，或听讲，或阅藏，佛识日深。1909 年在南京祗洹精舍受教于杨文会，获益匪浅。青年时代的太虚思想活跃，不仅读佛教经典，还研读康有为、梁启超、章太炎、邹容等人关于社会改良和革命的著作，甚至读托尔斯泰、巴枯宁、蒲鲁东、克鲁泡特金以及马克思的著作，思想倾向社会主义。太虚结交革命党人朱执信，从事反清秘密活动。1911 年广州起义失败，他因作《吊黄花岗》诗，为清廷追捕，由粤逃沪。1912 年与僧人仁山共创佛教协进会，不久该会并入敬安为会长的中华佛教总会，太虚被任命为会刊《佛教月报》总编辑。同年敬安圆寂，他在追悼大会上提出了教理革命、教制革命和教产革命，建立新式僧伽制度的改良主张。1915 年，太虚撰写《整理僧伽制度论》，全面阐述改革思想。因为改革思想损害了许多人的既得利益，而受到守旧的"丛林派"的强烈抵制，改革无法进行。但太虚毕生没有放弃自己的理想，并为之奋斗。

1914 年第一次世界大战爆发，国内军阀混战。太虚目睹时艰，十分感慨，遂放弃社会活动，在普陀山"闭关"三年，潜心研究佛典及中西哲学著作。1917 年 2 月出关。1918 年与章太炎、蒋作宾、陈元白、张季直等人在上海成立觉社，宣传佛教思想。在《觉社丛书出版宣言》中他写道："当此事变繁剧，思潮复杂之世……惟宏佛法，顺佛心"，希望用佛教思想救国。1920 年 2 月，改《觉社》季刊为《海潮音》（即人海思潮之觉音），该杂志至今仍在台湾出版，有广泛的社会影响。1920 年以后太虚开始了南北讲经，足迹遍于湘、鄂、皖、赣、陕、沪、京等地。1922 年后他相继创办了武昌佛学院、闽南佛学院、北京柏林教理院、重庆汉藏教理院等佛学教育机构，为革新僧制培养人才，近代不少著名佛学研究者出自他的门下。太虚不仅在国内活动，为了宣传他的改革思想，他出访过日本、英国、德国、法国、美国，力图把佛教推向世界。1924 年 7 月，在庐山召开"世界佛教联合会"成立大会。1928 年太虚又倡义成立"世界佛学苑"，为世界各地培养佛教人才，太虚在世界上赢得了广泛的声誉。

抗日战争爆发后，太虚作为一名爱国僧人，忧心如焚。他在湖南、贵州、云南、四川等地演讲，号召佛教徒奋起抵抗日本帝国主义侵略。他发起组织了青年救国团和僧侣救护队，抢救伤员，为国出力。抗战期间，他曾率代表团出访缅甸、印度、锡兰等国，广泛宣传中国抗日救国的正义立场，争取国际援助，为民族解放事业做出了巨大贡献。1946 年元旦，国民政府授予他"胜利勋章"。

1927 年后，太虚与蒋介石及其国民党政府来往密切，蒋多次邀请太虚晤读佛理，并延请他担任自己家乡名刹雪窦寺住持。太虚多次出国均得到国民政府的资助。故抗战胜利后太虚的活动有反共倾向。但 1947 年 1 月太虚读《斯大林传》后感慨道："令人肃然起敬，感觉着如遇到了菩萨，但缺少一些慈悲仁爱。"（《年谱》，第 533 页）此话颇值得玩味。

1946 年太虚从重庆返回上海，先住静安寺，后住玉佛寺。1947 年 3 月 17 日因脑溢血逝世。上海 3000 余人参加了悼念活动，蒋介石亲赠"潮音永亮"的挽联，国民政府颁发"褒扬令"，备极哀荣。

太虚一生有巨大的社会影响，不仅因为他是一名积极的宗教活动家，也因为他是一名宗教理论家。他能够在佛教传统理论的基础上，适应时代，推陈出新。太虚一生著作宏富，后人收集为《太虚大师全书》，共四藏，二十编，700 余万言，太虚思想主要有如下几个方面。

（1）在佛学内部融会贯通空、有，性、相各宗各派不同体系的学说，以弘扬全部佛教思想为旨趣。他自称："本人在佛法中的意趣，则不欲专承一宗之徒裔。"(《新与融贯》，《全书》第二册，第446页)这其中不仅包括汉文体系的"宗乘融贯"，也包括汉、藏、梵、巴利文语系的"文系融贯"，他试图以此创造一种"世界佛教"，佛化全世界。自宋明以来，佛教内部就充满了禅、教融合的呼声，至太虚可谓达到了极致。

(2)佛学不但要自身融会贯通，还要吸收东西方各种优秀的文化成分，适应时代发展需要。他讲："根据佛法的常住真理，去适应时代的思想文化，洗除不合时代性的色彩，随时代以发扬佛法之教化功能。"(同上书，第450页)这种积极适应时代变化，努力促进佛教理论更新的尝试，使太虚超出了敬安、谛闲、月霞等名僧，成为新时代佛教的领袖人物。

(3)创立唯识论新体系。受杨文会的影响，太虚对唯识宗的理论深有研究。当时欧阳渐提出法相宗与唯识宗是二而非一的观点，太虚著文与之论辩。他指出："法相必宗唯识，唯识即摄法相。""法相示唯识之所现，而唯识所现即一切法相。"太虚一生著唯识学著作40余种，主要有：《深密纲要》、《辨中边论颂释》、《新的唯识论》、《唯识三十论讲录》、《法相唯识学概论》、《百法明门论宇宙观》、《唯识观大纲》，等等。他认为在唯识学中包含了一切人生的真谛，其理论高于世间一切哲学，伦理，是做人的根本学问，必须认真研习，方"不致颠顶忧个，走入外道而不自觉"。他讲："然与唯物论对立之唯心论，互相排斥，在西洋之思想学术界中，盖由来久矣。……今是之唯识论者，乃适其反所趋，将其妙心圆显，德用齐彰，如理如量，无取无舍，不与彼几经破碎崩溃之西洋唯心论同途同道。故今兹之唯识论出现，非唯物论与唯心论之循环往复，而实为世界思潮总汇中所别开出之一时雨之新化。"(《新的唯识论》，《全书》第十六册，第608～609页)他从宇宙、人生、真理、实性等几个角度反复论证，说明他的"新唯识论"可以弥补唯物论与唯心论之不足，成为"现代思潮之顶点"。在论证过程中，他吸收中西方哲学里的一些名词概念，还创造了唯性论、唯智论、唯境论、唯根论等一系列新的范畴术语，但是论证的根本仍不脱"三界唯心，万法唯识"的基本原理。

(4)提倡人间佛教。太虚作《佛法救世主义》、《建设人间净土论》、《怎样来建设人间宗教》、《即人成佛的真实理论》、《人生佛教》、《佛法原理与做人》等文章，主张佛教应在现实生活中发挥更积极的作用。他说："人间佛教，是表明并非教人离开人类去做神做鬼，或皆出家到寺院山林里去做和尚的佛教，乃是以佛教的道理来改良社会，使人类进步，把世界改善的佛教。"（转引自真禅《玉佛丈室集》第二册，第 287 页）所以佛教理论不应主要讨论出家、死后的问题，而应当着眼于现实世界，建设人间净土。"把个人的力量贡献给大众的利益上，要达到自他两利。"（《佛法原理与做人》，《全集》第五册，第 182 页）这种建设人间宗教的倾向，符合当今世界各大宗教适应现代潮流的改革趋势，也容易得到僧、俗各界人士的理解与支持，所以太虚当时才会有那样崇高的声望。其建设人间佛教的思想，在今日宗教界仍发挥着重要作用。

（六）圆　瑛

圆瑛（1878～1953），俗姓吴，别号韬光，又号一吼堂主人，福建古田人。1896 年在福建鼓山涌泉寺剃度出家，翌年依涌泉寺妙莲和尚受具戒，并在妙莲门下学习佛门律仪。以后又到福州大雪峰寺修习苦行，磨炼身心。1898 年发心远游，遍访名山大刹，师从冶开、敬安、通智、谛闲、祖印、慧明等名僧，参禅开悟，修习教观，在佛学上有很高造诣。1908 年在涌泉寺首次开堂讲经，颇受僧众欢迎。1909 年在宁波创办讲习所，培养佛教人才。1914 年任中华佛教总会参议长，曾在北京、福建、浙江、天津、武汉、安徽、湖南、湖北、河北、台湾等地讲经，名声大振。他还曾出访日本、朝鲜、南洋诸国，弘扬中华佛法。1917 年任宁波佛教会会长。1929 年与太虚共同发起成立了中国佛教会。被推选为会长，连任七届。

1918 年，圆瑛在福建泉州开元寺创办佛教幼儿园，自任园长，收容孤儿，免费提供衣、食、住、用，并在儿童成年后提供教育。1923 年，他亲往南洋募得巨款，作为举办慈儿院基金。20 年间，共培养 1000 余人。他还在各地设立佛教工厂、农场、林场，重兴工禅、农禅、林禅之风，鼓励僧侣用劳动养活自己，收入有余，还可兴办济世扶贫的公益事业。

抗日战争爆发后，圆瑛积极投身于抗日救亡运动之中，他曾先后在上海、汉口、宁波等地组织僧侣救护队，在战场上抢救伤员。又办难民收容所，周济战争难民。他还开设佛教医院，收治伤员和难民，由各庵女尼充任看护。圆瑛利用自己崇高的国际声望，两次赴南洋募捐，开展"一元钱救国运动"，筹款支持国内抗战。1939 年圆瑛回国时被日本宪兵逮捕，以"抗日分子"罪名被押往南京宪兵司令部，受到酷刑折磨，但始终没有屈服，表现出崇高的民族气节。由于上海各界人士的抗议和营救，日军被迫释放了圆瑛。此后他在上海主办圆明讲堂，闭门谢客，拒不与日伪政权合作。1953

年,中国佛教协会成立,圆瑛被推为第一任会长。同年九月在宁波圆寂。

圆瑛不仅是著名的佛教活动家,在宗教理论方面也颇多建树。他青年时代治学刻苦用功,加之天资聪慧,故对佛教经典领悟甚深,但从不局限于一宗一派,而是对各家学说析异通观,舍短取长,成为"台、贤并治","禅、净兼修"的高僧,尤其对《楞严经》有精深的研究。他认为此经是"诸佛之心宗,群经之秘藏,众生之大本,万法之根源",竭力提倡,一生多次讲述《楞严经》,每讲一次便有新的收获,最后编成《大佛顶首楞严经讲义》24卷。此外还著有《大乘起信论讲义》、《圆觉经讲义》、《金刚经讲义》、《佛说阿弥陀佛经要解讲义》及《一吼堂诗集》、《一吼堂文集》等著作,由后人编为《圆瑛法汇》传世。

(七) 弘 一

弘一(1880～1942),法号演音,俗姓李,原名文涛,又名广候,从艺后改名李叔同,别号息霜,暮年自号晚晴老人。弘一祖籍浙江平湖,出生于天津一个亦官亦商的巨富家庭。其父李世珍进士出身,曾为吏部主事,又经营盐务及银行业,晚年纳妾得子,在文涛5岁时去世。文涛幼年时在其异母兄长文熙的指导下启蒙,攻读儒家经典,受过良好的传统文化教育。19岁时娶天津大茶商俞氏女为妻,后不安于封建大家庭内人际关系的繁杂及其母偏房的低下地位,携母、妻迁居上海,就读于南洋公学,在蔡元培门下受业。丰厚的家资使他得以遨游于艺术海洋,既工诗词、字画、金石,又善吹拉弹唱,成为上海文艺圈中一颗耀眼的新星。数年间与骚人墨客,名妓美伶寄情于声色之中,陶冶了他的艺术情怀。1905年遭丧母之痛,遂东渡日本留学,入东京上野美术专科学校,从黑田清辉学习西洋油画,旁及音乐、戏剧。1906年在日本戏剧家藤泽浅二郎指导下,与曾孝谷等人排演了《黑奴吁天录》、《茶花女》等世界名著。叔同反串戏中女主角,成为中国话剧艺术最早的开拓者之一。又主编《音乐小杂志》,提倡西洋音乐。1907年携日籍夫人回国,次年辛亥革命,家中破产,叔同在江浙一带从事艺术教育事业。初任上海《太平洋画报》编辑,继而历任浙江两级师范学堂、浙江省立第一师范学校、第二师范学校、上海城东女子学校的音乐、美术教师。10余年间发表了《送别》、《悲秋》、《忆儿时》等著名歌曲,使李叔同之名蜚声国内乐坛。"长城外,古道边,芳草碧连天。晚风拂柳笛声残,夕阳山外山。天之涯,地之角,知交半零落。一斛浊酒尽余欢,今宵别梦寒。"在这凄婉、优美的歌曲中,已包含了一种悲凉、厌世、超越的精神,反映了他没落贵族的家世及其庶出地位所铸成的悲剧性格，音乐、美术、诗词、篆刻所赋予的抒情气质。在杭州时期，叔同在与灵隐、定慧诸寺高僧初步的接触中获得了空寂精神，历尽人世沧桑以及对艺术的高度投入使他看破红尘，终于在 1918 年 7 月于杭州虎跑定慧寺出家，依止于了悟上人受沙弥戒，同年 9 月又在灵隐寺受比丘戒。从此世间少了个艺术家李叔同，佛门多了个弘一法师。

弘一对佛教的主要贡献在律学方面。出家后他深感当时僧尼队伍素质低下，争权、夺利、贩忏、附法、趋炎等沙门丑行时有发生，在社会上造成了不良影响，因此他决心通过弘传南山律宗来振兴佛教。当时佛门流行的《四分律比丘戒本》版本舛错，文意古奥，且许多规定与现实生活相去甚远，几乎成了无人问津、无人可通的绝学。弘一参考明代蕅益智旭的《灵峰毗尼事义集要》，清初见月读体律师的《宝华传戒正范》等历代律宗大师著作，重新注疏、阐发了唐代道宣的《四分律行事钞》，积数年之功，于 1924 年完成了《四分律比丘戒相表记》，对比戒律进行了通俗、完整的说明。该书完成后，由上海穆蕅初居士独资影印 1000 部，分送全国丛林，在佛学界产生了很大影响。弘一大师不仅对律学深有研究，而且身体力行各种戒律。他从出家之日便遵行"过午不食"的戒律，并且不长住一寺，一身破旧袈裟，几件换洗衣物，一床破被，一块破席，露首跣跗，行云流水般穿行于江、浙、闽、赣、泸等省市诸寺之间，挂单、参学、宣讲律学。他以自己血肉之躯的苦行表率丛林，树立了一代宗师的良好形象。1931 年他与慈溪五垒寺栖莲禅师试办"南山律学院"未果。数十年间他撰写的律学著作还有：《四分律含注戒本讲义》、《戒本羯摩随讲别录》、《在家律要》、《南山道祖略谱》、《见月律师年谱》等，皆为民国年间佛教重要著作。

除了弘律，弘一特别提倡"念佛禅"。出家以后，他崇敬净土宗大师印光，不仅研究他的著作，而且亲往拜谒受教。弘一教导后学；要大声称念"阿弥陀佛"名号，直至神清气静，一心不乱的空寂境界，便是人生大解脱。他本人从遁入空门至病厄临终，念佛功课一日不缺。他甚至将弘扬佛教与抗日救亡运动结合起来，提出了"念佛不忘救国，救国不忘念佛"，反映了中国僧侣打通出世与入世，超俗而又爱国的精神。

弘一对华严宗亦有一定研究。1926 年在庐山青莲寺写《华严经十回向品初回向章》，为近代写经杰作。1929 年在福州鼓山发现清代刻本《华严经》及《华严疏论纂要》，他倡刻 25 部，半数分送国内重要丛林，12 部送日本各大学保存。此后他倾全力于《华严经》的研究，写成《华严联集三百句》，对推动国内华严学的研究有所贡献。

由于弘一出家前便是国内著名的艺术家,出家后又严行戒律,才识超卓,故声名远扬山门内外,欲与其结交,求文索字者络绎不绝。弘一法师不趋附任何达官显贵,多次拒见附庸风雅的军阀、政客。但对一般的倾慕者则以瀚墨作佛缘,经常书写佛教箴言赠人,在人世间广种佛因,其墨宝为社会各界人士珍爱。

1942 年 10 月 13 日,弘一大师圆寂于泉州温陵养老院,遗体火化后得舍利子 1800 余块。后人为了纪念他,在杭州虎跑定慧寺立碑,并设纪念堂,缅怀他的功德。

四 著名学者卓有成效的佛学研究

民国时期,佛教内部出现了一批品学兼优的高僧,教外则出现了一批才识广博的居士、学者,两相辉映,使佛学研究事业结出了累累硕果。

(一)欧阳渐

欧阳渐(1870~1943),字竟无,江西宜黄人,人称宜黄大师。幼习儒业及经史百家,致力于举业,曾以优贡赴廷试。中年遭丧母之痛,从此断肉食,绝色欲,拒仕进,归心佛法,成为居士。他先在杨文会门下学习,并受杨的派遣赴日本修习密宗。回国后协助杨文会刻经、办学。1912 年与李证刚、桂伯华创立佛教会,1918 年与章太炎、陈三立等人在南京金陵刻经处内创办"支那内学院",自任院长。"内学院"是近代影响最大的佛学教育机构,将"祇洹精舍"的教学宗旨发扬光大。当时众多高僧、学者云集内学院讲课,近、现代一批佛学研究大师皆出其门下,如吕澂、姚伯年、汤用彤、梁漱溟、黄树因、陈铭枢、王恩洋等。梁启超亦曾抽暇来此听欧阳渐讲佛学。抗日战争爆发后,内学院迁往四川江津,直至抗战胜利后才因经费困难而停办。在办学讲经的同时,欧阳渐很注意经论的整理和刊定。从 1927 年起,组织人员,选择要典,校刊文字,编印《藏要》三辑,共 50 余种,300余册。并为许多经、论作"叙"。

在思想方面,欧阳渐受杨文会影响很大,着重于唯识学的研究,且颇多独到见解,常作骇世之论,每每引起佛学界轩然大波。其重要观点有:

(1)《佛法非宗教非哲学》。竟无著此一文,认为:"宗教、哲学二字,原系西洋名词,译过中国来,勉强比附在佛法上面。但彼二者,意义既各殊,范围又极隘,如何能包含得此最广大的佛法?"他具体罗列了宗教的四大条件和哲学的三项内容，认为佛教都与之不相符合，并超越于二者之上。"天地在吾掌握，吾岂肯受宗教之束缚？万法具吾一心，吾岂甘随哲学而昏迷？一切有情，但有觉、迷二途，世间哪有宗教、哲学二物。"(《佛法非宗教非哲学》，《遗集》第四册)所以他要弘扬佛法，用佛教代替世界上其他宗教和哲学。应该承认，欧阳渐对西方传来的"宗教"、"哲学"概念局限性的批判是有合理性的，但他过分夸大佛教的意义，以偏赅全、不当比附之处亦很明显，难于取得学界共识。

(2)在佛教内部，欧阳渐独重唯识，破斥《起信》，批判性宗系统的台、贤二宗。在中国佛教内部，唯识宗讲阿赖耶识缘起，属于相宗系统，而性宗系统诸宗则坚持真如缘起。欧阳渐认为：性宗的根本错误在于宗奉《大乘起信论》，"随缘是相、用边事，不动是体、性边事。《起信》说真如不动，是也。说真如随缘，谬也；说真如随缘而不动，谬也。"(《藏要·经叙·大乘密严经》，《遗集》第二册)性宗以真如为永恒之本原，又说真如因无明熏习而有染，故生万法，但是真如本体却又不因无明而丧失，这无疑在逻辑上存在矛盾。无明是不是真如本有？真如随缘而变还能否成为永恒本体？竟无抓住这些矛盾攻击性宗，认《起信论》为伪作，说天台、贤首二宗因信谬说而使"佛法之光愈晦"。故他纵谈各家思想，"绝口不谈"台、贤。

(3)以唯识学包含性空学，强并龙树于无著。大乘佛教包括龙树的"空宗"与无著的"有宗"，竟无认为龙树的性空思想与无著的唯识学"殊途而同归"。"是故龙树取真而无性，此之无性，但无增语，非性全无，以有实性，曰无性性。无著为导俗而自性，此之自性，但有些事，非有主宰，以无主宰，曰性无性。"(《内院院训释·释教》，《遗集》第一册)龙树言空而实有，无著言有而实空，两者本质相通，"经固相通，学何必封？龙树、无著，如车两轮。慎毋惑解经家，误陷迷途可也"(同上)。

(4)判法相与唯识为二。欧阳渐认为：印度瑜伽行派分别有法相、唯识二宗，"奘师学法相于戒贤，学唯识于胜军。"就其内容讲，"唯"遮境有，"识"简心空，"具此二义，立唯识宗"。所谓法相则包括"五法"，"三自性"，"立非有非空义，名法相宗"。"唯识、法相学，是两种学。法相广于唯识，非一慈恩宗所可概。"(《与章行严书》，《遗集》第二册)欧阳渐硬将瑜伽行派一分为二，在佛学界引起了很大的争议。太虚等人起而辩之，正误虽一时难分，但却起到了推动佛学理论发展的作用。

欧阳渐一生著作甚丰，晚年手订存稿为《竟无内外学》，共26种，30余卷。他去世后，后人将其著作编为《欧阳大师遗集》4册。

（二）韩清净

韩清净（1884～1949），名克忠，字德清，又名镜清，河北河间人，近代著名居士。幼习儒业，18岁乡试中举，后转习佛教，尤对《唯识》、《瑜伽》兴趣浓厚。1921年在北京与朱芾煌、徐森玉、饶凤璜、韩哲武等人共同发起佛学研究组织"法相研究会"，韩清净主讲《成唯识论》。1927年，改学会为"三时学会"，取名于唯识宗判教体系中空教、有教、中道之"三时"。韩清净被推选为会长，定该会宗旨为阐扬印度佛学和佛教的真实教义，事业则专在讲习、研究、译述并刻印佛教经典。几十年里，韩清净对唯识宗所依据的六经十一论进行了深入研究，特别是在《瑜伽师地论》的研究方面独步群雄。他认为："《唯识》精旨，遮无外境，犹不足以窥大乘全体大用。"（《瑜伽师地论披寻记叙》）只有《瑜伽》才能彰显大乘精义。不过他又认为，前人对《瑜伽师地论》的注疏不足以阐其微奥，"匪唯义不能说，甚且文莫能解。门犹不入，室何能窥？"（同上）因此他花大力气对《瑜伽师地论》进行了考证研究，不仅纠正了中文译、注之误，且纠正了梵文原本中的许多错误。他撰写的《瑜伽师地论科句》40万言，《瑜伽师地论披寻记》70万言，在中国佛教史上占有重要地位。另外他还著有《唯识三十颂诠句》、《唯识三十论略释》、《唯识指学》、《解深密瑜伽品略释》等唯识学著作，与南京内学院欧阳渐并称为近代唯识学两大家，有"南欧北韩"的美誉。

（三）梁启超

梁启超（1873～1929），字卓如，号任公，别号饮冰室主人，广东新会人。梁启超是近代中国资产阶级改良运动的著名思想家，其政治生涯跌宕曲折。同时他又是一位大学者，佛学是他卓有成就的研究领域。戊戌变法前，他曾同康有为、谭嗣同"语佛学之精英博大"，"相互治佛学"，当时政治方面的考虑比较多。1922年到南京讲学，入支那内学院听欧阳渐"讲唯识，方知有真佛学"。后投身于佛学研究与教育事业，曾任武昌佛学院第一任董事长。晚年闭门研究佛教思想和历史，著有《佛学研究十八篇》，对佛教思想和中国佛教史上许多疑难问题都提出了自己精辟、独到的见解。与前述诸位高僧、居士的佛学著作相比，梁启超的文章信仰色彩更少，学者客观研究的成分更多，因而也具有较高的学术价值。例如，他通过对四部《阿含经》的详细研究，认为以后大乘性、相诸宗的思想，都已萌芽于《阿含经》中，证明了该经在佛教早期发展史上的重要地位。在对中国《经录》的研究中，梁启超详细考据了自汉至元 48 家《经录》的作者、写作时间、存佚情况、收集范围，至今在中国佛教史研究中仍不失为重要的文献。梁启超对《四十二章经》、《牟子理惑论》的辨伪，作为一家之言，在近代佛教研究史上曾引起了很大争议，促进了学界认识上的深化。梁启超把西方宗教心理学的研究引入佛学领域，研究小乘俱舍论的"七十五法"和大乘瑜伽行派的"百法"，甚至把五蕴、十二因缘、十二处、十八界、八识都看成是佛陀对人类心理现象的分析研究，从新的角度使研究得以深化。梁启超的许多成果已为近、现代佛学研究者广泛吸收，在中国佛学研究史上占有重要地位。

（四）杨　度

杨度（1875～1931），原名承瓒，字哲子，别号虎禅师，湖南湘潭人。其家"累世显贵"，杨度 18 岁捐监生，20 岁中举人。1902 年留学日本，结识了孙中山、黄兴等革命党人，但与梁启超等保皇党人关系更为密切，鼓吹立宪改良思想。辛亥革命后杨度成为袁世凯的幕僚，与袁氏关系密切，1915 年与孙毓筠、严复、刘师培、李燮和、胡英组织"筹安会"，为袁世凯复辟帝制造舆论。"洪宪"垮台后杨度曾被通缉。1917 年"辫帅"张勋拥立溥仪复辟，杨度又表示赞同。在回顾自己前半生时杨度讲："未几而清室亡，共和成，予仍坚持君宪主义不变。一败于前清，再败于洪宪，三败于复辟。……乃不更言经世，而由庄以入佛。"（《百字令·江亭集词并序》，《杨度集》）显然、杨度研究佛学是在他政治上频遭挫折后，精神苦闷的表现。在十余年的时间中。杨度的佛学研究颇多建树。但是佛教并没有使他真正"解脱"，近代中国社会阶级斗争的暴风雨又把他拉回政治舞台，在李大钊、邵飘萍等人的影响下，杨度接受了马列主义。1928 年（一说 1929 年）他在上海秘密加入了中国共产党，积极从事党的地下工作，直至逝世。杨度的一生充满了激烈的冲突和急剧的转折，成为中国近代一部分知识分子思想历程的缩影。

杨度的佛学思想被编为《虎禅师论佛杂文》，收入《杨度集》中，杨度以居士的身份，参禅论道。除了对佛教史上性相、顿渐、佛法等问题发表评述外，还试图使佛教"随缘应机"，适应"今日科学之世界"，建立一种"新佛教"。在《新佛教论答梅光羲》一文中，他提出了建立新佛教的构想："此新佛教，实统'四不法门'、'无我论'、'无我法门'等义。一切旧教迷信神秘之说，如灵魂、轮转、地狱、神通、空定等，以及一切违反生理诸戒律，全行删削，一以论理科学为归。"（《杨度集》）所谓"四不法门"是他概括自己修佛过程中经历的四个误区，即"不离身以求心"、"不著身以求心"、"不积极以求心用"、"不消极以求心体"。而这四种误区正与佛教史上净、律、密、禅四宗相应。而他本人超越了"四不法门"的迷惑，提出"无我论"，进入了"无我法门"。"无我论"即心理相对论。此论之旨，在明心理相对，即谓本心无我，一切皆空。因说法之方便，又设六义，一切唯心、一切唯念、一切唯习、一切唯假、一切唯对、一切唯我。以此六义包一切义、心、念、习为性，假、对、我为相。合而言之，一切心念习，无非假对我。分而言之，一切心皆假心，一切念皆对念，一切习皆我习。因此"……六义相通，遂成心理相对"（同上）。在这里，杨度一方面借助性宗、相宗相对主义的思想方法，另一方面又将一切义归入禅宗"一切世界，全在一心"，用极端主观唯心主义的方法否定全部客观世界。"于是依此理论（指无我论），求其实行之法，更于佛学上发明一种论理的新法门，名曰'无我法门'。一名一心无二法门，一名自由平等法门。此法门者，实以心理相对论为依据，包括三论宗之性，法相宗之相，以及最上禅宗之无性无相。融三为一，成此论理科学的法门。"（同上）杨度认为，自己的新佛教已超越古代佛教一切宗派的理论之上，独创一新宗教，完成了一次马丁·路德式的宗教革命。

在实行"新佛教"方面，杨度提出一些改良方案颇有新意。如他否定了"灵魂不死说"，指出："古宗教家，设教愚民，既欲欺其生前，行善去恶，必须诳以死后得福免祸。此大诳语，虽至人类绝种之日，必无死尸说话之时。"（同上）在科学发达的近现代，灵魂不死说找不到任何实验证据，很难使人相信。"神鬼之说亦然"，只能解释成宗教家"神道设教"的方便。故他认为新佛教应删除一切鬼神迷信之说。同时，他对僧尼修习制度也提出了挑战，"即以戒律而论，食、色等戒，未尽合理。……至于男女肉欲，源于生物本能，以之传种，非人类所独有，若以绝欲为戒，无异禁佛教之普行。设使世间一切男女，皆奉行佛教为僧尼，人种且绝，何有于教？"（同上）当人们对生殖的奥妙有所认识之后，当现代的大工业生产能创造出大量物质财富之时，佛教"禁色戒淫"、"过午不食"等戒律就显得与时代格格不入了。为了在新时代能够重新吸引信徒，杨度提出："不如解放僧尼，同于居士。此种肉欲之戒，有损于身，无益于心，违反生理，决须扫除。"（同上）杨度提出的这个问题，是佛教改革中的难题之一。

在一段时间内，杨度对自己创立的新佛教相当自信。他讲："准此教旨，以谋改进将来社会，直可普度众性，一齐成佛。"（同上）杨度又详细描述了此众生成佛的"极乐世界"。"此世界中，因衣食住平等，男女恋爱自由。"（《虎禅师答客问》，《杨度集》）"此世界中，因衣食平等，故人无私财……平等生产，平等分配，平等消耗，食力互助，无所竞争。因无竞争，故无国界，因无国界，故无烦恼。""此世界中，因男女恋爱自由，故无婚姻，故无姓氏，因无姓氏，故无家族。……因无家界，故无烦恼。"（同上）杨度所想象的净土世界，实为大同世界，共产世界，康有为《大同书》去国界，去家界，去产界的影子随处可见。在中国近代苦难深重的社会里，向往人人平等，男女婚姻自由的大同世界是近代知识分子普遍的价值追求。然而，佛教的自我修养方法毕竟无法为人们指出一条达到大同世界的可行之途。所以当社会主义思潮从俄国传来之时，像杨度这样久经沧桑，历尽人间波折之士亦投身其间，由此可见中国知识分子接受社会主义绝非偶然。

（五）熊十力

熊十力（1885～1968），原名升恒、继智，字子真，晚年自称漆国老人，湖北黄冈人。出身贫寒，自幼勤奋好学，涉猎诸子百家，博览自然科学著作。17岁时赴武昌，就学于湖北陆军学校，肄业后参加湖北新军。辛亥革命前参加过"科学补习所"、"日知会"、"黄冈学军界讲习社"等革命组织，思想开始启蒙。因谋刺统制张彪事发，逃避于鄂西施南山中。后加入同盟会，参加辛亥革命及武昌起义，曾任辛亥革命时的武汉都督府参议。后又追随孙中山先生，参加过护法运动。35岁后脱离政界，潜心学术。起始于中国哲学，注重王夫之哲学思想。久之意犹未足，转而研习佛法，入欧阳渐办的支那内学院学习，对大乘佛教，特别是唯识学发生了浓厚的兴趣，逐渐形成了"新唯识论"的思想。1923年应北大校长蔡元培之邀为教授，在北大讲授其《新唯识论》，以此闻名于哲学界和佛学界。抗日战争时期内迁四川，继续从事讲学、研究。抗战胜利后返回北大任教。中华人民共和国成立后，历任中国人民政治协商会议特邀代表和第二、三、四届全国政协委员，继续在北大从事佛学研究。1956年后回到上海居家从容著述。

熊十力一生著作宏富，共有专著20余部，论文百余篇。其中佛学专著有《新唯识论》、《破破新唯识论》、《与友论新唯识论》、《略谈新唯识论要旨》、《佛家名相通释》、《十力语要》、《读智论抄》、《因明大疏删注》等等。《新唯识论》是熊十力佛学思想的代表作，他自称"平生学术，具在新论"。《新唯识论》之新，是针对欧阳渐等人传统的唯识学研究而言。他不拘守于佛教的某些传统观念，广征博引于《易传》、《老子》、《庄子》、宋儒，乃至西方哲学家的某些思想，用中国的传统思想改造大乘有宗的唯识学。例如，他对护法、窥基于现象外立"本有种子"以为本体，从而将体、用截为两段提出了批评。他认为藏识种子不是一种实体，而是一种恒转功能，体用不离，即用显体。他用宋明理学的体用一如思想改造传统的唯识学，在宇宙观上用"离心无境"代替"唯识非境"；在认识论上用"自反本心"，代替唯识学的"四分"（即见分、相分、自证分和证自证分），从而建构了新唯识论体系。朋友诙谐地对他说："宋明儒阳儒阴释，公乃阳释阴儒"，十力笑而默认。（见燕大明《熊十力大师传》）新唯识论在中国近现代思想史上占有一定地位，是中国传统文化谋求现代化的一种努力。

（六）汤用彤

汤用彤（1839～1964），字锡予，湖北黄梅人，近现代著名佛学研究者。1917年毕业于清华学堂，1918年赴美留学，1922年获哈佛大学哲学硕士学位，回国后曾与吕澂、梁漱溟等人同学于欧阳渐的支那内学院，为日后佛学研究事业打下了坚实的基础。他历任南京东南大学、天津南开大学、北京大学、西南联大教授。汤用彤通晓梵文和巴利文语，熟悉中国思想史、印度哲学史和西方哲学史。从20年代开始，他便运用各种现代科学观点从事佛学研究，发表了大量论文，并最终完成了《汉魏两晋南北朝佛教史》（1938年）和《隋唐佛教史稿》（1978年由其子整理出版）。在此两书中，他对两汉以来佛教在我国传播的历史进行了详细的考证、研究，对各个宗派兴起、衰落的原因、过程进行了完整的叙述，对中国佛教史上许多重大事件、经文传译、论文著述、僧人生平都提出了自己独到的见解。因此，这两部书受到了中国佛教史学者一致好评。特别是前一部书，被认为是开启近代佛学研究新风的经典之作，至今享誉海内外学界。中华人民共和国成立后，汤用彤任北大教授、副校长、学部委员、人大代表等职，1964年病逝于北京。

（七）陈　垣

陈垣（1880～1971），字援庵，广东新会人。近现代著名宗教学家，对佛教、道教、基督教、伊斯兰教、犹太教、祆教、摩尼教都有深刻的研究。陈垣青年时代曾参加反清斗争，辛亥革命后定居北京，曾出任教育部次长，不久退出政界，从事历史、宗教方面的研究。1925年后历任清室善后委员会委员及故宫博物院图书馆馆长、北京辅仁大学校长、北师大历史系主任、北大教授。抗日战争时期身处敌后，坚持不任伪职，以史为鉴，宣传爱国思想。中华人民共和国成立后曾任北师大校长、学部委员、人大常委等职。陈垣在佛学研究方面的主要著作有：《释氏疑年录》12 卷，详细考订了历代高僧 2800 人的生卒年月、籍贯、俗姓，并有中西历对照。《明季滇黔佛教考》6 卷，对明末云、贵两省佛教及反清志士避清逃禅的情况进行了考证、研究。《清初僧诤记》，对清代禅宗派系及清初禅门内部法藏、道忞弟子为夺正而进行的斗争进行了论述。《中国佛教史籍概论》，对南北朝至明清 35 种佛教史籍按成书年代进行了分类介绍。此外还有一些论文在佛教史研究方面也有很高的学术地位。

（八）吕　澂

吕澂（1896～1989），字秋逸，江苏丹阳人，近现代著名佛教学者。早年曾学农学、经济学，1914 年在金陵刻经处随欧阳渐学习佛学。一年后又赴日本学习美术。1916 年由刘海粟聘为上海美专教师，1918 年回到金陵刻经处，协助欧阳渐筹办支那内学院。此后专心于佛教研究和教学，在支那内学院先后担任教务长、院长等职。中华人民共和国成立后，支那内学院改为中国内学院，吕澂仍任院长，直至 1952 年该院停办。以后他又相继担任中国佛教协会常务理事、中国佛学院院务委员会副主任、中科院学部委员、哲学所研究员等职。

吕澂受过现代教育，精通英文、日文、梵文、巴利文，广泛地引用外国学界，特别是日本近代佛学研究的成果，对中国佛教、印度佛教都曾进行过深入、独到的研究。但他既不迷信外国学者的学说，也不盲从中国僧侣的成见，在佛教史研究中颇多创见。吕澂主要佛学研究著作有：《声明略》、《佛典泛论》、《印度佛教史略》、《西藏佛学原论》、《因明纲要》、《佛教研究方法》、《中国佛学源流略讲》、《印度佛学源流略讲》、《新编汉文大藏经目录》、《因明入正理论讲解》等。在佛教活动方面，吕澂长期追随欧阳渐从事佛学教育事业，但思想上又有创新。吕澂宣传"佛法不离世间"的人间佛教思想，力促佛教向现代宗教转化。

五　藏传佛教在诸多矛盾中艰难发展

1912 年初，藏军驱逐清兵后，四川都督尹昌衡和云南都督蔡锷率军援藏，但此事在英国外交压力下被迫停止，从此民国政府再也无力在西藏驻军。1912 年 5 月，十三世达赖返回西藏，重掌政教大权。1912 年 10 月 28 日，袁世凯政府恢复了达赖名号，复封为"诚顺赞化西天大善自在佛"，同时加封班禅为"致忠阐化佛"号，表面维护了中央对西藏宗教领袖封敕的形式，但实际控制能力已大大降低。

此后，英帝国主义不断加强对西藏的渗透和控制，西藏独立势力在其羽翼下不断膨胀。1913 年 10 月，由英国人主持，中、藏政府派人参加，在印度西姆拉开会商讨所谓"西藏自治问题"。英国代表在会上提出划分"内藏"和"外藏"的方案，把青海、云南、四川、甘肃的藏区定为"内藏"，由中央政府直接管辖，而西藏和西康的藏区为"外藏"，中国政府"承认外藏自治"，"不干涉其内政，而让诸藏人自理"，"但中国仍派大臣驻藏，护卫部队限三百人"。中国政府全权代表陈贻未经请示，擅自在草约上签字。消息传出，国内舆论哗然，北洋政府乃令陈贻拒绝在正约上签字。但是这个"西姆拉会议"的草约，日后成为西藏分裂主义者的一个口实。

第一次世界大战爆发，内地军阀混战，中、英都无力顾及西藏问题，达赖成了西藏名副其实的政教领袖。西藏地方政府一方面勾结英、印政府，阻止中央政府长官入藏；同时又从英国购入军械，武装藏军，不断派兵侵扰西康、青海等地藏区，企图扩大西藏自治地区的范围。另一方面，达赖政府与英国人也有矛盾，特别是英国人建议向贵族和寺院加税，引起黄教僧侣的普遍反感。所以西藏噶厦政府也从未中断与中央政府的联络，承认西藏是中华民国的领土，向议会派出藏族代表，在北京、南京、成都等地设立办事处，与中央政府保持一种若即若离的关系。

民国年间，藏传佛教内部达赖与班禅交恶是一件大事。1912 年 5 月，十三世达赖结束流亡印度的生活返回西藏时，"班禅迎于江孜，达赖恶其助汉，罚银四万两。班禅向英官麦冬梁处借债呈交，从此嫌隙日深"(朱秀：《西藏六十年大事记》)。达赖、班禅本是黄教内部最大的两个转世系统，其创始人皆为宗喀巴的弟子。以前因有其他教派的压力，达赖、班禅精诚团结，互相帮助，共同发展黄教。在藏、蒙民族的信仰中，达赖、班禅都是至上的活佛，并无高下之别，亦不可互相替代。不过由于达赖日后逐渐控制了全藏政权，政治势力远非偏安后藏一隅的班禅可比。九世班禅却吉尼玛是位很有头脑的政治家，总是以各种借口避让矛盾。不过外界强力不断干涉，导致达赖、班禅的最终决裂。1915 年，达赖政府在日喀则设立基京(相当于行政公署)，干涉班禅在后藏行使权力，并让后藏承担全部军粮的四分之一。此事引起了班禅及札什伦布寺僧众的反对，要求与达赖面谈。达赖百般推诿，态度生硬。1923 年 11 月，班禅派扎寺几名官员去拉萨谈判，达赖将他们扣留并投入监狱。从者逃回日喀则，班禅感到生命安全不保，决定逃往内地，从此开始了长达 14 年的流亡生活。西藏成为达赖的一统天下。班禅到达内地后，受到蒙、汉人民，北洋政府及后来的南京政府的欢迎与厚待，多次得到中央政府策封的金册、金印。他除了到各地讲经外，还到处发表维护祖国统一，加强民族团结的讲话，受到各族人民的爱戴。

达赖统一西藏后，大力开展了整顿黄教的工作，主要是在经济上清查贪污行为，同时申明戒律，严禁抽烟、喝酒、嫖妓、赌博，收到了一定成效。不过在当时战乱不定、人心失衡的社会条件下，很难根治黄教内部的腐败。十三世达赖很重视佛教理论的研究，他本人在繁忙的政务中仍写有五部专门著作。不过整个藏传佛教在此动乱的社会形势下没有理论大师出现，缺少理论发展。随着藏族社会经济和人口的停滞，藏传佛教也呈现相对萎缩的趋势。1949 年统计，藏区共有寺庙 2700 所，僧侣 12 万人，远远低于乾隆年间的统计数字。

1933 年 10 月 30 日，十三世达赖在拉萨突然逝世。西藏噶厦政府即电告南京国民政府，推举热振呼图克图为摄政，并开始寻找转世灵童。十四世达赖丹增嘉措 1935 年 5 月 5 日出生在青海湟中县一个农民家庭，1939 年被送入拉萨供养。当时还发现另外两名灵童，噶厦政府电请国民政府派员参加确认灵童的掣签仪式。1939 年蒙藏委员会委员长吴忠信取道印度前往拉萨，但吴氏到达拉萨时，藏方突然宣布灵童只剩下青海的一名，请求免予掣签。吴氏坚决反对，最后双方达成妥协，改由吴氏"察看"灵童真伪，当面认可，勉强维持了达赖转世须经中央政府批准的形式。

达赖逝世后，国民政府积极安排班禅返藏事宜，但遭到了噶厦政府的百般阻挠。1937 年 12 月 1 日，九世班禅回藏受阻，在青海玉树逝世。班禅行辕堪布厅在青海循化县找到了转世灵童确吉坚赞，十世班禅生于 1938 年 1 月 3 日，父母都是当地农民。堪布会议经过占卜、降神、辨认前世班禅遗物等一系列宗教仪式，确认其为转世灵童无疑，故于 1941 年电告国民政府请求承认。但当时噶厦政府在西藏也找到了两名灵童，要求将青海灵童送入拉萨参加"金瓶掣签"仪式。对此，班禅行辕堪布会议坚决反对，并电呈国民政府要求免予"金瓶掣签"。当时国民党政府左右为难，暂时搁置了此事。直到 1949 年 6 月 3 日，国民政府代总统李宗仁才颁发了承认青海灵童的"免予金瓶掣签"令。从此，西藏两位新的宗教领袖诞生。

十四世达赖幼年期间，热振活佛摄政。热振是一位爱国高僧，主动加强了与中央政府的联系。1934 年 4 月，国民党政府派参谋本部次长黄慕松入藏吊唁十三世达赖，同时与噶厦政府谈判，试图加强中央对西藏的控制。英国政府闻讯后，也派代表入藏致祭，实则操纵噶厦政府，破坏汉藏团结。经过3个月的艰苦谈判，噶厦政府终于同意蒙藏委员会在拉萨设立办事处，尽管对办事处进行了多种限制，总算恢复了中央向西藏派驻大臣的传统。国民政府授予热振"辅国弘化大师"的封号。在1943年的国民党第六次全国代表大会上，热振还被选为中央候补委员。

热振的行为引起了英帝及噶厦政府中亲英势力的不满。1941年，他们借"乃钧降神"的形式，强迫热振退休"闭关"三年，由达扎活佛代理摄政。亲英派掌权后，在藏区内外大搞分裂活动。三年后热振"出关"要求复职，帝国主义分子唆使噶厦政府百般阻挠，并于1947年4月17日派兵逮捕了热振活佛，严刑审讯其所谓的"谋叛"罪行。当有人问他："何以西藏要亲中国"时，他答道："中藏在宗教上、地理上都无法隔离，一九〇四年荣赫鹏攻入拉萨之后，军事赔款概由中国代付，所以不啻是中国的钱赎回了西藏的身。"（《最近西藏的政变》，转引自方含章《达赖喇嘛传》，第333页）噶厦政府于5月7日在狱中勒毙热振。热振被捕，色拉寺僧人试图武装劫狱，但为藏军镇压，死伤多人。热振死后，热振寺僧人又举行武装反抗，与藏军激战七昼夜，热振寺惨遭洗劫。这便是著名的"热振事件"。

"热振事件"之后，民族分裂势力更加猖獗，1949年国内政局大变，噶厦政府借机发动了"驱汉事件"。7月8日，噶厦政府通知国民党政府驻藏办事处，声言为防"赤化"，限令办事处全体人员按时撤离。国民党此时无暇顾及西藏问题，办事处人员分三批经印度撤走。中共新华社于9月2日做出反应，发表社论指出：驱汉事件是帝国主义策划的分裂中华民族的大阴谋。并表示中国人民解放军一定要解放包括西藏在内的全部国土。

1949年10月1日，中华人民共和国成立，十世班禅致电毛主席，代表西藏人民和僧侣热忱拥戴。此后，中央政府通过班禅及一切其他渠道与噶厦政府联系，力促西藏问题和平解决。但是摄政的达扎活佛却勾结英、美帝国主义势力，制造"西藏独立"、"中国侵略西藏"的国际舆论。1950年7月，中央派西康省人民政府副主席格达活佛入藏劝说，藏军在英国特务指挥下，于8月21日将其毒死于昌都。格达活佛藏名洛桑丹增扎巴，1913年生于西康甘孜县白利乡一藏民家中，是白利寺的转世活佛。1935年红军长征路过此地时他深受影响，并提供军需，掩护伤员。新中国成立后格达活佛派人赴京向毛泽东主席表示敬意。被任命为省政府副主席后积极参加工作，最后为西藏的统一献出了宝贵的生命。

西藏噶厦政府一面拒谏、拒和，一面在昌都一线部署兵力，试图阻止解放军入藏。鉴于这种形势，解放军于 1950 年 9、10 月间进行了昌都战役，全歼藏军主力 5000 余人。军事失败使西藏僧俗领袖一片恐慌，亲帝国主义势力劝说达赖出走亚东观变，希望他效法十三世达赖流亡印度，等待第三次世界大战爆发。然而，美、英、印等国只是口头上支持西藏独立，并无援藏的实际行动，因而使鼓吹西藏独立的人无计可施。噶厦内部主张民族团结的高级僧侣和政界上层人士则劝达赖接受中央政府的条件，和平谈判。噶厦政府和战无路之时，只得乞灵于乃钧、噶东两神指点迷津。两寺神汉跳神后亦不敢妄言和战，只是请达赖亲政。1950 年藏历 10 月 8 日十四世达赖举行了亲政典礼。然后致电毛泽东主席，同意和平谈判。1951 年 4 月 27 日，以阿沛·阿旺晋美为首席代表的西藏地方政府代表团到达北京，开始谈判。5 月 23 日与中央人民政府达成协议，和平解放西藏。藏传佛教从此进入了一个新的历史时期。

第三节　道教的衰微与复苏

一　政治时运影响道教命运

道教自清末即已衰落，南方正一道不仅张天师的"正一嗣教真人"之封早被取消，连各级道教管理机构亦被废止，政治地位大不如前；北方全真道稍优，领袖人物对国事尚有一定影响，但理论建树不多，全真道士多兼行斋醮祈禳，与正一道士的差别愈益缩小。民国建立，帝制取消，《临时约法》规定"人民有信教之自由"，中央政府不再以神权为政权之依凭。民国元年，江西都督府在破除迷信的活动中，取消张天师的封号及其封地，正一道的政治与经济根基发生动摇。道教借重北方全真道力量谋图复兴，于 1912 年成立了民国以来第一个全国性的道教组织——中华民国道教会，总部设在北京白云观，各重要地区设分部。正一道第 62 代天师张元旭至上海成立"中华民国道教会江西本部驻上海总机关部"，稍有活动。大总统袁世凯素有称帝野心，力主保持旧有宗教祭祀传统，对社会各方代表人物包括宗教领袖施以笼络政策，以便为其所用。在这种情势下，张元旭于 1914 年结好长江巡阅使张勋，上通于袁世凯，袁氏乃复其天师封号，发还田产，重颁正一真人之印，更赐以三等嘉禾章及"道契崆峒"的匾额，以示恢复传统的政教关系。

袁氏称帝失败后，军阀吴佩孚、孙传芳都曾会见张元旭，使正一道在政治上日趋活跃。1919年成立"万国道德会"，张元旭被推为名誉会长。1920年，张又被推为"五教会道教会"会长。1924年，张氏卒于上海，63代张恩溥嗣教，仍在京沪一带活动。

五四运动对中国古老的文化传统进行全面冲击，包括道教在内的旧宗教、旧习俗皆在批判之列，关帝、吕祖、九天玄女等道教神灵被先进的知识分子断为毫无价值的欺骗，是愚民之事。陈独秀认为上帝、神、仙、佛，都是"骗人的偶像"。钱玄同认为要"益世觉民"，不仅不应迷信佛教、耶稣教，还要剿灭道教神学。胡适对道教的批判最为激烈，认为道教"最迷信"，《道藏》是"一套从头到尾，认真作假的伪书"，"其中充满了惊人的迷信，极少学术价值"。这些言论代表了社会革命思潮的激进姿态，既有横扫旧物的勇猛，又有简单武断的偏执。思想的批判又接续以实际的打击，国共合作的国民党江西省党部于1927年初先后三次派特派员，前往江西龙虎山上清宫，召开大会，揭发天师道的迷信活动，烧毁万法宗坛的神像，收缴天师府里乾、元、亨、利、贞五本田租册，及历代皇封的银印、铜印共十五颗，还有历代天师传承的玉印、宝剑，袁世凯所赐宝鼎、花瓶等，当地群众拿住张恩溥押送南昌，监禁于江西省农民协会。四·一二政变后，张恩溥被朱培德释放。1927年3月，江苏吴县临时行政委员会议决："张天师业经取消，道教不能存在，道士应使各谋职业，道士观院产业应统筹训练职业之用。"1928年，国民党政府公布了神祠存废标准，作为对旧宗教的一次正式清理，保留比较正规的信仰，破除世俗的迷信活动。与传统国家民族宗教、道教有关的部分，保留的有伏羲、神农、黄帝、仓颉、禹、孔子、孟子、岳飞、关帝、土地、灶神、太上老君、元始天尊、三官、天师、吕祖、风雨雷神等，废除的有日、月、火、五岳、四渎、龙王、城隍、文昌、送子娘娘、财神、瘟神、赵玄坛、狐仙等。这个标准的制定者显然对中国传统宗教缺乏精细的了解，把列入历代礼典的宗教祭祀同道教的祭礼完全混在一起，又毫无道理地把上述种种宗教祭祀硬分成可存可废两类，采取截然相反的政策。实际上除了狐仙以外，都是传统的正宗信仰，不宜归为迷信。这一规定后来并未认真执行，但已然使许多宫观庙宇停止了宗教活动，改为学校机关、军营。1930年共产党在江西苏区搞土地革命，其后继续打击天师道势力。张恩溥初被蒋介石任命为国民党第二十一军代理副军长，天师府和上清宫也得到修缮，后来张在苏区革命压力下逃往上海，以国民党为后盾进行活动。1947年由张发起并成立了上海市道教会筹备会，并继续筹备中华民国道教会而未果。张恩溥于 1948 年底经由新加坡去台北，天师传承在大陆暂时结束。

北方全真道比南方较为平稳。北京白云观为全真第一丛林，接受各地云游道士来此学道和受戒，民国时期继续活动。白云观于民国中最后一次传戒是 1927 年，受戒人数 349 名，为时数十天。但其余一般宫观和小庙亦趋衰败，不复有昔日壮观气象。

抗日战争时期，北方许多地区民众借重道教"抗日救国，保财保家"。1938 年春，山东出现"堂天道"、"罡风道"，皆道教支派，其中博山县"堂天道"有教徒数千人，平时务农，战时打击日寇、汉奸，成为一支抗日武装力量。在南方，句容茅山的道士便支持和帮助过抗日的新四军，南岳衡山道士参加"南岳佛道救难会"，为抗日救国做出积极贡献。

总的说来，道教在民国时期是时运多蹇，满目凄凉，呈末世光景。日本道教学者窪德忠于 1942 年来中国北方看到的景象是："庄严肃穆的道观很少"，太原纯阳宫"没有道士，却有许多妇女、儿童在专心纺棉，显然已被当作手工业作坊"；济南迎祥宫"也同样是纺棉的场所"，内殿一兼作医生的道士"毫无道教知识"；太原元通观是著名道观，"已作为咖啡业同业公会的办事处了"；济南的长春观"一部分房屋被警察占用，在本堂的玉皇大帝前面，居民在烧饭"；北京朝阳门外东岳庙，1920 年的宗教气氛很浓，有十多名道士，而今"一部分地方辟为小学，一部分地方被警察使用，道士减到九名"，作为道观的作用"微乎其微"；泰安岱宗坊附近玉皇观"昔日的丰采几乎荡然无存，连一个参拜者都没有"。他只发现北京白云观和沈阳太清宫，尚"保持着名副其实的道观式面貌和风格"。当时太清宫是东北道教的总本山，设立了中华全国关东道教总分会；白云观是全国道教总会本部。白云观内有道士 78 名，识字者仅十多名，每天的工作就是打扫清洁和劳动，关于早晚读经的规定均未实行，极少数道士成天晃荡，晒太阳打发日子，道士们生活清苦，饭食差，穿补丁道袍（以上见窪德忠《道教史》）。白云观道士的宗教素养尚且如此，其余宫观的水平就可想而知了。南方的情形亦不稍好，由于革命运动的打击和基督教影响的扩大，以及近代科学医学知识的传播，道教信徒日渐减少。以苏州为例，1922 年以前正式道士有 809 人，1922 年为 512 人，1949 年仅为 221 人（见史全生主编《中华民国文化史》）。可以说，道教在中国社会急剧的革命性的大变动中发生了空前的生存危机，政治的变革固然是重要原因，道教理论的停滞落后和活动方式的陈旧杂沓也是不可忽视的内在因素,这就激发起一些热心于道教学问的人士,从事改革和创新道教的工作。

二 道教学者重建道教理论的努力

(一)陈撄宁

陈撄宁的宗教救国言行和他的仙学。在近现代道教史上造诣最高和影响最大的道教学者当首推陈撄宁,他是龙门第 19 代居士,虽未正式受戒入教,但毕生殚精于道教及养生学研究,又能随顺时代潮流而革新道教理论,成就颇著,又是一位忠诚的爱国者,热心利他事业,在道教界德高望重,为后学崇敬和怀念。

陈撄宁祖籍安徽怀宁县洪镇乡,世居安庆苏家巷,生于清光绪六年(1880),卒于 1969 年。原名志禅、元善,字子修,后用《庄子·大宗师》中"撄宁也者,撄而后成者也"句,因改名撄宁,道号圆顿子。自幼受家教苦读古籍,少年即具坚实儒学功底。喜读《时报》、《盛世危言》等书报,接受革新思潮影响,不满清廷腐败辱国,厌恶仕途。洋务派左宗棠在安庆办高等政法学堂,陈氏考入就读,不久因病中途退学。陈氏幼年体质衰弱,加以学习用力太过,少年即患童子痨,为自救起见,遂停儒业而改学中医,从叔祖父学习医道,偶在医书上看到仙学修养法,初试无效,后来渐渐有起色,生命得以保全,从此走上研究仙学养生的道路。28~31 岁即辛亥革命前夕,由于旧疾复发,决心离家寻访高僧高道,以求养生延命之方。先后拜访过佛教九华山月霞法师,宁波谛闲法师,天童山八指头陀,常州冶开和尚,嫌佛教炼养偏重心性,忽略形体,遂改访道教中人,先后游迹于苏州穹窿山、句容茅山、均州武当山、即墨崂山以及怀远涂山、湖州金盖山等处,皆无所获,于是决心直接阅读《道藏》。其时《道藏》全本中国不过七部,分藏于沈阳太清宫、北京白云观、南阳玄妙观、武昌长春观、成都二仙庵、上海白云观等处。民国初年,陈氏来上海,依姊丈乔种珊,开始在白云观阅读《道藏》。从 32~35 岁,连续三年终于将《道藏》从头至尾看过一遍,确知其中蕴藏养生学资料十分丰富。民国四年复留心佛学,在杭州海潮寺佛教华严大学住过一时期,旋即离开去北京。36~55 岁即民国五年至二十四年(1916~1935),返沪与妻吴彝珠住在一起,生活相对安定,一面阅读养生诸书,一面大量涉猎文史哲及医佛典籍,借以修养身心。其间曾出游庐山、北京西山及苏浙皖三省名山。民国二十五年(1936),其妻患乳癌,陈氏用仙学养生法为之治疗，大有效验，同时开始著述，与患病者通信，力图将自己从《道藏》中研究出来的高深修养法推向社会，为民众谋福。早在 1933 年，陈氏即在上海创办《扬善半月刊》，倡导仙学，至 1937 年日本进攻上海停办，共发行 99 期，将自己研究心得向友人、学生及读者发表，打破仙道修养诀窍秘而不宣的落后传统。抗日战争期间，陈氏安居于上海外甥婿张嘉寿家，由亲友及学生奉养。1939～1941 年，陈氏又创办《仙学日报》，发行 30 期。1945 年其妻吴氏去世，陈氏此后居无定所，在亲友、学生家中做类似家庭教师工作，讲解学问与养生之道。1949 年以后住杭州学生胡海牙医师家，1953 年受聘为浙江省文史馆馆员。1957 年，当选为中国道教协会第一届副会长兼秘书长，时年已七十有七。1960 年任全国政协委员，1961 年当选为第二届道协会长，呼吁开展道教学术研究。其后亲自指导道协研究室工作，编辑《历代道教史资料》，编写《中国道教史提纲》，兴办《道协会刊》，道教知识进修班，在全国范围内发挥其重大作用。道教界高道易心莹、乔清正、杨祥富、蒋宗翰诸人均敬仰陈撄宁，待如师礼。中医界亦重其医德医术而称颂求教。陈氏受"文化大革命"的震撼，身心交瘁，遂于 1969 年在北京去世。

陈撄宁一生著述甚丰，主要著作有：《史记老子传问题考证》、《老子第五十章研究》、《南华内外篇分章标旨》、《解道生旨》、《论白虎真经》、《辩楞严经十种仙》、《论〈四库提要〉不识道家学术之全体》、《黄庭经讲义》、《道教起源》、《太平经的前因与后果》、《静功疗养法》、《读高鹤年居士名山游访记》、《仙与三教之异同》、《论性命》、《最上一乘性命双修廿四首丹诀串述》、《口诀钩玄录》、《与因是子讨论先后天神水》、《孙不二女内丹功次第诗注》、《灵源大道歌白话注解》、《外丹黄白术各家序跋》，主编《道教知识汇编》、《中国道教史提纲》。以上主要著作及若干书信、诗词、讲话，收入《道教与养生》一书（华文出版社，1989 年出版）。台湾方面，他的学生徐伯英、袁介珪编辑《中华仙学》（台北真善美社出版），亦是陈氏著作一大汇集。

陈撄宁提倡的仙学，亦即自古流传下来的神仙家养生学，一向成为道教的核心信仰，其近期目标为延年益寿，其最高追求是长生不死。陈氏早年析仙学与道教为二，其实是炼养派与符箓派的区别，晚年则主仙、道为一，仙学乃道教重要内涵。但陈氏的仙学并非旧神仙道教理论的重复，有其时代的特点和个人独特的创造，故他能成为一代学问大师，半个世纪享有盛誉。

第一，提倡仙学是为了爱国强族。陈氏研究仙学，缘起于自身的疗疾与健康，但他一生致力于此一大事业，最高的目的和最大的动力则是振奋中华民族的精神和强化国民的体魄，使中国不再受外人欺侮。他大半生处在民国时期，看到国力羸弱，外患不止，故倡本位文化，以图救国，把道教看成"今日团结民族精神之工具"(《前中华全国道教会缘起》)。他在《论〈四库提要〉不识道家学术之全体》中说：

> 吾人今日谈及道教，必须远溯黄老，兼综百家，确认道教为中华民族精神之所寄托，切不可妄自菲薄，毁我珠玉，而夸人瓦砾。须知信仰道教，即所以保身；弘扬道教，即所以救国。勿抱消极态度以苟活，宜用积极手段以图存，庶几民族尚有复兴之望。

陈氏比较了佛教、西学与道教，认为在中国受帝国主义侵略情况下，"佛教慈悲，徒唤奈何"，"欧美偏重物质科学"，"若借助于物质科学，杀人止杀，更滋荒谬"，只有道教，既抱有崇高的救世目的，又不尚空谈，切实从自身治弱致强入手，"合精神与物质，同归一炉以冶之，将来或可以达到自救救他之目的"(《复武昌佛学院张化声先生函》)。按佛教净土宗旨，学佛以求生西方，陈氏表示"西方虽然好，但我不愿去"，因为"我们既生为中国人"，"没有将自己的国家改善完善，徒然羡慕外国世界，想抛弃本国往外国跑，试问成何体面?"(《答复北平学院胡同钱道极先生》)很明显，这个"西方"已非佛教的"极乐世界"，而是欧美世界。陈氏鄙弃崇洋媚外思想，高扬爱国主义旗帜，是一位伟大的爱国者。

第二，将仙术提升为仙学，使之成为一种独立的光明正大的哲学体系。从道教的发展看，前期成仙之丹道，重术而轻学，故称为功法；后期之内丹道，援佛融儒而失却自家面目。陈氏之仙学，扬弃术数、科仪而凸显道学，有人生价值之付托，有理论体系之博精，虽融摄儒佛而不依傍他人门户，遂使仙学成为可以与儒家、道家、佛教并驾齐驱的安身立命之道。陈氏力辨儒、佛、道、仙四家宗旨不同：儒家以为人生是经常的，所以宗旨在维持现状，而不准矜奇标异，因此人生无进化之可言；释家见解，以为人生是幻妄的，所以宗旨在专求正觉，而抹杀现实之人生，因此学理与事实常相冲突，难以协调；道家见解，以为人生是自然的，所以宗旨在极端放任，而标榜清静无为，以致末流陷于萎靡不振，颓废自甘；仙家见解，以为人生是有缺憾的，所以宗旨在改革现状，推翻定律，打破环境，战胜自然。(见《与海印山人书》)陈氏痛心民众为礼教束缚不敢自由驰想，神仙学术不敢验之于身，且不敢出之于口，于是谨愿之徒群归于儒，超脱之士则遁于释，而以世俗迷信视仙学；实不知"仙学可以补救人生之缺憾，其能力高出世间一切科学之上，凡普通科学所不能解决之问题，仙学皆足以解决之，而且是脚踏实地，步步行去"，他进而指出，仙学"既不像儒教除了做人以外无出路，又不像释教除了念佛而外无法门，更不像道教正一派之画符念咒，亦不像道教全真派之拜忏诵经。可知神仙学术，乃独立的性质，不在三教范围以内，而三教中人皆不妨自由从事于此也"（见《与朱昌亚医师论仙学书》）。陈氏固信人的生死大事恃医学不足以解决，必求神仙学术，发超人之思想。而千百年来，神仙之学遭儒生之毁谤，僧侣之藐视，羽流之滥冒，方士之作伪，乩坛之乱真，已埋没不显，故应刷尽丑声名，使其真学问得见天日。有其人方弘其道，陈氏以倡导仙学前驱者自任，而倡导者不世有，或不肯用世，或与现代社会隔膜，或有功夫而不会做文章，或懂古文而不悉白话，或守传统而不喜新思潮，或只会术数而无学理，或懂五行八卦而不知新科学，或偏于一派而不能兼顾，这些人虽可利己，难以利人，陈氏认为自己具备种种有利条件，可以把仙学推向社会，使之发扬光大。

第三，引入近代科学精神，将仙学与人体探秘及中医结合起来。陈氏青年时期喜看各种科学书籍，随其兄学习物理、化学、数学等，又研读中医理论，精于医术，所以具有近代科学的头脑和眼光，试图将成仙纳入科学轨道。首先是摆脱祀神、符箓，涤除盲目迷信成分。他明白地说："仙学不在三教范围，不念佛，不画符，不念咒，不拜忏诵经"（《与朱昌亚医师论仙学书》），又说："符咒祭炼，遣神役鬼，降妖捉怪，搬运变化，三跻五遁，障眼定身，拘蛇捕狐，种种奇怪法术，十分之九都是假的。"（《口诀钩玄录》）他把自己的仙学归属于学术而非宗教，故云："仙之本身，产生于学术实验，不像宗教要依赖信仰"（《定志歌》），其中绝无对鬼神的迷信，只是对生命科学的一种推进和大胆探索，不肯把个人生死命运付之自然，亦不肯听阎王老子的命令。其次重实验实证，反玄言空谈。他认为仙道不过是用科学方法改变常人之生理，因此"他的学术是实验的，而非空谈的"（《读〈化声自叙〉的感想》）。老庄之清静无为，孔孟之修身养气，佛教之参禅打坐，皆偏重于心性方面，不能解决生理上老病而死的问题，因此他的仙学虽讲性命相依，实则以命为重，如灯之放光，灯油是命，灯光是性，离命而见性犹有灯而无油，必不能放光。在《众妙居问答》中说："仙学乃实人实物，实情实事，实修实证，与彼专讲玄理之事不同"，所以仙学实际上是一种长寿的生理之学。然而仙学又不同于一般的人体生理学，后者只承认有限的生命肉体，仙学则承认一般肉体之外还有性命。这个新的性命有灵性有永恒之生机，它是经过炼养从世俗肉体中蝉蜕而生成的，阳神脱离躯壳而出，能够长生久视。这样，陈氏的仙学虽然主观上要科学化，实际上仍保存有道教的本色和幻想成分。再次，仙学特重按常人的情理养生健身，既反对纵欲、淫乱，又不主张出家人的夺欲绝欲，而以顺欲节欲为准则。所以陈氏不赞成全真派的出家修道，而主张修仙学道者有眷属同居，夫妻双修双证，这符合阴阳互补的原理，又能为一般人所接受。最后，仙学必须实践于医学和养生学，为人解除疾病痛苦，有强身健体之功效。故陈氏精研传统医药学，精于《内经》，善于诊治各种疑难重病，重医德，重效验。他自己以幼年病弱之体而修仙学，终致健康长寿，年逾八十而耳聪目明，步履矫健，若不是"文革"大难，定可超越期颐之年，此是其仙学的近期验证。

第四，出入儒释道三教，博采以往道教内丹学积极成果，创造性地建构唯生的仙学理论和方法。陈氏虽然反对把仙学混同于儒释道三教，但主张以仙学为主去贯通三教，不必有门户限隔。他说："儒道两家，同出一源，本无异议；佛教虽是外来的，但已经被中国人改造过了"，"三教各有所长，谁也不能把谁打倒"（《读〈化声自叙〉的感想》）。他自己的学问经历了由儒而道，由道而佛，由佛而仙的过程，故云："若以我个人历程而论，初以儒门狭隘，收拾不住，则入于老庄；复以老庄玄虚，收拾不住，则入于释氏；更以释氏夸诞，收拾不住，遂入于神仙。"（同上）又说自己"于三教中，出入自由，不见有其碍也"（《答蔡德净君四问》）。他所理解的道教优良传统以老子为代表，"从整体'宇宙观'出发，然后将'自然'之道、'治国'之道、'修身'之道三者都归纳于一个共同的自然规律中"，"这就是道家处世的哲学精神和道教超世的修炼方术结合一起互相为用的优越性，也就是我们所谓道教优良传统"（《道教知识类编》）。

陈氏自言，他的导师有五，"北派二位，南派一位，隐仙派一位，儒家一位。若论龙门派，算十九代圆字派"（《中华仙学》，第68页），可见其仙学集道教内丹学之大成。他的创造在于，借助于儒家大《易》生生不息之说、孙中山的"生元说"和近代自然科学，推出自己的"唯生"的仙学。他认为世界以"生"为中心，生之本源为"真一之炁"，或名"元始子"，即"道"；仙学炼丹，在于使体内真阴真阳相恋，去浊留清，摄引其

"真一"，得之即可长生。炼养的步骤，先是以生理变化心理，四时调和则心神安定；进而以色身冥通法界；进而打破虚空，炼精化气，炼气化神，炼神还虚，所谓"虚"乃细微之"真一"，并非虚空；最后妙炼"真一之炁"，合道成仙，即可白日飞升。仙学正宗方法，途径有三，即天元神丹服食，地元灵丹点化，人元金丹内炼。地元丹法即外丹。天元丹法即李清庵、陈虚白、伍冲虚、柳华阳所论丹法。人元内炼派别较多，以地区分有王重阳之北派，张紫阳之南派，李道纯之中派，陆潜虚之东派，李涵虚之西派。以孤修双修论有清静派，有阴阳派。陈氏重人元丹法而接近阴阳派，奉陈抟"守中抱一，心息相依"的宗旨，炼"神气合一，动静自然"之仙功。

陈氏欲以其唯生的仙学超越唯心唯物，他的学生张化声概括为"生本主义"，认为这是仙道文化的特征，而欧洲文化是物本主义，佛教文化是心本主义，他说：

> 当兹生物学、生理学、生殖学、生态学、发生学、化学、物理学等大明之时，似宜适应新潮，将仙术建筑在科学的地平线上，俾唯心唯物之粗暴威权，消融翔洽于唯生的大化炉中，造成升平和乐的世界。（《中华仙学》，第830页）

贵生、乐生、养生以至于长生，将个人之生推广去健全中华民族之生，这就是陈氏仙学的真精神。

陈撄宁是近现代唯一看遍《道藏》全本的学者，又具有现代分类学的知识，故能对《道藏》重新进行分类，以便后学翻检研究，这是陈氏对道教学术做出的重要贡献。陈氏在《道教知识类编》中指出，道教传统的"三洞四辅十二类"的编目分类，唐以前原有宗派系统，宋以后久已混乱，明代重修《道藏》排列错误很多，三洞下分十二类已嫌重复，而四辅下又不分类，更嫌芜杂不清。陈氏根据《道藏》全书的内容、性质，重新分为十四大类，即：道家类、道通类、道功类、道术类、道济类、道余类、道总类、道史类、道集类、道教类、道经类、道戒类、道法类、道仪类，并拟编写一部新的《道藏分类目录提要》，惜乎未能完成。这项工作确属重要，它是开展《道藏》科学研究的重要前提。陈氏的分类未必尽当，但其十四类之划分确比传统大有进步，更好地揭示了道教文化多层面的异同关系，可为今日的重新科学分类提供重要参考。①

（二）易心莹

易心莹的励志勤行与道教思想。近代有学识有出色行事的正式道士不多，易心莹是其中第一人。易氏俗名良德，字综乾，出家为全真龙门派22代传人，道号理伦，四川遂宁县人，生于清光绪二十二年（1896），卒于1976年，享年80岁。幼时闻道教为强身保国之术，便蓄意向道，于1913年弃家只身来到青城山天师洞求为道徒，时年17岁。道士未做成而留庙为杂工。一年后又至青羊宫二仙庵蚕桑传习所做杂工。1917年，天师洞道士魏松遐在二仙庵见易心莹信仰虔诚，能耐苦劳，将其领回，收为弟子，精心培养，遂命其往本山朝阳庵投拜吴君可门下就学。吴氏本儒生而深于道教，指导心莹涉猎经史道籍，于是心莹学业大进，茅塞顿开，不久即回天师洞做导游。1926年成都名翰林颜楷来游青城，见心莹勤学好问而颇受感动，受观主彭椿仙之委托，遂携心莹至成都，入颜崇德书屋深造，三年之中学业猛进。回天师洞后，任知客，接待四方名流。后来专心道教学术研究，在十年中潜心著述，所得甚丰。著有：《老子通义》、《老子道义学系统表》、《道教系统表》（即《老君应化图说》）、《青城风景导览》、《青城指南》、《道学课本》、《道教三字经》等书，又辑有《女子道教丛书》及炼丹、养生诸书，多在观中刊行，成为有学问有操行的高道。其弟子称颂他"中年笃守儒师与道家学理，谦恭勤苦以全志，博学养志以立心；讲学以常道为纲，慈俭为事；主循天之道，知奇守正，师万物，顺自然；治学孜孜不倦，出言讷讷若拙"，是位方正有教养的高道。易氏酷爱读书藏书，于道籍多有搜求。观中所藏《正统道藏》、《二十四史》、《道藏辑要》、《太平御览》、《太平广记》及百家之书数千册，多为易氏亲手收罗所致。又外出访师游学，向同时学者求教，与陈撄宁、陈国符、蒙文通诸先生常有书翰往来。1942年7月，天师洞住持彭椿仙病逝，易氏继任，旋因不堪事务困扰而解职，专心从事道教学理研究。1955年重任天师洞住持，1957年任全国道教协会副会长兼副秘书长，编写《四川志·宗教志·道教编》。又选任四川省道教协会会长。②

易心莹尊奉元始天尊（元炁之祖）、玉晨大道君、太上老君，尤推崇老君，认为老君是大道之身，元炁之祖，天地之根，主领神人、真人、仙人、

---

① 以上多参考李养正《论陈撄宁及所倡仙学》。
② 以上参看李启明《易心莹传》。

圣人、贤人。他的宇宙论以大道为万物之源，道"至虚灵，至微妙"，化而为青白黄三气，使"万物殖"。其人生论援佛入道，谓：精、神、魂、魄、意五神，与命、功、时、物、事五贼，彼此感应，则"业识起，有六欲"，"迷为凡，悟为圣"。修道一须炼神，做到"但澄心，物欲远"；二须守一，"讲生理，除病垢，无摇精，无劳神，堕肢体，黜聪明，神气和，结仙胎，千二百，身不衰"（以上《道学三字经》）。此外还要持戒礼敬，"凡善信男女，修持忏悔，正法礼拜，真容随时，供养一心，信受不怠，则尘嚣涤尽"，于是道岸可登，否则即轮回于三恶之中（见《老君历世应化图说》序）。可见其道教思想属正统派，坚持性命双修、功戒同行，现代色彩较淡，但可延续全真道之血脉，不使中断。

（三）岳崇岱

岳崇岱的事迹和他的道教史观。岳崇岱（1888～1958）山东寿光县人，道号东樵子，俗名岳云发。幼时全家逃荒到辽宁建平县公营子，以务农为生。19岁以前随祖父边读书边种地。每感时世艰辛，屡遭磨难，渐生脱尘绝俗之心，于24岁（1912）上赴辽宁医巫闾山圣清宫出家修道。曾访东北名山宫观，两年之后重返圣清宫，率道众植果树，事稼穑。民国九年（1920）到沈阳太清宫，任知客，后任监院。岳崇岱出身农家，熟悉农事，力主道众自食其力，率太清宫道众在沈阳城东张官屯地庄子耕耘土地达14年之久。1939年，岳崇岱任伪满道教总会常理理事。1944年离开沈阳，回闾山圣清宫清修四年，后到北京白云观参访调养，不久即返回沈阳太清宫。1949年中华人民共和国成立，岳崇岱经道众推选任沈阳太清宫方丈，成为道教龙门派正宗第26代法嗣。按全真龙门派的宗谱，其代序是："道德通玄静，真常守太清，一阳来复本，合教永圆明，至理宗诚信，崇高嗣法兴……"，则"崇"字辈为26代。岳崇岱好学不倦，精于道教学问，为人平易近人，生活俭朴，办事干练，主张宗教界人士应自食其力，并积极开展自养工作，身体力行，从不搞特殊化。由于他学识渊博，德高望重，深得全国道教界人士的崇敬。由他发起，1957年春成立了中国道教协会，岳被选为第一任会长，兼辽宁省道教协会筹委会会长。不久被错划为右派，1958年5月含冤去世，寿70岁。1979年后平反。

岳崇岱曾于1957年3月在全国政协二届三次会议上发表讲话，对道教的思想和沿革做了介绍。讲话的时间虽在50年代，但观点的形成却有赖于数十年的积累，故摘录于此，作为他一生对道教总体看法的代表性作

品。他说:

> 道教是中国的固有的宗教,也就是中国的古教。他的起始是由于原始社会庶物崇拜逐渐演进到宗祖崇拜。所谓庶物崇拜如"夏后氏以松,殷人以柏,周人以栗";宗祖崇拜即"天子七庙,诸侯五庙,大夫三庙,士人二庙,庶人祭于寝室"(即俗称家堂)。那时,人民知识简单,以为天地间各种变化风云雷雨、山川草木、江河湖海等等皆有神主宰之。以后又演进为人格神,如燧人氏为灶神,祝融氏为火神,尧舜禹为三官大帝,周朝三母为娘娘神,天有上帝,地有社神,大都是纪念一些伟人和发明创造者的功绩而形成的。《礼记》上曾这样说:"有功于国则祀之,有益于民则祀之,能捍大灾、能御大难则祀之,立法于后则祀之。"这些都是封建帝王利用民间信仰的崇拜,借以范卫世道人心,补助政治之不足。所谓神道设教,这对民间信仰起过很大的作用,至今普遍的绵延未绝。道教创立起始于道家,周朝的老子著《道德经》八十一章,阐发"道"之奥妙,而不承认天地万物是神生的。他说:"有物混成,先天地生,寂兮寥兮,独立而不改,周行而不殆,可以为天下母",又说:"万物生于有,有生于无"。所以老子的学说是朴素的唯物论。道家又尊道而贵德,神则次之,尚谦虚、柔弱、不争、清静、无为、淡泊、寡欲、功成名遂身退,偏重于修养而淡于仕进,如范蠡、孙武子、商山四皓、张良、黄石公等,都是依道家的学说立身行世的。到东汉时,有成都张陵,他是留侯八代孙,开始创立道教。他引老子为鼻祖,并将民间一切神的信仰完全归纳于道教之内,从此信神与修道化而为一。随着社会的转变,代有传人,代有废兴,枝分派别,逐渐复杂,其中有丹鼎派、符箓派、清静派、政治派、全真派、正一派,有先出世而后入世,有先入世而后出世,如魏伯阳、陶弘景、葛洪、魏徵、李密、李淳风等,有时遁居城市,有时逸隐山林。迨至元初,成吉思汗聘请道士丘长春问长生久视之术,长春告以"敬天爱民、好生恶杀"之道,并拯救过无数人民的性命。道教是中华民族固有的宗教,他深入民心,虽时有兴衰,而民间信仰则是普遍的始终未断,这是不能否认的。

岳崇岱对于中国道教的概述不仅简明扼要,而且较少信仰色彩、较多学术意味,指明道教起源于古代民间信仰,继承于道家老子学说,创立于汉末张陵，分枝蔓延，虽有兴衰而流传不绝，这些都相当精辟而富有趣味。作为教内的高道，他置种种道教神话于不顾，用历史的眼光和较为冷静的态度讲述道教的思想和演化，显然是受了近代学术思想的影响，代表了一种新的趋势，那就是用新思想改造道教，使教内的道教学术研究更适应时代的发展，这是难能可贵的。当然，他作为全真道龙门派的传人，偏重于清修和心性的炼养，有意凸显邱处机"敬天爱民、好生恶杀"的戒条及其作用，对于道教的教义教派未能有周全的论述，整个说来过于粗略，但他能打破神话，注重历史，也不容易。特别是指出道教根植于民间传统信仰，深入民心，民族性强烈，所以影响广泛而深远，这一点是非常重要的，有助于我们理解为什么道士不多而道教思想却能够大范围传布的问题。

三　近代教外道教学术研究的兴起

民国以来，随着时代的变革和中外文化的广泛交流，新的学术文化勃然兴起，中国思想史的研究打破传统的哲学方式，以新的现代眼光和比较科学的方法重新予以论述和评价。于是有胡适《中国哲学史大纲》（上）的诞生，同时在儒、佛、道三个方面都有新型学者出现和新型著作问世，如佛学研究有汤用彤的《汉魏两晋南北朝佛教史》，儒学研究有冯友兰的《新理学》及贞元之际所著书，老庄的研究也得到极大重视。在道教方面，一反宗教活动的冷落，道教学术活动却空前活跃，出现一批很有价值的学术论著，为中国道教的研究开创出一个崭新的局面。这个新局面的特点是：研究者多是教外人士，没有信仰，持论公允，可以做到旁观者清；用近代宗教学的理论和方法，不再将道教与道家混为一谈，不再将神话当做历史，而是将道教作为社会历史现象去评述。

1934年商务印书馆出版了许地山《道教史》（上册），同年又出版了傅勤家《道教史概论》，1937年，傅勤家的《中国道教史》问世。这几部道教史著作虽然篇幅不长，然而是近代道教学术的开山之作，意义和影响都是很大的。傅勤家的《中国道教史》是我国第一部完整的道教史学术性著作，从探讨宗教共同点出发，论述道教的起源与演变，道教的信仰与道术、戒律，道教的经典与宫观，道教的派别与佛道关系，明确指出，道教源于道家而又不同于道家，"盖道家之言，足以清心寡欲，有益修养"，"道教独欲长生不老，变化飞升"，"道教实中国固有之宗教"。这本书收入上海书店《中国文化史丛书》，对于后世的道教学术研究保持着长久的影响。

另一部重要著作便是 1940 年出版的陈垣著《南宋初河北新道教考》。陈垣是我国当代著名学者,对中国宗教史有较深的研究。他在该书里运用文献资料与散见碑刻,精辟地论述了金元之际北方出现的道教新派别:全真教、大道教、太一教的产生、传承和发展,尤以全真教的论述更为系统严谨,有资料的考证,有思想的分析,有宗教活动的刻画,有社会世情的联结,弥补旧史之遗阙,寄托忧世之情怀,成为传世之佳作。

关于道教典籍之考订,当推陈国符的《道藏源流考》,该书是 40 年代的作品,初版于 1949 年。陈国符是化工专业教授而热心道教研究,他花极大气力广泛搜罗道教文献,用近十年时间写成此书,"于三洞四辅之渊源,历代道书目录,唐宋金元明道藏之纂修镂版,及各处道藏之异同,均能究源探本,括举无遗。其功力之勤,搜讨之富,实前此所未睹也"(罗常培序语)。这部书于 1962 年经作者增订,至今仍是研究《道藏》必备的参考书。

此外,还有一批学者致力于道教研究并出成果,如刘师培的《读道藏记》、刘鉴泉的《道藏征略》等。有些学者的成果虽然未成专著,其论文亦有很高学术价值。王明的《论〈太平经钞〉甲部之伪》、《〈周易参同契〉考证》、《〈老子河上公章句〉考》、《〈黄庭经〉考》等文功力极深。王维诚的《老子化胡说考证》推动了佛道关系史的研究。汤用彤的《读〈太平经〉书所见》以及陈寅恪的有关文章,都引起学界注目。

日本学者比中国起步要早,小柳司气太的《道教概说》译为汉文,广为流传;妻木直良的《道教之研究》,常盘大定的《道教发达史概说》,对中国道教学界亦有影响。日人在具体知识上常错误多出,但能够给中国学界带来新的观察方法和新的气息,有推动作用。

还有一事值得提及,曾为大总统的徐世昌笃信道教,他给予财力支持,张元济、康有为等人出面,上海涵芬楼书社于 1923～1926 年间影印出版了明代《正统道藏》和《万历续道藏》,共 1120 册,5486 卷,为学界的学术研究提供了方便。

四 民国道教与民间文化

道教作为一种宗教团体,严重衰颓;作为一种宗教文化,持续流传。清代后期已是如此,进入民国以后,上层道教更加削弱,道教的民间影响则有增无已,成为一种普遍性的国民文化。

(一)道士更多地到民间活动。北方全真道还固守丛林,南方的正一道则继续向民间下落。正一道本长于符箓祈禳，但毕竟保留着长生成仙的信仰。民国以后，许多正一道士逐渐从信仰道教、研究道教神学转变为以宗教谋生，并成为世袭的社会职业。有的在道观等待来请，有的游街串巷主动登门服务，为地方或家庭驱邪降福，祈祷超度，收取一定的报酬。1934 年，苏州地区大旱，当地道教公会举办历时 25 天的醮坛，每天在坛道士 49 人，其余道众抬神像，拜三清，焚香上表，队伍人数数百上千，称为出会。抗日时期，虽然民不聊生，但道士的宗教生意一直看好，故《苏州新报》指出，报上"时常看到各业小职员的呼救信号，未曾读到过道士先生因不能生活向社会呼救"（1941.3.19）。

（二）道教对民国民俗的影响。日本学者直江广治于 40 年代来中国采风，他所看到的民间习俗大都沿袭前清的传统，其中不少与道教信仰有关。如端午节进行驱除灾害的活动，普遍流行将天师符、钟馗像和剪成葫芦形的有色纸贴在门上或屋檐下，据说天师符能防止疫病毒气，钟馗具有辟邪功效，葫芦形的有色纸能将家中毒气吸入其口中。腊月二十三举行送灶王爷活动，在焚化灶神像时家人叫着"上天了，上天了"，说是灶王升天后向玉皇大帝报告这家人一年中善恶之事，三十日再将新的灶王像请回来。山东历城县冷水沟庄的祈雨活动以玉皇庙为中心，派人去很远的白泉取水回来倒入本村玉皇庙的水瓶，祈雨日要组织队伍请神，将玉皇庙中神像请出来抬上玉轿，护轿者有道士两名在左右，到白泉祭拜，回村后，道士烧纸焚香，诵读《三官北斗经》及其他道经，活动要进行三天。再是浸润着道教信仰内容的劝善书在民间广泛流行，仅直江广治本人就收集到百余种，1942 年在山西解州关帝庙一次就买到 20 种左右，而北京顺义县一道观的一个房间内满满地收藏着善书，可见其印刷数量之大。[①]

民间丧葬活动多延僧邀道，设坛作法，超荐炼度，久成习俗，民国时期盛况不减。《知堂回想录》载浙江绍兴道士为丧家炼度的情形，第一天是"上丧"，大道士率领孝子背诵赎罪表文，第二天是"破地狱"，大道士作法，用七星剑将纸糊的地狱城墙戳得粉碎，众道士扮各色鬼魂四散奔走，最后一天是"炼幡"，将记有死者姓名的幡折叠装入耐火的包装内，烧炼出来，便象征从火中将死者超度了。

（三）道教音乐与民间音乐。道教做法事必以音乐伴奏，法事之前有序

①　以上见直江广治《中国民俗文化》，上海古籍出版社，1991。

曲，法事终了有尾声，法事进行中有歌有舞，有独唱齐唱、独奏齐奏，乐队所用乐器，鼓、钹、磬、钟、笛、笙、唢呐、二胡、长号等民间传统乐器一应俱全，能演奏许多配套曲调，并可连续为醮坛伴奏 49 天，可见其丰富多彩。民国时期，苏州先后有"道教研究国乐会"、"守玄褉集庐"、"云笈社"、"亦玄研庐"、"崇玄同研社"等道教音乐研究团体，从事音乐活动。道教音乐对民间音乐有很大影响，最著名的例子是无锡道士出身的民间音乐家华彦钧（瞎子阿炳）创作出二胡曲《二泉映月》、《听松》，琵琶曲《大浪淘沙》、《昭君出塞》等，在音乐界受到高度评价，《二泉映月》流传全国，成为人们最喜爱的传统曲调之一。

第四节　伊斯兰教的新气象

一　进入转折和动荡时期的中国穆斯林

中国伊斯兰教和穆斯林在清朝备受压制和摧残，所以对于旨在推翻帝制和追求社会进步的民主革命运动采取十分欢迎和积极参加的态度。孙中山先生看到这一点，指出："回族（泛指信仰伊斯兰教的各族）在中国历代所受压迫最甚，痛苦最多，而革命性亦最强。故今后宜从事于回民之唤起，使加入民族解放之革命运动。"[1] 事实上，以民族平等为号召的辛亥革命，以及后来的五四运动、北伐战争、抗日战争等，都有穆斯林先进分子带领广大教民参加。例如上海清真商团，曾参加 1911 年光复上海之役，并和军民一起参加进攻南京的战斗。五四运动中，天津学生临时联合会副会长马骏、天津世界爱国同志评议委员郭隆真均为回族穆斯林，他们参与组织和领导天津的爱国运动，并带领民众到北京向北洋政府请愿示威。山东有回民外交后援会，支持学生爱国运动，会长马云亭及朱春祥、朱春涛因此惨遭军阀杀害。抗日战争中，穆斯林组织"中国回民救国协会"，成立于 1937 年，后来由郑州迁往重庆，1943 年改称"中国回教协会"，白崇禧为理事长，唐柯三为副理事长，动员广大穆斯林与日寇作斗争。"八·一三"事变后，爱国阿訇达浦生组成中国回教宣讲团，赴南洋和阿拉伯各信奉伊斯兰教的国家，向外国穆斯林揭露日本帝国主义侵华暴行，争取国际人士对抗日战争的支持。吴忠县中阿师范学校校长、著名伊斯兰经学家虎嵩山提出"国家兴亡，穆民有责"的

---

① 转引自白寿彝《中国伊斯兰史存稿》，第 41 页，宁夏人民出版社，1983。

口号，向学生宣传抗日救亡的道理。冀中地区穆斯林马本斋组织回民义勇队，后改编为回民支队，宣誓"为国为民，讨还血债"，六年间与日伪作战870多次，被称为打不垮、拖不烂的铁军。

民国建立，原来的民族压迫体制改变为汉、满、蒙、回、藏五族共和，《临时约法》规定："中华民国之主权，属于国民全体"，"中华民国人民，一律平等，无种族阶级宗教之区别"，"人民有信教之自由"。虽然在事实上主权未能回到人民，民族之间亦未能真正平等，宗教信仰自由也有许多限制，但中国穆斯林毕竟第一次从法律上取得了平等自由的国民地位，可以依法争取应当属于自己的权益，并且确也摆脱了以往的悲惨和屈辱，在一定程度上获得了新的生机。伊斯兰教一扫长期沉闷的空气，日渐活跃起来，出现种种新的气象。

但是民国时期社会极不安定，前期有袁世凯称帝及失败，北洋军阀统治及混战，后期有日本帝国主义的野蛮侵略和列强对中国内政的干预，有国民党政府的统治及国共两党的斗争。国内外反动势力千方百计利用伊斯兰教，分化穆斯林队伍，以达到他们控制中国的政治野心。例如1919年至1920年间，日本人在甘肃、上海等地煽动中国一些穆斯林组织"狼头会"，设总会于迪化（今乌鲁木齐），设分部于甘肃、青海、山东、东北三省等处，并设交通部于天津、上海、香港、厦门等地，鼓动回民"独立建国"，实际上是想建立依附于日本的割据政权。此后直到抗日战争时期，日本派来从事中国回教活动的前后不下百人，皆以分割中国、统治中国为目标。他们对中国伊斯兰教情况有详细调查，以备使用。七七事变后，日本华北军当局利用刘冠豪等人筹组伪"中国回教总联合会"于北京，其下设若干地区性总部，而以"华北联合总部"最具规模，每年支付经费在50万元以上。其后又成立"西北回教总联合会"、"广州回教协会"、伪满"回教民族协会"，皆为日本军方和特务机关所控制。日本帝国主义挑拨回汉关系，策动回蒙互杀，插手新疆事务，阴谋组织"回回国"，其狼子野心昭然若揭。此外，德国、英国也分别利用土耳其、阿富汗等国人，潜入新疆，窃取当地宗教权力，散布泛伊斯兰主义和大土耳其主义，制造民族分裂，以便从中渔利。沙皇俄国向来有扩张野心，利用本国中亚地区的穆斯林，串通新疆穆斯林中的野心家，妄图建立"独立伊斯兰教国"，使大西北的边境不能安定。由于中国各民族的团结和广大爱国穆斯林的警惕与斗争，帝国主义的阴谋才未能得逞。

中国穆斯林接受以往民族纷争的教训，在民族平等新思想的影响下，对于正确处理民族关系有新的认识，为维护民族团结做出了贡献。近代中国伊斯兰教文化复兴之倡导者王宽阿訇，在民国三年（1914）的《中国回教俱进会本部通告序》中，对广大穆斯林发出号召，其言曰：

> 我最亲爱之穆民，其听之！回汉相处，千载有余，而乃交哄时闻，感情恶劣，殊非五族一家之道。汉、满、蒙、藏，譬犹兄弟，操戈同室，贻笑外人。总宜相亲相近，且勿疑忌疑猜。余各处演说，皆以此语反复言之。实不愿酿兄弟阋墙之祸，而妨碍间里之安宁也。

这种真诚促进回汉团结和民族和睦的言论，出于穆斯林领袖人物之口，标志着中国穆斯林的一种新觉醒，以宽厚和睿智去拥抱民主共和的事业，有利于中国民族关系的改善。

二　穆斯林宗教社会团体的产生与发展

伊斯兰教在清代只有教派组织和清真寺教团，没有横向的组织联系，更无全国性团体。清末期始有留日穆斯林在东京组织清真教育会。辛亥革命后，为了促进穆民之间的团结，以便在重建中华、抵御外侮中发挥更大的作用，在先进分子带动下，陆续成立了全国性或地方性的伊斯兰教社会团体，它们与一般教团不同，并不直接组织教民的宗教生活，主要功能是加强穆斯林之间的联系，推动伊斯兰文化的复兴，进行各种保国保教的活动，有较强的社会参与性，这是自法律规定人民有集会结社自由以后出现的新气象。民国元年，中国回教俱进会成立，设本部于北京，设支分部于各省县。民国十八年（1929）中国回教公会成立，设总会于南京，拟设本支会于各省县。该会本是用以代替俱进会的组织，但偏远处之支分会并没有完全改组。民国二十六年（1937）冬，中国回民救国协会发起于郑州，次年夏在武汉成立，后迁至重庆，改名中国回教救国协会，民国三十二年（1943）又改名中国回教协会。这是规模最大的全国性伊斯兰教社团，为配合抗日战争而产生，在组织上取代了以前两会，已有的地方组织由协会改组，没有组织的则新设协会的分支会，全国联络系统由是而粗备。

一些以研究学术为主的中国伊斯兰教社团也陆续在各地建立。民国三年（1914），北京筹备"清真学会"，规定宗旨为"联络学界伊斯兰教人，讲求伊斯兰教学问，兼阐发之于社会之上"（《清真学理译著》第一期）。民国六年（1917），北京正式成立"清真学社"，得到京师警察厅总监批准。张德明等人在立案呈文中说：

> 窃维宗教之主旨，要以道德为依归，道德之修明，则恃学术为先导。溯我清真古教，传入中国，千数百年，虽信徒日众，贤哲代出，而宏博学理，终未大昌。推原其故，皆由学者围守一方，不能集思广益之所致。德明等有见于此，拟在京师牛街组织"清真学社"，以阐明学理，研究学术各宗旨，藉联同教之感情，共勖学问之进步。虽宗教之信仰任人自由，而事业之进行悉遵法律。庶几道德因学术而愈明，学术以研究而愈进，宗教固可藉以昌明，社会国家亦胥获补益。

该学社认识到中国伊斯兰教传统的狭隘性，希望打破界域，集思广益，沟通与社会生活的联系，这完全符合社会的潮流，而且强调从研究学术入手，使学理昌明光大，这对于提高伊斯兰教的素质无疑是极为重要的。该学社在社员规约中指出，应提倡教理的讨论，避免人身攻击和其他是非，很有点新时代的精神。民国十四年（1925），上海成立"中国回教学会"，规模周备，作用宏大，其主要宗旨为：一、阐明教文（翻译经典、编辑书报、宣讲教义），二、提倡教育（创设学校、设立藏书室、招待远方学子、设立天课部收集），三、联络中外同教情谊，四、扶助同教公益事业，五、不涉政治（见上海《中国回教学会月刊》第一期）。民国十七年（1928），北京各大学回教同学曾联合组织"伊斯兰学友会"，男女会员近百名，来自数十省，分属30多个大学以及中学，民国二十二年（1933）改组为"回族青年会"，从此超出学术团体范围。北京还有"追求学会"，上海有"中国回教公会"，南京有"中国回民教育促进委员会"，甘肃有"回民教育促进会"，青海有"回教青年学会"，云南有"回教俱进会"，其下成立"振学社"。此外，还有"伊斯兰妇女协会"。

三　伊斯兰学术文化事业的蓬勃发展

如果说明末清初是中国伊斯兰教学术的一个繁荣期，那么清末民初又是一个新的繁荣期，在经典翻译、学术著述、报刊创办和出版事业上都取得重大成就。

　　在经典翻译上，1927 年中国回教学会将清代马德新所译《古兰经》残稿前五卷刊印，题为《汉译宝命真经》；《中国回教学会月刊》刊载了哈德成、伍特公、沙善余合译的《古兰经》前二卷。同年中华书局出版了李铁铮译《可兰经》，这是我国第一部汉文通译本。1931 年，上海爱俪园出版姬觉弥主持翻译的《汉译古兰经》。以上两种虽是全译本，但作者不是穆斯林，教中视为欣赏文艺之作，不很看重。1932 年，北平回教促进会出版了王文清（静斋）阿訇的《古兰经译解》，是中国穆斯林完成的第一部汉文通译本，措辞立言，妥当真切，深得穆斯林的好评。其后还有杨仲明、刘锦标的《古兰经大义》（1947）。1939 年马坚回国，致力于《古兰经》翻译，抗战胜利前后译成，1949 年出版了前八卷，后来几经修改，终于在 1981 年由中国社会科学出版社出版了全部译本。这个译本做到了"忠实、明白、流利"，在学术界评价较高。除《古兰经》翻译外，还有学术著作的翻译，如马坚译《回教哲学》，纳子嘉译《伊斯兰教》，李虞宸译《圣谕详解》，王静斋译《回耶辨真》、《伟嘎业》，杨仲明译《教心经》等。马坚还用阿文译《论语》，王静斋编《中阿新字典》。这些工作对于促进中国与阿拉伯的文化交流有积极作用。

　　在学术著述上，民国时期的作品大量涌现，对于伊斯兰教的教义、教理、教历、教法、教史进行多方阐述。其中比较重要的有：杨仲明的《四教要括》（总论回、耶、儒、释四教之宗派得失）、《中阿初婚》（介绍阿拉伯文法），马邻翼的《伊斯兰教概论》（总述伊斯兰教的理论），成达师范第一班学生的《斋月演词》（涉及教理、教法、教史及回教常识），万县伊斯兰师范学校的《回语读本》（分初高两级，共 12 册），金吉堂的《中国回教史研究》（上卷为中国回教史学，下卷为中国回教史略，是中国穆斯林第一部中国教史之作），马松亭的《回教与人生》（详论回教对人生的态度），马玉龙的《礼法问答》（解释各项功课的意义与则例），马君图的《清真要义》（解释伊斯兰教各种主张），马自成的《历源真本》（对以往回历加以精心测勘），赵振武的《至圣实录纪年校勘记》（对刘介廉《至圣实录年谱》中的中西历对照失误加以勘正）、《西行日记》（详述朝觐经过）等。这一时期一些著名学者如陈垣、白寿彝、陈汉章、刘凤五、顾颉刚等撰写了大批研究伊斯兰文化的学术论文，包括史略概述、寺院古迹、人物掌故、教派门宦、文化教育、经典学说、各地概况，内容相当丰富。① 其中如陈垣的《回回教入中国史

　　① 见李兴华、冯今源编《中国伊斯兰教史参考资料选编》（1911～1949）。

略》，白寿彝的《中国回教小史》，陈汉章的《中国回教史》，刘凤五的《回教徒与中国历代的关系》，顾颉刚的《河州视察记》，庞士谦的《中国回教寺院教育之沿革及课本》，赵振武的《三十年来之中国回教文化概况》，王静斋的《五十年求学自述》等，都已成为相当重要的历史文献。这些学者中有穆斯林亦有非穆斯林，但都熟悉伊斯兰文化和中国传统文化，又接受了近代思想的洗礼，故而在其论著中表现出一种科学精神和贯通能力，有些见解相当深刻，虽然在论述上还较为粗略，却已经为当代伊斯兰学术研究奠定了较好的基础。马子实（马坚）在埃及介绍中国伊斯兰教概况时，谈到所谓"孔教"，他说："一般认为是中国大哲学家孔子创立，其实并非孔子所发明；因为那无非是古典中所记载的民族的风俗、礼仪及先王之遗教而已。这种宗教所崇拜的对象有三：上天，神祇，祖灵。"又说："中国人尊崇孔子，好像回教徒尊崇圣人一样，他们到处设立孔庙，每年祭祀，所以一般人遂误认孔教为中国的一种宗教。其实孔教并不是宗教，因为孔子并未自称先知，同时他又没有显示奇迹，像其他的先知一样。"（《中国回教概观》）马子实在 30 年代就明确区分了中国传统宗教与儒学，是非常难能可贵的，同时代和后来许多学者都没有注意到这一重要的分别，由此可知中国穆斯林学者的观察力是多么敏锐非凡，他们的著作不仅为中国伊斯兰文化的研究积累了宝贵的资料，也可以成为一般中国传统文化研究的重要参考资料。

在报刊创办上，成绩斐然。据统计，从 1905～1936 年间，伊斯兰教刊物多达 70 种以上。当然，由于经费缺乏和稿源不足，以及种种不利的客观原因，许多刊物旋立旋停；由于初创，大部分刊物流通范围小，发行数量少，地区分布很不平衡，主要在长江中下游。不过这也算是前所未有的学术事业，其影响是深远的。最早的中国穆斯林刊物当属《醒回篇》。民国年间，北京曾出过《清真学理译著》、《清真周刊》、《穆声周报》、《穆友月刊》、《震宗报》、《穆光半月刊》、《北平伊斯兰》、《正道杂志》等，上海办过《清真月刊》、《中国回教学会月刊》及《季刊》、《回教青年月报》、《伊斯兰学生杂志》、《改造》、《人道月刊》等，天津创办过《明德月报》、《伊光月报》等，南京创办过《天山月刊》、《突崛月刊》、《文化周刊》、《回教青年月报》等，云南创办过《清真月报》、《清真汇报》、《清真旬刊》、《清真铎报》等，镇江有过《清真月刊》、《回报》等，东北地区有过《醒时月刊》、《伊斯兰青年》等，青海有过《昆仑》、《回教青年》、《醒时月刊》等。民国年间创刊最早的是《云南清真月报》，创于民国四年（1915）；刊行最久的当是北平成达师范创办的《月华》(1928 年创刊)和天津创办的《伊光》(1929 年创刊)。关于办刊情况,现以云南《清真铎报》为例作简略介绍。《清真铎报》创办于1929 年,马适卿、马慕青主编,纳忠实际负责,内容包括:伊斯兰教义、伊斯兰教育改革、经典翻译、伊斯兰国际、诗歌、散文等,约出版十五六期,后因负责者离去而停顿。1940 年复刊,云南回协负责人马伯安在复刊中阐述该刊宗旨:"我们希望各位教胞更进一步精诚团结起来,以爱宗教之热诚爱国家,一致奋起,各尽其最大的努力,以争取国家民族的独立、自由、平等;同时使教外的同胞,认识回教的真相与特色,而排除回汉原有隔膜与误会,使回汉同胞,真正的团结起来,共赴国难。"以抗日爱国和民族团结为旗帜,具有很大的号召力,使一批进步的穆斯林人士团结在该刊周围。从1940~1949 年,马坚、纳忠、白寿彝、沙德珍、纳钟明、纳训先后担任主编,只尽义务,不取稿费。经费除由云南回协少量补贴外,大部靠穆斯林捐助。到 1948 年发行量达 2000 多份,出 38 期。从内容上看,主要有以下几类:第一类是拥护抗战,支援爱国民主运动的报道;第二类是阐扬伊斯兰教义与伦理的作品;第三类是介绍伊斯兰文化教育的作品;第四类是研究伊斯兰教史的作品;第五类是介绍中阿关系的作品;第六类是介绍伊斯兰教著名人物事迹的作品;第七类是介绍各省市穆斯林动态的报道。《清真铎报》存在时间久,发行量大,办得活泼有声色,是民国年间有代表性的伊斯兰教刊物。

在出版事业上也开拓出一个新局面。最早的销售伊斯兰文化书籍的书局为上海协兴公司,建立于 1931 年,由孟买、德里、叙利亚、土耳其等处,输入大量伊斯兰原文典籍在华出售,但该公司不从事出版。上海还有中国回教书局,由我国著名伊斯兰教音韵学家哈志麦士三创立,影印《教律经》、《喀最经注》、《门志德字典》等大部头书,方便了中国学子;同时还出版了《回教哲学》、《回教与基督教文化》等书。1929 年中国穆斯林商人达静轩在上海创立穆民经书社,翻印各种版本的《古兰经》和阿文字典。在北平有成达师范出版部,从事输入外典与影印原典的工作,从浅显的《阿拉伯文读本》、《阿文法》、《圣训解释》,到最高的《古兰经》,无不有影印本。1935 年影印埃及官版标准本《古兰经》(欧斯曼本)5000 册,字大行朗,极受欢迎。该部又鼓铸回文铅字成功,从此中国才有本国的铅印阿拉伯文字经书。至于书店业的经营,还有成都经书流通处、镇江山巷清真寺、云南振学社、北平清真书报社等。出版经售事业的发展,加快了伊斯兰教文化信息的传布。

四　伊斯兰教育从传统模式向现代教育的转变

长期以来，中国穆斯林只有经堂教育，即在清真寺设教，主要讲授原文经典，讲授方式基本上是私塾式的。清末新学兴起，有识之士或兴办学堂，或东渡留学。王宽兴学，成为近代伊斯兰教育兴起的标志。他在北京兴办回文师范学堂与京师公立清真第一两等学堂，是为新式教育之雏形。辛亥革命以后，在王宽等知名穆斯林学者提倡推动下，一批新式回民中小学建立，完全打破了以往经堂教育的一统天下，十余年间，全国各地初等中等穆民学校不下六七百所，出现了经堂教育与新式学校并存而后者不断发达的新面貌，成为近代伊斯兰教育的新特点。1925年以后，专为穆斯林开办的学校有三类：第一类是固有的经堂教育，只授中阿文经典，至抗战前已经不多，一些清真寺为适应新形势不得不在寺内附设带有近代特色的小学或联合聘师讲授汉文；第二类是普通教育，其组织方式和讲课内容均遵照教育部的章程，与一般中学无异，唯增授一门宗教课，招收对象以回族子弟为主，也回汉兼收；第三类是以宗教教育为主的中等学校，多数为师范性质，造就既有宗教学识又能适应新时代的穆斯林人才，授课学时师范科目与宗教道德科目各占一半。比较有名的中学有：北平西北公学、云南明德中学、杭州穆兴中学、山西崇实中学、湖南偕进中学、宁夏中阿学校。比较有名的师范学校有：北平成达师范学校（初创于济南，后迁至北平）、上海伊斯兰师范学校、四川万县伊斯兰师范学校、宁夏省立云亭师范学校。女子教育一般不被重视，1935年北平成立了新月女子中学，是伊斯兰教育的新创举。至于小学，全国各地凡有回民聚居的地方，无不设立回民小学，有不少规模宏大，设备完善。以上海为例，1928年创办伊斯兰师范学校，其宗旨是培养新型的伊斯兰教师范人才，其教学内容是汉、阿文并重，课程除伊斯兰教经典外，还包括算术、自然常识等。上海公立清真两等小学堂创办于民国前夕，发展于民国时期，办学宗旨是："注重国民教育、兼重天方教育"，课程有：汉文、自然常识、算术、英语和《古兰经》。在新疆，大毛拉阿布杜·卡德尔于喀什创办新式学校，自编有关宗教及普通教育的教材，教学方式及内容皆有创新。

出国留学是加强伊斯兰教国际交流和培养穆斯林高级人才的重要途径。明清两代，中国穆斯林学者在赴麦加朝觐途中考察和研究伊斯兰文化并多有收获者不乏其人，但以就读外国大学的留学方式研读宗教学问者，始于清末的达浦生阿訇入埃及爱资哈尔大学。民国十年，王静斋阿訇偕弟子马宏道西行，王氏入埃及爱资哈尔大学，马氏入土耳其君士坦丁堡大学。其后王曾善自费留学土耳其君士坦丁堡大学，海维谅自费留学印度来克劳大学院。至此，留学风气虽开，然皆属个人行动。1931年，经与埃及当局商洽，中国派出首届学生派遣团四人赴埃及爱资哈尔大学学习，有上海伊斯兰师范学校的马坚，云南明德中学的纳忠、林仲明、张有成，由明德中学训育主任沙国珍（儒诚）护送，并留埃监护。1932年，北平成达师范学校5名毕业生组成第二届中国学生派遣团，他们是：韩宏魁、王世明、金殿贵、马金鹏、张秉铎，由代校长马松亭护送。马氏在埃及觐见埃及国王福德一世，陈述中埃文化沟通的必要和责任，埃王深为赞许，表示愿意积极接受中国留学生，同意派遣教授二人来北平成达教学，并赠送一批伊斯兰教经典名著。1933年，爱资哈尔大学正式成立中国学生部，沙国珍任部长，同年埃及派达理、易卜拉欣二先生来成达师范讲授宗教课程。1934年，明德中学派遣纳训、马俊武、林兴华三人赴埃及，是为第三届。同年上海伊斯兰师范学校派遣金子常、定中明、胡恩钧、林凤梧、马有连五人赴埃及，是为第四届。留印之海维谅亦辗转来埃及。于是爱资哈尔大学中国学生部有20人之多，济济一堂，盛况空前。1936年，马松亭二访埃及，将影印欧斯曼本《古兰经》赠送埃及政府、学校和宗教人士，并将中国早年著名阿訇花爸爸手书的《古兰经》一部共30本，赠送埃王法鲁克一世。经埃及国王与爱资哈尔大学新任校长穆拉额同意，决定再派20名中国学生组成"法鲁克中国留埃学生团"，计划在成达师范招考组团。后因七七事变而被搁置，1938年，由庞士谦带队共16人自广州赴埃及。埃王所赠经书到华后，马松亭在北平东四清真寺筹建福德图书馆，聘请国内知名学者顾颉刚、陈垣、李书华、梅贻琦、张星烺、徐炳昶、白寿彝等组成筹委会。1936年图书馆启用，这是中埃文化交流的成果。留学活动和学术交流扩大了中国穆斯林的眼界，提高了回族知识分子的素质，为中国伊斯兰学术的发展培养了一批高级人才。

五　著名中国穆斯林学者的活动和贡献

清末民国时期，在中国伊斯兰新文化运动中涌现出一批有学识有才能的新型学者，他们在革新和复兴伊斯兰思想文化与教育事业中做出卓越成绩，并影响到非穆斯林社会，他们中有些人一直活动到1949年以后。

王宽，字浩然，宛平人，北京牛街清真寺教长，生于清道光二十八年（1848），卒于民国八年（1919）。幼随叔祖著名经师王守谦学习，精通经术。

长而出任各地教长，承学之士不远千里来其门下求学，培养出一批人才，如达浦生、洪宝珍、景长荣、马善亭等皆其弟子。他的一生，最主要的贡献就是提倡近代伊斯兰新式教育并产生了重大影响。清光绪三十二年（1906）由马善亭陪同，王宽出游埃及、希腊、罗马、土耳其等国，至麦加朝觐毕返土耳其。翌年，携带土耳其王哈米德所赠千余卷经书，偕同土宗教学者二人回国，传习古兰经法。痛感中国教育落后，受制于欧洲列强，遂锐意兴学，开发民智，开创新式学校教育。在京师创办回文师范学堂，由弟子达浦生主持教务，改良教法，增订课本，经学兼习汉文及科学，以造就师资。于光绪三十四年（1908）在牛街礼拜寺后院创办京师公立清真第一两等小学堂，马邻翼为监督，延请南北知名学者为教员。复于三里河、花市、教子胡同、海淀等处设立第二、三、四、五小学堂。后因经费短缺，回文师范与小学停办，然而兴新学之风已吹向全国。王宽常对马善亭说："提倡教育，宣传教育，心智精神安静；振兴工艺，改良风俗，国家社会富强"，热爱祖国，倾心教育，显示了一种博大宽厚的胸怀。辛亥革命中，北京混乱，用费困乏，王阿訇将自家房契衣服典当，所贷之款用以维持学堂教育和接济亲朋，闻者无不感动，甚至当铺老板也因其精诚而被感化，送回典质衣物并钦佩不已。清帝逊位，帝制余党陕甘总督升允负隅西北，反对共和，提督马安良举兵东向，威胁新生之民国。中央政府由民政部长赵智彦托人恳求王阿訇以宗教劝说之。王阿訇衷心拥护共和，于是急电回部八王、甘肃五马，解说共和真谛，劝其回心。其劝马电文说："共和成立，五族平等，信仰自由，无妨教典"，"明鉴如吾兄，必能洞烛其奸，不为一姓尽愚忠，而拂万兆之幸愿"，劝其"通电诩赞共和，福被群生，名垂永世，岂只国家之幸，是亦回教之福也"。马安良于是转而拥护共和，升允见大势已去，遂远遁库伦。共和始基危而复安，西北人民不罹战祸，王阿訇之功实不可磨灭。1912年，王宽发起组织中国回教促进会，并任理事长。他在《中国回教促进会本部通告》序中指出："余游土耳其归国后，始知世界大势非注重教育不足以图存，遂即提倡兴学。未几，而清真学堂以立。然每叹吾教之散漫，欲筹收束之方，而末由也。天相中国，共和缔造，集会结社载在条文。宽乃纠合同志，创设此会，惨淡经营，苦心孤诣，曩昔之希冀竟能如愿以偿，岂非真主之默佑也欤。"他把爱国与爱教结合起来，提出了"兴教育，固团体，回汉亲睦"的口号，又奔赴绥远，发起组织了中国回教促进会分会，于是各地分会相继建立。王宽于1912年会见孙中山，"一见投契"，当即表示坚决支持反封建的民主革命事业。孙中山二次革命失败后，为反对袁世凯的复辟帝制和北洋军阀的倒行逆施，在广东重新组织革命力量以图北伐，曾函王宽，请其举西北实力参加革命。王宽即派门生孙绳武赴广州为革命效力。王宽一生随顺时代潮流，既是一位忠诚的伊斯兰教教长，又是一位勇于创新的宗教教育改革家，他生前虽然因世事艰难而未能诸愿皆遂，却奠定了现代回民教育的基础，后来之穆斯林教育家半出王宽之门，又从教育发展为一场伊斯兰文化的复兴运动。顾颉刚在《回教的文化运动》一文中指出："这是近代中国回教徒第一次自觉发动的文化运动。"

王静斋（文清）（1880～1949），自幼受家教与经堂教育，青年时期负笈游学，先后投师于天津李春生阿訇、通县马保阳、宣化于勉翁、北京金五阿訇、津门刘绪魁等，颇广见识。后得锦幛，以阿訇身份传道授业。清末，受聘任京都花市教长、奉天开源教长，渐习汉文。民国以后，在京津一带任清真寺教职，并致力于翻译写作工作。1922年靠教友资助，遂出国游学，经新加坡，赴印度，转埃及，考入爱资哈尔大学，这期间曾赴麦加朝觐，去土耳其考察，任职爱资哈尔大学中国学生部长。1924年回国，带回经书不下600余种。1925年在北京赵文府等资助下，于东四清真寺专心翻译《古兰经》，历20月而成，该书稿迟至1932年方正式刊行。1937年王氏又重译《古兰天经》，并扩大解注。王静斋后半生致力于伊斯兰教学术研究事业直到去世。除《古兰经译解》闻名遐迩外，还编译了《中亚字典》、《中阿新字典》、《伟嘎业》、《回教遗产继承法》、《回耶辩真》、《真境花园》等书，深得穆斯林称赞。他撰写的《中国回教掌故》、《五十年求学自述》、《中国近代回教文化史料》等数十篇文章，包含了丰富翔实的资料，受到重视。又主办《伊光》月报，取得成功。

哈德成（1888～1943），上海人，青年时曾广游各地，从名师求学。又泛舟海外，历麦加、埃及、印度、锡兰，习英语与乌尔都语。1924年返回上海被聘为浙江路礼拜寺教长。翌年，成立中国回教学会，发行《月刊》，创译《古兰》。1928年在上海创办伊斯兰师范学校，其后选派学生赴埃及留学。1937年，日寇侵扰上海，市民蒙难流离无据，哈德成联络教绅，倡议设所收容，接济生活，使数千回族难胞得以全活。上海沦陷以后，哈氏隐居租界，研经之外，不忘救国救民，日处惊涛骇浪之中而能维持正气，领导东南教胞从事抗战，凡爱国抗敌志士道出上海，哈氏均予护持擘划，使其平安入出。1941年，太平洋战事起，上海租界沦于日寇之手，日伪逼迫利诱，均置不顾，后微服离沪，历经皖、豫、陕、蜀，到达重庆，回教协会迎入会中，聘为编译委员会主任。既而苦于应酬，又不适恶劣气候，遂去云南蒙自，从事译经，日与弟子马坚切磋讨论。后积劳成疾，病逝于个旧医院，其时1943年，享年56岁。哈德成述道论学，皆有精义。他论《古兰经》之华译，曰：不可译而可译。谓古兰具备道妙，其义无穷，虽有聪慧博学诚笃之士，不足发奥蕴于千万之毫末，故曰不可译；又谓至理不外于日用，而至隐恒在于至显，伊斯兰之大道烂如日月，窥道之士均可得而述，故曰可译。此处论道之言，显然接受了《中庸》"极高明而道中庸"的思想影响，故能具辩证眼光。又论"伊斯兰"一词含义，训为顺从、安宁、和平，即顺天命爱人类，以求世界之和平。又论"奋斗"之义，"奋斗"阿文为"基哈德"，义为竭尽己力以求和平，及和平无望，必以战斗，决不中途妥协屈服，以求真正和平之实现。又论伊斯兰教与别家学说之关系，曰：真理无二，各家学说之能自存天地间千百年者，其精必与清真教合，可取之以阐本教教义。可知哈德成的思想通达开明，主张和而不同，融会中阿文化，切近时代潮流而又不离伊斯兰教理正宗。

达浦生（1874～1965），王宽得意弟子，是中国第一位赴埃及留学的穆斯林，早年协助王宽在北京办学，后担任过上海、甘肃平凉伊斯兰师范学校校长及甘肃回民劝学所所长兼省视学，1949年以后参与创建中国伊斯兰经学院并任院长。其一生经历中国三个重大变动时期（清、民国、中华人民共和国），在穆斯林中享有崇高威望。

马松亭（1895～1992）一生主要业绩是创办成达师范学校，由济南而北京，再到桂林，又回北京，不辞辛苦，使成达成为一所著名的新式穆斯林学校，培养出一大批有才学的学生，为伊斯兰的新文化运动做出重大贡献，受到广大穆斯林的尊敬。1949年以后曾任伊斯兰经学院名誉院长。他在埃及正道会讲演中指出，新式宗教教育是建立于两个主旨上：一、造就合乎新社会环境的新阿訇，去领导已经到新社会上去的成熟的新青年；二、造就有充分宗教知识之新师资，到新式学校里，去领导正在要受欺骗的未成熟的青年。[①]

庞士谦（1902～1958）曾任《月华》、《月华周报》主编，该刊在全国穆斯林中有很大影响。撰写过《中国与回教》、《中国回教寺院教育之沿革及课本》、《埃及九年》等作品，翻译过《脑威四十段圣谕》、《回教法学史》、《和

---

① 《中国回教的现状》。

平之使命》、《回教认识的派别》等书。1938 年率领中国学生团赴埃及爱资哈尔大学留学，并任中国留埃学生部部长、法鲁克国王的东方事务顾问。

杨仲明（1870～1952）是穆斯林著名翻译家，译有《古兰经大义》、《古兰经集注》、《亥贴注解》、《教心经注》，著有《四教要括》、《中阿初婚》。其译经的特点是细密。

马坚（1906～1978）字子实，云南沙甸人，哈德成弟子。1931 年赴埃及爱资哈尔大学留学，又曾就读于阿拉伯语文学院，曾以阿文著《中国回教概况》，并将《论语》译为阿拉伯文，都在埃及出版。在埃及留学八年，于1939 年回国，在上海与伍特公、沙善余两先生共洽译经事。抗战后期随哈德成至云南沙甸译经论学。1946 年起任北京大学东方语言文学系教授，直至1978 年去世。译著有：《回教哲学》、《回教真相》、《伊斯兰哲学史》、《伊斯兰教育史》、《认主学大纲》、《教典诠释》、《回教与基督教》、《穆罕默德的宝剑》、《回历纲要》、《阿拉伯简史》、《阿拉伯通史》等，主持编写了《阿汉词典》，此外，还有《悬诗》、《阿拉伯文学概况》以及一系列论文。他长期从事《古兰经》的翻译工作，其汉译本《古兰经》1981 年出版后产生很大影响，而其基础是 1945 年奠定的。白寿彝先生认为这个译本超过以前所有的译本，它的出版"是中国伊斯兰教史上、中国伊斯兰研究工作上、中国翻译工作上的一件大事"[1]。

马邻翼（1865～1938）湖南邵阳人，生于清末世，中年东渡日本，专攻师范教育，从孙中山先生游，接受革命思想而为同盟会会员。光绪二十九年（1903）返国，与黄兴等人合作兴办湖南教育。光绪三十三年在邵阳创办清真偕进小学，又增办中学部，成为偕进学校。光绪三十四年到北京与王宽创办清真两等学堂，任监督。辛亥革命起，应黄兴密约南下见孙中山。孙中山就任民国临时大总统，任马邻翼为教育部首席参事。后来北上，任北京中华回教俱进会会长。旋改任甘肃提学使，建回教俱进会甘肃分会，创办兰州清真学校，该校成为西北回教教育中心。历任省教育司长、财政司长、甘凉道尹、教育所长、安徽教育厅长、直隶教育厅长、教育部部长、蒙藏委员会委员。曾创办凉州清真学校，担任西北公学和成达师范学校董事。马邻翼不仅是穆斯林的教育家，也是各族共同的教育家，为我国现代新式教育制度的建立，奠定了良好的基础。马氏著有《伊斯兰教概论》。

---

① 《古兰经》汉译本序，中国社会科学出版社，1995。

马自成（1886～1935），河南洛阳人。青年时游学陕、豫各地，刻苦成才。年 25 应聘为洛宁长水镇教长，创办中阿小学校。后任辉县薄壁镇教长。又赴晋地与马君图、马维和等为友，创设崇实小学，建立回教俱进会，于是晋地回民教育焕然有生机。其时耶稣教闻人李佳白在开封召开各教宣传会，马自成应该市文殊寺之请，代表伊斯兰教前往演讲，宏论一出，四座皆惊，名声大振。返晋后建崇实中学，而大学之筹划未能实现。民国十五年（1926）南游至上海，与哈德成、达浦生商讨《古兰经》之汉译问题。民国十六年，应开封文殊寺之邀为教席。民国十八年至北平入成达师范，任认主学及经解二讲席。民国十九年（1930）北平《月华报》辟"古兰经解"栏目，聘王为导师，又主讲哲学。二十二年任成达回文课程主任至去世。马自成虽提倡新式教育，但在教义学上主张"回到古兰经去"，不随顺潮流，以图除去后世之穿凿附会而显示古兰真义。

白寿彝（1909～　），河南人，当代著名史学家，曾主编开封《伊斯兰》月刊，现任北京师范大学历史系教授，对中国伊斯兰教史、回族史的研究成果甚丰，影响巨大。主要著述有：《中国回教史纲要》、《回教先正事略》、《中国伊斯兰经师传》、《云南伊斯兰史略》等，他在民国年间撰写的《中国回教小史》等十多篇重要文章，皆收入《中国伊斯兰史存稿》（宁夏人民出版社 1983 年出版）一书中。

此外还有金吉堂、马以愚、纳忠、虎嵩山、赵振武、薛文波等一大批学者，形成近代穆斯林学者群体。

六　民国时期重要地区的伊斯兰教状况

（一）西北甘、宁、青、陕的伊斯兰教

西北的穆斯林是全国伊斯兰教的重心所在，在清朝民族压迫下，反抗最烈，遭受的摧残也最甚。按照白寿彝先生的估计，数次变乱之后，穆斯林之死者当在两三百万人以上，其生者恐也不过三四百万，而这些生者都已家属离散、产业丧失。但此后恢复也很快，到抗日时期，人口已达到 900 万左右，其中青海约 20 万，宁夏 20 万，甘肃 400 万，陕西 400 万，绥远 20 万，这与清末维新运动的兴起和民国废除清朝民族高压政策直接有关，也表现出中国穆斯林顽强的生命力。（参看白寿彝《西北回教谭》）

从教派上说，分为旧派、新派和新新派。旧派历史最久，信徒也很多，在"五功"、"六信"上维持传统的规范，但婚丧嫁娶则混入不少汉族风俗，

习惯用语则受波斯影响。新派有四大门宦，即：哲赫林耶、虎菲耶、格底林耶、库布林耶。四者之中，由马明新创立的哲赫林耶最发达，到马元章时期，信徒不仅遍及西北，并远及东北、华北、华东及新疆南部。马元章是跨时代人物，卒于 1920 年。活跃于民国年间的领袖人物是马元章之子马震武及马进西，其活动中心有甘肃的沙沟、张家川，宁夏的金积堡、板桥。新新派即依黑瓦尼派，自称遵经派，其主要特征是"遵经革俗"，主张"一切回到《古兰经》去"，创始人是东乡族马万福（1853～1934）。马万福于清末提倡凭经传教，批评门宦和格底木某些礼仪不合经典，提出十条改革纲领，如：不聚众念《古兰经》、不高声赞圣，不多做祈祷，不朝拜拱北，不聚众忏悔，不纪念亡人等。因提出用依黑瓦尼来统一教派和门宦而遭到新老派的反对，难以在西北立足。民国七年以后，在青海军政领袖马骐、马骥、马步芳的大力支持下，依黑瓦尼推行到全青海，并在甘肃占据优势。在宁夏受到马鸿逵的支持也发展很快，又得力于虎嵩山阿訇的配合。虎嵩山主张讲经与教学要阿汉文并重，提倡用汉语宣讲伊斯兰教义，举办中阿学校，重视培养新型宗教人才，这些与依黑瓦尼的主张相一致，为后者的发展创造出较好的环境条件。马万福于 1937 年去世，依黑瓦尼分成两派，一派以尕苏个为首，奉行马万福原旨，称为"苏派"；一派以马得宝（尕白庄）为首，主张对原旨加以修改，被称为"白派"、"遵祖派"。依黑瓦尼派在组织上实行互不隶属的教坊制，清真寺的管理实行董事会制，成员由教民推选。民国年间西北回民教育发展很快，绥远设有回部小学，陕西有回坊小学，宁夏有云亭师范学校，甘肃有回民中小学及西北公学兰州分校，青海有回民小学 100 余所、完全中学一所。（参见《西北回教谭》）

（二）新疆的伊斯兰教及杨增新的宗教政策

在近代新疆，伊斯兰教是主要宗教，信徒遍布全疆，约占全部人口的三分之二以上。民国以来有七个民族信仰伊斯兰教，即：维吾尔、哈萨克、回、柯尔克孜、乌孜别克、塔吉克、塔塔尔，其中以维吾尔族人口最多，其次是回族，维、回构成新疆穆斯林主体。

近代新疆的伊斯兰教经历了五种不同的社会政治环境。从 1884 年正式设省到 1911 年，是清代末年；从 1912～1928 年是杨增新统治时期；从 1928～1933 年是金树仁统治时期；从 1933～1944 年是盛世才统治时期；从 1944～1949 年是国民党直接控制时期。新疆与内地间隔较远，交通不便，内地乃至西北甘青的伊斯兰新文化运动及政治变革对它的影响不直接不强烈，形成宗教上的相对独立状态；新疆又处在祖国西北边陲，与中亚接壤，西方列强得以利用民族与宗教问题从境外向新疆扩张渗透，形成内外矛盾复杂交错的态势，使新疆的宗教问题成为边政的重要组成部分。

从教派上说，主要有逊尼派、苏菲派、什叶派、依黑瓦尼派。逊尼派是新疆信徒最多、分布最广的教派。什叶派为塔吉克族所奉信，是什叶派中伊斯玛仪派的支派霍加派，首领称"阿迦汗"，被尊为人间"活主"。苏菲派的依禅派在新疆的影响仅次于逊尼派，首领自称"圣裔"，受到狂热的崇拜，其支派主要有：纳克什班第、哲赫林耶（黑山派）、虎非耶（白山派）、切西底耶、苏赫尔瓦地耶、毛莱威耶等，都主张苦行禁欲，宣扬对真主的神秘之爱，通过修炼，达到"神人合一"。在新疆回族中，逊尼派称为"格底木"，亦称"老教"、"清真古教"、"遵古教"；回族中的苏菲派则分为哲赫林耶、虎非耶、嘎德林耶、库不林耶四大门宦，与甘肃宁夏同；虎非耶也被视为老教，与"格底木"一起，被称为"大坊"，哲赫林耶则是"小坊"，称新教。依黑瓦尼派即新新教，亦传入新疆，其时较晚。其教派总的情况自清末到民国没有根本性变化。

民国年间，统治新疆时间最长、在宗教问题上设施最多的是民国前期的杨增新，他有政策，也有理论，直接控制和影响着新疆宗教的发展。杨增新（1864～1928），云南蒙自人，清末任甘肃知县、知州、道员等职。1907 年调新疆，历任阿克苏道尹、镇迪道尹兼提法使、布政使。辛亥革命时他拥兵自重，继而被袁世凯任命为新疆军政府都督，在北洋政府时期一直是新疆的最高行政长官，统治新疆长达 17 年。1928 年，他宣布易帜，被国民党南京政府任命为新疆省主席，同年被刺身亡。杨增新的家乡及他任职的甘肃、新疆，均为穆斯林聚居地区，故接触伊斯兰教较多，而他为了搞好政务又注意调查研究，积累宗教知识和处理宗教问题的经验，遂成为民国年间少数熟悉宗教、有系统思考、注意掌握宗教政策的高级官吏之一。他曾自豪地说，"本省长于回教内容研究已数十年，为维持地方起见，不得不加以慎重"，又说："本省长服官甘新两省已数十年，于甘肃回教门户之源流，深明大略。"他的有关政令、文书皆收入《补过斋文牍》，从中可以看出他处理新疆伊斯兰教已形成一套成熟的理论方针策略，计其大端有以下数项。第一，认定对新疆伊斯兰教只能实行"开放主义"，不能实行"压制主义"。一者由于新疆西连中亚，信仰相同，关系密切，弄不好会引起国际性的联合反响，他说这种"地理、人种、宗教上之连带关系，从开放主义入手，其祸尚迟而缓；从压制主义着手，其祸更速而烈"；二者由于"新疆汉人不过百分之一，若不取得九十九分蒙、哈、回缠之人心，而欲一分之汉人压制九十九分之民族，我知其必败也"，而且"压力愈重，其反抗力亦愈大"。这是从政治统治和民族关系的角度论证不能压制宗教信仰。第二，强调政教分离，不赞成以行政手段干预纯宗教事务。这主要表现在教坊阿訇是否由官府指派的问题上。1918 年 3 月他下达《通令》，规定地方官吏不得派充阿訇，理由有四："阿訇为地方传教头目"，"此宗教上关系，宜由百姓自择品望素孚者充当，不宜由官派充者一也"；"流派不同，其传教之人亦不同"，"此人地关系，不宜由官派充者二也"；"即经典通晓未历各级之经验，即未为众人所推许，勉强从事，易起冲突，此人心不服，不宜由官派充者三也"；"大凡品行端方之人，不肯轻入衙署，其入署运动者，非罔利营私之徒，即暗传邪教之辈"，"此徇私作乱，不宜由官派充者四也"。第三，笼络和重用穆斯林上层人士，建立忠实于己的穆斯林依靠力量，实行"以回制回"的方针。他曾明白地宣称："用新疆之人，以守新疆，此增新素来办事宗旨"。他十分注意结好哈密王沙木胡索特，与之拜为兄弟，帮助他镇压农民起义，给予优厚的物质资助，使哈密王信服于他，哈密地区的政事因而得以控制。1912 年，他创建"回队"，招募五营回兵，自任统带，以后又增至十五营，清一色的穆斯林士兵，直接负责人是马福兴。马氏是老教领袖，在他带领下，"回队"成为杨增新的嫡系部队，在维持新疆治安上起过重大作用。马福兴被杨增新提升为喀什提督，其子马继武为协台。当马福兴私欲膨胀，怀有异心时，杨增新又重用新教首领马绍武剪除马福兴，并任命马绍武为和田道尹，后为喀什道尹。杨增新正是通过马福兴、马绍武这样的穆斯林领袖人物控制了新疆的局势。第四，禁断伊斯兰教的门宦教派，避免教争起祸。清代甘青发生的所谓"回乱"，都是先有教派门宦之争，后有官府的干预利用，演而为大规模的动乱和镇压。杨增新看到这一点，他说："甘肃回族多门宦，故争教之案亦多，如光绪二十一至二十二年河湟之乱即因争教而起"，"分门别户，易起争端，前清甘肃地方回民往往因争教酿成大祸，皆由于此"。有鉴于此，杨增新采取措施，防止甘青地区门宦之争渗入新疆。新疆维吾尔族穆斯林尚无门宦，只在回族中有其影响。民国初年，依黑瓦尼派领袖马果园出关传教，杨增新以"宗旨不正"的名义将其拘留，后来又押解到甘肃监禁。兰州灵明堂门宦的播道者靠福堂到哈密等地传教，也被杨增新逮捕，监禁达数年之久。此外，不许本省回民分门别户，同时禁止因分教派而新建清真寺，"因关内回民出关，每添一寺，即含有分门别类之性质"。由此之故，在甘肃盛行的哲赫林耶等门宦，未能在新疆广泛发展。第五，制定各种法规政令，对宗教活动严格限制和管理。杨增新的政教分离是有限度的，他只是不干预阿訇的选择，对于宗教活动仍采取种种措施予以限制。不准私设道堂，不准在家聚徒念经，只准教民在公设的礼拜寺举行活动。不准教民念《古兰》、《圣训》以外的经典，以防止有人"擅传邪教"。既不准甘肃等地阿訇到新疆传教，又不准此地阿訇到彼地传经布道，以防借机串联，徒生是非。严格限制去麦加朝觐，申请者需交银 600 两，以"补助公益"，这是经济性限制措施。第六，无情镇压本地区的下层穆斯林人民起义和革命运动。杨增新对于宗教信仰还算是宽容的，但事情一旦变成武力反抗斗争，便毫不留情地采取暴力剿杀，辅以招抚与分化。1912 年哈密爆发农民起义，杨增新派李寿福劝降和收编了起义队伍，尔后又招抚和捕杀了起义领袖铁木耳和穆依登。1914 年，杨增新镇压了吐鲁番的艾买提反抗封建压迫的斗争。又利用"回队"屠杀南疆哥老会成员，仅三年中就处决 200 人以上。第七，反对外来势力利用宗教渗入和控制新疆，同脱离祖国的分裂主义倾向做坚决斗争。他严令禁止地方学校聘请土耳其人充当教习，以免意外之虞。又下令查禁外人充当阿訇，认为事关新疆治安，不能不防。1918 年库车买买铁力汗在英人支持下发动叛乱，即被扑灭，首要分子一律枪毙。马福兴勾通沙俄，阴谋在南疆建立"独立伊斯兰国"，杨增新配合南疆民众，一举击破，维护了祖国领土的统一和完整。杨增新并不盲目排外，对于正当经商活动仍予以保护。

金树仁统治时期，在"改土归流"的措施上处置不当，激化了社会矛盾，引起哈密农民起义，并扩大到全疆，而起义领导权落到封建领主、上层宗教人物、泛土耳其、泛伊斯兰主义者手里，在喀什、和田建立了封建割据的伊斯兰政权。1932 年和田建立"伊斯兰王国"。1933 年又有"东土耳其斯坦伊斯兰共和国"出现。同年金树仁被推翻，盛世才上台，盛世才消灭各割据政权，镇压了农民起义，重新恢复了新疆的和平统一。他宣布"各民族一律平等"、"保障信教自由"、"保护王公、阿訇、喇嘛、活佛的地位及其权力"。事实上，他实行独裁统治，对宗教的"保障"是有限的，而干预和迫害却时常发生。

1943 年国民党势力进入新疆。1944 年，盛世才被迫下台，同年爆发了三区革命。在外国势力煽动下，泛土耳其主义和泛伊斯兰主义在新疆流行，伊敏、艾沙等分裂主义分子到处活动，但在广大爱国穆斯林面前仍然是孤立的、不得人心的，他们失败后纷纷逃往国外。由于新疆各族穆斯林的团结奋斗，境内外的分裂主义阴谋始终不能得逞，新旧军阀的统治也未能持久，新疆终于迎来了它的新生——中华人民共和国成立。

（三）北平、上海、云南等地的伊斯兰教

北平回民一向甚多，据 30 年代中期统计，全市穆斯林共计 17 万余，占全市人口十分之一强。由于此地常为国都，穆斯林文化人士较多，在全国伊斯兰教中占有重要地位。穆斯林的分布以牛街为第一集中区，东西两寺皆规模宏大，历史悠久，其他聚居区有花市东部、朝外南中街、朝内豆芽菜胡同及禄米仓一带、德外大关及马甸、三里河等。全市清真寺共 46 处，其中女寺 5 处，以牛街礼拜寺和东四牌楼清真寺最负盛名。穆斯林多从事珠玉、青菜、骡马、牛羊、驼行等行业。各礼拜寺皆附设大学，学生多至二三十人，少亦三四人，专门研究教义；又多附中学，为补习性质；多设小学，讲授阿文、教义。自王宽兴学以来，北平成为新式教育发展最快的地区之一，著名学校有成达师范学校、西北公学、清真中学、新月女学等。穆斯林社团组织，有民国元年成立的中国回教俱进会，继起者有穆友社，伊斯兰学友会（后更名为回族青年会），追求学会，北平市回民公会。穆斯林刊物亦多于他处，据 30 年代中期统计，先后创办的刊物有 19 种，其中以《月华》最有影响。穆斯林名人马松亭、孙绳武、王静斋、赵振武、达浦生、白寿彝等，皆以北平为其重要活动基地。

上海有伊斯兰教始于元朝，最早的宗教建筑为松江古清真寺。鸦片战争以后建立南寺（1850 年后不久），属老教派，北寺（1869 年），"外国寺"（浙江路清真寺），药水弄清真寺，日晖港清真寺，民国时期建西寺（1919 年），鸿寿坊清真寺，重庆路清真寺，汾州路清真寺（沪东清真寺），北站清真寺，江宁路清真寺，浦东清真寺，真如清真寺等。40 年代西北哲赫林耶门宦在景星路建清真寺。东北穆斯林在宝山县江湾镇建清真寺。20 年代建立四所女寺：高墩街清真女学，西仓桥清真女学，顺昌路清真女学，白玉坊清真女学。1909 年上海清真董事会成立，它所组织的上海清真商团参与了辛亥革命。1925 年上海中国回教学会成立，开展了新式教育运动，陆续创办了伊斯兰师范学校以及清真、敦化、云生、伊光等小学，初步改变了上海穆斯林文化落后的状况。近代上海有影响的穆斯林社团还有：福佑路回教堂纳捐人代表会、上海回教堂理事会、回教青年研究社、伊斯兰教译经社、上海回教宣传所（后改为"中国回教宣传所"），以及穆斯林妇女组织"同德会"、"坤宁

会"、上海伊斯兰教妇女协会等。出版机构有中国回教经书局、穆民经书社、上海伊斯兰学生杂志社、上海中国回教改造杂志社、上海人道月刊社、上海伊斯兰妇女杂志社、绿旗月刊、协兴公司等。上海穆斯林商人资财雄厚，在该市有举足轻重的地位，其传统行业有牛羊屠宰业、鸡鸭店、馒头饼铺、清真饭菜馆、牛肉店、皮毛业、古董玉器业等。上海穆斯林在全市人口中不到0.5%，居住较为分散，在汉族居民包围中从事商业活动，不能不受汉族习俗风气的影响，例如教派纷争不明显，在婚嫁丧葬节日的仪规上出现一些不同于西北西南聚居区的变化。在教派上，依黑瓦尼派迅速兴起，并占据了优势地位。

云南一向是中国伊斯兰教重镇，回民众多，历史悠久，名人辈出，晚清以来在近代中国伊斯兰教复兴运动中起过巨大作用。云南穆斯林比较集中的地方，有省城昆明，滇南蒙自，滇西巍山，以及玉溪、盘溪、沙甸等地，其中以沙甸（属于蒙自）最为著名，素有"小麦加"、"滇南伊斯兰教圣地"之称。1908年，在日留学的36名回族先进青年，在云南回族青年保廷梁、王廷治、赵钟奇等发起下，创办了《醒回篇》，保为编辑长。《醒回篇》讨论伊斯兰教教务的改进和实施新式伊斯兰教育的方策，暗示民族革命的意思，表现出清末中国伊斯兰教改革的新气象。辛亥革命以来，在民主革命和民族平等口号鼓舞下，云南穆斯林积极投身于社会进步事业，很多人前后参加过蔡锷领导的"重九起义"和"护国首义"，出现了赵钟奇、孙永安和马伯安等爱国将领。1912年，云南建立中国回教俱进会滇支部，马敏斋、马俊卿、马伯安等主持，力促回汉团结，着手提高穆斯林的文化水平。为实施新式教育，采取三种办法：一是将人才送出省外国外培养而后回省服务，如白亮诚、杨文波、马聘三、李敏生、沙国珍、马坚、纳忠、李芳伯、马子静、马慕青等；二是引进外省人才为推进本省新式教育服务，如白寿彝、哈德成、夏康农、曹礼吾、刘幼堂、张质斋等名学者都曾在云南回民学校工作过，是热心回族新式教育的引导者和骨干力量。1923年昆明开办高等中阿并授学校，1943年蒙自沙甸创办养正学校，以阿文宗教课程为主，兼授汉文普通课程。1929年创办明德中学（昆明），1943年创办私立兴建中学（蒙化）、鱼峰中学（沙甸），它们以普通中学课程为主，辅以阿文和教义，更具有民主和新式教育的特色。此外各地普遍兴办回民小学，课程有国语、历史、地理、音乐、美术、体育、算术、卫生等，另有一小部分宗教课。新式回民学校为国家培养了一大批有文化、有见识的爱国的穆斯林人才，促进了云南回族的文化事业，对伊斯兰教的改革也有推动作用；由于这些学校还招收其他民族学生入学，培养出的人才有许多从事较大范围的工作，从而有利于消除民族间的隔阂，使穆斯林更快地走向社会，与中华民族大家庭联系得更为紧密。

第五节　民间宗教信仰概貌

一　宗法性传统宗教的余波与散化

清朝的覆灭和民国的建立，所有的宗教都受到不同程度的震动，而其中受打击最大的是宗法性传统宗教，因为它与帝制君权和宗法族权紧密联系在一起，皮之不存，毛将焉附，可以说这种国家民族宗教基本上瓦解了。这主要表现在两个方面：一方面国家宗教祀典特别是君王祭天祀典被废止；另一方面"君权天授"的基本信仰发生根本动摇，除极少数人外，大多数中国人不再相信这一宗教神话。但是它的余波流衍还在发生作用，表现为以下几种情况：

第一，袁世凯在篡权和企图复辟帝制的活动中提倡祭天祀孔，为他重新当皇帝做舆论准备，所以极力挽救传统的祀典礼仪，三番五次下令恢复国家祭祀，只是打着为国为民的旗号，改皇帝、大臣主持为大总统与行政长官主持而已。1914 年 2 月，袁氏发布《祀天定为通祭令》，规定："礼莫大于祭，祭莫大于祀天，应定为通祭，自大总统至国民皆可行之。大总统代表国民致祭，各地方行政长官代表地方人民，应用冬至，祭礼应用跪拜，祭品应用牲牢。"同日又发布《祭孔定为大祀令》，规定："祀孔沿袭历代之旧典，以夏时春秋两丁为祀孔之日，仍从大祀，其礼节、服制、祭品当与祭天一律。京师文庙应由大总统主祭。各地方文庙应由该长官主祭。"袁世凯之所以如此热心祭天祭孔，并不表示他真有什么尊天敬祖的信仰，他看重的是神权，他要当国家级祭祀的主祭者，以此来抬高他的掌权地位，成为事实上的君主。当然他慑于民主共和的潮流，不便明说，只好遮遮掩掩，把"国民"挂在嘴上。同年秋，发布《举行祀孔典礼令》，表示"尊崇至圣出于亿兆景仰之诚，绝非提倡宗教可比"，亲自统率百官举行祀孔典礼。同年冬至日前又发布《告令冬至祀天典礼》，对于一些反对言论进行批驳，其中说："改革以来，群言聚讼，辄谓尊天为帝制所从出，郊祀非民国所宜存。告朔饩羊，并去其礼。是泯天下为公之旨，而忘上帝临汝之诚；因疑配祖为王者之私亲，转昧报本为人群之通义。遂使牲牢弗具，坛壝为虚，甚非所以著鸿仪崇盛典也。且天视民视，天听民听，民之所欲，天必从之。古之莅民者，称天而治，正以监观之有赫，示临保之无私，尤与民主精神隐相翕合。"从这一则布告中可知，当时人们已感觉到袁氏行祭天典是为了复辟帝制，这正是要害处；而袁氏则以敬天保民解释之，暂昧其本心，以欺世人。袁氏果于冬至日亲率百官至天坛举行祀天大典。随着袁氏称帝野心的暴露和复辟帝制的失败，传统的国家郊社宗庙祀典终于彻底废除，国家宗教从此中绝。

第二，康有为提倡孔教救国论。康有为是中国近代历史上企图把儒学提升为宗教的代表人物。他在中年即著书立说，上奏皇帝，请尊孔子为教主，定孔教为国教，以孔子配天，人人祀谒孔子，祷祀上帝，以匡正人心。康有为封孔子为改制教主，借尊孔以推动变法维新，有其进步性。辛亥革命以后，他看到传统的国家宗教祭祀废毁，中国人的信仰失去重心，更加提倡建立孔教，用以辅佐政治，借以凝聚人心。这时的孔教运动拒斥民主共和，配合帝制的复辟，其作用是倒退的。他有一个根本观点，就是人非教不立，国无教不治。他说："人非天不生，非教不立，故敬上帝拜教主，文明国之公理"（《致北京电》），他在《拟中华民国宪法草案发凡》中又说："不明鬼神，则陋民不悟"，"明则有政治，幽则为鬼神"，"今世无论何国，苟骤废神道去迷信，则奸人益横肆而无所忌惮，复何所不至哉"。他在《中华救国论》中分析辛亥革命后的情况说："举国旧俗，不问美恶，皆破弃而无所有，民无所从，教无所依，上无所畏于天神，中无所尊夫教主，下无所敬夫长上，纪纲扫地，礼教土苴"，他认为"幽无鬼神，明无礼教，上无道揆，下无法守"，是不可以立国的。因此他主张尊孔教，按耶稣教"专一于上帝与教主"的模式，祀上帝，敬孔子，"以神明圣王之孔子配上帝"，恢复天坛祭天，各地立庙祀天，皆以孔子配祀。国可以无君，天不可以不祭，孔不可以不尊。（见《以孔教为国教配天议》）康有为认为孔教兼人道与神道，兼容耶、佛、回诸教而又优越于诸教，它"博大普遍，兼该人神，包罗治教"，但又"不假神道而为教主"，"真文明世之教主，大地所无也"（《请尊孔圣为国教立教部教会以孔子纪年而废淫祀折》），普天之下不能出孔子之道之外，"自鬼神山川，昆虫草木，皆在孔教之中"（《中国学会报题词》）。陈焕章于民国初在上海成立孔教会，康有为成为该会会长。陈焕章按基督教的模式构造孔教体系，以"天"为上帝，将"儒"字定为孔教名号。把孔子所衣定为孔教衣冠，把《礼记》定为孔教礼仪，建立孔教魂学，创立因果报应说，将三千弟子视为教徒，纬书承继为统序，文庙作教堂，孔林为圣地。他的做法受到美、日、德、俄等国在华人士的鼓励。随着五四新文化运动的兴起，康有为提倡孔教为国教的学说受到猛烈批判，不再是一种有影响的社会思潮。康有为的崇天尊孔活动，是中国传统信仰的余绪，他的创造在于要把本来平行存在的国家正宗宗教和正宗哲学合二为一，目的是配合他的君主立宪的政治行动。换一个角度看，康有为觉察到中国传统信仰的崩溃使社会丧失精神支柱，必须加以重建，否则社会将不能稳定，而且在很长一段时间内宗教还有其存在的社会条件，这些见解包含着合理的成分，但他企图复旧却不合时宜，不能不成徒劳之举。

第三，曲阜祭孔活动仍在继续。孔府祭孔分公祭（国祭、官祭）和家祭两种。民国成立，断了皇室的恩赏和年俸，加以社会动荡，地租收不上来，孔府的社会地位与经济实力可以说是一落千丈；但仍有祀田存在，家祭仍照常举行。据孔德懋《孔府内宅轶事》，每年祭孔50余次，其中主要的是四大丁（每年春、夏、秋、冬的丁日），四仲丁（大丁后的第十天），八小祭（清明、端阳、中秋、除夕、六月初一、十月初一、生日、忌日）。大祭由衍圣公主祭，参与祭祀的有关官员、司仪、乐舞生等数百人，加上四氏（孔、孟、颜、曾）师范学堂师生、族人及来宾，在千余人以上。祭祀仪式沿袭传统的《大成殿释典礼》，不做改变。1935年，蒋介石下令将孔德成的衍圣公爵号改为"大成至圣先师奉祀官"，并享受特任官待遇，继续保持较高的社会地位。公祭亦不时举行，蒋介石曾派中宣部长褚民谊来孔府祭孔，韩复榘任山东省主席时也多次来祭孔。1934年8月27日圣诞节祭孔是蒋介石时期最隆重的一次，中央政府派大员叶楚伧做代表，同来的还有考试院代表林祥民，民政厅长李寿春，山东教育厅长何思源等官员几十人，外地来宾1000多人。公祭（国祭）在仪式上有所改变，不设祭品，由中央代表献花圈，不穿古代祭服，一律长袍马褂，主祭、陪祭、余祭就位后，上香、献花、献爵、读祭文，向孔子行三鞠躬礼，于是礼成。孔府家祭是以孔子为始祖的家庙祭祀，具有祖先崇拜的性质，但是由于孔子人格伟大，文化贡献至巨，他的形象遮盖了其他孔府祖先，祭孔具有了弘扬孔子文化生命的意义。至于公祭，民国人士主要把孔子作为中国传统文化的代表，通过祭孔，肯定中国文化的连续性和主体性，表示对儒学的尊崇，其文化的意义大于宗教的意义。

第四，民间敬祖祭祖风气依然很盛。中国社会进入民国，帝制虽然垮台，家族仍极有势力，家庭形态并未发生根本变化，加以慎终追远的观念在民众中根深蒂固，民间的祭祖活动未稍减少，只是更少政治性，化整为零，更分散地进行，轨制不像过去那么严格，而丧葬礼仪则新旧并用，呈过渡状态。民国年间，宗族或家庭祭祖一年数次不等，较大的有春节祭祖和清明祭祖。除夕与初一是新旧岁之交，一般人家在堂屋悬挂祖先容像，或神龛、供桌放置祖先牌位，摆设丰盛的供品，由家长率全家男性上香酹酒跪拜，以表示不忘先祖的功德，祈祷祖先神灵保祐全家平安幸福。初一晨宗族男性成员要在族长带领下去宗族祠堂祭拜同宗远祖，规模更大一些。清明前几日祭祠堂，称"吃祠堂酒"，清明日家家郊出为先人扫墓，添土压钱，焚香上供奠酒，以示尊祖敬宗之意。据金受申《老北京的生活》一书载，北京家庭除夕祭祖，有的悬起纸绘祠堂，密排灵位，有的只望空虚设香供。汉人祭祖，多半做鱼肉碗菜，南方流寓北京人士尤为隆重，多是八碗大菜，中设火锅，按灵位设杯箸，在除夕、元旦、元夜将火锅扇开，随时换菜。蒙古旗人供以黄油炒黄米面，满族旗人供核桃酥、芙蓉糕、苹果、素蜡檀香。除夕夜和元旦供素煮饽饽，上元夜供元宵，每日早晚焚香叩头，献供新茶。祭祖形式虽各不同，大都除夕悬影，上元夜撤供，至近亲朋拜年须叩谒祖先堂。丧葬仪式略有革新，稍有条件的家庭，一般在医院寿终的多，死者亲属向亲朋好友发出讣告，通知何时在何殡仪馆设奠家祭。将尸体从停尸间抬出放入棺木。入殓与出殡不多间隔。出殡日，丧主捧亡人神主牌，身穿孝服，走在棺木前面，送殡亲友走在棺木之后，然后是和尚、道士和哀乐队。棺木下葬时，男性家属跪在右边，女性家属跪在左边，向棺木哭号祭拜，表示告别。第三天孝子及其他亲属要到新坟参拜，叫做圆坟。多请和尚诵经超度，请道士做法事。每七天念经一次，至四十九天止，称七诵经。孝服在沿袭旧俗的基础上有所简化，孝子穿白布面鞋一周年，也有城市人士开始佩戴黑纱。较有社会地位的人士开追悼会，举行公祭。穷苦人家薄木棺材或炕席卷尸草草埋葬，但丧主号泣戴孝，悲哀之情并不减少。

二　民间秘密宗教的流衍与公开化

民间秘密宗教在清代受到高压，它的活动常常同社会下层反抗运动联系在一起，其中一部分转化为秘密会社，进而催生出近代革命政党。辛亥革命以后，对民间宗教进行摧残镇压的君主专制政体不再存在，加以军阀混战，日寇入侵，国家事实上没有一个统一的政权，民间宗教存在和发展的上层压力减缓了。各种社会势力和外国侵略者不再镇压民间宗教，转而设法加以利用和控制，这更加改善了民间宗教发展的政治环境。社会的动荡，民生的凋敝，加深了民众的痛苦，民众依靠民间宗教自信自救的需要更加强烈，从而扩大了民间宗教的社会基础。因此，民间宗教进入民国以后有所膨胀和发展；秘密性有所减弱，公开性有所增强；旧教派的分化和新教派的出现加快了速度；在社会斗争激烈复杂的形势下，政治倾向上出现明显的分化，有的投靠社会反动势力，有的保持民间群众团体属性，有的成为社会进步力量。现将这一时期先后存在的主要教门介绍如下。

（一）黄天道

或称黄天教，创于明代，清乾隆时受到沉重打击，至光绪中复又兴起，民国时期继续流传。它以华北万全县膳房堡为基地，尊普明佛。据李世瑜《现代华北秘密宗教》，至1947年，万全县西南部仍然流行黄天道。万全县城一座玄坛庙中供有普明佛之神位。西部旧羊屯村有普佛殿，内供有"普明爷爷"、"普明奶奶"神像，当地信徒认为二神时常显灵，解救人们的疾苦灾难。柳沟窑村一座佛殿的陪殿成为普明佛的"行宫"，殿内两壁绘有普明生前的行实画传共20幅。德胜堡村、阳门堡村、贾贤村、暖店堡村、深井堡、小屯堡、张杰庄、赵家梁皆有普明佛殿和画传。膳房堡仍保存有光绪年间兴建的普佛寺，其规模在数百座庙中属于第一，一共六进，杂有佛教菩萨与道教神仙塑像，一殿供普明一家五口，一殿供本寺创建人志明和尚肉身像。张贵屯的普明殿，所供普明佛是大肚弥勒的形象，信徒认为普明是弥勒的化身。根据普明殿画传里提到的地方，黄天道还流传在西河、马房、怀安、蔚州、宣阳、枳儿岭、广昌等地。当时黄天道徒习用的宝卷，许多都是民国年间的刊行本，如《慈航宝训》、《挽劫俚言》、《四圣救世真言》、《三会收圆宝筏》、《新颁中外普渡皇经》等。

（二）在理教

又称理门、理教、理善会、白衣道、八方道等。创于清初，创始人杨来如，教内称为杨祖（或羊祖），原为邱处机第13代徒孙，可知脱胎于道教。初定下五字真言："反清复大明"（一说："复明灭大清"），康熙乾隆以后改为"观世音菩萨"，反清复明的思想逐渐消失。在理教所本之公理指"儒释道三教之理"，即所谓"奉佛教之法，修道教之行，习儒教之礼"。戒律有八：一不吸烟，二不饮酒，三不烧香草，四不焚纸帛，五不拜偶像，六不吹打念唱，七不书写符咒，八不养鸡猫犬。其中以戒烟戒酒为修身之先，最为严格。杨祖之后，有尹来凤中兴其教，以天津为大本营，向上海、北京、河北、江苏、山东、河南、安徽、江西及东北、内蒙古等地传布，逐渐形成全国性的规模。在理教在清末民国盛行不衰，主要原因是主张和实行戒烟戒酒，符合劳动人民的愿望。戒烟中尤重戒鸦片，可以禁除吸食鸦片的恶习，强健身体，节省开支，受到各界的欢迎。此外，在理教还举办一系列慈善救济事业，如光绪末天津在理教建立公善社，引导世人爱惜字纸，向寡妇发放救济款物，对贫民死亡施舍棺匣，掩埋无主尸体等，以及春季种痘，夏施暑药，冬舍棉衣等。1913 年，李毓如与理门闻人苑文鉴联合北京理门公所徒众，组织中华全国理善劝戒烟酒总会，出刊物《理铎》。此后各省纷纷成立分会。1933 年，全国性的领导机构"中华全国理教联合会"成立，各地相继建立分会，使全国在理教公所达 3000 个以上。抗日战争时期，北京理门首领谢天民勾结日本，成立中国理教总会，是一件不光彩的事。据理门张国禄回忆，1921~1936 年，北京理门徒众有 10 万人。

在理教的入教手续是：经人介绍，到公所接受"点传"；在入教仪式上，"领众"（传道师）谆谆告诫信徒，烟酒二戒重如泰山，倘有违犯，终生颠倒，永无顺遂之日。在理教不拜偶像，各地公所只供"圣宗"（观音）、杨祖、尹祖像，信徒亦可在家中供奉"圣宗"像，每天"下参"（参拜）53 次，默念五字真言，或诵《白衣观音神咒》等。在理教每年有三个节日：农历三月十一、十月初三和腊月初八。最重腊八，届时举行"摆斋"，徒众要去"捧斋"，主要是聚餐，同时"点理"（接受新教徒）、"放法"（选定下任领众）、舍结缘豆等。在理教传有《理教大法》（又称《杨（羊）祖大法》），据李洁贤《理教传入天津与西老公所》，《理教大法》内容是：

> 法本法无法，无法法也无。
> 今付无法时，法法合成法。
> 静坐持念观自身，耳目随心听潮音；
> 四静澄清光明现，当人居坐五行中。
> 莲台上面持法语，法轮常转运乾坤；
> 普照世境随心变，贯满昆仑三界明。
> 一切万物具有幸，气是玄妙性中根；
> 内理阴阳谁识破，识破还是养性人。
> 大道不离方寸地，若向外寻枉劳神；
> 人能醒悟师父理，昼夜辛勤念在心。

大法在思想上将禅宗的澄心、道教的炼气和阴阳五行学说结合起来，注重人的修身养性，强调清静内观，乃是一种心性之学，成为戒烟戒酒诸戒律的理论基础。

(三) 先天道

先天道是清代东大乘教的分支，黄德辉创于清初，崇拜无生老母，信仰龙华三会，强调三期末劫，重视普度功效，因而创立了超生了死无上的修行法门，以接引世人摆脱红尘业障，返回真空家乡。其第 13 代传人杨还虚于道光间创青莲教，遭清廷镇压，传入福建后，改名先天道，后传入台湾。至清末，傅道科在重庆设立"万全堂"，作为先天道的全国总佛堂，下设若干分堂。清末民初，先天道由西南地区传到两广、两湖、华北、西北及东北各省，其后又在各地设立"十地"（"道"字级），十分活跃。抗日时期一部分先天道上层人物投靠日本，在北京、天津等处设"先天道院"，受日伪控制利用。先天道有一套组织系统，其道内职级有："家长"，道内首领；"十地"，由家长任命，负责发展各地组织；"顶航"，受十地指挥，领导一个地区的道务；"保恩"，协助顶航办道；"引恩"，管辖两个县的道务或若干佛堂，负责讲经传道；"证恩"，讲经传道，作新道教的开示师；"天恩"为基层道首，开辟道场，领导道徒吃斋念经；"众生"，一般道徒，入道要立"入道愿"，教念道规，点"玄关"，发"入道证明条"；"执事"，佛堂中办事人员。先天道的宗教活动主要是每年农历二、六、九月的十九各做一次"观音会"，三、五、九月的十五各做一次"龙华会"。

(四) 真空道

廖帝聘有四个亲信高徒，即：赖仁章、蓝氏（赖之妻）、凌邦壁、张声见，与廖共称真空道五祖师。光绪中，廖被逮瘐死狱中，张被逮释出后病死，赖、凌继续传道，至光绪末，该道由江西传到广东、福建、江苏、浙江等省，并进而流传到香港及泰国、新加坡、马来亚、菲律宾。1929 年，赖仁章、凌邦壁相继去世，由廖帝聘侄孙廖艺圃接任道长。1948 年，廖艺圃将真空道改称"真空慈善会"，在中央政府备案，取得合法地位，总部设在黄畲山，南京设办事处，各地设支会。

(五) 皈一道

这是一个很有特色的民间宗教，在教义上主三教归一，崇拜多神，集三教神灵之大全；在修行上主清修苦行，其清苦的程度为诸民间宗教之最。该道由山东平原人赵万秩创立于同治光绪年间，道首尊称为初祖或复阳帝君。

二祖李连苑，道号慈济。三祖陈希曾，道号"悟真"。1941年，陈希曾死，张书林主持道务，是为四祖。皈一道的道职由上而下为：掌道师、传法师、坛主、乩手、誊录、承办、道徒。其宗教活动是农历每月初一、十五开坛扶乩，平时道首亦在传道所讲经布道。皈一道的经文，除佛教咒文外，还念坛训，如《了凡训子书》、《三教正宗》、《三教普渡》、《泰山娘娘新经》、《吕祖救劫文》、《皈一宝训》、《皈一化迷真言》、《苦海收元》、《指路西归》、《望家训本》、《救急文》、《登仙梯》、《圣众佛训》、《传家宝训》、《孽镜辨心录》、《观世音救劫仙方》等数十种。

皈一道具有明清民间宗教的共同特点，即儒释道三教合一，并以无生老母为最高崇拜对象。其乩训说："皈一者，三教合为，共领无极慈命，在于苦海设一慈舟，救人之急，济人之难，收复皇胎佛子，反回原性，无极认母，脱离浩天之劫。"但其崇拜的神灵之多且广，为其他教所不及，反映了中国民间多神崇拜的风气，很有典型性。属于儒家的神灵有：孔子、述圣、复圣、朱熹等。属于佛教的神灵有：释迦牟尼、弥勒佛、观音菩萨、燃灯古佛、地藏菩萨、普贤菩萨、达摩老祖等。属于道教的神灵有：老子、纯阳帝君、文昌帝君、泰山圣母、重阳真人、紫阳真人、李拐仙、何仙姑、普济真人等。属于民间传统信仰的神灵有：灶君、土地、北斗星君、南斗星君、关圣帝君等。属于皈一道自身的神灵有：复阳帝君（初祖赵万秩）、慈济真人（二祖李连苑）。这些神灵中有佛道二教的高位神，有古代传统信仰的诸神，也有许多历史人物，广为收罗，共有百神之多。皈一道的另一大特色是戒律严格，道徒生活清苦至极。一般穿最粗陋的农民服装，也有穿道服，留发髻或留辫，或光头；平时吃饭绝对吃素，只是玉米窝头和盐水煮白菜；道徒多从事小商小贩和手艺等职业，不以营利为目的，除了维持简朴生活外，余钱用于买生放生；住房简陋，屋内只有炕、凳，至多有一桌或几；不扰人，不靠人，去别人家不吃不喝；一般在家修行，但备有方尖铲，一旦环境有变，随时准备四海为家。他们认为，吃荤腥是吃生灵，会得到被吃的报应，鱼生火，肉生痰，吃它们是吃毒药，所以富贵人家更多遭殃。生活虽然贫苦，但道徒甘心情愿，以苦为乐，因为他们有虔诚的信仰，相信只有这样才能得到无生老母的欢心和保护，社会才能太平和谐。由此可知，皈一道是很典型的平民宗教，具有墨家自苦救世的精神。在宗教生活上，家中陈设佛堂，供奉"天地君亲师"、"药王神位"、"灶王神位"、"复阳帝君神位"、"三代祖先神位"，有的供奉"天地三界十方万灵真宰之位"。道徒每日必行功夫至少4000

个"响头"。所谓响头，就是叩拜时头顶着地，并用力磕，使做出隆隆声，且所着之地，只限于土地或砖地，故每个道徒前额必有一个坚硬隆起部分，其四周不长头发，若没有这一特殊记号，便不是忠实道徒。叩拜的对象有太阳、太阴、北斗、南斗。此外，还要修炼内功，即炼气、调息、守祖窍、采取功夫；做到十少，即少思、少念、少笑、少言、少饮、少怒、少乐、少愁、少好、少机；除却六害，即名利、声色、货财、滋味、虚妄、嫉妒；练就三昧，即摒绝诸缘，专一虚寂；禁止十恶，即口四恶、身三恶、心三恶；实行善基八则，即诚意、正心、慎言、敬事、敬老、慈幼、洁己、劝人；坛规十戒，即坛室、供馔、衣服、侍坛、座次、览训、喧哗、出入、眼界、烟荤；念佛方便法门，即每天早或晚，洗面、漱口之后，烧香合掌在佛前诚心念佛号香赞；念燃灯佛祖训；念咒语，有放生咒、净生咒、六字稳心咒、聪明咒、燃灯佛祖解冤咒、往生神咒、护身经、眼明经、弥勒降魔歌；书符篆。皈一道的戒律和修持法则能忍人之所不能忍，行人之所不能行，道徒是名副其实的苦行僧。

（六）普渡道

它是先天道的分支，"普渡"即普度众生之意。清末民国盛行于两广一带，道徒大多是劳动妇女。普渡道以无生老母（又称瑶池圣母）为最高崇拜对象，主张儒释道三教归一，三教中的神灵皆在祭拜之列，各处道堂常供有木雕神像两三百尊，并选择风景优美的深山石洞安放祭拜。一年四季，每逢神灵诞辰，远近道徒都前往道堂念经礼拜，往往形成隆重宏大的场面。普渡道教义认为人世间无一人无罪、无一处无罪，从污蔑神灵、不尊皇王、毁天骂地、欺师背祖，到兄弟吵架、妯娌不睦、杀鸡宰羊、捕鱼网鸟、耕地伤虫、乱泼污水，都是罪恶，因而不免三灾六难临头，死后打入阿鼻地狱，受尽苦难。惟一出路是入道清修，吃斋念佛，乐善好施，买生放生，忠孝节义，才能使众生普度，脱离人生罪恶深渊。普渡道有严格的清规戒律，有三皈（皈依佛、法、僧）、五戒（戒杀生、偷窃、邪念、酒肉、妄语）、男不婚女不嫁，实行禁欲主义。该道道堂拥有土地、山林等雄厚的寺院经济实力，又有香烛费、入道费、请经费、道场费、恩证恩本费等，收入可观。入道信徒多失意妇女，或中年丧偶，或年轻丧子，或婚姻不幸，或未婚而遭欺凌压迫。她们入道后，既找到精神寄托，又可有最低生活保证。而上层道首，特别是道堂堂主则支配道堂财产，雇工劳作，放债取利，过着地主阶级的生活。正式道徒要经过"三关"考验：第一关每月初一、十五坚持吃斋念经拜佛，叫吃花斋，称为"道众"；第二关每月吃斋九日，专心念经拜佛，称为"护道"；第三关坚持"护道"生活一段时间后，吸收入道吃斋，称为"正道"。道徒至此方可居住道堂，食宿由道堂提供，这样的道徒称"众生"，男叫"乾道"，女称"坤道"。入道还要办理手续，由道内人介绍，找引正师、保正师、开示师填表签字，批准后把表章于瑶池圣母台前焚化，宣誓发咒，方算入道。入道后要严守道密，不得反道，交纳各种费用。

普渡道的重要法事活动有以下几项。一是道内定期举行斋醮，少则三五日，多则十日，道首道徒均参加，念经称唱连宵不绝，伴以鼓乐。二是在道堂做道场，由事主出资请求诵经祈福、禳灾、祓苦、谢罪、求寿、求安和超度亡魂。三是为普通百姓念经，花钱可多可少。四是为人所请，外出念经作法，打醮降乩，出者最少四人，所带念之经有《关圣经》、《地母经》、《观音经》、《龙王经》、《求雨经》、《血盆经》、《高王经》、《哭娘经》、《五谷经》等，视事主的具体需要而定。该道在广西最盛。

(七) 圣贤道

它是清代八卦教支派离卦教的一支，创立于光绪年间，流行于民国时期，发源地是河南滑县，传布于河南、河北、山东等省。其道自称是无生老母下来做最后一次总收圆的道，掌教祖师为弥勒佛。以"暗钓贤良"的方式传道。加入圣贤道的人，求得"三宝"，便可回到真空家乡，参与弥勒佛主持的"龙华大会"，与无生老母团聚，永享清福，不再堕入轮回。道徒戒烟酒，坚持素食，每天闭门定时用功，即烧香、磕头、念咒、打坐。要求道徒平时孝顺父母，和睦乡里，去恶为善。该道的总道首称"道皇"或"当家"，在滑县世袭。其下大道首称"号士"。其下小道首称"法士"，可以收徒。佛堂还有"大士"、"贤士"、"秋士"、"丁士"等管理服务人员。巫师称"明眼"，做法后能代无生老母和其他神灵向信徒传谕、讲道，并声称能到阴曹地府招来信徒已故亲属与之会面谈话，其实际权限很高。

(八) 九宫道

它是八卦教的衍支，依附于佛教而创建，创始人李向善（法名普济）。光绪年间李向善在五台山南山寺落发为僧，他结交四方，广罗门徒，建立九宫道，供奉无生老母，自称弥勒转世，鼓吹"万教归一"、"三阳掌教"，宣扬白阳佛将要掌教，现在是红、白佛交替之际，天下要大乱，只有入道，才能躲过灾难。九宫道建立后发展很快，教徒遍布华北及东三省，离卦郜姓子孙也隶属其门下。普济将其信徒分为十八"天"、五大"会"。十八"天"

有：内九天、外九天、东九天、南九天、西九天、北九天、上九天、地九天、余九天、中皇天、保中天、护中天、左中天、右中天、东南天、西南天、东北天、西北天。五大"会"是：东会、南会、中会、西会、北会。他以中皇天、天督的名义，统一号令各地道徒。1912年，普济死，全国教徒集资在龙泉寺修建弥勒塔和石雕牌楼，以资纪念。九宫道各"天"、"会"纷纷独立，各自发展本派势力。其中十八"天"多在华北，五"会"多在东北。江西妙顶和尚创立"崇门正教黄山派"，亦是九宫道重要支派，活动于河北、河南、安徽一带。20年代，九宫道与北洋军阀关系密切，先后在各地建立机构，公开活动。1926年，外九天道首李书田在北京成立"京师普济佛教会"，以曹锟、吴佩孚为正、副会长，李书田为会师，并在河北、河南、山东等地建立分会。1928年，中会道首杨万春依靠军阀政客，在北京成立"五台山普济佛教会"，办医院、育幼院、粥厂等慈善机构，进行传道活动。1930年，南会道首王鸿起在北京成立"五台山向善普化佛教会"，自任会监，其子王春暄为会长，又在长春、沈阳、唐山、青岛等地设立分会及佛堂20余处。1936年，余九天道首李荣成立"正字慈善会"，自任会长，在北京、天津、河南、河北均设有分会。这些都是公开的活动机构，从而扩大了九宫道的社会影响。抗日时期，九宫道许多支派投身日寇，宣传"大东亚共荣圈"、"中日亲善"等卖国口号，鼓励道徒为日寇服务。1942年，外九天道首李书田在济南成立"未来和平宗教会"，又在天津建立分会，公开为日本特务机关服务。1944年，李书田又在北京成立"弥勒总会"，以日本特务正兼菊太为最高顾问。在日本帝国主义支持下，外九天支派获得很大发展，势力遍及河南、河北、山东、山西、江苏及东北。抗日胜利以后，九宫道又投靠国民党，与中国共产党领导的人民革命事业为敌。1946年，国民党军统拉拢九宫道余九天、中会等支派道首，成立"万善联合会"，公开进行活动。50年代初被取缔。

（九）同善社

先天道支派，彭汝珍创于光绪末年，活跃于民国时期。彭汝珍是四川省永川县人，先入先天道，后自创同善社。该社以瑶池老母即无生老母为最高崇拜；宣传"用儒教礼节，做道教工夫，而证释教果位"，供奉孔子、老子、释迦牟尼；宣扬"三期末劫"："上古期"是水劫，"中古期"是火劫，已各度回2亿生灵，"下古期"是风劫，尚须度回92亿生灵，现在正是三期末劫，"邪风吹来，万物皆无"，只有加入同善社，才能避此劫难，升入天宫。

彭汝珍以达摩为初祖，自封十六祖，号"南无清静自在无极燃灯佛"。其组织系统分为十六层，从第十六层向下，分别称为"无极"、"太极"、"皇极"、"两仪"、"三才"、"四象"、"五行"、"十地"、"顶航"、"保恩"、"引恩"、"证恩"、"天恩"、"众生"。"无极"只彭汝珍一人，他任命第八层"顶航"以上道首；第五、六、七层道首由第九层"十地"以上道首任命；第四层"天恩"由第八层"顶航"以上道首任命；第三、二、一层均称"众生"，为一般道徒；第四层至第八层为道首，可充任新道徒的"开示师"，有权向外地发展组织，第九层以上是高级道首。此外，还设有"柴门"（又称"武坛"）的武装组织。同善社没有自己的经卷，常念的经典有：《道德经》、《法华经》、《三圣经》、《万佛经》、《金刚经》、《观音经》、《财神经》、《太阳经》、《灶王经》、《十王宝忏》、《中皇真经》以及若干神咒。它的宗教活动很多，主要是做龙华会和招收新道徒。同善社认为每年农历三、五、九月的十五，是上古、中古、下古人成仙成佛之日，上天要开龙华会庆祝，地下也要做龙华会，普度该社道首及众道徒成仙成佛。三月十五做龙华初会，五月十五做龙华二会，九月十五做龙华三会，届时道徒在道首带领下设醮念经拜佛。新道徒入社须有老"众生"介绍，写申请，立誓愿，缴纳护道金，开示师同意，然后在坛前拈阄，拈到"准"字可入社，拈到"空"字则推迟，数日后再拈，直到拈到"准"字时止。入社后由开示师在暗室单独向新道徒点道，由新道徒调息，开示师点玄关；再传授坐功之法，称为"内功"或"静功"；在日常生活中要广行善事，称为"外果"，并热心为社捐物捐钱。同善社不吃素，亦不独身，但要遵守五伦八德及三从四德，将佛教的三皈、道教的三清与儒家的三纲贯通起来，又用五戒与五行、五德相配，形成三教混一的宗教戒条。

彭汝珍创立同善社后，以宣扬"孔孟大道，设立善堂，坐练气功"为名，派弟子向各地布道。1910 年传到北京。1917 年，同善社获得北洋政府批准，在北京政府内务部备案，公开成立总社，名曰"洪信祥"，彭为最高领导。后总社迁往四川永川县龙水镇。1920 年，在汉口设立总事务所，协助总社督导各省道务。到 1923 年，各省均有省社组织，北京名"永定祥"，上海名"天济公"，南京名"会齐岛"，江西名"洪善祥"，安徽名"大林祥"，湖南名"望江楼"，福建名"天济福"，山东名"会齐都"，山西名"永定和"，陕西名"桂香阁"，贵州名"大和春"，重庆名"王赤宫"，成都名"巨昌生"等。省社设正副号首。省社下设县社，统称先觉祠，领导县内道务，设正副善长负责。县社下又设事务所，为乡镇基层组织，设善长一二人。由于北洋政府的支持，一批军政官吏、地主豪绅纷纷入社，短短十几年中形成遍布全国城乡的组织网，号称拥有道徒 3000 万。其中除了军阀、官僚、地主、商人和知识分子外，大多数仍然是农民，尤其是劳动妇女；富贵者为了永保富贵，中层分子为了腾达进升，贫困者为了摆脱灾难，各有各的想法，但入社总是期望神的护佑，以便消灾得福。由于北洋时期同善社与军阀关系密切，1927 年北伐军曾下令取缔，其活动暂有收敛。1931 年九一八事变后，日寇在东北建立伪满洲国，彭汝珍派次子彭宝善赴长春晋见溥仪，表示拥戴，夸口要练几百万神兵为溥仪入关复辟效力，因而得到伪满洲国皇帝嘉奖，授予其教主名号。彭宝善与日本关东军特务机关勾结，于 1935 年潜回四川，带回关东军和溥仪的密令与任务，密函各地同善社抽调年轻忠实信徒加紧教练神兵以候调遣。1937 年 8 月蒋介石下令逮捕彭汝珍，缴获其财宝、枪支、密件及准备做皇帝的全副銮舆摆设，而彭本人则在宜宾躲藏数年后又回龙水镇继续活动。1946 年以后，彭企图组织武装对抗中国人民解放军。中华人民共和国成立后，彭吞金自杀，其子彭宝善因卖国作恶被处决，同善社亦被取缔。

（十）一贯道

一贯道虽起于清末，而真正兴旺发达是在民国，不仅形成一整套组织系统和宗教仪式，而且教徒众多，势力遍及全国，在教义理论上也有重要发展。创始人王觉一死后，刘清虚接续道统。刘清虚死后由路中一接续，其时已进入民国，道徒尚少。民国十九年（1930）张光璧（字天然）接手，一贯道转盛，至抗日时期达到极盛。张光璧是山东济宁人，封为十八代祖，道中人认为他是济公活佛转世，是救劫菩萨，称为"师尊"或"老师"。张在济南设立了中枢坛，又建金刚、敦仁、礼化、天一四大坛，负责向四方发展，又在各省建总坛，下设分坛，管理各地区道务，形成全国性网络。张在道内立道阶制，其上下等级是：师尊（张光璧）、师母（张妻刘率贞、姜孙素珍）、道长（又称老前人）、点传师（亦称前人）、坛主、文牍、乩手、引保师、道亲。师尊奉天承运，具有无上权威，师母也是道主。道长地位仅次于师尊，直接与师尊师母联系，提拔点传师，但无神权。点传师开坛点道，吸收道徒，有训练、提拔坛主之权。坛主负责全坛道务，帮助点传师传道，每坛有正副二人。文牍管坛内抄训、写表等文牍事宜。乩手是经过训练的童男童女，分为天才、地才、人才，统称三才。引保师是道徒入道的介绍人和保

证人。道亲即一般道徒。宗教仪式主要有传授"三宝"和"扶乩"。新道徒
入道时，点传师传授"三宝"，上不得传父母，下不得传妻子；第一宝是
"抱合同"，做一定手式以表认母归根之意，第二宝是由点传师"点玄关"，
谓点破玄关可以会通天人，第三宝是"传口诀"，即传授"无太佛弥勒"五
字真言。扶乩又叫扶鸾，由三才担任，借仙佛附体，手扶乩笔，在沙盘上写
出字文，作为"神训"。此外，还开坛讲解道义，开设各种训练班，如炉会、
仙佛研究班、人事研究班、忏悔班、人事检讨班、坛主班、点传师班等。这
一时期的一贯道除尊奉无极老母即无生老母为最高神灵外，又供奉济公活
佛、弥勒祖师、南阳古佛、观音菩萨、南极仙翁、吕祖、孔子、老子、关
羽、岳飞，后来还崇拜耶稣、穆罕默德，以体现"万教归一"。一贯道把世
界分成理、气、象三天。理天为无极老母住处，是永恒存在的；气天是仙佛
居住之处，虽好但不永恒；象天即当今人间，充满灾难。凡加入一贯道者，
得老母降道挽救，可以躲过三期末劫，生前做官享福，死后进入理天，与老
母团聚。修持之法为"成己成人"，成己即修身，清心寡欲，以求其放心，
使行为合于理，制心之法以静坐为要，此为内功；成人即度人，行济人利物
之事，存拯灾救世之心，劝人为善，普度众生，是为外功。虽有烟酒荤之
戒，但不禁男女之欲，以成就家庭伦理。一贯道的坛场为佛堂，称"法船"、
"法航"，皆由私人成立，具有秘密附设性质，采取"暗渡贤良"的方式传
道，不公开立案。道内的解释是：一贯道传自孔子，从未立过案，况且大家
都是老母的儿子，官府的人也是，没有母亲向儿子那里立案的道理，又由于
度人要有选择，必遇已得道之人，"因亲渡亲，因友渡友"，不能乱度，只有
将来天道大开时，才能走马传道，公开化。一贯道的经卷较杂，有本道的，
有袭用儒佛道和其他民间宗教的，也有各种随缘编写的。属于一贯道自创的
主要经卷，除王觉一或托名王觉一（北海老人）的《一贯圣经》、《一贯概
言》、《一贯探源》、《一贯道统条规》、《三教重新》、《三教圆通》、《三易探
源》、《子曰解》、《理性释疑》、《理数合解》、《谈真录》等书外，还有托名济
公乩训的《十全救苦篇》、《化善灵丹文》、《醒世妙篇》、《醒世指南》、《还乡
觉路》、《一贯道疑问解答》等，托名无生老母乩训的《己卯圣典垂训》、《皇
母家书》、《皇母训子十诫》等，有伍博士著《一贯浅说》，郝宝山著《一贯
修道须知》，张知睿著《五教合传》，无名氏著《一贯劝世书》、《一贯辩道
录》、《一贯道问答》，以及托名观音、吕祖、弥勒、关公乃至耶稣基督等的
乩训，这些经卷书册大量出现于民国时期，尤其是 30 年代以后，仅李世瑜

1948 年《现代华北秘密宗教》一书中所列一贯道经典提要，就有 130 种，可见其数量之众多，宣传之普遍。

1937 年"七七"事变以后，张光璧投靠日寇，成为汪伪政府的"外交顾问"，吸收大汉奸褚民谊、周佛海、常玉清、王揖唐等加入一贯道，积极配合日寇的侵华政策，因而在沦陷区取得合法地位，大批发展道徒，积极扩充势力。抗战胜利以后，国民党政府曾下令取缔一贯道，但不久改为控制利用，授意改名"中华道德慈善会"，变换形式，继续公开活动。张光璧于1947 年死于成都以后，一贯道分为两派，一派由张妻刘率贞及其子张英为首，以杭州为基地，活动于上海、南京、济南、青岛及东南沿海和东北，称为"明线"或"师兄派"、"正义派"；一派以张妾孙素珍为首，以成都为基地，活动于北京、天津、河南及西南、西北，华东亦有，称为"暗线"或"师母派"。山西太原薛洪自称"关帝下凡"，自成一派，下分仁义礼智信五柜，而以礼柜势力最大，活动于山西、陕西、甘肃等地。

（十一）一心天道龙华圣教会

一心天道龙华圣教会的前身是"一心堂"，由山东长山县马士伟创立于1913 年。马士伟自称弥勒佛转世，37 岁时学得秘术，据说能有先知，懂"吹风化雨"、"砂土成兵"之法术，念咒可倒毙十里外之敌兵，又乐于援助社会慈善事业，被称为马善人，兼中国红十字会长山县分会会长，是地方上很有势力的人物。此人创立"一心堂"有极大政治野心，妄图以教门为组织手段，实现称帝谋国的目的。1917 年，马士伟派人到山西建立一心堂分会。1922 年，又在河北、内蒙古、河南、江苏、四川、甘肃、上海、南京、长春等地设立分会。1928 年，马士伟将一心堂总部迁到山西五台山。1931 年山东省主席韩复榘发觉马士伟之政治不轨行为，严令取缔。马士伟遂潜至大连，又辗转到达天津，勾结日本特务横山，将"一心堂"改名为"一心天道龙华圣教会"，并建立"大东亚佛教联合总会"，山野为顾问，马士伟任会长。他自称皇帝，擅封大臣，广招生徒。内设八大部、十二朝臣、六大宰相、十八罗汉、九十六大贤。外设总会，下设总务、文书、会计、庶务、交际、教义、赈济、宣传八组。省设分会，县设支会，村镇设佛堂。另有学校、医院等慈善机构归总会直接领导。1935 年马士伟死，会务由马妻贾氏掌握。抗日战争期间，该会积极为日寇侵华张目，并在群众中宣传中日战争是三期末劫，要想躲过灾难就得入会，以此得到扩展。1940 年贾氏死，会务由其女马天成、马天生继承。抗战胜利以后，国民党政府查禁了该会，但实际上该会的势力并未消散，又改名"正心慈善会"，重新公开活动。

一心天道龙华圣教会虽崇拜无生老母，相信三期末劫，但其信仰主旨更近传统正宗信仰并偏向道家之清修。它敬奉天地君亲师及儒释道三家教主，不供奉偶像，主张清静无为、清心寡欲。教徒身穿棉质道袍，足登敝屦，吃小米豌豆粥和萝卜咸菜，头发任其生长，手足不加洗濯，但要求恬静淡泊，不求名利。入会者要将财产典卖净尽，捐纳会内，因而该会又称"净地会"、"倾家会"。会款除供上层享受外，大批捐助地方慈善事业，以博得世人的好感。如济南二马路小纬六路的医院即马士伟出资所建，济南治安维持会财政发生困难，马士伟赠巨金帮助解决，其他修桥补路、施粥放赈的事所在多有。积善行德对于教徒乃信仰所驱，而对于马士伟及其亲信则是邀买人心以图复辟帝制之大业。该会内部另设会主内宅，设置富丽堂皇，有美妇数十人，系马士伟嫔妃，这一事实足以说明马士伟乃假善人。该会信仰中又杂以禅宗教义，主张"我心即主宰"，无须拜佛许愿，自修顿悟，即可得道升天。又宣扬"四海之内皆同胞"，企图将该会传至世界各国，实际上确有日本人出没该会，而目的在控制利用。该会的特点之一是内情极为秘密，外界极难窥其底蕴，马士伟行动诡秘，女会员多住会内，恒数年足不出户，完全与世界隔绝，男会员亦鲜与外界往来，一切差役皆由会员担任，不杂一外人，以保持自给自足。马士伟聘请专门军事人员训练军队，有枪者达1500人，大炮四门，机枪若干，宗教团体兼武力团体。其信徒究竟有多少，很难确估，据1942年满洲评论出版社出版的《支那之秘密结社与慈善社》一书所记，全国约有40万徒众，亦一估数而已。

（十二）红枪会

红枪会继承义和拳组织系统，又采用八卦编列组织，分八门传授。各门又分文武团部，设文武传师，文管传道文事，武管练兵打仗。辛亥革命中，河南兰考一带的红枪会，曾被革命党人改编成敢死队，充任起义先锋。民国初年，红枪会遍及华北，据向云龙《红枪会的起源及其善后》调查，河南、直隶、陕西、山东的红枪会员有80余万众之多，保家安良，使该会成为农村农民自卫组织。在第一次国共合作时期，红枪会又有快速发展，据称河南一省即不下百余万。他们抗捐抗税，以武力反对北洋军阀，假借神权，合符念咒，倡言枪弹不入，一以树立会众对领袖的信仰，一以提起会众不怕死的精神，并立有"不为非作恶"、"不采花折柳"的誓词，具有农民革命的健康精神。1926年中国共产党通过了《对于红枪会运动决议案》，派出大批干部引导和帮助红枪会，经过教育整顿，红枪会明确了"打倒帝国主义，打倒贪官污吏，打倒土豪劣绅"的政治目标，成为一支反帝反封建的革命力量，在北伐战争中发挥了积极作用，加速了奉军在河南的失败。抗日战争中，在中国共产党的帮助下，红枪会发展为拥有数百万众的武装抗日力量，他们在"抗日高于一切"、"保卫家乡"的口号下，奋勇杀敌，立下了不灭的功绩。

红枪会的基本成员为有家业的中小农民，不脱离生产，不离开家乡，而无业、盗窃、奸淫、吸毒者，一概不许参加。入会者要通过一定的宗教仪式，要斋戒、沐浴，练功练武一百天，老师授予护身符，会员礼拜念咒后，焚符和水吞下，并苦练出一身过硬功夫。红枪会所敬奉的神灵十分庞杂，诸如儒释道三教中的周公、观世音、太上老君及罗教的罗祖，还有三国的关羽、张飞、赵云，水泊梁山的一百零八将，隋唐的秦琼，《西游记》中的孙悟空、二郎神，乃至清代的黄三太、黄天霸等，皆是其崇奉的对象，不同地区也有诸多差别。红枪会崇敬红色，故常着红头巾，持红缨枪，系红飘带，以示吉庆。红枪会除配合国民革命和抗日战争的大规模行动外，平时的重要任务之一是联合武装抗匪，保卫家乡安宁，与土匪战斗异常坚决，有人赞扬红枪会力量所及之处，"土匪盗贼无容身之地"，形成势不两立的局面。但红枪会内由于农民的分散落后性及成员的混杂，也有乱打乱杀和部分匪化的现象发生，不能一概肯定，但基本倾向是好的，保持了中国农民的良好本色。可见不能仅仅凭借宗教教义本身来评价一个民间宗教组织的好坏，主要应考察它的领导集团的社会倾向和在历史发展中的实际作用，是否对人民有利，是否推动社会历史的进步。[1]

三　民间宗教风俗种种

民间风俗是人相习、代相传的民间生活方式，是文化传统中具有社会性、普遍性和稳定性的因素。它也在随着时代和社会的变迁而发生变化，但它通常采取渐变的方式，量的逐渐积累，引起质的改变，不像社会政治经济的变动那么快速那么激烈，宗教风俗也是这样。民间宗教风俗是千百年来宗教信仰积淀在下层民众日常生活习惯中的散化成分，它已经不再具正宗大教那样有组织有系统的活动特点和成体系的教义理论，它只是一种影响，一种风气，而带有宗教的色彩，具有强烈的民族性、地方性。辛亥革命以后，社

---

[1]　民间宗教一节，主要参考李世瑜《现代华北秘密宗教》和濮文起《中国民间秘密宗教》。

会政治文化与上层结构发生急剧变化，但源远流长的宗教民俗依然继续流衍，没有显著的变动。随着民主革命运动的发展和现代文明风气的开启，宗教民俗也有部分的改变，特别在革命运动中心地带和大城市及东南沿海区域，变化更大一些，总的趋势是封建性减弱，现代性增强，新旧风俗交杂而新的因素在生长，但旧风俗仍占主导地位。

（一）岁时节令中的宗教风俗

季节性的节日活动依然如故，按照阴历进行，内中多有宗教风俗。在汉族地区，一般是春节当天拜天地、祭祖先，插桃符于门上，放爆竹驱除鬼魅，初二、四祭财神，初八祭诸星之神，十五是上元节又称元宵节，祭门神、床神、紫姑神，掌灯打鬼，送灯求子，春节期间祭祀活动告一段落，收归神像、祭品、祭器。二月二"龙抬头"，为中和节，祭日神、土地神，祭龙求雨。清明节祭祖扫墓。四月八日浴佛节，进行浴佛、斋会、结缘、放生、求子等活动。五月五是端午节，有屈原、曹娥、蚕神、农神、张天师、钟馗之祭，也有的地区为药王神农过生日，称"送药节"，插菖蒲、艾子以避邪毒。六月六是天贶节，起于道教，山东民间祭奉山神。夏至节有求雨或止雨活动。七月七是七夕节，发源于星辰崇拜，有乞巧、求子等活动。七月十五是中元节，祭三官大帝、祭祖，盂兰盆会。八月十五是中秋节，又名月节，是月神崇拜的产物，除吃月饼外，有祭土地神和各种请神活动。九月九是重阳节，有插茱萸避瘟邪的活动。十月十五是下元节，起于道教，山东祭水官大帝和祖先，陕西又祭山神，湖南有迎神赛会，广东有建醮活动。十二月初八是腊八节，有驱鬼避疫的傩仪。腊月二十三或二十四为送灶节，又名祭灶、小年，有送灶神、迎玉皇的活动。除夕为一岁之末，有换门神、迎灶王、祭祖先等活动。上述各种时令节日的宗教性活动在全国不同地区内容上略有差异，同时宗教性并不十分强烈，带有更多的吉庆意义。

（二）人生礼仪中的宗教风俗

人生礼仪是人生过程中重要阶段上的社会认可、庆祝、纪念性活动，它建立在个体生理变化和民俗信仰的基础上，包括求子、孕育、诞生、命名、成人、婚嫁、寿诞、死葬、祭祀等项。中国的人生礼仪既是传统信仰长期滋润的产物，又受佛教、道教等后起宗教的影响，在一部分少数民族和汉族中，还采取基督教或伊斯兰教的方式进行。这里主要简述汉族民间的礼仪的宗教性内容，它们都是民国年间普遍流行的。

婚礼中有撒帐一项，用品有红枣（早生贵子）、栗子（谐"立子"、"利子"）、桂圆（早生贵子）、花生（男女孩双全）、香烟（香火绵延）、石榴（象征多子），这些都是求子的风俗。还可以到佛寺神庙去祭拜送子观音、送生奶奶、送子财神等。湖南长沙还有"麒麟送子"活动。妇女怀孕以后，民间有各种宗教性禁忌，如忌吃兔肉，以免胎儿长豁嘴；忌吃姜，以免胎儿生六指；忌吃葡萄，以免生葡萄胎等；还要注意胎教，其中虽有迷信成分，但大多是合理的。妇女分娩是新生命的开始，受"分娩不洁"观念的影响，民间一般不许产妇在娘家生孩子，要回避神祖祭祀处；婴儿出生，要祭祖报喜，三日洗浴，焚香拜床公床母。过百日，穿百家衣、挂百家锁，祝福长命百岁。周岁要祭祖、抓周，预测婴孩未来的职业。命名有时须要请算命先生算卦，以命中所缺之物事补之，有的取用吉祥字眼，有的取阿猫阿狗，以为好养。成人礼古礼男二十行冠礼女十五行笄礼，但古礼久废，成年礼与婚礼合而为一，只有妇女保持了"开脸"的礼俗。婚配要问卜测字，属相不能相克。婚礼中有跨马鞍、拜天地等宗教性习俗。四十岁以前过生日，四十岁以后过寿诞，祝福健康长寿；同时有为病人"借寿"为亡人过冥寿的做法；又祭拜寿星，寄托于龟鹤松柏梅竹山海，以期寿福双全。人至老死，丧葬中一系列活动都受灵魂不死观念的支配或影响，故有招魂、超度、祭祀等活动。民间丧礼有喜剧色彩，老人寿终正寝称为"喜丧"，丧礼称为"白喜事"，虽然至亲哀痛，但送终是送一位辛苦了一生的老人安息于地下，故仪式要热闹，举乐唱戏，如过节一般。墓葬视社会地位、财产多寡而定规格，但大多要先看风水，选定阴宅的最佳位置，据说它关系到家族后代子孙的兴旺发达。

（三）行业诸神

土木建筑行业之神是鲁班，建庙祭祀，行会议事、订行规工价、师傅收徒，都在祖师殿（鲁班殿）中进行。香港的三行（泥水、木工、搭棚）工人把六月十六日定为鲁班节。

造酒行业供奉杜康，传说他是古代最早的造酒者，河南汝阳有杜康村。

冶炼铸造业供奉窑神有舜王、老君、雷公以及山、土、马、牛等神，而以太上老君为祖师，这是因为传说中太上老君有八卦炉，能炼神丹。旧时打铁的铸锅的都拜老君。

染织业祭拜梅、葛二仙，河南开封朱仙镇、四川绵竹、夹江都有梅葛庙。每年四月十四和九月初九，染匠们要集会于梅葛庙祭祀神灵，同饮梅葛酒。

梨园行（戏曲行）祭拜梨园神，一谓二郎神，又谓唐明皇。唐明皇酷爱歌乐，精于文艺，扶植梨园活动有功，故被崇奉。

妓院供奉管仲，还祭拜五大仙（刺猬、老鳖、黄鼠狼、老鼠、蛇）。明人谢肇淛《五杂俎》云：“管子之治齐，为女闾七百，征其夜合之资，以佐军国”，这大概就是管仲当上娼妓行业神的原因。一说娼妓拜祖师白眉。

此外，香粉店拜西施，假发店敬赵五娘，命相家尊鬼谷子，珠宝店奉弥勒和华光佛，乐工敬青音童子，纸行奉蔡伦，纺织行祭黄道婆，制陶行敬宁封子，茶行敬陆羽，墨匠、理发匠敬吕洞宾，饼店供汉宣帝，养蚕业供嫘祖或马头娘，杠夫拜穷神，扒手供时迁，成衣店、估衣铺、绸缎庄、皮店、煤铺、猪肉铺、脚行都以关羽为守护神，医生祀医王伏羲、神农、黄帝，药工祀扁鹊、孙思邈、李时珍等。几乎百业皆有自己的或共同的守护神，其中一部分是原有神灵职业化，另一部分是历史人物神灵化，敬祭的目的是保佑本行业发达兴盛。

（四）日常生活中的宗教禁忌

旧时禁忌很多，一个外来人需要入境而问禁，入门而问讳，否则一旦触犯禁忌，就要引起不愉快。禁忌有世俗性的，更多的则带有宗教性，后者，主要有以下几种。

语言禁忌。岁数忌讳称四十五、七十三、八十四、一百岁。讲话忌凶祸不敬词语，如“死”，而以“谢世”、“走了”等代替。船家忌说“翻”或“沉”等词。春节期间买灶神、财神画不能说“买”，须说“请”；饺子煮破了要说“挣了”；做饭时不能说“少”、“没”、“光”、“不够”、“烂”、“完了”等不吉利字眼，年糕没了要说“满了”。粤语地区争“八”忌“四”，“八”近“发音”，“四”近“死”音，故一取一避。

饮食禁忌。除穆斯林不食猪肉，一些民族不食图腾动物外，汉族地区也有不食有功家畜的习惯。每当得到新品或美食时，要荐新于祖灵，然后才能吃。山东一带忌把筷子横放在碗上，因为这是供祭死人的放法。筷子不能分在饮具两侧，以忌“筷（快）分开了”，不可长短不齐，以忌“三长两短”。

居住禁忌。堪舆术流行，堪为天道，舆为地道，相庐舍为看阳宅，相坟墓为看阴宅。俗说：“前高后低，主寡妇孤儿，门户必败。后高前低，主多牛马。”忌房院正冲山丘、豁口、河流、道路，恐有冲射，避不开者则埋石碑，书“泰山石敢当”。俗又谓：“门对窗，人遭殃，窗对门，必伤人。”盖房必择吉日，不得冲犯太岁。搬家先搬灶，六腊月不搬家。

行旅禁忌。慎出行，出行必择吉日。俗有"七不出门，八不回家"之说，各地又有差别。还有出行忌月的，谚云："六腊月出门，神仙也遭难。"这大概是要避开大暑大寒，有合理性。

行业禁忌。农业生产方面，有正月时间不等的禁止下田劳动，否则会冲犯神灵；闻雷必辍耕；七月十五停止使用牛驴骡马。狩猎要祭祀山神，猎获后要祭神祭祖。养蚕要祭蚕神，语言上多有忌讳。商业敬财神，财神有文财神比干，武财神赵公明或关公，五路财神何五路，也有敬奉陶朱公的。木匠做活留尾巴，取"还有活干"，做棺材则要收拾干净，否则是咒人家再死人，犯大忌。石匠打石料忌说话，打眼忌打空锤。等等。

民间禁忌很多，可以说无时不有，无地不有，虽多宗教性，但亦是历代生活经验积累形成的习惯，含有一定的科学成分，起自我保护和调整社会关系的作用。也有相当一部分是在愚昧落后环境中形成的约定，束缚人的创造精神，如老子所说："天下多忌讳，而民弥贫。"

（五）神庙香火与算命、看相、跳神

民国年间，除佛教寺院、道教宫观外，地方性的庙宇，无论是前清所承认的，还是被作为淫祠的，遍布于城乡各个角落，关帝庙、土地庙、龙王庙、玉皇庙、城隍庙、雷神庙、山神庙、风神庙等，随处可见。民众遇到灾害、疾病、贫困或其他难事，便去烧香拜神，许愿还愿，祈求消灾降福，五谷丰登，人畜平安，所以这些庙宇香火不断，成为慰藉普通民众心灵的场所。

中国民间俗神体系庞杂，与佛道二教的神灵体系及清代以前的国家祀典的神灵体系有重叠交叉处，但并不重合，有着自己信仰的特点。它一不具有信仰的组织，二不具有系统的神学体系，三不具有专职的神职人员，与民间神话传说和文学有密切联系，实用性强，兼容并蓄，形象生动，亲切可敬，祭祀活动往往带有娱乐性。高位神有玉皇大帝和西王母。近世民间所敬之玉皇多受《西游记》小说影响，民间传说玉帝每年十二月十五下凡巡视人间，家家烧香迎接。西王母原是独立女神，玉皇大帝信仰兴起后，人们把西王母与玉帝匹配，称为王母娘娘。在高位神之下有这样几个系统的俗神。第一是自然神灵，如土地爷、东岳大帝、火神爷、山神、水神、雷公、电母、风伯、雨师、蚕神、花神、龙王、海神。第二是家庭神灵，如灶君、门神、床神、厕神、磨神及井神等。第三是吉庆之神，如福神、禄神、寿星、财神等。第四是爱情婚姻生育之神灵，如牛郎织女、月光菩萨、月下老人、喜神、送子娘娘等。第五是凶恶之神，如瘟神、阎王、牛头、马面、黑无常、白无常、夜叉、罗刹等。第六是法力人物神，如关帝、托塔天王、张天师、钟馗、麻姑、紫姑、刘海、姜太公、刘猛等。第七是俗化的佛道教神灵，如如来佛、弥勒佛、观世音、善财童子、济公、韦驮、太上老君、斗姆、三官、真武大帝、九天玄女、八仙、金童、玉女等。

福建、台湾盛行妈祖崇拜，妈祖庙遍布东南沿海，一千多年来至民国时期香火不绝。妈祖相传是北宋时一女性叫林默，后来被神化为江海女神，专行救人济险之事，船家视为护航神，在广大渔民中有极崇高的威望。后来妈祖信仰传到北方，天津有天妃宫即是一信仰中心，该宫与福建湄州的妈祖庙、台湾北港的朝天宫合称为全国三大庙；而沿海各港口皆渐建天后宫，妈祖几成为航运商共同奉祀的行业神。台湾的妈祖崇拜最著，庙宇有数百座，活动规模也比较盛大。孙中山1900年赴台策划惠州起义期间，曾与梁启超一起到台北妈祖庙朝拜天后，梁启超还挥笔题写一副对联："向四海显神通千秋不朽，历数朝受封典万古留芳"。辛亥革命后，孙中山领导的中华民国政府继续保护妈祖信仰。1929年，民国政府推行"新生活运动"，禁止一切神庙香火。福建省民政厅呈请民国政府内政部批准，并命令各省地方政府把天后宫改称"林孝女祠"，使妈祖崇拜得以继续合法存在。妈祖信仰传到日本和东南亚诸国，从而具有了国际性。

民国时期民间看相算命跳神等活动相当流行。看相算命有摆摊挂牌和走街串巷两种方式，许多盲人以此种职业为生。或排八字，或测字，或看手相，或用《易经》占卜，或六壬起课，或金钱卜，或文王课，或奇门遁甲，或占星，或扶乩，种种术数，不一而足。跳神者女称巫婆，男称神汉，主要功能是降神驱邪，为人治病镇惊。赵树理1943年于太行山写的《小二黑结婚》，内中描写的二孔明是起神课、做占卜的阴阳先生；三仙姑则是装扮天神为人求财看病的神婆子。华北满族汉族中有一种巫风，崇拜"四大门"：胡门狐狸，黄门黄鼠狼，白门刺猬，常门或柳门蛇，有的加上灰门老鼠，认为这几种动物有灵性，能影响家道生业的兴衰和人丁的吉凶祸福，因此造"财神楼"，烧香供拜，立种种禁忌，避免冒犯它们。又有巫人称"坛仙"或"香头"，自称与"四大门"有仙缘，可以由四大仙家附体，为人占卜，治病，祈禳。在南方则有狐仙崇拜流行。

比较正规的佛道教寺观加上若干民间庙宇，宗教活动与民间节日活动、商业活动相结合，形成庙会文化。据1930年统计，仅北京一市，城区有庙会 20 处，郊区 16 处，每月定期开放的有土地庙、花市、白塔寺、护国寺、隆福寺、东岳庙、九天宫、吕祖阁、药王庙、崇元观等，逢年节开放的有财神庙、前门关帝庙、火神庙、白云观、精忠庙、大钟寺、黄寺、黑寺、雍和宫、太阳宫、蟠桃宫、万寿寺、妙峰山、碧霞元君庙、铁塔寺、都城隍庙、江南城隍庙、善果寺、灶君庙等。

第六节　基督教加速发展及其社会作用

一　基督教顺利发展的内外条件

1900 年发生的义和团运动，是中国基督教发展史上一次空前的"教难"，传教事业受到严重摧残。然而，经历了这场具有"斩尽杀绝"性质的"武力批判"，基督教却奇迹般地得到了恢复，并且在民国年间顺利发展。统计数字表明，20 世纪初的 50 年，比 19 世纪，教徒人数的增长还要快 10 倍。而且，教案大大减少，没有全国性大教案发生。基督教顺利发展的原因是多方面的，西方国家的继续支持，庚子赔款的使用，社会交通运输和新闻传播事业的发展……然而从社会文化史的角度着眼，笔者认为：教会传教策略的转变和社会文化氛围的改善是基督教得以顺利传播的主要条件。

（一）教会传教策略的改变

自康熙年间罗马教廷挑起"中国礼仪"之争以来，近世西方传教士都采取了一种强烈的排他主义立场，与中国传统文化激烈对抗，试图使中国基督化。义和团运动虽然失败了，但是它也使大多数西方教会人士清醒，在文化上彻底征服中国是不可能的，强硬对抗不是传教良策。于是在民国年间，基督教各派纷纷改弦易辙，采取基督教中国化的传播策略。

1919 年，罗马天主教教皇本笃十五世批准中国教团重新进行"天主教中国化"运动。这个运动一方面是使天主教教义儒学化，如有的教徒写文章指出："耶稣圣教与中国儒教虽各迥别，道本同源，皆存心养性之学，非诡假怪异之言。"（《教会新报》创刊号"总述"）表明天主教又回到了明清之际的"利玛窦规矩"，重新采取与中国传统文化认同的立场。另一方面，天主教大力培养中国籍的神职人员，以适应在中国传教的需要。到民国年间，不仅有了中国籍的神父、主教，而且有了红衣主教，教会的组织结构也中国化了。1939 年，罗马教廷正式下令取消中国教徒祭祖、祭孔的禁令。至此，历时200 多年的"中国礼仪之争"以基督教中国化的形式最终解决了。

基督新教在中国化方面亦不甘落后。1922年，针对中国知识界发动的"非基督化运动"，美国差会负责人穆德在上海主持召开基督新教全国大会，开展所谓"本色教会"运动。在《教会宣言》中宣布："吾中华信徒应用谨慎的研究，放胆的试验，自己删定教会的礼节和仪式，教会的组织和系统，以及教会布道及推广的方法。务求一切都能辅导现在的教会，成为中国本色的教会。"（穆德：《基督教全国大会报告书》，1922年）"本色运动"的目的，"使教会与中国文化结婚，洗刷西洋的色彩"。

在民国时期特定的国际环境中，中国教会不可能从根本上改变受西方国家宗教组织控制的状态，但放弃公开敌视中国本土文化的政策，尊重中国人民的宗教情感和文化心理，无疑会大大减少传教工作的阻力。

（二）社会文化氛围的改善

从中国社会方面看，民国年间基督教传播的文化环境无疑也有重大改善。

首先，以儒学为核心的古代传统文化崩溃，减少了基督教传播的心理障碍。随着满清政府的垮台，两千多年的帝制社会结束，数千年来维系中国人"敬天法祖"这个基本信仰的宗法性传统宗教在体制上坍塌。"五四"新文化运动提出了"打倒孔家店"的口号，猛烈冲击封建礼教，儒学的"官学"地位亦告终结。因此，明末以来士人反击基督教的主要思想武器丧失了。非但如此，传统文化的断层造成了社会上普遍的精神危机，中国人在找寻富国强兵良策的同时，也在为建立终极关怀而努力向西方探索。文化的空白为基督教传播提供了良机。

其次，辛亥革命虽然推翻了清王朝，但是反帝、反封建的任务并未彻底完成，国内陷入了军阀混战的局面。帝国主义势力往往借助军阀插手中国政治，日本帝国主义甚至直接出兵侵略中国，这一时期对于教会的利用反而减少了。因而，民国年间教会作为帝国主义侵华战争先锋的形象逐渐淡化，中国人民反帝斗争的矛头主要对准了西方帝国主义国家政府及其在中国的代理人，而不是传教士。

再次，通过对义和团运动后果的反思，社会各阶层对基督教的态度从盲目排斥转而为相对开放、宽容。义和团运动招致八国联军的侵华战争，中国人民在政治、经济等方面蒙受了重大损失。有识之士由此省悟，杀教士、烧教堂并不能阻挡帝国主义的经济文化侵略，中国近代的落后亦不仅仅由于宗教方面的原因。要想自立于世界民族之林，必须以开放的心胸直面世界各种文化，革新政治，富国强兵。

最后，1912年3月11日，南京政府颁布的《中华民国临时约法》规定："人民有信教之自由。"尽管在当时的历史条件下法律的效力是大打折扣的，但是，人民信教的权力毕竟第一次得到了法律的保证，这是中国公民人权事业的一次大进步。基督教开始从受人鄙弃的"洋教"变成了合法的宗教，反教活动被限制在法律允许的范围内。如1922～1925年全国性的"非基督教运动"，因得到许多新文化运动著名领袖的支持，搞得声势浩大。但这次运动没有酿成教案事件，基本是以和平的文化方式开展，这也从某种角度反映了国民素质的提高。

二　基督教各派的流布

(一) 基督新教的传教活动及发展状况

民国年间，基督新教在美、英、德等后起的资本主义国家支持下，获得了较快的发展。据1949年统计，大约有130个新教差会在华传教。除清代来华的各老牌宗派继续发展外，基督教青年会最活跃，影响扩大最快。青年会世界协会负责人穆德(John. R. Mott，1865～1955)先后9次来华布道，扩大了青年会的势力。外国籍传教士人数最多的1927年，达8000余人，其中半数以上来自美国。鉴于义和团运动的教训，新教牧师不断调整传教策略以适应中国国情。据1911年的资料，专职传教士不足半数，而多数传教士则从事教育、医疗和各种社会慈善事业，以此博得中国人民的好感。为了克服众多教派各自为政的状态，圣公会各派在1912年成立了"中华圣公会布道部"的联合组织，其他宗派纷起效法。1913年穆德来华，召集新教各差会负责人在上海开会，成立了"中华续行委员会"，统筹各差会的布道工作。在传道方式上他们也不断出新，其典型者有：

①奋兴会。主要在教徒中进行，会间以虔诚的祈祷、忏悔、认罪，请求上帝赦免等宗教活动，增进教徒对上帝的信仰。山东籍牧师丁立美和加拿大籍牧师古约翰(Jonathan Goforth)是这项活动的主要倡导者。他们在全国各地多次大搞奋兴会，牧师带头登台忏悔，会场上充满了属灵气氛，祈祷之声此起彼伏。在这种庄严、隆重、神秘的氛围中，许多教徒在会上兴奋不已，甚至失声痛哭，纷纷上台忏悔自己犯过的崇拜偶像、诈骗、盗窃、奸淫、赌博、吸毒之类的罪行。许多在父母、妻子面前不能启齿之事，许多在法庭行讯时亦不开口之人都敞开了心扉，吸引了不少人参与。

②布道会。传教士自进入中国就不断进行布道活动，但以前多为个人布道，规模较小。随着交通工具和传播媒介的改进，民国时期的布道则是大规模的，群众性的。如穆德与艾迪二人，1913年一年中就在中国14个城市演讲布道，与会者总计达78230人次。同时考虑到与会者多为知识青年与官绅，他们的演讲常常以人们最关心的社会焦点为题。如"怎样救中国"、"中国的困境与出路"、"中国之转机"、"中国之希望"等等。当然他们所设计的方案万变不离其宗，只有基督教才能救中国。在穆德与艾迪的带动下，许多中国籍牧师也投身于布道活动。1914年成立了"布道促进特委办"。1918年又成立了"中华国内布道会"，在全国设有基层组织，搞过多次全国性的"星期大布道"活动，在一般群众中发展了不少教徒。

③中华归主运动。1919年五四运动后，中国人民反帝爱国运动不断高涨，为了维护教会地位，中华续行委员会于1919年12月20日在上海发起了"中华归主运动"。其宗旨是联络全国教会组织，"使基督在个人与国家之上，得最明确之信用"（全绍武：《中华归主运动》第六期，第45页）。中华归主运动得到了各地教徒的响应，进一步促进了布道工作的展开。

④基督教本色化运动。这是新教在民国时期搞的一次影响较大的活动。运动的远因是对近代以来传教策略的反省，直接导因则是1922年全国知识界兴起的"非基督教运动"。

1922年3月，上海学生得知"世界基督教学生同盟"将在清华大学举行第11次年会，于是成立了"非基督教学生同盟会"，并于3月9日发表宣言指出："各国资本家在中国设立教会，无非要诱惑中国人民欢迎资本主义；在中国设立基督教青年会，无非要养成资本家底善良走狗。"（《先驱》第四期，1922年3月15日）3月21日，李大钊等著名学者77人联名发表宣言，在北京成立"非宗教大同盟"。在宣言中他们声称："我们深恶痛绝宗教之流毒于人类社会十百千倍于洪水猛兽。有宗教可无人类，有人类应无宗教，宗教与人类不两立。"（转引自张钦士《国内近十年来宗教思潮》，第187页）两个宣言得到了全国众多社会团体的响应，不少学校学生示威游行，散发传单，分队演讲，形成了很大声势。1924年，"非基运动"进一步发展，中国社会主义青年团重建"上海非基督教大同盟"，发扬五四传统，"秉爱国之热情，具科学的精神，以积极的手段，反对基督教所办一切事业"（《觉悟》，1924年8月19日）。运动参加者针对教会学校大量存在的状况，提出宗教与教育分离，收回教育主权的口号，并迫使国民政府采取了部分措施。"非基运动"持续了几年,这是民国年间教会与中国社会发生的一次大冲突。但不同于此前的教案,反教斗争主要限于文化领域里和平进行,基本没有冲砸教会之类的过激行为。从思想内涵方面看,这次运动已不再以传统文化为思想武器,而是用西方的实证主义、实用主义、马克思主义哲学为指导批判宗教,加上他们自己的理解,对宗教持全盘否定的激烈态度。

"非基运动"使教会发展势头受到了严重挫折。1920~1925年的5年间,基督教三大派教徒人数仅增2万人。这种状况引起了教会人士的警惕,他们针对"非基运动"推出了"基督教本色运动"方案。1922年5月,穆德在上海主持召开了全国基督教大会,成立了"中华基督教(新)协进会",作为协调各差会的机构。选举中国籍教士诚静怡为总干事,发表教会宣言,正式提出了"中国本色的教会"的主张。关于"本色化运动"的宗旨,诚静怡概括为:"一方面求使中国信徒担负责任,一方面发扬东方固有的文明,使基督教消除洋教的丑号。"(《真光杂志》二十五周年纪念特刊《协进会对于教会之贡献》)由此可见本色化运动主要有两方面的内容。一方面是在经济上自筹、自养,减少对国外的依赖;组织上选举中国人担任教会领袖,实现自治;在活动上实行自传。另一方面则是在教义的内容方面"使教会与中国文化结婚,洗刷西洋的色彩"。全国的教会组织按宣言精神进行了大量基督教中国化的工作,出书办报,以群众喜闻乐见的形式宣传宗教原理,在某种程度上缓和了民众与教会的对立情绪。不过在当时的历史条件下,完全摆脱外国教会的控制,实现中国教徒自养、自治、自传也是不可能的。

在基督教本色运动中,也曾出过"佛化基督教"、"儒化基督教"的尝试。如上海宝光路教会采取佛教的方式,在礼拜时焚烧香烛,跪诵经文、祷文。另一些教徒则大做调和儒学与基督教的文章,用一些儒学观念附会基督教教义。甚至在本色化运动前后还出现了一些中国人自办的教会组织,如魏思波1917年在北京创办真耶稣教会,以赶鬼、祷告、治病吸引群众,在全国传布。1921年敬奠瀛在山东泰安创办耶稣家庭,1922年倪拆声在福州办基督教徒聚会处,以中国式的家族伦理建设教会组织。此类做法在俗文化层面上虽有较大影响,但毕竟偏离基督教基本精神太远,其与中国文化的结合也过于追求表面形式,与近现代对传统文化的反省精神也是格格不入的。

⑤五年运动。鉴于20年代后半期教会发展缓慢、教徒素质不高,1929年3月,中华基督教协进会举行会议,提出开展一个五年运动,以期提高教徒素质,增加教徒数量。共计划进行宗教教育、基督化家庭、识字运动、扩

大布道、受托主义、青年工作等六项活动。其口号是："求主奋兴你的教会，先奋兴我。"从某种意义上讲，五年计划是对本色化运动流于世俗化的一种纠偏。五年计划的结果，教徒素质有所提高，教徒人数的增长势头，在 30 年代中前期有所回升。此后抗日战争使教会受损。

除了大规模的布道活动，新教各会还兴办学校、出版书刊、报纸，以期扩大教会影响，发展教徒。据目前掌握的统计资料，1914 年新教徒人数为 25 万，1918 年 35 万，1926 年 40 万，1937 年 65 万，1949 年 70 万人左右。

（二）天主教的中国化努力及其发展状况

义和团运动后，清政府对天主教采取了保护性措施，教会利用庚子赔款又修复，新建了一批教堂，传教事业恢复、发展。大批西方传教士也陆续回到中国。1910 年为 1391 人，1920 年为 1364 人，1930 年为 2068 人。这些传教士分属法、德、美、意、西、比、加等国 122 个传教会。

1912 年，甘肃王志远、山西成栖等神父发起成立了"中华公教进行会"。1913 年，全国公教进行会联合佛教、道教、伊斯兰教及基督新教，共同反对定孔教为国教。1926 年，教皇庇护十一世给中国宗座代牧和监牧写信，敦促成立公教会。1933 年于斌回国后，担任"中华全国公教进行会"总监。1935 年，公教进行会在上海召开全国大会，陆伯鸿被选为会长，朱志尧为副会长，共同协调全国的传教工作。天主教的传教事业更侧重于农村和下层平民，所以人数一直要多于新教。1913 年为 130 万，1921 年超过 200 万，1932 年达 250 万。

鉴于近代一系列教案和义和团运动，天主教在民国初年就开始了中国化运动。1912 年，著名的天主教爱国人士英敛之，针对当时控制中国的法国天主教教士素质低劣的问题，上书罗马教皇，主张培养中国籍传教士，并指出：教中掌大权者，"倘真有救拔中国，广扬圣教之诚心，非痛改旧辙不可"（北京师范大学：《风云录》，第 13 页）。另有许多教徒参加五四运动，并且撰文揭露西方国家控制中国教会，侵略中国的事实。针对这一情况，1919 年罗马教皇本笃十五发布了"夫至大至圣之任务"的通谕，下令在华各修会尽量起用中国籍神职人员，从此拉开了天主教中国化运动的帷幕。

天主教中国化的一个方面是在理论上与儒学相融合。教士们放弃了当年排斥异端的蛮横立场，著书立说，千方百计地寻找儒学与天主教的共同点。在他们办的《教会新报》"总述"中讲："儒教法本其才，专与耶稣教同。""儒教言道不可离与耶稣教同"，"儒教中庸与耶稣教同"，"儒教不怨不尤与耶稣教同"，"儒教时习而说与耶稣教同"……又有一教徒撰文指出："中国最重五常，唯仁为首，与西教之爱人为己，同出一原。"（《皇朝经世文新编》中，第 40 页）1939 年罗马教廷正式为康熙年间中国礼仪之争翻案，取消了 1742 年禁止中国教徒祭祖、祭孔的禁令，指出祭孔仅是向中国文化伟人表示敬意，祭祖也不过是慎终追远的形式，都是对本国传统文化表示尊重，应予以宽容。尽管当时儒学已失去了"官学"的地位，但在中国文化中仍有相当深远的影响；尽管政府已正式废止天坛祭天仪式，但民间祭祖活动仍然保存。故天主教与儒学认同的措施，无疑会使中国民众增加亲近感。

天主教中国化的另一项重要内容便是大量启用中国神职人员。根据教会的资料，18 世纪末，仅有中国籍神父 18 人，1840 年时增至 130 人，1900 年 470 人，远远低于外国传教士人数。而且，至 20 世纪初，没有一名中国人担任主教职务，这样在广大中国民众中，天主教总是摆脱不了由"洋人"控制的"洋教"色彩。为了消除民众的隔阂心理，教皇在 1919 年的谕令中指出："天主教对任何国家来说都不是外国的，因此，每一个国家应当培养它本国的神职人员。"（上海《圣教杂志》1920 年 4 月号）以后，教皇在 1926 年和 1932 年两次派钦差到中国活动，推动教会培养中国神父的工作。中国籍神职人员人数直线上升，1920 年达到 963 人，1933 年达到 1600 人，1949 年达到 2698 人。同时教廷还注意在中国神父中提拔高级神职人员。1923 年 12 月 12 日定湖北省蒲圻为"国籍宗座监牧区"，任命中国神父成和德为监牧。1924 年 4 月 15 日，定河北安国为"国籍第二宗座监牧区"，任命中国神父孙德祯为监牧。1926 年 2 月，教皇庇护十一又发"谕旨"，重申："不得阻碍中国司铎担任司铎区及大主教区之主教。"同年 10 月 28 日，孙德祯、赵怀义、朱开敏、胡若山、陈国砥、成和德六人赴罗马，教皇亲自为他们"祝圣"，成为第一批中国籍主教。其后，中籍主教人数不断增加，1936 年达 23 名。大批中国人担任神职，由中国神父出面布道、传教，增加了教徒对教会的信任感。二三十年代天主教发展较为迅速，这是与中国化运动分不开的。

九一八事变之后，中日矛盾加剧，第二次世界大战在即。由于欧洲各国的复杂关系，天主教内部各派对中国问题的立场并不统一。比利时籍主教雷鸣远（Vinlent Lebbe，1877～1941）公开号召教徒抵抗日本帝国主义侵略，并于 1938 年组织了"华北战地督导服务团"，自任主任，直接参加中国人民的抗日战争。而罗马教廷则与日本法西斯相勾结，在外交上承认伪满洲国，成为帝国主义侵华战争的帮凶。由于教会内部立场不统一，加之战争破坏，天主教传教事业处于停顿状态。

抗日战争后，为了复兴天主教，教皇庇护十二世提出"使天主教更加中国化"的主张。任命青岛教区主教田耕莘为红衣主教，主持全国教务。田遂成为远东第一位红衣主教。1946年4月11日，教皇颁布"成立中国教会圣统体制诏书"，重新规划建制。置20个教省，设20个总主教；79个教区，设79个主教；38个监牧区，设38个监牧。在这些教区中，共有中国籍主教29名，并计划逐步实现全部由中国主教管理。同时任命田耕莘、于斌、周济昌为总主教。在这种形势下，外籍教士虽较战前有所减少，但中国教徒却不断增加，到1949年达350万人。

（三）东正教的兴衰

义和团运动后东正教的传教事业得到一定恢复。但是随之而来的1905年"日俄战争"，又使东正教在东北的传教事业受到抑制。至清末，东正教徒不过3万，中国人700余名。

民国年间东正教有一段大发展时期，原因是1917年俄国的十月革命使大批沙皇时代的贵族、军官纷纷流亡国外，其中相当一部分跑到了我国。东正教在北京、哈尔滨、上海、天津、新疆等地的传教团采取了敌视苏维埃政权的立场，大批收容流亡白俄，造成了东正教徒猛增的趋势。其中哈尔滨教区的情况最为明显，在1918～1924年的7年中，共新建教堂9座，1922年统计东正教徒达到30万人。大批从俄国逃出的教会高级人员开始在中国东正教会中任职。1918年苏联政府在国内采取了"政教分离"，"教会与学校分离"的措施。中国的东正教会对此极为不满，他们号召流亡白俄"组织武装力量"，"拯救祖国"，并于1922年宣布断绝与莫斯科首牧区的隶属关系，转归设在塞尔维亚的"俄罗斯正教国外临时主教公会议"管辖。1924年苏联政府宣布有权接收俄罗斯正教教堂的财产，为此，俄罗斯正教驻北京传道团正式改称为"中国东正教会"，下辖北京、上海、哈尔滨、天津、新疆等教区。英诺肯提乙·费古洛夫斯基担任大主教，后又提升为都主教。

九一八事变后，东北教区的俄国人纷纷南下，人数逐年减少。北京、汉口教区亦因财政拮据，勉强维持。全面抗战爆发后，日本帝国主义的特务机关拉拢东正教成立了"俄侨防共委员会"，北京、哈尔滨的一些主教、司祭参加了破坏中国人民抗战事业的活动。不过，滞留在中国的俄侨与日本侵略军也有矛盾。1943年，日本关东军总部命令东正教徒也要和"满洲国国民"一样"参拜日本天照大神"，哈尔滨大主教梅列基以东正教教规"不向任何异教神像崇拜"为由加以拒绝，一时间东正教与关东军关系紧张。

第二次世界大战后，苏联国际地位提高，同时也注意宗教政策的宣传，使部分中国东正教徒转变了对苏联的看法。1946年，主持东正教北京总会的维克托尔主教宣布断绝与流亡慕尼黑的"俄罗斯正教临时圣公会议"的关系，归属莫斯科首牧区管辖。哈尔滨教区的梅列基主教也采取同样的行动。他们得到了苏联政府的援助。上海、天津教区仍坚持反苏立场。鉴于苏联政府当时的"中国政策"，莫斯科首牧区指示中国教会全力发展中国籍教徒，但是成效甚微。以哈尔滨教区为例，虽然教会在中国人居住区修教堂、办孤儿院和学校，但1946～1949年的4年中，仅发展中国教徒15人。东正教仍然保持着俄国侨民宗教的面貌。中华人民共和国建立前后，俄国侨民大批回国，东正教呈现萎缩状态。

三　基督教与民国政治

基督教是在近代帝国主义国家对外扩张的国际大气候下进入中国的，民国以来尽管他们采取了"中国化"、"本色化"等改良措施，但要完全摆脱西方国家的控制是不可能的，故仍对民国时期的中国政治产生了重要影响。不过，随着中国社会反帝、反封建两大主题的转换，帝国主义国家之间关系的张弛，国、共两党关系的松紧，教会的作用亦在不断变化之中。

在1912～1927年间的反帝、反封建革命运动中，中国人民逐渐认清了帝国主义的本质，反对帝国主义侵略者及其代理人——北洋军阀的斗争一浪高过一浪，许多教内人士也投身于其中。其中最突出的代表便是孙中山先生。1883年，孙中山用孙日新之名在香港受洗入教，他早年的战友陈少白、郑士良、宋耀如也都是教徒。孙中山是近代中国民主革命的旗手，他一生革命工作繁忙，极少参加宗教活动，但是在临终给孙科及其母卢氏的信中说："我本基督教徒，与魔鬼奋斗四十余年，尔等亦要如是奋斗。"[①]　表明他是以一种基督徒的精神投身革命斗争。冯玉祥将军1913年加入美以美会，"立志归主"。以后邀请刘馨廷、古约翰等人为军中牧师，在西北军部队中开布道会、奋兴会，发展教徒，冯玉祥自己也亲自证道，悔罪认错，人称"基督将军"。他的部队在反对北洋军阀的战争中建立功勋。

1919年五四运动爆发，青年学生成为爱国救亡运动的先锋，许多教会学

---

① 　荣孟源、章伯锋：《近代稗海》第一辑，第572页，四川人民出版社，1985。

校的学生也参加了罢课和示威游行。1919 年 6 月，天津教徒发布《为外交泣告教中人书》，呼吁教友"速起救国"。他们召开了"讨论挽救青岛外交等事"的教徒大会，成立"天主教救国团"，加入天津绅商学教四界联合会，向社会各界散发传单及宣言书，到社会上演讲，成为全国爱国运动中的一个组成部分。但是当时控制教会大权的外国主教、神父对此却很反感，他们从所在国的狭隘民族利益和狭隘国家利益出发，对中国教徒的爱国行动百般压制。如《圣教杂志》编辑部的"特别声明"指斥天津教徒的行为是"诬蔑神长"，"使教徒与神长为难"，"或竟背教，或成裂教"。反对神长，背教、裂教的罪名，在教会内部就要受到"绝罚"。在他们的威胁恫吓下，天津教徒的爱国运动被扼杀了。

对于孙中山先生领导的民主革命，教会人士先是表示支持，但当革命危及帝国主义在华势力时，一部分教士又转而反对。如意大利教士斯伏尔匝在他的《中国之继》一书中曾经写道："孙中山本人不就是教会教育的光辉成果吗？这个广东的煽动者，在他一生最险要的关头，不止一次受到传教士的保护。但他有实力以后，就抛弃了他的信教的妻子，放弃了和基督教的友谊。"其不满情绪溢于言表。袁世凯篡夺了辛亥革命的果实，美国传教士李提摩太却说："孙中山先生辞总统职而让位给袁世凯是他一生中最聪明的一件事。"1912 年 3 月，袁世凯在北京就任临时大总统，北京的基督新教会举行盛大的庆祝礼拜。孙中山在南方组织讨袁革命，传教士李佳白向袁世凯献策说："制止革命最好的方法，就是当它开始时迎头痛击之。"1916 年袁世凯称帝，北京的基督新教会还举行大规模弥撒，祈求天主保佑袁大皇帝"万万岁"。[①] 基督教如此支持北洋政府，主要是由于封建军阀统治比孙中山的民族主义革命更符合西方列强在华利益。

1921 年中国共产党成立，公开举起了唯物主义和无神论的旗帜。尽管 20 年代共产党势力还很弱小，但基督教会已清楚地感到了共产主义是他们的大敌。他们千方百计地歪曲共产党的宗教政策，说共产党要"共产共妻"，"消灭宗教"，在教徒中制造反共、仇共情绪。早在 1922 年开始的基督教本色运动中，有一项重要内容就是扩大农村阵地，建立基层组织，与共产党争夺农民。1927 年国共合作解体，基督教各派积极开展反共扶蒋活动，配合国民党剿共。1927 年南京国民党政府成立伊始，教皇即派刚恒毅作为特使前往

---

① 以上转引自史全生主编《中华民国文化史》上，第 71 页，吉林文史出版社，1990。

祝贺。同年12月，蒋介石与宋美龄在上海爱伦教堂举行了洋式婚礼。1928年8月1日，教皇庇护十一世发布了关于中国问题的"特别通谕"："天主教宣告、教训和劝导它的教徒尊敬和服从中国合法组成的政府。要求天主教的传教士和教徒们在法律保护下享受自由和安全。"这篇"通谕"正式表达了对国民党政权的支持。国内各教区、修会积极贯彻教皇的"通谕"，在农村与各种地主势力相结合，宣传"反共、防共"，并帮助国民党军队收集情报，刺探军机，围剿红军。1930年6月23日，蒋介石在上海爱伦教堂由江长川牧师施洗入教，从而使国民党政府与教会的关系更为密切。1933年夏，大批基督教上层人士到庐山避暑，并召开了题为"基督教与共产主义"的讨论会。当时蒋介石正在江西全力剿共，传教士们关心的是红军撤走后如何在苏区建立教会组织，消除共产党的影响。会议期间一些国民党的高级官员到会讲了话，并同意划出一部分红军撤出地区作为基督教农村服务试验区。1934年红军撤出江西后，蒋介石把黎川县划给教会作试验区。美国公理会传教士牧恩波被选为试验区总干事。蒋介石在接见牧恩波等人时讲："这是给你们一个表现基督教怎样能重建中国社会秩序的机会。请你们和我合作，筹划一个详细的复兴计划。"（《女铎》1936年2月号）黎川试验区计划共分教育、妇女、卫生、农业、新运（新生活运动）等五部分。传教士一方面抓紧对农民进行宗教灌输，给农民一些种子、农具等小恩小惠；另一方面，又要求农民把土地还给地主富农，甘心忍受剥削和压迫，以等待来世天国。

　　1937年抗日战争爆发，中日民族矛盾上升为社会主要矛盾，国共两党由对抗转为合作。国际上帝国主义国家的关系也发生了变化，一般而言，由美、英等国控制的基督新教对日本帝国主义侵略持反对态度。"九一八"事变后，著名的美籍传教士，燕京大学校长司徒雷登便在学校集会上痛斥日本帝国主义侵略，并指责美、英政府对日本的妥协立场。"七七"事变后，基督教青年会十分活跃，1937年冬在上海成立"全国青年会军人服务委员会"，并成立各地支会50余处，进行战场服务工作。中华基督教（新）协进会先后组织过"战时服务委员会"、"伤兵之友社"、"基督教负伤将士服务协会"等组织。其他差会也组织过类似团体，他们不顾个人安危，在敌人的枪炮下救护伤员、赈济难民，直接投身于抗日战争之中。有些教徒为了民族解放事业献出了宝贵的生命。如基督新教教徒、上海沪江大学校长刘湛恩（1895～1938），"七七事变"前就曾在欧美、南洋等国发表演讲，揭露日军侵华暴行，并号召教徒团结抗日。"八一三"战事中，他被推选为上海各界救亡协会主席，上海各大学抗日联合会负责人，积极援助中国军队抗日作战。上海沦陷后，他在租界中坚持抗日活动，并严词拒绝南京伪政权教育部长之聘，1938年4月7日，日伪政权派人杀害了他。教会不但支持国民党正面战场的抗日战争，也积极向共产党控制的敌后根据地输送人才、物资。如司徒雷登和英千里曾冒着危险帮助青年学生逃离敌占区，到敌后根据地参加抗日武装。据不完全统计，仅燕京大学就有700多人参加了八路军。基督教青年会1939年7月派人赴延安，送钱兴建国际学生疗养院，受到毛泽东的接见。

天主教在抗日战争中的立场则比较复杂。罗马教廷受意大利、法国的影响，在1929年和1933年，分别与墨索里尼、希特勒签订条约，互相支持。伪满洲国成立后，教皇庇护十一世于1934年2月10日派使节表示祝贺，并正式承认"满洲国"，在"满洲国"建立天主教会，派驻宗座代表。教皇的宗座代表蔡宁（Marjo Zanin）发布命令，要求教徒"不偏左、不偏右"，实际上就是不要反抗日本侵略，甘做日本帝国的顺民。在关内，一些天主教上层人士散布基督教超国家、超民族、超阶级的论调，反对教徒参加抗日救亡运动，鼓吹中日两国基督徒要联合起来，影响和说服本国政府，"使友爱和亲善能主宰国家的一切"。这种和平主义的空谈，在当时只能起到麻痹人民斗志，掩盖侵略的作用。1937年日本发动全面侵华战争后，感到在占领区由西方传教士控制的天主教会辅助侵略战争不利，干脆从国内调来日本教士另起炉灶，直接控制沦陷区的广大中国教徒。如日本天主教神父、特务岩下庄一到了华北，立即散发宣传品，为日本侵华战争辩护。他说："我们主张当前的讨伐是符合正义的，其理由蕴藏在中国中央政府允许由于国际共产主义的阴谋而发生的事实里。"（天津市宗教界史料编委会编《史料选辑》）他们利用教徒恐共情绪，借反共为名使日本侵略战争合法化。在日本"强化治安"时期，沦陷区人民生活十分艰苦，终日以混合面充饥，而教会人员则可以从日伪机关领到白面，冬天用煤也很充足。日本特务机关就是利用这点小恩小惠在教徒中发展特务，组织"防共委员会"，专为日军收集情报，维持交通治安，镇压和监视中国人民的抗日爱国活动。

然而，广大的中国天主教徒还是爱国的，他们同全国人民一道投身于抗日救亡事业，涌现出像马相伯、英千里这样的抗日英雄。马相伯（1840～1939）出身于江苏丹阳一个天主教家庭，从小受洗。1870年受祝成为神父。1898年创办"南洋公学"，学生不断增加。五年后在此基础上创办"震旦学院"，马相伯因此名声大振，成为社会上著名的教育家。"九一八"事变后，他公开发表抗日言论，批评国民党政府的不抵抗政策，他讲："日本只有8000万人，而中国有4万万人，日本只有中国的五分之一。五倍大的中国，碰到只有五分之一的日本侵略，竟不敢出来抵抗，这叫做'缩头乌龟'。可是做缩头乌龟的，是政府而不是人民。"（徐景贤编：《马相伯先生国难言论集》，1933）他与沈钧儒、黄炎培等人，于1935年组织了上海文化界人士救国会，马相伯因德高望重被推为会长，不久又当选为全国各界救国联合会常务委员。他利用自己的特殊身份，全力掩护"七君子"的抗日活动。"七七"事变后，马相伯以90多岁的高龄开始了向内地的颠沛流离生活。但他抗日斗志不减，沿途呼吁同胞奋起抗战。1938年在转移昆明途中，因病暂停越南谅山，1939年11月4日病逝于此。对于这位爱国老人的光辉业绩，中国人民不会忘记。中共中央毛泽东、朱德、彭德怀等人联名发出唁电，给予极高的评价。天主教徒，辅仁大学秘书长英千里，身处沦陷区北平，抗日斗志不减。他在校内组织"炎社"（取顾炎武不与敌人妥协之意），宣传抗日思想。1942年底和1944年2月两次被捕，在日军严刑拷打下英武不屈，被判15年徒刑。另有教徒赵紫宸、伏开鹏、张怀、叶德禄等人亦因从事抗日活动而被捕。在1931年"一·二八"战争中，天主教将教会医院改为军事医院，救护中国伤员2000余人。1937年全面抗战后，教会在华北、东南的医院也经常收治伤员。同时，在战争期间，教堂也经常成为难民收容所。总之，大多数中国教徒还是深明民族大义的，在抗日战争中贡献了自己的力量。

1945年抗日战争胜利后，国共两党的矛盾立即尖锐起来。基督教会明确地站在国民党一边。1947年7月，蒋介石下达了"戡乱动员令"，于斌大主教马上代表天主教公开拥护。1946年7月4日，梵蒂冈正式与国民党政权建交，互派公使。美国的新教差会派纽约教区总主教贝尔曼（Francis Joserh Spellman）到中国，他通过大批美国救济物资笼络各地教会人员，为他们的反共事业服务。1946年7月，美国新教牧师司徒雷登被任命为美国驻中国大使，他建议蒋介石"亲自领导一场新的革命运动"，以便把"学生和年轻的知识分子团结起来……重新赢得公众信任"。因为"那是对付共产主义威胁的惟一办法"（司徒雷登：《在华五十年》，第167～170页）。基督新教制定的战后复兴计划重点在农村，目的在于与共产党争夺农民。他们在国民党军队占领区内建立教区，实施"平民教育"计划，以抵制"赤化"。美籍比利时天主教教士雷震远（Raymend J. ce Jacher）发起的"公教青年报国团"，在华北地区直接组织地主武装，在"华北剿总"指挥下，对解放区农民反攻倒算。他们还收集解放军情报，配合国民党军队向解放区进攻。国民党军事失败之后，许多以反共著名的中、外传教士纷纷撤往国外（约有 5000 余人），美国舰队曾拨专款组织他们撤离。1949 年初，罗马教廷发布了《天主教友应如何对抗共产党》的"紧急谕旨"，禁止教徒接近共产党人或阅读共产党的理论文章，违者将受到处分或驱逐出教。另外，国民党特务也抓紧在教徒中发展各种地下组织，准备在政权易手后与共产党长期对抗。正是基于这样的背景，共产党掌权后对教会采取了比较严厉的立场。

当然，也有相当的基督教徒对国民党的腐败不满，在共产党的宗教政策影响下，摆脱西方教会的控制，探索中国教会新的出路。

四　基督教文化、福利事业的发展及其贡献

民国年间，基督教在华所办各项文化、福利事业发展很快，不论其动机如何，这些文化、福利事业对中国社会的发展还是有积极意义的。

民国是基督教在华所办教育事业发展最快的时期。教会办学校的直接目的是为了扩大宗教影响，"用基督教征服中国"。同时，教会学校也肩负着向中国人民灌输西方意识形态的任务。美国伊里诺伊大学教授詹姆斯直言不讳地讲："哪一个国家能够成功地教育这一代中国青年，哪一个国家便将由于付出的努力而在道义上、知识上和商业上的影响力方面获得最大可能的报偿。"（明恩溥：《今日之中国与美国》，第 213 页）亲身经历过义和团运动的美国传教士明恩溥曾觐见美国总统，建议美国部分退还庚子赔款给中国办学，用以培养中国人的宗教精神，防止暴乱再次发生。美国政府采纳了他的建议，于 1911 年带头发动了"退庚子赔款，帮助中国建立学校"的活动，用退还的赔款建立了"清华大学堂"。山西浸礼会用赔款建成"山西大学"。以后，其他国家的教会纷纷效仿，于是各种大、中、小学如雨后春笋般地建立起来。

一般而言，基督新教侧重于办高等学府，而天主教办的中小学则比较多。据 1914 年的统计，天主教会开办各类学校 8034 所，学生总数 13.29 万人。基督新教开办学校 4100 所，在校学生 11.3 万人。两者合计，共有学校1.2 万余所，在校生约 25 万人。这个数字占当时中国学校总数的五分之一，在校学生总数的六分之一，教会学校在民国教育史上占有举足轻重的地位。特别是在当时，中国刚刚废止科举制度，新式学校开始代替私塾，教会学校

为中国人办学提供了一套新的模式，起了示范作用。教会学校虽然服务于传教事业，但也带来了大量新知识。由于教会学校背后有外国宗教组织及政府作为经济后盾，故教学设备好，教员工资高，吸引了国内外大批优秀人才，其中一批名牌大学，成为中国培养高级科技、文化人才的摇篮。如天主教办的北平辅仁大学、上海震旦大学、天津工商学院。基督新教办的北平燕京大学、山东齐鲁大学、南京金陵大学、金陵女子文理学院、苏州东吴大学、上海沪江大学、圣约翰大学、杭州之江文理学院、广东岭南大学、福建协和文理学院、福州华南女子文理学院、湖北华中大学、湖南湘雅医学院、四川华西协和大学，等等，这些大学培养的许多科技精英成为中国理、工、农、医各类事业的柱石。还有相当一批文理各科的学生进入政界，成为民国政府的要员。据 1924 年的统计，孙中山领导的广东革命政府中基督徒竟达 65%①，即使共产党的早期领导人，也有不少毕业于教会学校。

在教会办的各类学校中，最初都把神学作为必修课灌输给学生，甚至强行要求全体学生参加宗教活动，必须信仰上帝，不得学习其他宗教知识和社会科学知识。这类行为引起了社会各界人士的不满，1922 年开始的"非基督教运动"中一个重要内容就是要求改革教会学校。余家菊等人提出由政府收回教育权；孙恩元等人提出，凡无中华民国国籍者不得在中国领土上办教育。1924 年"全国教育会联合会"年会上，提出教育与宗教分离，取缔外国人所办学校的议案。国民党左派支持这一议案。1925 年，北京政府颁布了《外国人捐资设立学校请求认可办法》，其中规定不得以宗教课目为必修课，不得在课堂上进行宗教活动，不得强迫学生参加宗教仪式，外国人不得担任校长，设立以华人为主的校董事会等条款，否则不准注册立案。1927 年南京国民政府也颁布了《外国人兴资办学条例》，肯定了上述精神。在中国朝野的压力下，大多数教会学校表示愿意遵守中国政府法令，变宗教课为选修课，减少教会对学校的干预，教材和教育体制也参照中国教育制度做了某些修改，并选举中国人为校长。如刘湛恩为沪江大学校长，杨永清为东吴大学校长，吴雷川为燕京大学校长，吴贻芳为金陵女子文理学院院长，陈垣任辅仁大学校长，等等。也有少数学校因拒绝执行中国政府命令而停办。不过，在外国教会出资的学校中，中国校长的职权是很有限的。有的学校甚至搞些文字游戏对付中国政府。如燕京大

---

① 参见《中国教案史》，第 714 页。

学，司徒雷登于 1929 年辞去校长职务，改任校务长。而在英文中"校长"
与"校务长"本是一个词，所以在纽约托事登记部注册的校长仍是司徒雷
登。在这种情况下，教会学校的毕业生仍有 50％左右成为教徒。教会学校
的发展也是民国年间教徒人数猛增的原因。

　　20 世纪 20～30 年代是教会学校发展较顺利的时期，1926 年教会学校总
数达 1.5 万所，在校生总数 80 万人，占当时全国学生总数的 32％。1937 年
教会学校在校生总数达到 100 万人，其中大学生 8000 人，中学生 9 万人，
其余则为小学生。抗日战争爆发后，教会学校大量减少，此后一直未恢复至
战前水平。

　　教会在中国还办有一批新式医院。教会在华办医院的目的也很明确，即
在医治中国人身体病痛的同时也将上帝信仰注入他们的心灵。据 1936 年
《基督教年鉴》第 13 期统计：新教 34 个差会在华共办医院 268 处。另据德
礼贤统计，在 1933 年时，天主教共办 266 所医院，开设药房 744 处。医院
的经费主要来自中国，一部分取自医药费，另一部分来自募捐。由于教会医
院拥有一批医疗水平很高的医生，较好的设备和药物，故受到富有阶层的欢
迎，医院也对他们收取高额医疗费用。对于贫苦人民，则减收或免收医药
费，以博取好感。另有部分资本家、政府官员以及外籍人士捐款。1835～
1949 年的百余年间，各国政府及教会捐助中国教会医院 5000 万美元左右，
多用于开办费和购置设备。[①] 在当时社会生产力水平低下，战火连绵的情况
下，教会医院的作用是值得称道的。医院中大多数医生、护士、修士、修女
救死扶伤的精神也是真诚的。

　　教会的慈善事业包括兴办育婴堂、孤儿院、盲童学校和聋哑学校等。其
中育婴堂孤儿院最多，据 1930 年统计，天主教在全国各地开办孤儿院 360
余所，收养孤儿 2 万余人，育婴堂数目不详，共收容婴儿 5 万余人。在旧中
国官办福利事业很不充分的条件下，这本是一桩大功德。同时与其他宗教相
比，基督教在社会慈善方面所做贡献亦很突出。不过，由于当时条件相当简
陋，孤儿在育婴堂或孤儿院得不到充足的营养和医疗条件，死亡率相当高。
以北京西什库美、德合办的"仁慈堂"为例，1949 年前的 80 年中，共收养
孤儿 2.5 万人，其中活着走出孤儿院的仅有 2000 人，死亡率高达 91％。所
以在教会各项文化、福利事业中，孤儿院受攻击最多。

---

　　① 参见《中国天主教传教史》，第 100 页。

　　赈灾也是教会慈善事业的重要内容。1921 年，教会在上海成立了"中国华洋义赈救灾总会"，下设农业、水利、信贷等专门委员会，并在华北、华中设 13 个分会，救济黄河、淮河、长江流域灾民。1929 年豫、陕、甘三省大旱，1935 年长江大水，该会均参加救济。截至 1936 年，该会共收到捐款 5000 万元，其中相当部分是美国方面提供的。1931 年华北水灾时，教皇庇护十一亲自捐款 10 万里耳（约折大洋 6 万），教廷专使捐款 4 万元，南京教区教徒捐款 5 万元。此类情况难以全面统计。教会的赈灾活动对于灾区人民减少死亡，恢复生产有所帮助。

第十二章　中国少数民族宗教简介

　　中国是一个多民族的国家，除汉族外，还有 55 个少数民族。一部完整的中国宗教史，应该能够反映中华民族宗教文化多元一体的特征。由于社会历史多方面的原因，中国少数民族宗教发展状况很不平衡，形成了千差万别的宗教形态。截止到 1949 年，从崇拜自然的原始宗教，到号称"世界性宗教"的佛教、伊斯兰教和基督教，在我国少数民族中都有分布，对我国少数民族的政治、经济、文化、心理结构产生着重要影响。如果一一详述我国 55个少数民族全部宗教的具体形态，非本书力所能及，且这方面已有一些专门著作问世，本书亦无越俎代庖之必要。历史上各主要民族的宗教信仰变迁，已由上述各章论述，本章只是从横断面上选择有代表性的几个民族宗教形态加以简单介绍，以便读者能够对 20 世纪上半叶前后我国少数民族宗教的概貌有一个初步的了解。伊斯兰教、藏传佛教在少数民族中流传、发展的历史以及其主要理论，已在相应历史时期的章节做过介绍，本章不再赘述。此处，主要以中华人民共和国成立初期几次重大的民族宗教调查为依据，对民国时期少数民族的宗教生活做一个概括的介绍，反映这一时期千姿百态的少数民族宗教。

　　本章拟按照传统宗教、道教、佛教、基督教和伊斯兰教的系统介绍少数民族宗教。不过有一点须要说明，中国各民族的宗教存在着相互影响、相互渗透的一面，所以在历史上，许多民族信仰一种宗教，一个民族信仰多种宗教的情况是普遍存在的。读者切不可因以某个民族为例介绍某种宗教，便以为这个民族只信仰这一种宗教，或这种宗教只有这个民族信仰。

第一节　民族传统宗教

　　传统宗教指近代以来仍在我国少数民族中普遍流行的原生宗教。它没有明确的教主、确切的创造时间、独立完整的教团、复杂深奥的教义，并因此而与佛教、道教、伊斯兰教、基督教等从其他民族传来的创生宗教相区别。传统宗教是从各民族的原始社会中自发产生的，那些到中华人民共和国建立前仍保留原始社会形态的民族，其传统宗教形态自然是原始的。而一些已经进入奴隶社会和封建社会的民族，虽也保留着传统宗教，不过，其中已经明显地具有了阶级社会色彩，所以不宜再称之为原始宗教。另外，某些民族的传统宗教或多或少地吸收了其他民族创生宗教的观念、教仪和教规，但只要它仍然以本民族的信仰对象、活动形式为主，我们便仍然将它视为传统宗教。至1949年时，仍比较完整地保留传统宗教的是赫哲、鄂伦春、鄂温克、达斡尔、基诺、纳西、佤、德昂、仫佬、高山、傈僳、阿昌、独龙、怒、彝、羌、珞巴、苗、瑶、水、侗、黎等民族。此外，满、蒙、锡伯、哈萨克、朝鲜等民族主体上已经改信其他宗教，但民间仍普遍存在传统宗教信仰，依然具有典型意义。我们准备以北方几个民族流行的萨满教和南方佤族、白族、彝族、纳西族的传统信仰为主，介绍少数民族的传统宗教。

一　萨满教

萨满教是我国北方阿尔泰语系民族中普遍流行的一种典型的传统宗教，主要分布于满、达斡尔、鄂伦春、鄂温克、赫哲、锡伯、蒙古、哈萨克、朝鲜等民族中。萨满教的起源非常久远，在汉文史籍中，记载我国北方少数民族的先民肃慎、挹娄、勿吉、靺鞨、渤海、女真、匈奴、乌桓、鲜卑、柔然、契丹、突厥、高车、回纥自古便有萨满教信仰。但是，"萨满"一词，则是从12世纪中叶宋朝学者徐梦莘的著作《三朝北盟会编》中才开始出现。书曰：

> 珊蛮者，女真语巫妪也，以其变通如神，粘罕以下皆莫能及。

珊蛮即是萨满的异译，在以后的古书中亦有译作萨玛、萨麻、萨莫、叉玛、沙漫、撒卯、撒牟者，至清代始统一称为萨满。

萨满教因其巫师称"萨满"而得名，此词来自斯古通语，意为激动不安和疯狂的人，用以形容巫师在作法时声称"鬼神附体"，激动不安地跳跃狂舞的形态。萨满的跳神活动是萨满教的核心与主要特色。

中国北方诸民族的萨满教，普遍保存着在原始社会就形成的宗教观念，首先是自然崇拜。自然崇拜是生产能力十分低下的原始人对于他们生活于其间的自然环境既不理解，又依赖、恐惧心理的一种曲折流露。他们幻想在种种自然现象的背后，都有某种神灵起着支配作用，人必须对它虔诚礼拜，才能求得宽恕与恩赐。我国北方少数民族生活在西起天山、阿尔泰山，东至大、小兴安岭、长白山的多山地区，故普遍存在着山神崇拜。如在鄂伦春、鄂温克民族中，流传着山神赐给猎人丰盛猎物，并对触犯者给予报复的故事。这些民族的猎手在遇到奇峰异石、古木山洞时便认为有山神栖息其间，不敢大声喧哗，以防得罪山神。萨满在衣服上画上山的图案，以示对山神的礼敬。蒙古族在大路旁用土石堆成山岗状小包，称为"敖包"，专作供祭山神之用。日、月是天空中最引人注目的天体，白天太阳给人们温暖，夜里月亮为人们照明，所以北方少数民族普遍将日月当做神灵供奉。他们向着太阳祈祷，以求消灾免祸。哈萨克、蒙古族人皆有向太阳起誓之习，声言如果自己做了亏心事，便会随西落的太阳一起死亡。每当月亮升起时，男人面向月亮肃立，女人面向月亮下跪，双臂伸直，手心向里，向月亮祈祷，祝福老人与孩子安康。在这些民族中，对着太阳、月亮小便是对神的亵渎，会有大祸临头，因此被当做禁忌。除了日月崇拜，星辰、风雪、云雾、雷电等天象也都成为崇拜的对象，不同民族关于这些神灵有不同的神话和不同的祭拜礼仪。在萨满的身上，挂着许多大小不等的铜镜和水晶岩片、贝壳、鱼鳃片等闪光的物件。其中前胸较大的铜镜代表太阳，后背较小的代表月亮，这叫做"怀日背月"，左右两肩两块铜镜叫做"左日右月"。腰间、裙摆、裙边的闪光饰物则代表着天空中的星辰。随着社会的进化，在各种自然天象神之上，产生了一个统一的"天神"。我国北方少数民族普遍流行天神崇拜信仰，满语支的民族把天神叫做"阿布卡"，蒙语支的民族把天神叫做"腾格里"。在早期萨满教中，天神只是日、月、山、川、风、雪诸神中平等的一员，其后天穹崇拜发展为自然崇拜的最高形式。少数民族祭天仪式早就载之于史籍，《辽史·礼志一》载："祭山仪，设天神、地祇于木叶山。"《金史·礼志一》载："拜天，金因辽旧俗。"《元史·祭祀一》载："元兴朔漠，代有拜天之礼。"满族"拜堂子"祭天仪更是隆重，非皇族不得参与。《清史稿·礼志四》载："堂子祭天，清初起自辽沈。……崇德建元，定制，岁元旦，帝率亲王、藩王迄副都统行礼，寻限贝勒止。"此时的天神不仅是天空诸神之长，而且成了地上皇权的保护神。皇族以外的官员、庶民一律不准进入堂子致祭，更不许在家中私建堂子。一般满族家庭只能在院子东南角设置"索伦杆子"，为平民祭天之所。这种情况显然是在阶级社会中传统宗教发生的必然变化。

萨满教的自然崇拜对象还包括动物，如虎、熊、狼、狐、狗、马、野猪、乌鸦、蛇、龟等。上述动物都是北方少数民族在狩猎生活中经常接触的对象，比如，熊对于鄂温克猎人来说既意味着丰厚的收获，也意味着巨大的风险，故有许多特殊的禁忌和崇拜仪式。如打倒熊后不能说"打着了"，而要说"可怜我了"，不能说"熊死了"，而要说"它睡了"。熊头割下后要用草捆扎，进行风葬，老猎手率领年轻猎手跪下祈求熊神原谅。吃完熊肉后骨头不能乱丢，而要收集起来埋葬。妇女被认为是不洁的，不许从熊皮上跨过……鄂温克猎人就是用这些仪式表达对熊神的崇敬。

人类进化到氏族社会以后，在自然崇拜的基础上又发展出图腾崇拜。此时人们不再泛泛地崇拜一切自然现象，而是以氏族血缘共同体为单位，以某种特定的动、植物为对象进行崇拜。图腾崇拜往往伴随着氏族创生的神话传说。如鄂伦春人传说：在很久很久以前，一个年轻的猎人被母熊抓进了山洞，与母熊生了一个小熊。有一天青年猎人从山洞中逃了出来，飞快地跑向江边，正好碰上放木排的人，便搭上木排顺流而下。母熊与小熊觅食回来不见了猎人，便循迹顺江而追。追了很久见到了木排，母熊叫猎人跟它回去，猎人置之不理。母熊愤怒之极，无可奈何地说："你既不愿再回来，只好你一半，我一半了。"说完便抓起小熊撕成两半，一半扔给了猎人，自己抱着另一半号啕大哭。以后，随母的一半继续当熊，随父的一半则成了鄂伦春人。所以在鄂伦春人心目中，熊与自己有血缘关系，他们称公熊为"雅亚"（祖父），母熊为"太帖"（祖母）。熊是鄂伦春人的图腾崇拜物。北方其他一些民族，还有以狼、虎、天鹅、苍鹰、青蛙、蜥蜴、鹿等动物为图腾者。不过随着北方地区各民族频繁交往，文化的发展，图腾崇拜到民国年间早已松弛、淡化了，仅仅保存在民间神话故事或萨满宗教仪式的某些饰物上。

社会进一步发展，图腾崇拜又让位于直接的祖先崇拜。祖先崇拜产生的社会条件是氏族组织的完善化，人与人之间血缘关系的明了，而在思想观念方面，则要有灵魂观念作为基础。在当时的科学文化水平上，人们相信每一个人都有一个不死的灵魂，肉体死亡后，灵魂就会飞到远离现实世界的彼岸，过着幸福的生活。如东北的鄂伦春、鄂温克和达斡尔人，把灵魂生活的世界称为"伊尔木汉"，是人生的最后归宿，所以一旦有人去世后，亲属便要为他穿上最好的衣服，带上平常日用之物，放在屋内停灵告祭，亲朋好友都来向他告别，并请萨满主持送魂仪式。鄂伦春人送鬼，请萨满扎一个草人，上系许多条线，死者子女每人牵一条，萨满也牵一条，并向死者祷告，要他的灵魂不要留恋子女和亲属，可以安心离去。然后萨满用一法器将线绳斩断，将草人扔出二三十米远，以示灵魂已经远去。平时，他们又希望生活在"九天神楼"之中的自己祖先的英灵能够经常回到子孙之间，以自己神武无敌的威力关怀、荫庇、助佑众子孙。祖神比之众自然神、图腾神更加确定、更为亲切，祖先崇拜的祭祀也就越来越被人们看重。萨满教祖先崇拜的系列是：

①本氏族的父系族源神；

②本氏族各种创业神和英雄神；

③本氏族首辈萨满及历代传世萨满灵魂；

④本家族宗谱中祖先的灵魂。

祖先崇拜一般以父系祖先为谱系，但其中也有众多女神作为祭祀对象，这说明祖先崇拜有一个发展过程。父系氏族社会和阶级社会中人们虽然已经以男性为社会轴心，但母系氏族社会的遗迹仍然随处可见。特别是萨满多为女性，在不少地区仍保留了以女萨满主持祭坛的习惯，所以在祭祀活动中保留大量女神、女祖先的地位是不足为奇的。萨满教的祖先崇拜除了丧葬时的告祭活动外，还包括刻、制各种神偶，绘制图形，于年节时由子孙供奉。

中国北方少数民族萨满教的自然崇拜、图腾崇拜和祖先崇拜，基本属于民间信仰层次，没有成为经典流行，各种祭祀仪式也没有严格规范。萨满教的流行，主要靠巫师——萨满的世代传承来维系，因此与世界上各种发达的创生宗教相比，萨满在宗教活动中的作用便显得特别重要。萨满被认为是各种宗教观念以及活动最权威的解释者，是沟通人与天国神灵的使者，是保佑人们平安生活的祖灵的代表，因而在社会上享有很高的威望，愈是远古时代，萨满的社会地位就愈高。萨满的宗教功能，概而言之，有如下几点：

①为本氏族祈神消灾。如东北的鄂伦春、鄂温克、赫哲等民族，都有春秋两季请萨满跳太平神的习俗，请神灵保佑本族人的安全，增殖人口。遇有瘟疫流行，也要请萨满跳神，呼唤祖神来保护儿孙。

②为患者跳神治病。这是萨满最经常的宗教活动。地处边陲的少数民族，缺医少药，没有抗御病魔的有效手段，一旦重病缠身，只能求助于神灵。萨满跳神治病也有一套固定程式，先通过占卜确定患者是冲撞了哪一路神祇，然后命患者家属对神灵供奉祭品，由萨满致祷词，祈求神灵宽恕，保

佑患者康复。

③祈求生产丰收。不同的民族从事不同的生产，故有不同的祈请方式。如鄂温克猎人长期打不到猎物时，便用柳条做一个鹿的模型，由萨满主持进行象征性射击，如果射中了，围观者便一起大喊："打中了，打中了"，猎人因此感到重新获得了神的帮助。蒙古农区或牧区，如果受到自然灾害，就请萨满主持祭敖包，请敖包神保佑风调雨顺。

④为民众主持婚丧嫁娶等仪式。在婚礼上萨满为新人祝福早生贵子，在葬礼上萨满为亡人送灵，祝其早达天界。赫哲族有专司送魂的萨满名"达克苏特尔"，屯里死了人，请萨满来做一个木头人，穿上人的衣服，上供、点香、烧纸、跳神。三天后，萨满向外射三支箭，指示亡灵归去的方向，然后率领全家送走亡灵。

⑤占卜圆梦。人类生产能力尚不发达时，在自然与社会双重压力下无所适从，便会乞灵于占卜，请神祇指点迷津。在北方少数民族的萨满教中，萨满承担着为族人占卜吉凶的责任。以占卜方式区分，大致有草木占、星光占、金石卜、梦占等种类。在占卜以前，一般还要举行跳神仪式，表示是由神灵下凡来进行裁定。

在萨满主持的各种宗教活动中，跳神是其中最神秘、最热烈、也最吸引人的仪式。届时，萨满头戴神帽，上缀五彩纸条，下垂蔽面。身穿长布裙，胸前与背后悬挂铜镜，如日月状。腰系铜铃，击鼓而舞，周身器物随之铿锵作响。此时的萨满双目似开似闭，神态如醉如痴，口中念念有词，或称神灵附体，或称祖灵下凡，或学熊咆虎啸，手脚不停地模仿着各种神怪、野兽的动作，舞蹈动作越来越激烈。随着萨满的狂歌怪舞，氏族的群众也会受到感染，从围观进而参与，伴随着萨满的歌声与舞蹈，重复着萨满的咒语，宗教氛围甚为浓郁。

从现代对北方少数民族萨满教的田野调查中可见，萨满能使自己的精神处于一种半昏迷状态，但同时又能自觉地控制自己，口中念念有词，并模仿各种神灵或死去的祖先的语言或动作。他们的精神状况类乎神经病学上的癔症患者，但又绝非精神病人，或完全的弄虚作假，对萨满精神状态的研究是当代心理学研究的前沿课题。

一般而言，萨满教没有自己的寺院或教团组织，多是师徒传授。新萨满要举行隆重的拜师仪式，并经过一段相当长时期的学习和考验，才能成为正式的萨满。在氏族社会，萨满一般不脱离生产劳动，为氏族或某些家庭跳神也不收取费用，具有义务服务的性质，故萨满在社会上很受尊重。进入阶级社会后，萨满为统治者服务，或是在金钱诱惑下乘人之危捞取好处的事情也时有发生。不过，总体来讲，萨满教较多地保存了原始宗教的面貌。

随着社会文明的进程，北方少数民族社会不断进化，传统的萨满教也在不断地瓦解分化，改变形态。在封建社会中，汉地佛教、道教、民间宗教、藏传佛教、伊斯兰教中的许多神灵、宗教观念逐渐被吸入萨满教中。如清代满族人的"堂子"里也供上了释迦牟尼、观音、关羽。赫哲人的灵魂观中包含着从佛教学来的轮回思想，认为人有三个灵魂，其中一个就会转世投生他处。这种宗教观念的相互渗透，是民族文化交往过程中的必然现象，并不妨碍萨满教成为少数民族中传统宗教的一种典型形态。

二　南方少数民族传统宗教

在我国南方许多少数民族中，也不同程度地保存着从原始社会遗留下来的传统宗教。就基本形态而言，这些传统宗教与萨满教是近似的，都有自然崇拜、图腾崇拜和祖先崇拜，都缺少系统的宗教理论和完善的宗教组织，宗教活动以巫师为中心，有些学者认为这些宗教都可以归结为"灵气萨满"一类。但是，如果将南、北方少数民族传统宗教加以比较，由于社会、人文、地理等方面的原因，又有许多差异，故此处着重对南方少数民族传统宗教特殊性的方面加以介绍。

（一）佤族的原始宗教

佤族是聚居在祖国西南边陲的少数民族，至民国时期，仍然处于原始社会末期状态，故保持了比较完整的原始宗教。在佤族的原始宗教中，最引人注目的活动便是"猎头祭"。

猎头祭起源于佤族初入农业社会之时，是向天地间的最高神"木依吉"的献祭。在佤族的传统宗教中，木依吉不仅是创造神，而且是祖先神，他支配着自然界的风、雨、雷、电，掌管着人类的生、老、病、死。佤族人认为：用人头向木依吉献祭，他便会保佑风调雨顺、人寿年丰。猎头祭是佤族宗教中最隆重的活动，有一套复杂而又严格的程序。出发以前，由部落军事领袖用卜鸡卦的形式指定参与人选，大家饮酒吃饭，诅咒发誓，然后出发。猎头对象或是仇人部落，或是素不相识的路人。佤族人埋伏路旁将其杀死，取回人头后，供在木鼓房下的人头桩上。血水被佤族人视为最神圣的祭品和生命的象征，故在人头桩下放置火灰，让人头上的血水淋于火灰之上。这时由巫师代表全部落民众向人头祈祷,求其保佑全寨人畜平安,庄稼丰茂。然后各家将淋有血水的火灰取回,拌在谷种中播撒。人头则在人头桩上一直供奉到来年,由于人们对人头怀有敬畏感,故下一年春耕前,又要举行名为"砍牛尾"的仪式送人头。"砍牛尾"又称"剽牛",举行仪式当天,先由巫师率领全寨民众将人头送出寨外,回寨后将一条肥壮公牛拴在木桩上,一俟巫师砍下牛尾,四周群众蜂拥而上,挥刀争割牛肉,一头牛数分钟之内便被分割完毕,场面甚为惊险。"剽牛"标志着一次猎头活动的结束,数日后春播,又要再一次猎头祭谷,如此循环不止。

佤族的人头祭保留了原始宗教血祭的特征,粗犷剽悍,痛快淋漓,是人类潜意识中某些破坏性本能不加节制的宣泄。这种落后的宗教习俗往往成为引发氏族械斗的根苗,造成佤族内部及与周边民族的纠纷。50 年代以后,在当地政府的教育引导下,佤族人民已经逐渐放弃了这种落后的习俗。

(二)白族的"本主"崇拜

白族传统宗教中最突出特色是"本主"崇拜。"本主"是白族主神的汉语译名,白语呼为"朵博"、"劳谷劳泰"等,意为大老爷、祖父、祖母。本主最早是氏族部落的守护神,后来演化成村寨守护神。在白族聚居区,每一村寨皆有一名本主,或一二村社供奉一名本主,或一村供奉数名本主,情况不尽相同。不过,每一本主皆有自己的神庙,庙内供有本主像,或为泥塑、或用香木雕成。有的本主庙还供奉本主神的侍从及子孙。据民间传说,白族共有五百神王,即 500 位本主。五百神王之上是"七十二坛景帝"、"十八坛神"、"九坛神",逐次升高,最高位的本主是神明天子。但是实际上,本主神之间并没有明确、严格的隶属关系。本主神具有强烈的地方色彩,男男女女的本主神一般都有"点苍昭明"、"应民皇帝"、"爱民皇帝"、"洱河皇帝"、"英武将军"、"茶花公主"等封号,每位本主都有自己的神话传说和特殊的祭仪,被认为是一方土地的保护神。

白族的本主神种类繁多。有自然神祇,如天、日、月、风、雨、云、雪、山、河诸神,水泉女神、金江圣母、沙漠大王,等等。有图腾神,如白石本主、大石天神、虎老太、梅花鹿仙、黑龙、黄龙、母猪龙,等等。有祖先神,如传说中的白族先民劳谷和劳泰,他们是一对夫妻,与其十几个子女发明火、打猎、种植、纺织、建筑,故被尊为本主。有英雄崇拜的对象,如猎神杜朝选、斩蟒英雄段赤城、抗暴女英雄阿南和柏洁圣妃、农民起义军领袖李定国,等等。有佛教和道教中的神,如观世音、大黑天王、天王菩萨,等等。有南诏国、大理国的皇帝、大臣，如细奴逻、隆舜、凤伽异、杨干点、段思平、段宗榜、郑回、杜光庭，等等。有汉族著名的历史人物，如诸葛亮、唐剑南留守史李宓及其子女。也有白族农民中的烈妇、孝子等被当地人民视为道德楷模者。从白族本主的来历看，本主崇拜是自然崇拜、图腾崇拜、祖先崇拜、英雄崇拜的混合物，凡为民除害者、有英雄业绩者、为国立功者、道德高尚者以及当时人们尚不能认识的各种自然现象，皆可成为崇拜、信仰、爱戴、依赖的神。在他们身上，白族群众寄托了自己的超人间向往。同时，本主崇拜多以真人真事为依据，故有浓厚的人间氛围和地方色彩。

白族人民对本主的信仰极其虔诚。他们认为本主掌管着人间、阴间的一切事务，故不论耕耘收获、婚丧嫁娶、生老病死，都要到本主庙去烧香献祭，祈求本主保佑风调雨顺，五谷丰登，人畜平安。每年岁初，各村都要搞迎本主活动，人们用彩轿抬着本主的泥塑或木雕，打着大红伞、龙凤旗、飞虎旗，鼓乐宣天地巡游本主保佑的各个村寨，沿途各家设香案恭迎。祭祀活动期间，不许下地生产，杀猪宰牛庆贺，并有巫师跳神，唱巫歌，有烧铧头、上刀杆等娱乐活动。"迎本主"成为白族民间一个盛大的节日。

（三）彝族毕摩、苏尼的巫术活动

彝族是我国人数较多的少数民族，分布在西南数省，其中四川凉山的彝族地区保留了比较完整的传统宗教形态。毕摩、苏尼是凉山地区彝族巫师的名称，他们通过花样繁多的巫术活动维系着传统宗教。

毕摩是凉山的高级巫师，只限于男子担任，一般是家传世袭，并须经一段时间的学习。在彝语中"毕摩"的原意是教师，因为他们会认老彝文，能读彝经。目前发现的彝文经书有数百种之多，包括作斋经、百解经、除祟经、占卜经、解梦经等。除了宗教内容，经文中还包括天文历法、道德伦理、历史传说、神话故事、医药卫生等多方面的内容。因此毕摩不仅是人神之际的沟通者，而且是社会上掌握文化知识最多的人，受到整个社会的敬重。彝族人凡婚丧嫁娶、吉凶祸福、年节集会，都少不了请毕摩作法，主持招魂、禳灾、驱鬼、治病、合婚、占卜、安灵、招魂等仪式。

另一类较低级的巫师叫"苏尼"，专事跳神、驱鬼、治病。苏尼一般不懂经文，不认字，男女均可担任，亦不世袭。一个人要想成为苏尼，关键是能使自己精神进入歇斯底里状态，自称灵魂附体，胡言乱语，狂跳不止，便可使人相信他具有与鬼神交通的能力。苏尼的情况与北方民族的萨满颇为近似。苏尼的法器主要是一面羊皮鼓，作法时全身战栗，旋转跳跃，猛击羊皮鼓，厉声高喊，据说如此便可驱走作祟的野鬼，使病人康复。在彝族人民极度缺医少药的情况下，苏尼捉鬼多少也可起到一点心理治疗的作用。由于苏尼不懂经文，所以不能主持大型法事，一般也不脱离生产劳动，为本家支成员作法免费或收费很少。

彝族传统宗教有一个突出特点，即祭神与巫术相混合。巫术是原始人在对自然规律认识很低的情况下产生的一种宗教行为。他们认为通过各种仪式和动作，便可以操纵某种神秘力量，借以达到影响人类生活和自然界的目的。进入文明社会后，巫术稍事改变形态而留存了下来，在凉山彝族民众中，稍遇大事便请毕摩主持各种巫术，以求达到人力所不能及的目的。常见的巫术有如下几种：

占卜：彝族的占卜以动物卜为主，凡婚丧、疾病、播种、狩猎、出行、贸易、械斗等大小事宜，皆要请毕摩为之占卜。比较流行的方式有：①羊骨卜，选用羊胛骨，用火焚烧，根据骨头裂纹长短、左右断其吉凶。②鸡卜，彝族人很重视鸡卜，有"超度鸡占先，作战鸡占先"的说法。鸡卜的方法各地不尽相同，有的地区用鸡头卜，将鸡头盖骨上的皮撕开，看头盖骨的颜色，洁白为吉，有红点不吉，有黑点为大凶，要死人。③鸡蛋卜，常用于占卜疾病和外出的亲人，方法是将鸡蛋在病人或外出亲人的衣服上摩擦，然后将鸡蛋打入清水中，由毕摩观看蛋中呈现人形还是鬼形。④苦胆卜，看猪或羊的苦胆是否透明，透明运气则佳，混浊运气则坏。类似的占术还有不少，实难一一列举。事无巨细皆占卜于神，说明人对自己的活动自信心不足。

"白色巫术"：为自己求福利的巫术称为白色巫术。如凉山彝人经常举行的一种清除污秽、消灾免难的巫术叫做"尔查苏"，一个家庭每年至少要请毕摩举行一次。毕摩用一块烧红的石头淬入装有艾蒿水的瓢里，随着吱吱声响和冒出的热气，毕摩诵解秽经，率主人一家绕锅庄一周，表示已断污秽。主人便会相信今年邪魔不侵，万事亨通。此外，毕摩还会招鬼、送麻风、防雹等多种驱魔巫术。

"黑色巫术"：主要用来攻击和诅咒仇敌的巫术称为黑色巫术。彝族人相信，靠巫术的某种神秘力量，可以将灾难加于敌身。如一种称为"子克觉"的巫术在凉山很常见，在"打冤家"（械斗）之前，要先请毕摩用巫术作祟于对方。通常是取一节因癫病而死的牲口腰骨，放在一个用草做成的假人中，写上仇人姓名，全家支人共同诅咒，然后将草人秘密置于仇家附近路边或田野里，如果仇人从旁经过，他们相信仇人便会患病，甚至死亡。

神判：当村寨中出现了财产、盗窃、口角纠纷时，头人往往命毕摩出面请天上神灵下凡主持"神判"。在奴隶社会中，神判成为法律的一种重要补充。神判的形式很多，在凉山地区主要有：①捧铧口，纠纷双方当事人集中于某处，先由毕摩诵经请神，然后将一铁铧头烧红，当事人双方手上放竹篾条，上垫白布，祈祷神灵后捧起铁铧，行走九步，手未灼伤的一方为胜诉。②摸蛋，用一大锅装满烧开的水，将一鸡蛋放于锅底，当事双方伸手取蛋，未烫伤者为胜诉。③摸石头，将两块烧红的石头分别放在纠纷双方的手上，烧伤者或不敢捧者为败诉。④折棍子，毕摩念经，诅咒之后，争诉双方敢于折断一根小棍者为胜。因为人们相信毕摩已经在小棍上施展了魔法，小棍即代表了人的身躯，理屈者担心自己会受到巫术的惩罚，故不敢去折棍。⑤打鸡，纠纷双方先起誓诅咒，然后将一只公鸡杀死，滴血于酒中，敢饮酒者为胜。因为人们相信在神面前起假誓者饮此血酒不得好死。类似的神判形式还有不少，难以尽述。

彝族传统宗教中所包含的巫术，在其他少数民族，甚至部分汉族地区也有遗存。不过由于凉山彝族地区地理位置相对封闭，奴隶社会制度一直保存到 20 世纪 50 年代初，各种宗教巫术也就保存得相对完整，成为当代学者研究传统宗教巫术的典型环境。

（四）纳西族的东巴教与《东巴经》

生活在我国西南地区的纳西族，普遍信仰一种叫做东巴教的传统宗教。东巴教因巫师被称为"东巴"而得名，其信仰内容、宗教仪式的样式与萨满教无本质差异，但特殊之处在于，东巴教留下了大批的《东巴经》。中国少数民族的传统宗教，绝大部分没有统一的教义和经典，宗教观念全凭巫师历代心口相传，宗教仪规听任巫师现场发挥。可是纳西族的东巴教在发展过程中却形成了专门记述宗教内容的东巴文，写成了大量东巴经传世，成为纳西族珍贵的历史文献。古时候，东巴经写在用构树皮自制的土棉纸上，用锅底油调胶水、胆汁制成墨汁，用竹笔或铜笔书写。经书每册长 32 厘米，宽 12 厘米，从右向左书写，并配有图画。由于东巴文仅 1200 个字符，无法详细记述东巴经的全部复杂内容，故东巴经仅仅是借助图文，起帮助东巴记忆的作用。目前，国内外收集保存的东巴经约有 2 万册，删除重复的内容，大约有 600 余卷，800 万字左右。主要经文包括《创世记》、《鲁搬鲁挠》、《黑白战争》、《祭天古歌》等，详细讲述了东巴教的天神、地鬼、人世的三种境界，认为天神保祐人类，鬼怪作祟，人只有依靠天神才能求福免祸。《占卜经》教人预决吉凶，选择良辰吉日的各种卦法。《送魂经》讲述了招魂、送魂的各条路线，是考察纳西族民族迁徙的宝贵材料。此外，《东巴经》还包容了纳西族语言文字、社会历史、文学艺术、天文历法、哲学思想、民间习惯等各方面的内容，几乎成为研究纳西族古代社会的百科全书。

纳西族的传统宗教所以能形成比较完整的经文，主要是由于藏传佛教、本教以及汉地佛教和道教的影响所致。由于地理方面的原因，藏传佛教的格鲁派、宁玛派在纳西地区早有流传，吸引了相当部分的群众。而固守传统宗教的巫师、信徒，为了与外来宗教抗衡，自觉或不自觉地要吸收佛教这种较高层次宗教的内容及其形式，以充实、发展自己的宗教。这一点在东巴经中有明显的反映，如东巴教的三大主神中，一号大神丁巴什罗，二号大神阿罗什罗都来自西藏，也是本教尊奉的大神。东巴经中关于天堂、地狱、解脱等观念显然与佛教一脉相承。东巴使用的法器绝大多数是从喇嘛那里学来的，他们念诵的咒语绝大多数出自梵文和藏文。东巴经中用东巴文记载了《白虎通义》，还出现了阴阳五行、神仙灵洞等思想……总之，无论汉地佛教、藏传佛教还是道教，全都有自己卷帙浩繁的经典体系，东巴教在吸收这些外来宗教的思想内容时，也模仿它们的形式编写自己的经典体系便不足为奇了。因而，纳西族的东巴教才有了异于其他民族传统宗教的经文。但是与各种发达的宗教相比，东巴教的经文还处在初级水平上，缺少创生宗教经过教主和学者发挥、整理的宗教经典的系统性和权威性。

第二节　道教与少数民族

过去说道教是中华民族土生土长的宗教，人们往往存在一种误解，认为道教只是汉民族的宗教。随着道教史和少数民族历史研究的深化，道教与少数民族的密切关系已逐渐被揭示出来。可以毫不夸张地说，道教从创生之日起，就是中国多民族共有的宗教。

道教是在道家学说和各民族巫术的基础上产生的。就道家学说而言，它反映了先秦时期荆楚地区文化的某些特征。众所周知，荆楚是非华夏文明区，居住着许多南方古代民族，在文化上与中原的周文化有相当大的差异。道家学说创始人老子的民族成分问题，近代以来曾引起了不少的争议，苗族学者认为老子为苗族先民，彝族学者认为老子是彝族先民。这些血缘上的考证姑且不谈，老子的学说在文化上反映了南方民族某些特性是无可置疑的。至于巫术，秦汉时期不仅在中原地区流行，在边疆地区也很流行。如《史记·封禅书》载："越人俗鬼，而其祠皆见鬼。"《后汉书·南蛮西南夷传》载："牂牁地多雨潦，俗好巫鬼。"东汉末年张陵创五斗米教的四川鹤鸣山一带，正是西南少数民族居住、活动的地区，生活着氐、羌、僰人、攻僰、叟、濮、摩沙、昆明等民族，张陵所设"二十四治"教团组织兴起于此，有不少蛮夷人士成为早期教徒，他们很自然地将当地一些巫术带入教团，为教祖加工改造提供了素材。如《后汉书·南蛮西南夷传》提到：

> 莋都夷者，武帝所开，以为莋都县。其人皆被发左衽，言语多好比类。居处略与汶山夷同。土出长年神药，仙人山图所居焉。

文中提到的"山图"，是道教众仙谱系里的一位神仙，长年在少数民族居住的山中采药修炼。至于少数民族"被发"、"跣足"的生活习惯，则被道教改造成某些宗教仪式的体态特征。从孔子"微管仲，吾其被发左衽矣"的感慨看，这种习俗绝不是来自华夏。

　　道教在汉末创生之后，作为中华文化的一个组成部分，又流传到许多少数民族中间。如西晋末年建立成汉政权的氐族领袖李雄就是道教徒，他任用青城山道教领袖范长生为丞相，号天地太师。李雄统治时，道教得到了长足的发展。大批氐族人相率入教，为此还曾专门规定了少数民族入教的仪规。北魏鲜卑政权的道武帝拓跋珪，笃信道教，在朝廷设置仙人博士。太武帝拓跋焘，重用道士寇谦之，整顿北天师道。太武帝曾亲临道场，接受符箓，自称"太平真君"，甚至在道教徒的怂恿下演出了一场崇道灭佛的悲剧。唐代南诏国从中原引进了道教信仰，在与唐王朝订立的攻打吐蕃的盟书里，还写上了"上请天、地、水三官"，并把三份盟书分别藏于神室、投于西洱河、留之府库，与道教仪规中向神灵乞请的文书埋于山中、地下和水中，谓之向天、地、水三官告罪一脉相承。南诏政权处理文书的形式，说明道教在该国影响之大。继南诏之后的大理政权亦采用儒、释、道三教并重的策略。金代女真族统治者积极扶植河北新道教，用对道教的尊奉和推崇，换取道教领袖对女真政权的支持。如金宣宗贞祐二年（1214），山东爆发了杨安儿、耿京起义，全真教领袖邱处机亲自出面劝降，取得了"所至皆投戈拜命，二州遂定"的效果。道教成为女真政权笼络、控制北方汉族人民的思想工具。13世纪初，强大的蒙古民族兴起，成吉思汗派人征召邱处机，邱处机率18名大弟子西行远涉，到达西域雪山成吉思汗大帐，"太祖大悦"。邱处机向成吉思汗进言："欲一天下者，必在乎不嗜杀人。""及问为治之方，则对以敬天爱民为本。问长生久视之道，则告以清心寡欲为要。"邱处机的建议为成吉思汗所采纳，"命左右书之，且以训诸子"（《元史·释老传》）。道教开始传入蒙古族，考虑到当时蒙古族民间普遍存在的萨满教信仰，成吉思汗命邱处机等人吸收萨满教的成分，像萨满巫师那样为他本人及蒙古帝国祈福。从以上举例可知，道教曾在许多古代少数民族中传播。

　　近、现代仍有许多少数民族保留了道教信仰，比较典型的是白族和瑶族。道教对白族的影响表现在两个方面。首先，道教本身在白族群众中获得了广泛的传播。传入大理白族地区的道教主要分清虚、火居两派。其中清虚派信徒要出家，在大理一些地区有一些道观，住观道士在民间被称为"端公"，其主要活动是给死人开烟火和超度亡灵，在中元节、六月、九月朝北斗时，亦为民众诵经祝福。火居派则从俗而居，其内部又有先天派与龙门派之别。在信奉道教的群众家中，供奉着太上老君、玉皇大帝、文昌、关帝诸神。其次，道教的许多神灵被白族传统宗教吸收，变成了"本主"被群众膜拜。有些巫师自称他们的祖师是"白骨真人"、"太上老君"，说明道教已与本地宗教相结合，在变化的形态中发挥作用。

　　道教是瑶族群众信仰的主要宗教之一，但是道教对瑶族的社会影响与白族又有所不同，它与瑶族当地的传统宗教结合得更为紧密，在很大程度上"瑶化"了。瑶族巫师把道教中的三清、三元、老君、玉皇、王母、盘王、伏羲、神农、社王、雷王、城隍、土地、四境、瘟王、龙王、雨顺、风伯、禾魂、五谷、张天师、四帅等神灵统统纳入本民族的神仙谱系，与当地的肉神公、打猎将军、放狗二郎等诸神共同供奉。瑶族的巫师"赛翁"（师公）和"刀翁"（道公）与道教有着复杂的渊源关系，分属正一道的不同派别。赛翁崇奉三元，称为武道，专司跳神禳灾；刀翁崇奉三清，称为文道，主管超度亡灵。他们使用的道书，主持的许多宗教仪式，捉鬼降神的法器，都直接源于道教。比如有一种叫做"道鞭"的法器，其形状是五块铜钱样的铜片，扣以链条，系在一弓形小竹根上。在铜片上刻有太上老君坐像、文字、张天师神牌、十二时辰、八卦、十二生肖、二十八星宿等文字与图形，道教色彩极浓。据说此物可以驱邪避鬼，法力无穷。

　　除白、瑶二族外，在壮、侗、苗、京、土家、布依、彝、黎、仡佬、毛南、纳西、羌等少数民族中，也都有道教的传播和影响。

第三节　佛教与少数民族

中国佛教包括汉传佛教、藏传佛教和云南上座部佛教三个系统，在漫长的历史发展进程中，分别对中国少数民族产生了相当大的影响。可以说佛教是我国各民族中最普遍的一种宗教信仰。汉地佛教主要影响满、蒙、朝鲜、白、壮、布依、畲、拉祜、侗、仡佬等少数民族。藏传佛教则在藏、蒙、门巴、珞巴、土、裕固、纳西、白、普米、怒等民族中传播。南传上座部佛教流行于傣、布朗、崩龙、佤、阿昌、德昂等民族中。其中有些民族既流行汉传佛教，也流行藏传佛教，如蒙古族。另外一些民族，如新疆的维吾尔族既信仰过大乘佛教，也信奉过藏传佛教，不过到近代时他们已全民改宗伊斯兰教。流传于少数民族中的汉传佛教，从宗教理论到宗教仪式皆与中原寺院无大差异，不专门介绍，这里我们主要介绍一下具有浓郁地方特色和鲜明民族性格的藏传佛教和云南上座部佛教。

一　藏传佛教

佛教大约于公元 7 世纪，分别从汉地和印度传入西藏，经过与藏地自古流传的传统宗教——本教的激烈冲突与融合，形成了既不同于汉地佛教，也不同于印度密教的藏传佛教。藏传佛教在理论上有"重密轻显"的特点，号称"西密"，与日本的"东密"成为当代世界上仅存的两个密宗派别。藏传佛教发展的历史及其形成的派别、理论，其他章已有较为详细的介绍，本章不再赘述，此处着重介绍现存藏传佛教的修习制度以及对近、现代藏族社会的影响。

（一）西藏的寺院与僧侣修习制度

藏传佛教经千余年的发展，形成了独具特色的寺院组织制度，其中又以黄教寺院最为典型。以拉萨三大寺（哲蚌、色拉、甘丹）为例，每一寺院都自成一个系统，大致有三级严密的组织。基层一级组织叫做"康村"，属于地域性机构，由一个或数个有传统关系的地域的僧人组成。每一康村中由一名资格最深的僧人任"吉根"，主持一切事务。中间一层组织名为"扎仓"，由若干个康村组成。扎仓有会议机构，由"堪布"为主持人。只有考取了"格西"学位（相当于宗教学博士），由地方政府任命才能担任堪布。最高一层组织机构称"拉吉"(又称"蹉钦"),原意本指全寺的正殿,是全寺宗教活动的中心。拉吉相当于一个联席会议,由各扎仓的堪布组成,管理全寺的宗教事务,并负有经济职能。三级宗教组织都有自己的财产,包括庄园、牧场、农奴、牲畜和现金。在寺院内部,低级宗教组织要向高层宗教组织承担经济义务,在政治上也必须服从领导。

在长期的历史发展中,藏传佛教形成了一套完整、严格的僧侣修习制度。仍以黄教为例,他们提倡显密兼修,先显后密的修习次第。一个刚出家的小喇嘛若欲修完显密二宗全部教仪,必须先入显宗扎仓(参巴扎仓),编入"度扎"(预备班)内,这样的人被称为"贝恰瓦",意为"读书人"。他必须花钱请一位导师,在其指导下学习佛教基本知识。预备班的学习可长可短,寺院亦不督责考核,转入正班的时间由导师确定。一旦转入正班便可逐年升级,哲蚌寺正班15级,色拉、甘丹二寺13级。在这段时间内主要学习佛教的显宗经典,如法称的《量释论》,弥勒的《现观庄严论》,月称的《入中论》,功德光的《戒律本论》,世亲的《俱舍论》等,皆为传习重点。学完这些功课大约用15~20年的时间,一个贝恰瓦便算是修到了头,可以申请"格西"学位了。格西考试主要采取论辩方式,由地方政府和三大寺各显宗扎仓共同主持。凡取得格西学位者,便可担任大寺的扎仓和小寺的堪布,也可入密宗扎仓继续修习密法。西藏民众尽管有全民信教的传统,但学经要自备干粮,交纳学费,贫苦人家的孩子是无法完成十几年学业的,所以年轻僧侣众多,真正可获取格西学位者却很少,多数人中途便辍学还俗了。

黄教的密宗扎仓分为两类,一类是三大寺各自具有的阿巴扎仓,从学者不必经过显宗教法,专修密宗,层次较低。另一类是三大寺共有的上、下两密院,是藏密修习的最高场所。上密院叫"举堆扎仓",下密院叫"举麦扎仓",两院平行,独立,各设五个康村,定额为500人。必须具有格西学位才能进入上、下密院学习。两密院修习制度十分严格,重视苦行。他们每天四次上殿,最早的一次凌晨两点钟开始,每天仅有四小时睡眠时间。在法园修炼,要坐在石头铺成的座位上,冬夏皆如此。因此,凡能进入上、下密院修习的喇嘛便在僧俗信众中具有极高的威望。进入上、下密院,便可以修习密宗的全部密法,包括集密、胜乐、大威德、时轮、欢喜五大金刚以及其他一些次要金刚和护法神修法。密宗行者修习的"五部金刚大法",属于无上瑜伽部,因此必须经过严格的修习次第,有导师的鉴定和推荐手续,并经过导师的密灌顶和慧灌顶仪式,才能做"乐空双运"的双身修法。密宗称这种双身修法为圆满次第，即最高、最后的修习。在进行男女双修时，通过气功控制脉息、精神，在男女交合中入定悟空。谓之"乐空双运"，达到菩提的成佛境界。凡经过密院数年或数十年的修习，便可担任各大寺的堪布或住持。

在庞大的藏传佛教僧侣队伍中，除了学经的喇嘛，还有具备各种专业本领的执事喇嘛。第一种，受过各种宗教职业训练，经常在寺外为百姓主持婚丧嫁娶，祈福禳灾，超度亡灵，念经占卜等宗活动的僧人。如谙熟各种密咒，专工背诵的"阿巴"，能够降神为人预卜休咎的"却吉"，都属此类。第二种，执事僧，即掌握各寺行政、司法、财务、总务、经商等事宜的人员。在寺院内除了作为住持的"拉吉"和"堪布"，权力最大的就是掌握众僧纪律的"格贵"，俗称"铁棒喇嘛"，因他们有一根涂金描银的铁棒作为权力和威严的标志。"强佑"经营寺产，兼收钱粮，亦有很大权力。第三种，工艺僧人，他们都是具有某项专业技能的人才，在寺庙中从事雕刻、铸像、绘画、刻版、印刷等技艺活动，有的还具有医学、历数等方面的知识。黄教寺院中的"曼巴扎仓"专修医经和医药技术，"丁科扎仓"则学习天文历算方面的知识。第四种，杂役僧和兵僧，这些人一般出身于贫苦家庭，在寺院中从事繁重的体力劳动和杂役，或者练习武艺，为寺院或僧官充当保镖。从以上分类不难看出，藏传佛教的寺院及其僧侣，几乎垄断了西藏的文化事业，佛教成为藏族社会的全部意识形态。直至中华人民共和国成立，西藏只有寺庙，没有学校，喇嘛便是社会上惟一的文化人，佛教左右着整个社会的文明进程。

（二）佛教与藏族社会

佛教传入西藏以后，逐渐得到了封建领主阶级的欣赏和支持。13 世纪以后，又成为历代中央政权治藏的工具，中央政府通过对活佛、法王的册封、罢免实施对西藏的行政管理。上层喇嘛与世俗的封建领主集团相结合，形成了神权与王权一体，"政教合一"的西藏地方政权。13 世纪元朝政府敕封萨迦派宗教领袖八思巴为帝师，兼摄吐蕃军政事务，建立了第一个全藏性的政教合一政权。当时，"帝师之命，与诏敕并行于西土"（《元史·释老传》）。17 世纪黄教得势，更加强了僧俗联合专制制度，达赖、班禅是西藏政治和宗教上的最高领袖，布达拉宫成了最高权力机构，西藏地方政府的任何决议如无寺庙代表的同意都很难生效。宗教的信仰、戒律和寺院的法规同时也是政治信条、世俗法律、社会道德。数百年来，西藏的政治是典型的神权政治，几乎所有重大政治事件都与藏传佛教有关。

在经济上，寺院集团本身就是西藏三大领主之一。截止到 1949 年，全藏共有寺院 27000 所，僧侣 12 万人，占人口总数的 10％。寺院占有耕地 180 万克（一克约为一亩），约为耕地总数的 39％。寺院还占有牧场 400 余处，农奴 9 万余人。西藏的封建领主制度是很落后的，僧侣贵族集团以地租、畜租、高利贷、商业等形式对人民残酷剥削，又以神的名义对民众大肆索取。再加上格鲁派教义严禁僧人娶妻生子，造成人口锐减，严重阻碍了藏族地区生产力的发展，导致藏区经济封闭落后，停滞不前。由于佛教是惟一的意识形态，束缚了藏族人民的思想，不利于传播科学文化知识。佛教所宣扬的生死轮回，因果报应的思想容易使人们沉湎于对来生和涅槃境界的虚幻追求之中。为了来生的幸福，他们恪守着佛祖制定的种种禁忌，对"神山"、"神水"严禁开发利用；对害虫、野兽"不杀生"；对旱涝、风雪等自然灾害听其自然；不惜倾家荡产，厚献布施，以求来生转世于富贵人家。为了证得涅槃，达到"常乐我净"的"佛果"，他们不惜进行摧残身体的各种苦修苦行。在拉萨，佛教徒们终日绕着八角街转经念佛。大昭寺门前，烧香、点酥油灯、献哈达、磕长头的人络绎不绝。拉萨三大寺及布达拉宫成了全体藏族人民心目中的圣殿，许多信徒从云南、四川、青海、内蒙古等地步行乞食前往朝圣，有的人甚至一步一叩，拜上神山，倒毙途中者亦有不少。

另一方面，宗教作为一种文化现象，毕竟是某种特定历史条件的产物，全面评价它的社会作用，必须将它作为一个发展的过程，还原到各个具体历史时期考察。佛教初传之时，作为一种文化载体，把印度和内地先进的政治、经济思想、文化知识和生产技术也带进了西藏，促进了西藏社会的进化。西藏地处高山高寒地区，交通极不便利，但虔诚的宗教信仰促使一批批教徒不畏险阻，历尽艰辛，战胜了常人难以克服的困难，频繁往来藏、汉、印、尼之间求学、传教，加强了西藏人民与发达地区的文化交往。10 世纪后弘期开始后，佛教在藏族社会中扎下了根，使西藏地区科学文化事业跨进了一大步。在封建领主时代，寺院包办教育，喇嘛垄断了一切文化知识，使广大下层民众被摒弃于文化殿堂之外。然而，这也是生产力发展水平极低的历史条件下的社会现象。而且，喇嘛阶层的存在完成了社会体脑分工，使社会上一部分人可以专心地从事精神产品的生产，有利于精神文明的进程。相当一部分藏族僧侣勤习精进，探索宇宙与人生奥秘，在哲学、历史、逻辑、文学、历算、艺术等方面做出了重要的贡献。如著名的《萨迦格言》就是萨迦派宗教领袖萨班·贡噶坚赞(1182～1251)的杰作,自其问世后,便一直是藏族人民妇孺皆知的生活教科书。喇嘛们翻译了卷帙浩繁的佛教经典,撰写了难以计数的注疏,并辅之以教法的解释、传授、预言、授记、传记、劝世格言等著作。在这些著作中表现出藏族学者敏捷的哲学思维,严谨的论辩逻辑,成为时代精神文明的精华,并为今人了解藏族古代社会留下了宝贵的历史资料。佛经的翻译不仅为藏族社会引入了新的思想,也为藏文注入了许多新的词汇和新的语言表现形式,促进了藏文的发展。大藏经《甘珠尔》和《丹珠尔》的刊刻,带动了印刷术的发展。各种古代藏文经书印制精美,令今人叹为观止。

古代藏族人民的智慧,在寺院建筑、壁画、雕塑等方面达到了极高的水平。青藏高原上大大小小的佛寺,成为一座座人类创造才能的丰碑,布达拉宫是其中最著名的杰作。布达拉宫建于拉萨市中心的红山上,红山又名普陀落伽山,传说为观音菩萨的应化道场。布达拉宫主体依山而筑,宫体为木石结构,共13层(内部实为9层),东西长360米,高117米,巍峨屹立,高耸入云。从山下仰视,宛如仙山上的神宫,祥云缭绕,神秘威严。宫外环绕石头彻筑的宫墙,坚固壮观。宫墙红白相间,覆盖整个山头。宫殿层叠而上,金顶灿烂,幢幡琳琅,拾级登临,飘飘欲仙。进入寺内,壁画雕塑,光彩夺目。布达拉宫的壁画题材多取于佛教历史,亦有描绘藏密内容的,画风严谨,色调高雅,技法规范,皆无价珍宝。殿堂内还供奉着金、银、铜、泥佛像,高大者达数十丈,小者仅如核桃,但都做工考究,生动细腻,栩栩如生。特别是堪称"绝技"的酥油花,心灵手巧的工役喇嘛用酥油捏出一个个佛教传说中的人物,一朵朵高山上盛开的雪莲,色彩鲜艳,手法精细,造型优美,神态逼真,显示出高超的艺术水平。"唐卡"也是藏传佛教艺术中的绝技。唐卡是把宗教内容的图像画在布上或丝纺品上的宗教卷轴画,公元10世纪左右即已出现。唐卡制作工艺复杂、精巧,便于携带,因而具有很强的宗教号召力和艺术感染力。现存唐卡小者仅有5寸,中等数尺,而布达拉宫所保存的唐卡,悬挂起来竟有五层楼高,实为世上奇观。

藏族的戏剧、舞蹈、音乐也在寺庙中保存得最为完整。每逢年节,寺院便举行规模宏大的法会,白天喇嘛们戴上五颜六色的面具,演出内容丰富的藏戏。到了夜间,各寺将街上摆放的酥油灯花点燃,供民众观赏。能歌善舞的藏族人民在宗教音乐声中翩跹起舞,整个节日沉浸在浓郁的宗教氛围之中。

（三）藏传佛教与蒙族社会

第一个与藏传佛教发生接触的蒙古贵族是元太宗窝阔台的第三子阔端。他的封地在今甘肃、青海及部分藏区，曾派一支兵马入藏，寻求当地政教领袖的合作。大将多达那波经过慎重的选择，决定邀请萨迦派领袖到甘肃与阔端会晤。1246年班智达携侄子八思巴到达西宁，受到了热烈的欢迎，蒙藏两大民族从此开始建立了长期的密切关系。阔端和班智达去世后，他们的继承人忽必烈和八思巴将这种关系推向了一个更高的水平。蒙古军队帮助萨迦派建立了控制全藏的政权，而八思巴则创造了蒙古文字，接受了世祖及其皇后、皇子的皈依，成为统领天下释教的宗教领袖，大元帝师。正如《元史·释老传》所指出的："元兴，崇尚释氏，而帝师之盛，尤不可与古昔同日而语。"（具体情况参见本书第七章）然而元代藏传佛教的流行主要局限在进入中原的蒙古上层贵族中，对于仍然生活在北疆广袤地区的蒙古民众影响并不大。

元亡明兴，蒙古族统治者退出中原，与藏传佛教的联系暂告中断，其宗教生活基本退回以萨满教为主的状态。明中叶以后，蒙古族土默特部逐渐强大了起来。其首领俺达汗看到，由于蒙古诸部间长期的战乱造成了经济枯竭，人畜大量死亡，人心动荡，政治不稳，社会急需新的精神支柱。而此时的西藏，宗喀巴宗教改造后形成的格鲁派，遇到了信奉噶玛噶举的拉藏汗的排挤，迫切需要寻找政治上的支持者。于是，精神与物质的双向需求促成了蒙古王公与西藏喇嘛的结合，1578年，格鲁派高僧索南嘉措来到了青海湖边的仰华寺与俺达汗会面。据《安多政教史》记载：索南嘉措显示了无边的法力，令河水倒流，天降甘霖，使蒙古王公佩服得五体投地。俺达汗赠索南嘉措一个称号："圣识一切瓦齐尔达喇达赖喇嘛"。"达赖"在蒙古语中是大海之意，表示承认他宗教上的无上成就，此名流传至今。索南嘉措为了表示感谢，回赠俺达汗一个尊号为："转千金法轮咱克喇瓦尔第彻辰汗济农哈什汗"，意为"转轮王"，赞赏俺达汗的护教之功。此后，索南嘉措在蒙古地区传教十九年，使藏传佛教在蒙民中深深地扎下了根。所以后世史家评述说："蒙古敬信黄教，实始于俺达。"（魏源：《圣武纪》卷十二）1586年，外蒙喀尔喀部阿巴岱汗亲自向索南嘉措领受教义要旨，并于次年在沙拉·阿吉尔嘎（今乌兰巴托）修建寺院，藏传佛教开始在外蒙古流传。1588年三世达赖索南嘉措在蒙古圆寂，临终前自称将转世于俺达汗家中。第二年，蒙古王公奉俺达汗之孙苏密尔岱青台吉为四世达赖，取名云丹嘉措。这是诸世达赖中惟一的非藏族人，从而进一步增强了蒙古王公与西藏上层喇嘛的联系。1604年，位于辽东的左翼蒙古察哈尔部林丹汗继位，接受沙尔巴呼图克图的灌顶戒，大兴黄教。1610年，位于新疆北部伊犁、塔城和阿尔泰一带的蒙古卫拉特四部，派人到西藏与格鲁派建立了联系，又派子弟到札什伦布寺研修佛经。至此，藏传佛教已流遍了蒙古诸部，成为蒙古民族最主要的宗教信仰。

到了清初，藏传佛教在蒙古民族中已经是家喻户晓，无人不知了。"敬信释教，并无二法"（康熙：《溥仁寺碑文》），"凡决疑定计，必咨大喇嘛而后行"（王芑孙：《西陬牧唱词》）。清政府认识到，"兴黄教即所以安众蒙古，所系非小"（乾隆：《卫藏通志》首卷）。清初几代帝王本人并不信教，但他们都以极高的规格尊崇藏传佛教领袖，以期达到安抚、笼络、控制蒙古诸部，并用佛教思想柔化人心的目的。由于政府的大力推崇，藏传佛教在蒙古地区的发展达到了最高水平，其突出特征就是在蒙古族中形成了哲布尊丹巴和章嘉呼图克图两大转世活佛系统。

哲布尊丹巴是外蒙古喀尔喀部最大的活佛转世系统。明朝末年，藏传佛教中觉囊派高僧多罗那他（1575～1634）应喀尔喀部之邀到外蒙古传法，在库伦（今乌兰巴托）一带活动了20余年，深受蒙古民众的爱戴。1634年圆寂后，蒙古王公在土谢图汗家中为他找到了转世灵童罗卜藏旺比札木萨。他青年时期进入西藏受学，顺治七年（1650）在札什伦布寺由班禅授沙弥戒，同年由达赖授予"哲布尊丹巴呼图克图"法号，此为一世。以后他几次进出西藏，学经、弘法，增进了蒙藏民族的联系。他多次派遣使者向清朝皇帝贡奉佛经、佛像，得到了中央政府的认可。顺治十六年（1659）漠北蒙古各部王公贵族在喀尔哲伊图察军泊聚会，听哲布尊丹巴一世诵经。他接受了部众的礼拜，成为外蒙古地区公认的宗教领袖。康熙二十七年（1688）喀尔喀各部为噶尔丹所败，有人建议北去投奔俄罗斯沙皇，有人建议南下归附中国。四部首领无法决断之时请教于哲布尊丹巴一世，"愿我光明喇嘛示一平安康乐之道"。哲布尊丹巴指出："北方名俄罗斯之黄契丹可汗之朝，虽云康乐大国，而佛法未兴，衣襟左向，不可与之。南方黑契丹可汗之朝，平安康乐，且佛法流通。……如去彼方，享国泰民安之福。"（蒙文抄本《哲布尊丹巴传》）在他的指引下，喀尔喀四部内附，在多伦与康熙会盟，共同的宗教信仰成为维系祖国统一，民族团结的心理纽带。此后康熙对哲布尊丹巴更为信任，于康熙三十年（1691）请他到北京为皇帝和太后讲经，并伴随左右。康熙四十年（1701）漠西蒙古准噶尔部贵族内部发生了内讧，清政府派哲布尊丹巴返回库伦以靖地方。康熙五十七年（1718），清政府正式册封哲布尊丹巴为外蒙古黄教教主，在待遇上与达赖、班禅相同，册封时都用金印，并享有支黄布城，乘坐黄车、黄轿的皇室权利。康熙六十一年（1722）哲布尊丹巴已是91岁高龄，仍从库伦到北京为皇帝奔丧，次年在北京圆寂。雍正皇帝颁谕嘉奖，并下令为其寻找转世灵童，从此哲布尊丹巴系活佛一直流行了下来。

　　章嘉呼图克图是内蒙古地区藏传佛教的最高领袖。章嘉一世出生在青海仲依格地区的达曲格村，其父名张益华，母名泰木沙，章嘉之得名乃因其出自于"张家"。由于父母都是虔诚的佛教徒，5岁时送章嘉出家，后前往西藏接受佛学教育，曾拜五世达赖为师。28岁时在拉萨讲经，受到众喇嘛的推崇。康熙二十三年（1684）漠北蒙古札萨克图汗和土谢图汗两部矛盾趋于激化，五世达赖奉康熙谕旨，派锡埒图呼图克图与章嘉前往调解，章嘉发挥了重要作用，因而得到皇帝的赏识和重用，令其驻锡北京。康熙三十二年（1693）章嘉被授予札萨克达喇嘛之职，这是驻锡北京的喇嘛中最高级职务。康熙三十六年（1697），章嘉奉皇帝之命赴西藏主持达赖六世的坐床典礼。当时正值西藏不靖之时，准噶尔部蒙古族首领策妄阿拉布坦觊觎西藏，蠢蠢欲动。章嘉从宁夏、甘肃、青海入藏，一路上向蒙古诸部宣谕朝廷政策，对稳定西藏局势发挥了重要作用。从西藏返回后，章嘉在内蒙古的多伦主持了汇宗寺的建造，使之成为内蒙古的佛教中心。康熙四十四年（1705）皇帝视察多伦，赐章嘉一世呼图克图号，并封其为"灌顶普善广慈大国师"。康熙五十四年（1715）章嘉一世在多伦圆寂，五十六年（1717）在甘肃凉州地区找到了他的转世灵童，是为章嘉二世。章嘉二世4岁便被迎奉到格伦札巴里寺修习藏传佛教，经过十几年的艰苦修习，使他成为精通黄教各种经典以及汉、蒙、满三种文字的高僧。雍正十二年（1734），章嘉二世奉皇帝之命与果亲王允礼一起护送达赖七世入藏，稳定了因策妄阿拉布坦入侵而混乱了的西藏政局。乾隆二十一年（1756）漠北蒙古郡王青衮杂卜发动撤驿之变，致使清政府北路军台断绝。章嘉二世当时正扈从木兰，立即修书一封遣徒前往昭示，使叛乱很快得以解决，为巩固国家统一做出了贡献，朝廷因此对章嘉也更加倚重。在蒙古两大活佛系统中，虽然接待章嘉的礼仪稍低，但由于将其作为驻京的最高级喇嘛，并经常作为皇帝的代表执行特殊使命，因此实际政治地位要高于哲布尊丹巴。

　　除了上述两大活佛系统外，蒙古地区还有几百个大大小小的转世活佛，清政府及蒙古王公为他们修建了千余座大小寺院,从而形成了庞大的蒙古佛教系统。为了达到柔化蒙古的目的,清政府对蒙古地区的藏传佛教采取了大力扶植的政策,如加封名号、赏赐钱粮、兴建寺院,免除赋税等等,使其迅速发展。据清代理藩院的统计数字,蒙古地区计有"呼毕勒诺门汗转世佛"308名,领取国家粮俸的呼图克图及大喇嘛3145人,喇嘛定额为12.8万人。如果再加上未在理藩院注册的"黑喇嘛",人数会更为巨大。当时一些大的喇嘛寺占有大量的土地和农牧民,如同封建领主一样。为此清政府在蒙古专门设置了7个喇嘛旗,令大喇嘛为札萨克喇嘛,《理藩院则例》规定:"喇嘛之辖众者,令治其事如札萨克。"

蒙古地区流行的藏传佛教,其基本理论、教规教仪、修习制度与西藏大体相同,只是在流行过程中增添了部分蒙古族特色。明朝末年藏传佛教初传之时,曾与当地的萨满教发生过尖锐的冲突。萨满教在本地流行千百年,自然根深蒂固,萨满巫师对一种新宗教的传入当会全力抵制。俺达汗等首领皈依佛教后,明令烧毁萨满教的偶像及经典,取缔萨满,没收仍然信奉萨满教的臣民的马匹、牛羊。最极端的地区甚至还发生过"烧博事件",即把萨满教男巫师"博"放在火上焚烧,以考验他们的法力,迫使他们转变信仰。经过一段时间的斗争,藏传佛教以其高深的理论系统,复杂的修习仪轨,令人炫目的法术,取代萨满教成为占统治地位的宗教信仰。然而文化冲突的结果,从不会是一方完全消灭另一方,而是两者融合成一种新的形态。蒙古族的佛教,就把传统萨满教中的许多仪式吸入了自己的体系之中。例如,"祭鄂博"就是从传统的"祭敖包"演化而来。敖包本是传统的山神之祭,后被解释成西藏的"嘛呢堆",成了蒙古群众重要的宗教活动。鄂博多用石头垒成,地处路边,行人过此一定要绕行、磕头、膜拜,以求一路平安。居住在鄂博附近的居民,每天挤完鲜奶或喝茶之前,要向鄂博洒几滴奶以示恭敬。每年秋季,在鄂博旁举行隆重的祭祀仪式,请喇嘛诵经,摆放牛羊、面食、瓜果等祭品,吹喇叭、打大鼓,众人在喇嘛率领下绕鄂博三周,然后分食祭品,并举行摔跤、赛马等文体活动。每年的鄂博之祭是蒙古牧民盛大的节日。又如每年农历六月十四至十六日,寺庙中要举行隆重的"禅木"活动,即所谓的"跳鬼"。由一部分喇嘛扮演阎王及七大凶神,另一部分喇嘛扮演21位菩萨,戴着面具,穿着色彩鲜艳的奇异服装,在寺院中穿行腾跃,象征着驱除妖鬼。牧民们从四面八方汇聚于此,献上布施,点长明灯,磕长头,乞求佛爷保佑人畜兴旺,免除灾疫。这类跳鬼活动明显地带有萨满活动的痕迹，绝非正统佛教所有。

经过了几百年的传播，可以说藏传佛教已经渗透到蒙古族人民生活的方方面面，对其社会进程产生了深刻的影响，历史地看，当然包括正反两个方面。藏传佛教初入蒙地之时，蒙古社会刚刚进入文明社会不久，尚无文字，蒙昧初开。藏传佛教作为一种较高文化的载体，客观上将天文、历史、医学、艺术、伦理、宗教哲学等新鲜知识带入蒙古社会，推动了蒙古族生活方式的提升，文化事业的发展以及政治的统一。例如，根据《安多政教史》记载，达赖三世与俺达汗会晤后，促进了蒙古族社会的移风易俗。"以前蒙古人死后，按其贵贱，以其妻、奴仆、乘马、财宝殉葬。这种风俗今后一律废除，将死者财物献给上师和僧众，请喇嘛诵经，回向祈愿，禁绝杀牲祭祀，杀人者抵命，杀死马匹牲畜者剥夺其财产。"佛教的传入纠正了萨满教在祭祀活动中对社会财富的浪费。藏传佛教大师八思巴利用藏文字母创造了蒙古文字，极大地推动了文化事业的发展。17世纪初，察哈尔林丹汗皈依佛教，组织人翻译了108函藏文《丹珠尔》，丰富了蒙古的思想和语言。在大型喇嘛寺中，均设有医药部，培养了大量喇嘛医生，救治了大量伤病人员，成为重要的社会慈善事业。同时他们翻译、撰写了大量医学著作，推动了医疗事业的发展。一些大喇嘛利用自己崇高的社会地位，对社会稳定、国家统一发挥了积极的促进作用。例如，清朝初年章嘉呼图克图调停漠北蒙古札萨克图汗与土谢图汗两部的冲突，哲布曾丹巴指引喀尔喀四部内附。特别是在土尔扈特蒙古回归祖国的过程中，大喇嘛罗布藏扎尔桑作为渥巴锡汗的重要幕僚，在长达半年之久，付出巨大民族牺牲的行军过程中，对蒙古民众起到了重要的精神鼓励作用。共同的宗教信仰促使这群漂泊异域的儿女终于冲破艰难险阻，胜利回到祖国母亲的怀抱。藏传佛教在蒙古族发展史上的积极作用是不可抹杀的。

藏传佛教对蒙古社会造成的消极影响也是有目共睹的。由于明清政府的扶植，寺院经济发展迅速，喇嘛庙占有大量耕地。他们不仅严酷剥削广大农民及在寺内劳役的小喇嘛，而且不负担国家的赋税，成为社会一大寄生集团。盛大而又频繁的宗教活动，吞噬了大量的人力物力，造成了蒙古地区经济发展的严重困难。由于出家修行的种种利益，大批青壮年都当了喇嘛。黄教严禁僧人娶妻生子，这在全民信教，户户有人出家的蒙古造成了人口的锐减。更为严重的是宗教思想对人民精神的麻痹，对来生、彼岸的向往代替了对自然的征服以及对社会黑暗的抗争。到了清朝末年，蒙古族群众家家供奉佛像，朝夕膜拜；人人佩戴护身佛，手持念珠，口诵佛经，在对佛爷一遍遍地赞颂中，默默忍受着命运的苦难。成吉思汗时代跃马扬鞭、驰骋欧亚大陆的蒙古族不见了，只剩下了一个分裂、动荡，在贫困中苦苦挣扎的蒙古族。

二　南传上座部佛教与少数民族

流行于我国西南边疆的南传上座部佛教，在国际上属于巴利文语系佛教，大约于 12 世纪左右从泰国、缅甸传入我国，经与当地流行的传统宗教几百年冲突、融合，形成了独特的宗教形态。在我国少数民族中，傣族全民信仰南传上座部佛教。另外，在布朗、崩龙、佤、阿昌、德昂等民族中，也有南传上座部佛教流传。关于南传上座部佛教的理论特色、传习经典、传播历史、流派教阶，在另章中已有系统介绍，此处我们着重介绍傣族僧侣的修习制度和一般群众的宗教生活，以为补充。

由于佛教传入时，傣族自身的文化还很不发达，故佛教很自然地成为占统治地位的意识形态，不仅表现为政治上的政教合一，而且表现为文化上的全民信教。按照上座部佛教的主张，每一个男子在一生中都要出家过一段僧侣的修行生活，才有成家立业的资格。这是因为当时傣族社会上没有学校，佛寺是惟一的教育场所，只有僧侣通晓傣文，所以群众很乐意把自己的孩子从小送入寺院当若干年的和尚，学习文化及一些有关人生、伦理方面的知识，否则成年后便会被人看不起。由于傣族僧侣的生活费用全部由群众供给，故学僧入寺时间的长短受家庭贫富水平的制约。

傣族佛教教阶繁多，但一般僧人出家前先要有一个见习期，称为"科勇"。期间不住寺院，也不披袈裟，只是向正式僧侣学习一些佛教的基本常识。经过了七八个月的科勇见习期，便可以正式入寺出家了。傣族人一般在男孩六七岁至十五岁之间送他们出家修行，每年村寨要为入寺儿童举行隆重的仪式。儿童入寺后跪受"督"（傣语比丘的音译）的教诲，披上袈裟，成为"帕"（傣语沙弥的音译）。帕入寺后便常住寺中，每日跟着督学习文字，课诵经文，还要去村寨中化斋饭，回寺后参加挑水、洒扫等劳动，十分辛苦。帕入寺后要接受"三皈十戒"的教育。"三皈"指皈依佛，皈依法，皈依僧。"十戒"包括：①不杀生；②不偷盗；③不淫邪；④不妄语；⑤不饮酒；⑥过午不食；⑦不视听歌舞；⑧不涂饰香鬘；⑨不卧高广大床；⑩不接受、不积蓄金银。当然，随着时代的发展，沙弥十戒也有变通。如过午不食，考虑到小沙弥正在长身体时期，且化斋不易，故实行并不严格。帕经过一定期间的学习和修炼,对佛教理论和戒律的理解都达到了一定水平,约到20岁左右,便可受具足戒成为督(过去亦曾译为"佛爷")。比丘戒律更复杂,也更为严格,而且要学习更多的经典。学业进一步发展,一些年后又可升为"督弄"(过去曾译为"大佛爷"),即有一定地位的高级僧侣了。如果其所在寺院是"勐"(古代傣族地区的行政单位,相当于县)一级的,便被尊为"督弄勐"。一般来说,帕、督和督弄都可以还俗。帕还俗的手续很简单,不过在督面前念几句经,由督摘下袈裟便可以了。而督或督弄的还俗手续则要复杂一些,须念三天经,并经全勐最高的祜巴同意才能还俗。不过由于傣族社会男子全都出家,故僧侣还俗的情况也很普遍。督弄继续修行,在经典上达到较高造诣,并力行戒律,则可能升为祜巴。祜巴数量很少,一个勐的范围内往往只有一个祜巴,故获得祜巴称号不仅要有上层寺院认可,而且要有召勐(土司)或召片领(宣慰使)的批准。祜巴负责全勐宗教事务,是地方上的最高僧官了。祜巴以上的僧阶不很明确,往往是留给土司、宣慰使等特殊血统的人物的。

傣族僧人在寺院中除了要遵守各种戒律、课诵经文外,还要举行各种宗教仪式,主要包括:①布萨羯摩,译为斋日,是一种古老的宗教仪规。比丘每半个月必须在布萨堂举行一次比丘集会,专诵《别解脱律仪》戒本,对半月来的过失进行忏悔。②别住羯摩戒,是一种用以整顿教规的僧团集会,可以根据情况半年、一年举行一次,较为隆重。③雨安居期,此习俗源于印度,本为防止雨天出行伤生。傣历每年的9月15日至12月15日雨水比较集中,佛教的安居期也于此进行。三个月的安居期可分为12个7天,每7天举行一轮赕星活动,为村寨居民追荐亡灵。其他时间,僧侣们便和入寺的居士们共同进行禅定修习。

除了寺内活动,傣族僧人还经常要外出为村寨中群众主持宗教活动。"作赕"是云南上座部佛教中最常见的宗教活动,"赕"是巴利文语"布施"的音译,指信众向寺院和僧人贡献财物。其种类形式很多,常见者有"赕帕",即向僧侣捐赠做袈裟的布料;"赕好轮瓦",即每户在秋收后向寺院捐赠稻谷;"赕坦木",即向寺院捐赠佛经。此外,还有祭"披洼"(佛寺鬼)、"披帕"(和尚鬼),念守护经,祈求鬼神保祐民众人畜安宁。这些仪式,原非佛教所本有,是上座部佛教与傣族传统宗教结合的产物。

由于傣族全民信教,许多佛教活动演化成了社会的节日,也由和尚主持进行。如浴佛节演化成了傣族的泼水节,是民间最隆重的节日。寺院雨安居期开始的 9 月 15 日和结束的 12 月 15 日称开门节和关门节，其间民众要进行 8 次小祭，4 次大祭，向寺庙进行大量布施。1 月的献袈裟，8 月 15 日的补佛身，11 月 10～15 日的献经书，都是傣族民众精神生活的重要内容。在这些活动中，群众为了积阴功，修来世，无不倾囊而出，破费极大。当然，随着近代文明的传入，各种宗教节日的世俗意义明显增加。

第四节　基督教与少数民族

基督教与我国少数民族的关系可以上溯到唐代。唐初，基督教的一支——聂斯脱利派传入我国，时人称之为景教，当时在中原及西北少数民族中都有流行。唐武宗会昌灭佛，景教在中原绝迹，但在西域维吾尔、蒙古等民族中继续流传。意大利商人马可·波罗元代来华途中，见到喀什、莎车等地宏丽的景教教堂及当地民众信教的情况，把这些写入他的《游记》一书。现代考古曾在新疆发现了基督教堂的遗址和壁画，可以作为马可·波罗著作的物证。

基督教于元代第二次传入中国，人称也里可温教，主要在蒙古贵族中间传播。元世祖的母亲别吉太后曾经入教，是一名虔诚的信徒。在元世祖宽厚优惠的政策扶植下，大主教孟高维诺在中国建立教堂，发展教徒，人数高达 3 万余人，除了外籍使臣、商人，基督教的影响主要限于蒙古人中间。

近、现代随着西方列强的入侵，基督教第三次大规模地涌入我国，并逐步站稳了脚跟。中国少数民族最早接触近代基督教的要算高山族了。17 世纪中叶，荷兰殖民主义者占领了我国台湾，大批传教士随之进入建立教区，在当地高山族居民中间发展教徒。据 1643 年统计，高山族教徒人数达到了 5400 余人。不久，郑成功收复台湾，荷兰殖民主义者被赶出了中国领土，传教事业亦告终结。

19 世纪中叶后，传教士再一次深入我国边疆、内陆少数民族地区。当时有一系列不平等条约做后盾，传教士可以在我国自由传教。葡萄牙、西班牙、法、英、美、德、俄等国天主教、东正教、基督新教传教士接踵而至，其中一些深入穷乡僻壤，对少数民族群众传教。为了扩大基督教的影响，他们除了建教堂、办教区，还办了一些医院、学校、育婴堂等慈善机构，以便吸引群众参加。据调查，我国蒙古、维吾尔、朝鲜、俄罗斯、羌、彝、白、哈尼、景颇、傈僳、独龙、拉祜、佤、怒、苗、瑶、壮、侗、黎、布依、土家、高山等少数民族中，都不同程度地流行过基督教。例如，在蒙古族地区，仅法国天主教即建有七大教区，即热河、宁夏、察哈尔西湾子、大同、集宁、绥远、赤峰。1879 年，教皇利奥第十三把内蒙古划为中国五大教区之一。以后，美、德、英、比利时等国传教士也纷纷进入内蒙古，发展教徒，修建教堂。据不完全统计，内蒙古教区共有教堂千余座，占有 500 余万亩土地，每座教堂占地平均竟有 2000 亩之多。有的教堂还有自己的武装，设有法庭，在教区内征收"地亩税"、"牛羊税"，号称"小天主国"。为了扩大教徒队伍，教会在内蒙古地区办了许多学校。如内蒙古的萨拉齐县，1908 年统计，计有教会小学 34 所，在校学生 1138 人。这些学校毕业的学生日后绝大多数成为教徒。其他教区的情况也大体类似。到 20 世纪 20～30 年代，传教士还将《圣经》译成蒙文，出版发行。又如在云南、贵州、湖南三省，1930年统计，共有教堂 460 座，传教点 700 余处，仅圭山彝族撒尼支聚居区，就有教堂 6 座，礼拜堂 3 座，教徒 7000 余人，同时还培养了一批彝族神父。

基督教在我国少数民族中间的传播，其社会影响是两方面的。从积极的方面看，基督教毕竟是作为一种较高级文化的载体进入边疆地区的。我国许多少数民族生活在山高水险，荒凉贫瘠的地理环境中，生活条件相当恶劣。一些传教士出于宗教热情深入民族地区，不畏艰险，不避安危，为当地民众做些善事，表现了基督徒的救世与奉献精神。在一些没有文字的民族中间，传教士用拉丁字母为他们制造拼音文字，促进了这些民族文明的进化。例如景颇、傈僳、拉祜等民族，都曾使用过传教士创造的拼音文字。在少数民族普遍流行传统宗教，信巫不信医的条件下，教会开办医院不仅可以救治病人的身体，而且可以培养他们的卫生习惯，为他们打开一扇科学、文明的大门。传教士开办的学校尽管重在传输宗教知识，但也在少数民族中培养了文化人才，当政府无力在边远地区办学的情况下，这也成为民国文化事业的一项重要补充。传教士提倡一夫一妻制，反对纳妾和共妻，对于某些少数民族落后婚俗的改良有促进意义。不少民族在祭祀鬼神时大量杀牲献祭，导致极大的浪费，对社会生产力的发展及人民生活的提高都产生了阻碍作用。基督教反对偶像崇拜，客观上也有移风易俗的作用。

但是，基督教传播造成的一些消极作用更是不可忽视。近代基督教在中国的传播不是一种平等的文化交流活动，而是作为帝国主义文化侵略总体战略的一个组成部分进行的，传教士中普遍存在着文化优越感和征服感，惦着到中国发笔横财的不法之徒也大有人在。这支鱼龙混杂的队伍在不平等的国际环境中开进中国，其社会作用的主流便可想而知了。首先，为了赢得少数民族的信任，一些传教士千方百计地破坏少数民族与汉族，少数民族之间的团结，挑动民族冲突，阴谋分裂国家。如在拉祜族地区的传教士，他们为当地民众撰写的传教课本，第一课就讲："上帝，汉人来了，我害怕！"在边陲一些少数民族中，传教士还策划过分裂领土、民族外逃事件。如俄罗斯东正教会，在清朝末期曾蛊惑鄂温克、赫哲、达斡尔等民族"独立"或外逃，严重破坏了我国领土的完整和民族和睦。其次，洋人传播基督教，借帝国武力谋求传教自由，却干涉我国人民信仰其他宗教的自由。如在内蒙古、东北，强迫教民放弃各种传统的宗教祭祀活动，并且贬斥藏传佛教。在白族、纳西族地区，把当地群众信仰的神灵说成是与上帝作对的魔鬼，把巫师称为"撒旦使者"。这类做法自然会伤害大多数民众的感情，人为地造成宗教冲突。再次，传教士办的一些慈善事业由于管理不善，曾经激起了极大的民愤。如天主教在云南白族地区办的医院，1947 年曾发生过用病人进行医疗和细菌试验的事件，酿成教案。在育婴堂内，孤儿惨遭毒打、被折磨致死的情况也时有发生。一些女孩还曾遭到传教士的强奸。这类情况一经传出，便会立即激起民愤。最后，一些传教士盘剥百姓，品行不端。同内地一样，边疆教会也在上帝的名义下聚敛钱财，供传教士们过优越的生活。传教士强占民田、包揽诉讼、放高利贷、强奸女教徒或民女的事件时有发生，丑闻一经传出，立即会激起民变。如 1883 年云南洱源孟福营、沙风村 200 余名白族群众，手持锄头、木棍捣毁教堂，打死了法国天主教司铎张若望等 10 人。1930 年，大理地区一名姓孙的传教士强奸妇女，白族群众痛殴这只禽兽。类似的教案在不少民族地区都曾发生，在近代特定的历史条件下，具有反侵略的社会意义。随着国民党政权从大陆败退，绝大多数洋教士从少数民族地区被驱逐，基督教势力大幅度下降。

第五节　伊斯兰教与少数民族

现代中国信仰伊斯兰教的少数民族包括回、维吾尔、哈萨克、柯尔克孜、乌孜别克、塔吉克、塔塔尔、东乡、保安、撒拉 10 个民族。由于伊斯兰教有着统一的教义、严密的组织、规范的教仪，故各个信教民族在基本信仰、主要仪规方面是大致一致的，从而使这些民族在文化上表现出很大的共同性。如他们都相信安拉是惟一真神，穆罕默德是安拉的使者，

《古兰经》是安拉的启示，世间一切事物皆由安拉"前定"。穆斯林都遵守"五大天命功课"，过"开斋节"、"宰牲节"、"圣纪节"，忌食猪肉，等等。但是各个民族生活的具体环境不同，接受伊斯兰教的时间有先后。如回族从形成之日起就信仰伊斯兰教，而维吾尔族先后信仰过萨满教、祆教、景教、摩尼教和藏传佛教，直到15世纪才全部改宗伊斯兰教。因此，这些少数民族在基本信仰统一的大前提下，在宗教制度和活动方面又都带有本民族特色。此处就中国穆斯林宗教生活的一般情况和各民族的主要特点加以简介。

伊斯兰教要求穆斯林必须遵守的基本宗教制度是"念、礼、斋、课、朝"五功。"念"就是要求教徒经常公开宣读"安拉是独一无二的神，穆罕默德是安拉的使者"这句伊斯兰教基本教义，而且不能默念，必须读出声来，故称为"念"。

"礼"指礼拜，伊斯兰教要求教徒每日礼拜五次，以表示对神的虔诚。第一次是晨礼，叫"邦达"，天破晓时举行。第二次是晌礼，叫"撇申尼"，午后1～3点举行。第三次是晡礼，叫"格底尔"，下午5～6点举行。第四次是昏礼，叫"沙目"，在黄昏时分举行。第五次是宵礼，叫"虎夫丹"，在深夜进行。每日五次礼拜是常礼，每周五下午还有一次聚礼，叫"主麻日"，由男人到清真寺进行。每年还有两次会礼，在开斋节和宰牲节进行，更为隆重。按教义规定，进行礼拜前要"净身"，以示涤除罪过。净身又有"大净"（洗澡）和"小净"（洗手脚）之分。每次礼拜要面向麦加"克尔白"方向完成立正、赞颂、鞠躬、叩头、跪坐等一套规定动作，去除心中贪欲，表示要做安拉忠顺的仆人。

"斋"指斋戒。只要不是病人、旅客、孕妇和哺乳的妇女，在每年伊斯兰教历9月要斋戒一个月。斋戒期间，每日从黎明至日落，禁止饮食与房事。伊斯兰教通过斋戒培养信徒忍受饥渴，克己禁欲，畏主守法的精神。

"课"是纳天课。教会规定每个穆斯林必须将自己收入的四十分之一至十分之一捐献给清真寺，称之为"天课"。教义认为纳天课可以使人去掉贪吝之习，实现扶助贫困的义务。纳天课从理论上讲是自愿的，但在全民信教的地区实际上具有一定的强制性。

"朝"是朝觐。伊斯兰教规定，凡身体健康，经济条件允许，穆斯林一生至少要去麦加朝拜"克尔白"一次。朝觐活动每年在伊斯兰教历的12月上旬进行，教徒以能够亲吻或抚摸"克尔白"神庙中一块黑石为毕生的愿望。

清真寺是伊斯兰教徒进行各种宗教活动的中心场所，也是穆斯林社会政治、经济、文化活动的中心。一般来说，回族的清真寺多采用汉地宫殿建筑的形式，殿脊高隆、飞檐四出、雄伟古朴、庄严肃穆。而维吾尔等西北少数民族的清真寺多受阿拉伯建筑风格的影响，由分行排列的方柱或圆柱支撑着一系列拱门，拱门支撑着圆顶，寺院四周树有高塔，建筑物外贴有彩色装潢，华美精致，富丽堂皇。清真寺一般都是"三堂合一"的形式，即寺内包括礼拜堂、经堂和澡堂。礼拜堂是清真寺的主体，由于伊斯兰教反对任何形式的偶像崇拜，故礼拜堂内没有任何图像，更不供神仙。只在大殿西墙上有一个一人多高的浅窨，叫做"米哈拉布"，标志朝拜的方向。在西北角有一个木质小阁楼，称"呼拜楼"，是伊玛目在聚礼日宣讲教义，主持礼拜的讲坛。大殿内铺木质地板，上盖绒毯、坐垫或席子，供教徒礼拜之用。澡堂亦称水房，供教徒礼拜前沐浴净身之用。经堂是设于清真寺内专门传授宗教知识的经文学校，有经文大学和经文小学之别。经文大学专门培养职业宗教人员，主要课程包括阿拉伯语文基础知识、阿拉伯语文修辞学、古兰经、圣训学、认主学、教法学，等等，学制3～5年，经生修业结束，即可成为阿訇。经文小学则主要对男女儿童进行伊斯兰教初级常识及礼俗教育。在一些落后地区，没有其他类型的学校，经堂成为社会上惟一的一所学校，少数民族青少年只能在这里接受一点简单的文化知识。

维吾尔族伊斯兰教会还有一项异于其他民族的特殊设施，即宗教法庭。在阿古柏统治时代，因严格推行伊斯兰教法典"沙里阿特"的规定，在新疆各地城乡普遍设立了宗教法庭，以《古兰经》为法律，以"穆夫提"（高级阿訇）为庭长，由"卡孜"（阿訇）为审判官，还有传讯犯人、执掌行刑的法吏，处理社会上发生的各种纠纷与刑事案件。宗教法庭设有专门审讯案件的庭室，备有各种刑具及临时关押犯人的看守所。宗教法庭可以根据案情判处犯人死刑、徒刑、罚款、体罚等刑罚。新疆的宗教法庭具有某种程度政教合一的意义。清代以后，中央政府对新疆控制加强，取消了宗教法庭的死刑审判权，但宗教法庭仍保留了其他审判权。

在漫长的历史发展过程中，各民族穆斯林分化成了不同的教派。如我国回族的伊斯兰教本来都属于"格底木"派，后来分化出"嘎达林耶"、"库布林耶"、"胡夫耶"、"哲合林耶"四大"门宦"。人们习惯上把"格底木"派称为"老教"，把门宦派称为"新教"。在维吾尔族穆斯林中，存在着依缰派、白山派、黑山派等不同教派。他们在一些具体教义、教仪的理解与执行上有差异。例如，回族各门宦教派把各自的宗教领袖当做圣人崇拜，他们死后的坟墓称为"拱北"，号召信徒在礼拜时或夜静更深时分向着"拱北"点香、长跪、默祷，并认为这是死后灵魂进天堂的捷径。但是老教派对此则斥之为偶像崇拜的异端。又如念经，老教派阿訇为人念经要收取报酬，而新教认为念经是为了认主、颂主，不仅不收报酬，而且拒不接受请客吃饭，即所谓"念了不吃，吃了不念"。另外，不同民族在执行教义、教规方面亦有差异。如"五功"规定穆斯林要一日五次礼拜，但像哈萨克、乌孜别克等游牧民族生活动荡不安，便很难执行，故在执行中有许多权变。

在历史上，由于回、维等民族几乎全民信教，伊斯兰教对这些民族的政治、经济、文化乃至习俗都产生了极为深刻的影响。如回、维民族建立的一些地方政权，奉伊斯兰教为官方宗教，以高级阿訇为官吏，宗教组织发挥了政权组织的某些职能。在经济上，门宦制及其"天课"具有地方政权税收的功能。在一些少数民族聚居区，伊斯兰教是社会上惟一的意识形态，清真寺与各派宗教组织形成了一张密不透风的文化网络，将人民的生老病死、婚丧嫁娶、年节吉庆统统笼罩在其中。人一落生，就要到清真寺取教名，男子到 13 岁，女子到 9 岁，按宗教规定便算到了成年，必须承担宗教义务。在婚姻问题上，伊斯兰教义规定严禁教徒与非教徒通婚。穆斯林举行婚礼，须请阿訇主持仪式，念"米提孩"经，祝福新人幸福。死了人，按伊斯兰教习俗，白布裹尸，土葬。回族的老教派在人死后四、五、七、三七、百日、周年忌日要请阿訇主持祭仪，新教则主张施钱财与穷人"赎罪"。中国信仰伊斯兰教的民族，一般都以宗教中的"开斋节"、"宰牲节"、"圣纪节"、"登霄节"为主要节日。"开斋节"又称"肉孜节"，为伊历九月斋月的最后一天，至此日标志斋月结束，人们都去清真寺参加会礼，相互赠送礼品庆贺，并举行盛大的庆祝活动。"宰牲节"又称"古尔邦节"，在伊历九月八日至十日举行，穆斯林在清真寺举行会礼，宰牲献祭，以纪念安拉的慈惠。此节日起源于一则宗教传说，相传易卜拉欣梦见真主令他将儿子伊斯玛仪杀掉献祭，虔诚的易卜拉欣忍受着巨大的痛苦决心服从真主的意志，但当他拿起刀子刺向伊斯玛仪喉咙时，却砍不进去，原来安拉已退去了刀刃，并将天国的肥羊赐给他，赎救了伊斯玛仪。后世穆斯林过宰牲节，就是为了培养教徒对真主的真诚。"登霄节"在伊历的七月十七日，在这一天夜晚，穆斯林举行礼拜、祈祷等活动，纪念传说中的穆罕默德的"升天"之行。"圣纪节"在伊历的三月十二日，据说穆罕默德生于公元 571 年的此日，又死于公元 632 年的此日。因此这一天既是这位圣哲的诞辰日，又是他的忌日，穆斯林们在这一天要去清真寺集体诵经，纪念穆罕默德的伟大。除了上述四大节日，还有一些小的宗教节日。各个民族，不同教派对节日的传说略有差异，节日礼仪染上了不同地方或民族的色彩。总之，伊斯兰教已经与这些民族的发展紧密结合在一起，成为民族文化的有机组成部分。

第十三章 中国宗教史的 简要回顾

第一节 中国宗教史的发展阶段

中国的宗教，伴随着中国的古老文明，一起诞生，共同发展，几经演变，至于近代。它既与社会历史的发展相协调，同时又保持着自身相对的独立性。宗教文化传统有着巨大的保守性和习俗性，并不与社会政治、经济的发展完全同步，所以中国宗教史的历史分期就不能与中国通史的分期完全一致，它必须根据中国宗教的社会性质和内部结构的演化程度来确定。从原始社会到 20 世纪中叶，中国宗教史大约经历了六个阶段。

一 原始时期

这就是中国的原始宗教，时间跨度很大，从远古到约四千年以前。这一阶段的宗教具有自然宗教的特点，从崇拜对象来说，有自然崇拜、鬼魂崇拜、生殖崇拜、图腾崇拜、祖先崇拜等五大崇拜；从崇拜主体来说，宗教崇拜是氏族全体成员自发的普遍的行为，宗教和氏族组织紧密联结在一起；从宗教的社会功能来说，中国原始宗教是中国原始文化的包罗万象的体系，它调节着社会的生产和生活，孕育着哲学、道德、文学和艺术。一方面，中国原始宗教与世界各地的原始宗教在形态上是大同小异，都具有自发性、氏族性和直观多神性等共性；另一方面，中国原始宗教也显露出自身某些独特的性质，例如，在发达的农业经济基础上有着兴盛的农业祭祀；在众多氏族和部落走向融合的基础上出现多种图腾组合变化的形态；由于男性祖先崇拜特别发达，形成敬祖尊宗的风尚，在远祖崇拜的基础上发展出圣贤崇拜，在近祖崇拜的基础上发展出后来的宗法礼仪和思想。

二 三代时期

夏、商、周三代宗教可一般称为古代宗教，时间从公元前 21 世纪到公元前 3 世纪，包括春秋战国时期。这个时期的中国从原始社会过渡到私有制社会，出现贵族阶层和贵族国家，其特点是保留了氏族社会父系血缘纽带，形成宗法等级制度。原始宗教的鬼神崇拜和巫术都相当完整地保存下来，而图腾崇拜相对衰落，向艺术化、民俗化的方向演化。在多神崇拜之中正式出现天神崇拜，即对至上神的敬奉。商代多称至上神为"上帝"，周代多称至上神为"天"，又叫昊天上帝或皇天上帝。从此"天"便成为百神之长，又是人间君王权力的授予者。原始的祖先崇拜也有了分化：王室祭祖乃国家大事，并与祭天相结合；贵族与平民祭祖各有等次，表现出社会地位的不平等。这样，国家民族宗教第一次在中国历史上出现，这个宗教成熟于周代，它以宗族家族为基础，以国家政权系统为依托，以祭天祭祖为内核，并重视祭社稷及山川日月诸神，形成一套严格有差等的郊社宗庙制度，处于社会上层建筑的统领地位。在出现等级化的国家民族宗教的同时，早期人文主义思潮也在出现和发展。周人的宗教讲"以德配天"、"敬德保民"，在天命中渗入民意的成分，注重宗教教化民俗的社会功能，此即"神道设教"，这样，周人的宗教便带有较多的道德理性的色彩。春秋战国时期，随着全国性礼乐制度的崩坏和诸子百家的兴起，古代国家民族宗教发生危机，面临着重建的问题。

三 秦汉时期

秦汉宗教的时间从公元前 3 世纪到公元后 3 世纪。这一时期中国社会的巨大变化是由宗法制为基础的分封制转变为郡县制为基础的中央集权制，宗法制与政治体制相对脱离。在思想文化上由三代的统一的无所不包的宗教文化转变为哲学与宗教并重，共同维系社会精神生活的新格局。以尊天敬祖为核心信仰的国家民族宗教，经历了春秋战国的崩坏和演变，于汉代重新建立，形成新的礼制和规范，但向礼俗发展，不再直接过问哲学和教育，儒学上升为官方哲学，定于一尊，它以伦理型的人文哲学主导着社会政治、道德和教育。国家民族宗教有教而无学，儒家哲学有学而无教，两者并行不悖，又相互补充，携手共进，共同维系着中国人最正宗的信仰。

四 魏晋至宋元时期

宗教史的这一阶段经历魏晋南北朝隋唐宋元诸朝代，时间为公元 3～14 世纪，约一千余年。从政治上说这段时间内，中国有时分裂，有时统一，有时汉族掌权，有时少数民族掌权，其间的因革变化也是很多的。但从宗教史的角度说，则有其基本的共性，即儒、佛、道三足鼎立与不断合流，当政者则实行三教并奖的政策。儒、佛、道是中国人的三大信仰和社会的三大精神支柱，这是中国人信仰的核心层次，此外，还有中国伊斯兰教、中国基督教（唐代为景教、元代为也里可温教）等次要的宗教，使中国社会呈多元信仰的态势。在三大信仰中，以儒为主，以佛、道为辅，以其他信仰为补充。"儒、佛、道三教"是一个笼统的提法，若细分起来，应当是在每一教（教化之教）之中都有一教（宗教之教）一学（哲学之学）。儒为一方，其教为尊天敬祖的宗法性传统宗教，其学为儒家哲学；宗法性传统宗教有教而无学，儒家哲学有学而无教。佛为一方，其内部分为佛教和佛学，佛教即是念佛拜佛之宗教，佛学即是说空谈禅之哲学；前者适于一般信徒，后者适于有学养的高僧。道为一方，包括道教与道家，道教是讲究符箓炼丹、追求长生成仙的宗教，道家是崇尚自然、追求精神脱俗的哲学。这样，宗教与哲学相互扶持又相对独立，给中国人提供了可以多方选择的精神信仰。儒、佛、道三教合流的结果，在佛教方面产生了禅宗，在儒家方面产生了理学，在道教方面产生了内丹学，成为中国哲学三个理论高峰。

五 明清时期

明清宗教的时间为公元 14～20 世纪初，依然是儒佛道三教鼎立与合流，但出现新的特点，即民间宗教蓬勃兴起，同时西方基督教（包括天主教与新教）正式进入中国并且站住了脚跟。民间宗教是儒佛道三教合流和向下层扩散的产物，有的脱胎于佛教，有的脱胎于道教，还有的脱胎于儒学，但都主张三教合一，多在社会下层秘密活动，被统治者目为"邪教"，实际上它们是下层民众自信自救的社会组织。民间宗教以白莲教和罗祖教为两大主干，衍生出上百种教门，拥有广大数量的信众，成为中国社会一支不可忽视的精神和物质力量。基督教经过历史上两度传入和中断（一次在唐，一次在元）又一次在明末传入，从此延续未绝。初期是正常的文化交流；鸦片战争以后，基督教借助于西方列强的军事、政治和经济力量，在中国大规模传教，增加了文化侵略的色彩，与中国文化和中国民众形成不断的冲突，文化融合问题未能如印度佛教中国化那样得到很好的解决；但是基督教的进入带来了西方文明的许多先进成果，开创了中国文化与西方近代文化相互冲突又相互影响的新的历史时期。

六　民国时期

民国宗教的时间是从 1911 年辛亥革命到 1949 年中华人民共和国成立。这一时期虽然比起前五个阶段都要短得多，但在中国历史上却是一个划时代的崭新时期。最大的变革是两千年的帝制被推翻，宗法等级社会解体，中国开始由中世纪社会向现代社会过渡。在宗教方面，一向紧密依附于宗法等级制度和皇权的宗法性传统宗教随着帝制的结束而坍塌，国家宗教祭祀被废除。与此同时，长期作为官方哲学的儒学也从正宗的宝座上跌落下来，受到革命运动的猛烈抨击，既丧失了政治上的优势，也丧失了作为中国文化导向的主位性。这是中华民族主体性信仰的第一次失落，而短期内又无法形成新的共同信仰来填补真空，社会精神生活不能不承受着信仰大转换的困惑和痛苦。这一时期，来自欧美的自由主义思潮与来自俄国的共产主义思潮在中国形成强大的冲击波，震撼着中国人的精神世界。佛教道教进一步衰落，但也在进行转型的努力。中国人面临着推陈出新、消化外来文化、重建自己民族信仰的艰巨任务。

第二节　中国宗教的历史特点

中国宗教是在中国社会特殊的地理环境、国情民风、文化传统中形成和发展的，因此它必然形成不同于世界其他国家和地区宗教的特点。

一　原生型宗教的连续存在和发展

原始崇拜与氏族组织相结合，这是世界范围原始宗教的共性。因此，当氏族社会解体，以地域区划为基础的贵族等级社会建立后，许多国家和地区的原始宗教也随之消亡，为古代国家创生型宗教所取代。中国不然，私有制社会形成后，利用了原有的氏族血缘关系，建成以男性血缘为纽带的宗法等级社会，而宗法制经历了与政治体制整体结合（三代）、部分结合（汉至元）、重心下移（明、清）几个发展阶段，一直延续到民国前夕。与此相适应，早期的氏族宗教，除了龙、凤等重要图腾崇拜升华为中华民族文化的吉祥表征和转化为灵物崇拜外，自然崇拜、鬼魂崇拜、祖先崇拜都相当完整地保存下来，跨入民族国家，进入中世纪帝制社会，没有遇到希腊、埃及、波斯、印度等文明古国那样原有远古宗教在中世纪发生根本转向甚至断裂并被创生型宗教取而代之的情况。相反，中国后来的宗法等级制社会继续发展和强化了原生型宗教，使之更加系统和完备。原生型的天神崇拜、皇祖崇拜、社稷崇拜与皇权紧密结合，形成宗法性国家宗教。其郊社宗庙制度是国家礼制的重要内容。其尊天敬祖的信仰是中国全社会的普遍的基础性信仰，具有不可动摇的神圣地位，所以它又是民族宗教。这种宗教既表现出强烈的政治性，所谓祭政合一；又表现出广泛的全民性，所谓祭族合一。在上层，国家政权所依赖的神权就是来源于这种宗教，"君权天授"的天神，就是原生型宗教里的"昊天上帝"或"皇天上帝"。在中层和下层，普遍而隆重的宗教活动便是祭拜祖先神灵。国有太庙，族有宗祠，家有祖龛或牌位，以不同规格祭祖，形成浓厚敬祖重孝的风气。这种原生型宗教虽然礼仪不断完备，但缺少发达的神学，又没有独立的教团，加以祭天活动民众不得介入，造成上下脱节，而祭祖活动各自以家族为中心，造成左右脱节，所以不是宗教的高级形态，并且缺乏跨入近现代社会的后续力。但它在两千余年间曾是中国宗教的轴心，其他宗教和外来宗教只能与它调适，不能与它敌对，否则在中国就站不住脚跟。事实上，道教依傍它，佛教与它相融摄，民间宗教和信仰更是与它交渗，基督教也不能不迁就于它。这样，不仅原生型宗教具有浓厚的宗法性，其他在中国生存的宗教都多少带有一定的宗法色彩。

二 皇权始终支配教权

中国历史上长期实行君主专制制度，国家为君王一家一姓所有。在权力的交接上实行嫡长子继承制，又经常以兄终弟及、先皇遗诏和皇室与大臣议立等作为辅助办法。君道至尊，皇权至上，"普天之下莫非王土，率土之滨莫非王臣"，"天无二日，国无二君"，尊君的观念至深至固。在这种政治文化传统下，一切宗教组织都必须依附于皇权，为皇权服务，绝不允许出现教权高于皇权的局面。宗法性传统宗教的教权直接由皇帝掌握自不待言，就是影响颇大的佛教和道教教团，也必须接受政府的管辖，不得违背政府的法规。宗教领袖可以封官晋爵，甚至在政治上起某种参谋作用，但不能独行其是，分庭抗礼，即使在最得势的时候亦未能进入最高决策的核心权力之中。

这与欧洲中世纪教皇拥有巨大权势的情况是完全不同的。中国历史上没有教皇，只有教臣。东晋高僧道安明确地说："不依国主，则法事难立。"明清之际伊斯兰教学者王岱舆强调"忠于真主，更忠于君父，方为正道"。有时候佛教或道教备受朝廷推崇，如梁武帝敬佛，欲将佛教树为国教，北魏太武帝崇道，使北天师道盛极一时，即使在这样的时候，军国大事的决策权也不在宗教领袖的手中，治国方略依然由皇帝为中心的朝廷依据儒家的纲常名教来确定，佛道二教也只是起辅助作用。佛道二教的教团组织在政治经济上也常常与朝廷发生矛盾，但处理矛盾的主动权操在朝廷手里。每当朝廷感到宗教过于膨胀或者庞杂时，便下令精简、限制，有时候使用暴力镇压（如"三武一宗"灭佛），而宗教人士只能据理力争，运用其广泛的社会影响保存实力，以图复起，却没有正面对抗的力量。南北朝以来，历届政府都设有专门机构和官职来管理宗教事务，制定各种法令条款约束宗教活动，其管理有不断严格化的趋势。度牒的发放，寺观的建立，僧尼道士的数量，都要经过政府确定批准。

三 多样性和包容性

中华民族是多民族融合、共存的共同体，中国传统文化也是在多样性文化不断碰撞和交融中发展的，形成多源汇聚的过程和多元一体的结构。在先秦，有邹鲁文化、燕齐文化、三晋文化、荆楚文化、巴秦文化、吴越文化等地方性文化之间的对立与互渗；在秦汉则由百家争鸣演变为儒道两家的互绌相摄，汉末以后有儒佛道三家的鼎立和互补，其后又有四家五家（伊斯兰教、基督教等）以及更多的亚文化体系之间的融会与共存。这就是中国文化的多样性品格。孔子说"君子和而不同"，《周易大传》说："天下一致而百虑，同归而殊途"，这种多元开放的理念极大地影响了中国文化，形成兼收并蓄的传统。中国社会对各种不同的宗教信仰，包括外来宗教，都相当宽容；各种宗教及其分支教派都能够在这片土地上正常存在和发展，相互和平共处，人们可以兼信两教或三教，这种事情在西方是不可想象的。许多外国宗教以和平方式，通过正常的文化交流途径传入中国，其中以印度佛教的传入与中国化最为成功。佛教之进入中国，在很大程度上是中国人主动请进来的，取经、译经活动绵延了数百年。中国人在理解、消化和改造佛学上，态度之认真，思索之深密，耗时之持久，都是相当惊人的。唐、宋、元、明、清诸朝，陆续传入景教、伊斯兰教、摩尼教、祆教、犹太教和近代西方天主教、基督教（新教），除了鸦片战争以后天主教、基督教的传教与西方列强对中国的侵略有联系外，其他宗教，包括明末利玛窦传入天主教，都是以和平的正常的方式传入中国。当然，中国传统文化讲夷夏之别，也有排斥外来文化的狭隘民族主义；各教之间也常发生摩擦、论辩；个别时期皇权实行过强力毁教政策。但是在多数情况下，皇权能够容忍和支持各教的合法存在，中国的开明派最终总能战胜保守派而成为主流。中国的各教之间未曾发生大规模武力流血冲突，更没有西方宗教史上那样残酷的长期的宗教战争，只是在新疆边陲发生过伊斯兰教武力传教的事件，而这恰是未来得及接受中原贵和文化深厚熏陶的结果。儒佛道三教之间不仅可以和平共处，而且在理论上关系日趋密切，最后达到你中有我、我中有你的程度，三教合流、三教归一的观念深入人心，普及于大众，成为习俗和风气，这是中国人信仰上的一大历史特点，在世界上找不到同类的事情。

中国人对外来宗教的宽容还基于对以儒学为轴心的传统哲学和以敬天法祖为宗旨的正宗信仰充满自信，并用传统文化强大的同化力去影响和改造外来宗教，使之具有中国的特色。儒家思想和道家思想成为中国人吸收外来宗教的重要心理文化背景，没有这样一个背景，中国人不仅不能消化吸收外来宗教，还有可能被外来宗教所同化，从而丧失自己民族的文化特色。但是由于中国固有的传统文化根基深厚并且富于包容精神，其结果是吸收外来文化和同化外来文化同时并存，外来文化的进入丰富了中国文化，却并不丧失中国文化特有的本色。一切外来宗教一旦进入中国，便开始了中国化的进程，中国化的程度越高，它在中国的影响便越大。中国社会强烈的宽容气氛，甚至使得犹太教这种独立性很强的外来宗教，在不知不觉中消弭于无形。在中国，基本上没有"宗教异端"，而只有"政治异端"。宗教上的多样性和宽容性，使中国社会思想文化在内部形成丰富多彩、生动活泼的局面，在外部向世界开放，不断接受异质文化的激发和营养，从而具有更强的生命力。目前中国社会的五大宗教，除道教为本土宗教外，其他四大宗教（佛教、天主教、基督教、伊斯兰教）都是从国外传入而后成为中国人的重要信仰。中国甚至把印度传入的佛教理论发展到一个新的高峰，不过是按照中国人的方式发展的，所以它是中国文化的一部分。

四　人文化和世俗化

中国原生型宗教向来就有强烈的现实性品格，先民们崇拜神灵，主要不是为了精神解脱，而是为了求请神灵帮助解决民生问题，消灾免祸，治病去邪，人丁兴旺，五谷丰登，功利性极强。祭拜天地、社稷、山川、日月、风雨、雷电诸神，最重要的目的是求得风调雨顺，保证农业获得丰收，这是农业祭祀的特点。历代皇帝把祈谷、雩雨作为大祭，表示了对农业的高度重视。政治家和思想家之所以看重宗教，是由于宗教有推进道德教化和稳定社会秩序的功用，这就是所谓的"神道设教"，不特别重视彼岸世界的情状和个人心灵的解脱。于是宗法性传统宗教渐渐融于社会礼俗，融于政治制度和教育系统，而神学的发展受到抑制。荀子说："君子以为文，而百姓以为神"，儒、佛、道三教在政治统治者眼里首先都是教化的手段，其次才是个人的信仰。由孔子开创的儒学虽具有宗教性却并非宗教，它重视祭祀，强调祭思敬，"祭神如神在"，其目的不是求神保佑，而是"慎终追远，民德归厚矣"，即可以改善民风。《礼记》说："祭者，教之本也"，则把中国人的宗教观偏重社会功能的特色说得更加清楚。这种重现实人生、将神道服务于人道的传统，一直保持下来，使得中国人的多数虽有宗教信仰，却不特别虔诚、专注、狂热，既能宽容，也易于改变，较重外在礼仪，较轻灵魂净化。以宗法性传统宗教而言，它越到后来越流于形式，讲究坛制仪注的规模等级，关注祭祀者的身份地位，而漠视人们内心的感情世界。民间信仰更是充满世俗精神，有神就叩头，有庙便烧香，临事抱佛脚，有病请神仙，诸教杂以为用，成为普遍的现象。中国人还有一种习惯，就是把人神化，又把神人化，崇拜神性人性兼有的英雄，如黄帝、炎帝、尧、舜、禹、武侯、关公等，因敬重而祭祀，其中有宗教崇拜的意义，也有文化纪念的成分。孔子是中国最重要的圣贤，一身而为万世师，一言而为万世法，在许多人眼里是神圣无比的，尤其是历代统治者和文人学士奉之若神明；但是祭孔仅是一种准宗教行为，在很大程度上是一种文化认同和纪念活动，因此孔子的地位虽然曾经被抬高到"王"的程度，最后还是落实到"师"的位置上。

在传统的强大人文主义精神影响下，佛教和道教也凸显了世俗性的层面。印度佛教本来带有浓重的悲观厌世色彩，否定现实人生的真实和价值，要人们抛弃尘世生活，出家修道，在涅槃境界中获得解脱。但以禅宗为代表的中国佛教，用现实主义精神充实和改造佛学，使之面目一新。禅宗主张佛性自有，不假外求，就事修行，即俗证真，不离人伦日用而修行，在现实生活之中求解脱，遂形成人间佛教的传统。道教重个体养生，它的成仙目标正是要把现实人生的幸福延之永久，比其他任何宗教都更加珍贵眼前的自我生命保护。

五 三重结构的衔接与脱节

中国人的信仰形成三重结构：官方信仰、学者信仰、民间信仰，三大群体的信仰彼此贯通，又各自相对独立，甚至出现脱节，因此很难用一个简单的判断来概括全体中国人的信仰特征。

（一）官方信仰

历代的官方信仰有两个：一个是敬天法祖的国家宗教，相信君权天授，富贵祖荫；一个是政治化儒学，强调礼乐教化。同时给予佛教和道教以合法和尊崇的地位，用以辅助国教与国学。官方信仰的特点是把信仰政治化，把宗教和哲学纳入国家政权的严格管理之下，用政治力量加以施行，目的是服务于政权的巩固。官方信仰一方面强化了思想文化的力量，有利于稳定社会秩序，促进文化教育事业，并能在一定程度上约束贵族的不良行为；另一方面它也容易扭曲哲学与宗教，压制活泼自由的思想，并使哲学与宗教失去内在的创造活力，变得僵化教条、面目可憎。儒学作为私人学派是生动活泼、富于活力的，一旦变成官方儒学便逐渐走向凝固，成为政治统治的工具。佛教道教如果太靠近权力，也会受到腐蚀，如某些宗教领袖出入宫廷，结交权贵，生活优裕，遂发生腐败、欺诈行为，不仅有害于国家人民，亦玷污宗教的名声。当然也有不少宗教领袖利用其特殊政治地位批评弊政，抑制暴虐，利国安民，起了积极的政治作用。

（二）学者信仰

中国的学界，初创于老子和孔子，活跃于战国的百家争鸣，成长于汉魏，发展壮大于唐宋以后。它一方面与国家宗教、国家哲学相调适；另一方面又形成自己相对独立的学统，对政统保持一种批判的态度。儒、佛、道三家皆有自己的学术传统和传人，其主流有重道轻权、重人轻神的倾向。汉以后的中国学人阶层，其信仰的重心不在宗教而在哲学。所重之学以儒家为主，兼信道家，以儒道互补为安身立命之道。儒学不仅仅是一门知识体系，它更是一门做人的道德哲学，它提供了一种积极入世又能自我超越的人生智慧，知识分子依靠它的启示向内心世界开掘，不断提高精神境界，并且把个人生存价值同国家民族的兴衰乃至宇宙的发育流行联系起来，即所谓"成己成物"、"赞天地之化育"，这样中国知识分子就有了一种崇高的信仰。道家哲学贵柔守雌，主静重朴，洒脱深沉，富有弹性和韧性，正可以弥补儒学之不足，亦为中国学人所喜爱，用以回应险恶多变的社会环境，始终保持精神自我而不丧失。儒道交互使用，便可进退自如，顺逆皆通，不需要到宗教里去寻找安慰。也有少数知识分子皈依佛道二教，成为参透了人生的高僧高道。他们亦轻略于宗教而偏爱哲学，以明心见性为宗旨，并不热衷于宗教祭祀，只把敬拜神灵当做方便法门，而趋向于泛神乃至无神，他们的学问可称为学者佛教、学者道教。禅宗大师把佛教变成佛学，全真大师使道教回归道家，都表现了中国知识分子中有深厚的人文主义传统。

（三）民间信仰

一般民众处在等级社会的最下层，从事艰苦的体力劳动，忍受各种压迫和剥削，没有受教育的机会，不能阅读四书五经及佛典道书，难以领略其中的玄机妙理；而他们又承受着社会最大的苦难，看不到现实的美好前景，不能不到宗教里寻找精神寄托和归宿，因此他们离不开宗教。中国的农民，大多数有宗教信仰，不过其信仰庞杂而易变。天神祖灵、佛祖菩萨、老君吕仙、各种自然神、人物神、器物神、职业神以及野鬼杂神，都在祭祀之列，举凡生产程序、年节庆典、人生礼仪中，皆有鬼神祭拜内容，形成浓厚的民间宗教风俗。孔夫子与老百姓的关系，远不如老天爷、土地爷、关帝爷、灶王爷等神灵亲近，儒学对于民众的影响主要不是靠儒家学术的力量而是靠祖先崇拜、各种宗教的道德信条（多是儒家道德内容）和各种带有宗教色彩的劝善书来实现的。民众对宗教的信仰虽不十分虔诚和专一，但也信之如醉如痴；无事不登三宝殿，有求诸神皆烧香。民间信仰之中，无组织者便是民间宗教风俗，有组织者便是各种民间教门，其信徒人口是广大的。佛教和道教的下层徒众，离不开念经、祈祷和祭祀，他们的宗教活动与在家信徒的宗教活动合在一起，构成民间佛教和民间道教，其重心在宗教而不在哲学，其对教义的理解，往往与高僧高道有很大差异。至于伊斯兰教和基督教，不用多说。

可见，中国人的信仰是由宗教和哲学共同维持的，在不同群体中对宗教与哲学有不同的侧重。不可说中国人普遍有宗教信仰，亦不可说中国人缺乏宗教信仰，只能说士阶层偏重于哲学，下层民众偏重于宗教。这种情况在西方是看不到的，这是中国人信仰的特点。

六　汉族与少数民族的宗教信仰有明显差异

中国是一个多民族多宗教的国家。由于历史的原因，少数民族中的信教者在民族人口中所占比重，比汉族大得多，而且宗教观念和感情又比较专一和虔诚；汉族中正式宗教信徒较少，许多民众有宗教观念，也有烧香拜神的活动，但不专信一教，也不参加教会组织，民间信仰杂而多端，而且容易发生变化。少数民族宗教中伊斯兰教、藏传佛教、上座部佛教差不多都是全民族的信仰，其历史文化传统是极其深厚和稳定的，这些宗教不仅成为相关民族的精神支柱，而且普遍影响着他们的日常生活，各种社会活动无不深深打着宗教的烙印。而汉族社会长期以来由于非宗教的儒家伦理文化占主导地位，佛教、道教等宗教没有成为汉族文化的核心。汉族中的士大夫阶层道德理性比较发达，汉族中的民众也有悠久的宗教风俗，但活动分散，各地区差异较大，不具有全民族一致性。因此，在中国历史上，少数民族的宗教总是与民族问题相联系，成为民族问题的重要组成部分；汉族的宗教信仰种类繁多，不直接牵扯到民族问题。

第三节　中国宗教的历史作用

中国宗教是中国传统社会的重要精神支柱和意识形态，同时也是中国传统文化的重要组成部分，具有历史性、群众性、社会性和文化性，其格局是多层面的动态式的。因此，我们分析和评价它的历史作用，要避免简单化与片面性，要多角度地用发展的眼光去考察。

一　宗教与中国政治

中国宗教与中国历代政治有密切联系。但不同时期，宗教与政治的远近不同；不同宗教与政治的亲疏亦不同。政治影响宗教和宗教参与政治的方式是多种多样的。从价值论的角度说，宗教对政治的作用有正面的，也有负面的。从政治与宗教的关系说，两者既协调又对立，呈现非常复杂的态势，需要做出具体的分析。

（1）从历史的纵向看，早期宗教（秦汉以前的宗教）与国家政治体制和政治生活连为一体，宗教既是全民信仰又是国家大事，宗教直接就是政治，这叫做政教一体。所以古人说过："国之大事，在祀与戎。"秦汉以后，除宗法性传统宗教仍然被直接纳入国家政治制度与政治生活以外，其他有独立教团的宗教，如佛教、道教等，都不再是政治形态的宗教，而是社会形态的宗教。具有相对的独立性和比政治更高的稳定性，但是接受政治的支配和控制，与政治保持基本方向上的一致，却有自己的运作程序。这些宗教与政治的关系不再像早期那样"政教一体"，但也没有达到"政教分离"，因为国家政权不仅承认这些宗教的合法性，而且经常推崇它们，运用政权的力量支持它们，并经常干预宗教的内部事务。直到民国成立以后，国家才真正实行"政教分离"的政策，只承认宗教的合法性，却宣布不再利用政权去直接支持、支配宗教，把宗教信仰变成公民私人的事情。因此从宗教史发展的总趋势看，宗教与政治的关系是由密切走向疏离，这个过程也是政治体系与社会体系逐渐分离的过程，合乎历史的前进方向。

（2）宗法性传统宗教是"政教合一"、"族教合一"的宗教，它的基本宗旨是君权天授、祖宗之法不可违。它的宗教祭祀活动直接纳入国家礼仪典制，由政权机构和家族组织安排办理，为巩固君权、族权和夫权服务，具有强烈的政治性，这是不言而喻的。它的政治作用可分三层说。当统治集团处在上升时期或处在相对健康状态时，这种宗教增强政权的合法性，稳定社会的有序性，对社会发展起积极作用。当统治集团中有人肆无忌惮，置一般治国原则于不顾时，其他成员则运用神权的威力劝诫或惩处这种行为，包括皇帝的行为，并借助神灵提出改良政治的措施，这对社会仍然是有利的，例如历代贤臣利用"天人感应说"规劝君王远小人、薄赋敛、行仁政，这便是"屈君而伸天"（董仲舒语）的功用。当统治集团趋于腐朽反动，或者是君王昏庸，倒行逆施，这时候他们所掌握的神权变成了压迫的工具，其作用便是消极的。在帝制社会崩溃以后，袁世凯力图恢复祭天大典，把它作为复辟帝制的步骤，这时候的国家宗教只能是反动的了。

（3）佛教和道教是具有独立教团和合法地位诸教中为时最久影响最大的两个宗教。佛道二教影响政治大致通过三个途径。一是宗教领袖或人士受到执政集团的信任，参与某些政事活动。如南朝宋孝武帝重用僧人慧琳，请他参与国事，时人称为"黑衣宰相"；梁武帝常就国事咨询道士陶弘景，陶被称为"山中宰相"；成吉思汗敬重邱处机和扶持全真道，是为了稳定对汉族地区的统治；元代以藏传佛教领袖为国师，明清两代厚待藏僧，都是为了加强民族团结，巩固大一统的国家。二是佛道二教的教义和戒律，如因果报应、天堂地狱、容忍恭顺、积德行善、忠君孝亲、清静无为等，这些理念和规范都鼓励合乎宗法社会道德的行为，消弭违规和犯上作乱的行为，有利于政权的巩固和社会的安定，这是历代政权支持佛道二教的根本原因，他们称之为"有助王化"。南朝宋文帝谈到佛教的社会作用时说："若使率土之滨，皆纯此化，则吾坐致太平，夫复何事？"很能表现执政者提倡佛教的动机。三是佛道二教可以给统治集团和贵族提供强大的精神支柱，给他们增强治理国家的信心。梁武帝欲以佛化治国，他的社会理想是："愿使未来世中，童男出家，广弘经教，化度含识，同其成佛"，他是热情的佛教信徒，想把佛教理想化为实际政治。唐朝皇帝姓李，与老子李耳联宗，故崇奉道教，用道教神化李氏家族，自以为其李姓天下乃有神助，可以传之长久。宋真宗特意尊奉道教赵姓天尊，用以神化赵姓政权，宋徽宗自视为长生大帝，以为自己是神人降世，理应统治天下。

但是，佛道二教也时常与皇权发生矛盾和冲突，这是宗教与政治之间关系的另一侧面。佛道教的教团具有相对的独立性，有其自身的神圣性和实际利益，有时候它们的活动妨害了国家的政治经济利益，或者在政策方略上有不相符的地方，执政集团往往采取法律的行政的或文化的手段加以限制，甚至予以打击。东晋佛教领袖慧远坚持沙门不跪拜王者，引起儒官与佛僧的辩论，朝廷对佛教僧团加以精简整顿，这是佛教与政治的一次重要冲突。有时冲突超出辩论和整顿的范围，引发暴力镇压。如三武一宗灭佛，北魏孝明帝抑道，元代两次焚道经等。佛道教与政治冲突的原因有多种：一种是统治者选择某种宗教信仰，同时排斥另外的宗教的信仰，梁武帝崇佛抑道和北魏太武帝崇道灭佛就是这样。一种是寺院经济膨胀影响国家的财政收入。一种是寺院在世俗法律之外，影响政令的统一，信徒不服兵役影响国家兵源的补充。一种是佛、道、儒三家争夺文化主导权而互相排斥，这里包含着中外文化的冲突，政府参与其事，使矛盾激化。另外，还有一种情况，便是宗教界不赞成政治集团的个人行为与政治设施，提出批评和建议，不论采纳与否，这都是宗教介入政治的一种积极方式，如佛图澄之规劝石勒，邱处机之规劝成吉思汗，近代太虚法师之抨击日本帝国主义侵略中国。

（4）伊斯兰教与中国政治的关系主要通过民族问题而体现。中国有十个少数民族信仰伊斯兰教，在历史上主要是回族和新疆维吾尔族两大穆斯林族群，其信仰的特点是民族内部的全民信仰和对外不实行传教。元明两代统治集团为了团结和控制穆斯林民族和维护国家统一，对伊斯兰教采取承认和保护的政策。清代统治者的民族政策有改变，即笼络蒙藏，压制回汉，对伊斯兰教的政策日渐收紧，拉老教打新教，分化穆斯林，并对其反抗行为实行残酷镇压。可见政府对伊斯兰教的政策总是随着其民族政策的变化而变化。民国年间，政府对新疆的民族和宗教政策时而宽松而有弹性，时而收紧而严厉，这与政府在新疆的主事者的素养，当时边境政治斗争的形势和民族关系的状态都有关系。民族矛盾往往通过宗教问题而表现出来，反之宗教问题处理的好坏也会影响民族关系。广大穆斯林是热爱祖国、维护统一的，他们许多人积极参加辛亥革命和抗日战争，做出了积极的贡献。也有极少数穆斯林勾结境外的敌对势力，进行民族分裂活动，造成伊斯兰教问题的政治复杂性。

（5）天主教与基督教同中国政治的关系，与中国同欧美列强之间的国家政治关系有密切联系。鸦片战争以后，西方列强侵略中国的过程中确实利用基督教和天主教作为一种侵略工具，包括利用少数教士搜集情报、提供咨询，更多的是利用传教的机会，扩大西方国家的影响，培养亲西方的中国人群，传布西方的价值观，欲使中国成为西方的政治、经济和文化殖民地。当然传教士中也有许多人来中国是出于传布福音的纯宗教目的，并且确实为中国人做过好事，特别是在抗日战争中帮助过中国。近代中国有一个重要的文化现象，一些政治领袖如孙中山、蒋介石、张学良等，最后都皈依了基督教，由此可见基督教与中国政治有不解之缘。

（6）许多宗教在历史上曾经成为社会改革和下层反抗运动的旗帜和组织活动方式。道教早期经典《太平经》提出社会改良理论，汉末太平道成为黄巾起义的组织形式，五斗米道在早期也是巴蜀汉中一带民众与地方势力对抗中央集权统治的社会组织方式。北魏有大乘教（佛教）起义，宋代有明教（摩尼教）起义。元末有民间宗教白莲教起义。明清两代以民间宗教为形式的农民起义屡屡发生。清代又有以伊斯兰教为旗帜的回民起义或反抗运动。甚至基督教也以变化的形态成为一种异端宗教，为太平天国运动提供了一面旗帜。所有以上这些运动里，宗教提供了理想、热情、方式、外衣，起了巨大的作用。当然，宗教也以其消极性给运动带来许多弱点、弊病，成为运动最后失败的原因之一。

总起来说，宗教基本上是一种社会思想文化体系，但任何宗教都有政治属性和政治作用。宗教的政治作用的进步性或保守性，决定于教会组织的政治倾向和扶助宗教的政治集团的社会属性。是人支配宗教，而不是宗教支配人。

二 宗教与中国经济

宗教的教义、活动和它对社会的影响主要在精神领域在文化事业，可是教团的维持、宗教事业的发展，都要消耗大量的钱财、物资和人力，或自谋，或他助，这就不能不与经济活动相联系。宗教与中国经济的关系可以分为以下几个方面：

（1）教团经济是中国传统社会经济的重要组成部分和缩影。历史上的佛寺道观往往拥有大量土地、山林和其他产业，僧尼道士中多数要从事不同程度的劳动，也收养一批农民为寺观耕作。一般地说，寺观自力谋生有余，还能提供一定的剩余劳动价值供给社会。其生产方式和体制往往仿效当时社会已有的形态。农民租种寺观的土地，主要以地租的方式向寺观提供劳动产品，确实存在着封建主义的剥削关系。

（2）寺院经济来源的考察。其经济来源是多种多样的：有皇帝和贵族的施舍，主要是土地和钱财，其数量巨大，用以建设寺观、造像印经；有当地大地主和皈依弟子的捐赠，其数量有大有小；有僧尼道士外出到各地化募；有祖传下来的产业，经营以维持日常生活。佛道二教教团，其活动以宗教事业为主，正式出家教徒不可能用大量时间从事劳动，而寺观建设与宗教活动又需要巨资支持，所以寺院经济对于社会的依赖性较大，这就限制了正式出家者的人数，不可能数量很大。

（3）上层僧道在寺院经济中的地位与属性。早期的上层僧道脱离劳动者较多。自唐代佛教禅宗大师百丈怀海提倡"一日不作，一日不食"以来，上层僧尼也注意参加体力劳动。再者，从事于译经、著述和说法传道的佛道上层人士，他们也是脑力劳动者，其宗教事业也是当时社会精神生活的一种需要，因此不宜简单视为剥削者。当然在僧道之中，也不乏无所事事的"吃教"者，这要做具体分析。

（4）寺院对社会经济生活的影响。这种影响有正负两个方面。一方面，寺院经济是社会生活的来源之一，寺院财富雄厚时，在宗教信仰支配下，常做赈灾济贫的慈善事业，施饭施衣，治病收孤，对人民生活有救补作用。历来寺观周围多种果树、茶林、花木，既有经济价值，又可观赏，美化环境。在宗教神光的保护下，林木畅茂经久，与寺观建筑相映增辉，构成宗教性人文景观，对于维持和改善生态环境起到了很好的作用。另一方面，宗教建筑、陈设、供品以及祭祀活动，要消耗大量钱财、物资和人力，相当一批出家修道者不事劳作，坐享供养，亦是社会一大经济负担。尤其在国家财力不足、人民生活贫困的时候，寺院的过多修建会直接影响社会经济生活水平的提高。皇帝郊天，尤其封禅，花费巨大，所以大臣多有谏言。南朝宋明帝造湘宫寺，虞愿说这都是百姓卖儿贴妇钱造的，确是实情。所以寺院的发展不能超出国力民力所能负担的水平，否则即有负面作用。

（5）伊斯兰教与穆斯林社会的经济生活更有密切关系。门宦教主兼豪门地主，其管辖范围形成大的庄园经济，实行封建生产方式，以宗教为纽带，从事经济活动。清末西道堂既是宗教教派，又是社会经济实体，实业办教，合伙分工，集体经营农、牧、商、副各业，实行统一分配，有如一个大的公司。中国穆斯林是在中外经济与文化交往中形成的，极善经商，参与海路或陆路的内外商贸活动，极有成绩。

（6）民间宗教与宗教风俗亦与社会经济生活有密切关系。明清两代的民间宗教教门和带有宗教色彩的行帮，在一定意义上都是民间经济活动的组织形式和互助自救的方式。此外，行业与行业神崇拜，年节庙会与商业活动，时令节气的祭祀与农业耕作等，都有不可分割的关联，农业祭祀事实上是安排农事活动的一种神圣方式，这是人所共知的。

三　宗教与中国哲学

中国各种宗教的哲学是中国传统哲学的重要组成部分，它丰富了中国哲学的内容，同时又不同程度地给予中国哲学的发展以极大的推动。如果我们把儒家哲学和道家哲学视为非宗教的哲学，那么它们在汉代以后的发展都受到外来佛教和本土道教的深刻影响。我们可以说，两汉及其以前，中国哲学的发展与古代的传统宗教信仰密切相关，那么在魏晋以后，中国哲学就是在儒、佛、道（包括道学和道教）的冲突和交融中发展和演变了。魏晋南北朝时期，佛教哲学借助于玄学（新道家）而加快了中国化的进程，同时又使中国人的理论思维水平从玄学的高度上升了一大步。隋唐时期，儒家哲学处于低潮时期，而佛教哲学大放光彩，形成许多著名教派，大师辈出，智慧超卓，给予中国学者和学界以广泛而深刻的影响，从本体论到心性论，多发前人之未发，致广大而尽精微，士人学子为之神往。在佛教哲学的启发下，在儒佛道三教的合流中，出现了道教的新哲学——重玄学，也出现了中国化的佛教哲学——禅宗，禅宗是中国哲学的一个高峰。宋明道学（或称理学）是儒家哲学吸收佛教哲学和道家道教哲学之后形成的理论新高峰。金元全真道兴起，其理论家融摄佛教禅宗、儒家道学，建立起道教内丹学，形成又一个新的哲学高峰。由此可见，没有儒家道家哲学固然不会有中国的传统哲学，若没有佛教和道教哲学，中国哲学也会有一半以上的欠缺，而且儒家哲学也不会有后来那样的规模和水平。只有把佛教哲学、道教哲学同儒家哲学、道家哲学之间的关系梳理清楚，中国哲学的发展主线才能显现出来。

伊斯兰教的汉文译著以其特有的方式吸收儒、佛、道，又给中国哲学增添了新的内容，它在广大穆斯林知识层中的影响不可低估。基督教带来西方全新的思维方式，西方各种哲学和科学理论亦附着而来，它们向中国传统哲学提出挑战。中国近现代哲学必须在继承传统哲学的基础上，回应这种挑战，才能获得新的发展。

对中国哲学影响最大的宗教哲学是佛教哲学和道教哲学。佛学影响中国哲学的主要表现是：第一，宇宙论的扩展。儒家以天地四方为界，六合之外存而不论。道家用"道"的概念标示了宇宙的无限性。而佛教用"大千世界"和"累劫"的理念进一步标示了宇宙在空间上的多元层次性和在时间上的多元阶段性，开阔了中国人的视野。第二，本体论的深化。儒家的形而上学不发达。道家和新道家（玄学）始建本体之学，但和宇宙发生论总有扯不断的关系。佛教带来比较纯净的形而上的本体之学，即色空理论和中观学说，集中分析本质世界与现象世界的相互关系，提出"三谛圆融"和"理事相摄"的理论，使中国的本体之学达到前所未有的高度。第三，心性论的开拓。隋唐以前，中国哲学侧重于天人关系的解释，隋唐以后，受佛教涅槃佛性说和般若无知说的影响，儒家哲学的重点也转移到心性之学上来，强调本心的清彻明觉和返本复性的功夫，兼综渐修与顿悟，形成一套系统的性理之学，这是接受佛学熏陶的结果。第四，人生论的提升。佛学无念、无相、无住的人生态度和做"自了汉"、持"平常心"及精进无畏的精神境界，都丰富了人生智慧，使人从现实中得到超脱，获得不为情移、不为境迁的保持自我的能力，这些都对中国的人生哲学发生相当深刻的影响。第五，认识论的推进。中国传统的儒道两家哲学向来把本体论、认识论和道德修养论连为一体，而以提高人的精神境界为主体，所以缺乏独立的认识论。佛教的唯识法相宗，长于名相的分析，对人的心理活动和认知过程有极为细致深入的研究，从而弥补了中国传统哲学的不足，受到近现代学者的关注，成为发展中国哲学的思想营养。第六，辩证法的丰富。中国传统的辩证法，有以《周易》为代表的儒家辩证法，以《老子》为代表的道家辩证法，和以《孙子》为代表的兵家辩证法。佛教哲学传入并创造性地发展以来，又出现以华严宗为代表的佛家辩证法，其特点是以"圆融无碍"为核心理念，打破一切人为的界域，将差别、矛盾、对立沟通起来，恢复世界的整体性和普遍联系。

道教哲学对中国哲学的主要影响是在宇宙发生论、生命哲学和实践功夫三个方面。唐末五代及宋初道士陈抟创无极图，以无极而太极，太极而阴阳，阴阳而五行，五行而万物为宇宙发生顺序，顺以生人，逆则成丹，宋明理学家取此说顺行为宇宙发生论典型理论框架。道教生命哲学以精、气、神为生命三要素，生命与天地相应，禀道而生，离道则死，故尊道而贵德。其炼养原理为"生道合一"，其炼养功夫为"性命双修"，一方面注重精神境界的提升；另一方面又注重生理健康的护养。道教的生命哲学和炼养方式在中国哲学史上独树一帜，并影响到佛、儒两家，使他们从单纯的心性之学过渡到兼重养生、炼形。宋明清的理学家和心学家多少都懂得静修和炼气，就是受了道教的影响。

四　宗教与中国道德

在原始社会，政治、道德与宗教是三位一体的，宗教道德也就是社会道德。秦汉以来，中国传统道德的主体是儒家所阐扬的道德，如仁智勇、孝悌忠信、礼义廉耻等，无论为官为民都以这些道德规范作为行动的准则，形成长盛不衰的社会风气和道德传统，国家和地方教育，以及家庭教育，也用这些儒家提倡的道德规范来培养青少年。由于儒家的道德体系颇适合中国的家族社会，所以两千多年来它一直在中国人道德生活中占有正宗的地位，其他任何的宗教和学说（包括外来的）只能与它相调适，不能与它相违背。

宗法性传统宗教的敬天法祖信仰及其祭祀活动正是直接用来加强儒家道德的。祭天以强化忠敬礼义，祭祖以显扬孝悌仁爱，宗教祭祀成为道德教育的重要手段。如曾子所说："慎终追远，民德归厚矣。"在道德教育上，宗法性传统宗教和儒学紧密结合在一起，相得而益彰。

佛教道德的基本要求是"诸恶莫作"、"众善奉行"，其具体化的规范则以"五戒"和"六度"为基本要求。佛教道德包含着一般社会道德的普遍内容，以劝人为善为宗旨，故在根本方向上与中国的传统道德有相通之处。但印度佛教特别是小乘佛教强调禁欲和剃发出家、求得个人解脱，并且认为众生平等，不太看重君臣、父子之间的尊卑服从关系，所以它传入中国之初，就与以忠孝为核心的中国传统道德风俗发生冲突，受到"不忠不孝"的指责。佛教为了适应中国的家族社会，便把佛典中本有的家族伦理充分阐发出来，并且表明出家只是在形式上有悖于中国礼仪风俗，而在实质上则是尽大忠尽大孝，如慧远所说：佛教"能拯溺俗于沈流，拔幽根于重劫，远通三乘

之津，广开人天之路；是故内乖天属之重而不违孝，外阙奉主之恭而不失其
敬"，"如令一夫全德，则道洽六亲，泽流天下，虽不处王侯之位，固已协契
皇极，大庇生民矣"（《答桓太尉书》）。从此以后，中国化的佛教与儒家道德
合流，视孝为众戒之先，以"五戒"类比"五常"，以礼乐中庸为修行的必
需德目，佛教成为宣扬儒家道德的重要同盟军，正如北魏文成帝所说：佛教
可以"助王政之禁律，益仁智之善性"，以宗教支持道德。这是问题的一个
方面。另一方面，佛教的传入又以其特有的道德补充了儒家道德的欠缺，逐
渐影响到社会上下，成为尔后中国传统道德的一个重要组成部分。佛教道德
的特色有如下几点：

第一，慈悲泛爱，其慈爱的范围超出儒家的人道界域，而及于一切有情
众生，故其不杀之戒指不杀任何有生命的事物，而儒家祭祀须用牺牲，虽讲
恻隐而边缘模糊；另外，佛教不同于孔子说的唯仁人能好人能恶人，而宣扬
对恶人亦慈悲为怀，以忍辱为修行的科目，赞扬佛陀"舍身饲虎"的行为。

第二，不淫不饮酒，其道德具有禁欲主义的特色。梁武帝以后佛教徒实
行素食，吃斋成为一条严格的戒律。儒家不讲禁欲，而讲节欲，主张人的行
为"发乎情，而止乎礼义"，故有婚姻夫妇之礼，故有乡饮之礼。

第三，布施、精进、禅定，这些是佛教徒特有的修行方式，也是特有的
道德要求。儒家也讲救孤济贫，也讲学而不厌，也讲内省修身，但在程度和
风格上与佛教不同。佛教的布施当然包含救济的内容，但主要是指在家信徒
向寺院捐赠，称为做功德、种福田。其精进的内容是指修习佛教要勇猛无
畏。其禅定不是一般的虚一而静，而是进入一种宗教特有的心理状态，具有
神秘色彩。

第四，因果报应和涅槃，这是佛教道德的神学基础。中国传统的奖善罚
恶学说，儒家有"福善祸淫"说和"积善余庆、积祸余殃"说，道教有"承
负"说，都不及佛教"三世因果报应"说来得圆融而有解释力和说服力，故
在民间广为流传，几乎取代了传统的报应说。佛教道德的最终目标是涅槃成
佛，彻底脱离人间苦海。儒家道德的最终目标是成圣成贤，是在人间立人
极，因此与佛教是完全不同的。佛教道德除了通过寺院和僧人的活动及佛
典、论集影响社会以外，又通过各种劝善书、文学作品和民间戏曲说唱文艺
普及和深入社会下层，渗透到民间习俗之中。例如，民间放生、素食的习惯
就与佛教有关，明清小说多以因果报应宣扬好人好事，批评坏人坏事。佛教
道德对于净化人心、稳定社会起过重大作用。

　　道教道德向来以儒家道德为自身的主要内容，其积德行善的要求就是要做到忠君、孝亲、尊师、爱人、有信等事情，强调忠孝仁顺是成仙的基本条件，而道教炼养修道的全过程都要以修德相伴随，所以道教在道德上不仅不与儒学相冲突，而且一直是维系传统道德的一支重要力量。不过道教道德也有不同于儒家道德的地方，主要是：第一，它在儒家道德上增加道教神学色彩，例如忠孝之行必须使君亲能得仙寿，行善的重要表现是引导亲友和他人读道文、修道法、归道门、持道戒。第二，它的道德戒律要求信徒不得毁谤道法，不得轻泄经义，要敬重和祭拜神灵。第三，它大量吸收道家的道德规范，如柔弱退让、先人后己、知足自得、清静无为等，也有明显的禁欲主义倾向。第四，它大量吸收佛教的道德信条，讲慈悲喜舍，认同五戒，相信因果报应，因此道教道德可以与儒家、佛教相沟通。中国社会后期佛教道教合流，配合儒学，教化社会风气，起了很大的作用。由于佛道二教有天堂地狱和神灵的说教，它们在民间推行道德教化比单纯的儒家教育更为有效，许多儒家道德正是通过佛道庙宇和宗教活动在民间流传并发挥巨大功用的。

　　伊斯兰教道德以崇拜真主为第一义，主张"导人于至善，并劝善戒恶"，提倡"秘密行善"，赞扬公正、宽恕的品德，反对吝啬、偏激，强调克己、虔诚、坚忍和身体力行，也倡导亲爱近邻、远邻和伴侣，以及廉洁自持、以德报怨等，这些道德与佛、儒、道三家道德并行而不悖，对于中国穆斯林社会的道德风尚起了主要的维系作用。

　　基督教道德的主要内涵是：爱主、顺从、忍恶勿抗、爱人如己等，其爱人如己同儒家的仁爱之德相通，容易为中国人所接受。中国基督教所宣传的道德戒条主要在中国基督教徒中流行，其爱主与忍恶勿抗的道德对于教外的中国人影响并不显著。中国基督教太重视神学对道德的支配，因此其道德的普世能力便相对软弱。

　　中国民间宗教的道德信条是儒佛道三教混合的，它们虽然没有系统的道德哲学理论，在社会上层影响也不大，但是它们对于广大民间信徒却有有效的制约作用，其功能不可低估。儒佛道三教的教义和道德规范向民间渗透，往往凭借各种民间宗教组织，这是明清以来民俗文化的重要特点。

　　中国少数民族地区的道德受多种因素影响，除了佛、儒、道三教以及基督教、伊斯兰教（部分地区）的影响以外，还有本民族的传统宗教信仰和由此形成的道德风尚，例如南方纳西族的东巴教和北方许多民族的萨满教。

总起来说，宗教在中国历史上对社会道德的发展，主要起了推动和丰富的作用，有利于人们心灵的净化，显示了宗教的正面功能。同时，宗教道德也由于某些倡导者的表里不一而在某些时候某些场合变得伪善，或者被社会恶势力利用来掩盖不道德的行为，因而使宗教的声誉受到损害。

五　宗教与中国文学艺术

宗教与文艺从原始社会起就交织在一起，以后亦形影不离，互相推动，成为关系十分密切的两大文化领域，中国与世界都是如此。

宗教与文艺的亲缘关系，一是源于两者在初期阶段浑为一体，原始文艺是原始宗教的表现方式，而原始宗教则是原始文艺的主体；二是缘于两者的思维方式相类，都要依靠形象思维和丰富的想象力，所以可以互相激发、相辅相成；三是缘于两者都属于重情型而非重理型的文化，无论是宗教信仰者还是文艺创作者，都要有炽热的感情、虔诚的信念、全身心的投入，因此宗教和文艺都可以看做是人类情感的升华。在历史上，宗教和文艺并行发展，往往是文艺的形式，宗教的内容；宗教的形式，社会的内容。宗教给人们精神生活开辟超越的境界，给文艺的发展提供感情的动力；而文艺则给宗教提供表现的方式，从而美化人的精神世界。宗教有时也限制和窒息文艺的发展，但更多的时候是推动文艺的进步。

宗教对中国文学艺术的影响可分以下几点加以说明：

第一，原始宗教是原始文艺的发育园地，原始神话、原始歌舞、原始绘画雕塑、原始音乐等大多数都与原始宗教的信仰、祭祀活动有关，有浓厚的宗教色彩，甚至是原始宗教的组成部分，它们共同构成中国文学艺术发展的源头。

第二，宗教信仰为中国文艺的发展提供思想营养和精神动力。例如，受道教神仙崇拜的影响，我国文学史上出现大量的道教仙话，和以神仙为题材的文学作品，三神山的故事、八仙过海的故事，就是其中的昭著者。佛教的佛祖菩萨、因果报应、富贵无常、出家修道等信仰内容，成为文学艺术创作的经久不衰的思想营养，例如，在明清小说中就充满了佛教的思想和智慧。中国的文学名著及艺术名品，少有不表现佛道二教信仰内容的。佛道二教为文学艺术提供了思想内涵，反过来，文学艺术又扩大了佛道二教的社会影响，使宗教思想传布到全社会。

第三，宗教为中国文艺的创作的方式方法提供了丰富的借鉴和启示，形成了浪漫主义的文艺创作传统。佛教的极乐世界和道教的神仙境界都成为作家进行艺术构思的智慧源泉。《封神演义》、《西游记》、《红楼梦》等名著，都借用佛仙神怪故事构造小说的艺术世界，神奇而美妙，引人入胜，以超人间的形式表现人间的苦难和理想，从而不仅有很高的思想性，也有极高的艺术成就。

第四，宗教为中国语言的发展提供了丰富的语汇，其中佛教给中国带来大量富有生命力的崭新词汇，贡献最大，例如，世界、实际、体会、觉悟、平等、解脱，等等，其数量巨大，而且成为人们日常生活的语言。宗教的语言多具有生动性形象性，它们使中国语言更加多姿多彩。

第五，宗教为中国文艺增添了新的门类或者加强了本来不发达的门类。例如佛教经典的翻译和流传，开创了中国的翻译文学事业，推动了中国音韵学和诗歌的发展，其变文和说唱方式，导致中国弹词、鼓词、宝卷等说唱文学的发生，催生了章回小说的出现。中国的雕塑本不发达，佛教传入后，雕塑兴起，也推动了绘画事业，道教随之也发展了自己的造型艺术。佛道二教的石窟艺术（包含雕塑与壁画）及建筑艺术，都达到很高的水平，现今留下的佛教三大石窟和道教永乐宫壁画，都是艺术的殿堂，具有永恒的魅力和价值。

第六，宗教丰富了中国的园林艺术，特别是佛道二教的寺观常建在名山之中，在自然景观中融入宗教人文景观，给人以美的陶冶和享受。

第七，宗教为中国美学理论的发展提供了新鲜的理念和视角。在佛道二教影响下，中国文学评论界出现了"妙悟"、"现量"、"意境"、"神韵"、"禅味"等概念，用以表现文艺创作的高层次状态，并被普遍采用。

在西藏地区，艺术的发展几乎全在佛教的形式下进行，宏伟壮丽的布达拉宫，美妙多彩的唐卡，各种金碧辉煌的佛像，都是藏族人民的智慧结晶，具有极高的艺术价值。

中国的穆斯林形成较晚，但在诗歌、音乐、舞蹈等领域都有杰出的表现，出现了许多颇有造诣的艺术家，为中国艺术的发展做出了贡献。

基督教对中国文学艺术的影响主要表现为介绍和引进西方的文学艺术，其中包括充满了基督教精神的小说、诗歌、绘画、雕塑、音乐，给中国近现代文学艺术的发展以深刻的影响。

六　宗教与中国科学技术

宗教与科学的关系是复杂的，两者既有互相对立的关系，又有并行不悖或者互相渗透乃至互相促进的关系。两者关系如此复杂，原因在于两者不属于同一层次的文化体系，宗教属于价值信仰，科学属于工具理性，各有自己的核心领域；但作为历史上具体存在的宗教和科学都是一种动态文化，内涵丰富而又变化不居，实际生活中的宗教文化和科学文化往往相互交叉，在交叉的地方便会发生冲突或者互动，两者之间的关系便要做具体分析。

古代宗教与古代科技既互相对立又互相包含。神灵崇拜表示人们对于自然力量和社会力量的无知与无可奈何，而宗教祭祀与巫术又会妨碍人们认识与改造环境的活动；但是正是在古代宗教神话与巫术中，孕育着科学理性的萌芽，催生着最古老的天文学、地理学、人体学、医药学等自然科学。自然崇拜是人们在自然力面前软弱无力的表现，但是自然崇拜所透露出的人们对大自然的尊重和热爱之情，却是难能可贵和值得继承的，有了这份对大自然的神圣感情，才可能去保护它改善它，而这正是当代人类所缺少的。

道教在我国古代科技史上占有重要的地位。道教的宗旨是追求长生不死、得道成仙，它蔑视有生必有死的自然之道，而提倡一种抗命逆修的精神，因此提出一个响亮的口号："我命在我，不在于天"，不信因果，不信命运，力抗自然，千方百计追求长生。人们很容易嘲笑道教的长生成仙是荒谬虚妄，但看不到这其中包含着人类对现实生命的挚爱和对生命奥秘的探求。正是在重生修命宗旨的推动下，道教发展出一整套健身长寿的养生之道，并大大推动了古代人体生理学和古代医药学的发展。为了长生，先要养生，所以道士们致力于祛病健身，多在医药学上有成就，如葛洪、陶弘景、孙思邈等人既是著名道士，又是古代大医药学家。《道藏》中有关养生、医药的著作至少在250种以上，给后人留下一份珍贵的遗产。道教内丹学在后期十分发达，其炼精化气阶段的功法，演化出许许多多民间称之为气功的疗病养生流派，并普及到社会各阶层各地区，为中华民族的健康事业做出了不可磨灭的贡献。道教的外丹学，虽然没有炼成长生的金丹大药，却推动了古代化学和冶炼术的发展，四大发明之一的火药，便是道士炼丹实践的产物。道教宫观遍布全国，多在名山大岳之中，所谓洞天福地很多，有关著作如司马承祯《天地宫府图经》、刘大彬《茅山志》、杜光庭《洞天福地记》等，皆为山志名著，包含着地理学历史学的丰富知识。至于道教武术如张三丰的武当内家拳，便在中华武术中独树一帜，享誉内外。

佛教文化与中国古代科学技术亦有一定联系。佛教的禅定是古代气功学之一，与医疗、养生、健身和开发智慧皆相关连。禅定使人断除烦恼，淡化欲念，纯净思虑，安适身心，自然能治病健身。其少林武功更是名闻天下。西藏密宗有一套高深的瑜伽修炼功夫，有益于养生，藏医藏药有独特疗效，其发展颇得力于僧人的推动。我国僧人来往于丝绸之路，见识广阔，其游记域志对于中国和亚洲地理学历史学做出过重大贡献，如法显的《佛国志》，玄奘的《大唐西域记》，都为中外学界所珍重。唐代僧人一行，精于历象阴阳五行之学，是著名的天文学家，他改撰《天元大衍历经》，续成《魏书·天文志》，在世界上第一次算出子午线一度的长度。佛教寺院的园圃种植业有很高的水平，不仅林木花果种类繁多，而且引进外国新品种，培植异花奇木、菜疏药草，并向社会推广，如茶叶种植业的发展，僧人便有很大功劳。

中国历史上的穆斯林中出现了一批科技人才，他们有多方面的成就，其中在天文历法和航海技术上的成就是卓越的，早已为世公认。基督教传入中国后，带来了西方先进的科学技术，对中国晚近时期的科技发展，起了刺激和推动作用，这也是必须承认的。

中国历史上的宗教，由于受到中国传统文化仁爱主和精神的熏陶，有较多的宽容性，较少的排他性，不仅在各教之间，就是在各教与非教文化之间，也大致能够和平相处、平等往来，因此不仅没有发生大规模和长期的宗教战争，也没有发生教会迫害科学家的事件。此外，中国的儒佛道三教，其关注的中心在于社会人生，不过分干预科学技术所面对的具体知识领域，这也是中国历史上宗教与科学没有形成尖锐对立的一个重要原因。

历史上发生矛盾比较多的领域，在于生产、医疗、教育同世俗迷信的关系上，政治家思想家为了维护正常的生产和人们的健康，为了向人们灌输重现实重人道的思想，不断地发动破除占星、看相、堪舆、祭鬼、求巫、验梦、卜筮、谶纬、禁忌、扶鸾等世俗迷信活动，认为这些活动是虚妄无知的表现，有害于社会生产和人的身心健康，他们运用当时已有的自然科学知识和无神论思想批判世俗迷信，具有开启智慧、推动社会进步的积极意义。这种批判在近现代中国，对于引进西方的科学技术和理性主义，起过重要作用。

七　宗教与中国民俗

宗教对社会的影响，不仅直接表现在信众思想信仰的皈依上，而且表现在对信众社会风俗和日常生活习惯的渗透上，也表现在对广大不信教的民众的思想和生活的广泛影响上，这就是宗教文化的扩散性和群众性。

中国宗教与民俗的关系，可以分下述两点予以说明：

第一，伊斯兰教、佛教、基督教（包括天主教与新教）、道教对信众习俗的影响。在这几大教之中，以伊斯兰教和藏传佛教对信众习俗的影响最大，其原因是这两大教与民族结合在一起，成为特定民族的全民性信仰，所以在中国穆斯林聚居区和藏传佛教地区，人们的人生礼仪、岁时节令、日常生活都时时刻刻与宗教有关，而且严格按照宗教仪节和戒规行事，如婚丧嫁娶、人情往来、衣食住行、待人接物，无一不具有浓厚的宗教色彩。中国基督教、汉地佛教、道教的信众人数有限，即使加上在家信徒，在全国亦处在少数地位，他们在教徒聚居区能形成地区性民俗，在居住分散的地方只能自律以守教规，不能形成普遍性的风气。

第二，中国若干宗教对于广大教外的社会和民众的风俗习惯发生潜移默化的影响，形成宗教民俗。这些宗教主要是：①宗法性传统宗教；②佛教；③道教；④民间宗教和世俗迷信。这些宗教和民间信仰互相交融、混合，庞然杂处，浸润日久，遂成为民众的精神生活方式，以综合的状态发生作用。在中国民间，特别是广大汉族农村，各种庙宇林立，各种神灵俱存，祭拜活动各色各样，民众的宗教风俗具有多教多神的特点。

在岁时节令上，民间有宗教性节日，如四月八日浴佛节，七月十五盂兰盆会，又称鬼节，正月初九玉皇节，四月十四吕仙诞辰等；还有生产性、季节性的节日，贯穿着宗教祭祀的内容，如春节、中秋节、腊八节等，祭祀天地诸神，祭佛祖、神仙，祭祖，祭灶，祭月神，祭农业诸神。

在人生礼仪上，生养习俗中从拜神求子，到做满月、百日、周岁、命名，都有带宗教色彩的活动，如祭神、制长命锁、"抓周"、起贱名等。婚礼有占卜、拜天地、求吉利等宗教性程序。丧葬之礼，择墓地、葬日，入殓，殡葬，守孝，时祭，都是宗法性传统宗教的礼仪。在佛教道教影响下，民间请和尚道士念经祈祷，超度亡灵，渐成风气。

在日常生活中，广大城镇农村的拜神活动随处可见。民众遇有困难便进庙烧香拜神，许愿求签，上供施钱，以求好运。关帝庙、东岳庙、山神庙、土地庙、龙王庙、城隍庙、吕祖庙、观音庙、老君庙等，可以满足各种不同的宗教需要，与民众的生活息息相关。民间禁忌中有大量是宗教性的，其中佛道二教的五戒有广泛影响。佛教讲慈悲不杀，在民间形成放生习俗。唐代肃宗时，全国建放生池八十一处。佛教本不禁荤，梁武帝信佛禁止肉食，僧人遂以素食为常，风气所及，民间亦有素食习俗，并延续到近代。民间语言中避免"死"字，谓人死为"归天"、"圆寂"、"仙逝"，此皆用宗教性语言。在众多民间宗教性习俗中，以祖先崇拜的影响最为深刻最为持久最为普遍；追念和祭祀祖先的活动具有全民性，不论贫富贵贱皆以自己的方式祭祖，差别只在祭祀的等级规模；举家迁往异地或他国，也要带着祖先牌位一同前往，并在那里继续祭祀，用以凝聚亲族，教育子孙不忘根本。

八 宗教与内外文化交流

在历史的长河中，中国宗教是中华民族内部凝聚力的精神纽带之一，是内外文化交流的重要渠道。在中华民族形成的过程中，出现三皇五帝及尧舜崇拜，尤其是黄帝炎帝崇拜，使炎黄二帝成为中华民族的人文始祖和中华文明的象征，中国人世世代代自称为炎黄子孙，不论是夏是夷，不论是何朝代，中国人都寻根认同炎黄，因而有了民族内部的亲近感。原始时代的龙图腾，后来成为中华民族文化的艺术象征，中国人也往往自称为龙的传人，表现了宗教的凝聚作用。

秦汉以后，中国有过几次政治分裂时期，如魏晋南北朝、五代十国、宋辽金夏，但中国人信仰的儒佛道三教却是共同的，三教从来不用民族或地域限定自己。同时各个割据政权，包括少数民族政权，都信奉共同的天神——昊天上帝（又称皇天上帝），不论哪个民族的统治者都自认为是这位天神在人间的代表，所以尽管各割据政权在政治和军事上是相互对立的，有时候还要进行激烈的战争，但是这是自家内部的事情，是竞争谁是天神在人间的真正代理人，与中外关系截然不同。在政治分裂时期，一般人不能随便出入割据疆界，惟有僧人道士和若干儒生可以自由地往来于长江两岸、黄河南北，在各敌对势力范围之间进行文化交流，保持着各地区间的精神联系，维护着中华民族在信仰上在文化上的统一性，而这种统一性恰好为尔后全国的政治统一积累着重要的思想条件。

在对外文化交流中，首先是佛教起了巨大的推动作用。古代陆上和水上的丝绸之路,既是商贸之路,也是文化之路和宗教之路,中外僧人为了取经和传法,奔波于东西之途,沟通了中国与印度、中原与西域的文化,其历史功绩不可磨灭。中外僧人首先把印度佛教文化传入中国,使佛教在中国结出了丰硕的理论成果,深刻影响了中国传统文化;同时佛教又从中国东传到朝鲜、日本、越南等国,同当地文化相结合,又深刻影响了东亚各国的文化,形成东亚佛教文化圈。南传上座部佛教加强了中国同东南亚各国的文化联系。时至今日,佛教仍然是亚洲东部各国文化交流的重要渠道。在中外文化交流中出现了许多功绩卓绝的僧人,如鸠摩罗什、法显、菩提达摩、玄奘、鉴真等,他们的事迹彪炳于青史,世代受到敬仰。

中国与阿拉伯世界的联系是靠中外穆斯林的往来建立的,文化的交流随着经贸交流而发展和扩大。阿拉伯的科学文化如天文、历法、建筑、医药、数学等,通过穆斯林传入中国。波斯天文学家曾应邀来华传授天文历法知识技能。阿拉伯数码由于穆斯林而在中国流行开来,给予数学以极大推动。从阿拉伯传入的回回医药在中国享有很高声誉。通过丝绸之路,穆斯林也把中国的造纸术、印刷术、火药、中医药传到阿拉伯世界及欧洲,对西亚和欧洲的文明发展起了推动作用。

近代基督教的传入,首次打通了中国与欧美文化的篱障。除了宗教文化和科技文化的交流以外,基督教的传入也带来了西方的人文学术成果如哲学、史学、文学等,同时传教士们又把中国的传统文化特别是儒家和道家学说介绍到欧洲,给欧洲启蒙时代的思想家们以深刻的影响。当然,在鸦片战争以后,基督教在中国的活动带有西方文化侵略的性质,也不乏积极的文化交流活动。基督教把外界的新鲜事物和西方的价值观一起带给了中国人民,其影响是深远的。

*　　　*　　　*　　　*

中国宗教既然是整个中国传统文化的有机组成部分,并且对中国文化其他领域产生了深广的影响,那么中华文明的辉煌成就和连续发展就有它的一份功劳,而中国社会的弊病与国民的弱点也同时有它的一份责任。所以我们对中国宗教文化既不能简单否定,又不宜全盘肯定,而应做辩证的具体的分析。历史上的宗教人物、宗教文化、宗教活动,不论在何时何地,不论属于哪家哪派,只要虔诚地追求真善美并且创造出真善美来,就要加以褒扬;只要发生了假恶丑的现象,就要加以指责。中国人在信仰上和而不同的优良传统应当加以发扬。要宽容,但不应毫无选择;要评判,但不要异端排斥;我们是站在整个中华民族的立场上来回顾过去的。重温中华文明的创造历程，包括宗教文化的创造历程，从中吸取智慧、经验和教训，可以增强民族自信心和自豪感，以利于创造更加光辉灿烂的中华新文明。

主要参考书目

《宗教学通论》，吕大吉主编，中国社会科学出版社，1989。

《中华文明史》1～10 卷，河北教育出版社，1989～1994。

《世界各民族历史上的宗教》，〔苏〕谢·亚·托卡列夫著，魏庆征译，中国社会科学出版社，1985。

《中国宗教纵览》，周燮藩、牟钟鉴等著，江苏文艺出版社，1992。

《中国宗教史》，王友三主编，齐鲁书社，1991。

《宗教学概论》，罗竹风主编，华东师范大学出版社，1991。

《宗教通史简编》，罗竹风主编，华东师范大学出版社，1991。

《中国全史·宗教史》十卷，史仲文主编，人民出版社，1994。

《中国宗教·过去与现在》，汤一介主编，北京大学出版社，1992。

《中国的宗教精神》，〔美〕克里斯蒂安·乔基姆著，中国华侨出版公司，1991。

《中国民众宗教意识》，侯杰、范丽珠著，天津人民出版社，1994。

《中国社会与宗教》，郑志明著，台湾学生书局，1986。

《人·社会·宗教》，罗竹风主编，上海社会科学院出版社，1995。

《中国无神论史》，牙含章、王友三主编，中国社会科学出版社，1992。

《巫术、科学、宗教与神话》，〔英〕马林诺夫斯基著，中国民间文艺出版社，1986。

《原始思维》，〔法〕列维·布留尔著，丁由中译，商务印书馆，1987。

《野性的思维》，列维-斯特劳斯著，李幼蒸译，商务印书馆，1987。

《宗教学导论》，〔英〕麦克斯·缪勒著，陈胜观等译，上海人民出版社，1989。

《宗教的起源与发展》，〔英〕麦克斯·缪勒著，金泽译，上海人民出版社，1989。

《人与神——宗教生活的理解》，〔美〕斯特伦著，金泽、何其敏译，上海人民出版社，1991。

《西方宗教学说史》，吕大吉著，中国社会科学出版社，1994。

《人道与神道》，吕大吉著，上海人民出版社，1991。

《中国宗教思想史大纲》，王治心著，三联书店上海分店，1988 年重印。

《中国科学技术史》，〔英〕李约瑟著，科学出版社，1975。

《中国宗教礼俗》，高寿仙著，天津人民出版社，1992。

《中国宗教与文化》，牟钟鉴著，巴蜀书社，1989。

《中国宗教史》，陈佳荣著，香港学津出版社，1988。

《中国哲学发展史》（先秦卷），任继愈主编，人民出版社，1983。

《中国哲学发展史》（秦汉卷），任继愈主编，人民出版社，1985。

《中国哲学发展史》（魏晋南北朝卷），任继愈主编，人民出版社，1988。

《世界十大宗教》，黄心川主编，东方出版社，1988。

《世界三大宗教在中国》，曹琦、彭耀著，中国社会科学出版社，1986。

《儒教与道教》，〔德〕马克斯·韦伯著，洪天富译，江苏人民出版社，1995。

《中国宗教与生存哲学》，严耀中著，学林出版社，1991。

《中国传统文化中的儒释道》，汤一介著，中国和平出版社，1988。

《宗教·道德·文化》，中国社会科学院世界宗教研究所原理室编，宁夏人民出版社，1988。

《新中国的考古发现与研究》，中国社会科学院考古研究所著，文物出版社，1984。

《殷墟卜辞综述》，陈梦家著，中华书局，1988 年重印。

《中国古代宗教初探》，朱天顺著，上海人民出版社，1982。

《中国古代宗教与神话考》，丁山著，上海文艺出版社，1988。

《宗法中国》，刘广明著，上海三联书店，1993。

《原始宗教》，朱天顺著，上海人民出版社，1978。

《巫与巫术》，宋兆麟著，四川民族出版社，1989。

《生殖崇拜文化论》，赵国华著，中国社会科学出版社，1990。

《青铜时代》，郭沫若著，人民出版社，1954。

《中国史稿》第 1 卷，郭沫若著，人民出版社，1962。

《萨满教研究》，秋蒲主编，上海人民出版社，1985。

《鄂温克人的原始社会形态》，秋蒲著，中华书局，1962。

《周易概论》，刘大钧著，齐鲁书社，1986。

《周易古经今注》(重订本)，高亨著，中华书局，1984。

《周易知识通览》，朱伯崑主编，齐鲁书社，1993。

《龙凤文化源流》，王大有著，北京工艺美术出版社，1987。

《中国创世神话》，陶阳、钟秀著，上海人民出版社，1989。

《观堂集林》，王国维著，中华书局，1959。

《中国思想通史》第1卷，侯外庐等著，人民出版社，1957。

《图腾艺术史》，岑家梧著，学林出版社，1986。

《金枝》，〔英〕弗雷泽著，徐育新等译，中国民间文艺出版社，1987。

《原始文化》，〔英〕泰勒著，连树声译，上海文艺出版社，1992。

《原始宗教与神话》，〔德〕施密特著，上海文艺出版社，1987。

《山海经校注》，袁珂校注，上海古籍出版社。

《山海经探源》，徐显之著，武汉出版社，1991。

《神灵与祭祀》，詹鄞鑫著，江苏古籍出版社，1992。

《周礼主体思想与成书时代研究》，彭林著，中国社会科学出版社，1991。

《中国古礼研究》，邹昌林著，文津出版社，1992。

《中国原始宗教资料丛编·纳西族卷·羌族卷·独龙族卷·傈僳族卷·怒族卷》，吕大吉、何耀华总主编，上海人民出版社，1993。

《梦的迷信与梦的探索》，刘文英著，中国社会科学出版社，1989。

《萨满教与神话》，富育光著，辽宁大学出版社，1990。

《中国古代龟卜文化》，刘玉建著，广西师范大学出版社，1992。

《中国古代巫术——宗教的起源和发展》，梁伯韬著，中山大学出版社，1989。

《祖宗的神灵》，李向平著，广西人民出版社，1989。

《图腾层次论》，杨和森著，云南人民出版社。

《中国神话哲学》，叶舒宪著，中国社会科学出版社，1992。

《美术·神话与祭祀》，〔美〕张光直著，辽宁教育出版社，1988。

《中国各民族原始宗教资料集成·考古卷》，吕大吉、何耀华总主编，中国社会科学出版社，1996。

《中国巫术》，张紫晨著，上海三联书店，1990。

《巫术的分析》，李安宅著，四川人民出版社，1990。

《原始文化研究》，朱狄著，生活·读书·新知三联书店，1988。

《中国社会的神话思维》，郑志明著，台湾谷风出版社，1993。

《龙与中国文化》，刘志雄、杨静荣著，人民出版社，1992。

《无形的锁链——神秘的中国禁忌文化》，陈来生著，上海三联书店，1993。

《中国图腾文化》，何星亮著，中国社会科学出版社，1992。

《龙与中国文化》，罗二虎著，三环出版社，1990。

《中国鬼文化》，徐华龙著，上海文艺出版社，1991。

《中华民族研究初探》，陈连开著，知识出版社，1994。

《中国原始社会史》，宋兆麟、黎家芳、杜耀西著，文物出版社，1983。

《中国道教史》第一卷，卿希泰主编，四川人民出版社，1988。

《中国道教史》第二卷，卿希泰主编，四川人民出版社，1992。

《中国道教史》第三卷，卿希泰主编，四川人民出版社，1993。

《中国道教史》第四卷，卿希泰主编，四川人民出版社，1996。

《中国道教史》，任继愈主编，上海人民出版社，1990。

《道教通论》，牟钟鉴、胡孚琛、王葆玹主编，齐鲁书社，1991。

《道家和道教思想研究》，王明著，中国社会科学出版社，1984。

《道教概说》，李养正著，中华书局，1989。

《中国道教思想史纲》，卿希泰著，四川人民出版社，1981。

《道教与超越》，徐兆仁著，华侨出版社，1991。

《魏晋南北朝时期的道教》，汤一介著，陕西师范大学出版社，1988。

《魏晋神仙道教》，胡孚琛著，人民出版社，1989。

《道教与中国文化》，葛兆光著，上海人民出版社，1987。

《南宋初河北新道教考》，陈垣著，中华书局，1962。

《中国道教》（1～4册），卿希泰主编，知识出版社，1994。

《中国重玄学》，卢国龙著，人民中国出版社，1993。

《抱朴子内篇校释》，王明著，中华书局，1980。

《道藏源流考》，陈国符著，中华书局，1963。

《道家与传统文化研究》，王明著，中国社会科学出版社，1995。

《金元全真道内丹心性学》，张广保著，三联书店，1995。

《当代中国道教》，李养正著，中国社会科学出版社，1993。

《道教与养生》，陈撄宁著，华文出版社，1989。

《天师道史略》，张继禹著，华文出版社，1990。

《武当道教史略》，王光德、杨立志著，华文出版社，1993。

《道经总论》，朱越利著，辽宁教育出版社，1991。

《长春道教源流》，(清) 陈铭珪著，台湾广文书局，1975。

《老子想尔注校证》，饶宗颐著，上海古籍出版社，1991。

《道教文学三十谈》，伍伟民、蒋见元著，上海社会科学院出版社，1993。

《中国道教史》，傅勤家著，上海书店，1984。

《道教与中国社会》，李养正著，中国华侨出版社公司，1989。

《道教大辞典》，闵智亭、李养正主编，华夏出版社，1994。

《中华道教大辞典》，胡孚琛主编，中国社会科学出版社，1995。

《道教新论》，龚鹏程著，台湾学生书局，1991。

《道教与佛教》，萧登福著，东大图书公司，1995。

《佛教史》，杜继文主编，中国社会科学出版社，1991。

《中国佛教史》第 1～3 卷，任继愈主编，中国社会科学出版社，1981～1988。

《中国佛教》第 1～4 卷，中国佛教协会主编，时事出版社，1980。

《汉魏两晋南北朝佛教史》，汤用彤著，中华书局，1957。

《隋唐佛教史稿》，汤用彤著，中华书局，1982。

《中国佛教史》，蒋维乔著，商务印书馆，1935。

《汉魏两晋南北朝佛教》，郭朋著，齐鲁书社，1986。

《隋唐佛教》，郭朋著，齐鲁书社，1980。

《宋元佛教》，郭朋著，福建人民出版社，1981。

《明清佛教》，郭朋著，福建人民出版社，1982。

《中国近代佛学思想史稿》，郭朋等著，巴蜀书社，1989。

《释氏疑年录》，陈垣著，中华书局，1964。

《佛学研究十八篇》，梁启超著，中华书局，1989。

《中国佛教研究史》，梁启超著，上海三联书店，1988。

《明清民国佛教思想史论》，江灿腾著，中国社会科学出版社，1996。

《中国佛学源流略讲》，吕澂著，中华书局，1979。

《印度佛学源流略讲》，吕澂著，上海人民出版社，1979。

《中国佛教与传统文化》，方立天著，上海人民出版社，1988。

《中国僧官制度史》，谢重光、白文固著，青海人民出版社，1990。

《五十年来汉唐佛教寺院经济研究》，何兹全主编，北京师范大学出版社，1986。

《汉唐佛教思想论集》，任继愈著，人民出版社，1981。

《中国禅宗史》，印顺著，上海书店，1992。

《禅宗大意》，正果编述，中国佛教协会出版。

《中国佛性论》，赖永海著，上海人民出版社，1988。

《禅宗思想的形成与发展》，洪修平著，江苏古籍出版社，1992。

《魏晋南北朝佛教论丛》，方立天著，中华书局，1982。

《西藏佛教发展史略》，王森著，中国社会科学出版社，1987。

《达赖喇嘛传》，牙含章著，人民出版社，1984。

《班禅额尔德尼传》，牙含章著，西藏人民出版社，1987。

《傣族文化》，张公瑾著，吉林教育出版社，1986。

《西夏佛教史略》，史金波著，宁夏人民出版社，1988。

《金代的社会生活》，宋德金著，陕西人民出版社，1986。

《简明中国佛教史》，〔日〕镰田茂雄著，上海译文出版社，1986。

《佛教与中国文学》，孙昌武著，上海人民出版社，1988。

《蒙藏佛教史》，妙丹编纂，江苏广陵古籍刻印社发行，1993。

《喇嘛王国的覆灭》，〔美〕戈尔斯坦著，杜永彬译，时事出版社，1994。

《藏传佛教思想史纲》，班班多杰著，上海三联书店，1992。

《中国禅学思想史》，〔日〕忽滑谷快天著，朱谦之译，上海古籍出版社，1994。

《中国禅宗通史》，杜继文、魏道儒著，江苏古籍出版社，1993。

《中国密教史》，吕建福著，中国社会科学出版社，1995。

《唐代密宗》，周一良著，上海远东出版社，1996。

《禅宗与道家》，南怀瑾著，上海复旦大学出版社，1991。

《禅宗与中国文化》，葛兆光著，上海人民出版社，1986。

《佛教东传与中国佛教艺术》，吴焯著，浙江人民出版社，1991。

《清政府与喇嘛教》，张羽新著，西藏人民出版社，1988。

《因明学》，虞愚著，中华书局，1989。

《佛教禅学与东方文明》，陈兵著，上海人民出版社，1992。

《中国禅宗思想历程》，潘桂明著，今日中国出版社，1992。

《佛教与东方艺术》，张锡坤主编，吉林教育出版社，1989。

《禅宗与精神分析》，〔日〕铃木大拙等著，王雷泉等译，贵州人民出版社，1988。

《弘一大师传》，陈慧剑著，中国建设出版社，1989。

《伊斯兰教史》，金宜久主编，中国社会科学出版社，1990。

《中国伊斯兰教存稿》，白寿彝著，宁夏人民出版社，1983。

《中国伊斯兰教研究文集》，宁夏人民出版社，1988。

《中国伊斯兰教史参考资料选编》，李兴华、冯今源选编，宁夏人民出版社。

《王岱舆》，余振贵著，宁夏人民出版社，1986。

《中国伊斯兰教派与门宦制度史略》，马通著，宁夏人民出版社，1983。

《清代中国伊斯兰教论集》，宁夏哲学社会科学研究所编，宁夏人民出版社，1983。

《泉州伊斯兰教研究论文集》，福建人民出版社，1982。

《伊斯兰教在中国》，甘肃民族研究所编，宁夏人民出版社，1982。

《中国伊斯兰百科全书》，中国伊斯兰百科全书编委会编，四川辞书出版社，1994。

《中国教案史》，张力、刘鉴唐著，四川社会科学出版社，1987。

《中国天主教的过去和现在》，顾裕禄著，上海社会科学院出版社，1989。

《中国天主教人物传》，方豪著，中华书局1989年重印。

《近代中国教案研究》，四川省哲学社会科学联合会编，四川省社会科学院出版社，1987。

《基督教史》，唐逸主编，中国社会科学出版社，1993。

《基督教与明末儒学》，孙尚扬著，东方出版社，1994。

《中国文化与基督教的冲撞》，〔法〕谢和耐著，于硕等译，辽宁人民出版社，1989。

《中国和基督教》，〔法〕谢和耐著，耿升译，上海古籍出版社，1991。

《中国宗教与基督教》，秦家懿、孔汉思著，吴华译，生活·读书·新知三联书店，1990。

《中国的基督教》，周燮藩著，商务印书馆，1991。

《东正教和东正教在中国》，张绥著，学林出版社，1988。

《明清间耶稣会士译著提要》，徐宗泽编著，中华书局，1989。

《一五五〇年前的中国基督教史》，〔英〕阿·克·穆尔著，中华书局，1984。

《中国古代基督教与开封犹太人》，江文汉著，知识出版社，1987。

《中国宗教》，朱谦之著，东方出版社，1993。

《基督教哲学》，尹大贻著，四川大学出版社，1987。

《摩尼教及其东渐》，林悟殊著，中华书局，1987。

《中国少数民族宗教概览》，覃光广等编，中央民族学院出版社，1988。

《明清白莲教研究》，喻松青著，四川人民出版社，1987。

《清代八卦教》，马西沙著，中国人民大学出版社，1989。

《新疆现代政治社会史略》，白振生、鲤渊信一主编，中国社会科学出版社，1992。

《藏族史略》，黄奋生著，民族出版社，1985。

《中国古代边疆政策研究》，马大正主编，中国社会科学出版社，1990。

《漂落异域的民族》，马汝珩、马大正著，中国社会科学出版社，1991。

《中国民间宗教史》，马西沙、韩秉方著，上海人民出版社，1992。

《现代华北秘密宗教》，李世瑜著，上海文艺出版社影印，1990。

《中国民间秘密宗教》，濮文起著，浙江人民出版社，1991。

修订版后记

　　我们的著作《中国宗教通史》2000 年由社会科学文献出版社出版，至今已经有 7 年时间了。在这些年中。本著作受到了国内外许多学者和读者的关注和好评。目前，国内多所大学的宗教学专业的学生使用本书作为教材或考研参考书目。许多学者撰写宗教学方面的著作时，引用了本书的内容。一些学者写了论文评价本书的一些观点，赞誉有加，也指出其中的不足。本书也流传到海外，美国旧金山联合神学院的维克利教授，台湾辅仁大学的郑志明教授告诉我们，他们的学校也在使用这本书作为基础教材。2003 年 7 月，本书获得教育部第三届中国高校人文社会科学研究优秀成果一等奖。作为图书市场上的常销书，本书经常出现在各大书店的柜台上，拥有大量的读者。这些事实说明，我们十几年前完成的这本著作，至今仍然具有生命力。

　　在本书出版后的一些年中，一些宗教学、历史学、哲学领域的学者，对本书中的一些大大小小的错误提出过改进意见，我们在本书第二次印刷和这次再版时都进行了更正。在此，我们对这些朋友的关怀和帮助表示深切的谢意。回顾全书的主要内容，我们认为尽管十余年的时间中，我国宗教学界的研究有了突飞猛进的发展，就连我们自己对许多问题的研究也深化了，可是有一点可以使我们感到欣慰，即十几年前我们写的这本著作，其基本观点还是站得住脚的，主要内容没有遇到颠覆性的质疑。作为一本部头不大，但是能够涵盖中国宗教史的各主要领域，并且有明显的文化主题线索的著作，现在图书市场上仍然没有。

　　本书的初版是由黄燕生女士担任责任编辑，她当时在社会科学文献出版社工作。在宗教学领域中，她主持出版了一系列具有重大影响的著作，也使本书能够与广大的读者见面。现在她是中国社会科学出版社第五编辑室主任，对本书的价值仍然十分看好，故在初版合同到期后，将本书拿到中国社会科学出版社再版。在初版与再版的时候，她都对本书投入了大量的劳动，使本书的质量得到保证。因此，我们对黄燕生女士及出版社的其他有关同志表示深深的谢意。

作者
2007 年 11 月